le Guide du routard

Directeur de collection et auteur
Philippe GLOAGUEN

Cofondateurs
Philippe GLOAGUEN et Michel DUVAL

Rédacteur en chef
Pierre JOSSE

Rédacteurs en chef adjoints
Amanda KERAVEL et Benoît LUCCHINI

Directrice de la coordination
Florence CHARMETANT

Directrice administrative
Bénédicte GLOAGUEN

Direction éditoriale
Catherine JULHE

Rédaction
Olivier PAGE, Véronique de CHARDON,
Isabelle AL SUBAIHI, Anne-Caroline DUMAS,
Carole BORDES, André PONCELET,
Marie BURIN des ROZIERS, Thierry BROUARD,
Géraldine LEMAUF-BEAUVOIS,
Anne POINSOT, Mathilde de BOISGROLLIER,
Alain PALLIER, Gavin's CLEMENTE-RUÏZ
et Fiona DEBRABANDER

POLOGNE ET CAPITALES BALTES

hachette

Avis aux hôteliers et aux restaurateurs

Les enquêteurs du *Guide du routard* travaillent dans le plus strict anonymat. Aucune réduction, aucun avantage quelconque, aucune rétribution n'est jamais demandé en contrepartie. Face aux aigrefins, la loi autorise les hôteliers et restaurateurs à porter plainte.

Hors-d'œuvre

Le *Guide du routard,* ce n'est pas comme le bon vin, il vieillit mal. On ne veut pas pousser à la consommation, mais évitez de partir avec une édition ancienne. Les modifications sont souvent importantes.

routard.com dépasse 1,9 million de visiteurs uniques par mois !

• ***routard.com*** • Sur notre site, tout pour préparer votre périple. Des fiches pratiques sur plus de 190 destinations, de nombreuses informations et des services : photos, cartes, météo, dossiers, agenda, itinéraires, billets d'avion, réservation d'hôtels, location de voitures, visas... Et aussi un vaste forum pour échanger ses bons plans, partager ses photos ou trouver son compagnon de voyage. Sans oublier *routard mag,* ses reportages, ses carnets de route et ses infos pour bien voyager. La boîte à outils indispensable du routard.

Petits restos des grands chefs

Ce qui est bon n'est pas forcément cher ! Partout en France, nous avons dégoté de bonnes petites tables de grands chefs aux prix aussi raisonnables que la cuisine est fameuse. Évidemment, tous les grands chefs n'ont pas été retenus : certains font payer cher leur nom pour une petite table qu'ils ne fréquentent guère. Au total, plus de 500 adresses réactualisées, dont une centaine de nouveautés, retenues pour la qualité et la créativité de la cuisine, sans pour autant ruiner votre portefeuille. À proximité des restaurants sélectionnés, des hôtels de charme sont indiqués pour prolonger la fête.

Nos meilleurs campings en France

Se réveiller au milieu des prés, dormir au bord de l'eau ou dans une hutte, voici nos 1 700 meilleures adresses en pleine nature. Du camping à la ferme aux équipements les plus sophistiqués, nous avons sélectionné les plus beaux emplacements : mer, montagne, campagne ou lac. Sans oublier les balades à proximité, les jeux pour enfants... Des centaines de réductions pour nos lecteurs.

Avis aux lecteurs

Les réductions accordées à nos lecteurs ne sont jamais demandées par nos rédacteurs afin de préserver leur indépendance. Les hôteliers et restaurateurs sont sollicités par une société de mailing, totalement indépendante de la rédaction, qui reste donc libre de ses choix. De même pour les autocollants et plaques émaillées.

Le contenu des annonces publicitaires insérées dans ce guide n'engage en rien la responsabilité de l'éditeur.

Mille excuses, on ne peut plus répondre individuellement aux centaines de CV reçus chaque année.

TABLE DES MATIÈRES

COMMENT ALLER EN POLOGNE ET DANS LES CAPITALES BALTES ?

POLOGNE UTILE

POLOGNE : HOMMES, CULTURE ET ENVIRONNEMENT

LA POLOGNE

VARSOVIE ET SES ENVIRONS

LES CARPATES

LA PETITE POLOGNE

LA SILÉSIE ET LES SUDÈTES

La Silésie

Les Sudètes

LA GRANDE POLOGNE (WIELKOPOLSKA) ET LA POMÉRANIE

LA MAZURIE ET LA PODLACHIE

LES QUESTIONS QU'ON SE POSE LE PLUS SOUVENT SUR LES CAPITALES BALTES

LES COUPS DE CŒUR DU ROUTARD

LITUANIE UTILE

LITUANIE : HOMMES, CULTURE ET ENVIRONNEMENT

LA LITUANIE

VILNIUS

LETTONIE UTILE

LETTONIE : HOMMES, CULTURE ET ENVIRONNEMENT

LA LETTONIE

RIGA

ESTONIE UTILE

ESTONIE : HOMMES, CULTURE ET ENVIRONNEMENT

L'ESTONIE

TALLINN

112 : voici le numéro d'urgence commun à la France et à tous les pays de l'UE, à composer en cas d'accident, agression ou détresse. Il permet de se faire localiser et aider en français, tout en améliorant les délais d'intervention des services de secours.

NOS NOUVEAUTÉS

G'PALÉMO (paru)

Un dictionnaire visuel universel qui permet de se faire comprendre aux 4 coins de la planète et DANS TOUTES LES LANGUES (y compris le langage des signes), il suffisait d'y penser !... Que vous partiez trekker dans les Andes, visiter les temples d'Angkor ou faire du shopping à Saint-Pétersbourg, ce petit guide vous permettra d'entrer en contact avec n'importe qui. Compagnon de route indispensable, véritable tour de Babel... Drôle et amusant, *G'palémo* vous fera dépasser toutes les frontières linguistiques. Pointez simplement le dessin voulu et montrez-le à votre interlocuteur... Vous verrez, il comprendra ! Tout le vocabulaire utile et indispensable en voyage y figure : de la boîte de pansements au gel douche, du train-couchettes au pousse-pousse, du dentiste au distributeur de billets, de la carafe d'eau à l'arrêt de bus, du lit *King size* à l'œuf sur le plat... Plus de 200 dessins, déclinés en 5 grands thèmes (transports, hébergement, restauration, pratique, loisirs) pour se faire comprendre DANS TOUTES LES LANGUES. Et parce que le *Guide du routard* pense à tout, et pour que les langues se délient, plusieurs pages pour faire de vous un(e) séducteur(trice)...

TOKYO-KYOTO (paru)

On en avait marre de se faire malmener par nos chers lecteurs ! Enfin un *Guide du routard* sur le Japon ! Voila l'empire du Soleil-Levant accessible aux voyageurs à petit budget. On disait l'archipel nippon trop loin, trop cher, trop incompréhensible. Voici notre constat : avec quelques astuces, on peut y voyager agréablement et sans se ruiner. Dormir dans une auberge de jeunesse ou sur le tatami d'un *ryokan* (chambres chez l'habitant), manger sur le pouce des sushis ou une soupe *ramen,* prendre des bus ou acheter un *pass* ferroviaire pour circuler à bord du *shinkansen* (le TGV nippon)... ainsi sommes-nous allés à la découverte d'un Japon accueillant, authentique mais à prix sages ! Du mythique mont Fuji aux temples millénaires de Kyoto, de la splendeur de Nara à la modernité d'Osaka, des volcans majestueux aux cerisiers en fleur, de la tradition à l'innovation, le Japon surprend. Les Japonais étonnent par leur raffinement et leur courtoisie. Tous à Tokyo ! Cette mégapole électrique et fascinante est le symbole du Japon du IIIe millénaire, le rendez-vous exaltant de la haute technologie, de la mode et du design. Et que dire des nuits passées dans les bars et les discothèques de Shinjuku et de Roppongi, les plus folles d'Asie ?

LA POLOGNE ET LES CAPITALES BALTES

LES GUIDES DU ROUTARD 2009-2010

(dates de parution sur **routard.com**)

France

Nationaux

- Nos meilleures chambres d'hôtes en France
- Nos meilleurs campings en France
- Nos meilleurs hôtels et restos en France
- Petits restos des grands chefs
- Tables à la ferme et boutiques du terroir

Régions françaises

- Alpes
- Alsace (Vosges)
- Aquitaine
- Ardèche, Drôme
- **Auvergne (nouveauté)**
- Bourgogne
- Bretagne Nord
- Bretagne Sud
- Châteaux de la Loire
- Corse
- Côte d'Azur
- Franche-Comté
- Languedoc-Roussillon
- **Limousin (nouveauté)**
- Lorraine
- Lot, Aveyron, Tarn
- Nord-Pas-de-Calais
- Normandie
- Pays basque (France, Espagne), Béarn
- Pays de la Loire
- **Picardie (avril 2009)**
- Poitou-Charentes
- Provence
- Pyrénées, Gascogne et Pays toulousain

Villes françaises

- Bordeaux
- Lille
- Lyon
- Marseille
- Montpellier
- Nice
- Strasbourg
- Toulouse

Paris

- Environs de Paris
- Junior à Paris et ses environs
- Paris
- Paris balades
- Paris la nuit
- Paris, ouvert le dimanche
- Paris à vélo
- Paris zen
- Restos et bistrots de Paris
- Le Routard des amoureux à Paris
- Week-ends autour de Paris

Europe

Pays européens

- Allemagne
- Andalousie
- Angleterre, Pays de Galles
- Autriche
- Baléares
- Belgique
- Catalogne (+ Valence et Andorre)
- Crète
- Croatie
- Danemark, Suède
- Écosse
- Espagne du Nord-Ouest (Galice, Asturies, Cantabrie)
- Finlande
- Grèce continentale
- Hongrie, République tchèque, Slovaquie
- Îles grecques et Athènes
- Irlande
- Islande
- Italie du Nord
- Italie du Sud
- Lacs italiens
- Madrid, Castille (Aragon et Estrémadure)
- Malte
- Norvège
- Pologne et capitales baltes
- Portugal
- Roumanie, Bulgarie
- Sicile
- Suisse
- Toscane, Ombrie

LES GUIDES DU ROUTARD 2009-2010 (suite)

(dates de parution sur **routard.com**)

Villes européennes

- Amsterdam et ses environs
- Barcelone
- Berlin
- Florence
- Lisbonne
- Londres
- Moscou, Saint-Pétersbourg
- Prague
- Rome
- Venise

Amériques

- Argentine
- Brésil
- Californie
- Canada Ouest et Ontario
- Chili et île de Pâques
- Cuba
- Équateur et les îles Galápagos
- États-Unis côte Est
- Floride
- Guadeloupe, Saint-Martin, Saint-Barth
- Guatemala, Yucatán et Chiapas
- Louisiane et les villes du Sud
- Martinique
- Mexique
- New York
- Parcs nationaux de l'Ouest américain et Las Vegas
- Pérou, Bolivie
- Québec et Provinces maritimes
- République dominicaine (Saint-Domingue)

Asie

- Bali, Lombok
- Birmanie (Myanmar)
- Cambodge, Laos
- Chine (Sud, Pékin, Yunnan)
- Inde du Nord
- Inde du Sud
- Istanbul
- Jordanie, Syrie
- Malaisie, Singapour
- Népal, Tibet
- Sri Lanka (Ceylan)
- Thaïlande
- Tokyo-Kyoto
- Turquie
- Vietnam

Afrique

- Afrique de l'Ouest
- Afrique du Sud
- Égypte
- Île Maurice, Rodrigues
- Kenya, Tanzanie et Zanzibar
- Madagascar
- Maroc
- Marrakech
- Réunion
- Sénégal, Gambie
- Tunisie

Guides de conversation

- Allemand
- Anglais
- Arabe du Maghreb
- Arabe du Proche-Orient
- Chinois
- Croate
- Espagnol
- Grec
- Italien
- Japonais
- Portugais
- Russe

Et aussi...

- Le Guide de l'humanitaire
- **Tourisme durable (mai 2009)**
- G'palémo

NOS NOUVEAUTÉS

LIMOUSIN (paru)

Du vert, du vert, toujours du vert... bienvenue dans le Limousin ! Ici, l'herbe pousse à foison et fait le régal des vaches réputées pour leur viande savoureuse. Mais la richesse du Limousin ne s'arrête pas là. En plus de ses merveilles de bouche, vous serez étonné, au fil de votre balade, de découvrir des richesses insoupçonnées. L'artisanat y connaît un vrai succès. La porcelaine continue de faire la fierté des Limougeauds et, si on pousse un peu plus loin, on découvre tanneries, ganteries, moulins à papier... Eh oui, la forêt, qui couvre une bonne partie de la région, ne ravit pas que les promeneurs mais aussi les imprimeurs. Et puis voici le Limousin citadin : Limoges, Brive-la-Gaillarde ou encore Guéret, qui sont des villes chargées d'histoire.

AUVERGNE (paru)

Ah ! les monts d'Auvergne. Les amoureux de la rando trouveront plus que leur compte en visitant le cœur de la France. Attention, ouvrez grand les yeux : ici, un volcan, un massif, une réserve, un lac ; là-bas, une vallée, des thermes... Voici l'Auvergne ! Une nature verdoyante que les bougnats ont su préserver. En suivant les courbes voluptueuses de ses volcans, vous atteindrez la capitale, Clermont-Ferrand. Il y fait bon vivre, à en croire tous les étudiants qui animent la ville. Sur les terres de Vercingétorix, vous découvrirez une région qui porte encore les traces de son histoire, les vendeurs de charbon, l'exode, Vichy... Enfin, pour finir, sachez qu'il existe une vraie tradition culinaire dont seuls les Auvergnats ont le secret.

Nous tenons à remercier tout particulièrement Loup-Maëlle Besançon, Thierry Bessou, Gérard Bouchu, Grégory Dalex, Fabrice Doumergue, Cédric Fischer, Carole Fouque, Michelle Georget, David Giason, Lucien Jedwab, Emmanuel Juste, Fabrice de Lestang, Pierre Mitrano, Jean-Sébastien Petitdemange, Thomas Rivallain, Claudio Tombari et Solange Vivier pour leur collaboration régulière.

Et pour cette nouvelle collection, nous remercions aussi :

David Alon
Ariadna Barroso Calderon
Jean-Jacques Bordier-Chêne
Michèle Boucher
Déborah Bueche
Stéphanie Campeaux
Nathalie Capiez
Louise Carcopino
Raymond Chabaud
Alain Chaplais
Bénédicte Charmetant
François Chauvin
Cécile Chavent
Stéphanie Condis
Agnès de Couesnongle
Agnès Debiage
Isabelle Delpière Revéret
Jérôme Denoix
Solenne Deschamps
Tovi et Ahmet Diler
Céline Druon
Nicolas Dubost
Clélie Dudon
Aurélie Dugelay
Sophie Duval
Alain Fisch
Aurélie Gaillot
Adrien et Clément Gloaguen
Angela Gosmann
Romuald Goujon
Stéphane Gourmelen
Claudine de Gubernatis
Xavier Haudiquet
Claude Hervé-Bazin
Bernard Hilaire
Sébastien Jauffret
François et Sylvie Jouffa
Hélène Labriet
Francis Lecompte
Dimitri Lefèvre
Jacques Lemoine
Sacha Lenormand
Amélie Lepley
Valérie Loth
Béatrice Marchand
Amanda de Martino
Kristell Menez
Delphine Meudic
Romain Meynier
Éric Milet
Jacques Muller
Anaïs Nectoux
Hélène Odoux
Caroline Ollion
Nicolas Pallier
Martine Partrat
Odile Paugam et Didier Jehanno
Mathilde Pilon
Xavier Ramon
Dominique Roland et Stéphanie Déro
Corinne Russo
Prakit Saiporn
Jean-Luc et Antigone Schilling
Julien Vitry
Céline Vo
Fabian Zegowitz

Direction : Nathalie Pujo
Contrôle de gestion : Joséphine Veyres, Vincent Leav et Héloïse Morel d'Arleux
Responsable éditoriale : Catherine Julhe
Édition : Matthieu Devaux, Marine Barbier-Blin, Géraldine Péron, Jean Tiffon, Olga Krokhina, Vanessa Di Domenico, Julie Dupré, Gaëlle Leguéné, Gia-Quy Tran et Laura Gélie
Secrétariat : Catherine Maîtrepierre
Préparation-lecture : Lorraine Ouvrieu
Cartographie : Frédéric Clémençon et Aurélie Huot
Fabrication : Nathalie Lautout et Audrey Detournay
Couverture : Seenk
Direction marketing : Dominique Nouvel, Lydie Firmin et Juliette Caillaud
Responsable des partenariats : André Magniez
Édition des partenariats : Juliette de Lavaur, Raphaële Wauquiez et Mélanie Radepont
Informatique éditoriale : Lionel Barth
Relations presse France : COM'PROD, Fred Papet. ☎ 01-56-43-36-38. • info@comprod.fr •
Relations presse : Martine Levens (Belgique) et Maureen Browne (Suisse)
Régie publicitaire : Florence Brunel

Remerciements

Pour cette nouvelle édition, nous tenons à remercier particulièrement :

- Zuzanna Borg, de Varsovie.
- Dr Edward Cejba, de Szamotuly, membre de la Maison de l'Europe à Brest.
- Adrien Fabre, de l'Alliance française de Varsovie.
- Ewa Falkiewicz, du magazine *Newsweek Polska,* à Varsovie.
- Agnieszka Gaston, de la Maison de l'Europe à Brest.
- Patrick Renard, de l'ambassade de France à Varsovie.
- Agnieszka Susicka, de la Maison de la Bretagne à Poznan.
- Magda Szalowska, interprète-fixeuse, de Varsovie.
- Agnieszka Ufel, de Varsovie.
- David Alon.
- Maii-Lis Mägi, de l'office de tourisme de Tallinn.
- Solveiga Simonova, de l'office national de tourisme de Lettonie.
- Inga Dib, à l'office de tourisme de Lituanie de Paris.
- Paulé Tamuliūnaité et Mme Benuliene, de l'office de tourisme de Vilnius.

COMMENT ALLER EN POLOGNE ET DANS LES CAPITALES BALTES ?

EN AVION

Les lignes régulières

▲ AIR FRANCE

Rens et résas : ☎ 36-54 (0,34 €/mn) ; tlj 24h/24), sur • airfrance.fr •, dans les agences Air France et dans ttes les agences de voyages (fermées dim).

➢ Varsovie, 4 vols/j. au départ de Roissy-Charles-de-Gaulle terminal 2B.

➢ Vilnius (Lituanie) et Tallinn (Estonie) sont desservies tlj via Amsterdam, au départ de Roissy-Charles-de-Gaulle terminal 2F et de Lyon (partage de code avec KLM).

➢ Riga (Lettonie) est desservie tlj via Amsterdam au départ de Roissy-Charles-de-Gaulle terminal 2F, en partage de code avec KLM.

Air France propose à tous des tarifs attractifs toute l'année. Vous avez la possibilité de consulter les meilleurs tarifs du moment, rubrique « Offres spéciales », « Promotions » sur le site • *airfrance.fr* •

Le programme de fidélisation Air France-KLM vous permet d'accumuler des *miles* à votre rythme et de profiter d'un large choix de primes. Avec votre carte *Flying Blue,* vous êtes immédiatement identifié comme client privilégié lorsque vous voyagez avec tous les partenaires.

Air France propose également la carte *Fréquence Jeune,* réservée aux jeunes âgés de 2 à 24 ans résidant en France métropolitaine, dans les départements d'outre-mer, au Maroc ou en Tunisie. Avec plus de 18 000 vols par jour, 900 destinations et plus de 100 partenaires, *Fréquence Jeune* vous offre autant d'occasions d'accumuler des *miles* partout dans le monde.

▲ BRUSSELS AIRLINES

Pour tt rens : ☎ 0892-64-00-30 (0,34 €/mn) depuis la France et ☎ 0902-51-600 (0,75 €/mn) en Belgique. • brusselsairlines.com • La compagnie aérienne a fusionné en 2007 avec Virgin Express. Deux tarifications : *b-flex economy+* visant une clientèle professionnelle et *b-light economy* proposant des formules *low-cost* depuis Brussels Airport vers plus de 50 destinations en Europe.

➢ Brussels Airlines propose jusqu'à 5 liaisons/j. entre Bruxelles et Varsovie (en collaboration avec Lot) et offre des correspondances de/vers Lyon, Marseille, Nice, Strasbourg et Toulouse. Bruxelles est aussi reliée désormais directement à Cracovie plusieurs fois/sem.

➢ Pour Vilnius, vol direct depuis Bruxelles ; pour Tallinn, escale à Helsinki.

▲ ČSA

– À Paris : 17, av. de l'Opéra, 75002. ☎ 0825-540-002 (0,15 €/mn, tlj 24h/24 pour effectuer des résas). • czechairlines.com • Ⓜ Pyramides, Palais-Royal ou Opéra. Lun-ven 9h30-17h.

– En Belgique : rue du Trône, 60, Bruxelles 1050. ☎ 02-710-64-71. • bru@czechairlines.com •
– En Suisse : Löwenstrasse 20, 8001 Zurich. ☎ 01-654-55-74. • zrh@czechairlines.com •
– Au Canada : 2020 Universite St., suite 2210, H3A-2A5 Montréal (Québec). ☎ 514-844-6376. Résas : ☎ 514-844-5748. • ymq@czechairlines.com •
Membre de l'alliance *Skyteam*, avec Air France (programme *Flying Blue*), Čsa propose 7 vols/j. de Roissy-Charles-de-Gaulle 2B vers Prague, 2 vols/j. au départ de Lyon, 1 vol/j. au départ de Marseille et 6 vols/sem de Bordeaux. Au-delà de Prague, 104 destinations dans 47 pays (Varsovie, Cracovie, Vilnius, Tallinn, Riga, Saint-Pétersbourg...).

▲ ESTONIA AIR

– Paris : 66, av. des Champs-Élysées, 75008. ☎ 0825-000-509. • estonian-air.com •
➢ Liaisons directes de fin mars à fin oct depuis Roissy-Charles-de-Gaulle 1 vers Tallinn (jeu et dim), ainsi que de Bruxelles pour Tallinn.

▲ FLY LAL

– Paris : 82, rue Taitbout, 75009. ☎ 01-58-22-20-04. • flylal.com • Ⓜ Trinité.
➢ Liaisons directes pour Vilnius depuis Paris (5 à 6 vols/sem) selon la saison.

▲ LOT POLISH AIRLINES

– Paris : 27, rue du Quatre-Septembre, 75002. ☎ 01-47-42-05-60. • lot.com • Ⓜ Quatre-Septembre ou Opéra. Lun-ven 9h-17h.
– Zurich : ☎ 817-66-60.
– Genève : ☎ 0844-555-232.
– Bruxelles : ☎ 078-18-00-14.
➢ La compagnie assure 3 vols/j. depuis Roissy-CDG (terminal 1) pour Varsovie et 1 vol/j. direct + 2 via Varsovie pour Cracovie. Départs également depuis Lyon et Nice (6-7 vols/sem).
➢ Vols directs depuis Bruxelles pour Varsovie (3/j.) et Wrocław (tlj sf dim).
➢ Vols quotidiens depuis Genève et Zurich (2/j.) pour Varsovie.
➢ Le réseau domestique dessert plusieurs fois par jour 10 villes polonaises avec correspondance à Varsovie (dont Gdańsk, Katowice, Poznań, Wrocław) sur la compagnie intérieure Eurolot (filiale de Lot).
➢ De Toulouse et Marseille : vols Lot en partage de code avec la compagnie Lufthansa via l'Allemagne (Francfort ou Munich) vers la Pologne.
➢ Lot dessert aussi tlj (1-2 vols/j. via Varsovie) Riga en Lettonie, Tallinn en Estonie et Vilnius en Lituanie.
– Bon à savoir, la Lot procède à plusieurs promotions dans l'année (via les agences de voyages ou la compagnie directement).

▲ LUFTHANSA

Rens et résas : ☎ 0826-10-33-34 (0,15 €/mn). • lufthansa.fr • Tlj 8h-17h.
➢ Lufthansa dessert six villes de Pologne : Varsovie, Wrocław, Cracovie, Gdańsk, Poznań et Katowice. Avec escale à Francfort ou Munich, Varsovie est desservie par la compagnie allemande jusqu'à 6 fois/j. depuis 7 villes françaises (Paris, Bordeaux, Lyon, Marseille, Nice, Strasbourg et Toulouse), mais aussi depuis Genève et Bâle-Mulhouse. Katowice (3 vols/j., via Francfort) est desservie depuis 7 villes françaises (Paris, Bordeaux, Lyon, Marseille, Nice, Strasbourg et Toulouse, certains via Dusseldorf, Francfort ou Munich).
➢ Lufthansa dessert aussi Vilnius en Lituanie, Riga en Lettonie et Tallinn en Estonie via Francfort.
Les jeunes de 12 à 25 ans bénéficient de tarifs réduits sur tous les vols de la compagnie.

Les compagnies *low-cost*

Ce sont des compagnies dites « à bas prix ». De nombreuses villes de province sont desservies, ainsi que les aéroports limitrophes des grandes villes. Ne pas trop

En CLASSE TEMPO, 25 dessins animés,
85 films sur écran individuel, glace pour les enfants
pour FAIRE DU CIEL LE PLUS BEL ENDROIT DE LA TERRE.
AIR FRANCE
AIR FRANCE KLM
AIRFRANCE.FR

espérer trouver facilement des billets à prix plancher lors des périodes les plus fréquentées (vacances scolaires, week-ends...). À bord, c'est service minimum. Afin de réduire les files d'attente dans les aéroports, certaines compagnies font même payer l'enregistrement aux comptoirs d'aéroport. Pour éviter cette nouvelle taxe qui ne dit pas son nom, les voyageurs ont intérêt à s'enregistrer directement sur Internet, où le service est gratuit. La réservation se fait parfois par téléphone (pas d'agence, juste un numéro de réservation et un billet à imprimer soi-même), et aucune garantie de remboursement n'existe en cas de difficultés financières de la compagnie. En outre, les pénalités en cas de changement d'horaires sont assez importantes et les taxes d'aéroport rarement incluses. Il faut aussi rappeler que plusieurs compagnies facturent maintenant les bagages en soute. Ne pas oublier non plus d'ajouter le prix du bus pour se rendre à ces aéroports, souvent assez éloignés du centre-ville. Au final, même si les prix de base restent très attractifs, il convient de prendre en compte tous ces frais annexes pour calculer le plus justement son budget.

▲ AIR BALTIC

• *airbaltic.com* •

➢ Riga et Vilnius sont desservies directement par cette compagnie au départ de Paris, Zurich et Bruxelles, correspondances vers Tallinn. De Paris, vols directs vers Riga slt. Liaisons saisonnières entre Riga et Nice

▲ EASY JET

• *easyjet.com* •

➢ Possibilité depuis Paris-Orly, Lyon, Bâle-Mulhouse, Nice, Bruxelles ou Genève de rejoindre Tallinn et Riga via Berlin. Depuis Paris-CDG, vols directs pour Cracovie.

▲ TRANSAVIA

• *transavia.com* •

➢ La filiale low-cost d'Air *France*-KLM dessert l'aéroport de Cracovie 3 fois/sem (lun, mer, ven) au départ de Paris-Orly.

▲ WIZZ AIR

• *wizzair.com* •

– *En France : ☎ 0825-540-001 (0,15 €/mn).*

– *En Belgique : ☎ 070-707-966.*

➢ Liaison de Paris-Beauvais vers Katowice-Cracovie et Varsovie. Également de Lyon-Grenoble à Varsovie et Bruxelles-Sud (Charleroi) vers Varsovie et Katowice. À Katowice, à chaque rotation d'avion, des navettes de bus relient l'aéroport Pyrzowice (au nord de Katowice) à Katowice en 40 mn et à Cracovie en 1h50. Tarifs et horaires des navettes disponibles sur le site.

LES ORGANISMES DE VOYAGES

Ne pas croire que les vols à tarif réduit sont tous au même prix pour une même destination à une même époque : loin de là. On a déjà vu, dans un même avion partagé par deux organismes, des passagers qui avaient payé 40 % plus cher que les autres... Authentique ! De plus, une agence bon marché ne l'est pas forcément toute l'année (elle peut n'être compétitive qu'à certaines dates bien précises). Donc, contactez tous les organismes et jugez vous-même.

Les organismes cités sont classés par ordre alphabétique, pour éviter les jalousies et les grincements de dents.

En France

▲ ACCENT DE L'EST

– Lussan, bastide d'Audabiac, 30580. ☎ 04-66-72-70-70. • accent-de-lest.com • Lun-ven 9h30-17h30.

Sympathique agence spécialisée sur la République tchèque, la Hongrie, la Pologne, la Croatie et les pays baltes, créée par une Tchèque, Jitka Bedel, et sa collaboratrice polonaise. Propose un service sur mesure et apporte de bons conseils grâce à sa très bonne connaissance du terrain. Spécialiste du logement chez l'habitant, location d'appartements et de gîtes, hôtels de caractère, billets d'avion, billets de spectacle, visites guidées, location de voitures et circuits individuels.

▲ ALEST VOYAGES

– Paris : 16, rue de l'Évangile, 75018. ☎ 01-42-09-58-04. Ⓜ Marx-Dormoy. Lun-ven 9h-18h, sam slt sur rdv. • voyagelest.com •

Tour-opérateur et créateur de voyages, spécialiste des destinations « à l'Est » : Russie, Europe centrale et orientale, Asie centrale, Alest Voyages possède ses propres bureaux réceptifs sur place et propose des week-ends dans les grandes capitales, des circuits, des croisières sur le Don et la Volga. Côté hébergement, hôtels de toutes catégories, logements chez l'habitant et même des locations de studios ou d'appartements, idéal pour les familles. Transports aériens assurés aux départs de nombreuses villes. S'occupe aussi des billets de trains pour vos déplacements intérieurs. Possibilité de cours de langue russe.

▲ AMSLAV TOURISME

– Paris : service individuel, 10, rue Bachaumont, 75002. ☎ 01-44-88-20-40. • amslav.com • Ⓜ Bourse, Sentier ou Châtelet-Les Halles. Lun-ven 9h-18h ; sam 10h-13h, 14h-18h.

Tour-opérateur et créateur de voyages, Amslav Tourisme est spécialiste de l'Europe centrale et orientale, dont la République tchèque, la Russie, la Hongrie, la Pologne, la Slovaquie, l'Autriche, les pays baltes, l'Ukraine, la Croatie, la Slovénie, le Monténégro, la Serbie, la Bulgarie, la Roumanie, mais aussi l'Arménie, la Géorgie, l'Ouzbékistan et l'Asie centrale. L'équipe, majoritairement originaire de ces pays, réunit son expérience et son savoir-faire pour proposer une gamme variée de produits : week-ends, voyages à la carte, séjours libres ou organisés, voyages en groupes, circuits culturels, circuits combinés dans plusieurs pays d'Europe centrale. Également des séjours balnéaires, des croisières sur la Volga et le Dniepr et des suggestions d'itinéraires par le mythique Transsibérien.

▲ BENNETT

Rens et résas : ☎ 0825-12-12-24. • bennett.fr •

Depuis plus de 90 ans, Bennett conçoit et propose une large palette de formules de voyages (séjours, circuits accompagnés et circuits individuels) à destination de la Scandinavie (Norvège, Suède, Finlande), de l'Islande, mais aussi l'Irlande et l'Écosse. Bennett a élargi ses horizons à la Russie et aux pays baltes (Lettonie, Estonie, Lituanie) ainsi qu'à l'Europe centrale avec la République tchèque et la Pologne. Bennett est une marque de Vacances Transat.

▲ LOOK VOYAGES

Infos et résas : • book-voyages.fr • Les brochures sont disponibles dans ttes les agences de voyages.

Ce tour-opérateur propose une grande variété de produits et de destinations pour tous les budgets : séjours tout inclus en club *Lookéa,* séjours classiques, circuits, vols charters exclusifs et vols réguliers à tarifs négociés.

▲ MARSANS INTERNATIONAL

– Paris : 49, av. de l'Opéra, 75002. ☎ 0825-031-031 (0,15 €/mn). • marsans.fr • Ⓜ Opéra. Lun-ven 9h-18h30 ; sam 10h-17h30.

Marsans International est spécialiste de nombreuses destinations, ce qui en fait l'un des principaux tour-opérateurs français. Sur chacune de ses destinations, de

N 96
YSTE-EN-BOULE
HEUREUSEMENT
ON NE VOUS PROPOSE
PAS QUE LE TRAIN.
ISTAMBUL,
TOUT LE BASSIN
MÉDITERRANÉEN
ET LE RESTE DU MONDE
Voyages-sncf.com
Voyages-sncf.com, première agence de voyage sur Internet avec plus de 600 destinations dans le monde, vous propose ses meilleurs prix sur les billets d'avion et de train, les chambres d'hôtel, les séjours et la location de voiture. Accessible 24h/24, 7j/7.

nombreuses formules sont proposées, répondant ainsi aux désirs de voyage de chacun et à tous les budgets. C'est l'un des grands spécialistes de l'Europe centrale :
– *Découvertes « organisées » :* idéales pour tous ceux qui aiment voyager sans souci. Marsans Transtours propose des circuits pour découvrir la destination en compagnie d'un guide francophone expérimenté.
– *Programme d'exception :* Marsans Transtours propose des réveillons pour franchir le cap de la nouvelle année.

▲ NEW EAST

– Grenoble : 45, rue Lesdiguières, 38000. ☎ 04-76-47-19-18. • partireneurope.com • Lun-ven 9h-12h30, 14h-18h30 (17h30 ven).
Une petite agence dynamique qui organise des séjours économiques en Europe et en Russie. 30 capitales européennes au départ de 30 villes de France. Plusieurs formules d'hébergement, de la cité U à l'hôtel 3 étoiles. Départs toute l'année et pour des concerts et des festivals rock en Europe.

▲ NOUVELLES FRONTIÈRES

Rens et résas dans tte la France : ☎ 0825-000-825 (0,15 €/mn). • nouvelles-frontieres.fr •
Les brochures Nouvelles Frontières sont disponibles gratuitement dans les 240 agences du réseau, par téléphone et sur Internet. Plus de 40 ans d'existence, 1 million de clients par an, 250 destinations, deux chaînes d'hôtels-clubs, *Paladien* et *Koudou*, et une compagnie aérienne, *Corsairfly*. Pas étonnant que Nouvelles Frontières soit devenu une référence incontournable, notamment en matière de tarifs. Le fait de réduire au minimum les intermédiaires permet d'offrir des prix « super-serrés ». Un choix illimité de formules vous est proposé : des vols sur la compagnie aérienne de Nouvelles Frontières au départ de Paris et de province, en classe Horizon ou Grand Large, et sur toutes les compagnies aériennes régulières, avec une gamme de tarifs selon votre budget. Sont également proposés toutes sortes de circuits, aventure ou organisés ; des séjours en hôtels, en hôtels-clubs et en résidences ; des week-ends, des formules à la carte (vol, nuits d'hôtel, excursions, location de voitures...), des séjours neige, des croisières, des séjours thématiques, plongée, thalasso.
Avant le départ, des réunions d'information sont organisées. Intéressant : des brochures thématiques (plongée, aventure, rando, trek et sport).

▲ PROMOVACANCES.COM

Les offres Promovacances sont accessibles sur • promovacances.com • ou au ☎ 0899 654 850 (1,35 € l'appel puis 0,34 € la mn) et dans 10 agences situées à Paris (Bonne-Nouvelle, Chaussée-d'Antin, Voltaire, Forum des Halles...) et à Lyon.
N°1 français de la vente de séjours sur Internet, Promovacances a fait voyager plus de 2 millions de clients en 10 ans. Le site propose plus de 10 000 voyages actualisés chaque jour sur 300 destinations : séjours, circuits, week-ends, thalasso, plongée, golf, voyages de noce, locations, vols secs... L'ambition du voyagiste : prouver chaque jour que le petit prix est compatible avec des vacances de qualité. Grâce aux avis clients publiés sur le site et aux visites virtuelles des hôtels, vous réservez vos vacances en toute tranquillité.

▲ VOYAGES 4A

– Nancy : 1 bis, rue de la Primatiale, 54000. Rens et résas : ☎ 03-83-37-99-66. • voyages4a.com • Lun-ven 10h-18h.
Voyages 4A propose des voyages en autocar sur lignes régulières à destination des grandes cités européennes, des séjours et circuits Europe durant les ponts et vacances, le Carnaval de Venise, les grands festivals et expositions, des voyages en Transsibérien, des séjours en Russie.
Formules tout public au départ de Paris, Lyon, Marseille et autres grandes villes de France.

▲ VOYAGES-SNCF.COM

Voyages-sncf.com, première agence de voyages sur Internet, propose des billets de train, d'avion, des chambres d'hôtel, des locations de voitures et des séjours clés en main ou Alacarte® sur plus de 600 destinations et à des tarifs avantageux. Leur site ● voyages-sncf.com ● permet d'accéder tous les jours, 24h/24, à plusieurs services : envoi gratuit des billets à domicile, Alerte Résa pour être informé de l'ouverture des réservations et profiter du plus grand choix, calendrier des meilleurs prix (TTC), mais aussi des offres de dernière minute et des promotions...

Et grâce à l'Écocomparateur, en exclusivité sur ● voyages-sncf.com ●, possibilité de comparer le prix, le temps de trajet et l'indice de pollution pour un même trajet en train, en avion ou en voiture.

▲ VOYAGEURS EN RUSSIE ET EN EUROPE CENTRALE

☎ 0892-68-83-63 (0,34 €/mn). ● vdm.com ●

– Paris : La Cité des Voyageurs, *55, rue Sainte-Anne, 75002. ☎ 0892-23-61-61 (0,34 €/mn). Ⓜ Opéra ou Pyramides. Lun-sam 9h30-19h.*

– Également des agences à Bordeaux, Caen, Grenoble, Lille, Lyon, Marseille, Montpellier, Nantes, Nice, Rennes, Rouen, Strasbourg et Toulouse.

– Voyageurs en Russie et en Europe centrale (Allemagne, Autriche, Belgique, Hongrie, pays baltes, Pays-Bas, Pologne, République tchèque, Russie, Slovénie, Ukraine) : ☎ 0892-23-61-61 (0,34 €/mn).

Le grand spécialiste du voyage en individuel sur mesure. Nouveau ! *Voyageurs du Monde Express* : tous les vols et une sélection de voyages « prêts à partir » sur des destinations mythiques.

Sur les conseils d'un spécialiste de chaque pays, chacun peut construire un voyage à sa mesure...

Pour partir à la découverte de plus de 150 pays, 100 conseillers-voyageurs, de près de 30 nationalités et grands spécialistes des destinations, donnent des conseils, étape par étape et à travers une collection de 27 brochures, pour élaborer son propre voyage en individuel. Voyageurs du Monde propose également une large gamme de circuits accompagnés (famille, aventure, routard...). Voyageurs du Monde a développé une politique de « vente directe » à ses clients, sans intermédiaire.

Dans chacune des Cités des Voyageurs, tout rappelle le voyage : librairies spécialisées, boutiques d'accessoires de voyage, restaurant des cuisines du monde, lounge-bar, expositions-vente d'artisanat ou encore dîners et cocktails-conférences. Toute l'actualité de VDM à consulter sur leur site internet.

En Belgique

▲ NOUVELLES FRONTIÈRES

– Bruxelles (siège) : bd Lemonnier, 2, 1000. ☎ 02-547-44-22. ● nouvelles-frontieres.be ●

– Également d'autres agences à Bruxelles, Charleroi, Liège, Mons, Namur, Waterloo, Wavre et au Luxembourg.

Voir texte dans la partie « En France ».

▲ SERVICES VOYAGES ULB

● servicevoyages.be ●

– Bruxelles : campus ULB, av. Paul-Héger, 22, CP 166, 1000. ☎ 02-648-96-58.

– Bruxelles : rue Abbé-de-l'Épée, 1, Woluwe, 1200. ☎ 02-742-28-80.

– Bruxelles : hôpital universitaire Érasme, route de Lennik, 808, 1070. ☎ 02-555-38-49.

– Bruxelles : chaussée d'Alsemberg, 815, 1180. ☎ 02-332-29-60.

– Ciney : rue du Centre, 46, 5590. ☎ *083-216-711.*
– Marche : av. de la Toison-d'Or, 4, 6900. ☎ *084-31-40-33.*
– Wépion : chaussée de Dinant, 1137, 5100. ☎ *081-46-14-37.*
Service Voyages ULB, c'est le voyage à l'université. L'accueil est donc très sympa. Billets d'avion sur vols charters et sur compagnies régulières à des prix hyper-compétitifs.

▲ VOYAGEURS DU MONDE
– Bruxelles : chaussée de Charleroi, 23, 1060. ☎ *0900-44-500 (0,45 €/mn).* • *vdm.com* •
Le grand spécialiste du voyage en individuel sur mesure.
Voir texte « Voyageurs en Russie et en Europe centrale » dans la partie « En France ».

En Suisse

▲ STA TRAVEL
• *statravel.ch* •
– Fribourg : rue de Lausanne 24, 1701. ☎ *058-50-49-80.*
– Genève : rue de Rive 10, 1204. ☎ *058-450-48-00.*
– Genève : rue Vignier 3, 1205. ☎ *058-450-48-30.*
– Lausanne : bd de Grancy 20, 1006. ☎ *058-450-48-50.*
– Lausanne : à l'université, Anthropole, 1015. ☎ *058-450-49-20.*
Agence spécialisée notamment dans les voyages pour jeunes et étudiants. Gros avantage en cas de problème : 150 bureaux STA et plus de 700 agents du même groupe répartis dans le monde entier sont là pour donner un coup de main *(Travel Help).*
STA propose des voyages très avantageux : vols secs *(Blue Ticket),* billets Euro Train, hôtels, écoles de langues, location de voitures, etc. Délivre la carte internationale d'étudiant ISIC et la carte *Jeune Go 25.*

▲ TUI-NOUVELLES FRONTIÈRES
– Genève : rue Chantepoulet 25, 1201. ☎ *022-716-15-70.*
– Lausanne : bd de Grancy 19, 1006. ☎ *021-321-41-11.*
Voir texte dans la partie « En France ».

Au Québec

▲ TOURS CHANTECLERC
• *tourschanteclerc.com* •
Tours Chanteclerc est un tour-opérateur qui publie différentes brochures de voyages : Europe, Amérique du Nord, Amérique du Sud, Asie et Pacifique Sud, Afrique et le Bassin méditerranéen en circuits ou en séjours. Il se présente comme l'une des « références sur l'Europe » avec deux brochures : groupes (circuits guidés en français) et individuels. « Mosaïque Europe » s'adresse aux voyageurs indépendants qui réservent un billet d'avion, un hébergement (dans toute l'Europe), des excursions ou une location de voiture. Aussi spécialiste de Paris, le grossiste offre une vaste sélection d'hôtels et d'appartements dans la Ville Lumière.

▲ VACANCES TOURS MONT-ROYAL
• *toursmont-royal.com* •
Le voyagiste propose une offre complète sur les destinations et les styles de voyage suivants : Europe, destinations soleils d'hiver et d'été, forfaits tout compris, circuits accompagnés ou en liberté. Au programme Europe, tout ce qu'il faut pour les voyageurs indépendants : location de voitures, cartes de train, bonne sélection d'hôtels, excursions à la carte, forfaits à Paris, etc. À signaler : l'option

Adresses utiles

1 [redacted]
[redacted]
8 [redacted]
[redacted]

Où dormir ?

11 Pension [redacted]
12 [redacted]
13 [redacted]
14 [redacted]
15 [redacted]
16 [redacted]
17 [redacted]
[redacted]
19 [redacted]
[redacted]
21 [redacted]
[redacted]
23 [redacted]
24 Hotel [redacted]
25 Hotel [redacted]

Où manger ?

30 Restaurante [redacted]
31 [redacted]
32 [redacted]
33 Café [redacted]
34 [redacted]
35 [redacted]
36 [redacted]
37 [redacted]
38 [redacted]
39 [redacted]
40 [redacted]
41 [redacted]
42 [redacted]
43 [redacted]
44 [redacted]
45 [redacted]
46 [redacted]
47 [redacted]
48 [redacted]
49 [redacted]
50 [redacted]
51 [redacted]
52 [redacted]
53 [redacted]
[redacted]
56 [redacted]
57 [redacted]

Où boire un verre ?

61 Bar [redacted]
62 Bar [redacted]
63 [redacted]
64 [redacted]
65 [redacted]
66 [redacted]
67 [redacted]
68 [redacted]
69 [redacted]
70 [redacted]
71 [redacted]
72 [redacted]
73 [redacted]
74 [redacted]
75 [redacted]
76 [redacted]

Où sortir ?

83 [redacted]
84 [redacted]
85 [redacted]
[redacted]
87 [redacted]
88 [redacted]

A voir

90 [redacted]
91 [redacted]
92 [redacted]
[redacted]
94 [redacted]

achat/rachat de voiture (17 jours minimum, avec prise en France et remise en France ou ailleurs en Europe. Également : vols entre Montréal et Londres, Bruxelles, Bâle, Madrid, Málaga, Barcelone et Vienne avec *Air Transat* ; les vols à destination de Paris sont assurés par la compagnie *Corsair* au départ de Montréal, d'Halifax et de Québec avec *Corsairfly.* Nouvelle destination : l'Islande.

EN BUS

Plusieurs compagnies assurent des liaisons quotidiennes avec les principales villes de Pologne. Dans les périodes de grands départs (vacances, fêtes), prenez soin de réserver 3 semaines à un mois à l'avance. Les prix des billets sont moins élevés que ceux de train. Le voyage dure environ 18h jusqu'à la frontière polonaise.
Site internet à consulter : • *polska.fr* • *Liaisons et horaires depuis les villes de France vers les villes polonaises.*
Sachez, si vous souhaitez être attendu à Varsovie, que le centre d'informations de la gare routière ne connaît pas l'heure d'arrivée des bus internationaux. Et il y a souvent des retards. Il existe un numéro valable dans tout le pays pour connaître les horaires des bus intérieurs : ☎ 94-36.

▲ BAUDART VOYAGES

– Paris : 93, rue de Maubeuge, 75010. ☎ *01-42-80-95-60.* • *voyages-baudart.fr* • Ⓜ *Gare-du-Nord. Lun-ven 9h-12h, 13h-17h. Fermé sam.*
– Lille centre : pl. Saint-Hubert, 59000. ☎ *03-28-36-53-53. Mar et jeu-ven 9h-12h, 13h15-17h ; mer 7h15-12h, 13h30-17h ; sam 7h15-12h, 13h-16h. Fermé lun.*
➢ Liaisons plusieurs fois/sem vers les principales villes de Pologne, ainsi que vers Riga et Vilnius via Bruxelles.

▲ EUROLINES

• *eurolines.fr* • *Vous trouverez également les services d'Eurolines sur* • *routard.com* •
– Gare routière internationale à Paris : ☎ *0892-89-90-91 (0,34 €/mn).* Ⓜ *Gallieni.*
Eurolines propose 10 % de réduction pour les jeunes et les seniors. Deux bagages gratuits par personne en Europe et 40 kg gratuits pour le Maroc.
Première low-cost par bus en Europe, Eurolines permet de voyager vers plus de 1 500 destinations en Europe et au Maroc, avec des départs quotidiens depuis 110 villes françaises.
Pass Eurolines : pour un prix fixe valable 15 ou 30 jours, vous voyagez autant que vous le désirez sur le réseau entre 45 villes européennes. Également un mini-*pass* pour visiter deux capitales européennes.

▲ GULLIVERS

– Paris : 2, rue Borda, 75003. ☎ *01-48-04-08-23 et 0800-48-55-48-37 (n° Vert).* • *gullivers.fr* • Ⓜ *Arts-et-Métiers ou Temple.*
➢ Cette compagnie d'autocars dessert Varsovie, Szczecin et Vilnius via Bruxelles (gare du Midi), Hanovre et Berlin. Départ de la gare de l'Est à Paris.

Autres compagnies de bus

■ ***Polka :*** *252, rue de Rivoli, ou 2, rue de Mondovi, 75001 Paris.* ☎ *01-40-20-00-80.* Ⓜ *Concorde. Lun-ven 9h30-13h30, 14h45-18h.* Dessert une trentaine de villes de Pologne. Service sympa.
■ ***Orbis :*** *36, rue Richard-Lenoir, 75011 Paris.* ☎ *01-43-71-60-20.* Ⓜ *Voltaire.* Départ depuis Paris mais aussi depuis Nice, Lyon et des villes de l'Est et du Nord.
■ ***Copernic :***
– Paris : 6, rue des Immeubles-Industriels, 75011. ☎ *01-40-09-03-43.* • *copernic.fr* • Ⓜ *Nation. Sem 9h-17h ; sam 9h-13h.*

– Lyon : 23, rue Dessaix, 69003. ☎ 04-72-60-04-56. Ouv lun-sam 8h30-12h, 13h30-17h30. Env 140 € pour un aller-retour selon saison ; réduc pour les moins de 26 ans et les plus de 60 ans. Il est recommandé de retirer ses billets une dizaine de jours à l'avance en haute saison et plus d'un mois à l'avance pour les fêtes de Noël. En association avec plusieurs autres compagnies, départ tous les jours de Paris pour de nombreuses villes de Pologne. Il est aussi possible de partir de Lille, Lyon et Metz. Parfois projection de films à bord. Emporter ses sandwichs, les arrêts sont courts.

■ ***Karolina** : 7, rue Duphot, 75001 Paris. ☎ 01-40-15-09-09. • polska.fr • Lun-ven 10h-12h, 13h30-18h (16h sam).* Trajets vers les villes polonaises secondaires via Bruxelles, Anvers, Amsterdam et Magdebourg...

■ ***AFPE** : 240, rue de Rivoli, 75001 Paris. ☎ 01-47-03-90-00. • wirtualna francja.com • Ⓜ Concorde. Lun-ven 6h-18h, sam 8h-13h.* Cette association franco-polonaise centralise la vente de billets des compagnies officielles. Aucun supplément. Vous y trouverez aussi un petit mensuel bilingue gratuit, *Dzień Dobry,* avec des adresses pratiques et des annonces.

EN TRAIN

Pour préparer votre voyage

– ***Billet à domicile :*** commandez et payez votre billet par téléphone au ☎ 36-35 (0,34 €/mn) ou sur Internet, la SNCF vous l'envoie gratuitement à domicile.
– ***Service « Bagages à domicile » :*** appelez le ☎ 36-35 (0,34 €/mn), la SNCF prend en charge vos bagages où vous le souhaitez et vous les livre là où vous allez en ***24h de porte à porte.***

Pour voyager au meilleur prix

La SNCF propose de nombreuses réductions. Pour en profiter au maximum, il faut réserver à l'avance. Les billets sont en vente 3 mois avant la date de départ. Toutes ces offres sont soumises à conditions.

➢ ***Prem's : plus vous anticipez, plus vous voyagez au meilleur prix***
Découvrez les prix Prem's à partir de 22 € l'aller en 2de classe TGV, 17 € en 2de classe Téoz et 35 € en 2de classe Lunéa couchettes. Prix Prem's pour un aller simple en 2de classe (période normale pour TGV), dans la limite des places disponibles. Billet non échangeable, non remboursable.

➢ ***Les cartes : réduction garantie***
– La *Carte 12-25* est destinée aux voyageurs âgés de 12 à 25 ans. Elle est valable 1 an et offre jusqu'à 60 % de réduction sur le train (- 25 % garantis même au dernier moment) dans la limite des places disponibles à ce tarif.
– Avec les *Cartes Enfant + et Senior* (destinée aux voyageurs de 60 ans et plus), vous avez jusqu'à 50 % de réduction (- 25 % garantis sur tous les trains) sur un nombre illimité de voyages, pendant 1 an.
– La *Carte Escapades* s'adresse aux voyageurs de 26 à 59 ans. Elle offre jusqu'à 40 % de réduction (- 25 % garantis), sur tous les trains, pour des allers-retours de plus de 200 km effectués sur la journée du samedi ou du dimanche, ou comprenant la nuit de samedi au dimanche sur place.

➢ ***Les tarifs Loisir***
Les tarifs Loisir sont proposés en 2de et 1re classe. Ils sont valables pour tous sans distinction d'âge. Plus vous anticipez votre voyage, plus vous obtenez des prix intéressants.
Vous pouvez également bénéficier de prix avantageux « week-end », en réservant vos billets dans les jours précédant votre départ si vous effectuez un aller-retour comprenant une nuit du samedi au dimanche sur place ou un aller-retour sur la journée du samedi ou du dimanche.

Les billets Loisir sont échangeables et remboursables gratuitement jusqu'à la veille du départ. Le jour du départ, ils sont échangeables et remboursables moyennant une retenue de 10 € (3 € pour les porteurs d'une carte de réduction).

➢ ***Les Bons Plans du Net***

Les « Bons Plans du Net » sont proposés sur Internet. Ils offrent en permanence des prix réduits toute l'année et jusqu'à - 60 % sur une sélection de trains (TGV, Téoz ou Lunéa) sur lesquels des « déstockages » de places invendues sont effectués.

➢ ***Pass InterRail***

Avec les ***Pass InterRail,*** les résidents européens peuvent voyager dans 30 pays d'Europe, dont la Pologne. Plusieurs formules et autant de tarifs, en fonction de la destination et de l'âge.

Pour les grands voyageurs, l'***InterRail Global Pass*** est valable dans l'ensemble des 30 pays concernés ; intéressant si vous comptez parcourir plusieurs pays au cours du même périple. Il se présente sous 4 formes au choix. Deux formules flexibles : utilisable 5 jours sur une période de validité de 10 jours (249 € pour les + de 25 ans, 159 € pour les 12-25 ans) ou 10 jours sur une période de validité de 22 jours (359 € pour les + de 25 ans, 239 € pour les 12-25 ans). Deux formules « continues » : *pass* 22 jours (469 € pour les + de 25 ans, 309 € pour les 12-25 ans) ou *pass* 1 mois (599 € pour les + de 25 ans, 399 € pour les 12-25 ans). Ces 4 formules existent aussi en version 1re classe !

Pologne

	+ de 25 ans	12-25 ans	4-11 ans
3 jours	69 €	45 €	34,50 €
4 jours	89 €	58 €	44,50 €
6 jours	119 €	77 €	59,50 €
8 jours	139 €	90 €	69,50 €

Pour obtenir plus d'informations sur les conditions de réservation et d'achat de vos billets

– ***Internet :*** *• voyages-sncf.com • tgv.com •*
– ***Téléphone :*** *☎ 36-35 (0,34 €/mn).*
– *Également dans les gares, les boutiques SNCF et les agences de voyages agréées SNCF.*

Vers la Pologne

Il n'y a pas de train direct. Changement à Berlin, à Francfort ou à Cologne. Réservation de billets pour la Pologne mais aussi pour des liaisons à l'intérieur du pays auprès de : ***DB France,*** *20, rue Laffitte, 75009 Paris. ☎ 01-44-58-95-40. • db-france.fr/ •*

➢ De Bruxelles, liaison en Thalys vers Cologne et embarquement dans le train de nuit Jan-Kiefura, qui propose des « places-lits » et des couchettes confortables. Arrivée à Varsovie le lendemain à 8h55. Prolongation jusqu'à Moscou.

Comment aller en train en Lituanie, en Lettonie et en Estonie ?

Il est possible de rejoindre Vilnius puis Riga et Tallinn depuis Varsovie. Autrefois, l'écartement des voies soviétiques nécessitait des changements de train fastidieux. À présent, Varsovie est reliée à Vilnius (via Kaunas) en direct. Avantage : on n'a pas à passer par l'enclave de Kaliningrad (visa de transit russe) ou par Minsk (visa de transit biélorusse). La carte d'identité ou le passeport suffit. Site internet : • litrail.com • En Lettonie et en Estonie, le réseau de chemin de fer est peu développé et vétuste.

EN VOITURE

C'est incontestablement le moyen de transport le plus souvent utilisé et le plus pratique. Contrairement à une idée largement répandue, la longueur du parcours n'est pas énorme. Partant de Paris, vous rejoignez la frontière polonaise après 1 200 km d'autoroute : comme si vous faisiez Lille-Marseille. Cependant, si vous êtes seul conducteur dans la voiture, nous vous conseillons de diviser le parcours en deux étapes.
Munissez-vous d'un certificat d'assurance (carte verte) et, si possible, d'un permis international (bien que le permis national suffise). De Paris, le chemin le plus court pour atteindre Varsovie passe d'abord par l'autoroute du Nord, direction Lille avec embranchement vers Bruxelles, qui conduit à Charleroi, Liège et Aix-la-Chapelle. Dès l'entrée en Allemagne, un panneau indique les numéros des autoroutes à emprunter en direction de Berlin : 44, 4, 1 et 2. Vous passez par Cologne, Dortmund, Bielefeld, Hanovre. Suivez les panneaux « Transit Varsovie » pour ne pas entrer dans Berlin. La ville-frontière s'appelle Francfort-sur-l'Oder (à ne pas confondre avec l'autre, Francfort-sur-le-Main). Évidemment, selon l'endroit où vous habitez et votre destination en Pologne, il existe d'autres itinéraires possibles. Pour aller au sud de la Pologne, on transite par la République tchèque ou, si on habite au nord, on peut passer par Cologne, Siegen, Erfurt, Dresde et Görlitz pour rejoindre l'autoroute Wrocław-Cracovie.
Les autoroutes sont gratuites en Belgique et en Allemagne. Leur réseau est très dense et compliqué, donc suivez attentivement les indications de la carte et repérez bien les numéros des sorties. Évitez les petites aires de stationnement, car elles sont très sommaires, reposez-vous plutôt dans des stations-service, toujours propres et modernes.
Les conditions de passage de la frontière ont évidemment changé avec l'adhésion de la Pologne à l'UE en 2004.
Sur place, évitez d'entrer dans une grande ville à la sortie du travail, c'est-à-dire vers 15h. Si vous avez choisi la découverte de la campagne polonaise, attention aux pots de yaourt Fiat 126 et aux nombreuses charrettes à cheval, et, de toute façon, vérifiez les freins avant de partir. Pour remercier les véhicules lents qui se rangent sur la droite pour qu'on les double, certains Polonais actionnent leurs feux de détresse.

EN STOP

C'est tout à fait possible. Le stop fonctionne très bien dès l'Allemagne, à condition de rester dans les stations-service des autoroutes. Dès l'entrée dans ce pays, procurez-vous un dépliant qui répertorie toutes les stations sur les autoroutes. Il est gratuit et se trouve dans les stations-service, généralement près de la caisse ou à l'entrée du self. Grâce à lui, vous pourrez calculer votre coup et savoir quelle est la dernière station-service avant la ville dans laquelle se rend votre aimable conducteur. La coutume, sur les petites distances, est de participer aux frais d'essence ; c'est pour cela qu'on voit beaucoup de stoppeurs de tous âges.

■ ***Allô Stop :*** *30, rue Pierre-Sémard, 75009 Paris.* ☎ *01-53-20-42-42.* • *allostop.net* • *Une cotisation de 40 € valable pour 10 trajets à réaliser en 2 ans, soit 4 €/trajet et env 50 € pour rallier Varsovie. Consulter le barème kilométrique sur le site.* Évidemment, ce n'est pas gratuit, mais ça reste abordable. Un bon moyen pour commencer le stop en direction de la Pologne est de passer par cette association de covoiturage. Elle propose très souvent des voitures pour l'Allemagne et, occasionnellement, pour la Pologne, la République tchèque et d'autres pays de l'Est.

– Sans oublier les annonces de covoiturage sur • routard.com • à la rubrique « Communauté ».
– Autre solution, si vous habitez Paris : consultez les petites annonces devant l'entrée de l'*église polonaise (263 bis, rue Saint-Honoré, 75001).* On y propose souvent des places dans les voitures se rendant directement en Pologne, contre une participation aux frais. Mettez-vous d'accord avec le conducteur auparavant. Demandez à un Polonais (il y en a toujours quelques-uns dans le coin) de vous indiquer les annonces, car elles sont souvent rédigées en polonais, puis relevez les numéros de téléphone.

LES QUESTIONS QU'ON SE POSE LE PLUS SOUVENT SUR LA POLOGNE

➤ Quelle est la meilleure saison pour y aller ?
L'automne doré serait la meilleure période pour visiter la Pologne. Septembre, en particulier, connaît de longues périodes ensoleillées. Juin n'est pas mal non plus. La neige recouvre le pays de décembre (parfois novembre) à avril, et la région de Zakopane attire les amateurs de sports d'hiver.

➤ La vie est-elle chère ?
Incontestablement, la Pologne profite de son adhésion à l'Europe pour aligner le prix de l'hébergement dans les grandes villes sur le niveau de vie de l'Europe occidentale. En revanche, dans les campagnes, on peut encore se loger à bon compte, et un repas simple reste très abordable.

➤ Les Polonais acceptent-ils l'euro ?
La monnaie locale est encore le złoty, mais, située à côté de pays qui sont passés à l'euro, la Pologne voit très vite la monnaie européenne devenir la seconde monnaie en circulation. Cependant, il vous faudra convertir les euros pendant quelques années encore.

➤ Dans quelle langue va-t-on s'exprimer ?
Il faudra, à défaut du polonais, pratiquer l'anglais ou l'allemand. La francophilie des Polonais n'est qu'un vieux souvenir de la période napoléonienne.

➤ La Pologne est-elle une destination gastronomique ?
Pas vraiment, selon les critères des fines gueules que sont les Français, mais pas trop mal si l'on considère le rapport prix-quantité-qualité. Cependant, les choses évoluent très vite, et les chefs polonais sont en train de rattraper leur retard qualitatif.

➤ Que rapporter de Pologne ?
Des bijoux fantaisie en argent et en ambre, des articles en cuir, de belles éditions de livres d'art, des boîtes de pruneaux enrobés de chocolat et, bien sûr, des eaux-de-vie et de la vodka.

LES COUPS DE CŒUR DU ROUTARD

- À Varsovie, dans le quartier de Praga, aller à la **Fabryka Trzciny,** une ancienne usine transformée en centre culturel à la décoration ultradesign et postmoderne, devenue **l'emblème du Varsovie alternatif et glamour.**

- À Varsovie, visiter **le musée de l'Insurrection de Varsovie,** qui retrace l'histoire de l'été 1944, au cours duquel les habitants prirent les armes et luttèrent contre l'occupation nazie.

- **À Żelazowa Wola,** découvrir la maison natale de **Chopin,** un charmant manoir entouré d'un grand jardin et un des hauts lieux de la musique romantique.

- **Découvrir Gdańsk,** le grand port sur la Baltique, célèbre pour ses chantiers navals, et qui fut le berceau de Solidarność, le syndicat dirigé par Lech Wałęsa. Ses grèves ont conduit le pays vers la démocratie et la liberté.

- **Admirer la forteresse de Malbork,** le plus grand château médiéval d'Europe, tout en brique, édifié par les chevaliers Teutoniques.

- **À Cracovie, arpenter le Rynek Główny,** une des plus grandes places médiévales de marché d'Europe, caractéristique du style urbain polonais de l'âge d'or.

- **Se balader dans la région des étangs de Mazurie,** qui parsèment la campagne entre Mikołajki et Giżycko en donnant aux paysages douceur et sérénité.

- **Explorer la réserve naturelle de Białowieża,** attenante à la Biélorussie, une très vieille forêt d'Europe centrale, qui abrite une population de bisons et de loups.

- **Séjourner dans une ferme à la campagne,** pour découvrir la ruralité polonaise d'une manière sympathique.

- De l'ancien ghetto de Varsovie à celui de Cracovie, partir **sur les traces de la mémoire juive,** un voyage dans le passé meurtri des juifs de Pologne et dans les pas de Schindler (le film de Spielberg), de Szpilman (*Le Pianiste* de Roman Polanski) et de Martin Gray (auteur d'*Au nom de tous les miens*).

- **À Lublin, la Jérusalem de Pologne,** se plonger dans la culture yiddish d'Europe centrale en dégustant la carpe farcie, tout en écoutant la musique *klezmer* des juifs ashkénazes.

- À partir de **Zakopane,** monter à l'assaut des contreforts des **Carpates,** et séjourner dans **le parc national des Tatras,** où vivent encore des ours.

POLOGNE UTILE

ABC DE LA POLOGNE

- ***Superficie :*** 312 690 km^2.
- ***Population :*** 38 500 000 hab., urbanisés à 62 %.
- ***Densité :*** 123 hab./km^2.
- ***Capitale :*** Varsovie (1,8 million d'hab.).
- ***Espérance de vie :*** 75,4 ans.
- ***PIB par hab. :*** 11 500 €.
- ***Taux de chômage :*** 12,8 %.
- ***Croissance démographique :*** - 0,045 %.
- ***Monnaie :*** le złoty.
- ***Langue :*** le polonais.
- ***Régime :*** démocratie parlementaire.
- ***Chef de l'État :*** Lech Kaczynski, élu en octobre 2005 pour 5 ans.
- ***Premier ministre :*** Donald Tusk, élu en octobre 2007.

AVANT LE DÉPART

Adresses utiles

En France

■ ***Office national polonais de tourisme :*** *9, rue de la Paix, 75002 Paris.* ☎ *01-42-44-19-00.* ● *tourisme.pologne.net* ● Ⓜ *Opéra. Sem 9h-16h.* Nombreux plans de villes et liste des hôtels de Pologne. Brochures à télécharger sur le site internet.

■ ***Consulats polonais :***
– Paris : 5, rue de Talleyrand, 75007. ☎ *01-43-17-34-00.* ● *consulat.pologne.net* ● Ⓜ *Invalides ou Varenne. Sem 8h30-13h30 sf mer 12h30-17h30. Infos par téléphone 8h30-16h, sf mer 10h-18h.*
– Lille : 45, bd Carnot, 59800. ☎ *03-20-14-41-81. Sem 8h30-13h30 et 16h30 par téléphone, sf mer 11h30-16h30.*
– Lyon : 79, rue Crillon, 69006. ☎ *04-78-93-14-85. Sem 9h-12h, 14h-16h.*
– Strasbourg : 2, rue Geiler, 67000. ☎ *03-88-37-23-10. Sem 9h-14h (16h mer).*

■ ***Librairie Dobosz :*** *7, rue de la Bûcherie, 75005 Paris.* ☎ *01-40-51-76-40.* Ⓜ *Maubert-Mutualité. Mar-sam 11h-19h.* M. Dobosz retourne régulièrement dans son pays natal et écrit un éditorial dans un journal polonais, c'est vous dire s'il connaît. Beaucoup de livres et de dicos, mais peu de romans traduits en français.

■ ***Librairie polonaise :*** *123, bd Saint-Germain, 75006 Paris.* ☎ *01-43-26-04-42.* Ⓜ *Odéon. Mar-sam 11h-19h.* Littérature polonaise ancienne et nouveautés.

■ ***Institut polonais :*** *31, rue Jean-Goujon, 75008 Paris.* ☎ *01-53-93-90-10.* ● *institut.pologne.net* ● Ⓜ *Alma-Marceau ou Champs-Élysées-Clemenceau. Ouv en sem 9h30-17h.* Ce centre culturel officiel organise des concerts (essentiellement de musique classique ou de jazz), des spectacles de théâtre, des conférences, des expositions de peintres et de graphistes, etc. Cours de polonais (inscriptions semestrielles).

■ ***Associations polonaises en France :*** *consulter le site* ● *polskanova.com/shtml/associations_france* ●

En Belgique

ℹ ***Office de tourisme polonais :*** *av. de la Renaissance, 20, Bruxelles 1000.* ☎ *02-740-06-20.* ● *polska-be.com* ● *Sem 10h-17h.*

■ ***Consulat polonais :*** *rue des Francs, 28, Bruxelles 1040.* ☎ *02-735-7212. Mar-ven 9h-13h.*

En Suisse

ℹ Pas d'office de tourisme polonais en Suisse. C'est à celui de Vienne que doivent s'adresser les Suisses.

■ ***Ambassade de Pologne :*** *Elfenstrasse 20a, Berne.* ☎ *(31) 358-02-02.* ● *polishemb@dial.eunet.ch* ● *Lun-ven 8h-16h.*

Au Canada

■ ***Consulat polonais :*** *1500, av. des Pins Ouest, Montréal (Québec) H3G-1B4.* ☎ *(514) 937-9481.*

■ ***Consulat polonais :*** *2603 Lakeshore Bd, West Toronto (Ontario) M8V-1G5.* ☎ *(416) 252-5471.*

Assurances voyage

■ ***Routard Assurance :*** *c/o AVI International, 28, rue de Mogador, 75009 Paris.* ☎ *01-44-63-51-00.* ● *avi-international.france@wanadoo.fr* ● *avi-international.com* ● Ⓜ *Trinité-d'Estienne-d'Orves.* Depuis 1995, *Routard Assurance* en collaboration avec AVI International, spécialiste de l'assurance voyage, propose aux routards un tarif à la semaine qui inclut une assurance bagages de 1 000 € et appareils photo de 300 €. Pour les séjours longs (3 mois à 1 an), il existe le *Plan Marco Polo. Routard Assurance* est aussi disponible en version « light » (durée adaptée aux week-ends et courts séjours en Europe). Dans les dernières pages de chaque guide, vous trouverez un bulletin d'inscription.

■ ***AVA :*** *25, rue de Maubeuge, 75009 Paris.* ☎ *01-53-20-44-20.* ● *info@ava.fr* ● *ava.fr* ● Ⓜ *Cadet.* Un autre courtier fiable pour ceux qui souhaitent s'assurer en cas de décès-invalidité-accident lors d'un voyage à l'étranger mais surtout pour bénéficier d'une assistance rapatriement, perte de bagages et annulation. Attention franchises pour leurs contrats d'assurance voyage.

■ ***Pixel Assur :*** *18, rue des Plantes, 78600 Maisons-Laffitte.* ☎ *01-39-62-28-63.* ● *pixel-assur.com* ● *contact@pixel-assur.com* ● *RER A : Maisons-Laffitte.* Assurance de matériel photo et vidéo tous risques dans le monde entier, basée sur la valeur du matériel. Devis basé sur le prix d'achat de votre matériel. Garantie à l'année.

Formalités

La Pologne est entrée dans l'espace Schengen en décembre 2007. Pour les Français, les Belges, les Suisses et les ressortissants de l'UE, la carte d'identité suffit pour circuler en Pologne. Pour les Canadiens (visa obligatoire uniquement en cas de séjour supérieur à 90 jours), le ***passeport*** doit être encore valide au moins 3 mois après l'entrée dans le pays.

0 50 100 km
MER BALTIQUE
NORD
Golfe de Poméranie
Parc national de Slovinie
Presqu'île de Hel
Westerplatte
Sopot
Gdynia
Oliwa
Gdańsk
Łeba
Słupsk
Koszalin
POMÉRANIE
Szczecinek
Szczecin
Golieniów
Chelmno
Piła
Bydgoszcz
Toruń
Wisła
Ciechocinek
Biskupin
Oder
Gorzów Wielkopolski
GRANDE
Gniezno
BERLIN
Swarzedz
Poznań (Posen)
Rogalin
Kórnik
Konin
ALLEMAGNE
POLOGNE
Zielona Góra
Kalisz
Sieradz
Leknica (Forêt)
A 18
A 2
Trzebnica
A 4
Dresden
Wrocław
Jawor
Sobótka
SILÉSIE
Kluczbork
SUDÈTES
Swidnica
Karpacz
Wałbrzych
Opole
Karłów
Kudowa
Paczków
Kłodzko
Bytom
Bystrzyca Kłodzka
Kletno
Gliwice
PRAHA
RÉPUBLIQUE TCHÈQUE
Brno
Malbork Lieux traités
Reszel Adresses et lieux dans les environs
Elblag Repères

sites inscrits au Patrimoine mondial de l'Unesco
RUSSIE
Baie de Gdańsk
Kaliningrad
LITUANIE
Elblag
Malbork
Reszel
Giżycko
Suwalki
Lac de Wigry
MAZURIE
Augustów
Olsztyn
Mikołajki
BIÉLORUSSIE
Parc national de Biebrza
Sokólka
Bohoniki
Kruszyniany
Brodnica
Łomża
Białystok
Golup-Dobrzýn
Ostroleka
PODLACHIE
Ostrów Mazowiecka
Hajnówka
(Forêt)
Białowieża
Włoclawek
Topito
Plock
Bug
Grabarka
WARSZAWA (VARSOVIE)
Zelazowa Wola
Siedlce
MAZOVIE
Biała Podlaska
Łódź
Wisła
Piotrków Trybunalski
Radom
Lublin
Kazimierz Dolny
Majdanek
Kielce
Częstochowa
Ujasd
Zamośc
Sandomierz
Ogrodzieniec
PETITE POLOGNE
Sosnowiec
Pieskowa Skała
Baranów Sandomierski
Katowice
Kraków (Cracovie)
Łańcut
Nowa Huta
GALICIE
Tarnów
Rzeszów
Markowa
Oświęcim (Auschwitz)
Wieliczka
Przemyśl
L'viv
Bielsko Biala
Nowy Sacz
Krosno
Kalwaria-Zebrzydowska
Églises en bois Petite Pologne
Sanok
Arłamow
UKRAINE
CARPATES
Zakopane
Bieszczady
Kasprowy Wierch
SLOVAQUIE

LA POLOGNE

Carte internationale d'étudiant (carte ISIC)

Elle prouve le statut d'étudiant dans le monde entier et permet de bénéficier de tous les avantages, services, réductions étudiants du monde, soit plus de 37 000 avantages, dont plus de 8 000 en France, concernant les transports, les hébergements, la culture, les loisirs... C'est la clé de la mobilité étudiante !
La carte ISIC donne aussi accès à des avantages exclusifs sur le voyage (billets d'avion spéciaux, assurances de voyage, carte téléphonique internationale, cartes SIM, location de voitures, navette aéroport...).
Pour plus d'informations sur la carte ISIC et pour la commander en ligne, rendez-vous sur les sites internet propres à chaque pays.

Pour l'obtenir en France

Pour localiser un point de vente proche de chez vous : • isic.fr • ou ☎ 01-40-49-01-01.

Se présenter au point de vente avec :
– une preuve du statut d'étudiant (carte d'étudiant, certificat de scolarité...) ;
– une photo d'identité ;
– 12 €, ou 13 € par correspondance, incluant les frais d'envoi des documents d'information sur la carte.
Émission immédiate.

En Belgique

Elle coûte 9 € et s'obtient sur présentation de la carte d'identité, de la carte d'étudiant et d'une photo auprès de :

■ ***Connections :** rens au ☎ 02-550-01-00. • isic.be •*

En Suisse

Dans toutes les agences *STA Travel (☎ 058-450-40-00)*, sur présentation de la carte d'étudiant, d'une photo et de 20 Fs. Commande de la carte en ligne : *• isic.ch • ou • statravel.ch •*

Au Canada

La carte coûte 16 $Ca ; elle est disponible dans les agences *TravelCuts/Voyages Campus*, les gares Via rail et les bureaux d'associations étudiants. *Pour plus d'infos : • viacampus.ca •*

Carte d'adhésion internationale aux auberges de jeunesse (carte FUAJ)

Cette carte, valable dans plus de 80 pays, vous ouvre les portes des 4 200 auberges de jeunesse du réseau Hostelling International réparties dans le monde entier. Les périodes d'ouverture varient selon les pays et les AJ. À noter, la carte est le plus souvent obligatoire pour séjourner en auberge de jeunesse, donc nous vous conseillons de vous la procurer avant votre départ. En effet, adhérer en France vous reviendra moins cher qu'à l'étranger.

Pour tout renseignement et réservation en France

Sur place

■ ***Fédération unie des auberges de jeunesse (FUAJ) :** 27, rue Pajol, 75018 Paris. ☎ 01-44-89-87-27. • fuaj.org • Ⓜ Marx-Dormoy ou La Chapelle. Lun*

10h-17h ; mar-ven 10h-18h.
– Montant de l'adhésion : 11 € pour les moins de 26 ans et 16 € pour les plus de 26 ans (tarifs 2008).
– Munissez-vous de votre pièce d'identité lors de l'inscription. Pour les mineurs, une autorisation des parents leur permettant de séjourner seul(e)s en auberge de jeunesse est nécessaire (une photocopie de la carte d'identité du parent qui autorise le mineur est obligatoire).
– Adhésion possible également dans toutes les auberges de jeunesse, points d'information et de réservation FUAJ en France.

Par correspondance

Envoyez une photocopie recto verso d'une pièce d'identité et un chèque à l'ordre de la FUAJ correspondant au montant de l'adhésion. Ajoutez 2 € de plus pour les frais d'envoi. Vous recevrez votre carte sous quinze jours.

– La FUAJ propose également une ***carte d'adhésion « Famille »,*** valable pour 1 ou 2 adultes ayant un ou plusieurs enfants âgés de moins de 14 ans. Fournir une copie du livret de famille. Elle coûte 23 € (tarif 2008). Une seule carte est délivrée pour toute la famille, mais les parents peuvent s'en servir lorsqu'ils voyagent seuls. Seuls les enfants de moins de 14 ans peuvent figurer sur cette carte. Les plus de 14 ans devront acquérir une carte individuelle.
– La carte donne également droit à des réductions sur les transports, les musées et les attractions touristiques de plus de 80 pays. Ces avantages varient d'un pays à l'autre, ce qui n'empêche pas de la présenter à chaque occasion. Liste de ces réductions disponible sur • hihostels.com • et les réductions en France sur • fuaj.org •

En Belgique

Son prix varie selon l'âge : entre 3 et 15 ans, 3 € ; entre 16 et 25 ans, 9 € ; après 25 ans, 15 €.

Renseignements et inscriptions

■ **À Bruxelles :** *LAJ, rue de la Sablonnière, 28, 1000. ☎ 02-219-56-76. • info@laj.be • laj.be •*
■ **À Anvers :** *Vlaamse Jeugdherbergcentrale (VJH), Van Stralenstraat 40, Antwerpen B 2060. ☎ 03-232-72-18. • info@vjh.be • vjh.be •*

– Votre carte de membre vous permet d'obtenir de 5 à 9 € de réduction sur votre première nuit dans les réseaux LAJ, VJH et CAJL (Luxembourg), ainsi que des réductions auprès de nombreux partenaires en Belgique.

En Suisse (SJH)

Le prix de la carte dépend de l'âge : 22 Fs pour les moins de 18 ans, 33 Fs pour les adultes et 44 Fs pour une famille avec des enfants de moins de 18 ans.

Renseignements et inscriptions

■ **Schweizer Jugendherbergen (SJH) :** *service des membres, Schaffhauserstr. 14, 8042 Zurich. ☎ 01-360-14-14. • bookingoffice@youthhostel.ch • youthhostel.ch •*

Au Canada et au Québec

Elle coûte 35 $Ca pour une durée de 16 à 26 mois et 175 $Ca à vie (tarifs 2008). Gratuit pour les enfants de moins de 18 ans qui accompagnent leurs parents. Pour les juniors voyageant seuls, la carte est gratuite, mais la nuitée est payante (moindre coût). Ajouter systématiquement les taxes.

■ ***Auberges de Jeunesse du Saint-Laurent / St Laurent Youth Hostels :***
– *À Montréal : 3514, av. Lacombe, Montréal (Québec) H3T-1M1. ☎ (514) 731-10-15. Sans frais (au Canada) : ☎ 1-866-754-10-15.*
– *À Québec : 94, bd René-Lévesque Ouest, Québec (Québec) G1R-2A4. ☎ (418) 522-2552.*

■ ***Canadian Hostelling Association :*** *205, Catherine Street bureau 400, Ottawa, Ontario, Canada K2P-1C3. ☎ (613) 237-78-84. • info@hihostels.ca • hihostels.ca •*
– ***Voyages Campus,*** qui a 7 agences à travers le Québec, distribue aussi la carte de membre. • voyagescampus.ca •

ARGENT, BANQUES, CHANGE

La monnaie polonaise

La monnaie officielle s'appelle le ***złoty,*** ce qui, en polonais, signifie « en or ». En effet, la monnaie polonaise avait jadis son équivalent en or. Cette époque est définitivement révolue et le złoty vaut beaucoup moins. Le złoty se divise en 100 groszy. À titre indicatif, fin 2008, 1 złoty valait environ 0,25 € et, inversement, avec 1 € on obtenait 4 złotys. De même, avec 1 Fs on obtenait 2,35 złotys et avec 1 $Can, 2,25 złotys.
En Pologne, le passage à l'euro ne pourrait avoir lieu que vers 2012-2013. On trouve difficilement des złotys avant le départ. Les banques honorent rarement les commandes.

Change

– ***Les bureaux de change*** *(kantors)* ont proliféré un peu partout, surtout dans les grandes villes. En raison du manque de locaux, vous trouverez des bureaux de change dans des endroits parfois insolites : des magasins d'alimentation, des selfs, etc. Les cours sont affichés clairement. Le taux de change y est à peu près équivalent à celui des grandes banques, mais celles-ci ont des horaires d'ouverture plus restreints. **Prévoyez des espèces,** car les bureaux de change ne prennent pas les cartes de paiement et refusent dans la plupart des cas les chèques de voyage.
– À propos des ***chèques de voyage,*** ceux-ci sont acceptés par la banque *PKO,* au même taux de change (correct) que le cash, mais moyennant une commission de 1,5 % (et de minimum 10 Zl, soit 2,50 €).
– Évitez évidemment de changer une grosse somme d'argent au bureau de change de l'aéroport car le taux y est défavorable.
– Dans certains grands hôtels, on peut payer directement en euros.

Cartes de paiement

Les cartes de paiement, aujourd'hui très répandues en Pologne, sont acceptées dans presque tous les grands hôtels, restaurants et agences de voyages. Toutes les villes, grandes et moyennes, sont équipées en ***guichets automatiques*** *(Bankomat)* acceptant les principales cartes de paiement. La carte *Maestro* est aussi largement acceptée. On rappelle que les cartes *Visa* et *MasterCard* assurent une assistance médicale à leur détenteur et à leur famille, dans la limite d'un séjour de 90 jours ; le numéro de téléphone est indiqué au dos de la carte. PCV accepté.
Quelle que soit la carte que vous possédez, chaque banque gère elle-même le processus d'opposition et le numéro de téléphone correspondant ! Avant de partir, notez donc bien le numéro d'opposition propre à votre banque (il figure souvent au

dos des tickets de retrait, sur votre contrat, ou à côté des distributeurs de billets), ainsi que le numéro à seize chiffres de votre carte. Bien entendu, conservez ces informations en lieu sûr et séparément de votre carte. Par ailleurs, l'assistance médicale se limite aux 90 premiers jours du voyage.
– ***Carte MasterCard :*** *assistance médicale incluse ; numéro d'urgence : ☎ (00-33) 1-45-16-65-65. • mastercardfrance.com • En cas de perte ou de vol, composez le numéro communiqué par votre banque ou, à défaut, le numéro général ☎ (00-33) 8-92-69-92-92 pour faire opposition ; numéro également valable pour les autres cartes de paiement émises par le* Crédit Agricole et le Crédit Mutuel.
– *Pour la carte* ***American Express,*** *téléphoner en cas de pépin au ☎ (00-33) 1-47-77-72-00. Numéro accessible tous les jours 24h/24 • americanexpress.fr •*
– ***Carte bleue Visa internationale :*** *assistance médicale et véhicule incluse ; numéro d'urgence (Europ Assistance) : ☎ (00-33) 1-41-85-88-81. Pour faire opposition, contactez le numéro communiqué par votre banque. • carte-bleue.fr •*
– *Pour ttes les cartes émises par* ***La Banque postale,*** *composez le ☎ 0825-809-803 (0,15 €/mn) ; pour les DOM ou depuis l'étranger, le ☎ (00-33) 5-55-42-51-96.*
– *Également un numéro d'appel valable quelle que soit votre carte de paiement : ☎ 0892-705-705 (serveur vocal 0,34 €/mn). Ne fonctionne ni en PCV ni depuis l'étranger.*

Problème de liquide ? Les dépannages d'urgence

En cas de besoin urgent d'argent liquide (perte ou vol de billets, chèques de voyage, carte de paiement), vous pouvez être dépanné en quelques minutes grâce au système *Western Union Money Transfer.* Pour cela, demandez à quelqu'un de vous déposer de l'argent en euros dans l'un des bureaux **Western Union** ; les correspondants en France de *Western Union* sont ***La Banque postale*** *(fermée sam ap-m, n'oubliez pas ! ☎ 0825-00-98-98)* et ***Travelex*** en collaboration avec la *Société financière de paiement (SFDP), ☎ 0825-825-842.* L'argent vous est transféré en moins d'un quart d'heure. La commission, assez élevée, est payée par l'expéditeur. Possibilité d'effectuer un transfert en ligne 24h/24 par carte de paiement (*Visa* ou *MasterCard* émise en France).
• westernunion.com •

ACHATS

Il y a beaucoup de belles choses, vraiment pas chères du tout ; en voici une petite sélection.
– *Pour la copine :* un bijou en argent. Vous en trouverez de très beaux dans les galeries d'art privées.
– *Pour le copain :* un livre d'art. Il en existe de splendides et vraiment donnés (parfois même avec des textes en français). Et un gâteau *makowiec.*
– *Pour maman :* un collier ou un bracelet d'ambre, dans les magasins *Cepelia,* sur les ports de la mer Baltique (qui renferme 90 % des gisements mondiaux !), en Mazurie ou partout ailleurs. Les ambres blanches, vertes (chlorophylle sous-marine) et noires sont les plus rares. La plus grosse pièce trouvée pèse 10 kg !
– *Pour papa :* une bonne bouteille de vodka *Żubrowka* faite avec de l'herbe de bison. Ou encore la *Siwucha,* un peu plus chère mais délicieuse avec son léger parfum abricoté. Vous la reconnaîtrez à son bouchon de liège scellé à la cire rouge. Comme la Pologne fait partie de l'UE, chaque ressortissant européen peut rapporter jusqu'à 10 l de boissons spiritueuses.
– *Pour la petite amie :* on trouve sur les marchés dans l'est du pays de jolis soutiens-gorge à balconnet « super-sexy » pour quelques złotys !
– *Pour tonton :* une pipe en cerisier.
– *Pour mamie :* une boîte de *sliwki w czekoladzie,* des pruneaux (sans les noyaux) enrobés de chocolat.

– *Pour les autres :* il reste encore du cuir (sacs, gants, ceintures, etc.), des pulls en laine de brebis (odeur garantie), de la verrerie, de la peinture (attention, l'exportation d'objets fabriqués avant 1945 est prohibée), ou encore nombre d'articles vestimentaires à des prix défiant toute concurrence (ainsi, un voyage en Pologne est idéal avant la rentrée des classes).

Les magasins

Ils sont généralement ouverts de 10h à 18h. Dans les grandes villes, il existe des magasins d'alimentation qui fonctionnent 24h/24, où il est fréquent de faire la queue, la nuit, pour acheter sa petite bouteille de vodka. Vous trouverez aussi en Pologne des boutiques de luxe qui n'ont rien à envier à celles de l'Europe occidentale, où les prix n'y sont d'ailleurs pas moins élevés. Mais, moyennant quelques efforts, vous réussirez à vous acheter des vêtements de bonne qualité et pas très chers, ainsi que des CD, des DVD, etc.

BUDGET

Hébergement

La Pologne s'aligne de plus en plus sur ses confrères européens, mais la vie dans ce pays reste quand même moins chère qu'en France. On dépense plus dans les villes qu'à la campagne, évidemment. Ainsi, à Varsovie et à Cracovie, les prix sont plus élevés de 20 à 30 %. Dire qu'il y a une forte augmentation du coût de la vie en Pologne en général est exagéré, car il y a eu très peu d'inflation ces dernières années et les prix sont restés stables.
Voici quelques fourchettes de prix.
– ***Très bon marché :*** moins de 40 Zl (10 €) par personne, notamment pour les auberges de jeunesse, en chambre chez l'habitant et en dortoir.
– ***Bon marché :*** 80-100 Zl (20-25 €) la chambre double sans petit déj.
– ***Prix modérés :*** 100-200 Zl (25-50 €).
– ***Prix moyens :*** 200-300 Zl (50-75 €).
– ***Chic :*** plus de 300 Zl (75 €).

Restos

– ***Très bon marché :*** un bon repas reconstituant dans un *mleczny* ne dépasse jamais 15 Zl (4 €).
– ***Bon marché :*** moins de 20 Zl (5 €).
– ***Prix moyens :*** 20-50 Zl (5-13 €).
– ***Chic :*** plus de 50 Zl (13 €).

Divers

Consommations

– ***Un café*** *(expresso)* ***:*** autour de 5 Zl (1,25 €).
– ***Une bière*** *(50 cl)* ***:*** autour de 6 Zl (1,50 €).
– ***Un jus de fruits :*** autour de 5 Zl (1,25 €).

Achats

– ***Un litre d'essence :*** un peu plus de 4 Zl (1 €).
– ***Un CD neuf :*** entre 40 et 80 Zl (10 et 20 €).
– ***Un litre de lait :*** autour de 2 Zl (0,50 €).
– ***Un litre de vodka :*** 30 Zl (8 €) en moyenne, mais plus cher selon la qualité de la vodka.

CLIMAT

La Pologne est située entre deux zones climatiques : le climat océanique de l'Europe occidentale et le climat continental de l'Europe orientale, ce qui provoque une grande variété dans la météo. L'hiver est très froid (de - 5 à - 15 °C) et très enneigé, surtout à l'est et dans les montagnes. Il dure de décembre à février. Le printemps est généralement ensoleillé et chaud, avec un retour de gelée blanche vers la mi-mai. L'été est chaud, voire très chaud (parfois il fait plus de 30 °C) et dure de juin jusqu'à août. La pluie et les orages sont fréquents, surtout en juillet dans les montagnes. L'automne, sec et ensoleillé, est couramment appelé « l'automne doré » (septembre et octobre) ; particulièrement beau dans les massifs.

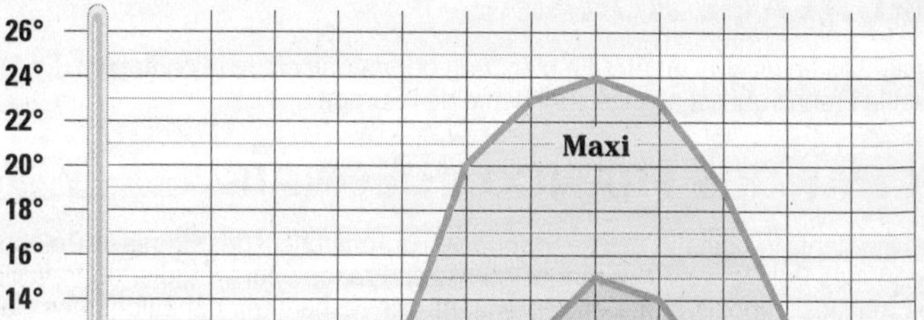

Moyenne des températures atmosphériques

Nombre de jours de pluie

POLOGNE (Varsovie)

DANGERS ET ENQUIQUINEMENTS

Si vous êtes en voiture, dans les grandes villes une précaution s'impose : essayez de trouver un parking gardé. Pour le reste, rien à signaler si ce n'est les mesures habituelles de prudence : pas d'objets tentants laissés en vue sur les sièges, etc. Évitez aussi les parcs déserts après la tombée du jour.

*– **Assistance aux touristes :** en cas de besoin, on peut appeler le ☎ 0800-200-300 (appel gratuit d'un poste fixe) ou le ☎ 608-599-999 depuis un portable (payant). Ces numéros permettent de trouver un interlocuteur (en anglais ou en allemand). La ligne fonctionne juin-fin sept, 8h-20h.*

DÉCALAGE HORAIRE

Aucun ! Ni en hiver ni en été. Eh bien, oui, on pourrait croire le contraire... En fait, c'est la France qui est alignée sur l'heure de l'Europe de l'Est.

ÉCHANGES FRANCO-POLONAIS

Des étudiants français (et des francophones) qui cherchent des stages en Pologne, des jeunes Polonais qui désirent séjourner en France pour y étudier ou travailler, des familles françaises qui entreprennent des recherches généalogiques pour retrouver des liens de parenté en Pologne, pays de leurs aïeux... De plus en plus nombreuses sont les demandes de ce type. Avec l'adhésion de la Pologne à l'Union européenne, les échanges se développent dans les deux sens.

ÉLECTRICITÉ

Voltage : 220 volts, fréquence 50 Hz.

FÊTES ET JOURS FÉRIÉS

– *Jours fériés :* le 1er janvier, le lundi de Pâques, le 1er mai, le 3 mai (fête nationale), le 15 août (attention, la majorité des commerces et musées sont fermés le 15 août ; on le rappelle, car plusieurs lecteurs surpris ont dû changer leurs projets ce jour-là), la Fête-Dieu ou *Boże Ciało,* qui est une fête variable en Pologne, le 1er novembre, le 11 novembre (fête nationale célébrant l'indépendance de 1918, au bout de 140 années de servitude) et les 25 et 26 décembre. La Saint-Nicolas du 6 décembre est également fêtée comme en Alsace ou en Belgique.

– Les Polonais offrent beaucoup de petits cadeaux (fleurs surtout, mais aussi chocolats...) pour les fêtes individuelles. Comme il y a quatre saints Andrzej et deux saintes Agnieszka par an, les fleuristes sont florissants ! En revanche, offrir des fleurs pour la Saint-Valentin *(Walentynki)* a valeur de déclaration.

– Il y a de nombreux tournois de chevalerie en été, assez impressionnants à voir. Les plus connus sont ceux de Golup-Dobrzyń, à côté de Toruń, en juillet, à Sandomierz en août, à Ujazd en juin et Gniew en juillet.

HÉBERGEMENT

Les auberges de jeunesse *(schronisko młodziezûowe)*

Il y en a beaucoup, dans toutes les villes et même en dehors. En tout, plus de 1 100 AJ réparties dans toute la Pologne. Elles sont un peu moins chères que chez nous. La carte internationale des auberges de jeunesse n'est pas forcément nécessaire (sauf pour le réseau affilié à la FUAJ), mais elle donne droit à des réductions

(voir la rubrique « Avant le départ », plus haut). Il existe deux sortes d'auberges : les *permanentes*, ouvertes toute l'année, et les *saisonnières*, qui sont aménagées en juillet et août dans les écoles. En règle générale, préférez toujours les permanentes : elles sont beaucoup mieux agencées et ont parfois des chambres doubles ou triples, alors que les autres proposent invariablement dix ou quinze lits de camp dans une salle de classe.
Le règlement est souvent le même : entre 10h et 17h, vous devez quitter les lieux (on peut laisser ses affaires). Le soir, la porte ferme à 22h ou 23h, sauf accord avec la personne responsable. Il y a très souvent une cuisine à disposition, parfois avec vaisselle et réfrigérateur. Ce sont des endroits très conviviaux, les rencontres et les longues discussions nocturnes y sont fréquentes. La moyenne d'âge est assez basse (souvent des groupes d'élèves des écoles primaires, en voyage d'étude).
En saison, les places manquent souvent. Il est préférable de réserver, surtout si vous êtes en groupe. Les réservations s'effectuent par lettre, même à partir de la France, ou par téléphone, mais ce n'est pas toujours évident (voir la rubrique « Téléphone et télécommunications »).
On peut consulter la liste des auberges de jeunesse dans les offices de tourisme et dans les auberges mêmes. Relevez les adresses pour la ville suivante avant de partir et téléphonez, vous éviterez ainsi des mauvaises surprises.
– Il n'y a pas de limite d'âge pour séjourner en AJ. Il faut simplement être adhérent.
– La FUAJ propose trois guides répertoriant toutes les AJ du monde : un pour la France, un pour l'Europe et un pour le reste du monde (les deux derniers sont payants).

■ ***Fédération polonaise des auberges de jeunesse (PTSM) :*** *ul. Chocimska, 28, 00-791 Varsovie.* ☎ *(22) 849-83-54.* ● *ptsm.pl* ● *ptsm.free.ngo.pl* ●

Les hôtels universitaires

Ouverts durant les mois de juillet et août seulement, ce sont des hôtels aménagés dans les résidences universitaires. Parfois légèrement plus chers que les auberges de jeunesse, ces hôtels universitaires restent abordables et offrent l'avantage de ne pas avoir de couvre-feu. Pour les moins de 35 ans, la carte internationale des étudiants *ISTE* y donne droit à une réduction.
Avant de partir, vous pouvez vous procurer la liste actualisée dans les bureaux de l'*Orbis* qui vend également les *vouchers* (bons d'échange) utilisés pour y dormir ; il n'est pas obligatoire de les avoir, vous pouvez payer sur place sans problème. Sur place, on peut obtenir les adresses dans les bureaux de l'*Almatur*, l'agence de voyages des étudiants qui les gère, ou à l'office de tourisme. Chambres de 2, 3 ou 4 personnes, toilettes et douches à l'étage. Très bonne ambiance, beaucoup de routards de tous les coins d'Europe, ce qui compense le décor un peu sinistre de l'environnement bétonné. Rencontres assurées. Parfois, une cantine universitaire est également à disposition, ainsi qu'un *nightclub*.

■ ***Agences Almatur en Pologne :*** *(numéros depuis l'étranger).*
– Częstochowa : ul. Nowowiejskiego, 2. ☎ *0048-34-324-43-68.*
– Gdańsk : ul. Długi Targ, 11. ☎ *0048-58-301-29-31.*
– Kraków : Rynek Glówny. ☎ *0048-12-422-46-68.*
– Lublin : ul. Langiewicza, 10. ☎ *0048-81-533-54-55.*
– Łódź : ul. Piotrkowska, 59. ☎ *0048-42-637-11-22.*
– Rzeszów : ul. 3-Maja, 28. ☎ *0048-17-852-07-69.*
– Szczecin : ul. Niedzialkowskiego, 24. ☎ *0048-91-423-29-75.*
– Toruń : Podmurna 44, 12. ☎ *0048-56-662-60-06.*
– Warszawa : ul. Kopernika, 23. ☎ *0048-22-826-23-56.*
– Wrocław : ul. Kościuszki, 34. ☎ *0048-71-343-41-35.*

■ ***Dizzy Daisy Hostels :*** *Hostel Service Sp. J., ul. Dietla, 58, 31-039 Kraków.* ☎ *(4812) 422-32-58.* • *hostel.pl* • Groupement de plusieurs auberges de jeunesse indépendantes à Cracovie et de résidences estivales à l'université de Varsovie, Gdańsk, Wrocław, Poznań et Toruń.

Chez l'habitant

Dans chaque grande ville, un bureau est spécialisé dans la location de chambres chez l'habitant, qui se multiplient depuis quelques années (ouvert 8h-20h en saison). Ceux qui louent sont la plupart du temps des pros, ne comptez donc pas trop sur une spontanéité totale. Ce n'est pas donné, mais cela revient quand même moins cher que l'hôtel. Il est parfois difficile d'obtenir une chambre en centre-ville. Dans les grandes villes, dès votre descente du train, ou sur la place du centre-ville, vous serez abordé par des vieilles dames ou de vieux messieurs qui vous proposeront, photos à l'appui, de vous héberger. Faites-vous bien préciser l'emplacement et calculez bien votre temps de trajet. Économies certaines, mais souvent éloignement du centre. Sur la route, repérez les panneaux *Noclegi* ou *Pokoje* qui proposent des chambres d'hôtes.

Les Maisons du Touriste *(Dom Turysty)*

Une chaîne d'hôtels moins chers que les autres et moins confortables. Mais, à part les dortoirs, ils proposent également des chambres de bonne qualité. Dernièrement, certaines Maisons du Touriste sont devenues des hôtels de luxe.

Les hôtels

Ils sont chers par rapport au niveau général des prix et n'ont plus rien à envier à ceux de l'Ouest. Il est très difficile d'avoir une place, même hors saison, surtout dans les villes touristiques comme Varsovie, Cracovie ou Gdańsk ; donc RÉSERVEZ si vous connaissez vos dates. La plupart des hôtels ont à présent une adresse e-mail.
Il existe aussi des hôtels de moindre taille, plus intimes que ceux de l'*Orbis*. Ils se font de plus en plus nombreux, devenant une vraie concurrence pour les grandes chaînes, économie de marché oblige !
Il faut reconnaître aussi le bon rapport qualité-prix des hôtels de la chaîne *Accor*, qui ont donné un sacré coup de vieux aux hôtels traditionnels.
Des sites pour réserver : • *hotelpl.com* • *polognetravel.com* • *decouvrirlapologne.com* •
Une petite remarque pour les insomniaques : il y a rarement des tentures aux fenêtres des chambres. Prévoyez donc un masque si vous êtes sensible à la lumière.

Les campings

Ils sont ouverts en principe de début mai à fin septembre. Assez nombreux dans les grandes villes et dans les coins touristiques. Vous en trouverez la liste dans les offices de tourisme. La plupart du temps, les équipements sont assez rudimentaires : peu d'infrastructures modernes et de douches et toilettes dignes de ce nom. Les sanitaires ne sont pas toujours très propres.
À la campagne, beaucoup d'aires aménagées pour camper, souvent dans des coins splendides. Une forêt et un lac font office de sanitaires !
Peu sont équipés pour accueillir les camping-cars.
Liste complète dans la brochure *Poland camp-sites,* disponible à l'office de tourisme polonais.

■ ***Fédération polonaise du camping et caravaning :*** *ul. Grochowska, 331, 03-338 Varsovie.* ☎ *(22) 810-60-50.* • *pfcc.eu* •

Échange d'appartements

Formule de vacances originale. Il s'agit, pour ceux qui possèdent une maison, un appartement ou un studio, d'échanger leur logement avec un adhérent de l'organisme du pays de leur choix. Cette formule offre l'avantage de passer des vacances à l'étranger à moindres frais, et cela plus spécialement pour les couples ayant des enfants.

■ ***Intervac :*** *230, bd Voltaire, 75011 Paris. ☎ 0820-888-342 (n° Indigo, 0,11 €/mn). • intervac.fr • Ⓜ Rue-des-Boulets.*

Location de maisons et appartements

■ ***Interhome :*** *15, av. Jean-Aicard, 75541 Paris Cedex 11. ☎ 01-53-36-59-99. • interhome.fr • Résas et conseils au ☎ 0805-650-350 (appel gratuit depuis un poste fixe, tlj 24h/24).* Catalogues sur demande.

■ ***Old Town Apartments :*** *• warsawshotels.com •* Location d'appartements en centre-ville à Varsovie et Cracovie à prix intéressants.
– Autres sites : • topwarsawhotels.com • et • hotelinwarsaw.com •

HORAIRES

Il est vrai que les services publics et le secteur privé finissaient le travail à 15h ou 16h avant 1989. Si les habitudes n'ont quasiment pas changé dans le secteur public, les investisseurs étrangers ont imposé au secteur privé des horaires comme les nôtres, si ce n'est encore plus contraignants que chez nous. Légalement on travaille 42h, mais souvent l'employeur demande en douce plus de prestations. Les centres commerciaux sont ouverts le dimanche.

LANGUE

Le polonais appartient à la famille des langues slaves, mais il utilise l'alphabet latin. Cette langue n'est pas aussi difficile qu'on pourrait le croire à la vue des séries interminables de consonnes. À vous de jouer :
– *sz* se prononce « ch » comme dans le mot français (ch)at.
– *cz* = « tch » comme dans (tch)èque.
– *dz* = « dz » comme dans pi(zz)a.
– *rz* et *ż* = « j » comme dans (j)our.
– *ł* = « oi » comme dans (oi)e.
– *c* = « ts » comme dans (ts)é-tsé.
– *ę* = « in » comme dans v(in).
– *ą* = « an » comme dans mam(an).
– *y* = « é ».
– *u* et *ó* = « ou ».
– *j* = « y » comme dans (y)oga.
– *ch* et *h* se prononcent comme dans le mot allemand *ma(ch)en* (ou aussi comme la « jota » espagnole).
– L'accent sur les consonnes *s, c, z, dz, n* les rend mouillées ; les prononcer alors comme si elles étaient suivies par un « i ». Le « r » se roule comme en espagnol.
– On place toujours l'accent sur l'avant-dernière syllabe des mots.
Emportez un petit dico de poche, notre lexique ci-dessous étant bien sûr un peu limitatif. Apprenez quelques mots de base et placez-les dans la conversation. Même si vous les écorchez terriblement, cela prouvera votre bonne volonté. Alors le contact s'établira et, les mains et la vodka aidant, vous allez aboutir à des discussions sans même vous en rendre compte. De toute façon, vous trouverez toujours

des gens parlant l'allemand ou l'anglais, notamment les jeunes ; la langue de Molière se fait rare, mais elle est encore pratiquée par les personnes âgées.

Formules de politesse et expressions usuelles

Oui	*tak*
Non	*nie*
Merci	*dziękuję* (prononcer « djénkouyé »)
De rien	*proszę bardzo* (« proché bardzo »)
Bonjour	*dzieńdobry* (« dj'én dobré »)
Salut	*cześć* (« tchèchtch »)
Au revoir	*do widzenia*
Ciao	*pa*
Bonsoir	*dobry wieczór*
Bonne nuit	*dobranoc* (« dobranot's »)
Pardon, excusez-moi	*przepraszam* (« prépracham »)
S'il vous plaît, je vous en prie	*proszę*
Bon appétit	*smacznego*
Pourriez-vous répéter ? (interlocuteur féminin/masculin)	*czy może pani/pan powtórzyć ?* (« ché mojé pani/pan' pofv' tou jétch »)
Pourriez-vous épeler ? (interlocuteur féminin/masculin)	*czy może pani/pan przeliterować ?* (« ché mojé pani/pan' pchelitérovatch »)
Je vous prie de m'excuser, je parle mal votre belle langue	*przepraszam, nie mówię dobrze po polsku*
Je ne comprends pas	*nie rozumiem* (« nié roziou mièm »)
Quoi ? pardon ? comment ?	*co ? przepraszam ? jak ?*
Vous pouvez répéter ? (interlocuteur féminin/masculin)	*może pan/pani powtórzyć ?*
Vous pouvez faire vite car on est pressé	*proszę szybko, śpieszy się nam*
Faites vite, je n'ai pas un kopec en poche	*proszę szybko bo nie mam dużo pieniędzy*
Je suis français	*jestem Francuzem*
Je suis française	*jestem Francuzką*
Je ne parle pas le polonais	*nie mówię po polsku* (« nié mouvie po polsku »)
Ça suffit !	*wystarczy tego !*
On danse ?	*zatańczymy ?*
D'accord	*dobrze, zgoda*
Pas ce soir	*nie dzisiaj wieczorem*
Combien ?	*ile ?*
Cher	*drogo*
Il n'y a pas	*nie ma*

Pour se repérer

À droite	*w prawo*
À gauche	*w lewo*
Tout droit	*prosto*
Où se trouve ?	*gdzie się znajduje ?*
Loin	*daleko*
Près	*blisko*
À côté	*obok*
Entrée	*wejście*
Sortie	*wyjście*

Temps

Quand	*kiedy*
À quelle heure ?	*o której godzinie ?*

Jour	*dzień*
Semaine	*tydzień*
Mois	*miesiąc*
Aujourd'hui	*dzisiaj*
Demain	*jutro*
Hier	*wczoraj*
Moment	*momencik, chwileczkę*
Matin	*rano*
Midi	*południe*
Soir	*wieczór*
Nuit	*noc*
Lundi	*poniedziałek*
Mardi	*wtorek*
Mercredi	*środa*
Jeudi	*czwartek*
Vendredi	*piątek*
Samedi	*sobota*
Dimanche	*niedziela*

Chiffres

1	*Jeden*	20	*dwadzieścia*
2	*Dwa*	30	*trzydzieści*
3	*Trzy*	40	*czterdzieści*
4	*Cztery*	50	*pięćdzieści*
5	*Pięć*	60	*sześćdziesiąt*
6	*Sześć*	70	*siedemdziesiąt*
7	*siedem*	80	*osiemdziesiąt*
8	*Osiem*	90	*dziewięćdziesiąt*
9	*dziewięć*	100	*sto*
10	*dziesięć*	1 000	*tysiąc*

En voyage

Bonjour, j'ai besoin d'une chambre pour deux personnes	*dzień dobry, proszę pókój dwuosobowy* (« djén dobré, poproché o pokouille dvou-osobové »)
Hôtel	*hotel*
Chambre	*pokój*
Numéro	*numer*
Clé	*klucz*
Douche	*prysznic*
Salle de bains	*łazienka*
w-c hommes	*toaleta męska*
w-c femmes	*toaleta damska*
Quel est le prix, avec ou sans petit déj ?	*jaka jest cena ze śniadaniem i bez*
On peut s'accorder sur les prix ?	*możemy porozmawiać o cenie ?*
Si je reste longtemps ?	*jeśli zostanę dłużej ?*
Bah, une semaine...	*no, powiedzmy tydzień...*
Rue	*ulica*
Château	*zamek*
Place du marché	*rynek*
Hôtel de ville	*ratusz*
Vieille ville	*stare miasto*
Église	*kościół*
Pharmacie	*apteka*
Hôpital	*szpital*
Librairie	*księgarnia*
Magasin	*sklep*
Boîte de nuit	*klub nocny*

Gare	*dworzec*
Aéroport	*lotnisko*
Avion	*samolot*
Vol	*lot*
Bateau	*statek*
Voiture	*samochód*
Train	*pociąg*
Bus	*autobus*
Arrivée	*przyjazd*
Départ	*odjazd*
Bicyclette	*rower*
Poste	*poczta*
Timbre	*znaczek*
Garage	*warsztat*
Essence	*benzyna*
Fin	*koniec*
Déviation	*objazd*
Caisse, guichet	*kasa*
Ouvert	*otwarte, czynne*
Fermé	*zamknięte, nieczynne*
Billet, ticket	*bilet*

Au restaurant

Eau	*woda*
Vin	*wino*
Bière	*piwo*
Café	*kawa*
Thé	*herbata*
Lait	*mleko*
Pain	*chleb*
Sel	*sól*
Poivre	*pieprz*
Sucre	*cukier*
Bon	*dobre*
Mauvais	*niedobre*
Addition	*rachunek*
Faut-il réserver absolument ?	*potrzebna jest rezerwacja ?*
Avez-vous un plat du jour ?	*czy jest danie dnia ?*
Je ne mange pas de porc/de viande	*nie jadam wieprzowiny/mięsa*
Vous êtes ouvert midi et soir ?	*czy lokal jest otwarty rano i wieczorem ?*
Fermez-vous un jour de la semaine ?	*w który dzień jest zamknięte ?*
Où sont les toilettes ?	*gdzie jest toaleta ?*

À la gare

Bus	*autobus* (facile, non ?)
Train express	*pociąg ekspresowy* (« potchyonnk éksspresové »)
Train rapide	*pociąg pośpieszny* (« potchiang éksprésové »)
Ticket de seconde classe	*bilet drugiej klasy* (« bilèt droughyèi classé »)
Billetterie	*kasa*
Je voudrais un billet pour...	*poproszę bilet do...* (« poproché bilette do... »)
À quelle heure le train pour... part-il ?	*o której odjeżdża pociąg do ?* (« o k'touré-y odiejdja potchiang do... ? »)

Lèche-vitrines

Blanc	*bialy* (« biawé »)
Noir	*czarny* (« tcharné »)
Bleu	*niebieski* (« niébièsqui »)
Vert	*zielony*
Orange	*pomaranczowy* (« poma rantchové »)
Rouge	*czerwony* (« cher voni »)
Magasin	*sklep*
Je voudrais...	*poproszę o...* (« poproché o... »)
Pouvez-vous me l'emballer ?	*proszę zapakować* (« proché zapakovatch ? »)
Combien ça coûte ?	*ile to kosztuje ?* (« ilé tô kochtouyé ? »)

Quelques petits exercices pour vous délier la langue

Si vous avez le bonheur d'avoir un copain polonais qui s'appelle Christophe, c'est-à-dire Krzysiek, vous devez le saluer de la manière suivante : *Cześć Krzyś* (« tchesici kchéchèk », essayez de ne pas prononcer les « i », mais mouillez les consonnes).

LE POLONAIS POUR LES NULS

Voici quelque chose de difficile à prononcer (même pour les Polonais !) : Chrzaąszcz brzmi w trzcinie w Szczebrzeszynie i Szczebrzeszyn z tego słynie *(« hchonchtch bjmi f ttchcénié f chtchébjéchénie i chtchèbjéchènie s tégo swénie ») ; ce qui veut dire « Un coléoptère crisse dans les roseaux de la ville de Szcz..., et Szcz... est devenue connue pour cela », c'est-à-dire pas grand-chose.*

LIVRES DE ROUTE

– ***Ferdydurke*** (1995), de Witold Gombrowicz (éd. Gallimard, coll. « Folio » n° 3117). En Pologne entre les deux guerres, Witold Gombrowicz, jeune homme mourant dans un pays vieilli, va renaître homme mûr dans un pays jeune. L'écrivain apprendra l'invasion de son pays sur un paquebot en route vers l'Argentine. Il restera vingt-trois ans dans ce pays.

– ***La mort est mon métier*** (1976), de Robert Merle (éd. Gallimard, coll. « Folio » n° 789). La biographie romancée de Rudolf Höss, le commandant du camp d'extermination d'Auschwitz, personnage effrayant par son obéissance aveugle aux ordres et son absence de conscience morale. Indispensable avant la visite à Auschwitz.

– ***Par le fer et par le feu*** (1992), de Henryk Sienkiewicz (éd. Phébus, coll. « D'Aujourd'hui »). Le Tolstoï polonais, nobélisé en 1905, notamment pour son *Quo Vadis*. Vous n'aviez pas lu un bon vieux roman qui vous prend dès le premier chapitre et vous emporte dans les tourbillons de l'Histoire, avec un grand H, depuis votre adolescence ? Eh bien, c'est parti pour des batailles de chevalerie dans les steppes de la Petite Pologne. Ne soyez pas impressionné par le nombre de pages, elles défileront le long de votre séjour. Les noms de Jean Kreztuski, le gentil, de Bohum, le méchant, ou de Zagloba résonneront ensuite comme seuls Julien Sorel et Raskolnikov ont pu le faire.

– ***La Gloire et la Renommée*** (1999), de Jaroslaw Iwaszkiewicz (éd. Noir sur Blanc). Le tome I fait déjà 600 pages, pour vous dire qu'on vous propose une grande fresque. L'auteur décédé, sa saga historique est traduite en 1999. Une histoire qui commence au début du XXe s et qui visite les capitales européennes, ses modes et ses tendances.

– ***L'Historien et le Politique*** (1999), entretiens avec Bronislaw Geremek (éd. Noir sur Blanc). Pour ceux qui s'intéressent à la politique, même en vacances. Ancien conseiller de Wałęsa et ministre des Affaires étrangères, Geremek donne sa version de la politique en Pologne, mais aussi en Europe.

– ***Le Magicien de Lublin*** (2007), d'Isaac Bashevis Singer (éd. Stock, coll. « Cosmopolite »). L'univers des juifs polonais dans une Pologne ancestrale : le plus beau roman du prix Nobel de littérature 1978.
– ***L'Amant de la Grande Ourse*** (1992), de Sergiusz Piasecki (éd. Noir sur Blanc). Une aventure de contrebande, proche d'un polar, à l'époque de la Pologne communiste.
– ***Les Orpailleurs*** (1998), de Thierry Jonquet (éd. Gallimard, coll. « Folio Policier » n° 2). Une pute allume, c'est son boulot. Un tueur peaufine, c'est son travers. Quand l'une et l'autre se rencontrent, l'issue est forcément fatale. La pute ne sera pas la dernière et, comme elle, les autres victimes auront la main tranchée. Mais pour quelle raison ? C'est ce qu'une juge dynamique et des policiers remontés vont chercher à savoir. D'institut médico-légal en squats parisiens, des trafics de barbaque aux Églises papophiles, la maréchaussée remonte la filière jusque dans les environs d'Auschwitz et Birkenau. Un polar bien ficelé dans lequel Thierry Jonquet tisse le roman d'une histoire d'amour (é)perdue.
– ***De la mort sans exagérer*** (1996), de Wislawa Szymborska (éd. Fayard). Un recueil de poésie du prix Nobel de littérature 1996.
– ***Pologne : dernières nouvelles de l'Atlantide*** (1990), collectif d'écrivains et d'historiens polonais (éd. Autrement, série « Monde »). Un regard décalé et souvent original pour saisir l'âme polonaise dans toute sa complexité.
– Autres ouvrages d'histoire : dans un esprit moins enfantin, ***Histoire de la Pologne,*** de Norman Davies (éd. Fayard). Également, plus iconoclaste, ***Une histoire de la Pologne,*** de Michal Tymowski (éd. Noir sur Blanc).

MUSÉES, VISITES, ETC.

Autant le savoir : en Pologne, l'accès à la culture peut coûter assez cher si, en plus du droit d'entrée aux sites (et souvent au parking), il faut ajouter les frais d'un guide, la plupart du temps bien nécessaire si l'on ne parle pas le polonais. Les guides francophones étant assez rares, il est conseillé de réserver par téléphone quelques jours avant. Un conseil pour réduire les frais : trouvez sur place d'autres touristes parlant la même langue que vous et proposez-leur de vous regrouper.
Bon à noter : la carte internationale d'étudiant ISIC permet d'obtenir des tarifs réduits dans la plupart des musées et des sites.
La plupart des musées sont fermés le lundi.

Carte polonaise *(Karta Polska)*

Lancée en 2004, sous forme d'une carte de réduction, la *carte polonaise* permet de profiter de réductions accordées par plusieurs établissements hôteliers, restaurants, musées, sites touristiques et boutiques sur l'ensemble du territoire polonais. Elle est distribuée gratuitement par les offices de tourisme en Pologne.

POSTE

Le plus souvent, les bureaux de poste sont ouverts de 8h à 20h. On achète les timbres postaux dans les bureaux de poste (on s'en doutait !) ou aux kiosques à journaux dans les villes. Un timbre pour l'UE coûte 2,20 Zl (0,70 €).

POURBOIRES

D'ordinaire, ils ne sont pas compris dans l'addition ; on estime d'habitude que 10 % du montant de l'addition constituent une rétribution convenable pour un service attentionné.

SANTÉ

Pour un séjour temporaire en Pologne, pensez à vous procurer la carte européenne d'assurance maladie. Il vous suffit d'appeler votre centre de sécurité sociale (ou de vous connecter au site internet de votre centre, encore plus rapide !), qui vous l'enverra sous une quinzaine de jours. Cette carte fonctionne avec tous les pays membres de l'Union européenne (y compris les 12 petits derniers), ainsi qu'en Islande, au Lichtenstein, en Norvège et en Suisse. C'est une carte plastifiée bleue du même format que la carte vitale. Attention, elle est valable un an, gratuite et personnelle (chaque membre de la famille doit avoir la sienne, y compris les enfants). Attention bis, la carte n'est pas valable pour les soins délivrés dans les établissements privés.

– ***Les hôpitaux*** polonais sont fortement délabrés, mais les médecins sont très professionnels et les règles d'hygiène généralement respectées.

– Quelques ***médecins francophones*** dans la capitale : voir la rubrique « Adresses utiles. Médecine privée » à Varsovie.

– Pour ceux qui se rendent en Mazurie, il existe un ***antimoustique*** assurant jusqu'à 8h de protection, non gras, d'odeur agréable, utilisable chez l'enfant (dès 2 ans) : le *Bayrepel.* Noms commerciaux : *Autan Family* pour les peaux sensibles (visage, cou, enfants) et *Autan Active* (activités de plein air et tropiques). Autres principes actifs : *DEET à 50 %* ; nom commercial, *Insect Ecran Peau.* Attention : réservé à l'adulte. Et le *35/35* : nom commercial, *5 sur 5 Tropic.* D'efficacité équivalente mais utilisable chez l'enfant. Il est conseillé de s'enduire les parties découvertes du corps et de renouveler fréquemment l'application.

SITES INTERNET

- ***routard.com*** • Tout pour préparer votre périple, des fiches pratiques, des cartes, des infos météo et santé, la possibilité de réserver vos prestations en ligne. Sans oublier *Routard mag,* véritable magazine avec, entre autres, ses carnets de route et ses infos du monde pour mieux vous informer avant votre départ.
- ***pologne.gov.pl*** • Site officiel en français ; infos générales.
- ***tourisme.pologne.net*** • Site généraliste, portail vers des sites institutionnels.
- ***decouvrirlapologne.com*** • En français.
- ***pit.org.pl*** • Site de la chambre du tourisme polonais.
- ***echos.pl*** • De l'information tous azimuts sur la Pologne, en français (très bien fait).
- ***polskanova.com*** • Un web très bien fait consacré à la Pologne contemporaine, avec même un lien pour apprendre le polonais sur Internet.
- ***wirtualnafrancja.com*** • Site franco-polonais avec de nombreuses infos utiles.
- ***hotelspoland.com*** • Site de réservation de chambres plutôt « classe affaires ». Bonnes affaires à réaliser.
- ***inyourpocket.com/country/poland/index.html*** • Un excellent site en anglais, plein d'adresses et d'infos utiles pour préparer votre voyage.
- ***krakow.pl*** • Plein d'infos utiles sur Cracovie et la région.
- ***karnet.krakowi.pl/*** • Le programme de tous les événements culturels à Cracovie.
- ***beskid.com*** • « Le premier magazine francophone consacré à la Pologne », annonce la page d'accueil. On n'est pas déçu, ce mensuel présente une foule d'infos et de services divers : actualités, reportages, convertisseur de monnaie, recettes de cuisine. Liens et dossiers pertinents. Site dynamique et riche.

TABAC

L'interdiction de fumer est en vigueur dans presque tous les lieux publics, cafés et restaurants, sauf dans les zones aménagées à cet effet. La Pologne est un des trois pays européens où la consommation de tabac est la plus forte.

TÉLÉPHONE ET TÉLÉCOMMUNICATIONS

Téléphone

Le réseau téléphonique en Pologne est en train de se moderniser, et dans les grandes villes, vous trouverez un grand nombre de cabines qui fonctionnent avec des cartes magnétiques (de 25, 50 et 100 unités).
- ***France → Pologne :*** composez le 00 + 48 + l'indicatif de la ville (sans le 0 par lequel débute le numéro) et le numéro de votre correspondant. En tarif normal, 0,44 €/mn et 0,35 €/mn en tarif réduit.
- ***Pologne → France :*** composez le 00 + 33 + le numéro de votre correspondant, sans le 0 initial. Idem pour les portables.
- ***En Pologne :*** depuis 2006, il convient de faire précéder le numéro de son correspondant du préfixe de la ville AVEC LE ZÉRO et ce, même à l'intérieur de la même zone téléphonique. Par exemple : en téléphonant d'un hôtel à Varsovie à un ami habitant quelques rues à côté, on compose 022 + le numéro. Pour téléphoner de Varsovie à Cracovie on compose 012 + le numéro de son correspondant. À l'intérieur de Cracovie, on fait également 012 + le numéro en question.
- Pour appeler en PCV, il suffit de composer le numéro suivant : ☎ 00-80-03-31-11-33. L'opératrice parle le français.
- Pour les portables, la Pologne est couverte en option « Europe ». Attention : depuis 2002, il faut composer le 01-033 quand on appelle d'un téléphone fixe vers un portable.

Numéros d'urgence

- ***Ambulances :*** ☎ *999.*
- ***Pompiers :*** ☎ *998.*
- ***Police :*** ☎ *997.*
- ***Numéro d'appel pour les touristes*** *(l'été slt)* ***:*** ☎ *0800-200-300.*

Téléphones portables

Urgence : en cas de perte ou de vol de votre téléphone portable

Suspendre aussitôt sa ligne permet d'éviter de douloureuses surprises au retour du voyage ! Voici les numéros des trois opérateurs français, accessibles depuis la France et l'étranger :
- ***SFR :*** depuis la France, ☎ 1023 ; depuis l'étranger, ☎ + 33-6-1000-1900.
- ***Bouygues Télécom :*** depuis la France comme depuis l'étranger, ☎ 0800-29-1000 (remplacer le « 0 » initial par « + 33 » depuis l'étranger).
- ***Orange :*** depuis la France comme depuis l'étranger, ☎ + 33-6-07-62-64-64.
Le blocage de votre portable peut aussi se faire via Internet.

TRANSPORTS INTÉRIEURS

N'oubliez pas de vous procurer la carte internationale d'étudiant. En Pologne, elle donne droit en principe à 50 % de réduction sur les lignes de métro, tramway et bus. En revanche, elle ne donne droit à aucune réduction sur les lignes de trains intérieures. Mais cela ne semble pas toujours évident pour les étudiants étrangers, selon certains lecteurs qui ont eu des problèmes avec des contrôleurs... Essayez toujours, car ça marche assez souvent malgré tout.

L'avion

Peu de lignes intérieures assurées par *Eurolot.* Toutes les grandes villes sont reliées à Varsovie avec un vol aller-retour quotidien. • lot.com •

La voiture

Le réseau routier est assez bien développé et les routes sont plutôt en bon état, sauf en Petite Pologne et dans les Carpates, où le réseau secondaire est mauvais. Parfois même carrément dangereux, comme les quatre-voies de la route Częstokowa-Łódź, construites avec des plaques de ciment dont les jointures bitumées travaillent joyeusement en fonction des variations climatiques. Pratiquement pas d'autoroutes, sauf de petits tronçons sur les axes est-ouest et nord-sud comme Wrocław-Cracovie et Poznań-Varsovie ; mais depuis l'entrée dans l'Union européenne, cela évolue. Bande d'arrêt d'urgence souvent peu stabilisée, nombreux travaux de réfection.
– ***Vitesse autorisée :*** en dehors des agglomérations, elle est de 130 km/h sur autoroute, 110 km/h sur les voies express et 90 km/h sur les autres ; dans les villes, 60 km/h. ATTENTION : les radars sont fréquents, surtout à la sortie des villes. Comme partout, inutile de discuter. Le « téléphone routier » (les appels de phares) fonctionne très bien. Les PV se paient par la poste. Se méfier des policiers qui demandent de régler sur place. Bien leur demander de signer un reçu.
– ***Alcool :*** BOIRE OU CONDUIRE... est encore plus vrai en Pologne qu'ailleurs. Il est strictement interdit de boire une quelconque boisson alcoolisée (bière comprise) et de conduire ensuite. Le taux d'alcool maximal a été fixé à 0,5 g/l. On tenait à vous prévenir ! Les Polonais respectent scrupuleusement cet interdit. Faites-le aussi, les sanctions sont sévères et la garde-à-vue n'est pas exceptionnelle. Vous verrez des camionneurs rouler au jus de tomate ou à la limonade. Les contrôles de police à grand renfort d'alcootests sont très fréquents, de jour comme de nuit. Et c'est très bien ainsi... quand on sait que la vodka reste toujours la boisson nationale. Organisez-vous en conséquence : si vous êtes invité à passer la soirée chez des Polonais, il y a peu de chance que la vodka soit absente à ce rendez-vous. Dans ce cas, un retour en taxi s'avérera judicieux.
– ***Assistance :*** en cas de panne, vous pouvez faire appel au service d'assistance routière de la Fédération polonaise de l'automobile *(PZMot)*. Dans un rayon de 50 km autour des villes principales, un simple appel téléphonique vous permet d'être dépanné, et cela à titre gratuit, si vous êtes titulaire d'un livret de AIT ou membre d'un club automobile affilié. Utilisez les numéros d'urgence ☎ 981 ou 96-37, qui fonctionnent 24h/24. Il existe également nombre de compagnies privées rapides et efficaces.
– ***Conduite :*** assez sport, pour être francs. Les quatre-voies, même entre les grandes villes, sont rares. Résultat des courses : comme il y a des gens toujours plus pressés que les autres, on double quand même. Une règle tacite incite chacun à rouler sur la bande d'arrêt d'urgence (en fait, ce n'est pas vraiment une bande d'arrêt d'urgence, mais bon, passons). Au milieu, le doubleur frise les ailes des doublés.
La conduite nécessite une attention constante, car il y a parfois des véhicules garés sur la bande d'arrêt d'urgence, quand ce ne sont pas des cyclistes ou des piétons allongés au bord de la route. Mais dans l'ensemble, les conducteurs polonais sont patients. Dans la partie occidentale, les routes sont en meilleur état, mais, partout, les rails (formés par le passage des voitures sur un mauvais revêtement) sont de règle. Ils sont annoncés par les panneaux « *Kolej* ». Enfin, rouler de nuit peut être assez fatigant en raison du marquage au sol souvent à peine visible et des charrettes ou mobylettes non signalisées. Les phares sont souvent allumés dès 15h-16h en hiver.
Signalons enfin une astucieuse politique de prévention, avec ces pastiches de voiture de police en carton coloré. Garées sur le côté de la route, elles font tout à fait illusion de loin et forcent à ralentir.
Attention : les tramways ont la priorité sur les voitures, et la priorité à droite n'est pas d'usage. À noter que téléphoner d'un portable tout en conduisant est considéré comme une infraction au code de la route (sauf avec un kit mains libres).

Dernière particularité : on peut tourner à droite à un feu rouge lorsque la voie est libre ; un petit feu annexe des trois feux traditionnels l'autorise.

– ***Carburant :*** la Pologne dispose d'un réseau dense de postes d'essence. La plupart, surtout ceux qui sont situés en bordure des routes principales, sont en service 24h/24. Certains sont ouverts de 6h à 20h, d'autres jusqu'à 22h. On y trouve les carburants suivants :

– de l'essence ordinaire à indice d'octane 94, dite jaune (avec plomb) ;
– de l'essence sans plomb à indice d'octane 95 et 98, dite verte ;
– de l'essence sans plomb U95, destinée aux voitures dépourvues de catalyseur ;
– du gazole ON.

Certains postes – marqués LPG-GAZ ou Auto-Gaz – proposent le gaz liquéfié comme carburant. Un litre de carburant coûte environ 4,20 Zl (1 €) et un litre de gazole environ 3,70 Zl (0,80 €).

– ***Location :*** on trouve les principales compagnies de location (*Avis, Hertz,* etc.) dans les grandes villes et aéroports (Varsovie et Cracovie). Permis de conduire national et carte de paiement. Attention, pas d'assurance antifranchise (à prévoir). L'autoradio n'est pas assuré, même en cas de vol de voiture. Si c'est un poste transportable, mettez-le systématiquement dans la boîte à gants (fermée à clé) à chaque arrêt en ville. Les petits casseurs sont prompts à briser les vitres de voiture (même en 5 mn). Si vous ne souhaitez pas d'autoradio, signifiez-le lors de la prise de la voiture et veillez à ce que ce soit précisé dans le contrat. Concernant les autoradios intégrés, n'oubliez pas d'enlever la barrette qui en assure le fonctionnement.

■ ***Avis :*** *☎ 0800-120-010. • avis.pl •*

■ ***Hertz :*** *☎ 0800-143-789. ☎ (022) 621-02-39. • hertz.com •*

■ ***Europcar :*** *☎ (022) 5440-800. • europcar.pl •*

■ ***Budget :*** *☎ 0825-00-35-64 (0,15 €/mn). • budget.pl •*

■ ***Auto Escape :*** *n° gratuit : ☎ 0800-920-940. ☎ 04-90-09-28-28. Fax : 04-90-09-51-87. • info@autoescape.com • autoescape.com •* L'agence *Auto Escape* réserve auprès des loueurs de gros volumes d'affaires, ce qui garantit des tarifs très compétitifs. Remise de 50 % sur l'option d'assurances « zéro franchise » (soit 2,50 € par jour au lieu de 5 €) pour les lecteurs du *Guide du routard.* Il est recommandé de réserver à l'avance. Vous trouverez également les services d'*Auto Escape* sur • routard.com •

■ ***BSP Auto :*** *☎ 01-43-46-20-74 (tlj). Fax : 01-43-46-20-71. • resa@bsp-auto.com • bsp-auto.com •* Les prix proposés sont attractifs et comprennent le kilométrage illimité et les assurances. *BSP Auto* vous propose exclusivement les grandes compagnies de location sur place, vous assurant un très bon niveau de services. Le plus : vous ne payez votre location que 5 jours avant le départ.

– ***Sécurité :*** *Straz Mieyska* est une sorte de police urbaine qui veille au bon fonctionnement de la cité. En cas de mauvais stationnement, c'est elle qui bloque la voiture concernée, avec cet horrible machin jaune fixé sur l'une des roues ! Plus une amende de 10 à 500 Zl (2,50 à 134 €) selon l'humeur de l'agent... à payer dans les 7 jours. En cas de refus de paiement, celle-ci devient très vite salée : entre 500 et 5 000 Zl (125-1 250 €). Un bon conseil : faites attention où vous mettez vos roues...

– ***Risques de vol :*** il est indispensable de laisser son véhicule, de jour comme de nuit, dans un parking gardé *(parking strzeżony),* car les plaques d'immatriculation étrangères sont tout de suite repérées... Le risque de vol est trop grand et les chances de retrouver la voiture presque inexistantes : les marques étrangères passent en pièces détachées dans les pays voisins. Si votre voiture n'intéresse pas les voleurs, vous la retrouverez, au mieux, les vitres cassées et l'autoradio (ou autres affaires) envolé...

Principales distances par la route (en kilomètres)

	Częstochowa	Gdańsk	Katowice	Kraków	Łódź	Poznań	Szczecin	Toruń	Warszawa	Wrocław	Zakopane
Częstochowa	–	450	68	116	125	288	515	273	217	169	214
Gdańsk	450	–	518	573	332	303	340	177	343	442	670
Katowice	68	518	–	81	193	325	546	341	285	184	159
Kraków	116	573	81	–	241	389	627	396	294	258	104
Łódź	125	332	193	241	–	201	439	155	133	215	346
Poznań	288	303	325	389	201	–	238	147	303	171	484
Szczecin	515	340	546	627	439	238	–	305	516	370	700
Toruń	273	177	341	396	155	147	305	–	211	280	500
Warszawa	217	343	285	294	133	303	516	211	–	348	398
Wrocław	169	442	184	258	215	171	370	280	348	–	330
Zakopane	214	670	159	104	346	484	700	500	698	330	–

Le train

Le réseau ferroviaire est très développé. C'est un mode de transport peu cher, aussi, pour les longs trajets, n'hésitez pas (si vous le pouvez) à prendre la 1re classe. Les trains partent toujours à l'heure, arrivent parfois en retard, mais la situation s'améliore et on peut dire que ça fonctionne convenablement. De plus, les caisses des grandes gares ont été récemment informatisées, ce qui a considérablement réduit l'attente aux guichets. À défaut de pouvoir consulter Internet et de parler polonais, présentez au guichet un papier écrit avec votre destination et l'horaire souhaité, et, avant de monter dans le train, montrez votre ticket à quelqu'un pour être sûr (les annonces de changement de quais sont rarement compréhensibles). Attention aussi d'être dans le bon wagon : les trains se scindent parfois en deux ou trois au cours du trajet.

Tous les horaires sont consultables sur le site internet de la compagnie nationale : • *rozklad.pkp.pl* • Très bien fait, ce site est en polonais, français, anglais et allemand. Sur la page d'accueil, cliquez sur *Rozkład jazdy pociógów,* puis descendez en bas de page sur « français » : vous obtiendrez tous les horaires, correspondances et autres informations utiles.

Essayez toujours de prendre un train « accéléré » *(pociąg pośpieszny)* ou un express (si, sur le tableau d'affichage, ils sont accompagnés du logo « sseau NA », la réservation est obligatoire, pensez-y), car les omnibus *(pociągs osobowys)* sont vraiment très lents. Des *Intercity* relient désormais les grandes villes sans escale. Celui qui relie Varsovie à Cracovie met 2h35, et on a droit à une boisson et à un petit casse-croûte gratuits. Dans les autres trains, prévoyez à boire et à manger, les wagons-restaurants étant rares.

Si vous arrivez en retard et que vous n'avez plus le temps d'acheter votre billet, montez quand même dans le train et allez voir tout de suite le contrôleur pour le

prévenir (dites-lui *nie mam biletu* = « je n'ai pas de billet »). Il vous établira le billet dans le train pour guère plus, mais prévenez-le, sinon c'est l'amende.
Réservez toujours votre place, sinon vous resterez souvent debout, dans le couloir. Enfin, quand vous prenez le train en hiver, faites en sorte de pouvoir changer instantanément votre tenue « Sibérie » en tenue « Sahara », car soit le chauffage ne fonctionne pas, soit il fonctionne trop bien. Enfin, sachez que gare « principale » se dit *główny* : confondre Gdańsk Oliwa et Gdańsk główny peut vous mener loin !
À savoir : le panneau blanc, à gauche, est pour les arrivées ; le panneau jaune, à droite, est pour les départs. En chiffres romains, à côté des destinations et des horaires, les numéros de quai *(peron)*. Sur le billet sont indiquées les gares principales que vous traversez. Celles dont les noms sont suivis d'un astérisque (*) sont les gares où vous avez une correspondance. Parfois, mais c'est rare, une correspondance n'est pas indiquée... Le train qui suit la correspondance n'est pas indiqué sur le billet (ni la direction, ni l'heure, ni le quai). Il faut donc aller voir le panneau bicolore blanc-jaune, ou parfois lever le nez, sur les quais... Ce n'est pas grand-chose, mais ça peut aider.

L'auto-stop

Le stop est une pratique encore courante en Pologne. À la sortie des villes, vous verrez souvent des groupes de gens qui attendent « une occasion », comme ils disent. Ce sont les camionneurs qui s'arrêtent le plus souvent.
Quelques conseils :
– indiquez votre destination sur un carton ;
– voyagez à deux et de préférence en compagnie d'un auto-stoppeur expérimenté ;
– choisissez une bonne place de départ : aux abords d'une ville, de préférence dans un endroit où les voitures ne peuvent pas rouler trop vite et où il est aisé de s'arrêter ;
– le stop n'est pas conseillé aux femmes seules ;
– il est interdit d'arrêter les voitures sur l'autoroute.

Le e-autostop

Très utilisé en Pologne. Ce sont des services internet spéciaux organisés dans un système où un chauffeur et un passager allant vers la même destination peuvent s'arranger à l'avance.

Le bus

Les bus (et aussi les tramways) qui fonctionnent dans les villes sont nombreux et pratiques. La seule difficulté consiste à bien comprendre l'itinéraire du bus, qui n'est pas toujours bien signalé. Généralement, tous les itinéraires et les numéros correspondants sont indiqués sur les plans de ville.
– ***Achat des billets*** dans les kiosques à journaux ou dans les gares (à Varsovie, place Bankowy, à l'entrée du parc).
– ***Comment lire un billet de bus :*** *godz* signifie « horaire », *stanowisko* signifie « quai d'embarquement » (qui se dit aussi *peron*) (chaque *peron* est numéroté) et *kierunek* signifie « destination ». Comme pour les trains, en consultant les horaires ne confondez pas les départs *(odjazdy)* et les arrivées *(przyjazdy)*.
– Dans la plupart des villes, il y a des liaisons de bus locaux et *Intercity*. Les gares de bus se trouvent généralement au centre de la ville.
– Les bus vont partout. Le moindre village a son arrêt de bus. ***Recommandé pour les petits trajets.*** Pour les longues distances, il vaut mieux prendre le train, beaucoup plus confortable et moins cher.
– Les liaisons longue distance entre les différentes villes sont assurées par des sociétés régionales de transports publics. ***La compagnie d'État PKS*** détient

encore le monopole ; toutefois, de nombreuses petites entreprises privées commencent à lui faire concurrence.
– À côté de ces sociétés régionales, il existe également beaucoup de sociétés privées qui effectuent des trajets spécifiques en *microbus*. On trouve ce genre de sociétés non loin des gares de bus.
– Les tickets sont disponibles à la gare des bus ou auprès du chauffeur (s'il reste encore des places disponibles). On distingue ***trois catégories de bus.*** Sur les panneaux d'horaires, ils sont d'habitude indiqués de trois couleurs différentes :
– en noir, les ***bus ordinaires*** *(autobus zwykły)* ; très lents et parfois surchargés, ils desservent tous les arrêts ;
– en vert, les ***bus semi-rapides*** *(autobus przyśpieszony)* ; ils roulent plus vite que les précédents mais ne s'arrêtent pas partout ;
– en rouge, les ***bus rapides*** *(autobus pośpieszny)* où l'on peut voyager très à l'aise. Ils vous déposeront seulement dans les moyennes et grandes villes.
– Vous trouverez toutes les informations relatives aux bus dans les offices de tourisme sur place ou dans les gares de bus.
– Faites aussi attention à tous les petits symboles qui accompagnent les horaires : ils indiquent souvent les jours où certains bus ne fonctionnent pas *(nie kursuje)*, généralement le week-end et les jours fériés.

Le taxi

Pour les trajets urbains seulement, car c'est cher : le premier kilomètre coûte 5 ou 6 Zl (1,25-1,60 €), puis il faut compter autour de 2 Zl (0,50 €) le kilomètre. Autour des gares et la nuit, les tarifs sont plus élevés. Les taxis font la queue pour avoir un client, car les Polonais ne peuvent pas tellement se les payer, mais il reste un moyen très pratique pour se déplacer à Varsovie ou dans les autres grandes villes. Et à plusieurs, cela revient moins cher que le tramway. La ceinture à l'arrière est obligatoire, on peut vous coller une amende en cas d'oubli. Aux aéroports et près des hôtels de luxe s'est aussi développé un réseau de taxis surnommé « taxi-arnaque-devises ». Ils ne font pas la queue comme les autres et vous proposent, d'eux-mêmes, leurs services. Ignorez-les, car ils essaieront de profiter de votre méconnaissance de la ville et de la langue. Préférez toujours les taxis qui stationnent à l'arrêt signalé par un panneau. Si vous pouvez téléphoner, choisissez les *Radio-taxis* (☎ *919) ; Taxi Plus* (☎ *96-21)* ; ou *Super Taxi* (☎ *96-22).*

Le kayak

Non, ce n'est pas un canular ! Évidemment, on ne peut pas parcourir toute la Pologne avec ce moyen de transport, mais on peut faire de superbes balades de plusieurs semaines sans jamais revenir au même endroit. Au nord de la Pologne, trois régions (Pojezierze Pomorskie à l'ouest, Mazurie et Pojezierze Suwalskie à l'est) sont parsemées de centaines de lacs, reliés par des petites rivières et des canaux qu'on peut descendre aisément en kayak. Des guides spécialisés décrivent les trajets les plus spectaculaires et les mieux aménagés (voir le chapitre traitant de la Mazurie). Dépaysement assuré.

POLOGNE : HOMMES, CULTURE ET ENVIRONNEMENT

Après 123 ans de disparition de la carte du monde (1795-1918), quelques brèves années d'indépendance puis six ans de barbarie nazie (1939-1945) et quarante-cinq ans de collectivisme (1945-1989), la Pologne est parmi les nations qui ont le plus souffert en Europe. Les nations heureuses n'ont pas d'histoire, dit-on. Les souffrances et les vicissitudes de la Pologne l'ont blessée mais ne l'ont pas détruite, rendant cette nation slave encore plus attachante au voyageur. Depuis son adhésion à l'Union européenne en 2004, elle a retrouvé sa liberté, sa dignité et sa place dans la grande maison Europe, dont elle a toujours fait partie (et ce, depuis les origines). Désormais, son destin national, poussé par l'expansion économique, semble lié aux projets communautaires de Bruxelles, d'autant plus facilement que les dérives nationalistes, antieuropéennes et archaïsantes de certains dirigeants polonais ont été, en partie, mises au rancart après les élections d'octobre 2007.

Un pays de l'Est qui rêve de l'Ouest

Pays slave par excellence, la Pologne est bel et bien située à l'est de l'Europe, entre l'Allemagne et la Biélorussie, les États baltes et l'Ukraine, la République tchèque et la Slovaquie. Elle a vécu, grandi et progressé, évolué et souffert à l'Est, mais elle rêve depuis toujours à l'Ouest ! Il suffit de regarder les liens historiques et affinités qui la rapprochent de la France, terre d'exil et de refuge au XIXe s des intellectuels et des patriotes polonais. La Pologne a confié son curieux destin au vent d'Est et au vent d'Ouest, qui s'y affrontent et s'y mélangent. C'est là sa particularité géostratégique, son originalité sur la carte du monde et sa faiblesse aussi (au XIXe s, elle fut absorbée par trois empires voisins, la Russie tsariste, la Prusse et l'Autriche-Hongrie des Habsbourg).
Même le paysage, qui d'habitude n'a pas de penchants politiques, hésite entre les deux. Les étendues de Mazovie, à l'est du pays, rappellent autant la plaine germanique qu'elles annoncent les steppes d'Ukraine. Dans les grandes cathédrales du gothique allemand, vous allez trouver des icônes de la triste madone de Vilnius, capitale lituanienne autrefois ville polonaise. Du côté de la langue, le polonais, aux sonorités bien slaves, emprunte pourtant beaucoup à l'allemand et au français. Le dilemme d'une double appartenance risque de ne jamais être tranché, car, même aujourd'hui, alors que le rêve de l'Occident se réalise, la nostalgie de l'Orient est toujours là.

Les Polonais : un peuple attachant

Mais, plus que le pays, aux frontières maintes fois remodelées au fil d'une histoire mouvementée, ce sont ses habitants qui vous laisseront un souvenir impérissable. Vous prenez un peuple en plein centre de l'Europe, une histoire millénaire, vous essayez de faire disparaître le pays pendant cent vingt-trois ans, vous le faites revenir dans un esprit insurrectionnel permanent, vous ajoutez un martyrologe terrifiant, vous mettez le tout au réfrigérateur pendant quarante-cinq ans, vous pimentez d'un pape au dernier moment et... vous obtenez un peuple irrésistiblement

attachant, romantique à outrance, d'une débrouillardise légendaire et d'une merveilleuse hospitalité. Impossible de ne pas vous en apercevoir, car les portes vont s'ouvrir devant vous avant même que vous ne frappiez...
Pour peu que vous quittiez les grandes villes, en mille occasions, vous serez convié à la table des Polonais, partagerez des soirées inoubliables remplies d'interminables discussions loufoques, autour d'un verre de thé brûlant ou de vodka glacée. Chez ces Gaulois de l'Est, les amateurs de tourisme culturel et de dépaysement seront comblés, mais c'est l'émotion des rencontres qui perdurera dans les mémoires.

BOISSONS

Wódka to najlepsze lekarstwo (« woutka to naylaipché laikarstfo »)

Oui, oui, « la vodka est le meilleur des médicaments ». Mais chacun sait qu'il y a vodka et vodka... et que cet alcool, à l'origine concocté par des religieux versés dans les expérimentations chimiques, n'est pas de la rigolade. En Pologne, on en dénombre pas moins de 80 types différents. Bien sûr, vous connaissez la ritournelle, l'abus d'alcool est dangereux pour la santé. Les belles heures de l'époque communiste où bouteille de vodka et bouteille d'eau minérale étaient vendues au même prix sont bien révolues. D'ailleurs, conscients de ce problème, les producteurs comme la distillerie d'État de Łańcut axent désormais leur priorité sur la qualité. Et c'est sûrement pour ces raisons que, après avoir goûté les saveurs de la vodka sur les terres de Tadeusz Kantor, il y a fort à parier que vous ferez la fine bouche sur les pâles versions, succédanés qui se vendent dans les linéaires des supermarchés européens. Monopole d'État, la production de vodka est entre les mains d'une petite poignée de producteurs qui maillent l'ensemble du territoire : la *Biała Dama* à Łańcut, la *Żubrowka* à Białowieża...

PROVERBES POUR SOIFFARDS

- *« Bois aujourd'hui pour étancher ta soif de demain. »*
- *« Il faut boire de la vodka en deux occasions seulement : quand on mange et quand on ne mange pas. »*
- *« L'appétit vient en mangeant, la soif s'en va en buvant. »*
- *« Il faut user de tout avec modération, surtout de la modération. »*
- *« Il est préférable de noyer son chagrin dans la vodka. Comme c'est polonais, on est sûr que ça ne remontera pas à la surface. »*

Élaboration

Chez *Polmos*, à Łańcut, tout commence, en fait, par une récolte de blé (dans le pire des cas, de pommes de terre ou de betteraves) chez les paysans des alentours. Mais le nœud gordien de l'élaboration de la vodka, l'élément sur lequel se portent toutes les attentions, c'est l'eau qui entre dans le processus de distillation. Issue d'un puits artésien qui plonge ses racines à 150 m sous terre, sa teneur en magnésium et en calcium est gommée par une savante réversion d'osmose. Plus pure elle est, meilleur sera le résultat final. Une fois obtenu l'esprit de l'alcool (à 90-92°, svp !), ce sont les chimistes des distilleries qui se mettent à l'œuvre pour transformer cet alcool neutre en vodka. Ce dernier, ou esprit rectifié, est alors stocké pendant un mois et demi dans de gigantesques cuves où la température est située entre 5 et 25 °C. À l'aide de lanternes translucides dans lesquelles circule le liquide et de manomètres antédiluviens, les chimistes vérifient patiemment la lente décrue du degré d'alcool des liquides.

Car chaque type a son suivi. Par exemple, les *Luksusowa* ou *Wyborowa* seront plus choyées que les *Żytnia*. Arrivé à 60°, on chauffe un peu le liquide afin de dégager les impuretés et de les piéger à l'aide d'un filtre. L'opération semble anodine, mais si les impuretés ne représentent que 1 % du liquide, elles parviennent toutefois à altérer le goût de ce breuvage.

« Boire comme un dragon », jak smok (« yak s'moque »)

Sachez que si vous êtes invité par des Polonais, il est de bon ton de boire cul sec (ou *do dna* dans la langue de Geremek) le premier verre. Par la suite, faites comme bon vous semble, mais gardez à l'esprit que le premier verre, c'est sacré. Si ça « arrache un peu trop », chopez un gros cornichon qui doit traîner sur la table de vos hôtes et dévorez-le sans attendre après chaque gorgée. C'est censé calmer le feu de l'alcool.

Et puis il existe aussi la fameuse vodka à l'herbe de bison, *Żubrowka,* produite à l'est de Varsovie, dans la forêt de Białowieża. Son léger goût de cannelle permet de comprendre pourquoi elle se marie si bien au jus de pomme. Citons aussi la *Wisent,* produite à Łańcut. Afin de peaufiner ce goût si particulier et inimitable, on commence par stocker la vodka dans des fûts en chêne. On y ajoute alors des essences naturelles conservées dans des jarres en céramique, et dont la teneur relève du secret de fabrication. La tradition dit que l'herbe sur laquelle le bison a fait... pipi donne cette saveur unique et inimitable à la *Żubrowka* et à la *Wisent...* Mais il semblerait que cette saveur provienne aussi et surtout de l'ajout de caramel...

Amateurs de sensations fortes, essayez la *Śliwowica* (cousine de la *Slibowitz* ex-yougoslave), liqueur cachère de prune distillée par *Polmos,* l'ancien monopole étatique des vodkas. Mais ayez un verre d'eau à portée de la main, car cette vodka-là monte jusqu'à 70°. Enfin, il y a pire : la *Spirytus Rektifikowany* qui titre 90°.

Vin

Il n'y a pas de vin polonais. Dans les magasins, pour le même prix, il vaut mieux acheter un bon vin bulgare, slovaque ou hongrois qu'un mauvais vin français. Pour votre gouverne, sachez que vous ne tiendrez probablement pas aussi bien le coup que les Polonais, car ils ont sacrément l'habitude. La célèbre expression « saoul comme un Polonais » proviendrait de l'anecdote suivante : pendant les guerres napoléoniennes, un camp militaire de plusieurs régiments français et polonais se fit attaquer à une heure tardive par l'ennemi, alors que la consommation d'eau-de-vie battait son plein. Seuls les Polonais réussirent à opposer une résistance. Le lendemain, Napoléon, furieux, rappela ses soldats à l'ordre : « Messieurs, soyez saouls, mais soyez saouls comme des Polonais. »

Bière

Le pays produit surtout de la blonde, et le choix s'avère assez vaste : *Lech, Żywiec, Tyskie, Warka, Harna'sOkocim, Tatras* (excellente et beaucoup plus forte), *Zubr,* etc. Généralement bonnes, rafraîchissantes et bon marché. Tant mieux, car les bières étrangères sont deux ou trois fois plus chères que les bières locales.

Thé et café

– ***Le thé*** *(herbata)* est une institution. Partout où vous irez, on vous en proposera. Les salons de thé *(kawiarna)* sont très populaires ; on y sert également des petits gâteaux et quelques plats salés.
– Quant au ***café,*** il est rarement servi à la turque.

Bon à savoir

Enfin, **attention aux arnaques.** Certains connaisseurs trouveront un drôle de goût à leur whisky favori. Car, à part la vodka, les alcools forts sont très chers. Dans les bars et restaurants, les prix s'entendent par doses de 5 cl pour les alcools.

CUISINE

Les repas

Le petit déjeuner est copieux et solide – des œufs, des saucisses, du jambon, du fromage –, car les Polonais doivent tenir avec cela une grande partie de la journée. En effet, ils travaillent d'un trait, de 7h ou 8h jusqu'à 15h ou 16h. Ils prennent un second petit déj au travail, vers 11h. Le repas principal a lieu après le travail, vers 16h : il comprend de la soupe, un plat principal, un dessert et tout et tout. Le dîner est habituellement moins copieux, souvent ce sont des sandwichs ou un petit plat réchauffé vite fait.
Le petit déjeuner n'est pas toujours servi dans les hôtels. Il faut donc parfois le prendre à l'extérieur. Vous trouverez rarement une formule « forfait petit déjeuner » comme chez nous. Évitez donc de cumuler les composants, cela risque de plomber votre budget.
Qu'on ne s'y trompe pas, l'art de la table est ici une tradition nationale. Comme le remarquait déjà un écrivain sous le communisme : « La cuisine polonaise, ce n'est pas exclusivement une question d'estomac, c'est aussi une affaire de cœur. » On trouve une grande variété de plats. La dernière édition du *Livre de la cuisine polonaise* contient 1 500 recettes. La viande la plus couramment consommée est le porc, suivi par le bœuf et le veau. Elle est toujours bien cuite, jamais saignante, très souvent accompagnée par de délicieuses sauces bien épaisses à base de farine et de crème fraîche. Souvent, la carte mentionne « viande » sans préciser de quelle sorte de viande il s'agit. Le pays est traversé par de nombreux cours d'eau, et les Polonais aiment la pêche, ainsi peut-on se régaler en poissons de rivière ou d'étang, comme la tanche, la truite, la carpe et l'anguille, toujours un peu plus chère. La pomme de terre reste le légume vedette incontestable. Elle accompagne presque tous les plats, le plus souvent cuite à l'eau ou sous la forme de frites. Les autres légumes le plus souvent consommés sont le chou, la betterave, le concombre et la salade verte. Attention, le chou n'est pas toujours blanchi. Sensibles des intestins, réécoutez Coluche et les dragées Fuca...

Les soupes

– ***Barszcz :*** soupe aux betteraves cuites avec un bouillon, servie souvent avec un *pasztecik*, pâté de viande entouré de pâte feuilletée. Son goût aigre-doux en a déconcerté plus d'un.
– ***Grochówka :*** soupe aux pois, bien épaisse, avec des lardons et des morceaux de viande épicée. Excellent l'hiver pour se réchauffer.
– ***Żurek :*** soupe aigre, avec des morceaux de saucisses et des pommes de terre. Les purs et durs la dégustent avec un œuf dur.
– ***Flaki :*** soupe aux tripes, très bourrative. L'auteur de ces lignes n'a jamais été amateur de tripes, mais c'est, paraît-il, très bon.

Les hors-d'œuvre

– ***Śledź :*** hareng mariné, servi au choix dans de l'huile, avec de la crème fraîche, ou avec des oignons ou des tomates. Accompagné d'un petit verre de vodka bien glacée qui aiguise l'appétit à merveille. Attention, c'est fort et épicé.
– ***Tatar :*** steak tartare, servi avec des cornichons salés, un œuf et un oignon tout finement haché. À vous de l'assaisonner selon votre goût. Pour les amateurs de viande crue, et à éviter pendant la période estivale (rien ne vaut la chaîne du froid naturelle !).
– ***Surówka :*** chou rouge, chou blanc et carottes râpés.

Les plats

– ***Kotlet schabowy :*** côte de porc panée. C'est le plat de viande le plus populaire en Pologne.

– ***Zraz zawijany :*** viande de bœuf battue et roulée avec de la poitrine fumée et des cornichons salés à l'intérieur. Excellent, souvent servi avec du *kasza gryczana* (sarrasin).
– ***Golonko :*** jambonneau mariné aux aromates ou à la bière, puis mijoté ou cuit au bouillon.
– ***Bigos :*** la choucroute polonaise, à goûter absolument. Chou, viande, assortiment de charcuterie, champignons, tomates et pruneaux secs. Un plat préparé à l'avance pour la fête de Noël. Plus il a reposé, plus il est savoureux.
– ***Kaczka z jabłkami :*** canard farci de pommes, souvent servi avec des *pyzys,* petits pains cuits à la vapeur. On trempe les morceaux de *pyzy* dans le jus de canard et cela devient un délice inoubliable.
– ***Karp :*** carpe. Mille façons de la préparer, à la polonaise, à la juive, dans la gelée, toujours excellente.
– ***Pierogi :*** grosses ravioles fourrées généralement au fromage blanc *(pierogi ruskie)* ou au chou *(pierogi z kapustą),* plus rarement à la viande ou... aux baies rouges. Formidables !

Les pâtisseries

Les amateurs de pâtisserie viennoise vont être gâtés.
– ***Sernik :*** gâteau au fromage blanc.
– ***Makowiec :*** gâteau au pavot. Le goût des grains noirs est relevé par des fruits secs : poires, figues, raisins.
– ***Jabłecznik :*** appelée aussi (pour des raisons inconnues) *szarlotka,* une délicieuse tarte aux pommes servie avec de la crème fraîche.
– ***Naleśniki :*** crêpe au fromage frais, avec de la chantilly.
– ***Chrusty :*** à goûter surtout pendant le carnaval. Des fritures fines et croustillantes aux formes uniques, saupoudrées de sucre. Plus grosses, on les appelle *faworki.* Ce nom vient d'ailleurs du mot français « faveur », qui désignait autrefois le ruban qu'une dame offrait à son chevalier après un tournoi victorieux.

À grignoter

– ***Słonecznik :*** le cœur des fleurs de tournesol. Des pépins qu'on grignote en coupe-faim, en attendant un bus. On en trouve dans les petites épiceries.

Restaurants

Vous allez pouvoir en profiter, car les restaurants, même les plus chers, ne seront pas trop onéreux pour vous (attention quand même aux prix indiqués pour 100 g). Ces prix restent en fait en rapport avec le niveau de vie des Polonais, alors que l'hébergement a rejoint les standards de prix de l'Ouest.
Les restos ouvrent vers midi, servent des plats souvent toute la journée, sans interruption. Le soir, ils ferment à 22h ou 23h, ou jusqu'à ce qu'il n'y ait plus personne.
Le menu n'est que rarement affiché à l'extérieur ; en revanche, il est tout à fait possible d'entrer au restaurant juste pour consulter la carte, et d'en sortir si celle-ci ne vous plaît pas. Le menu est parfois étonnamment long : ne soyez pas trop impressionné, car dans la liste des plats on énumère aussi les pommes de terre, frites, pâtes, riz... En effet, les viandes ne sont pas toujours accompagnées de légumes, qu'il faut choisir à part. Autre particularité des restaurants polonais : la variété de la carte et la fourchette des prix très large. Dans les restos un peu chic, il est très fréquent de voir des entrées aussi bien à 10 Zl (2,50 €) qu'à 80 Zl (22 €). Idem pour les plats de résistance. N'hésitez donc pas à tenter votre chance dans ces restos

car, en étant vigilant, vous vous en tirerez pour une poignée de złotys tout en profitant du cadre et de la qualité de la nourriture.
Autrefois, les restaurants étaient en Pologne un luxe destiné seulement à une élite bien restreinte. Mais à présent, l'économie de marché se fait sentir aussi dans ce domaine. L'arrivée, en premier lieu, des restaurants des nouveaux hôtels internationaux a été une véritable bouffée d'air frais dans le paysage culinaire polonais. Depuis, les nouvelles adresses se multiplient, en introduisant un peu de variété dans le paysage gastronomique. Dans certains restaurants, vous aurez l'impression de participer à des festins royaux, tellement les salles, les tables et les assiettes (parfois en argent) sont énormes et les plats abondants et bien décorés. Mais vous trouverez aussi facilement des petits restos intimes où l'on sert également une excellente cuisine.
Attention, il arrive que les plats soient facturés au poids, donc méfiez-vous devant, par exemple, une carpe à 3 złotys. C'est le prix pour 100 g, et une carpe moyenne pèse au moins 600 g !
C'est vrai que les pizzerias et les snacks à l'américaine battent toute la concurrence, mais il y a aussi de plus en plus de petites adresses originales. Vous pouvez quelquefois manger dans le cadre authentique de gentilhommières ou essayer une cuisine inventive dans des salles aux lignes excentriques, mais il est encore rare de voir combinés cuisine traditionnelle et cadre innovateur.
Un peu dommage seulement que les mêmes lois de la concurrence et de la rentabilité fassent disparaître petit à petit la catégorie de bars *mlecznys*, les « bars à lait ». Ces cafétérias populaires de l'ère communiste servaient une cuisine simple et subventionnée pour les bourses modestes. En cherchant bien, on en trouve encore dans chaque ville et village, mais elles ferment vers 18h.

ÉCONOMIE

La Pologne a été le premier pays d'Europe de l'Est à retrouver, en 1995, son niveau de production de 1989, avant de connaître un fort développement économique dans la seconde moitié des années 1990. L'économie a bénéficié, durant cette période, d'une véritable « thérapie de choc », et elle affiche, depuis, des taux de croissance inégalés chez ses voisins.
Après un ralentissement de la croissance au début des années 2000, la Pologne a retrouvé depuis 2005 le chemin d'une expansion économique forte. La croissance du PIB s'est élevée à 6,6 % en 2007, les prévisions pour 2008 étaient de 5,3 %, et la décrue du chômage se poursuit (12,8 % en 2007). Les grandes villes affichent le plein emploi.
Pour enrayer la dégradation des comptes publics depuis 2001, le gouvernement a engagé tardivement une politique d'assainissement budgétaire avec l'adoption d'un plan de rationalisation des dépenses publiques sur 3 ans (2004-2007). Cela n'empêche pas plus de 13 % de la population de vivre en dessous du seuil de pauvreté. Le niveau de vie reste donc en général bas, et la libéralisation à outrance, qui s'effectue depuis le début des années 1990, crée de nombreuses inégalités. Pourtant, vous serez étonné de voir en Pologne un nombre assez impressionnant de voitures de luxe et de villas qui se construisent. Souvent, aussi, dans des immeubles délabrés, les appartements sont modernes et parfaitement équipés. La Pologne doit poursuivre les réformes à une vitesse astronomique, mais l'instabilité politique n'en facilite pas le processus de mise en place.
Depuis 2004, la Pologne était sous le coup d'une procédure européenne de déficit public excessif, celui-ci excédant les 3 % du PIB. La forte croissance 2007 lui a permis de ramener son déficit en dessous des 3 % fatals. La dette publique a augmenté, pour sa part, de 10 points de PIB de 2000 à 2007, et atteint 47,8 % du PIB fin 2007. Ainsi, la Pologne respecte deux conditions prioritaires du pacte de stabilité, bien qu'elle ne fasse pas encore partie de la zone euro. À ce sujet, en septem-

bre 2008, le Premier ministre, Donald Tusk, déclare que la Pologne devrait adhérer à l'euro en 2011. C'est la première fois que le gouvernement polonais fixe officiellement un délai pour l'adoption de la monnaie unique. Anticipant cette annonce, le quotidien *Rzeczpospolita* avait lancé, au mois de juillet, un concours d'idées pour l'effigie de l'euro polonais. Mais fin septembre, l'actualité se concentre sur la crise financière mondiale. Si la Pologne ne semble pas menacée par la récession, elle devrait connaître un ralentissement économique. La prévision de croissance pour 2009 tourne quand même autour de 4,50 %, un chiffre qui fait rêver les pays occidentaux !

ENVIRONNEMENT

Jusqu'à ces dernières années, la dégradation continue du milieu naturel en Pologne ne résultait pas du manque d'une législation appropriée, mais de l'impossibilité de la faire respecter. Avec le transfert aux autorités locales d'une grande part des attributions ayant un impact sur l'état de l'environnement, l'influence de la conscience sociale pourrait être accrue. Mais la portée de la sensibilité écologique reste limitée, et la dégradation de l'environnement semble toujours perçue comme le prix à payer pour le développement économique et le progrès technologique. On est encore loin d'une convivialité avec l'environnement.
Raisons historiques : à l'arrivée des communistes au pouvoir, on a mis en œuvre une politique économique qui transformait radicalement la structure de l'économie. Priorité était donnée au développement rapide de l'industrie lourde et de l'industrie chimique, qui causaient d'énormes dommages à l'environnement. Cette situation était encouragée par les nombreuses exemptions aux lois existantes accordées, au nom de raisons économiques, par différents ministres, qui ignoraient les conséquences néfastes qu'elles pouvaient avoir. On préférait ainsi satisfaire les besoins matériels les plus pressants sans se préoccuper des conséquences de l'activité industrielle ou minière sur le milieu naturel. En 1970, avec l'équipe dirigeante renouvelée, on assiste à un changement de cap : le nouveau gouvernement annonce son intention de changer la politique qui avait développé avant tout la base industrielle du pays. La régénération du milieu naturel et sa protection deviennent des moyens pour améliorer la qualité de la vie. Des experts scientifiques sont nommés, et leurs travaux concluent que le problème de l'environnement est devenu extrêmement grave en Pologne ; mais du fait de l'extrême centralisation du pouvoir, peu de choses bougent jusqu'aux travaux préparatoires à l'adhésion à l'UE.
Avant l'adhésion, il y avait une contestation sur les normes européennes, considérées comme trop rigides dans le domaine de l'environnement. Les écologistes, considérés jusqu'à cette date comme des cousins idéalistes des hippies, inquiets de la possibilité de construction de voies périphériques sur les terrains protégés de l'est de la Pologne, se sont adressés à l'Union européenne. Et celle-ci a pris leur parti. La jeune génération née dans la Pologne démocratique a commencé à suivre avec une plus grande attention les actions proécologiques dans les pays européens. En 2006, les Polonais ont considéré que la pollution de l'environnement naturel constituait pour leur pays une menace plus grande (59 %) que le terrorisme (55 %). L'inquiétude a ensuite diminué. Il est possible que les Polonais y voient une amélioration considérable aussi bien à l'échelle nationale que, ce qui est plus important, à un niveau local. Ils s'investissent aussi eux-mêmes dans des actions proécologiques. Dans les dernières années, le nombre de personnes procédant au tri des déchets et au recyclage des matières secondaires a considérablement augmenté (de 38 % en 2000 à 56 % en 2006). La plupart des Polonais tentent également de diminuer leur consommation d'énergie et d'eau. Il ressort néanmoins de l'Eurobaromètre que les Polonais restent moins sensibles que les autres Européens à ces questions. Ils attendent surtout de leur gouvernement davantage

d'informations. Si la conscience des populations à intégrer ces nouvelles nécessités de la vie quotidienne progresse sensiblement, de vieux réflexes protectionnistes continuent à dominer dans une frange de la classe dirigeante. Pour preuve, le lobbying insensé du président Lech Kaszinsky visant à faire pression sur l'UE pour retarder l'application des règles destinées à lutter contre le réchauffement de la planète. Alors qu'elle accueille en décembre 2008 la conférence mondiale sur le climat sur ses terres, à Poznań, la Pologne maintient son refus du PEC (Paquet énergie-climat), le plan de lutte européen censé être adopté avant la fin de l'année. Le Premier ministre, Donald Tusk, a estimé que ce dispositif « conduirait à augmenter le prix de l'électricité de 90 % ». La Pologne, dont la production d'électricité dépend à 90 % de l'exploitation du charbon, juge ce plan trop coûteux pour son économie... et conduisant à une dépendance vis-à-vis du gaz russe. Elle mène la fronde avec d'autres États membres, dont les nouveaux entrants de l'Est, dans une même situation de dépendance énergétique. Officiellement, elle refuse de miser sur une minorité de blocage à Bruxelles, mais, en coulisses, elle fait savoir qu'elle peut le faire.

Finalement, au sommet européen de Bruxelles de décembre 2008, clôturant les six mois de présidence française, les 27 ont entériné un accord qui permettra à la Pologne (et à d'autres pays dépendant encore des énergies possibles pour leur production d'électricité) de déroger provisoirement aux obligations environnementales décidées par l'UE pour honorer ses engagements au prochain sommet de Copenhague en 2009. La Pologne ne doit plus craindre des problèmes sociaux qui auraient pu se produire à l'occasion d'une conversion accélérée de son industrie.

FAUNE ET FLORE

Par certains aspects, la nature en Pologne revêt des caractéristiques uniques en Europe et même au monde. On peut toujours y trouver des terrains qui n'ont pratiquement pas été transformés par l'activité humaine. Parmi ces zones se trouvent notamment les *Bieszczady,* sauvages et dépeuplées, avec leurs prés de hautes montagnes appelés *poloninat,* ou les étendues marécageuses et difficilement accessibles de *Biebrza,* où vivent des espèces d'oiseaux rares. Parmi les bijoux de la flore polonaise, les vieux chênes de *Rogalin,* qu'on retrouve par centaines dans la plus grande forêt de chênes située près de Poznań. Chaque Polonais connaît le nom du chêne *Bartekt,* héros de nombreuses légendes dans la forêt de Kielce et qui, selon les spécialistes, serait l'arbre le plus grand et le plus vieux de Pologne. Au Moyen Âge, Casimir le Grand aurait exercé la justice sous son feuillage. En réalité, l'arbre le plus ancien du pays est l'if de *Henrykow Lubanski,* situé au nord-ouest de *Jelenia Gora.* On estime son âge à plus de 1 250 ans, plus ancien donc que l'État polonais. Les arbres géants dont la hauteur peut culminer à 50 m croissent dans la forêt de *Białowieża.* Le bison, le plus grand animal européen, est le seigneur de cette forêt. Dans les Tatras vivent également les grands ours bruns, et dans les *Bieszczady,* on peut observer les rois du ciel, les pygargues à queue blanche et les aigles royaux, les plus grands rapaces du pays.

Les chevaux tiennent une place particulière dans le cœur des Polonais. Dans la tradition et l'économie, les chevaux ont toujours joué un rôle important : les Polonais montaient en selle pour voyager, le cheval faisait partie des attelages, il accompagnait l'homme à la chasse, aux champs et à la bataille. À l'époque des tribus slaves, où ils étaient forcés de lutter constamment pour se défendre, les Polonais passaient beaucoup de temps en selle. Au contact permanent de ces animaux, les Polonais ont acquis la réputation d'excellents cavaliers, et l'équitation est devenue une tradition nationale.

La Pologne se révèle aussi comme le paradis des cigognes. On y observe le plus grand nombre de cigognes blanches en Europe. Cette espèce ne vit plus aux Pays-

Bas et en Suède, et est très rare en France. Un quart de la population européenne nidifie en Pologne. Cette présence significative des cigognes est due au paysage. Ces oiseaux trouvent ici de nombreux endroits où ils peuvent construire leurs nids et des zones propres et riches en alimentation. Si les nids se partagent les arbres ou les toits, depuis deux décennies on peut en apercevoir aussi au sommet d'un poteau électrique ou d'une cheminée. Du coup, les centrales énergétiques installent de leur propre initiative des supports spéciaux sur des poteaux électriques. Parmi les endroits les plus étonnants, on peut aussi citer les toits d'églises, les tours des remises des pompiers, les affûts perchés, les meules, et même les poteaux de signalisation situés le long des routes. Il y a des villages où les cigognes sont plus nombreuses que les habitants ! Par exemple, le village de Zywkowo en Warmie du Nord, habité à peine par 36 personnes, où l'on a recensé 40 nids et 180 cigognes. Elles sont pratiquement partout, et quand elles partent, avant l'hiver, le village devient vide et triste. Dès le mois de mars, les habitants regardent le ciel et attendent le craquettement familier.

UNE NATION À CHEVAL

Les charges de la cavalerie polonaise à Kircholm ou lors du siège de Vienne par les Turcs (1683) ont marqué l'histoire de l'Europe. La cavalerie polonaise a même attaqué les escadrons blindés de Panzers en 1939 ! Cette réputation d'excellence du cavalier polonais, uhlan ou chevau-léger, ne s'est pas limitée à la Pologne. Un émigré polonais, le général Kazimierz Pulaski, a participé à la guerre d'Indépendance des États-Unis et est devenu un héros national américain ; il est considéré comme le père de l'US Cavalry.

GÉOGRAPHIE

Avec plus de 312 000 km^2, la Pologne est l'un des plus grands États d'Europe (autant que la Norvège et à peine un peu moins que l'Allemagne). La plus longue frontière est celle avec l'Allemagne. Les côtes de la Baltique totalisent 528 km et le point culminant se trouve à la frontière slovaque, dans les monts Tatras, avec les 2 499 m du mont Rysy. Les trois quarts du territoire sont situés en dessous de 200 m. Les montagnes du sud, face à la Slovaquie et à l'Ukraine, font partie du massif des anciennes Carpates et, à l'ouest, les monts Sudètes bordent la frontière de la République tchèque. La Vistule, dont le cours se trouve entièrement en Pologne, totalise 1 047 km et passe par Cracovie et Varsovie, baigne les plaines du Nord avant de se jeter dans la Baltique.

HISTOIRE

Les débuts

Il suffit de regarder la carte de l'Europe pour comprendre l'histoire de la Pologne. Coincée entre deux puissances, dépourvue de frontières naturelles, elle doit pendant dix siècles se débattre pour survivre aux invasions successives. Même les débuts de l'État sont liés à cette fatalité. Menacé par les catholiques allemands et tchèques, Mieszko Ier évite à la Pologne les guerres religieuses en se convertissant en 966. Il éloigne ses favorites, séduisantes certes, mais païennes, pour faire un mariage de raison avec la pieuse Dobrawa. Cette union scelle une paix durable avec les voisins tchèques.
Leur fils, Boleslas le Vaillant, devient le premier roi de Pologne, couronné juste avant sa mort, en 1025. Il donne libre cours à son tempérament et conquiert de nouveaux territoires aussi bien à l'est qu'à l'ouest. Mais Boleslas II, un de ses successeurs au caractère emporté, provoque beaucoup de désordre. Sous l'emprise d'une colère

noire, il fait assassiner l'évêque de Cracovie, le saint Stanislas. C'en est trop, il doit s'enfuir du pays en 1079, chassé par les magnats (nobles) indignés.
Ladislas Herman, qui prend sa place, est tout le contraire de son frère. Doux et délicat mais incapable. Il a tout raté durant son règne : la Couronne, la conquête de nouveaux territoires, l'unité nationale. N'arrivant pas à concilier sa progéniture, il morcelle le pays en plusieurs duchés. Commence alors une période de deux cents ans de luttes fratricides, de crises majeures et mineures, d'invasions incessantes... Le chaos.
N'arrivant pas à en finir avec les païens prussiens, l'arrière-petit-fils de l'impulsif Boleslas II, Conrad, duc de Mazovie, a recours à la main-d'œuvre étrangère. Il fait venir, en 1226, les chevaliers Teutoniques. Pleins d'enthousiasme, ces moines guerriers, au chômage depuis leur retour de Terre sainte, outrepassent très vite leurs prérogatives et deviennent des hôtes bien encombrants. Le 14 novembre 1308, par temps brumeux, ils s'introduisent dans la ville de Gdańsk, déguisés en honnêtes marchands, et massacrent 10 000 habitants pour s'emparer de la « perle de la Baltique ».
Il faut la main d'acier de Ladislas, *Petite Coudée,* pour mettre fin à cette anarchie et rassembler le pays. Il surmonte les difficultés et se fait couronner à Cracovie, en 1320. Son fils, Casimir le Grand, est plutôt du genre pacifiste. Menant une politique de conciliation, il renonce à ces incessantes batailles et se met au travail. Pendant son règne, il instaure la monnaie, organise le fonctionnement de l'État et de la justice, et développe le commerce. Amoureux de la belle Esterka, il ouvre les frontières aux juifs. Selon la formule consacrée, Casimir le Grand avait trouvé la Pologne en bois, il laisse une Pologne en brique. Malheureusement, très occupé, il n'a pas le temps de faire des enfants. La dynastie, dite des Piast, s'éteint à sa mort. C'est un Hongrois, par ailleurs neveu du défunt Casimir, qui prend sa place. N'ayant pas de progéniture masculine, il accorde de nombreux privilèges (notamment fiscaux) aux nobles afin d'assurer la Couronne à sa fille, la belle Hedwige, qui devient... roi (et non reine, qui est la femme du roi) de Pologne à l'âge de treize ans. Une campagne électorale réussie, en somme. Hedwige, ne sachant où donner de la tête devant tous ses nouveaux devoirs, sacrifie son amour pour Guillaume, le tendre duc d'Autriche, et épouse, en 1386, le grand-duc de Lituanie, encore païen (raison d'État oblige). Elle porte la culotte, mais l'heureux élu, Ladislas Jagellon, commence par faire le ménage. Un an auparavant, l'union de Krewo avait réuni librement les deux États, polonais et lituanien, sous l'autorité d'un seul roi. En 1410, il porte un coup décisif aux chevaliers Teutoniques à la célèbre bataille de Grunwald. Grâce à l'union avec la Lituanie, la Pologne devient une puissance régionale respectable, qui parvient à garantir la paix à ses citoyens pendant plus de 250 ans, alors que les pays voisins, comme l'Allemagne, se déchirent dans des conflits religieux. Hedwige, tout roi qu'elle est, n'échappe pas à la malédiction des femmes et meurt après avoir mis sa fille au monde. Jean-Paul II l'a canonisée en 1997.

Le siècle d'or

Au XVIe s, la Pologne connaît une grande prospérité. La dynastie Jagellon fait marcher le commerce. Le territoire national s'étend considérablement, les châteaux poussent comme des champignons après la pluie, l'art et la culture atteignent des sommets. Cette époque est aussi marquée par l'accroissement des privilèges de la noblesse, la célèbre *szlachta.* Derrière les images d'Épinal que Voltaire et quelques autres ont colportées, celles d'un pays en proie au chaos et dépourvu d'un État digne de ce nom, une nouvelle école d'historiens polonais, mais aussi biélorusses, ukrainiens et lituaniens, a redécouvert la république nobiliaire, multiethnique, qui a unifié leurs différents pays entre 1569 (union de Lublin) et 1795 (partage de la Pologne) en une fédération européenne avant la lettre, dotée d'un régime à caractère quasi démocratique. Cette fédération antiabsolutiste, radicalement opposée à la

Russie des tsars, mais aussi à l'Autriche des Habsbourg et à la Prusse des Hohenzollern, a été unique en Europe, et on redécouvre aujourd'hui cette réalité dans l'Europe des 27.
À lire sur le sujet, *Une histoire de la Pologne,* de Michal Tymowski (éd. Noir sur Blanc).

La république des nobles

La dynastie Jagellon s'éteint à la mort de Sigismond Auguste (1572). On adopte alors, sous la pression de la noblesse, le principe plus démocratique de l'élection du roi. À chaque élection, les candidats, voulant s'assurer la victoire, accordent de nouveaux privilèges aux nobles. Le premier à gagner le gros lot est Henri de Valois, fils d'Henri II. Mais il ne tient que six mois et s'enfuit de Cracovie pour prendre la Couronne de France. Poursuivi par la Diète (Parlement polonais), qui lui demande des comptes, il refuse toute idée de retour en Pologne. Jan Kazimierz (Jean Casimir) essaie alors de limiter la pagaille et tente en vain de réformer l'État. Découragé, il démissionne et se réfugie en France. La noblesse impose alors le principe *nihil novi* qui interdit au roi d'établir de nouvelles lois sans l'accord de la Diète, et le *liberum veto* qui permet à un seul opposant d'empêcher le vote d'une décision. L'anarchie règne. Du coup, les voisins de la Pologne se frottent les mains et encouragent les frictions en soutenant les factions les unes contre les autres pour affaiblir encore la Pologne et renforcer leur influence.

UN FRANÇAIS ROI DE POLOGNE POUR SIX MOIS

Henri d'Anjou dirige le siège de La Rochelle en 1573 lorsqu'il apprend son élection au trône de Pologne. Avant son départ, il se fait assurer par son frère Charles IX qu'il montera sur le trône de France à sa mort. Henri ne souhaite pas trop quitter sa favorite, Marie de Clèves. Il est cependant reçu à Cracovie en février 1574, avec tous les honneurs. Sous le nom d'Henri Ier, il entame un règne qui durera six mois à peine, car, apprenant la mort de son frère le 14 juin, il s'enfuit dans la nuit, quittant précipitamment le château de Wawel. Henri d'Anjou écrit ces mots à sa mère pour justifier cette fuite : « France et vous valent mieux que Pologne. » Les Polonais râlent encore.

Les partages et les insurrections

Le dernier roi de Pologne, Stanislas II Auguste Poniatowski, amant de Catherine II de Russie, est élu avec l'aide de 40 000 baïonnettes russes. Par chance, c'est un homme cultivé et patriote. Il tente une ultime fois de réformer l'État et de renforcer le pouvoir royal. Mais la Russie, la Prusse et l'Autriche ne veulent pas d'une Pologne forte, et se posent « en garants des libertés nationales », qui sont précisément une des causes de sa faiblesse. Finalement, en 1772, les trois puissances procèdent au *premier partage de la Pologne,* l'amputant d'un tiers de son territoire. La Diète polonaise tient session pendant quatre ans et accouche finalement d'un paquet de lois et d'une nouvelle Constitution, dite du 3 mai 1791. Il s'agit de la deuxième Constitution au monde, très peu de temps après celle des États-Unis, qui devait servir de modèle aux républicains français.
Mais il est trop tard. Encore une fois, un groupe de magnats, menacé dans leurs privilèges et libertés, se groupe en *confédération de Targowica* et obtient l'aide de l'armée russe pour s'opposer aux réformes. Le *deuxième partage de la Pologne* a lieu en 1795.
S'ensuit alors pendant cent quarante ans une longue période de soumission, d'insurrections incessantes, toujours suivies par des vagues de répression, de condamnations, d'émigrations. La première révolte éclate en 1794, conduite par Tadeusz Kościuszko. Son échec provoque le *troisième partage.* La Pologne dispa-

raît de la carte d'Europe. Chaque nouvelle génération, une fois l'âge du biberon passé, descend dans les caves pour conspirer et préparer une nouvelle insurrection suicidaire. Les Polonais font un apprentissage approfondi de toutes les techniques de résistance, de lutte armée, d'opposition passive et active contre l'occupant. Cela devient un trait caractéristique de ce peuple, qui excelle à déjouer toutes les tentatives d'anéantissement, pour en sortir encore plus fort et plus déterminé. L'Église joue un rôle très important dans le maintien de la conscience et de la culture nationales. Les victoires de Napoléon, en 1806, donnent un espoir aux Polonais. Mais quelques années plus tard, avec son exil à Sainte-Hélène, la Pologne retrouve le régime dur.
Toutes les tentatives de ce peuple, qui réussit décidément mieux à se mobiliser pour la guerre que pour préserver la paix, restent irrémédiablement vaines.

La reconstitution

À l'issue de la Première Guerre mondiale, le traité de Versailles rend à la Pologne sa place sur la carte d'Europe. Pendant vingt ans, malgré les immenses dommages causés par l'occupation, le pays se développe très vite, surmontant même la crise économique qui sévit alors en Europe. Mais dix-neuf ans plus tard, l'essor est stoppé net. La Pologne ne résiste pas longtemps aux offensives allemandes dont la stratégie innovante repose sur l'intervention massive des chars et de l'aviation. Malgré les efforts des diplomates polonais, les Soviétiques se lancent dans une campagne de presse faisant état de mauvais traitements infligés aux Ukrainiens et Biélorusses par les Polonais. De quoi justifier le coup de couteau dans le dos. Les Soviétiques, liés par une clause secrète du pacte germano-soviétique, prétextent la crise politique interne du gouvernement polonais pour envahir la Pologne presque simultanément avec le Reich. À deux, ils procèdent au *quatrième partage de la Pologne*. Les deux puissances se répartissent alors les terres fertiles du pays, avec les rivières Pissa, Narew, Bug et San comme ligne de démarcation. La Galicie et la Lituanie tombent ainsi dans l'escarcelle de l'Union soviétique.

La Seconde Guerre mondiale

On l'appellera pour toujours la *Blitzkrieg*, une révélation pour le monde. Une première frappe soudaine et dévastatrice, venant de nulle part, avant que les alliés supposés de la Pologne aient pu faire un geste. Elle fut la plus terrible des guerres. Les nazis étaient bien décidés à en finir une bonne fois pour toutes avec « ce bâtard de l'Europe », comme disait Hitler. Considérant les Polonais comme une race inférieure, ils entreprennent l'anéantissement systématique de la nation. Les Soviétiques, de leur côté, commencent par l'assassinat de 4 500 officiers et intellectuels, d'une balle dans la nuque, à Katyń, en mai et juin 1940, et par la déportation de centaines de milliers de Polonais en Sibérie. Après quoi, ils procèdent à des élections, favorables à 100 % à des formations à leur solde. Malgré tout, la collaboration avec les nazis est faible et la résistance s'organise à partir du gouvernement polonais en exil à Londres, qui, après 1941, signe un accord avec l'URSS pour lever une armée régulière sur les territoires soviétiques. Un moindre mal pour se débarrasser des nazis.
La fin de la guerre est marquée par une autre tragédie, celle de l'insurrection de Varsovie, qui coûte la vie à 200 000 civils et provoque une destruction quasi totale de la capitale. Six millions de Polonais ont péri de 1939 à 1945.

Le pouvoir populaire

L'armée soviétique apporte la victoire mais impose aussi un nouveau régime. Les accords passés en décembre 1944 entre Churchill et Staline laissent la Pologne dans la zone d'influence soviétique. En 1948, les communistes viennent à bout de l'opposition. Le vice-Premier ministre Mikołajczyk, ancien membre du gouvernement de Londres, s'enfuit brusquement dans le coffre de la voiture de l'ambassadeur américain, et le Parti socialiste ressent une soudaine et irrésistible envie de se fondre dans le Parti ouvrier. Quelques arrestations suivies de procès sommaires complètent le tour de passe-passe. Commence alors la période sombre du stalinisme, surtout marquée par les répressions visant les anciens résistants de l'armée nationale, non communistes, pourchassés et emprisonnés comme de simples criminels. Le livre de Mieczysław Moczarski, *Entretiens avec le bourreau* (éd. Gallimard, 1979), constitue un témoignage accablant de cette époque. Cet ancien officier de la Résistance a passé plusieurs années en prison, dans la même cellule que le général allemand responsable de la mort de plusieurs milliers de juifs.

LA SURVIE PAR L'HUMOUR

On pouvait alors se permettre une petite blague sans trop de risque. Une femme entre dans une boucherie. « Bonjour, monsieur le boucher, vous auriez du filet ? – Non, madame la cliente, pas de filet. – Et de l'araignée ? – Non, pas d'araignée. – De la bavette, peut-être ? – Non, pas de bavette non plus. – Alors de la macreuse ? de la joue ? du faux-filet ? – Non, rien de tout ça. » Et la cliente s'en va. Et le boucher dit à sa femme : « Cette femme, quelle mémoire elle a... »

Après la mort de Staline, l'étau se desserre d'un cran. En 1956, les ouvriers de Poznań se révoltent. Bierut, alors premier secrétaire du Parti, se rend à Moscou pour des négociations et meurt là-bas, terrassé par... une grippe soudaine. Gomułka prend le pouvoir et libéralise le régime pendant une courte période.

L'année 1968 est marquée par une ignoble campagne antisémite, orchestrée par le Parti, qui fait fuir de Pologne les derniers juifs rescapés de la guerre. En 1970, les ouvriers de Gdańsk se révoltent. La manifestation est réprimée dans le sang, mais Gomułka doit démissionner. Un ancien mineur en France, Edward Gierek, devient premier secrétaire du Parti. Il ouvre le pays à l'Occident et développe les relations commerciales. Mais en 1976, un nouveau dérapage se produit : les ouvriers de Radom, qui protestaient contre les hausses de prix, se font tabasser. Le *KOR* (comité de défense des ouvriers) se constitue pour leur venir en aide. L'opposition se structure, et le premier syndicat libre voit le jour.

L'élection du cardinal Karol Wojtyła en 1978, devenu le pape Jean-Paul II, et surtout sa triomphale visite en Pologne l'année suivante sont des épisodes décisifs du changement. Le pouvoir est forcé d'autoriser d'immenses messes-manifestations, diffusées par la télévision. Des millions de Polonais y participent, dans un sentiment de force et d'union.

Deux ans plus tard, les ouvriers des chantiers navals de Gdańsk déclenchent la grève qui va donner naissance au syndicat *Solidarność* (Solidarité), avec Lech Wałęsa à sa tête. Mais la joie ne dure pas longtemps. Le 13 décembre 1981, le général Jaruzelski, le soudeur de la Pologne à l'URSS, comme l'appellent les Polonais à cause de ses lunettes noires, instaure la loi martiale, dissolvant Solidarité et faisant interner plusieurs milliers de personnes. Il faudra attendre huit ans, la perestroïka en URSS, la chute du mur de Berlin et une situation économique désastreuse pour que les dirigeants cèdent le pouvoir. La table ronde avec l'opposition aboutit aux élections semi-libres. Devant l'ampleur de sa défaite, le Parti communiste rend son tablier. En 1990, Lech Wałęsa est élu à la présidence de la République, tandis que Tadeusz Mazowiecki devient le premier Premier ministre non communiste à diriger un gouvernement dans un pays de l'Est depuis la guerre.

L'après-communisme

Pendant quarante ans, la composition de la société s'est résumée à deux mots : nous et eux. La culture politique a été oubliée. Aujourd'hui, l'organisation de la Pologne en un État moderne et l'assainissement de l'économie sont en cours de réalisation.

Petit à petit, sur le devant de la scène politique, les économistes, juristes et diplomates remplacent les révolutionnaires d'hier. Ainsi, Leszek Balcerowicz, le plus critiqué et le plus controversé des ministres, grâce à une thérapie de choc, bouleverse le système économique et ralentit efficacement l'inflation. En même temps que se construisent sur des bases nouvelles les échanges avec les anciens pays frères, la Pologne s'efforce de réduire la distance qui la sépare de l'Union européenne.
Le réalisme a mis fin à une épopée en 1995 : le prix Nobel de la paix (1983), Lech Wałęsa, celui qui incarna la résistance au communisme et le triomphe de la démocratie, n'a pas été réélu. Alexandre Kwaśniewski, le dirigeant du Parti social-démocrate (l'ancien Parti communiste), est devenu le nouveau président de la Pologne pour une durée de cinq ans (mandat renouvelé en 2000). Quinze ans après la révolution pacifique de Gdańsk, les Polonais ont démocratiquement rendu le pouvoir aux héritiers d'un régime imposé naguère par la force. Victime de l'usure du pouvoir, Lech Wałęsa a, lors de sa campagne, fait preuve d'archaïsme en tentant de reconstituer le temps d'une élection les polarisations de 1981 et 1989. L'ancien président n'a pas pris conscience que la Pologne avait plus changé en 6 ans que dans les 15 années précédentes. Alexandre Kwaśniewski a réuni les mécontents de la transition, ceux qui ont payé le plus cher la « thérapie de choc » pratiquée par le gouvernement de Mazowiecki.

La Pologne des années 2000

Après la chute du Mur, la Pologne s'est libérée de la tutelle très gênante de son « grand frère » russe. Avec son entrée dans l'Union européenne programmée en 2004, et après son adhésion à l'OTAN en 1999, la Pologne a réalisé son intégration dans les structures euro-atlantiques. État le plus en retard dans sa préparation à l'adhésion, notamment dans le domaine agricole, la Pologne s'est employée à parachever sa mise à niveau. Le chemin parcouru depuis sur la route de l'économie de marché a été impressionnant. Le visage de la nouvelle Pologne : méconnaissable. Oubliées, les cartes de rationnement et les queues devant les magasins. On ne compte plus ses hypermarchés, et les consommateurs sont déjà bien rompus aux méthodes de discount et de promotion des enseignes internationales.
« Capitalisme » : un mot magique en 1989. Il rimait alors avec liberté, espoir, mais aussi inconnu, car personne à l'époque en Pologne ne savait vraiment ce que c'était. Déclarant que l'entrée dans l'Europe était pour lui « un acte de justice historique », le pape Jean-Paul II avait lancé aux habitants de son pays natal un appel vibrant à voter oui. Les villes, autrefois si tristes, se parent des lumières de néons. La foule grise dans les rues est devenue multicolore. La Pologne est aussi le premier pays d'accueil des investissements étrangers. Les Français sont ici bien représentés. *Alcatel* louche sur les télécoms polonaises ; *Michelin, Géant* (prononcez « jean »), *Casino, Leclerc* (« Léklérk »), *Carrefour* et *Go Sport* font désormais partie du paysage.
Cependant, la Pologne est loin d'avoir muté en eldorado. Les gagnants sont les jeunes entre 24 et 32 ans, la génération *Frugo* (du nom d'une boisson gazeuse et rafraîchissante qui a envahi les écrans de TV). Ils gagnent bien leur vie, parlent plusieurs langues, travaillent dans les médias, la pub ou le secteur privé. Mais tout le monde n'a pas son ticket d'entrée dans l'éden du capitalisme.
En 2003, plus des deux tiers de la population gagnent moins de 1 500 Zl par mois (375 €), tandis que les prix commencent à s'aligner sur ceux pratiqués en Europe occidentale. La grogne des oubliés des réformes s'exprime souvent dans la rue. Varsovie est régulièrement envahie par les infirmières, mineurs, instituteurs et paysans. C'est forts d'une majorité de 78 % de oui (sur seulement 59 % des électeurs inscrits) que les Polonais ont fait leur entrée dans l'UE, tout en affichant un atlantisme plutôt remarqué avec leur participation à la coalition proaméricaine en Irak. S'agissant de la Constitution européenne, elle insiste pour qu'une référence à la tradition chrétienne figure dans le préambule, mais, à la suite des non français et

néerlandais, le référendum a été reporté. Varsovie tient farouchement à ses relations privilégiées avec les États-Unis en considérant toujours l'OTAN comme le garant de sa sécurité. Dans ce contexte, le resserrement des relations avec les voisins orientaux de l'Union a également constitué une priorité. Partisane d'une politique plus active vis-à-vis de ceux-ci, notamment à l'égard de l'Ukraine, Varsovie a souhaité conforter l'ancrage à l'ouest après la « révolution orange » (l'ex-président Kwaśniewski y a joué un rôle de médiateur), en s'efforçant de ménager des contacts avec la Biélorussie. Vis-à-vis du grand voisin russe, en dépit des divergences d'interprétation sur le Pacte germano-soviétique de 1939 et les suites de la Seconde Guerre mondiale, le président Poutine a assisté aux cérémonies de commémoration de la libération du camp d'Auschwitz, en 2005.

2005-2007, les frères Kaczynski, la parenthèse homozygote

Les élections de septembre 2005 ont offert un triomphe aux deux partis de droite, le parti Droit et Justice (PIS), conservateur catholique, et le parti libéral Plate-Forme citoyenne (PO). Avec l'évaporation des formations de gauche, le nouveau paysage politique polonais en est devenu déconcertant. La présidentielle a consacré la victoire du candidat conservateur Lech Kaczynski. Son jumeau Jaroslaw, l'idéologue du tandem, qui lui ressemble comme une goutte d'eau (un grain de beauté sur la joue en moins), a fini par devenir Premier ministre.

Dans la période précédant les élections d'octobre 2007, le paysage politique de la Pologne a été dominé par deux formations se réclamant de la droite mais que tout opposait.

À de rares nuances près, les deux frangins du PIS avaient fait le projet d'incarner un retour aux valeurs traditionnelles polonaises : protection sociale au profit des victimes de l'ultralibéralisme appliqué depuis la chute du communisme, nationalisme farouche face aux voisins redoutés que sont la Russie et l'Allemagne, méfiance aiguë à l'égard des abandons de souveraineté dus à l'adhésion à l'Europe et catholicisme rigide comme rempart à la dissolution des mœurs. L'un des deux n'avait-il pas affirmé que les homos devraient être écartés du corps enseignant ? Un programme destiné en fait à séduire l'électorat rural et les habitants des petites villes, les retraités, les chômeurs des entreprises industrielles disparues, les catholiques mal à l'aise devant l'évolution des mœurs, voire certains nostalgiques du communisme.

Rien de tel du côté de la Plate-Forme civique (PO), qui revendiquait un libéralisme ouvert sur le monde pour développer le pays, attirer les investisseurs étrangers et rejoindre la zone euro. Un discours bien reçu par les jeunes, éduqués, urbains et relativement aisés. Son leader, Donald Tusk, avait fait de la lutte contre la corruption l'un de ses thèmes de campagne (la Pologne serait le pays de l'UE le plus touché par la corruption).

Changement de décor : les libéraux, le retour

Les élections anticipées d'octobre 2007, considérées comme un référendum sur les deux années de gouvernement « homozygote », ont largement mobilisé les électeurs. Le taux de participation (53 %) a atteint un record pour ce genre de scrutin. On a assisté à un raz-de-marée anti-Kaczynski. Après cette période teintée de nationalisme revanchard qui avait sombré dans une atmosphère ubuesque, les Polonais ont massivement rejeté le parti Droit et Justice (PIS) du pouvoir, en votant à plus de 60 % en faveur de partis qui avaient fait de l'éjection du PIS leur principal argument de campagne. Avec 44 % des suffrages, contre 30 % au PIS, la Plate-Forme civique de Donald Tusk est sortie victorieuse du scrutin. Les libéraux frôlent ainsi la majorité absolue de 230 sièges sur 460 à la chambre basse. Deux autres

partis sont assurés d'entrer à la nouvelle Diète : le LID (Gauche et Démocrates), avec quelque 12 %, et le parti paysan traditionnel PSL (8 %).
Les partis Autodéfense (populiste paysan) et la Ligue des familles (extrême droite), qui avaient gouverné en coalition avec le PIS, ne dépassent pas le seuil électoral et disparaissent du paysage parlementaire.
L'Union européenne, de son côté, pousse un grand ouf de soulagement, espérant une collaboration polonaise moins eurosceptique et plus prévisible, le maintien d'un des jumeaux à la tête de l'État ne revêtant plus qu'un caractère honorifique. D'ordinaire très réservés dans leurs commentaires sur la politique intérieure des États membres, les responsables européens de toutes tendances ont réagi avec unanimité et sans ambiguïté sur les sentiments qu'ils nourrissaient envers le gouvernement sortant.

Ce qui est en train de changer

Chef du PO (Plate-Forme civique), Donald Tusk, nommé Premier ministre, annonce un changement radical, même si certains membres de son parti se sont signalés par des positions très dures sur la défense des intérêts polonais.
Il entend placer la Pologne au cœur de l'Europe en adoptant le plus rapidement possible l'euro et en signant la Charte des droits fondamentaux dont les Kaczynski ne voulaient pas.

Dernières nouvelles de Pologne

La position proaméricaine du gouvernement sortant semble aussi promise à une révision rapide. Tusk a retiré en octobre 2008 les soldats polonais qui se trouvaient en Irak, tout en renforçant sa présence en Afghanistan, sous le contrôle de l'OTAN. Il a annoncé qu'il se montrerait plus ferme dans ses négociations avec Washington sur le déploiement en Pologne d'éléments du projet controversé de bouclier antimissiles, qui irrite au plus haut point Vladimir Poutine. Néanmoins, Varsovie a commencé à négocier avec Washington l'installation d'une base d'intercepteurs dans le cadre du projet américain de bouclier antimissiles destiné à assurer une protection contre la menace balistique moyen-orientale. Un accord préliminaire a été finalement paraphé le 14 août 2008, qui prévoit l'installation d'une batterie Patriot à Redzikowo, en Poméranie, ainsi que des facilités financières pour la modernisation des forces armées.
Les libéraux misent sur l'avenir et ont promis de stopper l'hémorragie des jeunes, dont plus d'un million sont partis travailler en Grande-Bretagne et en Irlande depuis l'adhésion de la Pologne à l'UE en 2004.
« Nous avons l'opportunité de devenir un pays européen normal, c'est la fin de la période noire pour ce pays », se sont réjouies les autorités académiques de l'université de Varsovie.
En juillet 2008, la Pologne perd un de ses politiciens parmi les plus appréciés à l'étranger : Bronislaw Geremek, historien juif rescapé du ghetto de Varsovie et ami de la France, se tue dans un accident de voiture.
En septembre, deux décisions défraient à nouveau la chronique. Au début du mois débute le procès du général Jaruzelski, accusé d'avoir « dirigé une association criminelle à caractère armé » pour l'instauration de l'état de siège, en 1981. Une formulation qui laisse les juristes perplexes. Jaruzelski encourt une peine de 10 ans de prison, mais le procès s'annonce très long. Plus controversé, un projet de loi sur la « castration chimique des pédophiles » est mis sur la table. Le Premier ministre, Donald Tusk, affirme, en faisant référence aux pays de l'UE, que « quelqu'un doit faire le premier pas ».

La longue histoire d'amour entre la France et la Pologne

Il y a eu et il existe toujours des liens privilégiés entre les deux pays. Rappel des faits : tandis qu'en Europe centrale se développe la puissance de la maison de

Habsbourg, la France cherche désormais des alliés à l'est de l'Europe, notamment en Pologne, et celle-ci voit en la France un allié possible. Cette situation s'est reproduite d'ailleurs en 1918, quand la France signe avec la Pologne, qui vient de retrouver son indépendance, un traité d'amitié clairement antiallemand.
Aux XVIIIe et XIXe s, les relations entre les deux pays s'intensifient. En 1738, Louis XV accorde même à Stanislas Leszczyński, roi de Pologne détrôné dont il a fait son beau-père, la jouissance du duché de Lorraine. Celui-ci y laisse, dit-on, le meilleur souvenir... concrétisé sous la forme d'une place Stanislas à Nancy. La Révolution française est contemporaine des partages de la Pologne. Les pays féodaux, qui occupent la Pologne, deviennent des ennemis de la France. C'est vers elle que se tournent les yeux des leaders polonais voulant allier la lutte pour l'indépendance avec les réformes sociales.
Parallèlement, depuis longtemps, la culture française influence la Pologne, et cela aussi bien spirituellement que matériellement, surtout à l'époque de la Renaissance et pendant les partages. La population polonaise cherche instinctivement un contrepoids à la pression culturelle des pays occupants. Dans les grandes familles polonaises, le français est de rigueur au salon.
Après la Seconde Guerre mondiale, la France veut mener une politique indépendante tout en restant dans le bloc occidental. Elle développe des relations privilégiées avec les pays de l'Est, et en particulier avec la Pologne. Résultat : le général de Gaulle a donné son nom à l'une des places principales de Varsovie et... lancé la mode des casquettes, les *Degołówki*.
Les symboles de ces liens particuliers sont, à l'époque féodale, les monarques : Henri de Valois, roi de Pologne puis roi de France ; Marie-Louise Gonzague de Nevers, devenue, en 1645, reine de Pologne en épousant le roi Władysław IV ; Maria Leszczyńska, femme de Louis XV, et son père, Stanisław Leszczyński, roi de Pologne puis duc de Lorraine. À l'époque moderne, les grands chefs militaires : Józef Poniatowski, maréchal de France ; Ferdinand Foch, maréchal de Pologne ; Jarosław Dąbrowski, général de la Commune de Paris. Également de grands scientifiques, comme Marie Skłodowska-Curie. De l'union d'un père français et d'une mère polonaise est né Frédéric Chopin. Le fils de Napoléon Bonaparte et de Marie Walewska, Aleksander Walewski, a été ministre des Affaires étrangères du Second Empire. Le poète Apollinaire était d'origine polonaise. De Pologne sont jadis parties les familles d'hommes politiques comme Jean-Paul et Gaston Palewski ou encore Michel Poniatowski. René Goscinny, l'un des pères de notre héros gaulois Astérix, était lui aussi d'origine polonaise (son nom veut d'ailleurs dire « accueillant »).
N'oublions pas non plus l'importante immigration polonaise en France, spécialement dans les départements du Nord et du Pas-de-Calais. Raymond Kopa, le grand footballeur des années 1950, s'appelait Kopaszewski et vécut à Nœuds-les-Mines (59), où son père était mineur. Ces contingents de travailleurs sont venus remplir les mines et les aciéries, et certains d'entre eux, ou leur descendance, retournent aujourd'hui au pays.

Les relations difficiles entre Polonais et juifs

À l'évocation du problème juif, les Polonais sont souvent sur la défensive. Sans généraliser, on retrouve un antisémitisme profondément ancré dans la culture polonaise depuis les pogroms (qui commencent apparemment au XIVe s – le roi Louis Ier le Grand avait chassé les juifs de Hongrie et réprimé les orthodoxes en Ruthénie – et se poursuivent même après la Shoah), jusqu'aux déclarations télévisuelles douteuses de Lech Wałęsa, prix Nobel de la paix, et aux diatribes antisémites fréquentes sur les antennes de *Radio Maryja*.
Mais c'est aussi à juste titre que vos interlocuteurs mettront en avant la tradition séculaire de tolérance de leur pays. Le roi Casimir le Grand a été le premier à initier une législation plus libérale qu'ailleurs en Europe (influencé en cela, dit-on, par ses

sentiments pour la belle juive Esterka). Et pendant que les nobles français se livrent aux massacres de la Saint-Barthélemy, leurs homologues polonais votent la liberté totale des cultes. C'est ainsi que, à partir du XVe s, nombre de communautés chassées de l'Europe entière trouvent refuge dans la très catholique Pologne, où elles constituent l'embryon de classe moyenne qui manquait jusque-là au pays. Interdits de cultiver la terre, regroupés en villages homogènes, les juifs sont nombreux à servir comme intendants dans les domaines féodaux (relisez Isaac Bashevis Singer !), suscitant du coup la jalousie des paysans du coin. Si l'antisémitisme polonais ne peut être passé sous silence, il n'a pas toujours prévalu : une vieille maxime juive présente ce pays, berceau du renouveau hassidim, comme « le paradis des juifs ».

Mais les crises qu'a eu à traverser le pays, allant jusqu'au partage de la Pologne entre ses puissants voisins, ont entraîné une détérioration du statut des juifs en parallèle avec le combat de l'Église pour le maintien du sentiment d'unité nationale. En 1919, l'État polonais, redevenu souverain, renoue avec les vieilles politiques de discrimination afin de forcer les juifs à émigrer. Ce sont les mêmes arguments, de nature économique, et ce même slogan de « Dehors les juifs ! », qui sont repris en 1968 par le pouvoir communiste (en la personne du premier secrétaire Gomułka), afin d'imputer l'échec du système aux rares survivants du génocide.

Malgré cette douloureuse histoire, il faut noter que c'est en Pologne qu'on a identifié le plus de « justes » ayant risqué leur vie en sauvant les juifs pendant la Seconde Guerre mondiale (4 900 médailles ont été décernées par le mémorial de Yad Vashem à des Polonais). Mais comme ailleurs en Europe, bien d'autres sont restés indifférents ou ont contribué à cette indicible tragédie, et le nombre de camps rappelle que c'est ici que commencèrent tout à la fois la politique de conquête du IIIe Reich et l'application massive de la « solution finale au problème juif ». Puis 1996 a rappelé un sanglant épisode des relations entre les deux peuples : le 4 juillet 1946, 40 juifs rescapés de l'Holocauste sont massacrés par les habitants de la petite ville de Kielce. Un assassinat collectif que ni la justice ni les historiens ne parviennent encore à expliquer. Étouffée – les dossiers ont été soustraits aux regards des chercheurs pendant près d'un demi-siècle –, l'affaire a attendu janvier 1996 et la lettre du chef de la diplomatie polonaise au Congrès juif mondial pour que la responsabilité des Polonais soit reconnue. En 2001, 200 corps ont été exhumés à *Jedwabne,* village de l'est du pays où, en 1941, les Polonais catholiques ont brûlé vif 1 600 personnes parmi leurs voisins juifs sous les yeux des soldats allemands. Les évêques polonais ont exprimé en 2001 le « repentir » des catholiques pour ce massacre.

Depuis la fin des années 1990, on note une évolution des mentalités, certes lente mais perceptible. Cela concerne essentiellement la jeune génération et plus la (grande) ville que la campagne. Le jeune Polonais urbain est de moins en moins manipulable par la frange réactionnaire de l'Église. On observe d'ailleurs, depuis quelques années, la découverte de leur identité juive par certains jeunes. Sous le communisme, l'antisémitisme d'État avait poussé certains juifs à cacher à leurs enfants leur confession d'origine. D'autres Polonais découvrent aussi qu'ils avaient un grand-père juif, etc. Le dialogue entre juifs et Polonais semble enfin être possible, espérons que cela continue.

MÉDIAS

Programmes en français sur TV5MONDE

TV5MONDE est reçue dans le pays par câble, satellite et sur Internet. Retrouvez sur votre télévision : films, fictions, divertissements, documentaires – qui témoignent de la diversité de la production audiovisuelle en langue française – et des informations internationales.

Le site • tv5.org • propose de nombreux services pratiques aux voyageurs • tv5.org/voyageurs • et vous permet de partager vos souvenirs de voyage sur • tv5.org/blogosphere •

Pensez à demander dans votre hôtel sur quel canal vous pouvez recevoir TV5MONDE et n'hésitez pas à faire vos remarques sur le site • tv5.org/contact •

Presse

La Pologne possède plus de 5 400 titres de presse : presse nationale, locale, quotidiens, hebdomadaires, mensuels et revues spécialisées. À l'époque communiste, les médias ont été le bras armé du Parti, et les journalistes les « soldats du front idéologique ». Après la chute du communisme, en 1989, les médias ont retrouvé la liberté et se sont développés grâce essentiellement aux investisseurs étrangers. La presse libre est jeune, le premier journal libre, *Gazeta Wyborcza,* a été créé par *Solidarność* pour les premières élections de 1989. Aujourd'hui, les médias sont dans une période de turbulences. Les journalistes sont politisés à outrance et divisés selon les lignes de fractures politiques. Des affrontements éclatent entre certains journaux et journalistes qui règlent leurs comptes à coups de violentes diatribes. Comme partout, la presse papier, prise en sandwich entre les journaux gratuits et Internet, perd ses lecteurs, et le nombre de quotidiens est en baisse. Les médias audiovisuels cherchent une nouvelle voie pour marier son image avec Internet, avec en toile de fond (jusqu'aux dernières élections) un conflit ouvert entre le pouvoir des jumeaux Kaczynski et la plupart des médias.

En février 2007, la Diète aux mains de la coalition de droite avait mis en place un comité destiné à modifier le droit de la presse. Les journalistes n'y étaient pas invités. En même temps, la nouvelle loi sur la « lustration » (le processus de « décommunisation » tardive) est entrée en vigueur et concernait également les journalistes. L'élection de Donald Tusk devrait ramener un peu de calme dans le paysage médiatique, même si les règlements de compte ne sont pas absents. Ainsi, *Radio Marija,* la radio catholique intégriste, est dans le collimateur du nouveau gouvernement. Il faut dire que ce fervent soutien du parti d'extrême droite Droit et Justice émet des opinions homophobes, antisémites, nationalistes et réactionnaires avec l'argent de l'Union européenne, puisque le précédent gouvernement lui avait octroyé 15,3 millions d'euros venant des fonds communautaires. Avec cette somme, *Radio Marija* devait développer sa propre école de journalisme. Mais l'argent ne lui sera finalement pas versé, le nouveau gouvernement libéral va organiser un concours, à l'issue duquel les projets les plus méritants toucheront ces subventions.

La presse quotidienne

– ***Rzeczpospolita*** (• rzeczpospolita.pl •) est l'un des titres les plus influents mais ne se place qu'au troisième rang par le tirage. C'est un quotidien d'opinion à thématique générale avec une coloration économique marquée.

– ***Gazeta Wyborcza*** (• gazeta.pl •) est le plus grand quotidien polonais. Sa première édition est parue en mai 1989. Elle constitue le tronc du plus grand groupe de médias polonais. Son tirage moyen est de presque 600 000 exemplaires. Depuis sa création, c'est Adam Michnik – militant de l'opposition au pouvoir communiste – qui en est le rédacteur en chef.

– ***Super Express*** (• superexpress.pl •) est le deuxième quotidien de Pologne. Ce journal populaire se concentre sur la vie quotidienne du Polonais moyen, sans prétentions intellectuelles. Son tirage s'élève à 450 000 exemplaires.

Les journaux régionaux qui diffusent l'information nationale et internationale en tenant compte des nouvelles régionales tiennent une place importante dans la vie des collectivités locales.

Les hebdomadaires

Les hebdomadaires sociaux et économiques jouissent d'une popularité croissante.

- ***Polityka*** (• polityka.com.pl •) est le plus ancien. Les journalistes polonais les plus connus y travaillent, et leurs articles ont un véritable impact sur l'opinion publique.
- La deuxième position revient à l'hebdomadaire populaire ***Wprost*** (• prost.pl •), qui paraît depuis 1982. Il collabore avec les hommes politiques, les économistes ou les juristes les plus éminents.
- ***Tygodnik Powszechny,*** qui paraît depuis 1945, occupe une place à part parmi les hebdomadaires polonais. Depuis ses débuts, le journal fait partie d'un petit groupe de la presse d'opinion en Pologne. Seul journal socio-politique indépendant du bloc communiste dans les années de l'après-guerre, il a toujours pris la parole dans les débats les plus importants concernant l'Église catholique, la culture et la société polonaise.
- L'édition polonaise de ***Newsweek*** paraît depuis septembre 2001. L'hebdomadaire est entré avec succès sur le marché.
- ***The Warsaw Voice*** (• warsawvoice.pl •), hebdomadaire anglophone renommé, paraît également en Pologne. Il commente les événements courants de la vie politique, économique, sociale et culturelle en Pologne, mais aussi en Europe centrale et orientale. Ses pages décrivent les plus beaux endroits à visiter. Sur son site internet, *The Warsaw Voice* a inséré de nombreux liens utiles aux visiteurs étrangers en Pologne.

Télévision

La télévision publique

Telewizja Polska (TVP) émet en continu depuis 1956. Depuis 1994, TVP est une société de droit commercial. En tant que télévision publique, elle réalise les missions qui lui sont assignées par la loi : l'information, la présentation du patrimoine culturel et artistique, l'accès à l'enseignement et aux acquis de la science, la vulgarisation de l'éducation civique et le soutien à la création audiovisuelle nationale. La télévision publique a aussi la charge du soutien et du développement des créations artistiques, ainsi que le cofinancement de la production télévisuelle et cinématographique nationale en dehors de TVP. Pour de nombreux Polonais, la télévision publique demeure la source principale d'information concernant les événements politiques et la vie publique. Actuellement, la TVP propose deux chaînes nationales et des chaînes régionales qui touchent jusqu'à 63 % de la population.

La télévision privée

La loi sur la radiodiffusion et la télévision a non seulement rendu possible la transformation de la radio et de la télévision publiques, mais elle a aussi permis de mettre en place le processus d'attribution de concessions aux stations privées de radio et de télévision par le Conseil national de la radiodiffusion et de la télévision (CNRT). La chaîne *Polsat* a été la première à profiter de ce droit en obtenant en 1994 une concession pour l'émission à partir d'émetteurs terrestres.

Radio

La radio publique

« Ceci est un test d'émission de la Société radiotechnique polonaise à Varsovie » : c'est par ces mots prononcés le 1er février 1925 par le directeur de *PTR,* Roman Rudniewski, qu'a débuté l'aventure de la radiophonie polonaise. Aujourd'hui, la radio publique en Pologne est constituée de quatre programmes nationaux, de 17 stations publiques locales et d'une chaîne parlementaire thématique.

Les radios privées

De nombreuses nouvelles stations de radio indépendantes sont apparues en Pologne au début des années 1990. Celles qui sont parvenues à se maintenir sur ce marché très concurrentiel représentent un élément important de la vie sociale locale. La Pologne compte actuellement environ 220 stations de radio publiques et privées.

PATRIMOINE

La culture affichée

Depuis 1945, la Pologne excelle dans l'art de l'affiche, et son école a connu son apogée dans les années 1950 et 1960. Les œuvres de Wojciech Fangor illustrant les films d'Andrzej Wajda, *La Cendre et le Diamant* et *Les Magiciens innocents,* font date. Jerzy Skarzyńki se fait connaître par l'affiche annonçant le film de Has : *Le Manuscrit trouvé à Saragosse.* Deux noms, Tadeusz Trepkowski et Henryk Tomaszewski, se détachent de la foule. La métaphore surréaliste et l'économie de moyens de l'un, le dessin intimiste et plein d'humour de l'autre ont conquis nombre de prix et influencé les groupes d'artistes étrangers, comme le courant français Grupus. Cette période se distingue par le recours au grotesque et à l'humour. On le voit notamment au travers des œuvres de Jan Młodożeniec et Jan Lenica.

Les années 1970 marquent le recul de cette créativité foisonnante. Un seul artiste domine la scène en imposant son style : Franciszek Starowieyski. Ses affiches sont pleines de turpitude baroque et d'un érotisme qui frise l'obscénité. Le motif qui revient souvent est une danse endiablée avec la mort. Les couleurs utilisées sont les rouges sales, les sépias, des bleus cadavériques. Il y a peu, ce style était considéré comme une marque distinctive de l'école de l'affiche polonaise.

Les années 1980 révèlent une période de crise : les épigones de Starowieyski foisonnent. Mais s'ils copient avec plus ou moins de maestria son style, ils manquent de personnalité. Les seuls à trouver une voix originale sont Andrzej Klinowski et Marcin Mruszczak, qui rompent avec la tradition consistant à recourir à la seule peinture dans la confection de leurs œuvres, et qui utilisent avec bonheur le collage et la photographie.

Certains critiques d'art regrettent l'absence d'une relève de jeunes créateurs. Reste les incontournables Jan Młodożeniec et Andrzej Tomaszewski. Mais il s'agit là de la vieille garde. Tomaszewski est né en 1914. Depuis sa jeunesse, il rafle tous les prix. En 1948, il reçoit quatre médailles d'or à l'Exposition internationale de l'affiche à Vienne. Cet artiste a été l'un des premiers à s'intéresser à la typographie et à la manière d'insérer les lettres dans une peinture. Une des affiches qui l'ont rendu célèbre est celle du film *Citizen Kane* (1948). Ses œuvres sont reconnaissables au premier coup d'œil : des lettres écrites à la main comme dans un cahier d'écolier, des formes épurées, beaucoup de lumière, des fonds souvent blancs.

Il faut mentionner un autre artiste, complètement à part, échappant à toute classification : Roman Cieślewicz. Il fut longtemps méconnu dans son pays, les Polonais ne lui ayant pas pardonné d'avoir émigré en France en 1963 et d'avoir choisi, tout à fait librement (impensable pour un Polonais !), de se lier avec les gauchistes parisiens. C'est lui qui préparait les décors pour les fêtes des communistes français. Une de ses œuvres les plus connues est l'affiche contre la faim dans le tiers-monde, créée en 1993. Cet artiste, récemment disparu, a travaillé pour le Centre Georges-Pompidou. Ses affiches ont annoncé, entre autres, l'exposition Paris-Berlin en 1978 et Paris-Moscou en 1979. Il a été influencé par le Bauhaus ainsi que par les constructivistes russes, Rodtchenko notamment.

Pour découvrir cette passionnante histoire, il faut se rendre au musée de l'Affiche du palais Wilanów, près de Varsovie (rubrique « À voir. Les parcs et les jardins » dans le chapitre concernant la capitale). C'est ici que se déroule la Biennale de l'affiche internationale.

PERSONNAGES

– ***Frédéric Chopin*** *(1810-1849)* **:** né à Zelazowa Wola, mort à Paris de la tuberculose. Si sa musique était déjà vénérée par les plus grands artistes de son temps, un culte croissant commence dès sa mort auprès du public et des interprètes. Sa tombe, au cimetière du Père-Lachaise, est encore quotidiennement fleurie. Sa vie a été romancée, portée à l'écran, notamment sa longue liaison avec George Sand. Quand Chopin arrive à Paris, Alexandre Dumas présente *Henri III et sa Cour,* Victor Hugo est à l'apogée de son succès, Berlioz se fait un nom : le romantisme français triomphe, et Paris devient la capitale des arts. Chopin est salué comme le génie polonais, et ses valses, préludes, polonaises, nocturnes, scherzos, mazurkas font le plaisir des romantiques. Tenu pour le plus grand pianiste de son temps, il a révolutionné la technique du piano. Il aura été l'inventeur des formes, retirant le scherzo de la symphonie, il crée la balade instrumentale et ouvre les portes à Debussy, à Ravel, au jazz, qui s'emparera de sa fameuse note bleue.

– ***Nicolas Copernic*** *(1473-1543)* **:** né à Toruń, Nicolas Copernic n'a que dix ans lorsque meurt son père, un riche marchand. Élevé par un oncle évêque, il est destiné à une carrière ecclésiastique et étudie la théologie à Cracovie. En 1496, il part en Italie pour suivre les cours des universités de Bologne, Padoue et Ferrare. Il y étudie le grec et le latin, les mathématiques et surtout l'astronomie. Il découvre les auteurs de l'Antiquité, comme Samos, qui envisageait la rotation des planètes autour de la Terre, alors que, à la Renaissance, le système géocentrique de Ptolémée est la règle imposée par l'Église. Celle-ci ne pouvait se résoudre à accepter une autre théorie, pour la raison que dans l'Ancien Testament, il est dit que Josué avait demandé à Dieu d'arrêter le Soleil le temps qu'il gagne la bataille de Jéricho ! Trente-six ans d'observations depuis sa tour-observatoire de Frauenberg permettent à Copernic de démontrer que la Lune est un satellite de la Terre et que l'axe de la Terre n'est pas fixe. Son œuvre majeure, *Des révolutions des orbes célestes,* publiée un an avant sa mort, présente son système héliocentrique comme une pure hypothèse. Ébranlant la vision médiévale du monde qui place l'homme au centre de l'univers, les idées de Nicolas Copernic ont eu une portée philosophique immense (la révolution copernicienne) et ont suscité des réactions violentes pendant plus de deux siècles.

– ***Bronislaw Geremek*** *(1932-2008)* **:** ancien communiste, professeur d'histoire, spécialiste de l'époque médiévale, il s'investit en politique dans les années 1980 en devenant conseiller de Lech Wałęsa au sein de *Solidarność*. En 1989, il est élu député avant d'occuper le poste de ministre des Affaires étrangères entre 1997 et 2000. Depuis 2004, il siège au Parlement européen. En 2007, menacé de perdre son mandat d'eurodéputé par le projet de la « loi de lustration », l'ancien dissident, véritable symbole de la lutte contre le totalitarisme en Pologne, a lancé un défi aux frères Kaczynski en refusant de signer la déclaration exigée de tout Polonais ayant des responsabilités publiques pour leur demander de « certifier qu'ils n'ont pas collaboré avec la police politique sous le communisme ». En mai 2007, la Cour constitutionnelle a rejeté la majeure partie de cette loi. Geremek meurt en juillet 2008 dans un accident de voiture.

– ***Wojcieh Jaruzelski*** *(né en 1923)* **:** plus connu sous le nom du général Jaruzelski, dit « la Mouche » ou « le soudeur » à cause de ses grosses lunettes noires. Il fut le dernier chef d'État polonais de la période communiste. Il instaura l'état de guerre en décembre 1981, en réponse à Solidarité, et les yeux du monde se tournèrent vers la Pologne. Tel Gorbatchev, il réussit pourtant à faire entrer la Pologne dans l'ère démocratique, avant de s'éloigner de la scène politique.

– ***Tadeusz Kantor*** *(1915-1990)* **:** encore un homme célèbre de Cracovie. Artiste et homme de théâtre. À l'avant-garde du théâtre, les happenings et « spectacles de la mort » de sa troupe Cricot 2 sont devenus des références. Ses meilleures créations : *La Classe morte* et *Wielopole.*

– ***Krzysztof Kieślowski*** *(1941-1996)* **:** ce cinéaste polonais commence par des documentaires, puis filme des fictions pour la télévision. Certains de ses films, trop critiques vis-à-vis de la société polonaise, sont interdits, mais il acquiert une réputation mondiale avec *Tu ne tueras point* en 1987. C'est d'abord une série produite pour la télévision qui deviendra, succès critique aidant, *Le Décalogue.* Une illustration moderne des « Dix Commandements », et, pour beaucoup d'entre nous, l'un des films les plus brillants et intelligents des années 1980. Le cinéaste poursuit sa carrière en France, d'abord avec *La Double Vie de Véronique,* puis sa trilogie *Trois Couleurs Bleu, Blanc* et *Rouge* en 1994, qui font de lui l'un des plus grands cinéastes de sa génération. Les films de Kieślowski ne se racontent pas, ils vous coupent le souffle.

L'HOMME AUX LUNETTES NOIRES

Un jour, Jaruzelski veut se renseigner sur sa popularité. Il sort incognito et se rend dans un cinéma. Avant le début du film, le projectionniste arrive et dit à la salle : « On se lève tous pour le général Jaruzelski. » Tous se lèvent sauf Jaruzelski. Celui-ci est très content de voir que tout le monde l'aime. Le projectionniste répète alors : « On se lève tous pour le général Jaruzelski. » Là encore, tous se lèvent sauf Jaruzelski, qui jubile de se savoir si populaire. Le projectionniste lui dit alors : « Eh ! le mec assis, lève-toi, ou ce connard va te faire fusiller ! »

– ***Jan Matejko*** *(1838-1893)* **:** considéré comme le plus grand peintre historique polonais. Il développe très tôt un talent hors du commun pour les arts plastiques alors qu'il ne maîtrisa jamais de langue étrangère et éprouvait même des difficultés en polonais. Pour cette raison, les apparitions publiques étaient sa hantise. Les défaites subies par la Pologne l'ont poussé à délaisser la peinture religieuse, sa vocation de départ, pour se consacrer à la peinture historique. C'est lui qui a créé de toutes pièces l'imaginaire historique polonais, même si sur ses toiles apparaissent des personnages qui n'ont pas participé aux événements, mais qu'importe la vérité tant que l'exaltation du sentiment national a atteint son but. Sa maison natale à Cracovie se visite.

– **Roman Polański** *(né en 1933)* **:** né à Paris, il a passé son enfance en Pologne. Échappé du ghetto de Cracovie, il perd sa mère dans les camps et ne retrouve son père qu'après la guerre. Traumatisme qui marquera toute son œuvre. Dans les années 1950, il entre à l'école de cinéma de Łódź, où il réalise plusieurs courts-métrages. En 1962, il réalise le très remarqué *Le Couteau dans l'eau.* Nommé pour l'oscar du meilleur film étranger, ce film lui permet de partir en Angleterre, où il réalise *Répulsion,* puis l'étrange *Cul-de-sac* (tous deux avec les sœurs Dorléac et couronnés à Berlin) et le désopilant *Le Bal des vampires.* Ces succès lui permettent de réaliser son premier film hollywoodien en 1968 : le thriller fantastique *Rosemary's Baby.* En 1969, sa femme, Sharon Tate, est assassinée par le tueur en série Charles Manson. C'est en 1974 que Polanski obtient son plus grand succès avec *Chinatown,* un modèle du film noir qui reçoit 11 nominations aux oscars. En 1977, une condamnation pour viol d'une mineure le force à fuir les États-Unis pour éviter la prison. Il réalise alors le mélodrame *Tess* (nommé aux oscars) en hommage à sa femme. Dans les années 1980 et 1990, il fait tourner Adjani dans *Le Locataire* et il alterne les films plus commerciaux, à l'image de *Pirates, Frantic* et *La Neuvième Porte,* et les films plus intimistes, comme *La Jeune Fille et la Mort,* sans connaître le même succès qu'auparavant. En 2002, il réalise son film le plus achevé avec *Le Pianiste,* l'histoire d'un survivant du ghetto de Varsovie. Il vit à Paris avec sa femme, l'actrice Emmanuelle Seigner, dont il a eu deux enfants. En 2005, pour faire plaisir à ceux-ci, il s'attaque avec bonheur mais de façon très classique au chef-d'œuvre de Charles Dickens, *Oliver Twist.*

– ***Andrzej Wajda*** *(né en 1926)* **:** originaire de Cracovie, orphelin à 13 ans, il travaille très jeune, prend part à la Résistance à Londres, se démarque du Parti communiste et crée le Groupe des autodidactes, partisan d'une peinture barbare et brutale. Touche-à-tout, il entre dans le cinéma en 1952 et il inaugure, deux ans plus tard, avec son premier film, l'école polonaise. Le thème national domine son œuvre, et il aspire à ce que le cinéma soit la conscience de la Pologne, d'où des films engagés politiquement et peu connus. *L'Anneau de crin* (1992), *Korczak* (1990), *L'Homme de marbre* (1977)...

– ***Lech Wałęsa*** *(né en 1943)* **:** célèbre électricien qui deviendra syndicaliste, prix Nobel de la paix en 1983 pour son combat avec le syndicat Solidarité, homme politique et enfin premier président de la République polonaise en 1990. Après tout ça, c'est dur de se trouver un nouveau travail. En 2004, on l'a vu venir prêter main-forte au candidat de l'opposition Iouchtchenko lors des élections ukrainiennes. Il est vrai que l'influence polonaise est encore très présente dans la région ouest de ce pays, amputée de la Pologne en 1945.

– ***Karol Wojtyla*** *(1920-2005)* **:** plus communément appelé Jean-Paul II. Le saviez-vous ? La vocation religieuse du célèbre pape est assez tardive. Son premier amour : les planches. Pendant la guerre, il monte d'ailleurs une troupe de théâtre à Cracovie, avant d'intégrer un séminaire clandestin à partir de 1942. Né à Wadowice, dans la banlieue de Cracovie. Il est, en 1978, le premier pape non italien depuis 1523. Évidemment, les Polonais étaient fiers de leur pape. Car en plus d'être une référence religieuse, c'était aussi et surtout un pied-de-nez aux communistes de l'époque. On lui attribue la responsabilité de la chute du rideau de fer, pas moins ! Ce fut aussi un globe-trotter infatigable, rendant visite à 115 pays. Après 26 années de pontificat, il est mort le 2 avril 2005 non sans avoir repris en main (de fer) l'église catholique, suite aux « dérives » de Vatican II. Il fut un incontestable artisan de la paix dans le monde et du rapprochement entre les religions, mais sur le plan éthique, ses positions ultraconservatrices ont découragé pas mal de catholiques qui rêvaient d'une Église en phase avec les problématiques contemporaines.

UN COUPLE SOUVENT RAILLÉ

C'est Wałęsa qui va, en compagnie de sa femme Danuta, au Grand Théâtre de Varsovie assister au Lac des cygnes. *Au bout de cinq minutes, il s'endort. Il est réveillé à la fin du spectacle par les applaudissements du public. Il demande à sa femme : « Est-ce que quelqu'un s'est aperçu que je dormais ? » Et Danuta répond : « Dans le public non, mais les danseurs, oui, ils marchaient tous sur la pointe des pieds. »*

– Et aussi en vrac : le poète ***Czeslaw Milosz*** *(1911-2004),* prix Nobel de littérature, tout comme ***Henryk Sienkiewicz*** *(1846-1916),* le dramaturge ***Witold Gombrowicz,*** le compositeur ***Krzysztof Penderecki,*** le pianiste ***Arthur Rubinstein***...

SAVOIR-VIVRE ET COUTUMES

Ne soyez pas surpris par ce qu'on pourrait prendre pour une forme de rudesse. L'accueil est rarement démonstratif, le bonjour, l'au revoir et le merci sont assez rares. C'est comme cela, autant s'y faire.

Certains cadeaux seront très appréciés par vos amis et correspondants polonais, notamment eau de Cologne, vins, chocolats et, pour les adolescents, cassettes ou CD de variétés françaises (actuelles).

Si vous offrez des fleurs à une Polonaise, ne laissez pas le papier d'aluminium ou le plastique d'emballage : c'est, paraît-il, considéré comme une preuve de mauvais goût !

Chez eux, les Polonais considèrent qu'il n'y a rien à payer s'ils vous hébergent. À vous de leur rendre la pareille s'ils vous rendent visite.

L'interdiction de fumer est en vigueur dans presque tous les lieux publics.

Les femmes : des apparences trompeuses

Les Polonais sont connus pour leur galanterie. Représentantes de la gent féminine, réjouissez-vous ! On vous aidera à mettre votre manteau, on vous tiendra la porte, on vous allumera votre cigarette, on vous versera à boire (il est mal vu qu'une femme se serve seule une boisson alcoolisée), on vous fera même le baisemain à l'occasion. Alors, un paradis pour les femmes ? La réalité est souvent moins rose. La Pologne n'a pas connu de révolution féministe. Avant la guerre, rares étaient celles qui, comme l'écrivain Zofia Nalkowska (1884-1954) et la socialiste Irena Krzywicka, militaient pour l'émancipation des femmes, le droit au divorce, le concubinage, l'avortement, ou qui défrayaient la chronique par leurs amours tapageuses. Après la Seconde Guerre mondiale, le pays manquant cruellement de main-d'œuvre, les femmes ont pris d'assaut le marché du travail. L'idéologie communiste garantissait l'égalité entre les deux sexes. Dans le travail, en tout cas, car le partage des tâches à la maison ne s'est jamais fait.

BLAGUE DE L'APRÈS-COMMUNISME

Deux curés polonais s'ennuient et décident de sortir un soir : restaurant, cabaret, petites femmes… Le lendemain, l'un dit à l'autre : « Après les péchés que l'on a commis, je propose que l'on se confesse entre nous, aucun collègue n'en saura rien ! » Confession du premier : « En pénitence, tu réciteras 5 Notre Père *et 10* Je vous salue Marie*, et tes péchés seront pardonnés. » Confession du second : « Tu réciteras 50* Notre Père*, 200* Je vous salue Marie*, et tu iras à genoux devant la Vierge de Czestochowa ! » « Tu es bien dur avec moi », réplique le second. Réponse du premier : « La rigolade, c'est une chose, mais le boulot, c'est le boulot. »*

Le droit très restrictif à l'IVG

La législation polonaise est d'ores et déjà parmi les plus restrictives en Europe. L'interruption volontaire de grossesse n'y est autorisée qu'en cas de viol, d'inceste, de danger pour la vie de la mère ou de malformation irréversible du fœtus. Deux médecins doivent signer le certificat d'autorisation, et beaucoup refusent de le faire de peur d'être stigmatisés pour leur acte.

Largement autorisé sous le communisme comme dans tout l'ancien bloc de l'Est, l'avortement a été très strictement limité par une loi votée en 1993, après la chute de la dictature.

Seul(e) le médecin ou la personne qui pratique un avortement est passible de deux ans de prison. La femme n'est pas passible de sanctions.

Selon les organisations féministes, une interdiction totale ne ferait que renforcer la pratique des avortements dans la clandestinité. Pourtant, des sondages révèlent que 57 % des Polonais souhaiteraient que les femmes puissent disposer elles-mêmes du choix de prolonger ou non leur grossesse.

Selon la Fédération du planning familial, on estime entre 80 000 et 200 000 par an le nombre d'avortements clandestins en Pologne, alors qu'on n'en dénombre officiellement que 200 ! L'accès à un cabinet clandestin reste facile, des petites annonces insérées quotidiennement dans les plus grands journaux polonais offrent un « service gynécologique complet ». Mais l'illégalité en rend le coût prohibitif : le prix moyen d'une intervention est estimé à 2 000 Zl (540 €), soit l'équivalent de deux mois de salaire pour une caissière de supermarché.

Égalité au travail ?

Sur le marché du travail, à la différence du passé, la situation des femmes est moins brillante que celle des hommes (ce n'est pas très original !). Elles représentent 62 %

des demandeurs d'emploi. Dans un sondage effectué en août 1999 pour le compte du supplément de *Gazeta Wyborcza*, le quotidien d'Adam Michnik, 37 % des Polonaises ont avoué avoir perdu quelque chose dans la vie, juste parce qu'elles appartenaient au sexe dit faible. Leurs salaires sont, en moyenne, 20 % moins élevés que ceux des hommes. Cette différence est moindre aux postes de direction et dans les métiers nécessitant une haute spécialisation. Peu nombreuses sur la scène politique, les Polonaises réussissent bien dans le commerce et les finances ; c'est une femme, Leszek Balcerowicz, qui tient d'une main de fer les rênes de la Banque nationale de Pologne.

Le gouvernement fait de son mieux pour plaire à ces dames, mais les projets de loi, soi-disant en faveur des femmes, divisent les intéressées, parce qu'ils promeuvent, d'après certaines, l'image de la « mère Pologne », version slave de la *mamma* italienne. Une vision pas très moderniste... Ainsi, le vote de la loi prolongeant les congés maternité de 16 à 26 semaines (39 dans le cas de jumeaux) a provoqué une timide levée de boucliers chez les féministes, tandis que 73 % de la population était favorable au projet. Le projet de loi sur la parité des femmes au Sénat et à la Diète, très critiqué (aussi par les femmes), a été finalement renvoyé aux oubliettes. Les jeunes Polonaises gardent tout de même l'espoir : 57 % d'entre elles considèrent qu'elles ont les mêmes chances pour faire carrière que leurs collègues masculins.

SITES INSCRITS AU PATRIMOINE MONDIAL DE L'UNESCO

Organisation des Nations Unies pour l'éducation, la science et la culture

En coopération avec le centre du patrimoine mondial de l'UNESCO

Pour figurer sur la liste du patrimoine mondial, les sites doivent avoir une valeur universelle exceptionnelle et satisfaire à au moins un des dix critères de sélection. La protection, la gestion, l'authenticité et l'intégrité des biens sont également des considérations importantes.

Le patrimoine est l'héritage du passé dont nous profitons aujourd'hui et que nous transmettons aux générations à venir. Nos patrimoines culturel et naturel sont deux sources irremplaçables de vie et d'inspiration. Ces sites appartiennent à tous les peuples du monde, sans tenir compte du territoire sur lequel ils sont situés. Pour plus d'informations : • http://whc.unesco.org •

– ***1978 ; le centre historique de Cracovie :*** une des plus belles villes d'Europe, l'ancienne capitale de la Pologne est située au pied de la colline du château royal de Wawel. Ville de marchands datant du XIIIe s, Cracovie recèle la plus grande place de marché d'Europe, de nombreuses maisons historiques, ainsi que des palais et églises richement décorés. La cathédrale gothique où sont enterrés les rois de Pologne, les vestiges de remparts du XIVe s, l'université Jagellon et le site médiéval de Kazimierz au sud de la ville, avec ses synagogues, témoignent du riche passé de Cracovie.

– ***1978 ; les mines de sel de Wieliczka :*** non loin de Cracovie, le gisement de sel de Wieliczka-Bochnia est connu depuis le XIIIe s. Cette très ancienne exploitation industrielle s'étage sur neuf niveaux et comprend 300 km de galeries où sont sculptés dans le sel des autels, des statues et d'autres œuvres d'art étonnantes.

– ***1979 ; le camp nazi de concentration et d'extermination d'Auschwitz-Birkenau (1940-1945) :*** les enceintes, les barbelés, les miradors, les baraquements, les potences, les chambres à gaz et les fours crématoires de l'ancien camp – le plus vaste du IIIe Reich – attestent des conditions dans lesquelles fonctionnait le génocide organisé. Selon les historiens, 1,1 à 1,5 million de personnes (en grande majorité juives) ont été systématiquement affamées, torturées et assassinées dans ce lieu, devenu le symbole de la cruauté de l'homme pour l'homme.

– ***1979 ; la forêt Belovezhskaya Pushcha / Białowieża :*** classée au Patrimoine naturel, à cheval avec la Biélorussie, cette forêt est située sur la ligne de partage des eaux entre la mer Baltique et la mer Noire. Vaste massif comprenant à la fois des conifères et des feuillus, cette forêt abrite une faune remarquable et en particulier le loup, le lynx et la loutre, ainsi que quelque 300 bisons d'Europe, espèce réintroduite dans le site.
– ***1980 ; le centre historique de Varsovie :*** août 1944, lors du soulèvement de Varsovie, plus de 85 % du centre historique est détruit par les troupes allemandes. Les habitants entreprennent alors une reconstruction sur cinq ans, avec pour résultat une restauration méticuleuse des églises, des palais et de la place du marché de la vieille ville. Il s'agit là d'un exemple exceptionnel de reconstruction quasi à l'identique d'une séquence de l'histoire (XIIIe-XXe s).
– ***1992 ; la vieille ville de Zamość :*** fondée au XVIe s par le chancelier Jan Zamoysky sur la route commerciale reliant l'Europe de l'Ouest et du Nord à la mer Noire. Conçue sur le modèle des théories italiennes de la ville idéale par l'architecte padouan Bernando Morando, Zamość reste un exemple d'une ville Renaissance de la fin du XVIe s ayant conservé son plan d'origine, ses fortifications et un grand nombre de bâtiments où se mêlent les traditions architecturales de l'Italie et de l'Europe centrale.
– ***1997 ; la ville médiévale de Toruń :*** cette ville doit ses origines à l'ordre des chevaliers Teutoniques, qui y ont construit un château au milieu du XIIIe s, pour servir de base à la conquête et à l'évangélisation de la Prusse. Elle a rapidement pris un rôle commercial de premier plan au sein de la Ligue hanséatique, et nombre de ses édifices publics et privés des XIVe et XVe s (dont la maison de Copernic) qui subsistent dans la vieille ville comme dans la ville nouvelle témoignent de cette importance.
– ***1997 ; le château de l'ordre Teutonique de Malbork :*** monastère fortifié datant du XIIIe s, largement agrandi et embelli après 1309, quand le siège du grand maître de l'ordre a été transféré de Venise à Malbork. Exemple parfait du château médiéval en brique, il s'est ensuite délabré, mais a été méticuleusement restauré au XIXe et au début du XXe s. Après de graves dégâts subis en 1939-1945, le château a été à nouveau restauré à partir de la documentation détaillée préparée par les précédents spécialistes de sa conservation.
– ***2001 ; les églises de la Paix à Jawor et à Swidnica :*** les plus grands bâtiments religieux à charpente de bois ont été construits dans l'ancienne Silésie, au milieu du XVIIe s, à l'époque du conflit religieux qui a suivi la paix de Westphalie. Modelés par des facteurs physiques et politiques, ils témoignent d'une quête de liberté religieuse en mettant en œuvre des formes architecturales associées généralement à l'église catholique mais très peu habituelles s'agissant de la religion réformée.
– ***2003 ; les églises en bois du sud de la Petite Pologne :*** elles illustrent la variété des traditions de construction des églises médiévales dans la culture catholique romaine. Utilisant la technique des rondins de bois disposés horizontalement, usuelle en Europe du Nord et de l'Est depuis le Moyen Âge, ces églises ont été construites par les familles nobles pour des motifs de prestige. Elles offrent une solution de rechange intéressante aux constructions de maçonnerie pratiquées dans les villes.
– ***2004 ; le parc de Muskau / parc Muzakowski :*** en partage avec l'Allemagne, le parc paysager de 560 ha a été créé par le prince Hermann von Pückler-Muskau entre 1815 et 1844. S'inscrivant harmonieusement dans le paysage agricole environnant, il inaugure de nouvelles conceptions paysagères et influence le développement de l'architecture paysagère en Europe et en Amérique. Conçu comme un « tableau de verdure », il ne cherche pas à évoquer un paysage classique, une image de l'Éden ou quelque perfection perdue, mais il exploite les ressources de la flore locale pour magnifier les qualités intrinsèques du paysage existant.
– ***2006 ; la halle du Centenaire à Wrocław :*** la halle du Centenaire, construite entre 1911 et 1913 par Max Berg, constitue un jalon de l'histoire de l'architecture en

béton armé. Il s'agit d'une salle d'exposition polyvalente à plan central au cœur du parc des expositions, formant un quadrilobe symétrique, avec un vaste espace circulaire au centre, qui peut accueillir 6 000 sièges. Le dôme nervuré de 23 m est coiffé d'une lanterne d'acier et de verre. Les fenêtres sont faites d'un bois dur exotique et, afin d'améliorer l'acoustique, les murs sont couverts d'une couche isolante de béton mélangé à du bois ou à du liège. Du côté ouest se trouve une place monumentale conçue sur le modèle d'un forum antique. Du côté nord, on trouve le pavillon à quatre dômes, dessiné par Hans Poelzig en 1912 pour héberger une exposition historique. Dans la section nord du parc des expositions, Poelzig a conçu une pergola en béton qui entoure un étang artificiel. La halle du Centenaire est un exemple précurseur du début de l'architecture et de l'ingénierie moderne, elle est devenue une référence majeure dans l'évolution postérieure des structures en béton armé.

UNITAID

Les Nations unies ont voté en 2000 un plan, appelé « Objectifs du millénaire », visant à diviser par deux l'extrême pauvreté dans le monde (plus de 1 milliard d'individus vivent avec moins de 1 $ par jour), à soigner tous les êtres humains du sida, du paludisme et de la tuberculose, et à mettre à l'école primaire tous les enfants du monde d'ici à 2015. Les États ne fourniront que la moitié des besoins, c'est-à-dire 40 des 80 milliards de dollars requis. C'est dans cette perspective qu'a été créée, en 2006, UNITAID, qui permet l'achat de médicaments contre le sida, la tuberculose et le paludisme. Aujourd'hui, plus de 30 pays se sont engagés à mettre en œuvre une contribution de solidarité sur les billets d'avion afin de financer UNITAID. Cette taxe obligatoire est de l'ordre de 1 à 4 € par billet d'avion en classe économique, et s'applique à tous les trajets au départ de France depuis 2006. Les frais de gestion sont réduits à 3 % des sommes collectées grâce à l'hébergement de l'OMS et une organisation particulièrement efficace. Grâce aux 300 millions de dollars récoltés en 2007, UNITAID a déjà engagé des actions en faveur de 100 000 enfants séropositifs en Afrique et en Asie, de 65 000 malades du sida, de 150 000 enfants touchés par la tuberculose, et fournira 12 millions de traitements contre le paludisme. Le *Guide du routard* soutient, bien entendu, la réalisation des objectifs du millénaire et tous les outils qui permettront de les atteindre ! Pour en savoir plus : • unitaid.eu •

LA POLOGNE

VARSOVIE ET SES ENVIRONS

WARSZAWA (VARSOVIE)

IND. TÉL. : 022 (à composer avant chaque numéro, même depuis la ville)

Jamais Varsovie, jamais la Pologne depuis le XVIe s (âge d'or de son histoire) n'ont eu une telle opportunité, une telle chance de progrès et d'évolution dans une Europe retrouvée. Il faut remonter loin pour trouver un tel élan, un tel optimisme, même s'il n'est pas partagé par tous. Des tours de verre et d'acier, symbole du capitalisme et de la croissance économique, qui jaillissent de terre autour du palais de la Culture et de la Science, emblème grandiloquent du réalisme socialiste et du collectivisme défunts. De grands panneaux publicitaires à l'américaine qui s'affichent sur les austères façades d'immeubles staliniens. Le siège du Parti communiste polonais qui abrite la Bourse de Varsovie et des sociétés financières. Ces trois images parlent d'elles-mêmes et prouvent que Varsovie est entrée dans une phase de mutation sans précédent. Qui aurait pu imaginer un tel changement dans une capitale communiste repliée sur elle-même, dans l'ombre de Moscou, qui, dans les années 1980 encore, désespérait de retrouver un jour sa liberté et son intégrité ? Il en va des villes comme des humains. Comme disait Baudelaire, « la forme d'une ville change plus vite que le cœur des mortels ». Miracle ou mirage ? Depuis 2004, tout s'accélère, tout change, tout évolue dans cette métropole européenne de presque 2 millions d'habitants. Les Varsoviens sont désormais emportés par le souffle de la nouvelle Europe, il suffit de voir la jeunesse pour le comprendre. Bien sûr, certains sont restés sur le carreau, et les sceptiques et désabusés de tout poil annoncent des lendemains qui déchantent. La capitale de la Pologne prouve à présent qu'elle est capable d'avancer, malgré les problèmes, vers des jours meilleurs. Une chose est sûre : malgré les avanies politiques, elle retrouve progressivement sa place dans la grande maison européenne. Visiter Varsovie aujourd'hui, c'est assister à quelque chose qui ressemble à des retrouvailles historiques.

VARSOVIE DANS L'UNION EUROPÉENNE : LE DYNAMISME ÉCONOMIQUE D'UNE VILLE-CHANTIER

Voilà une vraie ville de l'Europe de l'Est, mais dont les liens les plus forts ont toujours été ceux tissés avec l'Ouest, avec Paris au XVIIIe et au XIXe s, et à présent avec Bruxelles (et Washington pour le parapluie stratégique). Aujourd'hui à Varsovie, contrairement à Paris ou à Rome, on ne passe pas son temps à contempler les monuments (même s'il y en a beaucoup et d'admirables), à s'extasier sur le passé, car la quasi-totalité de la ville a été anéantie en 1944. Le vieux Varsovie a disparu dans le désastre de la Seconde Guerre mondiale. C'est donc une ville reconstruite, neuve, mal connue, souvent mal aimée parce que mal comprise. Elle n'offre pas le visage patiné par les siècles des villes européennes épargnées par les affres de l'histoire comme Bruges, Prague, Venise ou Florence. Son architecture moderne déroute, elle décontenance le visiteur. Si vous connaissez Brest, Lorient ou Le Havre en France, vous savez ce qu'est une ville détruite et reconstruite. Et pourtant, Brest est une ville agréable à vivre et à visiter, on le sait par expérience. Ce qui compte à Varsovie, ce n'est pas vraiment la forme, mais le fond, l'esprit et les gens, c'est-à-dire les Varsoviens.

UNE CAPITALE À TAILLE HUMAINE

Sachez aussi que Varsovie est une ville à taille humaine, peu polluée, plaisante au voyageur et au trekkeur urbain, avec des avenues larges et aérées, des grands parcs verdoyants qui forment une sorte de ceinture verte (au sud et à l'est), et les rives de la Vistule, qui sont restées sauvages et herbeuses. Le centre-ville, pas si grand, se découvre bien à pied, et on peut utiliser le tramway pour de plus longs parcours.

UN PEU D'HISTOIRE

C'est relativement tard que Varsovie devient une ville importante (au XIIIe s environ), mais sa situation géographique avantageuse, au bord de la Vistule, favorise son développement. À partir de 1569, à la suite de l'union du royaume de Pologne avec le grand-duché de Lituanie en un seul État, la Diète siège à Varsovie. Officiellement, Cracovie continue d'être la capitale du royaume et Vilno celle du grand-duché, mais Varsovie est au centre de tous les événements importants. À la mort de Sigismond Auguste, dernier roi de la dynastie Jagellon, le trône de Pologne devient électif et tout le pouvoir législatif se trouve concentré à la Diète.
Après l'incendie qui détruit partiellement le château royal de Cracovie, Varsovie devient la capitale officielle à la fin du XVIe s. Le château est agrandi, les nobles construisent des palais et des hôtels. Le développement de la ville se poursuit malgré les guerres qui ravagent épisodiquement la région. Sous le règne de Stanislas Auguste Poniatowski, dernier roi de Pologne, la ville connaît la prospérité. En 1787, sa population s'élève à 96 000 habitants. Le roi, grand amateur d'art, fait construire de nombreux édifices : le palais Łazienki, une manufacture de porcelaine, un hôtel de la Monnaie... Il fait aussi reconstruire le château royal, en le décorant de très nombreuses œuvres d'art.

Au cœur du partage de la Pologne

Après les partages successifs de la Pologne, la ville se trouve sous domination russe. L'empire des tsars administre et contrôle tout. Varsovie ne cesse de se révolter : déjà, en 1794, la population, conduite par le cordonnier Jan Kilinski, chasse les troupes russes hors de la ville. Mais quelques mois plus tard, après le massacre des habitants, l'armée du tsar revient en force. Les victoires de Napoléon lui rendent la liberté pour un court moment.
En novembre 1830, en pleine période romantique, particulièrement intense en Pologne, une nouvelle insurrection nationale éclate. Les combats durent plus

LA GUERRE DES STATUES

En 1942, en guise de représailles à l'effacement des inscriptions en allemand sur le monument de Copernic, le gouverneur nazi Fischer a séquestré le cordonnier Kilinski : il a déboulonné le monument situé place Krasinski et l'a caché. La résistance polonaise a découvert la cache : les souterrains du Musée national. Sur les murs du musée, l'inscription suivante est apparue : « Peuple de Varsovie, je suis ici ! Jan Kilinski. » Les Varsoviens ont pu alors lire la réaction de Copernic sur les murs : « Suite à la destruction du monument de Kilinski, j'ordonne que l'hiver dure six semaines de plus », signé Copernic, astronome. De fait, l'hiver 1942 a réellement duré plus longtemps que d'habitude.

d'un an, notamment dans les environs de Varsovie. L'ultime défaite de Wola, faubourg de la capitale, inaugure une période de répression sans précédent, menée par le général russe Paskiewitch. Les exécutions et des déportations en Sibérie vont bon train. L'université est fermée, l'usage du polonais dans les administrations est proscrit, plusieurs monuments sont défigurés. Une grande vague d'émigration suit cette période tragique. C'est à Paris que trouvent refuge les insurgés de Varsovie, dont les poètes Mickiewicz et Słowacki, et le compositeur Frédéric Chopin.

En 1848, l'ouverture de la voie ferrée Saint-Pétersbourg-Varsovie-Vienne stimule l'activité commerciale et industrielle. Mais la relative prospérité matérielle ne peut contenter les âmes blessées. Une nouvelle génération s'insurge, avide de révoltes. Les manifestations se multiplient, la plupart sur la place du Château, et sont toutes réprimées dans le sang.

L'insurrection de 1863

En 1863, la coupe de l'amertume déborde. Malgré une infériorité militaire évidente, une fois de plus, l'insurrection éclate. En dépit d'une résistance acharnée, c'est de nouveau l'échec. Une longue nuit s'abat sur Varsovie. Le deuil national est clandestinement proclamé. De longs mois durant, les femmes de Varsovie ne s'habillent qu'en noir, les bracelets en fil barbelé et les colliers en chaîne remplacent les bijoux traditionnels. Il faut attendre la fin de la Première Guerre mondiale pour que l'aube de la liberté se lève. La Pologne retrouve l'indépendance, et Varsovie son rôle de capitale. Cette période ne dure que vingt ans à peine, le temps d'un souffle, avant d'être à nouveau frappée par le malheur concrétisé par l'invasion des troupes nazies en 1939.

Adresses utiles

- 2 Office de tourisme, gare ferroviaire Warszawa Zachodnia et gare routière centrale PKS
- 3 Gare routière PKS Stadion
- 4 Gare Warszawa Wschodnia
- 5 Gare Warszawa Gdańska
- Aéroport
- 9 Ambassade de France
- 11 Ambassade de Suisse
- 12 Ambassade du Canada
- 16 Marché de la halle Mirowska
- 18 Marché de Różyckiego

Où dormir ?

- 21 Camping Astur 123
- 22 Schronisko Młodzieżowe Agrykola
- 23 Schronisko Młodzieżowe N° 6
- 24 Schronisko Młodzieżowe
- 25 Nathan's Villa Hostel
- 27 Jump Inn Hostel
- 28 Hôtels Première Classe, Campanile et Kyriad Prestige
- 29 Hôtel Hetman
- 30 Hôtel Maria
- 31 Rialto Hotel

Où manger ?

- 70 Folk Gospoda
- 79 Flik
- 81 Qchnia Artystyczna
- 87 Kwai Kuchnia
- 91 Belvédère
- 116 Fabryka Trzciny

Où prendre un café ? Où goûter ?

- 93 Słodki Słony

Où boire un verre ? Où sortir ?

- 113 Lolek
- 116 Fabryka Trzciny
- 122 Nobo Lounge
- 128 Karma

Où danser ?

- 125 Le Park
- 126 Elegancki Bolek
- 127 Piekarnia

À voir

- 153 Monument des Héros du ghetto et musée de l'Histoire des juifs de Pologne
- 156 Musée de l'Insurrection de Varsovie
- 157 Musée de la prison Pawiak
- 163 Tombe du père Popiełuszko
- 164 Château et parc d'Ujazdó
- 165 Église orthodoxe Sainte-Marie-Madeleine

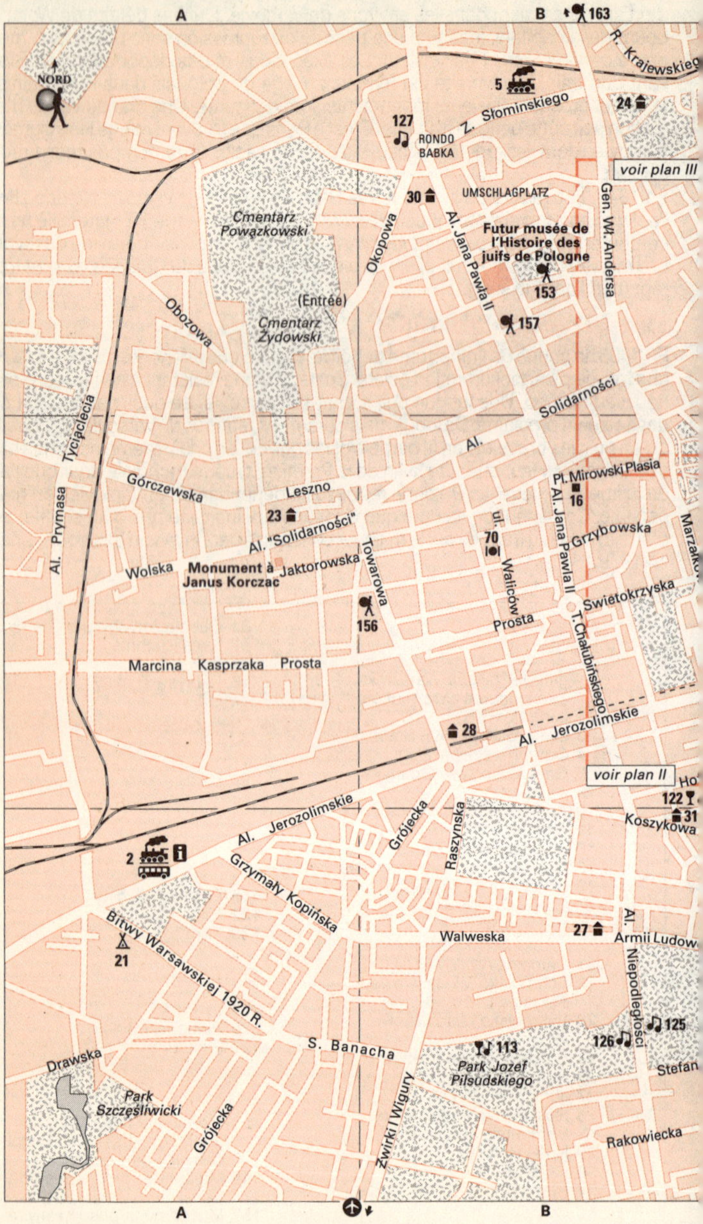
A
B
163
R. Krajewskiego
NORD
5
24
127
RONDO
BABKA
Z. Słominskiego
voir plan III
1
30
UMSCHLAGPLATZ
Cmentarz
Powązkowski
Al. Jana Pawla II
Futur musée de
l'Histoire des
juifs de Pologne
Gen. Wł. Andersa
Okopowa
153
(Entrée)
Obozowa
Cmentarz
Żydowski
157
Solidarności
Tyciąclecia
Al.
Górczewska
Leszno
Pl. Mirowski Plasia
16
Al. Prymasa
23
Al. "Solidarności"
ul.
70
Al. Jana Pawla II
Grzybowska
Marzałkowska
Towarowa
Wolska
Monument à
Janus Korczac
Jaktorowska
Walicków
Swietokrzyska
2
156
Prosta
T. Chałubińskiego
Marcina
Kasprzaka
Prosta
28
Al.
Jerozolimskie
voir plan II
122
Al.
Jerozolimskie
Grójecka
Raszynska
Koszykowa
31
2
Grzymały Kopińska
Walweska
27
Al.
Armii Ludowej
Bitwy Warsawskiej 1920 R.
21
Niepodległości
3
125
126
S. Banacha
113
Drawska
Park Jozef
Pilsudskiego
Stefan
Park
Szczęśliwicki
Grójecka
Zwirki I Wigury
Rakowiecka
A
B

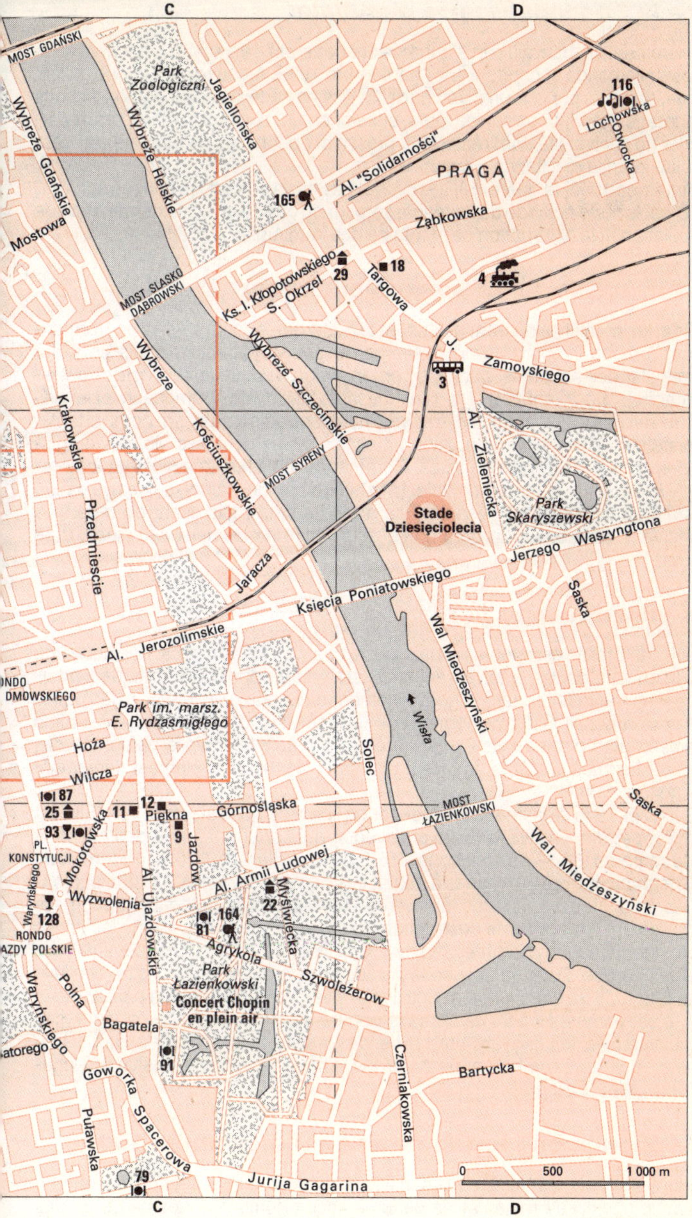

VARSOVIE – PLAN I

Dans la Seconde Guerre mondiale

Régulièrement, le mauvais sort s'acharne sur cette ville : Varsovie se retrouve sous les obus allemands et capitule le 28 septembre 1939. À nouveau occupée, pillée, blessée, meurtrie par la répression nazie, la ville ne cède pas pour autant. Actions de sabotage, inscriptions sur les murs, enseignement clandestin (plusieurs départements de l'université sont réactivés), presse et spectacles de théâtres clandestins : une intense résistance s'organise.
Au printemps 1943, le ghetto juif se révolte. Les nazis sortent les blindés et l'aviation. C'est le triste épisode de l'anéantissement du ghetto, avec l'extermination de la population et la destruction de la totalité des immeubles.

L'insurrection de Varsovie (août 1944)

En 1944, les nouvelles du front de l'Est et le débarquement des Alliés en Normandie font renaître l'espoir. Commandée par le gouvernement polonais en exil à Londres, l'armée nationale, principale organisation de résistance, décide de libérer la capitale. Le 1er août 1944, à 17h, passants innocents, promeneurs et jeunes gens assis dans les cafés se transforment soudainement en combattants. Les pistolets, souvent de fabrication artisanale, et les cocktails Molotov surgissent des sacs à main ou des vestes. Commence alors l'un des plus grands drames de la Seconde Guerre mondiale. L'Armée rouge, qui campe sur la rive est de la Vistule, a arrêté sa progression. Elle attendra cinq mois avant de repartir à l'offensive. L'insurrection, programmée pour tenir une ou deux semaines, dure 63 jours.

Une ville anéantie par la guerre

Le calcul de Staline est simple : en laissant le champ libre aux nazis, il se décharge sur eux du sale boulot, à savoir anéantir une future opposition politique « bourgeoise » tout en affaiblissant le gouvernement de Londres. Il a dès lors les mains libres pour imposer un gouvernement communiste. Il va jusqu'à refuser à l'aviation anglaise le droit d'atterrir de l'autre côté de la Vistule lorsqu'elle parachute des armes et des médicaments aux insurgés. Varsovie meurt dignement, lentement mais inexorablement.
Le 17 janvier 1945 seulement, l'Armée rouge libère ce qui reste de la ville. Elle est accueillie par une QUINZAINE de survivants, qui sortent hagards des caves et des décombres. 84 % des maisons, 90 % de la vieille ville, 100 % du terrain de l'ancien ghetto juif ont été réduits à néant. Les pertes s'élèvent à 200 000 personnes. Après avoir acheminé les survivants vers les camps de concentration, les Allemands ont entrepris une destruction méthodique de la ville. Même les ruines encore debout sont dynamitées. Aux yeux d'Hitler, Varsovie doit disparaître de la carte de l'Europe. Dans sa psychose paranoïaque, poussé par sa haine des juifs et des Slaves, il va effectivement détruire la ville ! Varsovie après le passage des nazis, c'est comme Hiroshima après la bombe atomique... D'ailleurs, signe des temps, Varsovie fait aujourd'hui partie de l'Association mondiale des villes-martyres, qui regroupe notamment Verdun, Ypres, Coventry, Hiroshima, Nagasaki, Dresde et Stalingrad.

Ville-phénix, elle renaît de ses cendres après 1945

Au début de 1945, les Varsoviens survivants rentrent chez eux et découvrent un incroyable champ de ruines et de cendres encore fumantes. Les cadavres des membres de leurs familles et de leurs voisins ont été enterrés dans les rues. Les immeubles, les palais, les églises ruinées sont truffés de mines. Des obus et des bombes n'ont pas encore explosé. Un paysage effrayant, un tableau d'apocalypse, une terre ravagée par le désastre. Il faut tout recommencer, tout reconstruire.

Parmi les premiers commerces à rouvrir : un marchand de fleurs. Un beau symbole d'espoir ! La vie reprend ses droits lentement, péniblement. Les habitants réfugiés à la campagne se réinstallent avec les moyens du bord, vivent dans des conditions précaires, poussés par l'espoir de la paix retrouvée (malgré toutes les horreurs passées).
Des voix s'élèvent pour contester cet acharnement : cela a-t-il un sens de vouloir encore et toujours ressusciter cette ville ? Sans doute suffit-il de comprendre que ce peuple a toujours puisé sa force dans ses... défaites. Varsovie, capitale depuis 1611, reste chère au cœur des Polonais. Brique par brique, pierre par pierre, avec l'énergie de l'après-guerre et souvent des moyens techniques et financiers limités, la ville ressuscite quand même sous la houlette du grand frère russe. Mais la tâche est colossale !
Comment reconstruire des édifices anciens comme les palais et les églises sans savoir à quoi tout cela ressemblait ? Par chance, des photographies et des documents cachés pendant la guerre aident les Polonais à ressusciter les places médiévales, les splendides demeures du XVIIe s et la façade du Grand Théâtre. La cathédrale gothique est reconstruite avec les briques originales sauvées des

Adresses utiles

- Office de tourisme
- Poste centrale (poczta główna)
- 1 Gare ferroviaire centrale Warszawa Centralna
- 6 Gare Warszawa Śródmieście
- Centres Internet
- 7 Casablanca Café
- 8 Hôtel Marriott (Lot, navettes aéroport, Avis, Budget, Medical Center et American Express)
- 14 Librairie Empik
- 15 American Bookstore

Où dormir ?

- 33 Oki Doki Hostel
- 34 Hostel Helvetia
- 35 Hostel Lemon
- 36 Hostel Tamka
- 37 Boutique B & B
- 38 Hôtel Harenda

Où manger ?

- 61 Uniwersytecki
- 62 Mleczny Familijny
- 63 Bambino
- 64 Papaya
- 65 Green Way
- 66 Sandwicz, Restaurant Bar Co Tu
- 67 Sense
- 68 Trattoria Casa Mia
- 69 Tripolis
- 76 La Cantina
- 77 Zgoda Grill Bar
- 78 Stop Klatka
- 83 Restauracja U Aktorów
- 86 Adler

Où prendre un café ? Où goûter ?

- 94 Café A. Blikle
- 95 Bar 6/12
- 98 E. Wedel
- 99 Café Nowy Świat
- 100 Kawiarnia Zakatek
- 101 Café Chado

Où boire un verre ? Où sortir ?

- 108 Antikwariat
- 109 Klub Pod Gwiarzdami
- 110 Muza
- 111 Szpilka et Szparka
- 112 Indeks
- 114 Między Nami
- 115 Harenda
- 117 Tygmont Jazz Klub
- 118 Paparazzi
- 120 Organza
- 121 Sheesha Lounge
- 123 Kulturalna
- 124 Café Czuly Barbazynca
- 126 Ice Club

Où danser ?

- 133 Enklawa
- 134 Ground Zero
- 135 Bars dansants du quartier Powisle

À voir

- 146 Palais Staszic
- 147 Palais Zamoyski
- 148 Bourse de Varsovie
- 149 Fotoplastikon
- 150 Synagogue Nożyk
- 151 Théâtre juif
- 160 Zachęta Gallery
- 161 Musée ethnographique
- 162 Église luthérienne

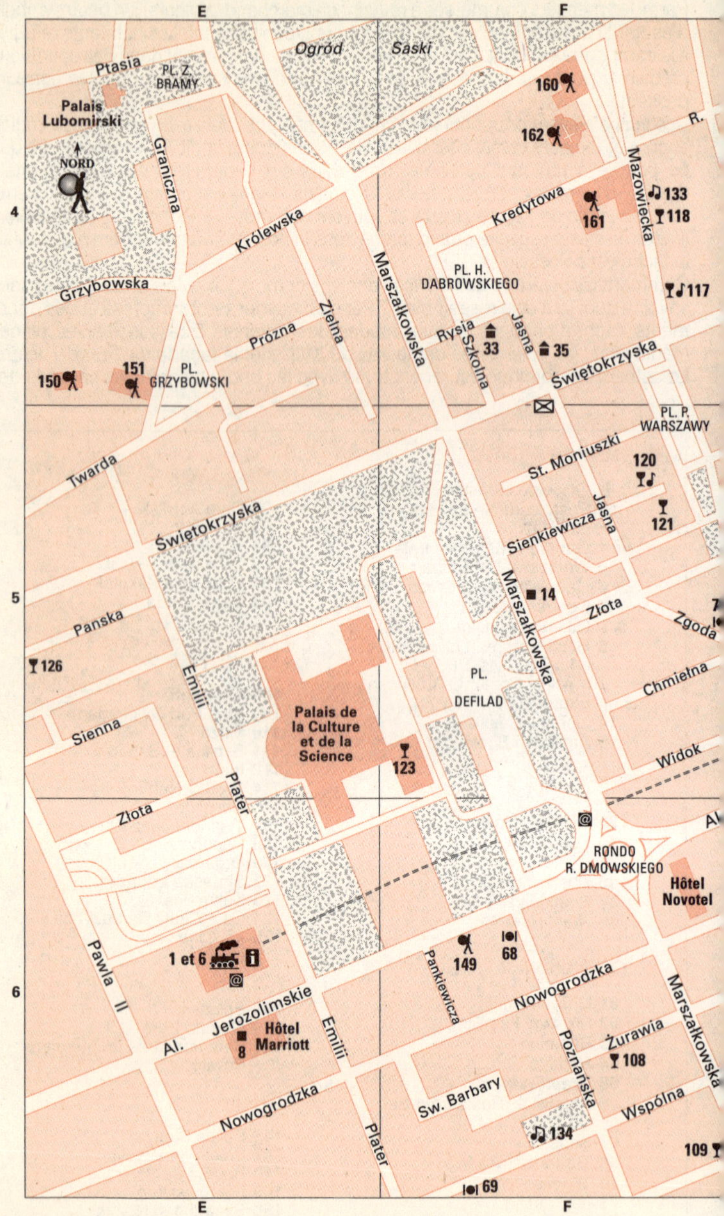

E
F
4
5
6
Ogród
Saski
Ptasia
PL. Z. BRAMY
Palais Lubomirski
NORD
Graniczna
160
162
R.
Mazowiecka
133
118
161
Kredytowa
Królewska
Marszałkowska
PL. H. DABROWSKIEGO
117
Grzybowska
Zielna
Próżna
Rysia
Szkolna
33
Jasna
35
Świętokrzyska
150
151
PL. GRZYBOWSKI
PL. P. WARSZAWY
St. Moniuszki
120
Twarda
121
Świętokrzyska
Sienkiewicza
Jasna
14
Złota
Zgoda
Panska
126
Emilii
Chmielna
PL.
DEFILAD
Palais de la Culture et de la Science
123
Sienna
Widok
Plater
Złota
RONDO R. DMOWSKIEGO
Hôtel Novotel
1 et 6
149
68
Pawla II
Pankiewicza
Nowogrodzka
Marszałkowska
Al. Jerozolimskie
Hôtel Marriott
8
Emilii
Poznańska
Żurawia
108
Sw. Barbary
Wspólna
Nowogrodzka
134
Plater
109
69

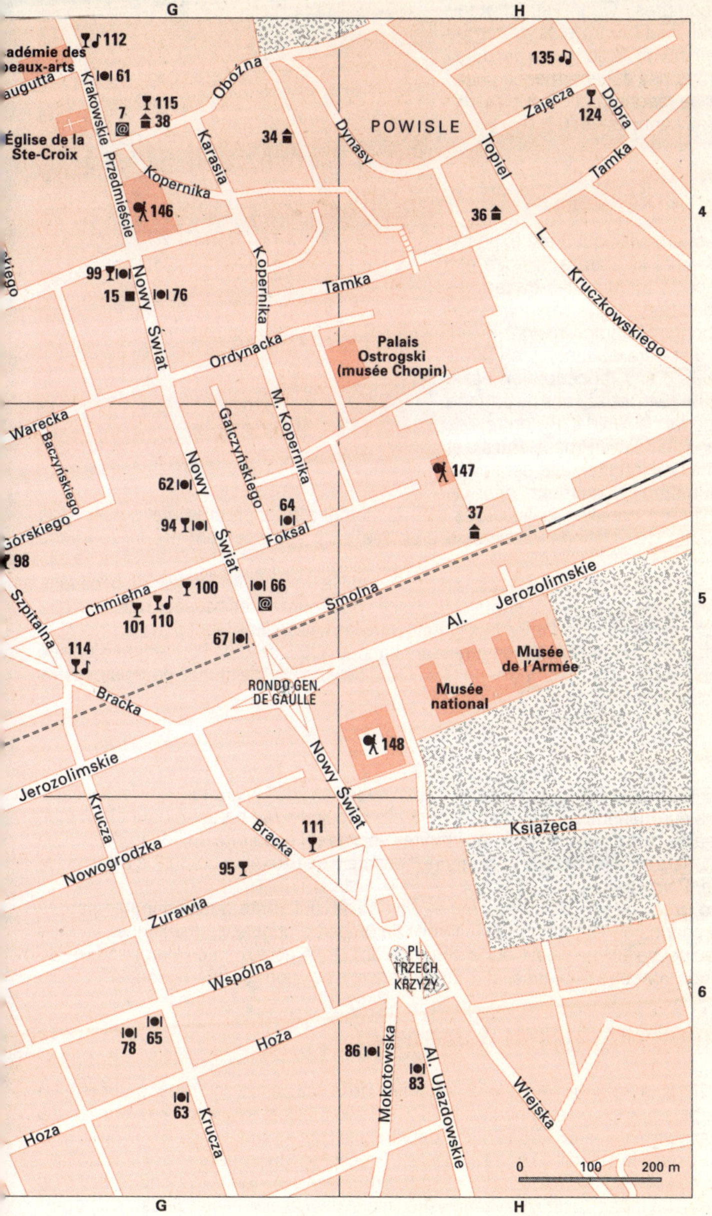

VARSOVIE – PLAN II

décombres. Quant au château royal, il lui faudra plus de temps pour revoir le jour, car là aussi l'entreprise est énorme. Le chantier de reconstruction durera jusqu'aux années 1970 !

UN CHANTIER TITANESQUE

Avec des photos du Varsovie d'avant-guerre, les architectes chargés de la reconstruction utilisèrent un tableau du Vénitien Canaletto représentant minutieusement la Varsovie ancienne. La reconstruction du Varsovie moderne, elle, dura moins de temps que celle des anciens édifices détruits. Cette partie, malgré l'urgence à loger la population dans une ville rasée à près de 85 %, donna lieu aux projets les plus fous. Les architectes socialistes avaient pour mission de concevoir une cité aux normes de la société communiste : fonctionnelle, égalitaire et à la mesure de « l'homme nouveau ». Le résultat est encore devant vous, même si des constructions capitalistes récentes commencent à humaniser le paysage de béton.

Une capitale de la mémoire

C'est une ville qui a été exposée aux vents violents de l'histoire, elle en porte toujours les traces, les stigmates et la mémoire. En remontant le temps, malgré 45 ans de dictature communiste (1947-1989), 6 ans d'occupation nazie (1939-1945) et 123 ans de partage impérial (1795-1918) entre les grands empires (Prusse, Russie et Autriche-Hongrie), elle est restée elle-même ! Comment peut-on survivre à pareilles vicissitudes ? Si la Pologne a longtemps été qualifiée de « Christ des Nations », Varsovie crucifiée en a certainement été la couronne d'épines !

Ville-martyre aussi des juifs polonais, pour qui la Pologne entière est un cimetière. Le visiteur s'attachera à retrouver les traces des souffrances passées dans les maigres vestiges d'un quartier (l'ex-ghetto) que les nazis, dans leur folie meurtrière, se sont acharnés à détruire, en attendant l'année 2009, date de l'ouverture d'un lieu emblématique de la mémoire en plein cœur de Varsovie : le musée de l'Histoire des juifs de Pologne.

Varsovie 2012

À l'image de la Pologne, Varsovie a enfin rejoint en 2004 la grande famille des capitales européennes, cette Europe dont elle a toujours fait partie et dont elle n'était séparée que par la voracité des empires voisins et l'absurdité du rideau de fer. Les chantiers sont nombreux et la manne financière de Bruxelles contribue à leur éclosion. Parmi ceux-ci :

– ***Le grand stade Dziesieciolecia*** *(plan I, D2)*, qui abrite depuis longtemps des marchands de vêtements bon marché (la plupart d'origine vietnamienne), va faire peau neuve en vue de la Coupe d'Europe de l'UEFA de 2012. Les marchands et les stands vont être déplacés, et le stade sera mis aux normes internationales.

FRÉDÉRIC CHOPIN À VARSOVIE

En 2010, la Pologne fêtera le bicentenaire de la naissance de Frédéric Chopin, un des plus grands musiciens du XIXe s. Ce génie musical est né le 22 février 1810 à Żelazowa Wola, à 56 km à l'ouest de Varsovie (voir « Dans les environs de Varsovie »), dans le manoir du comte Skarbek. Précepteur du jeune comte, Nicolas Chopin, son père, d'origine lorraine, avait tourné le dos à la France (qu'il ne voulait plus revoir). Sa mère, Jusina Krzyzanowska, venait de Mazovie et était la dame de compagnie de la comtesse. Frédéric Chopin est donc un Franco-Polonais. Pour résumer, sur presque 40 ans de vie, il passe la première partie en Pologne, le pays de sa mère, et la deuxième partie en France (avec sa compagne George Sand), le pays de son père. Curieux clin d'œil de l'histoire !

Chopin a passé son adolescence à Varsovie, où aujourd'hui les grands lieux cultes perpétuent l'écho des nombreux souvenirs liés à sa vie musicale. Celle-ci commence dès l'âge de 7 ans, lorsqu'il compose la première polonaise. Plus tard, son professeur Josef Elsner lui décerne la mention « Extraordinaires aptitudes. Génie musical... ». Dès lors, tous les grands artistes de son temps lui vouent une admiration croissante, et les Varsoviens n'ont de cesse de valoriser les lieux qui ont vu naître et se parfaire leur prodige...
Les ***églises des carmélites et des visitandines*** possèdent toujours l'orgue que le virtuose faisait sonner avec force et brillance. C'est dans le ***palais Zamoyski,*** comme l'a chanté le poète Cypryan Nordwid, que le fameux piano de Chopin fut défenestré par les cosaques dans le but de manifester contre l'insurrection antitsariste de 1863. Le ***palais Ostrogski,*** siège de l'Association Frédéric-Chopin, aménagé en musée et en salle de concert, conserve quelques reliques : des lettres et des partitions, son dernier Pleyel, mais aussi une serviette brodée à son nom et quelques objets de sa tendre enfance. Le « Salon Chopin », de la troisième demeure familiale, situé dans une aile du ***palais Czapski,*** est aujourd'hui le siège de l'Académie des beaux-arts.
Frédéric Chopin est mort à Paris, de la tuberculose, le 17 octobre 1849. Il n'avait que 39 ans ! Son cœur repose à sa demande dans une urne, scellée dans un pilier de son église paroissiale, l'***église baroque Sainte-Croix*** à Varsovie, et sa tombe, constamment fleurie, se trouve au Père-Lachaise à Paris.

Arrivée à l'aéroport

✈ ***L'aéroport Frédéric-Chopin*** *(hors plan I par A-B3)* **:** *l'aéroport international de Varsovie est situé à Okęcie, à une courte demi-heure de trajet (env 10 km), au sud du centre.* Le terminal pour les vols intérieurs *(domestic flights)* se trouve à côté du terminal des vols internationaux.

Office de tourisme : *juste avt la sortie du terminal, sur la gauche, après le marchand de journaux. Tlj 8h-20h (18h en hiver).*

– Il y a aussi un ***bureau de change*** *(6h-22h30) à côté de la sortie, mais changez-y le moins possible, car le taux est moyen.*

Taxis

Comme dans tous les aéroports du monde, les chauffeurs de taxis attendent les clients à la sortie de l'aérogare. *Au tarif normal et selon le trafic, comptez 30-40 Zl (8-10 €) pour le centre-ville. Vérifiez quand même sur le compteur, avt le début de la course, le montant de la prise en charge : celle-ci doit être de 6 Zl (1,50 €).*

Bus

Deux possibilités, par ordre décroissant de prix, pour rejoindre le centre de Varsovie.
➢ ***Navette de l'hôtel* Marriott :** *un minibus gris métallisé à la sortie du terminal met, ttes les 30 mn, le cap sur la tour de l'hôtel* Marriott *(plan II, E6,* **8***), en plein cœur de Varsovie, face à la gare centrale sur al. Jerozolimskie, au carrefour des principaux transports municipaux. Il circule tlj 6h30-23h en sem et jusqu'à 22h sam-dim. Compter 30 Zl (8 €).*
➢ ***Bus municipaux :*** *n°s 175 ou 188 et bus de nuit 611. Le bus n° 175 est le plus central et conduit jusqu'à la vieille ville, avec des arrêts devant la gare et le palais de la Culture (plan II, E5), la tour gothique construite par Staline – qui, en dominant la ville, sert de point d'orientation. Ils partent de la 3e plate-forme en sortant, et circulent ttes les 15 mn env 5h-23h.*
De nuit, le bus n° 611 rejoint le terminal de bus de la gare centrale du côté de l'hôtel Holiday Inn, *tlj 23h-5h avec 1 départ/h. Les billets (2,40 Zl – 0,60 €) pour ces bus*

I
J
0
100
200 m
NORD
7
8
9
Konwiktorska
Muranowska
Sapieżyńska
Franciszkańska
Zakroczymska
Kościelna
Église de la Visitation de la Vierge
RYNEK NOWEGO MIASTA
Église des Nonnes du Saint-Sacrement
Freta
Kozła
Stara
Ciasna
Bonifraterska
Nowiniarska
Wałowa
Świętojerska
Mostowa
Nowomiejska
Podwale
97
143
96
60
142
71
82
85
Monument de l'Insurrection de Varsovie
PL. KRASIŃSKICH
Długa
W. Dunaj
Gen.
Władysława
Andersa
Palais des Krasinski
Ogród Krasińskich
Église Garnizonowy
Église des Basilians
Rycerska
Palais Borchow
Miodowa
Monastère et église des capucins
Al. Solidarności
Musée archéologique
Palais Przebendowskich Radziwiłłów Musée de l'Indépendance
Bielańska
Corazziego
152
10
13
Senatorska
Grand Théâtre
Wierzbowa
PL. BANKOWY
154
Elektoralna
Przechodnia
Ogród Saski

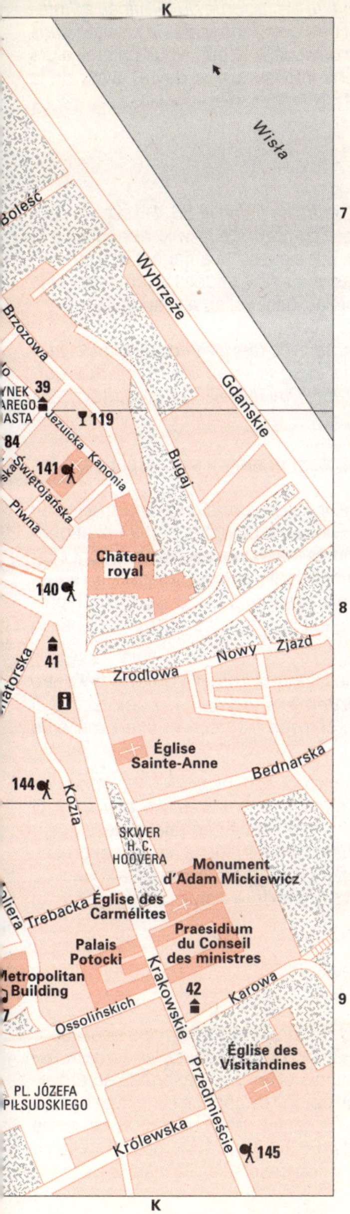

Adresses utiles

- Office de tourisme
- Centre Internet
- 10 Ambassade de Belgique
- 13 Institut culturel français, librairie Marianne

Où dormir ?

- 39 Kanonia Hostel
- 41 Hôtel Dom Literatury
- 42 Le Royal Méridien Bristol

Où manger ?

- 60 Pod Barbakanem
- 71 Podwale Piwna Kompania
- 82 Rycerska
- 84 Karczma Gessler
- 85 U Fukiera

Où prendre un café ? Où boire un verre ? Où sortir ?

- 96 Pożegnanie z Afryką
- 97 Belle Époque
- 119 John Bull Pub
- 127 Bar Lounge Cinnamon

À voir

- 140 Colonne Sigismond III Vasa
- 141 Cathédrale Saint-Jean
- 142 Musée historique de la ville
- 143 Maison natale de Marie Curie
- 144 Musée de la Caricature
- 145 Université de Varsovie
- 152 Institut historique juif
- 154 Musée Jean-Paul-II ou musée de la Peinture européenne
- 155 Palais Morsztynów

VARSOVIE – PLAN III

s'achètent dans la boutique de journaux à gauche avt la sortie du terminal, à l'intérieur de l'aérogare, et doivent impérativement être poinçonnés dès la montée dans le bus. Vous pouvez également acheter votre billet dans le bus, vous paierez alors un peu plus cher (voir la rubrique « Transports intérieurs ») et devrez avoir de la monnaie.

Arrivée en train

La gare ferroviaire centrale *(Warszawa Centralna ; plan II, E6,* ***1****)* **:** la gare centrale de Varsovie porte bien son nom. Elle est au cœur de la ville et accueille la plupart des trains nationaux et internationaux. Elle a aussi l'avantage d'être au croisement des principaux transports urbains. Les voies sont situées au sous-sol et le hall principal (informations, guichets) se trouve au-dessus, au niveau de la rue.

Informations horaires : • *pkp.pl* • *avec interface en anglais.*

Informations touristiques : *dans le hall principal se trouve un* ***office de tourisme*** *avec ttes les infos (sur votre gauche lorsque vous êtes face aux guichets). Ouv tlj 8h-20h (18h oct-avr).*

– Les billets pour les transports publics (bus, tram et métro) s'achètent dans les nombreux kiosques à journaux.
– Si vous voulez laisser vos bagages à la gare, il y a des ***consignes manuelles*** au pied des escaliers en venant du hall central. Elles sont ouvertes 24h/24 sauf pendant quelques pauses d'une trentaine de minutes mais dont les horaires sont clairement indiqués. C'est 5 Zl (1,25 €) pour 24h. Sinon, il y a aussi, toujours au sous-sol, les ***consignes automatiques*** (descendre et prendre deux fois à droite depuis le hall central de la gare), mais elles sont un peu plus chères et ne rendent pas la monnaie.

– La galerie commerciale souterraine qui relie la gare à l'hôtel *Marriott* (de l'autre côté d'al. Jerozolimskie) abrite des ***centres Internet*** *(ouv 24h/24 ; compter 2-3 Zl pour 15 mn – 0,50-0,75 €)*, des ***bureaux de change*** *(kantors)* et une excellente ***librairie de cartes*** *(ouv tlj 7h-21h).*

Autres gares : *Warszawa Zachodnia (Varsovie-ouest ; plan I, A3,* ***2****), Warszawa Wschodnia (Varsovie-est ; plan I, D1,* ***4****),* ainsi que *Warszawa Gdańska (plan I, B1,* ***5****)* accueillent quelques trains qui ne passent pas par la gare centrale et desservent principalement les destinations proches de Varsovie. Les trains à destination des grandes villes passent également par ces gares. La première se trouve à l'ouest de la gare centrale, la deuxième à Praga, sur la rive droite de la Vistule, et la dernière au nord du centre.

Arrivée en bus

Gare routière centrale PKS *(plan I, A3,* ***2****)* **:** *la gare routière principale est accolée à la gare ferroviaire de l'ouest (Warszawa Zachodnia), au bout d'al. Jerozolimskie.* Elle accueille l'essentiel du trafic international et les bus nationaux en provenance du sud et de l'ouest. Vous y trouverez un bureau de change et un petit bureau d'infos touristiques *(tlj 9h-17h).* Pour rejoindre le centre-ville, bus n° 508 à la sortie de la gare, sur la plate-forme, ou bus n°s 517, 523, 127 et 130, mais ceux-là se prennent de l'autre côté de la voie express, que l'on traverse en utilisant le passage souterrain.

Gare routière PKS Stadion *(plan I, D1,* ***3****)* **:** *la deuxième gare routière, voisine du stade Dziesięciolecia, se trouve à Praga, sur la rive droite.* C'est le terminus des bus venant du nord, de l'est et du sud-est du pays. On rejoint aisément le centre-ville par le tram.

Adresses utiles

Offices de tourisme

■ ***Infos touristiques par téléphone :*** *mai-sept, tlj 8-20h ; oct-avr, tlj 8-18h.* ☎ *022-94-31 et 022-474-11-42.* • *warsawtour.pl* • L'office de tourisme de Varsovie et la police locale ont mis en place un numéro vert pour les touristes étrangers. *Aide et conseils de sécurité sont accessibles en anglais. Accueil téléphonique assuré début juin-fin sept 10h-22h.* ☎ *0800-200-300. Numéro local payant également accessible depuis un téléphone portable : 00-48-608-599.*

i Il existe quatre bureaux accessibles au public :

– ***Gare ferroviaire centrale – Warszawa Centralna PKP*** *(plan II, E6,* ***1****)* ***:*** *dans le hall central, al. Jerozolimskie, 54. Tlj 8h-20h (18h oct-avr).*

– ***Dans le centre*** *(plan III, K8)* ***:*** *ul. Krakowskie Przedmieście, 65. Mai-sept, tlj 9h-20h ; oct-avr, tlj 9h-18h.*

– ***Aéroport Frédéric-Chopin :*** *dans le hall d'arrivée, terminal 1. Horaires identiques aux 2 autres.*

– ***Gare ferroviaire et routière Zachodnia*** *(plan I, A3,* ***2****)* ***:*** *al. Jerozolimskie, 144. Tlj 9h-17h.* Vous y trouverez, outre quelques brochures et plans, de bonnes informations sur la ville.

Agences de voyages

■ Vous pouvez acheter vos billets de bus ou de train dans les ***agences Orbis,*** qui proposent aussi tous les services classiques des agences de voyages. Plusieurs adresses à Varsovie : *ul. Bracka, 16 (plan II, G5) ; ouv sem 9h-18h, sam 9h-15h. Pl. Konstrtucji, 4 (plan I, C3) ; ouv sem 10h-18h. Et à l'aéroport.* • *orbis.com.pl* •

■ ***Agence Almatur :*** *ul. Kopernica, 23.* ☎ *826-26-39.* • *almatur.pl* • *Lun-ven 9h-18h ; sam 10h-14h.* Cette agence est spécialisée dans les voyages pour étudiants. Résa et vente de billets internationaux de bus et d'avion. Délivre également la carte internationale d'étudiant qui donne droit à de nombreuses réductions.

■ ***Agence Wasteels :*** *dans la gare centrale.* ☎ *474-42-20.* • *wasteels.com.pl* • Elle vend les billets *BIGE,* en plus des services traditionnels des agences de voyages.

■ ***Trakt*** *(Association des guides polonais)* ***:*** *ul. Kredytowa, 6.* ☎ *827-80-68.* • *trakt.com.pl* • *Compter 450 Zl (113 €) pour un forfait de 4h.* Pour les groupes qui désirent découvrir les coins secrets de Varsovie, par exemple le cimetière soviétique, ou tout simplement utiliser les services d'un guide professionnel et multilingue. L'association propose un grand choix d'itinéraires, à la carte ou selon vos suggestions.

Poste et télécommunications

✉ ***Poste centrale*** *(poczta główna ; plan II, F4-5)* ***:*** *ul. Świętokrzyska, 31/33.* ☎ *826-60-01. Incroyable : ouv 24h/24 !* En plein centre. Service de change et de téléphone. La poste restante est au guichet 41, à gauche en entrant.

– ***Préfixe obligatoire :*** si vous téléphonez de Varsovie à un correspondant de la zone de Varsovie, n'oubliez pas de faire précéder le n° du préfixe 022.

– ***Pour téléphoner,*** pas de soucis, il y a des cabines un peu partout. Celles-ci fonctionnent avec des cartes à puce que l'on achète dans les kiosques à journaux ou à la poste. *Les cartes existent en 15, 30 et 60 unités et coûtent respectivement 10, 15 et 25 Zl (2,50, 4 et 6 €).* Attention, pour les appels internationaux, il vous faudra une carte à code *(telepin card). Celles-ci s'achètent aussi dans les kiosques mais coûtent 25, 50 ou 100 Zl (6, 13 ou 25 €).*

– ***Renseignements téléphoniques :*** ☎ *118-913.*

Internet, cybercafés

– Aucun problème non plus pour lire vos courriels, Varsovie n'est pas avare de ***centres Internet.*** Compter en général 2-3 Zl (0,50-0,80 €) pour 15 mn d'utilisation. Voici quand même quelques adresses, au cas où :

@ ***Internet*** *(plan II, G5) : ul. Nowy Śziat, 18/20, près de l'intersection avec ul. Smolna. Ouv tlj 9h-22h.*

@ **Casablanca Café** *(plan II, G4,* ***7****) : ul. Krakowskie Przedmieście, 4/6. Lun-ven 9h-1h (2h ven) ; sam 10h-2h ; dim 10h-minuit.* Un vrai cybercafé où l'on peut prendre une bière et rencontrer quelques routards.

@ **Centre Internet** *(plan III, J7) : ul. Freta, 17, dans la vieille ville. Lun-ven 8h-20h ; sam 9h-17h ; dim 10h-16h.*

@ *Enfin, on trouve 2 centres Internet dans la* ***station de métro Marszałkowska*** *(plan II, F6), ouv 7h-minuit, ainsi que de nombreux autres, ouv 24h/24, dans les galeries marchandes du sous-sol de la* ***gare centrale*** *(plan II, E6,* ***1****).*

Argent, change

– Pour changer des euros en złotys, aucun problème, il y a des officines de change, appelées ***kantor,*** un peu partout en ville. Pas de commission, mais le taux varie d'un bureau à l'autre... à vous de comparer. *Quelques-uns, éparpillés dans le centre, sont ouv 24h/24 (en face de la gare centrale ou, dans la nouvelle ville, en face de l'église Sainte-Anne ; plan III, K8), mais la plupart ferment dès le sam ap-m pour ne rouvrir que le lun mat.* Attention, ils n'acceptent pas les chèques de voyage. Pour cela, il faut aller dans les agences de la banque ***Pekao*** (il y en a une dans la galerie souterraine de la gare centrale, ainsi qu'au croisement d'al. Jerozolimskie et de Marszałkowska ; *plan II, F6*), qui les changent à un taux correct moyennant une commission de 1,5 %.

– Sinon, il y a des ***distributeurs de billets*** acceptant les principales cartes de paiement partout en ville. Tâchez toutefois de limiter le nombre de retraits car, bien sûr, ceux-ci ne vont pas sans frais.

■ ***American Express*** *: ul. Chmielna, 30 (plan II, G5). ☎ 826-31-69. Lun-ven 9h-17h. Bureau à l'hôtel* Marriott, *al. Jerozolimskie, 65/79 (plan II, E6,* ***8****), ☎ 630-69-52. Lun-ven 9h-19h ; sam 10h-18h.* On vous l'indique au cas où, mais, même pour les chèques de voyage *Amex,* mieux vaut encore aller dans une banque *Pekao,* car, si elle prend une commission de 1,5 %, le taux de change y est franchement meilleur.

Représentations diplomatiques

■ **Ambassade de France** *(plan I, C3,* ***9****) : ul. Piekna, 1, 02515. ☎ 529-30-00. • ambafrance-pl.org • Ouv sem 8h-13h, 14h-18h. À la même adresse, consulat ouv le mat slt.* Le consulat peut, en cas de difficultés financières, vous indiquer la meilleure solution pour que des proches vous fassent parvenir de l'argent, ou encore vous assister juridiquement en cas de problèmes.

■ ***Ambassade de Belgique*** *(plan III, I9,* ***10****) : ul. Senatorska, 34. ☎ 551-28-00. • ambabel.warsaw@pol.pl • Ouv sem 9h-14h.*

■ **Ambassade de Suisse** *(plan I, C3,* ***11****) : al. Ujazdowskie, 27. ☎ 628-04-81. Ouv sem 9h-11h.*

■ **Ambassade du Canada** *(plan I, C2-3,* ***12****) : ul. Matejki, 1/5. ☎ 584-31-00. • canada.pl • Ouv sem 8h30-16h30.*

Santé, urgences

■ ***Police :*** *☎ 997. À partir d'un téléphone portable : ☎ 112.*

■ ***Urgences médicales et ambulances :*** *☎ 999.*

■ ***Tourist Emergency Line :*** ☎ *0800-200-300 (n° gratuit).* Pour tout type d'urgence.
■ ***Service d'urgences :*** *hôpital 22, ul. Poznańska, angle ul. Hoża.* Il n'a pas mauvaise réputation, mais en cas de problème sérieux mieux vaut se rendre dans une clinique privée où l'on parle anglais, ou encore chez un médecin francophone.
■ ***Pharmacies** (aptekas) **ouvertes 24h/24 :***
– *à l'étage du hall de la gare ferroviaire centrale.* ☎ *825-69-86.*
– *ul. Widok, 19 (plan II, F5).* ☎ *827-35-93.*

Médecine privée

Quelques médecins francophones à Varsovie, accrédités auprès de l'ambassade de France.

■ ***Dr Pascal Eechout :*** ☎ *827-97-44 (cabinet) ou* 📱 *0602-367-620.* Spécialisé en gynécologie.
■ ***Dr Marguerite Sienczewska :*** ☎ *629-05-23 (cabinet) ou* 📱 *602-268-962.*
■ ***Dr Tadeusz Zielonka :*** ☎ *839-91-12.*
■ ***Dentistes francophones :***
– ***Tomasz Kondracki,*** *ul. Lucka, 18.* ☎ *654-30-06.* 📱 *505-365-362.* Il a fait ses études à Paris et Angers.
– ***Ewa Blazejczyk,*** *ul. Marokanska, 3.* ☎ *672-16-43.*

Voici également trois centres de soins privés :

■ ***Medical Center :*** *al. Jerozolimskie, 65/79, au 3e étage de l'hôtel* Marriott *(plan II, E6,* ***8****).* ☎ *458-70-00. Lun-ven 7h-21h ; sam 8h-20h ; dim 9h-18h.* Tous les médecins parlent l'anglais.
– *Service d'ambulances et d'urgences 24h/24 :* ☎ *430-30-30.*
■ ***Falck :*** *ul. Sapieżńska, 10 (plan III, I7).* ☎ *536-97-40. Lun-ven 8h30-20h ; sam 8h-14h.*
■ ***Klinica Promed (soins dentaires ;*** *plan I, B3)* ***:*** *ul. Uniwersytecka, 5.* ☎ *818-11.*

Transports

Compagnie de bus européens

■ ***Eurolines :*** *ul. Zurawia, 26.* ☎ *621-34-69.* • *eurolinespolska.pl* • *Compter 140 € pour un billet Varsovie-Bruxelles-Paris.*

Compagnies aériennes

■ ***Air France :*** *ul. Nowy Swiat, 64.* ☎ *556-64-00.* • *airfrance.com.pl* • *Lun-ven 9h-17h.*
■ ***Eurolot :*** *ul. 17 Stycznia, 39.* ☎ *606-64-67.*
■ ***Lot :*** *al. Jerozolimskie, 65-79 (hôtel* Marriott *; plan II, E6,* ***8****).* ☎ *628-75-80.* • *lot.com* • *Lun-ven 9h-19h ; sam 9h-15h.*
■ ***Lufthansa :*** *al. Jana Pawla II, 29.* ☎ *338-13-00.*
■ ***SN Brussels Airlines :*** *à l'aéroport.* ☎ *650-39-99.* • *flysn.com* •

Taxis

■ ***Express Taxi :*** ☎ *96-63.*
■ ***Super Taxi :*** ☎ *96-22.*
■ ***Wawa Taxi :*** ☎ *96-44.*

Location de voitures

■ ***Avis :*** *hôtel* Marriott *(plan II, E6,* ***8****), al. Jerozolimskie, 65-79.* ☎ *630-73-16. Sem 8h-20h ; w-e 8h-16h. À l'aéroport, terminal 1.* ☎ *650-40-72. Tlj*

VARSOVIE ET SES ENVIRONS

7h-23h. • *avis.pl* •

■ **Budget :** *hôtel* Marriott *(plan II, E6,* **8***), al. Jerozolimskie, 65-79.* ☎ *630-49-46. Sem 8h-20h ; w-e 8h-16h. À l'aéroport,* ☎ *650-40-62. Tlj 7h-22h.* • *budget.com.pl* •

■ **Europcar :** *hôtel* Mercure, *al. Jana Pawla II, 22.* ☎ *624-85-66. À l'aéroport,* ☎ *650-25-64. Tlj 7h-22h.* • *europcar.com.pl* •

■ **Hertz :** *al. Nowogrodzka, 27.* ☎ *621-13-60. Sem 8h-19h ; w-e 8h-16h. À l'aéroport,* ☎ *650-28-96. Tlj 7h-22h.* • *hertz.com.pl* •

■ **National Car Rental :** *à l'aéroport,* ☎ *606-92-02. Tlj 7h-22h.* • *nationalcar.com.pl* •

Culture

– La carte de réductions ***Warszawska Karta Turysty*** *(Warsaw Tourist Card)* est disponible auprès des offices de tourisme de Varsovie. Elle permet de profiter de réductions dans les sites touristiques (21 musées gratuits), les hôtels, les restaurants et bien d'autres encore, ainsi que de se déplacer gratuitement dans le réseau des transports en commun de Varsovie pendant la validité de la carte. *Tarifs : 35 Zl (9 €) pour 24h ou 65 Zl (16 €) pour 3 j.* • *warsawtour.pl* •
– Les offices de tourisme distribuent, sous forme de feuillet, le programme hebdomadaire des activités culturelles qui se tiennent à Varsovie. Côté presse, il y a le magazine ***WIK,*** supplément bihebdomadaire du journal *Wprost,* et l'édition du vendredi de ***Gazeta Wyborcza,*** le quotidien de gauche d'Adam Michnik (l'ex-théoricien de Solidarité), mais ceux-ci ne sont qu'en polonais... Achetez plutôt le ***Warsaw in Your Pocket*** ou le ***Warsaw Insider,*** deux petits magazines en anglais en vente chez tous les marchands de journaux, qui détaillent l'actualité culturelle du mois et proposent une sélection de bars et de restaurants.
– Les curieux de la vie politique et économique locale pourront aussi jeter un œil sur l'hebdo ***The City Voice*** (en anglais) ou, mieux encore, sur le ***Courrier de Varsovie,*** hebdomadaire fondé par le correspondant du *Monde,* qui propose un best of des meilleurs articles de la presse polonaise : drôle, informatif et pointu, une vraie réussite. En vente à la librairie *Marianne* (voir la rubrique ci-dessous).

Presse et librairies internationales et françaises

On trouve la presse française, parfois du jour, chez les marchands de journaux *Relay* de la gare centrale, ainsi qu'à la librairie *Marianne* de l'institut culturel français, qui propose aussi des romans et des ouvrages sur Varsovie et la Pologne (voir ci-dessous). La littérature anglo-saxonne, elle, se trouve plus facilement, la plupart des bonnes librairies de la ville y consacrant au moins un petit pan de mur.

■ **Librairie Marianne** *(plan III, J9,* **13***) : à l'intérieur de l'Institut culturel français, ul. Senatorska, 38. Sem 11h-18h ; sam 10h-14h. Fermé dim.* La seule librairie francophone de Varsovie.

■ **Librairies Empik** *(plan II, F5,* **14***) : ul. Marszałkowska, 116/122. Tlj 9h-22h (20h dim).* Il y a d'autres adresses car c'est une chaîne de librairies, la plus importante du pays. Possède un département tourisme bien fourni, avec pas mal de cartes et de guides en anglais.

■ **American Bookstore** *(plan II, G4,* **15***) : ul. Nowy Świat, 61 ; et encore 6 autres adresses en ville. Tlj 10h-19h (18h dim).* Librairie anglophone, comme son nom l'indique.

Instituts culturels

■ **Institut culturel français** *(plan III, J9,* **13***) : ul. Senatorska, 38.* ☎ *505-98-00.* • *ifv.pl* • *Sem 11h-18h ; sam 10h-14h.* Installé dans l'immeuble cossu d'une ancienne banque 1900. Temple de la culture française à l'export, on peut aussi y déguster des croissants sur les quelques tables de son *Café Nouveau.* L'Institut diffuse un programme culturel trimestriel en français, et c'est là que se trouve la fameuse librairie *Marianne.*

■ **British Council :** *al. Jerozolimskie, 59.* ☎ *695-59-00. Lun-ven 9h30-19h ; sam 9h30-13h.*

Achats

Exit l'époque des magasins vides ou des boutiques réservées aux seuls étrangers lestés de devises. Avec l'afflux des capitaux, Varsovie, comme les autres grandes villes polonaises, est entrée de plain-pied dans la société de consommation. Les anciens magasins d'État ont cédé la place à de rutilantes boutiques *Paris/New York/ Tokyo* distribuant les grandes marques internationales à des prix également... internationaux ! Si celles-ci sont le domaine réservé de la nouvelle classe d'entrepreneurs, les marchés et les grands bazars maintiennent une économie de débrouillardise avec un bric-à-brac de produits *made in China, Romania* et consorts, qui permettent aux plus démunis, c'est-à-dire à une bonne partie de la population, de participer aussi à la fièvre consommatrice et d'acheter des copies conformes non griffées.

Marchés

– ***Grand marché :*** *tlj sf dim à la* ***halle Mirowska*** *(plan I, B2,* ***16****), sur la pl. Mirowski, à l'ouest du jardin saxon sur al. Jana Pawła II.* Les amateurs de pittoresque seront satisfaits.
– Le plus représentatif d'une Pologne d'avant le boom économique est assurément le ***petit marché en plein air*** (fruits, légumes et quelques vêtements) ***de Różyckiego*** *(plan I, D1,* ***18****). Enclavé entre les immeubles d'ul. Żabowska et ul. Targowa à Praga, sur la rive droite, non loin des bulbes de l'église orthodoxe. Se tient en théorie 6h-13h.* Fréquentation invitant à une relative prudence.

Marché aux puces

– ***Koło Bazar :*** *ts les dim sur ul. Obozowa, dans l'arrondissement Wola. Pour s'y rendre : trams nos 1, 12, 13, 20, 23, 24 et bus nos 159 et 167.* Il fédère tout ce que la ville compte de brocanteurs professionnels ou improvisés. Peu de pièces rares (n'oubliez pas que l'exportation d'antiquités est soumise à autorisation), mais plutôt les fonds de grenier dans une ambiance bon enfant.

Affiches

Les posters sont une spécialité polonaise. La ***galerie Plakatu,*** sur la place de la vieille ville *(Rynek Starego Miasta ; plan III, K7-8),* possède un bon stock d'affiches anciennes et récentes... à prix très variables. *Tlj 9h-21h en été, 10h-19h en hiver.*

Galerie branchée

Galerie Raster : *ul. Hoza, 42m-8. Ouv mar-sam 15h-18h.* Façade extérieure banale, mais intérieur peu ordinaire, tant pour les œuvres exposées que pour le style du lieu. Un des hauts lieux de l'avant-garde artistique à Varsovie.

Transports urbains

Bus, tram et métro

Varsovie a hérité de l'ancien régime – peu porté, comme on sait, sur la voiture individuelle – un solide réseau de transports publics qui, de bus en tramway et, depuis 1995, avec le métro, quadrille efficacement la ville. Ces moyens de transport bien gérés, ponctuels et assez fréquents sont la solution la plus efficace pour découvrir la ville, à l'exception peut-être des heures de pointe où certaines lignes affichent complet.
– ***Le bus :*** il existe différentes catégories de bus, repérables au premier chiffre de leur numéro de ligne : 100 pour les bus avec arrêts réguliers, 300 pour les bus des

heures de pointe *(6h-8h, 15h-18h),* 400 et 500 pour les bus express – qui ne s'arrêtent qu'aux principaux arrêts – *(les 400 ne circulant pas les w-e),* 600 pour les bus de nuit et 700 pour les bus desservant la grande banlieue. Il vaut mieux éviter de prendre les bus commençant par un E (de E1 à E5), car ce sont des express vraiment express, avec pratiquement pas d'arrêt à part le terminus.

– ***Le tramway :*** les trams sont idéaux pour sillonner le centre, tandis que les bus sont plus intéressants pour les destinations légèrement éloignées. Les trams numérotés de 1 à 43 circulent tous les jours. À noter : la mise en service le week-end d'une ligne touristique, la ligne T, qui permet de parcourir à bord d'un tram ancien toute l'avenue Solidarności depuis le quartier de Praga, sur la rive droite de la Vistule.

– ***Le métro de Varsovie :*** comprend une seule ligne qui relie le quartier Zoliborz (station Marymont) et la banlieue sud (Ursynow-Kabaty). *Trains ttes les 4-6 mn 5h-0h41 du mat ; ttes les 3-4 mn aux heures de pointe.*

Horaires

Les transports en commun circulent de 4h30 à 23h30. Ils sont ensuite relayés par les bus de nuit (les nos 600), qui prennent leur départ sur ul. Zlota, à l'arrière de la gare centrale.

Achat des billets et tarifs

Il existe plusieurs types de billets : normal *(2,40 Zl ou 0,60 €),* de 1 jour *(7,20 Zl ou 1,80 €),* de 3 jours *(12 Zl ou 3 €),* d'une semaine *(24 Zl ou 6 €),* et on en passe. Ils s'achètent dans n'importe quel kiosque. On peut aussi, en cas d'oubli, les acheter dans les bus ou les trams, mais il y a alors un petit supplément et il faut impérativement avoir le compte juste. Les trois modes de transport (bus, tram, métro) utilisent le même ticket, qui doit être composté dès la montée dans le véhicule ou, dans le cas du métro, aux tourniquets. Attention, les billets ne sont valables que pour 1 trajet, ce qui signifie que si vous devez changer de véhicule, vous devez composter un autre billet, d'où l'intérêt des tickets de 1 jour, ou même de 3 ! À noter aussi que ces tarifs sont divisés par deux pour tous les étudiants en possession de leur carte en cours de validité. Dernière précision : les bus de banlieue (nos 700) et les bus de nuit (nos 600) nécessitent 2 tickets.

Taxi

Le temps où prendre un taxi en Pologne, comme dans tous les pays de l'Est, comportait un risque élevé d'arnaque est plus ou moins révolu. Aujourd'hui, quasiment tous les taxis sont ***équipés de taximètres*** et les chauffeurs n'ont plus l'air de trop chercher à pomper le maximum de ceux qui, manifestement, ne sont pas du pays...

– Le montant de la prise en charge est à 6 Zl (1,50 €).
– Tarif de jour pour une course en centre-ville : 3 Zl/km.
– Tarif de nuit : 4,50 Zl/km (1,15 €).
– Tarif de jour pour une course en banlieue : 6 Zl/km (1,50 €).
– Tarif de nuit pour une course en banlieue : 7 Zl/km (1,75 €).

Quoi qu'il en soit, les taxis de Varsovie restent moins chers que ceux des autres capitales européennes. Il en passe aussi beaucoup dans les rues, ce qui fait que, en général, il n'est pas nécessaire d'en appeler un par téléphone.

Enfin, pour vous aider à communiquer avec votre chauffeur, généralement unilingue, voici quelques expressions utiles :

– à gauche : *w lewo* ;
– à droite : *w prawo* ;
– tout droit : *prosto* ;
– arrêtez-vous ici : *tutaj.*

Voiture

Rien de particulier à signaler, si ce n'est la conduite un peu sportive de certains automobilistes. Sachez aussi qu'à partir de 23h tous les feux se mettent à clignoter, et c'est l'axe le plus important qui a priorité sur l'autre. De jour, au feu rouge, il faut tourner à droite lorsque la voie est libre ; un petit feu annexe des trois feux traditionnels l'autorise.
ATTENTION AU STATIONNEMENT : les auxiliaires de police existent, et lorsque vous vous garez n'importe où, la *straz miejska* (la fourrière) est là pour prendre les choses en main.

Où dormir ?

Varsovie fait des progrès en matière d'hébergement. Il y a maintenant un joli bouquet d'auberges de jeunesse, officielles ou privées, et des hôtels chic de charme (si, si !) commencent à sortir de terre. Seule la catégorie « Prix moyens », encore beaucoup représentée par des hôtels-bunker de l'ère communiste, reste un peu à la traîne, bien que, là aussi, cela s'améliore... grâce notamment à l'arrivée des *Ibis*, *Campanile* et autres hôtels du groupe *Accor*. Remarque générale : les tarifs hôteliers sont désormais proches de ceux de n'importe quelle capitale occidentale (snif !), et ce même s'ils sont légèrement revus à la baisse durant le week-end.

CAMPING

L'hébergement le moins cher mais pas le plus folichon. Les courageux qui n'ont ni tente ni caravane peuvent aussi y loger, ces terrains possédant également des bungalows à plusieurs lits ou quelques chambres d'hôtel.

▲ ***Camping Astur 123*** *(plan I, A3, **21**) : ul. Bitwy Warszawskiej 1920 roku, 15/17. ☎ 823-37-48. • astur.waw.pl • À 4 km du centre-ville. Accessible par les bus nos 127, 130 et Z7 (bus express). Ouv 1er mai-30 sept. Compter 60 Zl (15 €) pour 2 pers avec voiture et tente ; bungalow 70 Zl/pers (18 €).* Un tout petit camping sans prétention mais qui peut dépanner. La douzaine de bungalows installés comme un mini-village présentent un bon rapport qualité-prix. Douches propres. À 300 m d'un supermarché et pas loin de la gare de Warsawa Zachodnia, ce qui est bien pratique.

AUBERGES DE JEUNESSE

Varsovie compte une bonne dizaine d'auberges de jeunesse, dont 2 ouvertes uniquement en été. Il y a aussi le système des résidences universitaires qui, en juillet et août, ouvrent leurs portes aux routards, mais on ne vous les conseille que si les auberges sont pleines, car le cadre et l'ambiance ne sont pas ce qu'on fait de mieux dans cette ville.

Auberges de jeunesse officielles

⌂ ***Schronisko Młodzieżowe Agrykola*** *(plan I, C3, **22**) : ul. Myśliwiecka, 9. ☎ 691-11. • hotelagrykola.pl • En bordure du parc Łazienkowski, à une dizaine de mn à pied du centre ; le bâtiment se trouve un peu en retrait de Myśliwiecka, entre la radio polonaise et une piste d'athlétisme. Env 50 Zl/pers (13 €) en dortoir de 4 lits ; pour les fauchés, dortoir de 8 lits 35 Zl/pers (9 €). Internet payant.* C'est une belle AJ dans un bâtiment tout neuf qui fait également hôtel. Les dortoirs, sous les combles, sont très agréables. Bonne literie, bon accueil et situé, en prime, dans le parc de Łazienkowski. Billard et café-restaurant.

⌂ ***Schronisko Młodzieżowe N° 6*** *(plan I, A2, **23**) : ul. Karolkowa, 53a.*

☎ 632-88-29. À l'ouest du centre, dans l'arrondissement de Wola, dans un grand bâtiment blanc et vert en retrait de l'avenue. Trams nos 12 et 24 de la gare centrale en direction de Wola ; descendre au croisement avec l'av. Solidarności. Fermé minuit-6h. Réception au 1er étage fermée 11h-18h. Compter 35-47 Zl/pers (9-12 €) en dortoir, draps et petit déj non compris. Internet payant. Toutes les réponses aux questions saugrenues que vous pourriez vous poser sont écrites sur des panneaux dans le hall d'entrée. Dortoirs de 5 à 12 lits superposés et quelques chambres doubles plus chères, le tout aux 1er et 2e étages du bâtiment. Propre. Cuisine à disposition et local de sécurité.

Schronisko Młodzieżowe *(plan I, B1, **24**) : ul. Międzyparkowa, 4. ☎ et fax : 831-17-66. À 10 mn à pied du centre, au nord de la vieille ville, non loin de la gare Warszawa Gdańska. Bus nos 175 de l'aéroport et 174 (ou 175) depuis la gare ferroviaire centrale ; trams nos 1, 2, 6 et 18. Ouv 1er avr-31 oct. Compter 40 Zl/pers (10 €), un peu moins si l'on a son sac de couchage.* Près d'un club de sport. En fait, cette auberge se résume à deux ou trois préfabriqués vert et bleu dans un cadre bucolique gâché par une ligne de tramway et de grands axes à proximité... Plutôt si les autres AJ sont complètes.

Auberges de jeunesse privées

Oki Doki Hostel *(plan II, F4, **33**) : pl. Dabrowskiego, 3. ☎ 826-51-12 ou 602-519-289. • okidoki.pl • Très bien située, entre la gare centrale et la vieille ville. Réception au 2e étage. Nuit 45-65 Zl (11-16 €)/pers, sans petit déj ; doubles 150-190 Zl (38-48 €). Internet gratuit.* Dans un ancien bâtiment gouvernemental. La meilleure auberge de jeunesse de Varsovie et sans doute de Pologne, plusieurs fois récompensée, et notamment par l'association *Hostelworld.* Excellent accueil, aménagement réussi et soigné, avec des dortoirs tous impeccables et surtout des chambres doubles à prix sages et décorées par des artistes-designers de talent, dans le style Zèbre africain, mains sculptées, ou 7e Ciel (toute bleue). Vue sur un parc planté d'arbres. Une auberge de jeunesse charmante, donc, à des prix démocratiques. Les moins chers des dortoirs sont ceux de 8 lits, les plus chers ceux de 3. Petite cuisine équipée, laverie et location de vélos. Également un bar très agréable pour prendre le petit déj.

Nathan's Villa Hostel *(plan I, C3, **25**) : ul. Piękna, 24/26. ☎ 629-46. • nathansvilla.com • À deux pas de la pl. Konstytucji. Env 45-60 Zl/pers (11-15 €) ; quelques doubles privées 160-170 Zl (40-43 €) selon confort. Internet gratuit.* L'accès à l'*hostel* se fait par un ravissant jardin intérieur entouré de façades roses et agrémenté d'une petite fontaine. Ensemble neuf et coloré. C'est le repaire des routards anglo-saxons ! Bonne ambiance, parfois un peu bruyante. Dortoirs bien tenus de 4 à 12 lits. Laverie gratuite ! Petits salons TV et de lecture, jeux, cuisine équipée et, cerise sur le gâteau, petit déj (café, pain et confiture) compris, que l'on peut prendre entre 7h et... 14h car, ici, autre particularité, il n'y a pas vraiment de *check-out time* !

Hostel Lemon *(plan II, F4, **35**) : ul. Jasna, 22. ☎ 828-86-00. • hostellemon.com • À 10 mn de marche de la gare ferroviaire et 2 mn des arrêts de bus et de métro. Nuit 39-47 Zl/pers (10-12 €) ; en dortoirs de 8, 10 ou 12 lits. Internet.* Très central, dans un appartement bourgeois, ce petit *hostel* a l'avantage d'être lumineux, calme et propre. Belle vue sur la cour intérieure. Laverie, cuisine équipée à disposition des hôtes, armoires à bagages. Bon accueil.

Hostel Helvetia *(plan II, G4, **34**) : ul. Kopernika, 36/40. ☎ 826-71-08. • hostel-helvetia.pl • Dans la ville nouvelle, presque à côté de l'université. Attention, l'accès se fait par l'arrière du bâtiment, rue Karasia. Nuit en dortoir 3-6 lits 50-60 Zl (13-15 €) ; 6 doubles avec ou sans sdb 140-180 Zl (35-45 €) ; petit déj gratuit pour les hôtes des chambres doubles, payant pour les autres. Internet gratuit.* Au 1er étage d'un immeuble sans caractère, une auberge fonctionnelle et très bien tenue. Dortoirs simples et colorés. Casiers, garage pour bicyclettes.

Kanonia Hostel *(plan III, K7-8, **39**) : ul. Jezuicka, 2. ☎ 635-06-76. • kanonia.pl • Au cœur de la vieille ville ; l'entrée se situe sous une arche de la rue Jezuicka. Compter 50 Zl/pers (13 €), plus 5 Zl (1,25 €) pour les draps ; 3 dortoirs de 10 lits et 3 autres, plus chers, de 3 lits ; double 140 Zl (35 €). Internet gratuit.* Une petite auberge dont le principal avantage est de se situer à côté de la place de la vieille ville. Ensemble propre et bien tenu. Pas de cuisine.

Hostel Tamka *(plan II, H4, **36**) : ul. Tamka, 30. ☎ 826-30-95. • tamkahostel.pl • Lits 45-110 Zl/pers (11-28 €) selon confort et saison. CB acceptées. Internet.* Situé en contrebas de la colline du château, entre celle-ci et la Vistule, dans un quartier intéressant pour les sorties de fin de semaine. Bon accueil *(réception ouv 24h/24)*. Petite auberge très bien tenue, arrangée simplement mais soigneusement, et des prix sages. Les dortoirs (de 3 à 12 lits) donnent sur la rue (bruit) ou sur un grand jardin à l'arrière. Il y a aussi des chambres doubles. Petit déj, laverie.

Jump Inn Hostel *(plan I, B3, **27**) : ul. Prokuratorska, 2. ☎ 825-11-67. • jumpinnhostel.com • De la gare ferroviaire, trams n°s 10, 16, 17 et 33 ; descendre à l'arrêt GUS. Ⓜ Politechnika (à 600 m à pied). À partir de 40 Zl/pers (10 €) ; double 140 Zl (35 €). Internet gratuit.* Dortoirs de 10 ou 12 lits, doubles avec toilettes sur palier. Maison particulière située dans une impasse au cœur d'un quartier résidentiel et verdoyant. Elle abrite une petite auberge de jeunesse à prix doux. Cuisine libre d'accès, laverie, pas de couvre-feu. Ensemble propre et bien tenu, avec un petit jardin à l'arrière, pour les beaux jours. Bon accueil.

CHAMBRES CHEZ L'HABITANT

C'est l'autre façon de se loger à moindre coût, et, par la même occasion, on partage le quotidien d'une famille polonaise. La sélection d'une chambre s'apparente à un jeu de hasard, mais dites-vous que Varsovie ayant été détruite par la guerre à près de 85 %, vous aurez davantage de chance de loger dans un immeuble moderne que dans un édifice au charme ancien.
Le seul réflexe préventif à conseiller est de bien vérifier la localisation sur une carte, sous peine de se retrouver exilé dans une lointaine banlieue, Varsovie étant particulièrement étendue. Par ailleurs, ne payez qu'après avoir vu la chambre, surtout si vous ne passez pas par un office spécialisé.

Agence Biuro Kwater Prywatnych « Syrena » *(plan II, G6) : ul. Krucza, 17. ☎ 628-75-40. Ouv sem 8h-19h. À partir de 110 Zl (28 €) pour 2 pers.* Cette agence centralise les principales offres en chambres de la ville.

HÔTELS

Comme on l'a dit, Varsovie ne regorge pas d'hôtels à prix moyens, ou alors ce sont des vestiges de la période communiste, entendez par là des blocs de béton peu engageants qui proposent des chambres à la déco des années 1970... ou 1960. En fait, les seuls hôtels de cette catégorie où l'on peut avoir envie de loger sont ceux, de plus en plus nombreux, de la chaîne... *Accor* (si, si !), dont vous trouverez quelques adresses ci-après. Bon à savoir aussi : la plupart des hôtels sont un peu moins chers le week-end que pendant la semaine.

De bon marché à prix modérés

Hôtel Première Classe *(plan I, B2, **28**) : ul. Towarowa, 2. ☎ 624-08-00. • warszawa@premiereclasse.com.pl • Attenant aux hôtels* Campanile *et* Kyriad *(voir plus bas), à l'ouest de la gare centrale. Chambre de 1 ou 2 pers 170 Zl (43 €), la sem comme le w-e ; petit déj en plus.* L'hôtel fonctionnel par excellence, avec des blocs sanitaires dans les chambres, mais au moins c'est neuf, pour ce standing, vous trouverez difficilement moins cher.

De prix moyens à un peu plus chic

Boutique B & B *(plan II, H5,* ***37****) : ul. Smolna, 14/7.* ☎ *829-48-01.* 📱 *507-022-339.* • *bbwarsaw.com* • *Au rez-de-chaussée, interphone 7 ou 72 ; c'est au 3e étage. Réserver à l'avance car l'adresse commence à être connue sur Internet. Doubles 300-420 Zl (75-105 €), petit déj inclus.* En plein centre, non loin de la rue Nowy Sziat et du quartier du château, un immeuble cossu dans une rue calme (parc tout près). Très joli appartement privé, aménagé en chambres d'hôtes (c'est plus cette formule-là que le concept hôtel). Décoration soignée, mobilier ancien, chambres confortables (la plus charmante est la « Princess II »), accueil excellent par un jeune homme qui parle anglais.

Hôtel Campanile *(plan I, B2,* ***28****) : ul. Towarowa, 2.* ☎ *582-72-00.* • *campanile.com.pl* • *À l'ouest de la gare centrale. Double 270 Zl (68 €) en sem, 210 Zl (53 €) le w-e, petit déj non compris.* D'accord, on ne fait pas dans l'originalité avec cet hôtel, mais les chambres sont impeccables, claires et très agréables, le tout aux mêmes tarifs que les cubes de béton socialistes qui, il y a quelques années encore, constituaient l'unique option de la catégorie « Prix moyens ». Bref, pour une fois, le *Campanile,* on recommande !

Hôtel Hetman *(plan I, C-D1,* ***29****) : ul. Ks. Kłopotowskiego, 36.* ☎ *511-98-00.* • *hotelhetman.pl* • *Sur la rive droite de la Vistule. Du centre, prendre, sur al. Solidarności, n'importe quel tram allant vers l'est et descendre au 1er arrêt après le fleuve. Pour 2 pers 380 Zl (95 €) en sem, 290 Zl (73 €) le w-e, petit déj-buffet inclus ; moins cher en juil-août et pdt les vac de Noël.* Nouvel hôtel de classe, installé derrière une jolie façade. Les chambres sont parfaites, spacieuses et dotées de tout le confort. Un endroit tout à fait recommandable, donc, surtout les week-ends d'été, où les tarifs deviennent très attractifs.

Hôtel Kyriad Prestige *(plan I, B2,* ***28****) : ul. Towarowa, 2.* ☎ *582-75-00.* • *kyriadprestige.com.pl* • *À l'ouest de la gare centrale, à côté de l'hôtel* Campanile. *Pour 2 pers 370 Zl (93 €) en sem, 300 Zl (75 €) le w-e.* Le dernier des 3 hôtels du groupe *Envergure* regroupés en un même complexe. Le *Kyriad* est le plus cher, mais la différence de prix est justifiée : élégant lobby design, chambres très confortables (coffre-fort, minibar...), resto chic, centre de fitness, sauna et jacuzzi. En bref, un bien bel établissement !

Hôtel Maria *(plan I, B1,* ***30****) : al. Jana Pawła II, 71.* ☎ *838-40-62.* • *hotelmaria.pl* • *Doubles 250-420 Zl (63-105 €), petit déj compris. Parking gratuit.* L'adresse parfaite en plein centre n'existe pas. Ceux qui désirent un vrai petit hôtel de tourisme, moderne et chaleureux, devront porter leurs bagages jusqu'à cette grande avenue au nord-ouest de la vieille ville. Ils seront alors récompensés par un bel hôtel, aux chambres spacieuses et suffisamment luxueuses. Matelas récents et belles salles de bains. Nos préférées : les nos 14, 23 et 25. Prix assez élevés mais relativement justifiés. Seul petit inconvénient : le bruit de la circulation à l'avant, mais celui-ci est bien atténué par le double vitrage.

Hôtel Harenda *(plan II, G4,* ***38****) : ul. Krakowskie Przedmieście, 4/6.* ☎ *826-00-71.* • *hotelharenda.com.pl* • *En plein centre, idéal pour découvrir la ville à pied ; l'entrée se fait par la rue Oboźna. Double 315 Zl (79 €) ; le w-e, l'hôtel offre 2 nuits pour le prix d'une ! Un peu moins cher nov-fév.* Un petit hôtel sympa, à la réception assez classe et aux chambres simplement mais agréablement arrangées. Les salles de bains sont petites. Vaste magasin d'antiquités au rez-de-chaussée et, à côté, un café Internet et l'un des pubs les plus courus de la ville.

Hôtel Dom Literatury *(plan III, K8,* ***41****) : ul. Krakowskie Przedmieście, 87/89.* ☎ *635-04-04. Emplacement de rêve, presque en face du château. Adressez-vous au bureau du* direktor, *au 2e étage. Double 370 Zl (93 €) en sem, 300 Zl (75 €) le w-e.* Dans un bel édifice reconstruit à l'ancienne, qui a été une résidence pour écrivains polonais. Les chambres sont claires, spacieuses, arrangées avec du mobilier moderne et dotées de salles de bains refaites. Certaines ont une vue superbe sur le château. Bon accueil en polonais.

Très chic

Rialto Hotel (plan I, B2-3, **31**) : ul. Wilcza, 73. ☎ 584-87-00. • hotelrialto.com.pl • Au sud de la gare centrale, dans un quartier calme et agréable. Selon affluence, doubles standard 160-260 € en sem, autour de 150 € le w-e. Si vous devez commettre une petite folie, autant que ce soit ici ! Il s'agit d'un hôtel récent de style Art déco remis au goût du jour, dans un bâtiment de 1906 plus ou moins épargné par la guerre. Quatre types de chambres (belge, viennoise, africaine et Mac Intosh), mais qu'importe, elles sont toutes splendides, réalisées dans les tons blancs, bruns et noirs, et équipées de tout le confort (TV à écran plat, minibar, salle de bains en marbre ou à petits carreaux de faïence, etc.). Vraiment beaucoup de charme et à des tarifs encore abordables le week-end.

Le Royal Méridien Bristol (plan III, K9, **42**) : ul. Krakowskie Przedmieście, 42/44. ☎ 551-10-00. • lemeridien.com • Au cœur de l'av. Royale, dans la ville nouvelle. Chambre env 370 €... Ne vous méprenez pas, le *Routard* ne sombre pas dans un syndrome *Relais & Châteaux* ! En fait, cet hôtel propose à certaines périodes un « Passeport rate » qui met les chambres doubles à moitié prix. Certains week-ends d'été, les tarifs peuvent même baisser de 70 % ! Le plus simple est d'appeler et de vérifier si la promotion a lieu à vos dates. Dès lors, vous bénéficierez de tout le luxe des hôtels de cette catégorie : fitness club, piscine, bureau, baignoire, peignoir et accès Internet dans les chambres... Dans un ancien palace de 1901 absolument somptueux et avec un vrai accueil de pro, ce qui n'est – croyez-nous – pas si fréquent, même dans ce type d'hôtel.

Où manger ?

L'époque n'est pas encore très lointaine où la scène culinaire de Varsovie se réduisait aux luxueux établissements pour dignitaires du Parti et aux gargotes sans imagination des restaurants d'État. Aujourd'hui, la page est bien tournée : l'imagination, souvent d'inspiration occidentale, a repris le chemin des cuisines et les restaurants se multiplient, même s'ils restent pour la majorité de la population un plaisir inaccessible. C'est également, pour les architectes et les décorateurs d'intérieur, l'occasion de montrer tout leur talent, souvent avec réussite, d'ailleurs. Quant aux prix, ils ont aussi « évolué » mais restent plus bas qu'en France ou en Belgique. En gros, se restaurer à Varsovie revient 1,5 à 2 fois moins cher qu'à Paris (mais pour combien de temps encore ?).

– ***Horaires des repas :*** il est bon de savoir qu'on peut manger à n'importe quelle heure. En effet, les Polonais pratiquant la journée continue (7h-15h), ils ne déjeunent pas forcément à 12h, mais plutôt à 16h, ce qui fait que la plupart des restos pratiquent l'horaire continu, de l'heure de midi... jusqu'au dernier client de la soirée.

Très bon marché

– Les bars ***mlecznys*** (littéralement « bar à lait ») : retenez bien ce nom. Ces petites cantines en self-service au décor et à l'atmosphère d'hospice ont été pendant des décennies des sortes de « restaurants du cœur » de la Pologne communiste. C'est assurément la façon la plus routarde de s'initier à la gastronomie nationale, folklore compris. Car même repeints, modernisés ou rebaptisés, ils gardent leurs traditions : le panneau des plats (où figure désormais la viande) a la taille d'un indicateur de chemin de fer, les cantinières ignorent toujours l'amabilité et les couverts sont restés en aluminium, sans oublier la forte odeur de soupe aux choux.

Le rituel est toujours le même : on choisit sur le grand panneau, on paie à la caisse, qui transmet le ticket à la cuisinière, puis on s'installe à une table pour attendre que la cuisinière annonce le plat. Attention, si quelques-uns de ces établissements ont maintenant des cartes en anglais, les plats sont indiqués en polonais. Vous aurez

donc tendance à commander au hasard, sauf si vous trouvez, parmi les autres clients, une personne aimable à même de vous traduire le nom de quelques plats... On y dépense rarement plus de 10 Zl (2,50 €) pour un repas complet.
Voici les principaux restaurants de ce type dans le centre :

Pod Barbakanem *(plan III, J7, **60**) : ul. Mostowa, 27/29. À l'angle de Nowomiejska, juste à la sortie des remparts, au nord de la vieille ville. Ouv 8h (9h w-e)-17h.* Idéal pour une pause roborative après l'exploration de la vieille ville. En plus, le décor est sympa : une jolie maison d'angle avec une pièce rustique. Coin touristique oblige, une carte en anglais et en français (phonétique...) est à la disposition des routards de passage ; demandez-la à la caissière.

Uniwersytecki *(plan II, G4, **61**) : ul. Krakowskie Przedmieście, 20. Sur l'av. Royale, à droite de l'université. Sem 7h-20h ; w-e 9h-17h.* Menu en anglais disponible. Situé dans une petite boutique à côté de l'université, c'est l'antre des étudiants. Bonne humeur autour des tables, sous le regard sévère de la caissière.

Mleczny Familijny *(plan II, G5, **62**) : ul. Nowy Świat, 39. Sem 7h-20h ; w-e 9h-17h.* Un des derniers bars à lait (cantine populaire) ayant survécu au chambardement de la rue Nowy Swiat, devenue chic et chère. Pour manger simple et bon, et pas cher.

Bambino *(plan II, G6, **63**) : ul. Krucza, 21. Au sud-est du carrefour Marszałkowska – al. Jerozolimskie, presque en face de l'hôtel* Grand. *Sem 8h-20h ; w-e 9h-17h.* Malgré son nom italien, il est resté conforme à la tradition des *mlecznys* : salle banale, mais plats copieux, et l'un de ceux où l'on a le plus apprécié la qualité de la nourriture.

Bon marché

Sandwicz *(plan II, G5, **66**) : ul. Nowy Świat, 28. Tlj 7h30-20h30.* Une des adresses les moins chères de la rue pour manger des sandwichs et des salades. Petite salle toute simple et terrasse extérieure.

Restaurant Bar Co Tu *(plan II, G5, **66**) : ul. Nowy Świat, 22/28, pawilon 21. ☎ 826-83-39. Au niveau du porche du nº 26 Nowy Świat, entrer dans la 1re puis la 2e cour, c'est indiqué mais discret : pavillon nº 21. Lun-sam 10h-21h ; dim 11h-18h. Compter une dizaine de Zl par plat.* Un bon resto vietnamien, tenu par un jovial couple polono-vietnamien, qui propose près de 80 spécialités à prix légers. Idéal pour changer des bars à lait tout en gardant le même budget. Pour les claustrophobes, il y a aussi quelques tables dehors en été.

Green Way *(plan II, G6, **65**) : ul. Krucza, 23/31. Ouv 8h-20h (10h w-e).* Non loin du bar à lait *Bambino* et à peine plus cher que ce dernier. C'est une (petite) chaîne de restos végétariens où l'on mange pour une croûte de pain de succulents plats tels que croquettes de champignons, nouilles aux épinards, kofta indien, goulasch mexicain ou lasagne sans viande. Déco sobre et colorée, petite terrasse. On commande au comptoir, puis on va s'installer. Idéal pour le midi !

Trattoria Casa Mia *(plan II, F6, **68**) : ul. Poznańska, 37. ☎ 621-61-01. Sem 10h-21h ; w-e 12h-19h. Plats 20-25 Zl (5-6 €).* On ne s'explique pas pourquoi cette pizzeria ambiance taverne/caverne s'obstine à fermer si tôt, car c'est l'une des plus coquettes de la ville. Ses propriétaires ont non seulement du goût, mais aussi le respect des clients avec des pizzas dignes de ce nom. Celles-ci arrivent *prestissimo* sur de jolies tables bistrot, environnées de tresses d'oignons, de vieux pots de confitures et autres objets des greniers italiens. Seul inconvénient : on n'y sert pas d'alcool.

Tripolis *(plan II, F6, **69**) : ul. Wspólna, 65. Ouv 10h-21h.* Ne demandez pas, personne ne connaît. C'est un excellent traiteur arabe, où l'on peut déguster de délicieux plats typiques (des plats orientaux, pardon...) à emporter ou à manger dans la minuscule salle du fond. Très agréable et bon marché, mais ne vaut pas la peine de faire le détour. En revanche, une excellente adresse si vous traînez dans le quartier.

Prix moyens

Sense *(plan II, G5, **67**) : ul. Nowy Świat, 19. ☎ 826-65-70. Lun-jeu 12h-1h ; ven-sam 12h-2h ; dim 12h-minuit.* En plein cœur de la ville, sur une des rues historiques. Un resto à classer dans les adresses « tendance », décoré avec recherche et servant une cuisine « fusion », comme les Polonais en raffolent depuis l'ouverture du pays. Le contenu des assiettes est varié, séduisant et savoureux. Bon rapport qualité-prix, dans un cadre qui se distingue tout à fait des auberges rustiques. Cent quinze sortes de vodka !

Podwale Piwna Kompania *(plan III, J7, **71**) : ul. Podwale, 25. ☎ 635-63-14. Tlj 12h-1h. Plats 20-50 Zl (5-13 €) ; un peu plus pour certaines grillades.* Dans la vieille ville, juste à l'extérieur des remparts. Un dédale de salles où s'affaire en tous sens une horde de sympathiques serveurs... à moins bien sûr que vous ne préfériez la vaste cour intérieure, toujours bondée elle aussi. Ici encore, on mange bien, beaucoup et typiquement polonais. Une excellente adresse !

Folk Gospoda *(plan I, B2, **70**) : ul. Waliców, 13. ☎ 890-16-05. Tlj 8h-minuit (dernier service 23h30). Plats 20-30 Zl (5-8 €).* Un peu excentré mais vaut le détour. Grande salle décorée dans le style Europe centrale, tendance auberge rustique. Les serveurs sont en costume traditionnel, et il y a, tous les soirs, des petits groupes interprétant des chansons populaires. À la carte, bons et généreux plats typiques comme la saucisse au blé noir, le jambonneau, l'assortiment de viandes sur planche.

La Cantina *(plan II, G4, **76**) : ul. Nowy Świat, 64. ☎ 331-67-98. Tlj dès 10h. Pizza, pâtes ou risotto 25-30 Zl (6-8 €) ; plat de viande ou de poisson env 40 Zl (10 €).* Au cœur de la nouvelle ville. Si vous êtes fatigué de la gastronomie locale, n'hésitez pas à franchir la porte de ce resto italien très accueillant. On s'installe dans une grande salle aux tons ocre avec une mezzanine, des fourneaux bien en vue, des bouteilles empilées dans des renfoncements, bref, tout ce qu'il faut pour mettre en appétit. Au menu, les classiques de la cuisine italienne, bien préparés, copieux et servis avec le sourire. Que demander de plus ?

Zgoda Grill Bar *(plan II, F5, **77**) : ul. Zgoda, 4. ☎ et fax : 827-99-34. Tlj 10h (12h dim)-21h. Plats 20-30 Zl (5-8 €).* Un beau restaurant-grill avec ses murs à la chaux et son mobilier de pin blanc. Spécialités polonaises et d'Europe centrale, comme le *placek Cyganski*, sorte de goulasch gitan vraiment bon. Service sympathique, un bon rapport qualité-prix pour le quartier !

Flik *(plan I, C3, **79**) : ul. Puławska, 43. ☎ 849-44-34. Tlj jusqu'à ce qu'il n'y ait plus personne. Résa conseillée en raison de sa solide réputation. Buffet 48 Zl (12 €) 12h30-17h en sem, 19h w-e ; plats carte 30-40 Zl (8-10 €).* Ce resto fut un casino pour la police sous le régime communiste ; ce qui ne l'empêche pas d'être aujourd'hui très à la mode. Pour un œil profane, ce n'est qu'une maisonnette moderne au pied d'une petite HLM. Mais bon, la terrasse entre les bosquets du parc permet de dîner au frais, en été. En hiver, les convives apprécieront plus la salle moderne avec expos de peinture. Cuisine polonaise et internationale, dont les pommes de terre en jaquette au caviar.

Stop Klatka *(plan II, G6, **78**) : ul. Wspólna, 27. ☎ 628-31-83. Tlj de 11h (13h dim) jusqu'au dernier client. Plats 20-40 Zl (5-10 €).* Petit bistrot cossu un peu à l'écart des autres, un peu au sud de la nouvelle ville. On y mange simplement mais très bien des petits plats raffinés comme à la maison. Carte assez variée et bon accueil. Terrasse agréable sur le trottoir.

Qchnia Artystyczna *(plan I, C3, **81**) : zamek (château) Ujazdowski, al. Ujazdowskie, 6 (dans le parc Ogród Botaniczny). ☎ 625-76-27. Tlj midi-minuit. Plat consistant env 50 Zl (13 €).* Le palais d'été des rois de Pologne accueille déjà le Centre d'art contemporain. On peut également y déguster de la « cuisine artistique ». Entendez par là une nouvelle cuisine aux accents quelquefois exotiques mais, une fois n'est pas coutume, aux portions généreuses. La déco (changeante) séduira ceux qui auront aimé le Centre d'art, dont ce resto et sa terrasse semblent n'être que le logique prolongement.

|●| ***Restauracja U Aktorów*** *(plan II, H6,* ***83****) : al. Ujazdowskie, 45.* ☎ *628-65-50. Tlj de 12h jusqu'au dernier client. Petit menu (sf dim) 15 Zl (4 €) 12h-17h ; plus cher à la carte.* Avant, ce petit resto feutré était réservé aux seuls comédiens. Photos d'acteurs dans leur cadre et beau bar en bois trônant au centre de la pièce. Aujourd'hui, c'est une clientèle d'habitués, d'acteurs fauchés notamment (qui ont droit à 50 % de ristourne sur le plat du jour et la vodka !), qui hante le lieu. Le soir, un pianiste joue quelques mesures de jazz. Une bonne adresse, un brin chic mais intéressante, notamment pour son menu du déjeuner. Accueil sympathique.

|●| ***Rycerska*** *(plan III, J8,* ***82****) : ul. Szeroki Dunaj, 9/11.* ☎ *831-36-68. Ouv dès 12h. Plats 40-50 Zl (10-13 €).* Les fiers chevaliers de la Pologne médiévale auraient été étonnés de voir cette coquette maisonnette qui leur rend hommage en bordure d'une placette paisible, et dont l'atmosphère des salles blanches voûtées appelle à la paix des armes. Le chef, lui, a l'argument de ses plats à la mode ancienne : gibier, oie rôtie, caviar, vodka et porc entier cuit dans de la bière avec du sarrasin. Également quelques spécialités végétariennes aux choux. Bref, une carte originale... et pas encore trop chère. En été, petite terrasse en bordure des remparts.

|●| ***Adler*** *(plan II, H6,* ***86****) : ul. Mokotowska, 69.* ☎ *628-73-84. Tlj 8h (13h w-e)-minuit. Plats 40-50 Zl (10-13 €).* Une rotonde beige au pied d'un immeuble gris. Oubliez l'immeuble car, une fois la porte franchie, vous êtes dans une auberge circulaire avec tables, banquettes et poutres en bois, avec çà et là des gerbes de blé séché. Le grand manège de la bière et de la lourde gastronomie, surtout allemande, peut alors commencer. On y célèbre même l'*Oktoberfest* !

Chic design

|●| ***Papaya*** *(plan II, G5,* ***64****) : ul. Foksal, 16.* ☎ *826-11-99. Tlj 12h-minuit. Plats 20-50 Zl (5-13 €).* Long bar gris et blanc, chaises et fauteuils en Epoxy, plancher en bois précieux, banquettes en skaï couleur crème, tissus mauves et miroirs lumineux : voilà une belle salle à la déco design très tendance. Tout change vite à Varsovie, les mœurs comme les cuisines. Ici, ce sont des cuisiniers thaïlandais qui concoctent une cuisine fusion à dominante asiatique (Japon, Chine et Thaïlande mélangés), avec des déclinaisons végétarienne et diététique. Très bonne adresse. On y est bien et le rapport qualité-prix reste correct dans sa catégorie chic (car manger asiatique en Pologne, c'est manger branché).

|●| ***Kwai Kuchnia*** *(plan I, C2,* ***87****) : ul. Marszalkowska, 64.* ☎ *621-21-81.* Au 1er étage d'un immeuble moderne, une grande salle design, moderne et sobrement décorée, avec vue sur le boulevard. Même principe que *Papaya* : de la cuisine d'Asie fusionnée, des plats chinois, japonais ou thaïs. De quoi se régaler tout en montrant que l'on est dans la mouvance *NCPOM* (néologisme routardesque) : Nouvelle Cuisine Polonaise Ouverte sur le Monde.

Chic

|●| ***Karczma Gessler*** *(plan III, K8,* ***84****) : rynek Starego Miasta, 21/21a.* ☎ *887-03-44. Tlj de 10h jusqu'au dernier client. Salades ou pierogi 30-40 Zl (8-10 €) ; spécialités env 100 Zl (25 €).* Ce n'est pas un resto mais un lieu aménagé comme un écomusée dans des caves labyrinthiques. L'exploration commence par un dôme en brique au carrefour du dédale des caves, revêtues de plancher ou de pavés et couvertes de graffitis et d'objets de récup' venus d'étables du fin fond de la Pologne. Solide cuisine polonaise avec des spécialités : l'oie, le canard et le porc, cuits dans de la bière ou du vin. C'est certes cher, mais on se fait vraiment plaisir dans un cadre surprenant. Qua-

lité de la cuisine en baisse, aux dernières nouvelles.

U Fukiera *(plan III, J8, **85**) : rynek Starego Miasta, 27. ☎ 831-10-13. Tlj 12h-23h ou minuit. Plats 35-120 Zl (9-30 €).* Un autre bijou de la famille Gessler, voisin de leur établissement vedette. Cette fois, ces virtuoses de la déco ont concocté une auberge à l'atmosphère de conte de fées. Tout y respire la patine d'une Pologne de rêve. Le parquet fleure bon l'encaustique de grand-mère, dont les ancêtres veillent sur les convives dans des cadres antiques, tandis que l'on dîne à la lumière des bougies. La cuisine, très réputée, suit les saisons tout en s'évadant vers la Lituanie, la Russie et d'autres cieux européens. Un des bons restos de la ville.

Belvédère *(plan I, C3, **91**) : ul. Agrikola, 1. ☎ 84-22-50. Tlj 12h-minuit. Plats 50-100 Zl (13-25 €).* Au cœur du plus beau parc de la ville, l'un des restos chic de la capitale. Une petite folie (ou grosse, ça dépendra du vin que vous prenez !), certes... mais la qualité est au rendez-vous. Les paons vous accueillent dès la terrasse, et l'on dîne dans un superbe jardin d'hiver, au milieu de la végétation qui dégringole des murs. La carte mélange la cuisine traditionnelle polonaise et les spécialités méditerranéennes. Service irréprochable.

Où prendre un café ? Où goûter ?

Café A. Blikle *(plan II, G5, **94**) : ul. Nowy Świat, 33. Lun-sam 9h-19h ; dim 10h-18h.* Après avoir servi de refuge littéraire aux opposants pendant la période communiste, ce grand café fondé en 1869 a retrouvé sa vocation première : les plaisirs de la pâtisserie et de la mondanité. Sur sa terrasse, comme dans les salons verts, on déguste de nombreux cocktails, des glaces, mais surtout les fameux gâteaux, comme le beignet à la fleur de rose. Cela fait d'ailleurs très chic de venir chez des amis polonais avec des pâtisseries de chez *Blikle*.

Café Chado *(plan II, G5, **101**) : ul. Chmielna, 11. Tlj 10h-2h ou 3h.* Au cœur d'une rue animée. Thés, cafés, tartes, cakes, voilà ce que propose ce tout petit et mignon café de quartier, décoré avec soin avec des photos de voyage et des peintures. Une petite machine donne du bon café *espresso*, une raison pour s'y arrêter.

Bar 6/12 *(plan II, G6, **95**) : ul. Żurawia, 6/12. Ouv tlj jusqu'à 23h (minuit dim).* Cette rue compte plusieurs bars situés au rez-de-chaussée d'immeubles de bureaux. À la manière de ses voisins, le *6/12* possède une salle chic et haute de plafond (avec des ventilos, utiles en été), une déco soignée style « Nouvelle Pologne » et une petite terrasse sous les arcades. On peut y boire un bon café (ou prendre le petit déj).

Pożegnanie z Afryką *(plan III, J7, **96**) : ul. Freta, 4/6. Tlj 7h-22h.* Partie de Cracovie, c'est devenu une minichaîne familiale dans toute la Pologne. *Out of Africa,* le film avec Meryl Streep et Robert Redford, a donné son nom à cette minuscule échoppe dédiée aux plus grands cafés. Ils attendent d'ailleurs votre passage dans des cafetières sur des réchauds. Et, tels des trophées de chasse, une belle sélection de sachets du nectar noir est exposée dans la boutique à côté. Mais attention, quatre tables et une petite terrasse seulement !

Belle Époque *(plan III, J7, **97**) : ul. Freta, 18. Tlj 13h-1h.* Un beau salon de thé-brocante, un peu maison de poupées, fait de bric et de broc. On y déguste du bon thé et de belles pâtisseries maison. Atmosphère calme, dans des odeurs sucrées d'encens et de pain d'épice, sur fond de musique douce ou, le samedi soir, de jazz. Plus propice aux déclarations d'amour qu'aux rencontres d'un soir. Et si quelque chose vous plaît dans la déco, n'hésitez pas : tout est à vendre.

E. Wedel *(plan II, G5, **98**) : ul. Szpitalna, 8 ; à l'angle avec Górskiego, 11/19. Lun-sam 8h-22h ; dim 11h-20h.* Il faut d'abord entrer par une boutique de confiseries et bifurquer sur la gauche par deux portes battantes pour accéder à deux petits salons paisibles, chic et cosy. Dans ce havre de paix d'une belle hauteur de plafond, loin du stress ambiant, on sert le chocolat chaud le plus pur de la ville. Il y en a de nombreuses sortes : du classique ou traditionnel (épais !) au chocolat froid au yaourt et à la vanille, en passant par celui à la cannelle ou au rhum... Ils proposent même des fondues au chocolat servies avec des fruits !

Café Nowy Świat *(plan II, G4, **99**) : ul. Nowy Świat, 63. Lun-sam 9h-22h ; dim 10h-21h.* Le seul véritable café viennois de la capitale. Du coup, les hommes et femmes d'affaires viennent y parler boulot et se montrer un peu, notamment derrière une pâtisserie ou un petit plat salé. Accueil routinier.

Kawiarnia Zakatek *(plan II, G5, **100**) : ul. Chmielna, 5. Ouv 11h-minuit.* Dans une jolie petite cour en retrait de la rue piétonne, et donc au calme. Une unique petite salle en sous-sol aux murs couleur tabac et quelques tables en terrasse. La grande spécialité de la maison est le café (environ 50 sortes), que l'on déguste ici dans une atmosphère intime, fort différente de celle des salons de thé.

Słodki Słony *(plan I, C3, **93**) : ul. Mokotowska, 45. Sur la petite place qui fait l'angle des rues Piękna et Mokotowska. Tlj 11h-minuit.* Toujours et encore l'œuvre des Gessler (voir plus haut). Le résultat est une bonbonnière campagnarde tendance service en porcelaine, rideaux à fleurs *Laura Ashley* et tableaux anciens. On y déguste sur le bout des doigts, le nez enivré par les effluves parfumés des dames, une tasse de thé, des pâtisseries maison et quelques plats salés qui savent se faire respecter.

Où boire un verre ? Où sortir ?

Il en va des bars comme des restaurants : Varsovie s'est très vite adaptée au mode de vie capitaliste, ce qui fait que l'on assiste à une prolifération d'adresses toutes plus tendance les unes que les autres. Les routards amateurs de *roots* et de lieux un peu patinés risquent d'être déçus, car, dans le centre de la capitale, c'est plutôt ambiance minijupes, portables et fringues à la mode. Voici toutefois une (excellente) sélection d'endroits où se frotter à la faune nocturne de la ville, faire le plein de décibels, ou tout simplement descendre quelques bonnes vodkas !

Cafés de jeunes, bars polonais, bars classiques

– En été, le lieu de rassemblement idéal et pas trop mode se situe sur les ***bords de la Vistule,*** entre le most Gdański et le most Śląsko Dąbrowski *(plan I, C1-2).* De mai à octobre, les quais sont envahis par des bars qui installent terrasses, barbecues et miniscènes de concert. Les bières sont vendues au gobelet, et toute une faune se balade d'une terrasse à l'autre, dans une ambiance bon enfant mais bien décidée à faire la fête. Bonne soirée assurée.

Karma *(plan I, C3, **128**) : ul. Mokotowska, 17 (pl. Zbawiciela 3/5). ☎ 875-87-09. Ouv tlj jusqu'à 23h.* Un café de jeunes étudiants sous des colonnes néogrecques au bord d'une place très agréable, un peu à l'écart. Canapés, tableaux aux murs, chaises et tables dehors en terrasse, pour siroter un verre, prendre le petit déjeuner ou grignoter (sandwichs). Très bon lieu de rendez-vous.

Kulturalna *(plan II, F5, **123**) : au rez-de-chaussée du palais de la Culture et de la Science ; entrée par l'esplanade centrale, aile gauche quand on est sur la pl. Defilad.* Vieux bar de l'époque grandiloquente du socialisme polonais, qui a su s'adapter au nouveau régime libéral et capitaliste. Le mobilier date un peu, la déco aussi, mais cette patine donne du caractère à l'endroit, où il est agréable de boire un verre, dans une ambiance jeune et culturelle. On peut donc y boire mais aussi y manger, ce qui somme toute est un gros avantage, compte tenu de la rareté des adresses dans ce secteur.

Szpilka et Szparka *(plan II, G6, **111**) : pl. Trzech Krzyży, 18. Tlj 12h-2h (beaucoup plus tard le w-e).* Deux bars de part et d'autre de la place, parfois animés jusqu'à 7h du mat'. Ambiance moderne et minimaliste, deux endroits un poil branchés mais aux tarifs abordables pour une jeunesse propre sur elle. On peut aussi y manger. Une bonne adresse, un peu chic, idéal pour finir la nuit. D'autant qu'il y a toujours du monde et que le service est plutôt bon.

🍷 ***Harenda*** *(plan II, G4, **115**) : ul. Krakowskie Przedmieście, 4/6 ; mais l'entrée se fait par la rue Obożna, après l'hôtel* Harenda, *sur la gauche. Tlj 7h-3h.* Une grande terrasse qui se donne des faux airs de taverne bavaroise champêtre, où les jeunes gens branchés se retrouvent. Puis, lorsque les premières bourrasques sonnent le signal du repli, deux grandes salles intérieures emmitouflées dans des murs de bois permettent de poursuivre la fraternisation autour des bocks de bière, à moins qu'on ne glisse, quand il est ouvert, vers le club de jazz du sous-sol.

🍷 ***Paparazzi*** *(plan II, F4, **118**) : ul. Mazowiecka, 12. Ouv 12h (16h w-e)-1h. Cocktail-bar* chic avec des photos noir et blanc, parfois drôles, de célébrités partout sur les murs. Les fauchés passeront leur chemin, mais les autres y trouveront une intéressante sélection de breuvages alcoolisés, dans une atmosphère huppée, pleine de gens bichonnés.

🍷 **John Bull Pub** *(plan III, K7-8, **119**) : ul. Jezuicka, 4. Tlj 16h-1h.* À deux pas de la vieille place. Le seul intérêt de ce bar, ce sont ses apéritifs ou ses débuts de soirée en terrasse, en été. Celle-ci offre une belle vue sur la Vistule et la verdure de sa rive droite. On boit un verre ou on grignote un snack, bercé par le ronron des voitures qui passent en contrebas. Immeuble abritant aussi une galerie et un théâtre.

VARSOVIE ET SES ENVIRONS

Café-librairie (ou café littéraire)

🍷 ***Café Czuly Barbarzynca*** *(plan II, H4, **124**) : ul. Dobra, 31. Ouv tlj jusqu'à 22h (minuit ven-sam). Dans le quartier de Powisle (celui de l'Université), bordant la Vistule, au pied de la colline du Château.* Quelle surprise, car on ne voit qu'un immeuble à l'aspect banal de l'extérieur ! Il s'agit d'un authentique café-librairie où l'on peut lire et feuilleter les livres sans se faire enguirlander par la vendeuse, et tout ça en sirotant un bon café ou un jus de fruits. Pas d'alcool ici ! Côté décor, c'est insolite et chaleureux : divans confortables, sofas moelleux, vieux piano envahi par les livres, balançoire suspendue au plafond, ambiance artistique et bohème (beaucoup d'étudiants) : on aime. On peut aussi y manger des tartes et des sandwichs. Et en plus, il y a la clim' (été lourd).

Bar oriental (avec danseuses)

🍷 **Sheesha Lounge** *(plan II, F5, **121**) : ul. Senkiewocza, 3. Tlj dès 16h.* De l'*Organza*, en face, à celui-ci, il y en a forcément un qui vous conviendra. Ici, atmosphère orientale dans un décor qui l'est tout autant, avec des chiromanciennes et des danseuses du ventre (vendredi et samedi) qui se trémoussent au son des tubes orientalisant. Possibilité d'y manger arabe, indien ou mexicain. On y fume aussi la *chicha* confortablement installé sur les banquettes ou même sur la terrasse en été. Quoi qu'il en soit, la clientèle, en partie étrangère, est presque toujours nombreuse et l'ambiance au rendez-vous.

Bar club, bars lounge

🍷 **Klub Pod Gwiarzdami** *(plan II, F6, **109**) : ul. Marszalkowska, 85 ; entrée par la rue Hoza, juste à l'angle ; un panneau l'indique bien. Au rez-de-chaussée de l'immeuble, prendre l'ascenseur, appuyer sur le bouton « Gora », puis accès direct au club au dernier étage (qui fait aussi resto). Cocktails 8-20 Zl (2-5 €), plats 15-20 Zl (4-5 €).* La salle intérieure est prolongée par une petite terrasse surplombant l'animation de l'avenue Marszalkowska. Très agréable d'y prendre un verre les soirs d'été.

Antikwariat (*plan II, F6,* **108**) : *ul. Żurawia, 45. Ouv lun-ven 16h-23h (et souvent jusqu'au dernier client). Fermé dim.* C'est un de nos vieux cafés varsoviens préférés, très discret, à l'ambiance tranquille et chaleureuse. Fréquenté par des intellectuels et des artistes, ni pub bruyant ni club élitiste, voici un vrai bar de nuit, patiné par le temps, meublé avec caractère, sans oublier les objets anciens, les livres, les photos et les gravures. Une petite cour à l'arrière pour les beaux jours.

Ice Club (*plan II, E5,* **126**) : *ul. Panska, 61. Ferme à minuit ou 2h du mat. Vodkas 10-20 Zl.* Un des lieux design et insolites de Varsovie. Un bar en glace à une température de moins 8 °C *(entrée 10 Zl),* une serveuse en anorak, des blocs réfrigérés sculptés dans les tons bleu et rose. Si on n'aime pas le froid, se replier dans la première salle, à température normale, où l'on peut aussi boire et manger des petits plats.

Bar Lounge Cinnamon (*plan III, K9,* **127**) : *Budynek Metropolitan (Metropolitan Building), Pilsudskiego, 1. Ferme à minuit les soirs de sem.* Au rez-de-chaussée d'un immeuble moderne abritant des bureaux ; on entre par la cour intérieure. Un grand bar lounge élégant et brillant, dans les tons violets, qui est un rendez-vous de la branchitude varsovienne. Fait resto-bar dans la journée et discothèque les vendredi et samedi *(22h-7h).* Certains soirs, les filles montent sur le bar et dansent avec frénésie.

Nobo Lounge (*plan I, B2-3,* **122**) : *ul. Wilcza, 58a. Ouv dès 12h (18h w-e). Bar-resto qui se change en boîte* (house) *les jeu, ven et sam soir.* Beaucoup d'ambiance, c'est l'un des bars en vogue de la capitale. Atmosphère rougeâtre. Un petit couloir conduit de la salle principale aux cuisines, ouvertes, en face desquelles se trouvent des alcôves en velours rouge où l'on peut s'isoler... après avoir retiré ses chaussures. Avis aux tourtereaux et autres amateurs d'intimité !

Bars musicaux

Muza (*plan II, G5,* **110**) : *ul. Chmielna, 9. En sous-sol, sans enseigne et bien caché dans une rue piétonne. Ouv 11h-4h. Disco* house *ven-sam dès 21h.* L'un des rendez-vous de la jeunesse branchée de Varsovie. La musique est bonne et variée, l'ambiance décontractée, genre *chill out,* et la vodka encore accessible. Certes, ce n'est pas très routard, mais vous vous rendrez vite compte que c'est la ville qui veut ça.

Organza (*plan II, F5,* **120**) : *ul. Sienkiewicza, 4. Ouv mer-sam dès 20h.* Il y a quelques années, c'était la boîte house la plus populaire de Varsovie. Aujourd'hui, comme il y a beaucoup de boîtes house, ce n'est plus la plus populaire, mais c'est resté un endroit sympa et bien fréquenté, un peu à mi-parcours entre le lounge et le club. On y danse autour des canapés sur des rythmes brésiliens le mercredi, de la disco le jeudi et, fidèle à la tradition, de la house (légère) les vendredi et samedi, lorsque la fréquentation atteint son maximum.

Indeks (*plan II, G4,* **112**) : *Krakowskie Przedmieście, 24. Juste à droite de l'université. Tlj dès 12h.* Ces quelques caves formant un minidédale souterrain sont le repaire des adolescents de Varsovie. Ambiance bon enfant, donc, surtout l'été, où tout se passe dans la cour de l'immeuble juste à droite. Les soirs de juillet-août, la terrasse est bondée dès 20h pour les concerts et projections occasionnelles de films (en v.o. sous-titrée) en plein air. Idéal pour commencer la soirée.

Lolek (*plan I, B3,* **113**) : *ul. Rokitnicka, 20. Tlj jusqu'à 3h. Concert ts les soirs.* Dans le parc Jozef Piłsudskiego, un pub *country music* plus que rigolo. Tout en extérieur, ambiance grosses tables en bois, barbecue et bières à gogo. Les serveurs et serveuses passent avec leurs paniers pour s'assurer que votre verre est toujours plein. Il y a même des hamacs et un feu de bois, propices aux rencontres. On a apprécié.

Między Nami (*plan II, G5,* **114**) : *ul. Bracka, 20. Ouv 10h-23h (minuit* *sam, 16h dim).* Pas d'enseigne, mais vous aurez tôt fait de le repérer, car il y a souvent du monde à la terrasse. Les Narcisses du look et les jeunes cultureux de Varsovie ont élu domicile dans cette salle postmoderne aux murs garnis de photos ou de peintures. Pour ceux que la fumée dérange, il y a la terrasse, tout aussi prisée, surtout par ceux qui ont décidé de manger un morceau (cuisine réputée !). Un ordinateur permet aussi de lire ses courriels.

Où écouter du jazz ?

Tygmont Jazz Klub *(plan II, F4,* ***117****) : ul. Mazowiecka, 6/8.* ☎ *828-34-09. Ouv tlj. Pour les amateurs, jazz en sem dès 21h, suivi vers minuit de* jam sessions. Les groupes, plutôt polonais, sont différents chaque soir. Vraiment une bonne adresse car pas d'entrée à payer, seulement le prix des consommations, qui est raisonnable ! Une salle au rez-de-chaussée niveau rue, et une autre au sous-sol avec un grand bar en U *(cocktails 12-20 Zl).* Le week-end, pas de jazz mais soirées dansantes *R'n'B* et latino (respectivement vendredi et samedi), là encore à partir de 21h. Un endroit très apprécié des Varsoviens.

Où danser ?

À la mode ou alternatives, les boîtes sont devenues le symbole de la libéralisation du pays. Mais n'oubliez pas – sans devenir parano – que mafia et prostitution y sont parfois présentes.

– *Conseil :* mieux vaut y aller le lundi, pour éviter les foules du week-end.

– *Autres discothèques :* le *Cinnamon* est chic et du coup très cher. *Utopia ?*

Bars dansants du quartier Powisle *(plan II, H4,* ***135****) : ul. Dobra, 133 et 35. Aurora* et *Diuna*, tels sont les noms (que personne ne retient dans l'agitation du samedi soir) d'au moins deux de ces bars nocturnes, jeunes et dansants, organisés autour d'une grande cour intérieure en plein air (au moins, on n'étouffe pas comme dans les boîtes fermées), ornée de peintures murales (celle montrant Lénine en compagnie de Ben Laden et de Bush est rigolote). Il y a un troisième bar accolé aux deux premiers, qui fait aussi dans le même style animé et pas cher. Car ici, il ne s'agit pas du tout de discothèques techno pour yuppies déjantés, mais de 3 bars-clubs alternatifs, ouverts à la tranche plus ou moins désargentée (mais si sympa) des 20-30 ans. De loin, le meilleur endroit dans le centre de Varsovie pour guincher, danser et faire des rencontres.

Enklawa *(plan II, F4,* ***133****) : ul. Mazowiecka, 12. Ouv mer-sam 21h-4h. Âge min : 21 ans pour les filles et 24 ans pour les garçons. Entrée : 5-30 Zl (1,25-8 €).* Tenue correcte exigée. L'une des boîtes branchées de la capitale. Le programme est différent chaque soir : *old school* (tubes des années 1960, 1970 et 1980) le mercredi, musique latino le jeudi, *fashion night* (avec défilé de mode) le vendredi... et un peu de tout le samedi. En face, le ***Zoo Club,*** au décor africain chic, accueille pas mal de monde également.

Le Park *(plan I, B3,* ***125****) : al. Niepodległości, 196. Mar-jeu 20h-2h ; ven-lun 21h-3h. Entrée : 15-25 Zl (4-6 €).* Ne cherchez pas depuis l'avenue Niepodległości, c'est là où vous entendez du bruit. Dans un parc, une grande boîte surtout fréquentée par des étudiants. À l'intérieur, une vaste piste de danse, tandis qu'à l'extérieur, de quoi grignoter quelque chose au barbecue. Un style de musique différent les soirs, et toujours plein de monde le week-end.

Elegancki Bolek *(plan I, B3,* ***126****) : al. Niepodległości. Dans le parc Jozef Piłsudskiego, pas loin de l'adresse précédente. Tlj jusqu'à 5h. Entrée payante le w-e.* Faune et atmosphère un rien destroy dans cette discothèque aux allures de ferme polonaise. Mais l'ambiance est bien là, avec une piste de danse bourrée de monde même en semaine et des rangées de verres de

VARSOVIE ET SES ENVIRONS

vodka destinées à dérider et offrir une bonne soirée aux plus noctambules d'entre vous.

♫ **Piekarnia** *(plan I, B1,* ***127****) : ul. Młocińska, 11. Un lieu invisible de la rue, coincé dans le fond d'une impasse. Ouv ven-sam 22h-6h. Entrée payante.* La boîte sélecte de la jeunesse dorée de Varsovie, donc le lieu pour voir et être vu. *Dress code* assez strict (nécessaire d'être bien looké et de surprendre, enfin... pas trop quand même) pour passer les cerbères et physionomistes de l'entrée. Petite scène avec quelques happenings de qualité variable.

♫ ***Ground Zero*** *(plan II, F6,* ***134****) : ul. Wspólna, 62. Ouv mer-sam 21h-4h. Entrée : 15 Zl (4 €) mer-jeu, 20 Zl (5 €) ven-sam.* Miracle de la détente, le plus grand abri antiatomique de Varsovie s'est mué en une gigantesque disco ! Les dernières technologies de la nuit ont été importées pour électriser la foule massée dans l'arène centrale. Qu'importe les brouillards de fumée et les attaques au laser, on arrive toujours à gagner le long ruban du bar qui ceinture la salle. A été très tendance, mais l'est un peu moins maintenant.

À voir

– Il existe une ***carte du visiteur*** *(Warszawska Karta Turysty),* en vente dans les offices de tourisme, qui permet de visiter librement la plupart des musées et attractions de Varsovie, et d'utiliser gratuitement les transports en commun, pendant 24h ou 3 jours. Peut être intéressant si vous comptez voir le maximum de choses en un minimum de temps. *Prix : respectivement 35 et 65 Zl (9 et 16 €). Elle offre aussi 5 à 10 % de réduc sur certains hôtels et restaurants.*
– ***Voir Varsovie depuis un bus :*** pour ceux qui souhaitent faire un petit tour de ville rapide en bus, l'office de tourisme met en service un bus à 2 étages le week-end. Il s'agit de la ligne 100, qui suit un itinéraire historique et propose, à son bord, les commentaires d'un guide anglophone. *En principe, en saison, départs à 12h et 14h devant le château royal ; se renseigner hors saison. Coût : à peine 2,40 Zl (0,60 €) ! Sinon, il y a aussi d'autres tours, quotidiens, de la ville en bus, mais c'est beaucoup plus cher puisque, pour 3h ou 4h, il faut compter env 130 Zl/pers (33 €)...* Se renseigner dans les offices de tourisme pour les détails pratiques.

Zamek królewski *(château royal ; plan III, K8) : pl. Zamkowy, 4. ☎ 657-21-70. • zamek-krolewski.art.pl • Mai-sept, tlj 10h (11h dim-lun)-18h ; oct-avr, tlj sf lun 10h (11h dim)-15h. Entrée : 9-18 Zl (2-4 €) selon ce que vous voulez voir du château ; réduc ; gratuit dim, mais on ne peut alors en visiter qu'une petite moitié. Possibilité de visites guidées en langue étrangère (sf dim) pour env 70 Zl (18 €).*
– ***Deux visites sont possibles*** *(compter 1h pour chacune d'elles).* Soit une vingtaine de salles, toutes richement décorées, et parmi lesquelles on compte les chambres du Parlement et les appartements du prince Stanislas.
Soit les appartements royaux, constitués d'une dizaine de pièces qui abritent de nombreuses peintures, sculptures et bronzes du XVIIIe s notamment. Les billets donnent également accès aux expositions permanentes de peintures, d'objets décoratifs et de numismatique.
Pour tous les Polonais, le château royal symbolise l'indépendance de leur pays. L'ancien château fort du XIIIe s, maintes fois modifié, partiellement ou complètement détruit, a toujours été reconstruit, et il demeure, depuis le XVIe s, la résidence royale et le siège de la Diète.
L'essentiel des salles de ce vaste château était occupé par la Diète, les offices, les archives et les tribunaux. Les rois se construisaient leurs palais privés dans les faubourgs de Varsovie, comme le château Ujazdów et le palais Wilanów érigés par Jan III Sobieski ou le parc Łazienki, qui fut la résidence du roi Stanisław Auguste Poniatowski. Le château royal a été complètement détruit pendant la Seconde Guerre mondiale. Dès 1939, sur ordre personnel de Hitler, les soldats allemands, après l'avoir dépouillé de ses objets de valeur, percent plusieurs milliers de trous dans les murs pour le dynamiter. C'est chose faite en 1944. C'est seulement en 1971

qu'on décide de reconstruire ce château symbole. Grâce à un effort sans précédent de la population et à plusieurs milliers de dons provenant aussi de l'étranger, il a pu être inauguré en 1984. Les plus âgés se souviennent notamment de l'énorme tirelire qui a trôné pendant des années devant le chantier, où chacun venait déposer quelques billets.

LA RÉPUBLIQUE DES NOBLES POLONAIS

Aux XVIe et XVIIe s, alors que d'autres pays européens étaient marqués par le renforcement du pouvoir absolu du roi, la Pologne vivait à l'heure de la république des nobles. Le roi, choisi par une élection libre, devenait non pas possesseur héréditaire du château, mais son locataire à vie. Le château était géré par le starosta (le maire) de Varsovie. Le grand maréchal de la Couronne veillait à l'ordre et à la sécurité intra-muros, tandis que le trésorier de la Couronne avait la garde des biens de l'État accumulés dans le château. Le roi n'était que l'usufruitier de certains appartements appelés « chambres royales ».

Kolumna Zygmunta III *(colonne Sigismond III Vasa ; plan III, K8,* ***140****) : sur la place du château.* Le plus vieux monument de Varsovie, érigé en 1664 par le roi Ladislas IV à la mémoire de son père. Les Varsoviens y jettent toujours un coup d'œil, car le vieux roi observe attentivement la situation du haut des 22 m de sa colonne, et en cas de danger il est censé les avertir en levant son épée.

DANS LA VIEILLE VILLE (STARE MIASTO ; plan III)

Avant d'entamer cette visite, ayez toujours à l'esprit que tout ce que vous allez admirer dans ces ruelles de la Varsovie historique n'était qu'un champ de ruines au lendemain de la guerre. Sa reconstruction à l'identique fut déclarée œuvre nationale par le gouvernement communiste. Ce travail titanesque mobilisa, tout comme le château, l'ensemble de la population et dura de 1949 à 1963. Imaginez Paris amputé de Notre-Dame, de l'île de la Cité et du Marais, et vous aurez l'échelle de l'œuvre accomplie. Cet acte de fierté nationale a été récompensé par l'inscription de la vieille ville au Patrimoine mondial de l'Unesco.

Katedra Św. Jana *(cathédrale Saint-Jean ; plan III, K8,* ***141****) :* la plus vieille église de Varsovie (XIIIe-XIVe s) en style gothique, témoin, en 1309, du procès devant la tribune papale entre les Polonais et les chevaliers Teutoniques, et lieu de couronnement de deux rois. Dans ses cryptes, accessibles aux visiteurs, plusieurs tombes de personnalités connues, entre autres celle de l'écrivain Henryk Sienkiewicz, prix Nobel de littérature en 1905.

Rynek Starego Miasta *(place de la Vieille-Ville ; plan III, K7-8) :* reconstruite dans sa forme initiale des XVIIe et XVIIIe s, entourée de maisons bourgeoises, dont certaines présentent des façades décorées de fresques, de sculptures et de bas-reliefs. Statue d'une sirène armée d'une épée et d'un bouclier, symbole de la ville et particulièrement de l'insurrection.

Muzeum historyczne Warszawy *(Musée historique de la ville ; plan III, J7,* ***142****) : Rynek Starego Miasta, 28. ☎ 635-16-25. Mar et jeu 11h-18h ; mer et ven 10h-15h30 ; sam-dim 10h30-16h30. Fermé lun. Entrée : 6 Zl (1,50 €) ; réduc ; gratuit dim. Bon à savoir : un film sur Varsovie pendant la Seconde Guerre mondiale est diffusé en anglais tlj sf dim à 12h.* Musée très complet composé de 60 salles, où l'histoire de Varsovie est évoquée avec clarté, à travers des maquettes de monuments détruits, de nombreux souvenirs, des tableaux, des gravures et plein de photos, notamment sur la reconstruction de la ville. Notez, au dernier étage dans la cage d'escalier, la phrase « *Deutschland siegt (triomphe) an alle fronten* », remplacée par « *Deutschland liegt (mord la poussière) an alle fronten* » !

VARSOVIE ET SES ENVIRONS

➢ Au nord de la place commence la rue *Krzywe Koło,* d'où bifurque à droite une charmante ruelle, *Kamienne Schodki,* qui descend vers la Vistule.

Nowe Miasto *(ville nouvelle)* **:** il suffit de passer sous le porche de la Barbacane, reconstruction des anciens remparts démantelés au XIXe s, et de suivre les ***rues Nowomiejska et Freta.*** La ville nouvelle fut installée à l'extérieur de l'ancienne enceinte au début du XVe s, et bénéficia du statut de cité indépendante, jusqu'à son rattachement à Varsovie à la fin du XVIIIe. C'est seulement à cette époque que les premières maisons en pierre remplacèrent les pauvres constructions en bois qui abritaient une modeste population d'ouvriers et d'artisans. Aujourd'hui, indépendamment de la vieille ville, elle offre quelques monuments intéressants.

Muzeum Marie Sklodowskiej-Curie *(maison natale de Marie Curie ; plan III, J7,* ***143****)* ***:*** *ul. Freta, 16. Mar-sam 10h-16h (dernière visite 15h30) ; dim 10h-14h. Fermé lun. Entrée : 6 Zl (1,50 €) ; réduc.* La physicienne française Marie Curie, de son vrai nom Maria Skłodowska, est née à Varsovie en 1867. Elle s'installe à Paris en 1892 et épouse Pierre Curie en 1895. Première femme titulaire d'une chaire à la Sorbonne, elle découvre la radioactivité du thorium, identifie le polonium et isole le radium. Prix Nobel de physique en 1903 (avec son mari Pierre Curie) et de chimie en 1911. C'est la première (et la seule femme) à avoir reçu deux fois le prix. Elle meurt près de Sallanches en 1934. Ses cendres ont été transférées au Panthéon à Paris en 1995. Sa maison natale (reconstruite à l'identique après 1945) abrite aujourd'hui un petit et très modeste *musée* dédié à la mémoire de cette grande dame de la science.

Kościół Sakramentek *(église baroque des Nonnes du Saint-Sacrement ; plan III, J7)* ***:*** *sur la pl. du Marché (rynek Nowego Miasta).* Petite église commanditée par la reine Maria Sobieska pour célébrer la victoire de son époux Jan sur les Turcs à Vienne en 1683. Détruite pendant la Seconde Guerre mondiale et reconstruite très sobrement.

Kościół Nawiedzenia NMP *(église de la Visitation de la Vierge ; plan III, J7)* ***:*** *ul. Kościelna.* Une des plus vieilles églises de Varsovie, construite sur le bord de l'escarpe. Une belle vue sur la Vistule et les parcs de la rive droite. Intérieur assez joli avec ses murs blancs et ses ogives en brique rouge.

AU SUD DU CHÂTEAU ROYAL

➢ ***La voie Royale*** *(trakt krolewski)* est composée de trois rues successives descendant vers le sud en partant du château : ul. Krakowskie Przedmieście, ul. Nowy Świat et al. Ujazdowskie. Elle était appelée ainsi car elle reliait, sur 4 km, le château royal à la résidence d'été du roi dans le parc Łazienki. Les deux premières rues concentrent le plus grand nombre de monuments.

Kościół Św. Anny *(église Sainte-Anne ; plan III, K8)* ***:*** *à l'angle de Miodowa et de Krakowskie Przedmieście.* Elle date du XVe s, et sa façade classique cache un intérieur baroque splendide. C'est ici que les princes polonais juraient fidélité au roi. Détruite en 1656 par les chevaliers suédois, elle fut reconstruite dans son actuel style baroque quelques années plus tard. En 1983, pendant la loi martiale, les opposants au régime avaient l'habitude de se réunir dans les jardins en contrebas, que l'on aperçoit au-dessus du tunnel routier.

Le monument Adam Mickiewicz *(plan III, K9)* ***:*** *au centre d'un petit square au pied de l'église des Carmélites.* Monument dédié au poète romantique (1789-1855), admiré et considéré par tous, communistes compris, comme un des chantres de l'indépendance nationale.

Kościół Karmelitów *(église des Carmélites ; plan III, K9)* ***:*** *attenante au palais présidentiel (Pałac Prezydencki).* Elle fut épargnée par la Seconde Guerre mondiale. Construite au XVIIIe s, elle renferme un magnifique maître-autel baroque du

Flamand Tylman Van Gameren. La grosse boule de son sommet a inspiré le dicton : « Avoir la tête comme la grosse boule des carmélites. » Pas besoin de vous faire la traduction.

Pałac Prezydencki *(palais présidentiel ; plan III, K9) : ul. Krakowskie Przedmieście, 40. Visite en sem 11h-15h ; parfois ouv le w-e. Entrée gratuite, présenter une pièce d'identité. Tentez votre chance.* Ancien palais de la famille Radziwiłł, c'est dans ses murs qu'a été signé le ***pacte de Varsovie,*** en 1955, au plus fort de la guerre froide. Ironie de l'histoire, quelque trente ans plus tard, au printemps 1989, il accueille les premiers pourparlers entre les dirigeants communistes et les leaders du syndicat Solidarité. Depuis 1994, il est devenu la résidence du président de la République.

PROPHÉTIQUE OBSERVATION

« Il y a aujourd'hui sur la terre deux grands peuples [...] : les Russes et les Anglo-Américains [...]. Chacun d'eux semble appelé par un dessein secret de la Providence à tenir un jour dans ses mains les destinées de la moitié du monde. » Cette observation d'une singulière lucidité, que prononça Alexis de Tocqueville dans le contexte de politique internationale de 1835, préfigurait longtemps à l'avance la bipolarisation du monde issue de la Seconde Guerre mondiale et la constitution de deux blocs militaires antagonistes : l'OTAN (Organisation du traité de l'Atlantique Nord) et le pacte de Varsovie.

La statue du prince Józef Poniatowski : *devant le palais présidentiel.* Seul étranger devenu maréchal de France, un cas unique dans l'histoire, Józef Poniatowski avait d'abord combattu aux côtés de Napoléon. Son descendant, Michel Poniatowski, a servi aux côtés de Giscard d'Estaing comme ministre de l'Intérieur. L'histoire de ce monument reflète bien le passé tourmenté des Polonais. Réalisée par le sculpteur danois Thorwaldsen, fondue à Rome en 1822, la statue fut confisquée et envoyée en Russie, à la suite de l'insurrection de 1830, avant même sa mise en place. Rendue à la Pologne en 1923, après le traité de Riga, elle fut installée sur la place Saski (actuellement Zwycięstwa). Elle fut détruite pendant la guerre. En 1952, la ville de Copenhague, qui en possédait un modèle en plâtre, fondit une copie et l'offrit à Varsovie. Installée d'abord dans le parc Łazienki, c'est seulement en 1965 qu'elle trouva sa place définitive.

Pałac Potokich *(palais Potocki ; plan III, K9) : de l'autre côté de la rue, en face du palais présidentiel.* Cet édifice baroque du XVIIIe s est aujourd'hui le siège du ministère de la Culture.

Muzeum Karykatury Eryk Lipinski *(musée de la Caricature ; plan III, K8, **144**) : ul. Kozia, 11. ☎ 827-88-95. Mar-dim 11h-17h (18h jeu). Fermé lun. Entrée : 5 Zl (1,30 €) ; gratuit sam.* La Pologne a aussi ses Daumier et ses Reiser, en particulier un certain Eryk Lipiński dont le coup de crayon n'épargna personne, pas même le pape Jean-Paul II.

Kościół Wizytek *(église baroque des Visitandines ; plan III, K9) : après les hôtels* Europejski *et* Bristol, *à l'architecture pâtissière des années folles.* À ses moments perdus, Chopin donnait des concerts sur le grand orgue de cette église. Le très sérieux ecclésiastique posté devant est le cardinal Stefan Wyszyński, apôtre des Droits de l'homme pendant le régime communiste.

Uniwersytet Warszawski *(Université de Varsovie ; plan III, K9, **145**) : ul. Krakowskie Przedmieście.* Un ensemble de bâtiments disposés dans un parc. À peine créée en 1818, l'université fut fermée en 1832 sur ordre du tsar en représailles à l'insurrection de 1831. Depuis, sa tradition frondeuse perdure. Les nazis y interdirent les cours, considérant tout enseignement comme un crime contre l'Allemagne, puni de la peine de mort. Le grand auditorium fut transformé par leurs soins en écurie, et un grand nombre d'étudiants et de professeurs furent fusillés. Néanmoins, les cours

continuèrent dans divers endroits de la ville. Cette université « volante » se poursuivit également dès 1970, sous le régime communiste. Aujourd'hui encore, l'université conserve sa réputation de radicalisme politique.
– Les bâtiments les plus intéressants sont le ***palais Tyszkiewicz*** et, au fond du campus, le ***palais Kazimierzowski*** (1634) avec la grande salle du conseil de l'université, une ancienne résidence d'été. Il est agréable de se promener dans le parc ou de rester sur un banc au milieu des étudiants.

Akademia Sztuk Pieknych *(Académie des beaux-arts ; plan II, G4)* **:** *installée dans l'ancien palais Czapski.* C'est ici que vécut Frédéric Chopin avant de quitter la Pologne, en 1830.

Kościół Św. Krzyża *(église de la Sainte-Croix ; plan II, G4)* **:** *ul. Krakowskie Przedmieście, juste au niveau de la rue Traugutta.* Construite au XVIIIe s d'après le modèle baroque de l'église Saint-André-de-la-Vallée à Rome. Sur les escaliers qui mènent à l'entrée, une statue très expressive du Christ portant la croix. Son bras tendu, avec l'index pointé comme dans un geste de reproche, était, au temps du communisme, censé désigner le siège du parti communiste installé en face. Est-ce pour cela que l'église a été le théâtre des plus violentes batailles de rue entre les étudiants et les policiers de l'ancien régime ? Une vocation presque, puisqu'elle avait déjà eu à subir l'assaut des troupes allemandes lors de l'insurrection de Varsovie. À l'intérieur, parmi les nombreuses plaques funéraires, se trouve l'urne contenant le ***cœur de Frédéric Chopin*** *(2e pilier à gauche de la nef).* Comme disait saint Matthieu : « Là où est votre cœur, se trouve votre trésor. »

Pałac Staszica *(palais Staszic ; plan II, G4,* ***146****)* **:** *il ferme la perspective de la rue Krakowskie Przedmieście.* Construit en 1820, il abrite le siège de l'Académie polonaise des sciences, après avoir longtemps servi d'école primaire aux écoliers des troupes soviétiques.

Le monument à Nicolas Copernic **:** *situé devant le palais Staszic.* Le grand astronome de la Renaissance n'a pas non plus échappé à la barbarie nazie. Les nazis envoyèrent le monument comme simple ferraille en Allemagne, où il fut finalement retrouvé.

Ulica Nowy Świat **:** *littéralement, rue du « Nouveau Monde ». Elle prend son envol à la hauteur du palais Staszic.* Percée au milieu du XVIIe s, elle devint dès la fin du XIXe la grande artère commerçante de la ville. Aujourd'hui reconstruite en style néoclassique, après avoir subi le même sort que la vieille ville, elle renaît à sa vocation première. Elle est truffée de boutiques de luxe, de librairies et de galeries d'art. Parmi les célébrités ayant habité dans cette rue, le romancier Joseph Conrad (né Józef Konrad Korzeniowzski), au n° 47. Une plaque indique qu'il y vécut en 1861 (avec son père) avant d'aller à Cracovie, puis en France (Marseille) et en Angleterre. Au n° 35, le célèbre café *Blikle* (voir « Où boire un café ? Où goûter ? »), qui contribue au bonheur des Varsoviens depuis 1869 et reçut même la visite du général de Gaulle en 1920. Ne passez pas devant sans goûter aux fameux *pączkis* (beignets).

Muzeum Frederick Chopina *(musée Frédéric-Chopin ; plan II, G-H4)* **:** *ul. Okolnik, 1. ☎ 826-59-35. • tifc.chopin.pl • Ouv 2 mai-30 sept lun, mer et ven 10h-17h ; jeu 12h-18h ; w-e 10h-14h. Fermé mar. Entrée : 10 Zl (2,50 €) ; réduc.* Des concerts y sont organisés pendant l'été, ainsi que dans le parc Łazienki. Juché sur un promontoire, ce palais Ostrogski reconstruit dans le style baroque du XVIIe s abrite des souvenirs du

PAS DE CONCERT SANS DÎNER

Chopin était souvent convié, lors de soirées privées, à se mettre au piano pour divertir l'assistance. Il déplorait pourtant que rarement on lui rémunère sa prestation. Un soir, à Paris, dans un salon où l'hôtesse était connue pour sa pingrerie, il déclina l'invitation à s'asseoir au clavier en déclarant : « Mais, madame, un musicien ne peut jouer le ventre vide ! »

génie musical Frédéric Chopin. Le musée se divise en trois parties : Chopin à Varsovie (1810-1830), Chopin et le milieu parisien (1831-1849) et Chopin à Nohant, le village berrichon où George Sand, l'amante du pianiste, possédait un beau château. On peut admirer des objets comme le moule de sa main gauche, le masque mortuaire et le dernier piano Pleyel du maître.
Nombreuses lettres, gravures, tableaux de l'époque romantique. Une photo de 1846 montre Chopin à Paris (incroyable, la photographie était à peine inventée) trois ans avant sa mort. Chopin a eu une brève existence, un destin foudroyé à l'âge de 39 ans !

Palac Zamoyski *(plan II, H5,* ***147****)* **:** de style néo-Renaissance, c'est ici que fut assassiné en 1863 le gouverneur russe de Varsovie. Les cosaques se vengèrent en défenestrant le grand piano de Chopin de la chambre de sa sœur, qui y avait ses appartements. Voir la plaque apposée en souvenir de cet épisode. Le bâtiment abrite aujourd'hui un restaurant et un bar, faussement français et un peu chers. C'était l'ultime étape de nostalgie historique. Au-delà, un autre monde commence : la Varsovie moderne ou la version socialiste de la reconstruction d'après-guerre.

Centrum Bankowo Finansowe Gielda *(Bourse de Varsovie ; plan II, H5,* ***148****)* **:** *à l'angle de Nowy Świat et de Jerozolimskie.* Ce grand bâtiment d'époque stalinienne, surnommé jadis, par dérision, la « Maison blanche », est l'ancien siège du comité central du Parti ouvrier unifié polonais. Ironie de l'histoire, depuis le retour de la démocratie et de l'économie libérale, il abrite la Bourse de Varsovie (du moins des bureaux).
– Sur l'esplanade, le long du ***rondo Ch. de Gaulle*** *(rond-point De Gaulle),* se dresse une statue du général de Gaulle, sculptée dans du bronze, qui représente le général marchant (mais, curieusement, le sculpteur le fait marcher de travers).

DANS LE CENTRE *(ŚRÓDMIEŚCIE ; plan II)*

Pałac Kultury i Nauki *(palais de la Culture et de la Science ; plan II, E5)* **:** cet énorme bâtiment domine tout le centre-ville, et ses 231 m en font l'édifice le plus élevé du pays, impossible de ne pas le voir. En 1950, Staline voulait construire à Varsovie un monument à la gloire du socialisme. Il émit trois propositions : soit un quartier d'habitation modèle, soit une ligne de métro, soit un palais de la Culture. Cette troisième proposition fut retenue. Le palais devait concurrencer (Guerre froide oblige) les plus hauts buildings américains, comme l'Empire State Building à New York. En un temps record, de 1952 à 1955, 6 000 membres des brigades socialistes internationales bâtirent ce colosse, qui est une copie de l'université Lomonossov de Moscou. Quatorze ouvriers russes et deux enfants périrent sur le chantier... officiellement ; leurs tombes dans le cimetière orthodoxe de Varsovie sont encore entretenues par l'administration du palais. À l'origine, le palais portait évidemment le nom de Joseph Staline. Ce dernier devenu simple tyran après sa mort, les marteaux effacèrent scrupuleusement son nom et détruisirent sa statue. Tout autour, une série de sculptures représentent les icônes du communisme : le mineur courageux, l'ouvrier d'avant-garde, la femme travailleuse, le soldat vigilant, le juste milicien et, pour une raison inconnue... Hans Christian Andersen, l'auteur des célèbres *Contes* !
L'entrée est décorée par deux statues dédiées à Copernic et Mickiewicz, seules présences polonaises admises dans le temple du communisme.
Le palais compte plus de 3 000 pièces et abrite deux théâtres, trois cinémas, une salle de congrès, une piscine, plusieurs petits musées et une multitude d'institutions officielles. Mais, associé pendant des décennies à la présence communiste en Pologne, le bâtiment a toujours généré des sentiments contrastés chez les Varsoviens. Édifié en pleine reconstruction de la ville, au milieu d'un parterre de ruines, son inutilité était criante face à l'absence de logements. Sa construction déclencha bon nombre de rumeurs qui restent ancrées dans la mémoire de la capitale : il y

aurait des donjons souterrains d'une profondeur de plusieurs étages (deux sous-sols, en fait) et des galeries secrètes pleines de ramifications.

Mais, en dépit de cette désaffection des Varsoviens, le palais est devenu une attraction touristique pour tous les visiteurs, et son ascenseur desservant 30 étages fut longtemps considéré comme un must. Lors du changement de régime, le palais sauva sa tête (on voulait le démonter et le vendre, ou encore le peindre en rose), et il réussit sa reconversion en devenant le siège de sociétés occidentales et en abritant, paradoxe suprême, le plus grand casino de la ville !

– Un ascenseur touristique conduit à la ***terrasse panoramique*** du 30e étage (115 m). *Tlj 9h-23h45. Entrée par la porte centrale d'ul. Marszałkowska ; tickets à la caisse dans le hall, en haut de l'escalier. Compter 20 Zl (5 €) en journée et un peu plus après 20h.* Le panorama offre vraiment une vue imprenable sur la ville, et permet de bien se rendre compte de son étendue et du nombre de ses parcs. Il y a même un petit café, pour ceux qui souhaiteraient prolonger la halte.

LE GARDIEN DU PALAIS : UN VRAI PATRIOTE

Les nombreux détracteurs du palais racontent que l'homme le plus heureux de Varsovie est le gardien du palais, car, habitant tout en haut du bâtiment, il est le seul à ne pas le voir quand il ouvre ses fenêtres. Un jour, un touriste américain lui demanda ce qu'il faisait là. Le gardien lui répondit qu'il était payé 100 dollars par mois pour guetter l'arrivée de la prospérité. L'Américain lui proposa 1 000 dollars par mois pour guetter l'arrivée de la crise du haut de l'Empire State Building. Tenté par cette somme vertigineuse, le gardien a quand même refusé car il ne voulait pas d'un emploi temporaire !

AUTOUR DU PALAIS DE LA CULTURE (plan II, E5)

Au sud

La bruyante avenue Jerozolimskie est dominée à l'ouest par la tour de l'hôtel *Marriott* et le clinquant immeuble de la *Lot*. Elle forme, avec l'avenue Marszałkowska qui continue en direction de la place Konstytucji, le centre commercial de la ville : grands magasins, boutiques, cinémas et galeries marchandes (sous le rondo Romana Domowskiego et, au pied du bâtiment de la *Lot*, la luxueuse *Lim Gallery*).

La place Konstytucji : avec ses lampadaires monumentaux, la place de la Constitution se voulait le fleuron de la nouvelle Varsovie. Les autorités de l'époque avaient demandé que la place masque la perspective de l'église de la place Zabwiciela, située à l'arrière dans le prolongement de Marszałkowska. On peut toujours l'apercevoir en se penchant un peu ! Pendant la période communiste, la nomenklatura dirigeante venait s'encanailler à l'hôtel *MDM*. Les filles de joie prenaient soin des mâles qui, officiellement, méritaient des égards. Du coup, le nom de la place a vite glissé de Constitution à Prostitution...
– L'avenue Jerozolimskie abrite aussi une curiosité et deux musées :

Fotoplastikon *(plan II, F6,* ***149****) : Jerolozimskie, 51. Près de l'hôtel* Marriott. *Ouv mar-jeu 15h-18h et sam 11h-15h. Entrée : 10 Zl (2,50 €) ; réduc.* Suivez la flèche à l'entrée de la cour de l'immeuble, jusqu'à un petit local qui cache une merveille rappelant les temps héroïques de l'invention du cinéma, à savoir, mesdames, messieurs, la dernière rotonde de projection de photos stéréoscopiques encore en activité en Europe ! C'est un gros tambour en bois, de 3 m de diamètre, percé de lentilles qui permettent à 24 personnes assises tout autour de visionner dans une ambiance musicale des photos en 3D, provenant d'une collection de quelque 3 000 clichés. Plusieurs programmes d'une quinzaine de minutes se partagent l'affiche, mais l'un d'entre eux domine : quatre générations à Varsovie, de 1860 à 1960, qui plongent véritablement le spectateur dans l'atmosphère du temps jadis.

Muzeum naradowe *(Musée national ; plan II, H5)* **:** *al. Jerozolimskie, 3. ☎ 621-10-31. • mnw.art.pl • Tlj sf lun 10h-16h (18h jeu). Entrée : 12 Zl (3 €) ; réduc ; gratuit sam.*
Ne passez surtout pas votre chemin, ces trois pavillons ayant survécu à la guerre recèlent, outre un très riche département d'antiquités coptes, une des plus belles collections d'art médiéval polonais, ainsi qu'un bon échantillon de la peinture polonaise depuis le XVIIe s et de la porcelaine de Limoges.
– Priorité à la *salle des peintures religieuses* avec ses retables collectés dans toute la Pologne. Jetez un œil attentif à certains détails des retables, car les auteurs de ces panneaux de bois polychromes, originaires de Gdańsk, de Silésie et des anciennes frontières de la Pologne, avaient le sens du détail : tout le martyrium du Christ décliné dans les souffrances infligées.
– *La salle des peintures,* au 1er étage, apporte l'apaisement de ses portraits, paysages et tableaux historiques, dont l'extraordinaire *Bataille de Grunwald* du peintre Matejko, qui décrit l'écrasement des chevaliers Teutoniques par l'armée polono-lituanienne. Beaucoup de ces tableaux datent du XIXe s. Une autre section est dédiée aux écoles italienne (Botticelli, Le Tintoret et Cima da Conegliano), française (Ingres et Watteau), allemande (Cranach et Baldung) et hollandaise.
– *La salle des antiquités* du rez-de-chaussée présente, en plus de quelques pièces étrusques, égyptiennes et romaines, l'extraordinaire butin découvert en 1960 par les archéologues polonais à Faras, une ville de l'ancienne Nubie, aujourd'hui au Soudan : chapiteaux, colonnes, et surtout une soixantaine de fresques chrétiennes des VIIIe et XIIe s, provenant d'une cathédrale copte.
– Enfin, le musée s'est enrichi d'une belle *salle d'affiches* dans le plus pur style *real*-socialisme. Les compétences polonaises en ce domaine ne sont plus à présenter (voir plus haut « Patrimoine. La culture affichée » dans le chapitre « Pologne : hommes, culture et environnement »).

Muzeum Wojska Polskiego *(musée de l'Armée ; plan II, H5)* **:** *dans le même bâtiment que le Musée national. Ouv mer-dim 10h-17h (16h d'oct à mi-mai). Entrée : 6 Zl (1,50 €) ; gratuit mer.* À priori, pour un œil occidental, l'existence d'une telle institution peut prêter à sourire, surtout en référence aux cinquante années de communisme musclé. Mais il suffit de relire l'histoire polonaise pour comprendre le rôle clé qu'a joué l'armée dans la survie de la nation polonaise, maintes fois découpée et rayée de la carte. Cette précision étant faite, l'intérieur du musée propose une chronologie des différentes armes utilisées en Pologne depuis l'aube de son histoire jusqu'à aujourd'hui : armures, casques, fusils, pistolets, uniformes... Le matériel lourd, canons du XVIIe s, chars, avions, voitures blindées bricolées lors de l'insurrection de Varsovie... étant exposé à l'extérieur. À ce prix-là, il peut valoir le détour, ne serait-ce que pour le magnifique travail d'orfèvrerie sur les nombreux sabres.

L'ancien quartier juif (et ex-ghetto de Varsovie)

Jusqu'à la Seconde Guerre mondiale, Varsovie rassemblait une importante communauté juive (350 000 personnes, soit environ 30 % de la population totale). La capitale de la Pologne était devenue la quatrième ville juive du monde après New York, Chicago et Moscou. Dès l'invasion de la Pologne en 1939 par les nazis, la persécution commença : obligation donnée aux juifs de porter un brassard avec l'étoile de David, identification des magasins juifs, interdiction de voyager en train. Ce fut le début d'une période terrible : la *Shoah.*

Un peu d'histoire

Tandis que les ghettos de Lublin et de Łódź étaient déjà créés, le 15 novembre 1940, en application des lois raciales et antisémites en vigueur dans le Reich, les nazis établissent en pleine ville le ghetto de Varsovie, un espace de 307 ha, entouré sur 18 km par un mur haut de plus de 3 m, couvert de barbelés. Dans ce périmètre sont emprisonnés environ 450 000 juifs, provenant du quartier juif de Varsovie, mais aussi d'autres villes du pays. Et gare à celui qui refuse d'y être transféré : il risque la mort. Au début de 1941, les conditions de vie du ghetto sont épouvantables : la densité de la population atteint 146 000 habitants par km^2 ! Souvent 8 à 10 personnes s'entassent dans une seule pièce. En 3 ans à peine, plus de 100 000 personnes y meurent d'épuisement, de faim et de maladies.

Le 22 juillet 1942, les Allemands annoncent une « opération de transfert des populations vers l'Est », c'est-à-dire la déportation vers les camps de la mort. Du 22 juillet au 12 septembre 1942, environ 300 000 juifs sont arrêtés et transportés dans des wagons à bétail depuis l'*Umschlagplatz* au camp de Treblinka, où ils sont exterminés.

Tous les juifs du ghetto n'ont pas été déportés. Ayant besoin de main-d'œuvre gratuite, les nazis ont utilisé 60 000 personnes pour travailler dans des usines allemandes appelées *szopy* (étables).

L'insurrection et la fin du ghetto

Le 19 avril 1943, les nazis entrent de force dans le ghetto pour le liquider et arrêter les derniers juifs. À l'annonce de cette décision, l'Organisation juive de la lutte armée et l'Union juive militaire réagissent par l'insurrection. Environ 3 000 hommes (dont seulement 600 sont armés) se soulèvent contre les Allemands. On abat les murs des appartements pour mieux communiquer, on se bat dans les caves transformées en bunkers. Pour briser la résistance du ghetto, les nazis doivent envoyer des renforts : 2 000 hommes et des chars. Mais le combat est inégal. Jusqu'à la mi-mai 1943, les juifs insurgés se battent avec l'énergie du désespoir.

Les Allemands tirent au canon sur les derniers immeubles de la résistance. Le ghetto tombe entre leurs mains. Bilan : 7 000 juifs sont exécutés sur place, 6 000 autres périssent dans les incendies et les combats. Quelques juifs parviennent à s'enfuir par les égouts. D'autres se suicident pour ne pas tomber dans les mains des SS, comme le chef de l'Organisation militaire juive ***Mordechaj Anielewicz.*** Les bâtiments du ghetto sont incendiés et détruits par les Allemands. Les quelques lieux de mémoire que nous recensons plus bas constituent les seules traces tangibles de ce que fut le ghetto de Varsovie.

– Le film de Jon Avnet, ***1943, l'ultime révolte*** (États-Unis, 2002), raconte l'histoire de la résistance juive conduite par Mordechaj Anielewicz. Existe en DVD.

MIETEK GRAYEWSKI, ALIAS MARTIN GRAY

Parmi les insurgés du ghetto, Mietek Grayewski (né en 1922), dont le père travaille au Judenrat (Conseil juif chargé de l'administration du ghetto). Très débrouillard, Mietek devient contrebandier en soudoyant des soldats et des policiers polonais. Plusieurs fois par jour, il rapporte de la nourriture à bord des tramways. Lors d'une rafle, son père manque de se faire déporter, mais il lui sauve la vie en l'aidant à s'échapper. Mietek Grayewski est mondialement connu sous le nom de Martin Gray, auteur du best-seller Au nom de tous les miens, *dans lequel il raconte (avec l'aide de Max Gallo) son combat dans le ghetto, sa déportation et son évasion du camp de Treblinka, et sa lutte pour la liberté avec l'Armée rouge.*

Itinéraire sur les lieux de la mémoire juive de Varsovie

Plac Grzybowski *(place Grzybowski ; plan II, E4-5)* **:** *juste derrière la rue Świętokrzyska.* Peut être le point de départ d'une découverte des ultimes traces de la Varsovie juive. Avec la destruction et la liquidation du ghetto en avril-mai 1943, c'est toute une culture pluricentenaire qui a définitivement disparu, et avec elle une grande partie de la culture polonaise.

La synagogue Nożyk *(plan II, E4,* ***150****) : ul. Twarda, 6. Celle-ci borde la place ; à ne pas confondre avec l'église sur la place (mais si, mais si, certains ont réussi à se tromper...). Ouv au public 9h-20h tlj sf sam et pdt les offices. Entrée payante.* Avant la Seconde Guerre mondiale, les juifs possédaient près de 400 lieux de prière à Varsovie. De cette culture juive polonaise, il ne reste que quelques traces, comme cette petite synagogue construite vers 1900. Elle est la seule à avoir survécu au désastre. Située dans ce que l'on appelait alors le « petit » ghetto, elle servit pendant la guerre de magasin et de garnison pour les Allemands, avant d'être rendue au culte dans les années 1960, suite à une modeste rénovation.

Le théâtre juif Ester Rachel Kaminska *(plan II, E4,* ***151****) : pl. Grzybowski, 12.* Construit en 1969, il monte des spectacles en yiddish (écouteurs avec traduction en polonais). Le bâtiment abrite aussi l'*Association sociale et culturelle des juifs en Pologne (TSKZ),* ☎ *620-05-54,* et sert de siège à la rédaction du journal bilingue *Slowo Zydowskie* (Parole Juive) et à la *Fondation Shalom.*

La rue Próżna : le parfum de l'ancien temps se trouve encore dans les quelques bâtiments délabrés de cette rue. Ces modestes immeubles en brique sont les seuls à avoir échappé à la destruction du ghetto, puis aux bulldozers de la reconstruction. La fondation américaine *JRF (Jewish Renaissance Foundation),* qui se consacre à la préservation de la mémoire juive en Pologne, les a rachetés pour les rénover.

Les restes du mur du ghetto *(plan I, B2) : dans la cour des immeubles entre les 55/59, ul. Sienna et 64, ul. Złota, deux rues à l'est derrière le palais de la Culture.* On peut voir le premier tronçon dans la première cour de l'immeuble du 59, ul. Sienna ; le deuxième se trouve dans la cour suivante. Sur chacun d'eux sont apposées des plaques commémoratives ; un plan du ghetto sur le deuxième. Il existe un troisième tronçon à l'angle des rues Peveca et Walicŏw, moins bien conservé que les deux autres.

Les personnes intéressées pourront poursuivre beaucoup plus au nord jusqu'à l'**Institut historique juif** *(Żydowski Instytut Historyczny ; plan III, I9,* ***152****) : ul. Tłomackie, 315. Derrière la pl. Bankowy. Lun-mer 9h-16h ; jeu 11h-18h ; ven 9h-16h. Entrée : 10 Zl (2,50 €) ; réduc.* À la fois musée et bibliothèque, il rassemble documents, livres et photos sur la vie et l'insurrection du ghetto comme sur la vie juive en Pologne depuis le XVIIe s.

Le monument des Héros du ghetto *(plan I, B1,* ***153****) : sur la pl. Bohaterów Getta, dans le quartier de Muranów.* Le pèlerinage de la Varsovie juive serait incomplet sans une visite à ce monument. Il est dédié à la mémoire de ces combattants du dernier courage qui, pendant un mois, avec des moyens de fortune, ont tenu en échec l'armée allemande chargée, en avril 1943, de liquider le ghetto de Varsovie. Ironie de l'histoire : ce monument édifié en 1948 a été construit avec les blocs de granit commandés en 1942 à la Suède par Hitler pour construire... un monument à la gloire du IIIe Reich.

Muzeum Historii Zydow Polskich *(musée de l'Histoire des juifs de Pologne ; plan I, B1,* ***153****) : pl. Bohaterów Getta.* • *jewishmuseum.org.pl* • *Ce grand musée sera construit dans le parc situé en face du monument aux Héros du Ghetto (ouverture prévue en 2009).* Son créateur, *Jeshajahu Weinberg* (né à Varsovie), a déjà conçu le musée de la Diaspora à Tel Aviv (Israël) et le musée de l'Holocauste à Washington (États-Unis). Le bâtiment (un gros rectangle design avec des ouvertures évoquant des cavités de grotte) a été confié aux architectes finlandais Lahdelma et Mahlamäki. Ce musée présentera plus de 700 ans d'histoire des juifs en Pologne. À Varsovie, avant 1939, un habitant sur trois était juif ! Pour les juifs de Pologne, ce pays fut d'abord une terre promise, avant de devenir, entre 1939 et 1945, l'enfer de la Shoah. C'est donc un énorme symbole qui va sortir de terre en 2009 : celui par lequel la mémoire d'un peuple martyr sera honorée, connue et reconnue, sur le lieu même de sa tragédie. Parmi les financiers et sponsors du musée : l'*American Society for Yad Vashem,* la ville de Varsovie, le ministère de la Culture polonais, la compagnie *Lot,* le groupe allemand *Allianz,* la banque *BPH,* et de nombreux donateurs privés juifs américains ou européens (dont Maurice Bidermann), et bien sûr des Israéliens.

L'ÉVASION DE MAREK HALTER

Né en 1936, Marek Halter a 4 ans quand il s'évade du ghetto, en décembre 1940, soit 45 jours après sa création. Aidés par des amis catholiques, ses parents s'enfuient en utilisant les égouts et gagnent Praga, la partie de la ville occupée plus tard par l'Armée rouge. Après l'exil à Moscou, puis en Ouzbékistan, Marek Halter arrive en France en 1950. Il a 14 ans et déjà plein d'histoires douloureuses à raconter. Il deviendra peintre (son premier métier). Apatride jusqu'en 1980, il est naturalisé français grâce à Simone Weil. Un artiste atypique : il est juif par ses origines, polonais de naissance, russe par nécessité, français de cœur, européen par conviction, citoyen du monde et militant pour la paix.

Umschlagplatz *(plan I, B1) : ul. Stawki, 10.* Depuis la place Bohaterów Getta, un itinéraire du souvenir, balisé de pierres de granit portant le nom de personnalités du ghetto, mène au nord, par la rue Zamenhofa, vers la terrible *Umschlagplatz,* la place d'embarquement des trains pour les camps d'extermination. Un simple monument de marbre blanc en vague forme de wagon en garde le souvenir. Sur ses flancs figurent 400 noms de juifs polonais, en rappel des 300 000 personnes qui sont parties d'ici. Martin Gray, dans son livre *Au nom de tous les miens,* décrit en détails l'horreur des embarquements des juifs du ghetto dans les wagons pour le camp d'extermination de Treblinka.

Le monument à la mémoire de Janus Korczac et de la maison des Orphelins *(plan I, A2) : ul. Jaktorowska, 6.*
Un petit monument rappelle la tragique histoire de Janus Korczac (de son vrai nom Henryk Goldszmit). Médecin, écrivain et grand pédagogue, il dirigeait un orphelinat selon des méthodes d'avant-garde basées sur l'autogestion et le respect des droits des enfants. La guerre éclate. Les nazis envahissent Varsovie et créent le ghetto pour y emprisonner les juifs. Les enfants juifs de l'orphelinat sont d'abord placés dans un bâtiment au 33, rue Chlodna, puis au 9, rue Sliska (emplacement actuel du palais de la Culture et de la Science).
Le 6 août 1942, tous les enfants (environ 200) et deux tuteurs sont finalement déportés au camp de Treblinka. Janus Korczac refuse de les abandonner et les accompagne vers le camp. Aujourd'hui, la méthode de Korczak a été adoptée dans le monde entier : de nombreuses écoles et orphelinats rendent hommage à cet esprit exceptionnel et humaniste. Il est aussi l'auteur du livre de chevet de tous les enfants polonais : *Le Roi Mathias* (éd. Gallimard, coll. « Folio »).

Cmentarz żydowski *(cimetière juif ; plan I, A1) : ul. Okopowa, 49/51. Prendre le tram n° 22 à la gare centrale. Entrée : 4 Zl (env 1 €). Lun-jeu 10h-17h ; ven 9h-13h ; dim 11h-16h. Fermé sam. Plan auprès du gardien.* Un grand cimetière plutôt bien conservé, qui a échappé aux destructions nazies. Pour une fois, ceux-ci n'avaient pas eu trop besoin d'utiliser les pierres tombales pour construire des routes, comme c'était l'usage dans les autres villes de Pologne. Fondé en 1806, de la taille d'un petit Père-Lachaise et bien que dégradé (les familles des descendants ayant toutes disparu dans les camps), il mérite une visite pour l'excentricité de certaines de ses sépultures. Des personnalités y sont enterrées, comme Ludwik Lejzer Zamenhof, le génial inventeur de l'espéranto.

D'autres hauts lieux de la mémoire de Varsovie

***Muzeum Powstania Warszawskiego** (musée de l'Insurrection de Varsovie ; plan I, B2, **156**) : ul. Przyokopowa, 28. • 1944.pl • Au sud du cimetière juif. Tlj sf mar 10h-18h (20h jeu) ; horaires changeants, surtout en été, vérifier avt d'y aller. Entrée : 4 Zl (1 €) ; réduc. Commentaires en polonais et en anglais. Audioguide en français. Un musée à ne pas manquer, mais déconseillé aux jeunes enfants et aux personnes très impressionnables.*
Inauguré en 2004, tout juste 60 ans après l'insurrection de Varsovie. Nulle ville européenne n'a autant souffert de la Seconde Guerre mondiale que la capitale polonaise, et le musée entend bien le rappeler... ou tout simplement l'apprendre à ceux qui l'ignorent. Très complet, il retrace brillamment toute la période comprise entre les débuts de l'occupation allemande et l'installation du régime communiste après la guerre. Petit rappel des faits : le 1er août 1944 (à 17h), les groupes de la résistance polonaise se lancent à l'assaut des troupes allemandes en poste à Varsovie. En tout, quelques dizaines de milliers d'insurgés, soutenus massivement par la population, face à 10 000 Allemands. Mais ceux-ci sont vite renforcés par d'autres unités et, surtout, autrement armés que les Polonais... qui n'ont que des fusils, des pistolets et des grenades... quand ce ne sont pas de simples cocktails Molotov. Bref, c'est le massacre !
– Excellents documents audiovisuels de l'époque, nombreuses photos émouvantes, carcasse d'un gros avion (un *Liberator*) qui s'écrasa à Varsovie après avoir apporté de l'aide aux insurgés d'août 1944.
– Le musée se consacre aussi à l'après-guerre et à l'instauration du régime socialiste par l'Armée rouge, qui, rappelons-le, avait attendu, imperturbablement, de l'autre côté de la Vistule, l'écrasement de la population polonaise par les troupes d'Hitler... pour mieux pouvoir envahir et asseoir sa domination, avec l'appui d'un gouvernement polonais fantoche prêt à l'usage.
– Dans le parc à l'extérieur du musée, un très long mur de pierre sombre porte les milliers de noms des insurgés morts dans les combats.

Au nord-est de Varsovie

***La place Bankowy** (plan III, I9) :* la place de la Banque mérite le détour pour les superbes palais néoclassiques de son côté ouest. Construits au début du XIXe s par Antoni Corazzi, à qui la ville est redevable de bon nombre de ses monuments, ils furent pour la plupart rebâtis après guerre. Ils abritent aujourd'hui les différents services de la municipalité de Varsovie, depuis la destruction de l'hôtel de ville en 1944. Seule exception, la tour Bleue édifiée à l'endroit de la plus grande synagogue de la ville et dont les travaux durèrent plus de vingt ans. Selon une légende locale, le choix de l'emplacement y serait pour quelque chose...

***Muzeum Im. Jana Pawla II – muzeum Malarstwa europejskiego** (musée Jean-Paul-II, connu aussi sous le nom de musée de la Peinture européenne ; plan III, I9, **154**) : ul. Elektoralna, 3, à l'angle sud de la pl. Bankowy. Tlj sf lun 10h-17h (16h hiver). Entrée : 8 Zl (2 €) ; réduc.* Ce musée, qui présente quelque 450 tableaux (c'est presque trop...) du XIVe s à aujourd'hui, est l'objet d'une intense controverse. Légués à l'Église polonaise par la richissime famille d'immigrés polonais, les Caroll-Porczyński, ils sont en effet suspectés d'être des faux. Pour l'instant, la bataille d'experts fait rage. Mais que cela ne vous empêche pas de vous plonger dans les univers des écoles italienne (ateliers de Titien et du Caravage), allemande (Cranach et Dürer), espagnole (Goya et Vélasquez), flamande et hollandaise (Rubens, Rembrandt), et parmi des œuvres plus contemporaines : Renoir, Sisley, Van Gogh. On y croise aussi quelques portraits de Jean-Paul II... Le tout est exposé de manière un peu disparate, mais le bâtiment est superbe et il y a tout de même quelques belles œuvres.

Ulica Długa *(rue Długa ; plan III, I-J7-8)* **:** *au nord de la pl. Bankowy, après le carrefour avec l'av. Solidarności.* Cette rue remonte vers la ville nouvelle *(Nowe Miasto)* à la rencontre du ***monument de l'Insurrection de Varsovie.***

Państwowe muzeum archeologiczne *(Musée archéologique ; plan III, I8)* **:** *ul. Długa, 52. ☎ 831-21. • pma.pl • Lun-jeu 9h-16h ; ven 11h-18h ; dim 10h-16h. Fermé sam et 3e dim du mois. Entrée : 8 Zl (2 €).* Situé dans l'immeuble baroque de l'ancien arsenal royal du XVIIe s, il expose les trésors du sous-sol polonais, du paléolithique au début du Moyen Âge, avec des reconstitutions d'habitats anciens.

Muzeum Niepodległości *(musée de l'Indépendance ; plan III, J8)* **:** *al. Solidarności, 62. ☎ 827-37-70. Tlj 10h-17h (16h w-e). Entrée : 5 Zl (1,25 €) ; réduc.* Les curieux de l'histoire polonaise pourront aussi faire un écart jusqu'au petit *palais Przebendowskich Radziwiłłów,* enclavé dans l'avenue Solidarności (n° 62), qui accueille près de 10 000 photos, gravures, cartes postales, documents, affiches et étendards, qui racontent à leur manière la lutte incessante de la nation polonaise pour son droit à l'existence face à ses puissants voisins. Souvenirs intéressants sur les déportations des patriotes polonais en Sibérie au XIXe s.
– Toujours dans l'avenue Solidarności, le *monument aux Héros de Varsovie,* ces quelque 850 000 morts de la ville, soit près des deux tiers de la population d'avant-guerre.

Pomnik Powstania Warszawskiego *(monument de l'Insurrection de Varsovie ; plan III, J7-8)* **:** *à mi-hauteur de Długa, à l'angle avec ul. Bonifraterska.* Inauguré à la fin de 1980 par les autorités communistes, il représente un des bataillons de l'armée intérieure (AK) qui se lancèrent à l'assaut des troupes allemandes au cœur de Varsovie pendant l'été 1944. Plus de détails sur ce douloureux épisode (qui a fait l'objet d'un très beau film d'Andrzej Wajda : *Kanał,* visible dans toutes les bonnes cinémathèques) dans le commentaire du musée de l'Insurrection, plus haut. Derrière le monument, le bâtiment de couleur cuivre oxydé abrite la cour Suprême.

Kosc. M.B Krolowej Polski *(église Garnizonowy ; plan III, J8)* **:** *ul. Dluga, en face du monument de l'Insurrection de Varsovie.* L'église polonaise où les soldats avaient l'habitude de se recueillir pendant la guerre.

Palac Krasińskich *(palais des Krasinski ; plan III, I8)* **:** *pl. Krasińskich, 3. ☎ 831-32-41.* Il occupe le côté ouest de la place du même nom, que l'on trouve en remontant ul. Bonifraterska. Appelé palais de la République, c'est l'un des plus beaux (et des plus grands) palais baroques de Varsovie. Construit en 1667, il brûla et fut en partie détruit pendant la Seconde Guerre mondiale, puis rebâti à l'identique. Seule sa collection de plus de 40 000 livres et incunables est restée définitivement perdue. Il abrite aujourd'hui une partie de la Bibliothèque nationale. Bien qu'il ne se visite pas, il est parfois possible de pénétrer à l'intérieur. À l'arrière, l'ancien jardin est devenu un parc public, qui marquait jadis la frontière du ghetto.

Muzeum Wiezienia Pawiak *(musée de la prison Pawiak ; plan I, B1,* ***157****)* **:** *ul. Dzielna, 24/26. Mer-ven 9h (10h ven)-17h ; sam 9h-16h ; dim 10h-16h. Fermé lun-mar. Entrée gratuite.* De sinistre réputation, la prison Pawiak fut la fidèle servante de tous les régimes oppresseurs et totalitaires. Jusqu'en 1914, les autorités russes de l'empire des tsars y enfermaient les rebelles et patriotes polonais. De 1939 à 1944, les nazis en firent la prison principale de la Gestapo. Durant l'occupation allemande de Varsovie, pas moins de 30 000 opposants politiques y ont été éliminés.

Ulica Miodowa *(rue Miodowa ; plan III, J8)* **:** l'ancien cœur de la Varsovie aristocratique. Elle est bordée par de nombreux palais, tous reconstruits à l'identique après la Seconde Guerre mondiale.
D'ouest en est, au départ du carrefour de la rue Długa, sur la gauche, l'ancien ***collège de la noblesse*** du XVIIIe s ; sur la droite, le ***Palac Borchow*** *(palais Borchow),* toujours du XVIIIe s, actuelle résidence du primat de Pologne, le cardinal Glemp. En

face, le monastère et la ***Kuria Metropolitana*** *(église des Basilians, plan III, J8)*, l'unique église de rite grec de la ville. Puis, à l'angle avec ul. Kapitulna, le ***Palac Chodkiewiczów*** (*palais Chodkiewiczów*, plus jeune, du XVIIe).
Ensuite le ***palais Paca,*** qui était formé à l'origine de deux palais, l'un baroque et l'autre classique du début du XIXe s, mais, la guerre aidant, sa reconstruction le fit renaître en un simple bâtiment baroque. On découvre ensuite ***Kosc. Przemienienia Panskiego*** *(monastère et église des Capucins ; plan III, J8)*, édifiés au XVIIe s, dont l'une des chapelles renferme le cœur du roi Jan III Sobieski, le vainqueur des Turcs à Vienne en 1683.

Palac Morsztynów *(palais Morsztynów ; plan III, J8,* ***155****)* **:** *rue Miodowa, au niveau de la rue Kapucyńska.* Ce palais reconstruit du XVIIe s est le siège des éditions scientifiques polonaises. Il s'étend à l'arrière jusqu'à la rue Podwale.
– D'autres palais dans ce quartier : les ***palais Ostrowkich*** et ***Branickich,*** tous deux baroques, et, à l'angle des rues Miodowa et Senatorska, l'ancien ***Palac Biskupow Krakowskich*** *(palais du Primat)* d'une grandiloquence toute néoclassique.

Ulica Senatorska *(rue Senatorska ; plan III, J-K8)* **:** de la rue Miodowa, vos pas vous guideront naturellement vers l'esplanade venteuse de la place Teatralny, dominée par la monumentale façade du ***Grand Théâtre (Teatr Wielki ou Opera Narodowa ;*** *plan III, J9).* Ce bâtiment néoclassique, de la taille d'un petit palais des sports avec ses 2 000 places, a vu le jour en 1825 grâce à l'infatigable Antoni Corazzi. Il fut détruit pendant la Seconde Guerre mondiale ; seuls la façade et le hall d'honneur ont été reconstruits à l'identique. Pour l'intérieur, les architectes semblent s'être inspirés de l'alunissage d'*Apollo.* Une vaste coupole d'un gris jaunâtre encaisse les notes des orchestres philharmoniques. Mais entre nous, l'acoustique n'est pas terrible.
Le grand théâtre se divise en trois scènes.
– *L'Opéra national* dans la salle Moniuszki, où sont représentés des ballets et des opéras, mais dont la qualité est souvent mise en cause. En revanche, la visite, possible lors de la Journée internationale du théâtre au mois de mars, mérite vraiment le détour.
– *La petite salle Mlynarski,* où se donnent des petits récitals et autres opéras. Il s'agit parfois de chanteurs et chanteuses lyriques mondialement connus, que les mélomanes pourront s'offrir pour une bouchée de pain. Renseignez-vous sur les programmes.
– *Le Théâtre national W. Boguslawski,* où se jouent des pièces polonaises. On peut tout de même assister aux représentations, moins chères que dans le reste de l'Europe. *Infos et résas : ☎ 692-02-08. • teatrwielki.pl • Prix : 15-120 Zl (4-30 €). Les guichets se trouvent dans l'aile gauche et sont ouv 9h (10h w-e)-19h. Une heure avt chaque représentation, les places sont bradées ; vous êtes censé rester debout, mais comme il y a toujours de la place, il y a peu de chance pour que cela arrive.* Même si vous n'assistez pas à une des représentations, la visite de l'entrée et de sa rotonde mérite l'effort.
– Au nord de la place Teatralny, l'emplacement de l'ancien hôtel de ville, détruit comme il se doit, et qui a laissé sa place à des banques et des boutiques de luxe.

Plac Józefa Piłsudskiego *(place Józefa Piłsudskiego ; plan III, K9)* **:** *à proximité de la rue Krakowskie Przedmieście.* Au centre brille la flamme éternelle de la tombe du Soldat inconnu. Ce mémorial a été aménagé dans les ruines du *palais Saski,* détruit pendant la guerre. Après l'assassinat du père Popiełuszko, en 1984, alors que la loi martiale était encore en vigueur, les habitants ont assemblé ici une énorme croix faite de fleurs et de bougies à la mémoire du prêtre assassiné. Pendant de longs mois, malgré une surveillance policière constante, cette croix est demeurée un cri silencieux de protestation. Le gouvernement a alors décidé de fermer la place pour... travaux. Des travaux qui durèrent de longues années, le gouvernement ne pouvant pas courir le risque de manifestations humiliantes sous les yeux et à la barbe des touristes des hôtels *Europejski* et *Victoria* voisins.

Ogród Saski *(jardin Saski ; plan III, J9) : mitoyen de la pl. Józefa Piłsudskiego.* Aménagé à la fin du XVIIIe s dans le style anglais, il fut le premier jardin public de Varsovie. Sur une quinzaine d'hectares, il abrite plus de 130 espèces rares d'arbres et d'arbustes, ainsi qu'un étang artificiel, une fontaine Empire du XIXe s et de nombreuses sculptures allégoriques.

Palac Lubomirski *(palais Lubomirski ; plan II, E4) : à l'opposé du jardin Saski, par la rue Marszałkowska.* Construit avant 1712. Avant la Seconde Guerre mondiale, ce palais était entouré d'autres bâtiments, aujourd'hui détruits. À l'origine, la façade du palais était orientée vers le nord. Dans les années 1960, les architectes de la ville ont décidé de le déplacer afin de créer une perspective avec le jardin Saski. On scia ses fondations, on posa des rails et le palais fut déplacé de 98° sur son axe. En 1984, cette belle perspective, si laborieusement obtenue, a été bouchée par le monument (aujourd'hui rasé) « à la mémoire des victimes de la lutte pour la défense du pouvoir populaire en Pologne ».

Zachęta Gallery *(plan II, F4,* ***160****) : pl. Małachowskiego, 3. En face du jardin Saski et à côté de l'hôtel* Victoria. *Ouv mar-dim 12h-20h. Entrée : 10 Zl (2,50 €) ; réduc ; gratuit jeu.* Cette salle d'exposition de peintures, construite vers 1900, offre un bel exemple d'architecture éclectique. C'est ici que fut assassiné, lors d'un vernissage, le 16 décembre 1922, le président de la Pologne, Gabriel Narutowicz, trois jours seulement après son élection, par un peintre fou. À défaut d'une belle toile, il a fait un joli carton... Depuis que ses anciennes collections ont été transférées au Musée national, cette galerie est utilisée aujourd'hui comme centre d'expositions d'art contemporain.

Państwowe muzeum etnograficzne *(Musée ethnographique ; plan II, F4,* ***161****) : ul. Kredytowa, 1. Au sud de la pl. Małachowskiego. Mar 9h30-16h ; mer 11h-18h ; jeu-ven 9h30-16h ; sam-dim 10h-17h. Fermé lun et lendemain des j. fériés. Entrée : 8 Zl (2 €) ; réduc ; gratuit mer.* Avant guerre, le musée possédait une collection de 30 000 objets. Depuis, il a réussi le pari de présenter à nouveau un large éventail d'art folklorique polonais, notamment une riche collection de costumes traditionnels. Également un département d'arts africain, océanien et latino-américain.

Non loin, toujours sur ul. Kredytowa, l'énorme coupole de l'***église luthérienne*** *(plan II, F4,* ***162****),* la plus grande de Varsovie. Son acoustique exceptionnelle a eu les faveurs de Chopin, et aujourd'hui de nombreuses chorales s'y produisent régulièrement.

Au nord-ouest, dans le quartier de Żoliborz

La tombe du père Popiełuszko *(hors plan I par B1,* ***163****) : à côté de l'église Św. Stanisława Kostki (Kos. Sw. Kostki), rue Kozietulskiego, tt près de la pl. Wilsona. Bus n°s 116 et A ; trams n°s 15 et 17.* Le père était l'aumônier des ouvriers de la proche fonderie Warszawa. Il était jeune, idéaliste et prêchait le courage, l'honnêteté, la liberté. Il fut sauvagement assassiné, en 1984, par les agents de la police politique. Le père Popiełuszko est devenu le martyr national. Les plus grands de ce monde sont venus s'incliner sur sa tombe. Vous la trouverez à droite de l'entrée de l'église qui fut sa paroisse : une grande et simple croix en granit, posée à même le sol. À l'intérieur de l'église, une exposition émouvante sur sa vie, sa mort et ses obsèques.

LES PARCS ET LES JARDINS

Zamek Ujazdowski *(château d'Ujazdó et son parc ; plan I, C3,* ***164****) :* ce fut l'une des résidences de campagne des rois de Pologne. Construit au XVIIe s pour Sigismond III (celui de la colonne), il abrite aujourd'hui, après avoir été rebâti dans les années 1970, le ***Centre d'art contemporain,*** l'un des plus dynamiques de Pologne. *Ouv mar-dim 11h-17h (21h ven). Entrée : 12 Zl (3 €) ; réduc ; gratuit jeu.* Il présente, outre des expos temporaires, des concerts, des films et une collection intéressante d'artistes contemporains polonais et étrangers.

➢ Quittant le parc, prenez la rue Agrycola. Romantique, tracée à la fin du XVIIIe s dans le ravin d'un ruisseau, elle vous mènera vers le palais sur l'île de Łazienki.

Le parc Łazienkowski *(plan I, C3)* ***:*** *ouv du lever au coucher du soleil (ensemble des bâtiments ouv tlj sf lun 9h-16h).*
C'était la résidence d'été du roi Stanisław Auguste Poniatowski, au XVIIIe s. Le plus beau parc de la capitale. Il comprend plusieurs monuments d'architecture baroque, classique et néoclassique, dont les entrées sont payantes mais modiques.
– *L'Orangerie :* une charmante salle de théâtre, où se déroulent aussi des concerts et des spectacles de danse.
– *Biały Domek (la Maisonnette Blanche) :* un petit bâtiment où Louis XVIII, en exil, demeura entre 1801 et 1805, sous le nom de « comte de Lille ».
– *Le monument de Frédéric Chopin,* qui figure une main, sous un arbre.
– ***Concerts Frédéric Chopin en plein air*** *(Koncerty Chopinowskie)* ***:*** *l'entrée se trouve à 150 m de l'intersection de Bagatela et de Ujazdowskie, non loin du parc Belweder. 18 mai-sept, ts les dim à 12h. Accès gratuit.* Les plus doués des jeunes pianistes polonais donnent des concerts en plein air à l'ombre des arbres du parc.
– *Le palais Myślewice :* une maison de style classique. Aujourd'hui, la résidence des hôtes de marque du gouvernement.
– *Le palais sur l'Eau :* le bâtiment le plus grand et le plus intéressant. *Entrée : 12 Zl (3 €).* Situé au milieu d'un étang, sur un îlot artificiel, c'était à l'origine un établissement de bains, racheté et transformé par le roi. À l'intérieur, nombreuses œuvres d'art et objets d'époque, disposés dans les salles de Bacchus, de Salomon, de bal et dans les galeries royales de peinture. Au 1er étage, les appartements privés du roi, son cabinet, sa chambre à coucher, sa garde-robe. Tout cet intérieur fut reconstruit après la guerre.

Wilanów : *au sud de la ville, à 8 km du centre de Varsovie. Pour s'y rendre, bus E2 et n°s 116, 163, 180, 519 et 700. Ouv tlj 9h-16h (dernière visite 15h) ; 15 mai-18 sept, jusqu'à 18h mer et 19h sam. Fermé mar. Entrée : 20 Zl (5 €) ; réduc.* La résidence du roi Jan III Sobieski et de sa bien-aimée, Marysieńka, un somptueux palais baroque qui date de la fin du XVIIe s. L'intérieur se divise en deux parties. Exposition des intérieurs d'époque, avec des meubles splendides, une collection de céramiques, des objets usuels et des souvenirs de la famille royale. Le 1er étage du palais est occupé par une galerie de portraits datant du XVIe au XIXe s. Le palais Wilanów sert de résidence pour les hôtes de marque en visite officielle. Ainsi, les appartements du roi ont accueilli, entre autres, Charles de Gaulle (pour qui il a fallu construire un lit spécial, une fois de plus), Valéry Giscard d'Estaing et Richard Nixon. Ce dernier apporta sa contribution à la propreté du parc : en raison de son habituel jogging matinal, qu'il effectuait pieds nus, la pelouse fut nettoyée jusqu'au dernier caillou. Après la visite de Fidel Castro, la collection du palais s'est enrichie d'une... table de ping-pong, le passe-temps favori du chef d'État cubain pendant les négociations !
– Dans le parc à la française *(ouv 9h30-coucher du soleil),* on peut admirer l'*église Sainte-Anne* et le monumental *tombeau de la famille Potocki,* dernier propriétaire du palais avant la guerre.

Muzeum Plakatu *(musée de l'Affiche)* ***:*** *dans le parc Łazienkowski, un bâtiment moderne. Ouv 10h-16h30 en été et 12h-15h30 en hiver. Entrée : 8 Zl (2 €) ; réduc ; entrée libre lun.*
L'affiche est un point fort de l'art contemporain polonais. Le musée est passionnant, riche en superbes affiches de théâtre et de cinéma. Les couleurs sont audacieuses, les formes originales et les concepts créatifs. D'ailleurs, ce n'est pas pour rien que ce musée fut longtemps l'un des seuls au monde. Il organise chaque année un concours de la meilleure affiche, qui donne lieu à une compétition des maîtres du genre.

Les expos changent tous les deux mois environ, car dans les caves du musée on conserve plus de 50 000 titres, dont 30 000 œuvres polonaises. Si vous en avez l'occasion, allez-y en été et non en hiver, car c'est à cette époque qu'on ouvre un petit pavillon attenant au musée. Mais le musée se situe malgré tout assez loin du centre, et pour ceux qui ne passent que peu de temps à Varsovie, le rapport déplacement-intérêt n'est pas des plus élevé. Vente d'affiches mais assez chères.

LE QUARTIER PRAGA

Situé sur la rive droite de la Vistule, accessible par des ponts, ce vaste quartier populaire considéré comme le quartier pauvre (et malfamé) de Varsovie est aujourd'hui entré dans une phase de changement économique et de mutation sociale. En raison du faible coût des loyers et de l'immobilier, de jeunes Varsoviens s'y installent, des entreprises se créent (bars, restaurants, boîtes, lieux multiculturels branchés), des artistes y ouvrent leurs ateliers, à tel point que Praga constitue maintenant le quartier alternatif et branché de la capitale. Il convient d'y sortir pour être dans l'air du temps. Mais tous les Varsoviens n'aiment pas Praga. Pour certains snobs, c'est une basse banlieue pas très sûre. En réalité, pas de problèmes de sécurité sur les grands axes.
Des anciens entrepôts de l'époque socialiste, des usines désaffectées du début du XXe s, des bâtiments hors d'usage sont, ici et là (ce n'est pas général), transformés en théâtres, en galeries, en clubs, et certains présentent même une architecture et une décoration ultradesign, tel cet étonnant complexe nommé ***Fabryka Trzciny,*** emblème du Varsovie alternatif et glamour.

Un peu d'histoire

Praga fut le seul quartier de la capitale préservé des destructions de la guerre, les combats se déroulant principalement sur l'autre rive de la Vistule. Lors de l'insurrection de 1944, l'armée russe de Staline, massée à Praga, se contenta d'assister passivement à la destruction du centre de Varsovie. Le motif invoqué par les Russes pour cette non-intervention fut... l'insuffisance de leurs troupes. En vérité, les Allemands se chargeaient pour eux d'un sale boulot : l'anéantissement des forces polonaises non communistes !
Praga a conservé ainsi un habitat populaire laissé presque en l'état, qui fait aujourd'hui son charme. Jugé indigne de l'homme socialiste, ce quartier fut destiné à recevoir tous les indésirables de la nouvelle société : repris de justice, asociaux, réactionnaires... Aujourd'hui, Praga évolue, son image se renouvelle lentement, et sa population apprécie toujours l'aspect brut et provincial du quartier.

VARSOVIE EN 1944 : L'ANÉANTISSEMENT D'UNE CAPITALE

Le 2 octobre 1944, soit 63 jours après le début de l'insurrection, quelque 200 000 Varsoviens, civils et insurgés confondus, ont perdu la vie, exécutés par les Allemands ou simplement victimes des affrontements. Les survivants sont évacués de la ville, jusqu'au dernier, et envoyés dans des camps de travail ou d'extermination, pour que puisse commencer la destruction finale de Varsovie... On connaît la suite : environ 85 % de la capitale est réduite à l'état de gravats et, au total, plus de 800 000 de ses habitants sont morts entre 1939 et 1945... Merci Staline !

Où manger, boire un verre et sortir ?

Fabryka Trzciny *(plan I, D1, **116**) : ul. Otwocka, 14. ☎ 619-05-13. • fabrykatrzciny.pl • Au resto : plats 10-30 Zl (2,50-8 €) ; on peut manger* *léger pour 20 Zl (5 €). Au bar, bière polonaise.* Loin du centre. Prendre un taxi à plusieurs peut être la meilleure solution (les chauffeurs de taxi connaissent). S'il y a un lieu artistique et culturel (branché, design et nocturne !) à ne pas louper dans Praga (partie sud de ce quartier), c'est *Fabryka,* ancienne usine désaffectée (1916). On y fabriqua de la confiture, puis ce fut le siège de l'industrie du caoutchouc polonais. À la chute du communisme, le site fut abandonné. Aujourd'hui aménagée en centre artistique à vocation multiculturelle, cette ex-grande friche industrielle doit sa résurrection à un compositeur et producteur de talent, Wojciech Trzcinski, connu comme le loup blanc dans le show-business varsovien. Voilà donc un formidable espace de 3 000 m² qui abrite un bar, un club-lounge (étonnante collection de bouteilles de couleur rose couvrant les murs), un restaurant (bon et à prix sages), des salles de concert et d'expositions. Ce site exceptionnel sert aussi à des enregistrements, des séances de photographie glamour, de lieu de tournage de clips. Il accueille également des défilés de mode, ou des soirées à thème.

Cerkiew Prawosławna *(église orthodoxe Sainte-Marie-Madeleine ; plan I, C1, **165**)* **:** près de la gare Warszawa Wileńska, d'où partaient autrefois les trains en direction de l'Est, brillent les clochers à bulbes de cette cathédrale orthodoxe. Construite entre 1867 et 1869, elle témoigne de la présence pendant le XIXᵉ s des fonctionnaires de l'administration tsariste, dont les membres avaient ici leur résidence. Elle témoigne également de la présence d'une importante communauté orthodoxe, puisqu'ils seraient entre 800 000 et 1 million en Pologne.
L'église est sur deux étages. L'inférieur est dédié à la Passion du Christ, les femmes sont représentées à gauche et les hommes à droite, tous dominés par les douze apôtres. Il reste également de très belles mosaïques des douze apôtres, qui ont survécu à la destruction complète de l'église dans les années 1920. À l'étage supérieur, une construction plus verticale qu'horizontale, qui change des églises classiques. Avec un peu de chance, l'un des prêtres vous la fera visiter ; érudition garantie.

Fêtes et festivals

Si Varsovie mérite bien une qualification, c'est celle de capitale culturelle. Pas un mois de l'année qui n'offre une ou plusieurs manifestations culturelles de niveau international, au point que les énumérer toutes reviendrait à rédiger un catalogue à la Prévert. ATTENTION : certaines de ces manifestations ne sont pas toujours annuelles. Pour savoir ce qu'il en est et connaître les dates exactes des événements, contacter l'office de tourisme polonais : • warsawtour.pl •

Janvier

– En général, le mois de janvier carbure aux représentations du ***Festival international de théâtre,*** un florilège des meilleures compagnies nationales et étrangères.

Février

– ***Concours international Witold Lutosławski,*** où s'affrontent les compositeurs contemporains de musique symphonique.
– ***Concours de chant*** dédié à la mémoire de Stanisław Moniuszko, le Schubert polonais.

Avril

– Le plat de résistance est assuré par les ***journées du Ballet de Varsovie.***

Mai

– ***Foire internationale du livre*** et ***Festival de musique sacrée*** dans la cathédrale Saint-Jean, auxquels s'ajoute un ***Festival de vieux opéras.***

Juin-juillet-août

Arrivent ensuite les mois très chargés de l'été.
– En juin, un éblouissant ***Festival de théâtre de rue.***
– Surtout, à cheval sur juin et juillet et à ne pas rater, le ***Festival Mozart,*** unique en son genre. Pendant 6 semaines, toute l'œuvre du génial Amadeus est jouée par des orchestres du monde entier.
– Si vos oreilles ne saturent pas, vous aurez le choix de zapper sur le ***Festival de jazz*** de la fin juin, qui réunit les pointures de la profession, ou sur le ***Festival d'orgue Jean-Sébastien-Bach,*** qui s'échelonne jusqu'en octobre, ou encore sur les ***concerts Frédéric-Chopin,*** organisés de mai à octobre dans le parc Łazienki et au château de Wilanów.
– Sans oublier le ***mois de la peinture,*** dans toutes les galeries de la ville, de fin juillet à fin août, qui se combine une année sur deux avec le ***Festival de l'affiche et du poster,*** une spécialité polonaise, comme chacun sait.

Septembre

– ***Festival de musique contemporaine*** pendant 10 jours.

Octobre

– ***Concours international de piano Frédéric-Chopin,*** grand meeting des interprètes du maître, qui a lieu tous les 5 ans, le prochain étant pour l'an 2010, année qui célébrera le bicentenaire de sa naissance en 1810.
– ***Festival international de cinéma*** (1re semaine) et ***Festival de jazz Jamboree,*** une des grandes manifestations mondiales du genre, avec pléthore de têtes d'affiche.

Novembre

– ***Festival d'opéras baroques,*** consacré à la redécouverte de ces opéras oubliés.

➤ DANS LES ENVIRONS DE VARSOVIE

Le manoir natal de Chopin à Żelazowa Wola : *à 55 km à l'ouest de Varsovie. Prendre la direction de Poznań ; à Błonie, prendre à droite la route de Leszno, puis suivre la route 580 par Kampinos jusqu'à Żelazowa Wola. 1er mai-31 août, mar-sam 9h-16h, fermé lun ; 1er sept-15 oct et 1er mars-30 avr, tlj 9h-17h30 ; 16 oct-28 fév, tlj 9h-16h. Entrée : 12 Zl (3 €) ; réduc ; gratuit ven. Jardin : 4 Zl (1 €). En été, concert dim à 11h et 15h ; hors saison, sur résa. ☎ 863-33-00.*
Une allée ombragée par des arbres centenaires mène à ce charmant petit manoir polonais aux murs blancs, enfoui dans les frondaisons d'un immense jardin, lieu idéal pour oublier l'agitation de Varsovie. Le manoir apparaît comme dans un conte de fées, survivance d'une époque révolue. On visite une demeure inspirée ayant traversé les turpitudes de l'histoire sans en souffrir, tel un haut lieu intouchable et sacré. On vient ici du monde entier, comme en pèlerinage, pour rendre hommage au génie musical de l'artiste. Les mélomanes seront émus d'entendre des morceaux sublimes de Chopin interprétés au piano sur la terrasse du manoir pour un public fervent. S'il n'y a pas de pianiste présent, des haut-parleurs diffusent sa musique et le parc entier vibre aux envolées des polonaises, mazurkas et autres sonates.

– *Visite :* 5 pièces seulement à visiter (c'est petit). La Chambre de Musique *(Music Room)* abrite un piano. Un bouquet de fleurs est posé à l'emplacement même du lieu de naissance de Chopin. Dans la salle à manger, des gravures de Varsovie au XIXe s. Le salon est dédié aux parents de l'artiste. La chambre des enfants expose un piano vertical dit « Girafe », très rare. La dernière et 5e pièce est dédiée au père de Chopin.

Pułtusk : *à 70 km au nord-est de Varsovie. Prendre la direction de Gdańsk et bifurquer à droite vers Suwalki avt la sortie de Varsovie.* Cette adorable petite ville baignée par la Narew (affluent de la Vistule) est l'un des plus vieux sites de Mazovie (région centrale). Organisée autour d'une cité fortifiée, elle se caractérise par ses maisons maçonnées et son immense place du Marché *(rynek)* qui se tient au pied de la tour de l'ancien hôtel de ville *(ratusz).* Le château abrite aujourd'hui un complexe hôtelier.
La ville a beaucoup souffert des destructions perpétrées par le IIIe Reich (notamment sur les foyers de l'importante communauté juive), puis du duel d'artillerie qui a marqué sa libération par l'Armée rouge. De fait, l'architecture de Pułtusk a été sauvée par une décision prise dès 1945 par le Bureau de reconstruction de la capitale et du pays, ordonnant le relèvement des ruines à l'identique de 1939, ce qui fut achevé en 1958. Malheureusement, le style « réalisme socialiste » n'a pas totalement épargné le site (vous ne pourrez pas rater l'imposante nouvelle mairie).

QUITTER VARSOVIE

En avion

Attention, il y a 1 km entre l'aéroport international et celui où débarquent les vols *low-cost.*

Informations sur les horaires des vols

– Vols internationaux : ☎ *650-39-43.*
– Vols nationaux : ☎ *650-17-50.*

Plusieurs options pour rejoindre l'aéroport

➢ **Taxi :** *compter 30-40 Zl (8-10 €) depuis le centre-ville.* Si vous voulez en appeler un, voir les numéros de téléphone de quelques compagnies dans la rubrique « Adresses utiles. Transports » au début du chapitre sur Varsovie. Bien préciser au chauffeur par quelle compagnie aérienne on part.
➢ **Bus :**
– Navette de l'hôtel *Marriott (en face de la gare ; plan II, E6,* ***8****)* : départ ttes les 30 mn du perron de l'hôtel.
– Bus municipaux : avec les nos 175, 188 et 611. Le no 175 s'arrête devant la gare centrale et le palais de la Culture. Circule env ttes les 15 mn 5h-23h. Le bus de nuit no 611 part de la rue Emilii Plater (entre la gare centrale et le palais de la Culture ; *plan II, E5*) ttes les heures 23h-5h.

En train

La gare ferroviaire centrale *(plan II, E6,* ***1****)* de Varsovie dessert toutes les grandes destinations nationales et internationales. Aucun problème pour la rejoindre, tous les bus et trams y mènent, ou presque. Pour connaître les horaires des trains, le mieux est de les demander dans les offices de tourisme (il y en a un dans la gare), car là, au moins, ils parlent anglais.
– *Le site* • *pkp.com.pl* • *recense ts les horaires dans plusieurs langues.*
– *Enfin, vous pouvez tenter votre chance dans les agences* Orbis, *aux guichets d'information de la gare, ou encore en appelant le* ☎ *94-36.*

Fréquences pour la Pologne

➢ ***Pour Poznań :*** au moins 1 départ/h 5h55-22h50 env ; plus 2 voyages de nuit mais beaucoup plus longs. Compter env 3h de trajet.
➢ ***Pour Cracovie*** *(Kraków)* **:** 1 départ/h 6h-20h ; plus 3 départs en soirée, mais trajet beaucoup plus long (entre 8 et 9h). Pour le trajet normal, compter 2h45.
➢ ***Pour Gdańsk :*** 1 départ ttes les 2h le mat et ttes les heures l'ap-m, jusqu'à 18h50, plus 1 départ après minuit. Compter un peu plus de 4h de trajet. La plupart des trains passent par Malbork.
➢ ***Pour Lublin :*** env 12 trains/j. 4h35-21h35. Compter 2h40-3h30 de trajet.
➢ ***Pour Wrocław :*** env 2 départs/h 6h15-22h50. Compter 5-6h de trajet ; un peu plus pour les trains de 20h et de 23h.

Fréquences vers l'étranger

➢ ***Pour Prague :*** 2 trains directs/j. et 5 avec changement, pas nécessairement plus longs. Compter 9-12h de trajet.
➢ ***Pour Berlin :*** env 7 trains/j., directs ou non. Compter 6-9h30 de trajet.
➢ ***Pour Bratislava :*** 1 train direct (vers 20h), plus 3 trains avec changement (tôt le mat, dans l'ap-m et en soirée), ces derniers étant les plus rapides. Compter 7h30-10h de trajet. De là, correspondance facile pour Vienne et Budapest.

La plupart des trains passent également par l'une des ***autres gares*** de Varsovie, en fonction de la destination :
Warszawa Zachodnia *(plan I, A3,* ***2****)* **:** *au bout d'al. Jerozolimskie, à l'ouest de la gare centrale.* Pour l'ouest et le sud.
Warszawa Wschodnia *(plan I, D1,* ***4****)* **:** *ul. Lubeska, 1, à Praga, sur la rive droite.* Pour l'est.
Warszawa Śródmieście *(plan II, E6,* ***6****)* **:** *env 100 m à l'est de la gare centrale.* Accueille les trains locaux : Łowicz, Pruszków et Skierniewice.
Warszawa Gdańska *(plan I, B1,* ***5****)* **:** *au nord du centre.* Pour les trains de banlieue.

Achat des billets

Les trains *InterCity* (IC), *EuroCity* (EC) et *Express* (EX) sont un peu plus rapides et un peu plus confortables, mais la réservation est obligatoire. Ils sont aussi plus chers, bien sûr.
– Les billets s'achètent aux guichets de la ***gare ferroviaire centrale,*** dans le hall principal ou au sous-sol, où il y a également d'autres petits guichets. Les billets internationaux, en revanche, s'achètent au 1er étage, sur la gauche en arrivant par l'entrée principale.
– Une autre possibilité est de s'adresser aux ***agences Orbis,*** dont c'est l'une des spécialités. Voir la rubrique « Adresses utiles » pour les adresses des principaux bureaux.
Les trains se prennent au sous-sol, sur le quai dont le numéro est indiqué sur le grand panneau d'affichage. En jaune sont indiqués les départs *(odjazdy)* et en blanc les arrivées *(przjazdy).* C'est un peu surprenant car les quais font plus penser à une station de métro, et le train ne se présente que quelques minutes avant le départ.

En bus

Gare routière centrale PKS *(plan I, A3,* ***2****)* **:** la gare routière principale, accolée à la gare ferroviaire Zachodnia *(al. Jerozolimskie, 144 ; à l'ouest de la gare centrale).* Elle dessert les destinations internationales et la plupart des villes polonaises. Dans la gare, on trouve un petit bureau d'information au guichet 6 *(ouv 6h-21h),* mais on peut aussi les obtenir par téléphone *(☎ 0300-300-130).* Téléphone, Internet, bureau de change, distributeur d'argent, épicerie, restos, boutiques.

Gare routière PKS Stadion *(ul. Zieleniecka ; plan I, D1,* ***3****)* **:** l'autre gare routière, voisine de la gare Warszawa Stadion sur la rive droite, regroupe les bus en direction des villes moins importantes de Pologne.

Compagnies

Deux compagnies se partagent le trafic national : *PKS,* la compagnie d'État qui couvre toute la Pologne, et *Polski Express,* une société privée, plus rapide et plus confortable mais qui ne dessert que les destinations les plus importantes. Les bus *Polski Express* partent de l'aéroport et de l'avenue Jana Pawła II, à proximité de la gare centrale.

– *Les bus des compagnies* ***Eurolines, Eurobus*** *et* ***Orbis*** *partent aussi de cette gare routière.*

Achat des billets

Les billets de bus *PKS* s'achètent dans les deux gares routières ; ceux de *Polski Express* se réservent au ☎ *844-55-55 ou au siège, 36, ul. Świętokrzyska.* Les billets internationaux s'achètent à la gare Zachodnia pour les bus *PKS* (aux guichets n°s 4 et 5), ou dans les agences de voyages pour les compagnies privées, comme les agences *Orbis* (voir « Adresses utiles. Agences de voyages »), *Aura, Anna Travel* ou *Eurolines,* toutes trois situées à la gare ferroviaire centrale.

Fréquences

– ***Pour Gdańsk :*** 5 bus/j.
– ***Pour Cracovie :*** 3 ou 4 bus/j.
– ***Pour Łódź :*** 1 bus/j.
– Bus aussi pour ***Poznań, Wrocław, Lublin, Olsztyn.***

KAZIMIERZ DOLNY

4 500 hab. IND. TÉL. : 081

À environ 130 km au sud-est de Varsovie et à seulement 45 km à l'ouest de Lublin. Une petite ville historique, dont le nom est écrit en petites lettres sur la carte. Son charme est irrésistible, son passé riche en péripéties. Au milieu d'une vaste plaine agricole, la ville surgit subitement entre deux collines encadrées de vallons, au bord de la large et majestueuse Vistule. Comme pour la protéger contre la malveillance, l'une porte la grandiose silhouette du couvent des franciscains, l'autre les ruines du château fort médiéval. Le village est concentré sur la petite place du Marché *(rynek),* aux maisons bourgeoises et cossues serrées les unes contre les autres.

UN PEU D'HISTOIRE

Fondée au XIVe s par le roi Kazimierz Wielki (Casimir le Grand), la cité porte son nom. Située au bord de la Vistule, principal axe commercial de l'époque, la ville est promise à un bel avenir. Elle prospère, et les maisons somptueuses des commerçants remplacent les chaumières autour de la place du Marché. Mais une série de catastrophes (invasions suédoises, peste, choléra, incendies) brise cet élan, et la ville ne s'en remet jamais. Grâce aux efforts des peintres et des archi-

L'AMOUR AU BOUT DU TUNNEL

Une légende raconte que le roi Casimir tomba amoureux d'une belle juive, Esterka. Pour dissimuler cette mésalliance, il fit construire le château fort, dont un long souterrain menait jusqu'au château de la ville voisine de Bochotnica, lieu de rencontre avec sa belle.

tectes amoureux de sa beauté, qui, entre les deux guerres, avaient fondé la Société des amis de Kazimierz, la cité est restaurée. Elle est devenue un lieu de pèlerinage pour les artistes, qui viennent saisir avec leurs pinceaux son charme délicat et son atmosphère mystérieuse. Prévoyez d'y passer au moins deux jours, pour goûter au charme de la vieille ville et de ses environs, qu'on peut parcourir à vélo. La spécialité de la ville est le pain en forme de coq, on en trouve dans toutes les boulangeries.

Arriver – Quitter

➢ ***En voiture :*** de Varsovie, route 17 (E 372) en direction de Lublin. Après env 110 km, tourner à droite vers Puławy. Ensuite, la petite route (824) parallèle à la Vistule mène à Bochotnica, d'où il reste encore 5 km pour Kazimierz.
➢ ***En train :*** il n'y a pas de train menant jusqu'à Kazimierz, mais il y en a plusieurs qui vont quotidiennement de Varsovie (3 de Cracovie et 3 de Poznań) à Puławy. De là, un bus vers Kazimierz.
➢ ***En bus :*** 7 bus/j. depuis ou vers Varsovie. De nombreux bus en provenance ou vers Puławy (le n° 12, env 1 par heure) et de ou vers Lublin.
➢ ***En bateau :*** suivre le cours de la Vistule par la 824 en direction d'Opole puis d'Annopol. À Annopol, on peut prendre le bac pour traverser la Wisła. Suivre la 854 jusqu'au panneau « Janiszow ». Le bac est au bout de la route en plaques de ciment (sur 3 km). Il fonctionne jusqu'à 21h. Ne pas être pressé (c'est le moment de pêcher des truites). À une centaine de km au sud, dans un paysage légèrement vallonné, on découvre la ville de Sandomierz.

Adresses utiles

Informations touristiques, bureau de PTTK, guides de Kazimierz *(plan A2) : rynek, 27.* ☎ *881-00-46.* • *kazimierzdolny.pl* • *En été, tlj 8h-17h30 ; hors saison, sem 8h-16h, w-e 10h-17h.* Vente de plans de la ville, très pratiques pour les balades à vélo, avec les itinéraires des chemins en trois couleurs. Résa des billets pour traverser le fleuve en bateau.

Gare routière *(plan B1) : à 5 mn à pied depuis l'angle nord-est de la* rynek.

Distributeur Bankomat : sur la *rynek.*

Change *(kantor) : à la poste (plan A1).*

Internet : Biblioteka Miejska, *ul. Lubleska, 32-34. Lun-ven 9h-17h ; sam 10h-14h.*

Art@cafe : *dans l'impasse sur la droite en remontant l'ul. Lubelska.* Café Internet ? Non, galerie d'art Internet ! Kazimierz Dolny ne pouvait pas passer à côté de cette première mondiale.

Où dormir ?

La réservation est plus prudente en période estivale.

Camping

Camping N° 36 *(PTTK ; hors plan par A1,* ***13****) : ul. Krakowska, 61.* ☎ *881-00-36. Situé à 15 mn à pied à l'ouest du centre-ville. Compter 30 Zl (env 8 €) pour 2 pers avec une tente.* Un site joli et ombragé, en bordure de la Vistule, juste à côté d'un beau bâtiment du XVIIe s, transformé en hôtel.

Très bon marché

Auberge de jeunesse Straznica *(plan A2,* ***12****) : derrière la maison Celejowska, légèrement en retrait des rues touristiques.* ☎ *et fax : 881-04-27.*

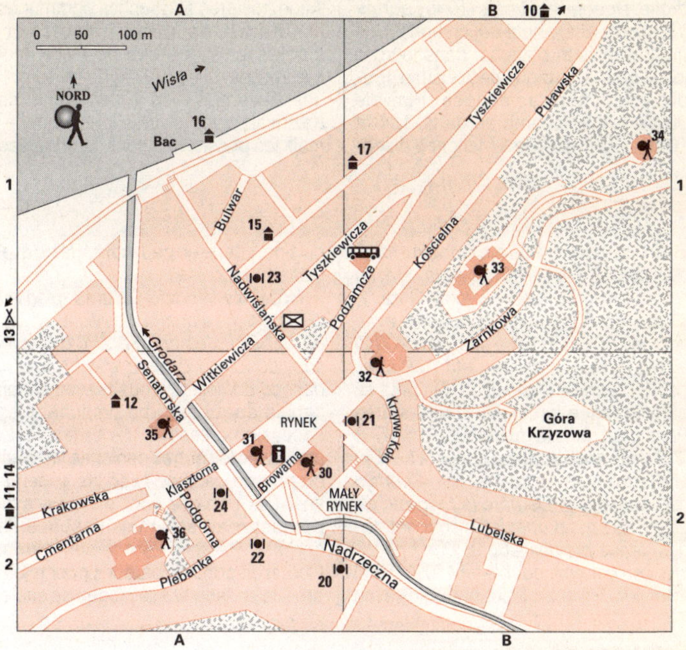

KAZIMIERZ DOLNY

Adresses utiles

- Informations touristiques, bureau de PTTK, guides de Kazimierz
- Gare routière
- Poste

Où dormir ?

10 Schronisko Młodzieżowe Pod Wianuszkami (AJ)
11 Dom Tutysty
12 Auberge de jeunesse Straznica
13 Camping N° 36 (PTTK)
14 Guest-rooms Pokoje Gosgice
15 Pensjonat Joanna
16 Hôtel Na Wodzie Dziunia
17 Hôtel Dwa Księżyce

Où manger ?

20 Dom Michalakow Grill
21 Café Studnia
22 Restauracja Staropolska
23 Zielona Tawerna
24 Piekarnia Sarzynski

À voir

30 Maisons des frères Przybyło
31 Maison des Architectes
32 Église paroissiale
33 Ruines du château
34 Tour de guet
35 Maison Celejowska
36 Église et couvent des frères franciscains

Double 25 Zl/pers (env 6 €) ; réduc étudiants ; env 70 lits en dortoirs ou en chambres individuelles. Attention : pourrait fermer en 2009. Une vieille maison qui abrite aussi les pompiers. Il est préférable de réserver longtemps à l'avance, vu les tarifs très attractifs. Possibilité de prendre le petit déj dans la salle du rez-de-chaussée.

Schronisko Młodzieżowe Pod Wianuszkami *(AJ ; hors plan par B1,* ***10****) : ul. Puławska, 80. ☎ 881-03-27. • wianuszki@poczta.onet.pl • En sortant de la ville en direction de Puławy, sur la* *droite. Double 40 Zl/pers (10 €) ; dortoir 30 Zl/pers (8 €) ; petit déj compris.* Une grande maison blanche, dans le style local, près de la digue de la Vistule. Propre et joliment aménagée. Plus de 60 places en chambres de 2, 3, 4 et 10 lits. Cuisine, salle à manger à disposition, toilettes et douches communes.

■ ***Chambres chez l'habitant :*** s'adresser au bureau de *PTTK* (voir « Adresses utiles »). Peu de résas pour une seule nuit – on le comprend, car Kazimierz vaut un plus long séjour – , mais les possibilités sont nombreuses.

Bon marché

▲ ***Guest-rooms Pokoje Gosgice*** *(hors plan par A2,* ***14****)* **:** *ul. Krakowska, 3, et au restaurant-grill, Prod Wietrzna Góra, 1. ☎ 881-06-93. Quelques doubles avec sdb env 80 Zl (20 €) en sem, env 100 Zl (25 €) le w-e ; pas de petit déj, mais petite cuisine à disposition.* On peut se garer dans le jardin. Plusieurs autres *Pensjonat* dans la même rue.

▲ ***Pensjonat Joanna*** *(plan A1,* ***15****)* **:** *ul. Sadowa, 3. ☎ 881-07-39. • pensjonat-joanna.pl • Derrière le magasin de glace, au fond d'une petite cour ombragée, tenue par des jeunes. Prix à négocier : en général, double env 70 Zl (18 €) avec sdb.* Propose 2 petits studios avec cuisine. Literie un peu molle. *Resto avec plat env 15 Zl (4 €).*

▲ ***Hôtel Na Wodzie Dziunia*** *(plan A1,* ***16****)* **:** *péniche à quai sur la Wisła. ☎ 723-50-06. Doubles env 80 Zl (20 €) avec sdb, 60 Zl (15 €) avec w-c et douche dans le couloir.* Si vous n'avez encore jamais dormi sur une péniche, c'est l'occasion d'essayer. Le bateau est à quai, avec les autres péniches. Il y a une dizaine de cabines avec lits superposés. Les cabines sont propres, avec moquette au sol, mais l'espace est compté. Resto à l'étage sur le pont. L'hôtel dispose de barques pour rejoindre l'île en face et ses plages de sable.

Prix modérés

▲ ***Dom Tutysty*** *(hors plan par A2,* ***11****)* **:** *ul. Krakowska, 59/61. ☎ 881-00-37. Compter 160 Zl (40 €) pour deux.* Dans une rue pavée comme un chemin de campagne mais à moins de 1 km du centre, une belle maison Renaissance avec son haut toit crénelé et sa façade rénovée. Les chambres déçoivent un peu : mobilier vieillot et déco qui rappellera à certains un kitsch très *Cage aux folles* (draps en fausse soie rose, etc.). Salles de bains de l'ère brejnevienne mais propres. Radio-réveil. Resto avec cuisine correcte et accueil agréable. Un énorme potentiel, en attendant quelques retouches à l'intérieur !

De prix moyens à plus chic

▲ ***Hôtel Dwa Księżyce*** *(plan B1,* ***17****)* **:** *ul. Sadowa, 15. ☎ 881-08-33. • dwaksiezyce.com.pl • Ouv tte l'année. Double 270 Zl (68 €) avec petit déj.* Une grande bâtisse dans une rue bosselée, bordée de maisons en bois traditionnelles. En contrebas des berges de la Vistule, entourée d'un jardin. Chambres confortables et spacieuses. Les n°s 14,15, 16, et 17 ont vue sur le fleuve.

Où manger ?

Bon marché

|●| ***Dom Michalakow Grill*** *(plan A-B2,* ***20****)* **:** *ul. Nadrzeczna, 24. À côté d'un petit manoir. Lun-jeu jusqu'à 20h ; ven-dim 13-17h. Bon choix de salades à partir de 12 Zl (3 €).* Dans un décor traditionnel, plats copieux et pas chers du tout, qu'on mange dehors sur des tables *Singer.* Petit tonneau contenant

du vin de France servi au verre.

Café Studnia *(plan A-B2, **21**) : à l'angle de la* rynek *et d'ul. Lubelska.* Sur cette adorable petite terrasse en bois ou dans cet intérieur de chaumière rustique, on vous reçoit en famille et en toute simplicité. Une maison de poupée à la carte minuscule, mais qui réussit à donner des accents locaux à ses sandwichs et ses hamburgers.

Prix moyens

Zielona Tawerna *(plan A1, **23**) : à l'angle de Tyszkiewicze et de Nadwiślańska. Ouv 12h-21h.* Vous vous souvenez de l'époque où les légumes, même les plus simples, avaient du goût, vers le IIe s avant José Bové ? Ici, on n'a pas oublié. Ancienne cuisine, en quelque sorte, puisqu'il y en a pour tous les appétits, du frugal au plus carnassier. Le midi, on s'installe au jardin ; le soir, on s'attarde à la chandelle en écoutant craquer le plancher. Musique jazzy très agréable, fleurs séchées, carte bilingue et service impeccable. Bienvenue au pays du romantisme !

Restauracja Staropolska *(plan A2, **22**) : ul. Nadrzeczna, 14. Par la petite rue à gauche du bureau* PTTK. *Un peu plus loin, à l'écart de la place principale, une maison typique polonaise, peinte à la chaux. Ouv 12h-22h. Compter env 30 Zl (8 €).* Vieille taverne. Prévoyez la petite laine pour le dîner, sauf les soirs où l'on pousse les tables pour faire dancing. Belle carte en polonais, traduite en anglais pour les viandes et les poissons. Cuisine savoureuse et service très efficace, mais cela se paie. Toilettes payantes aussi !

Plus chic

Piekarnia Sarzynski *(plan A2, **24**) : ul. Nadrzeczna ; face à la* rynek. *Ouv 11h-22h. Compter 50 Zl (13 €).* Au rez-de-chaussée, LA boulangerie de la ville, à fréquenter au petit matin pour le petit déj. Bon *espresso,* pain en forme de coq tout chaud. Monter à l'étage : resto au décor élégant. Savoureuse cuisine et service efficace. Spécialité : le bœuf à la crème et au poivre noir *(Perly Esterky).* La belle Premier ministre d'Ukraine, Iulia Timochenko, y est venue en 2005.

À voir

Rynek *(place du Marché et rues environnantes)* **: les maisons des frères Przybyło** *(plan A2, **30**),* au n° 12, à côté du *PTTK,* furent construites dans le style Renaissance au début du XVIIe s. Bâtisses à un étage, avec des arcades. Trois fenêtres au 1er étage, à l'alignement fantaisiste. Elles portent d'immenses attiques décoratifs, interprétation naïve des thèmes et schémas architecturaux de la Renaissance. Les nombreux bas-reliefs sont un joyeux mélange de sujets bibliques, scènes de la vie quotidienne, motifs grecs et romains...

La maison des Architectes *(plan A2, **31**) : elle aussi sur la* rynek. Construite récemment, à partir des éléments de la maison dite « de Gdańsk », de la fin du XVIIIe s.

Le musée d'Orfèvrerie : *ul. Zamkova, 2.* Il expose des bijoux et des objets usuels en or et en argent provenant des musées polonais.

Kościół Farny *(église paroissiale ; plan B2, **32**) : du côté nord-est de la pl. du Marché.* Un exemple typique de l'architecture sacrée de l'époque de la Renaissance. Construite sur les ruines d'une église gothique, détruite par un incendie en 1598. Les vieux murs ont alors été surélevés et décorés. On a ajouté également les chapelles. À l'intérieur, une voûte à berceaux ornée de stucs. Notez les chapelles richement décorées et les splendides orgues de 1620.

VARSOVIE ET SES ENVIRONS

Les ruines du château *(plan B1, **33**) : au-dessus de l'église. Accessibles par un chemin raviné en 5 mn à pied.* Bâti au XIVe s par les prisonniers tatares, le château *(zamek)* devait assurer la sécurité du port sur la Vistule. À proximité, la ***tour de guet*** *(baszta ; plan B1, **34**),* haute de 20 m, servait notamment de phare pour la navigation. Très beau panorama sur la ville et la rivière. On peut prendre le chemin sur la droite qui va aux Trois Croix *(Góra Krzyzowa),* qui rappellent que la ville fut touchée par la peste. Le sentier débouche derrière l'église Pamiatki.

La maison Celejowska *(plan A2, **35**) : dans la rue Senatorska. Ouv mai-sept 10h-17h (19h ven-sam). Entrée : 5 Zl (1,25 €).* Une maison tout en pierre avec son attique. Elle abrite un petit *musée* consacré à l'histoire de la ville et de sa région.

Kościół Klasztor *(église et couvent des frères franciscains ; plan A2, **36**) :* imposante bâtisse du XVIIe s, dominant la ville au sud, du haut de la colline. On y accède par des escaliers escarpés. C'est une chapelle aux décorations baroques. Sur le maître-autel, le célèbre tableau représentant la scène de l'Annonciation a, paraît-il, des vertus miraculeuses. On peut également visiter une partie du couvent, où une pièce aménagée en salle d'exposition retrace l'histoire de la communauté religieuse.
➢ À partir de l'église et du couvent des frères franciscains, le chemin pavé monte au cimetière. Possibilité de faire une ***boucle à vélo,*** en suivant le balisage vert. Au retour, on passe par les berges de la Wisła.

Le château de Janowiec : *de l'autre côté de la rive. Prendre le bac (se renseigner sur les horaires au* PTTK*).* Un des plus grands châteaux du pays, qui reprend petit à petit du service.

Muzeum Przyrodnicze *(musée d'Histoire naturelle) : ul. Tyszkiewicza Puławska, 64. À la sortie de la ville en suivant la Wisła. Mai-sept 10h-17h ; oct-avr 10h-15h. Fermé lun. Billet : 5 Zl (1,25 €).* Installé dans un ancien grenier à blé.

Les innombrables ***galeries de peinture,*** où le pire côtoie le meilleur, se glissent partout, jusque dans les ruines du château. Nous recommandons la *galerie Mały rynek,* sur la placette du même nom, spécialisée dans les aquarelles modernes et franchement délirantes.

Le monument juif : *à 1 km du centre, dans la direction d'Opole Lubelskie.* Dédié aux victimes de la Shoah, un impressionnant mur de stèles et de pierres tombales, fracturé en son centre et s'ouvrant sur l'ancien cimetière juif noyé dans la forêt.

Fêtes et manifestations

Il y en a pour tous les goûts et toutes les couleurs.
– Un festival original de ***groupes et chanteurs folkloriques,*** accompagné par une foire artisanale : *chaque année, fin juin.*
– *En été,* des **concerts d'orgue** ont lieu dans le beau décor de l'église paroissiale *(kościół Farny),* ainsi que des **concerts de musique classique** : *août-sept 1 fois/sem, généralement le mar vers 19h30.*
– Et enfin, pour s'éclater, des ***concerts de rock et de folk*** organisés dans l'ancienne carrière, un peu à l'écart, au sud-ouest de la ville, au bord de la Vistule : *en été.*

LUBLIN

360 000 hab. IND. TÉL. : 081

Située à l'est de la Vistule, sur la route de Varsovie à Lvov (à environ 200 km au sud-est, en Ukraine), cette ville universitaire étonne par la jeunesse de ses habitants et son histoire ancienne. Le centre historique est remis en valeur

lentement mais progressivement, et des itinéraires pédestres thématiques et explicatifs permettent de découvrir en détail ses richesses.

UN PEU D'HISTOIRE

Lublin fut au centre des événements cruciaux de l'histoire du pays. Quelques dates clés : en 1569, c'est l'Union de Lublin, qui intègre le royaume de Lituanie à celui de Pologne. En 1918, le premier gouvernement indépendant y est mis sur pied. En juillet 1944, c'est au tour du gouvernement provisoire monté par les communistes d'y siéger. Malgré cette place de choix dans l'histoire polonaise, la ville fait figure de grande oubliée des programmes touristiques ! Profitez-en.

« La Jérusalem de Pologne »

L'histoire de la communauté juive de Lublin est bien spécifique car ici, plus qu'ailleurs, elle profita d'une certaine harmonie entre Polonais et juifs. Au XVIe s, la ville compte la 3e communauté juive du pays, après Cracovie et Lvov. Surnommée la « Jérusalem de Pologne », elle fut longtemps un centre réputé de culture yiddish en Europe. Au XIXe s, les juifs sont même intégrés dans la vie municipale. Dans leur entreprise destructrice, les nazis ont totalement effacé cette histoire multiséculaire tandis qu'ils créaient, à la lisière de Lublin, le camp d'extermination de Majdanek. Jumelée avec Rishon Le Zion en Israël, Lublin est aujourd'hui l'une des seules villes de Pologne à coopérer activement avec l'État hébreu sur le plan municipal.

Arriver – Quitter

➢ ***En voiture :*** à 175 km de *Varsovie* (prendre la route 17) et à 44 km de *Kazimierz Dolny.*
➢ ***En train :*** env 6 rapides/j. depuis et pour *Varsovie.*
➢ ***En bus :*** la gare routière PKS est située au pied du château, près de la vieille ville. Bus ttes les heures de *Kazimierz Dolny.*

Pour l'Ukraine

➢ ***Pour Lvov :*** 2 bus/j. avec la *Cie Anas.* Les bus partent de la gare routière de Lublin. On peut réserver son billet auprès de la compagnie, sur place. Billet : 50 Zl (13 €, aller seul). Durée : 6h pour env 200 km. Le seul problème, c'est le passage de la frontière entre la Pologne et l'Ukraine : l'attente peut être de 4h s'il y a une vingtaine de voitures ! La douane polonaise est lente. La *Cie Quand* (la plus recommandable) est basée à Tomaszow (*☎ 084-665-89-90. • quand.com.pl •).*
➢ ***Pour Kiev :*** train de nuit, départ 0h36, arrivée 16h26. Durée : env 15h.

Adresses utiles

ℹ ***Office de tourisme (LOIT) :*** *ul. Jezuicka, 1/3. ☎ 532-44-12. • loit.lublin.pl • Dans la vieille ville, juste après la porte de Cracovie. En été, lun-ven 9h-17h ; sam-dim 10h-16h (15h dim). Fermé dim en hiver.* Service professionnel et anglophone. Horaires des trains affichés. Plan du centre-ville, très détaillé. Liste d'hôtels et brochures *(Tourist routes of Lublin)* reprenant les parcours pédestres marqués par des couleurs distinctes.

✉ ***Poste principale :*** *ul. Krakowskie Przedmieście ; juste en face de la statue équestre de Piłsudski. Lun-sam 7h-21h ; dim 7h-14h.*

■ ***Change Kantor :*** *à l'hôtel* ***Europa*** *(ul. Krakowskie Przedmiescie, 29). Lun-sam 9h-14h. Fermé dim. Et à la* ***poste*** *(mêmes horaires).*

Où dormir ?

Bon marché

Archidiecezjalny Dom Rekolekcyjny : *ul. Podwale, 15. ☎ 532-41-38. La rue commence à droite après la porte de Grodzka. Sonnez (plusieurs fois si nécessaire !) à l'interphone « Kuchnia ». Double avec sdb 45 Zl/pers (11 €) ; petit déj 8 Zl (env 2 €).* Un ancien couvent du XVIIe s à l'ambiance monacale. Plutôt logique, vu que l'hôtel est géré par un ordre monastique et tenu par des bonnes sœurs. Couvre-feu à 22h. Belle cour de cloître et séjour spirituel !

Wojewódzki Ósrodek Doskonalenia Nauczycieli : *ul. Dominikańska, entre la rynek et l'église dominicaine. ☎ 532-16-05. Compter 50 Zl/pers (13 €), sans petit déj.* Un nom aussi long n'était peut-être pas nécessaire, mais l'adresse s'avère très pratique. À deux pas de la place de la Vieille-Ville, cet hôtel est le seul édifice rénové de sa rue. Les intérieurs en voûte ont la simplicité d'un ancien couvent. Chambres de 1 à 5 personnes, bien tenues, au charme sobre, avec salle de bains et TV.

Prix moyens

Chambres du Bramma Café : *ul. Grodzka, 23. Adossé à la porte Grodzka. ☎ 532-13-97. • bramma.pl • Double 140 Zl (env 35 €).* Seulement 4 chambres au rez-de-chaussée ou au-dessus de ce café charmant *(ouv 10h-21h).* Confortables, propres et avec douche et w-c. La n° 4 a deux fenêtres qui donnent sur un champ en bordure de ville. Pas de petit déj et pas de TV ni de téléphone.

Campanile : *ul. Lubomelska, 14. ☎ 531-84-00. • campanile.com.pl • Légèrement excentré. Compter 240 Zl (60 €) pour deux ; le w-e, le prix tombe à 200 Zl (50 €) ; petit déj 25 Zl (7,50 €) ! Parking gardé et resto (13h-22h30).* Cet établissement d'une grande chaîne respire le neuf. Hôtel moderne sans charme particulier mais aux chambres fonctionnelles (clim', salle de bains avec sèche-cheveux, prise modem...). Accueil souriant et anglophone.

Chic

Grand Hôtel IBB Lublinianka : *Krakowskie Przedmieście, 56. ☎ 446-61-00. • lublinianka.com • Sur le grand axe de la nouvelle ville. Doubles 320 (w-e)-360 Zl (80-90 €), de catégorie économique à supérieure ; petit déj, sauna, centre fitness et bains turcs inclus dans le prix.* Ce bel immeuble de pierre de taille aux allures de palais fut construit en 1900 pour la chambre de commerce de Lublin. La couleur est annoncée et la suite ne déçoit pas : matériaux nobles, plafonds hauts et décoration raffinée, l'ensemble est aussi chic que de bon goût. Les chambres de catégorie supérieure possèdent un balcon aussi grand qu'elles, la 106 est la plus belle... Réception souriante et parfaitement anglophone.

Où manger ?

Magia : *ul. Rybna, 1. ☎ 532-30-41. Dans une rue partant du nord-ouest de la rynek. Repas env 16-60 Zl (4-15 €).* Un resto à l'écart du flot touristique. Différentes salles, où l'on passe indifféremment du style intimiste au bois rustique, poutres et tabourets hauts. En été, petite cour pavée divisée en terrasses. Vers midi, elles se remplissent petit à petit, attirant la jeunesse, qui vient s'y sustenter d'excellentes et copieuses salades, servies avec du pain grillé. Service attentionné.

Mandragora (Jewish Pub) : *rynek, 9.* ☎ *536-20-20. Ouv 13h-22h ou 23h. Résa conseillée : en été, une terrasse est ouverte, mais la salle intérieure n'offre que quelques tables. Repas env 30 Zl (8 €).* Un bel édifice derrière un magnifique portail Renaissance. Une salle simple, reproduisant l'atmosphère familiale du Lublin juif d'autrefois : tableaux de Chagall et photos liturgiques, mobilier en bois et fleurs fraîches. Plats juifs polonais typiques comme l'incontournable *gefilte fisch* (carpe farcie), à des prix raisonnables. Organisent aussi des dîners de shabbat. Accueil chaleureux (Ania, une serveuse, parle le français).

Oregano Café : *ul. Kościuszki, 7. Dans une rue piétonne derrière la poste. Ouv 12h-23h. Repas au moins 40 Zl (10 €).* Salle agréable avec ses poutres peintes, ses murs ocre et quelques tournesols disposés çà et là. Atmosphère tamisée. Cuisine méditerranéenne, avec une nette tendance ibérique (paellas, gazpachos...). Pour changer un peu.

Où boire un verre ?

Quelques bars dans la vieille ville, accueillants et animés, avec un charme fou.

Akwarela Café : *rynek, 6.* ☎ *534-64-09. Ouv tlj jusqu'à 23h (jusqu'au dernier client sam-dim).* Adorable petit café tenu par des personnes affables. Divans, tables, décoration coquette et soignée avec tableaux et photos, bonne musique, ambiance cosy. Vin au verre.

Bar-Restaurant Bramma : *ul. Grodzka, 21.* ☎ *534-99-33. Adresse différente du* Bramma Café *attenant, au n° 23. L'entrée se trouve sous la porte de Grodzka. Ouv 14h-22h (23h sam-dim).* Ici, on revit à l'heure du Lublin juif, aujourd'hui disparu. Au rez-de-chaussée et au sous-sol, de nombreuses salles décorées de thèmes traditionnels de la culture juive polonaise, à l'instar de la cuisine. Service sympathique. Le samedi soir, concerts de musique yiddish de Pologne et d'Ukraine.

Magma : *ul. Grodzka, 16. Près de la* rynek. *Ouv 11h-2h.* Pub chaleureux avec une salle loufoque, aux murs peints en noir ! Les chaises, tout aussi noires, semblent sorties du manoir d'un comte Dracula de série B ! En été, les jeunes de la ville fuient cet intérieur néogothique pour se poser avec nonchalance sur la terrasse, idéalement située.

À voir

LA VIEILLE VILLE

Elle est traversée du sud au nord par l'axe Bramova-Zamkowa, qui mène au château en passant par la *rynek* et l'ancien quartier juif. La vieille ville était autrefois entourée de remparts ; il en reste, à son entrée, la porte de Cracovie *(Brama Krakowska).* Le centre historique n'a pas encore connu de grande rénovation (en projet), et on ne s'en plaint pas vraiment !

Il faut peu d'imagination pour revoir, dans la pierre du moins, le Lublin d'autrefois. Les façades marquées par le temps laissent une impression troublante. D'autant plus que la ville n'a pratiquement subi aucune destruction de guerre. On tire notre chapeau à la promotion locale du tourisme : la vieille ville est balisée par des parcours de couleurs thématiques : *Jagellons et Union de Lublin* (vert), *Héritage juif* (bleu), *Lublin architectural* (jaune) ou encore *Célébrités de la ville* (noir). Chaque site est numéroté et accompagné de notes en anglais.

Rynek : façades plus ou moins fissurées, sgraffites effacés, la place de la Vieille-Ville porte les stigmates du temps, mais une restauration semble s'amorcer. Seule la belle maison Renaissance à la façade bleue, au n° 12, est pour l'instant rénovée.

Au centre, l'hôtel de ville de la vieille ville (1781), œuvre néoclassique de l'Italien Domenico Merlini. Au nord-est, la rue Zlota laisse apparaître une mince perspective sur l'***église dominicaine*** *(Kościół Dominikanów),* fondée par le roi Casimir le Grand en 1342 et reconstruite dans le style Renaissance après un incendie. Elle vit la signature de l'Union de Lublin en 1569, qui réunit les royaumes de Pologne et de Lituanie.

Zamek Lubelski *(château de Lublin)* ***:*** *ul. Zamkowa, 9. Au nord-est de la vieille ville, après la porte Grozdka.* Il date du XIVe s mais fut reconstruit après un incendie. De 1820 à 1945, il a surtout fait office de prison. Avec 100 000 personnes ayant transité par les geôles nazies, il fut, pendant la guerre, l'antichambre vers le camp d'extermination de Majdanek.
– Située dans l'aile est, la ***Kaplica Św Trójcy*** *(chapelle de la Sainte-Trinité) constitue l'attraction principale. Lun-jeu 10h (9h mer-jeu)-17h ; ven 10h-14h ; sam-dim 10h (9h dim)-17h. Entrée : 6,50 Zl (1,60 €). Demandez un texte en français.* Cette chapelle entièrement peinte représente un exemple unique dans l'art médiéval occidental. C'est vers 1418 que le roi Ladislav Jagellon décide de la faire recouvrir de fresques russo-byzantines. Fasciné par l'Église d'Orient, il a entrepris une vaste illustration de la Bible (vie du Christ et des apôtres...), sans oublier de figurer sur le mur nord, dans une scène équestre. Exaltation mystique du roi typique de la peinture médiévale. Profusion des bleus, verts et roses, mais c'est le doré qui donne à l'ensemble une luminosité inattendue. À voir absolument.

Muzeum Lubelskie w Lublinie *(musée de la Province de Lublin)* ***:*** *ul. Zamkowa, 9. ☎ 532-50-01. • zamek.lublin.pl • Mai-sept, tlj sf lun 10h-17h ; le reste de l'année 9h-16h. Entrée payante.* Le château de Lublin, en rénovation en 2008, sera rouvert en 2009. Archéologie, numismatique, ethnographie, littérature. Histoire et culture de la région, présentée de manière vivante : costumes folkloriques variés, christs peints, statues religieuses rappelant l'art naïf...

L'HÉRITAGE JUIF

Réparti dans les rues autour du château, l'ancien ghetto commençait juste après la porte Grodzka. Après l'émancipation au XIXe s, les juifs s'installent dans l'ensemble de la vieille ville. En 1939, ils représentent 30 % des habitants, et la ville ne compte pas moins de 36 synagogues, un théâtre et 4 cimetières, tous détruits par les nazis. Un pan important de la vie culturelle de la ville a été anéanti.
– Il y a cependant quelques restes, gravés dans la pierre : l'ancien *hôpital juif (ul. Lubartowska, 81),* l'ex-*Académie des sages de Lublin,* fondée en 1930 par des juifs du monde entier et reconnue pour ses études talmudiques *(au coin des rues Lubartowska et Unicka, vers le nord).* Dans ul. Grodzka, au point n° 12 du parcours bleu : l'*orphelinat juif,* qui fonctionna de 1862 jusqu'au 24 mars 1942. Ce jour-là, les nazis firent irruption dans l'immeuble et transportèrent les enfants hors de la ville pour les abattre.

Le vieux cimetière : *prendre les rues Tysiaclecia puis Sienna, au nord-est du château.* Le cimetière est entouré d'une enceinte de brique rouge. Pour le visiter, contactez l'office de tourisme : on vous donnera le numéro de téléphone d'une dame âgée, qui possède les clés et fait office de guide. Celle-ci ne souhaite pas de visites trop fréquentes ni de groupes touristiques ; il suffit simplement de se montrer poli et respectueux. Érigée en 1541, la tombe de Jacob Kopelman ben Jehuda ha-Levi est la plus ancienne des cimetières juifs de Pologne. De nombreux rabbins locaux et réputés reposent ici, tel le grand kabbaliste Yaakiov Yitzhak Horowitz, appelé aussi le Voyant de Lublin. Il est décédé en 1815 et le cimetière a cessé de fonctionner quelques années après. En se baladant dans la rue Sienna, on ressent, à la vue des petites maisons adjacentes, l'atmosphère pauvre des anciens quartiers juifs périphériques.

Le nouveau cimetière et le mémorial : *au nord du vieux cimetière et à 10 mn à pied, par les rues Podzamcze (est) et Walecznych.*
Fondé en 1829 pour relayer le vieux cimetière, il était alors en dehors de la ville. Il fut entièrement détruit par les nazis, et les tombes d'origine se comptent aujourd'hui sur les doigts d'une seule main (il y en avait 52 000 avant guerre). Le régime communiste divisa ce qui restait du cimetière par un tracé de rues. Il a échappé à l'oubli grâce à l'œuvre de Sarah et Manfred Frenkl, dont la Fondation a permis la construction du mausolée en 1991.
Grande charge symbolique dans la conception du site, entouré d'un mur de pierres tombales abîmées entre lesquelles figure un chandelier à sept branches *(menorah)* rouillé. On entre par de petites portes latérales, presque dissimulées. Les rails sur lesquels elles coulissent semblent évoquer ceux qui acheminaient les victimes vers le camp de Majdanek. À l'entrée, l'édifice du mausolée, fermé. À l'intérieur, *menorah* géante construite en 1947 à la mémoire des victimes de la Shoah. Tombe collective de 197 personnes mortes à Majdanek et, plus loin, troublantes pierres tombales sans nom.
– Vers la droite en sortant, le mémorial se prolonge par un vaste terre-plein aux allures de terrain vague, avec quelques monuments minimalistes dont certains laissent voir d'anciennes pierres tombales. Malgré les graffitis et les détritus, de belles images, comme ces tombes anonymes, protégées par un grand arbre. Laissé quelque peu à l'abandon, le site est plus lumineux que sordide car la mémoire est sauvegardée.

La nouvelle ville : *traversée par le grand axe Krakowskie Przedmieście.* Rénovée et moderne, elle est animée, avec ses boutiques et ses terrasses, et présente un net contraste avec la vieille ville. Quelques monuments emblématiques de l'histoire de la ville, comme l'obélisque commémorant l'Union de Lublin, sur la place Litewski.

➤ DANS LES ENVIRONS DE LUBLIN

Majdanek (Panstwowe Muzeum na Majdanku) : *à 4 km au sud-est du centre de Lublin. ☎ 744-26-40. • majdanek.pl • Prendre le trolley-bus n° 156 depuis ul. Królewska (à droite de la porte de Cracovie). Mai-sept, tlj 8h-18h ; oct-avr, tlj sf lun 8h-13h. Entrée libre, mais des fonds sont récoltés pour le guide sur le parking. Visite possible en anglais ou en allemand. Âge min requis : 15 ans !*
Construit en mars 1942, dans le cadre de l'expansion à l'Est, le camp de Majdanek est, avec ses 270 ha, l'un des plus grands camps d'extermination nazis. La majorité des prisonniers étaient des prisonniers de guerre, venus de 30 pays différents. Son emplacement se justifie (si l'on peut dire !) par le nombre de juifs habitant la région ; ceux-ci ont représenté 40 % des détenus. Les chambres à gaz ont fonctionné à partir de 1942, et l'entreprise diabolique a nécessité en tout 7 700 kg de Zyklon B, destinés presque exclusivement aux juifs. Sur les 235 000 victimes du camp, on compte 110 000 juifs et environ 75 000 Polonais.
Le musée d'État de Majdanek a été l'un des premiers de ce genre puisqu'il vit le jour à l'automne 1944, soit 3 mois seulement après la libération du camp par les Soviétiques. Une grande partie de l'infrastructure d'origine est restée telle quelle : chambres à gaz, miradors, fours crématoires et lignes de fil barbelé, tout témoigne de la barbarie nazie. Quelques baraques de prisonniers exposent des documents d'archives (vêtements et chaussures de prisonniers, œuvres de détenus, lettres administratives...). Une visite forcément émouvante et nécessaire.

LES CARPATES

Les amoureux de la montagne ne regretteront pas d'être venus en Pologne. Le sud du pays est en effet entouré de chaînes montagneuses : Carpates et Sudètes, avec des sommets qui culminent à 2 500 m au mont Rysy. Les mon-

tagnes polonaises abritent 10 parcs nationaux. Les pistes sont bien aménagées. Un sac à dos, quelques provisions, de bonnes chaussures et un peu d'entraînement, voilà l'équipement de base pour aller à la rencontre d'une nature vierge qui en étonnera plus d'un.

SANOK

(38-500) 42 000 hab. IND. TÉL. : 013

Au carrefour des routes vers l'Ukraine (50 km) et la Slovaquie (20 km), Sanok est un bon point de départ pour aller à la découverte des Carpates polonaises : les Bieszczady. Les alentours de Sanok abondent d'églises orthodoxes en bois, dont celle d'Ulucz, datant du XVe s. Centre industriel, avec notamment l'usine *Autosan,* la ville et la région sont pourtant les enfants pauvres de la Pologne. Très liées à l'Ukraine, culturellement mais aussi par des relations commerciales, elles paient cher la déprime économique de ce pays. La ville se recycle dans le tourisme, dont son Musée ethnographique, l'un des plus grands de Pologne, ou son musée des icônes, en sont des illustrations à ne pas manquer. Dynamique, Sanok est par ailleurs une ville où l'on fait parfois encore du footing à 1h du matin ! C'est simple, il y ici autant de terrains de sport que d'églises...

Arriver – Quitter

➢ ***En voiture :*** de Cracovie, prendre la route E40 jusqu'à Przemyśl ; c'est la plus directe. Compter une bonne demi-journée de route. De Łańcut (en Petite Pologne), petite route directe : la 877. Ça monte et ça descend, et c'est un peu cabossé par endroits, mais c'est la route la plus courte en kilomètres. Sinon, passer par Przemyśl (petit détour, mais route plus belle encore, car beaucoup de paysages encore sauvages, des collines et des vallons). Une autre possibilité depuis Łańcut : aller jusqu'à Rzeszow, prendre la route 9 dans la direction de Barwinek, puis, à Domaradz, la 886 jusqu'à Sanok.

➢ ***En train :*** de Cracovie, passage obligé par Krosno (3 trains/j.). Durée : 5h. *Billet : env 30 Zl (8 €).* De Łańcut, on passe par Jaroslaw, Przemyśl, Ustrzyki Dolne. De/pour Zagorz (porte d'entrée des Bieszczady), une vingtaine de trains/j. Se renseigner pour le passage sur le territoire ukrainien.

➢ ***En bus :*** 7 bus/j. depuis Cracovie. Durée : 4h45. *Billet : env 33 Zl (env 8 €).* On recommande le bus, plus confortable que le train. Bus privés entre Cracovie et Sanok : 1 ou 2 bus/j. Ils s'arrêtent aussi près de la gare ferroviaire. De/pour Rzeszów et Krosno, une quinzaine de départs, de tôt le matin à tard le soir. De/pour Przemyśl : 4 bus/j.

Adresses utiles

ℹ ***Office de tourisme :*** *rynek, 14.* ☎ *463-60-60.* • *sanok.pl* • *Lun-ven 9h-17h ; sam-dim 9h-13h. Internet gratuit.* On y parle le français, l'anglais et l'allemand. Demandez le responsable du bureau, le jovial Robert Bankosz, parfait francophone, historien et auteur de livres sur la région. Il pourra vous renseigner sur tout. Hébergement (agritourisme), activités, randonnées, services de guide de montagne *(300 Zl/j., soit 75 €).* Demandez la brochure de la promenade sur le thème du *brave soldat Szvejk* de l'écrivain tchèque Jaroslav Hašek. Le roman situe ici son lieu de garnison, et vous pourrez voir sa statue en ville.

ℹ ***PTTK Ziemia Sanocka :*** *ul. 3-go Maja, 2.* ☎ *463-21-71.* • *pttk.avx.pl* • *Dans une rue partant du nord-ouest de la* rynek. *Ouv slt en sem 8h-17h.* Utile pour ceux qui souhaiteraient voyager dans la région ou pousser leur périple jusqu'en Ukraine ou en Slovaquie. Résas, infos et organisation de voyages.

Gare ferroviaire PKP : *rue Dworcowa. Éloignée du centre-ville, à 1 km au sud de la* rynek. Il existe un petit train à vapeur dans les Bieszczady, entre Wola Michowa et Wetlina. En été, il part de Rzepedz. Se renseigner à la gare de Zagorz et au bureau de *PTTK* de Sanok.

Gare routière PKS : *rue Lipinskiego. À 1 km du centre, au niveau de la gare ferroviaire. Grand panneau* PKS-Conex. Une passerelle enjambe les rails et mène à la gare ferroviaire.

Change : *plusieurs bureaux de change* (kantor) *sur la rue Kosiuski.*

Où dormir ?

Campings et auberge de jeunesse

Camping Sosenki : *ul. Galowa, 35. ☎ 464-45-21. Du centre de Sanok, prendre la direction Przemysl, traverser le pont, prendre la 2e à gauche, puis longer le petit chemin (et slalomer entre les trous !) après le poste de police. Cabine téléphonique.* Bon emplacement, à l'écart de la route et au bord de la San. Bungalows en bois disposés entre des arbres. Louent des kayaks pour des excursions sur le fleuve.

Camping Biala Gora : *ul. Biala Gora. Continuer le même chemin que pour le camping précédent, en passant par des petites datchas et des potagers d'un autre temps ; juste après le pont, prendre la petite route qui monte sur la droite. ☎ 463-28-18.* Situé au bord de la rivière San. Bungalows en forme de chalet de montagne. Bien équipé et propre mais pas vraiment avenant, avec les grillages barbelés qui courent pas loin et, pour tout accueil, un berger allemand qui aboie...

Schronisko PTSM *(AJ) : ul. Konars Kiego, 10. ☎ 463-09-25. Proche des gares* PKP *et* PKS. *Prendre la rue en face de l'hôtel* Jagiellonski. *AJ ouv slt pdt vac scol. Compter 15 Zl/pers (4 €) pour des dortoirs bas de plafond mais propres.* Une longue bâtisse jaune et orange à côté de l'hôpital.

De bon marché à prix moyens

Hôtel Pod Trzema Rozami : *ul. Jagiellonska, 13. ☎ 463-09-22. • podtrzemarozami.pl • Doubles 85-100 Zl (21-25 €) selon saison ; petit déj 13 Zl (3 €).* Finalement, un bon rapport qualité-prix-emplacement pour Sanok. Demander une chambre (douche-w-c, balcon) donnant sur les arbres à l'arrière, avec vue dégagée sur les monts au loin ; elles sont au même prix que celles donnant sur la rue. La propriétaire polonaise vit en France. Si elle est là, profitez de ses connaissances. Chambres confortables. Bon accueil. Et pour la petite histoire, c'est dans cet hôtel que descendait la garnison de Švejk. Mais dans le roman de Hašek... c'était aussi un bordel !

Hôtel Dom Turysty : *ul. Mickiewcza, 29. ☎ 463-10-13. • domturysty.bieszczady24.pl • Proche du* centrum. *Double 90 Zl (23 €). Parking payant. Billard.* Un grand immeuble dans le plus pur style socialiste, avec 140 chambres évoquant une cité universitaire, avec graffitis sur les murs. La salle de bains est dans la chambre. Atmosphère conviviale. Et pour les mordus du ballon rond, il y a un stade de foot attenant.

Hôtel Jagiellonski : *ul. Jagiellonska, 49. ☎ 463-12-08. • hoteljagiellonski.pl • Dans la direction de la gare* PKP, *au bord de la route. Double 95 Zl (24 €) ; moins cher pour une chambre sans fenêtre.* Vieille maison bourgeoise transformée en hôtel. Des chambres simples à l'appartement de 3 pièces. Déco hétéroclite. Accueil agréable.

Prix modérés

Hôtel Sanvit : *ul. Łazienna, 1. ☎ 465-50-88. • sanvit.sanok.pl • Juste à côté de la place principale. Double 150 Zl (38 €) ; un peu moins cher le w-e.* Un hôtel bien tenu, sans charme particulier mais confortable. Grandes chambres, aux couleurs assorties et aux draps estampillés du nom de l'hôtel, s'il vous plaît... Beaucoup de conférenciers et de groupes de sportifs séjournent ici.

Où dormir dans les environs ?

La région des Bieszczady, notamment à Cisna, Wetlina et Solina, propose des campings, des pensions chez l'habitant et quelques hôtels pour randonneurs. Le mot ***noclegi*** que l'on voit affiché un peu partout signifie qu'on peut y trouver une chambre à louer.

Où manger ?

Bon marché

🍽 ***Restaurant Smak :*** *ul. Mickiemiza, 4. Ouv 9h-17h (15h sam).* Pierogis *autour de 7 Zl (1,75 €) ; plats de viande env 10 Zl (2,50 €).* Le plus populaire de la ville et un doux fumet dès l'entrée. Décoration classique d'une cantine polonaise, avec tableau au mur qui affiche les plats du jour. *Daria jurskie* signifie « plat végétarien ». Plats copieux et clientèle familiale de 7 à 77 ans.

🍽 ***Restauracja U Szwejka :*** *ul. 3-go Maja, 15. ☎ 464-47-61. Descendre l'escalier en vis-à-vis du banc sur lequel est assis le soldat Švejk. Tlj sf sam jusqu'à minuit (dernière commande 23h). Plats autour de 15 Zl (4 €).* Un resto dédié au héros antimilitariste du *Brave soldat Švejk,* dont le visage goguenard s'affiche aux murs. Cuisine variée qui tient au corps, avec des plats tchèques (goulasch), polonais et italiens (bonnes pizzas saucisse-oignons). Trois salles à peine, gâchées par la pièce des machines à sous.

Prix moyens

🍽 ***Restaurant de l'hôtel Dom Turysty :*** *voir « Où dormir ? ».* A l'avantage de servir assez tard le soir. Souvent animé. Cuisine sans originalité mais copieuse.

🍽 🍷 ***Restaurant Horn :*** *rynek, 1. ☎ 464-20-15. Ouv jusqu'à 22h.* Derrière l'hôtel de ville, sous un porche, au sous-sol. Salles évoquant un bistro vieille Europe, avec tentures au mur. Pizzas, salades et petits plats polonais. Le soir, pour y boire un verre, l'ambiance est plutôt somnolente...

🍽 ***Restaurant Scorpion :*** *ul. Grzegorza Sanoka. Dans le centre.* Resto au sous-sol. Cuisine simple et économique, plats polonais courants et aussi des pâtes et des omelettes. On peut aussi y boire un verre le soir.

🍽 ***Karczma :*** *rynek, 12. ☎ 464-67-00. Ouv midi et soir.* Une auberge traditionnelle tenue par Teresa, une femme-chef cuisinière qui redonne vie aux plats régionaux. De la soupe de lardons et fèves vertes aux *pierogis* à la pâte de sarrasin, tout est bon et copieux. Et on ne se sent pas lourd au final, tout simplement parce que c'est ex-ce-llent. Du sol au plafond, des murs aux tables, du bar aux banquettes, tout est en bois, « comme avant ». Côté ambiance sonore, on sent déjà l'Ukraine et ses chants polyphoniques. Les bottes de cosaque au mur donnent la réplique. *Karczma* a un frère jumeau, encore plus rustique, à l'entrée du *skansen.*

Chic

🍽 ***Restaurant de l'hôtel Jagiellonski :*** *voir « Où dormir ? ».* Il remporte le prix de la qualité et du raffinement ; on vous laisse le soin de goûter. Menus économiques malgré les allures cossues des salles du sous-sol, meublées à l'ancienne.

Où boire un verre ? Où sortir ?

Disons-le franchement, le soir, Sanok n'est pas très animée. Mais où sont donc tous ces jeunes sportifs qui déambulent dans la journée ? Nous avons en revanche trouvé un bar très sympa ouvert encore après minuit, miracle !

Klub Panik : *ul. II Putku Strzelcow Podhalanskich, 1. Au nord-ouest de la ville, à env 15 mn du centre. Prenez la rue Mickiewicza vers la droite, puis Szopena vers la gauche (après le stade de foot), puis à droite dans Zacisze, puis encore à droite ; ouf, vous y êtes !* Comment croire qu'un club se loge dans cette maison Renaissance, au fronton à volutes ? C'est pourtant ici le rendez-vous de la jeunesse de Sanok, qui palabre et parfois danse dans ces deux salles ocre en voûte. Le week-end, le comptoir fait masse. Musique rock et reggae.

Quelques cafés en terrasse dans la rue principale.

Almi Decor : *ul. 3-go Maja, 15. ☎ 46-447-48. Sem 10h-18h ; w-e 10h-14h.* On trouve bien des bistrots-brocantes au bord des routes, voici un café dans un magasin de décoration. Ce ne sont pas vraiment des antiquités mais des meubles et des objets choisis, dans un joli décor intérieur. D'ailleurs, le café fait aussi boutique. Terrasse sympa avec chaises en paille tressée. Choix exhaustif de cafés et de chocolats chauds, que l'on déguste au calme.

Club Kino : *ul. Mickiewica ; près de l'entrée du parc public.* Ancien cinéma converti en resto et en bar-club dansant. Après la fermeture, une poignée de jeunes finissent parfois la soirée sur la place attenante, au monument commémoratif.

À voir

Le skansen : *à 2 km de la* rynek ; *fléché à partir du* centrum. *Traverser la rivière San en passant sur un ancien pont de l'armée. Tlj 8h-18h. Entrée : 9 Zl (2 €) ; tarif étudiants. Il est conseillé de prendre un guide : lui seul a les clés pour entrer dans les maisons.*
Musée de plein air, c'est l'attraction de la ville, puisque c'est le plus grand de Pologne : 38 ha, 120 bâtiments déplacés, remontés ou construits sur place. Un guide parle le français, et c'est tant mieux, car le musée ethnographique soulève un certain nombre de questions, notamment sur les communautés *bojkos* et *łemkos* qui habitaient la région avant d'être pour la plupart déportées sur ordre de Staline (suite à la guerre civile entre l'armée insurrectionnelle ukrainienne, l'UPA, et l'armée polonaise qui sévissait dans les Bieszczady jusqu'en 1948). Ces populations uniates, fidèles au pape, ont tout de même conservé les rites orthodoxes, d'où leur nom d'Église gréco-catholique.
Dans le parc, visite d'un temple uniate de 1731, d'une église gréco-orthodoxe et d'une église gréco-catholique, avec des explications sur leurs architectures et leurs modes de fonctionnement. On se croirait dans un village avec ses fermes, son école, ses sanctuaires, son musée d'icônes, ses pompiers...
Auberge traditionnelle pour siroter une bonne bière à la sortie.

Le château : *dans le* centrum. *Indiqué à 150 m de la* rynek. *Ouv 9h-15h (12h lun).*
Gothique à l'origine. Des fouilles sont actuellement entreprises, qu'on devrait pouvoir visiter aux alentours de 2010. Elles ont déjà révélé l'existence d'un marché au Moyen Âge, devant le château. Toujours devant celui-ci, dans la perspective de l'entrée, remarquez le petit monticule de pierre en losange, recouvert de plantes. C'est le reste d'un ancien périscope allemand. Sanok était située sur la ligne Molotov (voir plus bas) et deux bunkers entouraient le château pendant la guerre. En 2009 devrait ouvrir, dans les sous-sols, une exposition permanente sur l'histoire militaire polonaise.

Le château abrite un ***musée des Icônes*** *(Muzeum Historyczne w sanoku)*, qu'il ne faut rater sous aucun prétexte. *Billet : 10 Zl (2,50 €). L'entrée inclut une expo de peinture moderne.* C'est la plus riche collection d'images sacrées en Pologne et probablement l'une des plus belles en Europe. Les icônes symbolisent le passage entre le monde réel et le monde sacré. Certaines remontent ici jusqu'au XVe s.

– *Au rez-de-chaussée :* voir Św. Mandylion (saint Nicolas) l'exorciste, qui se lit comme une bande dessinée du XVIe s (le démon sort de la bouche du possédé). Sur sa robe, la croix typique des exorcistes. De nombreuses icônes reprennent le thème du Christ eucharistique. Sur l'une d'elles, des branches de vigne font office de perfusion, le sang du Christ s'écoulant dans une coupe sacrée. La 4e salle est tout bonnement passionnante, avec deux icônes géantes de la fin du Moyen Âge. La fonction éducative des images sacrées est ici clairement perceptible. Impressionnante mise en scène du dogme sur l'icône de gauche. Sur la gauche, la partie divine. On y reconnaît la Jérusalem céleste, le Christ et, au-dessus, les Hébreux de l'Ancien Testament, qui attendent de reconnaître Jésus avant de pouvoir entrer au Paradis. En face à droite, le Juif (comprendre celui des Évangiles, qui n'a pas reconnu la nouvelle révélation), précédé des autres « hérétiques » : le protestant, le Turc et le Tatar. En bas à droite, le Léviathan, dans la bouche duquel atterrissent les âmes damnées. Au centre, la balance symbolise le purgatoire. Des démons essaient de la faire pencher de leur côté. Autour gravitent quelques pécheurs, dont un prêtre qui s'endort pendant la messe.

– *Au 1er étage :* d'autres icônes, du XVIIe au XIXe s, ici ornées de cadres et quelques tableaux. Sans transition, on passe à une expo dédiée à Zdzisław Beksiński, l'un des artistes modernes les plus controversés de Pologne. Peintre de renommée mondiale, il vit entre Varsovie et Paris. Si vous ne le connaissez pas, c'est que vous avez l'esprit encore très optimiste, bien que l'artiste se dise réaliste. Aucun tableau n'a de titre et tous déclinent le thème de la mort. Un peu glauque, mais le style est intéressant. Beksiński a arrêté de peindre depuis près de dix ans pour se consacrer à l'ordinateur. Sur la droite, expo consacrée aux artistes polonais ayant vécu et travaillé à Paris : Pankiewicz ou encore Grabowski, très influencés par l'école de Pont-Aven.

Lors d'une promenade dans la ville, ne pas rater la ***cathédrale orthodoxe,*** située dans la rue qui descend du château. La clé, pour une visite, peut se demander *ul. Zamkowa, 16.* Centre religieux pour tous les orthodoxes de la région, cette cathédrale du XVIIIe s porte de nombreux signes de son adaptation au catholicisme, mais présente aussi quelques symboles uniates. Au centre, Christ Pantocrator entouré des apôtres. La porte royale, dorée, ne s'ouvre que pendant la liturgie. Les répétitions des chœurs de Sanok ont lieu le dimanche pendant la messe. Ils se disent, et nous pouvons le confirmer, parmi les meilleurs chœurs de la région.

UNE ÉGLISE, DEUX TRADITIONS

L'Église uniate refuse, comme son nom l'indique, la rupture entre les Églises occidentale et orientale, d'où son appellation d'Église gréco-catholique. Elle se réclame ainsi de l'évêque de Rome, le pape, tout en pratiquant les anciennes liturgies byzantines (entre autres). On trouve, dans l'Ukraine du XVIe s, mention d'une Église uniate organisée. Elle influença l'art des icônes et la décoration des églises. Aujourd'hui encore, des communautés uniates vivent à Sanok, mais aussi à Chełm ou encore à Przemyśl.

Les synagogues : sur les six synagogues que comptait Sanok avant guerre, deux ont survécu. La petite synagogue Klaus *(rynek, 10)* abrite aujourd'hui des archives d'État, mais elle devrait être accessible aux visiteurs en 2009 ou 2010. L'autre synagogue se situe *ul. Franciszańska, 5* et date de 1897. La première référence à une présence juive à Sanok remonte au XVe s. En 1941, les nazis ordonnent la construction d'un ghetto, situé entre les rues Łazienna, Zamkova et Sobieskiego. Seuls 10 % des 5 400 juifs de Sanok survivront à la Shoah.

À faire

- ***Excursion sur la ligne Molotov*** **:** à Sanok et dans la région passait la ligne Molotov, qui marquait la frontière entre l'URSS et l'Allemagne, après le dépeçage de la Pologne en 1939. C'est d'ici qu'est partie, en juin 1941, l'attaque contre l'URSS, plus connue sous le nom d'opération Barbarossa. Il faut s'imaginer une ligne entière de chevaux de frise, de fossés, de barbelés et de bunkers. Des photos d'époque montrent comme on s'y affairait : ingénieurs allemands, soldats slovaques ou hongrois de la coalition nazie... Certains bunkers sont très bien conservés, d'autres ont été reconstitués. La plupart sont libres d'accès, mais il faut rester prudent. On en trouve pas mal à *Sanok* et dans les localités alentour, comme à *Bykowce* et *Załuż* (à environ 4 km à l'est), à *Lesko* (à 14 km au sud-est) et plus loin, à *Bórka,* à une vingtaine de kilomètres au sud (voir la carte Bieszczady). Parfait pour une excursion historique, à pied ou à vélo.

Fêtes et festivals

- ***Fête de la communauté bojko*** **:** *7-8 janv, à Jordan.* Cette fête est pour eux plus importante que Noël.
- ***Grands festivals folkloriques*** **:** *dernier dim de mai et 1er dim d'août au* skansen *de Sanok.* Carte traduite en anglais, proposant soupe, côtelettes, poisson...
- ***Opération Barbarossa*** **:** chaque année, le 22 juin, est organisée, le long de l'ancienne ligne Molotov, une reconstitution de l'attaque allemande contre l'URSS !
- ***Rassemblement des Łemkos*** **:** *dernier w-e de juil.* Les Łemkos viennent de tout le pays et se rassemblent à Zyndranowa et Zdynia.
- ***Festival folklorique*** **:** *juil-août, à Jawordnik, à côté de Komanca.* Festival organisé par les étudiants de Lublin.
- ***Fête folklorique*** **:** *1er w-e d'août, à Mokre.*

➤ DANS LES ENVIRONS DE SANOK

Le tour des églises **:** balade balisée d'une journée, qu'on peut faire à vélo au départ de Sanok. Demander à l'office de tourisme la brochure en français avec la carte des emplacements des vieilles églises. Mieux conservées qu'au sud de Sanok, où beaucoup ont été brûlées, elles ont été restaurées et sentent bon le bois. L'intérieur est un luxe d'icônes. Chaque recoin a été peint, décoré ou sculpté, et c'est difficile de ne pas être en admiration devant tant de dévouement.
Première halte à l'église gréco-catholique de ***Miedzybrodzie.*** Les clés se demandent à M. Mieczyslax Bojeczko pour admirer l'intérieur. Puis direction ***Tyrawa Solna.*** Les clés se trouvent dans la maison d'à côté, chez M. Miecsyslaw. Ensuite ***Hłomcza,*** à Łodzina, où M. Jan Skubinski vous ouvrira les portes de l'édifice. ***Ulucz*** est le temple uniate le plus ancien de Pologne (1510). Les clés se trouvent à l'entrée du village, chez Mme Genowefa Filip. C'est la plus jolie des églises du circuit. Finir la boucle en passant par *Dobra Szlachecka, Siemuszowa* et *Hołuckow.*

Arłamow **:** *à 25 km au nord de Sanok. Prendre une jolie route sinueuse (paysage vallonné) depuis Sanok pour rejoindre Przemyś par la 98 ; continuer sur la 890 à partir de Kuźmina et suivre les pancartes de l'hôtel* Arłamow *(☎ 461-65-00).* C'était une ancienne résidence du gouvernement polonais pour ses apparatchiks, transformée en hôtel de luxe. La région avait été vidée de ses habitants, et on en avait fait une énorme réserve de chasse. La forêt est maintenant ouverte au public. Resto sur place. Possibilité de louer des VTT ou de faire des promenades à cheval et du ski de fond en hiver.

Kalwaria Paclawska : *après le village de Huwniki, direction Nowosioki Dydynskie.* Dans ce charmant petit village niché en haut de la forêt, un grand monastère franciscain de style baroque.

Galeria Quo Vadis – les sculptures de Boguslawa Iwanowskiego : *à* **Tyrawa Woloska.** *Sur la route de Przemyśl.* ☎ *462-10-08. À 20 km de Sanok, sur la route 28. Panneau sur la gauche en venant de Sanok ; à 250 m, sur le côté droit de la route secondaire.* Retraité autodidacte et inspiré par les aléas de l'existence (il a passé 2 ans au goulag dans sa jeunesse), Boguslawa a planté dans son jardin une collection d'étranges et envoûtantes sculptures sur bois, sortes de totems aux thèmes spirituels et philosophiques. L'intérieur de sa modeste maison est dédié à la sculpture, y compris sa cuisine, sa chambre à coucher, son salon. Étonnant et attachant artiste (il ne parle que le polonais), qui pourrait être un cousin du Facteur Cheval. Un inspiré « du bord des routes » !

LES BIESZCZADY

Au sud de Zagorz, c'est le commencement des Carpates, cette chaîne de montagnes d'Europe centrale qui s'étire sur 1 500 km, jusqu'au château du légendaire Dracula (en Roumanie). Moins hautes que les Alpes (leur altitude moyenne est inférieure à 1 500 m), les Carpates surgissent à l'ère tertiaire, mais leur complexité est plus grande que celle des Alpes. Les montagnes sont souvent bordées de bassins qui assurent le contact avec les collines, où l'agriculture est variée et riche grâce aux retenues d'eau. Rien ici ne respire l'imaginaire sanguinaire, mais plutôt des images de steppes, de paysages à perte de vue, avec des collines qui chevauchent des plaines, des prairies où l'on s'attend à voir apparaître des personnages d'Urga ou des elfes polonais.
Ces montagnes sont préservées de l'homme, chassé en 1948, et la nature est encore sauvage, comme ces animaux qui la parcourent sans connaître de frontières. Près de 300 loups y vivent sur les 800 que la Pologne a recensés. Cerfs, biches et sangliers peuplent les montagnes, mais aussi chats sauvages, bisons et ours. Il faudra s'armer de patience et avoir beaucoup de chance pour pouvoir suivre des traces. La région est connue pour ses balades, et elle est prise d'assaut par les randonneurs en été et le week-end. La chasse y est réglementée, et c'est, ici aussi, un problème entre chasseurs, éleveurs et écologistes.

Adresse utile

■ **Dzika Przyroda :** *Roztoki Dolne, 32, à Baligród.* ☎ *608-765-540.* • *dzikaprzyroda.pl* • Cette agence d'excursions est tenue par Grzegorz Sitko, un jeune anglophone de la région spécialisé dans l'éducation à la nature et dans l'observation des oiseaux. Ce passionné de montagne, de forêt et d'animaux organise des excursions sous forme de trekkings, le meilleur moyen de percer les secrets de la faune et flore des Bieszczady.

Où dormir ?

Agrotourisme (agroturystyka) : ce sont des chambres chez l'habitant, dans des fermes ou des maisons à la campagne. Se renseigner auprès de Robert Bankosz à l'office de tourisme de Sanok. On en trouve dans les villa-

LES BIESZCZADY

ges de Komańcza (5 adresses), Wola Michowa (1 adresse), Cisna et Nowosiolki. Les propriétaires parlent le polonais et souvent l'ukrainien.

Chambres Gospodarstwo w Komańczy : *Komańcza, 147, à Komańcza. ☎ (013) 467-71-34. Chambre pour 2-3 pers env 20 Zl/pers (5 €).* La vénérable Mme Daria Boiwka perpétue la tradition des Łemkos, cette minorité ethnique des Carpates, proche de la culture ukrainienne. Elle confectionne patiemment et collectionne des vêtements, des peintures en canevas d'un style naïf, des objets faits main ; le tout est exposé dans une pièce de sa maison en bois, posée dans un champ sur le flanc d'une petite colline.

Agroturystyka Maria et Władysław Kopylec : *Komańcza, 18. ☎ (013) 467-71-19 et 509-617-984. Au début du village en venant de Sanok. S'il n'y a personne, appelez ou demandez au toutou de le faire ! 20 Zl/pers (5 €). Cuisine commune.* Entre poules et coqs, une belle bâtisse de ferme, propre et retapée. Environ 8 chambres. On a craqué pour celles situées à l'étage. L'une possède une terrasse à balustrade avec vue sur la vallée. Également une chambre familiale (4 personnes), avec une cheminée en pierre. Accueil chaleureux.

Gospodarstwo Agroturystyczne « Nad Solinka » : *chez Helena et Adam Niemczykowie, Cisna, 73, à Cisna. ☎ (013) 468-63-99.*

À voir

La ligne Molotov (voir la rubrique « À faire » de Sanok).

Le tour des églises des Bieszczady : trois grands types d'architecture dominent, *łemko, bojko* et *hucul,* du nom de ces montagnards qui peuplaient jadis la région. Mais aucune église ne se ressemble. C'est un miracle, à chaque fois, de voir ces vestiges en bois, qui datent pour la plupart du XVe s. Ces églises ne sont pas aussi faciles à trouver que les précédentes, mais le bureau touristique a édité un prospectus pour les situer. Elles ont beaucoup de charme, car la plupart sont cachées au milieu des arbres.
Le meilleur moyen de les dénicher est d'avoir une voiture avec un guide du pays. Il est préférable d'avoir la carte « Compass » au 1/50 000 de la région. Pour y entrer, il faut demander la clé (*klucze* ; prononcer « kloutch »), qui se trouve généralement dans la maison la plus proche de l'église (*cerkiew* ; prononcer « tserkief »), et laisser à chaque fois une obole.

– À ***Szczawne,*** sur la 893, à l'indication de la pension *Dora Pensjonat,* juste après la voie ferrée, on aperçoit sur la droite l'église au toit vert.

– L'église de ***Morochow*** n'est pas la plus jolie, mais elle a la particularité d'être gardée par une Parisienne, femme du prêtre orthodoxe de la commune.

– ***Komańcza*** *(33 km au sud de Sanok)* est le lieu d'un festival en juillet et août. Les étudiants de Lublin organisent, au lieu-dit Jawordnik, une grande fête folklorique, avec danses et musiques des Carpates. La vieille église gréco-orthodoxe se trouve après la nouvelle église sur la route de Dukla ; demandez la clé au prêtre et continuez à pied sur 400 m ; elle est cachée dans le bosquet sur votre droite. D'architecture łemko, c'est la plus jolie de la région. Admirez, au milieu du chœur, la porte du roi *(krolewskie wrota).* Le prêtre qui fait l'office est le seul à passer par cette porte qui, en dehors de la messe, reste fermée. Les deux portes sur le côté, moins décorées d'or, sont pour les diacres *(diakonskie wrota).*

– À ***Równia,*** modeste bourg à 5 km au sud de Ustrzyki Dolne (lui-même à 36 km à l'est de Sanok), l'église gréco-catholique du XVIIe s est située dans le centre du village, à côté de l'arrêt de bus. Elle a la particularité d'avoir un corridor extérieur, pour que les personnes en avance puissent s'abriter en cas de mauvais temps.

Solina *(37 km à l'est de Sanok)* est connu pour son barrage hydroélectrique, le plus haut du pays, avec ses 82 m. Grâce à son lac artificiel, la ville est devenue un lieu de villégiature pour les habitants de Sanok. Activités nautiques dans la journée et discothèques le soir. Quelques terrains de camping autour du lac entre Solina et Wolkowyja. Les jeunes se baignent surtout à Przystan, qui est la plus belle des plages aménagées.

– ***Michniowiec*** *(58 km à l'est de Sanok)* est un village isolé, près de Czarna Gorna et de la frontière avec l'Ukraine. La première église gréco-orthodoxe en bois est au bord d'une route, au niveau d'un calvaire *(kapliczka).* Pour trouver la deuxième, retournez sur vos pas, direction Bystre. L'endroit est abandonné mais photogénique.

La route hassidique : quelques vestiges de la présence juive sont disséminés dans la région, qui font l'objet d'une revalorisation historique. À *Lesko* (14 km au sud-est de Sanok), peuplé à plus de 50 % de juifs avant la Seconde Guerre mondiale, il ne reste que la synagogue, construite au XVIIe s et son cimetière. À *Baligród* et à *Ustrzyki Din,* les cimetières juifs datent du XVIIIe s. Une route à poursuivre jusqu'à la frontière ukrainienne pour les plus intéressés (synagogue Renaissance de *Zamość,* plus au nord, etc.).

À faire

➢ ***Balade en train :*** de Majdan (près de Cisna) à Przyslup, le trajet dure 1h (11 km). Plusieurs départs quotidiens.

LES CARPATES

➢ La région offre de nombreuses possibilités de ***randonnées*** sur un ou plusieurs jours avec étapes dans des campings, gîtes ou hôtels. Informations à l'office de tourisme de Sanok. Se procurer la carte de la région au 1/75 000.
– ***Ascension du mont Polonia Wetlinska :*** au village de ***Wyzna Przelecz,*** au niveau du parking (qui offre un superbe panorama sur le mont Bukowe Berdo) commence le sentier qui permet l'ascension du mont Polonia Wetlinska (1 228 m). Les meilleurs grimpeurs la font en 1h. Chalet-snack au sommet *(ouv tt l'été jusqu'en oct).* Superbe vue sur le parc des Bieszczady et la chaîne de montagnes Tarnica (1 346 m), qui veut dire « selle » en dialecte ukrainien. De l'autre côté de cette frontière commence la steppe ukrainienne.
– La petite route qui mène ensuite à ***Wolosate*** traverse le parc et conduit à la frontière ukrainienne.

ZAKOPANE

(34-500) IND. TÉL. : 018

À partir de Cracovie, filez 100 km vers le sud, en suivant une belle route qui traverse de magnifiques paysages. Zakopane est située au pied des montagnes Tatry (les Tatras), le plus beau massif des Carpates (le sommet le plus haut côté polonais est le mont Rysy : 2 499 m). C'est le point de départ (ou d'arrivée) des plus belles escapades montagnardes, hiver comme été.
Les habitants, les célèbres Górales (Montagnards), sont des gens durs mais avec un cœur « gros comme ça » (et même encore un peu plus gros, la vodka aidant), francs et gais. Très attachés à leur région, ils conservent précieusement leur folklore (les habits traditionnels, leur accent inimitable, leurs chevaux) et leur architecture, devenue un style à part entière, créé par le peintre Stanislas Witkiewicz au XIXe s.

Station d'altitude très populaire

Aujourd'hui, la ville s'articule autour de la rue principale *(Krupówki)* bordée de restaurants, bars, cafés, hôtels, sur fond de montagnes. Musiciens, portraitistes, vendeurs de gadgets en tout genre, de préférence les pires et les plus futiles, familles désœuvrées traînant la semelle (ou la pantoufle fourrée) : pas de doute, Zakopane est devenue une machine touristique à haut débit. Les vraies spécialités locales se sont réfugiées sur le marché en bas de la ulica Krupówki : n'y loupez pas les fromages de chèvre feuilletés.
Après quoi, moyennant quelques efforts, vous atteindrez les lacs de montagne, dont les surfaces bleu marine reflètent les nuages blancs poussés par le vent. Plus de monuments imposants. Ici, c'est la nature qu'on visite ! Respirant l'air pur enfin (le site est classé dans les Réserves de la biosphère par l'Unesco), vous profiterez d'un superbe panorama sur les pics gris recouverts de neige éternelle.
Mais en été, même s'il y a de la place pour tout le monde, vous ne risquez jamais d'être seul. À croire que la moitié de la Pologne s'est donné rendez-vous dans ces montagnes ! On vous saluera sur les petits chemins au fond des vallées. Le soir, au refuge, avec une bonne fatigue dans les jambes, vous écouterez des ballades romantiques accompagnées à la guitare.

Arriver – Quitter

En voiture

Depuis Cracovie, prendre la route 77, puis la route 95. Env 100 km. Attention, gros budget parking à prévoir en ville.

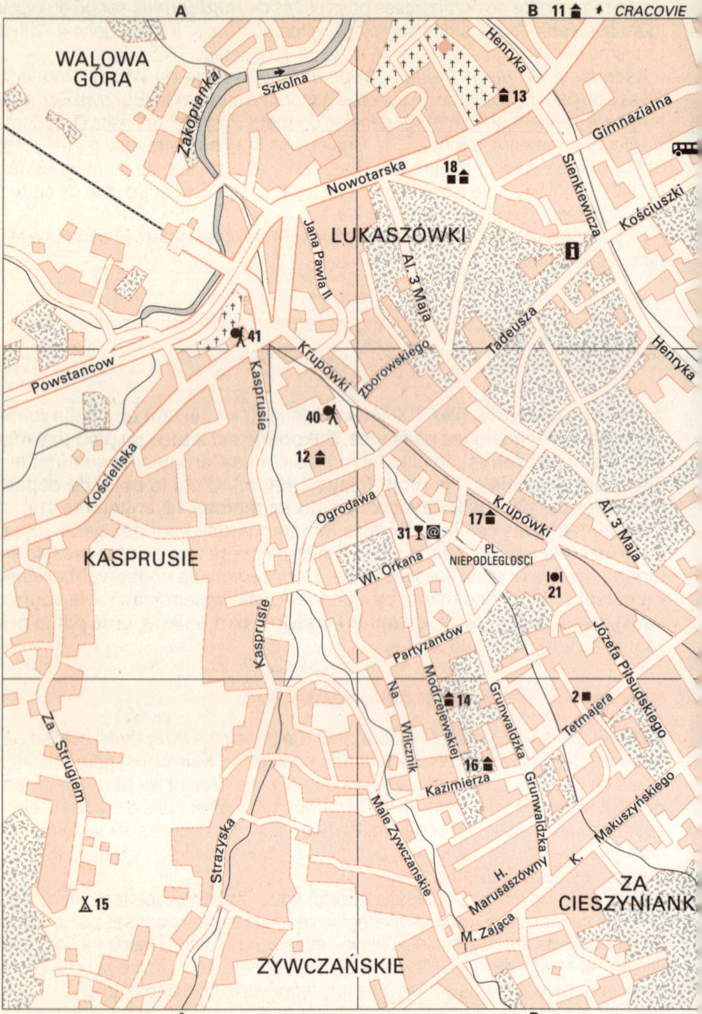

Adresses utiles

- Informations touristiques
- Gare ferroviaire PKP
- Gare routière PKS
- 2 Agence de tourisme Trip
- 18 Lot (hôtel Helios)
- 31 Paparazzi

Où dormir ?

- 10 Villa Borgosz
- 11 Pensjonat Paryżanka
- 12 Dom Turysty PTTK
- 13 Schronisko Młodzieżowe Szarotka (AJ)
- 14 Tatra Backpackers Hostel

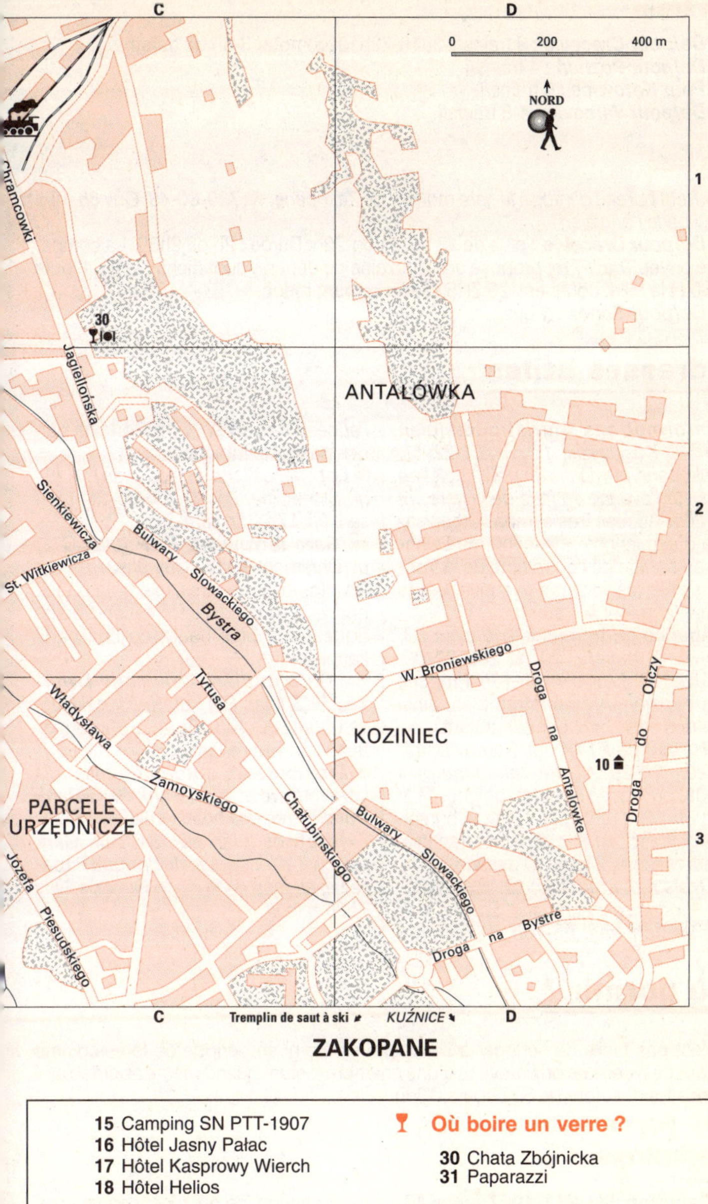

ZAKOPANE

15 Camping SN PTT-1907
16 Hôtel Jasny Pałac
17 Hôtel Kasprowy Wierch
18 Hôtel Helios

Où manger ?

20 Bar Fis
21 Bąkowo Zohylina Niźnio

Où boire un verre ?

30 Chata Zbójnicka
31 Paparazzi

À voir

40 Musée ethnographique des Tatras
41 Vieille église

En train

➢ ***De/pour Cracovie :*** 9 trains/j. 3h16-22h10 (compter 3-4h de trajet).
➢ ***De/pour Poznań :*** 4 trains/j.
➢ ***Pour Katowice :*** 5 trains/j.
➢ ***De/pour Varsovie :*** 4-8 trains/j.

En bus

Petit bureau d'infos à la gare routière de Zakopane. ☎ 720-80-43. Ouv 8h-16h. On y parle l'anglais.
➢ ***De/pour Cracovie :*** plus de 12 bus/j., 6h-22h. Durée : 2h ou 2h30. La compagnie privée *Trans-Frej* propose une douzaine de départs quotidiens ; le trajet dure 2h30 et le billet coûte env 20 Zl (5 €) aller-retour ; réduc.
➢ ***De/pour Sanok :*** 1 bus/j.

Adresses utiles

Informations touristiques *(plan B1) : ul. Kościuszki, 17. ☎ 201-22-11. • zakopane.pl • Dans un petit chalet en bois sur l'avenue en face de la gare. Tlj 8h-20h.* Accueil très sympa. Organisation d'excursions : descente du Dunajec ou balade de l'autre côté de la frontière, chez les voisins slovaques. Billets pour s'adonner au rafting.

Agence de tourisme Trip *(plan B3, **2**) : ul. Tetmajera, 20. ☎ 202-02-02. Lun-ven 9h-17h ; sam 9h-13h.* Propose des pensions très confortables, ainsi que des chambres chez l'habitant.

Bureau de PTTK : *ul. Krupówki, 12. ☎ 201-24-29. • pttk-zakopane.pl • À côté du Musée ethnographique. Tlj sf dim 8h-16h (14h sam).* C'est le bureau des guides. Certains parlent le français. Il faut réserver 2 jours à l'avance.

Orbis : *ul. Krupówki, 22. ☎ 201-50-52. • orbis.zakopane.pl • En été, lun-ven 9h-18h, sam 9h-15h ; le reste de l'année, lun-ven 9h-17h.* Certains guides parlent le français.

Lot : *dans l'hôtel* Helios *(plan B1, **18**), ul. Słoneczna, 2a. ☎ 206-36-35. Lun-sam 9h-17h (15h sam).*

Gare ferroviaire PKP *(plan C1) : ul. Chramcówki, 35. Ouv 9h-21h.* Pour les infos et les horaires, mieux vaux téléphoner au bureau d'informations touristiques (voir plus haut), où l'on parle l'anglais.

Gare routière Zakopane Dworzec PKS *(plan B1) : ul. Kościuszki, 25. ☎ 0300-300-143.* Bureau d'informations ; on y parle l'anglais.

Distributeurs automatiques : *à la gare routière et aussi* **Bank PKO-Bank Polski,** *près de l'hôtel* Orbis.

Internet *(plan B2, **31**) : ul. Gen. Galicy, 8. Au 1er étage du bar-pub **Paparazzi,** en face de la disco* Genesis. *Ouv 7h30-minuit.*

Où dormir ?

Il n'est pas facile de se loger à Zakopane en été ni en période de fêtes comme autour de Noël. Les prix moyens d'une chambre restent quand même abordables : ils se situent autour de 50 Zl/pers (13 €).

Campings

Camping SN PTT-1907 *(plan A3, **15**) : Za Strugiem, 39. ☎ 201-45-66.* Une grande prairie plate, ce n'est pas le camping le plus rigolo qu'on ait vu. On lui demande uniquement d'avoir de l'eau chaude, ce qui n'est pas un luxe. Petite cuisine à partager avec les autres campeurs.

Camping Harenda *(hors plan par A1) : oś. Harenda, 51b. ☎ et fax :*

201-47-00. À 3,5 km du centre. Sur la route de Cracovie, avt d'entrer en ville, prendre la petite rue qui part à droite du McDo. *Env 55 Zl (14 €) pour 2 pers avec tente et voiture ; (minuscules) chalets de 3 ou 4 places env 80 Zl (20 €).* De l'espace (c'est le plus grand camping de la ville), de l'ombre, des sanitaires très propres, un accueil efficace et sympa.

Camping Pod Krokwia : *ul. Zeromskiego. ☎ 201-22-56. Env 10 Zl/pers (2,50 €).* Camping 3 étoiles, propre et ombragé.

Chambres chez l'habitant

Villa Borgosz *(plan D3, **10**) :* *ul. Droga do Olczy, 21b. ☎ 201-17-34. • willa-zakopane.pl • À l'écart du centre-ville, dans un quartier calme et aéré. Compter 50 Zl/pers (13 €) ; petit déj 12 Zl (3 €).* Tenue par Eva et Jacek Borgosz, cette grande maison, dont la charpente en V inversé s'intègre bien parmi les sapins, s'ouvre aux beaux jours sur la terrasse et son grand jardin. Sanitaires en commun. Possibilité de garer sa voiture dans la cour. Bon rapport qualité-prix. Beaucoup d'autres logements chez l'habitant dans cette même rue.

Pensjonat Paryżanka *(hors plan par B1, **11**) : Stasikówka, 1d, 34-520 Poronin. ☎ 207-42-12. • paryzanka.com • Assez loin du centre de Zakopane, voire un peu à perpète. En sortant de Zakopane en direction de Cracovie, allez jusqu'à Poronin. À l'entrée, 1 km après le panneau, prendre sur la droite la D 961, direction Bukowina ; la route traverse une voie de chemin de fer ; continuer sur la route ; après Poronin, on entre dans Stasikowka : c'est au 2e pont sur la droite. Double 80 Zl (20 €). ½ pens 100 Zl/pers (25 €).* Une pension francophone, tenue par la dynamique Janina et son époux Stanislaw. Leur grande maison, aménagée comme un chalet de montagne avec son luxe de lambris et frisette, se cache au pied d'un petit ruisseau qui glougloute. Chambres au dernier étage, avec entrée autonome. Ne prenez pas les chambres au rez-de-chaussée, assez humides, si les travaux d'agrandissement sont encore en cours. Cuisine délicieuse et copieuse.

Bon marché

Tatra Backpackers Hostel *(plan B3, **14**) : H. Modrzejewskiej, 5. ☎ 513-151-977 ou 206-62-49. • hostelzakopane.com • Ouv juil-août. Compter 35 Zl (9 €)/pers dans des dortoirs de 5-6 lits (sanitaires collectifs) ; double 90 Zl (23 €). CB acceptées. Internet gratuit.* Consigne à bagages. Pas de petit déj, pas de laverie, mais cette auberge simplement tenue est jeune, propre et économique.

Dom Turysty PTTK *(plan A2, **12**) : ul. Zaruskiego, 5. ☎ 206-32-81. • domturysty.z-ne.pl • Dans le centre-ville, pas loin de la rue Krupówki et de la poste centrale. Lit en dortoir avec sanitaires collectifs 30 Zl (8 €) ; doubles 60-146 Zl (15-37 €) selon confort et saison. Parking (bien) gardé, relativement cher, à la disposition des clients.* Un grand bâtiment dans le style de la région, avec un beau toit étagé. Équipement un peu sommaire, salles de bains et toilettes communes, chambres de 2 à 8 personnes. Deux étonnantes suites tout en bois, avec des salons (assez chères). Librairie dans le hall, avec cartes détaillées et topoguides, dont quelques-uns en anglais et en allemand.

Schronisko Młodzieżowe Szarotka *(plan B1, **13**) : ul. Nowotarska, 45. ☎ 206-62-03. • szarotkaptsm.prv.pl • Grande AJ en bois au nord du centre-ville. Pour y aller, demander le nouveau cimetière, c'est à côté ! Ouv tte l'année. Compter 35 Zl (9 €) en dortoir, 45 Zl (11 €) en double, sans petit déj.* Quelque 270 places en chambres de 8 à 14 personnes et quelques chambres de 2 à 4 personnes. Demandez à être placé dans la nouvelle aile, plus récente. Circulation intense, mais protection du bruit grâce au double vitrage. Cuisine et salle à manger à disposition. Laverie. Accueil sympathique.

Prix modérés

Hôtel Jasny Pałac (*plan B3,* ***16****) : ul. Tetmajera, 24. ☎ 201-24-37. Double 150 Zl (38 €) ; petit déj 12 Zl (3 €).* L'hôtel n'a pas volé son nom puisque c'est un véritable petit palais, avec sa façade néo-Renaissance, ses escaliers à balustrade et son petit parc. Il fut construit par un notable de la ville, qui, dans les années 1930, en fit un établissement de charité pour les plus démunis ! Chambres agréables, au fin parquet en bois, mais salles de bains toutes petites et un peu vieillottes. Réveil royal, le petit déj se prend dans une salle majestueuse, entre colonnes à chapiteaux, stucs dorés... et piano demi-queue !

Hôtel Kasprowy Wierch (*plan B2,* ***17****) : ul. Krupówki, 50b. ☎ 201-27-38. Attention, réserver en saison, l'endroit est vite complet. Double 200 Zl (50 €) avec petit déj. Possibilité de ½ pens ou de pension complète. Parking.* Dans le style de la région, cet adorable hôtel vous accueille comme un hôte de marque. Une jolie cour devant, où l'on peut prendre un verre. Chambres pour 2, 3 ou 4 personnes, avec salle de bains, au mobilier un peu vieillot. Dispose d'un resto.

Hôtel Helios (*plan B1,* ***18****) : ul. Słoneczna, 2a. ☎ 201-38-08. • hotel-helios.pl • À partir du centre, prenez la direction de la gare ; sur la gauche, un peu en retrait de la route, au milieu d'un bel espace vert, un gros cube de béton brun et blanc. Double env 260 Zl (65 €) avec petit déj. Parking gardé devant l'hôtel.* Central, rénové, fonctionnel. Les chambres simples et doubles, avec salle de bains, sont assez petites mais confortables. Vue sur un jardin et une pelouse (calme). Fait aussi resto.

Où manger ?

De bon marché à prix moyens

Bar Fis (*plan C1,* ***20****) : ul. Jagiellońska, 2. En face de la gare* PKS. *Tlj 8h-19h.* Rien d'original par rapport à d'autres bars *mlecznys* que vous devez déjà bien connaître. Toujours pratique quand on a faim et pas trop d'argent.

Bąkowo Zohylina Niźnio (*plan B2,* ***21****) : ul. Pilsudskiego, 6. ☎ 206-62-16. Repas env 30 Zl (8 €).* Un grand chalet entièrement en bois, des peaux d'ours au mur et des serveurs en habit traditionnel. Le cadre est aussi authentique que la cuisine, goûteuse et copieuse. Gibier, saucisse de mouton, *pierogis*. Essayez absolument la soupe *sauerkraut* (pommes de terre, choux, saucisses...), servie dans une petite marmite chauffée à la bougie et aigre comme il le faut. Une excellente adresse.

Où boire un verre ?

Paparazzi (*plan B2,* ***31****) : ul. Gen. Galicy, 8. ☎ 206-32-51. Ouv 16h-minuit. Internet à l'étage.* En plein centre, sa terrasse extérieure au bord d'un torrent de montagne est un endroit délicieux pour prendre le frais après une chaude journée. Ce bar-pub branché fait partie d'une chaîne, mais il a du caractère et offre un excellent rapport qualité-prix. Grande variété de boissons. Juste à côté, une des discothèques les plus courues de la ville.

Chata Zbójnicka (*plan C1,* ***30****) : ul. Jagiellońska. Ouv 17h-minuit.* Un peu à l'écart de la rue, dans un petit bois, se trouve une véritable taverne de brigands où vous serez accueilli comme le meilleur copain de Mandrin et Cartouche (Janosik en Pologne). Une cheminée au milieu, où grillent de bonnes saucisses. Pour vous réchauffer, parfois un orchestre montagnard. Un endroit à ne pas manquer, mais n'y allez surtout pas en cravate... vous comprendrez sur place.

À voir

La vieille église *(plan A1-2, **41**) : ul. Kościeliska.* La première église de Zakopane. Un bel exemple d'architecture en bois de la région. Très coquette et entourée d'un pittoresque cimetière.

La galerie Hasiora : *ul. Jagiellońska, 18b. Prenez la rue en face de la gare ; la galerie se trouve Kościeliski Potok par une route bien bitumée ; passez la chapelle* Stare Kościeliska *; à partir de ce point, plusieurs grottes derrière l'hôtel* Warszawianka, *au fond du jardin, dans un bâtiment tt en bois. Mer-sam 11h-18h ; dim 9h-15h. Fermé lun-mar. Entrée : 7 Zl (2 €) sf dim ; réduc.* Les œuvres de Władysław Hasior, un artiste original qui travaille à partir d'objets usuels, sont des compositions à mi-chemin entre la mini-scénographie et la sculpture. Bonjour la psychanalyse : une poupée éventrée au milieu de soldats de plomb, un couteau faisant saigner un miroir, un landau transformé en cimetière ! Le maître utilise à outrance le paradoxe et la contradiction, afin de choquer l'observateur.

Le Musée ethnographique des Tatras *(Tatrzańskie museum ; plan A2, **40**) : ul. Krupówki, 10. En été : mar-dim 9h-17h, fermé lun ; en hiver, fermé mar. Entrée : 7 Zl (2 €).* Musée vieillot. Art folklorique, art religieux, reconstitution d'intérieurs traditionnels, exemples de faune (ours brun naturalisé impressionnant) et flore des Tatras, instruments de musique, cartes en relief de la région.

Manifestation

– ***Festival international de folklore de montagne :*** *chaque année, fin août (date variable).* Grande fête pour les montagnards venus du monde entier (Hongrie, Turquie...) pour partager leurs traditions, chants et danses.

Itinéraires en montagne

Quelques infos et conseils

– ***Entrées des parcs :*** *16 juin-14 sept, 4,40 Zl (env 1 €) adulte, 2,20 Zl (0,60 €) enfant.*
– ***Les parkings*** *au départ des chemins de randonnée sont souvent payants (en moyenne 3 Zl, soit 0,75 €/h).*
Les montagnes Tatry sont au cœur d'un parc national, il faut donc rester sur les sentiers et respecter la nature. Les itinéraires sont très nombreux, variés et très bien balisés. PRUDENCE cependant ! Tous les ans, on déplore des accidents, parfois mortels. Ne surestimez pas vos forces.
– Des ***chaussures*** adéquates sont indispensables en altitude.
– Avant de partir, informez la réception de votre hôtel ou votre chambre d'hôtes de l'itinéraire que vous comptez emprunter.
– ***Les nuits sont froides*** en été, prévoyez donc des vêtements chauds.
– Pour les ***excursions tranquilles,*** une dizaine de vallées superbes sont accessibles, pour la plupart à pied, à partir de Zakopane.
– Il existe aussi de ***très beaux itinéraires*** en altitude, mais certains sont éprouvants et techniquement assez difficiles. Un minimum d'expérience s'impose.
– Commencez par acheter une ***carte,*** c'est indispensable. L'édition au 1/25 000 d'Eko-Graf vendue par l'office de tourisme est valable, mais si vous dégotez un topo plus précis, vous ne vous en porterez que mieux. Les chemins sont indiqués par des pointillés de différentes couleurs correspondant au marquage sur le terrain. Au début de chaque itinéraire, vous trouverez un panneau indiquant la durée moyenne du trajet. En fait, c'est calculé assez serré ; prévoyez 25 % de temps en

LES CARPATES

plus si vous n'êtes pas Ben Johnson ou Carl Lewis. Les couleurs des itinéraires ne correspondent pas à un degré de difficulté.

– ***Les refuges de montagne :*** on en compte sept dans les Tatras. Ce sont des endroits qui ne manquent pas de charme. Vous y trouverez toujours un self avec quelques plats rapides (souvent une cuisine touristique), des dortoirs avec des lits superposés et presque toujours des salles d'eau (avec douche). Mais, surtout, les montagnards sont pleins d'humour et d'énergie. En cas de manque de place, on dort souvent par terre dans la salle à manger et même dans les couloirs. Bonne ambiance assurée.

Quelques exemples d'itinéraires

➢ ***La vallée Kościeliska :*** *à partir de Zakopane, il faut se rendre à Kiry, un petit village à 7 km à l'ouest (possible en bus à partir de la gare routière ou en voiture).* La vallée, longue de 8 km, offre de superbes vues sur les rochers calcaires aux formes fantaisistes. Longer la rivière *Kościeliski Potok* par une route bien bitumée. Passer la chapelle *Stare Kościeliska.* À partir de ce point, plusieurs grottes à visiter : après *Brama Kraszewskiego* (un passage serré entre les rochers), les marques noires mènent à la *grotte Mroźna* (éclairage électrique), où les stalagmites et les stalactites jettent leurs ombres mystérieuses sur les parois.
Plus loin, après une clairière *(Polana Pisana)* sur la gauche, l'entrée de la *grotte Mylna,* dont la visite a donné des frissons à plus d'un. Il est très facile de s'y perdre et la multitude des couloirs est un vrai casse-tête. Suivre attentivement les marques. Une torche est indispensable. Au bout de la vallée et toujours par la même route, le refuge *Ornaczańska.*
Pour le retour, si vous avez encore quelques forces, vous pouvez prendre, à partir du refuge, l'itinéraire vert pour revenir par la *vallée Tomanowa.* Au bout d'une bonne heure et quart de marche, bifurquez sur la gauche. Une fois au *chuda Przełęcz* (le col Maigre – 1 851 m) et au *chuda Turnia* (1 858 m), rejoignez la *vallée Mietusia* par l'itinéraire rouge qui débouche sur la *vallée Kościeliska* (itinéraire noir). On retrouve ensuite la route bitumée pour Kiry. Pour l'ensemble, comptez une bonne journée, mais vous ne le regretterez pas.

➢ ***La vallée Olczyska :*** *pour vous y rendre, rejoignez Jaszczurówka Bory (à 3 km du centre), à l'est de Zakopane en direction de Kuźnice.* À la hauteur de l'hôtel *Kasprowy,* prenez au rond-point sur la gauche vers la station-service. Passez le ruisseau Byska, continuez sur cette route pendant 10 mn. Chemin payant. Comptez en tout 5h de marche.

➢ **Le lac Morskie Oko** *(L'Œil de la Mer) : lac situé dans la partie est des Tatras. Entrée pas chère.* Une route menait à proximité, mais elle est coupée à 1 km après *Łysa Polana* (passage frontalier avec la Slovaquie). Un parking gardé payant se trouve à cet endroit. Pour vous y rendre, voiture ou bus partant de la gare routière. Les 8 km restants peuvent se parcourir soit à pied (chemin payant, prévoyez au moins 2h), soit dans une charrette tirée par deux robustes chevaux ; à l'arrivée, il reste 1 km à faire à pied avant d'atteindre le lac. *Comptez 45 Zl/pers (11 €) aller-retour.* Au bord du lac, vue splendide sur le *massif de Rysy* (2 499 m). Contournant le lac par la gauche, on peut rejoindre en 1h un autre lac, *Czarny Staw Pod Rysami* (suivre les marques rouges), qui offre un paysage très alpin.

➢ Pour les paresseux : *montée sur* ***Kasprowy Wierch*** *(1 987 m) par le téléphérique (30 Zl, soit 8 €, aller-retour). La station basse se trouve à Kuźnice (à 3 km du centre-ville).* Il y a souvent une longue queue pour acheter les billets, car c'est le passage obligé de tous les groupes du style « la Pologne en 5 jours ». Essayez de vous les procurer la veille via une agence, ou bien levez-vous tôt. Une belle vue panoramique vous attend là-haut. Dernier départ pour redescendre à 18h.

➢ ***La vallée des Cinq Lacs*** *(dolina Pięciu Stawów polskich) :* un endroit magnifique, le doux mélange du bleu des lacs avec le gris nuancé des rochers et le vert vif des sapins nains. Le coucher du soleil est une véritable symphonie de couleurs, de reflets et d'ombres. Un refuge, peut-être le plus sympa des Tatras, vous assure le repos après tant de sensations. Évidemment, ce qui est beau est toujours difficile d'accès, nous le savons tous. Compter une bonne journée, mais pour profiter du coucher du soleil, prévoir une nuit là-haut. Possibilité de revenir en bus de Łysa Polona à Zakopane.

➢ ***La descente du torrent Dunajec en radeau :*** *à 50 km de Zakopane. Comptez une journée pour un tour organisé à env 75 Zl (19 €) tt compris sf le pique-nique ; sans le transport cela ne revient qu'à 40 Zl (10 €).* Vous pouvez vous renseigner à l'office de tourisme de Zakopane. Une belle aventure de 2h45, en compagnie des montagnards bateliers. Visite d'une église et d'un château en cours de route. Parc naturel. Entrée payante. Cela dit, c'est assez pépère (pas du tout style Colorado en rafting) et tous les commentaires sont en polonais.

➢ ***Le plateau de Gaşienicowa :*** l'itinéraire commence à ***Kuźnice*** (à 3 km au sud-est du centre), la station basse du téléphérique. Accessible en bus ou à pied, il est interdit aux voitures.

➢ ***Dominer Zakopane par le mont Czervone Wierchy, le mont Kopą Kondracka et le mont Cemniak :*** s'engager sur le chemin rouge (à droite au départ du téléphérique ; *plan A1*). Compter 4h de montée, soit une journée pour l'aller-retour.

LA PETITE POLOGNE

La région sud-est du pays constitue le berceau historique de la Pologne. Cracovie, ancienne capitale royale, en est bien sûr le plus bel exemple, mais il ne faut surtout pas manquer la multitude de villages, de châteaux forts et autres édifices Renaissance de cette région au passé si bien conservé malgré les vicissitudes de l'histoire.

ŁAŃCUT

(37-100) 20 000 hab. IND. TÉL. : 017

À une vingtaine de kilomètres de Rzeszów, au sud de Sandomierz. Il est préférable de faire une halte ici plutôt qu'à Rzeszów, même si celle-ci est la ville la plus importante des pré-Carpates.
Pour aller à Łańcut (prononcer « ouhagne zoute », comme dans Knokke-le-Zoute), on entre dans la Puszcza, en Petite Pologne, qui mène tout droit à la grande sœur, l'Ukraine. Cette région fut souvent touchée par les raids ottomans venant du Sud, ou suédois venant du Nord. C'est dans cette partie reculée que les princes feront leur Renaissance baroque, et Łańcut en est le plus bel exemple. La ville est connue pour sa résidence de style baroque, construite par la famille Lubomirski et ayant appartenu à la non moins célèbre famille Potocki, avant de devenir propriété de l'État et musée.

« WÓDKAPITAL »

Très modestement, les autorités de Łańcut affirment que « si la Pologne est le pays de la vodka, Łańcut en est la capitale ». On ne peut s'empêcher de sourire devant cette modestie toute polonaise pour une activité qui monopolise une belle brochette d'intermédiaires.

La distillerie *Polmos* conserve 500 000 bouteilles dans ses murs, mais préfère le flux tendu qu'elle réalise avec les 2 millions de litres de ses cuves. Aujourd'hui, elle concentre ses efforts sur le marché local, qui, lui, regrette les belles heures du communisme.
Si rien ne vous empêche de passer au magasin d'usine, sachez que *Polmos* est bien implantée à l'étranger puisque vous retrouverez ses produits dans nos supermarchés. Elle élabore également à destination des yuppies américains un produit haut de gamme *(Quorum)*. Idem pour la *Pro-Polonia,* qui tient le haut du pavé européen aux côtés de *der Absolut* et autres russes.

Arriver – Quitter

➢ ***En voiture :*** de Sandomierz, prendre la route nº 77 en direction de Nisko, puis la nationale vers Rzeszów et enfin la départementale nº 881. De Cracovie, suivre la route nº 4.
➢ ***En train :*** Rzeszów est le passage obligé ; on peut aussi venir de Przemyśl et de Sanok.
➢ ***En bus :*** de nombreux bus de/pour Rzeszów, Przemyśl, Stalowa Wola (à côté de Sandomierz) et Krosno.

Adresses utiles

Bureau de PTTK : *Dominikanska, 1 (au nord-ouest de la* rynek*). Lun-ven 9h-17h. Bureau dans les locaux de l'hôtel* Dom Wycleczkowy. Adresse peu utile car ne donne pas d'infos dignes de ce nom.
Gare ferroviaire PKP : *à 1,4 km du centre.*
Gare routière PKS : *à 1 km du château vers l'est. Prendre à gauche au 1er feu après le château.*
Distributeurs de billets : *à la banque* Pekao SA *pour la* MasterCard *et un autre (ouv 24h/24) à la* Bank Spoldzielczy, *ul. Mickiewicza, près de l'hôtel* Szwadron.
Magasin d'usine Polmos : *sur la rue principale en venant de Rzeszów, à côté du magasin* Biedronka. *Ouv 8h-20h.*

Où dormir ?

Très bon marché

Schronisko PTSM (AJ) : *ul. Mickiewicza, 3.* ☎ *225-29-61. Dans une rue à droite sur la route principale en entrant dans la ville, à côté du lycée. À 3 mn du centre-ville. Compter 15 Zl/pers (4,50 €).* Une vingtaine de lits, disponibles uniquement en été, répartis dans des dortoirs propres et rudimentaires.
Hôtel Dom Wycleczkowy : *sur la* rynek, *dans les bureaux de l'agence* PTTK. ☎ *225-45-12. Réception à l'étage. Lit 40 Zl (10 €). Parking payant.* De l'ancien monastère dominicain, il ne reste que le patio et les chambres (le long du couloir) simples et quelconques, ainsi que la fontaine qui glougloute gentiment dans la cour du cloître. Douches et toilettes sur le palier. Cuisine commune. Les murs sont assez épais pour ne pas entendre ronfler le voisin. Préférez la vue de derrière à celle donnant sur la rue.

De prix modérés à plus chic

Pensjonat Pałacyk : *ul. Paderewskiego, 18.* ☎ *225-20-43. • palacyk-lancut.pl • Face à l'hôpital. À partir de 120 Zl (30 €) avec petit déj.* Un ancien palais aux vagues allures de théâtre, transformé en hôtel de charme à taille humaine.

Sous le communisme, les apparatchiks du Parti, qui y logeaient, l'avaient laissé dans un piteux état. Aujourd'hui, il n'en reste rien car tout a été entièrement rénové. Seulement 6 chambres mais toutes de caractère, mansardées et avec poutres apparentes. Seule lacune : la mauvaise luminosité. Très bon accueil et excellent resto (voir plus bas). Salle de petit déj remplie de trophées de chasse, un peu trash au réveil ! A reçu la visite de Vaclav Havel et de certains descendants de la famille Potocki.

Hôtel Szwadron : *ul. Mickiewicza, 16.* ☎ *225-60-42.* • *szwadron.emeteor.pl* • *Doubles 130-170 Zl (33-43 €) avec petit déj.* Le maître des lieux, Pavel Fangor, guide professionnel polyglotte, nous a reçus en chantant *la Marseillaise,* preuve de sa francophilie. Un sacré personnage, cultivé et plein d'humour ! On a aimé son petit hôtel aménagé dans sa vieille maison de famille du début du siècle. Chambres patinées mais confortables, sur la rue ou sur le jardin. Très bon accueil.

Hôtel Zamkowa : *ul. Zamkowa, 1.* ☎ *225-26-71.* • *zamkowy.rze.pl* • *Doubles 150-200 Zl (38-50 €) avec sdb ; double avec sanitaires à l'étage 100 Zl (25 €) ; petit déj inclus.* Dans l'aile gauche du château, entourée d'un parc aux arbres centenaires. De la simple chambre, avec toilettes sur le palier, à la suite avec 3 pièces et baignoire. Les premières donnent sur une cour et les autres sur le parc, plus agréable. Pas à proprement parler la vie de château, mais un séjour confortable dans un cadre unique. Baroque ou rustique, la déco manque quand même de classe et de finition. Excellent accueil.

Où manger ?

De nombreux endroits autour de la *rynek,* proposant des plats pas chers.

Bon marché

Świat Pierogów : *ul. Paderewskiego, 1. Dans la même rue que l'hôtel* Pałacyk. *Tlj sf dim 10h-18h (15h sam).* On a bien aimé cette petite cantine spécialisée dans les *pierogis*. Exposés en une quinzaine de variétés sucrées ou salées, ils sont vendus à la pièce et à des prix dérisoires. À déguster sur deux tables ou à emporter.

Caffe Antico : *rynek, 3. Ouv 9h-23h.* Sur la place centrale, une salle cosy prolongée par une terrasse ombragée. Bons petits plats polonais et grecs *(kuchnia grecka).* Pizzas, salades et burgers. Serveuses avenantes et aimables.

Chic

Restaurant du château : ☎ *225-28-05. Ouv 10h-21h. Plats autour de 25-30 Zl (6-8 €).* Cadre soigné et un rien désuet : tentures rouges et blanches, parquet en bois et nappes bien tirées. Carte traduite en anglais, tarifs corrects. Soupe à base de veau *(szara),* le fameux *zurek stowinski,* au concombre aigre-doux, et, en dessert, l'omelette au fromage, nappée d'une sauce chocolat. Service classe en noir et blanc.

Restaurant Pałacyk : *ul. Paderewskiego, 18 (même adresse que l'hôtel).* ☎ *225-20-43.* La meilleure table de la ville à des prix raisonnables ! Tout respire le bon goût d'une époque où l'on savait recevoir. Accueil et service discrets mais efficaces. Essayez la soupe à la poule, servie brûlante, ou encore l'assortiment de *pierogi* choux-viande-fromage, accompagnés de petites pommes de terres sautées ail-persil. Vente de produits bio de la propriété.

Où boire un verre ?

Pub Garaz : *rynek, 1.* ☎ *792-671-428. Au sud-est de la place principale, à l'angle de ul. T. Kościuszki. Tlj 12h-minuit.* Dans une cave voûtée, des salles dédiées au culte de l'automobile : tables reposant sur des phares, moteurs cachés dans des niches... Mais ici, on carbure à la bière. Un pub local avec ziq disco.

À voir

Le château : *on ne voit que lui dans le centre. Parc du château accessible 8h-21h juin-juil, jusqu'à 20h mai et août, 18h avr et sept-oct, plus tôt le reste de l'année. Visites tlj 9h-16h (un peu plus tôt lun) ; parfois fermé à midi. Caisses à l'entrée du parc. Entrée : 23 Zl (6 €) pour le château, la collection de voitures et d'attelages et celle d'icônes ; entrées séparées possibles ; réduc étudiants. On peut demander les services d'un guide en français, mais il vaut mieux réserver la veille (☎ 225-20-08).* Il faut impérativement chausser des patins très seyants (!) pour pouvoir effectuer la visite ; vous comprendrez pourquoi plus tard.

Un peu d'histoire

Plusieurs noms sont venus s'inscrire dans l'histoire de la région, et celui de ce château – qui, on pèse nos mots, est un petit joyau – en fait partie. L'histoire commence au XIVe s, mais du château fort moyenâgeux il ne reste plus grand-chose. Au siècle suivant, on « sécurisa » l'édifice par une forteresse en étoile à cinq branches. Mais peut-être la réputation du sanguinaire Stanisław Stadnicki, qui égorgeait ses voisins avant même qu'ils n'aient pu lui serrer la main, est-elle plus tenace que les vieilles pierres.

En définitive, la marque la plus importante est sûrement celle de la famille ***Lubomirski.*** Tout d'abord Stanisław Lubomirski, aux XVIe et XVIIe s ; puis, de 1736 à 1783, un autre Stanisław Lubomirski. Membre influent de cette puissante famille, la princesse Izabela (la femme du deuxième Lubomirski) passait pour être la femme la plus riche de Pologne (elle possédait plus de 16 villes et 356 villages). On lui doit la salle de bal, la grande salle à manger, l'orangerie, la galerie des statues.

De qui était-elle la copine ? De Marie-Antoinette, parbleu ! Elle a pioché deux-trois idées par-ci par-là pour décorer ce petit palais d'une taille beaucoup plus humaine que Versailles. De ce XVIIIe s témoigne donc la belle façade d'un tendre rose saumon versant délicatement dans le style baroque. Elle finit en style néoclassique rococo avec de belles tours d'angle en forme de clochers doucement orthodoxes.

Dernière résidence de la famille ***Potocki.*** Le comte, avec l'aide du gouverneur allemand, expédia, avant l'arrivée des Russes, plus de 600 caisses renfermant tous ses trésors. D'abord à Vienne, puis au Liechtenstein. Il reste tout de même une belle collection de portraits des nobles sarmates, des sculptures, de l'argenterie rutilante et tout ce qu'il faut pour nous faire rêver d'une vie de prince. Pendant la guerre, des officiers allemands occupaient le 2e étage, mais, comble du comble, un poste radio de la résistance polonaise était caché dans le château ! Grand coup de chapeau aux Polonais qui ont su réparer les dommages causés par les deux conflits mondiaux. Le palais n'a pas pris l'ombre d'une ride.

JAN POTOCKI, UN HOMME DES LUMIÈRES

Auteur connu pour Le Manuscrit trouvé à Saragosse. *Après une enfance aristocratique, des études en Suisse (en français), une jeunesse militaire en Hongrie, d'innombrables voyages et des combats avec les pirates, il devient l'ami de Voltaire et d'Helvétius, et, imprégné de l'esprit des Lumières, il crée en Pologne, en 1788, la première imprimerie libre. À Paris, il fréquente le club des Jacobins. En Mongolie, c'est en ethnographe travaillant sur le terrain qu'il voyage, plus encore qu'en diplomate. Il comptait écrire une histoire des peuples slaves. Retiré sur ses terres en 1813, le « comte Jean » s'est suicidé au cours d'une crise de névralgie avec une balle d'argent bénite, « pour le cas où Dieu existerait ».*

La visite de l'intérieur
Voici les pièces les plus remarquables :
– Dans le ***hall d'entrée*** (à côté de la pièce à patins), remarquer la *cheminée néo-Renaissance.* Si elle s'intercale si bien, c'est parce que le style un peu Chantilly des voûtes date de la fin du XIXe s. Ne pas rater le superbe sol composé de pavés en bois laqué.
– Dans le ***salon d'entrée*** ou ***salle à manger d'hiver,*** parquet polychrome bien travaillé et poêle en faïence jaune et blanc en forme de salière. De l'ensemble se détache sur fond bleu le « P » des Potocki.
– ***La chambre à coucher rouge,*** avec ses meubles autrichiens et sa petite desserte à café – le châtelain aimait bien flemmarder au lit avant d'aller déjeuner. Belle horloge bicentenaire provenant de Łańcut.
– Qui a dit que la Pologne était un pays gris ? Après le rouge sang de la pièce précédente, le jaune canari de la ***salle de bains.*** Petite porte dérobée conduisant directement au 2e étage direction la chambre de madame.
– ***Le vestiaire féminin,*** aux allures de chambre de bonne. La légende veut que, bonne patriote dans l'exportation de l'inutile, ce soit Marie-Antoinette qui ait offert à la maison le bidet... comme c'est gentiiiiiil !
– ***Le petit salon en coin.*** Encore un poêle en forme de salière, mais cette fois-ci surmonté d'un aigle. Les plafonds du début du XXe s ont été entièrement rénovés, mais on attend de généreux sponsors pour s'attaquer au reste de la pièce.
– Attention, si vous ne l'aviez pas remarqué, à ce stade de la visite on se situe encore dans le bâtiment baroque. Si votre guide poursuit le parcours, vous êtes en train de passer à côté de l'une des plus belles pièces du château. Elle n'est pas ouverte habituellement au public. Rassemblez donc votre vocabulaire polonais et insistez pour accéder à la ***bibliothèque,*** située dans la plus ancienne tour du château. Un petit bijou où le billard (français, svp !), les liseuses en cuir et les très sérieux volumes dans des vitrines grillagées n'attendent plus que les vieux lords grisonnants pour se croire dans un club anglais des plus sélect. Le verre des vitres a été spécialement traité au plomb afin que les UV de la lumière naturelle ne viennent pas abîmer les fers des reliures de cuir dorées sur tranche.
Quelque 26 000 volumes composent la collection, dont un grand nombre datant de 1491. Afin de ne pas endommager ces derniers, une table spéciale recouverte d'une fine couche de velours attend les quelques VIP qui auront le privilège de les consulter. Parmi les pièces d'exception : les premières éditions du *Barbier de Séville.*
– Vient ensuite la ***salle à manger.*** Lorsque les comtes et leur cour étaient réunis, il fallait grosso modo 120 personnes pour faire le service. Ce qui laisse augurer que 3 623 pièces de vaisselle étaient nécessaires par repas !
– ***La salle de bal*** se situe juste à côté. À noter, la ressemblance dans les couleurs avec l'extérieur du bâtiment. Le blanc stuqué des corniches n'en fait que mieux ressortir le faux marbre rose. Au passage, un buste de « l'Autrichienne » (Marie-Antoinette). C'est dans cette salle que se tiennent les concerts de musique classique.
– Sur le côté gauche de la salle, le ***petit théâtre.*** Beau plafond à caissons totalement rénové, sous lequel ne s'ébaudissent plus que les membres du gouvernement lors de représentations spéciales. Quand on dit petit, c'est vraiment un mouchoir de poche. Vingt décors différents, comme les 140 costumes d'époque, sont encore gardés dans les caves. Encore un petit joyau.
– ***La galerie des sculpteurs*** est fraîche comme une vigne gréco-romaine qui court sur les murs. Comme toutes les bonnes gens de cette époque, les Potocki se piquèrent pour le renouveau classique. La galerie aligne donc une succession de bustes et statues gréco-romaines d'un intérêt secondaire. La plupart ont été ramenés par Isabela Lubomirski de ses nombreux voyages.
– Dans la ***salle des colonnes,*** le style se perd un peu dans la mégalomanie des Lubomirski, au point même de se faire représenter en amour... (statue d'Antonio Canova, 1787). Isabela Lubomirski avait un fils adoptif d'une grande beauté (qu'elle aurait d'ailleurs volé à sa famille d'origine !) et c'est lui qu'elle aurait fait représenter à travers cette statue.

– Dans le ***salon rococo,*** sculptures allégoriques des quatre saisons et décoration d'ors.

À l'extérieur

– ***L'orangerie,*** le bâtiment sur la droite du château, renferme une verrière où poussent quelques plantes tropicales. Le bruit des grillons donne une atmosphère provençale à ce coin exotique.

– Suivre les indications « Powozownia » (écuries) pour la ***collection de voitures et d'attelages,*** située dans le parc d'en face (traverser la rue 3 Maja). La collection repose dans les anciennes écuries et regroupe une cinquantaine d'attelages de toutes sortes, pour l'été comme pour l'hiver, qui datent de 1805 à 1900. Trophées de chasse omniprésents.

– Toujours dans le même parc, une ***collection d'icônes*** *(zbiorikons)* cachées dans des grands tiroirs verticaux. C'est la seconde plus grande en Pologne, après celle de Sanok. La plus ancienne icône remonte au XVIe s. Les photos des églises orthodoxes, comme celle d'Ulucz, donnent forcément envie d'aller les dénicher dans les Bieszczady.

– Une ***maison des orchidées*** *(Storczykarnia)* se trouve derrière le château. *Entrée : 5 Zl (1,25 €).* Cette collection unique en Pologne perpétue une tradition ancrée chez la famille Potocki. Pour la reconstituer, on s'est inspiré du *Reichenbachia,* un livre du XIXe s qui trône dans la bibliothèque du château.

La synagogue : *ul. Zamkowa. En sortant des écuries, revenir vers le* centrum *; c'est le bâtiment jaune qui fait l'angle. Ouv juin-août 10h-16h. Entrée : 6 Zl (1,80 €). Historique en anglais. En rénovation, elle devrait bientôt rouvrir et abriter un musée.*
Construite en 1761. Située devant le château, elle bénéficiait de la protection seigneuriale. Belles fresques symboliques, notamment sur la Bima, un gros portique à quatre piliers au centre de la salle de prière. Noter les chapiteaux de ces piliers, leurs motifs viennent mourir sur le marbre luisant des colonnes. L'ensemble est très bien conservé.

Le musée de la distillerie de vodka Polmos : *Kolejowa, 1. À 1 km du centre-ville. ☎ 225-25-23 (résa obligatoire).*
La distillerie n'est pas encore équipée pour organiser un tourisme industriel in vivo. On ne s'en plaindra pas. En effet, le petit musée, qui ressemble curieusement à une maison de villégiature nord-américaine, résume tout le processus de fabrication dudit breuvage. Très bien aménagé, il présente des maquettes à échelle réduite et des collections de vieilles bouteilles et de vieilles étiquettes.
La distillerie est indissociable de l'histoire du château. Elle est fondée au XVIIIe s par la duchesse Lubomirska. Au début du XIXe, elle tombe dans les possessions des comtes Potocki, qui poussent la commercialisation du produit jusque dans les faubourgs de Vienne et Lviv. On peut d'ailleurs constater l'évolution des blasons sur les bouteilles. En dessous de la couronne rehaussée de plumes blanches, un « P » à la jambe doublement rayée rappelle l'ascendance noble des bouteilles. En 1924, la famille se voit privée de la distillerie en raison du monopole d'État établi par le gouvernement sur l'alcool.
Mais elle n'en perd pas pour autant le savoir-faire. Rasée par les Russes en 1944 (qui l'eût cru !), elle renaît de ses cendres pour atteindre l'un de ses maximums de production en 1969, puisqu'à cette date il sortait de l'usine quelque 200 000 bouteilles par jour (!). Deux ans après la chute du mur de Berlin, le monopole est cassé, et l'usine, forte de ses 60 sortes différentes d'alcool, ouvre son capital aux intérêts privés. Aujourd'hui, le blason fait figurer un « P » et un « L » accolés et doublement rayés, témoins de l'union de Polmos et Łańcut.

➤ DANS LES ENVIRONS DE ŁAŃCUT

Le village de Markowa : *à 7 km au sud de Łańcut. Accessible en bus (départs 7h et 14h). En voiture, prendre la 877 jusqu'à Albigowa, direction Husow, puis c'est* *fléché « Muzeum wsi Markowa ».* Après les fastes du palais, bienvenue dans la vie rustique ! Un vieux monsieur fait le guide, et ses nombreuses clés ouvrent les portes des remises. Il actionne les instruments pour nous faire comprendre leur utilisation. Vieux vêtements en cuir retourné, moulin et autres curiosités d'une époque maintenant révolue de ce côté-ci de la frontière.

SANDOMIERZ

30 000 hab. IND. TÉL. : 015

Cette petite ville provinciale, perchée sur une colline qui domine la Vistule, est un écart sur la route de Varsovie à Cracovie. Comme les commerçants du Moyen Âge, vous allez y faire une halte. Signalée dans la première chronique polonaise à côté de Wrocław et Cracovie, la ville fut jadis brûlée par les Tatars. C'était un important carrefour de la route vers l'est.
Tout en rappelant aujourd'hui encore son passé éminent, Sandomierz joue un nouveau rôle de chef-lieu de canton pour les innombrables exploitations agricoles de la région. En contrebas de la colline historique, un cortège permanent de camionnettes gagne le vaste marché à ciel ouvert, où se négocie tout le jour durant le cours de la pomme de terre ou du chou. C'est l'un des visages bien réels d'une Pologne actuelle et rurale, tout à la fois impatiente et inquiète de son nouveau statut européen.

LA PETITE POLOGNE

Arriver – Quitter

➢ ***En voiture :*** de Cracovie, prendre la route 777 qui mène directement à Sandomierz (145 km).
➢ ***En train :*** slt 3 trains/j. de Varsovie et un seul de Częstochowa. Liaisons quotidiennes en provenance de Lublin, Rzeszów, Kielce, Łódź ou Przemyśl.
➢ ***En bus :*** de Cracovie, 4 bus/j. Durée : 4h. En bus privé depuis Cracovie : compter 3h30. De Varsovie : 12 bus/j., 4h30 de trajet.

Adresses et infos utiles

Informations touristiques *(plan A-B2)* **:** *rynek, 12.* ☎ *832-23-05.* • *pttk-sandomierz.pl* • *En été, tlj 8h (10h w-e)-18h ; en hiver lun-ven 8h-16h, fermé w-e.* Le bureau, liliputien, de *PTTK* propose en été des visites guidées de la ville. Petit dépliant gratuit en français, avec le plan de la vieille ville. Également des excursions sur la Vistule et des balades à pied et à vélo dans les environs, fléchées au départ de la *rynek.* Liste pour trouver un logement chez l'habitant.

✉ ***Poste*** *(plan A2)* **:** *sur la* rynek. *Fait le change, à partir de 12h, à un taux intéressant.*

Gare ferroviaire PKP *(hors plan par B3)* **:** *ul. Lwowska. Éloignée du centre-ville, sur la route de Tarnobrzeg ; il faut traverser la Vistule. Bus nos 7 et 8.*

Gare routière PKS *(hors plan par A1)* **:** *ul. 11 Listopada. Au nord-ouest du centre-ville.* Bus de Baranów.
– Les gares sont loin du centre, attention aux taxis qui oublient de mettre le compteur pour vous acheminer à l'hôtel.

Où dormir ?

Outre les hôtels, le logement chez l'habitant est souvent une solution avantageuse. Pas mal de possibilités à Sandomierz, demandez la liste à l'office de tourisme.

Camping

Camping Browarny : *ul. Żwirki i Wigury, 1. ☎ 833-27-03. • majsak.pl • En bordure de la vieille ville, pas loin de la Vistule, accès par la N 79 et la N 77. Env 45 Zl (11 €) pour deux, avec tente et voiture.* Belles pelouses, mais peu d'ombre. Sanitaires modernes, barbecue, pêcherie. Tenez-vous le plus à l'écart possible de la station-service. Restos à proximité et station de bus à 50 m pour rejoindre la ville toute proche. Accueil charmant. Organisent des visites guidées.

Bon marché

Noclegi Jutrzenka *(plan A2, **5**) : ul. Zamkowa, 1. ☎ 832-22-19. À quelques pas de la* rynek *; suivre l'indication « Noclegi » ; c'est une petite bâtisse au fond du chemin. Sonnez dans la première maison, c'est là que la patronne habite. Chambre 2-4 pers 70 Zl (18 €) ; w-c et douche dans le couloir.* Le sol n'est pas très régulier et les intérieurs sont un peu vieillots, mais on ne peut s'empêcher de trouver un charme fou à l'endroit. Les chambres sont assez grandes, plus ou moins nettes, mais c'est un refuge de fraîcheur en été. Décorées d'un vieux poêle en faïence, elles donnent sur le jardinet un brin anarchique, à l'arrière. Bon accueil.

Prix modérés

Pensjonat du resto Winnica *(plan B1, **4**) : ul. Sokolnickiego, 3 ; l'entrée est rynek Mały, 2. ☎ 832-31-30. Juste à côté de la* rynek. *Prendre l'escalier qui monte vers une placette, sur la gauche. Double 140 Zl (35 €) ; petit déj 10 Zl (2,50 €). Parking payant, demandez la « karta parkingowa ».* Au-dessus du resto, des chambres spacieuses, confortables (douche et w-c, grande TV), donnant sur la place calme où glougloutent des fontaines entre des bacs fleuris ; d'autres donnent sur la place principale. Accueil simple et souriant, et établissement bien tenu.

Motel Królowej Jadwigi *(plan A3, **13**) : ul. Krakowska, 24. ☎ 832-29-88. • motel.go3.pl • Descendre de la colline de Sandormierz, prendre la route de Cracovie, c'est à 350 m à droite, annoncé par des roues de carriole. Doubles à partir de 140 Zl (35 €) ; familiales 3-4 pers.* Légèrement à l'écart de la ville, dans un quartier bucolique et charmant. Quelques chambres de motel en rez-de-chaussée, joliment meublées. Elles sont petites mais personnalisées avec goût (tons colorés, étagères en bois, poste de radio des années 1960...). Gare au bruit côté route. Les n°s 4 et 5 sont les plus calmes. Coin-balançoires pour les enfants à l'arrière. Le restaurant est la meilleure table de la ville (voir « Où manger ? »).

Hôtel Oscar *(hors plan par A1, **7**) : ul. Mickiewicza, 17a. ☎ 832-11-44. À un petit km du centre-ville, vers le nord-ouest. Prendre le bus n° 7. Près de la gare routière et pratiquement en face du poste de police. On peut y accéder à pied par un parc, depuis la porte d'Opatów (prendre la rue à gauche). La réception se trouve dans le bar du rez-de-chaussée. Double 130 Zl (33 €).* C'est sans prétention, propre, fonctionnel. Évitez les chambres côté rue.

Hôtel Agro *(hors plan par B1, **9**) : ul. Mokoszyńka, 3. ☎ 832-34-00. À la sortie de la ville, à 2 km en direction de Lublin. Bus n° 19. Double 90 Zl (23 €) avec sanitaires communs.* Au bout de la route qui part vers la gauche après le cimetière, une jolie maison forestière, ouverte en saison au milieu d'un petit parc. Accueillante, avec des chambres sans caractère mais bien tenues.

Prix moyens

Hôtel Basztowy *(plan A2, **8**) : pl. Ks. J. Poniatowskiego, 2. ☎ 833-34-50. • hotelbasztowy.pl • Au sud de la rynek. Double 270 Zl (68 €), avec petit déj. Wifi.*

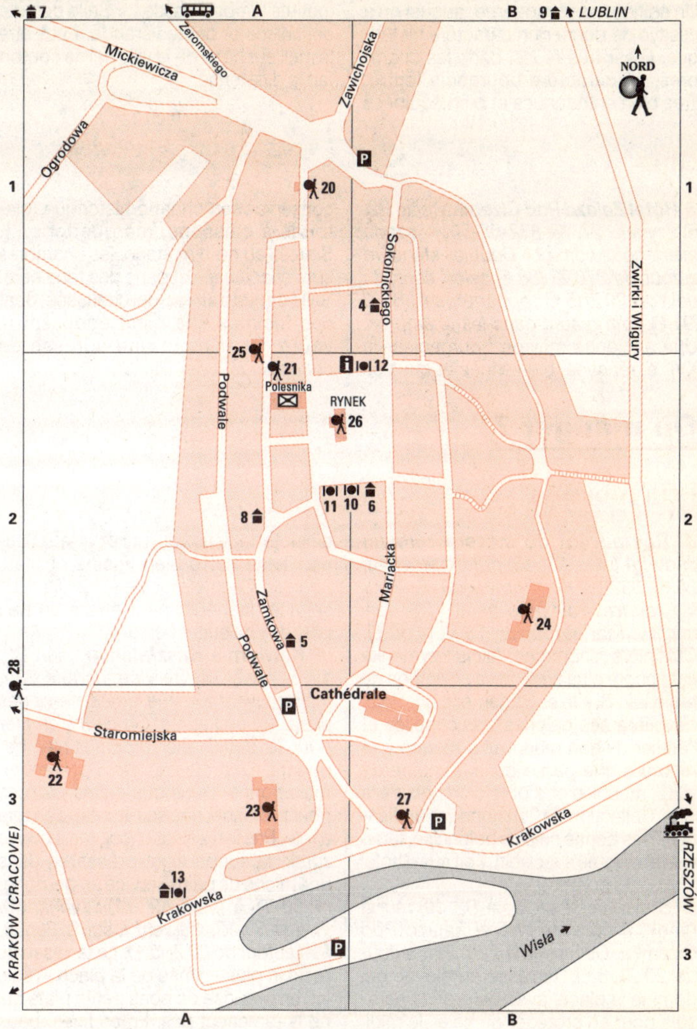

SANDOMIERZ

■ **Adresses et infos utiles**

- Informations touristiques
- Poste
- Gare ferroviaire PKP
- Gare routière PKS

Où dormir ?

4 Pensjonat du resto Winnica
5 Noclegi Jutrzenka
6 Hôtel Zajazd Pod Ciżemką
7 Hôtel Oscar
8 Hôtel Basztowy
9 Hôtel Agro
13 Motel Królowej Jadwigi

Où manger ?

10 Staromiejską
11 30-TKA
12 Kawiarnia Kasztelanka
13 Królowej Jadwigi

À voir

20 Porte d'Opatów
21 Itinéraire touristique souterrain
22 Église Saint-Jacques et couvent des Dominicains
23 Château
24 Collegium Gostomianum
25 Ancienne synagogue
26 Hôtel de ville
27 Vieux grenier
28 Église Saint-Paul

Un édifice assez moderne, auquel on a essayé de donner un caractère historique. C'est très réussi dans les chambres, au caractère bourgeois feutré. Très bien entretenues et bien équipées (petites lampes classe...). Salle de petit déj chicos et petite véranda. Peut-être le meilleur hôtel de la ville. Ici, le confort fait la différence.

Chic

🏠 ***Hôtel Zajazd Pod Ciżemką** (plan B2, **6**) : rynek, 27. ☎ 832-05-50. • sandomierz-hotel.com.pl • Doubles standard autour de 270 Zl (68 €) selon confort ; petit déj 20 Zl (5 €) ; appartement 365 Zl (91 €). Wifi gratuit dans les chambres.* Une ancienne maison bourgeoise du XVIe s, rénovée, bien située et qui a su conserver son charme historique (plafonds à caissons, marquetterie...). Situées au dernier étage, les chambres sont spacieuses et dans des tons ocre. Salle de resto au rez-de-chaussée, dont des femmes à la Klimt épousent la voûte. Quasiment une adresse de charme.

Où manger ?

Prix moyens

🍴 ***Restaurant du motel Królowej Jadwigi** (plan A3, **13**) : ul. Krakowska, 24. ☎ 832-29-88. • motel.go3.pl • Pour s'y rendre, voir plus haut « Où dormir ? ». Plat autour de 18 Zl (4,50 €).* Cuisinière renommée, Alicja Szymańka est encore plus fière de sa collection de tableaux. Si elle est d'humeur, elle vous dévoilera ses galeries personnelles et l'atelier de son mari, qui a récupéré et restauré une partie du patrimoine de vieux meubles et d'objets en bois de la ville. Collection de 200 horloges anciennes. Très bonne cuisine polonaise, familiale et mijotée avec soin. Fait aussi hôtel (voir « Où dormir ? »).

🍴 ***Staromiejską** (plan A-B2, **10**) : sur la* rynek, *à côté de l'hôtel* Zajazd Pod Ciżemką. *Ouv jusqu'à 22h. Plat autour de 20 Zl (5 €).* Terrasse surélevée qui domine la place, avec de grands parasols pour se protéger du soleil le midi. L'intérieur ressemble à un salon de thé de grand-mère, avec lustres rustiques, bibelots, tableaux au mur et vitraux fleuris. Petite carte bien ficelée et plats copieux. Clientèle locale et familiale. Le service gagnerait peut-être à un peu plus de chaleur.

🍴 ***Kawiarnia Kasztelanka** (plan B2, **12**) : rynek, 14. Service jusqu'à 23h, mais peuvent éventuellement servir des pizzas un peu après. On peut s'en tirer pour 20 Zl (5 €).* Bien réputé et bien fréquenté. Une cuisine sans prétention mais bonne. Dans des caves voûtées pour prolonger une soirée intime en tête à tête. Pas le meilleur choix, mais bonne *zurek*, la soupe aigre présentée dans une miche de pain. Service un peu long.

🍴 ***30-TKA** (plan A2, **11**) : rynek, 30. ☎ 644-53-12. Servent jusqu'à 23h30. Plat autour de 20 Zl (5 €).* La terrasse de resto la plus animée de la place le soir. Ici, on propose de bons petits plats qui ne la ramènent pas. Frites fines, bons steaks de porc et accueil prévenant.

Où boire un verre ?

🍸 ***Kordegarda** : sur la* rynek, *juste à côté du* Kawiarnia Kasztelanka. *☎ 602-102-225. Ouv jusqu'aux derniers clients.* Un café, appelé « Corps de garde », où les jeunes côtoient les artistes, dans une salle égayée de joyeuses affiches de Mucha. Ambiance bobo dans une petite salle à la déco classique. Les soirs d'été, discussions animées en terrasse et éventuellement clients jouant de la guitare... À partir d'une certaine heure, c'est le seul endroit un peu vivant dans la ville !

À voir

La porte d'Opatów *(plan A1, **20**) : on peut y monter 10h-18h30. Entrée : 3,50 Zl (env 1 €).* Le dernier vestige du premier château avec ses remparts médiévaux. C'est par cette porte qu'on pénètre dans la vieille ville et qu'on arrive sur la *rynek.* Corps en brique rouge, dite de Silésie, surmontée d'une déco en attiques. Les murailles furent fondées par Casimir le Grand, qui « trouva la Pologne en bois et la quitta en brique ». Au 2e étage, un panneau reconstitue l'aspect d'origine de l'enceinte. On réalise ce qu'était une ville fortifiée au Moyen Âge. Tout en haut de la tour, en récompense de vos efforts, vue panoramique sur la ville et les alentours : clochers, villages... et tour de télévision, seule intruse dans ce paysage bucolique.

La place du Marché *(plan A-B2)* **:** une *rynek* originale, en pente. Bel ensemble de maisons bourgeoises (bien verticales !) aux façades rénovées, où alternent gothique et style classique.

– Au centre, l'***hôtel de ville*** *(plan A-B2, **26**)*, construit au XIVe s, surmonté ensuite par un attique Renaissance. Abrite un joli petit musée avec divers objets historiques sur la ville. *Mai-sept, tlj sf lun 10h-17h (18h w-e) ; oct-avr, lun-ven 9h-16h, sam 9h-15h et dim 10h-15h. Entrée : 4 Zl (1 €). Photos : 7 Zl (1,75 €).* Dans la 1re salle, objets de la liturgie juive (belles ménoras en argent, verres de célébration...). Vitrines sur la numismatique, avec des pièces remontant jusqu'au XIe s ! La 2e salle, au fond, est plus intéressante. Voir la couronne de Casimir le Grand, sertie de pierres précieuses. C'est une copie, l'original se trouvant dans le château de Wawel, à Cracovie. Entre autres curiosités, un magnifique jeu d'échecs du XIIe s et un coffre en bois peint et sculpté, de style baroque rural...

Passé la porte, promenez-vous dans le rue *Mickiewicza.* D'un côté, des maisons du vieux Sandomierz populaire, dont certaines en bois, et de l'autre côté, la majestueuse église ***Św. Michała Archanioł,*** de style Renaissance. Si vous avez le temps, traversez l'allée pavée de l'entrée pour voir les luxuriantes chaires en bois, aux évêques scultpés.

L'itinéraire touristique souterrain *(podziemna trasa turystyczna ; plan A2, **21**)* **:** *l'entrée se situe ul. Olesnicka, au nord de la rynek. Ouv 10h-17h30. Fermé lun. Entrée : 7,50 Zl (env 2 €) ; réduc étudiants. Visites guidées slt (en anglais). Dans les salles inférieures, il peut faire frais, même en été : prévoyez une laine.*
Comme à Klodzko dans les Sudètes, les anciennes caves de la ville qui servaient d'entrepôts aux marchands ont été aménagées en parcours touristique. Aux XVe-XVIIe s, elles constituent un véritable labyrinthe qui s'étend sous l'ensemble de la ville. Mais suite à l'invasion suédoise, les souterrains sont oubliés. On les redécouvre par hasard dans les années 1960, grâce à l'effondrement de maisons situées au-dessus. L'eau s'infiltrait en effet dans ce sol en lœss, le fragilisant. Un plan de sauvetage a alors été entrepris. Dès l'entrée, des dessins au mur évoquent les invasions tatares, dont une légende est étroitement liée aux souterrains.

DES TATARS CRÉDULES

Une légende terrible plane sur l'histoire des souterrains de Sandomierz. Lors de la troisième invasion des Tatars, au XIIIe s, la fille de l'ancien maire, tué lui-même par les Tatars, propose son aide aux barbares envahisseurs. Elle fera entrer les soldats par les souterrains, pour une attaque surprise. Mais une fois à l'intérieur, elle libère un pigeon blanc, signal, pour les habitants, de boucher les souterrains avec des rochers. Par son sacrifice, Halina Krempianka deviendra la Jeanne d'Arc locale et l'héroïne d'un conte connu par tous les petits Sandomierzois !

On visite aujourd'hui une partie de l'ancien réseau, dont les salles abritent de petites expos variées. Quelques fragments des murs d'origine. L'eau s'infiltre toujours dans les parois, humides. Il suffit de les toucher pour s'apercevoir de leur porosité. Salle des bourreaux, avec hâche et tête coupée, les enfants adoreront ! Parmi les objets exposés plus loin, les petits blasons que portaient les jeunes pionniers sous le communisme. Également un énorme tonneau à vin de 1508 (on peut y boire du vin chaud, mais il faut réserver avant). Voir enfin, à 12 m sous la place principale, la reconstitution très réussie d'une salle de mineurs sous le communisme.

L'église Saint-Jacques et le couvent des Dominicains *(plan A3,* ***22****)* ***:*** *visite 10h (11h dim et j. fériés)-17h.* Descendez depuis le haut de la *rynek,* côté hôtel de ville, par le passage historique qui reliait autrefois deux couvents de dominicains. Une des plus anciennes églises en brique de Pologne, c'est aussi un rare monument de style roman tardif avec quelques polychromies, enfeus et pierres tombales du XIIIe s, dont un gisant goguenard du meilleur effet.

La cathédrale *(plan B3)* mérite le détour. Un déluge rococo, qui connaît un fort regain de dévotion depuis que Jean-Paul II y a fait une halte en 1999. À voir aussi pour son célèbre martyrologe, qui distrait même les plus fervents : douze fresques, pour les douze mois de l'année, qui dépeignent la fin tragique des martyrs de l'Église.

– N'hésitez pas à vous promener aux alentours. Petites maisons d'autrefois, ruelles pavées et boisées... Descendez ensuite la rue Krakowska jusqu'à la Vistule et les saules romantiques qui bordent ses rives.

Le château *(plan A3,* ***23****)* ***:*** *mar-dim 10h-17h. Fermé lun.* À l'origine, l'édifice présentait une parfaite architecture carrée de style Renaissance. Mais les nombreuses guerres et invasions n'ont épargné que le côté ouest. Après le troisième partage de la Pologne en 1795, cette noble résidence fut transformée en prison et le resta jusqu'en 1959. Depuis, elle a été restaurée pour devenir un petit *musée* retraçant l'histoire de la ville.

L'ancienne synagogue *(plan A1-2,* ***25****)* ***:*** *ul. Zydowska.* Elle date du XVIIe s, mais rien ne la distingue des autres maisons de la rue. On peut voir l'extérieur, l'intérieur est occupé par les archives. Structure originale, avec un corps de bâtiment en pierre, surmonté d'un grenier en bois aux petites meurtrières horizontales et d'un toit de tuiles. Sur la façade, trois petites fenêtres en forme de Torah. Pas évident aujourd'hui d'imaginer qu'au Moyen Âge Sandomierz abritait l'une des plus grandes communautés juives de Pologne.

– On peut aussi descendre les escaliers au sud de la *rynek* et se retrouver dans la vallée. En allant vers le pont en direction de Rzeszów, on a une superbe vue sur le ***collegium Gostomianum*** *(plan B2,* ***24****)* en premier plan et sur la *vieille ville* en arrière-plan. Enfin, remonter dans la vieille ville en suivant la *Wisla,* il reste les vestiges d'un ***vieux grenier*** *(plan B3,* ***27****).*

Le petit Musée diocésain : *tlj sf dim mat, 9h-16h.* Art polonais du XIIIe au XXe s dans la maison Dlugosz derrière la cathédrale.

L'église Saint-Paul *(hors plan par A3,* ***28****)* ***:*** au bout du chemin qui monte depuis Saint-Jacques, petite église baroque à l'intérieur décoré comme une boîte de chocolats. À proximité, une curiosité naturelle : le ravin de Sainte-Hedwige.

À faire

– ***Promenade sur la Vistule :*** *dans le petit port, en contrebas du château. ☎ 603-591-485. Compter env 8 Zl (2 €) pour 30 mn.* Le capitaine, Tadeusz Prokop, est aux commandes du *Maria Bena* et conte l'histoire de la ville au fil de l'eau.

LA PETITE POLOGNE

Fêtes et festivals

- **Tournoi de chevalerie :** *le w-e en juil.*
- **Danses médiévales et duels :** *mai-sept, le w-e.*
- **Concerts d'orgue :** *dans la cathédrale, le mer à 19h en juil-août.*
- **Festival des chansons :** *août-oct.*
- **Festival de musique classique :** *sept-oct.*

➤ DANS LES ENVIRONS DE SANDOMIERZ

Ujasd : *à 40 km au nord de Sandomierz, par la 759 jusqu'à Opatow, puis la 757 et la 758. On peut aussi y accéder depuis le village d'Iwaniska, pour une approche différente du château. À l'entrée du village, les ruines d'un ancien château fort à l'allure imposante. Entrée et parking : 4 Zl (1,20 €).*
Sur la porte d'entrée, le blason du voïvode de Sandomierz : une hache et une croix, et la date du château, 1631. C'est le plus bel exemple de la mode sarmate, qui commença au XVIIe s, quand certains nobles de la région s'approprièrent la généalogie de cette chevalerie prestigieuse de l'époque romaine. Ces emblèmes héraldiques ne sont que les prémices de la mégalomanie du voïvode Ossolinski, qui mourut un an après la finition et ne put profiter de sa somptueuse salle à manger octogonale avec un aquarium de cristal en plafond.
L'homme avait du goût et, comme il aimait ses 300 étalons blancs, il leur fit installer des miroirs dans chacun de leurs boxes et des mangeoires en marbre noir ! Son château comprenait autant de fenêtres que de jours, autant de chambres que de semaines et autant de grandes salles que de mois... Tout ça, c'est pour la petite histoire, car il ne reste que des ruines ; mais le tout est encore très impressionnant.

Baranów Sandomierski : *à 30 km au sud de Sandomierz, par la 723 direction Rzeszów. On peut y aller d'Ujasd en passant par la route 9. Accessible en bus, en prenant Tarnobrzeg, puis Baranów. Petit droit d'entrée.* L'un des plus beaux châteaux de la Renaissance polonaise. Construit au XVIe s, selon les plans d'un Italien, ce qui était très à la mode, le château fut plus tard fortifié par un architecte allemand. On peut encore voir dans la cave, transformée en musée, les premiers murs d'enceinte. Une belle résidence très bien préservée depuis qu'elle appartient à une compagnie industrielle de soufre, qui la loue à l'occasion. Quatre tourelles entourent l'architecture rectangulaire, mais c'est surtout la cour aux arcades décorées qui vaut le déplacement, ainsi que l'escalier aux multiples blasons.
La visite du château et de son parc se fait rapidement, mais si vous étiez pris par la nuit, il y a deux hôtels-restaurants :

Où dormir ? Où manger ?

Le premier ***hôtel*** *est situé dans le parc du château. ☎ 811-80-40. • http://baranow.com.pl • Doubles 250-350 Zl (63-88 €).* Les chambres les plus chères sont situées dans le château. Le resto propose une très bonne carte des vins ; rien d'étonnant quand on sait que l'hôtel reçoit essentiellement des hommes et femmes d'affaires.

Hôtel Zajazd Wisla : *Dobrowskiego, 4. ☎ 811-81-95. À l'entrée de la ville, dans un style moins classe, sans prétention mais bien. Double à partir de 80 Zl (20 €).* Fait aussi resto. Cuisine polonaise traditionnelle à prix sages.

LA PETITE POLOGNE

CZĘSTOCHOWA (42-200) 260 000 hab. IND. TÉL. : 034

Le Lourdes polonais, avec tout ce que cela suppose de références religieuses. La « reine de la Pologne » (la Vierge noire de Częstochowa) est omniprésente. La ville vit au rythme des pèlerinages et des offices religieux. Toute la cité est organisée autour de la large avenue Najświętszej Marii Panny (de la Sainte-Vierge), dite NMP, qui mène au pied de la colline sur laquelle se dresse le monastère Jasna Góra (la Montagne Lumineuse). Si cette église-forteresse représente le seul véritable attrait de la ville, elle abrite néanmoins une intéressante galerie de peinture. Et puis, pour l'anecdote, l'arrière-grand-père de Juliette Binoche fut organiste dans la cathédrale de Częstochowa.

UN PEU D'HISTOIRE

Le ***culte de la Vierge noire*** reste toujours très vivace en Pologne. Le pèlerinage du 15 août réunit chaque année plus d'un million de personnes, la plupart venues à pied de tous les coins du pays. Rien d'étonnant à cela : la Vierge noire n'a pas seulement une importance religieuse, elle est aussi un symbole national. Durant 600 ans, le monastère n'a jamais cédé aux attaques de l'ennemi.

UNE TERRE À MARTYRS

Quand, en 1621, des Polonais viennent demander au pape Paul V le don de quelques reliques pour attirer les pèlerins, le saint Père répond : « Ramassez un peu de votre terre ; il n'y en a pas une parcelle qui ne soit la relique d'un martyr. »

En 1655, la forteresse résiste avec succès à un siège de 6 semaines entrepris par les troupes protestantes suédoises, fortes de près de 4 000 hommes et de 36 canons, alors que la défense est assurée par 160 soldats, 70 religieux et 24 canons. À la veille de Noël, après une ultime attaque, l'armée suédoise lève le camp. Cette défense « miraculeuse » fut le moment crucial de la guerre. Elle a contribué à la mobilisation de la nation polonaise, qui repoussera finalement l'envahisseur suédois hors des frontières.
Au cours des siècles suivants, la Pologne s'est sans cesse trouvée obligée de soutenir des sièges. Sous l'occupation, l'Église est toujours restée la seule et la dernière « Patrie ».

La ville phare du catholicisme polonais

La langue nationale, interdite par l'occupant, se chantait en cantiques, se chuchotait en confession. Au milieu des écroulements et des bouleversements constants de l'histoire, Dieu a été le seul recours de la Pologne, et être polonais était, avant tout, être catholique. Les princes de l'Église participaient étroitement à toutes les luttes politiques du pays... Le premier Sénat polonais a été un sénat d'évêques, et, jusqu'en 1929, le gouvernement polonais a toujours comporté un ou plusieurs prélats. Le bas clergé, lui, se faisait tuer dans les campagnes aux côtés de ses paroissiens...
La ferveur religieuse attachée à Częstochowa avait le don d'énerver les communistes, qui se sont empressés de transformer la ville en un puissant centre industriel. Depuis, une cheminée d'usine nargue la haute tour de Jasna Góra, à l'autre bout de la NMP, dans une piquante perspective symbolique.

Arriver – Quitter

En train

➢ Plusieurs trains depuis Varsovie, 6 trains de Cracovie, 4 trains de Wrocław et 3 trains de Poznań, tard le soir.

En bus

➢ ***Pour Cracovie :*** env 20 bus/j. tlj 7h10-22h50. Passe par Katowice. Durée : 2h30 min. Avec la compagnie *Polski Express,* 2 bus/j.
➢ ***Pour Lublin*** : 4 bus/j., par Belchatow, Pulawy, Kielce et Radom.
➢ ***Pour Łódź :*** 12 bus/j. 6h35-19h40.
➢ ***Pour Poznań :*** 2 bus/j.
➢ ***Pour Varsovie :*** 8 bus/j. en trajet direct 6h40-20h25 ; 6 bus/j. en passant par Łódź.
➢ ***De/pour la France :*** bus internationaux de/pour Paris, Lille, Saint-Étienne.

Adresses utiles

Informations touristiques : *al. Najświętszej Marii Panny (abrégé en NMP ; c'est l'avenue principale qui mène à Jasna Góra), 65. ☎ 368-22-50. • czestochowa.pl • Lun-sam 9h-20h (plus tôt en hiver). Langues pratiquées : l'anglais et parfois l'allemand ; plans de la ville et brochures sur les sites en français.* Tous les renseignements sur la ville et les environs, résas d'hôtels. Accueil professionnel et jovial. Brochure « Sur les traces de Jean-Paul Ii » en français. Des journaux français sont vendus dans la librairie d'à côté.

Office d'informations religieuses *(dans le sanctuaire) : lun-ven 7h30-19h ; sam-dim 8h-17h. ☎ 365-38-88. • jasnagora.com • jasnagora.pl •* Des sœurs et des laïcs à l'accueil, qui parlent souvent l'anglais ou le français.

Agence Orbis : *al. NMP, 40/42. ☎ 324-20-56. Lun-ven 9h-17h ; sam 10h-14h.*

Banque PKO : *al. NMP, 19. Lun-ven jusqu'à 18h ; sam 13h.*

Gare ferroviaire PKP : *ul. Marszałka Piłsudskiego. Info : ☎ 94-36.* Gare récente, propre et claire, avec des snack-bars.

Gare routière PKS : *ul. Krasinskiego, 14/24. Infos : ☎ 379-11-49. • pks-czestochowa.pl • Depuis la gare ferroviaire, emprunter le passage souterrain, ensuite tourner à gauche et marcher 10 mn.*

Internet Caffe : *al. NMP, 65a (la grande avenue centrale). À côté de l'office de tourisme, dans une cour intérieure avec des arbres. Ouv 10h-22h.* Salle au sous-sol, par l'escalier à gauche. Deux pièces sympas, entre Internet et café, avec du reggae polonais en fond sonore, du moins à notre passage !

Où dormir ?

Peu d'hôtels bon marché, un manque d'hôtels de charme, une hôtellerie pauvre et peu variée, sauf dans la catégorie « Maisons de pèlerins ». Reste quelques bons hôtels de chaîne au confort standard.
Pendant les pèlerinages, les hôtels sont souvent complets des mois à l'avance.

Camping

Camping Oleńka : *ul. Oleńki, 22/30. ☎ 360-60-66. • mosir.pl • Contourner le monastère par ul. 7 Kamienic, puis prendre à droite 500 m après le parking. Compter env 40 Zl (10 €) pour 2 pers avec une tente et une voiture ; bungalows.* Vert, ombragé, bien tenu, rénové, un camping recommandé avec sanitaires propres, laverie gratuite, une cuisine touristique et un bar. Bungalows en forme de chalet de montagne. Un petit lac pas très loin. Accueil très aimable et professionnel : la réception bichonne ses clients. Parfois un peu encombré, l'espace vital y est alors compté.

Très bon marché

Schronisko Młodziezowe TZN *(AJ) : ul. Jasnogórska, 84/90. ☎ 324-31-21 (17h-22h). • schronisko.czest.pl • Tt droit au bout du chemin, dernier bâtiment sur la gauche, près du terrain de foot. Une centaine de lits disponibles de mi-juin à mi-sept slt, à partir de 18 Zl (5 €), dans de petits dortoirs fonctionnels et peu chaleureux. Quelques doubles env 45 Zl (11 €) sont également proposées tte l'année.*

Bon marché

Hôtel Ha Ga : *ul. Katedralna, 9. ☎ 324-61-73. • haga.pl • Doubles 80-100 Zl (20-25 €) selon confort (sdb ou lavabo slt) ; petit déj 11 Zl (3,30 €).* Au fond d'une cour intérieure (parking gratuit), une façade austère, mais des murs peints en orange derrière lesquels se trouve ce petit hôtel sans prétention, propre et bien tenu. Accueil jovial, avec un peu d'anglais. Fait aussi bar-resto, pour prendre le petit déj. Notre meilleure adresse dans cette catégorie.

La Maison du Pèlerin *(Dom Pielgrzyma) : ul. Kardynała Wyszyńskiego, 1/31. ☎ 377-75-64. • dp@jasnagora.pl • Derrière le monastère ; l'entrée est face au grand parking, entre le self-service et un guichet automatique. Souvent complet à cause des pèlerinages, résa conseillée. Double avec sdb 100 Zl (25 €) ; quadruple avec lavabo 25 Zl/pers (6 €).* Un vaste édifice bien situé. En principe, il est prévu pour les groupes, mais s'il reste des places libres, les sœurs vous accepteront. Surtout des dortoirs, où garçons et filles sont séparés. Également des chambres simples, doubles et triples avec salle de bains. Confort spartiate. Une cafétéria dans les mêmes locaux.

Hôtel Miły Polo : *ul. Katedralna, 18. ☎ 324-33-91. Dans une rue près de la gare ferroviaire. Double avec douche env 90 Zl (23 €).* Dans un quartier populaire et non dans celui du *Polo-Club*. Simple, rudimentaire et accueillant. Le tout est veillot mais plutôt pittoresque. Chambres propres, avec plancher en bois, petites douches convenables et antichambre en lino ! Confort minimal mais suffisant.

Prix modérés

Hotel Sonex : *ul. Krakowska, 45. ☎ 366-80-80. • hotelsonex.pl • Au sud-est de la ville, à 10 mn à pied du centre. Double 160 Zl (40 €), un peu moins cher le w-e ; petit déj 20 Zl (5 €).* L'extérieur un peu tristoune cache un établissement confortable et rénové, qui n'a pas volé ses 3 étoiles. Propre et bien entretenu. Accueil prévenant et discret. Chambres agréables, nickel et fonctionnelles (table, lampe, TV). Étrange faux-arbre aux feuilles bleu fluorescent la nuit, bon, pourquoi pas... Excellent resto adjacent (*Astoria*, voir « Où manger ? »).

Hôtel Polonia : *ul. Piłsudskiego, 9. ☎ 324-23-88. • hotel-polonia.czest.pl • Double env 100 Zl (25 €), petit déj compris. Parking gardé payant.* Situé dans un bel immeuble de caractère, ce qui est rare dans la ville, près de la gare ferroviaire. La façade est quand un peu même décrépie, suite à des années sans rénovation, et l'intérieur vieillot. Mais le potentiel est énorme (lustres, couloirs monumentaux, grandes glaces...). Toutes les chambres ont une salle de bains (minuscule). Une suite rose, un resto et une ancienne salle de bal.

Où manger ?

Bon marché

Bistro Bar Buffet : *à l'angle de NMP et de T. Kosciuszski. Tlj jusqu'à 21h.* Une aubaine pour les petits budgets un peu exigeants. Ce selfresto clinquant neuf propose un vaste choix de plats copieux, sortant de la litanie *pierogi-hot dog*. Bondé à midi.

Prix moyens

Restaurant Sekwana : *ul. Wieluńska, 24. ☎ 324-63-67. Dans l'hôtel du même nom, près du monastère, dans la rue qui descend sur la droite quand on vient d'al. NMP. Quasiment aucun plat ne dépasse 20 Zl (5 €).* Krystyna a vécu 30 ans en France et elle a ouvert le premier établissement de la ville à offrir une bonne cuisine polonaise. Belle carte proposant, entre autres, hareng et caviar. Accueil prévenant et excellent rapport qualité-prix.

Restaurant Karczma : *ul. Wielunska, 16. ☎ 372-62-64. Ouv 11h-23h. Plat autour de 35 Zl (9 €). CB acceptées.* Boiseries rustiques, cheminée en pierre, peaux d'ours au mur, tables en gros bois et bancs campagnards, sous de hauts plafonds. Cuisine polonaise savoureuse (excellent *bigos*) et bien servie par de charmantes serveuses.

Restaurant Chata : *al. NMP, 12c. ☎ 324-33-44. Tt en haut de la NMP, près de la gare ferroviaire, dans le centre commercial* Pasaź *(le Passage). Tlj 12h-minuit. Salades et plats complets env 25 Zl (6 €).* Un chalet de montagne reconstitué en plein centre commercial, avec ses banquettes, ses roues de chariot et ses recoins sous la charpente de bois. L'illusion est parfaite. Plats locaux variés, pizzas cuites au four et serveuses en costume montagnard.

Chic

Restaurant Astoria : *ul. Krakowska, 45. ☎ 366-80-99. Dans une rue à l'est de la NMP, par Piłsduskiego. Ouv jusqu'à 23h. Plat autour de 45 Zl (11 €).* Une grande salle haute de plafond, qu'on a rehaussée d'une déco rétro. Entre vieux gramophones et saxophones des années 1950, un doux mélange d'époques... Service impeccable en nœud-pap', chandeliers sur les tables, serviettes nouées avec art. Le cadre est chic, et ici on connaît son métier. Commencez par un *borsch* aux ravioles, légèrement aigre et relevé de persil. Inoubliable... Le bœuf chateaubriand ou la poitrine de canard confirmeront cette première impression. Pianiste jazz en fond sonore certains soirs.

À voir

Le sanctuaire de Jasna Góra : *☎ 377-77-77. • jasnagora.pl • Ouv 5h-21h30.*
– Visites assurées parfois par les guides du sanctuaire pour les groupes, notamment en français. Il faut téléphoner quelques jours avant (des mois à l'avance en saison), ou s'adresser au centre d'informations : une personne y parle correctement le français.
– *Audioguide :* en anglais seulement. Pas cher.
Devant le château, sur une large esplanade, de nombreux marchands du temple proposent un choix impressionnant de souvenirs religieux, dont évidemment la Vierge sous toutes les formes possibles, le summum de l'art kitsch.

Un peu d'histoire

Le couvent fut fondé en 1382 par Ladislas II, duc d'Opole, pour recevoir les paulins, qui ont choisi l'ermite saint Paul comme patron. Puis le duc fit venir une icône de la Vierge noire, source de miracles légendaires, qui devint très vite un objet de vénération. C'est à partir de ce moment-là que le monastère, gardien d'un fabuleux trésor, fut l'objet de nombreuses convoitises. Fortifié dans la première partie du XVIIe s, le monastère soutint victorieusement, grâce à la Vierge, de nombreux sièges. Jean-Paul II lui a rendu quatre visites lors de son pontificat.

La visite

Jasna Góra est entouré d'un rempart et de bâtiments monastiques. C'est une église gothique, remaniée dans le style baroque, avec une riche décoration intérieure : stucs et polychromies, maître-autel très intéressant par le foisonnement de ses formes baroques.

– Dans la ***chapelle Notre-Dame,*** à gauche, se trouve le célèbre tableau de la ***Vierge noire.*** *Sanctuaire ouv 5h-21h30. L'icône est solennellement dévoilée chaque jour, en principe, 6h-12h ; elle est à nouveau dévoilée à 13h (14h w-e et j. fériés et parfois 15h) ; attention, les horaires changent ts les ans (notamment pdt les saisons de pèlerinage), la première chose à faire en arrivant est de les vérifier au bureau d'informations.*

Il règne dans la chapelle une atmosphère mystérieuse, recueillie et émouvante. L'obscurité masque les visages des pèlerins, qui se pressent contre la grille protectrice du tableau. Dès qu'une prière murmurée se fait entendre, elle est aussitôt répétée par plusieurs voix invisibles. Le chant entonné timidement s'amplifie en quelques instants et remplit la chapelle. Toutes les lumières sont concentrées sur ELLE. Derrière la grille, sur l'autel, la Vierge noire regarde les pèlerins. Le visage sombre, triste, les yeux baissés, elle prie.

Peut-être pense-t-elle aux souffrances que son fils, encore petit, à sa gauche, devra affronter. Les deux cicatrices sur la joue droite accentuent la gravité de son visage. En 1430, l'icône miraculeuse fut profanée par une bande de pillards armés par des chevaliers polonais. Lors de sa restauration, on laissa volontairement deux traces du sacrilège, comme deux cicatrices. Sa main droite repose sur sa poitrine comme dans un geste d'excuse ou de salut.

– ***Le trésor*** *(Skarbiec) : ouv tlj 9h-17h (10h-16h hors saison). Explications en polonais slt.* Nombreuses pièces d'orfèvrerie (bijoux, chapelets, coupes, calices, croix) : deux couronnes offertes par Pie X, une horloge à neuf cadrans, un calice offert par l'épiscopat français. L'ostensoir en or massif (12 kg), offert par la nation en action de grâces après la libération du pays alors sous le joug des Suédois (1672), n'est plus visible.

– ***L'arsenal :*** *ouv 9h-17h (10h-16h hors saison).* Des armes et autres objets d'art militaire, des trophées de guerre, notamment ceux que rapporta de Vienne le roi Jan III Sobieski, trouvés dans les tentes du grand vizir, après sa victoire sur les Turcs en 1683.

– ***La grande salle des Chevaliers,*** avec des bannières de Solidarność, plusieurs tableaux historiques intéressants (on peut profiter d'une projection audiovisuelle en français, à gauche de l'entrée), et la *bibliothèque,* avec une belle collection de livres anciens. C'est dans cette salle que se réunissait la Diète sous le règne de Jan Casimir, dans la seconde moitié du XVIIᵉ s.

Galerie d'art : *ul. Katedralna, 8. Tlj sf lun 11h-17h (18h w-e). Entrée : 4 Zl (1 €).* Cette galerie privée propose une belle expo permanente sur les peintres polonais. Visite agréable dans une magnifique maison bourgeoise du début du XXᵉ s. Plafonds à caissons peints, stucs dorés, rien que l'édifice vaut le détour. À l'époque, les murs étaient recouverts de fresques champêtres. Un fragment en a été conservé au niveau de l'escalier du 1ᵉʳ étage.

– *1ᵉʳ étage :* dans la salle de droite sont exposés des peintres originaires de Częstochowa. L'interrogation sur la mort revient en leitmotiv. Voir la saisissante *Scène symbolique*, de Józef Mączyński, où la Mort, presque imperceptible, lève son voile sur un couple. Dans un autre tableau, elle enlace une jeune femme horrifiée, brrr... Série de tableaux historiques (sur la répression russe au XIXᵉ s...) et adorables estampes japonisantes de Józef Hollak. Salle de gauche : artistes polonais. Scènes paysagistes de Kamocki, rappelant Cézanne. Quelques fusains représentant Częstochowa.

– *2ᵉ étage :* art moderne. On est accueilli par un énorme sac à dos, œuvre loufoque du peintre et metteur en scène Tadeusz Kantor. Plus loin, avant-garde des années 1950 et 1960. Formes géométriques à la Miró chez Jonasz Stern et art

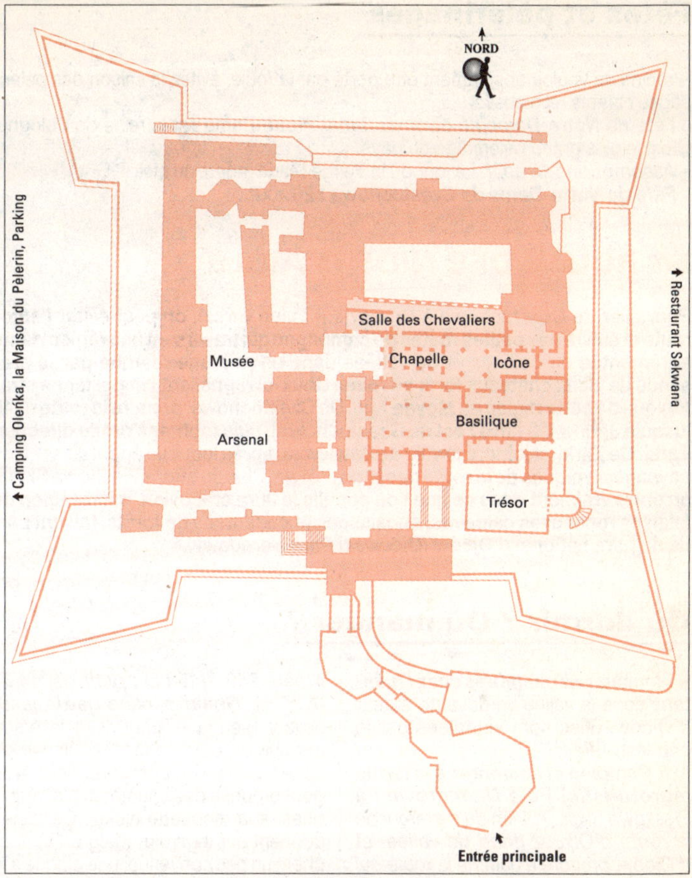

JASNA GÓRA

abstrait avec Maziarska. À l'influence occidentale se mêle toujours le mysticisme polonais. Réalisées sous le communisme, ces œuvres étaient exposées clandestinement.

Muzeum Pielgrzymowania : *al. NMP, 47. Tlj sf lun 11h-17h (18h w-e). Entrée : 4 Zl (1 €).* Quelques beaux exemples de sculpture religieuse en bois polychromé. Voir la reproduction de la Madone de Bavière, du XVe s, et les icônes en bois des XVIIIe et XIXe s (magnifique Vierge noire sertie de pierres précieuses). L'étage est consacré aux pélerinages européens : Lourdes, Fatima...

Kościół Św. Rodziny : *sur la place Papieża Jana Pawla II.* Immanquable, avec ses deux clochers pointant vers le ciel. Brique rouge typique de la région, atténuée par les porches en pierre néogothiques de l'entrée. Sur les murs latéraux de la nef, les statues sont de facture récente, mais travail intéressant du bois : les tailles de coupe, apparentes, représentent l'élément décoratif principal.

Fêtes et pèlerinages

À moins de vouloir absolument être porté par la foule, évitez la saison des pèlerinages et fêtes religieuses.
- ***Fête de Notre-Dame :*** *à partir du 3 mai.* Notre-Dame est la reine de Pologne. C'est le plus grand pèlerinage du pays.
- ***Assomption :*** *15 août.* Le jour où la Vierge Marie monte au ciel.
- ***Fête de Notre-Dame de Częstochowa :*** *26 août.*

LA ROUTE DES NIDS D'AIGLE

Pour aller de Częstochowa à Cracovie (et vice versa), on peut éviter l'autoroute et suivre des petites routes de campagne qui traversent une région riante agrémentée de collines et de vallées dans un paysage marqué par la présence de vieux châteaux forts en ruine. Ceux-ci rappellent l'importance stratégique de cette région au Moyen Âge. De Częstochowa, prendre la route n° 46 jusqu'à Janow (25 km à l'est de Częstochowa), puis tourner à droite direction Zarki. De Zarki, rejoindre la ville de Zawiercie, après laquelle apparaissent les paysages typiques de la route des Nids d'Aigle. Plus au sud, à Pieskowa Skała, on entre vraiment dans ce que l'on appelle le Jura cracovien, microrégion de falaises rocheuses calcaires, encaissées et ceinturées de forêts, faisant partie du parc national d'Ojców *(Ojcowski Park Narodowy).*

Où dormir ? Où manger ?

Nombreuses ***chambres chez l'habitant*** dans la vallée verdoyante autour d'Ojców. Elles sont signalées par le panneau « *Pokoj* ».

Camping et chambres à la ferme (agroturistik) Pole Namiotowe : *à Pieskowa Skała. À 1 km du carrefour de la route d'Olkusz (fond de vallée) et d'Ojców, prendre à gauche la route qui monte en sous-bois vers le château de Pieskowa Skała ; 1 km plus haut, sur la gauche au niveau du sentier qui va au château. Compter 18 Zl (4,50 €) pour 2 pers avec tente et voiture ; 50 Zl (13 €) la double, petit déj en plus.* Un camping à taille humaine, installé dans une petite ferme située à l'écart de la route et en bordure de champ. Une des filles bredouille l'anglais. Simple, propre, rustique et pas cher. Salle de resto avec petite cheminée et instruments agricoles au mur.

Hôtel Zajazd Krystyna : *ul. Bębło, 165. ☎ 419-30-02. • zajazdkrystyna.com.pl • Au lieu-dit Biały Kóściółl, à env 15 km au nord de Cracovie, sur la droite de la route nationale n° 94 en venant d'Olkusz. Double 190 Zl (48 €) ; appart 4 pers 250 Zl (63 €) ; petit déj 14 Zl (4,20 €). Grand parking gardé juste devant.* Bien située pour visiter la région (proche du parc national d'Ojcówski), cette très grande auberge revisitée avec goût propose des chambres bien équipées, à la moquette nickel. Certaines donnent sur le jardin. Malgré l'atmosphère un peu convenue, une plaque à la réception montre qu'on a le sens de l'humour, ici : « Les Italiens sont priés de ne pas chanter après minuit... et les Allemands de ne pas se lever avant 5h. » Coin-Internet sur une chouette mezzanine mansardée et remplie de plantes. Une adresse inespérée en retrait de la nationale.

Restaurant Zajazd Krystyna : *le resto de l'hôtel. Pizza autour de 20 Zl (5 €) ; spécialités polonaises env 30 Zl (8 €).* Une halte-calories de choix. En salle, une bonne odeur vous emplit les naseaux dès l'arrivée. Cuisine traditionnelle et plat du jour. Quant à la terrasse, c'est le domaine du *pizzaiolo*, qui aligne fièrement légumes frais, huile d'olive et pâte à pain devant son four en pierre. Très sympa, avec les collines alentour.

À voir dans la région

Le cimetière juif de Zarki : *à 20 km au nord de Zawiercie. Il est situé un peu à l'écart de la ville, ul. Polna, à gauche de la route principale en direction de Janow.* Petite bourgade au cœur de la plaine agricole, Zarki possède un vieux cimetière juif comptant 700 tombes (en granit, en pierre ponce et en ciment), avec des symboles sculptés très rares : couronne, lion, branche brisée d'olivier, cruche versant de l'eau, torah, bibliothèque, chandeliers.

Le château d'Ogrodzieniec *(Zamek Ogrodzieniec)* **:** *à 20 km au nord d'Olkusz et 7 km au sud de Zawiercie. Ouv 9h-20h. Entrée : 6 Zl (1,50 €) ; réduc.* Les ruines de ce puissant château se dressent à 2 km du village d'Ogrodzieniec, sur la route de Pilica. Au sommet d'un piton rocheux aux flancs herbeux s'élancent dans le ciel les vestiges fantomatiques d'un château du XIIIe s. Cette silhouette splendide et pitoyable évoque la peinture romantique. Destiné à protéger le Sud polonais contre les attaques tchèques (Silésie) et tatares, le château fut puissant et rayonna jusqu'à l'invasion suédoise en 1655. Cette forteresse, saccagée et pillée en 1702, connut par la suite une longue période de décadence jusqu'à son abandon complet en 1810. On passe par un pont-levis (avec sa herse) et on entre dans une cour intérieure occupée par quelques boutiques de souvenirs. Visite intéressante des remparts, des bastions crénelés, des caves obscures. Très belle vue sur la plaine.

Le château de Pieskowa Skała : *à 8 km au nord d'Ojców. De Cracovie, par la route n° 94, prendre la direction de Skała, c'est un peu avant. On monte au château à pied, par un chemin entre les rochers. Musée ouv mai-août, mar-jeu 10h-16h, ven 10h-12h, w-e et j. fériés 10h-18h ; oct-sept, mar-dim 10h-16h ; dernier billet 1h avt fermeture. Entrée : 10 Zl (2,50 €) ; gratuit ven. Dernier billet 1h avt fermeture.* Très beau château qui domine la vallée de Prądnik du haut d'un éperon rocheux. Élevé au XIVe s, il faisait partie du système de défense de la frontière silésienne. Les propriétaires rêvaient d'une résidence digne des rois et firent transformer le château d'après le modèle de Wawel, à Cracovie. Aux angles de la muraille d'enceinte, jolies tourelles de garde en forme de chapeau à pompon. Dans les cours, les éléments naturels se mêlent avec harmonie à l'architecture baroque (lierre courant sur le donjon, parterres de fleurs, vue sur la forêt...). À l'intérieur, des collections de meubles et de peintures du Moyen Âge jusqu'aux années 1930. Côté pratique, le *Café Zamkova,* un joli restaurant dans un bastion du château *(9h-20h).* Il faut absolument emprunter l'escalier en colimaçon pour accéder à sa terrasse supérieure. D'ici, on a la meilleure vue sur le magnifique petit jardin baroque du château, de forme ogivale. En en plus, vos enfants pourront se cacher dans les tourelles de garde !

Ojców : *au cœur du Jura cracovien, dans une gorge où coule la petite rivière Prądnik.* Cette dernière se faufile entre les falaises calcaires, de couleur claire (d'où la comparaison avec le Jura), sculptant des formes fantasques et creusant de profondes cavernes. Les maisons du village sont éparpillées dans les recoins de la vallée, entre la rivière, les prés et les bois. C'est là tout le charme de cette enclave de fraîcheur, si proche de Cracovie et incluse dans le parc national d'Ojców.
À Ojców, on peut voir les ruines légendaires d'un château médiéval datant du règne de Casimir le Grand. Dans la tour, le *musée PTTK.* Casimir le Grand a probablement fait bâtir ce château sur l'emplacement d'un autre plus ancien, signalé à la fin du XIIIe s et qui servait de refuge pour son père, Władysław Łokietek, à l'époque des luttes pour le trône de Cracovie. Pour honorer son père, il l'appela Ojców, nom dérivé du mot « père ».

La grotte de Łokietek : *on y accède depuis Ojców, mais il faut marcher sur env 2,5 km, ou depuis la route de Cracovie (n° 40), en direction de Czajowice (petit panneau, à ne pas manquer). Visite guidée mai-oct 9h-16h.* Sobre, sans stalactites ni stalagmites, elle peut attirer par son aura légendaire. L'histoire se passe au début du XIVe s, lorsque Władysław Łokietek (« Petite Coudée »), futur roi de Pologne, fuit les chevaliers du roi tchèque, qui rêve, lui aussi, du trône de Cracovie. Łokietek choisit cette grotte comme cachette, aidé même par les araignées qui dissimulent l'entrée de la caverne : d'où une toile d'araignée symbolique sur la grille.

KRAKÓW (CRACOVIE)

760 000 hab. IND. TÉL. : 012

Prononcer « Cracouf ». Si Varsovie est le cerveau de la Pologne, Cracovie en est le cœur. Romantique jusqu'à la dernière pierre, c'est une ville fière, nostalgique et généreuse, peut-être la plus « polonaise » de toutes. Une des plus belles villes d'Europe centrale avec Prague et Budapest. On y respire l'histoire. Chaque maison ancienne est construite sur les ruines d'une autre, encore plus ancienne. Les fresques baroques cachent des peintures gothiques, qui recouvrent, elles, des bribes de décorations romanes. Les conservateurs se demandent s'il faut détruire les bâtiments « modernes » du XIXe s qui « dérangent » la belle harmonie médiévale. Cela peut paraître curieux, mais l'attachement des Polonais à leur passé est sans pareil en Europe.

Comme rarement en Pologne, Cracovie est une ville « vraie » et non une reconstruction flambant neuve d'un passé marqué par d'innombrables guerres. Si Cracovie a survécu aux vicissitudes et aux affres de l'histoire, c'est grâce à sa beauté. Ses envahisseurs, et ils furent nombreux, préféraient toujours l'habiter plutôt que de la détruire.

Cracovie est à la fois un haut lieu culturel et un rendez-vous festif. Seuls les bâtiments historiques, festivals et opéras sont aussi nombreux que ses bars... Les amoureux de culture comme les fêtards y passeraient des semaines sans se lasser. Mais c'est aussi, à quelques heures de Paris, une destination idéale pour une escapade de fin de semaine.

UN COUAC FATAL

La ville fut saccagée une seule fois, en 1241, par les Tatars, qui s'étaient emparé de la ville par surprise. En souvenir de cette défaite douloureuse, ou peut-être pour conjurer le mauvais sort, les Cracoviens revivent cette lointaine tragédie toutes les heures, de jour comme de nuit, été comme hiver. Une sonnerie de trompette retentit de la hauteur de la tour de l'église Notre-Dame et, après quelques notes chromatiques, elle s'arrête brusquement. C'est le rappel de la flèche tatare, lancée il y a 700 ans, qui vint se planter dans la gorge du guetteur en train de donner l'alarme.

UN PEU D'HISTOIRE

La légende des origines

Sur la colline de Wawel, saisis par la beauté du lieu, s'installent un peuple heureux et son roi, ***Krakus.*** Mais l'apparition d'un méchant dragon qui vient occuper une grotte sur le flanc de la colline trouble cette paisible existence. Le dragon harcèle les habitants et fait plusieurs victimes. La peur se répand sur la ville. Le roi ***Krakus*** promet alors la main de sa ravissante fille à celui qui chassera le dragon. Plusieurs cavaliers, tous plus courageux les uns que les autres, relèvent le défi, en vain. C'est alors qu'un ingénieux petit cordonnier tue un mouton, remplit son ventre de soufre et le jette au monstre. Le dragon dévore l'appât et se précipite aussitôt vers la Vistule pour boire, boire jusqu'à ce que son ventre éclate. Le cordonnier épouse la promise, etc., etc. Ainsi naquit Kraków.

Adresses utiles

- Postes
- 1 Gare ferroviaire centrale Kraków główny
- Gare routière Regionalny Dworzec Autobusowy
- 2 Office de tourisme (tour de l'hôtel de ville)
- 3 Office de tourisme (Szpitalna)
- 5 Infos culturelles (Tourist Inform – Punkt Informacji)
- 6 Waweltur
- 7 Klub Garinet
- 8 Pl@net
- 9 U Luisa
- 12 Laundromat Frania Cafe
- 14 Surf Café
- 171 Artisanat de la halle aux draps (Sukiennice)

Où dormir ?

- **20** Mama's Hostel
- **21** Garden House Hostel
- **22** Hostel 7 Rynek
- **23** Logos Hotel
- **25** Sky Hostel
- **28** Pensionat Trecius
- **29** Sherp Guest Rooms
- **30** Dom Polonii
- **31** Hôtel Warszawski
- **32** Hôtel Wawel
- **33** Bed & Breakfast Pokoje Gościnne
- **35** Dom Góscinne Uniwersytetu Jagiellonskiego
- **36** Hôtel Pollera
- **37** Hôtel Polonia
- **38** Hôtel Francuski
- **39** Hôtel Pod Różą
- **40** Hôtel Copernicus
- **91** B & B La Fontaine

Où manger ?

- **70** U Stasi
- **71** Alter Ego
- **72** Green Way
- **73** Grodzki
- **74** Kuchcik
- **75** U Babci Maliny
- **76** Chimera Salad Bar
- **77** Bar Wegetariański Vega
- **78** I Panema
- **79** Nostalgia
- **80** Dezerter
- **81** U Zalipianek
- **82** Balaton
- **83** Klimaty Południa
- **84** Wiśniowy Sad
- **85** Smak Ukraiński
- **86** Paese
- **87** Pod Aniołami
- **88** Restaurant Wierzynek
- **89** Cyrano de Bergerac
- **90** Restauracja Hawełka et Tetmajerowska
- **91** La Fontaine
- **96** Naturalny Sklepik

Où manger une pâtisserie ou une glace ?

- **100** Kawiarnia Noworolski
- **101** Cukernia
- **102** Lody U Jacka i Moniki
- **103** Cukernia Michalscy

Où boire un café ? Où boire un verre ? Où sortir ?

- **20** Pub Podium
- **110** Café Dandy
- **111** Pozegnanie z Afryką
- **112** Camelot et Dym
- **113** Zakatek Café
- **114** Café Larousse
- **115** Huśtawka
- **116** Jama Michalika
- **117** U Literatów
- **118** Paparazzi
- **119** Café Botanica
- **120** Camera Café
- **121** Stalowe Magnolie
- **123** Music Bar 9
- **124** Klub Ré
- **125** Irish M'Bassy
- **127** Irish Pod Papugami
- **128** Black Gallery
- **129** Piwnica Pod Baranami
- **130** Harris Piano Jazz Bar
- **131** Krzysztofory
- **134** The Irish Arms

Où danser ?

- **121** Cień Klub
- **122** Carpe Diem II
- **150** Prozak
- **151** Piwnica Pod Ogródkiem
- **152** Klub Pod Jaszczurami
- **153** Ministerstwo
- **154** Jazz Rock Café

À voir

- **116** Café Jama Michalika
- **171** Halle aux draps et musée de la Peinture polonaise du XIXe s
- **172** Statue d'Adam Mieckiewicz
- **173** Église Notre-Dame-Sainte-Marie
- **174** Église Saint-Adalbert
- **175** Tour de l'hôtel de ville
- **176** Église de la Sainte-Transfiguration
- **177** Église des Carmes
- **178** Musée Czartoryski
- **179** Église Sainte-Croix
- **180** Musée d'Histoire de Cracovie
- **181** Collegium Maius et musée
- **182** Église Sainte-Anne
- **183** Collegium Nowodorski
- **184** Palais des Arts
- **185** Maison Szołayski et musée Wyspiański
- **186** Résidence de l'Archevêque
- **187** Palais Wielopolski
- **188** Musée archéologique
- **189** Collegium Luridicum
- **190** Église Saint-Aegidius
- **191** Musée du Théâtre de Cracovie

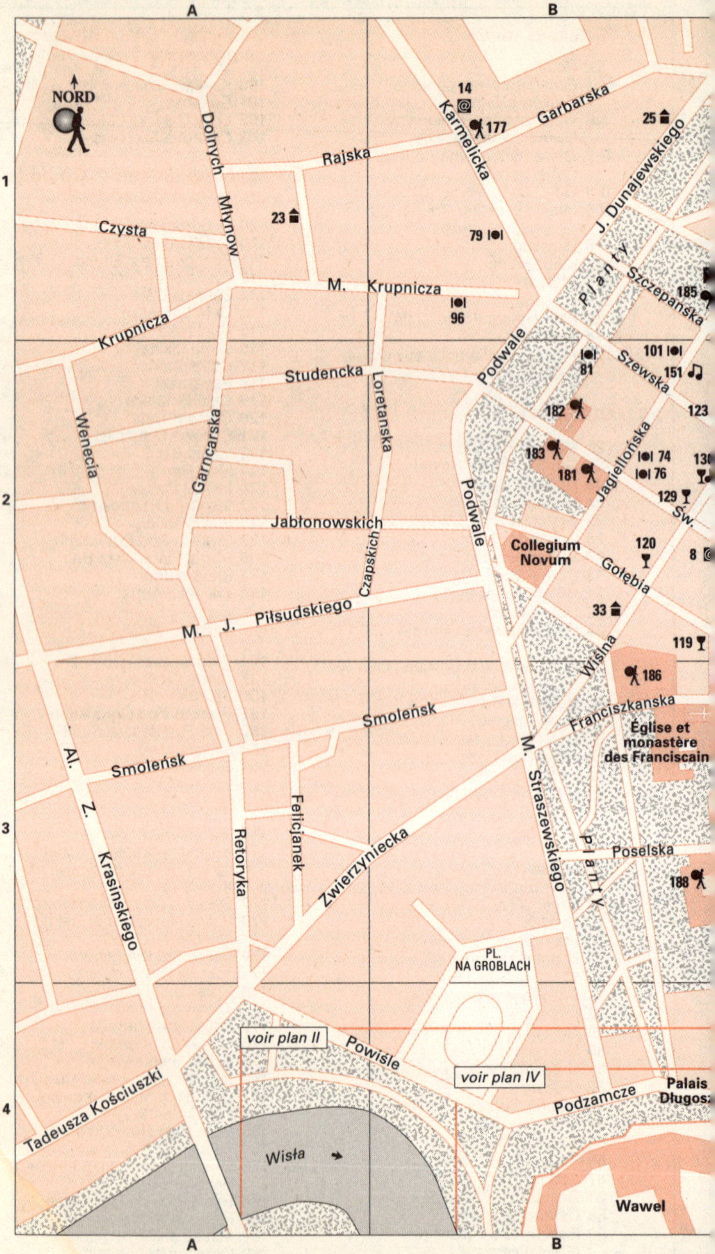
A
B
1
2
3
4
NORD
Dolnych Młynów
Rajska
Karmelicka
Garbarska
14
177
25
23
Czysta
79
J. Dunajewskiego
Planty
Szczepańska
185
M. Krupnicza
96
Krupnicza
Podwale
101
81
Szewska
151
Studencka
Loretanska
182
123
Wenecia
Garncarska
183
181
Jagiellońska
74
76
129
Św.
Podwale
Jabłonowskich
Collegium Novum
120
8
Gołębia
Czapskich
33
M. J. Piłsudskiego
119
Wiślna
186
Smoleńsk
Franciszkanska
Église et monastère des Franciscain
Al. Z. Krasinskiego
Smoleńsk
M. Straszewskiego
Felicjanek
Retoryka
Zwierzyniecka
Poselska
Planty
188
PL. NA GROBLACH
voir plan II
Powiśle
voir plan IV
Palais Długos
Podzamcze
Tadeusza Kościuszki
Wisła
Wawel

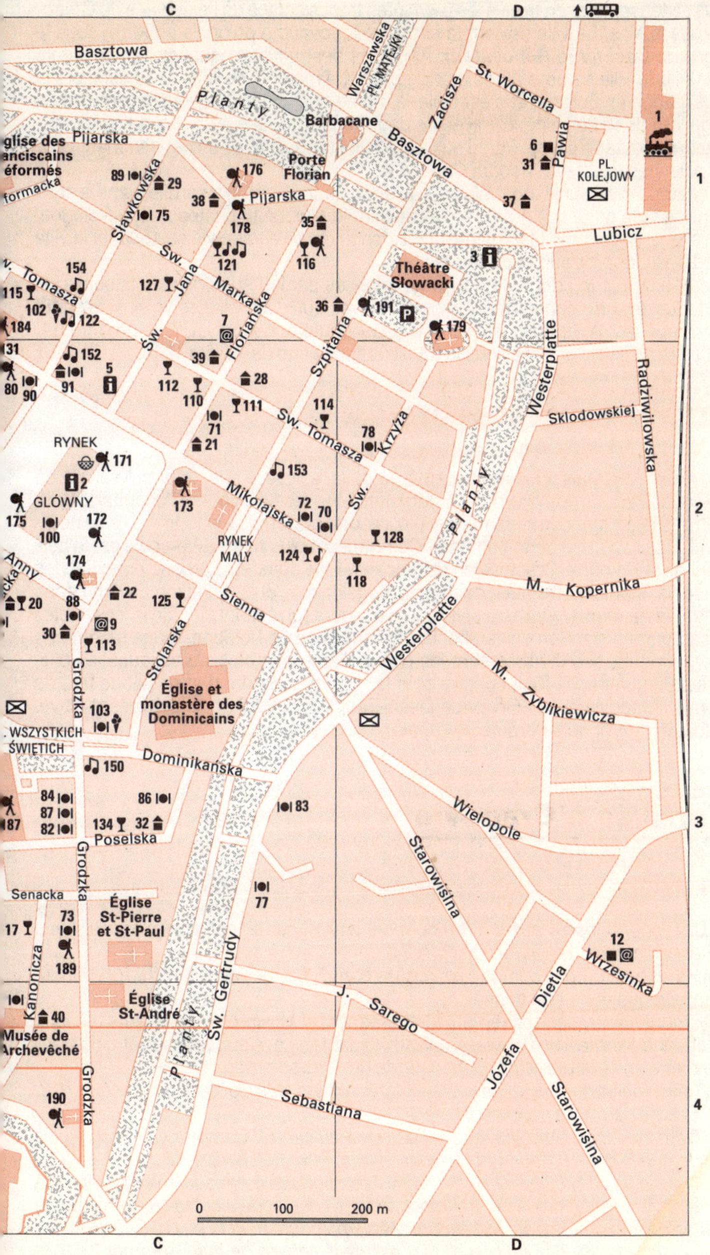

CRACOVIE – CENTRE-VILLE (PLAN I)

Plus sérieusement, on trouve les premières traces écrites de l'existence de Cracovie dès le Xe s. La ville devient la capitale du royaume polonais au XIe s, sous le règne de ***Casimir le Rénovateur.*** Après les destructions causées par les Tatars en 1241, la ville se dote d'une grande place de marché, de 4 ha ; elle est alors la plus grande en Europe, et c'est celle-là même que vous traverserez en long et en large lors de votre visite. L'université Jagielloński, fondée en 1364, attire les étudiants de toute l'Europe. Parmi eux, un élève surdoué, avec un net penchant pour les sciences exactes : ***Nicolas Copernic.***
Le château royal sur le mont Wawel est reconstruit, après un incendie, dans le style Renaissance au début du XVIe s, et devient le plus beau château de la Pologne. Mais le roi Sigismond III transfère la résidence royale à Varsovie en 1596, et la ville perd beaucoup de son importance.
En 1815, après le congrès de Vienne, annexée par les Autrichiens à la suite des partages de la Pologne, Cracovie obtient, avec quelques villages voisins, le statut d'une minuscule république « libre, indépendante et neutre ». Elle le perd trente-cinq ans plus tard et reste sous la tutelle autrichienne de 1815 à 1918.

VILLE DE CŒUR DES POLONAIS

Cracovie n'a jamais vraiment accepté qu'on lui enlève le rôle de première ville de Pologne. Et pour nombre de ses habitants, elle reste toujours LA capitale. Pour s'en assurer, il suffit de le demander à n'importe quel *Krakauer* (comme ils se nomment, non sans une certaine fierté). Comme écrit plus haut, si Varsovie est le cerveau de la Pologne, Cracovie en est le cœur. Et le cœur est l'organe principal des Polonais. Malgré les années de régime « égalitaire », et l'adjonction de l'immense cité ouvrière, *Nowa Huta,* Cracovie garde toujours son élite intellectuelle, ses nobles et sa bourgeoisie. Son université, la plus ancienne de Pologne, a une renommée internationale, ses théâtres sont les plus brillants, ses caves artistiques les plus folles. Et, comble de tout, comme pour la remercier de tant d'efforts et de tant de dignité, Cracovie a eu SON pape (Jean-Paul II), qui y fut successivement élève, étudiant, prêtre, puis évêque.

L'arrivée à Cracovie

En avion

✈ ***L'aéroport Jean-Paul-II / Balice*** *(hors plan III par I9) est situé à env 18 km à l'ouest du centre.* ☎ *295-58-00 (24h/24).*
ℹ Il y a un petit *bureau d'infos touristiques* dans le hall de l'aéroport. *Tlj 10h-18h30.* Sympathique et de bon conseil.
– *Distributeur de billets* acceptant les cartes *Visa* et *MasterCard.* Plusieurs bureaux de change dans le hall d'arrivée, aux taux variables. Le mieux est peut-être d'attendre d'être en centre-ville pour changer de grosses sommes.
➢ ***Taxis :*** *par rapport à Varsovie, leurs tarifs restent plus élevés. Compter env 70 Zl (18 €) pour gagner le centre-ville.*
➢ ***Train :*** *une ligne ferroviaire relie l'aéroport au centre. Compter env 15 mn (plus rapide que le bus). Fréquence : ttes les 30 mn. Prix : 8 Zl (2 €).*
➢ ***Bus :*** *le bus n° 208 relie en 40 mn env l'aéroport à la gare routière en bordure de la vieille ville. Rejoindre le centre (rynek Główny) demande à peine 10 mn à pied, et l'office de tourisme est sur le chemin. Même parcours pour le bus n° 292. Pour les 2 bus, départs 5h-23h. Le bus n° 602 assure le service de nuit. Compter 2,60 Zl/pers (0,65 €).* N'oubliez pas de prendre un ticket supplémentaire pour vos gros bagages (voir plus loin la rubrique « Transports urbains »).

En train

La gare ferroviaire centrale *(Kraków główny ; plan I, D1,* ***1****) est située aux portes de la vieille ville. On y accède facilement à pied.* Cette gare accueille l'essentiel du trafic national et international. À l'arrivée à la gare, il y a plusieurs points d'informations, privés pour la plupart, qui vous proposent des services de réservations d'hôtels, de chambres chez l'habitant ou en auberges de jeunesse.

➢ Pour gagner le centre-ville, il faut passer par le passage souterrain qui vous mène sur le *planty* et suivre les panneaux « wyjście do centrum ».

Certains malchanceux peuvent néanmoins arriver à ***Kraków Płaszów*** *(hors plan III par L12,* ***2****)*, l'autre gare, accueillant principalement les trains de nuit et située à 4 km au sud-est. Elle est reliée à la gare centrale par les trams n°s 3 et 43, le bus express C, ainsi que par le train régional (ttes les 30 mn).

En bus

Gare routière *(Regionalny Dworzec Autobusowy ; hors plan I par D1) : ul. Bosacka, 18. ☎ 393-52-66. À 300 m env de la gare ferroviaire centrale.*

Bureau Eurolines à Cracovie : *ul. Dluga, 9. ☎ 421-21-25. • eurolinespolska.pl •* Quelques agences vendent les billets de cette compagnie qui relie Paris, Bruxelles, Zurich (et d'autres villes) à Cracovie et aux principales villes de Pologne.

En voiture

Bien noter que l'essentiel du centre-ville est une zone piétonne et, à l'exception de quelques rues, interdit aux voitures. Confier votre véhicule à l'un des nombreux parkings du centre peut être judicieux mais cher : pl. Szczepański *(plan I, B1)*, pl. Biskupia *(plan III, K9)*, ul. Karmelicka *(plan III, J10)*. Sinon, le stationnement dans la plupart des petites rues perpendiculaires au boulevard circulaire est gratuit. Si vous résidez dans un hôtel du centre, vous pouvez toutefois obtenir une carte de résident temporaire pour vous garer plus facilement. Faites-en la demande à la réception de l'hôtel.

■ Adresses et infos utiles

- **10** City Information Point Kazimierz
- **11** Jarden Travel Agency

Où dormir ?

- **41** Nathan's Villa Hostel
- **42** Atlantis Hostel
- **43** Good Bye Lenin Hostel
- **44** Momotown Hostel
- **45** Stajnia
- **46** Tournet Pokoje Gościnne
- **47** Hôtel nad Młynkiem
- **48** Hôtel Kazimierz
- **49** Hôtel Klezmer-Hois

Où manger ?

- **49** Klezmer-Hois
- **91** Arka Noego
- **92** Chłopskie Jadło
- **93** Bagel Mama
- **94** Pierożski U Vincenta
- **95** Awiw

Où manger une pâtisserie ou une glace ?

- **104** Pracownia Cukiernicza

Où boire un verre ? Où sortir ?

- **132** Propaganda
- **133** Kava Pod Kogutkiem
- **135** Les Couleurs Café
- **136** Ariel
- **137** Bar du musée Manggha
- **138** Singer
- **139** Alchemia

À voir

- **49** Galerie photo du restaurant Klezmer-Hois
- **200** Synagogue Ajzyk ou synagogue Isaac
- **201** Haute Synagogue
- **202** Vieille Synagogue
- **203** Palais Jordan
- **204** Synagogue Remu'h
- **205** Cimetière Remu'h
- **206** Tempel Synagogue
- **207** Synagogue Kupa

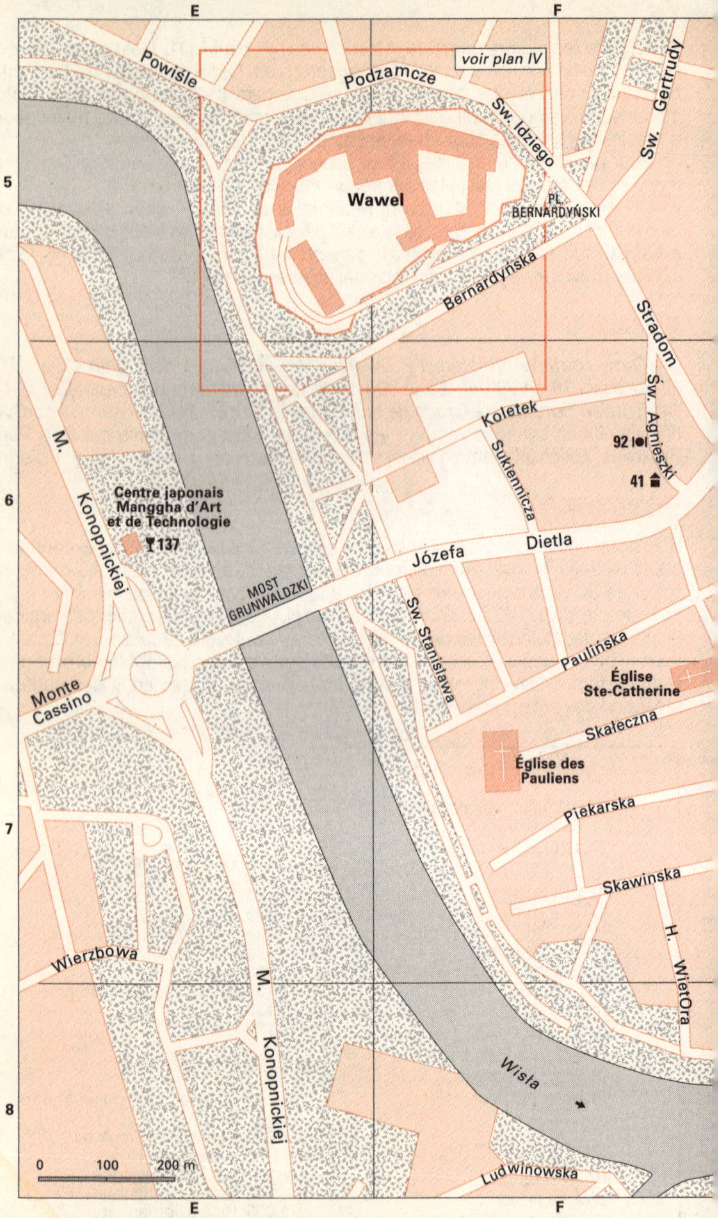
E
F
voir plan IV
Powiśle
Podzamcze
Św. Idziego
Św. Gertrudy
Wawel
PL. BERNARDYŃSKI
Bernardyńska
Stradom
Koletek
Św. Agnieszki
92
41
Sukiennicza
M. Konopnickiej
Centre japonais Manggha d'Art et de Technologie
137
MOST GRUNWALDZKI
Józefa
Dietla
Św. Stanisława
Paulińska
Église Ste-Catherine
Monte Cassino
Skałeczna
Église des Pauliens
Piekarska
Skawinska
H. WietOra
Wierzbowa
M. Konopnickiej
Wisła
0
100
200 m
Ludwinowska
5
6
7
8

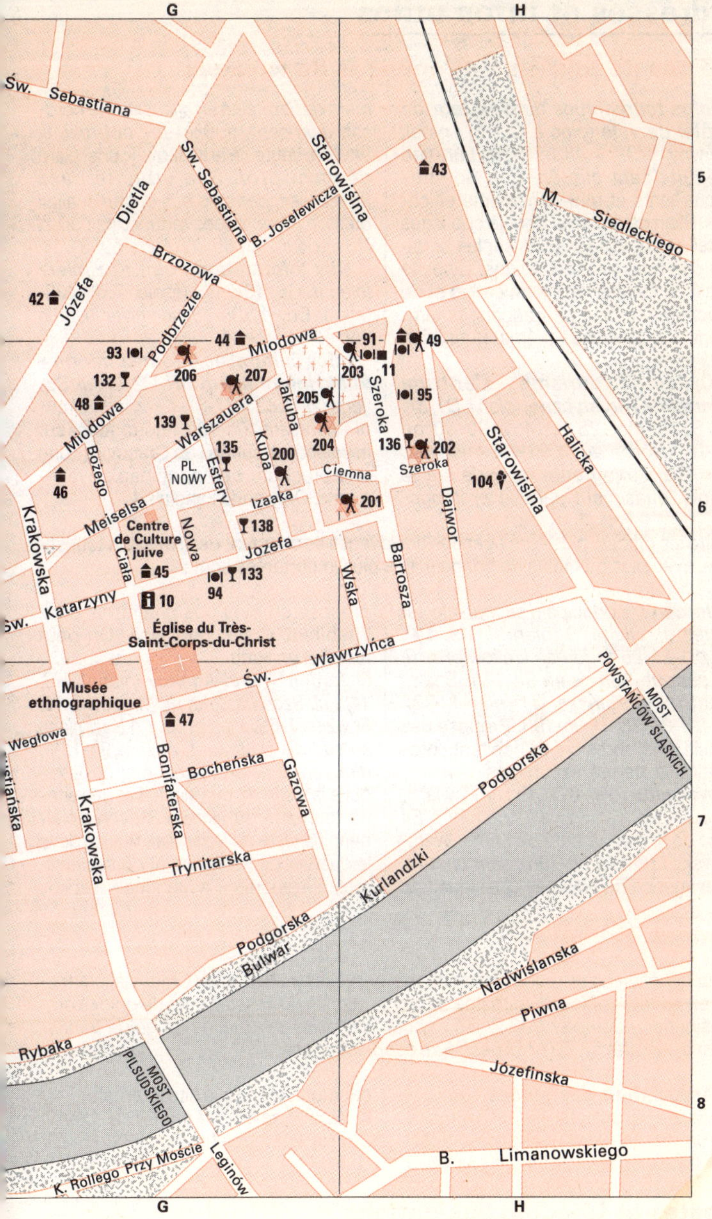

CRACOVIE – KAZIMIERZ (PLAN II)

Adresses et infos utiles

Offices de tourisme et agences de voyages

Infos touristiques dans la tour de l'hôtel de ville *(plan I, C2, **2**) : rynek Główny, 1/3. ☎ 433-73-10. Lun-ven 8h-20h ; sam-dim 9h-15h.* Sourires accueillants et renseignements efficaces. Plein de conseils pour le choix des hôtel, et une disponibilité sur les horaires des bus, trains et avions. Dispose aussi du meilleur stock de cartes et de brochures, même en français, notamment des itinéraires thématiques bien expliqués.

Office de tourisme – Centrum Informacji Turystycznej *(plan I, D1, **3**) : ul. Szpitalna, 25. ☎ 432-00-60 ou 01-10. Infoline au ☎ 93-19. • krakow.pl • Dans une petite rotonde sur le* planty, *quasiment dans le prolongement de Szpitalna en allant vers le nord-est. Juin-sept, tlj 9h-19h ; oct-mai, tlj 9h-17h. Vente de la* Krakow Tourist Card *donnant droit à la gratuité dans 30 musées, dans les bus et trams, ainsi qu'à de nombreuses réductions : 50 Zl (13 €) pour 2 j. ; 65 Zl (16 €) pour 3 j.*

City Information Point Kazimierz *(plan II, G6, **10**) : ul. Józefa, 7. ☎ 422-04-71. Ouv tlj 10h-18h (en hiver jusqu'à 16h et fermé w-e).*

Infos culturelles – Tourist Inform – Punkt Informacji *(plan I, C2, **5**) : ul. Św. Jana, 2. ☎ 421-77-87. • karnet.krakow.pl • Lun-sam 10h-18h.* Informations sur le calendrier culturel de Cracovie. Édite une brochure des principaux événements. On y parle l'anglais.

Outre les offices, plusieurs agences de voyages se chargent de la mission touristique, avec plus ou moins de bonheur. Les plus importantes sont :

■ **Jordan :** *la principale succursale est située ul. Długa, 9 (plan III, K9, **13**). ☎ 421-21-25. • jordan.krakow.pl • Tlj en sem 9h-18h ; sam 9h-14h. Également ul. Floriańska, 21 (plan I, C2). ☎ 421-30-98. Tlj 9h-19h.* Propose des hôtels, chambres chez l'habitant, infos pratiques, cartes, excursions...

■ **Waweltur** *(plan I, D1, **6**) : ul. Pawia, 8. ☎ 422-19-21. • waweltur.com.pl • En face de la gare, à côté de l'hôtel* Warszawski. *Lun-ven 8h-19h ; sam 8h-14h.* Une agence de voyages classique, qui propose en plus des chambres chez l'habitant assez centrales. On peut réserver en ligne.

■ **Jarden Travel Agency** *(plan II, H6, **11**) : ul. Szeroka, 2, et ul. Miodowa, 41. ☎ 421-71-66. • jarden.pl • À Kazimierz, au sud du château. Lun-sam 9h-18h ; dim 10h-18h.* Une agence spécialisée dans la visite du quartier juif et des sites du tournage du film de Steven Spielberg, *La Liste de Schindler*, réalisé dans le quartier de Kazimierz et de ses environs. Se reporter à la rubrique « À voir ».

Guides et visites

Pour bénéficier d'un guide (francophone) qui vous fera découvrir Cracovie, contacter en priorité l'office de tourisme de la ville ou bien une association de guides professionnels. *Compter 300 Zl (75 €) pour une visite de 4h avec un guide francophone ; ajouter 50 Zl (13 €) par heure supplémentaire.*

■ **Association des guides touristiques de Cracovie :** *ul. Florianska, 19/6a. ☎ 422-28-51. • guide-cracow.pl •* (liste de guides francophones avec coordonnées, sur le site internet).

■ **Klub Przewodników PTTK** *(plan I, D2) : ul. Westerplatte, 5. ☎ 422-26-76.*

Postes et télécommunications

■ **Poste centrale** *(plan I, D3) : ul. Westerplatte, 20 ; à l'angle avec Wielopole. ☎ 422-48-11. • poczta-polska.pl • Lun-ven 7h30-20h30 ; sam 8h-14h ; dim 9h-14h.* Une des meilleures postes de la ville. La poste restante se trouve

au guichet *(orienko)* n° 1.
■ *Une **autre poste** (plan I, D1) : ul. Lubicz, 4 / pl. Kolejowy. Bien située, près de la gare ferroviaire. Lun-ven 7h-20h ; sam 7h-14h. Fermé dim.*

– ***Cabines téléphoniques :*** Cracovie, comme les autres villes de Pologne, possède un bon réseau de cabines téléphoniques. Celles-ci fonctionnent en majorité avec des cartes magnétiques en vente à la poste, dans les kiosques, les hôtels et auprès des vendeurs de rue. Cartes de 15, 30 et 60 unités.

■ ***Centre téléphonique ouvert 24h/24 :** à la poste, en face de la gare (plan I, D1).*
■ ***Renseignements téléphoniques :***
– Pour Cracovie et la Pologne : ☎ 911.
– Pour l'étranger : ☎ 912.

Argent, banques, change

Voici les principales banques dans le centre :

■ ***Bank BPH** (plan I, C3) : à l'angle des rues Senacka et Grodzka. ☎ 429-32-96. Lun-ven 10h-18h.* Bon taux de change pour les chèques de voyage.
■ ***Pekao** (plan I, C2) : rynek Główny, 32. Lun-ven 8h-18h ; sam 9h-14h. Autre bureau sur ul. Bracka, 1a (plan I, C2).* Commission de 1 % seulement pour les chèques de voyage.

– ***Chèques de voyage :*** les banques ci-dessus présentent les taux les plus intéressants. Mais, en cas d'urgence, vous pouvez vous adresser à l'hôtel ***Francuski*** *(plan I, C1, **38**) : ul. Pijarska, 13. On y trouve un bureau de change ouv tlj 8h-20h.* La commission est importante (environ 5,5 %), mais c'est du dépannage.
– ***Argent liquide :*** rien de plus simple, la ville compte de nombreux bureaux de change (panneau indiquant *kantor*). Mais il vaut mieux éviter ceux à proximité de la gare, particulièrement gourmands en commission.
– ***Cartes de paiement :*** comme partout ailleurs en Pologne, le réseau *Euronet* s'applique à implanter ses distributeurs aux quatre coins ou presque de la ville. Ils sont censés, mais ce n'est pas toujours le cas, accepter les cartes *Visa, MasterCard, Cirrus, Plus,* etc. *Les principaux distributeurs sont situés rynek Główny, 31 (PKO) ; Armii Krajowei, 4 ; ul. Krasińskiego, 1/3 ; ul. Mackiewicza, 17 ; ul. Balicka, 7 ; ul. Witosa ; pl. Kolejowy ; ul. Starowiślna, 88 ; et au château Wawel.*

Représentations consulaires

■ ***France :** ul. Stolarska, 15. ☎ 424-53-00. • cracovie.org.pl • Lun-ven 9h-16h. En dehors de ces heures, un agent de permanence peut être joint au ☎ 602-751-411.*
■ ***Ukraine :** ul. Krakowska, 41. ☎ 429-60-66.*

■ **Adresses utiles**

- 🚂 **2** Gare ferroviaire Kraków Płaszów
- ✈ Aéroport
- **13** Agence Jordan

Où dormir ?

- **26** Hostel Giraffe
- **51** Camping Clepardia
- **52** Camping Smok
- **53** Camping Krakowianka
- **55** Dom Studencki Nawojka
- **56** Hostel Dizzy Daisy Downtown
- **57** Pod Sokołem
- **58** Nauczycielski
- **59** Hôtel Mistia
- **60** Hôtel Dom Patria
- **61** Hôtel Atrium
- **62** Premium Hostel

À voir

- **62** Musée de la Gestapo
- **210** Pharmacie du ghetto
- **211** Usine de céramique d'Oskar Schindler
- **212** Musée de la Peinture polonaise du XXe s

I
J
9
10
11
12
NORD
KRAKÓW BALICE
52
Juliusza Lea
Piastowska
Al. Armii Krajowej
Bydgoska
Al. Kijowska
Kazimierza Wielkiego
Królewska
Łobzowska
62
Pomorska
Juliusza Lea
Park Krakowski
Karmelicka
F. Chopina
Nawojki
Wł. Reymonta
Czarnowiejska
Akademicka
J. Kochanowskiego
P
55
Piastowska
Chodowieckiego
Wł. Reymonta
Adama Mickiewicza
Rajska
Czwsta
H. Reymana
Park Jordana
Al. 3 Maja
R. Ingardena
Al. Krupnikza
Garncar
Ul. Oleaundry
212
Na Błoniach
Błonia
Al. Z. Krasińskiego
J. Piłsudskiego
Smoleńsk
Al. Marsz. Ferdinanda Focha
J.I. Kraszewskiego
Wierzyniecka
Królojew
Jadwigi
Emaus
Senatorska
Most Dębnicki
Al. J. Waszyngtona
Couvent et église des Norbertines
Tadeusza Kościuszki
M. Konopnickiej
Wisła
Księcia Józefa
Tynlecka
Chapelle Sainte-Marguerite
Praska
Monte Cassino
Ogródki Działkowe
Komandosów
Kapelanka
0
200
400 m

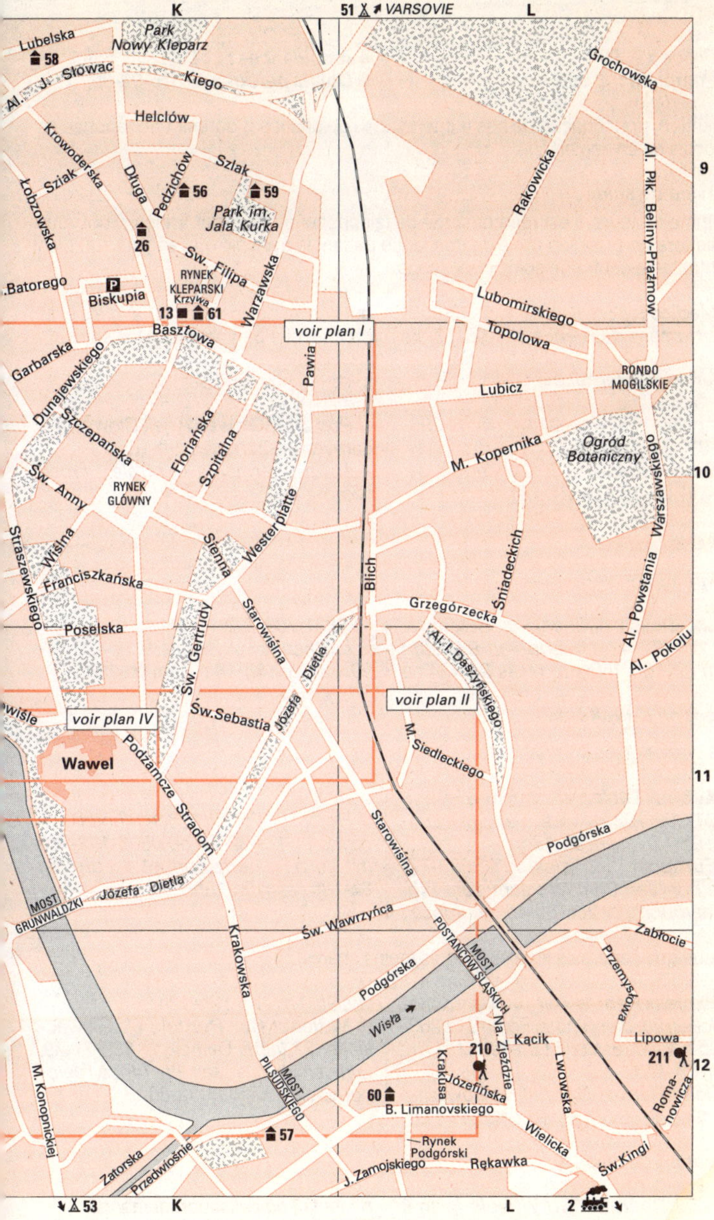

CRACOVIE

CRACOVIE – LES ENVIRONS (PLAN III)

Santé, urgences

- ***Police :*** *☎ 997.*
- ***Pompiers :*** *☎ 998.*
- ***Ambulances :*** *☎ 999.*
- ***Objets perdus :*** *☎ 616-92-89.*

Attention, pour chacun de ces numéros, peu de chance d'obtenir une réponse en français ou en anglais.

Service de soins

Comme toujours, il est recommandé de téléphoner au consulat français, qui vous indiquera un praticien privé de confiance parlant le français ou l'anglais. Ou bien contacter le centre de soins ci-dessous.

- ***Medicover :*** *ul. Krótka, 1. ☎ 430-00-34. Numéro d'urgence : ☎ 96-77.* Ils ont des médecins parlant l'anglais et ils pratiquent à peu près tous les soins.

Pharmacies (aptekas)

- ***Apteka :*** *ul. Kapelanka, 56. ☎ 296-42-39. Ouv 24h/24.*
- ***Euro Apteka :*** *ul. Krowoderska, 31. ☎ 430-00-35. Ouv 24h/24.*
- ***Pod ZlotaGlowa :*** *rynek Główny, 13. Lun-ven 9h-21h ; sam 9h-16h.*
  – Autre pharmacie centrale : rynek Glówny, 37.

CRACOVIE

Transports

Compagnies aériennes

- ***Lot (Polish Airlines) :*** *ul. Basztowa, 15. ☎ 422-42-15. Lun-ven 9h-18h ; sam 9h-15h. Infos et résas 24h/24 au ☎ 0801-703-703.*
- ***Lufthansa :*** *ul. Sienna, 9. ☎ 422-41-99. Lun-ven 8h-18h ; sam 9h-13h.*

Location de voitures

Les compagnies internationales :

- ***Avis :*** *ul. Lubicz, 23. ☎ 629-61-08 ou 0601-200-702 (n° Vert). • avis.pl • Lun-ven 9h-17h ; sam 9h-13h.*
- ***Europcar :*** *ul. Szlak, 2. ☎ 633-77-73. Lun-ven 9h-17h ; sam 10h-14h. À l'aéroport : ☎ 285-50-45. • europcar.com.pl •*
- ***Hertz :*** *ul. Focha, 1, dans l'hôtel Cracovia. ☎ 429-62-62 ou 0800-143-789 (n° Vert). • hertz.com.pl • Lun-ven 8h-18h ; sam 9h-13h.*

Et quelques agences locales (parfois moins chères) :

- ***Express Rent-a-Car :*** *ul. Marii Konopnickiej, 28, dans l'hôtel* Forum. *☎ 260-76-50. • express.pl • Lun-ven 8h-17h ; sam 8h-11h.*
- ***Joka Rent-a-Car :*** *ul. Starowiślna, 13. ☎ 429-66-30. • joka.com.pl • Lun-ven 9h-17h ; sam 9h-12h.*
- ***National Car Rental :*** *ul. Glowackiego, 22 (hôtel* Demel*). ☎ 639-71-79. Lun-ven 8h-17h ; sam 9h-14h. À l'aéroport Balice : ☎ 636-32-86.*

Location de vélos

- ***Bike Rentals Two Wheels*** *(plan II G6) : ul. Jozefa, 5 (Kazimierz District). ☎ 421-57-85. • dwakola.neostrada.pl • Compter 30 Zl (8 €) pour une journée, plus 200 Zl (50 €) de caution. Carte d'identité ou passeport demandé.*
- ***Wypożyczalmja Rowerów*** *(plan I, B2) : ul. Św. Anny, 4. ☎ 501-745-986. • bike-rental.pl • Tlj sf dim 9h-21h. Compter 35 Zl (9 €) la journée ; réduc ;*

tarifs possibles à l'heure. Présenter une pièce d'identité ou un permis de conduire. Les vélos sont bien alignés, dans le passage d'un immeuble historique. En face, un mini-atelier – maison de réparation, qui donne au tout un air très « loueur de quartier ». Accueil jovial.

Culture

Journaux sur Cracovie

Plusieurs publications se font le devoir de vous initier à la ville et à ses plaisirs.
– Le mensuel *Insider* (en anglais) ou *Kraków in Your Pocket* se font l'échotier de tout ce qui bouge en matière de restos, bars, boîtes. Une lecture utile pour les petits concerts dans les bars est le *City Magazine* ; il est en polonais, mais grâce à un système de pictos et en se le faisant expliquer une fois, on comprend aisément comment ça marche.
– Un autre mensuel, *Miesiąc w Krakówie,* avec une version anglaise, se charge de donner le programme des théâtres, festivals, concerts et galeries de peinture.
– Mais dans ce domaine, l'édition du week-end de la *Gazeta Wyborcza* ou celle du journal local *Gazeta Krakówska* restent les plus performantes, avec des pages entières consacrées au cinéma, aux concerts et aux musées.

Presse étrangère

On la trouve facilement dans les boutiques des grands hôtels, en particulier les hôtels *Cracovia* et *Forum,* ainsi que dans certaines librairies internationales :

■ ***Empik :*** *ul. Pawia, 5 (dans la galerie Krakowska). Tlj 9h-22h. C'est un peu la* Fnac *polonaise.* On y trouve toute la presse étrangère, des disques, de la vidéo, des B.D., des livres ; on peut y faire développer ses photos...
■ ***Księgarnia Edukator :*** *ul. Św. Jana, 15. À l'intérieur de l'ancien Institut culturel français, un magnifique bâtiment pavé de bois. Lun-ven 10h-18h ; sam 10h-14h.* La plus grande sélection de livres en français de la ville. Également des revues et des méthodes de polonais.
■ ***Wędrowiec :*** *ul. Powiśle. Tlj 8h-16h.* Ce kiosque, installé sur le parking au pied du château Wawel, propose, outre des publications étrangères, une mine de cartes et de livres sur Cracovie.
■ ***Jarden Book Store :*** *ul. Szeroka, 2. Lun-ven 9h-18h ; dim 10h-18h. Fermé sam.* La seule librairie juive de la ville.

Centres culturels

■ ***Institut culturel français :*** *ul. Stolarska, 15.* ☎ *424-53-50.* • *cracovie.org.pl* • *Lun-ven 11h-19h.*
■ ***Goethe Institut :*** *rynek Główny, 20.* ☎ *422-69-02. Lun-jeu 10h-16h ; ven 10h-15h.*
■ ***Institut culturel juif :*** Judaica Foundation, *ul. Meiselsa, 17.* ☎ *430-64-49.* • *judaica.pl* • *Lun-ven 10h-18h ; samdim 10h-14h.* Représentative d'un regain d'intérêt pour la culture juive, cette ancienne maison de prière propose concerts, expos, et abrite une bibliothèque et une très agréable cafétéria (lire « À voir »).

Concerts classiques, opéras et ballets

– ***L'Orchestre philharmonique de Cracovie*** *(ul. Zwierzyniecka, 1)* est l'un des plus réputés, et lorsqu'on sait que les Polonais ont l'oreille particulièrement musicale, il n'y a pas à hésiter. Les concerts ont lieu surtout le week-end.
– ***Teatr im Słowackiego :*** pourquoi ne pas allier la découverte d'une salle somptueuse, construite en 1893 et inspirée de l'Opéra Garnier de Paris ? On peut y assister à un ballet ou à une représentation à grand spectacle du répertoire classique polonais. Les opéras sont plus rares, exiguïté oblige.

– Pour les autres spectacles, demandez l'agenda à l'agence culturelle, ***Tourist Inform – Punkt Informacji*** *(plan I, C2,* ***5****) : ul. Św. Jana, 2.* • *karnet.krakow2000.pl* • *Voir plus haut « Offices de tourisme ».*

Achats

Artisanat

L'ancienne halle aux draps *(sukiennice ; plan I, C2,* ***171****)* accueille sous ses voûtes de nombreuses échoppes proposant tout ce que la Pologne produit en artisanat. La spécialité locale : des petites maquettes d'églises en papier de chocolat. Mais aussi des bijoux en ambre, des œufs peints, des jeux d'échec, des fourrures... Chaque année, à Noël, un concours oppose les meilleurs maquettistes. *Lun-ven 7h-19h ; sam-dim 10h-15h. Une succursale existe aussi au nº 11 d'ul. Bracka. Mêmes horaires.*

Affiches

Galeria Plakatu : *ul. Stolarska, 8/10.* Dispose d'un grand choix d'affiches et de posters, un art dans lequel les Polonais sont passés maîtres.

Épiceries ouvertes 24h/24

A & C Delikatesy : *ul. Starowiślna, 1.*
Crystin : *ul. Krakowska, 22.*
Delijce : *à l'angle de rynek Kleparski, 5, et ul. Basztowa.*
Hean : *ul. Królewska, 49.*
Kefirek : *ul. Szpitalna, 28.*
Oczko : *ul. Podwale, 6.*

Accès Internet

Dans la plupart de ces cybercafés, il est possible d'acheter des carnets de plusieurs heures ou des cartes de membres, qui offrent des réductions intéressantes.

Pl@net *(plan I, B2,* ***8****)* ***:*** *rynek Główny, 24.* • *planet.krakow.pl* • *Très central, sur la grande place. Tlj 10h-22h.*
U Luisa *(plan I, C2,* ***9****)* ***:*** *rynek Główny, 13.* ☎ *421-80-92.* Dans une très belle cave voûtée, où jouent aussi des groupes de jazz.
Klub Garinet *(plan I, C1-2,* ***7****)* ***:*** *ul. Floriańska, 18.* ☎ *423-22-33. Ouv 10h-minuit.* Au fond de la cour, une salle amusante ornée de toiles d'araignées (fausses, on vous rassure). Pour ce qui est de la toile du web, une dizaine de postes équipés de webcam.
Surf Café *(plan I, B1,* ***14****)* ***:*** *Karmelicka, 21. Tlj jusqu'à 22h. Environ 8 Zl.*

Laverie automatique

Laundromat Frania Cafe *(plan I, D3,* ***12****) : ul. Wrzesińka, 6.* 📱 *783-945-021.* • *laundromat.pl* • *Tram nº 24, arrêt Starowiślna. Lun-ven 10h-20h ; w-e 10h-18h. Compter 16 Zl (4 €) pour 5 kg de linge (poudre et rinçage compris) ; 10ᵉ lavage gratuit.* La 1re laverie en self-service de Cracovie et un endroit très convivial. En attendant que votre linge soit prêt *(env 1h30)*, vous pouvez consulter Internet gratos ou même jouer à des jeux de société ! Ou comment joindre l'utile à l'agréable...

Transports urbains

Bus et trams

Une vingtaine de trams et une centaine de bus sillonnent la ville, à l'exception du centre piéton. Sauf pour vous rendre dans les faubourgs, ils vous seront de peu d'utilité. *Circulent 5h-env 23h ; bus de nuit 23h-5h.* Certains bus sont des express avec moins d'arrêts.

– ***Tarifs :*** *utilisable indifféremment dans les bus et les trams, le billet unitaire (2,50 Zl, soit 0,60 €) n'est valable que pour un seul trajet sans changement. Il existe plusieurs tarifs outre le billet simple : le billet pour une heure avec changement à volonté (3,10 Zl, soit 0,80 €), la carte journalière (10,40 Zl, soit 2,60 €). Il existe aussi des billets pour 48h (18,80 Zl, soit 4,70 €) et 72h (25 Zl, soit 6 €).*
Les billets doivent être compostés dès la montée dans le bus ou le tram. Notez qu'il faut plusieurs billets pour les bus de banlieue et les bus de nuit. Ils s'achètent dans les kiosques *Ruch* ou dans les boutiques affichant le sigle « MKP », ou encore auprès du chauffeur contre un léger supplément de prix.
– N'oubliez pas de prendre un billet pour les bagages imposants et rappelez-vous que les contrôles sont très fréquents et les contrôleurs intransigeants.
– Les étrangers n'ont pas droit aux réductions étudiants. Relire nos recommandations dans la même rubrique à Varsovie.

Taxis

À condition d'éviter ceux qui rôdent autour de la gare, spécialistes de la surfacturation, leurs prix ont été réglementés et restent très confortables pour une bourse occidentale quand vous évitez les arnaques. Il existe quatre tarifs et nos recommandations sont les mêmes que pour Varsovie. Utiliser en premier lieu les taxis affiliés à un central de réservation téléphonique (dont le numéro figure généralement sur la voiture).
Les commander par téléphone est gratuit et peut parfois, concurrence oblige, vous donner droit à une réduction. Bien sûr, comme partout dans le monde, les prix augmentent de 22h à 5h du matin. Vérifiez toujours, en montant dans le véhicule, que le compteur est remis à zéro.

■ ***Taxi Jan Surowiak :*** *un sympathique (et sérieux) chauffeur de taxi parlant l'anglais (rare).* ☎ *422-66-99 ou* 📱 *609-583-124.*

■ ***Barbakan :*** ☎ *96-61.*
■ ***Euro Taxi :*** ☎ *96-64.*
■ ***Express Taxi :*** ☎ *0800-11-11-11.*

Où dormir ?

Cracovie est une ville très touristique – et à juste titre ! L'inconvénient, c'est que, du coup, les hôtels sont très souvent complets, surtout le week-end, et – loi de l'offre et de la demande oblige – très chers. En revanche, ils présentent l'avantage d'être généralement très centraux.
Nous recommandons aux petits budgets de faire une concession sur la qualité ou le romantisme de l'établissement choisi, et de résider dans les adresses bon marché – notamment les auberges de jeunesse *(hostels)* situées dans le centre historique et souvent de bonne qualité.
– Pensez à réserver en été.

CAMPINGS

Même si les transports en commun desservent bien ces différents campings, on les recommande avant tout aux personnes motorisées car, à moins d'avoir une vie de nonne ou de faire du stop, le soir c'est relativement difficile de s'y rendre.

⛺ ***Camping Krakowianka*** *(hors plan III par K12,* ***53****)* ***:*** *ul. Żywiecka Boczna, 2.* ☎ *268-11-35.* • *krakowianka.com.pl* • *À 6 km, sur la route de Zakopane. Accès au feu de signalisation presque en face du Carrefour. Bus n° 119 ; trams n*os *22, 19 et 8. Ouv de mi-mai à mi-sept. Compter 55 Zl (14 €) pour deux avec tente et voiture ; double autour de 120 Zl (30 €).* Intégré à un hôtel, il est de bonne tenue et offre des bungalows à petits prix, ainsi qu'un resto.

Camping Smok *(hors plan III par I11,* ***52****) : ul. Kamedulska, 18.* ☎ *429-83-00.* • *smok.krakow.pl* • *À 4 km à l'ouest, sur la 780 en direction d'Ośięcim (Auschwitz). Depuis le centre, trams n° 1, 2 ou 38 jusqu'à la station Salwator, puis bus n° 109, 209, 229, 239, 249, 259 ou 269 (ouf !) ; le n° 109 part directement de l'hôtel* Krakovia, *mais le trajet est plus long. Ouv avr-sept. Réception ouv jusqu'à 22h. Compter env 70 Zl (18 €) pour 2 pers avec tente et voiture ; chambres doubles. Petite épicerie et machines à laver.* Petit camping privé à l'herbe rase, mignon et propre mais pas très bien agencé. En plus, il n'y a que 2 douches pour tout le camping ! Emplacements ombragés dans un verger d'arbres et de petits sapins. Petites doubles agréables, au parquet en bois clair. Un défaut : accueil déplorable.

Camping Clepardia *(hors plan III par L9,* ***51****) : ul. Pachońskiego, 28a.* ☎ *415-96-72.* • *clepardia.pl* • *À 4 km au nord. Bus n° 115, qui passe devant la gare (env 15 mn du centre). Ouv d'avr à mi-oct slt. Compter 64 Zl (16 €) pour un couple avec tente et voiture ; bungalow pour deux, avec douche 120 Zl (30 €). Parking gratuit.* Un beau camping avec une verte pelouse, ombragé. Sanitaires propres dans des préfabriqués, mais eau à peine chaude. Situé à côté d'une grande piscine publique qui propose un tarif préférentiel pour les campeurs. Le moins bon rapport qualité-prix.

CRACOVIE

CHAMBRES CHEZ L'HABITANT

L'une des options consiste à répondre à l'offre des personnes qui, photos à l'appui, attendent votre arrivée à la gare ou vous abordent sur la *rynek.* Leurs prix *(moins de 100 Zl, soit 25 €)* sont toujours négociables en raison de la concurrence. Mais quel que soit votre choix, un seul conseil, toujours le même : avant de vous décider, prenez votre plan et localisez bien l'adresse sous peine d'un exil dans une lointaine banlieue.

– À titre indicatif, grosso modo tout ce qui se trouve sur le plan III est à peu près accessible à pied ; compter une trentaine de minutes pour les chambres les plus éloignées.

Biuro Turystyki i Zakwaterowania, Waweltur *(plan I, D1,* ***6****) : ul. Pawia, 8, 31-154.* ☎ *422-19-21.* • *waweltur.com.pl* • *En face de la gare, à côté de l'hôtel* Warszawski. *Lun-ven 8h-20h ; sam 8h-14h. Il est recommandé de réserver. Proposent des hostels et hôtels dans ttes les catégories de prix.* Les chambres familiales que propose cette agence sont très centrales, et les moins chères impliquent que l'on partage la douche (sur le palier).

Agence Jordan – Biuro Podróż *(plan III, K9,* ***13****) : ul. Długa, 9.* ☎ *421-21-25.* • *jordan.krakow.pl* • *Lun-ven 9h-18h ; sam 9h-14h. Là aussi, la résa est fortement recommandée. Offre variée : auberges de jeunesse, chambres d'hôtes (autour de 80 Zl pour deux, soit 20 €) et d'hôtels, appartements...* Vous trouverez dans la ville de nombreux points de l'agence *Jordan,* qui peuvent tous se charger des réservations.

RÉSIDENCES UNIVERSITAIRES

Généralement ouvertes de début juin à fin septembre, les résidences offrent leurs dortoirs libres d'étudiants aux hôtes de passage et proposent également quelques chambres en hiver. Il y en a moins et elles sont généralement plus luxueuses, donc plus chères. Mais c'est l'occasion de vivre pleinement avec les étudiants : rencontres et découverte d'une autre Craco assurées.

Dom Studencki Nawojka *(plan III, J10,* ***55****) : ul. Reymonta, 11, 30-059.* ☎ *633-58-77.* • *nawojka.bratniak.krakow.pl* • *Accessible par le bus n° 179 et le tram n° 14. L'une des moins chères. Elle est un peu éloignée du centre mais encore accessible à pied. Doubles 110-130 Zl (28-39 €) selon saison, avec sdb ; également des chambres pour 3-4 pers avec ou sans sdb.* Comme dans toutes les résidences universitaires, l'ambiance dépend des occupants. Celle-ci propose en plus des cuisines communes, un petit magasin, un coiffeur et un café avec billard. Propre et bien tenu. Chambres un rien spartiates mais agréables (parquet en bois, bien éclairées). Le meilleur compromis entre tarif et proximité.

AUBERGES DE JEUNESSE ET HÔTELS

Dans le centre historique et aux abords

Très bon marché

Mama's Hostel *(plan I, C2,* ***20****) : ul. Bracka, 4. ☎ 429-59-40. • mamashostel.com.pl • Compter 45-60 Zl/pers (11-15 €). Toilettes extérieures. Casiers à bagages. Laverie. Cuisine à disposition. Ttes les facilités.* On a particulièrement apprécié cette auberge pour jeunes *(hostel)* avec sa déco soignée, à la fois chic et familiale, son accueil attentif et son balcon extérieur donnant sur le patio intérieur. Salon avec baby-foot à l'ancienne. Dortoirs calmes et propres de 6, 8 ou 10 lits, avec vue sur la rue (passante mais calme). Parquet en bois clair et petite frise courant sur les murs. Aussi chambre pour 2 personnes. On se sent très bien dans cet *hostel*. Seule fausse note pour les sanitaires communs, en nombre insuffisant.

Garden House Hostel *(plan I, C2,* ***21****) : ul. Floriańska, 5. ☎ 431-28-24. • gardenhousehostel.com • Lits en dortoir 4-6 pers 40-65 Zl (10-16 €) ; doubles 140-160 Zl (35-40 €). Pas de couvre-feu, laverie et Internet gratuits, loc de vélos, cuisine à disposition des hôtes.* Très bien située. Derrière un porche néogothique ouvragé, l'une des plus belles auberges de jeunesse de la ville, dans un immeuble historique aménagé et décoré avec grand soin (fauteuils d'antiquaire dans la cour...). Bon accueil. Sanitaires à l'étage propres (environ un pour 3 chambres).

Hostel 7 Rynek *(plan I, C2,* ***22****) : rynek Glówny, 7. ☎ 431-16-98. • hostelrynek7.pl • Doubles env 150-200 Zl (38-50 €) sans ou avec sdb ; lit en dortoir 55 Zl (14 €), sanitaires en commun ; réduc étudiants. Cuisine à disposition, loc de vélos.* Une maison du XVe s, chargée d'histoire, qui abrita la première poste de Cracovie. À l'intérieur, quelques beaux restes de sa période Renaissance : porche ouvragé au rez-de-chaussée, porte au 1er étage, cheminée à la réception. Dortoirs spartiates mais agréables, avec leurs parquets en point de Hongrie et, pour certains, un vieux poêle. Les fenêtres du dortoir principal donnent sur la grande place, ce qui est unique. Deux chambres ne possèdent pas la vue sur la place, donc précisez bien avant si vous voulez profiter de la vue. Cette auberge de jeunesse privée offre un cadre unique. Propre, clair, spacieux et accueillant.

Sky Hostel *(plan I, B1,* ***25****) : ul. Dunajewskiego, 6. ☎ 426-11-15. • skyhostel.com.pl • Lit env 45 Zl (11 €) en dortoir 6-8 pers ; double env 130 Zl (33 €). CB acceptées. Pas de couvre-feu. Laverie. Cuisine à disposition, consigne, Internet gratuit. Organise des excursions.* À 2 mn à pied de la grande place. Dans un grand édifice rénové, au fond de la cour d'un vieil immeuble aux murs épais, donc calme. *Hostel* dirigé par des jeunes et bien tenu. Dortoirs (simples et propres) de 2 à 8 lits, avec vue sur le parc ou sur la cour. Sanitaires nickel.

Premium Hostel *(plan III, J9,* ***62****) : ul. Pomorska, 2. ☎ 633-30-48. • premiumhostel.pl • Réception au 3e étage. Ascenseur. Doubles 120-170 Zl (30-43 €) selon saison ; ajouter 10 Zl (2,50 €) durant le w-e ; pas de petit déj, mais café et thé gratuits à disposition. Internet.* Hostel pour étudiants avant 1939, cet établissement porte des stigmates à priori invisibles : il fut le siège de la Gestapo pendant la guerre (lire « À voir »). Un lieu historique et de sinistre mémoire, vous voilà prévenu, mais jusqu'à présent aucun fantôme lugubre n'a été signalé. L'*hostel* court sur le couloir d'un étage, aux murs repeints en couleur et ornés de photos de Cracovie. Les chambres sont petites et auraient besoin d'un coup de neuf, mais

CRACOVIE

la convivialité est au rendez-vous. Salle commune agréable, qui épouse l'angle arrondi de l'immeuble et offre une perspective panoramique. À la réception, des étudiant(e)s se relaient 24h/24 et sont toujours à l'écoute.

Hostel Giraffe *(plan III, K9,* ***26****) : ul. Krowoderska, 31. ☎ 430-00-73. • hostelgiraffe.com • Dortoir 8-12 lits 40-55 Zl/pers (10-14 €) ; double 160 Zl (40 €). Internet.* Une auberge de jeunesse privée, spacieuse, avec des dortoirs propres et calmes (ils donnent sur l'arrière). Dispose d'un grand bar (piano) et propose toutes les facilités : cuisine, laverie, consigne.

De prix moyens à plus chic

Pensionat Trecius *(plan I, C2,* ***28****) : ul. sw. Tomasza, 18. ☎ 421-25-21. • trecius.krakow.pl • Double autour de 180 Zl (45 €) ; réduc à partir de 3 nuits.* Un vaste édifice du XIVe s, rénové et transformé en petite pension de charme, dans un vieil immeuble bourgeois du centre historique. Très bien situé, accueillant, avec des chambres impeccables (avec ou sans salle de bains) donnant sur la rue (calme).

Bed & Breakfast Pokoje Gościnne *(plan I, B2,* ***33****) : ul. Wiślna, 10. ☎ 421-98-71. • noclegi-krakow.pl • Réception 24h/24. Double 250 Zl (75 €). Bouilloire et micro-ondes dans les chambres. Internet gratuit à l'accueil.* À deux pas de la place principale et d'un parc, dans une rue désengorgée du flot touristique. Une petite adresse intimiste et sans prétention, qui propose des doubles qui frôlent l'appart (deux pièces). Elles sont assez simples mais non dénuées d'un certain cachet (poêle en faïence...). Accueil courtois à la réception, entourée de vieux meubles.

Sherp Guest Rooms *(plan I, C1,* ***29****) : ul. Sławkowska, 23, 31-309. ☎ 429-17-78. • info@sherp.com.pl • Sonnez au 5a (pas de nom affiché et d'ailleurs rien d'annoncé, mais c'est bien là). Il n'y a ni réception ni service de chambre ; résa par Internet ou par téléphone nécessaire. Double 200 Zl (50 €) sans petit déj. Bouteille de champagne offerte pour toute résa supérieure à 7 nuits.* Aux 3e et 4e étages, des appartements disponibles, dans un bel immeuble par ailleurs habité. La meilleure manière de vivre comme un Cracovien ! Bel appartement de 150 m² avec 2 chambres (mais une seule salle de bains), très agréable avec son plancher en bois, ses meubles sobres et sa cuisine, donnant sur une cour intérieure.

B & B La Fontaine *(plan I, C2,* ***91****) : ul. Sławkowska, 1. ☎ 422-65-64. • bblafontaine.com • Doubles 180-255 Zl (45-64 €) selon saison ; triples et quadruples 225-310 Zl (56-78 €) ; petit déj copieux inclus. Également des appartements jusqu'à 5-6 pers.* Idéalement situé au coin de la *rynek*, au-dessus du resto du même nom (voir « Où manger ? »). Aménagement moderne de très bon goût, presque luxueux pour les prix demandés, chaque chambre disposant d'un petit coin-salon et d'un équipement pour prendre un repas. Un bon rapport qualité-prix au cœur de la vieille ville. À signaler, quelques volées d'escaliers à monter, jusqu'au 3e étage, ce qui peut présenter un handicap pour ceux qui ont un peu de mal à grimper.

Dom Polonii *(plan I, C2,* ***30****) : rynek Główny, 14. ☎ 422-61-58. Deux doubles autour de 235 Zl (59 €) ; un appartement pour 4 pers 350 Zl (88 €) ; petit déj 17 Zl (4,25 €).* Au dernier étage d'un bel immeuble, dont la façade hésite entre Art nouveau et néoclassique. Idéalement situé puisque carrément sur la *rynek*. L'appartement convient largement à 4 personnes plus un enfant, il est très spacieux et comporte une cuisine. Les chambres sont propres, le mobilier moderne mais sans grand confort. N'hésitez pas à aller voir les magnifiques salles au 2e étage, dont l'une ornée d'une double arcade en pierrre. On y donne des concerts de piano avec Chopin au programme. Une bonne adresse pour les séjours un peu longs.

Plus chic

Hôtel Wawel *(plan I, C3,* ***32****) : ul. Poselska, 22. ☎ 424-13-00. • hotelwawel.pl • Idéalement situé, dans une rue calme du centre (à part les cloches* *du couvent proche qui sonnent les matines), pavée et pittoresque à souhait. Doubles à partir de 460 Zl (125 €), avec petit déj. Clim' automatique.* Ce petit immeuble bas du XVIe s offre la tranquillité d'un hôtel de petit luxe urbain. Chambres coquettes, petites mais confortables et calmes (simples, doubles ou quadruples). L'accueil est jovial. Petit déj délicieux. Salle de resto solennelle, décorée des portraits de famille de ces bons vieux Jagellon.

Hôtel Warszawski *(plan I, D1, **31**) : ul. Pawia, 6, 31-154. ☎ 424-21-00. • hotelwarszawski.pl • En face de la gare. Doubles 260-400 Zl (65-100 €) selon confort, petit déj compris ; quelques apparts.* Une solide bâtisse années 1930, qui conserve de cette époque plus fortunée les grands espaces des couloirs et des chambres confortables à la déco classique quoiqu'un brin démodée.

Dom Gościnne Uniwersytetu Jagiellonskiego *(plan I, C1, **35**) : ul. Floriańska, 49. ☎ 421-12-25. • adm.uj.edu.pl • Au cœur de la vieille ville. Doubles 300-370 Zl (75-93 €) avec ou sans sdb, petit déj compris.* Dans les étages d'un bel immeuble, une sorte de *guesthouse* en principe réservée aux hôtes de l'université, avec des chambres spacieuses mais sans grand confort. Celles donnant sur la cour sont plus calmes mais aussi plus petites que celles sur rue. Un peu cher, même si l'entrée ne laisse pas présager cet intérieur bourgeois.

Logos Hotel *(plan I, A1, **23**) : ul. Józefa Szujskiego, 5. ☎ 631-62-00. • hotel-logos.pl • Doubles 300-380 Zl (75-95 €) selon saison, petit déj inclus. Ascenseur. Internet gratuit.* À quelques minutes de la Glówny, un établissement rénové, propre et bien tenu, sans (mauvaise) surprise. On a essayé de reconstituer de l'ancien avec des matériaux modernes, ce qui donne un côté artificiel et surréaliste (salle de petit déjeuner en fausse pierre, bow-windows aux contours bleu métallique...). On aime ou on n'aime pas, mais on ne peut s'empêcher de sourire. Chambres nickel, de forme oblongue, impersonnelles mais agréables. Les tableaux impressionnistes, dans les couloirs, rehaussent le tout.

Hôtel Pollera *(plan I, C-D1, **36**) : ul. Szpitalna, 30, 31-060. ☎ 422-10-44. • pollera.com.pl • Doubles standard 360-450 Zl (90-113 €), petit déj inclus.* Cet hôtel de plus de 150 ans d'existence (ouvert en 1834) possède dans son escalier des vitraux signés par Stanisław Wyspiański. Déco chic et soignée. Chambres claires, spacieuses, décorées à l'ancienne.

Hôtel Polonia *(plan I, D1, **37**) : ul. Basztowa, 25, 31-156. ☎ 422-12-33. • hotel-polonia.com.pl • Double avec sdb 330 Zl (83 €) ; double plus petite avec lavabo 120 Zl (30 €) ; petit déj 18 Zl (5,40 €). TV satellite.* La rénovation de cet imposant immeuble du XIXe s mélange le cosy et le confort, et un mobilier hétéroclite, avec plus ou moins de bonheur.

CRACOVIE

Beaucoup plus chic

Hôtel Francuski *(plan I, C1, **38**) : ul. Pijarska, 13, 31-015. ☎ 627-37-77. • orbis.pl • Double env 750 Zl (188 €).* Ancien palace, situé en plein centre. Rénové et modernisé, il a gardé son charme et abrite des chambres luxueuses et très confortables, dont les tentures se retrouvent dans la salle de petit déjeuner.

Hôtel Pod Różą *(plan I, C2, **39**) : ul. Floriańska, 14, 31-021. ☎ 424-33-00. • pod-roza@hotel.com.pl • Double 720 Zl (180 €) avec petit déj ; compter 70 Zl (18 €) de moins pour celles en mansarde ; appartements à partir de 1 200 Zl (300 €).* Bien rénové, il a conservé la patine de ses murs anciens. Après l'accueil proustien d'un porteur en queue de pie, on accède aux chambres par un ascenseur montant le long d'une baie vitrée, avec vue sur la terrasse. Le mobilier se partage entre le contemporain et un vague pastiche de style ancien. Quant aux salles de bains, leur confort est digne d'un Salon des arts ménagers. Resto chic attenant.

Hôtel Copernicus *(plan I, C4, **40**) : ul. Kanonicza, 16, 31-002. ☎ 424-34-00. • hotel.com.pl • Doubles 900-980 Zl (225-245 €).* Un hôtel magnifique à l'extérieur comme à l'intérieur. Un ascenseur en verre, des coursives donnant sur le grand hall de réception, de belles chambres dans des tons de bois foncé, agrémentées de salles de bains modernes. Sur la terrasse, un bar avec une vue insolite sur le château, et en sous-sol une piscine somptueuse.

À l'extérieur du centre historique

Très bon marché

Hostel Dizzy Daisy Downtown (plan III, K9, **56**) **:** *ul. Pedzichów, 9.* ☎ *292-01-71.* • *krakowhostel.pl* • *Au nord de la vieille ville, à slt 800 m de la gare (5 mn à pied). Ouv tte l'année. Lit à 50-60 Zl/pers (13-15 €) en dortoir 8-12 lits ; doubles 65-85 Zl/pers (16-21 €) selon saison ; petit déj compris. Internet.* Bâtiment rénové. Consigne, laverie et bonne ambiance.

Nauczycielski (plan III, K9, **58**) **:** *ul. Lubeska, 23, 30-003.* ☎ *633-68-65. Proche de la vieille place. Compter 55 Zl/pers (14 €) ; un peu moins cher dans les chambres de trois ou quatre.* Des chambres monacales mais très propres, toutes alignées sur le même modèle. Peu de charme, peu d'intimité, mais excellent rapport qualité-prix. Accueil moyen.

De prix moyens à plus chic

Hôtel Atrium (plan III, K9, **61**) **:** *ul. Krzywa, 7, 31-149.* ☎ *430-02-03.* • *hotelatrium.com.pl* • *À quelques pas de la vieille ville et de la gare centrale, un peu excentré dans une bâtisse moderne, qui y gagne en calme. Doubles 90-120 € selon saison, petit déj inclus ; tarif dégressif selon durée du séjour.* Les chambres sont nickel chrome, avec du mobilier moderne genre *Ikea*, bien équipées (TV, téléphone) mais sans âme. Pour une fois, de vrais lits doubles. Accueil sympathique.

Hôtel Mistia (plan III, K9, **59**) **:** *ul. Szlak, 73a, 31-153.* ☎ *633-29-26.* • *mistia.org.pl* • *Dans un immeuble de béton posé au bord d'un joli parc, à 2 mn à pied de la gare et 5 mn du centre-ville. Doubles 120-180 Zl (30-45 €) selon confort ; petit déj en plus.* Chambres ascétiques, tout en longueur. Ce n'est pas l'ambiance des soirs de fête – le bâtiment accueille également une administration –, mais bon rapport qualité-prix à proximité de la vieille ville.

Dans le quartier de Kazimierz

Très bon marché

Good Bye Lenin Hostel (plan II, H5, **43**) **:** *ul. Berka Joselewicza, 23.* ☎ *421-20-30.* • *goodbyelenin.pl* • *Dortoirs 6-10 lits 35-60 Zl/pers (9-15 €) selon saison ; doubles 120-140 Zl (30-35 €) selon saison ; petit déj inclus. CB acceptées. Cuisine équipée pour les hôtes, draps et couvertures fournis. Internet gratuit.* Dans une cour paisible (parking), une maison aux murs jaunes transformée en auberge de jeunesse. Déco inspirée par le communisme défunt et le vieux Lénine barbichu. C'est drôle, d'un style décalé et très bien aménagé. Dortoirs (de 6 à 10 lits) ou chambres doubles, presque partout avec douche et w-c privatifs. Excellent accueil. Également un pub animé le week-end et plein d'événements sympas (soirées cinéma-barcecue ou musique par exemple...).

Nathan's Villa Hostel (plan II, F6, **41**) **:** *ul. Sw. Agnieszki, 1.* ☎ *422-35-45.* • *nathansvilla.com* • *Entre la vieille ville et Kazimierz. Prendre le tram n° 10 depuis la gare. Compter 50-65 Zl/pers (13-16 €) selon taille des chambres prévues de 4 à 10 lits ; petit déj inclus. Plein de services gratuits : laverie, casiers à bagages, Internet, billard et même chisha au bar ! Pas de couvre-feu.* Mobilier suédois solide et sanitaires

CRACOVIE

design. Les chambres sont décorées sur le thème des 5 continents. On aime bien celle inspirée par l'Australie. Ambiance internationale à la manière des *backpackers* anglo-saxons. Bonnes infos touristiques.

Atlantis Hostel *(plan II, G5,* ***42****) : ul. Józefa Dietla, 58. ☎ 421-08-61. • atlantishostel.pl • C'est une agence tenue par un jeune Français, Julien Hallier, qui s'occupe de cet* hostel. *N'hésitez pas à le contacter, il est de bon conseil : ☎ 504-967-661. • 4travel.pl • À proximité de la vieille ville, à slt 15 mn à pied de la gare. Ouv tte l'année. Lits en dortoirs 6-10 pers 25-45 Zl (6-11 €) selon confort et saison ; quadruples et triples 35-65 Zl (9-16 €)/pers ; doubles agréables 100-150 Zl (25-38 €) pour deux, avec douche à l'étage. CB acceptées.* Auberge très bien située dans des vieux murs, avec un intérieur rénové et propre, et une ambiance conviviale. Sanitaires communs propres. Belle vue sur un jardin à l'arrière. Pas de petit déj, mais de bonnes prestations vu la catégorie.

Momotown Hostel *(plan II, G5-6,* ***44****) : ul. Miodowa, 28. ☎ 429-69-29. • momotownhostel.com • Tram n°s 3, 13 ou 34 ; arrêt rue Miodowa. Dortoirs 4-6 lits 50-60 Zl (13-15 €)/pers ; double avec sdb 180 Zl (45 €). Réduc si résa par Internet. Nombreux services : petit déj (servi jusqu'à midi !), laverie, parking, baby-foot. Internet gratuit.* À l'intérieur, collages de photos de presse et peintures maison donnent le ton de cet *hostel* ultrapersonnalisé et bien tenu. Dortoirs simples mais moins froids qu'ailleurs (malgré le carrelage !). Petite glace et coffre-fort dans chacun. Accueil haut en couleur et atmosphère conviviale.

Prix modérés

Stajnia *(plan II, G6,* ***45****) : ul. Józefa, 12. ☎ 423-72-02. • pubstajnia.pl • Doubles 100-140 Zl (25-35 €) avec ou sans sdb.* En plein Kazimierz, c'est dans cet édifice, maison d'hôtes dès le XIXe s, que fut tournée une scène clé de *La Liste de Schindler* (lire « À voir »). Chambres réparties au rez-de-chaussée autour d'une belle cour, qui fait office de terrasse pour le pub de l'*hostel*. Chambres agréables et personnalisées, avec plancher en bois croisé, meubles bourgeois et petits tableaux de la vie juive d'autrefois. Une excellente affaire, vu la situation et le charme des lieux.

Tournet Pokoje Gościnne *(plan II, G6,* ***46****) : ul. Miodowa, 7. ☎ 292-00-88. • nocleg.krakow.pl • Il faut s'adresser en bas ou téléphoner en cas d'absence. Doubles standard 120-140 Zl (30-35 €) ; doubles confort 180-200 Zl (45-50 €) ; petit déj inclus slt pour la catégorie confort.* Une situation idéale, à la limite entre Kazimierz et la vieille ville, et l'une de nos adresses préférées. Dans les étages d'un immeuble, un grand appart transformé avec goût en chambres d'hôtel. Bon accueil.

Prix moyens

Hôtel nad Młynkiem *(plan II, G7,* ***47****) : pl. Wolnica, 7, 31-060. ☎ 430-61-00. • nadmlynkiem.krakow.pl • Au dernier étage d'un immeuble bâti sur une grande place agréable. Doubles 150-230 Zl (38-58 €).* L'hôtel n'offre que des chambres rénovées très propres, aux murs mansardés, avec salle de bains, à la manière de studios, pour 1 à 3 célibataires. Auparavant, il vous aura fallu grimper 4, 5 ou 6 étages (on a oublié de compter) d'un rude escalier. Accueil enjoué. Petit déj à prendre au rez-de-chaussée.

Hôtel Kazimierz *(plan II, G6,* ***48****) : ul. Miodowa, 16, 31-055. ☎ 421-66-29. • hk.com.pl • Doubles 260-315 Zl (65-79 €) selon saison, petit déj inclus ; 20 Zl (6 €) de moins le w-e.* Petit hôtel qui a la folie des grandeurs et un porche en forme de coupole. Les chambres doubles sont aux normes du dernier confort international : spacieuses, agréables, avec épaisse moquette et mobilier moderne. Celles situées au dernier étage offrent une belle vue sur le château de Wawel ; ce sont aussi les seules fumeurs. Original, le petit déj se prend dans les couloirs qui forment le patio du hall. Le vrai bon plan c'est en hiver, sinon c'est un peu cher pour ce que c'est mais bien placé.

Plus chic

Hôtel Klezmer-Hois *(plan II, H5-6, **49**) : ul. Szeroka, 6, 31-053. ☎ 411-12-45. • klezmer.pl • Double 330 Zl (83 €) ; quelques-unes 290 Zl (73 €) avec douche privative dans le couloir.* Situé dans un ancien bain rituel juif *(mikveh)*, cet hôtel, qui fait aussi café et restaurant (avec musiciens, d'ailleurs *Klezmer* désigne un courant musical juif), offre de très belles chambres spacieuses. Pour info, les marches situées devant l'édifice menaient au *mikveh*, qui n'est plus accessible.

Au sud du quartier de Kazimierz

Hôtel Dom Patria *(plan III, L12, **60**) : ul. Limanovskiego, 1. ☎ 656-22-60. • dom-patria.com.pl • Doubles 130-170 Zl (33-43 €) ; triples également.* Excellent rapport qualité-prix pour cet hôtel situé dans le quartier de Podgorze (ancien ghetto juif), à près de 2 km au sud du quartier historique. Préférez les chambres donnant sur la cour intérieure, calme. Très intéressant pour un couple avec 2 enfants par exemple : pour le prix d'une auberge de jeunesse, on a le confort d'un bon petit hôtel de chaîne (propre et fonctionnel).

Pod Sokołem *(plan III, K12, **57**) : ul. Sokolska, 17, 30-510. ☎ 292-01-99 ou 98. Tram n°s 8, 10, 11 ou 23 ; descendre au 1er arrêt après le pont. Compter 40 Zl/pers (10 €).* Sur la rive droite de la Vistule, dans l'ancien ghetto juif, une petite maison rigolote (jolie ou pas ?) au bord de l'eau. Une douzaine de petites chambres avec lits superposés. Les douches communes sont propres et l'ambiance vraiment décontractée. Un bon rapport qualité-prix aussi.

Où manger ?

Toutes les variétés culinaires sont représentées, du fast-food occidental aux cuisines étrangères et, bien sûr, à la nouvelle cuisine polonaise. Même si les restaurants appliquent des horaires tardifs, la tradition locale est au repas en début de soirée, voire en fin d'après-midi. Voici quelques incontournables, mais n'hésitez pas à vous fier à votre instinct.

Dans le centre historique

Très bon marché

Souvenez-vous des *bars mlecznys* (« bars à lait ») de Varsovie, ces petites cantines populaires, autrefois subventionnées en partie par l'État, et qui ont pour mission de servir aux citoyens les plus pauvres le meilleur de la cuisine polonaise à des prix ridicules. C'est la meilleure formule pour permettre au routard averti de goûter aux délices de la cuisine locale sans bourse délier ou presque. Dans chacun d'eux, n'oubliez jamais de goûter aux *pierogi* ! On y dépense rarement plus de 10 Zl (2,50 €) pour un repas bien reconstituant. Mais attention, ils ferment tôt. Les principaux sont :

U Stasi *(plan I, C2, **70**) : ul. Mikołajska, 16. ☎ 421-50-84. Lun-ven 12h30-17h. Fermé w-e et juil.* Les Cracoviens vous le diront : c'est le meilleur bar à lait de la ville. Au fond d'un couloir, dans une petite cour, on fait la queue, on mange et on paie en partant, en n'oubliant pas de débarrasser son

CRACOVIE

assiette. Garantie de manger toujours frais car le resto ferme lorsque les stocks du jour sont épuisés. Carte en français.

Green Way *(plan I, C2, **72**) : ul. Mikołajska, 14. ☎ 431-10-27. Ouv jusqu'à 22h (21h w-e). Plat autour de 15 Zl (4 €) ; pitas variées (humus, soja...) 8 Zl (2 €).* Si l'adresse précédente est fermée, optez sans détour pour ce bar à lait végétarien. Moins pittoresque mais plus confortable, avec sa mezzanine et ses poutres. On commande et on va chercher son plat en caisse. Cuisine du monde (enchiladas, pitas...) sur un mode *sin carne* et vaste choix de thés.

Alter Ego *(plan I, C2, **71**) : ul. Floriańska, 13. ☎ 421-05-90. Ouv de 10h jusqu'au dernier client. Spécialités autour de 10 Zl (2,50 €) ; plats 15-22 Zl (4-5,50 €). À notre passage, une offre sympa pour les étudiants : la première bière à 1 Zl (0,25 €) en présentant sa carte !* Deux petites salles en voûte et quelques tables au calme, sous des parasols, pour déguster des plats simples, bons et économiques : *pierogi* (ravioles) sous toutes les formes (viande, fromage mais aussi fraises), *bigos* (choucroute). En cas d'affluence, service un peu débordé mais jamais expéditif. Bon rapport qualité-prix.

Grodzki *(plan I, C3, **73**) : ul. Grodzka, 47. Tlj 9h-19h.* Dans une petite salle voûtée aux allures de cantine. Le traditionnel bar à lait, un poil touristique et un poil plus cher que les autres. Mais carte en anglais et l'on vient vous servir. Bon accueil. Glaces en vitrine.

Kuchcik *(plan I, B2, **74**) : ul. Jagiellońska, 12. Lun-ven 10h-18h ; sam 10h-16h. Fermé dim. Plats env 7-16 Zl (1,75-4 €). Carte en français.* Petite salle blanche décorée de quelques modestes tableaux, mais l'essentiel n'est pas là. Ici, on aime son métier, et ce resto simple et populaire propose des plats bons et pas chers. C'est d'ailleurs un peu la cantine des gens du quartier. Vaste choix. Optez plutôt pour les spécialités polonaises comme les paupiettes de bœuf aux graines de sarrasin *(zrazy z kaszą)* ou le choux farci à la viande et au riz *(gołąbki).*

Bon marché

U Babci Maliny *(plan I, C1, **75**) : ul. Slawkowska, 17. Lun-ven 6h-19h ; w-e 7h-15h. Plats 10-18 Zl (2,50-4,50 €). Dans l'Académie des sciences. Après le couloir, dans la cour intérieure à gauche, au sous-sol.* Une auberge rustique, discrète et populaire, avec un intérieur campagnard traditionnel : planchers, bancs, vaisselier, lit paysan, four à pain, tas de bois. Bonne cuisine polonaise simple, économique et copieuse. On va commander en caisse, on prend son ticket et on reste attentif à l'annnonce du numéro (affiché et crié) !

Chimera Salad Bar *(plan I, B2, **76**) : ul. Św. Anny, 3. ☎ 292-12-12. Tlj 9h-23h (minuit w-e). Plat dans le buffet-service env 16 Zl (4 €) ; 30 Zl (7,50 €) dans la partie resto. Deux formules possibles.* Dans l'agréable cour intérieure, l'un des selfs incontournables de Cracovie, bondé en été. En portion ou à l'assiette, les propositions sortent un peu des sentiers battus (tartelettes au brocolis, courgettes farcies au riz). Sympathiques salades. Au sous-sol, resto traditionnel dans une belle cave en pierre, avec ses niches et ses tableaux. Malgré la petitesse des prix, le propriétaire n'a lésiné ni sur la qualité ni sur le cadre.

Bar Wegetariański Vega *(plan I, C3, **77**) : ul. Św. Gertrudy, 7. Tlj 10h-21h. Également ul. Krupnicza, 22. Tlj 9h-21h. Excellent petit déj avec jus de fruits naturels pour moins de 10 Zl (2,50 €) ; réduc de 10 % aux étudiants.* Alléchant crumble aux pommes. Ce resto 100 % végétarien, qui fonctionne sur le principe du bar à lait, a élu domicile dans une élégante maison ancienne. Jolie salle, ce qui est plutôt rare pour cette catégorie d'établissement : petites tables rondes, chaises en paille, piano dans un coin...

I Panema *(plan I, D2, **78**) : ul. Św. Tomasza, 28. ☎ 422-53-23. Tlj 12h-23h30. Menu env 10 Zl (2,50 €) le midi ; plat autour de 30 Zl (8 €).* Une grande salle fraîche et agréable, décorée de bambous (certaines pousses soutiennent la mezzanine !), de toile de jute et de palmiers et une deuxième, plus sobre, à l'arrière de ce resto brésilien. Une petite adresse jeune et sans prétention, qui offre une grande variété de plats, mais il faut aimer les haricots ! Assez réussi et accueil très agréable.

Nostalgia *(plan I, B1, **79**) : ul. Karmelicka, 10. ☎ 425-42-60. Au fond d'une cour qui donne sur une rue commerçante. Ouv 11h-20h.* Pierogi *env 10 Zl (2,50 €) ; plat autour de 35 Zl (9 €) ; menu à midi qui représente une option avantageuse env 19 Zl (5 €).* Fréquenté par les locaux. Large choix d'entrées, de soupes et de *pierogi*. Cuisine traditionnelle polonaise dans un décor à l'ancienne (cheminée, portraits d'ancêtres et poutres apparentes). Vins un peu chers et service un rien mou. Cour intérieure calme et ombragée, où trônent des piles de bois.

Prix moyens

Klimaty Południa *(plan I, C3, **83**) : ul. Św. Gertrudy, 5. ☎ 422-03-57. Tlj 12h-24h. Repas à partir de 25 Zl (6 €).* En suivant les fleurs de vigne, dans la cour, vous accédez à cette adresse cachée, réservée à ceux qui le méritent ! La patronne a recréé ici une ambiance toute provençale, avec goût et simplicité. La Provence, elle en est tombée amoureuse il y a quelques années et y retourne régulièrement depuis. Cuisine d'inspiration française (bœuf façon bourguignonne, gâteaux provencaux, tartes aux épinards...), à l'instar de la musique (de Brel à la Compagnie créole !). Vin au verre. Ce resto réputé offre un excellent rapport qualité-service-prix. Aux beaux jours, terrasse agréable, habitée par un perroquet qui ne parle ni français ni polonais !

Dezerter *(plan I, C2, **80**) : ul. Bracka, 6. ☎ 422-79-31. Repas complet env 50 Zl (13 €).* Quand la canicule sévit sur la ville, on est content de trouver un resto avec la clim' ! C'est le cas du *Dezerter*, un resto de qualité et discret malgré la proximité de l'agitation de la grande place. Trois salles en enfilade, décorées en rustique-chic. Cuisine polonaise d'un excellent rapport qualité-prix. Carte en anglais. Une adresse recommandée par les Français vivant à Cracovie.

U Zalipianek *(plan I, B2, **81**) : ul. Szewska, 24. ☎ 422-29-50. Ouv 9h-22h.* Que l'on boive un verre en terrasse sous les arbres du Planty, ou que l'on goûte aux plats rustiques de la maison, voici une bonne auberge polonaise tenue par des femmes du village de Zalipie. On y mijote des spécialités paysannes de la Petite Pologne.

Balaton *(plan I, C3, **82**) : ul. Grodzka, 37. ☎ 422-04-69. À deux pas de la vieille place. Tlj 12h-22h. Plat env 35 Zl (9 €).* Dans une belle maison patricienne, un petit resto hongrois qui reste une valeur sûre. On y déguste d'excellentes et copieuses spécialités hongroises, bien évidemment. Le *goulasch* est au poulet, une fois n'est pas coutume. Le cadre est simplissime et comme le service : tout en efficacité.

Naturalny Sklepik *(plan I, B1, **96**) : Krupnicza, 8. ☎ 422-96-83. Lun-ven 9h-19h (15h sam). Fermé dim.* Un véritable coin de campagne que ce petit temple du bio polonais. Magnifiques légumes et fruits de saison (énormes tomates, barquettes de framboises en été), fromage de chèvre dans tous ses états (piments, cumin...), pain de pays, fruits secs, thés... Aux beaux jours, cette petite boutique met quelques tables à disposition dans la cour intérieure, bien cachées derrière fleurs, fougères et tronc d'arbre. Le patron se fera un plaisir de vous expliquer l'origine de ses produits.

Wiśniowy Sad *(plan I, C3, **84**) : ul. Grodzka, 33. ☎ 430-21-11. Tlj 10h-22h (minuit w-e). Plat carte env 30 Zl (8 €) ; les plats principaux sont souvent moins chers que les entrées ! Vaste choix de vodkas.* Pourquoi ne pas en profiter pour goûter un peu de caviar dans ce resto de spécialités russes ? Dans un cadre intimiste, dentelles et piano, un léger fond musical, un service charmant et surtout une cuisine délicieuse mais en portions minimalistes. Serveuses en habit traditionnel et musique russe à vous fendre le cœur (mais pas l'appétit !) réchauffent une atmosphère légèrement roide.

Smak Ukraiński *(plan I, C4, **85**) : ul. Kanonicza, 15. ☎ 421-92-94. Tlj 11h-22h. Repas env 35 Zl (9 €).* Deux grandes salles en sous-sol pour une bonne cuisine ukrainienne. Mais comme l'Ukraine était jadis en partie territoire polonais, celle-ci est aussi un peu polonaise. Ici, on retrouve les mœurs simples des auberges de là-bas, avec la succession des bancs au garde-à-vous devant de grandes tables en pin.

De chic à plus chic

Paese *(plan I, C3, **86**) : ul. Poselska, 24. ☎ 421-62-73. Tlj 12h-22h. Résa conseillée le w-e. Env 60 Zl (15 €).* Annoncé par l'emblématique tête de Maure, un resto corse, tenu par une Polonaise amoureuse de l'île de Beauté, et dont la sœur, pour rendre l'affaire plus familiale, a épousé un autochtone. Résultat : ces deux salles bleutées avec une mansarde en paille ont les faveurs de l'élite politique et journalistique locale.

Pod Aniołami *(plan I, C3, **87**) : ul. Grodzka, 35. ☎ 421-39-99. Ouv 13h-minuit. Repas env 65 Zl (16 €).* Ceux qui connaissent les Gessler de Varsovie se sentiront en terrain connu. Le restaurateur de « Sous les Anges » a transformé un dédale de petites caves en une ferme qui rend hommage à la cuisine du terroir polonais. Reconstituant l'art de vivre campagnard, il a multiplié les atmosphères en disséminant, au gré des niveaux, vieux bancs patinés, pressoirs, serrures anciennes... C'est immense et parfois rempli le soir. Au sous-sol, atmosphère intimiste et viandes cuisant sous vos yeux.

Restaurant Wierzynek *(plan I, C2, **88**) : rynek Główny, 15. ☎ 424-96-00. Tlj. Menu 130 Zl (33 €).* Un des restos historiques de Cracovie par excellence, puisque son premier repas fut servi en 1364, à l'occasion d'une conférence au sommet des monarques invités par Casimir le Grand. Pour l'occasion, le bourgeois Wierzynek offrit à chacun des convives un couvert en argent. Chefs d'État et têtes couronnées ont fait largement la réputation des lieux. L'intérieur est à la hauteur du cadre historique : treize salles en tout, un peu pompeuses, les plus belles en style Renaissance, sauf celle du gril (belles salades), tout en bois. Bonne cuisine polonaise traditionnelle à des prix plutôt abordables, serveuses en costumes d'époque, dégustation de tokay et de miel.

La Fontaine *(plan I, C2, **91**) : ul. Sławkowska, 1. ☎ 431-09-30. Tlj midi-minuit. Repas complet env 120 Zl (30 €).* « Le meilleur restaurant de Galiciee. » Pierre Gaillard, un Français, a lancé cet établissement avec son épouse, française également. Succession de caves du XIIIe s décorées à la manière provençale. La carte 100 % française, à coloration méditerranéenne, offre une palette très inventive. Poissons frais (rare en Pologne). Large choix de vins. On peut en déguster au verre. Jardin d'été. *La Fontaine* propose aussi de belles chambres en *B & B* (voir « Où dormir ? »).

Cyrano de Bergerac *(plan I, C1, **89**) : ul. Sławkowska, 26. ☎ 411-72-88. Tlj sf dim et j. fériés 12h-23h. À midi, menus 2 plats plus boisson à partir de 20 Zl (5 €) ; sinon, repas env 100 Zl (25 €). Carte en français.* Ce bijou de décoration et d'art culinaire est l'œuvre d'une Polonaise ayant vécu 25 ans à Paris. La cuisine est française (noix de Saint-Jacques, « jambonnettes » de genouilles...). Trouvailles d'antiquaires qui composent une atmosphère de château bourgeois dans des caves en pierre : vieux buffets, horloge comtoise, tapis d'Orient et même quelques bouquins de Prévert et Camus. Et les serveurs trilingues en tenue blanc et noir n'ont plus qu'à se faufiler entre les tables à la patine rassurante pour vous initier aux subtilités de la carte.

Restauracja Tetmajerowska *(plan I, C2, **90**) : rynek Główny, 34 (au 1er étage). ☎ 422-47-53. Ouv 13h30-23h.* L'une des bonnes tables polonaises du centre-ville. Le cadre est très chic, aristocratique dans le style cracovien, avec des plafonds peints et quelques faux-caissons, sans surenchère décorative. Les tables sont impeccablement dressées, le service très professionnel et la carte des vins très alléchante quoique chère. Cuisine traditionnelle (canard, médaillons de porc...).

Restauracja Hawełka *(plan I, C2, **90**) : rynek Główny, 34. ☎ 422-06-31. Ouv 13h30-23h. Compter env 70 Zl*

CRACOVIE

(18 €). L'une des vieilles adresses de Cracovie, fondée en 1876. C'est une grande salle haute sous plafond, agrémentée de solides colonnes, dans une ambiance élégante et très austro-hongroise. Le service est impeccable, les tables savamment dressées et la nourriture de qualité.

Dans le quartier de Kazimierz

Très bon marché

Bagel Mama *(plan II, G6,* ***93****) : ul. Podbrzezie, 2.* ☎ *431-19-42. Tlj sf lun 10h-21h.* Bagels *autour de 14 Zl (3,50 €).* Dans une toute petite salle, de succulents *bagels,* préparés en direct et servis dans des paniers en osier. On les déguste légèrement toastés, un délice. Choix varié : au guacamole, à la tomate séchée. Mention spéciale pour le humous, fait maison et résultat de plusieurs années de travail sur le dosage des ingrédients. En caisse, le patron a un sens tout naturel du service et de l'accueil (« installez-vous, vous paierez après », « tout va bien ? »). Il vient d'ailleurs de New York, l'autre ville du *bagel...*

Pierożski U Vincenta *(plan II, G6,* ***94****) : ul. Józefa, 11. Tlj jusqu'à 21h. Plat autour de 15 Zl (4 €).* Le spécialiste du *pierogi* s'est installé dans ce bout de salle, sorti tout droit d'un tableau de Van Gogh, avec ses tables en bois vert et ses chaises en paille. Excellents *pierogi,* avec quelques raretés, comme les délicieux viande-lentilles. Service cool. Le resto possède une autre salle non loin, moins intimiste mais avec plus de choix *(ul. Bożego Ciała, 12).*

Au centre du marché de la pl. Nowy (plan II, G6), de petits ***stands de cuisine*** *servent aux ouvriers et maraîchers une soupe ou un plat reconstituant avalé sur le pouce. Ouverts dès 6h du mat (mais ferment vers 13h) ; à l'aube, on y croise parfois des jeunes Cracoviens de retour de soirée. Repas moins de 5 Zl (1,25 €).* Les Cracoviens vous diront que ce n'est pas terrible, mais nous sommes toujours en vie même après avoir avalé le poulet rôti du ***Minibar.***

Prix moyens

Awiw *(plan II, H6,* ***95****) : ul. Szeroka, 13.* ☎ *429-14-76. Plat autour de 40 Zl (10 €) et* pierogi *env 15 Zl (4 €).* Situé sur une place touristique aux restos moyens, cet établissement n'est pas tombé dans le piège de la facilité. Charmante terrasse, décorée de pots de fleurs suspendus et éclairée aux bougies. En été, elle est remplie. On apprécie ici une cuisine simple mais savoureuse. Excellent bouillon de poule et les meilleurs *pierogi* que nous ayons goûtés à Cracovie. Ceux à la viande sont relevés d'oignons frits.

Klezmer-Hois *(plan II, H5-6,* ***49****) : ul. Szeroka, 6.* ☎ *421-38-70. Tlj 9h-minuit. Compter 50 Zl (13 €).* Dans un ancien bain rituel *(mikveh),* ce resto synthétise la reconstitution méticuleuse d'un appartement des années 1930 et d'un porche Renaissance (voir la rubrique « À voir »). Divisé en une partie salon de thé et une autre salle à manger, il accumule les antiquités dans une atmosphère de vieille carte postale : canapés, portraits d'ancêtres, rideaux de dentelle, piano patiné mais prêt à l'emploi, et le charme d'un parquet poli par les ans. Si c'est complet, on peut s'installer en terrasse, mais le bruit du tram peut déranger. Carte d'inspiration juive mais pas casher. La cuisine est plutôt décevante. Le *borsch* aux haricots est noyé dans l'eau et le *chulent* a l'allure (et le goût) d'un *chili* moyen. Dommage, car l'endroit et le service sont charmants.

Arka Noego *(plan II, H6,* ***91****) : ul. Szeroka, 2.* ☎ *429-15-28. Plat autour de 35 Zl (9 €).* Une arche où il convient d'entrer à deux pour en apprécier le caractère intimiste : dentelles, fleurs et chandelles. Cuisine casher un peu touristique et pas très exhaustive côté traditions (où sont la carpe farcie et le *chulent* ?). En soirée, parfois, trio musical qui interprète avec bonheur le répertoire de la musique juive d'Europe cen-

CRACOVIE

trale. Excellent pain.

Chłopskie Jadło *(plan II, F6, **92**) : ul. Św. Agnieszki, 1. ☎ 421-85-20. Dim-jeu 12h-22h ; ven-sam 12h-minuit. Compter 60 Zl (15 €).* Dans une petite rue au pied du Wawel, une bonne et grosse auberge paysanne de montagne, avec son vieux four, ses banquettes en bois, ses instruments agraires. Tout repas commandé commence par de grosses tranches de pain au levain, sur lesquelles on étale une bonne couche de saindoux ou de fromage blanc fouetté. Cuisine rustique et copieuse. Même adresse dans le centre.

Où manger une pâtisserie ou une glace ?

Kawiarnia Noworolski *(plan I, C2, **100**) : rynek Główny, 1. Sur la grande place, du côté de l'église. Tlj 9h-minuit ou dernier client.* Très touristique et pourtant agréable. Occupant un immense espace au rez-de-chaussée de la halle aux draps *(Sukiennice)*, le lieu cherche à réinventer la mode du café viennois : une succession de belles salles élégantes et précieuses sur un sol de marbre. Le tout dans une déco hétéroclite et fantasque, entre grandes glaces, armoires à poupée et ornements d'inspiration aztèque. Particulièrement sympa le soir, face aux lumières de la Główny.

Pracownia Cukiernicza *(plan II, H6, **104**) : Starowiślna, 83. Tlj 9h-19h.* Si ce glacier ne paie pas de mine, il attire des foules de Cracoviens qui y font la queue. Et ils ont bien raison car les glaces sont tout simplement délicieuses

Cukernia *(plan I, B2, **101**) : ul. Jagiellońska, 5. Lun-ven 9h-19h ; sam 9h-14h.* Une vieille maison, fondée en 1933, où encore aujourd'hui tout semble figé entre le rétro et l'Art déco. En fin de journée, les Cracoviens viennent y chercher la pâtisserie du soir ou, en couple, discuter devant un thé ou un café.

Lody U Jacka i Moniki *(plan I, C1, **102**) : ul. Św. Tomasza, 99 ; à l'angle avec ul. Sławkowska. Tlj 9h30-21h.* On se contente de distribuer de bonnes glaces depuis le grand comptoir ouvert sur la rue. On peut tout de même se poser quelques minutes dans l'une des deux salles blanches et voûtées.

Cukernia Michalscy *(plan I, C3, **103**) : ul. Dominikańska, 1. Tlj 8h30-21h30.* Glaces, tartelettes aux myrtilles ou aux fraises et copieuses parts de gâteaux, le tout fait maison, et que l'on déguste dans l'intimité et la chaleur de la salle du fond, sur le pouce sur sa grande terrasse ou même à emporter.

Où boire un bon café ?

Café Dandy *(plan I, C2, **110**) : ul. Tomasza, 19. ☎ 421-73-91. Ferme à 22h.* Petit local, mais grande variété de cafés (Pérou, Costa-Rica, Brésil, Colombie), servis avec une bonne machine à café. Que du bon et du vrai !

Pozegnanie z Afryką *(plan I, C2, **111**) : ul. Św. Tomasza, 21. ☎ 421-23-39. Tlj 10h-22h.* C'est le premier d'une petite chaîne de cafés que l'on retrouve jusqu'à Varsovie et Prague (en République tchèque). Cette échoppe tire son nom du film où se papouillent *pan* Redford et *pani* Streep : *Out of Africa*. Éthiopie, Jamaïque, Amérique du Sud, les cafés viennent de partout et sont plus ou moins sages (cafés alcoolisés). À la carte, on vous explique en anglais les origines de chacun d'entre eux. Ce temple du café est une succession de salles, voûtées ou non, qui se termine par une boutique où plus de 70 variétés de café sont proposées à la vente. Vraiment fort de café...

Où boire un verre ? Où sortir ?

CAFÉS

La promenade de café en café est une tradition de Cracovie. Il y en a pour tous les goûts, et comme les goûts évoluent, les cafés se multiplient, changent de style et

de caractère. Mais ne vous attendez pas à trouver LE bistrot, avec son zinc et ses tables en formica. Ici, les cafés sont bien souvent des caves aménagées, rivalisant de décoration branchée.
Par le passé, la différence entre les restaurants, les cafés et les bars était bien marquée. Les cafés proposaient des boissons non alcoolisées et des pâtisseries dans une ambiance feutrée, tandis que bières et vodkas coulaient à flots dès la nuit tombée (et même avant) dans les bars. Petit à petit, horaires de déjeuner fluctuants et tourisme de masse aidant, la différence s'est estompée. Et chacun suit le rythme de la journée. N'hésitez donc pas à jeter un œil dans toutes les rubriques.
– Les horaires sont variables, mais généralement les bars comme les cafés ferment au dernier client. Nous avons essayé d'indiquer une heure où vous serez à peu près sûr de ne pas trouver porte close, mais n'hésitez pas à tenter votre chance même plus tardivement.

Dans le centre historique

Cafés traditionnels

Camelot *(plan I, C2, **112**)* **:** *ul. Św. Tomasza, 17.* ☎ *421-01-23. Tlj 9h-minuit.* Une double caverne blanche installée dans une boutique juste en face d'une église. Le *Camelot* est devenu la coqueluche d'une jeunesse bien portante. Envers de la médaille, il se fait de plus en plus touristique. Et en été, sa terrasse ne désemplit pas. Un incontournable de Craco. On peut aussi y déguster de copieuses salades.

Zakatek Café *(plan I, C2, **113**)* **:** *ul. Grodzka, 2.* Boissons, petits déj et sandwichs. Au fond d'une courette agréable et calme, proche de la place centrale mais loin de son tintamarre commercial. Petit café, tout mignon, servant des sandwichs et tenu par des jeunes qui travaillent bien.

Café Larousse *(plan I, C2, **114**)* **:** *ul. Św. Tomasza, 22 ; à 17,32 m du coin, c'est inscrit ! Tlj 9h-22h.* Minuscule (4 tables tout au plus) et sombre, un havre de paix. Cet estaminet voue un culte très poussé à notre *Larousse* national édition 1900, comme en témoignent les feuillets qui tapissent les murs. Un endroit que l'on aime et dans lequel on se sent bien pour parcourir les titres de la presse avant les visites du jour en dégustant un thé ou un café. Pas d'alcool.

Huśtawka *(plan I, C1, **115**)* **:** *ul. Św. Tomasza, 9. Tlj 9h (10h w-e)-1h.* Le café « balançoire » a tenu à justifier son nom par une fresque coquine d'une demoiselle sur une balançoire. Le reste de la déco est beaucoup moins suggestif. Miroirs dorés, bar de bois patiné, parquet brut : l'atmosphère cosy d'un petit château désargenté. En cas de bonne humeur contagieuse, les barmen peuvent se mettre à danser !

Dym *(plan I, C2, **112**)* **:** *ul. Św. Tomasza, 17. Tlj 10h-23h (minuit sam).* En été, ses tables débordent sur la rue et sa terrasse se confond avec celle de son auguste voisin. Mais une fois les frimas revenus, il reste toujours aussi « sudiste » avec ses tonalités bleu azur et ses quelques poissons en suspension au-dessus du bar. Très agréable.

Pub Podium *(plan I, C2, **20**)* **:** *ul. Bracka, 4. Tlj 14h-2h.* Niché au fond d'une cave voûtée, après une ribambelle de marches, ce petit pub passe presque inaperçu. Des salles intimistes, éclairées par une faible lumière aussi rouge que les briques au mur. Ambiance rock ; sinon, une ou deux fois par mois, on y donne des concerts de jazz ou de blues (se renseigner).

Café-cabaret

Jama Michalika *(plan I, C1, **116**)* **:** *ul. Floriańska, 45.* ☎ *422-15-61. Tlj 10h-23h.* Créé en 1895, ce café a accueilli l'élite artistique du début du XXe s. Au fil des ans, celle-ci y a fondé un cabaret, autrefois célèbre, et a laissé en souvenir une décoration qui lui donne rang de musée vivant. Sous des verrières et des vitraux Art déco, les murs sont tapissés de caricatures et de peintures. Certains soirs de week-end, à partir de 20h, des petits orchestres et des troupes de théâtre font revivre la tradition du cabaret.

Cafés littéraires et artistiques

U Literatów (plan I, C3, **117**) : *ul. Kanonicza, 7. ☎ 421-86-66. Tlj 10h-22h.* Intérieur charmant et de caractère, patiné par le temps, dans une ambiance de peinture du XIXe s. S'il est surtout fréquenté par des gens calmes venus prendre un café, le soir, aux dernières heures avant la fermeture, on y croise souvent quelques jeunes Cracoviens qui viennent profiter calmement de la fraîcheur du jardin avant de retourner faire la fête.

Paparazzi (plan I, D2, **118**) : *ul. Mikołajska, 9. Lun-ven 11h-1h ; sam-dim 16h-1h.* La carte est imprimée comme s'il s'agissait d'une édition du jour. Entre la titraille et les chapô, on peut repérer d'appétissants milk-shakes et de bons cocktails. En majorité fréquenté par les yuppies expat' qui cherchent à s'encanailler. Magazines en français.

Café écolo

Café Botanica (plan I, B2, **119**) : *ul. Bracka, 9. ☎ 422-89-80. Tlj 8h30-23h.* Une grande carcasse décharnée d'un *Quercus ilex* (notre chêne, pour les botanistes) donne le *la* dans l'entrée ; les différentes essences qui forment le bar s'occupent, elles, du tempo. Ici, la chimie de l'agroalimentaire s'éclipse, pour le plus grand plaisir des amoureux des jus de fruits naturels. Bonnes bières aussi.

Cafés branchés et design

Krzysztofory (plan I, C2, **131**) : *ul. Szczpanska, 2. ☎ 422-22-36. Ouv 11h-3h.* En plein centre, une grande cour intérieure d'immeuble ancien accueille ce bar en plein air, à l'ombre de belles colonnes de pierre évoquant la Toscane. Des divans, des fauteuils confortables, des parasols design, de la bonne musique, dans un style mêlant tous les âges, avec élégance et jovialité. Notre adresse préférée quand la nuit tombe sur Cracovie.

Camera Café (plan I, B2, **120**) : *ul. Wiślna, 5. ☎ 429-37-40. Tlj jusqu'à 22h (23h w-e).* Central et pourtant à l'abri de l'agitation de la *rynek* Glówny. Petit bar cinéphile à la déco moderne stylisée, avec une salle climatisée en été ! On peut y voir des vieux films muets projetés sur un petit écran. Sert de bons chocolats. Concert live le soir.

Dans le quartier de Kazimierz

Les Couleurs Café (plan II, G6, **135**) : *ul. Estery, 10. ☎ 429-42-70. Tlj midi-minuit (plus tard w-e).* Une enclave française au cœur de l'ancien quartier juif. Et une enseigne qui a du souffle – Liberté, Égalité... – difficile de faire plus fédérateur : loin des clichés tour Eiffel et Piaf, ici les murs sont tapissés d'affiches de Gainsbourg à Vanessa Paradis, de *La Vache Qui Rit* à *Pernod*, en passant par la Belle Époque et Dibango. C'est avant tout un vrai café français d'aujourd'hui. La déco est agréable, et on peut également y manger un morceau.

Kava Pod Kogutkiem (plan II, G6, **133**) : *ul. Józefa, 11. ☎ 430-65-32. Tlj 10h-22h.* Une jolie salle aménagée en salon bourgeois de campagne avec divan vert, tables à guéridon et coq sous toutes ses formes (et dont le seul point commun avec le café est de réveiller). Du jazz en guise de fond sonore. Les habitués s'accoudent plutôt au comptoir. Accueil sympa et atmosphère bobo-baba, emblématique de ce quartier très prisé par la jeunesse cracovienne.

Ariel *(plan II, H6, **136**) : ul. Szeroka, 18.* Petite terrasse agréable en été. En fait, l'intérêt de ce café réside surtout dans son histoire peu banale. Il y eut longtemps deux cafés *Ariel* côte à côte mais qui n'avaient pas le même proprio, et on se disputait le nom... ce qui valait bien des confusions et des déceptions. Depuis, tout est rentré dans l'ordre, il n'y a plus qu'un café *Ariel* et l'autre proprio a monté un autre établissement non loin, le *Klezmer-Hois* (voir « Où manger ? »). Seul témoin de cette dualité passée : la terrasse, qui court sur deux édifices de part et d'autre d'un portique, gardé par deux lions majestueux.

Propaganda *(plan II, G6, **132**) : ul. Miodowa, 20. Tlj jusqu'à 23h.* L'Ostalgie est décidément à la mode, et à Cracovie, elle a fait pousser d'étranges fleurs. Ainsi ce café, véritable antiquaire de démocratie populaire. Vieux postes télé, guitares construites à la débrouille, affiches de propagande, les intérieurs aux tons bruns reconstituent, non sans humour, la vie quotidienne sous le communisme. Le must, un petit coin-salon, avec fauteuils et lampes d'époque. Au final, un café assez branché.

Hors les murs

Bar du musée Manggha *(plan II, E6, **137**) : ul. M. Konopnickiej. Dans le Centre japonais d'art et de technologie. Tlj 10h-20h.* Un bar très apprécié des connaisseurs, car c'est l'un des rares établissements qui offrent, aussi bien derrière sa grande baie vitrée que sur sa jolie terrasse, une telle vue sur le château et la Vistule. Très calme, pas très cher et pas du tout touristique.

BARS NOCTURNES ET MUSICAUX

Une cave, une terrasse, un bar. Telle est l'équation qui gouverne la vie nocturne de Cracovie. Comme le sous-sol renferme un nombre infini de caves gothiques propices à leur multiplication, personne n'en connaît le nombre exact.
Les premiers à avoir vu le jour sont ceux de la grand-place et ne donnent à voir d'eux-mêmes que leurs terrasses de parasols, alors que leur centre nerveux se trouve à l'arrière, dans les cours et les caves.
Grâce à la population d'étudiants (la ville compte onze universités et collèges !), il n'y a pas une rue qui n'ait ses bars. Souvent ce sont les mieux d'ailleurs – ils n'ont pas d'enseignes. N'hésitez pas à tendre l'oreille et à vous laisser porter par votre inspiration. Nous indiquons les plus fréquentés du moment et quelques-uns de nos coups de cœur.

Dans le centre historique

Stalowe Magnolie *(plan I, C1, **121**) : ul. Św. Jana, 15. ☎ 422-84-72. • stalowemagnolie.com • Ouv 18h-2h. Concert de jazz, pop ou rock tlj après 22h. Quelques soirées DJ également.* Un club musical sans doute inspiré d'un entrepôt parisien, avec des sofas moelleux et une déco branchée, dans une ambiance jeune et agréable. Juste à côté du *Cień Klub*, disco à la mode.

Music Bar 9 *(plan I, B2, **123**) : ul. Szewska, 9. Ouv 10h-23h ou minuit (3h ven-sam).* Le raffinement n'est pas le genre de la maison. Ici, on préfère les ambiances authentiques et on ne manque pas de le démontrer : dans cette succession de caves et de couloirs, les murs sont bruts de décoffrage, tout comme le sol constitué de grosses planches de grange, et l'ambiance tous les soirs jusque tard dans la nuit. Plusieurs bars et une petite piste de danse.

Klub Ré *(plan I, C2, **124**) : ul. Św. Krzyża, 4. Tlj 12h-2h.* Un peu à l'écart de la grand-place et de ses touristes, c'est un vaste bar bondé de jeunes, avec une terrasse intérieure agréable en début de soirée. L'ambiance est décontractée et, en dehors de juillet-août, ils organisent régulièrement des petits concerts de groupes locaux de rock alternatif. Impeccable pour les rencontres. Petit cinéma de plein air.

Irish M'Bassy *(plan I, C2, **125**) : ul. Stolarska, 3. Dim-jeu 15h-1h ; ven-sam 15h-3h.* Un endroit un peu huppé mais magnifique. Sur quatre étages, une reconstitution allégée de grande prison de brique rouge, dont les gardiens sont les forçats de la performance, Björn Borg et autres Mohamed Ali, trônant sur les murs... Bonne ziq de fond, passant en revue les grands classiques du rock et du reggae. Une partie du personnel et de la clientèle est irlandaise, ici c'est un peu Dublin réinstallé à Cracovie !

Irish Pod Papugami *(plan I, C1, **127**) : ul. Św. Jana, 18. ☎ 422-82-99. Lun-jeu 16h-3h ; ven-dim 13h-2h. Dans l'après-midi, seul le bar au rez-de-chaussée est ouvert.* L'Irlande parade dans trois petites caves à l'élégance un peu smart. En choisissant des bois lourds et coûteux, en donnant au comptoir du bar la sécurité rassurante de vieilles planches, l'objectif était de réinventer cet esprit cosy dont les Anglo-Saxons ont le secret. Clientèle bien sous tous rapports, ambiance feutrée qui s'enflamme le week-end. Sur les vitraux, le perroquet qui a donné son nom à l'établissement.

Black Gallery *(plan I, D2, **128**) : ul. Mikołajska, 24. Lun-ven 21h-2h ; w-e de 14h à l'aube.* Avant de s'enfoncer sous terre, on passe d'abord par une cour-jardin. Les deux caves, décorées façon chantier de travaux publics, sont assez réussies. Un bar en béton avec une poutre de fer pour comptoir est le rendez-vous de la communauté anglophone de passage ou en résidence à Craco.

The Irish Arms *(plan I, C3, **134**) : ul. Poselska, 18. Ouv jusqu'au dernier client.* Ce petit pub est annoncé par un drapeau irlandais et tenu par des Dublinois pur jus. Au comptoir, on peut lire l'anathème irlandais, la « Chanson du soldat », et Dieu sait qu'après quelques verres ici vous en aurez bien besoin ! Une communauté mixte d'habitués, Irlandais, Polonais, expats, dans une ambiance très animée certains soirs. C'est affiché sur la porte : interdit d'apporter son kebab ; ça sent le vécu !

Piwnica Pod Baranami *(plan I, B2, **129**) : rynek Główny, 27. Tlj 17h-4h.* Partage son sous-sol (à droite en bas des escaliers) avec l'un des cabarets les plus célèbres pour sa contestation à l'époque communiste. La partie gauche de ces caves est depuis des années l'antre des étudiants. Dans cet assemblage de salles communicantes a été exposé tout ce que la Pologne compte de plus représentatif dans ses trésors ruraux. Les tables sont des tonneaux découpés, un piano fou est accroché au mur en compagnie d'une carriole.

Harris Piano Jazz Bar *(plan I, B2, **130**) : rynek Główny, 28. ☎ 421-57-41. Tlj 19h-2h. Concert le w-e.* Avant d'accéder à cette cave de jazz, il faut s'arrêter sur la mezzanine pour rendre un premier hommage à la statue du trompettiste noir de La Nouvelle-Orléans. Les musiciens en chair et en os sont plus bas. Le bar fourmille de mille trouvailles, comme les mobiles de pochettes de disques en suspension au plafond. *Harris* est réputé pour le sérieux de sa programmation jazz.

CRACOVIE

Dans le quartier de Kazimierz

En été, les Cracoviens pure souche ont tendance à fuir les touristes qui envahissent le centre de la vieille ville, et comme la balade n'est pas désagréable, c'est à Kazimierz qu'ils se retrouvent.

Singer *(plan II, G6, **138**) : ul. Estery, 20. Tlj 10h-3h.* Rien n'indique la présence de cette petite perle. Tout juste remarque-t-on les rideaux noirs des vitrines. Les salles sont éclairées à la lumière de bougies, et la terrasse accueille les tables de machines à coudre *Singer* qui lui donnent son nom. C'est un vrai bonheur de se poser au son de quelques classiques de Léo et d'autres morceaux de Coltrane. Le soir, la fréquentation se fait plus dense, il est alors difficile de se trouver une place mais pas d'y faire des rencontres enfumées...

Alchemia *(plan II, G6,* ***139****) : ul. Estery, 5. Tlj 11h (10h dim)-4h.* Ce doit être le quartier qui veut ça, comme au *Singer* on s'éclaire ici à la bougie. Le rez-de-chaussée de cette maison de la Nouvelle Place a été transformé en un bar très agréable, avec des pièces d'ambiances diverses et plus ou moins intimes. L'atmosphère sans chichis tranche avec les bars un rien snobs du quartier. Pas mal d'étudiants entre ces murs recouverts de photos d'idoles, de Presley à Cobain. Une excellente adresse.

Où danser ?

Cracovie ne compte que peu ou pas de boîtes au style disco des standards occidentaux. En revanche, la plupart des clubs et boîtes cités ci-dessus ferment très tard dans la nuit, et ceux ci-dessous possèdent des pistes de danse qui ne désemplissent pas du week-end. Reste enfin, pour les inconditionnels du genre, la solution de repérer les affiches murales qui annoncent les fêtes d'un soir organisées dans des salles louées pour l'occasion, souvent à l'extérieur de la vieille ville.

Dans le centre historique

Cień Klub *(plan I, C1,* ***121****) : ul. Św. Jana, 15. ☎ 422-21-77. Ouv 20h-3h (6h sam). Fermé dim-mar.* Une des boîtes les plus jeunes, les plus tardives et les plus électriques de la ville. Située en plein centre historique (rare) et en sous-sol dans des caves voûtées. Musique pop, rock, techno, et plein de *beautiful yuppies.*

Prozac *(plan I, C3,* ***150****) : pl. Dominikański, 6. ☎ 429-11-28. Ouv 16h-2h.* Proche de la place centrale rynek Główny. Moins branchée qu'avant, mais reste un bon point de chute pour boire un verre en début de nuit, et les expats passent encore quelques week-ends agités dans ce club. Situé sous un kebab, en sous-sol, c'est un lieu climatisé (appréciable en été). Piste de danse animée après 22h. Un bon lieu « antidépressif » (comme son nom le dit).

Piwnica Pod Ogródkiem *(plan I, B2,* ***151****) : ul. Jagiellońska, 6. Dans les caves du centre de* PTTK *(l'office de tourisme polonais). Le club disco démarre à 20h jusqu'à pas d'heure.* Un bar-boîte qui ne désemplit pas le week-end. Entrée gratuite, bières et vodkas pas chères, musique actuelle, dans un sous-sol (bien entendu) sans déco particulière... et si c'était la recette de son succès ?

Klub Pod Jaszczurami *(plan I, C2,* ***152****) : rynek Główny, 8. Tlj 22h-2h (parfois plus).* En voilà une belle adresse, réservée aux étudiants et exclusivement sur présentation d'une carte (plus ou moins crédible...). La bière – pas chère – coule à flots, et c'est gavé de monde le week-end. Cet immense club sous des voûtes gothiques de cathédrale accueille aujourd'hui des clubs de discussions.

Ministerstwo *(plan I, C2,* ***153****) : ul. Szpitalna, 1. Ouv jusqu'à 2h (4h sam).* Des caves en brique rouge, disposées en vases communicants en une succession de salles et une piste de danse assez belle, avec des lumières qui virevoltent un peu partout ! Dans la salle où opère le DJ, des fauteuils lascifs en cuir, recouverts de fausses peaux de léopard, tout simplement ! Musique variée de boîte de nuit : funky le vendredi, hip hop et électro le week-end...

Jazz Rock Café *(plan I, C1,* ***154****) : ul. Sławkowska, 12. Tlj sf lun jusqu'à 4h. Entrée payante jeu-sam.* Il n'y a aucune enseigne, c'est dans la même entrée que l'agence *Jordan.* Malgré le nom du club, point de jazz ici mais du trip-hop et du rock, répartis entre deux salles distinctes, la première faisant office de *lounge* branché et l'autre de club. Bonne musique : avec les grands classiques pop et rock des années 1980 et 1990. Coktails aux noms gentiment provocateurs (LSD, Kamikaze...).

Carpe Diem II *(plan I, C1,* ***122****) : ul. Slawkowska, 6. Tlj jusqu'à 3h. Deux cerbères en guise d'accueil, mais l'entrée est gratuite.* Musique standard de discothèque (varlets de *dance* et de *R'n'B)* dans une déco axée sur la moto, qui monte même sur une table ! Même le dimanche, la piste de danse est remplie. Pas de doute, la cueillette du jour se fait ici de nuit...

À voir

Pour visiter tous les monuments de Cracovie, il faut au moins deux semaines. Alors, voici juste un petit aperçu rapide. À noter que les musées ferment tôt : 16h, voire parfois 14h. Privilégiez donc le matin pour les visiter.

Le parc Planty (son nom vient de « planter » ; *plan I*) **:** idéal pour commencer votre visite de Cracovie. C'est un espace vert aménagé à la place des remparts et des fossés qui entouraient la vieille ville. Une petite promenade de 45 mn (4 km) permet d'en faire le tour complet. Vous comprendrez la topographie de la ville tout en admirant de nombreux monuments. Un bon moyen de faire connaissance avec les lieux, même si l'on y rencontre pas mal d'échoués du système qui n'ont désormais pour seul gouvernail que le goulot de la dive bouteille. En partant de la gare (par le passage souterrain), prenez à droite ; vous apercevrez les restes des fortifications.

Brama Floriańska *(porte Florian ; plan I, C1)* **:** c'est l'une des sept portes de l'enceinte édifiée sur 200 ans entre les XIIIe et XVe s. Comprenant 47 tours, dont deux subsistent de part et d'autre, elle fut démolie en 1806 sur ordre des Autrichiens, alors occupants de la ville. Ce fragment des remparts doit sa survie à un certain sénateur Radwański. Il avait justifié auprès des Autrichiens sa sauvegarde « par crainte des courants d'air dans la vieille ville, ceux-ci pouvant provoquer des rhumes ou même des paralysies auprès des femmes et des enfants ». Cet argument médical s'est avéré convaincant !

À l'arrière de la porte subsiste également la ***barbacane*** *(plan I, D1)*, un bastion circulaire ajouté au XVe s pour renforcer la défense de la porte. C'est l'un des derniers encore intacts d'Europe. Ses murs de 3 m d'épaisseur étaient jadis reliés à la porte par un tunnel aujourd'hui disparu. *On peut visiter une partie du bastion juin-oct tlj 10h30-18h. Entrée au bout de ul. Pijarská. Entrée : 6 Zl (1,50 €) ; ajouter 4 Zl (1 €) pour photographier.* Tout au long du bastion, des panneaux, en anglais, retracent l'histoire de sa construction et de ses tours aux noms de métier (tour du barbier, du boucher...). Les explications permettent de s'imaginer l'aspect de la Cracovie médiévale. Au bout de la rue Straszewskiego, vous passerez au pied de la colline Wawel, surmontée de la monumentale silhouette du château royal.

Juste avant d'accomplir la boucle, vous admirerez le riche bâtiment du ***théâtre Słowacki,*** construit vers la fin du XIXe s. Regardez-le bien. Cela ne vous rappelle rien ? Allons, un petit effort ! L'Opéra de Paris, bien sûr ! Le bâtiment est largement inspiré du Palais Garnier, en plus petit toutefois. Celui-ci fut construit en 1893, à l'emplacement d'un couvent du Moyen Âge dont la démolition souleva les protestations de l'élite artistique du moment, et en particulier du peintre Jan Matejko. Il porte le nom du poète romantique Juliusz Słowacki. L'intérieur croule sous les dorures, et la diversité du public résume bien l'appétit de culture des Polonais. Pour sa programmation, voir la rubrique « Culture ».

Rynek Główny *(place du Marché ; plan I, C2)* **:** avec ses 200 m de côté, cette vaste place carrée est l'une des plus grandes que le Moyen Âge ait léguées à l'Europe. Ceinturée aujourd'hui de façades néoclassiques, elle s'enorgueillit d'une unité qui lui donne un incomparable air fin de siècle triomphant. Mais jusqu'au milieu du XIXe, le Moyen Âge n'avait pas complètement disparu. C'est en effet à cette date que la municipalité a décidé de détruire les baraques de marché qui encombraient la place d'un réseau si dense que l'allée principale avait été appelée

la *rynek*. Les marchands de fleurs et les vendeurs de souvenirs poursuivent aujourd'hui cette tradition marchande dont le dernier vestige est la halle aux draps, au centre de la place.
Le soir la place s'anime, et les cracheurs de feu rivalisent avec les jongleurs pour attirer le chaland.

Au centre, la ***Sukiennice*** *(halle aux draps ; plan I, C2,* ***171****)*. L'origine de ce marché couvert remonte au début du XIVe s. Incendié en 1555, il fut rebâti dans le style Renaissance qui lui a donné son attique de pierre masquant le toit. Le XIXe s s'est cru obligé de lui adjoindre ses actuelles arcades, dont la jolie perspective accueille aujourd'hui une multitude de boutiques de souvenirs et deux cafés.

Galeria w Sukiennicach *(musée de la Peinture polonaise du XIXe s ; plan I, C2,* ***171****)* ***:*** *rynek Główny, 3. Au 1er étage, les anciennes salles de bal abritent l'un des cinq sites du Musée national. En été, ouv mar-sam 10h-19h (16h mer-jeu). Fermé dim-lun. Entrée : 8 Zl (2 €), réduc. Audioguide en anglais.* Les impressionnantes peintures historiques de Jana Matejko sont l'attraction principale à côté d'autres grands noms de cette période comme Malczewski, Gierymski, Chełmoński et Witkacy, dignes représentants des courants réalistes et impressionnistes. Notez le tableau expressionniste de Podkowiński, représentant une femme nue sur un cheval écumant. Exposé pour la première fois en 1894, il a provoqué un véritable scandale et fut taxé de pornographique.

Sur le côté est de la halle se dresse la ***statue d'Adam Mieckiewicz*** *(plan I, C2,* ***172****)*, le grand poète romantique, chantre de l'indépendance nationale. Détruite par les nazis, elle fut méticuleusement reconstituée et sert aujourd'hui de point de rendez-vous. C'est à ses pieds que se déroule chaque année, en décembre, le concours de crèches de Noël (voir la rubrique « Fêtes et festivals »). Et, plus prosaïquement, c'est le meilleur point de rendez-vous de Cracovie pour être sûr de ne pas se rater.

Kościół Mariacki *(église Notre-Dame-Sainte-Marie ; plan I, C2,* ***173****)* ***:*** *rynek Główny, 4. Lun-sam 11h30-18h ; dim 14h-18h. Entrée : 6 Zl (1,50 €). On paie aussi pour photographier (5 Zl, soit 1,25 €). Deux accès, pour ceux qui veulent visiter et ceux qui souhaitent prier.*
Édifiée une première fois au XIIe s, puis détruite lors des invasions tatares, l'église paroissiale de Cracovie eut à subir trois reconstructions successives avant de renaître en 1355 comme l'une des plus belles églises gothiques du pays. Par sa structure (les nefs latérales sont plus basses que la nef centrale), elle est une basilique.
Une coupole Renaissance couronne la tour la plus basse (69 m). La plus haute (82 m) se distingue par un remarquable chapiteau de seize petits clochetons dont la flèche du XVIIe s se termine par une couronne dorée de 2,50 m de diamètre et d'un poids de 350 kg. Utilisée jadis par la ville comme tour de guet, elle maintient toujours cette tradition lorsque, chaque heure, s'élèvent les notes du *Hejnał*, cette ***courte mélodie jouée à la trompette,*** qui immanquablement vous fait lever les yeux dans sa direction (voir

UNE ŒUVRE DE LONGUE HALEINE

Le retable de Veit Stoss mérite d'être appelé une œuvre géante. Haut de presque 16 m, large de 11 m avec les volets ouverts, c'est le plus grand autel sculpté de la fin du gothique. Il se présente d'abord comme un livre de format colossal ou, mieux, une bande dessinée grand format, avec son côté jours de semaine et son côté jours de fête. Socle, frise, volets et vantaux sont peuplés de reliefs. Les personnages en bois de tilleul, plus grands que nature, sont d'une force expressive et d'un réalisme surprenants. Veit Stoss se consacra pendant plus de douze ans, de 1477 à 1489, à l'élaboration de l'ensemble qu'il sculpta, dora et monta absolument tout seul.

l'anecdote dans l'Intro de Cracovie). Tout cela n'est bien sûr qu'une légende, mais qui donne aujourd'hui à Cracovie son symbole. Le *Hejnał,* joué en rotation des quatre faces de la tour, est retransmis chaque jour, à 12h, à la radio nationale.
Sous le porche baroque, plusieurs ***tombeaux*** des bourgeois de Cracovie et, à gauche, la *chapelle des Malfaiteurs.* Les prêtres écoutaient ici les dernières confessions des condamnés avant leur exécution sur la place du marché.
Le ***chœur*** est dominé par le trésor de l'église : un monumental ***retable,*** œuvre du grand sculpteur allemand Veit Stoss, sculpté dans du bois de tilleul vers la fin du XVe s *(retable ouv lun-ven 11h50-18h, sam 11h30-18h et dim 14h-18h).* Fascicule remis avec les billets d'entrée. C'est un triptyque dont la partie centrale représente la Vierge entourée par les douze apôtres. Certaines sculptures ont près de 3 m de hauteur, car le maître savait que son œuvre allait être regardée d'en bas, et il avait prévu l'effet de perspective. On admirera le soin du détail : les muscles tendus sur les bras, les rides sur les visages. Veit Stoss a utilisé ses contemporains comme modèles : les artisans, les étudiants, les servantes. Grâce à ses couleurs vives, le retable émerge du fond sombre du chœur. Cet effet est renforcé par la lumière dorée des vitraux du XIVe s. Le triptyque fermé fait apparaître douze panneaux sculptés représentant les scènes de l'histoire de la Sainte Famille. Donc, pour pouvoir admirer ses deux faces, il faut venir à l'église un peu avant.
On observera au-dessus les frises dues à Jan Matejko, le grand peintre historique du XIXe s.
Une autre œuvre de Veit Stoss est l'énorme *crucifix* de pierre sur le côté droit de la nef. Ne manquez pas non plus les superbes ***vitraux*** Art nouveau au-dessus de la tribune du grand orgue, signés Stanislas Wyspianski, artiste polyvalent de la fin du XIXe s. Avant d'achever votre visite, jetez enfin un œil sur la *chapelle de la Vierge-Noire* de Częstochowa, qui est une copie de l'originale, bien que certains soutiennent que ce soit elle la vraie.

À côté de l'église Notre-Dame, la petite ***kośció Św. Barbary*** *(église Sainte-Barbara),* utilisée autrefois comme cimetière jusqu'à sa fermeture au début du XIXe s par l'occupant autrichien. Édifiée au XIVe pour servir de chapelle au cimetière, elle a, paraît-il, été bâtie avec les briques restant de la construction de sa grande voisine.
– À l'arrière de celle-ci, la tranquille ***rynek Mały*** *(plan I, C2)* servit longtemps de marché à viande.

Attenante, la rue Sienna abrite, au premier étage du n° 5, le ***club des Intellectuels catholiques*** *(KIK).* Malgré cette dénomination un peu austère, elle fut la seule organisation indépendante tolérée dans la Pologne post-stalinienne. C'est ici que, en 1980, le syndicat Solidarność encore balbutiant trouvait conseils et appuis. De cette organisation sont issues plusieurs personnalités officielles comme l'ex-Premier ministre Tadeusz Mazowiecki, mais surtout le prix Nobel de la paix et ancien président de la République Lech Wałęsa.

Kościół Św. Wojciecha *(église Saint-Adalbert ; plan I, C2,* ***174****)* **:** *rynek Główny ; au sud de la place, à l'angle de la rue Grodzka. Ouv tlj.* C'est la plus vieille église de la ville. La légende veut qu'Adalbert, un évêque slave, y tint ses premiers sermons vers l'an 995, avant d'aller convertir au nord les Prussiens qui le mirent à mort. Magnifique plafond Renaissance restauré. La *crypte* – avec une exposition dédiée au saint et à l'histoire de la place – *est ouv lun-sam 11h-16h. L'entrée est payante, mais il n'y a rien à voir.*

Wieża ratuszowa *(tour de l'hôtel de ville ; plan I, C2,* ***175****)* **:** *mai-nov, tlj 9h-13h, 13h45-18h ; déc-avr, 10h-16h (15h30 sam-dim). Fermé le 2e w-e de chaque mois. Entrée : 4 Zl (1 €).* Cette tour gothique est l'ultime vestige de l'hôtel de ville du XIVe s, malencontreusement démoli en 1820 par les autorités municipales pour vétusté. Le théâtre comique *Satyry* et un café se sont installés dans ses caves. On peut également grimper à son sommet, qui offre à travers 3 fenêtres seulement une belle vue sur la ville ; le reste n'est d'ailleurs pas passionnant.

Avant de quitter la place, un tour d'horizon des édifices qui la bordent est plus que conseillé. La plupart de ces maisons patriciennes pluricentenaires furent habitées par des artistes ou des personnages célèbres.
– À l'est, au n° 6, à l'angle d'ul. Sienna, la ***Maison grise*** accueillit dans ses appartements gothiques le premier roi élu de Pologne, Henri de Valois.
– Juste à côté, au n° 7, le ***palais Montelupi,*** avec son monumental portail Renaissance, servit de siège à la première poste du pays sous le règne du roi Sigismund.
– Au n° 9, le ***palais*** gothique ***Bonerowska*** fut le domicile du peintre et écrivain Stanislas Wyspański.
– Au sud, au n° 20, le ***palais Potocki*** est représentatif de l'architecture classique de Cracovie avec sa cour ornée de loggias, tout comme le ***palais Pod Baranami*** (n° 27) du XVIe s, reconverti aujourd'hui en centre culturel.
Les immeubles de la face ouest eurent leurs façades remaniées aux XIXe et XXe s, tout en conservant en partie leurs intérieurs Renaissance.

Muzeum Historyczne Miasta Krakowa *(musée d'Histoire de Cracovie ; plan I, C2,* ***180****)* **:** *rynek Główny, 35. Tlj sf lun-mar 10h-17h30. Entrée : 5 Zl (1,25 €) ; gratuit dim.* Le *palais Krzysztofory,* au n° 35, à l'angle d'ul. Szczepańska, est resté en l'état. Il abrite le musée d'Histoire. Si son thème est l'histoire de la ville, incluant une collection de tableaux d'artistes célèbres natifs de Cracovie, il est aussi éclectique. Ses étages supérieurs présentent en effet les meilleurs *szopkis,* ces crèches de Noël et autres édifices religieux qui, chaque année, font l'objet d'un concours populaire au mois de décembre (voir la rubrique « Fêtes et festivals »), ainsi que des collections de vieilles horloges et d'armures. Intérêt limité, tout est en polonais.

CRACOVIE

LA VIEILLE VILLE *(STARE MIASTO)*

Construite sur un plan en damier à l'exception de sa partie sud, elle épouse le tracé médiéval des premières rues, où chaque siècle a depuis laissé son empreinte, créant ainsi un ensemble typique d'Europe centrale où le gothique se mélange aux styles Renaissance et baroque.

Le nord

La rue Floriańska *(plan I, C1-2)* **:** percée au XIIIe s, elle conduit à la porte Florian (voir « Le parc Planty », plus haut), l'entrée historique de la vieille ville. Depuis son origine, sa vocation est commerçante, une tradition que le tourisme et l'éclosion des boutiques n'ont fait qu'amplifier. Elle conserve quelques beaux immeubles Renaissance. L'écrivain Joseph Conrad (né Konrad Korzeniowski) vécut quelques années de sa jeunesse dans une pension de cette rue, avant de partir en France et en Angleterre, pour devenir marin.
– Au n° 25, un petit ***musée de la Pharmacie*** *(muzeum Farmacji),* avec des anciens intérieurs d'échoppes, dont une boutique du XVIe s, et plusieurs collections savantes sur les ustensiles de jadis. *Mar 15h-19h ; mer-dim 11h-14h. Fermé les 1er et dernier sam du mois.*

– Au n° 45, le célèbre ***café Jama Michalika*** *(plan I, C1,* ***116****),* où se déroulaient, entre les deux guerres, les folles soirées du cabaret *Zielony Balonik* (« le Ballon Vert »), qui réunissaient l'élite intellectuelle de l'époque. De nombreuses caricatures, le mobilier qui est en soi une plaisanterie, les marionnettes du guignol de l'époque et le décor original de la scène sont restés intacts. Une pause-café (et pourquoi pas dessert) s'impose.
La rue se termine par la ***porte Florian,*** squattée aujourd'hui par les vendeurs de peintures à deux sous et longée par des terrasses de café. Il suffit de tourner à gauche pour rejoindre la ***rue Pijarska*** *(plan I, C1).*

Immédiatement après se trouve la très baroque ***Kościół Przemienienia Pańskiego*** *(église de la Sainte-Transfiguration ; plan I, C1, **176**).* Si elle est fermée, jetez toujours un coup d'œil par la porte vitrée. Sur la partie supérieure de l'autel, des peintures à dominante pastel, annonçant la douceur du Ciel. Malgré la profusion de stucs et autres luxuriances, l'ensemble reste harmonieux.

Muzeum Czartoryski *(plan I, C1, **178**) : ul. Św. Jana, 19. • muzeum-czartoryskich.krakow.pl • Face à l'église de la Sainte-Transfiguration. Mar-sam 10h-17h ; dim 10h-16h. Fermé lun. Dernière visite 30 mn avt fermeture. Entrée : 10 Zl (2,50 €) ; gratuit dim. Livret en français 20 Zl (5 €).* Cette branche du Musée national, qui est aussi le plus vieux musée de Pologne, occupe un pâté de maisons constitué par le palais lui-même (XIXe s), par un ancien couvent du XVIIIe s et par un arsenal du XVIe.

Il présente une collection de peintures de l'Europe occidentale du XVIe au XIXe s. La ***Dame à l'hermine*** de Léonard de Vinci, une fascinante *Madone à l'Enfant*, une *Prédication de saint Jean-Baptiste* et une *Fuite en Égypte* de Pieter Bruegel, ainsi qu'un paysage mordoré de Rembrandt sont les toiles les plus célèbres. Mais on y trouve aussi des antiquités gréco-romaines et égyptiennes (une momie de mangouste !), des portraits de la famille Jagellon par Cranach, un portrait d'Henri de Guise par Clouet, un autre de don Juan d'Autriche (le vainqueur de Lépante) par le même Clouet, des paysages de Ruysdael, un portrait de Stanislas Poniatowski par Élisabeth Vigée-Lebrun.

HERMINE OU FURET ?

On pense que l'œuvre représente Cecilia Gallerani, jeune beauté de 17 ans, maîtresse du duc de Milan, Ludovic Sforza, dit le Maure. Léonard a rencontré son modèle en 1484, alors que tous deux habitaient au palais du duc. Plusieurs interprétations iconographiques de l'animal que tient la jeune femme ont été proposées. On y a vu le symbole de la pureté ou encore l'emblème du Maure, qui était l'ermellino, une petite hermine. Ce pourrait être également un calembour sur son nom de famille, Gallerani, l'hermine se disant galay en grec. Mais à bien y regarder, l'animal du tableau semble ne pas être une hermine mais plutôt un furet blanc.

Cette collection, réunie à la fin du XVIIIe s par la princesse Izabelle Czartoryska dans son palais de Puławy, eut à subir le destin mouvementé de la Pologne. En 1831, après la révolte nationale contre les Russes et la confiscation de ses biens, la princesse transféra la collection dans son hôtel parisien. Ce n'est qu'en 1870 que les tableaux purent être réacheminés à Cracovie. Il ne leur restait plus qu'à attendre l'arrivée des nazis, qui dérobèrent 843 objets d'art, dont un autoportrait de Raphaël jamais retrouvé.

Car la collection de la princesse réunit aussi de l'art antique, des miniatures perses. Elle recèle également, à côté d'une collection de porcelaines de divers pays, de vases de pharmacie et quelques curiosités que des petits malins ont réussi à lui vendre. Un « vrai » chapeau de Napoléon, un morceau de bois provenant, sans nul doute, de la maison de Shakespeare et une chaise sur laquelle s'est assis, selon des sources sûres, Jean-Jacques Rousseau... Bel exemple de marqueterie avec ce cabinet en bois du XVIIe s, aux motifs en damier.

Enfin, quelques éléments insolites liés à l'histoire polonaise : habits cosaques, cottes de maille ouvragées, dont certaines recouvertes d'une peau de léopard (un tableau montre que les seigneurs la portaient vraiment). Belle ceinture du XVIe s en forme de couronne royale, ornée de pierreries et d'émeraudes.

La rue Szpitalna *(plan I, C-D1-2) : située à l'est de la rue Floriańska, elle est tout aussi aristocratique que sa voisine.*

– Au n° 24, une ***synagogue*** reconvertie après guerre en église orthodoxe. Ce n'est pas si fréquent, l'usage d'alors étant plutôt une reconversion en magasin, cinéma ou musée. Elle occupe le premier étage du bâtiment et ne mérite une visite que

CRACOVIE

pour les icônes et les peintures religieuses d'inspiration byzantine dues à l'artiste contemporain Jerzy Nowosielski, et encore. *Ouv slt lors des offices.*

– Au n° 21, le ***Dzieje Teatru Krakowskiego*** *(musée du Théâtre de Cracovie ; plan I, D1,* ***191****)*, installé dans la *maison Pod Kryżem*, un ancien hospice du XVe s. *Juil-août, tlj sf mar 10h-17h (14h w-e) ; le reste de l'année, lun 10h-18h, mer-ven 10h-15h, w-e 10h-14h. Entrée : 5 Zl (1,25 €).* Tout sur l'histoire du théâtre dans la ville. Un beau musée, très complet. Du costume aux accessoires en passant par les décors et les croquis, toute la richesse du théâtre de Cracovie retracée. Un régal pour les amateurs.

Kościół Św. Krzyża *(église Sainte-Croix ; plan I, D1-2,* ***179****)* ***:*** *à droite du théâtre Słowacki.* Édifiée au XVe s, elle se singularise par la modestie de son extérieur et surtout par son accessibilité limitée aux horaires du culte affichés sur la porte. Et pourtant, sa superbe voûte gothique supportée par un pilier unique en forme de palmier mérite un peu de persévérance. Le chœur et la nef comportent aussi de très belles fresques restaurées au XIXe s par Stanisław Wyspiański (voir plus bas), tombé amoureux de cette église qu'il considérait comme le plus bel édifice gothique de la ville.

CRACOVIE

L'ouest

L'université Jagiellonśki *(plan I, B2)* ***:*** *entre les rues Św. Anny, Jagiellońska et Gołębia se trouve le secteur de l'université.* Elle fut implantée en 1364 par Casimir le Grand, sur le périmètre du quartier juif, qui, progressivement exproprié, émigra en 1400 au sud de la ville à Kazimierz (voir plus loin). Il concentre les plus anciennes écoles de Pologne et bénéficie durant l'année universitaire d'une animation digne du Quartier latin à Paris.

Le collegium Maius *(plan I, B2,* ***181****)* ***:*** *ul. Jagiellońska, 15 ; à l'angle avec ul. Św. Anny.* D'une magnifique architecture gothique du XVe s, c'est le cœur historique de l'université. À la fin du Moyen Âge, il pouvait se prévaloir d'être le centre intellectuel de l'Europe. Il n'a cessé de collectionner les élèves célèbres comme Nicolas Copernic ou, plus récemment, l'écrivain Czesław Miłosz ou... le pape Jean-Paul II.

Ce vaste bâtiment s'ouvre sur une paisible cour à arcades qui conduit au ***muzeum Uniwersytetu Jagiellońskiego*** *(musée de l'Université Jagellon). Lun-ven 11h-14h20 ; sam 11h-13h20. Fermé dim. Visite guidée de 30 mn, en groupe exclusivement, ttes les 20 mn ; il faut donc réserver. Entrée : 12 Zl (3 €) ; visite gratuite le mar entre 15h30 et 17h (en principe). Infos lun-ven 8h30-15h30.* Le rez-de-chaussée permet de découvrir le *lectorium*, avec des fresques murales dédiées aux mathématiques et à la géographie, les salles de cours, la salle alchimique et les ustensiles du docteur Faust (selon la légende) dont le fantôme rôderait toujours dans les parages. Le 1er étage est réservé aux appartements des professeurs, à la salle d'honneur surchargée de portraits des rois polonais, des professeurs et des différents donateurs, et dotée d'un plafond Renaissance. La pièce maîtresse de cette exploration, outre une impressionnante collection de sceptres de recteurs, est le plus vieux globe du monde (1510), qui indique le tracé du continent américain sous le nom de « pays nouvellement découvert ».

Kościół Św. Anny *(église Sainte-Anne ; plan I, B2,* ***182****)* ***:*** *ul. Św. Anny, 11.* Représentative d'un baroque tardif et abâtardi du XVIIe s, elle fut l'église de l'université et se consacrait à accueillir les cérémonies officielles de cette dernière, les mortuaires comme les festives, telle l'inauguration de la rentrée. Elle se distingue par la hauteur de son dôme central, qui sent l'imitation de l'Italie.

En face, au n° 12, le ***collegium Nowodorski*** *(plan I, B2,* ***183****)* du XVIe s, aujourd'hui fac de médecine. Son plus illustre élève fut Jan III Sobieski, le vainqueur des Turcs à Vienne, en 1683.

Le collegium Minus *(plan I, B2) : ul. Gołębia.* Ce bâtiment reconstruit au XVIIe s est depuis le XVe la faculté des arts, où notamment Jan Matejko fut successivement élève et professeur.

Le collegium Novum *(plan I, B2) : à l'angle d'ul. Gołębia et d'ul. Jagiellońska.* Une copie néogothique (XIXe s) du *collegium Maius,* aujourd'hui centre administratif de l'université.

➢ De là, il n'y a plus qu'à rebrousser chemin en remontant la rue Jagiellońska, pour quitter le quartier de l'université et gagner la ***place Szczepańska*** *(plan I, B-C1)* qui, malgré son parking central, offre quelques curiosités :

À l'angle d'ul. Jagiellońska, le magnifique ***théâtre Stary,*** l'un des plus anciens de Pologne. Il a vu le jour au début du XIXe s et s'est enrichi depuis d'une élégante façade Art nouveau. Sa programmation est aussi l'une des plus prestigieuses de Pologne, avec des metteurs en scène comme Andrzej Wajda ou Konrad Swinarski.

Kościół Karmelitów *(église des Carmes ; plan I, B1,* ***177****) : au croisement de Karmelicka et Garbarska.* Ce monastère baroque abrite une église et un charmant petit musée. À la fin du XIVe s, des carmes venues de Bohême établissent ici une fondation. L'église fera l'objet d'un célèbre pélerinage en Pologne, et à partir du XVIe s, les rois polonais viennent y prier. Aujourd'hui, (presque) rien n'a changé : les moines distribuent de la nourriture aux indigents du quartier et cultivent leur jardin. Passé le cloître, aux plafonds entièrement peints, on accède à l'église. Inhabituel, des bancs latéraux sont disposés entre la nef et l'autel. Comme autrefois, ils sont réservés aux moines. À droite de l'autel, voir la chapelle de Notre-Dame de Cracovie. Contrairement aux apparences, la magnifique icône ne représente pas une Vierge Noire. Le jardin des moines n'est pas ouvert aux visiteurs, mais peut-être qu'en demandant poliment... Entre senteurs bucoliques et petits pommiers, on oublie presque qu'on est à Cracovie !

AUTOPORTRAIT MIRACULEUX

Si l'icône exposée dans la chapelle de l'église des Carmes est bien réelle, elle doit sa création à une légende qui remonte au XVIe s. Un moine aurait commencé à dessiner le visage de la Vierge sur le mur. Au retour de sa pause-déjeuner, quelle ne fut sa surprise en constatant que son travail avait été achevé, le visage apparaissant complètement ! Depuis, la chapelle a été déclarée miraculeuse et elle est devenue, comme il se doit, un lieu de pèlerinage très fréquenté .

– ***Musée :*** *ouv tlj 10h-17h ; dim 14h-19h.* Partitions médiévales que les carmes tchèques auraient apportées à la fin du XIVe s. Certaines sont ornées de magnifiques enluminures peintes. Aujourd'hui encore, on déchiffre et on joue ces partitions. À l'extérieur, sur la façade à droite de l'entrée, une grande niche, où est représentée, en deux dimensions, la crucifixion de Jésus et des deux larrons, et à l'arrière-plan Jérusalem.

Sztuki *(palais des Arts ; plan I, C1,* ***184****) : Bunkier pl. Szczepański. Tlj sf lun 10h-18h.* Des expos de peinture et de sculpture – majoritairement d'art contemporain polonais – y sont organisées périodiquement.

Kamienica Szołajskich *(maison Szołayski ; plan I, B1,* ***185****) : ul. Szczepańska 11. Mer-sam 10h-18h ; dim 16h. Fermé lun-mar. Dernière visite 30 mn avt fermeture. Entrée : 8 Zl (2 €). Droit de photographier payant.* Cette demeure bourgeoise, en perpétuelle évolution depuis le XVIe s, accueille aujourd'hui une exposition exceptionnelle, consacrée au célèbre peintre ***Stanisław Wyspiański*** (1869-1907), né et décédé à Cracovie. Le parcours s'effectue dans les magnifiques intérieurs de cette maison patricienne, rénovée avec soin. Dans l'escalier,

photographies de Cracovie par Ignacy Krieger. Ces photos pionnières remontent au XIXe s. On n'y voit pas l'ombre d'un chat, car Krieger se levait à l'aube pour ne prendre que les monuments.
Stanisław Wyspiański a insufflé une dimension religieuse à l'Art nouveau. Voir ses projets de vitraux *(Sortie d'Égypte...)*, restés à l'état de tableaux. Spirituel, l'artiste n'en a pas moins célébré la sensualité, ainsi ces femmes lascives, qui évoquent l'*Olympia* de Manet. Parcours éclectique, le peintre passant d'une facture réaliste à des expressions plus modernes, comme cette étude de plante très « vangoghienne ». Voir aussi la *Femme au chapeau,* grisée par sa chope de bière. Artiste touche-à-tout, Wyspiański était également dramaturge, ébéniste et architecte ! La belle chaise à rosace appartenait au médecin et activiste Tadeusz Boy-Zeleński, dont Wyspiański conçut le luxueux salon. Plus loin, les portraits de ses amis écrivains recréent l'atmosphère culturelle de la Cracovie du début XXe s. Également quelques portraits très expressifs d'Aleksander Gierymski.

Kościół Refomatów *(église des Franciscains réformés ; plan I, C1)* **:** *ul. Reformacka, 4. Ouv à partir de 11h.* Reconstruite au XVIIe s après la destruction par les Suédois du couvent initial, elle renfermerait dans sa crypte les restes momifiés de la famille des donateurs. C'est un rare exemple de momification naturelle due au microclimat des caves. Mais préparez-vous à une grande frustration : son accès est interdit au public afin de préserver ces lugubres reliques humaines.

Le musée de la Gestapo *(Dom Śląski ; plan III, J9,* ***62****)* **:** *ul. Pomorska, 2. À quelques mn de la Główny par la rue Karmelicka. En été, ouv mar-sam 10h-17h30 ; en hiver mar-sam 9h-16h (mer 10h-17h) ; ainsi que chaque 2e dim du mois. Entrée gratuite. Photo : 10 Zl (2,50 €).* Ce vaste édifice abritait les bureaux de la Gestapo de Cracovie. Tout le quartier était bouclé et appartenait à la tristement célèbre police politique allemande. Les 1er et 2e étages servaient de salles d'interrogatoire, et les sous-sol de cellules. Peu de détenus en sortirent vivants et un seul s'en est échappé.

LA RÉPRESSION TOTALE

Il suffit de lire les témoignages des arrestations des résistants polonais par la Gestapo pour se rendre compte du sadisme implacable des nazis. Un jeune garçon, qui avait essayé d'utiliser son arme contre un officier allemand, fut arrêté et transféré dans les sinistres locaux de la police politique allemande. Quelques jours après, ses parents sont arrêtés et torturés. Déportée à Ravensbrück, la mère sera la seule survivante...

– L'exposition permanente reconstitue la vie des résistants polonais et juifs à Cracovie sous l'occupation, avec des documents d'archive parfois insolites. Mitraillettes Sten Mk II, fabriquées par la Résistance polonaise. Voir les divers objets confectionnés – on se demande comment – par les détenus de la prison de Montelupich, non loin d'ici (petites boîtes en pain, jolie tapisserie...). Affiches antisémites associant les juifs au typhus. Photos sur l'Organisation juive de combat (ŻOB). Le 22 décembre 1942, ses membres éliminent sept officiers allemands au café *Cyganeria,* un cabaret fréquenté par l'occupant (on peut encore le voir, au n° 38 de la rue Szpitalna).
– On visite ensuite les lugubres cellules, au sous-sol. Les inscriptions des prisonniers, sur les murs, datent des années 1943-1945. Il y en aurait 600 en tout ! Elles montrent que des détenus de toutes les nationalités (Polonais, Russes, Tchèques...) défilèrent dans ces geôles. Parmi eux, un Allemand, qui s'indigne de son sort : « Ici est détenu un citoyen du Reich allemand, pourquoi ? Parce que la police a entendu quelque chose... » D'autres démontrent une détermination absolue, comme ce graffiti en latin : « Qu'il est doux de mourir pour la patrie. » À la sortie, photos des prisonniers, avec un historique (en anglais) sur les conditions de leur arrestation. Nombre d'entre eux étaient des résistants actifs. Un martyrologe et un hommage au courage.

Le sud

Ici, la ville abandonne son plan en damier qui rendait sa découverte si facile. Elle s'organise autour de plusieurs rues qui mènent toutes au château.

La rue Grodzka *(plan I, C2-3) : dans le prolongement de la rue Floriańska, elle forme avec elle l'artère royale.* Elle ne tarde pas à rejoindre la place Dominikański avec deux monuments majeurs :

Kościół Dominikanów *(église et monastère des Dominicains ; plan I, C3) : ul. Stolarska, 12.*
D'abord simple église, en remplacement de celle détruite par les Tatars en 1241, elle se mua au fil des siècles en l'une des plus grandes de la ville. C'était sans compter avec l'incendie de 1850, qui détruisit la majorité de sa décoration intérieure en même temps qu'une bonne partie du quartier environnant. Elle se présente aujourd'hui sous l'aspect d'une basilique austère du XIIIe s, agrémentée d'une série de chapelles Renaissance ayant survécu à l'incendie.
Sa nef possède une récente décoration néogothique et des confessionnaux monumentaux. À l'extrémité du bas-côté nord, la *chapelle Saint-Hiacynthe* (Św. Jakuba) est la plus ancienne et abrite le tombeau du saint fondateur du monastère. Inspirée de la chapelle Sigismond du château Wawel, elle présente une belle ornementation de stuc signée Baldassare Fontana et des peintures relatant la vie de saint du Vénitien Thomas Dolabella.
Au sud, la chapelle baroque de la riche famille Myszkowski est l'œuvre de l'atelier du Florentin Santi Gucci, un de ces nombreux artistes italiens qui, au XVIe s, officiaient en Pologne. Dans le chœur, une série de tombeaux, dont celui de l'humaniste Filip Kallimach, attribué à Veit Stoss.
– On accède au ***couvent gothique*** par le porche Renaissance, au nord, près de la sacristie. Doté d'un paisible cloître et d'un réfectoire roman, il servit dans les années 1980 de QG aux étudiants en révolte contre le régime, qui y organisèrent des expositions de peintures subversives.

Kościół Franciszkanów *(église et monastère des Franciscains ; plan I, B3) : pl. Wszystkich Świętich.* L'église, puissante et massive, bâtie au XIIIe s, s'est posée en rivale de sa voisine. Mais c'est elle qui eut, en 1385, le privilège d'accueillir le baptême solennel du grand-duc de Lituanie, Ladislaw Jagiełłon, son accession au trône de Pologne ayant été posée comme condition préalable. Leur destin se confondit plus tard, lorsque l'incendie de 1850 ne l'épargna pas. Elle en tira néanmoins un meilleur profit en faisant appel en 1897 à l'artiste sécessionniste Stanislas Wyspiański (voir plus haut « Kamienica Szołajski ») ; celui-ci la dota de fresques et de vitraux Art nouveau qui font aujourd'hui sa renommée. Le plus célèbre étant, dans le vitrail ouest, le portrait de Dieu Créateur du monde surgissant dans une apothéose de couleurs, inspiré de la chapelle Sixtine du Vatican.

Au sud de l'église, le ***couvent,*** peu endommagé, possède un beau cloître gothique avec des fragments de fresques du XVe s. Mais il faut pénétrer à l'intérieur pour découvrir une impressionnante galerie de portraits des évêques de Cracovie, depuis le milieu du XVe s jusqu'à l'évêque en titre, monseigneur Piotr Tomicki.

Pałac Arcybiskupi *(résidence de l'Archevêque ; plan I, B2-3,* ***186****) : de l'autre côté de la rue, au n° 3 d'ul. Franciszkańska.* Bâtie au XIVe s, puis remaniée au milieu du XVIIe, elle fut également ravagée par l'incendie de 1850, qui la priva en partie du faste de ses appartements. Elle abrite depuis la fin du XIXe s une riche collection d'art inaccessible au commun des mortels. Son dernier titre de gloire est d'avoir hébergé le plus célèbre de ses locataires, l'***ex-cardinal Karol Wojtyła, alias Jean-Paul II.*** Dans la cour, sa statue célèbre son retour triomphal au pays en 1979.

Le palais Wielopolski *(plan I, C3,* ***187****) : à droite de l'église des Franciscains.* Il borde la petite place *Wszystkich Świętich, contiguë à la place Dominikański (regar-*

dez bien votre carte !). D'un âge respectable puisqu'il est né au XVIe s, il dut entre-temps changer plusieurs fois de style et de propriétaire, avant que l'incendie de 1850 ne lui donne son actuelle façade et sa fonction de mairie de Cracovie.

Muzeum archeologiczne *(Musée archéologique ; plan I, B3,* ***188****) : ul. Poselska, 3. Lun-mer 9h-14h ; jeu 14h-18h ; ven et dim 10h-14h. Fermé sam. Entrée : 8 Zl (2 €).* Avant de devenir un musée, ce bâtiment du XVIIe s fut d'abord un couvent carmélite, puis une prison à l'époque des Habsbourg, qui est restée en service jusqu'à la Seconde Guerre mondiale. Outre une collection de sarcophages égyptiens et d'art antique, trouvée par les soldats polonais au Moyen-Orient lors de la dernière guerre, son point fort est de présenter un large panorama de la Małopolska (dans le sud-est de la Pologne), du paléolithique au début du Moyen Âge. Il possède aussi la seule sculpture jamais découverte d'un dieu païen slave : un phallus à quatre faces de 2,50 m ! Une autre section expose les fouilles du site de Nowa Huta, lors de la construction du monstrueux combinat sidérurgique (voir « Dans les environs de Cracovie »). Ne manquez pas de vous promener dans le magnifique jardin, bien taillé sans être symétrique.

➢ Le retour sur la rue Grodzka permet de rejoindre la ***place Marii Magdaleny,*** entourée par deux églises...

CRACOVIE

Kościół Św. Piotra i Pawła *(église Saint-Pierre-et-Saint-Paul ; plan I, C3) : ul. Grodzka, 54. Sa visite est payante mais ne présente aucun intérêt. Concerts gratuits l'ap-m.* Les statues des douze apôtres montent la garde devant cette église commanditée par les jésuites arrivés en catastrophe à Cracovie en 1580 pour combattre la sédition protestante. Ce différend scholastique offrit à la ville son premier édifice baroque. L'intérieur sévère porte, malgré quelques décorations en stuc dues à Giovanni Falcone, les traces de la gravité de la situation d'alors. La crypte *(donation d'entrée non obligatoire)* est accessible par une porte qui s'ouvre à même le sol. Elle sert de tombeau au champion de la contre-réforme, le prédicateur Piotr Skarga. Entre-temps, la pollution a fait son travail de sape et les apôtres d'origine ont dû se réfugier dans une remise, remplacés par des copies. Le restant des bâtiments est occupé par l'université Jagiellonśki.

Face à elle, de l'autre côté de la rue, le ***collegium Luridicum*** *(plan I, C3,* ***189****)*, une des plus anciennes annexes de l'université, d'un beau gothique tardif.

Kościół Św. Andrzeja *(église Saint-André ; plan I, C4) : ul. Grodzka, 56.* Cette église romane du XIe s est massive. Elle servit de refuge à la population lors de l'invasion tatare de 1241, qui la laissa intacte. Mais une fois cet épisode tragique passé, elle dut céder à la nouvelle mode du jour et s'habiller en baroque au XVIIIe s. Les tours puissantes furent coiffées de coupoles et l'intérieur remodelé de décorations en stuc qui contrastent avec la simplicité de sa structure. Le trésor conserve une mosaïque byzantine de la Vierge du début du XIIIe s, qui aurait, dit-on, porté chance aux assiégés.

Kościół Św. Idziego *(église Saint-Aegidius ; plan I, C4,* ***190****) : sur la droite, à la fin de la rue Grodzka.* La petite sœur gothique des deux précédentes, de la première moitié du XIVe s. La grosse croix à l'arrière veille au souvenir des soldats et officiers polonais exécutés sous les ordres de Staline dans la forêt de Katyń (aujourd'hui située en Biélorussie) pendant la Seconde Guerre mondiale.

➢ Le château est maintenant devant vous, mais avant de partir à son assaut, un ultime détour par la rue Kanonicza s'impose.

Rue Kanonicza *(plan I, C3-4) :* jadis tronçon de la voie royale, elle garde le charme de ses demeures patriciennes aux façades gothiques et Renaissance finement travaillées et bien alignées. À présent rénovée, elle retrouve son rang d'une des plus belles rues du vieux Cracovie. Du sud au nord :

– Au n° 25, à l'angle d'ul. Podzamcze, le ***palais Długosz*** *(plan I, B-C4).* Avant de devenir la demeure de l'historien Jan Długosz, ce palais du XVe s fut d'abord un bain royal.

– Au n° 15, la ***Galerie ukrainienne.*** *Ouv jeu-dim 14h-16h.* Icônes et peintures des XVIIe et XVIIIe s, et art orthodoxe contemporain de Jerzy Nowosielski.

– Au n° 19-21, le **muzeum Archidiecezjalne** *(musée de l'Archevêché ; plan I, C4). Mar-dim 10h-16h (15h w-e). Fermé lun. Entrée : 5 Zl (1,25 €).*

Ce musée inauguré en 1994 occupe les vieux murs de deux maisons du XIVe s. Sa visite complète celle de la maison Szolayski (voir plus haut), car, comme elle, il offre un éventail d'art religieux recueilli dans les églises de la région de la Małopolska et de Cracovie.

UN GRAND-DUC AUX ATTRIBUTS PAÏENS

La légende locale raconte que la pieuse reine Jadwiga (Edwige d'Anjou), avant son mariage avec le grand-duc de Lituanie, Ladislas Jagiełłon, pas encore converti au christianisme, lui envoya l'une de ses servantes pour l'aider dans sa toilette. C'est ainsi que cette dernière aurait aperçu les monstrueuses parties génitales du futur roi de Pologne. Vrai ou faux ? La seule certitude est que la reine épousa bien le duc. Manque de chance, elle mourut peu après l'accouchement, et sa fille décéda elle aussi, à l'âge de trois semaines. Fatale union ! Néanmoins, les Polonais demandèrent à Ladislas de conserver le trône.

Sa section de sculptures gothiques, particulièrement riche, se distingue par une très belle *Madone à l'Enfant Jésus* du début du XVe s représentative de cette école et un magnifique bas-relief de l'*Adoration des Mages,* de 1450, provenant de l'église Notre-Dame *(Mariacki).* La salle des peintures a pour pièce vedette une série de tableaux de Hans Suess de Kulmbach illustrant la légende de sainte Catherine d'Alexandrie, exécutée pour la chapelle de la famille Boner dans l'église Notre-Dame, ainsi qu'une remarquable *Annonciation* de 1580 signée Jakob Mertens.

L'autre curiosité du musée reste la ***chambre de Karol Wojtyła,*** qui, avant d'être pape, y séjourna de 1951 à 1958 en tant que simple prêtre. On peut y admirer son mobilier, sa paire de skis, ses vieux vêtements et ses chaussures – autant de reliques qui sentent le culte de la personnalité !

– Au n° 5, l'ancien siège du ***théâtre Cricotcka 2,*** de Tadeusz Kantor (1915-1990). *Ouv lun-ven 10h-14h.* Faut-il encore présenter l'auteur de ce théâtre atypique *(La Classe morte, Wielopole...)* ? *Wielopole* fait partie du gotha du théâtre mondial. Kantor a été aussi peintre et créateur de happenings restés dans toutes les mémoires. Si jamais cela vous a échappé, l'association qui gère ici ses archives se fera un plaisir de vous permettre de visionner ses pièces. Sinon, les fans du maître y trouveront des affiches à acheter et des expos de photos de spectacles.

LA COLLINE DU CHÂTEAU WAWEL

Ici bat le cœur historique de la Pologne. Pendant plus de cinq siècles, la colline du château fut le centre politique et administratif du pays. Même après la décision du roi Sigismund III Vasa de transférer en 1596 la capitale à Varsovie, rois et princes continuèrent de se faire enterrer dans la cathédrale du château, de même que les plus grands poètes et héros de la nation. Pour tous les Polonais, la colline du château est plus qu'un monument, c'est un véritable livre d'histoire, symbole de la fierté et de l'unité nationale. C'est pourquoi, lors de votre ascension, vous rencontrerez autant de touristes que de Polonais : pour eux, la visite du château est un pèlerinage aux sources de la nation.

Infos pratiques

Préparez-vous à affronter des files d'attente en été et le week-end.
– ***Site internet :*** • *www.wawel.krakow.pl* •

– **Horaires :** *la colline du Wawel est ouv 6h-17h (20h avr-sept) ; la cour à arcades du château royal est fermée 30 mn avt les portes de la colline ; dernière entrée 1h avt fermeture du château. Caisses ouv tlj en été 9h-12h, 12h20-16h45 (lun 9h-11h45). En hiver, tlj sf lun 9h15-12h, 12h20-14h45.*
– **Billets :** 2 billetteries sur les rampes d'accès nord et ouest. Entrées séparées pour chaque site, nous indiquons les prix au cas par cas. *Gratuit lun avr-oct et dim en hiver (si ouvert à ce moment-là !) ; gratuit moins de 7 ans.*
– Le nombre de billets est limité par jour pour chacune des parties du château. De grands panneaux blancs, près des caisses, indiquent le nombre de billets encore disponibles pour la journée. Il faut respecter l'heure de visite indiquée sur le billet.
– Pour une visite sérieuse, compter environ 3h.
– **Visites guidées :** reste à régler la question shakespearienne : guide ou pas guide ? La seule certitude est que le château est pauvre en explications. *Compter 75 Zl (19 €) pour une expo, puis 15 Zl (4 €) par expo supplémentaire (à la carte). À vous de voir. Service de guides en plusieurs langues (généralement polonais, anglais et allemand) : compter 95 Zl (24 €) pour un groupe de moins de 10 pers sans les billets d'entrée.* Vous avez aussi la solution d'acheter un livre à la librairie.

CRACOVIE

■ **Bureau des guides** *(plan IV, A2) :* ☎ *422-09-04.* • *przewodnicy.krakow.pl* • Basta Panienska, dans la cour intérieure du château. On peut réserver leurs services également pour visiter le quartier de Kazimierz et les musées de la ville. Paiement en liquide.

Visite

Katedra na Wawelu : *(cathédrale ; plan IV, A-B1,* ***220****) : mai-sept, lun-sam 9h-17h, dim et fêtes 12h15-17h ; nov-mars, lun-sam 9h-15h, dim et fêtes 12h15-15h ; avr, lun-ven 9h-16h, dim et fêtes 12h15-16h ; oct, lun-sam 9h-16h, dim et fêtes 12h15-16h. L'entrée est gratuite si l'on ne visite pas la crypte ni la tour Sigismond ; sinon, compter 10 Zl (2,50 €).* Grand sanctuaire chargé de l'histoire de la nation polonaise, cette cathédrale a été rebâtie trois fois avant de connaître sa forme gothique actuelle, du XIVe s. Fondée par Bolesław le Vaillant (966-1022) vers l'an 1020, elle conserve encore des restes romans dans l'aile ouest du château. Un édifice plus vaste lui succède un siècle plus tard, à la charnière des XIe et XIIe s. Mais pour peu de temps, car en 1305 un incendie ravage presque tout, à l'exception de la crypte Saint-Léonard.
Il a fallu 44 ans pour bâtir la cathédrale actuelle, entre 1320 et 1364, soit le règne de deux rois (Władysław Łokietek et Kazimierz le Grand).
Au cours des siècles suivants, monarques, princes et archevêques lui adjoignent chapelles et mausolées, ainsi qu'une petite muraille percée de trois portes. Ces travaux d'embellissement allaient produire le chef-d'œuvre de la Renaissance de cette partie-ci de l'Europe : la *chapelle Sigismond,* repérable à sa coupole dorée et édifiée au début du XVIe s par l'architecte florentin Bartolomeo Berrecci.

DES AMULETTES GÉANTES

Avant de pénétrer dans la cathédrale par la porte massive, on remarque sur la gauche la chaîne où pendent des os d'animaux préhistoriques. Une double légende les entoure. Ce seraient les os du dragon qui hantait jadis la colline et qui fut trucidé sous le règne de Krakus. On leur attribue également le pouvoir d'écarter les forces du mal et de protéger la cathédrale dont l'existence sera assurée (tout comme la Pologne et le monde) tant qu'ils existeront.

Au centre, à la croisée du transept, le ***mauzoleum Św. Stanisława*** *(mausolée de saint Stanislas),* au lourd baldaquin baroque. Ce sarcophage en argent du XVIIe s, dû à l'atelier du maître fondeur de Gdańsk Peter van der Rennen, relate sur ses faces la vie de ce saint qui fut d'abord archevêque avant d'être canonisé en 1253.

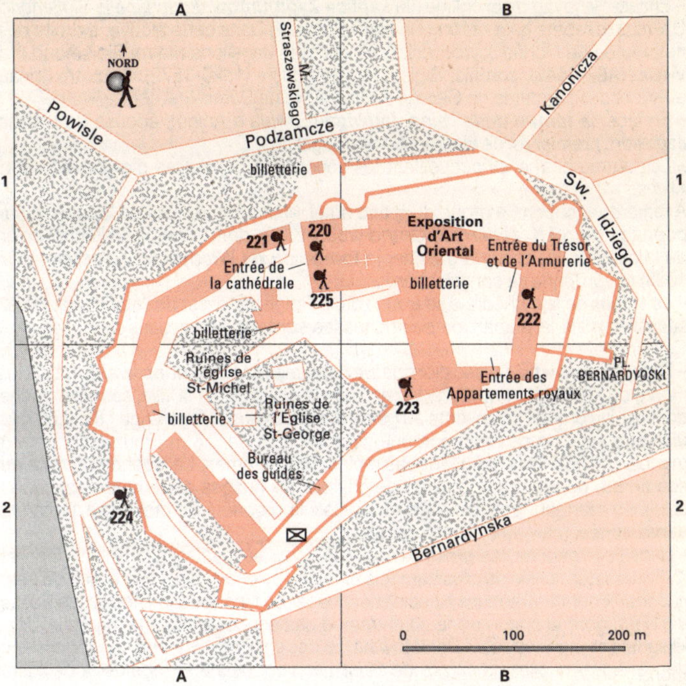

CRACOVIE - WAVEL (PLAN IV)

À voir

220 Cathédrale
221 Musée de la Cathédrale
222 Château
223 Wawel perdu
224 Grotte du Dragon
225 Chapelles

Il doit son martyre au roi Bolesłw le Hardi, qui le fit tuer en 1079 pour s'être opposé à lui. Accueillie dans la cathédrale dès 1254, sa dépouille généra des pèlerinages. Derrière lui, sur la droite, un autre mort célèbre, l'ancien grand-duc de Lituanie, devenu roi de Pologne, *Ladislas Jagiełłon.* Son sarcophage en marbre est un beau travail du milieu du XIVe s.

Au-delà, le chœur, qui fut le théâtre de 37 couronnements royaux.

Puis viennent les ***chapelles*** *(plan IV, A1,* ***225****).* Leur visite est un véritable cours d'architecture des six derniers siècles. À partir de la droite de l'entrée :

– ***Kaplica Świętokrzyska*** *(chapelle gothique de la Sainte-Croix)* **:** dédiée au roi Kazimierz IV Jagiellończyk (1447-1492), un privilégié puisque son sarcophage de marbre rouge porte la signature de Veit Stoss, le maître sculpteur de l'église Notre-Dame. Sur les murs, les rares fresques d'inspiration byzantine de Pologne, du XVe s, dues à des artistes de Pskow.

– Les deux suivantes sont « seulement » nobiliaires avec les dépouilles des ***Potocki*** et des ***Szafraniec.*** La première est de facture néoclassique tandis que la seconde est nettement plus baroque.

– Puis la ***chapelle Waza,*** le mausolée baroque de la dynastie royale des Waza, qui régnèrent au XVIIe s. Les portes de bronze de l'entrée sont décorées de leurs armoiries.

– Ensuite, le joyau de la colline : la ***kaplica Zygmuntowska*** *(chapelle Sigismond).* On vous le répète haut et fort : un chef-d'œuvre ! Dans cette alcôve, à droite de la nef, toute une nichée royale, celle des derniers Jagellons : le roi Sigismond Ier le Vieux (1467-1548), son fils, Sigismond II Auguste (1520-1572). Deux très beaux autels et des peintures de George Pencz, élève de Dürer.
– En face, la ***tombe de la reine Jadwiga*** *(Edwige d'Anjou),* épouse de Ladislas Jagiełłon, premier roi de la dynastie des Jagellons.
– Les autres chapelles accueillent les vénérables dépouilles d'archevêques du XIVe s.
À remarquer encore, à droite du grand autel, en marbre rouge de Hongrie, le ***sarcophage du roi Kazimierz le Grand*** (1333-1370), dont le règne vit l'achèvement de la cathédrale. Et sur la gauche, la ***tombe du roi Władysław Łokietek*** (1306-1333) qui ordonna sa construction.
– ***Le trésor*** de la cathédrale se trouve dans l'angle nord-est de l'édifice, derrière la sacristie, mais la plupart de ses richesses sont exposées dans le musée de la Cathédrale.
– Depuis la sacristie, un escalier grimpe dans la ***Wiezå Zygmuntowska*** *(tour Sigismond)* du XIVe s, et permet d'admirer, outre le paysage sur la ville, ses cinq cloches dont la plus grande est inscrite au guide des records du Moyen Âge : 8 t, 2,50 m de diamètre sur 2 m de haut, soit une circonférence de... 8 m. Pour actionner son marteau de 350 kilos, il ne faut pas moins de 8 hommes. La légende raconte que son timbre puissant a le pouvoir de chasser les nuages et de faire apparaître le soleil. Le marteau, une fois effleuré, a aussi la propriété de promettre le mariage dans l'année, mais aux filles seulement !

– Dans l'aile gauche, les ***groby królewskie*** *(cryptes royales)* accueillent depuis le XVIIe s les dépouilles de plusieurs rois et reines polonais, ainsi que celles de héros nationaux comme Tadeusz Kosćiuszko, leader de l'insurrection contre les Russes de 1793, dont la statue trône à l'entrée du château, ou encore le maréchal Józef Piłsudski et le prince Józef Poniatowski, un des chefs de la guerre d'indépendance de 1813. Parmi elles, la *crypte de Saint-Léonard,* ultime vestige de la deuxième cathédrale.
– Dans une deuxième série de cryptes se trouvent les tombes des deux grands poètes romantiques, *Adam Mickiewicz* et *Juliusz Słowacki,* qui a donné son nom au grand théâtre de Cracovie.

En face de la cathédrale, pour compléter la visite, une dernière étape au ***muzeum Katedralne*** *(musée de la Cathédrale ; plan IV, A1, **221**). Tlj 9h-17h.* Attention, une armée de vieilles dames à l'œil bien exercé veillent à ce que vous mettiez les patins réglementaires pour ne pas endommager les sols. Ici est exposé ce que les envahisseurs successifs n'ont pas dérobé dans le trésor. Reste une couronne du XIVe s qui aurait appartenu à Kazimierz le Grand, l'épée brisée au XVIe lors de l'enterrement de Sigismond Auguste, le manteau de couronnement de Stanislas Auguste Poniatowski de 1764... et différents objets liés à des personnages de l'Église. À noter, par exemple, une très belle collection de chasubles aux tissus rehaussés de fils d'or, de perles et de brocarts, ainsi que de broderies figuratives.

Zamek *(château ; plan IV, B1, **222**)* **:** à le contempler depuis sa cour intérieure, il se présente comme un magnifique palais italien de la Renaissance. Difficile d'imaginer qu'il fut auparavant une solide forteresse gothique édifiée au XIVe s par Kazimierz le Grand, à la place d'un petit château roman du XIe. Il doit son existence à l'incendie qui ravagea la forteresse en 1499 et qui décida le roi Sigismond le Vieux à se faire bâtir une nouvelle résidence au début du XVe s par les architectes italiens Francesco Florantino et Bartolomeo Berrecci.
Tout comme la cathédrale, le château incarna jusqu'au début du XVIIe s l'identité nationale. Son sort déclina ensuite lorsque la Cour se fixa définitivement à Varsovie. Pillé successivement par les Suédois et les Prussiens, il tomba ensuite entre les mains des Autrichiens, qui le transformèrent en caserne. Les deux églises gothiques extérieures furent rasées pour permettre l'installation d'une place d'armes, et

les anciennes fortifications gothiques remplacées par l'actuelle enceinte de brique. Le château ne retrouva sa dignité qu'en 1903, lorsque les Polonais le rachetèrent aux Autrichiens. Sa restauration fut interrompue par les nazis. Le gouverneur de Cracovie, le sinistre Hans Frank, s'y installa et attribua les appartements royaux à ses hommes de main. Les dégâts furent cependant limités car, dès le début de la guerre, les Polonais avaient eu la bonne idée d'évacuer leur contenu le plus précieux vers le Canada. Il fallut néanmoins plusieurs années de recherches pour tout retrouver, et c'est aussi grâce à des dons et des rachats dans les salles des ventes que le château a pu reconquérir son faste.

– *Horaires :* le château est divisé aujourd'hui en six grandes sections. Les horaires et les jours de fermeture ne sont pas absolument communs, nous vous les indiquons donc pour chaque site.

– ***Komnaty królewskie*** *(appartements royaux et d'État ; plan IV, B1-2)* ***:*** *dans l'angle sud-est de la cour. En été, sem 9h30-17h, w-e 11h-18h ; en hiver, tlj 9h30-16h. Appartements royaux fermés lun en été, dim-lun en hiver. Appartements d'État fermés lun en hiver. Dernière visite 1h avt fermeture. Les visites guidées des appartements privés se font à heures fixes ; les appartements privés du 1er étage sont très demandés mais ne peuvent se voir qu'en groupes de 10 pers max ; les appartements d'État du 2e étage se visitent sans guide. 2 billets différents. Appartements royaux : 20 Zl (5 €) ; appartements d'État : 15 Zl (4 €), entrée gratuite lun en été. Les appartements d'État* (State rooms) *sont les plus intéressants.*

Du rez-de-chaussée, où siégeait l'administration royale, jusqu'au 2e étage, qui était réservé aux festivités, en passant par le 1er étage, qu'occupait le monarque (comment parvenait-il à dormir les jours de bal ?), c'est une débauche de trésors artistiques. Suite à un incendie survenu en 1595, l'aile nord fut rénovée et se singularise par un beau baroque débutant qui culmine dans la salle d'apparat décorée en 1798 par Domenico Merlini, l'auteur du parc Łazienki de Varsovie. L'aile a conservé son pur style Renaissance, ainsi que ses plafonds à caissons d'origine. Les plus belles pièces se trouvent au dernier étage. Les sculptures sur bois bien restaurées et bien mises en valeur valent également leur pesant d'intérêt.

Point d'orgue de la visite : la collection de *tapisseries des Flandres* du roi Sigismond Auguste. Au total, 136 pièces, soit un tiers de la collection initiale qui a survécu à la soldatesque russe, autrichienne et nazie. Celles représentant des scènes de l'Ancien Testament, dues à l'atelier du Bruxellois Michel Coxie, surnommé le Raphaël flamand, sont parmi les plus belles.

– À remarquer aussi, la *salle du trône* avec son plafond garni de trente têtes de monarques, la grande évocation de la bataille navale de Lépante où l'on voit les pauvres Turcs entraînés dans l'eau par des diables, la *salle d'audience* à l'extrémité sud, qui possède des frises de Hans Dürer (le frère du célèbre Albrecht Dürer), le *cabinet d'étude* du roi (surchargé d'œuvres d'artistes flamands), la *salle de Justice* avec un portrait du prince Sigismond Vasa par Rubens, et la *salle des Sénateurs* où se réunissait le parlement lorsque Cracovie était capitale royale.

– ***Skarbiec Koronny*** *(trésor de la Couronne ; plan IV, B1)* ***:*** *au rez-de-chaussée de l'angle nord-est du château. Mêmes horaires et fermetures que les appartements royaux. Billet : 15 Zl (4 €), armurerie incluse.*

Au temps de sa splendeur (XVIe s), vous auriez pu y admirer pas moins de six couronnes royales, quatre sceptres et globes impériaux, des tenues d'apparat, des bijoux précieux, etc. Tout cela n'existe plus, le trésor ayant été victime des pillages successifs. Les Prussiens notamment se chargèrent, en 1795, de fondre les couronnes pour en récupérer l'or et vendre les diamants au détail. Ils dénigrèrent cependant le menu butin aujourd'hui exposé dans ces superbes salles gothiques voûtées du XIVe s. Le tout ayant bien sûr survécu, depuis, aux invasions nazies et russes.

La pièce vedette est une épée dentelée du milieu du XIIIe s : le *Szczerbiec.* Copie de l'arme utilisée par Bolesław le Vaillant lors de la conquête de Kiev en 1018 (capitale de la principauté slave, l'Ukraine), elle fut l'épée de couronnement de tous les rois polonais depuis 1320. Sinon, beaucoup de bijoux, les chaussures de couronnement du roi Sigismond Auguste et la magnifique bannière du XVIe s fabriquée pour l'intronisation de sa troisième femme. Également, l'épée de tournoi de Sigismond Ier et les présents offerts par le pape au roi Jan III Sobieski pour fêter sa victoire sur les Turcs à Vienne en 1683. Louis XIV s'est contenté de lui envoyer la cape de chevalier de l'ordre du Saint-Esprit (vu le poids, le transport a dû coûter cher !).

– ***Zbrojownia*** *(armurerie ; plan IV, B1)* **:** *après le trésor. Mêmes horaires. Prix d'entrée compris avec celui du trésor.* Une création des restaurateurs du château, qui possédaient dans leurs bagages une importante collection d'armes provenant de la richissime famille Radziwiłł. À côté, d'impressionnantes cuirasses de hussards, cinq siècles de trophées de guerre conquis sur les envahisseurs successifs de la Pologne : boucliers, épées de tournoi, mais surtout les répliques des bannières des chevaliers Teutoniques saisies lors de la sanglante bataille de Grunwald (1410).

– ***Wystawa Sztuki Wschodniej*** *(exposition d'art oriental ; plan IV, B1)* **:** *aile ouest du château. Mêmes horaires. Entrée : 7 Zl (1,75 €).* Cette expo recense les influences de l'Orient dans la culture polonaise à travers différents objets (tapis, porcelaines...) rapportés d'Arménie, de Chine, d'Iran, du Japon et de Turquie. Ce dernier pays fournit au musée ses plus belles pièces et pas n'importe lesquelles : les tentes et armures capturées lors de la bataille victorieuse contre les Turcs à Vienne en 1683 ! En complément, les bannières et les somptueux tapis qui garnissaient les tentes.

– ***Wawel zaginiony*** *(le Wawel perdu ; plan IV, B2,* ***223****)* **:** *entrée à l'extérieur de la cour, sur la droite de l'aile ouest. En été, ouv lun 9h30-13h, mar-ven 17h, w-e 11h-18h ; en hiver, tlj sf lun 9h30-16h. Entrée : 7 Zl (1,75 €). Gratuit lun en été et dim en hiver.* Vestiges des éléments les plus anciens du Wavel, illustrés par une animation bien faite mais uniquement commentée en polonais. Les cuisines royales sont désormais affectées aux trouvailles archéologiques du site et aux maquettes de bâtiments disparus, telle la rotonde. De Saint-Félix-et-Saint-Audacte, la plus vieille église de Pologne (XIe s), démolie en 1806 par les Autrichiens, on peut apercevoir les fondations.

– ***Smocza Jama*** *(grotte du Dragon ; plan IV, A2,* ***224****)* **:** *près de la tour des Voleurs* (Baszta Złodziejska), *de l'autre côté du jardin central, sur la promenade des remparts face à la Wisła.* Au passage, remarquez dans le jardin les fondations des deux églises gothiques du XIVe s démolies par les Autrichiens. *Juil-août, tlj 10h-18h ; avr-juin et sept-oct, tlj 10h-17h. Fermé nov-mars. Billet : 3 Zl (0,75 €) ; pas de gratuité.* Le soir, le dragon crache du feu à intervalles réguliers ; cela amuse beaucoup les mômes.

– *Petit conseil :* terminez de préférence par cette visite, car vous vous retrouverez alors en bas du château, sur les bords de la Vistule, et il vous faudra remonter si vous commencez votre visite...

Au VIIe s habitait sous la colline du Wawel un dragon qui, chaque matin, croquait sa pâtée de bétail. À priori rien de bien répréhensible, sauf qu'un beau matin, on ne sait pourquoi, il exigea non plus du bétail à son menu, mais sept garçons et sept filles. Le sang du roi Krakus, le fondateur de Cracovie, ne fit qu'un tour, et c'est le simple cordonnier Skuba qui trouva le remède : il donna à manger au dragon une peau de mouton bourrée de soufre qui lui provoqua une telle soif qu'il mourut noyé dans la Wisła. Voilà la légende que les petits Polonais ont dans la tête lorsqu'ils contemplent devant la grotte le dragon de bronze forgé par Bronisław Chromy. Quant à la grotte, on accède à son ventre allongé par un interminable escalier circulaire de 135 marches. La visite est couronnée par la réunion des différents éléments : l'eau de la Wisła, la terre du château et de l'escalier, le feu de la grotte et du dragon... Cela dit, payer pour simplement descendre un escalier, on trouve ça un peu fort de café !

– Ceux que l'histoire du dragon aura passionnés pourront visiter l'expo qui lui est consacrée dans la ***kamienica Hipolitów*** *(maison Hipolitów) : pl. Mariacki, 3. Mer 9h-15h30 ; jeu 11h-18h ; ven-dim 9h-15h30.* Cette expo présente sur deux étages la reconstitution d'un intérieur bourgeois de Cracovie.

➢ ***Le chemin de halage*** de la Wisła offre de belles balades sous la silhouette très sérieuse du Wawel. Aux beaux jours, autour du pont Most Dębnicki, les anciens se donnent rendez-vous pour une partie d'échecs.

KAZIMIERZ

Ce quartier au sud-est de la colline du Wawel fut à l'origine une ville indépendante, fondée en 1335 par le roi polonais Kazimierz III Wielki qui, outre son nom, lui offrit une charte municipale et de nombreux privilèges. Les habitants surent en tirer profit et la petite bourgade devint vite un centre commercial important, avec son propre hôtel de ville, sa place du marché et ses deux églises retranchées derrière les murs de son enceinte.
Mais le tournant décisif de son histoire fut la décision du roi Jan Olbracht d'y transférer, en 1495, l'importante communauté juive du quartier Św. Anny à Cracovie, devenu le secteur de l'université. Désormais, la ville eut un pôle chrétien et un pôle juif séparés par un mur. Mais au fil des siècles, la culture juive, florissante bien que limitée à son secteur, finit par imprégner de son atmosphère la ville entière qui ne fut définitivement rattachée à Cracovie qu'à la fin du XVIe s. À la veille de la Seconde Guerre mondiale, Kazimierz était avec Varsovie le centre de la culture juive en Pologne. Avant 1939, la population de Cracovie comptait environ un quart de juifs. Parmi eux, le cinéaste Roman Polanski et la fondatrice d'un empire dans la cosmétique, Helena Rubinstein.
Longtemps après la guerre, ce quartier laissa une impression d'abandon, du moins dans sa partie juive, comme si ses habitants venaient d'être déportés la veille (les quelque 70 000 juifs d'avant-guerre ayant presque tous péri dans les chambres à gaz voisines d'Auschwitz). Après le départ des nazis, les maisons et les synagogues furent en effet laissées en l'état durant toute l'ère communiste, jusqu'à ce que, dans les années 1980, l'Unesco l'inscrive sur sa liste du Patrimoine mondial de l'humanité.
Il fallut cependant attendre la chute du mur de Berlin pour que le tournage de *La Liste de Schindler* de Steven Spielberg le tirât triomphalement de l'oubli. Le film a depuis déclenché un intérêt croissant pour cet autre patrimoine de l'histoire polonaise. Des plans de rénovation sont en cours, et nombre d'agences de tourisme ont inscrit Kazimierz sur leurs brochures. Résultat, c'est devenu un des quartiers à la mode de la ville, avec rassemblement de noctambules, surtout du côté de la place Nowy *(plan II, G6)*, où se tient un petit marché dans la journée.
La découverte de ce quartier peut se faire par la rue Józefa, au croisement de la rue Krakówska, qui marquait la limite de l'ancien ghetto.

City Information Point Kazimierz *(plan II, G6,* ***10*****)** **:** *ul. Józefa, 7.* ☎ *432-01-10. Ouv lun-ven 10h-16h.* Toute l'info pour découvrir le quartier.

Lieux de tournage de « La Liste de Schindler »

En plus de proposer un petit café, la ***librairie Jarden*** *(ul. Szeroka, 2,* ☎ *429-13-74 ; • jarden.pl •)* s'est spécialisée dans la visite guidée des lieux de tournage du film *La Liste de Schindler*, de Steven Spielberg. *Compter 120 Zl (30 €)/pers, tarif dégressif à plusieurs – ex. : 40 Zl (10 €)/pers, si on forme un groupe de 8. La visite dure 2h env et s'effectue en bus.* Outre les ruelles de Kazimierz choisies par Spielberg, elle conduit sur le site du ghetto créé par les Allemands de l'autre côté de la Wisła, près du pont Powstańców Śląskich. C'est ici que se situe l'action principale du film.
On peut toujours voir l'usine de Schindler, la villa du commandant du camp et les restes du décor du camp (enfin, normalement...), reconstitués dans une ancienne carrière de pierres et qui valut à son décorateur, Allan Starski, un oscar à Hollywood. Le tout se fait depuis le bus, et on ne visite pas les intérieurs.

La rue Józefa

Au nº 11, l'***école paroissiale*** dépendant de l'église du Très-Saint-Corps-du-Christ (place Wolnica), qui imposait au Moyen Âge une dîme aux juifs se rendant à Cracovie.

Au nº 12, une ***cour typique du ghetto*** qui rejoint à l'arrière la rue Meiselsa. Parmi l'une des plus belles du quartier, elle servit de cadre à Spielberg pour la scène de la liquidation du ghetto, qui n'était pourtant pas situé à Kazimierz (voir plus loin).

Au centre du district, dans la ***Okraglak Hala*** en brique rouge sur la place Nowy, l'ancien marché des bouchers casher.

À l'angle des rues Rabina Meiselsa (nº 17) et Nowa, le ***centre de culture juive de Kazimierz*** *(centrum kultury żydowskiej ; plan II, G6). ☎ 430-64-49. Mar-ven 10h-18h ; sam-dim 10h-14h.* Avant la Seconde Guerre mondiale, la population de confession juive à Kraków représentait quelque 70 000 personnes, soit environ un quart des habitants. On connaît la suite de la tragédie. Il faudra attendre le milieu des années 1980 pour assister à la renaissance de la communauté juive de Kraków. C'est le principal but de ce centre qui, couplé au département de recherche sur la culture juive de l'université Jagiellonśki, permet à la diaspora ashkénaze de retrouver ses racines. Ce bâtiment neuf est situé dans l'ancienne demeure *B'ne Emuna,* construite en 1886, dans laquelle on conservait les attributs des guildes de la ville. Hormis l'agréable café dont les tables somnolent sous le puits de lumière de la galerie, en été seules quelques expos temporaires rythment l'activité du centre. Mais en hiver, on y diffuse des films, on programme des concerts et on organise des conférences. Un programme mensuel est disponible.

CRACOVIE

À gauche, dans la rue Kupa (nº 16), la très belle ***synagogue*** *baroque* ***Ajzyk*** *ou* ***synagogue Isaac*** *(plan II, G6,* ***200****). Ouv 9h-16h. Fermé sam. Entrée : 5 Zl (1,25 €).* Elle fut commanditée au XVIIe s à un architecte italien par le riche marchand Isaac Jakubowicz, malgré les protestations de l'école paroissiale voisine, qui n'appréciait guère cette promiscuité. Dévastée par les Allemands, elle fut reconstruite en 1950. Elle devint par la suite l'atelier d'un peintre, puis servit de magasin où l'on entreposait des décors de théâtre. Grâce au dynamisme (et aux fonds) de la communauté juive de Kraków, les premiers travaux de réhabilitation débutèrent en 1983. On y célèbre toujours des offices.
Son style baroque soft devient très discret à l'intérieur. Çà et là, quelques restes d'inscriptions historiques aux murs. À droite de l'Arche sainte (autel), voir le reste d'une *menora* (chandelier à sept branches) peinte. Ses branches pointent dans des directions différentes, une représentation stylisée plutôt inhabituelle. La galerie des femmes *(ezrat nashim)* est située au premier étage et se distingue de la salle principale.
– Dans la petite salle à gauche après l'entrée se trouve la seule ***boutique casher*** de Cracovie : huile, chips, boissons, surgelés, la plupart des produits viennent d'Israël. À notre passage, l'ouverture d'un restaurant casher, non loin, était en projet (le seul qui existe à Cracovie est celui de l'hôtel *Holliday Inn*).

Au nº 38, la ***Haute Synagogue*** *(Wysoka ; plan II, G-H6,* ***201****) : entrée par l'escalier du nº 40. Tlj 9h-18h. Entrée payante. Librairie attenante.* Édifiée en 1550, elle est appelée ainsi parce que la salle de prières, pour des raisons de sécurité, était logée au premier étage du bâtiment, le rez-de-chaussée étant occupé par des boutiques. Détruite par les Allemands, elle ne fut restaurée qu'en 1966. Elle est utilisée aujourd'hui comme espace culturel par l'association des Monuments historiques. Dans la salle de prières, quelques traces de la décoration Renaissance. Avant la guerre, les murs étaient entièrement recouverts de peintures. Celles qui entourent les vitraux remontent à la fin du XVIe s. Joli *Aron Ha-Kodesh* (Arche sainte) Renaissance, de part et d'autre duquel trônent deux lions ailés. Les expos temporaires présentées ici peuvent s'avérer intéressantes (sur les journaux juifs au XIXe s, par exemple).

La rue Szeroka

On arrive ensuite à la rue Szeroka. Cette rue en forme de place est le centre de la ville juive. Elle fut utilisée par Steven Spielberg pour de nombreuses scènes de son film.

Au n° 24, la ***Stara Synagoga*** *(Vieille Synagogue ; plan II, H6,* ***202****) : lun 10h-14h ; mar-dim 9h-17h ; fermé 1h plus tôt en hiver. Entrée : 8 Zl (2 €). Audioguide en anglais : 10 Zl (2,50 €). Expo temporaire une fois par an, le prix et l'expo permanente peuvent alors changer.*
Construite à la fin du XVe s, c'est la plus grande des huit synagogues de Kazimierz et le plus vieil édifice juif encore debout de toute la Pologne. Inspirée des synagogues de Worms, Prague et Regensburg, elle fut rebâtie dans le style Renaissance par le Florentin Mateo Gucci après l'incendie qui ravagea le quartier en 1557.
Son nom est associé à l'histoire du pays. C'est ici que Tadeusz Kościuszko chercha à rallier les juifs à l'insurrection de 1794. Sur le mur du hall d'entrée, une citation du héros national : « Ils l'ont prouvé au monde entier, dès que l'humanité a dû y gagner, les juifs n'ont jamais épargné leurs vies ». Peu avant la Seconde Guerre mondiale, en 1931, le président polonais Ignacy Mościcki rencontra ici la communauté juive.
Comme d'habitude, les nazis firent leur travail de démolition, et la synagogue fut rebâtie dans son style d'origine en 1956, avant d'être transformée en *musée de l'Histoire et de la Culture des juifs de Cracovie (muzeum Historyczne).* Mêmes horaires que la Vieille Synagogue. Objets liturgiques au rez-de-chaussée dans la salle de prières, avec au centre une magnifique *bimah* (la chaire d'où est lue la Torah) du XVIe s. Schofars du XIXe s, kipas cousues, châles de prière, service de table pour la cérémonie du *kiddush* (avec du pain tressé). On a bien aimé les bannières de la Torah illustrant des scènes de jeux d'enfants. Au 1er étage, peintures juives et quelques vieilles photos du quartier.

Au n° 16, la ***synagogue Popper,*** dans la cour du café *Alef,* du nom de son fondateur, un puissant financier du XVIIe s. Saccagé par les nazis, le bâtiment est devenu aujourd'hui une maison des jeunes.

Au nord, au bout de la place, au n° 2, le ***pałac Jordanów*** *(palais Jordan ; plan II, H6,* ***203****),* connu aussi sous le nom de *palais Landau.* Ancienne demeure d'une riche famille bourgeoise, il abrite aujourd'hui la librairie ***Jarden Book Store*** *(☎ 429-13-74 ; ouv 9h (10h dim)-18h.* Bien fournie en ouvrages sur le monde juif polonais. Livres de photos sur Cracovie et Auschwitz, et titres assez pointus (sur le dialogue judéo-polonais, par exemple). Nous vous conseillons un petit guide très bien fait en français, qui propose des itinéraires thématiques pour revivre la Cracovie juive. Beaucoup de livres en anglais et quelques-uns en français.

De l'autre côté, au n° 40 rue Szeroka, la ***synagogue Remu'h*** *(plan II, G6,* ***204****). Tlj sf sam 9h-18h. Entrée : 5 Zl (1,25 €). Kippa obligatoire.* Bâtie en 1558 sur le site d'une première synagogue en bois, elle a été rouverte au culte après sa restauration, suite aux dévastations nazies. Elle porte le nom du rabbin et savant Moses Isserles, dit Remu'h, fils de son fondateur. Sous l'Occupation, les nazis en firent un entrepôt de sacs mortuaires, non sans en avoir au préalable dérobé les objets précieux... C'est sans doute l'une des plus petites synagogues du monde. À l'origine, elle servait à l'entourage proche du fondateur. Un côté familial qu'on ressent encore aujourd'hui à la vue de cette bibliothèque, où sont rangés des livres de prières. Voir, accolée à la Birmah au centre, la porte polychromée à deux battants (XVIIIe s). Paniers de fruits, bouquets de fleurs, *menora* surmontée d'une couronne, ses peintures symétriques évoquent l'art populaire. Dans la cour, un saule pleureur, qui ne peut manquer de rappeler les années sombres.

À l'arrière de la synagogue, le ***cimetière Remu'h*** *(plan II, G6, **205**)*. Une proximité plutôt rare dans le judaïsme. Son origine remonte à 1533, et il fonctionna jusqu'en 1800, date à laquelle il fut fermé par les Autrichiens pour raisons sanitaires (trop près des maisons !). Après sa destruction par les nazis, les fouilles et les restaurations ultérieures ont pu mettre au jour plus de 700 stèles, dont certaines datent de la Renaissance ; c'est donc l'un des plus beaux cimetières juifs de cette époque en Europe. Ces stèles furent enterrées par les juifs eux-mêmes pour les préserver de l'invasion suédoise au XVIIe s.
Les tombes qui n'ont pas pu être reconstituées ont été cimentées dans un mur dit « du souvenir », près de l'entrée. On l'appelle aussi le « mur des Lamentations », la destruction du cimetière évoquant celle du second Temple de Jérusalem. Ses inscriptions stylisées en hébreu illustrent un bel exemple d'art sépulcral juif. Comme par le passé, les tombes sont couvertes de cailloux, une tradition qui remonte à la Bible, où les tombes dans le désert de Palestine étaient signalées aux passants par des cailloux. Très visitée par les juifs pieux, la ***tombe de Remu'h*** n'a pas été détruite par les nazis, car on raconte que les sbires (superstitieux ?) chargés de cette tâche prirent peur : un des leurs succomba brutalement et pour une raison inconnue en accomplissant sa sale besogne dans ce cimetière. On remarquera aussi la sépulture de la famille Jakubowicz.

CRACOVIE

Tempel Synagogue *(plan II, G6, **206**)* **:** *ul. Miodowa, 24. Ouv 10h-18h. Fermé sam. Entrée : 5 Zl (1,25 €).* Ce magnifique édifice néoclassique bâti en 1862 par l'Association des juifs progressistes est la deuxième synagogue de Kazimierz à être ouverte au culte. De fins motifs de style mauresque recouvrent le plafond et la galerie circulaire, tandis que l'ensemble baigne dans des tons ocre et dorés. Sur la partie supérieure de l'autel, toits-chapiteaux évoquant Jérusalem, et au-dessus, voûte céleste aux étoiles sobrement stylisées. Les vitraux furent restaurés en 1970.

La synagogue Kupa *(plan II, G6, **207**)* **:** *ul. Warszauera, 8.* Cette modeste synagogue a été érigée dans la première moitié du XVIIe s. Généralement fermée, car transformée en entrepôt, elle a conservé quelques peintures représentant des villes d'Israël. Juste à côté, à l'angle d'ul. Kupa, on peut apercevoir des fragments de l'***ancienne enceinte médiévale*** du ghetto.

Galerie photo du restaurant Klezmer-Hois *(plan II, H5-6, **49**)* **:** *ul. Szeroka, 6.* Une petite expo sur les juifs de Kielce, victimes d'un pogrom en 1946 (voir la rubrique « Histoire » dans « Pologne : hommes, culture et environnement »). Bien cachée et permanente, nous a-t-on assuré. Au fond à gauche du vestibule, avant la salle de resto, repérez l'escalier annoncé par un portique néo-Renaissance aux inscriptions hébraïques. Descendez la volée d'escaliers jusqu'aux caves en brique. Si c'est éteint, n'hésitez pas à allumer.
Si on connaît les faits, on ne comprend toujours pas pourquoi. À l'origine du pogrom, la fausse rumeur d'un enfant knidappé par des juifs, vieux fantasme médiéval du crime rituel. Le 4 juillet 1946, 42 juifs sont assassinés à Kielce, un peu plus d'un an après la Shoah. Photos poignantes de l'enterrement des victimes. Sur les visages, le désespoir se mêle à l'incompréhension. L'expo montre également des images de la vie juive avant et pendant la guerre (colonne d'adultes et d'enfants du ghetto, en marche pour le travail forcé). 18 000 juifs vivaient à Kielce avant la guerre, il n'en reste qu'environ 200 en février 1945. Une initiative louable que cette petite galerie informelle, le pogrom de Kielce restant un sujet tabou en Pologne.

La visite du Kazimierz juif se termine quelques rues plus loin sur la place Wolny, occupée par un petit ***marché couvert*** du XIXe s, pratiquement resté en l'état. Au XXe s, il abritait un abattoir rituel. Les bars tout autour de la place ne désemplissent pas le soir.

Le nouveau cimetière juif : *ul. Miodowa, 55. Ceux qui voudront continuer d'explorer les traces de l'histoire juive pourront visiter également l'autre cimetière juif, au bout de cette rue après la voie ferrée. Lun 10h-14h ; mar-dim 9h-17h. Entrée : 7 Zl (1,75 €). Kippa obligatoire.* Créé en 1800, après la fermeture du petit cimetière Remu'h. Son étendue donne une idée de l'importance de la communauté juive de Cracovie. Son état d'abandon avancé rend sa visite poignante, surtout lorsque le train tout proche fait éclater son sifflement. Plusieurs grands noms y sont enterrés, comme le peintre Maurycy Gottlieb et des professeurs de l'université Jagiellonski. À l'entrée, sur la droite, un monument à la mémoire des familles victimes de la Shoah.

Le site du ghetto juif de Podgórze

La suite de l'itinéraire conduit au ghetto créé par les Allemands de l'autre côté de la Wisła, puisque toute la population juive fut expropriée de Kazimierz le 21 mars 1941 et déplacée dans ce quartier. Podgórze n'était qu'une solution de transit avant la déportation « mécanique » dans les camps de la mort en 1943. Vous pouvez bien sûr, pour cette partie-là, avoir recours aux services de la librairie *Jarden* (voir « Le palais Jordan » et la rubrique « Adresses et infos utiles. Culture », plus haut).

– On accède à l'ancien ghetto par le pont Powstańców Śląskich *(plan III, L12)*, le même qu'empruntèrent, sous bonne garde, les juifs expropriés. Dans *La Liste de Schindler*, la scène d'entrée dans le ghetto a été filmée sur le pont Piłsduskiego, que vous apercevez sur la droite. Ayant conservé ses structures et son arche à la Eiffel, il était sans doute plus cinématographique !

– *Le centre du ghetto créé par les Allemands se trouvait* **place Bohaterów Getta** *(ex-place Zgody), à l'angle du bd Na Zjeździe, dans le prolongement du pont Powstanców Śląskich.* C'est d'ici que les Allemands opéraient les déportations. Cette période est très bien illustrée dans le film de Spielberg. Les chaises stylisées en bronze qui décorent le parvis de la place représentent les chaises que les juifs persécutés et chassés de leur domicile emportaient avec eux dans le ghetto avant de partir pour les camps.

Apteka Pod Orłem *(pharmacie du ghetto ; plan III, L12,* ***210****)* **:** *n° 18, pl. Bohaterów Getta. Lun 10h-14h ; mar-sam 9h30-17h. Fermé dim. Arriver au moins 30 mn avt fermeture. Entrée : 4 Zl (1 €).* Cette petite pharmacie, toujours debout, abrite aujourd'hui un musée montrant des photos sur la vie du ghetto et le camp de travail de Płaszów. Son propriétaire, le docteur ***Tadeusz Pankiewicz,*** fut le seul Polonais non juif à travailler et à vivre dans le ghetto, du 3 mars 1941 jusqu'à sa liquidation les 13 et 14 mars 1943. Si les Allemands acceptèrent, c'est sans doute qu'ils voyaient là un moyen d'éviter tout risque de contagion pour Cracovie, le ghetto constituant, conditions de vie oblige, une source importante de la propagation de maladies. Tadeusz Pankiewicz risqua sa vie, pendant deux ans et demi, à apporter une assistance désespérée à la population massacrée sous les fenêtres de sa pharmacie « À l'Aigle ». Afin de leur éviter la déportation, il teignait les cheveux des personnes âgées ou colorait les joues des plus faibles. « Je voyais, des fenêtres de ma chambre de garde, les crimes les plus terribles que se permettait l'occupant sur la population juive sans défense. » Il prit des notes sur la vie du ghetto, et son récit (publié d'abord en polonais) est paru en français en 1998 aux éditions Actes Sud sous le titre *La Pharmacie du ghetto de Cracovie.* Décédé en 1993, Tadeusz Pankiewicz a été honoré du titre de Juste parmi les Nations par le gouvernement israélien.

L'ancien ghetto *(plan III, L12)* s'étendait entre les rues Lwowska, Rękawka et la place Podgórski, où se trouvait son entrée principale (elle est parfaitement reconstituée dans le film de Spielberg). Les fantômes du passé errent encore dans ces rues, qui n'ont presque pas changé depuis la guerre. Les cours intérieures s'offrent au regard (comme au n° 34 de la rue Limanowskiego), les immeubles n'ont pas été détruits. Dans la rue Rękawka, ils sont dans un piteux état, et on peut imaginer mieux qu'ailleurs les conditions de vie des habitants, entassées à raison de quatre familles par appartement, avec la faim et la maladie pour quotidien. La liquidation du ghetto a lieu les 13 et 14 mars 1943. La rue Lwowska voit défiler des colonnes de juifs, déportés vers Auschwitz ou le camp de Płaszów, non loin.

– Il reste aussi d'autres vestiges de ces années sombres. Ainsi quelques ***pans du mur du ghetto,*** dont l'un de plusieurs mètres de longueur, entre les n°s 25 et 29 de la rue Lwowska (il porte une plaque commémorative). On y voit bien, le long du parapet, la succession d'arcs, un motif qui évoque autant les rouleaux de la Torah que les tombes juives *(macévas)*... Au n° 1 de la place Podgórski se trouvait le siège du Conseil juif *(Judenrat)*, qui recevait ses consignes de la police allemande, installée dans le même immeuble. La rue *Józefińska* constituait un axe important du ghetto. Sont restés intacts les édifices de l'orphelinat (au n° 12), de l'hôpital (au n° 14) et des Œuvres sociales juives (au n° 18).

CRACOVIE

¶¶ ***L'usine de céramique d'Oskar Schindler*** *(le personnage central du film de Spielberg ; plan III, L12,* ***211****)* ***:*** *ul. Lipowa, 4. Un peu plus loin à l'est dans le quartier de Zabłocie, derrière la voie de chemin de fer. Depuis le bd Na Zjeździe, compter env 10 mn à pied, par la rue Kącik. En août 2008, l'usine était en reconstruction car les bureaux vont abriter un musée dédié à Oskar Schindler. Elle devrait avoir rouvert à votre passage.*
L'usine ne fonctionne plus. Le portail avec le nom de l'usine, les batiments industriels, le bureau et l'appartement privé de Schindler sont toujours là. On ne visite pas l'intérieur, mais on se contente de prendre des photos et de jeter un coup d'œil à gauche dans la cage d'escalier. On notera que Steven Spielberg, le réalisateur du film qui rencontra un succès énorme, ne demanda aucun salaire en faisant ce film. Pour lui, ce salaire aurait été l'« argent du sang ».

OSKAR AUX 7 OSCARS

Homme d'affaires sudète installé à Cracovie dès 1939, Oskar Schindler, membre du parti nazi, est un profiteur de guerre. Aimant la bonne chère et les femmes, il comprend vite que les juifs sont une main-d'œuvre quasi gratuite pour son usine de céramique. Lorsqu'il se rend compte qu'ils sont destinés à la chambre à gaz, il décide de les protéger et va jusqu'à Auschwitz récupérer 300 femmes envoyées « par erreur ». Grâce à sa diplomatie et quelques dessous-de-table judicieux, il sauve 1 100 juifs en les inscrivant sur une liste de travailleurs « indispensables » à la bonne marche de son usine. Il a reçu la médaille des Justes des Nations. Schindler est enterré en Israël en 1974, parmi ses protégés.

¶ ***Le camp de travail de Płaszów*** *décrit dans le film est situé dans le quartier de Podgórze. Dans le prolongement de la rue Lwowska, vers le sud, prendre Ludowa, puis les rues Jerozolimska et Abrahama.* Construit en 1942 sur l'emplacement de deux cimetières juifs dont les pierres tombales furent utilisées comme route et pour le soubassement des baraques. Le camp fit des milliers de morts, victimes des conditions de détention. Les prisonniers étaient affectés à des travaux harassants à l'intérieur et à l'extérieur du camp. Dans la rue Abrahama, un point de vue permet d'apercevoir l'ancienne carrière principale. Le camp fut détruit par les Allemands avant la fin de la guerre. Il reste encore quelques vagues vestiges à l'angle d'ul. Wielicka et d'ul. Jerozoliemska, à l'ouest de la gare de Kraków Płaszów. Parmi ceux-ci, l'unique dalle funéraire restante de l'ancien cimetière juif de Podgórze. Non loin se dresse, sur une colline visible de la route, le monument édifié en 1960 à la mémoire des victimes. En 2000 a été inauguré un autre monument, plus modeste, en hommage aux juives hongroises qui transitèrent, de Płaszów, aux chambres à gaz de Birkenau.

Les maisons des bourreaux : *situées aux alentours du camp, elles sont encore visibles.* Amon Goethe logeait au n° 22 de la rue Heltmana. Directeur du camp, il prenait un malin plaisir à abattre les détenus à toute occasion. Au n° 3 de la rue Jerozolimska, la « maison grise », de sinistre mémoire. Dans cette villa d'un étage vivaient des SS d'une cruauté sans égal (Landsdorfer, Ekert...). Les caves servaient de salles de torture.

La partie chrétienne

Avant de quitter Kazimierz, il reste encore à en découvrir la partie chrétienne et ses nombreuses églises.

La place Wolnica *(plan II, G7)* en est le centre. Beaucoup plus petite que par le passé, en raison des constructions qui ont progressivement dévoré sa surface, elle est dominée sur sa face ouest par un très joli ***hôtel de ville*** de la fin du XIVe s, souvenir de l'époque où Kazimierz était une cité indépendante. Le XVIe s lui donna sa tour actuelle et son aspect Renaissance.

L'hôtel de ville abrite aujourd'hui le ***Muzeum etnograficzne*** *(Musée ethnographique ; plan II, G7). Entrée au n° 1 de la pl. Wolnica.* • *mek.tele2.pl* • *Lun 10h-18h ; mer-ven 10h-15h ; sam-dim 10h-14h. Fermé mar.* C'est le plus grand de Pologne, et sa visite est une excellente introduction au monde exotique des campagnes d'autrefois. Au rez-de-chaussée, plusieurs intérieurs reconstitués de fermes de la région de Cracovie et de Podhale, notamment un moulin et une forge. Les étages présentent toute la diversité des costumes folkloriques du pays. Un plaisir coloré que viennent compléter l'art brut des sculptures sur bois, souvent d'inspiration religieuse, ainsi que des crèches de Noël et des peintures. Il met aussi en scène des coutumes locales comme les processions de Noël.

Kościół Bożego Ciała *(église du Très-Saint-Corps-du-Christ ; plan II, G6-7)* **:** *au nord-est de la place, à l'angle d'ul. Bożego Ciała.* Première église de la ville, elle fut édifiée en 1340 par Kazimierz le Grand pour servir d'église paroissiale. Un couvent compléta le bâtiment au XVe s. Elle aurait servi de camp de base au roi suédois Carl-Gustav lors du siège de la ville au XVIIe s. Son intérieur baroque est un chef-d'œuvre de la sculpture cracovienne, en particulier le maître-autel et les stalles massives. À remarquer aussi, une étonnante chaire en forme de bateau et, dans le chœur, un vitrail de 1420.

Kościół Św. Katarzyny *(église Sainte-Catherine ; plan II, F7)* **:** *à l'ouest de la place, dans ul. Skałeczna.* Fondée dans la seconde moitié du XIVe s, elle est, par sa large structure de basilique gothique, la plus grande église de Kazimierz. Malgré sa conversion en arsenal par les Autrichiens au XIXe s, elle a pu conserver un très beau porche gothique sur sa face sud, alors que l'intérieur, plus endommagé, n'offre au visiteur qu'un maître-autel du XVIIe s. Dans le jardin du couvent subsistent des fragments de l'enceinte médiévale de la ville.

Un peu plus loin, à l'ouest dans la rue Skałeczna, le ***kościół Paulinów*** *(couvent et église des Pauliens ; plan II, F7)*, appelée aussi *Skałka* (« le Rocher »), du nom de la petite falaise où elle a été construite. L'église est fermée à l'heure du déjeuner. Cette église baroque du XVIIIe s, élevée à la place d'un premier édifice roman, vaut le déplacement par la légende qui l'entoure.
C'est ici que le roi Bolesław le Hardi aurait, en 1079, décapité de ses propres mains l'évêque Stanislas, qui s'était opposé à lui et l'avait excommunié. Canonisé en grande pompe en 1253, son martyre l'érigea en saint patron de la Pologne. Ce précédent historique fut à l'origine de la lutte d'influence qui opposa, au Moyen Âge, l'Église et les rois polonais. Par acte de repentance, ces derniers firent non seulement construire un somptueux mausolée dans la cathédrale du Wawel, mais prirent l'habitude de se recueillir ici après chaque couronnement. Aucun roi portant

le nom de Stanislas (ils ont été deux !) n'osa se faire enterrer dans les cryptes royales de la cathédrale. Cette légende a la vie longue puisque chaque année, à l'anniversaire de la mort du saint (le 8 mai), le clergé au grand complet organise un pèlerinage solennel depuis le Wawel.
À l'intérieur, l'autel dans l'aile gauche conserve le supposé tronc d'arbre ayant servi à la décapitation, tandis que devant l'église la statue du saint est juchée sur le bassin où son corps aurait été jeté. La crypte de l'église creusée dans la roche est devenue au XIXe s le mausolée des célébrités de l'époque, tels le peintre Stanisław Wyspiański, le compositeur Karol Szymanowski ou l'historien médiéviste Jan Długosz.

En face, sur l'autre rive de la Wisła, le ***Centre japonais Manggha d'art et de technologie*** *(plan II, E6)* **:** *ul. Konopnickiej, 26. Mar-dim 10h-18h. Fermé lun. Entrée : 5 Zl (1,25 €).*
Ce bâtiment futuriste de l'architecte vedette japonais Arata Isozaki accueille une partie de la collection de Feliks Manggha Jasieński.
Cet écrivain et voyageur polonais, mort en 1926 et fou amoureux du Japon, a patiemment récolté vieilles armures, tissus, céramiques anciennes et gravures du pays du Soleil levant. Au total, plus d'un millier de pièces. Restait encore à trouver un site. La solution est venue du metteur en scène Andrzej Wajda, qui a affecté à la construction du bâtiment le prix reçu de la Ville de Kyoto en 1987.
Le centre a ouvert officiellement en 1994, et la collection est progressivement exposée. Le centre se consacre également à populariser dans son grand auditorium la culture japonaise, et accueille des expos temporaires.

LE QUARTIER DE PÓŁWSIE ZWIERZYNIECKIE

Ce vaste faubourg à l'ouest de la vieille ville est surtout connu pour son attraction principale, le tertre de Kosciuszko, construit à main d'homme. *Bus direct n° 100 qui part du Rondo Grundwaldskie (plan II, E6-7).* Sa visite peut aussi être l'occasion d'une assez longue balade à pied qui mélange culture et bol d'air. Au menu de celle-ci, avant d'arriver au tertre :

Le musée de la Peinture polonaise du XXe s *(plan III, J10,* ***212*****)** **:** *au n° 1 d'al. 3 Maja, à l'angle d'al. Adama Mickiewicza, près de l'hôtel* Cracovia. *Mar-sam 9h-15h ; dim 10h-15h30. Fermé lun.* Cette lugubre caserne moderne, intitulée poétiquement le Nouveau Bâtiment *(Nowy Gmach),* héberge les grands peintres de la fin du XIXe s et du début du XXe s. Le mouvement Młoda Polska est bien représenté, notamment par Stanisław Wyspiański (croquis des vitraux de la cathédrale de Wawel). On y trouve aussi les œuvres majeures de Mehoffer, Witkiewicz et Malczewski. Les amateurs reconnaîtront également quelques œuvres de Tadeusz Kantor.

À l'arrière, le ***Błonia,*** *la plus grande pelouse de Cracovie, le long d'al. 3 Maja.* Jadis propriété ecclésiastique formée de marécages asséchés, elle accueille encore aujourd'hui, ici et là, quelques vaches. Elle fut le théâtre des parades des légions du maréchal Piłsudski et des messes « Woodstock » de Jean-Paul II (en 1979, 1983 et 1987), qui ont attiré plus de 2 millions de personnes.

Kościół i klasztor Nobertanek *(couvent et église des Norbertines ; plan III, I11)* **:** *près de la Wisła, au n° 88 d'ul. Kościuszki.* Une petite cité monastique fortifiée du XIIIe s, avec un beau porche roman et un intérieur néoclassique. Toujours habitée par des nonnes. La procession annuelle du Lajkonik démarre d'ici (voir la rubrique « Fêtes et festivals »).

Juste au-dessus, sur la colline, la ***kościół Św. Salwatora*** *(église du Saint-Sauveur)* est l'une des plus vieilles de Cracovie, avec dans ses fondations des restes romans datant de l'an mille.

En face, la ***chapelle Sainte-Marguerite*** *(kaplica Św. Małgorzaty ; plan III, I11)* est seulement du XVIIe s.

Le tertre de Kościuszko : élever à la main une colline haute de 34 m démontre une « monumentomanie » aiguë. Les habitants de Cracovie ont réalisé cette performance entre 1820 et 1823, à la gloire du héros national, Tadeusz Kościuszko (1746-1817), chef de l'insurrection de 1794 contre les Russes. Son sommet offre une vue panoramique sur Cracovie. Les fortifications qui l'entourent sont un « cadeau » des Autrichiens. *L'accès (payant) se fait par la chapelle néogothique de Saint-Bronisława, transformée en musée Kościuszko (ouv mar-dim 10h-16h).*

UN HÉROS POLONAIS

Né en Lituanie, Tadeusz Kościuszko vient d'une famille de petite noblesse. Il fréquente les écoles militaires, puis, sensible aux idées libérales françaises, gagne l'Amérique en 1776 pour combattre avec Washington. Pour services rendus, il est nommé général avec la citoyenneté américaine. De retour en Pologne en 1784, il reçoit les pleins pouvoirs des patriotes polonais en 1794 pour repousser l'envahisseur russo-prussien. Il met les Russes en déroute, mais est vaincu à Szczekociny. Après avoir défendu Varsovie, il est blessé à Maciejowice, ce qui met fin au soulèvement polonais. Emprisonné en Russie, il est envoyé en exil en Suisse après 1798, continuant la lutte pour la liberté de son pays.

Fêtes et festivals

En Pologne, la culture est une valeur nationale, et Cracovie, comme les autres villes polonaises, se charge de la mettre en pratique avec une inflation de manifestations qui rend votre agenda aussi chargé que celui d'un ministre.
Comme d'habitude, ce catalogue de manifestations étant sujet à variations, il est plus que conseillé d'en vérifier les dates auprès de l'agence culturelle *Centrum Informacji Kulturalnej* (voir « Adresses utiles »). • *biurofestiwalowe.pl* •

Décembre-janvier

– ***Crèches de Noël de Cracovie*** *(szopki)* **:** tradition locale pour laquelle toute la ville fouille dans ses poubelles à la recherche de matériaux pour « bricoler », avec un goût infini du détail, des scènes de la Nativité et des maquettes d'églises (la plus représentée est la volumineuse église *kościół Mariacki*). Les lauréats de ce concours de la plus belle crèche ont l'honneur de voir leur œuvre exposée pendant tout le mois de janvier dans le musée d'Histoire de la ville, qui intégrera ensuite les meilleures créations à sa collection permanente.
– ***La Saint-Sylvestre :*** *le 31 déc, sur le grand marché.*

Février-mars

– ***Festival international des chansons de marins :*** *fin fév.* Un des meilleurs du genre.
– ***Festival international de théâtre :*** *en mars.* Une compétition internationale qui fait le point sur les dernières recherches de l'art scénique.
– ***Journées de Bach :*** *en mars.* Organisées par le conservatoire de musique de Cracovie.

Avril-mai

– ***Printemps des Ballets :*** réunit le gratin des troupes polonaises et étrangères. Au théâtre Slowacki.
– ***Festival « Les vieux et les jeunes – Jazz à Cracovie » :*** *en avr.*
– ***Nuit des Musées de Cracovie :*** *en mai.*

Juin-juillet-août

– Ne manquez pas la célébrissime ***procession Lajkonik,*** qui renvoie sept siècles en arrière, lorsqu'au XIIIe s les hordes tatares déferlaient sur la ville. Lajkonik, qui n'est plus aujourd'hui qu'un folklorique personnage emmanché sur un cheval de carnaval, fut jadis ce fier batelier qui, après sa victoire sur le khan, se para des atours de son adversaire pour défiler triomphalement depuis l'église des Norbertines *(kościół Norbertanek),* dans le faubourg de Zwierzyniec, jusqu'à la *rynek.* L'actuel costume est une copie de celui créé par Stanislas Wyspiański, un artiste du début du XXe s, et conservé au Musée historique.
– ***Fête de la ville de Cracovie :*** *en juin.*
– ***Festival de la culture juive :*** *en juin, dans le quartier de Kazimierz.* Surprenant festival décliné en concerts, expos, théâtre et cinéma. Une véritable curiosité dans une Pologne vidée de ses habitants juifs.
– ***Festival international de concerts d'orgue d'été :*** *en juil.*
– ***Concert d'été de musique de chambre :*** *en juil.*
– ***Académie internationale de jazz d'été :*** *en juil.*
– ***Festival de musique de la vieille ville :*** *en août.* Véritable mise en musique du vieux Cracovie.
– ***Festival du pierogi :*** *mi-août.* Stands de dégustation sur la place Szczepanski, concerts de musique folklorique, ambiance bon enfant et chaleureuse.
– ***Coke Music Festival :*** *en août.* Un dernier-né qui s'adresse surtout aux jeunes. Chaque année, quelques grosses pointures du rap international (Miss Eliot, Prodigy...).

Septembre-octobre-novembre

– ***Triennale internationale de la gravure artistique :*** *en sept.*
– ***Mois des rencontres avec la culture juive :*** *en oct.* Concerts, conférences et expos dans le quartier de Kazimierz.
– ***Journée de la musique d'orgue :*** *en oct.* Au Théâtre philharmonique de Cracovie.
– ***Festival Sacrum Profanum :*** *en sept.* Un festival de musique classique consacré, chaque année, à un pays différent. Le concert final se tient dans les studios de Nowa Huta, à l'excellente acoustique.
– ***Festival du cinéma indépendant, Festival audio art, Festival international des films***

➤ *DANS LES ENVIRONS DE CRACOVIE*

Nowa Huta *(la Fonderie Nouvelle)* ***:*** *de la gare centrale, bus A et trams n°s 4, 5, 10 et 15. Visite du combinat sidérurgique, en groupe slt et sur résa, par le biais de l'agence locale de* PTTK *(agence de tourisme nationale) : ☎ 443-79-05. Une ou deux agences privées proposent également des visites guidées (voir ci-dessous).*
Une ville de 150 000 habitants, construite entre 1949 et 1956 autour d'un combinat sidérurgique, à 10 km à l'est du centre-ville de Cracovie. La propagande, puis le mythe, a érigé cette ville ouvrière en cité-modèle. On était très fier de vivre et de travailler ici. Attention, il ne s'agit pas là d'un parc d'attractions, mais presque d'un « skanzen » ouvrier et urbain ! Et le quartier n'a pas tellement changé depuis le communisme... Le résultat est un ensemble de cages à lapins sinistres, réparties dans des quartiers répondant aux doux noms de : secteur A, secteur B, etc. Dans ce paradis des travailleurs, l'emplacement et la disposition des rues permettaient à la police de briser toute grève éventuelle. Malgré l'idéologie officielle, la hiérarchie se lit encore aujourd'hui dans la structure de nombreux immeubles : au-dessus des boutiques se tenaient les appartements populaires, et au 2e étage, ceux des fonctionnaires du Parti, aux fenêtres et à la superficie plus grandes.

De la place centrale, où trônait une statue de Lénine (démantelée aujourd'hui), partaient la rue de la Révolution-d'Octobre, la rue de Lénine (suivant la règle « à chaque régime sa nomenclature », elles ont été rebaptisées en rue du Général-Anders et allée de la Solidarité). Puisque le paradis terrestre était atteint, la construction de l'église, réclamée pendant vingt ans par l'épiscopat, était sans fondement. C'est seulement dans les années 1970 que fut construite la première église (quartier Dąbrowszczków), appelée *L'Arche.* Néanmoins, les Polonais acceptent à présent de regarder cette monstruosité architecturale avec un peu de recul et l'ont inscrite au registre des Monuments historiques, en tant que témoignage d'une conception révolue de la « cité idéale » conçue pour exalter l'avènement de « l'homme nouveau » affranchi de la religion et tourné vers la libération par le travail collectif. Aujourd'hui, le quartier est traversé de quelques tensions sociales, la magie du marché n'a pas encore opéré... Il n'en est pas moins actif sur le plan culturel. Parmi les initiatives à noter, le théâtre Łaznia Nowa, qui travaille comme un centre éducatif et social. Il abrite un studio de musique, d'où est sorti *Wu-Hae,* un groupe alternatif de rock et de hip-hop qui monte en Pologne.

À faire

■ ***Crazy guides :*** *bureaux dans l'hôtel* Floryan *à Cracovie, ul. Florianska, 38.* ☎ *500-091-200.* • *crazyguides.com* • *Le mieux est d'appeler pour réserver. On vient vous chercher à l'endroit et à l'heure de votre choix ! Visites en anglais mais audioguides en français.* Le but de cette agence de guides : reconstituer le quotidien de l'époque communiste. Et comment cela, camarade ? Grâce à une visite interactive et déjantée, le tout s'effectuant dans une veille Trabant ! Deux formules pour Nowa Huta ; une visite de 2h30 en extérieur *(120 Zl/pers, soit 30 €)* et une version « deluxe » de 4h *(170 Zl/pers, soit 43 €),* avec resto, visite d'un appartement typique de l'ère Jaruzelski et même possibilité de conduire la Trabant ! Également d'autres parcours thématiques (visite d'une ferme communiste...). Une jeune équipe de doux-dingues, pleins d'anecdotes instructives à vous raconter.

Les mines de Wieliczka : ☎ *12-278-73-02.* • *kopalnia.pl* • *À 10 km au sud-est de Cracovie. À voir absolument, bien que très touristique !*
➢ *Pour y aller depuis Cracovie : prendre les minibus blancs de la compagnie* Lux-bus. ☎ *654-40-08. Départ ttes les 10 mn 6h-23h, au niveau de la poste centrale, angle de la rue Sw. Gertrudy et ul. Starowilsna (plan I, D3). Compter 2,50 Zl (0,60 €). Trajet : 20 mn.*
– Visites guidées en groupe exclusivement, mais il existe une caisse pour touristes individuels. Avr-oct, tlj 7h30-19h30 ; nov-mars, tlj 8h-17h ; sam de Pâques 7h30-13h. Entrée pour une visite en langue étrangère : 65 Zl (16 €) ; réduc. Billet familial : 2 adultes, 2 enfants de 4 à 16 ans : 177 Zl (44 €). Prévoir env 3h pour la visite. Visite aménagée pour les personnes handicapées, mais il est nécessaire d'appeler un peu à l'avance.

UNE VILLE-MODÈLE DU SOCIALISME

Les raisons d'installer une industrie lourde et polluante aux portes d'une ville historique étaient purement politiques. Cracovie était considérée comme une ville rebelle, sa vieille bourgeoisie et son élite intellectuelle se montrant hostiles aux communistes. En 1949, lors du référendum qui devait amener le pouvoir populaire, la ville répondit non en majorité. Avec la construction d'une vaste cité ouvrière, les communistes voulaient changer la structure sociale de la population et « détruire les nids de la contre-révolution ». Son implantation fit l'objet d'une propagande intensive pour instituer une « ville moderne, qui a rompu avec les règles capitalistes de construction pour assurer le bonheur des ouvriers ».

CRACOVIE

– En juil-août, possibilité d'obtenir (à 10h15, 12h, 15h15) un guide francophone (prix : 265 Zl, soit env 66 €) ; sinon, procurez-vous le petit livret rédigé en français. Par ailleurs, les guides anglophones sont plus nombreux et disponibles mai-oct. Les haut-parleurs annoncent la langue de la prochaine visite guidée. Si vous êtes concerné, vous pouvez couper la file. On peut prendre des photos ou filmer, à condition de payer : 10 Zl (2,50 €). Pas sympa, ça !
– Résas : possibilité d'acheter son billet à Cracovie auprès du bureau de vente et de promotion de la mine de sel Wieliczka, ul. Wilsna, 12. ☎ 426-20-50. Lun-ven 9h-17h ; sam-dim 9h-14h.
Le sel (venu de la mer et déposé il y a 13 millions d'années) fut l'une des principales sources de richesse des rois polonais, d'où la taille monstrueuse de cette mine exploitée depuis le XIIIe s. Ses galeries de 30 km sur 9 niveaux, atteignant une profondeur de 327 m sur une superficie de 10 km^2, ont été inscrites en 1978 au Patrimoine mondial de l'Unesco. Réputée pour son microclimat, elle est pourvue d'un sanatorium à 200 m de profondeur. Seuls les 3 niveaux supérieurs sont ouverts au public.
Après une descente à pied (390 marches d'un escalier en bois), l'exploration vous conduira de moins 64 à moins 135 m. Les galeries visitées ont été percées entre les XVIIe et XIXe s. L'émerveillement est croissant. Après être passé dans plusieurs salles à thème (Nicolas Copernic, grotte aux Nains) et chapelles décorées de statues taillées à la main, on parvient à l'immense chapelle dédiée à la reine Kinga (1224-1292), qui fut selon la légende à l'origine de la mine. Fille du roi de Hongrie Bela IV, pour apporter la richesse à son époux, le roi polonais Bolesław le Honteux, elle jeta sa bague la plus précieuse dans les mines de son père et professa qu'on la retrouverait à Wieliczka dans un gisement de... sel.

Cette salle est une véritable ***cathédrale souterraine*** creusée pendant plus de trente ans, entre 1895 et 1927 : 54 m de long sur 12 m de haut. Son acoustique exceptionnelle permet l'organisation de concerts, comme ceux qui furent donnés en 1995, en l'honneur de l'ancien président américain George Bush senior.
Après bien d'autres surprises, comme le court de tennis Warszawa et la salle Staszic convertie en usine de pièces d'avion par les Allemands, le parcours se termine par un petit musée historique. Et rassurez-vous, on remonte à la surface en ascenseur, mais on débouche à l'air libre dans un lieu différent de l'entrée. Il faut donc marcher 5 mn pour rejoindre son point de départ.

QUITTER CRACOVIE

En avion

✈ ***Aéroport Jean-Paul-II*** *(hors plan III par I9)* ***:*** *situé à Balice, à 18 km à l'ouest du centre-ville. Soit env 30 mn de trajet en bus nos 208, 152 ou D depuis la gare ferroviaire centrale, et grâce aux navettes de la pl. Matejki, derrière la barbacane, de l'autre côté du bd Basztowa.* Le taxi est une option acceptable, mais bien se renseigner au préalable sur le prix de la course. Ne pas hésiter à se faire aider par le réceptionniste de son hôtel. (Voir liste des numéros d'appel de taxis dans la rubrique « Adresses utiles ».)
➢ La compagnie nationale *Lot* relie Cracovie aux principales villes de Pologne : Gdańsk, Katowice, Poznań, Rzeszów, Szczecin, Varsovie et Wrocław.

En train

🚂 ***Gare centrale*** *(Kraków główny ; plan I, D1,* ***1****)* ***:*** *au nord de la vieille ville, à une dizaine de mn du centre.* Elle se divise en deux bâtiments, un moderne et celui de

l'ancienne gare. Elle dessert l'international comme la majorité des villes polonaises. Les horaires sont consultables sur le site internet (polyglotte) de la compagnie nationale : • pkp.com.pl •
– ***Infos lignes internationales :*** ☎ *393-36-49.*
– ***Infos lignes nationales :*** ☎ *94-36 ou 624-15-80.*
– Les billets s'achètent soit dans les agences de voyages (telle *Orbis, rynek Główny, 41*) et les offices de tourisme, soit à la gare ; dans ce dernier cas, pour éviter les queues, il vaut mieux venir plus tard dans la soirée.
➢ ***Pour Varsovie :*** 1 départ presque ttes les heures 6h-20h. Compter env 2h45 de trajet ; le double pour les voyages de nuit.
➢ ***Pour Oświęcim*** *(Auschwitz)* ***:*** 6 trains/j. Compter 1h30 de trajet.
➢ ***Pour Sandomierz :*** 2 départs la nuit, le mat, l'ap-m et 1 en soirée. Pas de liaison directe. Compter au moins 5h de trajet, parfois 8.
➢ ***Pour Rzeszów et Łańcut :*** compter 2-3h ; 20 mn de plus pour Łańcut.
➢ ***Pour Zakopane :*** 5 trains/j. Compter entre 2h45 et 3h45. Attention, tous les trains ne sont pas directs.
➢ ***Pour Bratislava :*** au moins 3 trains/j. Compter entre 6h30 et 8h de trajet.
➢ ***Pour Prague :*** 1 train de nuit. Durée : env 9h.

Certains départs peuvent avoir lieu de la ***gare de Kraków Płaszów*** *(hors plan III par L12,* ***2****), à 4 km au sud-est du centre. Les deux gares sont cependant reliées par un train régional ou par les trams n°s 3 et 43, ainsi que par le bus express C.*

En bus

Gare routière *(Regionalny Dworzec Autobusowy ; hors plan I par D1) :* *ul. Bosacka, 18.* ☎ *393-52-66.*
– Guichets ouv 5h-20h. Le bureau d'infos ne donne que des rens en polonais. • *pks.krakow.pl* •
– Change, consigne, toilettes et resto. Un panneau indique les destinations avec les horaires.
– Les billets s'achètent ici ou dans les agences et offices de tourisme. Les billets de Polski Express *s'achètent soit à l'agence* Orbis *– où l'on parle l'anglais –, rynek Główny, 41 ; soit au* Centrum Turystyki, *ul. Worcella, 1, à l'angle de Piwa, face à la gare.*
– Vous pouvez avoir recours à la compagnie nationale PKS *ou à des compagnies privées qui ne desservent que quelques destinations,* Polski Express *étant la plus réputée.*
➢ ***Pour Zakopane :*** plus de 70 bus/j. 3h40-21h, soit un départ ttes les 10-15 mn. Passe par Nowy Trarg. La compagnie *Trans-Frej* propose une douzaine de départs quotidiens ; le trajet dure 2h30.
➢ ***Pour Oświęcim*** *(Auschwitz)* ***:*** 38 bus/j. 8h30-21h. Bus directs pour le camp-musée : 5 bus/j. 8h40-21h.
➢ ***Pour Katowice :*** 15 bus/j. 10h50-20h30. Trajet possible par Olkusz.
➢ ***Pour Częstochowa :*** 3-4 bus/j. 7h30-17h50.
➢ ***Pour Sanok :*** 5 bus/j. 8h-19h10. Par Tarnow et Krosno.
➢ ***Pour Łańcut :*** 1 bus/j. vers midi.
➢ ***Pour Gorlice :*** 13 bus/j., via Biecz et Nowy Sacz.
➢ ***Pour Lublin :*** 17 bus/j. selon la route. Passe par Sandomierz.
➢ ***Pour Wrocław :*** 2 bus/j., par Opole ou Katowice.
➢ ***Pour Poznań :*** 1 bus/j.
➢ ***Pour Varsovie (centrum) :*** 1 bus/j., par Katowice et Lodz.
➢ ***Pour Varsovie (Zachodni) :*** 4 bus/j., par Kielce et Radom.

LA SILÉSIE ET LES SUDÈTES

LA SILÉSIE

OŚWIĘCIM (AUSCHWITZ)

IND. TÉL. : 033

Le camp d'Auschwitz se trouve dans la ville d'Oświęcim, à 60 km à l'ouest de Cracovie.

PRÉCAUTIONS D'USAGE

La visite des camps a une charge émotionnelle intense, elle est même éprouvante. Pour cette raison, elle n'est pas recommandée aux enfants de moins de 14 ans. Même s'ils croient être suffisamment bien préparés, de nombreux visiteurs (quel que soit leur âge) s'effondrent en pleurs au sortir des bâtiments. Les murs parlent et leur écho est lourd de sens.
C'est un endroit terrible, qui symbolise à lui seul un génocide perpétré partout en Europe contre les peuples juif et tsigane. Mais pas seulement : on estime que plus de 10 millions d'Européens ont été victimes du système concentrationnaire nazi entre 1933 et 1945. La masse de souffrance humaine, de désespoir et d'horreur que renferme la terre du camp de concentration d'Auschwitz est infinie.
Une question se pose à tous les esprits pendant la visite : comment l'homme a-t-il pu commettre des actes aussi inhumains ? Froidement, avec une organisation méticuleuse et mécanique. Aucune excuse, aucune idéologie, aucune « obéissance aux ordres » ne peut justifier une telle barbarie. En face des révisionnistes, de toute cette cohorte de diffuseurs de doutes et autres « détails », prenez le parti de la vérité. Deux générations seulement nous séparent de cette époque. C'est peu. N'oublions pas que 6 millions d'humains exterminés, c'est 1 + 1 + 1 + ...

Arriver – Quitter

➢ ***En bus PKS :*** de Cracovie, 1 départ ttes les heures de la station centrale de bus (près de la gare ferroviaire) ou du terminal Jordan *(plan III, L9)*, rue Bosacka, à la sortie du tunnel sous les voies. Départs 8h30-13h30. Durée du trajet : 1h40. Prix : 10 Zl (2,50 €) l'aller simple. On achète son billet dans le bus. Arrêt en face de l'entrée du camp. Attention, ne pas attendre pour sortir du bus, sinon on se retrouve rapidement dans le village à 2 km de là.
Au départ de Cracovie, compter une journée pour visiter le site.
➢ On peut aussi y aller ***en train*** depuis la gare centrale de Cracovie. 6 départs/j. 7h10-15h55. Durée : 1h20-1h30. De la gare de la ville, prendre un bus vers le camp. Dans le sens Oświęcim-Cracovie : 5 trains/j., dernier train autour de 19h.
– Les horaires de retour vers Cracovie en train ou bus sont affichés à l'intérieur du camp.

Infos utiles

Informations : *☎ 843-20-22. • auschwitz-muzeum.oswiecim.pl •*
– ***Réservation pour des visites guidées du camp-musée :*** *☎ 844-81-00. Ouv 7h-15h.*

■ ***Bureau de change :*** *sur le site du camp-musée.* Taux corrects.

■ ***Toilettes et consigne à bagages :***

dans le bâtiment à l'entrée du site, au sous-sol.

■ ***Centre juif d'Auschwitz :*** *pl. Ks. Jonaskarbka, 5. ☎ 646-437-4276. À 3 km du camp. Ouv 8h30-20h (18h nov-fév). Fermé sam et j. fériés.* Ouvert aux juifs et aux non-juifs. Centre de diffusion de la culture juive, musée, synagogue et lieu d'expositions.

Où dormir ?

Prix modérés

Międzynarodowy Dom Spotkań Młodziezy *(Maison internationale de rencontres des jeunes)* ***:*** *ul. Legiónow, 11. ☎ 843-21-07. • mdsm.pl • À proximité du musée, en direction du centre-ville, près du pont sur la Soła. Double 135 Zl (34 €), avec petit déj. Env 70 places disponibles.* Un endroit très intéressant : construit en 1986, à l'initiative de l'organisation de jeunesse allemande évangélique *Aktion Sühnezeischen Friedensdienste,* c'est un centre de réflexion des jeunes du monde entier sur la tragédie d'Auschwitz et la Seconde Guerre mondiale. On y propose des séminaires avec, au programme, la visite du camp-musée, des discussions, des rencontres avec les anciens détenus. Accueille aussi, dans la mesure des places disponibles, des touristes individuels. Chambres de 2 à 5 personnes, confortablement aménagées. Possibilité de prendre des repas sur place et également des repas végétariens à base de tofu. Transports organisés vers et depuis le camp.

Où manger ?

Prix moyens

Self : sur le terrain du musée, dans le bâtiment d'accueil. Surtout pour les groupes. Spécialités polonaises à des prix raisonnables mais de qualité moyenne. Aussi un ***buffet-service*** dans la galerie commerciale en bordure du parking. Servent de bons hot-dogs (aux cornichons).

Restauracja Skorpion : *ul. Powstańców Śląskich, 29. ☎ 325-47. Juste en face de la gare.* Bonne cuisine polonaise. Bien tenu et pas cher. Décor tout rouge, genre resto chinois recyclé. On aime ou on n'aime pas.

À voir

Le camp-musée d'Auschwitz.

– ***Horaires et conditions de visite :*** *entrée par la rue Więźniów Oświęcimia, 20. Des panneaux indiquent la route qui part du centre-ville. Tlj dès 8h ; l'heure de fermeture varie selon les mois : 15h déc-fév ; 16h mars et nov ; 17h avr et oct ; 18h mai et sept ; 19h juin-août.*

– *Le camp de Brzezinka* (Birkenau), *à 3 km du musée, suit les mêmes horaires. Compter env 4h pour la visite des 2 camps. Une navette de bus part ttes les 30 mn : 2 Zl (0,50 €) pour le trajet de mi-avr à fin oct. Le reste de l'année, les taxis font le trajet pour 7 Zl (1,75 €). Sinon, compter 30 mn à pied.*

– ***L'entrée est entièrement gratuite.*** *Les fauchés n'auront pas d'excuses pour éviter la visite. Seul le parking est payant : 2,50 Zl/h (0,60 €). Mais celui du côté des cars, à gauche, ne demande que 7 Zl (1,75 €) pour une durée illimitée.*

– ***Les visites guidées*** *sont possibles en français. Prix : 225 Zl (56 €), quel que soit le nombre de personnes. Durée : env 3h30. Il est donc avantageux de partager la visite avec d'autres francophones. Adressez-vous à la caisse afin de fixer un rdv avec le guide (30 mn à 1h30 d'attente selon disponibilités). Le mieux est de réserver*

à l'avance. ☎ *843-20-22. Ouv lun-ven 7h-15h. Possibilité de préciser le parcours.* Nous recommandons la visite du camp avec un guide pour mieux saisir le sens des expositions et comprendre le fonctionnement de cette « usine de la mort ». Les guides sont très professionnels et leurs commentaires restent neutres.
– ***Documentation et film audio :*** *brochure en français. À l'entrée du camp-musée, on peut visionner la chronique de la libération du camp par l'Armée rouge, des images terrifiantes (25 mn env ; 3 Zl, soit 0,75 €).*
– Tenue et attitude correctes s'imposent, on n'est pas dans un parc d'attractions !

Un peu d'histoire

Rappelons avant toute chose que, dans l'horreur, la paternité des camps ne revient pas aux nazis. Les camps de concentration sont nés au début du XXe s lors de la guerre des Boers en Afrique du Sud. Ce sont les Anglais qui les ont inaugurés. Rappelons aussi qu'il y a un distinguo fondamental entre camp de concentration et camp d'extermination. À la différence de Treblinka, Auschwitz était à la fois un KZ *(Konzentrationslager),* un camp de concentration, et un camp d'extermination.
Les bâtiments d'Auschwitz, qui étaient avant guerre propriété de l'armée polonaise, ont été transformés en camp de concentration dès le début de l'année 1940. Les premiers prisonniers, un groupe de 728 Polonais, arrivèrent en juin de la même année. Parallèlement à l'accroissement du nombre de détenus, le camp fut agrandi. Mais bien vite les nazis se rendirent compte qu'Auschwitz allait dépasser ses capacités. En 1941, le camp reçut la visite de Himmler, le chef de la SS, qui ordonna la construction d'un deuxième camp (ou *Stammlager*) à Brzezinka, un village à 3 km d'Auschwitz, d'une superficie de 175 ha, dont Auschwitz ne serait qu'une « annexe ». En 1942, Auschwitz III fut construit près de l'usine chimique *IG-Farbenindustrie,* qui employait les détenus. Le plus célèbre d'entre eux fut l'écrivain italien Primo Levi. Himmler prit la décision de faire de ce complexe concentrationnaire un lieu d'extermination systématique. Il savait s'y prendre : c'était un ancien éleveur de poulets.
En effet, au début, les prisonniers qui parvenaient à Auschwitz étaient soit des prisonniers de droit commun arrêtés par la Gestapo ou la Kripo (la police criminelle), soit des prisonniers de guerre condamnés au camp de concentration. Mais dès 1942, selon le programme de « solution finale » mis sur pied à la conférence de Wansee, les nazis y organisèrent la déportation systématique des « bâtards du genre humain » : juifs, gitans, homosexuels, témoins de Jéhovah, prostituées et asociaux, prisonniers politiques... Y seront également déportés des résistants, victimes du décret « Nuit et Brouillard » *(Nacht und Nebel).* Parmi eux, 3 000 Français. Les premiers convois de juifs, qui furent acheminés par le *RSHA* (*Reichssicherheitshauptamt* – la direction générale des Services de sécurité du Reich, dirigée par Adolf Eichmann) au mois de mars 1942, provenaient de France et de Slovaquie. La plupart des arrivants étaient convaincus qu'ils étaient déportés vers les nouveaux territoires de l'est de l'Europe. On leur vendait des parcelles de terrains inexistants ou on leur proposait du travail fictif. La présence de vaisselle ou de boîtes de cirage dans les bagages des déportés montre qu'ils ne prévoyaient pas la nature réelle de leur séjour.
La majorité d'entre eux apportaient de quoi vivre durant trois jours de voyage. Ils devaient, pour la plupart, payer leur billet de train... Beaucoup de ces prisonniers parcoururent jusqu'à 2 400 km entassés dans des wagons à bestiaux fermés hermétiquement. Un trajet qui pouvait durer jusqu'à dix jours, pendant lesquels ils n'avaient rien à manger. Les plus faibles d'entre eux, surtout les enfants et les vieillards, mouraient avant d'arriver au camp.

Sélection

Les trains s'arrêtaient sur une rampe spécialement aménagée dans le camp de Brzezinka, à proximité des chambres à gaz. Les « kapos » (des prisonniers assurant l'encadrement) procédaient ensuite à la sélection des individus les plus soli-

des pour travailler dans les camps et les usines des alentours. On assurait à ceux qui étaient destinés au gaz (75 % en moyenne, pour la plupart des femmes, des enfants et des vieillards) qu'ils allaient être conduits au bain pour décontamination des poux. Dans le plafond de la ***chambre à gaz,*** des douches factices étaient aménagées. À coups de bâtons et de crocs de chiens, les SS précipitaient près de 2 000 victimes dénudées dans une pièce d'une superficie de 210 m^2. Le Zyklon B, un puissant insecticide, était infiltré alors par les lucarnes du plafond.
Au bout de 20 mn, on ouvrait les portes, on dépouillait les cadavres : les prisonniers qui assuraient l'encadrement récupéraient les dentiers en or, les boucles d'oreilles et les bagues. Ensuite, les cadavres étaient transportés dans les fours crématoires ou sur des bûchers en plein air. Les cendres des victimes étaient dispersées dans les lacs des environs ou utilisées comme engrais. Les SS tuaient également les détenus en les fusillant, en leur injectant du phénol dans le cœur ou en les pendant. Les camps d'Auschwitz et de Birkenau sont responsables de la mort d'un million de juifs, soit environ 17 % des victimes de la Shoah.
Les autres détenus étaient employés aux travaux forcés dans le camp ou dans une quarantaine d'usines des environs. Les conditions de détention étant affreuses, la plupart mouraient au bout de quelques semaines, d'épuisement, de maladie, de faim ou de soif. Il s'agissait d'une autre forme d'extermination programmée, par épuisement. Une fois inaptes à la tâche, les prisonniers étaient supprimés s'ils n'avaient pas déjà succombé. Rien n'était laissé au hasard dans l'organisation du camp. Pour parfaire leur entreprise de mort, les SS veillaient à saper toute forme de solidarité parmi les détenus, ce qui n'empêcha pas de nombreux cas d'entraides.

« Canada » et vie quotidienne

Ayant dépouillé les prisonniers de tous leurs effets personnels, les SS entreposaient les objets précieux avant inventaire. Le magasin qui les renfermait prit bientôt le terme de « Canada » (supposé être un pays d'opulence), objet de toutes les convoitises et de toutes les corruptions. Certains prisonniers y avaient accès et s'assuraient un sort meilleur en « organisant » les trafics, arrosant au passage les SS, qui fermaient les yeux, et tous ceux qui étaient au courant du troc.
Tous les témoignages des survivants des camps concordent pour dire que ceux qui « organisaient » ces trafics étaient facilement repérables. Mieux habillés, bénéficiant de rations plus copieuses, de douches chaudes plus fréquentes, de vêtements propres chaque jour et parfois même pour certains de la possibilité d'introduire des draps dans les blocs tandis que les autres détenus dormaient à 5 sur un châlit. Les médicaments étaient également une denrée rare, et la source de tous les trafics.
Pour obtenir les faveurs des kapos ou des *Blockälteste* (les chefs de bloc), certains étaient prêts à « payer en nature ». Mais lorsque s'ébruitait ce genre de liaison, le *Blockälteste* (la plupart du temps, allemand) était condamné à la castration et son partenaire à la mort. Devant la recrudescence des relations homosexuelles, Himmler ordonna qu'on organisât des bordels. Selon les bons services rendus lors des travaux, les « droits communs » pouvaient s'acheter les services de prostituées (évidemment aryennes). Bien entendu, à l'échelle du camp, ce genre de situation était négligeable au regard des souffrances endurées.
Les moins chanceux, les plus fragiles devenaient de pauvres hères à qui l'on volait souliers, habits et couvertures. Ils étaient surnommés dans le camp les « musulmans ». Les premiers symptômes (peau grise et rapidement infectée, yeux voilés, muscles décharnés, déplacements d'une lenteur caractéristique...) apparaissaient lorsque l'organisme avait perdu un tiers de son poids originel.
Dans l'enceinte du camp, les nazis avaient aménagé des « hôpitaux » afin de pratiquer des « expériences » pseudo-médicales sur les détenus, juifs en grande majorité. La plupart d'entre eux périssaient à la suite des terribles traitements qu'on leur infligeait. Il s'agissait, entre autres, de trouver un moyen efficace et peu coûteux de stériliser massivement les femmes et les hommes afin de « contrôler leur reproduction ».

Enfants

La présence d'enfants dans cet univers déshumanisé symbolise le mal suprême que fut Auschwitz. 216 000 enfants juifs de toute l'Europe furent gazés ici. Dès 14 ans, les déportés pouvaient être aptes au travail. À peine sortis de l'enfance, des adolescents innocents revêtaient le « pyjama » rayé et étaient jetés dans la plus atroce des jungles.

Évasions

Les estimations basses font état d'une centaine de fuyards, d'autres sont plus optimistes et pensent que 400 tentatives furent couronnées de succès. Certains creusaient un trou dans le sol, s'y cachaient trois jours et en sortaient le quatrième, quand intervenait la relève des vigiles. En majorité d'origine polonaise et russe, ils étaient bien souvent militaires et/ou exerçaient des métiers stratégiques (les électriciens, par exemple). Il semble que les évasions furent plus importantes à Birkenau qu'à Auschwitz, non seulement grâce à l'environnement qui facilitait la prise en charge par les mouvements de résistance, mais aussi par la présence du « Canada » qui encourageait la corruption des kapos.

« On ne savait pas »

Difficile de croire que les employés du train qui accompagnaient les convois jusqu'à la plate-forme n'avaient pas une idée de ce qui se tramait derrière les barbelés. Difficile de croire que les employés de la fabrique *Alex Zink* en Allemagne ignoraient qu'ils transformaient les cheveux des femmes achetés par sacs à la Kommandantur d'Auschwitz en chapeaux de feutre. Difficile de croire aussi que les autorités locales ne savaient pas ce qui se passait sous leurs yeux, alors que les Danois, eux, firent bloc contre la formation des convois de juifs. Les crématoires répandaient leur odeur jusqu'à 30 km à la ronde. Difficile de croire qu'on n'était pas au courant, alors qu'en 1943 Hannah Arendt, exilée aux États-Unis, en discutait avec le philosophe Karl Jasper. On peut y ajouter également tous les témoignages des cadres de l'IG Farben au procès de Nuremberg...

Visite

– ***Le camp d'Auschwitz*** est aménagé en *musée.* Plusieurs bâtiments de brique rouge (les fameux « blocs »), entre lesquels se balancent tranquillement les peupliers argentés, ont été transformés en salles « d'exposition ». On y pénètre par la tristement célèbre porte où l'inscription *Arbeit Macht Frei* (« le travail rend libre ») s'étire en arcade sur un montant de fer forgé. À cet endroit, un orchestre de déportés rythmait chaque jour, matin et soir, le départ et le retour des travaux forcés. Une vision macabre, illustrée par un dessin sur un panneau. Il fut réalisé par un survivant quelques années après la guerre. Les blocs 1 à 10 étaient réservés aux femmes. Dans le bloc 4 s'entassent, derrière une vitrine, les cheveux des déportés, uniformément grisés par le temps. Ils étaient vendus 50 pfennigs le kilo et servaient à fabriquer de la toile ou des tapis. À leur arrivée, les Russes en trouvèrent 7 tonnes ! Boîtes de Zyklon B, produites par une annexe de l'IG Farben. Dans les vitrines du bloc 5 s'accumulent les prothèses et béquilles, les chaussures, les tonnes de montures de lunettes et les amas de valises destinées à ravitailler les Allemands. Ces dernières portent encore les noms et adresses de leurs propriétaires. Pour les rassurer et opérer dans le calme, les SS faisaient croire aux déportés qu'ils récupéreraient leurs effets une fois leur détention terminée... Puis le parcours monte sournoisement en puissance avec la galerie de portraits des premiers prisonniers polonais aux yeux écarquillés et les fiches anthropométriques (bloc 6), les clichés fuyants des jumeaux apeurés que Mengele réservait à ses expériences... Entre les blocs 10 et 11, le peloton d'exécution. Enfin, le bloc 11, qui se serre contre une double rangée de barbelés, était celui des récalcitrants. Avant de les faire passer entre les deux blocs précédents, on les faisait « réfléchir » dans ce bâtiment d'iso-

lement. Plusieurs solutions étaient employées. La faim, la suffocation (dans des petites pièces sans fenêtre) ou les châtiments corporels, voire les trois à la fois, dans un *Stehbunker* (cellule où l'on ne pouvait ni s'asseoir ni se coucher).
Sur la gauche du bloc 1 se trouve la seule chambre à gaz d'Auschwitz I. Si elle n'a pas été détruite, c'est parce qu'elle était également destinée à servir d'abri antiaérien. Pour couvrir les cris de leurs victimes, les gardiens faisaient tourner un moteur de camion à chaque gazage. Enterrées comme un bunker se succèdent une salle de désinfection et une de crémation. Les cendres des 340 corps brûlés quotidiennement servaient d'engrais...
Chaque nation victime des exterminations s'est vu attribuer un bloc. Le bloc 20, dédié à la mémoire des déportés français, a été inauguré par Jacques Chirac en janvier 2005. Il faut se souvenir que 76 000 juifs de France, dont plus de 10 000 enfants, ont connu l'horreur de cette déportation. Après la Pologne et la Hongrie, la France arrive troisième en Europe pour le nombre de juifs déportés à Auschwitz... La salle qui expose les photos de quelque 2 000 enfants est particulièrement émouvante. Le bloc consacré aux déportés belges a été enfin rénové, il était temps...
– ***La Judenrampe :*** *située à 400 m env avt d'arriver au camp de Birkenau, sur la gauche de la route qui y mène en venant du camp d'Auschwitz.* Un panneau indique ce site dédié à la mémoire des juifs de France déportés à Birkenau. Deux wagons de marchandises de l'époque ont été conservés sur un tronçon de voie ferrée par laquelle furent acheminés des milliers de juifs français. Ils furent débarqués des wagons, puis acheminés de force dans des camions jusqu'au camp de Birkenau tout proche, où ils furent exterminés. Une stèle rend hommage à la mémoire de ces innombrables victimes du nazisme.
– ***Auschwitz II – Birkenau :*** le deuxième camp. Six bus relient les deux camps, dont le dernier part à 20h50. Il se trouve à *Brzezinka,* à 3 km du camp d'Auschwitz I. Sauvegardé en l'état, il s'étend sur une vaste plaine marécageuse, ceinturée au loin par une rangée d'arbres. Demander à l'entrée les endroits qu'il faut voir en priorité (c'est très grand). Plus de 100 000 personnes y étaient incarcérées en permanence. De la tour de surveillance, on a une vue générale sur le camp. Plus de 300 baraques y sont disposées géométriquement, dans un ordre précis, séparées par des barbelés en plusieurs unités. Si le nom de Birkenau claque moins à l'oreille qu'Auschwitz, il n'en demeure pas moins que c'est bien dans ce camp que la majorité des victimes ont péri. Cette immense usine de la mort est beaucoup plus éloquente que le musée du camp précédent.
Au centre, la voie ferrée, la tristement célèbre plate-forme, où les kapos sélectionnaient les déportés juifs. C'est à partir de mai 1944 que la voie ferrée principalement destinée à l'acheminement des 400 000 juifs hongrois est prolongée jusqu'à l'intérieur du camp. À droite de la voie ferrée, quelques baraques en bois réservées aux hommes, au milieu de celles destinées à la quarantaine. Dans ces vastes granges sans fondation, il subsiste les latrines et les châlits de bois (d'origine), promis à la putréfaction. Pas besoin de mots pour se figurer les conditions de vie en plein hiver. Chaque activité était strictement chronométrée, y compris le passage (collectif) aux latrines, qui ne dépassait pas quelques dizaines de secondes. Mal entretenues, les latrines étaient un lieu infect de puanteur. Les SS n'y entrant jamais, c'était aussi le seul endroit où les détenus pouvaient parler librement.
Sur la droite toujours, la troisième rangée de baraquements abritait le « camp des familles ». Il était réservé aux juifs tchèques, qui y connaissaient des conditions de détenus presque normales. Les familles n'étaient pas séparées et les rations alimentaires étaient plus importantes. À la base de ce camp dans le camp, une volonté de propagande, qui s'inscrit dans la visite de la Croix-Rouge au camp de Terezín, en Bohême, en juin 1944. L'ensemble des familles n'en sera pas moins gazé... Sur la gauche, les baraquements en dur réservés aux femmes. Longer la voie de chemin de fer sur 25 m. Sur la gauche d'un bâtiment se trouve une charrette protégée par un auvent. En face, deux bâtiments. Entrer dans celui sur la gauche. L'un des murs porte encore une fresque aux inscriptions gothiques réalisées par les occu-

pantes. Si l'on continue à longer la voie de chemin de fer (à 1 km de l'entrée), on accède par un perron au ***monument à la Gloire des Victimes,*** inauguré en 1967. Le texte suivant y est inscrit en 20 langues : « Que ce lieu où les nazis ont assassiné un million et demi d'hommes, de femmes et d'enfants, en majorité des juifs de divers pays d'Europe, soit à jamais pour l'Humanité un cri de désespoir et d'avertissement. »
C'est aussi ce chemin qu'empruntaient les détenus sélectionnés pour la mort immédiate. Au bout de la voie, de part et d'autre du perron, les deux complexes abritant chambres à gaz et fours crématoires. Ils ont été détruits par les nazis, qui voulaient effacer les traces de leurs crimes avant de quitter le camp... Deux autres se trouvent derrière, dans la forêt.
Un sujet d'étonnement : les deux grandes croix catholiques qui surmontent l'ancienne *Kommandantur...* reconvertie donc en église par les Polonais. On espère que les lieux ont été exorcisés avant d'être consacrés !
Quelques lectures édifiantes : *La mort est mon métier,* de Robert Merle (voir « Livres de route » dans « Pologne utile »). Et *Auschwitz, les nazis et la solution finale,* de Laurence Rees, Livre de Poche n° 31018.

WROCŁAW

(50-001) IND. TÉL. : 071 634 000 hab.

Une vraie belle ville d'Europe centrale, une ville jeune et universitaire, une ville retrouvée, car enrichie au fil d'une longue histoire mouvementée de ce mélange étonnant de cultures qui l'ont créée. Sous l'effet des influences tchèque, germanique et polonaise, Wrocław s'est construite un destin silésien, qui diffère de l'histoire des autres villes polonaises. Capitale de la Silésie, quatrième ville de la Pologne (appelée Breslau avant 1945), elle prépare activement la coupe de l'UEFA pour 2012. Cet événement, parmi d'autres moins médiatiques, donne un nouvel élan économique à cette ville surnommée « la ville aux 100 ponts ».

UNE ARCHITECTURE RICHE ET VARIÉE

C'est une ville à la composition insolite où, sur de grandes places marquées par le réalisme socialiste, poussent de superbes églises en brique rouge, fleurons du gothique germanique. L'œil fatigué par les volumes pesants trouvera du plaisir en s'arrêtant sur les formes légères du classicisme ou encore sur quelques images excentriques du style fin de XIXe s.
– ***Avis au promeneur distrait :*** attention à ces tramways bruyants qui se frottent, dans les rues souvent trop étroites, contre les murs des vieilles bâtisses, certaines encore marquées par les traces de l'histoire (impacts de balles) et d'autres rénovées ou en cours de rénovation.

UN PEU D'HISTOIRE

Au XIIIe s, Wrocław se trouve au cœur d'une des régions les plus stables et prospères de Pologne. En 1387, elle devient membre de la Ligue hanséatique, cette association regroupant les villes portuaires les plus riches du nord de l'Europe. Une chance, mais aussi une malchance, car elle est vite convoitée par ses puissants voisins germaniques. Du XIVe s jusqu'en 1945, la capitale de la Silésie reste de fait sous contrôle des rois de Bohême, puis de Prusse et enfin de l'Allemagne. La ville a changé ainsi plusieurs fois de nom au fil de son histoire : elle s'appelle d'abord ***Prezzla*** (nom mentionné en 1337), puis elle devient ***Breslau*** (nom allemand) au XVIIIe s, suite à la mainmise de la Prusse sur la région (1756-1763). Mais des spécialistes pensent que le premier nom de la ville fut bien Wrocław et que celui-ci serait un dérivé du nom du roi tchèque Vratislav ; les deux mots se ressemblent en effet.

De Napoléon au Baron rouge

Traversant l'Europe dans sa frénésie conquérante, Napoléon entre dans la ville en 1807 après un long siège. En 1871, Breslau est la troisième ville du Reich impérial après Berlin et Hambourg. Pour l'anecdote, c'est là que naît *Manfred Von Richthoffen,* as de l'aviation allemande lors de la Première Guerre mondiale, surnommé le ***« Baron Rouge ».***
En 1935, Breslau compte 630 000 habitants, dont 20 000 juifs (la plupart s'enfuient quand Hitler prend le pouvoir, les autres sont déportés dans les camps).

Une population polonaise venue de Lviv

En janvier 1945, l'armée russe libère la ville en partie détruite (mais pas comme Varsovie). La population allemande s'enfuit, et la ville se repeuple avec des émigrants polonais venus de la ville de Lviv (appelée autrefois Lwow), située dans l'actuelle Ukraine. Explication : en 1945, la Pologne a perdu à l'est l'Ukraine polonaise (prise par l'URSS), mais elle a récupéré à l'ouest le territoire (germanisé) de la Silésie. La reconstruction, l'après-guerre, la période de dictature communiste sont pour Wrocław l'occasion de se constituer une identité polonaise.

Arriver – Quitter

En avion

✈ ***Aéroport :*** *ul. Skarżyńskiego, 39, à Strachowice ; à 13 km au nord-ouest de la ville.* ☎ *358-18-81. Pour y aller, bus n° 406 depuis ul. Dworcowa, point de départ à*

■ Adresses utiles

- ℹ Office de tourisme – MKP
- ✉ Poste
- Gare ferroviaire PKP
- Gare routière PKS
- 1 Bureau PTTK
- 3 Lot
- 5 Alliance française

Où dormir ?

- 10 Cinnamon Hostel
- 11 The Stranger Hostel
- 12 Hostel Avant-garde
- 13 Hiway Hostel
- 14 Hôtel Noclegi U Szermierzy
- 15 Hostelling International et Tumski Hotel
- 16 Hôtel Bursa Savoy
- 17 Dom Wycieczkowy Piast
- 18 Hôtel Zaułek
- 19 Hôtel Polonia
- 20 Dwór Polski

Où manger ?

- 31 Bar-self Bazylia
- 32 Ready's
- 33 Karczma Lwowska
- 34 Pod Szczęśliwym Kupcem
- 35 Bar Vega
- 36 Karczma Piastów Modosytnia
- 37 Spiż
- 38 Bar Wzorcowy
- 39 Le Bistrot Parisien
- 40 Paparazzi

Où boire un verre ? Où écouter de la musique ? Où danser ?

- 31 Café Uni
- 40 Paparazzi
- 51 PRL
- 52 Cafeterie Chic
- 53 Blue Bar
- 60 Music Club Liverpool
- 61 Bars dansants du 51 ul. Ruska

À voir

- 80 Wyspa Piaskowa (île de Sable)
- 81 Église Sainte-Croix
- 82 Cathédrale Saint-Jean-Baptiste
- 83 Musée de l'Archidiocèse
- 84 Université de Wrocław
- 86 Église Sainte-Marie-Madeleine
- 87 Musée national
- 88 Panorama Racławicka

LA SILÉSIE ET LES SUDÈTES

LA SILÉSIE ET LES SUDÈTES

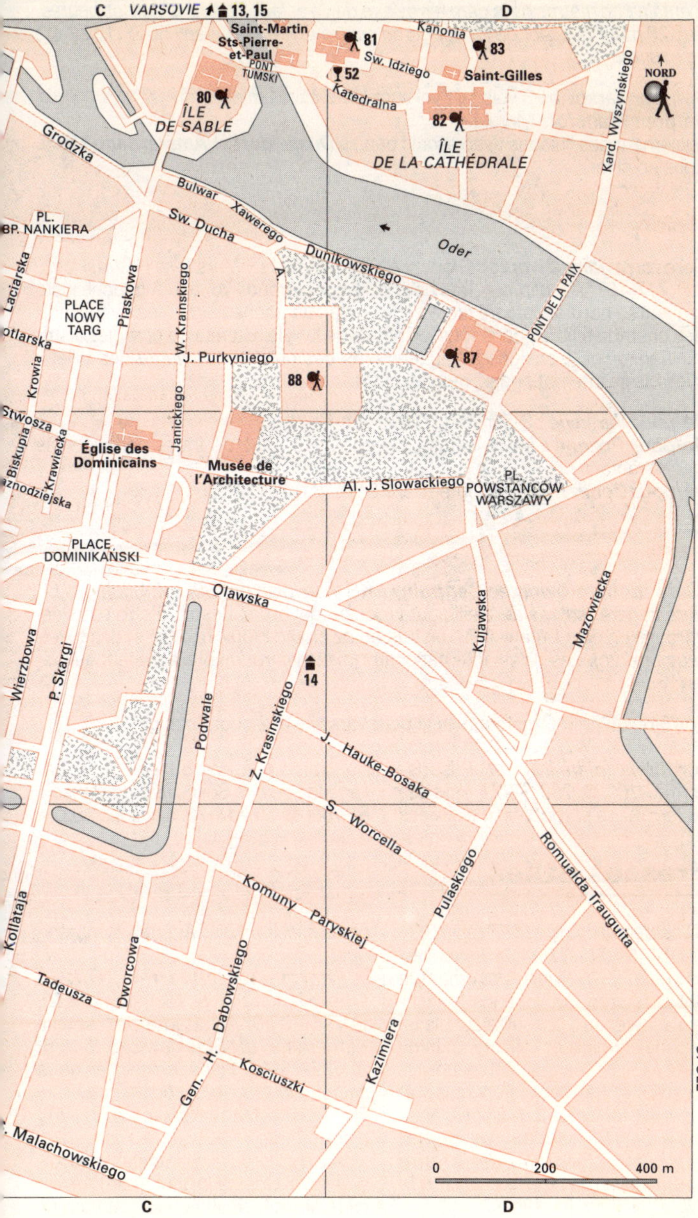
C
VARSOVIE 13, 15
D
Saint-Martin
Sts-Pierre-et-Paul
PONT TUMSKI
81
Kanonia
83
Sw. Idziego
52
Saint-Gilles
Katedralna
80
ÎLE DE SABLE
82
ÎLE DE LA CATHÉDRALE
Kard. Wyszyńskiego
NORD
Grodzka
Bulwar Xawerego
Sw. Ducha
Dunikowskiego
Oder
PL. BP. NANKIERA
Laciarska
Piaskowa
W. Krainskiego
A.
PLACE NOWY TARG
Kotlarska
PONT DE LA PAIX
J. Purkyniego
87
88
Krowia
Stwosza
Janickiego
Biskupia
Krawiecka
Église des Dominicains
Musée de l'Architecture
Al. J. Slowackiego
PL. POWSTANCOW WARSZAWY
Kuznodziejska
PLACE DOMINIKANSKI
Olawska
Kujawska
Mazowiecka
Wierzbowa
P. Skargi
14
Z. Krasinskiego
Podwale
J. Hauke-Bosaka
S. Worcella
Romualda Trauguita
Pulaskiego
Komuny Paryskiej
Kollataja
Dworcowa
Dabowskiego
Tadeusza Kosciuszki
Kazimiera
Gen. H.
Malachowskiego
0
200
400 m
1
2
3
OPOLE

WROCŁAW

une centaine de mètres de la gare ferroviaire de Wrocław. 2 départs ttes les heures. Durée : 20 mn. Pour aller de l'aéroport au centre-ville en taxi : env 50 Zl (12,50 €) ; durée : 10 mn.

➢ ***De/pour Varsovie :*** 3 vols/j. (1 vol supplémentaire lun et sam).
➢ ***De/pour Francfort :*** 1 vol/j.
➢ Également des liaisons avec escale depuis ***Dusseldorf*** et ***Amsterdam.*** Moins d'avions en hiver.

En train

Gare ferroviaire Dworzec Glowny PKP *(plan B3)* **:** *ul. Marszałka Piłsudskiego, 105.* ☎ *717-16-74.* • *pkp.pl* • Très belle gare aux plafonds voûtés. À gauche juste après l'entrée nord de la gare (côté centre-ville), un panneau lumineux vous indique les chambres libres dans tous les hôtels de la ville. Bureau de change. Distributeur *Bankomat.* Consigne à bagages près des guichets de vente des billets. Pour les billets internationaux, guichet n° 20.

➢ ***De/pour Varsovie :*** 3-5 trains/j. Durée : 5h-5h30.
➢ ***De/pour Poznań :*** env 5 trains/j. Durée : 2h15. Plus de trains dans le sens Poznań-Wroctaw.
➢ ***De/pour Berlin :*** 1 train/j. Durée : env 5h45.

En bus

Gare routière Dworzec Centralny PKS *(hors plan par B3)* **:** *ul. Sucha, 1/11. Derrière la gare ferroviaire.* Vieille gare routière qui aurait besoin d'être rénovée. On y trouve un distributeur *ATM,* un bureau de change *(ouv 7h-20h)* et des toilettes *(ouv 6h-22h).* Les billets internationaux *(miedzynarodowe)* s'achètent au guichet n° 3.

➢ Env 5 bus/j. pour Częstochowa, 4 pour Varsovie et 2 pour Poznań.

■ ***Eurolines*** *(plan C3)* **:** *ul. Pilsudskiego, 100-102.* ☎ *783-32-71. Près des gares ferroviaire et routière.* • *eurolines polska.pl* • *Autre bureau tenu par l'agence de bus* Sokol, *ul. Powstancow Sl, 168.* ☎ *337-18-73.* • *sokol.com.pl* •

Adresses utiles

Office de tourisme – MKP *(plan B2)* **:** *rynek, 14.* ☎ *344-31-11.* • *itwroclaw.pl* • *Ouv 9h-21h. Rens concernant la ville et la région.* Publications touristiques à acheter ou à consulter sur place. On y parle l'anglais et l'allemand. Infos pour loger dans les résidences universitaires d'été. Se procurer *Wroclaw in your pocket* foisonnant de bons plans.

■ **Poste** *(plan B2)* **:** *sur la* rynek. *Bureau ouv 24h/24, y compris dim. Autre bureau dans la rue Rzeznica (plan B1). Ouv tlj sf sam-dim 8h-19h.*

■ ***Bureau PTTK*** *(plan B1,* ***1****)* **:** *rynek, 11/12.* ☎ *343-83-31. Au centre de la pl. du Marché. Au 1er étage, au-dessus du* Club 54. *Ouv sem 9h-17h.* Des guides parlent le français. Accueil sympathique.

■ ***Pharmacies ouvertes 24h/24 :*** Apteka Magiczna, *ul. Niemcewicza 6b.* ☎ *795-62-20. Autre adresse :* Apteka Katedralna, *ul. Sinekiewicza, 54/56.* ☎ *332-73-15. Dans le quartier de la cathédrale et du jardin botanique.*

■ ***Alliance française*** *(plan B1,* ***5****)* **:** *rynek, 58.* ☎ *344-22-72.* • *alliance.wroclaw.pl* • Se trouve maintenant en compagnie du *Goethe Institut* et de l'*American Corner.* Médiathèque et journaux en français.

■ ***Journaux français :*** *on les trouve au magasin de la chaîne* Empik, *sur la* rynek.

Location de voitures

■ **Avis :** *ul. Marszałka Piłsudskiego, 49/57.* ☎ *372-35-67.* • *avis.pl* •
■ **Hertz :** *à l'aéroport de Wrocław.* ☎ *353-77-43.* • *hertz.com.pl* •
■ **Joka :** *ul. Marszałka Piłsudskiego, 66.* ☎ *781-81-88.* • *joka.com.pl* • *Prix spéciaux pour ceux qui réservent par Internet.*

Compagnie aérienne

■ **Lot** *(plan A3,* ***3****)* **:** *ul. Marszałka Piłsudskiego, 36.* ☎ *343-90-31. Lun-ven 8h-18h ; sam 9h-15h.* Accueil simple, rapide et efficace.

Internet, cybercafés

@ ***Internet :*** nombreux cafés ou espaces Internet dans le quartier de l'université *(plan B1).* La plupart des auberges de jeunesse et des hôtels disposent d'ordinateurs.

Où dormir ?

Bon à savoir : les hôtels pratiquent facilement des réductions pour le week-end.

Très bon marché

Résidences universitaires : nombreuses possibilités en été, mais variables chaque année. S'informer auprès de l'office de tourisme *MKP.*

Hostel Avant-garde *(plan B3,* ***12****)* **:** *ul. Kosciuski, 55.* ☎ *341-07-38.* • *avantgardehostel.pl* • *Lit en dortoir 40 Zl/pers (10 €) ; double 100 Zl (25 €) ; petit déj inclus. Internet.* Inauguré en 2007, en plein centre mais en retrait de l'agitation de la rue, avec un parking devant, ce bâtiment réaménagé de trois étages abrite une des auberges de jeunesse les plus agréables de Wrocław. Accueil jeune et sympathique. Nombreux dortoirs de 4, 6 ou 8 lits, avec casiers, décorés avec sobriété et tenus avec soin. Doubles aux 2e et 3e étages, avec douche et w-c sur le palier. Services : cuisine à disposition, infos sur Wrocław.

Cinnamon Hostel *(plan B2,* ***10****)* **:** *ul. Kazimierza Wielkiego, 67.* ☎ *344-58-58.* • *cinnamonhostel.com* • *Lits en dortoir 45-55 Zl/pers (11-14 €) ; double 135 Zl (34 €) ; petit déj inclus.* Au 2e étage d'un immeuble en retrait de la rue. Ensemble clair et spacieux. Dortoirs de 6 ou 10 lits dans le style *Ikea,* propre et net, avec vue sur la cour (calme). Très bon accueil.

The Stranger Hostel *(plan B3,* ***11****)* **:** *ul. Kollataja, 16/3.* ☎ *344-12-06.* • *thestrangerhostel.com* • *Lits en dortoir 50-60 Zl/pers (13-15 €). Wifi et Internet.* Excellente auberge de jeunesse à prix doux. D'une taille familiale, avec des dortoirs propres et bien tenus, de 4, 8 et 10 lits. Bon accueil en plusieurs langues. Nombreux services : salon (DVD), cuisine à disposition des hôtes, infos sur la ville.

Auberge de jeunesse PTSM Na Wyspie *(Hostelling International Tumski ; hors plan par C1,* ***15****)* **:** *Wyspa Slodowa, 10.* ☎ *322-60-99.* • *hotel-tumski.com.pl* • *Lits en dortoir 36-60 Zl (9-15 €), petit déj non inclus.* Une partie de l'hôtel *Tumski* (2 étoiles, mentionné plus bas) est occupé par cette auberge de jeunesse affiliée au réseau *Hostelling International.* Dortoirs de 2, 4, 6 et 10 lits. Ensemble propre et fonctionnel, avec la même vue sur l'Oder et ses rives que dans la partie chic du bâtiment. Idéal pour des groupes de collégiens, de lycéens et d'étudiants.

Hiway Hostel *(hors plan par C1,* ***13****)* **:** *ul. M. Curie-Skldowskiej, 9/4.* 📱 *513-011-169.* • *hiwayhostel.pl* • *De la gare ferroviaire, prendre un bus ou un tram jusqu'à Katedra ou Plac Grunwaldzki. À 20 mn à pied de la rynek et du centre.*

Sonnette « Hostel », 1er étage. Mieux vaut réserver. Lits en dortoir 35-50 Zl/pers (9-13 €) selon capacité du dortoir et jour de la sem, petit déj inclus ; réduc de 10 % pour les étudiants. Internet libre. Petite auberge dans un grand appartement ancien rénové, haut de plafonds, fort bien tenu par un jeune Polonais anglophone et jovial. Vue sur la rue, mais nuits calmes. Deux dortoirs de 4 ou 8 lits. Nombreux avantages et services : laverie, cuisine équipée à disposition, casiers.

De bon marché à prix modérés

Hôtel Noclegi U Szermierzy *(plan C2, **14**) : ul. Krasinskiego, 30 B. ☎ 343-49-89. • wks.kolejarz@neostrada.pl • Double 75 Zl (19 €).* Le porche côté rue n'est guère attirant, mais l'adresse vaut l'étape. Un ancien bâtiment bien conservé donne sur une cour intérieure calme, abritant sur 3 étages ce petit hôtel simple et propre, géré par le club d'escrime de Wrocław. Ici, pas de coup de fleuret dans le poitrail du client, mais un accueil jovial et souriant avec quelques mots d'anglais. Chambres modestes et de confort suffisant, avec 2, 3 ou 4 lits. Sanitaires à l'étage, mais douche-lavabo dans la chambre. Seulement 2 chambres pour une personne avec douche et w-c à l'intérieur. En demander une au dernier étage (plus lumineux).

Dom Wycieczkowy Piast *(plan B3, **17**) : ul. Marszałka Piłsudskiego, 98. ☎ 343-00-33. • odratourist.pl • En face de la gare* PKP. *Bon marché : à partir de 60 Zl (15 €) pour les étudiants munis d'une carte ; pour les autres, doubles à partir de 97 Zl (24 €), sans petit déj.* L'hôtel est l'endroit de prédilection des jeunes touristes. Chambres propres à haut plafond, avec moquette, radio, TV et lavabo pour certaines, ou douche pour les autres. Partout, la fameuse couette polonaise qui tient chaud et de bons gros oreillers. Accueil très agréable.

Prix moyens

Hôtel Bursa Savoy *(plan B3, **16**) : pl. T. Kościuszki, 19. ☎ 344-32-19. • savoy.wroc.pl • Dans le coin sud-est de la place. Bien situé au centre-ville. Il faut sonner. Doubles env 150-200 Zl (38-50 €), petit déj non compris.* Un bel immeuble des années 1930, revisité par un adorateur de la couleur orange. Dans de petites chambres, très correctes, toutes avec salle de bains, des canapés à déplier. Accueil aimable, en polonais.

Hôtel Polonia *(plan B3, **19**) : ul. Marszałka Piłsudskiego, 66. ☎ 343-10-21 ou 29. • odratourist.pl • Doubles 190-230 Zl (48-58 €), copieux petit déj inclus ; réducs intéressantes le w-e.* En partie rénové, il propose des chambres correctes mais sans caractère. Accueil sympa. Parking gardé à proximité.

Hôtel Zaułek *(plan B1, **18**) : ul. Garbary, 11. ☎ 341-00-46. • hotel.uni.wroc.pl • Dans le quartier de l'université, en empruntant la ruelle Garbary. Assez cher : double env 300 Zl (75 €), petit déj inclus ; mais l'un des très rares hôtels du centre de Wrocław à maintenir ses prix ; réduc le w-e. Parking devant l'hôtel, avec verrouillage des places.* Une ancienne maison rénovée et repeinte en blanc. Chambres agréables, avec salle de bains, certaines avec un petit salon intime pour les visiteurs. Bon accueil, clientèle d'universitaires. Le soir, vous pouvez manger sur place dans un bar-restaurant au rez-de-chaussée.

Chic

Tumski Hotel *(hors plan par C1, **15**) : Wyspa Slodowa, 10. ☎ 322-60-99. • hotel-tumski.com.pl • Doubles 300-350 Zl (75-88 €), petit déj inclus.* Dans un site exceptionnel, sur un îlot entouré par plusieurs bras de l'Oder, tout près du quartier de la cathédrale (5 mn à pied, très jolie promenade). Le tramway

LA SILÉSIE ET LES SUDÈTES

passe à côté, mais son bruit métallique ne passe pas à travers les murs. Voilà un petit hôtel de charme qui occupe un bâtiment de 1885, aux murs ocre, qui abrita autrefois une école de meuniers. Mais ici, les clients ne sont pas roulés dans la farine. Rénovées et très bien arrangées, les chambres, confortables (douche et w-c), donnent sur la rivière ou sur le secteur en cours de réaménagement (ancien moulin, parking, église, jardin). La suite avec sa fenêtre en bow-window est plus chère mais c'est la plus jolie chambre de l'hôtel.

Dwór Polski *(plan B1,* ***20****) : ul. Kiełbaśnicza, 2. ☎ 372-34-15. • dworpolski.wroclaw.pl • Dans une petite rue tranquille, à l'ouest de la pl. du Marché. Chambre env 300 Zl (75 €) ; appartement 470 Zl (118 €). Parking.* Du petit luxe à un prix abordable. La riche façade, côté *rynek,* est une bonne carte de visite, comme la galerie de photos de célébrités (on n'y est pas encore...). À l'intérieur, où est reconstitué un décor traditionnel de maison bourgeoise, on trouve un confort moderne. Ici, pas de faux-semblants : c'est ancien, c'est chic et abordable ! Accueil très sympathique et bon rapport qualité-prix. L'ensemble abrite aussi trois restaurants, une cave à vin, un jazz-pub, et, aux beaux jours, une cafétéria s'installe dans le passage (voir le *Karczma Piastów Modosytnia* dans « Où manger ? »).

Où manger ?

Bon marché

Bar-self Bazylia *(plan B1,* ***31****) : ul. Kuznicza, 42. ☎ 375-20-65. Sem 8h-20h ; w-e 7h-20h. Plateau-repas env 10 Zl (2,50 €).* C'est bon, simple et pas cher, dans un cadre design et moderne. Adresse idéale pour déjeuner (il ferme tôt le soir), manger sur le pouce un petit plat polonais en admirant la belle façade de l'université qui se dresse derrière les grandes baies vitrées.

Le Bistrot Parisien *(plan B1,* ***39****) : ul. Nozownicza, 1d. ☎ 343-76-98. Ouv 10h (12h dim)-2h. Compter 15-20 Zl (4-5 €).* Tenu par un jeune Français installé à Wrocław. Deux petites salles décorées dans l'esprit vieux bistrot de Paname (nostalgie !) : photos de Doisneau, objets, plaques de rue. Salades et galettes fermières, crêpes au sarrasin, omelettes et plats végétariens.

Bar Vega *(plan B1-2,* ***35****) : ul. Sukiennice, 1/2. Sur la* rynek, *à côté du magasin* Kodak. *Ouv slt 12h-18h.* Pour oublier le *goulasch* et le « ventre de vache » en potage. *Vega* comme végétarien. Une cafétéria en plein centre, avec un tableau tellement riche qu'on hésite sur les plats. Essayez la côtelette de soja avec de la purée maison. Le jus d'orange pressée n'est pas très cher. Salle agréable dans un décor où le vert domine sur quelques aquarelles encadrées. Une autre salle à l'étage propose divers plats non végétariens. Clientèle plutôt hétérogène.

Ready's *(plan B2,* ***32****) : rynek, 15. Ouv 8h-19h (18h sam-dim).* À l'intérieur d'un immeuble cossu à la façade rose, un snack moderne entièrement dévolu aux spécialités grecques à la mode polonaise. Terrasse sur la *rynek.*

Bar Wzorcowy *(plan B3,* ***38****) : ul. Marszałka Piłsudskiego, 86. À l'angle de Stawowa, dans le quartier de la gare. Sem 7h-19h ; w-e 10h-18h.* Prix particulièrement attractifs. Une cantine populaire avec self, pour les travailleurs du quartier. Déco triste et plantes vertes.

Prix moyens

Paparazzi *(plan B1,* ***40****) : ul. Rzeznicza, 32/33. ☎ 341-04-85. • paparazzi.com.pl • Sem 12h-1h ; w-e 16h-2h. Voir aussi plus bas « Où boire un verre ? ».* Ce grand bar design sert aussi à manger. Cuisine tendance mêlant les saveurs polonaises à celles de la Méditerranée. Un endroit spacieux, bien décoré, fréquenté par les gens branchés de Wrocław.

LA SILÉSIE ET LES SUDÈTES

Pod Szczęśliwym Kupcem *(plan B1, **34**) : rynek, 46/47. Ouv 11h-22h.* Sur la place du Marché, une petite adresse pleine de charme mais limitée à de la restauration rapide, style salades et crêpes.

Karczma Lwowska *(plan B1, **33**) : rynek, 4. Ouv 11h-23h.* Au 1er étage d'un très bel immeuble, un resto créé par des amoureux de la ville de Lviv (Lwow). En effet, tout rappelle ici cette ville (située autrefois en Autriche-Hongrie, ensuite en Pologne, maintenant en Ukraine), dont beaucoup d'habitants de Wrocław sont originaires : des peintures murales, de vieilles cartes postales, mais aussi une cuisine régionale roborative. Goûtez au rôti à la *Dzieduszycki* selon la recette d'un comte lui-même venu de Lviv.

Chic

Spiż *(plan B1, **37**) : rynek, 9.* ☎ *344-72-25. Au milieu de la pl. du Marché. Ouv 10h-minuit.* Dans les caves d'anciennes halles, plusieurs grandes salles au décor royal. Sur la carte (énorme), vous découvrirez quelques spécialités mexicaines, et pour cause... le propriétaire, Bogdan Spiż, est consul honoraire du Mexique ! Également de la bonne cuisine polonaise et surtout de la bière brassée sur place : les cuves sont visibles. En été, installez-vous sur les planches de la grande terrasse, verte et gaie, pour observer le va-et-vient de la place. Mais ne pas y venir pour trouver de l'intimité : c'est un resto touristique.

Karczma Piastów Modosytnia *(plan B1, **36**) : ul. Kiełbaśnicza, 6/7.* ☎ *372-48-98. Ouv 10h-22h.* Fait partie du fameux ensemble gastronomique de *Dwór Polski,* fréquenté d'ailleurs par des célébrités : la princesse et le prince de Luxembourg, Lech Wałęsa... À l'arrière de l'entrée principale, sur la *rynek,* dans une rue aux façades anciennes restaurées se cache un excellent resto. Les repas se prennent dans une cour intérieure tranquille malgré l'animation toute proche. Une belle carte de spécialités polonaises et silésiennes. Étonnant rapport qualité-prix.

Où boire un verre ? Où écouter de la musique ? Où danser ?

Café Uni *(plan B1, **31**) : pl. Uniwersytescka, 11. Sur la place de l'Université. Ouv 10h-minuit.* Banquettes en skaï rouge, sculptures d'artistes, terrasse extérieure. Comme dans tous les bars de la ville, on peut y rencontrer des jeunes gens passionnés de discussions sur la vanité des choses et de jolies filles qui leur donnent tort. Des cocktails aux noms extravagants : veuve verte *(zielona wdowa),* rêve d'un ivrogne *(marzenie pijaka),* tournevis *(śrubokret)...*

♫ **PRL** *(plan B1, **51**) : rynek, 10.* ☎ *342-55-26.* Le siège de l'ancien parti communiste a gardé sa déco d'antan, avec lourdes tentures rouges, affiches de propagande et portraits de dignitaires. Petites alcôves privées pour comploter à l'aise. Karaoké en début de semaine en sous-sol et piste de danse très fréquentée tous les soirs.

Paparazzi *(plan B1, **40**) : ul. Rzeznicza, 32/33.* ☎ *341-04-85. Sem 12h-1h ; w-e 16h-2h.* Le plus grand et le plus design des bars-lounge à cocktails de Wrocław. Grand bar en rectangle, photos de cinéma et de mode aux murs, écrans TV, sofas confortables et ambiance glamour. Fait aussi resto. Bonne adresse pour le soir.

Cafeterie Chic *(plan D1, **52**) : ul. Katedralna, 6.* ☎ *327-13-55. Dans le quartier de la cathédrale, à l'ombre de l'église Sainte-Croix. Tlj 9h-21h.* On y sert un excellent *espresso* et des pâtisseries dans une petite salle joliment meublée et climatisée en été. Un des rares endroits dans ce secteur pour boire un verre sans se faire sermonner par le prêtre (attention, pas d'alcool ; c'est un salon de thé). Adresse un peu chic et pas chère.

Blue Bar *(plan B2, **53**) : pl. Solny, 8/9.* ☎ *343-41-26. Sur la pl. du Sel.* Un bar moderne tout en lumières bleutées et écran géant. Grand choix de vodkas.

Les bars dansants du 51 ul. Ruska *(plan A1,* ***61****) :* dans un passage accessible par le 51, rue Ruska, une sorte de cour intérieure bordée de hauts immeubles anciens, où se regroupent cinq bars dansants et disco-clubs, les uns contre les autres, prolongés par des terrasses. C'est un des hauts lieux de la vie nocturne de Wrocław. Le *Metropolis* (musique techno), le *Celtic Pub*, le *Music Pub Ibiza*, le *Papryka*, le *Niebo*. En fin de semaine, ils ferment vers 3-4h.

Music Club Liverpool *(plan B3,* ***60****) : ul. Świdnicka, 37/38. En face du grand magasin* DT Centrum ; *entrée sous les arcades.* Un couloir un peu suspect mène à une cave ; c'est là. Une boîte récente mais bien connue parmi les étudiants, qui y fêtent volontiers la fin de leurs examens. Le décor est voué aux Beatles.

– ***Sur la rynek :*** les discothèques *Bacchus* et *Svianski Truche* en face du *Sphinx.* Les noctambules invétérés aiment aussi s'éclater au ***Studio 54,*** sur la *rynek,* au n° 12.

Vie culturelle

Le programme des manifestations culturelles et artistiques à Wrocław est disponible à l'office de tourisme.

– Le magazine (en langue anglaise) *Wroclaw in Your Pocket* propose tous les deux mois la liste des concerts, spectacles, expositions. Il est disponible (5 Zl) en kiosque, sur la *rynek.*

– Si vous êtes intéressé par le théâtre expérimental, ne ratez pas le ***Centre de recherches théâtrales*** *(plan B1) : rynek, 27.* Il cultive l'art de Jerzy Grotowski et vous invite à participer à des spectacles, des conférences, des rencontres...

– Les amateurs de jazz apprécieront le ***Festival international Jazz sur l'Oder,*** qui a lieu généralement en mai.

– ***Le Festival d'oratorios et de cantates Wratislavia Cantans*** demeure aussi une grande fête et pas seulement pour les mélomanes.

– Au centre de la ville se trouve le beau bâtiment de l'***Opéra de Wrocław*** *(ul. Świdnicka, 3 ; plan B2).* En un siècle et demi, depuis son ouverture, l'Opéra a accueilli sur scène des musiciens célèbres : Johannes Brahms, Frédéric Chopin, Henryk Wieniawski... Une belle soirée à un prix pas trop élevé.

À voir

Ratusz et ***Rynek*** *(hôtel de ville et place du Marché ; plan B1-2)* ***:*** *mer-sam 11h-17h, dim 10h-18h. Fermé lun-mar. Entrée : 7 Zl (1,75 €) ; réduc ; gratuit mer.* L'hôtel de ville est un rare exemple du gothique tardif (construit à la fin du XIIIe s) de l'architecture civile. La plus belle et la plus intéressante de ses façades est peut-être celle du sud, ornée de nombreuses frises en relief des XVe et XVIe s. Exécutées avec réalisme, elles nous font revivre les amusantes scènes de la vie quotidienne du Moyen Âge. Du côté est, la reconstitution d'un ancien pilori.

– Sur la place, de jolies maisons baroques aux nos 4, 5 et 6. Au n° 2, une grande résidence patricienne de la Renaissance flamande.

Plac Solny *(place du Sel ; plan B2) :* une sorte de place annexe, destinée à l'origine au marché du sel. Intéressant ensemble baroque.

Kosciol Marii Magadelny *(église Sainte-Marie-Madeleine ; plan B2,* ***86****) : ul. Olawska, 19. Ouv 8h-20h.* Dans une rue attenante à la place du Marché. Une écrasante basilique gothique. Sur le côté sud, un portail roman du XIIe s.

Wyspa Piaskowa *(île de Sable ; plan C1,* ***80****) : par le plus vieux pont de Wrocław, vous pénétrez sur l'île de Sable.* Tout de suite à droite, la bibliothèque universitaire, dont les volumes les plus précieux ont brûlé pendant la dernière guerre. Plus loin,

LA SILÉSIE ET LES SUDÈTES

Notre-Dame-de-Sable. Ces noms poétiques pour l'île et la cathédrale évoquent les modèles italiens d'églises dédiées aux chrétiens massacrés sur le sable des arènes. L'ensemble date de la fin du XIVe s, mais les derniers travaux ont permis de découvrir les traces des édifices antérieurs. Ne manquez pas le tympan roman du XIIe s, ni la fresque murale du XVe.

➢ En sortant de l'église, empruntez à droite le pont Tumski *(Most Tumski).*

Ostrów Tumski : la première cité, berceau de la ville, où tout a commencé aux IXe et Xe s. Le premier évêché de la ville y fut fondé en l'an mille. À partir de cette date, l'île devint le centre de la vie religieuse de Wrocław, ce qu'il est resté jusqu'à aujourd'hui. Y sont préservés les témoins du passé les plus somptueux, les églises et édifices sacrés. Une très belle balade à faire à pied.

***L'église Sainte-Croix** (plan D1, **81**) : elle se trouve juste à votre gauche en venant du pont Tumski.* Grandiose, élancée, elle est parfois confondue avec la cathédrale par les non-initiés. Cette construction originale abrite deux églises superposées. C'est un bel exemple de la tolérance, car les deux niveaux correspondent à deux cultes différents. Une plaque (à droite de l'entrée, à l'extérieur) rappelle que le savant astronome *Nicolas Copernic* (1473-1543) fut scholastique (enseignant en théologie et en philosophie) dans cette collégiale de 1503 à 1538.

➢ Continuez par la petite rue aux maisons des XVIe et XVIIIe s (reconstruction totale), au bout de laquelle vous découvrez la cathédrale.

***Katedra Sw Jana Chrzciciela** (cathédrale Saint-Jean-Baptiste ; plan D1, **82**) : pl. Katedralny, 18. Lun-sam 8h30-16h ; dim 14h-16h30.* Un monument dédié à saint Jean-Baptiste, fondé en l'an 1244. La cathédrale a été reconstruite dans le style du gothique tardif après la Seconde Guerre mondiale, mais on y trouve aussi un grand nombre d'ornements baroques et d'ajouts néogothiques. Dans la nef centrale, une chaire du baroque silésien. Clocher accessible par un ascenseur.

***Muzeum Archidiecezjalne** (musée de l'Archidiocèse ; plan D1, **83**) : ul. Bernardynska, 5. Lun-mer et ven-sam 10h-16h ; jeu 12h-18h ; dim 11h-17h. Entrée : 7 Zl (1,75 €) ; gratuit mer. Commentaires en polonais et en anglais.* Sortant de la cathédrale par la porte de gauche, vous pouvez poursuivre la visite en longeant l'église. Dans l'ancien couvent des Bernardins, un musée intéressant surtout pour la sculpture silésienne et les précieux manuscrits datant des origines de la littérature polonaise. Voir aussi la maquette de Wrocław en 1740.
– Tout près se trouve le *jardin botanique, ul. Ostrów Tumski,* pour faire une halte écolo. *Ouv 8h-18h. Entrée : 7 Zl (1,75 €). Ts les dim en été, concerts de musique classique à 11h et 16h.*

***Uniwersytet Wroclaw** (université de Wrocław ; plan B1, **84**) : pl. Uniwersytecka, 1. ☎ 375-22-45. Ouv 10h-15h30. Fermé mer. Entrée : 4,50 Zl (1,20 €).* Splendide bâtiment baroque fondé par les jésuites en 1670. Après la guerre austro-prussienne de 1741, elle devint un hôpital puis une prison, et une épicerie en 1757. Pendant la Seconde Guerre mondiale, les nazis en firent leur quartier général. Après 1945, des professeurs venus de Lviv participèrent à la renaissance du lieu. Parmi les célébrités y ayant enseigné dans le passé, Aloïs Alzheimer, l'homme qui donna son nom à la maladie. Vous vous souvenez ? Admirez la façade, qui n'a jamais été aussi rutilante que depuis sa restauration. Au 1er étage, une superbe salle de fêtes, *Aula Leopoldina,* dédiée à l'empereur Léopold. Ne la manquez pas, surtout si vous êtes étudiant(e) à l'académie moderne, dont les amphis n'ont rien de chefs-d'œuvre !

***Muzeum Narodowe** (Musée national ; plan D1, **87**) : pl. Powstanców Warszawy, 5. Mar-ven 10h (9h jeu)-16h ; sam 10h-18h. Fermé lun. Entrée : 15 Zl (4 €) ; gratuit sam. Le billet du Panorama Racławicka est valable, le même jour, pour le Musée national.* Un imposant bâtiment de la néo-Renaissance flamande. Collections d'art silésien, du Moyen Âge au baroque : sculptures en bois, peintures, anciennes pier-

LA SILÉSIE ET LES SUDÈTES

res funéraires. Le second étage confirme que l'activité artistique est restée intense en Pologne tout au long du XXe s. Entre autres pièces remarquables, plusieurs toiles de Kantor et les étonnants mannequins de bois sculptés par Magdalena Abakanowicz. Une salle spéciale est consacrée aux maîtres étrangers : les œuvres les plus précieuses sont celles de Giovanni Santi, père de Raphaël, et d'Albrecht Dürer.

Raclawice Panorama *(panorama Racławicka ; plan C1,* ***88****)* **:** *ul. Purkyniego, 11. ☎ 344-23-44. • panoramaraclawicka.pl • Tlj sf lun 8h-16h30 ; visites ttes les 30 mn. Entrée : 20 Zl (5 €). Écouteurs en français (commentaires très bien faits).* À proximité du Musée national, dans un parc, une étrange rotonde en béton. À mi-chemin entre la peinture et la scénographie, le panorama est constitué d'une grande toile réaliste (120 m de circonférence, 15 m de haut) déroulée à l'intérieur d'un bâtiment circulaire. Invention intéressante à une époque (fin XIXe s) où personne ne rêvait encore des cinémas modernes aux écrans hémisphériques. La toile raconte l'une des batailles de l'insurrection de Kościuszko de 1794. L'œuvre de deux grands artistes de l'école réaliste constitue, outre une valeur esthétique, le manifeste patriotique de la lutte pour l'indépendance. Jusqu'en 1894, l'œuvre était conservée à Lviv ; après la Seconde Guerre mondiale, en 1946, les Russes la rendirent à la Pologne. Son message ouvertement antirusse fit longtemps obstacle à son exposition publique, qui a été rendue possible seulement en 1985. Depuis, les Polonais s'y pressent en famille pour revivre pieusement cet épisode historique. À voir absolument.

Wroclaw juive

Le vieux cimetière juif de Wrocław : *ul. Slezna, 37/39.* L'un des mieux préservés de Pologne, ce cimetière juif compte environ 1 200 tombes et pierres tombales. Construit en 1856, fermé en 1942 sur ordre des nazis, il n'a pas été détruit mais il est resté à l'abandon jusqu'aux années 1970. En 1990, après restauration, il a été rouvert comme musée-cimetière juif. Les juifs vivaient à Wrocław depuis le XIIIe s, comme le prouve une vieille pierre tombale datée de 1203, découverte à l'emplacement d'un autre vieux cimetière juif du quartier de Podwale (disparu aujourd'hui). Cette pierre tombale est exposée au musée d'Archéologie de Wrocław. La seule synagogue de la ville ayant survécu à l'Holocauste se trouve dans l'ancien quartier juif de la ville, ul. Wlodkowica, 7.

➤ DANS LES ENVIRONS DE WROCŁAW

Trzebnica : *sur la route de Poznań, à une vingtaine de km de Wrocław.* Trzebnica vaut une petite halte. L'église fut construite au début du XIIIe s par le prince de Silésie, Henryk I Brodaty (Henri le Barbu), pour sa femme, qui lui préférait la vie religieuse. Il lui fit aussi construire un couvent, où elle se retira après la mort du prince. Le couvent est devenu un hôpital, après que l'ordre des cisterciennes a été aboli. Fin XVIIe s, l'église et l'abbaye furent reconstruites après un incendie, dans le style gothique qui prévalait à l'époque. Il reste deux portails romans d'origine, dont un représente le roi David jouant de la harpe à sa bien-aimée.
Une belle histoire qui se solde par une belle église, dont l'intérieur est d'un luxe princier et d'une blancheur « canonique ». L'église devient très lumineuse en fin d'après-midi, avec les lustres allumés. La sœur Edwige fut canonisée peu après sa mort, et son tombeau se trouve dans la chapelle à droite du chœur. Son mari serait jaloux d'un tel luxe, d'autant que son tombeau, au pied de l'autel, est tout riquiqui.

Sobótka : *au sud de Wrocław, direction Swidnica par l'E261, puis la 452. Accessible en train et en bus.* Ruines archéologiques des civilisations païennes, comme les Celtes, sur le mont Sleza. Il reste quelques statues énigmatiques.

Swidnica : *à 50 km au sud de Wrocław. Accessible en train et en bus.* Ville paisible avec sa *rynek* et ses jolies bâtisses. Quelques restes d'un passé médiéval, qu'on retrouve parfois dans l'architecture, en se perdant dans le *centrum*. Un *musée des Vieux Métiers (muzeum Dawnego Kupiectwa ; au nord de la* rynek *; ferme à 15h).* En allant vers la grande tour, transformée en galerie *(ouv 11h-17h)*, on passe devant la prison, et rue Rozana, on suit malgré soi la conversation entre les prisonniers et leurs familles ou leurs petites amies. Rue Niepodleglosci, la conversation se fait avec les mains, à cause du bruit des voitures. La ville ne mérite qu'une halte sur la route des Sudètes.

Karpacz : *dans la direction de Jelenia Góra, au sud-ouest de Swidnica, à la frontière tchèque.* Le village possède une perle rare, avec son église Wang construite en bois de Norvège, au XIIe s, et décorée de motifs vikings. Elle fut achetée par le roi de Prusse, puis démontée et remontée pièce par pièce à Karpacz. On peut aussi visiter le *musée du Jouet (muzeum Zabawek)*, qui rassemble une très belle collection internationale de nounours et autres marionnettes. De nombreuses randonnées sont possibles dans la région, notamment au mont Sniezka.

LES SUDÈTES

Au sud de Wrocław, à la frontière tchèque, cette région montagneuse et boisée, qui s'étend sur les deux pays (Pologne et République tchèque), a été certainement l'une des plus convoitées de l'histoire de la Pologne. C'est là, dans les Sudètes, qu'à la fin de la Seconde Guerre mondiale, l'ordre de Berlin « Trouvez des endroits sûrs pour cacher les œuvres d'art » fut exécuté, grâce aux nombreuses grottes et multiples souterrains et châteaux, mais aussi en raison de la conviction que cette région demeurerait allemande.
La région est maintenant beaucoup plus calme mais tout sauf insipide. Marcher en forêt, observer la nature, fureter dans les vestiges d'une fière culture médiévale, lézarder dans des ruelles tout droit sorties du XVIIIe s : pour cela et tout le reste, les Sudètes méritent plus qu'un simple détour.

À L'ORIGINE DE LA SECONDE GUERRE MONDIALE

Le conflit de 1939-1945 a commencé dans les Sudètes. Cette région, qui appartenait alors à la Tchécoslovaquie, était peuplée d'Allemands qu'Hitler revendiquait pour l'Allemagne. Les habitants des Sudètes créèrent un parti d'abord autonomiste, puis pronazi, le Parti allemand des Sudètes. En 1938, Hitler adressa un ultimatum à la Tchécoslovaquie qui, lors de la conférence de Munich de septembre 1938 organisée pour régler cette question, dut céder devant les pressions franco-britanniques et les promesses du Führer d'organiser un plébiscite. Profitant du « lâche soulagement » des Français et des Anglais, Hitler occupa la région dès le 1er octobre 1938. On connaît la suite de l'histoire...

KŁODZKO

(57-300) IND. TÉL. : 074

À 90 km au sud de Wrocław, vers la frontière tchèque, sur la route de Brno. Kłodzko est une petite cité médiévale de 10 000 habitants, qui a gardé une grosse forteresse comme témoin d'une histoire mouvementée, ballottée entre Autrichiens, Prussiens, Tchèques et Polonais. Dans le fond d'une vallée, la

ville est étagée sur des versants de monts et se divise en deux parties : la partie basse près de la rivière et la partie haute (centre historique, la plus intéressante).
Il fait bon y déambuler, entre son petit pont gothique et ses ruelles tortueuses. La vie y coule doucement comme une bière qu'on déguste assis à une terrasse de la *rynek*. On peut contempler quelques belles façades éclectiques ou vaguement Art nouveau, souvent rénovées, parfois décrépies.

Arriver – Quitter

➢ ***En train :*** *2 gares. On arrive à Kłodzko główny et on doit prendre une navette, en train ou en bus, pour Kłodzko ville.* Une douzaine de trains tlj de/pour Wrocław et Swidnica, qui passent par Miasto, Walbrzych, Nysa, Bystrzyca. Durée du trajet Wrocław-Kłodzko : 1h30-1h45.
➢ ***En bus :*** une dizaine de bus/j. de/pour Wrocław, autant de Swidnica, et quelques-uns de Kudova et Bystrzyca. La ville est un carrefour des liaisons par bus dans la région. Liaisons vers Brno, en République tchèque.
– ***Bus de/pour Prague (République tchèque) :*** *prendre la Cie* Orlobus. *Infos et résas au ☎ 00-42-04-91-47-44-99. • orlobus.cz • Billets payables en euros.* 1 départ/j. de Kłodzko en début d'ap-m. Durée : env 4h. On passe par Kudowa, Ceska, Jaromer et Kralove. Dans le sens Prague-Kłodzko : même durée.

Adresses utiles

ℹ ***Bureau d'informations régionales*** *(Turystyczne Hrabstwo Sudetów) : ul. B. Chrobrego, 1. ☎ 865-89-70. • ziemiaklodzka.it.pl • Sur la* rynek, *au pied de l'hôtel de ville. Ouv en sem 10h-18h ; sam 10h-15h.* Infos multiples sur les hébergements chez l'habitant, sur l'agrotourisme (quelques très bonnes adresses, mais on n'y parle que le polonais), ainsi que sur les nombreuses possibilités d'activités dans la région.
✉ ***Poste :*** *éloignée de la* rynek, *en direction du musée.*
■ ***Banque PKO :*** *au nord de la* rynek, *vers la citadelle.* Distributeur.
@ ***Internet :*** *ul. B. Chrobrego, en face du bureau d'infos régionales. Ouv 11h-21h.* Au fond d'une impasse, une petite pièce sombre mais respirable.

Où dormir ?

Camping

Baza Campingowa Lossanna *(camping Lossanna) : ul. Nowy Swiat, 57. ☎ 867-30-31. Au nord de la ville, sur les hauteurs, direction Wrocław/ Walbrzych. À mi-forêt (indications fléchées). Pas d'arrêt de bus à côté, il faut marcher au moins 1 km. Compter 32 Zl (8 €) pour 2 pers, une tente et une voiture ; double 50 Zl (13 €).* Au sommet de la colline boisée (secteur de la forteresse), voilà un camping très ombragé, qui bénéficie de l'ombre d'arbres centenaires et de pelouses bien vertes. Propose aussi des chambres dans des bungalows retapés, de confort modeste (douche-w-c) et éparpillés dans le parc. Resto sur place.

Bon marché

Schronisko Młodzieżowe PTSM *(AJ) : ul. Nadrzeczna, 5. ☎ 867-25-24. À un bon km de la* rynek, *de l'autre côté de la rivière quand on vient de la gare* PKP. *Ferme à 21h. Lits 17-33 Zl (4-8 €)/ pers.* À la sortie de la ville, avec la campagne derrière, l'endroit est calme. L'AJ n'offre que 12 dortoirs de 2, 3, 4 ou 5 lits. Il est préférable de réserver quelques jours à l'avance en saison. La porte ferme tôt le soir, ce n'est pas une bonne nouvelle pour les fêtards. Cuisine équipée.

De prix moyens à plus chic

Hôtel-restaurant Korona : *ul. Noworudzka, 1.* ☎ *867-37-37.* • *hotel-korona.pl* • *Sur les hauteurs de la ville, à gauche de la route conduisant à la forteresse et au camping, au niveau de la station* BP. *Grand parking devant. Double 120 Zl (30 €). Plats 10-20 Zl (2,50-5 €).* Le bâtiment moderne et rénové abrite un restaurant au rez-de-chaussée (cadre chaleureux) et des chambres catégorie 2 étoiles, propres, confortables et calmes.

Où manger ?

Bon marché

Restauracja W Ratuszu : *pl. B. Chrobrego, 3.* ☎ *865-81-45. Plats 7-20 Zl (1,75-5 €).* Emplacement idéal, juste à côté de l'office de tourisme. Au rez-de-chaussée du grand bâtiment de l'hôtel de ville *(ratusz)*, à gauche de celui-ci quand on est sur la place centrale, et à l'ombre d'un grand calvaire portant des anges aux ailes dorées... Un bar-resto en terrasse, où l'on peut manger des petits plats polonais bien mijotés et à prix doux. Délicieux harengs en sauce.

Pub Przy Młynie : *ul. Kościuski, 1.* ☎ *647-09-97. Ouv 10h (12h dim)-23h. Au niveau de l'hôtel* Marhaba, *dans un virage sur la droite en remontant la grand-route vers le haut de la ville. À partir de 8 Zl (2 €) ; repas de bonne qualité env 20 Zl (5 €).* Une très bonne adresse (plutôt pour le soir). Dans la cour extérieure et ombragée, on peut boire un verre autour d'un puits. Le resto est installé dans un vieux moulin à eau, d'où son nom et son emplacement au bord d'un bras de rivière. Au sous-sol, un bar et une salle de restaurant agrémentés d'une collection de vieux postes TSF. Lieu de rendez-vous préféré de la jeunesse locale, on y sert une cuisine très classique mais goûteuse et bon marché. Très bonne truite. Accueil chaleureux.

LA SILÉSIE ET LES SUDÈTES

À voir

La forteresse : *suivre les indications « Labirynt Jedyny w Polsce » sur les murs de la citadelle. Mi-avr à fin oct, 10h-19h ; nov à mi-avr, 9h-16h. Entrée : 7 Zl (1,75 €) ; réduc. Forteresse + labyrinthe : 13 Zl (3,25 €). Tour guidé ttes les heures.*
Il y a donc deux droits d'entrée à acquitter : le premier billet pour la visite guidée dans le tunnel, le deuxième, à droite, pour la visite de la citadelle, fort belle mais laissée à l'abandon.
La forteresse a été érigée au XVIIe s par les Autrichiens, puis modifiée par les Prussiens. Sa forme actuelle, en deux parties, date de la fin du XVIIIe s. Elle a tenu tête à l'armée de Napoléon, grâce à son réseau de souterrains, qui fait sa grande originalité : 40 km de tunnels autour de la forteresse, qui servaient d'entrepôt et de moyen de défense. L'ingénieux inventeur de ce premier champ de mines bourrait les tunnels de poudre et, quand l'ennemi se trouvait au bon endroit, oups, en l'air ! Le guide vous montrera le système de mise à feu. On peut visiter ces tunnels sur 600 m ; les plus petits font 50 cm sur 50 cm, autant dire que les soldats y allaient à quatre pattes, et dans le noir, à cause de la poudre qui traînait partout. Pour ceux qui veulent essayer, le guide fait passer dans un petit tunnel de 1 m de haut, c'est la marche des canards sur 15 m.

Podziemna trasa turystyczna *(passage souterrain) : dans la vieille ville. Mêmes horaires d'ouverture que la forteresse.* Pour ceux qui en redemandent, possibilité de faire un circuit de 600 m dans les caves de la ville. C'est en 1945, quand certains bâtiments se sont effondrés, que ce labyrinthe s'est rappelé au souvenir des historiens de la ville. Ils l'ont restauré en brique. Les caves servaient d'entrepôts aux boutiquiers, et, lors de leur restauration en 1963, elles furent reliées entre elles pour former ce passage. Départ au pied de la forteresse, arrivée à côté de l'église. La caisse est à la fin, si vous ne vous êtes pas perdu. Notre seule hantise, et on vous en fait part (ne nous remerciez pas, entre nous, c'est normal), c'est qu'un plaisantin coupe l'électricité pendant la visite.

SUDÈTES SPOLIÉS

Nombreuses sont les familles allemandes qui reviennent sur les traces de leur passé dans leur ancien territoire d'avant 1945, abandonné par crainte des représailles russes. Chercheurs de trésors nazis ou exilés qui avaient caché des biens précieux (argent, bijoux) dans une grange, dans un champ, sous terre, ou même dans les pieds d'un meuble, tous ont quelque chose à récupérer. Aujourd'hui encore, chaque année, des familles silésiennes réclament à l'État polonais leurs biens perdus, leurs anciennes maisons ou leurs terres. Ce dossier des biens immobiliers des Sudètes n'est toujours pas réglé par les gouvernements allemand et polonais. Il envenime leurs relations et empêche leur normalisation complète.

Le pont gothique : lors de votre promenade en ville, passage obligé par ce petit pont du XIVe s. Sa physionomie, avec ses statues à l'extrémité, n'est pas sans rappeler le pont Charles de Prague, en miniature.

N'oubliez pas l'***église de l'Assomption*** et son remarquable portail baroque. Et puis se perdre en ville à la découverte de façades décorées, de vieilles portes cochères... La ville possède aussi un ***muzeum,*** *ul. Łuksieucza, 4,* avec une belle collection d'horloges. *Ouv mer et ven 10h-16h ; w-e 11h-17h.*

➤ DANS LES ENVIRONS DE KŁODZKO

Bystrzyca Kłodzka : *à une vingtaine de km au sud de Kłodzko en suivant la 381, direction Brno. Accès à Bystrzyca en train ou en bus au départ de Kłodzko.* On s'enfonce dans les Sudètes. Petite cité médiévale qui a gardé sa ceinture de remparts. On peut encore voir les portes d'entrée, à côté des tours, proches de la *rynek*. Le meilleur point de vue sur la ville et ses tours est près de la rivière Stronie.

➢ **La route de Bystrzyca à Kletno par Stronie Slaskie** est l'une des plus belles que nous ayons faites dans cette partie du pays. Les Sudètes sont enfin là.

Kletno : *à env 30 km à l'est de Bystrzyca et à 6 km au sud de Stronie Slaskie. Pour y aller en train, terminus à Stronie Slaskie, puis bus jusqu'à Kletno.* Village aux maisons éparpillées sur les versants d'une vallée de montagne, à 1 000 m d'altitude, c'est un des plus beaux paysages des Sudètes, un des mieux conservés. On est au cœur du *parc naturel Snieznicki Krazobrazowy.* Le site encaissé, montagneux et boisé se remplit de visiteurs pour les sports d'hiver (plutôt ski de fond), et en été, c'est un agréable point de départ pour des randonnées dans le massif de *Snieznik Klodzki.* Kletno est connu dans toute la Pologne pour sa grotte de l'Ours. Sur la route de la grotte, possibilité de visiter le petit *Musée géologique et minéralogique (Muzeum Ziemi Geologiczne Kletno).*

Jaskinia Niedzwiedzia *(grotte de l'Ours) : dans les bois de* **Kletno.** *Quand on remonte depuis Kletno la route bitumée en se dirigeant vers le fond de la vallée, on accède à un grand parking, où on laisse sa voiture, et on continue à pied jusqu'à la grotte, par un chemin forestier de 1,5 km env. Il y a aussi des charrettes à cheval*

(20 Zl, soit 5 €, aller). ☎ *814-12-50 (pour résa facultative). Visites ttes les 15 mn (avec guide) 9h45-16h40. Fermé lun et jeu, ainsi que 20 déc-20 janv. Durée : 40 mn. Entrée : 18 Zl (4,50 €). Demander le dépliant en français, il existe !* C'est la plus grande grotte de Pologne. En 1966, on y a découvert, dans une carrière de marbre – la région en est pleine –, les restes d'un ours. Les premières salles, formées par l'écoulement de l'eau sur le marbre, remonteraient à 50 millions d'années. Il y a maintenant 2,5 km de couloirs sur trois niveaux. Le couloir central est accessible, tandis que les deux autres niveaux sont réservés aux spéléologues confirmés. Le guide s'amuse avec l'éclairage dans la salle de Champagne, et c'est assez réussi. Il y a des restes d'ossements de lions, de hyènes, d'ours bruns... dont certains sont encore bloqués dans la glace, et le squelette d'un ours phytophage, pour ne pas dire végétarien (une rareté de la nature). Il fait évidemment très froid (température intérieure : 6 °C) et c'est très humide. Comme l'indique le tableau dans l'entrée, c'est l'occasion de mettre un vêtement chaud.

Où dormir ? Où manger à Kletno ?

Camping et auberge de jeunesse : *Kletno, 8.* ☎ *814-13-58. Réception ouv 8h-12h, 17h-21h. À l'entrée du village de Kletno, sur la droite de la route principale (c'est indiqué) en venant de Stronie Slaskie. Lit en dortoir 9 Zl (2,25 €) ; tente 5 Zl/pers (1,25 €). Parking dans l'herbe gratuit.* Petit chalet posé dans un champ à flanc de colline.

Hôtel-restaurant Willa Pod Jaskinia : *Kletno, 11. Stronie Slaskie.* ☎ *814-21-82.* • *podjaskinia.skb.pl* • *Sur la droite de la route forestière à env 2 km avt le parking (terminus) où commence le chemin de terre pour la grotte de l'Ours. Doubles 130-170 Zl (33-43 €). Plats 7-15 Zl (1,75-4 €).* Une petite auberge de charme, noyée dans les arbres et les fleurs, à flanc de coteau, avec des chambres coquettes et confortables (douche-w-c) disposant de balcons. Vue sur le jardin, les prés et la forêt. Le rêve dans les Sudètes ! Un endroit encore plus joli en hiver, quand les monts sont sous la neige. Fait aussi restaurant (cuisine polonaise traditionnelle). Goûter au *pulpety.* Accueil jovial. Bon service. C'est ici que l'envoyé spécial du *Guide du routard* à la recherche de l'ours des Sudètes a été soudain troublé à la vue d'une magnifique serveuse polonaise (une beauté digne d'un casting de mannequin). Ce « benêt » n'a même pas pensé à noter son prénom.

Snack-bar : *dans la galerie d'entrée de la grotte.* Juste pour un verre. Si on veut bien manger, mieux vaut passer son chemin et aller à la *Willa Pod Jaskinia.*

Paczków : *à 28 km de Kłodzko, dans la direction de Nysa.* Petite ville de 8 500 habitants, jumelée avec Uzès (Gard), dont elle a un (tout) petit goût. En 1526, la ville, comme la Silésie, passe sous la domination des Habsbourg d'Autriche, puis se retrouve sous la domination prussienne. Elle fut maintes fois fortifiée. Entourée d'immenses remparts médiévaux de 9 m de haut sur 1 km, la cité se visite facilement à pied. Certains beffrois sont bien conservés, et on peut monter à la tour de garde. Le platane qu'on voit d'en haut, avec un trou dans le tronc, aurait 150 ans d'âge.
Une autre solution (gratuite), c'est de monter à la tour de l'hôtel de ville, qui date de 1552. Le responsable du tourisme vous ouvrira sa porte (n° 13), puis celle de la tour. Même l'église du XIVe s a été fortifiée. Elle servait de dernier refuge aux habitants en cas de siège. C'est pourquoi ces derniers avaient installé un puits, dit *tatare,* sur le côté de l'église. Il y a un petit *musée* gratuit sur l'industrie du gaz, sans grand intérêt.

Les monts Tabulaires : *à l'ouest de Kłodzko, dans la direction de Kudowa Zdroj, vers la frontière tchèque.*
Moyennes montagnes de grès coiffées de sommets en forme de table, d'où leur nom. Pour les randonneurs et amateurs de curiosités naturelles.

➢ Le point de départ des excursions dans les monts Tabulaires se trouve au village de ***Karłów,*** à 10 km au nord de Kudowa. Une balade d'une heure, dans un labyrinthe de pierres, *Błedne Skały,* où il faut parfois se faire tout mince pour pouvoir continuer. Autre promenade possible au départ de Karłów, un peu plus longue : dans les *Szcziniec Wielki.* Elle aussi très agréable, parmi des blocs de pierre.
– La région compte plusieurs stations thermales, dont la plus agréable se trouve à ***Kudowa.*** Celle-ci est accessible en train au départ de Kłodzko, mais le bus est plus pratique, car la gare *PKP* est éloignée du *centrum.*

À 3 km de Kudowa, au village de ***Czermna,*** la *chapelle (kaplica Czaszek)* renferme des crânes et des os d'humains victimes de la guerre de Trente Ans, du choléra et de la peste. Le prêtre de l'époque et son fossoyeur se sont ainsi « amusés » à coller quelques-uns de ces restes (3 000 sur les 20 000 que le cimetière contenait), avant qu'on ne fasse de même avec les leurs, maintenant exposés dans une cage de verre. Vision macabre mais révélatrice des ravages de l'histoire dans les Sudètes.

LA GRANDE POLOGNE (WIELKOPOLSKA) ET LA POMÉRANIE

POZNAŃ

600 000 hab. IND. TÉL. : 061

Nous voilà au cœur de la Grande Pologne *(Wielkopolska),* berceau historique de la nation polonaise, à 310 km à l'ouest de Varsovie, sur la route de l'Allemagne et de Berlin (qui n'est qu'à 285 km). On le sent tout de suite : quelque chose de différent s'est passé là. Une ville à l'histoire agitée (elle compte une vingtaine de musées, dont quatre consacrés à l'histoire militaire et aux guerres), et qui s'est développée surtout grâce au savoir, à l'industrie et au commerce international.
Aujourd'hui, étant donné sa situation géographique sur le grand axe Varsovie-Berlin (autoroute en construction), de nombreuses entreprises européennes (et aussi japonaises, américaines) s'y installent *(Nestlé, Volkswagen, Matsushita, Exxon, Ikea, Alcatel...).* Au centre d'une grande plaine connue pour une agriculture de très haut niveau (le grenier à blé de la Pologne), où les fermes ont une rentabilité aussi élevée qu'en Europe de l'Ouest, Poznań est considérée comme une des villes les plus avancées du pays, et le dynamisme de sa foire internationale annuelle le prouve bien. Preuve de son importance retrouvée, elle a accueilli en décembre 2008 la conférence internationale au sommet sur le réchauffement climatique.
Pour un routard, cependant, peu d'hébergements bon marché, manque d'auberges économiques ; en revanche, beaucoup de bars, de cafés, de lieux nocturnes animés. Sachez que Poznań est une ville universitaire et étudiante comme Wrocław, donc une ville jeune (le nombre d'étudiants a doublé entre 1990 et 2006), où le voyageur se sent à l'aise. La ville est étendue, mais le centre historique se découvre facilement à pied.

UN PEU D'HISTOIRE

Poznań (avec Gniezno) fut la première capitale polonaise de l'histoire, bien avant Cracovie et Varsovie. C'est en 968 que se construit la première cathédrale du pays, bien que la famille royale, Piast, se soit installée à Gniezno. Centre culturel et intellectuel, la ville s'enrichit d'immigrés italiens, écossais, grecs ou arméniens, après que les communautés protestantes et juives furent persécutées à la fin du XVIe s. En 1806, Napoléon Bonaparte, en route pour Moscou avec ses armées, s'installe dans l'ancien collège des jésuites. Pour quelques semaines, Poznań est la capitale de l'Europe napoléonienne !

Poznań est annexée pendant plus de cent ans (1815-1918) par les Prussiens. La ville s'appelle alors *Posen*. La population polonaise résiste économiquement et culturellement à la germanisation, mais la ville a conservé, jusqu'à aujourd'hui, certains traits du caractère allemand. Les habitants sont célèbres pour leur sens pratique et leur caractère rationnel. Au fil du XIXe s, c'est une ville moderne, plus avancée que les autres villes de Pologne. C'est le soulèvement de la Grande Pologne qui amène la liberté en 1918, mais l'occupant allemand revient en 1939, et provoque la disparition de la population juive de la ville.

UNE BIBLIOTHÈQUE OUBLIÉE DE LA FRANC-MAÇONNERIE

C'est à Poznań que le chef de la SS, Heinrich Himmler, eut l'idée de la solution finale pour exterminer les juifs d'Europe. C'est à Poznań aussi qu'il ordonna de cacher des dizaines de milliers de livres sur la franc-maçonnerie, volés par les nazis aux grandes bibliothèques d'Europe. Après 1945, ces collections (environ 80 000 ouvrages et revues, en langue allemande mais aussi en anglais et en français) restent à leur place. Elles sont toujours conservées au fond maçonnique de la bibliothèque universitaire de Poznań, ainsi qu'au château de Ciazen, à 70 km de Poznań.

En 1945, Poznań est le théâtre de combats acharnés entre Wehrmacht et Armée rouge, qui la détruisent en bonne partie.

Les célèbres collections Czartoryski, composées de plus de 5 000 peintures, antiquités, porcelaines et œuvres graphiques, sont retirées des musées et envoyées dans les caves d'une maison de campagne à côté de Poznań. C'est ainsi que s'en allèrent, dans le noir, *La Dame à l'hermine* de Léonard de Vinci, le *Paysage avec le bon samaritain* de Rembrandt et le *Portrait d'un jeune homme* de Raphaël. Les deux premiers furent retrouvés en possession de l'ancien avocat de Hitler, mais le Raphaël court toujours.

Une anecdote insolite : des mathématiciens et cryptologues de l'université de Poznań parvinrent à « casser » le code d'Enigma, du nom donné à la machine allemande qui servait à crypter les messages militaires pendant la Seconde Guerre mondiale. Le 24 juillet 1939, ***Marian Rejewski*** (responsable du *Biuro Szyfrow*, service européen le plus avancé dans les recherches sur le chiffrement allemand) remit un modèle de la machine Enigma aux chefs du service de décryptage de l'*Intelligence Service* (IS) britannique.

L'après-guerre fut synonyme de reconstruction, et l'industrialisation intensive attira une population ouvrière, laquelle se frotta plusieurs fois aux forces de l'ordre, comme en juin 1956.

LA FOIRE INTERNATIONALE DE POZNAŃ

Elle se tient au mois de juin. Fierté de la ville, elle attire de nombreux visiteurs. À cette période, les prix des hôtels doublent, voire triplent. Le reste de l'année, les prix reprennent leur cours normal.

Arriver – Quitter

En avion

✈ ***Aéroport de Ławica :*** *à 7 km à l'ouest du centre-ville.* ☎ *849-22-51/61. Les bus n°s 59 et 78 relient le centre-ville et l'aéroport.*

➢ ***De/pour Varsovie :*** plusieurs vols directs/j. Durée : 1h.
➢ ***De/pour Cracovie :*** 1 vol/j. via Varsovie.
➢ ***De/pour Wrocław :*** 2 vols/j. (mat et soir) via Varsovie.

En train

Gare ferroviaire PKP *(plan A-B3)* **:** *ul. Dworcowa.* ☎ *866-12-12. Un site pratique pour vérifier prix et horaires :* ● *pkp.pl* ● Cliquez sur le lien « *Rozklad jazdy pociagów* ». Pages suivantes en français ou en anglais.
➢ ***De/pour Varsovie :*** env 13 trains/j. (3h de trajet) – dont l'*Intercity* – et autant depuis Wrocław (un peu plus de 2h de trajet).
➢ ***De/pour Gdańsk :*** env 7 trains directs/j. (compter plus de 4h).
➢ ***De/pour Częstochowa :*** 3 trains/j.

En bus

Gare routière PKS *(plan B3)* **:** *ul. Towarowa.* ☎ *853-09-40. Près de la gare ferroviaire. Tlj 5h30-22h20.* Consignes automatiques, Internet, grand panneau d'affichage des horaires. Quais différents pour les bus nationaux et les bus internationaux.
➢ ***De/pour Gniezno :*** une trentaine de bus/j. Plusieurs itinéraires.
➢ ***De/pour Kornik (par Gadki) :*** nombreux bus/j. (une centaine).
➢ ***De/pour Bydgoszcz :*** 3-6 bus/j.
➢ ***De/pour Wrocław :*** 7-8 bus/j. par Gostyn, Rawicz, Leszno.
➢ ***De/pour Cracovie (Kraków) :*** 4 bus/j.
➢ ***De/pour Varsovie (par Konin) :*** 4 bus/j. pour Varsovie et slt 2 dans l'autre sens.
➢ ***De/pour Berlin (Allemagne) :*** 1 bus/j. depuis Berlin-Zoo. Durée : 4h30. Hormis les bus réguliers, possibilité de faire le trajet avec des minibus privés de l'agence *Opolanin* (voir plus bas « Adresses utiles »).

■ Adresses utiles

- Informations touristiques
- Postes
- Gare ferroviaire PKP
- Gare routière PKS
- Internet café Bajt
- 1 Bureau PTTK
- 2 Location de voitures Europcar
- 3 Chambres chez l'habitant, Biuro Zakwaterowań « Przemysław »
- 4 Lot
- 5 CIM
- 6 Centre français

Où dormir ?

- 20 Schronisko Młodzieżowe (AJ)
- 21 Sport Hotel
- 22 Domina Prestige
- 24 Hôtel Royal
- 25 Hostel Dizzy Daizy Poznań
- 26 Camping et motel Strzeszynek
- 27 Camping et hôtel Malta

Où manger ?

- 30 Bar Caritas
- 31 Pod Koziołkami
- 32 Ratuszowa
- 33 Al Fredo
- 34 Restauracja Bamberka
- 35 Spaghetti Bar Piccolo

Où boire un café ? Où manger une pâtisserie ou une glace ? Où boire un verre ?

- 40 Café Glos
- 41 Nasz Klub
- 42 Café Gruszecki
- 43 Werranda Café
- 44 Café-laverie Pralnia

Où sortir ? Où danser ?

- 51 Lizard King
- 52 Dance Club Bogota
- 53 Muchos Patatos

À voir

- 60 Kościół Farny
- 61 Ostrów Tumski
- 62 Musée national
- 63 Palmiarnia
- 64 Muzeum Poznań – juin 1956
- 65 Église des Franciscains

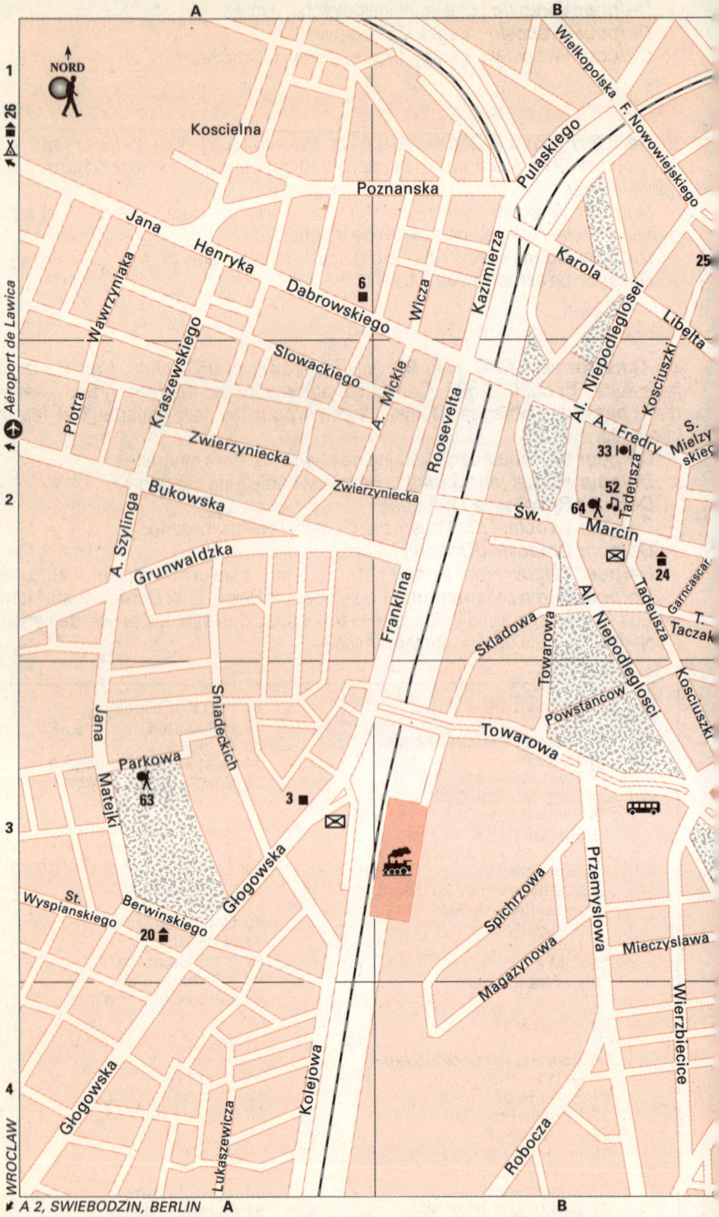
A
B
1
2
3
4
NORD
26
Aéroport de Lawica
WROCLAW
A 2, SWIEBODZIN, BERLIN
Koscielna
Poznanska
Pulaskiego
Wielkopolska
F. Nowowiejskiego
Jana
Henryka
Dabrowskiego
Karola
Libelta
25
Wawrzyniaka
Kraszewskiego
Wicza
Kazimierza
Al. Niepodleglosci
Kosciuszki
6
Slowackiego
A. Mickie
Piotra
Roosevelta
A. Fredry
S. Mielzyskiego
33
52
64
Tadeusza
Zwierzyniecka
Zwierzyniecka
Bukowska
Św. Marcin
A. Szylinga
Grunwaldzka
24
Garncascar
T. Taczak
Franklina
Skladowa
Towarowa
Al. Niepodleglosci
Tadeusza
Kosciuszki
Powstancow
Towarowa
Jana
Sniadeckich
Parkowa
Matejki
63
3
Glogowska
St. Wyspianskiego
Berwinskiego
20
Spichrzowa
Przemyslowa
Magazynowa
Mieczyslawa
Wierzbiecice
Glogowska
Kolejowa
Lukaszewicza
Robocza

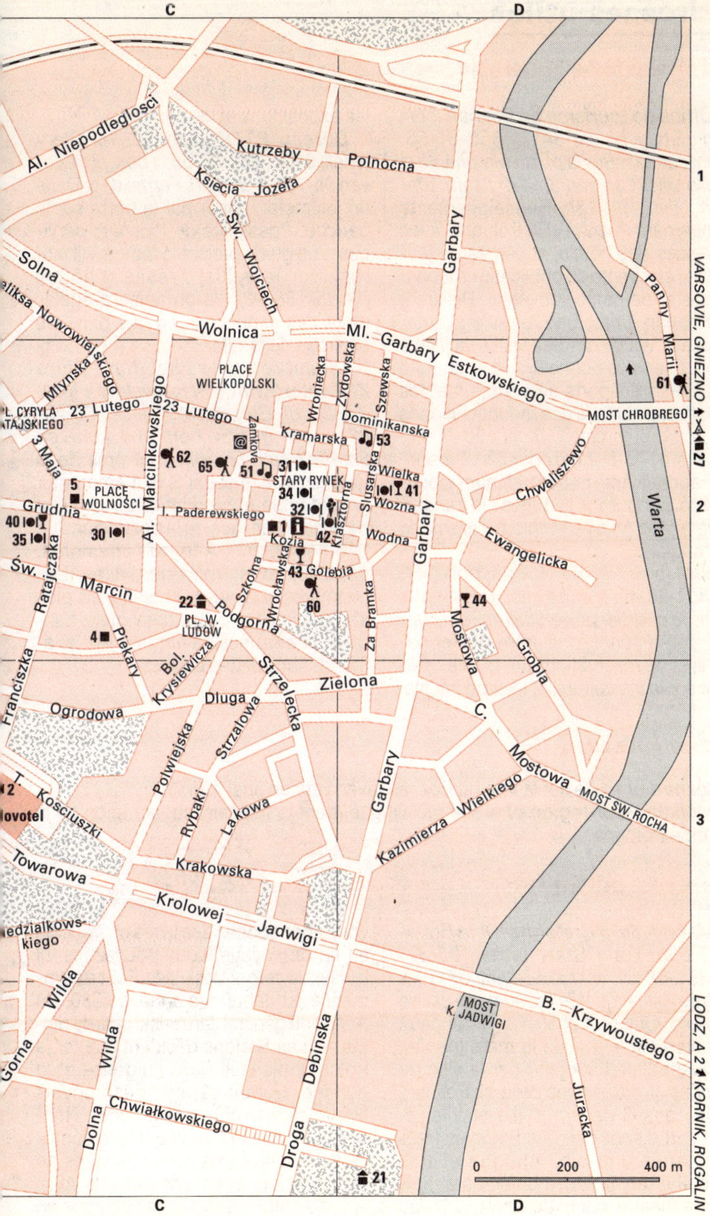
C
D
1
2
3
Al. Niepodleglosci
Kutrzeby
Polnocna
Ksiecia Jozefa
Św. Wojciech
Garbary
Solna
Feliksa Nowowiejskiego
Wolnica
Ml. Garbary
Estkowskiego
Panny Marii
61
VARSOVIE, GNIEZNO
MOST CHROBREGO
27
PLACE WIELKOPOLSKI
Mlynska
PL. CYRYLA RATAJSKIEGO
23 Lutego
Wroniecka
Zydowska
Szewska
Dominikanska
Kramarska
53
Zamkowa
62
65
51
31
Wielka
STARY RYNEK
34
41
Chwaliszewo
3 Maja
5
PLACE WOLNOŚCI
Grudnia
Al. Marcinkowskiego
I. Paderewskiego
32
Slusarska
Wozna
Klasztorna
40
35
30
1
42
Kozia
Wodna
Ewangelicka
Warta
Ratajczaka
Św. Marcin
Szkolna
Wroclawska
43
Golebia
60
22
PL. W. LUDOW
Podgorna
44
4
Piekary
Za Bramka
Mostowa
Grobla
Franciszka
Bol. Krysiewicza
Strzelecka
Zielona
Ogrodowa
Dluga
Strzalowa
C. Mostowa
Polwiejska
2
T. Kosciuszki
Novotel
Rybaki
Lakowa
Kazimierza Wielkiego
MOST SW. ROCHA
Towarowa
Krakowska
Krolowej Jadwigi
Niedzialkowskiego
Wilda
MOST K. JADWIGI
B. Krzywoustego
LODZ, A 2
KORNIK, ROGALIN
Gorna
Debinska
Juracka
Chwiałkowskiego
Dolna
Droga
21
0
200
400 m

POZNAŃ

Adresses utiles

Informations touristiques

Office de tourisme de Poznań *(plan C2) : Stary rynek, 84.* ☎ *852-61-56.* • *poznan.pl* • *Sur la pl. du Marché de la vieille ville. Lun-ven 9h-17h ; sam 10h-20h ; dim 10h-18h.* Renseignements concernant Poznań et la Pologne, avec adresses des hôtels, auberges de jeunesse, etc. Vente de publications touristiques et de petits souvenirs. Délivrent la ***Poznań Card,*** une formule avantageuse si vous comptez visiter la ville à fond. Elle vous donne droit à la gratuité dans les transports en commun et les musées, ainsi qu'à des réductions dans de nombreux restos. *Tarifs : 30 Zl (8 €) pour 24h ; 45 Zl (11 €) pour 72h.* Personnel accueillant, patient et bien documenté. Langues pratiquées : le français (demandez Anja ou Monica), l'allemand et l'anglais.

■ **CIM** *(plan C2, **5**) : ul. Ratajczaka, 44.* ☎ *851-96-45.* • *cim@man.poznan.pl* • *Dans le quartier universitaire. Sem 10h-19h ; w-e 10h-17h.* Centre d'informations et de réservations sur la ville : surtout sur la vie culturelle, les spectacles, les expositions et les concerts).

■ **Bureau PTTK** *(plan C2, **1**) : Stary rynek, 90.* ☎ *852-37-56.* • *bort.pl* • *Lun-ven 9h-15h (18h mer). Fermé w-e.* Dans un joli resto ; entrer par la porte sur la gauche. Possibilité de louer les services d'un guide parlant le français (il faut réserver la veille) ; résas d'hôtels *(☎ 852-88-93).* Ils organisent également des excursions en bus dans les environs de la ville.

■ ***Chambres chez l'habitant, Biuro Zakwaterowań « Przemysław »*** *(plan A3, **3**) : ul. Głogowska, 16.* ☎ *866-39-83.* • *przemyslaw.com.pl* • *Lun-ven 8h-18h ; sam 8h-14h.* Tout près de la gare ferroviaire ouest (il faut emprunter le souterrain et prendre la sortie ouest de la gare), en face de la poste, dans un bâtiment blanc. À louer : chambres, appartements, voire des villas. Les chambres sont assez chères mais plus abordables que celles des hôtels. Langues pratiquées : l'anglais et l'allemand. Accueil très correct.

Sites internet

• **poznan.pl** • Site sur la ville de Poznań (avec version anglaise).
• **wielkopolska-region.pl** • Site multilingue (dont le français) sur la région de la Grande Pologne.

Centres culturels

■ **Maison de la Bretagne** *(Dom Bretanii ; plan C2) : Stary rynek, 35/37.* ☎ *851-68-51.* • *dombretanii.org.pl* • *Entrée par la rue Wielka, au nord-est de la place. Ouv sem 8h30-18h.* Pour ceux qui auraient le mal de la mère (patrie), ce lieu culturel soutenu par la ville de Rennes, jumelée avec celle de Poznań, et le conseil général d'Ille-et-Vilaine, met à la disposition des Polonais francophones une bibliothèque et une vidéothèque. Salle de conférences, atelier de théâtre, cours de langue, bureau de traduction et d'interprète. Le personnel parle le français, bien sûr. Demander la joviale Agnieszka, la bibliothécaire, qui parle un très bon français. Si vous abandonnez des livres en français en fin de voyage, vous pouvez les lui laisser, ils seront très utiles. Tout a commencé au début des années 1980, du temps du général Jaruzelski et de la dictature. Les Bretons décident d'aider la Pologne plongée dans l'urgence et la pénurie. Durant 12 ans, des convois humanitaires vont transiter entre Rennes et Poznań, puis, une fois la démocratie revenue, ces liens solidaires se sont transformés en liens culturels. Ainsi est née cette maison de la Bretagne en plein cœur de Poznań, symbole d'une initiative solidaire de longue durée. Peu connue, cette belle histoire entre Bretons et Polonais mérite d'être saluée.

■ ***Centre français*** *(plan A1, **6**) : ul. Dabrowskiego, 60.* ☎ *0501-245-445.* Une adresse qui peut s'avérer utile pour visiter la ville et ses environs avec un guide parlant le français. Accueil très cordial.

Transports

■ **Lot** *(plan C2, **4**) :* ☎ *0801-703-703.* • *lot.com* • La compagnie aérienne polonaise. Propose un système de réservation téléphonique pour vos transferts en ville depuis l'aéroport.

■ ***Location de voitures Europcar*** *(plan C3, **2**) : à l'hôtel* Novotel Centrum, *pl. Wł Andersa, 1.* ☎ *864-71-00.*

■ ***Agence de voyages Opolanin :*** *ul. 27 Grudnia, 9.* ☎ *853-30-41.* • *opola nin.pl* • *Lun-ven 10h-18h ; sam 10h-13h. Très bonne adresse.* Un microbus/j. entre Poznań et Berlin. Billets : 120 Zl (30 €) pour l'aéroport de Berlin-Tegel, 100 Zl (25 €) pour celui de Schenegel. Départs de Poznań entre 4h et 6h du mat (ça dépend des clients ayant réservé). Durée : 4h. Normalement, le microbus part de la gare ferroviaire, mais il peut venir chercher les clients à leur hôtel à condition de réserver une semaine à l'avance. Dans l'autre sens, Berlin-Poznań, il faut aussi réserver une semaine à l'avance, donner son numéro de vol à l'arrivée à Berlin, et l'agence vient vous chercher à l'arrivée de l'aéroport.

Loisirs, achats

@ ***Internet :*** nombreux cafés Internet dans les rues et les passages autour de la *rynek. Parmi ceux-ci, l'**Internet café Bajt** (plan C2), à Zamkowa, 5/2, au nord-ouest de la place. Une quinzaine de postes disponibles 24h/24.* Ambiance très « appartement aménagé ». Horaires inespérés !

■ ***Cinémas : Kino,*** *ul. Roosevelta ; et un complexe de 8 cinémas à **Multikino,** ul. Krolowej Jadwigi.* Les films sont souvent en v.o. sous-titrée en polonais. Deux fois moins cher qu'en France.

■ ***Empik*** *(plan C2) : nam. Wolności. À côté du* CIM. *Lun-sam 9h-22h ; dim 11h-18h.* L'équivalent de la *Fnac.* Vend des journaux français.

■ ***Achat d'objets d'artisanat :*** *dans la rue Woźna.* Plusieurs magasins de céramique, tapis, clochettes... Dans la rue Grudna, en allant vers la gare *PKP,* des stands de chaussons, pulls et autres vêtements chauds.

Où dormir ?

Campings

⛺ 🏠 ***Camping et motel Strzeszynek*** *(hors plan par A1, **26**) : ul. Koszalińska, 15.* ☎ *81-01-700.* • *camping111.pl* • *À 11 km au nord-ouest du centre-ville. Trams n°s 2, 7, 8, 19 et 20 jusqu'au terminus Ogrody, puis bus n° 95 (ttes les 30 mn du mat au soir). Ouv d'avr à mi-oct. Compter 30 Zl (8 €) pour 2 pers avec tente et voiture ; doubles 99-195 Zl (25-49 €) selon confort ; bungalows (certains de grand standing) 70-150 Zl (18-38 €) selon nombre de pers.* À proximité d'un petit lac, lieu de baignade des habitants de Poznań (attention, foule le week-end). Très joli site ombragé (beaucoup d'arbres). Possibilité de louer des barques. Un resto sur place. Accueil jovial. Douches chaudes comptées. Le portail est fermé en permanence, c'est bien pour la sécurité, mais il faut prévoir les allers-retours.

⛺ ***Camping Malta*** *(hors plan par D2, **27**) : ul. Krancowa, 98.* ☎ *876-62-03.* • *rentocamp.fr/camping-malta-nr-155.htm* • *Voir adresse précise et accès plus bas,* Hôtel Malta, *dans « Prix modérés ». Compter 34 Zl (9 €) pour 2 pers avec tente et voiture.* Grand camping calme mais peu ombragé (mieux pour les camping-cars que pour les tentes) : sanitaires et cuisine très propres, terrain bien entretenu, le tout à des tarifs intéressants.

Très bon marché

Hostel Dizzy Daizy Poznań *(plan B1, **25**) : ul. Niepodległoséi, 26. ☎ 829-39-02 et 602-621-388. • hostel.pl • Résidence universitaire ouv juil-août. Env 55 Zl (14 €) pour 2 pers.* Entrée encadrée par 2 colonnes néo-antiques surmontées de l'inscription « Dom Akademie ». Chambres simples de 2 et 3 lits. Douches communes. Compter 10 mn de marche depuis la gare, mais si vous appelez, on vient vous chercher. Laverie et pas de couvre-feu. Personnel anglophone.

Schronisko Młodzieżowe *(AJ ; plan A3, **20**) : ul. Berwinskiego, 2/3. ☎ 866-40-40. Fermé 15 derniers j. d'août. Env 30 Zl (8 €)/pers. À quelques mn à pied de la gare, dans un quartier calme et bien pourvu en petits commerçants.* Dehors, la façade pourrait être celle d'une fac d'Oxford ; dedans, cela rappellera à certains les folles années du collège. Une cinquantaine de lits répartis dans des chambres spartiates mais propres, pour 5, 6, 8 et 10 personnes. Accueil quelconque de prime abord (quand on trouve quelqu'un), mais le dégel arrive rapidement.

Prix modérés

Hôtel Malta *(hors plan par D2, **27**) : ul. Krańcowa, 98. ☎ 876-62-03. • posir.poznan.pl • Situé au nord du lac Maltańskie. Tram n° 6 depuis la gare ferroviaire, arrêt Krańcowa : prendre ensuite la direction du zoo (Wielkopolski Park Zoologiczny) et marcher sur env 800 m. En voiture depuis Poznań, prendre la route de Varsovie (quatre voies + tram) ; arrivé à proximité du lac, passer devant le* Novotel Malta, *poursuivre jusqu'au feu, tourner à droite en laissant le zoo sur la gauche, puis tt droit ; c'est en bas d'une descente. Ouv tte l'année. Env 180 Zl (45 €) pour 2 pers, avec petit déj ; moins cher le w-e.* Une grande base de loisirs nautiques, plus un complexe sportif, particulièrement animé en été mais aussi très touristique (Polonais essentiellement). Une cinquantaine de bungalows pour 2, 3 ou 5 personnes, mais équipement riquiqui. L'esprit sportif règne ici, et les sensations fortes sont assurées : un saut à l'élastique, puis un repas au resto indien... Accueil très attentionné.

Sport Hotel *(plan D4, **21**) : ul. Chwiałkowskiego, 34. ☎ 833-05-91. • poznan-online.net/246,sport_hotel-hotel.php • Trams n°s 2, 9 et 18. Double env 180 Zl (45 €) ; réduc w-e et prix spéciaux pour les étudiants.* Dans un quartier moderne, un immeuble abritant un gymnase et une piscine. C'est le rendez-vous des sportifs. Les chambres, simples et de confort suffisant, sont propres et bien tenues. De plus, vous pouvez profiter de la piscine (payante) située au pied de l'hôtel – en été, il faut se lever tôt pour trouver un demi-mètre carré disponible...

De chic à beaucoup plus chic

Hôtel Royal *(plan B2, **24**) : ul. Św. Marcin, 71. ☎ 858-23-00. • hotel-royal.com.pl • Hôtel au fond de la cour, où l'on peut se garer. Doubles 300-420 Zl (75-105 €), petit déj compris. Réduc w-e d'été mais chambres plus chères le reste de l'année.* L'extérieur a été bien rénové, avec sa façade très Autriche-Hongrie. À l'intérieur, décoration chaude et réussie dans les tons verts. Resto assez chic et parking gratuit.

Domina Prestige *(plan C2, **22**) : ul. Św. Marcin, 2. ☎ 859-05-91. • dominahotels.com/eng/poznan_hotel_poland_domina • Env 1 100 Zl (275 €) pour deux, avec petit déj ; les prix baissent de 60 % le w-e.* Situé à deux pas de la *rynek*, cet hôtel-résidence joue l'iconoclaste avec un nom mal choisi. Ce vaisseau de verre flambant neuf (géré par une chaîne italienne) abrite des appartements de très bon confort. Les appartements sont très fonctionnels et décorés entre bois clair et design. Du mobilier à la vaisselle, tout est harmo-

LA GRANDE POLOGNE ET LA POMÉRANIE

nie. Grande TV satellite, nécessaire à thé et café, cuisine tout équipée, climatisation... Au dernier étage, chambre et salon donnent sur les toits en une légère mansarde entièrement vitrée. Personnel accueillant et parfaitement bilingue. Parking souterrain.

Où manger ?

Bon marché

|●| ***Bar Caritas*** *(plan C2,* ***30****) : pl. Wolności, 1. Lun-ven 8h-19h ; sam 10h-17h ; dim 12h-17h.* Parfait pour un tout petit budget, d'autant que si la salle ne paie pas de mine, la propreté est au rendez-vous. Et les *pierogi,* crêpes et autres côtelettes de porc bien fumantes sentent si bon... Notez l'icône et la croix, impensables dans un fast-food hexagonal !

|●| ***Spaghetti Bar Piccolo*** *(plan C2,* ***35****) : ul. Ratajczaka, 37. Tlj jusqu'à 21h.* Le moins cher dans sa catégorie. Une clientèle étudiante qui mange des spaghettis, assise sur des tabourets de bar. L'enseigne *Coca-Cola* à côté d'un bas-relief réaliste-socialiste, cela ne choque même plus aujourd'hui ! En face, l'université, avec une cafétéria et un club Internet.

Prix moyens

|●| ***Ratuszowa*** *(plan C2,* ***32****) : Stary rynek, 2. ☎ 851-05-13. Tlj 10h-1h. On y mange bien à partir de 36 Zl (9 €) et jusqu'à beaucoup plus !* Cuisine raffinée, terrasse pour les douces soirées d'été. Au sous-sol, belle cave du XVIe s. À gauche, un pub avec les tables faites de tonneaux. De la bière, bien sûr (*Lech* ou *Okocim*), mais aussi du thé, du café et des pâtisseries. À droite, une belle salle de restaurant au décorum un peu onirique : costumes de théâtre, portraits, vieilles photos, gravures, instruments de musique.

|●| ***Al Fredo*** *(plan B2,* ***33****) : ul. Fredry, 7. ☎ 853-69-86. Tlj de 11h jusqu'au dernier client. Env 40 Zl (10 €).* Une belle salle en voûte, aux murs blanchis à la chaux et parsemés de briques. Bref, la bonne vieille cave typique, avec bougies et vastes glaces encadrées. Généreuse cuisine du terroir (excellent porc au miel) et un panaché local bière-framboise à essayer ! Service efficace et prévenant.

|●| ***Pod Koziołkami*** *(plan C2,* ***31****) : Stary rynek, 95. ☎ 851-78-68. Pour ceux qui voudraient déjeuner en terrasse, juste à côté de l'hôtel de ville. Ouv 11h-23h (minuit ven-sam). Repas env 20 Zl (5 €).* Un choix intéressant de plats polonais, de pâtes et de pommes de terre dans tous leurs états (épinards, saumon...). Avec, pour une fois, les plats et leurs ingrédients en photo ; c'est mieux, quand on est difficile. En sous-sol, restaurant classique, avec ses spécialités nationales et un cuistot travaillant vos grillades au bar, en direct. Terrasse en été. Serveuses en habit traditionnel et service assez efficace. À ne pas confondre avec un resto appartenant à la même chaîne *(Avanti),* au no 76 de la place, et qui propose des spaghettis de fast-food.

|●| ***Restauracja Bamberka*** *(plan C2,* ***34****) : Stary rynek, 2. ☎ 852-99-17. Ouv 10h-22h. Petite maison au centre de la place historique, derrière l'hôtel de ville.* N'hésitez pas à opter pour les spécialités *(polecany),* comme les *bigos.* Côté viande, le veau est roi (mais plus cher). Descendez au sous-sol dans une salle de style Belle Époque : panneaux vitrés et colorés, petites lampes Art nouveau. Terrasse d'été protégée sur la *rynek.*

Où manger dans les environs ?

Prix moyens

|●| ***Hacjenda*** *: ul. Morasko, 38. ☎ 812-52-78. À une dizaine de km au nord de la ville. On peut y aller avec le bus no 88, mais le taxi (compter 20 Zl, soit 5 €) est*

la meilleure solution pour ne pas se tromper à l'aller. Tlj sf lun ; ferme à 21h. On vous le conseille pour un dîner gastronomique. Connu et reconnu pour la qualité de sa volaille, notamment le canard, élevé au grain. Le seul restaurant de la ville à préparer des spécialités de la Grande Pologne, selon une vieille recette : le *kaczka*. On ne vous en dit pas plus. C'est vrai que c'est cher, mais un plat suffit largement, et on commande au gramme près. C'est succulent et tendre à la fois. La pop-star Eric Clapton l'a découvert avant nous.

Où boire un café ? Où manger une pâtisserie ou une glace ?

Cocorico Café *(plan C2) : ul. Swietoslawska, 9. ☎ 663-61-15. Lun-jeu 10h-minuit ; ven-dim 10h-1h.* Comme son nom l'indique, c'est un café francophile, tenu par un Polonais francophone. Affiches et décoration de bistrot parisien, planchers et tables en bois ; on y sert un bon café dans un plateau (comme dans les cafés de Vienne).

Café Glos *(plan C2, **40**) : à l'angle des rues Ratajczada et Grudnia. Tlj sf dim 9h-21h. Au 1er étage.* Dans un décor agréable et spacieux dominé par le bois, avec une vue sur l'animation du quartier.

Café Gruszecki *(plan C2, **42**) : Stary rynek, 50. Tlj 10h-22h (minuit ven-sam).* Excellent pour un tête-à-tête intime. Trois petites salles dans les caves, où l'on oublie vite le vacarme de la ville. Mais parfois, c'est la serveuse qui vous oublie un peu. Patientez tout de même car la pâtisserie est délicieuse et les glaces sont tout simplement divines. De plus, bon choix de cafés.

Nasz Klub *(plan D2, **41**) : ul. Woźna, 10. ☎ 851-76-30. Ouv 7h-22h (15h dim).* Entre autres, pour ses pâtisseries françaises. Possède aussi quelques chambres très correctes. Voir ci-dessous « Où boire un verre ? ».

Où boire un verre ?

Proletaryat Klubokawiarnia *(plan C2, près du **43**) : ul. Wroclawska, 9. • proletaryat.pl • Tlj à partir de 13h.* Tout près de la place centrale mais très loin de celle-ci par l'esprit et le style. Notre adresse préférée pour son originalité. Seul bar de Poznań conçu sur le thème du réalisme socialiste, décoré comme un petit musée dédié à cette époque, pas si lointaine mais révolue, de la dictature du prolétariat. Peintures à la gloire de Karl Marx, bustes des héros du Parti des travailleurs, Gomulka et Bierut, sculpture de Lénine portant une cravate rouge, banderoles, drapeaux et objets du temps de la Pologne prosoviétique : c'est drôle, ironique, décalé. On y boit au bar ou bien assis dans les confortables sofas de l'arrière-salle.

Café-Laverie Pralnia *(plan D2, **44**) : ul. Mostowa, 3a. Ouv tlj de 9h à tard dans la nuit.* Un peu à l'écart de l'animation du centre, voici un bistrot multifonctionnel : on peut y boire un verre, parler le français avec le patron Jean et son associé Oscar, tout en lavant son linge. Ce n'est pas une blague : sachez qu'il n'existe pas de laverie privée dans Poznań, sauf celle-ci. Pour une fois, on ne lavera pas son linge en famille, mais au bistrot (pas cher, 6 Zl). Et aussi : jeudi francophone pour les étudiants d'Erasmus (bourse européenne).

Werranda Café *(plan C2, **43**) : ul. Świętosławska, 10. Tlj 10h30-minuit.* Une salle d'un autre temps et d'un autre monde, entre les Merveilles d'Alice et le Montmartre d'Amélie : petites fleurs, coussins à carreaux rouges, tasses à café violettes... Et une myriade de petits bateaux en papier coloré, qui vous rappellera peut-être vos œuvres d'enfance ! Sur fond de musique du monde ou de jazz, de jeunes locaux se ressourcent dans une ambiance mi-bobo, mi-bohème. Choix impressionnant de cafés et gâteaux gargantuesques, à l'instar de leurs prix. Servent aussi le petit déj, plutôt sympa pour commencer la journée.

🍷 ***Nasz Klub*** *(plan D2,* ***41****) : ul. Woźna, 10. ☎ 851-76-30. Dans une petite rue à quelques pas de la* rynek. *Tlj 7h-22h (15h dim).* Au 1er étage ; ne pas hésiter à prendre l'escalier, plutôt glauque, pour accéder à cet ancien appartement transformé en club d'amateurs de musique classique. Des personnalités du théâtre et de l'Opéra viennent souvent ici pour goûter une excellente pâtisserie française. Le patron, Adam Nowak, a d'ailleurs gagné un prix au championnat du monde des boulangers, et il tient justement une boulangerie, située à quelques mètres sur la droite !

🍷 ***Klepsydra*** *(plan C2) : ul. Paderewski, 11. Tlj sf dim jusqu'à 2h (3h ven-sam). Karaoké ven-sam à 21h.* Dessins alternatifs sur les murs, sofas disposés çà et là. Ambiance pub ou disco, selon l'heure. Quelques tables sur une terrasse un peu plus loin sur la *rynek.* Très romantique, si vous avez fait une rencontre !

Où sortir ? Où danser ?

Ville à forte population étudiante, Poznań voit fleurir bars et boîtes, où l'on se presse jusque tard dans la soirée. Au gré des saisons, il y en a pour tous les goûts, de la salsa à la techno en passant par le disco. Voici quelques adresses parmi une foultitude d'autres. La meilleure piste pour partir en chasse : la ulica Woźna et ses voisines. N'hésitez pas à fureter dans les étages ou les arrière-cours (qui valent d'ailleurs à elles seules le coup d'œil).

Bars dansants

♫ ***Muchos Patatos*** *(plan D2,* ***53****) : ul. Szewska, 2. ☎ 851-91-73. Ouv tlj 18h-3h (4h sam-dim). Entrée : 5 Zl (1,25 €) ; le double en fin de sem.* « Beaucoup de pommes de terre », telle est la traduction insolite du nom de ce grand bar dansant aux couleurs de l'Amérique latine. Mais rassurez-vous, ce n'est pas un bar à patates ! Tous les soirs à 21h, soirée salsa pour les adeptes de la musique cubaine.

♫ ***Dance Club Bogota*** *(plan B2,* ***52****) : ul. Sw Marcin, 80/82. Entrée par la rue Tadeusza Kosciuszki, à 20 m du bd Marcin (c'est indiqué). ☎ 853-71-33. Ouv dim-ven de 12h (pour le resto) jusque tard dans la nuit ; sam ouv de 16h jusqu'à 2-3h.* Resto-boîte de nuit situé sous le centre culturel *Zamek.*

Discos clubs

♫ ***Lizard King*** *(plan C2,* ***51****) : Stary rynek, 86. Ouv 12h-2h (3h ven-dim).* Si « le Roi Lézard » évoque Jim Morrison, le mythique chanteur des Doors, c'est plutôt au rock qu'est dédié ce club. Et plus particulièrement aux années 1960 et à leur psychédélisme débridé, qui n'épargne ni les tables en 33 tours ni les toilettes aux hublots sous-marins. Très animé le week-end, lorsque des groupes de rock ou de jazz viennent électrifier les conversations des jeunes autochtones. On peut aussi y casser une croûte le midi *(fish'n'chips...).* Et même à cette heure profane, les Stones et autres Hendrix n'ont pas déserté les enceintes !

♫ Ceux qui veulent prolonger la nuit n'ont que quelques pas à faire pour s'engouffrer dans le labyrinthe des salles du ***Cute*** *(Stary rynek, 37 ; ouv jusqu'à 5h ven-sam).* Nuit agitée en perspective !

À voir

👁👁👁 ***Ratusz*** *(ancien hôtel de ville ; plan C2) : au centre de la pl. du Vieux-Marché (Stary rynek).* Considéré comme le plus précieux monument laïque de l'époque Renaissance de Pologne. Remontant au XIIIe s, cet édifice de style gothique fut reconstruit au milieu du XVIe s par un architecte italien, après un violent incendie. Jusqu'en 1939, il abrita la résidence du maire. La façade principale est richement découpée avec arcades et loggia couverte de sgraffites et d'une polychromie. Quand sonne midi, deux chevreaux, sculptés en bois, apparaissent juste au-dessus de l'horloge inférieure et se touchent les cornes douze fois. C'est très rigolo, mais attention au torticolis. Notez les amusantes gouttières en forme de gargouilles.

***Muzeum Historii Miasta Poznania** (musée de la Ville) : Stary rynek, 1. • mnp.art.pl/oddzialy/ratusz • Mar-ven 9h-17h (18h mer) ; sam 10h-16h ; dim 10h-15h. Entrée : 10 Zl (2,50 €) ; réduc ; gratuit ven.*
Son intérêt principal réside dans le ***grand vestibule Renaissance*** (1er étage) avec un plafond à caissons richement décorés. Une véritable curiosité, tant par sa beauté que par le pan insoupçonné d'histoire qu'il recèle, loin dans ces terres : celle des découvertes outre-mer. Le règne des Jagellons fut marqué par l'influence de l'humanisme et sa soif de connaissance universelle. D'où l'omniprésence des thèmes exotiques sur les caissons (scènes animales : ici un éléphant, là un lion...) et de l'Antiquité (Énée, Saturne, Mars...). Mappemonde de 1688, du Vénitien Vincenz Coronnelle. Il y aurait d'ailleurs vaguement quelque chose du palais des Doges dans ces fenêtres et leurs vitres à rainures ! Étonnants motifs Renaissance sur les deux colonnes soutenant le plafond.
À droite, la *chambre royale,* aux murs roses. Intéressante collection de portraits des rois polonais du XVIe au XVIIIe s. Malgré un nom alléchant, la *chambre dorée,* au 2e étage, présente nettement moins d'intérêt. Reproduction des boucs querelleurs de l'horloge au rez-de-chaussée. Actionnez-les pour voir leur mécanisme. Pour le reste, explications en polonais uniquement.
Devant le bâtiment, *copie du pilori* du XVIe s. On y exposait les criminels à la vindicte publique et on les flagellait. Ce pilori a été construit avec l'argent des amendes infligées aux domestiques pour avoir porté des habits trop riches pour leur condition. En 1535, le Conseil de la ville avait édicté une réglementation très précise et déterminé les montants des amendes en cas de non-respect de ces règles. Non mais !

***Stary rynek** (place du Vieux-Marché ; plan C2) :* grande place de forme rectangulaire, avec douze rues qui en partent. Autour de la place, des maisons des XVe et XVIe s, avec des façades baroques et néoclassiques, reconstruites après la guerre. Au no 78, le *palais Działyński* se distingue par sa beauté et par sa taille. Au milieu de la place, au no 9, à côté de l'hôtel de ville, deux pavillons modernes : l'un abrite le *Wiekopolskie Muzeum Wojskowe (Musée militaire de la Grande Pologne)* : armures, armes anciennes, pirogues du Moyen Âge, etc. *Ouv mar et sam 10h-16h ; dim 10h-15h. Billet : 3,50 Zl (1 €).* L'autre partie de ce même bâtiment abrite une *salle d'exposition d'art contemporain* qui organise des expos, souvent dignes d'intérêt *(fermé lun et jeu).*
Devant le resto *Bamberka* (voir « Où manger ? »), admirez une jolie fontaine qui représente une paysanne bavaroise *(Bamberka)* : elle rappelle que, pendant la première moitié du XVIIIe s, des paysans de Bavière s'installèrent dans des campagnes ravagées autour de Poznań.

***Muzeum Instrumentow Muzycznych** (musée des Instruments de musique ; plan C2) : Stary rynek, 45/47. • mnp.art.pl/oddzialy/mim • Mar-dim 11h-17h (15h dim). Fermé lun. Entrée : 5,50 Zl (1,40 €) ; gratuit sam.*
Vous pensiez sans doute à tort savoir ce qu'est un instrument de musique ! Près de 2 000 instruments de musique sont conservés ici. Souvent très originaux, ils témoignent de la recherche de sons nouveaux à travers les différentes époques (à partir du XVIe s). Étonnante armoire-piano d'origine allemande. Quelques fantaisies comme cette canne-violon ou ce violon en forme de poisson. À gauche de l'entrée : énorme symphosium du XIXe s, sorte d'ancêtre du gramophone. N'hésitez pas à demander à le mettre en marche. Dans la salle du fond, vers la gauche, se trouve un atelier de lutherie destiné aux étudiants qui s'initient aux méthodes ancestrales. On peut imaginer les étapes de fabrication.

Au 2e étage, collection d'instruments des pays exotiques (très rare collection d'instruments lamaïstes provenant d'Himalaya et de Mongolie). La salle des instruments populaires polonais est surtout consacrée aux cornemuses. Enfin, une salle est consacrée à Chopin, avec le piano à queue qu'il utilisait entre 1827 et 1829. Un musée unique en Pologne et très intéressant.

Muzeum Henryk Sienkiewicz *(Musée littéraire Henryk-Sienkiewicz ; plan C2) : Stary rynek, 84. ☎ 852-24-96. Dans le même immeuble que l'office de tourisme de Poznań.* Petit musée consacré à l'auteur polonais le plus traduit dans le monde : Henryk Sienkiewicz (1846-1916), considéré comme le plus populaire des écrivains polonais du XIXe s. Il est l'auteur de *Quo Vadis ?*, best-seller mondial (adapté plusieurs fois au cinéma), qui lui vaudra le prix Nobel de littérature en 1905. Les collections du musée proviennent d'un riche commerçant poznanien, Ignacy Mos (mort en 2001), qui avait sauvé le fils d'Henryk Sienkiewicz des griffes des nazis. En gratitude, celui-ci lui donna des objets ayant appartenu à son père. Ce fut le début d'une belle collection privée. On y voit des portraits, des photos, des lettres de l'écrivain, ses livres, ainsi que des exemplaires des traductions étrangères (en japonais, en vietnamien, en arabe). Henryk Sienkiewicz, grande figure du nationalisme polonais, figure sur le billet de 500 000 złotys.

LE BEST-SELLER DE LA LITTÉRATURE POLONAISE

Quo vadis ? *n'est pas qu'une marque d'agendas mais aussi un roman populaire à forte coloration nationaliste, écrit en 1895 par Sienkiewicz, qui dépeint les persécutions que les premiers chrétiens ont subies sous Néron au Ier s. Il raconte l'histoire d'amour entre un patricien romain, Marcus Vinicius, et une jeune chrétienne, Lygie. Le titre évoque la question qu'aurait posée l'apôtre Pierre fuyant Rome et rencontrant Jésus-Christ portant sa croix :* Quo vadis, Domine ? *(Où vas-tu, Seigneur ?)*

Kościół Franciszkanow *(église des Franciscains ; plan C2,* ***65****) :* encore un monument de style baroque, qui date du XVIIe s. À voir : les stucs, les peintures, les jolies stalles (sièges en bois à dossier haut), et, sur le côté gauche du chœur, la chapelle blanc et rose qui renferme une image de la Sainte Vierge. Celle-ci fait l'objet d'un culte. Elle est placée sur un autel de bois foncé, décoré d'or. Un système ingénieux fait tourner les colonnes qui, elles, font coulisser les deux tableaux au-dessus. Une porte est cachée dans le tableau des prêtres franciscains. Impressionnante coupole baroque, saturée de couleurs et de lumière.

Makieta Poznan *(maquette de l'ancienne ville de Poznań) : ul. Franciszkanska, 2. Dans les sous-sols de l'église des Franciscains. • makieta.poznan.pl • Visites à heures fixes : 8h45, 9h30, 10h15, 11h, 11h45, 12h30, 13h15, 14h, 14h45, 15h30, 16h15, 17h ; 1er juin-30 sept, visites aussi à 17h45, 18h30 et 19h15. Durée : 30 mn. Billets : 8 Zl (2 €). Audioguide en français.* C'est par la visite de cette maquette qu'il faudrait commencer la découverte de Poznań, ville au destin tourmenté : guerres, incendies, invasions étrangères, occupations militaires. Sur plus de 50 m², la maquette est une très belle reconstitution (2 000 pièces de papier, de carton, de plastique et de résine) de la ville en 1618, telle qu'elle est représentée sur la gravure de Braun Hogenberg. Une autre maquette (en projet) de Poznań moderne retracera l'histoire de la cité au XXe s.

Muzeum Sztuk Uzytkowych *(musée des Arts décoratifs ; plan C2) : Gora Przemysla, 1. Face à l'église des Franciscains. • mnp.art.pl/oddzialy/msu • Ouv 10h-16h (15h dim). Fermé lun et jeu. Entrée : 5,50 Zl (1,40 €) ; gratuit sam.* Musée installé dans l'ancien château de Przemysław, qui était le palais des starostes, généraux du roi en Grande Pologne. Si son aspect actuel date de 1783, il fut construit sur les ruines d'un château bâti en 1249, qui reçut la visite régulière des Jagellons et vit le mariage de Casimir le Grand avec Adélaïde de Hessen. Parmi les objets rares : une aquamille en forme de lion (récipient en porcelaine de Saxe), une armoire de vestibule de Gdańsk, et cette curieuse carafe en verre de couleur brune (accompagnée d'un verre), illustrée d'une vue de Dresde.

Kościół Farny *(église paroissiale ; plan C2,* ***60****)* **:** *ul. Świętosławska.* Construit par les jésuites à la fin du XVIIe s, ce magnifique édifice est l'un des meilleurs exemples d'architecture baroque. L'art baroque naît à Rome, place Saint-Pierre, puis gagne le Portugal, l'Espagne, les Pays-Bas et la France de Louis XIII, et, alors qu'il accuse un certain déclin dans ces pays, il connaît un immense succès en Autriche (abbaye bénédictine de Melk), en Allemagne du Sud, en Bohême et en Pologne. L'église paroissiale de Poznań possède un intérieur monumental avec de nombreuses fresques et des tableaux d'époque. Concert d'orgues en fin de semaine (vérifier les horaires).
Vers la gauche après l'entrée, un portrait de Maria Maximilan Kolbe, portant l'habit des détenus d'Auschwitz. Il y est mort après avoir échangé sa vie contre celle d'un déporté. Symbole de la martyrologie polonaise, il a été canonisé après la guerre sous le nom de saint François *(Svatek Frantiska).* Avec le prélat Stanislaw Trzeciak, il faisait pourtant partie, dans les années 1930, des prêtres appelant à l'isolation totale des juifs dans les rapports sociaux et professionnels.
En sortant de l'église, notez comme sa façade, très longue, est étrangement enserrée dans le réseau des rues. En face se trouve un autre bâtiment baroque, autrefois école des jésuites, devenue école de danse ! Au bout de la rue, le monumental ensemble des bâtiments de l'*ancien collège* abrite maintenant les bureaux de la municipalité.

Ostrów Tumski *(plan D2,* ***61****)* **:** jadis une île qui fut le berceau de la ville. Partant de la place du Vieux-Marché, prendre la rue Wielka, puis continuer la rue Chwaliszewo et passer le pont sur la Warta. Un ensemble architectural d'une grande importance historique. C'est ici que fut construite la première enceinte fortifiée. Le baptême de la Pologne, en 966, se déroula probablement à cet endroit, dans l'église qui se trouvait à la place de la ***cathédrale Saint-Pierre-et-Paul*** qui domine l'île. *En été, celle-ci est ouv 7h-19h ; le reste de l'année, 7h-16h ; dim, slt ap-m dès 15h.* C'est un édifice du XVe s, de style gothique, entouré de chapelles remaniées dans le style baroque. À l'intérieur, chœur très profond, occupant presque la moitié de la longueur de l'église. Nombreuses œuvres d'art. Au fond de l'abside, derrière l'autel, ne pas rater la chapelle dorée, avec sa magnifique coupole au Christ et ses niches sculptées. Elle fut construite en 1840 dans le style byzantin en hommage aux fondateurs de l'État polonais, Mieszko Ier (vers 922-992) et Boleslas le Vaillant (967-1025).
Voir aussi la crypte, vers la gauche de l'entrée. Si elle est fermée, demandez à un prêtre de vous ouvrir la porte. Au sous-sol : vestiges de la fondation de l'église romane. Ensemble plutôt abstrait, vu le peu de restes et les explications en polonais. Mais le pittoresque est sauf : tout est d'origine !

Kościół Sw. Jana Jerozolimskiego *(église Saint-Jean-de-Jérusalem ; hors plan par D2)* **:** *à une station de tram après Ostrów Tumski, station Rotunda. Sur la rive nord du lac Malta.* Le mieux est encore de s'y rendre à pied. C'est la 2e plus vieille église de Poznań et la plus ancienne encore debout. Construction postromane en brique rouge du XIIe s. La brique rouge, dite de Silésie, est utilisée presque exclusivement du sud au nord de la Pologne occidentale, lui donnant son étonnante homogénéité architecturale.

Muzeum Narodowe Galeria Malarstwa I Rzezby *(Musée national, galerie d'Art et de Sculpture ; plan C2,* ***62****)* **:** *al. Marcinkowskiego, 9. • mnp.art.pl/oddzialy/gmir-a • Dans le centre-ville, à proximité de la place Wolności. Mar 10h-18h ; mer 9h-17h ; jeu-dim 10h-16h (17h ven-sam). Fermé lun. Prix : 10 Zl (2,50 €) ; gratuit sam.* Dans un grand bâtiment en pierre noire, une riche galerie de la peinture polonaise et européenne. Parmi les maîtres les plus célèbres de l'école polonaise, on retrouve Jan Matejko, Jozef Chełmoński, Jacek Malczewski, Stanisław Wyspiański. Peinture hollandaise du XVIe s, quelques toiles de l'époque du maniérisme, peinture flamande, peinture baroque italienne.

Palmiarnia *(plan A3, **63**) : serre géante dans le parc Wilsona, côté rue Parkowa. Ouv 9h-16h (17h dim et j. fériés). Fermé lun.* Une des plus grandes serres d'Europe. Dans les huit pavillons, chacun maintenu à une température et un degré d'humidité différents, près de 17 000 plantes de pays tropicaux.

Muzeum Poznań *(musée de Poznań – juin 1956 ; plan B2, **64**) : Centrum Kultury Zamek, ul. Sw. Marcin, 80/82 ; entrée du côté du monument Katyn. ☎ 0852-94-64. • muzeumniepodleglosci.poznan.pl • Ouv mer 10h-18h ; les autres j. sf w-e sur rdv par téléphone. Billet : 2 Zl, (0,50 €) ; réduc.*
Installé dans l'ancien château impérial (résidence de l'empereur d'Allemagne entre 1904 et 1910), le musée expose de nombreux documents sur la révolte de juin 1956, et d'une manière plus large sur l'opposition du temps de la Pologne communiste.
En juin 1956, les ouvriers de Poznań, à la suite d'une augmentation des prix de l'alimentation, protestent et réclament « du pain, de la vérité et de la liberté ». Une délégation se met en route pour Varsovie afin de faire entendre la voix des ouvriers, mais elle est arrêtée. Une énorme manifestation s'ensuit, les insurgés attaquent le siège de la police politique, saccagent les installations de brouillage des radios occidentales. Le Comité du Parti est incendié. La police tire, faisant cinquante victimes. L'armée envahit Poznań. Des centaines de personnes sont arrêtées et jugées par les tribunaux militaires. Ce fut le premier « soulèvement populaire » contre le pouvoir communiste. D'autres suivent en 1968, 1970, 1976 et 1980, qui donnent naissance à Solidarité.
Le pouvoir communiste a voulu, pendant des années, garder ces événements sous silence. Mais les habitants de Poznań n'ont pas oublié.
– À l'extérieur du centre culturel *Zamek,* sur la place A.-Mickiewicza, un grand ***monument*** commémore cet événement historique. En 1980, pendant la période de Solidarité, une des premières revendications des Polonais fut l'érection de ce monument et la réhabilitation des participants aux événements. En un temps record (deux mois), le monument est construit et inauguré. Pendant les années de la loi martiale (1981-1989), cet endroit était devenu le lieu de toutes les manifestations contre le pouvoir en place. Sous l'aigle au profil martial, les fondements de l'insurrection de 1956, immortalisés : « Pour la liberté, le droit et le pain. »

Manifestations

Infos sur les festivals sur le site internet de la ville : • poznan.pl •
*– Le prestigieux **Festival international de violon Henryk-Wieniawski** a lieu ts les 5 ans ; prochain en 2011.*
– Côté jazz, venez *en mai* pour participer au ***Festival Poznań Jazz Fair.*** Une fête dans tous les clubs de jazz de la ville. Rendez-vous avec les plus grands musiciens au club d'étudiants *Esculap (ul. Przybyszewskiego, 39)* pour les *jam sessions* qui durent jusqu'à l'aube.
– ***Le Festival international du théâtre de rue Malta :** se déroule chaque année au mois de juin.* Poznań se transforme alors en carnaval magique pendant une bonne dizaine de jours.
– Chaque année, au mois de juin, a aussi lieu la ***Foire de la Saint-Jean.*** Grande fête traditionnelle de l'artisanat, sur la *rynek.*

➤ DANS LES ENVIRONS DE POZNAŃ

Le musée d'Apiculture *(Skansen i Muzeum Pszczelarstwa) : ul. Poznanska, 35, **Swarzedz.** Village à une dizaine de km de Poznań, direction Varsovie. Sur la natio-*

LA GRANDE POLOGNE ET LA POMÉRANIE

nale, après le McDo, à la pancarte « Hôtel ». Bus n° S1 de Poznań (station Rondo Śródka). Mai-oct, mar-ven 8h-16h ; w-e 10h-15h. Entrée : 5 Zl (1,25 €). Un petit musée assez extravagant. Des centaines de ruches, des plus simples, dans un tronc d'arbre, aux plus inventives.

Le château de Kórnik : *à 20 km au sud-est de Poznań, par la route 42. • kornik.pl • Mar-dim 10h-16h (17h en été). Fermé lun. Entrée : 9 Zl (2,25 €) ; réduc. Visites guidées possibles en polonais, anglais ou allemand.* Un très beau château qui mérite la balade. Il date à l'origine du XVe s, mais fut reconstruit au XIXe par Tytus Dzialynski, qui le transforma en demeure néogothique. L'ensemble très bien conservé, entouré d'arbres, évoque un manoir de Lord anglais, un peu excentrique. Outre les nombreux objets, meubles et peintures qui décorent l'intérieur, il abrite la bibliothèque de l'Académie polonaise des sciences, qui renferme près de 320 000 volumes, certains d'une grande valeur. La salle Mauretanska (de style néomauresque) expose une belle collection d'armures. Voir aussi un piano Brodman, sur lequel Chopin aurait joué. La visite inclut aussi la salle des attelages et des cabriolets (achetés à Londres au XIXe s).
– Le château est entouré par un parc de style anglais, qui est aussi un arboretum comptant plus de 3 000 espèces d'arbres et d'arbustes d'Europe, d'Asie et d'Amérique. À l'extérieur du parc, face au portail d'entrée, une collection de trois voitures *Wozownia,* dont une « Dormeuse » (entrée payante). Un lac à proximité.

Le palais de Rogalin : *à 11 km de Kórnik, prenez la route 431 en direction de Mosina. Ouv 10h-16h (18h dim, 20h pour le parc). Fermé lun. Entrée : 8 Zl (2 €) ; gratuit mer.* Un palais rococo classique, de beaux décors intérieurs des XVIe et XIXe s. Dans le parc, environ 1 500 chênes millénaires, dont 860 sont de véritables monuments de la nature, avec une circonférence de 9 m (10 m pour certains). Les trois arbres, appelés Lech (Pologne), Russ et Szech, symbolisent, paraît-il, le partage historique de l'Europe centrale ! Dans un pavillon, à gauche de l'entrée, une *galerie d'art* où l'on peut admirer des peintures polonaises et étrangères des XIXe et XXe s. En arrivant à Rogalin, à gauche de la route, se trouve une *chapelle* très curieuse : imitation de la Maison Carrée de Nîmes !

GNIEZNO

À env 50 km au nord-est de Poznań, par la route 5.

Dans la réalité, Gniezno est une belle ville qui fut au bas Moyen Âge la première capitale de la Pologne, riche et prospère. Gniezno a perdu de son importance le jour où les rois de Pologne cessèrent de s'y faire couronner. Elle est restée la capitale ecclésiastique du pays. Ville agréable, avec une belle rue piétonne où l'on peut facilement déjeuner.

L'AIGLE BLANC DE POLOGNE

Selon une vieille légende slave, trois frères, Lech, Szech et Russ (fondateurs mythiques des nations polonaise, tchèque et russe), vinrent en ces lieux avec leurs tribus. C'est là que Lech aperçut sur un chêne solitaire le nid d'un aigle blanc. Persuadé que c'était de bon augure, il y fonda une ville et l'appela Gniezno (du mot gniazdo, *signifiant « nid » en polonais), et l'aigle est devenu l'emblème du pays.*

On y visite avant tout la ***cathédrale gothique*** : *lun-sam 9h-12h, 12h30-17h30, dim et j. fériés 13h-15h, 16h-17h30, sf pdt les offices.* Célèbre pour sa ***porte sculptée*** en bronze du XIIe s, qui illustre la vie du saint martyr Adalbert. *Elle n'est accessible que dim 13h-16h. Entrée payante. Brochures en français. Ne se visite qu'avec un guide en polonais.*
Né vers 956 en Bohême de l'Est d'une dynastie rivale du roi tchèque, Adalbert fait ses études à Magdeburg, en Allemagne du Sud. Après une belle carrière qui le

mène à Rome à 26 ans, l'évêque part en mission en Pologne pour évangéliser une petite tribu de païens alors appelés Prussiens. L'assassinat de sa famille par le roi tchèque Boleslav II l'a peut-être décidé à partir. Il a alors 39 ans. Fatale, cette mission lui vaudra la canonisation et, récemment, le titre de saint patron de l'Église d'Europe centrale ! L'histoire d'Adalbert est importante pour la patrie polonaise, puisque Gniezno devint un archevêché en 999, convoité par Prague. Or, seul un archevêque pouvait sacrer un roi, ce qui fut fait quelques années plus tard. Par sa dimension, Saint-Adalbert est aussi resté longtemps l'épicentre d'enjeux culturels et nationaux. Aujourd'hui encore, il possède deux crânes et deux tombeaux, l'un à Gniezno (volé en 1923) et l'autre à Prague !
La porte est composée de 18 scènes retraçant la vie du saint. La colonne de gauche se lit de bas en haut et évoque sa naissance et son baptême (scènes 1 et 2), sa nomination comme évêque (scène 5) et l'Ange qui, dans un songe, lui révéla sa mission (scène 7). La colonne de droite se lit de haut en bas et raconte l'épopée polonaise : voici Adalbert convertissant à tout va les Prussiens idolâtres (scènes 11 et 12), avant qu'il ne soit finalement décapité (scène 14), sa tête tournée vers son pays d'origine (scène 15). Boleslav le Vaillant, futur roi de Pologne, rachète le corps du martyr pour le prix de son poids en or (scène 16) – l'histoire ne dit pas si la tête était sur la balance ! – et le ramène à la cathédrale de Gniezno (scène 17). Vous vous l'êtes peut-être demandé : oui, à de rarissimes exceptions près, la porte est toujours fermée. Elle était à l'origine située au niveau de la cloche, sur la droite.
Le tombeau du saint, en marbre rouge, magnifique ouvrage du XVe s, se trouve juste derrière l'autel. Possibilité de visiter aussi la crypte et la tour. Projection audiovisuelle en français à droite de l'entrée.

Centre d'informations : *juste derrière la cathédrale. Lun-ven 8h-18h ; sam 9h-15h ; dim 10h-14h.*
Restauracja Polska : *juste devant le centre d'infos. Bonnes pizzas env 10 Zl (2,50 €) ; plats polonais plus chers.* Une belle demeure patricienne aux tons vert olive. Terrasse avec vue sur la cathédrale. Service agréable et souriant.

Le Musée archéologique et la cité préhistorique de Biskupin (Muzeum Archeologiczne w Biskupinie) *: • biskupin.pl • Continuer la route 5 au nord de Gniezno en direction de Bydgoszcz ; roulez 35 km et tourner à droite au niveau du panneau « Muzeum Wykopaliska Biskupinie » ; attention, il est tt petit, soyez donc vigilant, il se trouve juste après l'indication du village de Bozejewice ; continuez ensuite sur env 5 km et suivez le même panneau, vous y êtes ! Tlj 8h-18h (16h hiver). Entrée : 7 Zl (1,75 €) ; réduc. Petits guides en français 5,5 Zl (1,40 €).*
C'est le « Pompéi polonais ». Une reconstruction parfaite d'une cité préhistorique représentant l'un des rares vestiges de la civilisation lusacienne. Il s'agit d'une grande fortification lacustre qui était construite sur une péninsule, entourée d'un rempart en bois épais de 3 à 8 m. L'ensemble date de 2 700 ans av. J.-C. On suppose qu'à l'intérieur 700 à 1 000 personnes vivaient dans des maisons en bois très solides, toutes pratiquement identiques et distribuées symétriquement. Les archéologues ont découvert ici des objets de l'âge de pierre et de l'âge du fer, ainsi que des traces de la civilisation celtique. C'est donc une aventure originale, dans des paysages superbes.
– Petit *musée* avec beaucoup de maquettes qui reconstituent la vie quotidienne à la préhistoire *(visite tlj 9h-18h).* Possibilité de se restaurer dans une hutte au toit de paille et au style très « âge de bronze ». Seule déception : pas de rôti de mammouth au menu !
– Durant la 3e semaine de septembre se tient ici le *Festival archéologique,* avec banquet « préhistorique », exposition d'art, démonstrations diverses, reconstitution d'un village, figurants en habit d'époque... C'est l'occasion pour les experts internationaux de se réunir et de comparer leurs derniers travaux. *Rens : ☎ 302-50-25. Entrée : 10 Zl (2,50 €).*

➢ Possibilité de faire une balade de 30 mn sur le lac dans un bateau à l'image de ceux de l'époque du site. *Prix : 5 Zl (1,25 €).* On peut aussi faire une balade en petit train touristique, jusqu'à Znin et avec un arrêt au musée du Train de Wenecja. *Env 6 trains/j. mai-sept.* Trajet à travers bois et vallées.

TORUŃ

(87-100) 20 000 hab. IND. TÉL. : 056

Inscrite au Patrimoine mondial de l'Unesco depuis 1997, Toruń mérite un petit séjour pour profiter de son charme de vieille ville polonaise chargée d'histoire. Située sur les bords de la Vistule, c'est la ville de Pologne la plus riche en monuments du Moyen Âge. Plus de 350 bâtiments, concentrés autour de la vieille ville, constituent un ensemble architectural d'une grande valeur. Nous pouvons facilement imaginer le petit Nicolas (on vous parle de Copernic, pas d'un autre !) parcourant la rue Żeglarska pour se rendre à l'école ou dégringoler, en riant avec ses camarades, jusqu'à la Vistule, la tête déjà pleine d'idées bizarres. Tout est resté intact : maisons, remparts, églises. Seuls les vêtements des passants et les vitrines des magasins rappellent que nous sommes au début du XXIe s. La ville reste aujourd'hui un centre scientifique et culturel, et bien sûr touristique.

COPERNIC ÉCONOMISTE

Copernic s'intéressa à l'économie, notamment à la monnaie. Le XVIe s a connu une crise monétaire aiguë. La monnaie-papier n'était pas introduite et les transactions se faisaient avec des pièces en alliage d'argent et de cuivre. Les pièces provenant d'ateliers différents, le pourcentage d'argent se réduisait sans cesse, au bénéfice des responsables de la frappe et des orfèvres qui les fondaient et vendaient l'argent obtenu. À mesure que la mauvaise monnaie chassait la bonne, la crise creusait un fossé entre riches et pauvres. Pour obtenir une monnaie stable, Copernic suggéra de retirer l'ancienne et de n'émettre que 10 nouveaux marks pour 13 anciens. Dommage que Copernic ne soit pas revenu sur terre en 2008 !

UN PEU D'HISTOIRE

Un nom lié à la ville : Nicolas Copernic, le grand astronome du XVIe s, celui qui « mit la Terre en mouvement et arrêta le Soleil et le ciel », comme l'indique l'inscription gravée sur son monument, place de la Vieille-Ville. Giordano Bruno, le philosophe italien, né cinq ans après la mort de Copernic, brûle sur un bûcher pour avoir défendu les mêmes idées, alors que Copernic s'éteint de mort naturelle à 70 ans en 1543. Mais Toruń est aussi intimement liée à l'histoire des chevaliers Teutoniques, qui fondent la ville en 1233 pour en faire un poste avancé à l'Est. Avec son entrée dans la Ligue hanséatique en 1280, la ville constitue un carrefour commercial majeur à l'époque médiévale.

Adresses utiles

ℹ ***Informations touristiques*** *(plan B2) : rynek Staromiejski, 25.* ☎ *621-09-31.* • *it.torun.com.pl* • *À l'entrée de l'hôtel de ville. Lun-ven 8h-18h ; sam 8h-16h.* Personnel très compétent, jeune et accueillant. On vous donne les adresses des chambres universitaires ouvertes entre juillet et septembre. Liste des infos culturelles sur la ville et dans les environs, et une brochure en français bien faite, avec les descriptifs des sites historiques.

■ ***Orbis :*** *ul. Mostowa, 7.* ☎ *658-42-22.*
■ ***Bureau PTTK*** *(plan A2,* ***1****) : ul. Fosa Staromiejska, 6.* ☎ *621-04-22.* • *turystyka.torun.pl* • *En été, ouv sem 8h-17h, sam 9h-13h et parfois dim ; reste de l'année, ouv sem 8h30-16h, 1er et 3e sam du mois 9h-14h.* Librairie de voyages sur place. Propose des visites guidées de la vieille ville.
■ ***Agence Kompas*** *(plan B2,* ***4****) : ul. Kopernika, 5.* ☎ *652-29-01.* Réservations de billets de train, bus et avion.
Gare ferroviaire *(plan D1) : ul. Kujawska.* ☎ *621-30-44. Infos sur les horaires :* ☎ *94-36.* À 2 km du centre-ville. Bus nos 22 et 27. À ne pas confondre avec la gare centrale, au sud de la vieille ville, où s'arrêtent peu de trains.
Gare routière *(hors plan par A1) : ul. Dabrowskiego, 8.* ☎ *655-53-33.* On recommande les compagnies *Polski Express* et *Komfortbus.* 10 bus/j. pour Gdańsk 7h45-21h.
■ ***Change :*** nombreux dans le centre. Parmi ceux-ci : ***Kantor W/W,*** *rynek Staromiejski, 33.*
@ ***Internet Ksero*** *(plan B2,* ***6****) : ul. Franciszkańska. Lun-ven 8h-19h ; sam 9h-16h.* Magasin de photocopies et ordinateurs à disposition pour surfer sur Internet.
@ ***Internet café Kasandra*** *(plan B2,* ***5****) : Mostowa, 15. Lun-sam 10h-minuit ; dim 15h-minuit.*

Où dormir ?

Camping

Camping Tramp : *ul. Kujawska, 14.* ☎ *654-71-87.* • *tramp.mosir.torun.pl* • *Tt près de la gare, de l'autre côté des voies, à côté d'un espace vert qui longe la Vistule. Ouv mai-août. Autour de 35 Zl (env 10 €) pour un emplacement et 2 pers ; bungalow 4 pers sans douche env 75 Zl (19 €) ; double sans sdb 60 Zl (15 €).* Accueil en français. Les aménagements sont récents et la proximité de la rivière est agréable, celle de la grand-route un peu moins et les prestations sont médiocres ; l'eau chaude des douches est vite épuisée. Mais c'est l'unique camping de Toruń. Jolie vue sur la vieille ville.

Très bon marché

Orange Hostel *(plan B1,* ***16****) : ul. Prosta, 19.* ☎ *652-00-33.* • *hostelorange.pl* • *Lits en dortoir 30-40 Zl (8-10 €) ; double 90 Zl (23 €) ; petit déj inclus. Internet. À 7 mn de la gare ferroviaire.* Une excellente adresse, propre, bien tenue et à petits prix. Très bon accueil. Dortoirs impeccables de 2, 3, 8 et 12 lits. Sanitaires sur le palier. Cuisine équipée à disposition pour les hôtes. Casiers individuels.
Szkolne Schronisko Młodzieżowe *(AJ ; hors plan par C1) : ul. Swietego Jozefa, 22/24.* ☎ *659-61-84. Bus n° 11, arrêt avt l'hôpital. Ouv tte l'année. Réception disponible tte la nuit dès 17h. Dortoir 23 Zl/pers (6 €).* Auberge installée dans l'internat d'un lycée. Éloignée du centre-ville (environ 3 km), elle n'est intéressante que par son prix et pour les nostalgiques de l'ambiance de dortoir. Le responsable du soir vous trouve des places dans les chambres avec les lycéens. En face, le bar *Pinokio,* un snack bon marché.
Dom Wycieczkowy PTTK : *ul. Legionów, 24.* ☎ *622-38-55.* Hors centrum. *Prendre le bus n° 10, qui s'arrête juste devant la maison. Compter 27 Zl/pers (7 €) en dortoir ; double 74 Zl (19 €).* Plus de 60 places. Dans une villa particulière, chambres pour 2, 3, 4 et 5 personnes. Salles de bains communes ; eau chaude incertaine. Chambres propres et agréables. Ambiance familiale. Un snack au sous-sol permet de casser la croûte.

Prix modérés

Hôtel Trzy Korony *(plan B2,* ***11****) : rynek Staromiejski, 21.* ☎ *622-60-31.* • *hotel3korony.pl* • *Pratique parce que central. Doubles 140-210 Zl (35-*

LA GRANDE POLOGNE ET LA POMÉRANIE

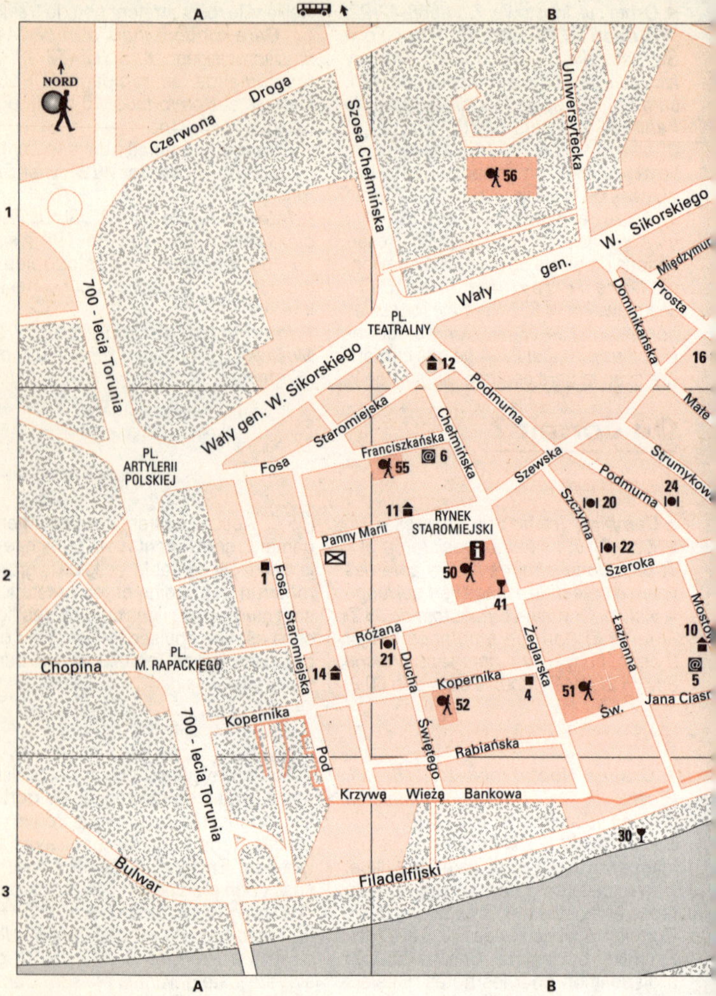

Adresses utiles

- Informations touristiques
- Poste
- Gare ferroviaire
- Gare routière
- 1 Bureau PTTK
- 4 Agence Kompas
- 5 Internet café Kasandra
- 6 Internet Ksero

Où dormir ?

- 10 Hôtel Pod Orłem
- 11 Hôtel Trzy Korony
- 12 Hôtel Polonia
- 13 Hôtel Kopernik
- 14 Hôtel Petite Fleur
- 15 Hôtel Karczma Spichrz
- 16 Orange Hostel

Où manger ?

- 20 Bar mleczny Małgośka
- 21 Bar mleczny

TORUŃ

22 Restauracja Staromiejska
24 Karczma Gesia Szyja

Où boire un verre ?

30 Bars sur les quais de la Wisla

Où sortir ?

41 Pod Aniołem
42 Disco Klub Hipnoza

À voir

50 Hôtel de ville et Musée régional
51 Cathédrale Saint-Jean
52 Musée Copernic
53 Château des chevaliers Teutoniques
54 Église Saint-Jacques
55 Planétarium
56 Musée ethnographique et skansen

53 €) selon saison et confort. Confort moyen, décoration idem, mais c'est propre et suffisant. Douches et toilettes communes pour une partie des chambres, sinon à l'intérieur. Demandez les chambres avec vue sur la place du Marché.

Hôtel Polonia *(plan B1,* ***12****) : ul. Teatralny, 5.* ☎ *622-30-28.* • *polonia.torun.pl* • *Face au théâtre, à l'entrée de la vieille ville. Double env 165 Zl (41 €) avec petit déj ; réduc pour les détenteurs de la carte ISIC.* Petit hôtel dans une maison bourgeoise déjà avancée en âge mais entièrement rénovée. Joli résultat, avec pas mal de charme. Literie assez récente. Bruits de rue si l'on veut ouvrir la fenêtre. Accueil sympa, en anglais.

Hôtel Pod Orłem *(plan B2,* ***10****) : ul. Mostowa, 17.* ☎ *622-50-25.* • *hotel.torun.pl* • *Tt près de la vieille ville. À partir de la place centrale, prendre la rue Szeroka, puis la 1re à droite. Doubles 150-200 Zl (38-50 €), petit déj compris. CB acceptées.* Côté cour, des chambres simples et sombres mais calmes.

Hôtel Kopernik *(plan C2,* ***13****) : ul. Wola Zamkowa, 16.* ☎ *652-25-73.* • *hotel-kopernic.torun.pl* • *Dans la ville nouvelle, derrière la rynek Nowomiejski, vers la Wisła. Au moins 400 chambres, de 150 Zl (38 €) avec lavabo à 200 Zl (50 €) avec douche ; plusieurs appartements.* Chaque chambre possède TV et téléphone. L'extérieur fait penser à une HLM, mais l'intérieur a été modernisé. Les chambres sont petites. Évitez celles qui donnent sur la rue.

Chic

Hôtel Karczma Spichrz *(plan C2-3,* ***15****) : ul. Mostowa, 1.* ☎ *657-11-40.* • *spichrz.pl* • *Appartement env 350 Zl (83 €) ; double 270 Zl (env 80 €). Resto avec plats à partir de 20 Zl (5 €).* Un emplacement on ne peut plus insolite : cet ex-entrepôt à grains suédois de 1719 a été rattaché en 1823 aux remparts sud de la ville, qui remontent au XIVe s. Chambres sympas, laissant une grande place au bois. TV satellite (TV5...), salle de bains avec sèche-cheveux. Appartements spacieux et propres. Certains sont situés dans la tour de garde centrale, qui servait autrefois à l'acheminement des marchandises débarquées de la Vistule. La frontière des remparts passe entre la chambre et le salon ! Ces postes avancés sur le fleuve ne manquent pas de cachet. Petit déj complet (œufs au bacon préparés devant vous).

Hôtel Petite Fleur *(plan A2,* ***14****) : ul. Piekary, 25.* ☎ *663-44-00.* • *petitefleur.pl* • *Doubles à partir de 270 Zl (68 €) ; réduc de 20 % le w-e.* Un endroit charmant dans la vieille ville. Seul le nom est français. Les chambres se situent à chaque étage. Hôtel meublé avec simplicité mais aussi beaucoup de goût. Seulement 6 chambres, il vaut mieux réserver en été.

Où manger ?

Bon marché

Bar mleczny *(plan B2,* ***21****) : ul. Różana ; au début de la rue, au nord de la rynek. Ouv tlj sf dim jusqu'à 19h (18h sam). Plats 8-14 Zl (env 2-4 €).* Prix sages pour une cantine locale et assiettes bien remplies, qui font le plaisir des lycéens et des ouvriers. Grand choix de plats, mais le midi, il vaut mieux savoir ce qu'on désire manger, vu la queue qui s'allonge derrière soi. Bonnes crêpes *naleśnikis*. À l'extérieur, les habitués attendent pour les gaufres à la chantilly.

Bar mleczny Małgośka *(plan B2,* ***20****) : ul. Szczytna, 10/12. Dans la vieille ville. Sem 8h-19h (9-16h, w-e).* Service rapide dans une grande salle sans charme mais propre, comme dans la plupart des bars *mlecznys* en Pologne. Pizzas, hamburgers, pâtes... Comptoir à gaufres à l'extérieur.

Prix moyens

Restaurant Karczma Gesia Szyja *(plan B2, **24**) : ul. Podmurna, 28. ☎ 621-12-49. • gesiaszyja.torun.pl • Tlj 12h-minuit (23h dim). Plats 6-20 Zl (1,50-5 €) ; viandes 25-30 Zl (6-8 €).* Au 1er étage d'un vieil immeuble en brique. Cuisine traditionnelle polonaise dans une auberge campagnarde reconstituée en pleine ville. Fauteuils, tables, bancs en bois, fleurs séchées, gibier, sangliers et renards empaillés. Buffet d'entrées à volonté (crudités). Spécialité du chef : le *Gesi Big Cyc*, viande d'oie fricassée en sauce.

Restauracja Staromiejska *(plan B2, **22**) : ul. Szczytna, 2. Tlj 11h-23h (1h ven-sam). Plat env 25 Zl (6 €) ; pâtes et pizzas moins de 14 Zl (4 €).* Il y a une salle où l'on mange (avec ses belles voûtes en brique) et une autre où l'on boit. Un resto italien tout ce qu'il y a de plus classique. On boit de la vodka ou de la bière et on mange des escalopes de porc ou de bœuf. Terrasse sur la rue piétonne.

Cafés et pâtisseries

La spécialité de la ville, ce sont les fameux *piernikis,* des pains d'épice (appelés *toruńs,* tout simplement) fourrés de confiture et recouverts de chocolat. La ville en fabrique, paraît-il, depuis le XIVe s. On en trouve dans différentes boulangeries de la ville. Attention de ne pas vous casser les dents sur le *pierniki,* à la consistance assez compacte.

Où boire un verre ?

Bars sur le quai de la Wisla *(plan B3, **30**) : quai Bulwar Filadelfijski. Lun-jeu jusqu'à 23h ; ven-dim jusqu'à 2h-3h du mat.* Au niveau des rues Zeglarska et Lazienna. Deux bateaux amarrés côte à côte sur les bords de la Vistule, qui abritent des bars (dont le *Redd's*) accessibles par les marches de l'escalier et des passerelles. Très agréable aux heures chaudes d'y boire un verre en terrasse en regardant le fleuve. Bonne musique. On est bien assis.

Où sortir ?

Pod Aniołem *(plan B2, **41**) : dans le sous-sol de la tour de l'hôtel de ville, sur la* rynek. *Dim-jeu 22h-1h, ven-sam 22h-4h.* Les touristes passent devant sans se douter que cet escalier conduit à de magnifiques caves voûtées, à l'ambiance gothique. Quand les yeux s'habituent à l'obscurité, on découvre des couples enlacés dans les recoins intimes. Grande salle qui accueille parfois des concerts.

Disco Klub Hipnoza *(plan C1, **42**) : ul. Wysoka, 2. ☎ 0788-855-685. • hipnoza.torun.pl • Entrée dans une cour intérieure, à droite après un passage couvert. Ouv après 21h.* Petit bâtiment de brique avec des grilles métalliques. Il y a aussi le *Fame Club,* à côté. Rendez-vous des jeunes le week-end.

À voir

Le site de la vieille ville

L'hôtel de ville *(plan B2, **50**) : au centre de la place du Marché. Entrée du côté sud. Ouv mar-dim 10h-18h (16h hors saison). Entrée : 10 Zl (2,50 €).* De style gothique (XIIIe-XIVe s), puis remanié dans le style maniériste au XVIIe s. Un petit

bijou de l'architecture médiévale bourgeoise en Pologne. C'était d'abord un ensemble de maisons d'artisans, de commerçants, et un point de rencontre des citadins et des touristes de passage, avant de devenir un ensemble rectangulaire à deux, puis trois étages. Le bâtiment en entier devint l'hôtel de ville, symbole de la richesse de cette ville commerçante. Les rois de passage s'y arrêtaient, dont Jean Olbracht, qui y séjourna à jamais. Les frontons baroques datent de l'après-siège suédois, en 1703. Des concerts d'orchestre de chambre sont donnés chaque vendredi dans la grande salle bourgeoise, et dans la cour, on peut se régaler lors de représentations de théâtre, de cinéma ou de chansons.
De la ***tour,*** haute de 40 m, belle vue panoramique sur la ville. *Ouv jusqu'à 18h45. Fermé lun. Entrée : 10 Zl (2,50 €).*

★ ***Le Musée régional*** *(Muzeum okręgowe ; plan B2,* ***50****) : à l'intérieur de l'hôtel de ville. ☎ 622-70-38. • muzeum.torun.pl • Ouv mar-dim 10h-18h (16h hiver). Entrée : 10 Zl (2,50 €) ; gratuit jeu.* Tableaux et vitraux médiévaux, objets des métiers d'art et d'orfèvrerie, et une collection de moules aux formes originales pour la fabrication du célèbre pain d'épice de Toruń, dans les belles galeries du sous-sol. Deux belles portes en bois sculpté au rez-de-chaussée. Le portrait de Copernic parmi une galerie de portraits, dans la grande salle à manger.

★★ En bordure de la place, des ***maisons anciennes,*** en majorité avec des éléments gothiques et baroques. L'une des plus belles, la maison « À l'Étoile », au n° 35, avec une très belle façade. Ancienne maison de Callimaque, un Italien précepteur des fils du roi Jagellon, richement décorée à l'extérieur d'ornements floraux et fruitiers, et à l'intérieur de magnifiques escaliers avec des statues en bois sculpté. Ainsi que la maison « Sous l'Ange », au n° 29, avec son entrée de style baroque, portant l'emblème de l'ancien maire de Toruń. Sur la *rynek,* la statue de Copernic et la fontaine aux grenouilles, qui représente un jeune garçon jouant du violon. La légende raconte qu'une méchante sorcière aurait lancé un sort à la ville. Le maire aurait promis sa fille à celui qui réussirait à faire fuir les grenouilles venues envahir la ville. Heureusement que le jeune violoniste trouva la solution avant Gargamel !

★★ ***La cathédrale Saint-Jean*** *(plan B2,* ***51****) : accessible à partir de la place du Marché, par la rue Żeglarska. Ouv 9h-17h.* Édifice en brique rouge, de la seconde moitié du XIIIe s, où le petit Nicolas Copernic fut baptisé. L'intérieur est à trois nefs, du type halle, avec une voûte en étoile. Dans la tour, haute de 40 m *(où l'on peut monter entre mai et oct ; entrée : 6 Zl, soit 1,50 €),* de grosses cloches, dont la deuxième de Pologne par sa taille. Coulée en 1500 et surnommée « la trompette de Dieu », elle mesure 2,17 m de diamètre et pèse 7,2 t. Peu de lumière pénètre à l'intérieur de l'église, où règne une atmosphère majestueuse et silencieuse. Les pas des visiteurs résonnent sous la voûte. Les murs d'austère brique rouge, les sculptures anciennes, les tableaux représentant la vie du Christ revêtent un caractère dramatique dans ce merveilleux décor ancien. On sort de l'église aveuglé par la lumière et avec le sentiment d'avoir passé un instant hors du temps.

★ ***Le musée Copernic*** *(plan B2,* ***52****) : ul. Kopernika, 17. Ouv 10h-19h (16h hors saison). Fermé lun. Entrée : 10 Zl (2,50 €).* Le musée est aménagé dans la maison natale de Copernic, reconstituant le style des habitations bourgeoises de l'époque. Nombreux souvenirs et documents concernant la vie de l'illustre astronome, né ici le 19 février 1473. Commentaires en anglais et en allemand.

★★ ***L'ancienne ville médiévale :*** tout un ensemble de murs, remparts et portes fortifiées du côté de la Vistule (au sud de la vieille ville). En partant de la place du Marché, prendre la rue Szeroka, puis la 3e à droite, la rue Podmurna. Au bout de la rue, la *cour des Bourgeois,* avec une tour du XVe s, puis, tout en suivant le mur, trois portails fortifiés. Au bout de la rue, sur la droite, un vieux *grenier à blé* témoigne du passé commerçant de la ville. À gauche, la *tour penchée,* un beffroi de défense élevé vers la fin du XIIIe s. À peine construite, elle commença à s'incliner, et la déviation de la verticale est actuellement d'environ 140 cm.

Vous passez devant les ruines du ***château des chevaliers Teutoniques*** *(plan C2,* ***53****)*. Repérez le panneau « Zamek Krzyżacki ». Construit au XIIIe s, le château était le siège d'un commandeur de l'ordre. Il fut détruit en 1454, lors d'une révolte des bourgeois contre les chevaliers. L'aile sud du château était composée des dortoirs et des réfectoires pour les moines. Un dimanche par an, en mai, les ruines du château s'animent de concours et de compétitions, comme le tournoi du roi du coq du clocher, qui désigne le meilleur tireur. Dans la tour de Toilette, un petit *musée (ouv 8h-20h)* sur l'histoire du château et de la ville.

L'église Saint-Jacques *(plan C2,* ***54****) : sur la nouvelle pl. du Marché (rynek Nowomiejski).* De style gothique, elle fut construite de 1309 à 1424 à l'initiative des chevaliers Teutoniques, qui en firent l'église paroissiale de la nouvelle ville. Cette monumentale basilique est basée sur un schéma architectural original. De 1557 à 1667, elle a appartenu aux protestants. Intéressantes décorations extérieures en céramique et travail ciselé de la brique rouge. À l'intérieur, de précieuses œuvres d'art, comme un crucifix gothique, dit « mystique », de la fin du XIVe s, dans la nef méridionale, ainsi que des peintures des XIVe et XVe s, dont un tableau de la Passion.

Le planétarium *(plan B2,* ***55****) : ul. Franciszkańska, 15/21. ☎ 622-60-66. • planetarium.torun.pl •* Dans la ville de Copernic, les passionnés iront étudier le même ciel. Les films sont en anglais.

Le Musée ethnographique et le skansen *(plan B1,* ***56****) : ul. Francizkanzska, 15/21. Au nord de la ville. En saison, ouv lun, mer et ven 9h-16h ; 9h-18h les autres j.* Riche collection concernant la Pologne septentrionale, comme un arsenal prussien classique de 1824. À l'arrière du bâtiment, un *skansen,* reconstruction en plein air de maisons traditionnelles des régions avoisinantes, ainsi que des moulins. En dehors du festival annuel, des groupes folkloriques s'y produisent à partir de mai, une fois par semaine.

Manifestations

– ***Festival à flanc du théâtre :*** *en avr. À la Maison de la culture de la jeunesse, ul. Przedzamcze, 1/3. ☎ 521-05-81.*
– ***Festival Probaltica :*** *en mai.* Un concept original, axé sur la venue d'orchestres et d'artistes de la zone baltique (Lituanie, Suède, Russie...).
– ***Festival des théâtres Kontakt*** ou ***Rencontres internationales des orchestres populaires :*** *en mai. ☎ 622-50-21.*
– ***Festival de musiques folkloriques :*** *en mai. Au* skansen. *☎ 622-89-43.*
– ***Concours international de piano pour les enfants :*** *en mai.* À Szafarnia, à côté de la ville de Golup-Dobrzyń, dans le manoir où Chopin venait en vacances.
– ***Grand tournoi de chevalerie :*** *en juil. Dans la ville de Golup-Dobrzyń. ☎ 683-24-55.* Voir « Dans les environs de Toruń ».
– ***Festival Musique & Architecture :*** *en juil-août, une série de concerts classiques organisés, sam ou dim, dans les différents monuments de la ville. ☎ 622-88-05. Rens : • um.torun.pl/~tok/newfestival.html •* L'occasion de visiter des lieux ordinairement fermés au public.
– ***Triennal international « La Couleur dans le graphique » :*** *en août. Ul. Św. Ducha, 10/12. ☎ 622-63-39.*
– ***Bal de fin d'année :*** *dans la ville de Golup-Dobrzyń.*

➤ DANS LES ENVIRONS DE TORUŃ

Golup-Dobrzyń : *à une quarantaine de km vers l'est, sur la 52 jusqu'à Kowalewo-Pomorski, puis sur la 554. Bus en provenance de Toruń.* Golup-Dobrzyń est très connu pour son grand tournoi de chevalerie, début juillet. Le village actuel provient de la fusion de deux villages, chacun d'un côté de la rivière.

– **Zamek golubski** *(le château) est à l'entrée de la ville. Tlj 9h-18h (15h hiver). Entrée : 10 Zl (2,50 €).* Fait de brique, il domine la Drweca et le village de Golup. Il offre sa plus belle façade photogénique au niveau de la rivière. Les premières fondations datent de 1421, mais le château fut de nombreuses fois détruit, notamment lors de la guerre avec la Suède. Il connut une résurrection quand le roi Zygmunt III Wasa le donna, au début du XVIIe s, à sa sœur, Anne Wazówna, qui le fit reconstruire en style Renaissance. Elle ne l'a d'ailleurs toujours pas quitté. Un grand bal de carnaval y est organisé en fin d'année, où la princesse Anne apparaît à minuit ! *On peut y visiter actuellement un musée qui ferme à 15h, et un étage du château a été transformé en* hostel, *avec des chambres ressemblant à des dortoirs.* ☎ *683-24-55. Compter 60 Zl (15 €) pour deux.* Également un hôtel *(double 200 Zl, soit 50 €).* Si vous passez début juillet, ne ratez pas le tournoi international de chevalerie, le plus important de Pologne, avec des joutes à cheval.

Camping *dans le village, ul. Zamurna, 2.*

Restaurant *dans la cave du château.*

Chelmno : *à 40 km au nord de Toruń. Accessible en bus au départ de Toruń.* Un petit village très coquet, mini-Toruń avec des fortifications qui entourent l'hôtel de ville, de style Renaissance. Rien de commun avec son homonyme de triste mémoire, le camp d'extermination de Chelmno, situé à 80 km de Łódż.

MALBORK

39 000 hab. IND. TÉL. : 055

Malbork est une petite ville (à 60 km au sud-est de Gdańsk et à 138 km de Toruń), dont la plus importante et presque unique attraction est le spectaculaire château médiéval des chevaliers Teutoniques, inscrit au Patrimoine mondial de l'Unesco. Face à ces vestiges d'antan, le reste de la ville est à l'image de la Pologne d'aujourd'hui, un lieu qui a su tourner le dos à un quotidien gris et triste. L'avenir s'écrit ici en lettres occidentales et il ne perd pas de temps.

Comment y aller ?

➢ ***En train :*** liaisons régulières depuis Toruń. Les gares ferroviaire et routière se trouvent à environ 1 km du château, à l'est du centre. Infos et horaires à l'office de tourisme de Malbork.

Adresse utile

Office de tourisme de Malbork *(Centrum Turystyki w Malborku) :* *ul. Kosciuszki, 54 ; angle ul. Warecka.* ☎ *273-49-90* • *malbork.pl* • *(version en français).* Belle demeure du XIXe s aux murs saumon et blanc. Infos sur les visites et les hébergements. Horaires des chemins de fer et des bus.

Où dormir ? Où manger ?

Camping

Camping nº 197 : *ul. Parkowa, 3.* ☎ *272-24-13. Fléché depuis le château. À côté de l'hôtel* Sportowy Parkowy *(même bureau d'accueil). Réception ouv j. et nuit. Bar-restaurant ouv jusqu'à 22h. En saison, 36 Zl (9 €) la nuit sous tente pour 2 pers ; bungalows pour 3 pers env 120-150 Zl (36 €), relativement bien équipés.* Un grand terrain calme et ombragé, avec aménagements sanitaires très propres et terrains de sport (2 courts de tennis).

Très bon marché

Hostel Saturn : *ul. Slowackiego, 75.* ☎ *273-29-50.* • *malbork.com/saturn* • *À 700 m du centre. Lits en dortoir à partir de 25 Zl (6 €).* Immeuble bien tenu, dans une rue calme, abritant un *hostel* pour jeunes routards à prix sages. Dortoirs de 2, 3 ou 4 lits. Sanitaires.

Schronisko Młodzieżowe *(AJ) : ul. Żeromskiego, 45.* ☎ *272-24-08. Depuis le centre-ville, prendre à droite à la hauteur de la station-service, puis la 2e à droite. Dans l'école primaire. Ouv slt 5 juil-25 août. Réception 17h-21h. Résa conseillée. En dehors de cette période, il y a un petit contingent de chambres à disposition des gens de passage, env 35 Zl/pers (9 €).* Dortoirs dans les salles de classe, quelques chambres doubles. Cuisine à disposition.

Prix modérés

Gosciniec Pod Markizami : *ul. Porzeczkowa, 1.* ☎ *272-45-61. Du centre, direction Gdańsk, passer la rivière Nogat, tourner à droite après le pont, suivre les rues Walowa, et G. Glowna. Double 100 Zl (25 €) sans petit déj.* À 700 m du château, dans un quartier résidentiel. Maison privée très bien tenue, disposant d'un jardin et de la place pour garer une voiture. Bon accueil. On y parle allemand et russe. Chambres de 2, 4 ou 6 personnes (avec douche-w-c). Repas à la demande. Possibilité de cuisiner.

Prix moyens

Restauracja Hotel Zbyszko : *ul. T. Kościuszki, 43.* ☎ *272-26-40.* • *hotel.malbork.pl* • *Double avec sdb env 230 Zl (58 €). Parking payant.* Cette petite pension de famille, au style désuet des années 1960, abrite de grandes chambres au couchage d'une fermeté exemplaire. Les peintures à deux sous d'artistes à la petite semaine peuvent prêter à sourire. Accueil correct.

Plus chic

Hôtel Stary Malbork : *ul. 17 Marca, 26/27.* ☎ *647-24-00.* • *hotelstarymalbork.com.pl* • *Doubles 200-340 Zl (50-85 €).* Derrière sa façade vert pastel, il offre un peu de charme. Les intérieurs sont ordinaires mais rénovés avec soin. Escalier de type colonial et dessins du vieux Malbork dans les couloirs. Chambres au confort standard avec salle de bains nickel. Petit déj servi dans une salle au service de table irréprochable.

Hôtel Zamek : *ul. Starościńska, 14.* ☎ *272-27-38. Double avec sdb env 350 Zl (88 €), petit déj compris.* Dans une annexe du château. Chambres des années 1950, comme aux meilleurs temps du socialisme. Plutôt fréquenté par les groupes.

Pizzeria Patrzałkowie : *ul. Kościuszki, 25. Tlj 10h-21h. Au bout de la rue (impasse), avec une terrasse donnant sur la voie express (charmant !). Pizzas 6-9 Zl (1,50-2,25 €) pour un repas.* Soupes, salades, mais aussi des plats polonais (excellent *Żurek*). Pizzas sortant du lot des offres touristiques. Bref, cuisine honnête à prix très doux et un moment agréable.

À voir

Le château des chevaliers Teutoniques : *15 avr-15 sept, 9h-20h ; 16 sept-14 avr, 9h-15h ; les terrasses, elles, ferment 1h plus tard. Fermé lun. Entrée 30 Zl (8 €), sans guide ; réduc. Prévoir du temps car la visite est longue (env 3h). Le prix du guide étant élevé, groupez-vous sur place avec d'autres touristes. Il* *est conseillé de réserver un guide parlant le français, car ils sont peu nombreux : ☎ 647-09-78. • zamek.malbork.pl • Brochures en français disponibles à l'entrée. Droit de photographie : 15 Zl (4 €).*

En saison, le soir, spectacle son et lumière (pour les horaires, se renseigner à la caisse du musée). Nous vous conseillons de visiter le château en vous joignant à un groupe (si la langue vous convient) ou en louant les services d'un des guides (à la caisse du musée), car ils racontent superbement son histoire, la vie quotidienne au château, etc.

L'ordre des chevaliers Teutoniques (le nom complet est : ordre de l'Hôpital de la Sainte Vierge de la Maison allemande à Jérusalem, ce qui faisait un peu long sur les cartes de visite) se constitue en 1191 en Palestine, comme ordre religieux et militaire (moines-soldats), sur le modèle des Templiers. En 1229, ils répondent à l'appel de Conrad de Mazovie qui, menacé par les Prussiens païens, les fait venir en Pologne, leur attribuant la ville de Chelmno.

Mais les chevaliers Teutoniques falsifient l'accord avec Conrad et s'approprient les terres prussiennes en exterminant totalement la population d'origine balte, jusqu'à créer un véritable État au bord de la Baltique et menacer la Pologne. En 1309, ils s'établissent à Malbork, qui devient leur capitale, et entament la construction du gigantesque château. Son surnom de « plus grande montagne de brique au nord des Alpes » paraît à première vue totalement justifié ! En 1410, déjà affaibli par les guerres avec la Lituanie, l'ordre est vaincu par le roi polonais Ladislas Jagellon, lors de la célèbre bataille de *Grunwald.* Le roi ne réussit pourtant pas à s'emparer du château, malgré un siège de 2 mois. Le château compte alors 1 000 occupants (domestiques et mercenaires venus de toute l'Europe).

C'est seulement 40 ans après que l'ordre quittera Malbork pour s'installer à Königsberg (aujourd'hui Kaliningrad). Jusqu'en 1772, le château restera entre les mains des rois polonais. Utilisé pour la propagande cinématographique par les nazis, il sera en grande partie détruit par les Russes. Basé à Vienne, l'ordre des chevaliers Teutoniques existe encore aujourd'hui et se consacre aux œuvres charitables.

Très bien restauré, avec ses tours, ses doubles et même triples murs, ses fossés, ses ponts suspendus, le château est comme sorti tout droit d'un conte pour enfants. Il se divise en trois parties :

– *Le château bas,* avec l'arsenal et l'église Saint-Laurent. Sa fonction était surtout économique.

– *Le château moyen,* où se déroulait la vie quotidienne. L'aile ouest (sur la droite) abritait les appartements du Grand Maître. On peut y admirer l'ingénieux système de chauffage central. La pierre située au-dessus du four était chauffée et répandait, par une canalisation, la chaleur dans toute la pièce. Il existe en tout une douzaine de grands fours comme celui-ci dans le château. L'aile orientale était réservée aux visiteurs. Sur l'aile nord, la salle à manger (en restauration). Avec ses 450 m^2, c'est la plus grande pièce du site. Les quatre statues dans la cour représentent les premiers commandeurs. Dans l'une des cours attenantes, le *rosarium,* où le Grand Maître venait se reposer. Le mur sur la droite résume l'histoire du château. On y voit les briques d'origine (plus claires et effritées), mais aussi les traces de balles soviétiques. Les destructions furent en grande partie inutiles : quand les Russes pénètrent dans le château, les Allemands sont partis depuis belle lurette !

UNE RÉPUTATION SULFUREUSE

L'ordre hospitalier et militaire adepte de la règle de saint Augustin a eu comme but principal de soigner les blessés allemands et d'assurer leur salut. Les chevaliers à la croix noire se sont forgé une réputation de brutalité et de cruauté, imposant leur foi par la force. Une minorité de chevaliers désapprouvait cette façon d'agir. Grâce à ces chevaliers, malgré les exactions, on se souvient aussi des bienfaits de cet ordre. Particulièrement doués pour l'agriculture, les chevaliers aidaient les pays dévastés à se reconstituer et les pays pauvres à se développer, tout en prêchant la paix et l'amour du prochain.

– *Le château haut,* le plus ancien, avec sa superbe cour (et son puits à manivelle) entourée de deux étages d'arcades. Au rez-de-chaussée, des cellules avec leurs imposantes grilles en fer, où l'on détenait les adversaires de l'ordre (notez l'idole prussienne en forme de sphère, retrouvée dans la région), et les cuisines, dans lesquelles chaque plat préparé était d'abord goûté par le cuisinier, par mesure de sécurité. Au 1er étage, la salle capitulaire, lieu d'élection du Grand Maître et des grandes décisions. Plafond en voûte de palmier reposant sur trois colonnes, image des trois vœux pieux (chasteté, pauvreté et obéissance). Écho impressionnant, qui servait sans doute les orateurs !
Plus loin à droite, la porte d'or, entourée de magnifiques peintures polychromiques d'origine (XIVe s). Les motifs représentés sont rares dans l'iconographie médiévale : à gauche, les cinq vierges sages tenant leur bol d'huile sainte ; à droite, les cinq vierges folles, au bol renversé. Leur orgueil les a privées d'auréole. Au même étage se trouvent la chambre du trésor et les dortoirs des chevaliers. En tant que guerriers religieux, les chevaliers dormaient à même le sol, toujours habillés.
– Le ***musée*** comprend une exposition consacrée à l'histoire de l'ambre (résine fossilisée de la mer Baltique), l'une des richesses traditionnelles de la région, avec une série d'objets superbement décorés, des objets usuels des XIVe et XVe s, et une exposition retraçant l'histoire du château.

Festival

– Chaque année en juin se tient, dans le château haut, le ***Festival international de musique médiévale.*** Musique, théâtre et danse. Occasion unique d'entendre des concerts exécutés sur des répliques d'instruments anciens.

GDAŃSK

480 000 hab. IND. TÉL. : 058

Une ville magnifique, par sa richesse architecturale, son site sur le delta de la Vistule, en bord de mer, son passé lointain et récent, si intense. Mais plus que tout, cette ville a un esprit, une âme. Cosmopolite, elle a fait durant toute son histoire cohabiter pacifiquement diverses nationalités et croyances. Il s'en dégage cette atmosphère particulière qu'on retrouve seulement dans les villes portuaires : ouverture, mélange, tolérance. Et cette capacité à générer des idées nouvelles ou à être à l'avant-garde des mouvements sociaux les plus décisifs. Gdańsk est gaie, égalitaire, joviale et rabelaisienne jusque dans le fin fond moite de ses caves où se côtoient intellectuels et matelots, eau douce et eau de mer, artistes et ouvriers, théâtres et tavernes où l'on boit cul sec. C'est une ville qui a du caractère.
De tout temps elle a suscité des convoitises, toujours on la courtise, on la veut pour soi comme une belle fille... mais elle reste elle-même, ne plie pas, ne cède pas ; elle séduit. D'ailleurs, son centre historique n'apparaît serti que s'il est comparé à ses alentours immédiats. Ceux de l'industrie lourde, des briques et des cheminées torchères qui ne font que mieux mettre en valeur l'entretien à la fois méticuleux et maniaque de son cœur. On l'appelle « la Perle de la Baltique », et c'est une espèce rare qui, sortie de l'eau de mer, perdrait tout son éclat et sa beauté.
Aujourd'hui, Gdańsk (en allemand, Dantzig) est un conglomérat de trois villes : la mère *Gdańsk,* sa fille balnéaire *Sopot* et la sérieuse, industrielle *Gdynia.*

UN PEU D'HISTOIRE

Les origines de Gdańsk remontent au IXe s. En 1308, les chevaliers de l'ordre Teutonique s'emparent de la ville, massacrent la population polonaise (10 000 personnes) et expulsent les survivants. Cinquante ans plus tard, la ville se révolte contre l'ordre, puis rejoint la très puissante Ligue hanséatique. Après la célèbre bataille de *Grunwald,* en 1410, Gdańsk fait allégeance au roi et s'allie à la Pologne. La ville obtient néanmoins de nombreux privilèges : le monopole du commerce sur la Vistule, le droit de contrôler le port, de fixer les prix, une autonomie législative, contre un impôt annuel et la reconnaissance du roi de Pologne comme juge suprême de ses tribunaux. Commence alors une période de prospérité. On agrandit les installations portuaires. Les odeurs de blé, de charbon, de miel et de bois expédiés dans tous les grands ports d'Europe se mêlent aux parfums des épices et du café en provenance des mers lointaines.

L'âge d'or d'un port hanséatique

Les XVIe et XVIIe s constituent un âge d'or pour la ville : pas moins de 2 000 bateaux transitent alors chaque année par son port. Gdańsk est, à cette époque, trois fois plus grande que Varsovie ! Si sa flotte a généralement limité ses horizons à la Baltique, certains de ses marins empruntent l'Atlantique pour acheter du sel et du vin en France. Au XVIIIe s, 90 % du vin est importé depuis Bordeaux. On comprend mieux la francophilie polonaise ! Durant tout le XVIe s, Gdańsk devient une terre d'asile pour les Hollandais, les Flamands, les Bourguignons et les Écossais fuyant les persécutions religieuses. Au début du siècle suivant, Gdańsk fait appel aux paysans hollandais pour assécher les marais au nord de la ville et permettre son développement. Au XVIIe s, on compte 30 000 Écossais à Gdańsk. Ils font souvent fortune grâce aux armes à feu et aux fourrures. Ils ont également fourni à la ville le seul régiment de mercenaires écossais de Pologne. Jusqu'à aujourd'hui, le mot *Szot* désigne, dans le dialecte de Kachoubie, un « voyageur d'affaires » !

En 1646, c'est Gdańsk qui accueille Marie-Louise Gonzague, devenue reine de Pologne, car c'est la ville la plus fastueuse du royaume. Elle donne aussi de grands noms à la science – le physicien Fahrenheit, père du système de mesure de la température – ou, plus tard, à la philosophie avec Schopenhauer, fils typique de Gdańsk, puisque né d'une mère française et d'un père hollandais.

Pendant les partages de la Pologne, la ville est occupée par les Prussiens et perd beaucoup de son importance et de son éclat. Libérée en 1807 par les troupes napoléoniennes commandées par le général Lefebvre, elle retombe sous la coupe des Prussiens six ans plus tard, après la défaite française.

Une ville libre anéantie

En 1919, Gdańsk devient « ville libre » sous son nom allemand de Dantzig ; son statut est garanti par la Société des nations. Elle retrouve sa splendeur et son rayonnement d'antan. Sa population est composée à 85 % d'Allemands et à 15 % de Polonais, qui cohabitent plutôt harmonieusement jusqu'aux années 1930. Après l'arrivée de Hitler au pouvoir, les litiges se multiplient. Le dictateur revendique l'intégration de Gdańsk à l'Allemagne. Le 1er septembre 1939, le coup de

NE PAS MOURIR POUR DANTZIG

Cette expression est entrée dans le langage courant de la langue française en référence à l'article paru en août 1939 dans l'Œuvre *sous le titre :* Faut-il mourir pour Dantzig ? *sous la plume de Marcel Déat, pacifiste pendant l'immédiat avant-guerre, puis collabo pendant l'Occupation. En d'autres mots : fallait-il déclarer la guerre à Hitler sous prétexte de l'empêcher d'annexer Dantzig ?*

canon donné à partir du cuirassé *Schleswig-Holstein* qui, quelques jours plus tôt, était amarré à Gdańsk pour – officiellement – rendre hommage aux morts de la Première Guerre mondiale, marque le début de la Seconde Guerre mondiale. Détruite par les Allemands dans leur fuite en 1945, achevée par l'Armée rouge qui s'acharne sur cette ville ennemie, Gdańsk est presque complètement anéantie à la fin de la guerre. Mais l'âme a survécu. Pierre par pierre, maison après maison, la ville se redresse.

Adresses et infos utiles

- PTTK – office de tourisme principal de Gdańsk
- Poste principale et centre téléphonique
- Gare ferroviaire centrale (Gdańsk główny)
- Gare routière (dworzec PKS)
- **1** Gdańska Organizacia Turystyczna (Gdańsk Convention Bureau)
- **3** Almatur
- **4** Embarcadère de bateaux Żegluga Gdańska
- **8** Grand-Tourist
- **107** Hala Targowa (marché couvert)

Où dormir ?

- **20** Schronisko Młodzieżowe (AJ)
- **21** Schronisko Młodzieżowe (AJ)
- **22** Schronisko Młodzieżowe (AJ)
- **24** Dom Aktora
- **25** Hôtel Hanza
- **26** Centrum Edukacji Nauczycieli
- **27** Dom Nauczyciela
- **28** Pepperland Hostel
- **29** Hostel Hilton
- **30** Hostel Przy Targu Rybnym
- **31** Dom Muzyka 1 et 2
- **32** Willa Biala Lilia
- **33** Hôtel Pica Paca

Où manger ?

- **42** Bar Turystyczny
- **43** Bar mleczny Akademicki
- **44** Restaurant Targ Rybny
- **45** Czerwone Drzwi
- **49** Palowa
- **51** Kubicki
- **56** Tawerna
- **57** Pod Łososiem

Où boire un café ? Où manger une pâtisserie ou une glace ?

- **25** Kawiarnia de l'hôtel Hanza
- **60** Cukiernia Kaliszczak
- **61** Cocktail Bar Capri
- **63** Café Pellowski
- **64** Kawiarnia Mariacka
- **65** Ratusz Staromiejski

Où boire un verre ? Où sortir ?

- **62** Yesterday
- **65** Irish Pub
- **66** Café Absinthe
- **67** Piwnica Irish Pub
- **68** U Szkota
- **69** Klub Aktora
- **70** Cotton Club
- **71** Black Bull Pub
- **72** Celtic Pub

À voir

- **90** Porte Haute
- **91** Ancienne avant-porte
- **92** Porte Dorée
- **93** Hôtel de la Confrérie de Saint-Georges
- **94** Hôtel de ville de la ville principale et Musée historique de Gdańsk
- **95** Cour d'Artus
- **96** Fontaine Neptune
- **97** Maison Dorée
- **98** Porte Verte
- **99** Porte du Pain
- **100** Porte Notre-Dame et Musée archéologique
- **101** Grue de Gdańsk et Musée maritime
- **102** Tour Swan
- **103** Église Notre-Dame
- **104** Chapelle royale
- **105** Grand Arsenal
- **106** Église Saint-Nicolas
- **107** Halle Targowa
- **108** Tour octogonale Yacinthe
- **109** Église Saint-Jean
- **110** Grand Moulin
- **111** Église Sainte-Catherine
- **112** Église Sainte-Brigitte
- **113** Hôtel de ville de la vieille ville
- **114** Monument aux morts des ouvriers du chantier naval et musée Solidarnosc (Roads to Freedom)
- **115** Musée national
- **116** Église de la Sainte-Trinité
- **117** Musée de la Poste

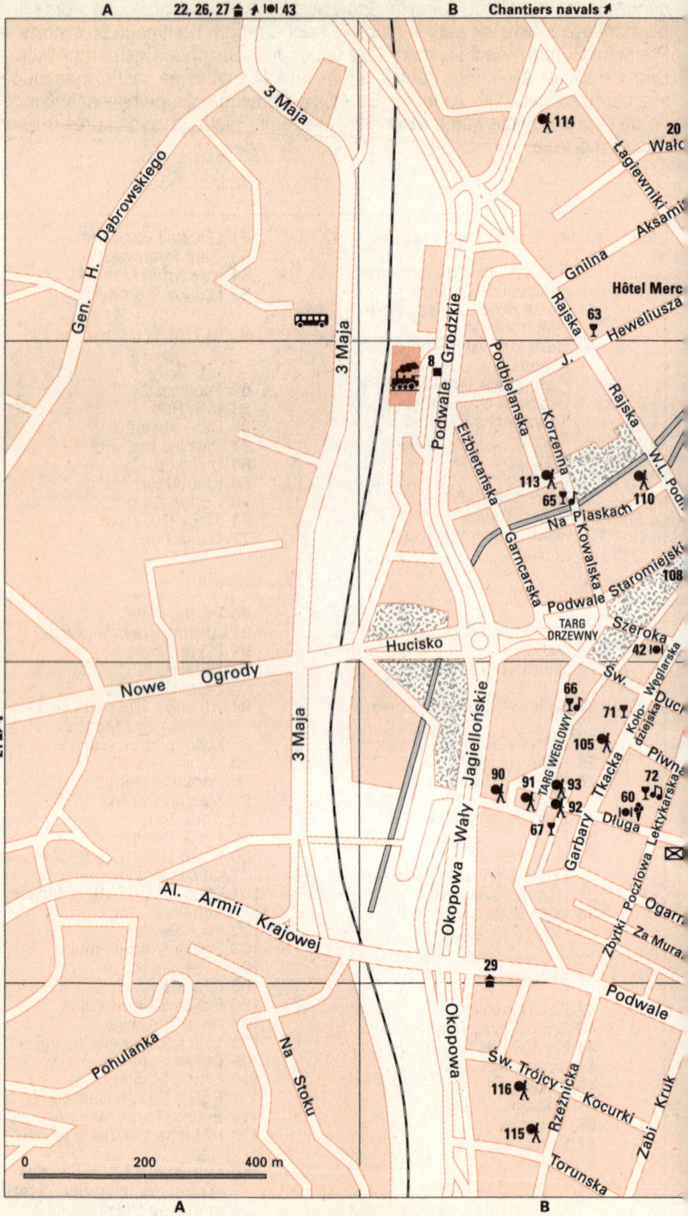
A
22, 26, 27
43
B
Chantiers navals
1
2
3
4
3 Maja
Gen. H. Dąbrowskiego
114
20
Wałc
Łagiewniki
Aksami
Gnilna
Hôtel Merc
Rajska
63
Heweliusza
J.
8
Podwale Grodzkie
Podbielanska
Rajska
Korzenna
Elżbietańska
W.Ł.
Podn.
113
65
110
Na Piaskach
Kowalska
Garncarska
Staromiejski
108
Podwale
TARG DRZEWNY
Szeroka
Hucisko
42
Nowe Ogrody
Św.
Węglarska
66
Duch
71
Kołodziejska
21
Wały Jagiellońskie
105
Piwna
90
91
TARG WĘGLOWY
93
Tkacka
72
60
92
Długa
67
Garbary
Lektykarska
Okopowa
Pocztowa
Ogarn
Al. Armii Krajowej
Zbytki
Za Mura
29
Podwale
Okopowa
Pohulanka
Na Stoku
Św. Trójcy
Rzeźnicka
Kocurki
Krук
116
115
Żabi
Toruńska
0
200
400 m

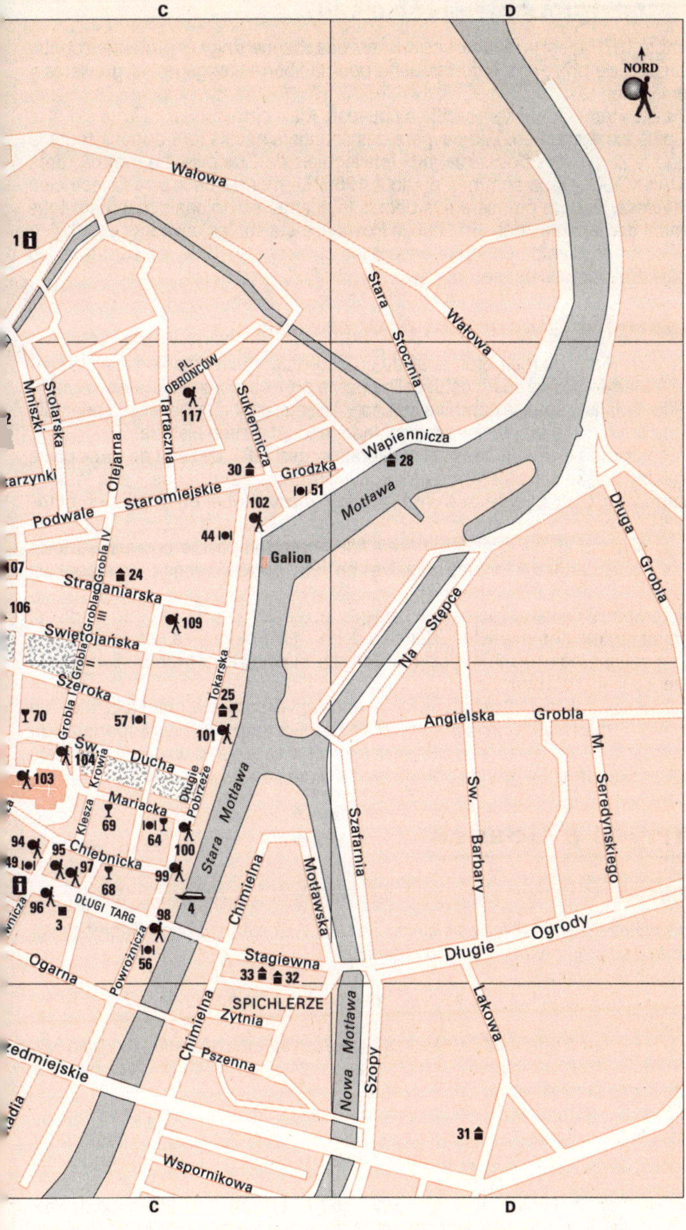

GDAŃSK

GDAŃSK ET SES ENVIRONS

La reconstruction, le renouveau

Décembre 1970, c'est la révolte. Les ouvriers des chantiers navals protestent contre les hausses de prix ; une lutte farouche pour la liberté s'engage, 44 grévistes y perdent la vie.
Dix ans plus tard, Gdańsk se rebiffe à nouveau. Mais cette fois-ci, la lutte est plus sage, plus expérimentée. Les ouvriers des chantiers navals font appel à toute la Pologne, aux mineurs de Silésie, aux intellectuels de Cracovie. Le mot d'ordre : SOLIDARNOŚĆ. Nous sommes en août 1980. Le monde découvre l'électricien *Lech Wałęsa.* Pour la première fois depuis la guerre, les Polonais marchent tous ensemble derrière une idée. En 1956, à Poznań, c'étaient les ouvriers ; en 1958, à Varsovie, les étudiants ; en 1970, encore les ouvriers ; en 1980, ce sont tous les Polonais, *Solidarność* est né.

Solidarność : le combat pour la liberté

Fort de 10 millions de membres (près du quart de la population polonaise), le syndicat Solidarité *(Solidarność)* est légalisé par le pouvoir communiste en septembre 1980. Gdańsk, sous la conduite de Lech Wałęsa, vient d'imposer à l'ensemble du bloc communiste le premier syndicat indépendant de son histoire.
Ce succès se solde néanmoins par l'instauration, dès 1981, de l'état de siège par le général Jaruzelski, sur pression de Moscou. Solidarité est dissous. Lech Wałęsa est emprisonné, puis libéré avant de recevoir le prix Nobel de la paix en octobre 1983.
L'ouvrier électricien des chantiers navals fait à nouveau plier le pouvoir communiste en déclenchant des grèves massives en 1988 depuis Gdańsk. Ce seront les dernières.
Au printemps 1989, les autorités polonaises sont réunies lors d'une table ronde qui met fin au régime communiste. Gdańsk a donné à la Pologne sa liberté. Les premières élections législatives libres ont lieu en juin, et Wałęsa est triomphalement élu président à la fin de 1990.
Gdańsk et ses trois agglomérations s'ouvrent alors progressivement à la nouvelle économie de marché. Les investissements étrangers y sont les plus importants du pays après Varsovie. Juste le temps de ravaler les façades et d'ouvrir de nouvelles boutiques pour fêter en grande pompe les 1 000 ans de la ville en 1997.

L'arrivée à Gdańsk

En avion

✈ ***L'aéroport*** *de Gdańsk (il porte le nom de Lech Wałęsa) se trouve à Rębiechowo, à 8 km à l'ouest du centre.* • *airport.Gdańsk.pl* •
Pour rejoindre le centre :
➢ *Les navettes de la* Lot *:* renseignez-vous sur les horaires de départ auprès de leur comptoir.
➢ *Le bus B* relie directement l'aéroport à la gare centrale *(Gdańsk główny ; plan B2),* à la périphérie ouest de la ville, non loin du centre. (env 30 mn). C'est bien sûr l'option la plus économique.
➢ *Le bus n° 110* rejoint la gare de banlieue *Gdańsk Wrzeszcz,* à trois stations au nord de Gdańsk główny, la gare centrale. Il suffit de prendre le train régional pour rejoindre celle-ci, située en bordure ouest de la vieille ville. Le centre historique est à une dizaine de minutes à pied.
➢ *Le taxi :* l'option la plus chère *(env 60 Zl, soit 15 €)* mais, à la différence de Varsovie, pas de risque de voir flamber les tarifs. Nous vous conseillons vivement d'opter pour les compagnies officielles comme *City Plus,* identifiables au numéro 9686 sur leurs toits. Bien négocier le prix avant de monter dans la voiture. Attention, les tarifs augmentent d'environ 50 % la nuit.

En train

La gare ferroviaire centrale *(Gdańsk główny ; plan B2), qui accueille ts les trains, est en bordure ouest de la vieille ville.* Il suffit, pour rejoindre celle-ci, d'emprunter le passage souterrain sous le boulevard Jagiellońskie, situé devant la gare. Les tramways sont sur le terre-plein central.
Petit ***office de tourisme*** *dans une maison verte face à l'entrée principale de la gare. Ouv sem 8h-18h. Fermé w-e.* Documentation sur les possibilités de logement.

En bus

La gare routière *(dworzec PKS ; plan A1) est logée à l'arrière de la gare centrale, sur ul. 3 Maja.* ☎ *302-15-32.* De là, il n'y a plus qu'à emprunter le passage souterrain qui dépose à l'entrée ouest de la vieille ville. Centre d'informations sur la plate-forme n° 8 *(ouv jusqu'à 17h).*

En bateau

*Les bateaux accostent à l'****embarcadère Nowy Port,*** *à 7 km au nord de la ville.* • *polferries.pl* • Ne cédez pas aux sirènes des taxis qui guettent votre arrivée à la sortie du port, mais rejoignez plutôt, 500 m plus au sud, la gare de banlieue *(Nowy Port)* qui, en 6 stations, vous conduira jusqu'à la gare centrale de Gdańsk *(Gdańsk główny),* à quelques dizaines de minutes du centre (train ttes les 20 mn).

Adresses et infos utiles

Informations touristiques

Office de tourisme de Gdańsk PTTK *(plan C3)* **:** *ul. Długa, 45.* ☎ *301-91-51.* • *pttk-Gdańsk.pl* • *Dans la grande rue piétonne, face à l'hôtel de ville. Ouv en sem 9h-18h. Fermé w-e.* Office de tourisme privé, disposant d'un grand stock de cartes et de livres.

Gdańska Organizacia Turystyczna – Gdańsk Convention Bureau *(plan C1,* ***1****)* **:** *Heweliusza, 29.* ☎ *301-43-55.* • *got-Gdańsk.pl* • Le 2e office de tourisme de la ville, excentré mais très bien documenté et offrant un excellent accueil.

Poste et téléphone

✉ ***Poste principale*** *(plan B3)* **:** *ul. Długa, 22-28. Dans la rue principale. Lun-ven 8h-20h ; sam 9h-15h.*
■ ***Téléphone*** *(plan B3)* **:** *le centre téléphonique est situé dans l'élégant rez-de-chaussée 1900 de la poste centrale. Ouv 24h/24.* En ville, réseau de cabines de téléphone à cartes magnétiques.

Agences de voyages

■ ***Almatur*** *(plan C3,* ***3****)* **:** *ul. Długi Targ, 11.* ☎ *301-29-31. Au cœur du centre, sur la place historique, au 1er étage. Ouv 10h-17h (14h sam). Fermé dim.* Agence de voyages spécialisée dans le tourisme universitaire, *Almatur* gère certains dortoirs dans les collèges.
■ ***Omnibus Tourist*** **:** *ul. Startowa, 25d/29.* ☎ *556-56-85.* 📱 *601-632-096.* • *omnibustourist.com.pl* • Une agence de voyages et non un bureau de renseignements. Tenue par Andrzej Falkowski, Polonaise parfaitement francophone, qui propose des chambres chez l'habitant et des excursions sur mesure à Gdańsk et partout en Pologne (bonne occasion pour découvrir la région de Kachoubie). On peut prendre 2h pour visiter un quartier de la ville ou profiter d'activités variées sur plusieurs jours (poterie, canoë sur la rivière Krutnyia...).

Accès Internet

@ ***Spacja*** *(plan C3)* ***:*** *ul. Motławska, 14. Tlj sf dim 11h-20h.* Environ 6 postes dans une cave en voûte et un silence monacal.

Argent, banques, change

– La plupart des ***banques*** ouvrent leurs guichets en semaine 8h-18h. Voici les principales dans le centre (et qui changent tous les chèques de voyage) :

■ ***Narodowy Bank Polski :*** *ul. Okopowa, 1.*

■ ***Big Bank Gdański :*** *ul. Slafarnia, 10.*

– ***Change :*** les bureaux de change *(kantors)* sont le moyen le moins onéreux pour changer vos devises. Plusieurs *kantors* sur ul. Długa, 81/83, ou sur ul. Długi Targ, 1/7. Parmi les nombreux bureaux du centre :

■ *Dans le hall principal de la* ***gare centrale,*** *bureau ouv tlj 24h/24.*

■ ***Xamax :*** *ul. Długa, 81/83. Près de la porte Dorée.*

– ***Distributeurs automatiques :*** ici, comme dans les autres grandes villes de Pologne, il n'est pas difficile de retirer de l'argent avec une carte de paiement. Les distributeurs ont fleuri un peu partout.

Représentation consulaire

■ ***France :*** *ul. Kościuszki, 16, à Sopot.* ☎ *550-32-49. Ouv 10h-14h.*

Santé, urgences

■ ***Police :*** ☎ *997.*
■ ***Police municipale :*** ☎ *986.*
■ ***Ambulances :*** ☎ *999.*
■ ***Pompiers :*** ☎ *998.*
■ ***Commissariat central :*** *ul. Okopowa, 15.* ☎ *321-59-00.*
■ ***Hôpitaux*** *(szpitales)* ***:***
– Wojewódzki Szpital : ul. Nowe Ogrody, 1/6. ☎ *302-30-31.*
– Państwowy Szpital Kliniczny : ul. Kliniczna, 1a. ☎ *341-80-01.*
■ ***Médecine privée :***
– Centrum Informacyjne i Obsługi Gości : ul. Wały Jagiellońskie, 1. ☎ *305-20-01. Sem 8h-20h ; w-e 10h-18h.*
– Wrzeszcz : ul. Zwycięstwa, 49. ☎ *302-30-76.* Service d'urgences 24h/24, avec des médecins parlant l'anglais.
■ ***Pharmacie*** *(apteka)* ***: Dworcowa,*** *au 1er étage du hall principal de la gare centrale. Ouv 24h/24.*

Transports

Compagnies aériennes

■ ***Aeroflot :*** *al. Jerozolimskie, 29.* ☎ *628-25-57.* • *http://poland.aeroflot.aero* •

■ ***Lot :*** *ul. Słowackiego, 200 (aéroport).* ☎ *348-11-54.* • *lot.com* • *Ouv 8h-18h.*

Location de voitures

■ ***Avis :*** *ul. Wały Jagiellońskie, 2/4.* ☎ *301-88-18. Dans les bureaux de la* Lot. *Également en ville, ul. Slowackiego, 200 (aéroport).* ☎ *348-12-89.*

■ ***Budget :*** *ul. Słowackiego, 200 (aéroport).* ☎ *348-12-98, ext. 298.*
■ ***Hertz :*** *ul. Brygidki, 14b.* ☎ *301-40-45.*

Culture

Presse locale

Les deux mensuels anglais gratuits, *Welcome To Gdańsk* et *What, Where, When in Gdańsk, Sopot, Gdynia,* mélangent, comme d'habitude, courts articles sur les événements de la ville avec beaucoup de pub. Également un listing d'adresses utiles. On les trouve dans les grands hôtels et dans certaines agences de voyages.
Plus sérieuse mais en polonais, pour avoir le programme des théâtres, cinémas et concerts, l'édition locale de la *Gazeta Wyborcza.*

Presse et librairies internationales

Votre quotidien ou magazine préféré vous attend avec un peu de chance dans les kiosques des grands hôtels ou à *Empik* au 28/29 Długi Targ (à gauche de la porte Dorée ; *plan C3*). *Sem 10h-19h ; w-e 10h-15h.* Ou encore à la *Maison de presse* du centre commercial *Wielka Zbrojownia* (voir ci-dessous « Achats »).

Théâtre et opéras

■ ***L'Opéra philharmonique Frédéric-Chopin*** *(plan C2) : sur l'île d'Ołowianka, au nord de l'île de Spichlerze.* ☎ *320-62-62 ou 52.* • *filharmonia.gda.pl* • *Caisses aux coins des rues Bracka et Sledlicka (ouv mar 9h30-16h et mer-ven 10h30-18h).* Les jours de concerts, les caisses sont ouvertes 4h avant le début de la séance.

■ ***L'Opéra national de la Baltique*** *(hors plan par A1) : al. Zwycięstwa, 15.* ☎ *763-49-09.* • *operabaltycka.pl* • À proximité de la station de train Gdańsk Politechnika, au nord du centre. Ballets, concerts de musique classique.

■ ***Le Théâtre national*** *(Teatr Wybrzeże) : Targ Węglowy, 1. Dans le centre.* Au répertoire, les grands classiques polonais.

Achats

Gdańsk, la ville hanséatique reine du commerce, commence à retrouver, après des décennies de coma socialiste, sa vocation première. Parmi les centres commerciaux consciencieusement clonés sur celui de votre banlieue préférée, deux bonnes surprises à épingler :

Wielkie Młyn : *ul. Wielkie Młyny Podmłyńska, à l'angle d'ul. Na Piaskach. Lun-ven 10h-19h ; sam 10h-16h. Fermé dim.* De l'extérieur, c'est un massif moulin à grain construit au milieu du XIVe s par les chevaliers Teutoniques. C'était le plus grand de son genre en Europe. Jusqu'en 1930, il produisait plus de 200 t de farine par jour. Cela n'a pas empêché la municipalité de dépouiller le bâtiment pour affecter sa carcasse à un *shopping center* digne du capitalisme naissant.

Wielka Zbrojownia : *Targ Węglowy. Sem 7h30-22h ; w-e 9h-21h.* Qui n'a pas rêvé de faire ses menus achats sous les voûtes blanches d'un monumental arsenal du XVIIe s ? Gdańsk n'a pas hésité à prêter son rez-de-chaussée à un très chic centre commercial, qui se partage entre un supermarché et une série de boutiques élégantes.

Marchés

■ ***Hala Targowa*** *(plan C2,* ***107****) : ul. Pańska ; à l'angle de la pl. Dominikański.* Diverses boutiques dans cet ancien marché couvert où l'on trouve de tout, depuis les chaussettes jusqu'aux préservatifs, en passant par les fruits et légumes.

■ Une succession de ***stands de vêtements*** à bas prix occupent toute la longueur de la rue Szeroka. *Tlj 8h-20h.*

Artisanat et souvenirs

– ***L'ambre :*** avec ses 3 000 ateliers, Gdańsk assure 65 % de la production mondiale d'ambre. Cette dernière emploie aujourd'hui plus que la pêche. Autant dire que vous n'aurez que l'embarras du choix ! Précaution d'usage : évitez les petits stands isolés (risque de faux) et préférez les boutiques de la ***rue Mariacka*** *(plan C3)*. On vend également de l'ambre dans les boutiques de Długie Pobrzeże.
– ***Autres artisanats :*** la forgerie et l'ébénisterie. La rue Mariacka accueille devant ses porches des étals de souvenirs, produits des artisans de la région. Les prix se sont cependant vite alignés sur les standards occidentaux. La *Danziger Bowke (Długie Pobrzeże, 11)* est consacrée aux antiquités du Gdańsk d'autrefois *(ouv 10h-20h)*.

Plans de ville

On n'insistera jamais assez sur la nécessité d'acheter un plan. Vous dominerez mieux la ville et, en plus, il vous indiquera le parcours des lignes de bus et de tramways. On peut s'en procurer gratuitement à l'office de tourisme.

Transports urbains

Train

Le train de banlieue *SKM (Szybka Kolej Miejska)* est le moyen le plus efficace pour circuler dans la « tri-ville ». Il relie en une douzaine de stations la gare centrale *(Gdańsk główny)* aux deux autres villes de l'agglomération de Gdańsk : Sopot et Gdynia.
Chacun des arrêts est proche d'un site touristique ou pratique (cathédrale d'Oliwa et embarcadère des ferries). Ce train circule env ttes les 10 mn (30 mn en soirée) 6h-minuit ou 1h. Les billets s'achètent dans le passage souterrain entre la vieille ville et la gare *(guichets 1 à 4, ouv sem 6h-22h, w-e jusqu'à 21h)*. Les quais sont à droite de la gare.
Les billets doivent être compostés avant la montée dans le train. Les prix varient selon la distance parcourue (demandez au guichet le kilométrage de votre course).
➢ ***Gdańsk-Sopot :*** 12 km. Billet aller : 2,80 Zl (0,70 €).
➢ ***Gdańsk-Gdynia :*** 18 km. Billet aller : 3,50 Zl (moins de 1 €). Il y a 2 autres stations à Gdynia, un peu plus loin sur la ligne : Gdynia-Glowna et Gdynia-Wzgorze sw Maksymiliana.

Bus et tramways

Ils sillonnent l'agglomération urbaine, où il est facile de se perdre. Mieux vaut les inscrire en 2e option après le train de banlieue, lorsque l'une des gares est trop éloignée de votre destination.
Ils circulent de 5h à 23h et sont ensuite relayés par des bus de nuit.
– ***Tarifs :*** *le prix du billet est calculé selon la durée du trajet, par tranches de 10 mn. Jusqu'à 15 mn, 2 Zl (0,50 €) ; jusqu'à 45 mn, 2,80 Zl (0,70 €) ; jusqu'à 60 mn, 4,20 Zl (env 1 €).*
– On peut aussi acheter un billet pour la journée *(9,10 Zl, soit 2,30 €)*, mais il n'est valable qu'à l'intérieur de la ville. N'hésitez pas à demander conseil. Les billets permettent de changer à volonté de bus et de tram pendant la durée choisie. Ils doivent être compostés dès la montée. On les achète dans les kiosques, ainsi qu'auprès du chauffeur et des vendeurs de rue.

Bateaux

Żegluga Gdańska *(plan C3,* ***4****)* ***:*** *ul. Pończoszników, 2.* ☎ *301-63-35. Relie quotidiennement Gdańsk à Sopot, Gdynia et aux presqu'îles de Wester-*

GDAŃSK ET SES ENVIRONS

platte et de Hel. L'embarcadère se trouve sur les quais de Długie Pobrzeże (plan C3) près de la porte Verte (brama Zielona). Neuf traversées par jour en saison. Les horaires de départ sont affichés près des caisses de l'embarcadère. Ils circulent généralement de mi-mai à sept, à raison de 7 départs/j. pour Westerplatte, et 5/j. pour Gdynia. Les bateaux desservant la presqu'île de Westerplatte continuent de fonctionner jusqu'au milieu de l'automne en service réduit (2 traversées/j.), ainsi que de début avril à mi-juin.

Taxis

– Ils sont tous équipés de compteurs.
– Ils attendent souvent sur la place près de la porte Dorée, à l'entrée de la vieille ville *(plan B3, **92**).*
– La compagnie nationale de taxis, ***MPT,*** est sans doute la plus fiable. ☎ *96-33.*

Voiture

Attention, pour circuler dans la vieille ville, il faut disposer d'un macaron spécial. Amendes salées à la clé pour les distraits qui l'ignoreraient.

Où dormir ?

Malgré son inflation de monuments cotés à la Bourse du tourisme, Gdańsk n'a pas encore hissé son parc hôtelier à la hauteur de la demande. L'offre d'hébergement dans le cœur historique est plus que limitée.
Sopot, la ville balnéaire voisine, vient heureusement à la rescousse. Facilement accessible en une vingtaine de minutes par le train de banlieue (jusqu'à minuit), elle a le mérite d'offrir, outre le bol d'air de son bord de mer, un petit éventail d'hôtels et de pensions à prix raisonnable. N'hésitez donc pas à vous reporter, au moment de votre choix, à la rubrique la concernant.
Gdynia, le port industriel, au nord de Sopot, peut être aussi une option envisageable (35 mn par le train de banlieue).

CAMPINGS

Le premier camping indiqué est situé dans la circonscription administrative de Gdańsk. En réalité, certains sont limitrophes de Sopot, qui compte aussi plusieurs terrains. Vous pouvez donc également consulter le chapitre concernant cette ville.

Camping Stogi n° 218 : *ul. Wydmy, 9.* ☎ *307-39-15.* • *camping-Gdańsk.pl* • *À 5 km au nord-est, dans le centre de vacances* Stogi Ośrodek Turystyczny *du faubourg de Stogi, à l'est de Westerplatte. Terminus du tram n° 13 depuis la gare centrale (compter env 20 mn). Également les n°s 8 et 63 ; il faut que l'indication « Stogi plaza » figure sur le devant, sinon le dernier arrêt est à 2 km. On peut acheter les tickets de tram au camping. En voiture, prendre la route de Varsovie, puis c'est fléché. Ouv de fin avr à fin oct. Env 34 Zl (8,50 €) pour 2 pers avec une tente.* Situé en bordure de l'une des plus belles plages de la région, donc aussi l'une des plus fréquentées. Ombragé et relativement bien équipé. Emplacements pour camping-cars, vite remplis ; arriver tôt. Bungalows qui seraient très confortables comme baraques de chantier. Proprio pas très commode et entretien pas assuré en haute saison, quelques sanitaires neufs néanmoins. Accueil de groupes dans des bâtiments en dur. Plusieurs de nos lecteurs se sont plaints du bruit.

Camping NR69 Orlinek : *ul. Lazurowa, 5, à Sobieszewo.* ☎ *308-07-39.* • *camping.Gdańsk.pl* • *Situé sur l'île de Sobieszewo, à une vingtaine de km à l'est de Gdańsk. Ouv 15 avr-15 oct. Quasiment les mêmes tarifs que le camping*

Stogi. Dans une forêt de résineux à 200 m d'une belle plage de sable. Emplacements ombragés pour les campeurs. Équipements corrects et aux normes. Location de bungalows.

AUBERGES DE JEUNESSE, HOSTELS

Pepperland Hostel *(plan D2,* ***28****)* **:** *quai Wapiennicza. ☎ 793-376-67. • french.hostelworld.com • Lits 1 pers 60-65 Zl (15-16 €) ; chambre 2 pers avec lits superposés 120 Zl (30 €).* Une auberge de jeunesse aménagée dans un ancien bateau (qui servait de logement aux ouvriers travaillant sur la Vistule). Amarré à la rivière Motlawa, il propose des cabines simples et propres, avec fenêtre donnant sur le fleuve. Sanitaires dans le couloir. Cuisine à disposition. Pas de laverie. Bon accueil.

Schronisko Młodzieżowe *(plan B1,* ***20****)* **:** *ul. Wałowa, 21. ☎ 301-23-13. • walowa@ssm.gda.pl • À quelques mn à pied au nord-est de la gare principale. Près du chantier naval. Ouv mai-oct. Lit en dortoir 22 Zl (5,50 €) ; double 34 Zl/pers (8,50 €).* Une bâtisse de brique solide comme la nation polonaise, logée à l'arrière d'un petit parc. Une centaine de places dans des chambres de 1 à 10 personnes. Cuisine avec réfrigérateur, salle à manger à disposition, sanitaires communs dans les caves (pour prendre une douche, demandez la clé à la réception). Personnel un peu froid et pas très coopératif.

– ***Autres adresses d'auberges :*** *ul. Grundwaldzka, 244 et ul. Kartuska, 245b. • ssm.gda.pl •*

RÉSIDENCES UNIVERSITAIRES

Toujours le même principe, ces dortoirs d'étudiants s'ouvrent aux touristes de passage pendant les mois de vacances, de juillet à septembre.

Almatur *(plan C3,* ***3****)* **:** *ul. Długi Targ, 11, au 1er étage. ☎ 301-24-03 ou 301-29-31. Lun-ven 10h-17h ; sam 10h-14h. Fermé dim.* Cette agence de tourisme universitaire gère quelques-uns de ces dortoirs.

L'université Politechnika Gdańska : *dispose du plus grand parc de cités universitaires ouv en été (juil-sept) : ul. Wyspiańskiego, 7a. ☎ 347-25-47. • pg.gda.pl • La plupart de ces résidences se trouvent dans le faubourg de Wrzeszcz. L'office central de l'université ci-dessus ou l'office de tourisme peuvent se charger de la résa. Vous pouvez aussi téléphoner directement à chacune d'elles. Les principales sont :*

– Dom Studencki (DS) : ul. Traugutta, 115b. ☎ 347-17-63.

– DS : ul. Dom Studzienki, 32 et 61. ☎ 347-14-48 ou 341-27-45.

– DS : ul. Wyspiańskiego, 7, 5 et 9. ☎ 347-17-53, 347-12-51, 347-24-72.

– DS : ul. Leczkowa, 18. ☎ 341-28-89.

Hostel Hilton *(Dizzy Daisy ; plan B3-4,* ***29****)* **:** *ul. Podwale Przedmiejskie, 20. ☎ 301-68-01 ou 502-051-934. Double avec douche et w-c en commun env 70 Zl/pers (18 €).* Près du périphérique, donc bruyant. Chambres proposées dans les résidences universitaires. Accueil à la gare et transfert gratuit. Confort sommaire. Cuisine.

CHAMBRES CHEZ L'HABITANT

Grand-Tourist *(plan B2,* ***8****)* **:** *ul. Podwale Grodzkie, 8. ☎ 301-26-34. • grand-tourist.pl • Dans la galerie commerciale en sous-sol de la gare. Juil-août, tlj 8h-20h ; reste de l'année, lun-ven 10h-18h et sam 10h-14h (fermé dim).* L'agence a pour mission de gérer l'offre de logement chez l'habitant. Les prix pratiqués sont en fonction de la situation géographique, les chambres les plus chères étant dans le centre historique. Comme ces dernières sont forcément en nombre limité, les heureux élus sont rares. Les autres devront orienter leur choix en fonction de la proximité d'une gare de banlieue, le train étant le moyen le plus rapide pour faire la navette avec le centre.

HÔTELS

De prix modérés à prix moyens

🏠 ***Hostel Przy Targu Rybnym*** *(plan C2, **30**)* **:** *ul. Grodzka, 21.* ☎ *301-56-27.* • *hostelworld.com* • *À deux pas du centre. Cinq chambres, dont 3 doubles, 150-170 Zl (38-43 €) ; en dortoir, compter 50 Zl/pers (13 €). Internet gratuit.* Un *hostel* décontracté où les routards du monde entier viennent se perdre en conversations nocturnes et survoltées. Chambres et dortoirs impeccables. Petit déj comme à la maison, avec l'unique table et les pots à café ou à thé. Location de vélos et de kayaks. Les résas semblent être mal gérées, et le week-end, les fêtards s'en donnent à cœur joie...

🏠 ***Dom Muzyka 2*** *(plan D4, **31**)* **:** *ul. Łąkowa, 1/2.* ☎ *326-06-00.* • *dom-muzyka.pl* • *Ouv slt de mi-juin à mi-sept. Doubles 280-310 Zl (70-78 €) selon confort et saison.* Cette vaste bâtisse a le charme d'une caserne militaire de l'époque prussienne. C'est d'ailleurs ce à quoi elle servit lors de sa construction, en 1880. Avec un peu d'indulgence, on trouvera à ce colosse rénové un vague charme néogothique ! Chambres confortables avec parquet de style *Ikea* et grandes fenêtres. TV, salle de bains spacieuse. Grand parking gardé, mais on peut aussi se garer sans souci dans l'enceinte de l'hôtel.

🏠 *Derrière, son frère jumeau, le **Dom Muzyka 1**, plus cher, pour des chambres plus petites mais climatisées.* On monte en gamme, et cela se voit dès l'entrée franchie : tapis délicats, lampes stylisées, personnel anglophone et dynamique. Les chambres témoignent aussi d'une déco plus recherchée. Mais à confort globalement identique, son cousin germain est sans doute plus avantageux.

🏠 ***Dom Schumannow*** *(plan C3)* **:** *ul. Dluga, 45.* ☎ *301-91-51. Doubles à 280 Zl (70 €).* Au-dessus de l'office de tourisme, dans un vieil immeuble reconstruit en 1945. Réservations et infos à la réception de l'office de tourisme. Chambres avec meubles anciens (un certain charme), petits lits simples côte à côte, et douche-w-c. Elles sont situées aux 2e et 3e étages. Vue sur la place centrale à travers des doubles-fenêtres (donc pas de bruit). Petit déj au resto voisin. Un des seuls hôtels à ces prix dans le centre historique.

🏠 ***Dom Aktora*** *(plan C2, **24**)* **:** *ul. Straganiarska, 55/56.* ☎ *301-59-01.* • *domaktora.pl* • *Bien situé, dans une rue calme au nord de la vieille ville. Doubles 200-340 Zl (50-85 €) selon confort et saison ; petit déj compris.* L'extérieur de ce petit immeuble de quatre étages, gris et moderne, n'est guère engageant. Son atout réside dans son accueil aimable et ses chambres, des petits appartements meublés comme un chez-soi polonais, avec tout le nécessaire pour vivre en autarcie : cuisine aménagée, salon et chambres à coucher, lits-canapés. Également TV satellite et radio.

🏠 ***Willa Biala Lilia*** *(plan C3-4, **32**)* **:** *ul. Spichrzowa, 16.* ☎ *301-70-74.* • *bialalilia.pl* • *Double 320 Zl (80 €), petit déj inclus.* Hôtel de charme dans une maison en brique rouge qui rappelle le style des grandes demeures hollandaises. Propre, charmant et bien tenu. Chambres impeccables avec douche-w-c et vue sur ce quartier calme et lumineux, à deux pas du centre historique.

Plus chic

🏠 ***Hôtel Pica Paca*** *(plan C3, **33**)* **:** *ul. Spichrzowa, 20.* ☎ *320-20-70.* • *picapaca.com* • *Double 530 Zl (env 133 €).* Sur 3 étages seulement, l'hôtel design par excellence de Gdańsk, fondé par une société germano-polonaise. Tout nouveau, tout beau ! Les chambres portent des noms d'artistes ou de célébrités (« Joan Miró », « Dalí »...). Vue sur le patio intérieur. La chambre Marilyn Monroe possède une douche avec une baie vitrée donnant sur un coin-bureau : charmant et original. Ensemble très confortable, et surtout décoration recherchée et dépouillée.

Hôtel Hanza *(plan C3,* ***25****) : ul. Tokarska, 6. ☎ 305-34-27. • hanza-hotel.com.pl • Emplacement de rêve sur la promenade des quais. Parking gardé. Doubles 495-700 Zl (124-175 €) selon confort et saison ; réduc de 20 % le w-e.* Hôtel à taille humaine et bien situé, le long des quais du port et de la Motława. Au rez-de-chaussée, le bar et le resto dans un pastiche des années 1930. Excellent petit déj.

Où dormir dans les environs ?

Très bon marché

Schronisko Młodzieżowe *(AJ ; hors plan par A1,* ***22****) : ul. Grunwaldzka, 244. ☎ et fax : 341-16-60. À 6 km au nord-ouest, près d'Oliwa, dans le faubourg de Wrzeszcz. Train de banlieue arrêt Gdańsk Zaspa ou trams n°s 6 et 12 depuis la gare centrale. Ouv tte l'année. Pour les moins de 26 ans, compter 14 Zl/pers (3,50 €) dans un dortoir 5-10 lits, 27 Zl (7 €) dans une chambre double.* Dans un bâtiment moderne superbe et tout neuf. Une des plus belles AJ dans lesquelles nous sommes passés. Les douches sont nombreuses et propres, avec eau chaude 24h/24. Chambres meublées très simplement mais très fréquentables. Deux petits bémols toutefois : le couvre-feu de 22h, qui oblige tous les occupants à rentrer au bercail, et le manque d'insonorisation des portes, qui claquent et saucissonnent votre sommeil en petites tranches. Grand complexe sportif et terrain de football à l'extérieur.

Schronisko Młodzieżowe *(AJ ; hors plan par A3,* ***21****) : ul. Kartuska, 245b. ☎ 302-60-44. À 4 km à l'ouest de la gare centrale, coincé entre la route très passante qui mène à l'aéroport et une pépinière d'entreprises. Bus n°s 161 et 167 depuis la gare routière, sur ul. 3 Maja, à l'arrière de la gare ferroviaire ; ou trams n°s 10 et 12 depuis la gare ferroviaire. Ouv tte l'année. Fermé 10h-17h. Env 35 Zl/pers (9 €).* AJ pas trop grande mais proprette et chaleureuse, avec l'école attenante comme annexe en été. Tenue par une gentille dame ne parlant que l'allemand et le russe.

Centrum Edukacji Nauczycieli *(hors plan par A1,* ***26****) : ul. Gen. J. Hallera, 14. ☎ 341-93-73. • cen.gda.pl • Au nord du centre, dans un quartier résidentiel. Pour s'y rendre, prendre la direction de Sopot ; à la hauteur de l'opéra de Bałtyka (Multi-Kino), prendre à droite vers la station Gdańsk Politechnika ; passer sous le pont ; c'est à quelques mètres sur la gauche. Trams n°s 2 et 13 depuis la gare* PKP *et la gare routière. Chambre triple 30 Zl/pers (8 €) ; double 35 Zl (9 €) ; sans petit déj.* Cet énorme bâtiment de brique à la sévérité doctorale est le centre d'hébergement des professeurs. Bureau d'informations touristiques, ouvert de 9h à 17h (jusqu'à 13h sam), juste à l'entrée du bâtiment. Décoration fonctionnelle sans cachet. La plupart des salles de bains situées à l'étage sont bien équipées. Ambiance de monastère laïque dans les longs couloirs, où l'on s'attend à voir surgir le recteur. Une bonne adresse malgré tout, puisqu'elle constitue un excellent poste d'observation des mœurs polonaises.

Prix modérés

Dom Nauczyciela *(hors plan par A1,* ***27****) : ul. Uphagena, 28. ☎ 341-49-17. Au nord, à proximité de la station Gdańsk Politechnika. En arrivant de la gare centrale, passer sous le pont de chemin de fer : continuer tt droit, prendre à gauche, puis la 1re à droite. Trams n°s 2 et 13 depuis la gare* PKP *et la gare routière. Double 100 Zl (25 €) avec lavabo, 180 Zl (45 €) avec douche.* Dans

GDAŃSK ET SES ENVIRONS

un quartier résidentiel en face de courts de tennis, cette maison de brique aux faux airs londoniens n'attend plus que son Pygmalion pour devenir une adresse de charme. Pour l'instant, on devra se contenter de lugubres couloirs chichement éclairés. Les chambres disposent d'un beau volume (parfois 2 pièces pour une chambre double). Confort sommaire, petits lits. Sanitaires communs très propres.

Où manger ?

S'il est un domaine où Gdańsk a réussi en quelques années sa résurrection, c'est bien celui de la restauration. Les restaurants abondent, au point de former un cortège ininterrompu dans les rues commerçantes. Le poisson est souvent la vedette de la carte et se laisse consommer sans risque, depuis la dépollution progressive de la Baltique. L'échelle des prix est à même de satisfaire toutes les bourses. Seul point faible, la timidité des cuisines étrangères pour varier les plaisirs.

Très bon marché

Vous avez de la chance, Gdańsk compte encore quelques *bars mlecznys*, ces petites cantines populaires subventionnées où la cuisine polonaise familiale se laisse découvrir à petits prix.

|●| ***Bar Turystyczny*** *(plan B2,* ***42****) : à l'angle des rues Węglarska et Szeroka. À l'entrée nord-ouest de la ville. Sem 8h-18h ; w-e 9h-16h. On s'en sort facilement pour moins de 10 Zl (2,50 €).* Logée dans le rez-de-chaussée, cette petite cantine a subi une rénovation qui n'a en rien perturbé son savoir-faire ni la modicité de ses prix. Comme par le passé, elle continue de servir de larges portions de plats roboratifs sous l'œil sévère des caissières en blouse blanche.

|●| ***Bar mleczny Akademicki*** *(hors plan par A1,* ***43****) : al. Grundwaldzka, 35. Au nord, au début de cette avenue, près de la station Gdańsk Politechnika. Lun-sam 8h-18h30 (18h sam). Fermé dim. Plat copieux pas plus de 4 Zl (1 €).* Dans un gros immeuble dont les baies vitrées sont ouvertes sur la rue, une ancienne cantine transformée en une cafétéria dynamique où la même inflation de plats est proposée désormais en self-service. Salle climatisée. Clientèle mixte d'étudiants et d'habitants du quartier.

|●| ***Gyros*** *(plan B2) : ul. Pańska, 6. Ouv 10h-20h. Poisson et sandwich 10 Zl (2,50 €) max.* Salle simple et ambiance locale.

Prix moyens

|●| ***Czerwone Drzwi*** *(plan B3,* ***45****) : ul. Piwna, 52/53. ☎ 301-57-64. Tlj 12h-23h. Repas complet moins de 30 Zl (8 €).* Dans une ancienne maison à perron, la « Porte Rouge » est un beau petit resto. Tout est délicat ici : déco réconciliant avec bonheur classique et moderne, meubles bourgeois, service rapide et attentionné. Excellentes salades et différents plats de *pierogi* (saumon, veau, champignons...). Pour faire passer le tout, on vous pianote quelques notes de jazz. Luxe, calme et volupté à prix abordables !

|●| ***Kubicki*** *(plan C2,* ***51****) : ul. Wartka, 5. ☎ 301-00-50. Au nord de la promenade des quais et au bord de la Vistule, après la pl. Targ Rybny. Tlj 12h-23h. Repas env 40 Zl (10 €).* Finalement, on en sort repu à bon compte, sauf si on se laisse tenter par les spécialités de poisson. Le vieux Gdańsk est à l'honneur dans ces deux salles calfeutrées comme une antique taverne de marins. Une spécialité intéressante : le *clops*, des boulettes de bœuf parfumées à l'aneth et servies dans une soupe blanche.

Chic

Restaurant Targ Rybny *(plan C2, **44**) : ul. Targ Rybny, 6c. ☎ 320-90-11. • targrybny.pl • Ouv tlj jusqu'au dernier client. Plats 15-40 Zl (4-10 €) en moyenne.* Près du port, du canal Motlawa et du marché aux poissons. Une de nos adresses préférées dans cette catégorie. Une maison précédée d'une terrasse en véranda très agréable en soirée. Décoration très soignée sur le thème de la mer, divans moelleux, très bons plats de la mer (poisson).

Palowa *(plan C3, **49**) : ul. Długa, 47. ☎ 301-55-32. Tlj 11h-22h. On peut s'en tirer pour 50 Zl (13 €).* Très bien situé dans l'entresol voûté de l'hôtel de ville, ce restaurant de bonne gastronomie polonaise rappelle la salle de banquet d'un château seigneurial. L'espace immense est occupé par la mer des tables sur laquelle tombe la lumière rasante des vitraux. Carte dominée par le poisson.

Plus chic

Tawerna *(plan C3, **56**) : ul. Powroźnicza, 19/20. ☎ 301-41-14. Dans une rue à droite de la porte Verte en fin d'ul. Długi Targ. Tlj 11h-23h. Compter au moins 60 Zl (15 €).* Restaurant de poisson et de recettes traditionnelles, qui a la tranquille assurance d'un salon culinaire plébiscité par l'élite locale. Sa pièce unique est un hymne à la mer. Les maquettes d'antiques voiliers naviguent au-dessus des têtes des dîneurs, pendant que des tableaux maritimes cloisonnent l'espace en petits cabinets de conversation. Le bar s'est déguisé en un long dragon des mers en forme de proue de navire. Aux commandes, un personnel qui sait jouer de la confidentialité pour ne pas faire ombrage à la paisible atmosphère de gastronomie sélecte.

Pod Łososiem *(plan C3, **57**) : ul. Szeroka, 54. ☎ 301-76-52. Dans une rue du centre. Tlj 12h-22h (dernière commande 21h). Même standing que le précédent, mais prix un peu plus élevés, vous y mangerez pour env 70 Zl (18 €).* Depuis sa fondation en 1598, il n'a pas démérité de son rang d'institution culinaire de la ville. Situé dans un hôtel particulier du XVIIe s reconstruit à l'identique après la guerre (et souvent filmé), il aligne d'impressionnants salons, sous la bonne garde de plafonds peints ou de poutres centenaires. Des fenêtres à vitraux au lourd mobilier ancien, tout respire la puissance de l'ancienne cité commerciale qu'était Gdańsk. Le poisson est le plat vedette de sa carte, en particulier le saumon qui lui donne son nom.

Où boire un café ? Où manger une pâtisserie ou une glace ?

Café Pellowski *(plan B1, **63**) : Rajska, 5. ☎ 058-301-45-20.* Au rez-de-chaussée du *Madison Park* (centre commercial), une cafétéria (self-service) high-tech aux tuyauteries grises et aux baies vitrées donnant sur la rue : impensable à l'époque communiste où ce genre de lieu à l'occidentale était interdit. Bon café expresso, petits plats pas chers.

Cukiernia Kaliszczak *(plan B3, **60**) : ul. Długa, 74. Dans la rue principale. Tlj 9h-21h.* Dans une belle maison de brique rouge et rose, cette pâtisserie-glacier est souvent noire de monde. C'est pourquoi la direction n'a pas prévu de chaises, ou presque, et se consacre entièrement à la vente à emporter. De l'avis de connaisseurs, confirmé par l'affluence, ce sont les meilleures glaces en ville. Le comptoir de pâtisseries ne démérite pas non plus.

Cocktail Bar Capri *(plan B3, **61**) : ul. Długa, 59/61. Encore et toujours dans la rue principale. Tlj 10h-23h.* Beaucoup de monde à se presser chez ce glacier-pâtissier en self-service. Une belle salle acajou pour se repaître de cocktails de fruits et, en été, une terrasse en poste d'observation sur la rue.

Kawiarnia de l'hôtel Hanza *(plan C3, **25**)* **:** *ul. Tokarska, 6. Sur les quais après la porte Verte. Tlj 9h-21h.* Envie de luxe sobre pour lire au calme son journal, tout en regardant la foule des promeneurs sur les vieux quais ? Alors, ce bar est le vôtre. Comme l'hôtel qui l'abrite, il bénéficie du décor élégant d'une architecture moderne qui s'amuse à pasticher les années 1930. Murs pastel et gros fauteuils cubes. Une petite terrasse en surplomb des quais. Bref, la classe.

Kawiarnia Mariacka *(plan C3, **64**)* **:** *ul. Mariacka, 21/22. Dans une rue perpendiculaire aux quais. Tlj 10h-22h.* Un salon de thé lilliputien en surplomb des stands de souvenirs qui s'installent pour la journée dans cette rue animée. Pas de décoration originale, mais les quelques tables sur son perron méritent bien une petite pause. On peut y manger.

Ratusz Staromiejski *(plan B2, **65**)* **:** *ul. Korzenna, 33/35. Dans une rue au nord de la vieille ville. Tlj 10h-20h.* L'ancien hôtel de ville Renaissance, transformé en centre culturel, prête son entrée coquette à un petit café sans fenêtre. Il bénéficie de la patine des murs rehaussés par deux petits lustres et quelques blasons. Peu de tables sous son plafond voûté, mais qu'importe, l'endroit a le charme cosy d'une adresse oubliée de la cohue des touristes.

Où boire un verre ?

Piwnica Irish Pub *(plan B3, **67**)* **:** *ul. Podgarbary. Dans une rue sur la droite au début de la rue Długa, après la porte Złota. Facilement repérable, c'est une maisonnette isolée sur une petite place. Tlj 11h-1h.* Il faut s'y enfoncer pour découvrir une belle cave voûtée de brique rouge. Pas très grande, elle a l'élégance cosy comme on l'aime ici. Pas d'exubérance non plus, on y lève son verre de whisky sur des tables proprettes qui ne prêtent pas au laisser-aller. S'il ne se voulait pas irlandais, on se croirait dans un salon de thé troglodytique. Préférez alors la terrasse. Petite restauration de grillades.

U Szkota *(plan C3, **68**)* **:** *ul. Chlebnicka, 9/12. Dans une rue parallèle à Długi Targ. Tlj 12h-23h.* Pourquoi aime-t-on tant l'Écosse à Gdańsk ? Son volume est petit, confiné sous une mezzanine comme dans un repaire d'habitués. Nostalgiques de leur patrie d'adoption, les propriétaires ont accumulé les souvenirs de là-bas : fanions, vaisselle ancienne et figurines. Seuls les dîneurs ont droit à la mezzanine pour savourer leur caviar ; les buveurs, eux, doivent se tasser au minuscule comptoir ou dans les deux petites salles assorties aux serveurs.

Klub Aktora *(plan C3, **69**)* **:** *ul. Mariacka, 1/3. Dans une rue perpendiculaire aux quais. Tlj 13h-23h.* Le « Club de l'Acteur » a ses beaux jours derrière lui. Malgré son impressionnant portail monumental, son décor anglo-polonais de petites tables basses. La mezzanine du premier est tout aussi basique pour un œil occidental. Mais les Polonais continuent à l'aimer, en souvenir peut-être des joyeux moments passés ici jadis.

Cotton Club *(plan C3, **70**)* **:** *ul. Złotników, 25/29. Dans une ruelle qui coupe ul. Szeroka. Tlj 16h-1h ou 2h.* Un grand sous-sol profond ceinturé de mezzanines, avec vue directe sur les solides gaillards qui s'affrontent autour des billards de l'espace central. Rien à voir avec le mythique club de jazz new-yorkais, immortalisé par Francis Ford Coppola. Non, ce *Cotton Club*-là est davantage un club sportif pour boire un coup en attendant qu'un des billards se libère. Une adresse de la première génération et plus de toute première fraîcheur.

Black Bull Pub *(plan B3, **71**)* **:** *ul. Kołodziejska, 4. Dans une rue à l'arrière de la pl. Targ Węglowy. Tlj 12h-minuit.* Les habitués de l'Europe de l'Est connaissent cette chaîne anglaise expatriée. Logé dans l'entresol d'un vieil immeuble, ce pub reproduit avec fidélité le décor qui lui a valu son succès : l'intimité d'un club anglais dans une petite salle sombre avec cheminée, tableaux anciens et banquettes moelleuses. Bières anglaises et restauration internationale.

Où sortir ?

🍸 ♩ ***Café Absinthe*** *(plan B3,* ***66****)* ***:*** *ul. Sw Ducha, 2 (près du Teatr Wybrzeze).* ☎ *320-37-84.* • *cafeabsinthe.pl* • *Ouv 10h-4h.* Un des cœurs animés de la nuit, bonne base pour boire un verre dans une ambiance enfumée et jeune, avant de voler vers d'autres horizons nocturnes. De jour, un bon lieu de rendez-vous au soleil, en terrasse.

🍸 ♫ **Celtic Pub** *(plan B3,* ***72****)* **:** *ul. Lektykarska, 3. Ouv de 17h jusqu'au dernier client.* Encore une cave que l'on aime bien. La Guinness y coule copieusement comme dans tout bar irlando-polonais qui se respecte. On a cherché à ce que la décoration colle au nom du pub, mais sans trop de réussite à vrai dire. Qu'importe, puisque ça n'empêche pas qu'en fin de semaine le lieu soit bondé dès 21h30, investi par une joyeuse foule estudiantine. Le pub devient alors pub dansant.

🍸 ♩ ***Irish Pub*** *(plan B2,* ***65****)* ***:*** *ul. Korzenna, 33/35. Dans une rue au nord de la vieille ville. Ouv 15h-minuit (5h w-e).* Ce bar a squatté les caves de l'ancien hôtel de ville d'un pur style Renaissance. Des murs bruts rocailleux et un éclairage minimaliste à la bougie. On y vient surtout pour les concerts de jazz et de rock qui débutent chaque jeudi vers 21h sur la petite scène avec son piano fatigué. En été, il dispose aussi d'une grande terrasse sommaire sur un des flancs du bâtiment.

🍸 ♫ ***Yesterday*** *(plan C3,* ***62****)* ***:*** *ul. Piwna, 50/51. Ouv 18h-4h.* Une véritable cathédrale de la pop. Sa façade est constituée de vitraux où sont peints, de manière flamboyante, le Che, Lennon, Lou Reed et autres Morrisson. Piste de danse à l'intérieur, mais la jeunesse locale semble préférer le bar et les canapés. Allez-y le week-end, la nuit peut alors se faire survoltée. Musique rock et gorilles à l'entrée, à saluer poliment s'il vous plaît !

À voir

La vieille ville dans son ensemble. Réservez une demi-journée et flânez, enfoncez-vous dans les ruelles, regardez de tous les côtés, car chaque maison ou presque recèle des détails intéressants. Entrez dans les cours, elles renferment souvent des trésors cachés. Humez la ville, ses odeurs, son atmosphère, goûtez à son passé.
Le centre historique de Gdańsk est constitué par des ensembles urbains séparés : la ville ancienne *(Stare Miasto)* au nord, la ville principale *(Główne Miasto)* au centre et le vieux faubourg *(Stare Przedmieście)* au sud. Dommage qu'en été la vieille ville soit envahie d'échoppes touristiques qui altèrent le charme des lieux.

LA VILLE PRINCIPALE (GŁÓWNE MIASTO)

Elle concentre aujourd'hui la majorité des édifices historiques, situés, pour la plupart, le long d'une artère centrale composée de la rue Długa (rue Longue) et de la place Długi Targ (le Long Marché). Cette artère dite royale *(Królewska Droga)* était autrefois la voie d'honneur des cortèges royaux.
Fondée en 1343, la ville principale s'organise autour d'un réseau de rues parallèles, débouchant toutes à l'est sur les quais de la Motława où chacune d'elles est protégée par de lourdes portes monumentales. Avant 1939, Gdańsk comptait de nombreuses maisons à colombages et devait avoir de vagues airs normands. Détruite à près de 90 % lors de la dernière guerre, la ville principale a bénéficié

du plus grand effort de reconstruction. Voilà un exemple rare de restauration du patrimoine par l'ancien régime communiste.
Basée sur les archives de la ville, la rénovation s'est faite par priorités : de 1949 à 1959, c'est la rue Długa et, dans les années 1960, les rues parallèles. Les quais voient venir leur tour dans les années 1990. Le programme est encore en cours et pour longtemps, puisqu'il reste pas moins de 187 maisons à reconstruire ou à restaurer dans la ville principale ! La plupart des immeubles de Gdańsk possèdent une particularité que vous remarquerez bien vite : leurs numéros sont inscrits à l'arrière !

La voie royale s'ouvre à l'ouest par la ***porte Haute*** *(brama Wyżynna ; plan B3, **90**).* Construite au XVIe s, elle faisait partie de la nouvelle enceinte Renaissance, édifiée en avant-poste des fortifications médiévales. Son attique porte les armoiries de la Pologne (anges), de la Prusse royale (licorne) et de Gdańsk (lions), une œuvre du Flamand Willem Van den Blocke qui résume à elle seule l'histoire mouvementée de la ville.

Juste derrière, l'***ancienne avant-porte*** de la ville *(przedbramie ; plan B3, **91**).* Composée d'une tour gothique, utilisée jusqu'au XIXe s comme prison *(Wieża Więzienna),* et d'une salle de torture *(Katownia),* elle forme un ensemble fortifié du XVe s. La maison de la torture exhibe aujourd'hui dans son petit musée des instruments de torture du Moyen Âge.

La porte Dorée *(brama Złota ; plan B3, **92**)* qui lui succède fut édifiée au début du XVIIe s et constituait la véritable entrée de la voie royale. Sa fonction était plus ornementale que défensive. Elle tire son nom des statues allégoriques, jadis dorées, qui couronnent sa balustrade : la Paix, la Liberté, la Richesse, la Gloire, en éternelle opposition avec la Sagesse, la Piété, la Liberté et la Concorde. Les devises latines gravées sur ses faces illustrent l'éthique de la ville comme l'axiome : « Les petites républiques croissent dans la concorde, les grandes disparaissent dans la discorde. »

À gauche de la porte Dorée, l'***hôtel de la Confrérie de Saint-Georges*** *(dwór Bracta Św. Jerzego ; plan B3, **93**),* magnifique palais du XVe s, bâti pour cette confrérie secrète regroupant les plus riches bourgeois de la ville. Sa tour du XVIe s est dominée par la statue de saint Georges et du dragon.

La rue Długa *(plan B-C3)* s'ouvre ensuite sur l'un des plus beaux alignements de façades peintes de Pologne. Ces maisons patriciennes, surmontées de pignons sculptés et richement décorées de portails imposants, sont typiques de l'architecture des villes hanséatiques.
– Au n° 1 (façade verte), le palais rococo de l'armateur George Hewl, qui finança la flotte du roi Wladislas IV.
– Au n° 12, un autre ***palais rococo,*** propriété de l'échevin Jan Uphagen.
Ses intérieurs préservés par la guerre abritent le ***Dom Uphagena*** *(musée des Appartements bourgeois). Tlj 10h (11h dim)-18h (15h lun). Entrée : 8 Zl (2 €) ; réduc.*
Originaire d'Ypres, la famille Uphagen quitte sa Flandre natale en 1585 pour fuir les persécutions religieuses de la Contre-Réforme. Installée à Gdańsk, elle est à l'origine d'une véritable dynastie de marchands et d'armateurs jusqu'au XIXe s.
La visite offre l'occasion de découvrir une maison patricienne typique de l'élite urbaine de l'époque. Une exposition permanente y rassemble une impressionnante collection d'horloges, dont la tradition remonte au XIVe s à Gdańsk. Jusqu'au XVIIIe s, la ville est un centre de production réputé en Europe. Voir absolument la salle des horloges miniatures au 1er étage, véritables bijoux d'orfèvrerie et de précision mécanique. Série fascinante de clés à horloge et de cadrans peints. Au 2e étage, salle de déjeuner avec meubles baroques. Parcours rythmé par le tic-tac des horloges. Au fait, quelle heure est-il ?
– Au n° 28 de la rue Długa, le palais Renaissance du bourgmestre Feber, décoré de motifs italiens du XVIe s.
– Au n° 29, la maison baroque du maire Czirenberg, du XVIIe s.

– Au n° 35, le château du Lion *(zamek Lwi)*, un palais Renaissance dû à l'architecte de la porte Dorée, où les nobles de la ville donnèrent au XVIIe s un festin en l'honneur du roi Wladislas IV.
– Au n° 47, une maison gothique de la seconde moitié du XVe s.

Ratusz glównego miasta *(hôtel de ville de la ville principale ; plan C3,* ***94****) : clôt la rue Długa. Entrée : 4 Zl (1 €).*
Son beffroi domine de ses 82 m les toits. Au sommet, la statue dorée du roi Sigismond Auguste, un cadeau des habitants du XVIe s pour le remercier d'avoir établi l'égalité des droits entre protestants et catholiques. L'édifice, d'un beau gothique mélangé de style Renaissance des XIVe et XVe s, est le résultat des transformations successives du bâtiment construit en 1328. Son escalier d'apparat et son monumental portail aux armes de la ville sont des ajouts de l'époque baroque, tandis que la Renaissance lui a donné un petit clocher. En 1945, réduit par un incendie à un tas de décombres, il fut magnifiquement rebâti sous la pression des habitants. C'était le troisième incendie de son histoire. Le cadran solaire, qui date du XVIIe s, est le seul élément d'origine. Lors des reconstructions ultérieures, il a hérité de son célèbre carillon de 14 cloches, réputé pour son timbre cristallin qui joue l'hymne patriotique, appelé *Rota*.
Ses intérieurs, qui ont retrouvé en 1970 leur ancien faste, abritent aujourd'hui le ***Muzeum Historyczne Miasta Gdańska*** *(Musée historique de Gdańsk). Entrée : ul. Dluga, n° 47. Lun 10h-15h ; mar-dim 10h-18h (16h hors saison). • mhmg.gda.pl/ • Entrée payante sf lun.* La visite s'ouvre par l'imposant portail aux armes de Gdańsk, gardé par deux lions tournés vers la porte Dorée en l'honneur des cortèges royaux. Au sous-sol, l'ancienne salle du trésor municipal servait de coffre-fort à l'argent déposé par les bateaux ancrés dans le port. C'est aujourd'hui le restaurant *Palowa*.
Le superbe escalier en colimaçon conduit aux salles d'apparat. Les deux premières sont déjà impressionnantes, mais c'est la salle du grand conseil, dite ***sala Czerwona*** *(salle Rouge)*, qui retiendra toute votre attention. Sa décoration somptueuse est l'œuvre d'artistes flamands de la fin du XVIe s, qui l'ont dotée du style maniériste caractéristique de cette époque. La cheminée et ses armoiries, la grande porte ouvragée, les bancs marquetés frappent l'œil par la richesse du travail d'exécution. Les peintures murales sont signées par le Flamand Johan Veberman de Vries, mais c'est son compatriote, Isaac Van den Block, qui emporte l'admiration avec ses 25 peintures du plafond. La plus connue est le panneau ovale central intitulé la *Glorification du rattachement de Gdańsk à la Pologne* et représentant le panorama de la ville dominée par un arc de triomphe. Tout ce décor, qui ne servait aux échevins qu'en été, fut démonté en 1942 pour être mis à l'abri. Les séances d'hiver se tenaient dans les salles attenantes.
L'étage supérieur est consacré à l'histoire de Gdańsk : photos d'avant-guerre de la ville et un excellent documentaire sur l'épopée de la reconstruction. De là, on accède à la tour, qui offre une vue circulaire sur la ville et le port.

Długi Targ *(Long Marché ; plan C3)* prolonge, de sa place, la voie royale. C'étaient les « Champs-Élysées » de Gdańsk, où les marchands se faisaient construire de prestigieuses demeures qui témoignaient de leurs rang et fortune. Beaucoup de ces demeures, à la différence de celles de la rue Długa, ont conservé leur grand perron central.

Dwór Artusa *(cour d'Artus ; plan C3,* ***95****), à côté de l'hôtel de ville, à l'arrière de la fontaine, est l'une des plus célèbres. Mêmes horaires que le Musée historique. Entrée : 8 Zl (2 €).*
Au pied de l'immeuble, une statue d'Hermès (Mercure chez les Romains), dieu grec des Voyageurs, des Marchands et des Voleurs. Il apporte la protection aux marins et aux commerçants, et, selon Homère, possède des pouvoirs magiques : il est capable de réveiller de sa baguette d'or les yeux de ceux qui dorment.
L'origine de cet édifice de la fin du XVe s remonte au début du XIVe, lorsque les riches marchands commencèrent à s'inspirer de la légende du roi Arthur pour créer

un tribunal d'arbitrage interne à leur corporation, calqué sur le fonctionnement de la cour du célèbre roi. L'objectif était de créer une commission de juges impartiaux, gouvernée par un esprit d'égalitarisme et de confraternité. Le succès fut immédiat et, au fil des décennies, ce tribunal de commerce, indépendant du pouvoir, devint l'institution clé de la ville. Son développement fut financé par les autorités municipales, au point que la « cour d'Arthur » ne tarda pas à se démultiplier à la fois en tribunal apolitique qui faisait autorité dans toute l'Europe du Nord, en siège des différentes guildes de marchands et en bourse de commerce.
Le bâtiment fut doté, au début du XVIIe s, d'une monumentale façade, due à l'architecte flamand Abraham Van den Block.
Bien que l'édifice fût totalement détruit pendant la guerre, une partie de ses richesses a pu néanmoins être sauvée. Son intérieur se présente aujourd'hui comme une énorme caverne gothique sous une voûte en palmier, soutenue par quatre élégantes colonnes de granit. La pièce maîtresse est un gigantesque poêle pyramidal de 11 m de haut, chef-d'œuvre de la Renaissance. Son gigantisme était destiné à chauffer l'énorme salle pendant les rudes mois d'hiver. Sur ses faces, une succession de bas-reliefs et de portraits de présidents des guildes.

Devant la maison d'Artus, la jolie ***fontana Neptuna*** *(fontaine Neptune ; plan C3,* ***96****)*. Elle a été dessinée en 1633 par Abraham Van den Block pour s'harmoniser avec la façade de la maison d'Artus, dont il est également l'auteur. La statue de Neptune, signée par l'artiste flamand Peter Husen, tient lieu de symbole à la ville et rappelle que sa principale source de richesses est la mer.
Une petite grille fut ajoutée en 1614, qui tirerait son origine d'une légende mettant en scène les convives de la maison d'Artus. Ceux-ci, après une soirée bien arrosée, auraient jeté par bravade leurs bagues en or dans les eaux de la fontaine. Le lendemain, une fois dessoûlés, ils cherchèrent à récupérer leurs biens, mais c'était compter sans Neptune qui, pendant la nuit, avait mélangé, à l'aide de son trident, l'eau et l'or des bagues pour créer une liqueur explosive toujours en vigueur : la « Gold Wasser » (de la vodka mélangée à de la limaille d'or ; voir *Pod Łososiem* dans « Où manger ? Plus chic »). Depuis, la grille veille à ce que l'expérience ne se renouvelle pas. Démontée et cachée pendant la guerre, la statue a été épargnée par les destructions.

Au n° 41, la ***kamienica Złota*** *(maison Dorée ; plan C3,* ***97****)*. Édifiée en 1609 dans le style Renaissance pour un riche marchand, elle se singularise par les nombreuses frises de sa façade, une œuvre de Hans Voigt. Les bustes sont ceux des rois polonais, tandis que les personnages au sommet de la balustrade sont plus exotiques. De gauche à droite, Cléopâtre, Œdipe, Achille et Antigone. Sur les pilastres toscans sont représentés les rois polonais Ladislas Jagellon et Sigismond III.

Brama Zielona *(porte Verte ; plan C3,* ***98****)* ferme la place à l'est et clôt la voie royale. Construite au XVIe s en remplacement d'une porte défensive gothique, elle a été conçue comme un palais pour héberger la cour royale en visite dans la ville, mais aucun roi ne daigna honorer de sa présence ces appartements glacials, à l'exception de Marie Gonzague de Nevers quand elle vint épouser le roi Władysław IV. Sur la façade, les briques foncées sont d'origine. Il y en a beaucoup, et pour cause, l'édifice n'a été détruit qu'à 20 % pendant la guerre. Les armes de la Pologne, de Gdańsk et de la Prusse ornent les quatre entrées.

Les quais *(plan C3)* **:** la porte Verte marque l'entrée de la promenade des quais, le long de la rivière Motława. De l'autre côté s'étend *Spichlerze (île des Greniers)* qui compta, au plus fort de l'activité portuaire, jusqu'à 300 entrepôts et greniers. Un incendie les ravagea complètement pendant les guerres napoléoniennes, puis un autre en 1930. La dernière guerre leur porta le coup de grâce, et peu furent reconstruits depuis, d'où l'impression de désolation qui règne sur cette rive. Les quais sont rythmés par une succession de portes défensives qui ferment la perspective des rues parallèles qui y débouchent. L'exploration des portes suit vers le nord *Długie Pobrzeże (Long Quai)*, où accostaient jadis voiliers et autres navires marchands.

Brama Chlebnicka *(porte du Pain ; plan C3, **99**)*, juste après la porte Verte, fut édifiée au milieu du XVe s sous le règne des chevaliers Teutoniques. Pour marquer le rattachement de Gdańsk au royaume de Pologne, le roi Kazimierz IV fit ajouter en 1457 la couronne royale aux armoiries laissées par les chevaliers Teutoniques.

Au n° 16 d'ul. Chlebnicka, la ***dom Angielski*** *(maison Anglaise)*, de 1569, était la plus grande de son époque et témoigne de l'intensité du commerce d'alors entre Gdańsk et l'Angleterre. Au XVIIIe s, la ville comptait 300 familles anglaises. Spécialisées dans la construction de bateaux, elles achetaient à Gdańsk du bois de chêne.

Au n° 14, la ***maison Schlieff,*** d'un beau gothique du début du XVIe s, a dû être rebâtie à l'identique après que l'empereur de Prusse, Wilhelm III, l'eut fait démonter en 1820 pour l'installer près de sa résidence de Potsdam où on peut toujours l'admirer.

Brama Mariacka *(porte Notre-Dame ; plan C3, **100**)* est la sœur jumelle de la précédente, de la fin du XVe s.

À l'arrière, la ***rue Mariacka*** *(plan C3)* est la seule à avoir conservé tous ses perrons, véritables avant-seuils qui abritent aujourd'hui des boutiques de souvenirs et des bijouteries d'ambre. On y respire encore l'ambiance du vieux Gdańsk. Les grilles richement ornées ont une fonction de publicité médiévale. En effet, plus la maison était fastueuse de l'extérieur, plus elle témoignait de la réussite commerciale de son propriétaire. Message : « Je suis un partenaire fiable. » Les aigles polonais, les emblèmes des rois gravés sur les grilles se voulaient des gages d'amitié et de respect de la part des commerçants, en majorité allemands, à l'égard des Polonais avec qui ils traitaient. Sous-entendu : « *Business is business !* » Voilà l'origine des multinationales. De nombreux films allemands et polonais ont été tournés dans Mariacka. Sa spécialité : les scènes romantiques ; cela vous étonne ?

Attenante à la porte Notre-Dame, la *dom Towarzystwa Przyrodniczego (maison de la Société des naturalistes)* accueille un petit **Musée archéologique** *(Muzeum archeologiczne ; plan C3, **100**)* dédié aux premières peuplades slaves de Gdańsk. *Entrée par Mariacka, 25/26. En saison, mar-dim 10h-17h, fermé lun ; hors saison, mar-ven 9h-16h (17h mer), w-e 10h-16h. Entrée : 4 Zl (1 €) ; gratuit sam.*

Brama Św. Ducha *(porte du Saint-Esprit)* date aussi du XVe s et a été entièrement rebâtie après la guerre.

Puis, la merveille des merveilles, la ***żuraw Gdański*** *(grue de Gdańsk ; plan C3, **101**)*, la plus grande grue de l'Europe du Moyen Âge. À la fois porte et grue, elle cumule les performances. Ses roues de 5 m de diamètre, actionnées par des hommes marchant dans sa circonférence interne, commandent une poulie centrale qui peut soulever jusqu'à deux tonnes de marchandises. Au-dessus, une autre poulie fut ajoutée au XVIIe s pour poser les mâts des navires.

Muzeum morskie *(Musée maritime ; plan C3, **101**)* **:** la grue et les bâtiments voisins hébergent aujourd'hui l'un des meilleurs musées maritimes du pays. Le musée dispose aussi d'un autre site logé dans trois greniers Renaissance, en face, sur l'île Spichlerze. • *cmm.pl* • *Tlj 10h-18h (16h hors saison) ; la vente des billets s'arrête 1h avant la fermeture. Entrée globale : 14 Zl (env 4 €) ; 6 Zl (1,50 €) par section ; réduc. Compter 3h pour une visite complète. Commentaires en polonais, légendes en anglais ; demander le texte en français.*

– La section logée dans la grue *(entrée Szeroka, 67/68 ; gratuit sam)* présente une collection d'oiseaux, de coraux et de faune marine du monde entier. Y est relatée aussi l'histoire des grands navigateurs polonais, au rang desquels figure l'écrivain Joseph Conrad. Maquette d'origine de la grue (1482), dont la visite permet aussi d'admirer le mécanisme, impressionnant de gigantisme et de modernité. La roue inférieure, visible de l'extérieur, servait à vider les cargaisons des navires, tandis que la roue supérieure permettait de monter et de fixer les mâts sur les bateaux. À chaque étage, un texte en anglais explique le parcours.

– De l'autre côté de la rue, un autre bâtiment expose des bateaux venus de tous les continents, comme des canoës et des catamarans d'Afrique, d'Asie et de Polynésie. Curiosité : ces petites pirogues toutes rondes, qu'on porte comme un sac à dos une fois à terre !
– La visite se poursuit dans les trois greniers de l'île Spichlerze. Un petit bateau assure, toutes les 5 mn, la traversée dès qu'il a fait le plein de passagers *(1 Zl, soit 0,25 €).* L'exposition intitulée « La Pologne et la Baltique » retrace l'épopée maritime de Gdańsk et de la Pologne : maquettes de bateaux et de ports, instruments de navigation, lunettes et compas, tableaux, drapeaux... La plus grande salle expose les canons de bronze de la flotte suédoise, coulée lors du siège de Gdańsk en 1650 et 1660. Plusieurs anciennes proues de navires et une série de cartes illustrent les guerres menées durant des siècles pour la maîtrise de la Baltique.
La visite s'achève par l'histoire contemporaine des chantiers navals de Gdańsk.
– Au pied des greniers, le bateau *Soldek,* qui fut le premier navire à sortir des chantiers après la Seconde Guerre mondiale, a été transformé en musée. À découvrir : les cabines de l'équipage, la salle des machines et une petite expo sur les grèves de 1980 du chantier naval et la naissance du syndicat Solidarité.

De là, les quais *(Długie Pobrzeże)* offrent encore deux autres portes plus modestes : ***brama Świętojańska*** (XVe s) et ***brama Straganiarska*** (fin du XVe), avec les armes de Pologne, de Gdańsk et de Prusse. N'hésitez pas à flâner jusqu'au bout des quais, où l'atmosphère se fait moins touristique. Les habitants aiment s'y retrouver les soirs d'été autour de saucisses grillées et de conversations animées.

Un peu plus loin, la ***tour Swan*** *(plan C2,* ***102****),* sur la place Targ Rybny (le marché des Pêcheurs), faisait partie des défenses nord de l'enceinte gothique médiévale.

Kościół Mariacki ou NMP *(église Notre-Dame ; plan C3,* ***103****)* ***:*** *à l'intersection des rues Chlebnicka et Mariacka. Entrée : 2 Zl (0,50 €).*
La plus grande église de Pologne : 100 m de long, 60 m de large au niveau du transept, 27 m de haut, 5 000 m^2 au sol, 30 chapelles, 37 fenêtres dont une de 27 m, 7 portes d'entrée, 1 ha de toit, 78 m pour sa tour quadrangulaire et une capacité d'accueil estimée à 25 000 personnes. En volume, cette église gothique est comparable à Notre-Dame de Paris ou à la cathédrale Saint-Étienne de Vienne.
Sa construction demanda 159 ans, de 1343 à 1502. Située à l'origine sur un terrain marécageux, elle fut bâtie sur des pilotis en bois de chêne. Vouée à l'origine au culte catholique, l'église fut attribuée aux protestants en 1572, au moment de la Réforme. Les catholiques spoliés se firent construire à côté la Chapelle royale. Depuis 1945, elle est à nouveau catholique. La dernière guerre l'a laissée à moitié détruite, et c'est seulement progressivement qu'elle retrouve sa décoration intérieure, mise préventivement à l'abri. Les fresques qui couvraient ses murs sont cependant définitivement perdues.
Composé de trois nefs sous une voûte gothique, son volume blanc est dominé par un superbe maître-autel gothique du début du XVIe s représentant le couronnement de la Vierge, dû à Michel d'Augsbourg. À sa gauche, donnant sur *Mariacka,* l'une des sept portes de l'église et la plus ancienne (XVIe s). Sur sa droite, l'autre porte menait au cimetière pendant le Moyen Âge, avant que les morts ne soient enterrés à l'intérieur de l'église. En 1947, les tombes furent pillées par les Russes, qui y cherchaient de l'or ! À la croisée du transept, un crucifix de 4 m avec le visage du Christ exprimant à la fois la souffrance et le pardon. Arrêtez-vous devant, fixez le visage, vous aurez l'impression qu'il change d'aspect. Réalisés à Toruń, les vitraux sont des copies des années 1960. Le plus grand mesure 125 m^2 !
Dans la nef gauche, la chapelle Saint-Reinhold possède une copie du célèbre triptyque exécuté en 1472 par Hans Memling, *Le Jugement dernier,* commandité à l'origine par une banque hollandaise. C'est seulement en 1473, à la suite de la capture du bateau qui le transportait par un navire de Gdańsk, qu'il devint la propriété de l'église. Au Moyen Âge, ce tableau a provoqué de nombreuses conversions. Au centre, l'ange saint Michel, dont la balance penche pourtant plus du côté des vices que des vertus ! L'original est exposé depuis 1956 au Musée national de Gdańsk.

Dans la nef nord, la chapelle Sainte-Anne conserve une Madone de Gdańsk, datée de 1420.

Mais le bien le plus précieux est définitivement la ***gigantesque horloge*** astronomique dans le transept nord. Réalisée entre 1464 et 1470, elle est, comme l'église, à inscrire au guide des records du Moyen Âge. Avec ses 14 m de hauteur, indiquer l'heure, le jour, le mois et l'année ne lui suffit pas, il faut encore qu'elle donne les phases de la Lune, la position du Soleil et de la Lune par rapport au calendrier des saints et du zodiaque. Hans Düringer, son concepteur, l'a réalisée en trois parties : en bas, l'horloge de 2,70 m de diamètre avec un calendrier (remarquez les 4 personnages aux âges disparates, symboles de la fuite du temps), ; au-dessus, un planétarium ; et en haut, un théâtre de personnages bibliques qui apparaissent en rotation pour sonner les heures. Lorsqu'elle fut achevée en 1470, elle était la plus grande horloge du monde. Mise à l'abri pendant la guerre, l'horloge a vu certaines de ses parties emportées par l'Armée rouge à la libération. Elles sont encore à Moscou. Les orgues baroques résonnent le soir à 20h15 (en été seulement), remplissant ce gigantesque espace de leurs sons graves et majestueux. Elles ont été entièrement reconstituées au lendemain de la guerre grâce à une collecte de fonds.

– Avant de quitter l'édifice, une petite grimpette au ***sommet de la tour*** s'impose : 405 marches au total. Elle permet d'admirer les combles de l'église et d'observer les travaux de reconstruction d'après-guerre. Au sommet, une petite plate-forme offre une vue d'aigle sur la ville. *Tlj de mi-mai à mi-oct 9h-15h30. Entrée : 3 Zl (0,75 €).*

Kaplica królewska *(chapelle royale ; plan C3,* ***104****) : à côté de l'église Notre-Dame, sur ul. Św. Ducha.* Édifiée entre 1678 et 1681, avec les deniers du primat de Pologne qui souhaitait compenser la perte de l'église Notre-Dame attribuée aux luthériens, c'est la seule église baroque de la ville. Mais comme les fonds étaient insuffisants pour construire un bâtiment entier, la chapelle fut logée au 1er étage du presbytère de l'église Notre-Dame. Seule la façade prestigieuse donne l'illusion de l'unicité du bâtiment. Son architecture est signée Tylman van Gameren, l'auteur des principaux palais de Varsovie. Son aménagement intérieur ne tient pas non plus les promesses de la façade. Derrière la chapelle, la rue Św. Ducha, où le philosophe allemand Arthur Schopenhauer vit le jour le 22 février 1788 (la maison proprement dite n'existe plus).

GDAŃSK, VILLE DE LA LIBERTÉ

Gdańsk a toujours été connue pour sa tolérance et son amour de la liberté. Déjà du temps des bûchers médiévaux en Europe, la ville constituait un abri pour tous ceux qui osaient penser contre les tendances établies. Elle fut ouverte aux vagues de réfugiés et persécutés : les mennonites hollandais, les Écossais, les calvinistes français vinrent y trouver refuge, ainsi que des Anglais, des Suédois et des juifs. Elle est aussi la ville du philosophe et libre-penseur Arthur Schopenhauer, qui résuma toute son œuvre de manière plutôt lapidaire : « Ma philosophie ne m'a rien rapporté, mais elle m'a beaucoup épargné. »

Wielka Zbrojownia *(Grand Arsenal ; plan B3,* ***105****) : dans la rue Tkacka, au débouché de la rue Piwna (la rue des Brasseurs) qui part de l'église Notre-Dame.* Au lendemain de la guerre, il ne restait que quelques pans de murs de cette œuvre maîtresse de l'architecture maniériste flamande du XVIIe s, très présente à Gdańsk. Encadrée par deux tours, sa grande façade, due à Antoon Van Opberghen, multiplie les motifs militaires, tandis que les blasons de Gdańsk ornent les portes. Reconverti aujourd'hui en galerie commerciale, le Grand Arsenal offre une façade plus modeste à l'arrière sur la place Targ Węglowy (marché au Charbon).

Au nord de l'Arsenal

À partir d'ici, la densité du tissu urbain historique se clarifie pour faire place à des immeubles contemporains, la reconstruction ayant été moindre.

Kościół Św. Mikołaja *(église Saint-Nicolas ; plan C2,* ***106****)* **:** *à l'angle d'ul. Pańska et d'ul. Świętojańska.* Cette église gothique en brique du XIVe s, construite pour les dominicains arrivés de Cracovie, est la seule à être sortie presque indemne de la guerre. Son intérieur richement décoré est pratiquement d'origine : un magnifique maître-autel de 1647, un joli chœur, une Vierge à l'Enfant gothique dans la nef et des orgues baroques du XVIIe s. Autour, fouilles archéologiques visibles depuis une passerelle. L'église repose sur 1 000 pilotis de béton, qui lui permettent de ne pas s'effondrer !

À côté, au nord, le ***grand marché de la halle Targowa*** *(plan C2,* ***107****)*, du XIXe s, est un autre rescapé de la guerre, qui a fait récemment l'objet d'une superbe restauration, d'une minutie toute germanique. Malheureusement, elle n'est toujours pas accessible, car des fouilles archéologiques y ont lieu. Les étals de fruits et de légumes frais sont placés à l'extérieur.

Juste devant, la ***Baszta Jacek*** *(tour octogonale Yacinthe ; plan B2,* ***108****)*, du XVe s, faisait partie des anciennes fortifications médiévales et servait de tour de guet. On ne peut pas y monter.

Kościół Św. Jana *(église Saint-Jean ; plan C2,* ***109****)* **:** *à l'extrémité est d'ul. Świętojańska. Entrée payante.* À la différence de l'église Saint-Nicolas, ce bel édifice gothique des XIVe et XVe s porte toujours les stigmates de la guerre, au point que sa restauration n'est pas encore achevée. Le toit a été refait et l'intérieur, épisodiquement ouvert au public et partiellement démantelé pour être remonté dans d'autres églises de la ville, se rénove lentement. Impressionnants, ce chœur dévasté et ces hauts murs de brique nue. Expos temporaires et concerts. Avec l'église Saint-Jean, la ville principale a livré toutes ses richesses.

Avant d'attaquer la vieille ville, vous pouvez toujours remonter un peu plus au nord-est pour visiter le petit ***muzeum Poczty Polskiej*** *(musée de la Poste ; plan C2,* ***117****)* *: logé dans la vieille poste, ul. Obrońców Poczty Polskiej, 1/2. Mar-sam 10h-16h ; dim 10h30-14h. Fermé lun. Billet : 2,50 Zl (moins de 1 €) ; gratuit dim. Explications en polonais et en allemand.*
L'immeuble a été immortalisé par l'écrivain allemand et prix Nobel Günther Grass, originaire de Gdańsk, dans son célèbre roman *Le Tambour,* dont l'adaptation cinématographique par Volker Schlöndorff a par ailleurs remporté une Palme d'or à Cannes. En septembre 1939, les cinquante postiers réfugiés à l'intérieur ont en effet opposé une résistance désespérée contre les forces allemandes, venues réquisitionner le bâtiment. Malgré la faiblesse de leur armement, ils ont réussi à tenir en échec l'armée nazie pendant 14h. Les rares survivants ont tous été exécutés. Le monument face à la poste garde la mémoire de leur acte d'héroïsme.
Le musée possède une petite section dédiée à cet épisode, le restant des salles étant consacré à l'histoire de la poste locale, qui joua un rôle stratégique au cours des siècles dans le développement commercial de la ville.

LA VIEILLE VILLE *(STARE MIASTO)*

Le canal Raduni marque au nord la frontière de la vieille ville. Bâtie à l'emplacement d'une ancienne cité slave du Xe s, la vieille ville connut un développement séparé de la ville principale. Elle ne fut rattachée à Gdańsk qu'au XIVe s, sous le règne des chevaliers Teutoniques, qui la transformèrent en un faubourg de la ville principale. Privée de remparts, elle ne profita guère des richesses de sa voisine. Les riches marchands allemands qui tenaient la ville y refoulaient en effet la population polonaise la plus pauvre. Cette différence de destin se retrouva aussi après guerre, lorsqu'elle fut négligée par l'effort de reconstruction, celui-ci se bornant à n'y rebâtir que les monuments les plus représentatifs, d'où aujourd'hui son aspect en majorité moderne qui contraste avec le faste de la ville principale.

Wielkie Młyny *(Grand Moulin ; plan B2,* ***110****) : sur l'île au centre du canal, à l'angle de Wielkie Młyny et Na Piaskach.* Construit en 1350 par les chevaliers Teutoniques, c'était le plus grand moulin de l'Europe médiévale : 40 m de long, 26 m de haut sur 9 étages. Ses 18 roues à aubes pouvaient moudre 200 t de farine par jour. Toujours en activité à la veille de la Seconde Guerre mondiale, il fut totalement détruit après une carrière de 600 ans. Seule la carcasse du bâtiment a été reconstruite. Elle abrite aujourd'hui une galerie commerciale.

Kościół Św. Katarzyny *(église Sainte-Catherine ; plan B2,* ***111****) : en face du Grand Moulin, à l'angle d'ul. Katarzynki et de Młyny Podmłyńska.*
L'une des plus vieilles de la ville. Elle servit d'église paroissiale avant la construction de l'église Notre-Dame. D'un beau gothique du XIVe s, elle fut couronnée au XVIIe s d'un dôme baroque. Dans son chœur repose Jean Hevelius (1611-1687), qui est, avec Nicolas Copernic, le plus grand astronome de Pologne.
L'intérieur, pillé lors de la guerre, a perdu la plupart de ses richesses originales, mais la tour, en revanche, a retrouvé son carillon pesant 17 t, après une absence de quarante ans. Les Allemands démontèrent en effet l'original pour l'installer dans une église de Lübeck. Il fallut l'obstination d'un habitant de Gdańsk pour que soit créée, en 1983, une fondation destinée à récolter les fonds pour la fabrication d'un nouveau carillon. En 1989, ce fut chose faite et les citoyens de Gdańsk purent à nouveau entendre son timbre puissant. Chacune des cloches porte le nom d'un donateur (tel que Helmut Kohl, ou le président allemand Richard von Weizsaecker).

Juste derrière, ***kościół Św. Brygidy*** *(église Sainte-Brigitte ; plan C2,* ***112****) :* totalement ravagée pendant la guerre, elle dut attendre 1973 pour retrouver sa forme gothique du XVIe s, à l'exception de sa décoration intérieure passée par pertes et profits. Elle est surtout connue pour avoir été le bastion du syndicat Solidarité durant les grèves des années 1980, grâce à la complicité de son curé, le charismatique père Henryk Jankowski, qui devint par la suite un proche de Lech Wałęsa. Son intérieur moderne conserve quelques reliques du syndicat, comme une série de croix utilisées pendant les grèves (au fond à droite).

Ratusz staromiejski *(hôtel de ville de la vieille ville ; plan B2,* ***113****) : à l'angle d'ul. Bielańska et Korzenna.*
Antoon Van Opberghen, l'architecte du Grand Arsenal, donna à la ville cet autre bijou de la Renaissance flamande. L'astronome Jean Hevelius y siégea, et on peut voir son portrait en bas-relief sur le mur à droite de l'entrée. La guerre le laissa pratiquement indemne. On peut ainsi admirer la tour caractéristique de l'influence flamande. Le portail arbore les blasons de Pologne, de Prusse et de Gdańsk.
Au début du XXe s, on lui greffa des éléments provenant de maisons de la rue Długa, comme la frise romaine sur le mur à arcades ou son portail Renaissance. Il héberge aujourd'hui au 1er étage le *centre culturel balte (tlj 9h-23h),* grâce auquel on peut désormais visiter l'intérieur richement décoré. Le soir, vous avez ces magnifiques plafonds à caissons peints pour vous tout seul... Un petit café s'est aussi niché dans son entrée (voir *Ratusz Staromiejski* dans la rubrique « Où boire un café ? Où manger une pâtisserie ou une glace ? »).

Pomnik Poległych Stoczniowców *(monument aux morts des ouvriers du chantier naval ; plan B1,* ***114****) : pl. Solidarnosci Robotniczej. Un peu plus au nord, devant l'entrée du chantier naval, près d'al. Jana Kolna.*
Ces trois croix géantes de 40 m de haut furent inaugurées en grande pompe le 16 décembre 1980 par le parti communiste, en présence de l'Église et des leaders de l'opposition. C'était la première fois qu'un parti communiste érigeait un monument à la mémoire de ses propres victimes : les ouvriers des chantiers tombés sous les balles de l'armée, lors des émeutes de 1970, déclenchées par l'augmentation du prix des denrées de base.
Le monument marque aussi la première victoire politique du syndicat Solidarité, un combat de dix ans. Pendant toute une décennie en effet, les ouvriers ont apporté chaque jour une pierre pour former un monticule de plus en plus grand, vite emporté

par la milice pendant la nuit. La victoire fut acquise lorsqu'en 1980 les grèves déclenchées par Solidarité se propagèrent à tout le pays. Dès lors, les ouvriers avaient gagné le bras de fer avec le pouvoir. En 1987, le pape Jean-Paul II est venu bénir le monument aux morts. À côté, sur le mur d'enceinte du chantier naval, des plaques commémoratives pour les autres victimes du communisme tombées depuis 1970.

***Muzeum Solidarnosci – Drogi do Wolności (Roads to Freedom** ; plan B1, **114**) : ul. Doki, 1. À 300 m au sud du monument aux morts du chantier naval. ☎ 769-29-20. Mar-dim 10h-17h (16h en hiver). Entrée : 6 Zl (1,50 €) ; prix symbolique le mer.* Le musée de la Liberté de la Pologne, qui retrace les grands moments de la lutte syndicale de *Solidarność* et son combat contre la dictature communiste. On y accède en empruntant un passage sous la route, sorte de couloir initiatique qui conduit à la caisse. On arrive alors dans un musée souterrain, divisé en plusieurs salles, chacune correspondant à un thème précis de la chronologie des événements, des années 1970 jusqu'à la chute du communisme (grèves syndicales de 1980, coup d'État de l'armée le 13 décembre 1981, dictature militaire communiste de Jaruzelski, répression, manifs...). Photos, effets d'ambiance, reconstitution d'une épicerie d'époque communiste, d'une prison... et même de la salle où furent signés les accords de Gdańsk. Voir le film consacré au coup d'État de 1981 et à la répression qui s'ensuivit. Une émouvante plongée dans l'histoire récente de la Pologne, où l'on regrettera, une fois encore, l'absence de traductions, en dehors de l'anglais.

***Stocznia Gdańska** (chantier naval de Gdańsk ; plan C1) : pl. Solidarność.* Rien à voir, mais tout à comprendre ! C'est un des hauts lieux de la liberté polonaise. Il suffit de se rendre jusqu'à la grille d'entrée métallique peinte en bleu clair (fermée) et d'observer pour voir que cette grille-là n'est pas banale : c'est la porte du combat pour la liberté, de l'espoir et de la souffrance. Des bouquets de fleurs, des drapeaux polonais et du Vatican, les emblèmes de *Solidarność,* des portraits de Jean-Paul II et de Benoît XVI y sont accrochés, tels des ex-voto, en hommage à ces années terribles mais décisives pour le peuple polonais. Le petit kiosque (journaux, souvenirs) juste à côté de la grille est tenu par Tadeusz Olszewski. Sa mère y a travaillé pendant 27 ans. Si vous le demandez à Tadeusz, il vous montrera les nombreux reportages où apparaît la photo de cette dame qui fut un témoin unique des événements qui se déroulèrent devant son kiosque.
Jusqu'en 1980, le chantier naval s'appelait encore chantier Lénine. Aujourd'hui, après que les grèves de 1980 et de 1988 ont mis fin au régime communiste, et avec l'entrée de la Pologne dans la galaxie du capitalisme, il a été repris par le groupe métallurgique russe du Dombass, qui tente de le rendre compétitif et d'obtenir des aides l'Union européenne. Il emploie encore 3 400 ouvriers.
Pour l'instant, il est impossible de visiter les immenses installations couvrant des centaines d'hectares, à moins d'en faire la demande spéciale à l'office de tourisme. Les bateaux qui vont à Westerplatte ou à Sopot et Gdynia offrent aussi une vue d'ensemble sur le chantier.

LE VIEUX FAUBOURG (STARE PRZEDMIEŚCIE)

Le boulevard Podwale Przedmiejskie *(plan B-C4)* marque au sud le début du vieux faubourg, qui devrait s'appeler aujourd'hui le faubourg détruit, car il ne subsiste plus rien de ce quartier bâti au XVe s. C'est donc dans un faubourg bétonné et gris qu'on partira à la découverte de ses rares curiosités.

***Muzeum narodowe** (Musée national ; plan B4, **115**) : ul. Toruńska, 1. Mar-ven 9h-16h ; w-e 10h-16h. Fermé lun. Billet : 4 Zl (1 €) ; réduc.*
Abrité dans un ancien monastère franciscain, ce musée polyvalent présente plusieurs sections dédiées à la grande tradition de l'artisanat polonais : orfèvrerie, argenterie, porcelaine, faïence, broderies, fer forgé et meubles – dont les célèbres

armoires sculptées de Gdańsk, diffusées jadis dans toute la Pologne. Il comprend aussi un département de peintures et de sculptures sur bois.
Reste encore l'imposant *département des peintures hollandaises et flamandes,* qui témoigne des relations passées avec les Pays-Bas : Van Dyck, un petit Pieter Bruegel le Jeune, et bien sûr la pièce vedette : le triptyque du *Jugement dernier* de Hans Memling, dont une copie se trouve dans l'église Notre-Dame.

LES TRIBULATIONS D'UN TABLEAU

Avant de couler enfin des jours tranquilles, le Jugement dernier d'Hans Memling a vécu une véritable épopée, qui témoigne à la fois du goût des Italiens pour la peinture flamande et des pratiques du temps. Au large de Gravelines, Paul Benecke, corsaire de Gdańsk, capture un bateau bourguignon. Dans le butin se trouvent les biens que Tommaso Portinari, représentant des Médicis à Bruges, envoie en Italie, dont ce retable destiné à une église de Florence. Malgré les interventions du pape et du duc de Bourgogne, le retable n'est jamais rendu. À Gdańsk, il est ensuite réquisitionné par Napoléon, puis les nazis le dérobent pour l'enfermer dans un abri où l'Armée rouge finit par le retrouver.

Attenante au musée, ***Kościół Św. Trójcy*** *(église de la Sainte-Trinité ; plan B4,* ***116****)* se présente comme un bel édifice gothique de la fin du XVe s. À l'intérieur, une magnifique chaire gothique et un maître-autel composé de plusieurs triptyques, dont un attribué à Isaac Van der Blocke. Rénovée après travaux.

Les vestiges des anciennes fortifications du XVIIe s subsistent encore, bien visibles un peu plus au sud, notamment grâce au tracé des douves, qui n'ont pas été comblées.

Fêtes et manifestations

Pas de ville polonaise sans saison festive. Ici, le gros de l'artillerie événementielle se concentre sur les mois d'été. Place d'abord à la culture :
– *En juin, à Gdynia,* ***Festival de chansons de marins*** *; en juil, à Gdańsk,* ***Festival des minorités nationales.*** Avec ses démonstrations de folklore ethnique et, à cheval sur août, le ***Festival international d'orgue,*** sous les voûtes de la cathédrale d'Oliwa ; à Sopot, toujours en août, ***Festival international de la chanson,*** un cocktail pop et rock de stars locales et étrangères, doublé d'un ***Festival de musique classique et de folklore de la Baltique.***
– *Mais l'attraction d'été reste la* ***Foire dominicaine*** *(Jarmark Dominikański), pdt les 2 premières sem d'août.* Remontant à l'an 1260, elle essaime dans la ville échoppes d'artisans, tréteaux de bateleurs et d'artistes de rue.
– ***Théâtre de rue*** *en été :* très sympa, anime beaucoup la ville et lui donne une ambiance très Fête de la musique. Mises en scène improvisées dans la rue. Des îlots de badauds se forment au gré des happenings.
– *En nov,* ***Festival du film de Gdynia,*** *et en déc, pdt les 3 premières sem,* ***Foire de Saint-Nicolas*** *(Jarmark Mikołaja).* Un remake hivernal de la grande foire d'été.

➤ DANS LES ENVIRONS DE GDAŃSK

La cathédrale d'Oliwa : *à 8 km, dans un faubourg moderne au nord-ouest du centre. Accessible par le train de banlieue : arrêt Gdańsk Oliwa (à 6 stations du centre Gdańsk Główny ; ticket 2,80 Zl, soit 0,70 €), puis une courte marche à travers le très beau parc à l'ouest d'al. Grunwaldzka. Trams nos 6 et 12 également. Tlj 10h-17h (15h dim).*

Cette magnifique église gothique avec ses deux tours symétriques fut d'abord l'église d'une abbaye cistercienne, avant d'être érigée en cathédrale en 1925. Elle mérite le déplacement pour son exceptionnel jeu d'orgues, un pur joyau du XVIIIe s (assister absolument à l'un des concerts), et les quelques musées logés dans l'enceinte de l'abbaye.
Son histoire est aussi mouvementée que celle de la Pologne. Son origine remonte au milieu du XIIe s, lorsque le prince de Poméranie accorda les terres d'Oliwa aux moines cisterciens. Le premier édifice roman fut ravagé deux fois par les chevaliers Teutoniques, en 1240 et 1250, avant d'être la proie des flammes en 1350. Il fut alors reconstruit progressivement dans son style gothique actuel. Il lui fallut encore subir le pillage des guerres suédoises du XVIIe s, qui lui dérobèrent, notamment en 1626, la majorité de sa somptueuse décoration intérieure : le maître-autel, l'orgue et la cloche. C'est seulement à partir du XVIIIe s, après la signature en 1660 du traité de paix avec la Suède, ici même à Oliwa, que l'abbaye put connaître la prospérité qui allait lui donner le faste qu'elle a conservé depuis. Cette période s'est achevée brutalement un siècle plus tard, lorsque les Prussiens reprirent possession de Gdańsk et expulsèrent les moines en 1831.
Dès le premier regard, la cathédrale impose sa singularité : une étroite façade baroque, prise en étau entre deux tours gothiques identiques, avec des flèches Renaissance. C'est la plus longue église de Pologne, avec ses 107 m de long (7 m de plus que Notre-Dame de Paris), mais aussi la plus étroite : 8,50 m de large dans la nef centrale. D'où, à l'intérieur, l'impression d'un long couloir. Au centre, sous les voûtes gothiques, un somptueux maître-autel baroque du XVIIe s, surmonté par la « voûte de cristal », un ciel de stuc rococo, habité par une colonie d'anges. L'ancien autel de la Renaissance, magnifiquement sculpté, a été placé dans le transept nord. Les chapelles latérales ont été progressivement ajoutées, entre les XVe et XVIIe s.
Mais la pièce vedette incontestée reste le grand orgue baroque, avec sa décoration exubérante d'anges mécaniques, qui sonnent triomphalement cloches et trompettes, et ses soleils tournants. Pendant plus d'un siècle, il a pu se prévaloir d'être le plus grand orgue d'Europe. En 1758, le jeune organiste Jan Wulf fut chargé par les frères de sa construction. Il s'attaqua d'abord à la fabrication d'un premier petit jeu d'orgues dans le transept sud. Il partit ensuite trois ans en Allemagne et en Hollande pour apprendre les nouvelles techniques. Son problème était de réussir à loger un orgue d'une telle puissance dans l'espace réduit de la galerie qui lui était attribué. L'une des solutions a été de faire déborder l'instrument sur les murs latéraux. Ce travail lui coûta 25 ans de sa vie, entre 1763 et 1788. Le résultat est plus qu'imposant : 101 registres de sons distincts et 6 338 tuyaux, dont le plus petit a la taille d'un crayon et le plus grand 10 m de longueur. Somptueusement éclairé par un vitrail de la Vierge Marie, il a le pouvoir d'imiter à la manière d'un orgue électrique d'aujourd'hui les sons de divers instruments : flûte, clarinette, violon, contrebasse, ainsi que le bruit du vent, les cris des animaux, le chant des oiseaux, le coassement des grenouilles et même la voix humaine. Un véritable « Carnaval des animaux » avant Saint-Saëns ! Faut-il s'étonner alors qu'après ce travail titanesque Jan Wulf tombât en pleine mystique et devînt frère Michel ?
Généralement, le grand orgue joue en canon avec le petit orgue du transept, créant ainsi un effet d'écho remarquable. *Les démonstrations ont lieu en juil-août, lun-ven ttes les heures 10h-17h ; sam ttes les heures 10h-15h ; dim à 15h, 16h et 17h.*
– À l'arrière de la cathédrale, le ***Pałac Opatów*** *(palais des Abbés),* édifié en 1756 par l'abbé Jacek Rybiński (le commanditaire du grand orgue), abrite aujourd'hui un *Wystawa Sztuki Współczesnej (musée d'Art moderne) : ul. Cystersów, 15a.* ☎ *552-12-71. En été, ouv mar-ven 9h-16h ; w-e 10h-17h. Fermé lun. Entrée : 9 Zl (2,25 €) ; réduc.* Cette annexe du Musée national de Gdańsk présente, outre quelques expos temporaires d'artistes locaux, une sélection de la peinture polonaise du XXe s, avec une large section consacrée à la période pop. Marquées par le contexte de la dissidence (Zofia Mroz), les œuvres des années 1970 et 1980 témoignent d'une grande spiritualité et d'une inventivité graphique assurée. Au rez-de-chaussée, exposition

permanente consacrée à *Solidarność,* avec des affiches d'époque, fortes d'espoir (Andrzej Kalina). Une belle introduction à l'art contemporain polonais.
– De l'autre côté de la cour, l'ancien grenier à blé du palais a été transformé en ***Muzeum etnograficzne*** *(Musée ethnographique) : ul. Opacka, 12. Mar-ven 9h-16h ; w-e 10h-17h. Fermé lun. Entrée : 8 Zl (2 €) ; réduc ; gratuit sam.* Objets et ustensiles artisanaux de la région (pêche, agriculture...) et une petite section d'art populaire de Kachoubie.
– ***L'ancien parc du palais,*** avec ses essences exotiques, son jardin à la française et ses nombreuses pièces d'eau, complète agréablement la visite.
– Ceux d'entre vous qui s'y rendront un 1er novembre devront obligatoirement faire un crochet par le ***cimetière Oliwaski,*** de l'autre côté d'ul. Opacka, au nord de l'abbaye. La fête des Morts, particulièrement respectée en Pologne, mobilise en effet ce jour-là l'ensemble de la population, qui envahit alors les cimetières pour illuminer de milliers de bougies les tombes de leurs morts. Un grand moment d'ethnologie vivante !

Westerplatte : *la façon la plus agréable de s'y rendre est de prendre un des bateaux du quai Długie Pobrzeże, juste après la porte Verte. Prix : env 35 Zl (9 €). Trajet 50 mn. Mais vérifiez bien que vous êtes dans le bon bateau, car ils font aussi la liaison avec Sopot et Gdynia. Le bus n° 106 2 fois/j. depuis la gare centrale y conduit aussi (compter 20 mn), ainsi que le n° 605, fréquence plus élevée.*
Notre conseil : allez-y en bateau – c'est presque la seule occasion de traverser les chantiers navals – et optez pour le bus au retour (descendez à la station Podowale przedmiejskie, à deux pas du centre). Commentaires en polonais uniquement, malheureusement. Vestiges de la grandeur de Gdańsk, ces grues immenses semblent d'étranges oiseaux mécaniques dansant un ballet immobile. Tout est bien là, gigantesque, mais le temps s'est arrêté. Eh oui, il y a bien quelque chose de poétique dans cet univers de fer, qui l'aurait cru ?
Vaste presqu'île, délimitant à 7 km au nord l'entrée du port de Gdańsk, Westerplatte eut l'honneur du premier coup de canon de la Seconde Guerre mondiale. Les ruines de la caserne ont été laissées en l'état, et l'un des bâtiments restés debout a été transformé en *musée (situé avt la caserne, tourner à gauche au niveau des stands touristiques ; avr-oct slt, tlj 9h-19h ; entrée payante ; brochures en anglais 6 Zl, soit 1,50 €).* On y voit encore sur les murs extérieurs et intérieurs les nombreux impacts de balles, qui laissent imaginer l'acharnement des combats. Ses nombreuses cartes et documents relatent l'histoire récente de la presqu'île et le déroulement de la bataille de 1939 : photos d'archive, armes, maquette du *Schleswig-Holstein...*

1939-1945, LE DÉBUT DU CONFLIT

Le 1er septembre 1939, à 4h45 du matin, le cuirassé allemand Schleswig-Holstein *ouvre le feu sur la petite garnison polonaise établie sur la presqu'île de Westerplatte. À cette époque, elle était le seul territoire polonais officiel de Gdańsk, celle-ci ayant le statut de ville libre depuis le traité de Versailles. Les 200 soldats polonais résistèrent pendant 7 jours à l'assaut combiné de l'aviation, de l'artillerie et des 4 000 hommes des troupes allemandes. Héroïques Polonais !*

En 1966, un monument de 240 blocs de granit a été élevé un peu plus loin à la mémoire des soldats. De loin, il ressemble à un totem indien. Finalement, la visite de la presqu'île offre aussi l'occasion de prendre un bon bol d'air de la Baltique.

Twierdza Wisłoujście *(forteresse de Gdańsk) **:** à 5-6 km au nord, sur la rive gauche de la Vistule, juste en dessous de Westerplatte, face à Nowy Port. Pour y aller, bus n° 106 depuis la gare centrale en direction de Westerplatte. Tlj sf lun 10h-16h.*
Cette énorme forteresse garde depuis 1480 l'embouchure de la Vistule. Composée d'un donjon entouré d'une enceinte octogonale en zigzag, elle était initialement

située en bordure de la côte, mais l'ensablement progressif de l'estuaire lui a donné son actuelle situation dans un coude de la Vistule.
Elle a néanmoins conservé au cours des siècles son importance stratégique de défense du port. Elle fut agrandie au milieu du XVIIIe s et sera même renforcée par Napoléon, qui la visita lors de la campagne de Russie. Les Prussiens l'utilisèrent comme prison politique pour les opposants, dont le maréchal Josef Piłsudski, ce qui expliquerait pourquoi ils ne l'ont pas démantelée en même temps que les autres fortifications du port.
Aujourd'hui encore, elle n'a rien perdu de sa superbe, malgré un relatif abandon pendant la période communiste. Le sommet du donjon, qui sert de phare depuis le XVe s, garde une vue imprenable sur le chantier naval et la presqu'île de Westerplatte, tandis que le tour des remparts reste plus qu'impressionnant. L'intérieur surprend par le volume de ses souterrains qui s'enfoncent parfois jusqu'en dessous du niveau de l'eau. Leur taille permettait de stocker des provisions pour une année entière. Les cuisines datent du XVIe s, et l'appartement du gouverneur vient d'être transformé en cafétéria.

La presqu'île de Hel : *à une trentaine de km au nord-ouest de Gdańsk. En été, 2 services quotidiens assurent la liaison avec Hel depuis Gdańsk (quai Długie Pobrzeże), 3 depuis Sopot (la grande jetée) et Gdynia ; demander les horaires à l'office de tourisme. Prix : env 70 Zl (18 €). Bus également de la gare routière. Ou encore le train de banlieue jusqu'à Gdynia, où l'on prend le train pour Hel.*
Cette superbe langue de terre qui ferme la baie de Gdańsk invite à goûter le calme de ses pinèdes (avec bunkers et barbelés !) et de ses petits villages de pêcheurs. Dommage que leurs cabanes soient revêtues d'enseignes pour *Coca-Cola*. La nature est restée intacte dans ce drôle de banc de sable de 34 km de longueur et dont la largeur varie entre 200 m et 2,9 km à sa pointe. Ses plages ont la réputation d'être les plus propres de la région. Centre de réhabilitation pour phoques échoués. Hel, le port de pêche à son extrémité, réserve la surprise d'un bel ensemble de maisons à colombages des XVIIIe et XIXe s, et d'une église gothique dominant les bateaux.

Excursions

La compagnie nationale de train *PKP* organise des excursions dans les environs de Gdańsk.

➢ Les samedi et dimanche, le train dit *Costerina* met le cap sur les ***lacs de la Kachoubie*** vers le nord : Żukowo, Somonino, Wieżyca et Gołub ; avec pour terminus le ***musée des Locomotives PKP Skansen à Kościerzyna.*** *Départ vers 9h de Gdynia ; sam, le train est tracté par une vieille locomotive à vapeur, et le dim par une ancienne locomotive à gazole. Rens :* PKP, *ul. Dyrekcyjna, 2/4.* ☎ *38-35-22 ou 38-51-38. En voiture, accès rapide depuis Gdańsk.*
Au nombre de 300 000 personnes, les Kachoubes forment une communauté aux traditions culturelles spécifiques. Slave, leur langue témoigne de nombreux emprunts allemands. Dans la région, les inscriptions sont souvent bilingues (polonais-kachoube). Cela n'empêche pas les Kachoubes de bénéficier d'une image très positive dans le pays. Réputés honnêtes et bons catholiques, ils passent pour être des Polonais modèles !
Avec ses nombreux lacs disposés en cercle et ses collines couvertes de forêts, la Kachoubie offre des paysages magiques. La région est parsemée de villes ou villages traditionnels (Kartuzy, Chmielno, Sulęczyno...), où l'on peut faire étape et goûter à la cuisine locale (lard, pommes de terre, poisson et une mystérieuse soupe noire...). De nombreuses réserves naturelles (par exemple autour de Kosakowo, tout près de Gdynia) et des occasions infinies de randonnées pour les amoureux de la nature. Surtout que celle-ci, intacte, réserve d'inoubliables suprises. Avec ses itinéraires balisés, la région se prête à de nombreuses activités sportives. Parmi

celles-ci, un parcours cycliste d'une dizaine de kilomètres, de Swarzewo à Władysławowo, empruntant la magnifique route longeant le golfe de Puck.
– Nombreuses possibilités de randonnées équestres en forêt ou sur les plages de sable fin. *Rens sur • krokowa.pl •*
– Pour ceux qui veulent entrer de plain-pied dans le terroir écologique et gastronomique kachoube, signalons l'*Association agrotouristique de Puck* : *ul. 10 Lutego, 29. ☎ 673-28-77. • gmina.puck.pl •*

➢ ***Le parc national de Slovinie :*** *à une centaine de km au nord-ouest de Gdańsk et à 2 km de Łeba, une réserve naturelle protégée au bord de la Baltique. Bus à la gare routière* PKS *de Gdynia (compter 2h de route et env 15 Zl, soit 4 €) et nombreux trains depuis Gdynia. Le parc est ouv de 8h jusqu'à env 2h avt le crépuscule.* Principale curiosité : ses immenses dunes, les plus grandes d'Europe, dont beaucoup sont mouvantes. Véritables phénomènes naturels, qui ont valu au parc son inscription à la biosphère de l'Unesco. Les dunes s'étendent aux forêts – un spectacle unique – et il est possible de les escalader.

SOPOT

IND. TÉL. : 058

Deuxième ville de l'agglomération urbaine de Gdańsk, Sopot se présente sous le visage souriant d'une dynamique station balnéaire qui eut ses heures de gloire dans les années 1920. Le « Deauville polonais » a fêté ses cent ans en 2001 et rénove son ancien centre historique pour lui redonner sa splendeur d'antan. Rattaché à Gdańsk après la Première Guerre mondiale, ce fut en effet la station la plus chic de la Baltique. De cette époque, il lui est resté sa célèbre jetée *(molo)* de 512 m (la plus longue de ce côté-ci de l'Europe) et son grand hôtel (aujourd'hui *Sofitel*). Après avoir été assainies, les eaux de la baie permettent la baignade. Les plages ont retrouvé l'animation qu'elles méritent.

AMOUREUX D'UNE POLONAISE ?

C'est Georges Haffner, un ancien médecin militaire français de l'armée de Napoléon, qui eut l'idée de créer Sopot en 1823. Après être tombé amoureux du site (et d'une Polonaise ?) et des quelques huttes de pêcheurs, il eut l'idée de fonder la première station de bains de mer en Pologne. Il y investit tous ses biens et fut vite récompensé par le succès presque immédiat.

GDAŃSK ET SES ENVIRONS

POISSONS DE LA BALTIQUE

Harengs, anguilles, saumons, maquereaux sont les espèces majoritaires qui vivent dans les eaux de la Baltique. Au niveau de Sopot, la pêche consiste en une douzaine de bateaux seulement, qui pratiquent leur activité la nuit au large des côtes (une vingtaine de kilomètres environ). Les pêcheurs remontent leurs modestes bateaux sur le sable de la plage de Sopot, car il n'y a pas vraiment de port de pêche. Le poisson acheté par les restaurateurs est donc frais. Bon appétit !

Comment y aller ?

➢ ***Depuis Gdańsk :*** vous n'avez que l'embarras du choix entre bus, train, bateau et voiture. Le train de banlieue est le plus rapide, le bateau le plus long mais aussi le plus romantique.

Adresses utiles

Centrum Informacji Turystycznej *(office de tourisme de Sopot)* **:** *ul. Dworcowa, 4.* ☎ *550-37-83.* • *sopot.pl* • *Dans une rue face à la gare. En été, tlj 9h-20h ; reste de l'année, 10h-18h.* C'est l'office de tourisme municipal : cartes, brochures et une aide précieuse pour trouver un toit. Sympathiques et efficaces.

PTTK : *al. Niepodległósci, 771.* ☎ *551-06-18.* • *sopot.pl/pttk* • *Lun 9h-17h ; sam 10h-15h ; dim en juil-août 11h-15h.*

Banque PKO : *ul. Bohaterów Monte Cassino, 50.* Possède un distributeur de billets.

Bank Gdański : *pl. Konstytucji 3-Maja, 1.* ☎ *551-32-32.*

Où dormir ?

En juillet et août, avec le retour de Sopot sur la scène touristique, les adresses sont prises d'assaut, au point qu'il devient difficile de s'y nicher. Donc, prenez vos précautions. Dans tous les cas, l'office de tourisme reste très compétent en la matière.

CAMPINGS

Camping Kamienny potok (n° 19) : *ul. Zamkowa Góra, 21-25.* ☎ *550-04-45.* • *kamiennypotok.emeteor.pl* • *Situé à l'extrême nord de la plage, au-dessus de l'hôtel* Miramar. *Pour y accéder, deux options : soit remonter la plage vers le nord, soit descendre à la station de train « Kamienny Potok », juste après la gare de Sopot. Le camping est à une courte distance à pied. Ouv mai-sept. Env 16 € la nuit pour 2 pers avec tente et voiture.* Vaste terrain ombragé (3 ha) en haut d'une colline et en bordure d'un petit bois. La mer est à 300 m de marche à travers un bois et un petit parc. Réception anglophone. Équipements aux normes européennes : sanitaires accessibles aux handicapés, toilettes propres, prises électriques, bar, snack.

Camping n° 67 : *ul. Bitwy Pod Płowcami, 73.* ☎ *551-65-23.* • *camping67.sopot.pl* • *Accès par le bus n° 143. À un bon km au sud de la jetée. Env 40 Zl (10 €) pour 2 pers avec tente et voiture. Ouv juin-sept.* Assez grand, bien équipé et à proximité de la plage. Accès gardé jour et nuit.

CHAMBRES CHEZ L'HABITANT

L'office de tourisme, dont c'est aussi la spécialité, dispose d'un contingent de chambres chez l'habitant. Il pourra également vous indiquer quelques dortoirs saisonniers dans des centres de vacances.

HÔTELS

Prix modérés

Hôtel Pensjonat Eden : *ul. Kordeckiego, 4/6.* ☎ *551-15-03.* • *hotel-eden.com.pl* • *Très bien situé dans le centre, au sud de la jetée, à env 100 m de la plage. Doubles 150-300 Zl (38-75 €) selon confort et saison.* De l'extérieur, cette grande villa début XXe s en impose. Elle a certes une belle architecture de plan carré avec un grand escalier central, mais elle ne peut effacer 40 ans de gestion socialiste, pendant lesquels elle a servi de centre de vacances. Toutefois les chambres, d'un volume agréable sous une grande hauteur de plafond, ont été rénovées et sont équipées de douche-w-c. Très bon accueil.

Pensjonat Zatoka : *ul. E. Plater, 7/9/11.* ☎ *551-23-67. À l'extrême sud de la plage. Doubles 166-205 Zl (42-51 €),*

GDAŃSK ET SES ENVIRONS

petit déj compris. Ce beau bâtiment en forme de grande auberge traditionnelle de bord de mer est une bonne surprise. Par sa taille, avec son énorme salle à manger centrale éclairée par de larges baies vitrées, il ressemble aux hôtels de la côte normande. Ses chambres, toutes rénovées, pour 2 à 4 personnes, sont mignonnes et accueillantes, avec un mobilier contemporain de qualité et de jolis rideaux blancs. Le soleil s'invite par les grandes fenêtres. Et, dernier atout, il bénéficie du calme de ce quartier de villas élégantes qui borde le côté sud de la plage. *Bar et resto, ouv 11h-minuit, servant une cuisine traditionnelle.*

Hôtel Maryla : *ul. Sępia, 22. ☎ 551-00-34. • hotel.sopot.pl • Au nord de la plage, sur une petite colline dans un bel environnement de verdure, près de l'av. Niepodległości. Chambres 100-220 Zl (25-55 €) selon confort et saison ; évitez, si possible, le petit déj, facturé très cher.* Cette magnifique villa patricienne des années 1930 a fait peau neuve. Elle dispose de plusieurs chambres de tailles diverses sur deux étages, avec ou sans salle de bains. Certaines ont droit à un joli balcon, et toutes possèdent un nouveau mobilier contemporain de bon goût. Au rez-de-chaussée, un restaurant gastronomique. Il y a plusieurs bungalows en bois pour 2 à 4 personnes dans un petit parc à la douce pelouse verte, un petit étang, une plage et la forêt juste à côté.

Prix moyens

Hôtel Miramar : *ul. Zamkowa Góra, 25. ☎ 550-00-11. • hotelmiramarsopot.com.pl • Près de la gare Kamienny Potok, à l'extrême nord de la plage. Pour s'y rendre, soit remonter le bord de plage vers le nord, soit descendre à la gare Kamienny Potok, juste après celle de Sopot ; l'hôtel est alors facilement accessible à pied. Doubles 170-280 Zl (43-70 €) selon confort et saison.* Légèrement excentré mais au calme sur une petite colline bordée d'un bois. Davantage qu'un hôtel, il se présente comme une minicité d'immeubles modernes de colonie de vacances. Ses chambres pour 2 ou 3 personnes, toutes équipées d'une salle de bains, en ont d'ailleurs l'esprit. Propres et fonctionnelles, elles ont le confort et le mobilier rudimentaires qui conviennent à l'accueil des groupes de vacanciers en congés payés constituant sa clientèle de base. La mer est à proximité, après une courte promenade dans un petit parc.

Hôtel Bursztyn : *ul. E. Plater, 12/19. ☎ 551-40-68. • hotelbusztyn.pl • À l'extrême sud de la plage, en bordure de la mer. Doubles 180-300 Zl (45-75 €) selon saison et confort, sans petit déj.* Cette petite HLM grise est le centre de vacances d'un combinat métallurgique. Pour une fois, l'intérieur contredit l'extérieur : les chambres blanches avec ou sans salle de bains sentent agréablement le confort balnéaire, avec un mobilier moderne et de bonne tenue. Ce n'est évidemment pas une adresse de haut vol qui privilégie le raffinement, mais les nuitées ne sont pas trop chères.

Hôtel Europa : *al. Niepodległósci, 766. ☎ 551-44-90. • hotel-europa.com.pl • Situé à env 15 mn à pied de la jetée, un édifice aux allures vaguement résidentielles. Doubles 230-430 Zl (58-108 €) selon confort et saison ; réduc de 20 % le w-e.* Les prestations et le confort correspondent à un bon 3-étoiles, mais ses prix le hissent à la catégorie « Chic » ! Chambres agréables mais un peu petites. Le point fort de l'hôtel, c'est sans doute son centre fitness (sauna, massages aquatiques), inclus dans le prix. Parking et service de blanchisserie.

Plus chic

Hôtel Zhong Hua : *al. Wojska Polskiego, 1. ☎ 550-20-20. • hotelchinski.pl • Doubles 380-450 Zl (95-113 €) ; petit déj en plus.* Dans un ancien établissement de bains 1900, situé à quelques mètres de la jetée, sous la forme d'une grande pagode chinoise avec ses toits rouges ornés de gouttières à tête de dragon. Hall de marbre, lumières rouges et bois marquetés de motifs chinois. Les chambres, dans le style chinois sobre et sans luxe ostentatoire, ont des terrasses privatives donnant sur la plage. Comme à Shanghai, l'immense salle de resto se félicite de présenter les meilleures spécialités de là-bas. Il y a aussi un bar, une salle de billard et un café avec terrasse. Naturellement, luxe et raffinement obligatoires partout. Location de vélos.

Où manger ?

Bon marché

|●| ***Restaurants en terrasse de la rue Montecassino :*** la rue Montecassino, piétonne et ombragée, est l'axe commerçant et animé. Elle débouche sur le bord de mer et la jetée *(molo)*, cœur battant de la station. Là se trouvent la plupart des bars et des restos de Sopot, ouverts tard le soir. *Steak house*, pizzeria, *McDo*, restaurant japonais... et même un *Rooster* avec des serveuses en tenue sexy. Le choix est varié entre les cuisines et les prix proposés.

Prix moyens

|●| ***Bar Przystań :*** *au niveau de l'hôtel* Zatoka, *à la fin d'al. Wojska Polskiego qui longe la plage sud. Tlj 11h-23h.* Une des adresses les plus attachantes de la ville. C'est un chalet en bordure de plage, à l'ambiance maritime. En été, sa terrasse, qui regarde les bateaux de pêche hissés sur le sable, ne désemplit pas. Signe que sa cuisine de bonnes spécialités locales en self-service a su se montrer efficace. Cuisine savoureuse, petite restauration : délicieuse truite, crabe... à prix sages. Le succès de ce bar-resto est aussi la réussite personnelle de son jeune propriétaire, qui a débuté il y a quelques années dans un vieil hangar à bateaux.

Chic

|●| ***Villa Hestia :*** *ul. Władysława IV, 3/5.* ☎ *551-21-00.* • *villahestia-maxmedia.pl* • *Dans une rue à droite, en bas de la gare. Tlj 12h-23h. Trois appartements et deux chambres de même standing en loc, à partir de 600 Zl (150 €) la nuit.* Somptueuse villa entièrement rénovée. La propriétaire, Katarina Romanowska, est une ancienne associée des fameux Gessler de Varsovie, maîtres de la gastronomie fine. Pour dîner, on a le choix entre le salon citron et le salon orange niché sous une grande verrière où poussent des orangers. Le chef se distingue par l'originalité de sa carte de vieilles spécialités polonaises et de Kachoubie. Le soir, le pianiste tente de succéder dignement au Vivaldi de la sono.

|●| ***Zhong Hua :*** *al. Wojska Polskiego, 1.* ☎ *550-20-20. Dans le grand hôtel-pagode chinoise à quelques centaines de mètres à droite de la jetée. Tlj 13h-23h.* Comme l'hôtel qui l'abrite, il affiche le charme d'une salle immense faiblement éclairée sous un beau plafond de poutres anciennes. Des lampions élégants *made in China* ajoutent de la solennité à la procession de tables noires face à la capitainerie du bar. Larges baies vitrées et terrasse avec vue sur la mer. Bonne carte de spécialités chinoises et plats polonais à prix pimentés.

Où boire un verre ?

🍸 ***Błekitny Pudel :*** *ul. Bohaterów Monte Cassino, 44. Tlj 10h-1h.* ☎ *551-16-72.* Le « Teckel azuré », tel est son nom, n'est pas bien grand, mais la créativité de son décorateur est sans limite. Il a réussi à multiplier les ambiances dans cette ancienne cour pavée, en aménageant des recoins avec chaque fois une identité différente. Vous aurez le choix entre un miniboudoir début XIXe s, un petit salon-fumoir anglais années 1940 et un bistrot années 1950. Ajoutez à cela des petits trésors de brocante, et vous aurez la sensation de vous trouver dans le grand salon d'un aristocrate devenu artiste.

Bar-restauracja Fregata : *au début de la jetée* (molo), *à droite.* ☎ *555-01-03.* Confortables fauteuils en osier, qui permettent de goûter au soleil couchant en terrasse, sans la foule de la rue Montecassino. À l'intérieur, une grande salle de resto bien arrangée.

Café Art Déco : *ul. Bohaterów Montecassino ; à la fin de la rue (au niveau du n° 9a), dans une impasse sur la droite après le passage sous la voie de chemin de fer. Tlj 11h-22h.* Un minuscule salon de thé au charme ancien, meublé avec coquetterie : fauteuils, tableaux, canapés, bref, un lieu agréable.

Où danser ?

Viva Club : *al. Mamuszki, 2. Légèrement au nord de la jetée* (molo), *en bordure de mer. Ouv 21h-6h.* Sa vue unique sur la plage de Sopot est pour beaucoup dans l'atmosphère hédoniste de ce night-club branché par excellence. On vous aura prévenu, la nuit est tendance ici, avec des shows incongrus allant des chippendales... à des matchs de boxe ! La jeunesse d'ici ou d'ailleurs vient plutôt pour les DJs, parmi lesquels des pointures du monde entier... Deux pistes de danse.

À voir

GDAŃSK ET SES ENVIRONS

La plage, la principale attraction, dans sa version nord plus populaire avec un petit parc ombragé, et dans sa version sud un peu plus distinguée. Vous essaierez d'y reconnaître l'ancien établissement de bains 1900 sous le luxe un peu clinquant de l'hôtel chinois *Zhong Hua.*

La jetée *(molo)* et ses 512 m, de 1928. *Accès payant en été : 3 Zl ; gratuit après 20h.*

Quelques vieilles ***maisons de pêcheurs,*** du début du XXe s, dans la rue Ogrodowa (sur la droite de la rue Montecassino, peu avant la rue Grunwaldzka), ainsi que sur la place Rybaków, à l'extrême sud de la plage, devant l'hôtel *Bursztyn.*

Baladez-vous également dans les rues autour de l'axe Bohaterów Montecassino, épargnées par les flots de touristes. Anciens hôtels particuliers, maisons à bow-windows en bois ou à colombages, les styles variés témoignent de la grandeur passée de Sopot.

Opera Leśna *(opéra de verdure),* notamment si vous avez la chance de vous trouver à Sopot au mois d'août lors du *Festival international de la chanson.* Un grand amphithéâtre de verdure noyé dans les bois d'une colline, à l'ouest du centre : 4 ha et une capacité de 5 000 spectateurs. Sa visite est l'occasion d'une belle balade dans les collines environnantes. Pour y aller, remontez la rue Montecassino, qui devient après le pont de chemin de fer la rue 1 Maja.

Krzevy Dom *(maison courbe) : en face de* Błekitny Pudel *(voir « Où boire un verre ? »).* Le site le plus photographié de Sopot. Bon, rien d'historique ni de transcendant ! Mais à voir, car les habitants la considèrent comme leur mascotte. Et puis, elle est plutôt marrante, cette maison tordue et sortie tout droit d'un film de Walt Disney. Les enfants apprécieront !

Festival

– ***Festival international de la chanson :*** *2ᵉ quinzaine d'août.* Chansons tous azimuts dans le grand opéra de verdure de la ville. Ce festival réunit les pointures locales et certaines grandes vedettes internationales.

GDYNIA

IND. TÉL. : 058

Après le faste architectural de Gdańsk et les plaisirs balnéaires de Sopot, la forte industrialisation de Gdynia ne peut que surprendre. C'est pourtant la vocation première de la troisième cité de l'agglomération de Gdańsk.
Au lendemain de la Première Guerre mondiale, à la suite de la perte de Gdańsk déclarée ville libre, les autorités polonaises se donnèrent le défi de transformer en un temps record le petit village qu'était encore Gdynia en la plus grande installation portuaire du pays. L'objectif était de doter à nouveau la Pologne d'un débouché maritime. En à peine dix ans, les travaux (commencés en 1923) réussirent l'exploit de faire naître du néant un port qui, dès 1937, absorbait la majorité du trafic de la Baltique.
Le premier geste des Allemands fut d'annexer Gdynia en septembre 1939 et de la rebaptiser *Gothafen.* Pendant toute la guerre, Gdynia fut l'une des bases les plus importantes de la *Kriegsmarine.* Elle servit notamment de tête de pont pour envahir la Norvège. Les installations portuaires et les chantiers navals devinrent des camps de travail alimentés par les déportés. La fin de la guerre se solda par l'entière destruction du port. Ensuite, de nouveaux travaux titanesques aboutirent à l'actuelle cité. On ne peut dès lors que se montrer indulgent pour son aspect gris et triste.
Cela n'a pas empêché Gdynia d'être dès 1990 à l'avant-poste de la renaissance capitaliste du pays, avec des privatisations accélérées et l'apparition éclair d'une nouvelle classe d'entrepreneurs. Depuis, de nombreuses sociétés étrangères s'y sont installées, donnant un coup de pouce à l'éclosion de boutiques et de nouveaux commerces, comme dans les rues Starowiejska et Świętojańska.

LE PLUS SLAVE DES ÉCRIVAINS BRITANNIQUES

Monstre sacré de la littérature, Joseph Korzeniowski, plus connu comme Joseph Conrad, a passé son enfance et sa jeunesse en Pologne, dans la solitude (il fut orphelin très jeune), avant d'émigrer en France puis de se fixer en Angleterre. Éternel déraciné, il fut longtemps marin et sillonna toutes les mers du monde. Il ne revint qu'une fois dans sa vie en Pologne, mais ses origines polonaises, sa vision grave du monde et son génie slave marquent en profondeur son œuvre. Le plus drôle chez ce grand exilé est qu'il parlait le français avec l'accent marseillais...

Comment y aller ?

➢ Comme pour Sopot, sa voisine au sud, le ***train*** de banlieue est le moyen le plus rapide (env 35 mn de Gdańsk) : arrêt Gdynia Główna Osobowa.
➢ Le ***bateau*** est l'autre solution au départ soit de Gdańsk, soit de Sopot (1 départ/j. l'ap-m et 10 mn de trajet).

Adresses utiles

Biuro Turystyczne : *pl. Konstytucji, 1. ☎ 621-92-25. • gdynia.pl • Dans le hall principal de la gare ferroviaire. Lun-ven 9h-18h (19h été) ; sam 9h-14h. Fermé dim.* Sympathiques et amoureux de leur ville, les employés de l'office de tourisme municipal se feront un plaisir de vous dépanner. Cartes et brochures évidemment, mais aussi un coup de pouce pour trouver un hébergement, sans toutefois aller jusqu'à la résa.

■ **Bank PKO :** *ul. Świętojańska, 17.*

■ **Bank Morski :** *ul. 10 Lutego, 24.*

■ **Distributeurs de billets :** *ul. Świętojańska, 17 et 59. Ou à* Euro Market *: ul. Nowowiczlińska, 35.*

■ **Taxis : Hallo Radio Taxi,** *☎ 623-18-18 ; ou* **Baltic,** *☎ 621-50-55.*

Où dormir ?

Camping

Camping n° 64 : *ul. Świętopełka, 19/23. ☎ 621-77-21 ou 75-21. Ouv juin-sept.* Terrain agréable, non loin de la mer mais malheureusement excentré à la périphérie sud de la ville. Gdynia Orłowo est la gare la plus proche. Mais il reste encore une bonne marche à pied.

Très bon marché

Schronisko PTSM *(AJ) : ul. Morska, 108c. ☎ 627-00-05. Au bout du monde, près de la gare Gdynia Grabówek, 2 stations après Gdynia Główna Osobowa. Ouv tte l'année. Lit en dortoir de 8 places à partir de 15 Zl (4 €).* Bains et cuisines communes.

Résidences universitaires : *leurs dortoirs sont ouv aux touristes en juil-août.* L'office de tourisme tient une liste à votre disposition et acceptera de téléphoner pour vérifier s'il y a de la place.

■ **Biuro Zakwaterowań** *(chambres chez l'habitant) : ul. Dworcowa, 7. ☎ 621-82-80. Face à la gare. Lun-ven 9h-17h ; sam 10h-18h.* Ici plus que jamais, vérifiez bien la localisation de votre chambre car, comme vous avez déjà pu le constater, Gdynia manque de charme, et encore, vous êtes dans le centre, alors la banlieue...

De prix modérés à prix moyens

Hôtel Lark : *ul. Starowiejska, 1. ☎ 621-80-47. Au bout d'une rue qui part de la gare centrale. Double env 120 Zl (30 €) sans petit déj.* Dans un immeuble de belles proportions, mais qui n'invite guère à passer la porte. Comme l'ensemble du quartier, il aurait besoin d'une solide restauration avant de pouvoir s'affranchir de sa sinistre apparence d'hôtel de gare. Chambres tristes à souhait, avec un mobilier prêt à rendre l'âme ; douches et w-c sur le palier. En revanche, les prix se font modestes. Mais attention, beaucoup de bruit dû à la circulation de l'avenue.

Hôtel Neptun : *ul. Jana z Kolna, 8. ☎ 712-13-12. • hotel-nb.pl • À la fin d'une rue qui part de la gauche de la gare. Double 260 Zl (65 €).* La façade jaune fraîchement repeinte n'efface pas celles de ses voisines HLM, grises et vraiment pas engageantes. La direction qui a repris cet ancien hôtel de garnison tente l'impossible pour le rendre habitable. Elle y arrive peu à peu, mais les chambres sans salle de bains font encore penser à des piaules d'étudiants fauchés. Les autres ont déjà meilleure figure, avec un grand volume qui les rapproche d'un petit appartement. Le mobilier est aussi plus recherché, dans la gamme supérieure *Ikea,* sur une bonne moquette. Elles disposent pour la plupart d'un petit salon.

Plus chic

Hôtel Orbis Gdynia : *ul. Armii Krajowej, 22.* ☎ *666-29-05. Dans le centre, à env 100 m de la promenade du port. Double env 380 Zl (95 €), petit déj compris.* Un gros cube de béton, digne héritier des années de tourisme socialiste. Sa rénovation l'a transformé en une ruche bourdonnante élégante qui fait le bonheur des tour-opérateurs qui l'ont annexé. Confort fonctionnel et rassurant dans les chambres.

Où manger ?

Bon marché

Bar mleczny Słoneczny : *à l'angle d'ul. Władysława IV et d'ul. Zwirki i Wigury. Dans une rue parallèle à l'artère commerçante Świętojańska. Lun-ven 6h30-19h ; sam 9h-16h.* Tout le quartier a rendez-vous dans cette grande cantine populaire logée dans une boutique jaune et bleu. Fidèle à la tradition de ces restos subventionnés par l'État, elle propose dans un cadre simple les grands classiques de la cuisine polonaise familiale à prix minuscules. Les plats, comme d'habitude, sont copieux et très variés. Une des meilleures adresses en ville dans cette catégorie.

Gaucho Steak House : *ul. Świętojańska, 90. À côté du* Polonia. *Tlj 9h-21h.* Minuscule – il s'appelait autrefois *Lilliput* –, mais pour se faire pardonner il a repeint ses murs d'une joyeuse couleur rose bonbon et résonne d'une joyeuse ambiance western. Sa carte, en revanche, est loin d'être lilliputienne : immense comme le panneau d'affichage d'une gare ! Beaucoup de steaks, on s'en serait douté, mais bien d'autres plats. Au sous-sol, un resto-boîte de nuit tout aussi western, qui a le mérite de ne jamais fermer.

Prix moyens

Hollywood Diner : *ul. 3 Maja, 21. Dans une rue au croisement d'ul. Starowiejska qui part de la gare. Tlj sf sam 11h (12h dim)-21h.* Un self-service fonctionnant comme un *mleczny* new look, avec une carte italienne et les traditionnelles assiettes polonaises. Photos d'acteurs américains. Bonne ambiance.

Polonia : *ul. Świętojańska, 92. Tlj 10h-22h et plus. Compter env 30 Zl (8 €).* Une adresse délicieusement rétro, avec ses tables bien mises et ses serveurs discrets, tirés à quatre épingles. Le charme désuet d'un honnête resto de province, où l'on emmène madame le dimanche midi. Cuisine polonaise et italienne.

Chic

Marco Polo : *ul. Śląska, 21. Sur la grande av. qui monte derrière la gare. Ouv de 11h jusqu'au dernier client.* Drôlement coincée au milieu d'immeubles de bureaux, une grande salle claire et fleurie, qui donne l'illusion d'une escapade en yacht. Un service stylé mais pas obséquieux, pour une cuisine française et italienne recherchée, qui fait la part belle aux produits de la mer. Classe !

Où manger une pâtisserie ou une glace ?

Cukiernia Monika : *ul. Świętojańska, 34. Dans la rue commerçante. Tlj 8h30-19h30 pour la boutique de vente à emporter, 10h-22h pour la salle.* Les pâtisseries sont reines dans cette boutique doublée d'une salle au 1er étage, posée comme un sous-marin au-dessus de la rue. Pas vraiment d'effort de décoration (notez le lustre en ambre), un cadre gentil de cafétéria moderne qui n'a pas besoin de surenchère décorative pour faire apprécier ses produits.

Cukiernia Justynka : *ul. Abrahama, 14. Sem 7h30-19h ; w-e 8h-19h.* Un grand choix de pâtisseries et de glaces (essayez absolument celle à la liqueur d'œuf), en salle ou en terrasse.

Où boire un verre ?

Cyganeria : *ul. 3 Maja, 27. Dans une rue au croisement d'ul. Starowiejska qui part de la gare, juste à côté de l'office de tourisme. Tlj 10h-minuit (1h sam).* Ce café cultive par ses murs pastel l'ambiance littéraire. Des canapés sont posés ici et là en écho aux petites tables originales, assez espacées pour conserver le beau volume du lieu. Des rideaux artistiquement plissés sur des vitraux Art déco protègent les conversations de l'animation extérieure, tandis que de jeunes serveuses se dévouent à votre service. Difficile aujourd'hui d'imaginer que ce café était autrefois un repaire bondé de dissidents. Une très bonne surprise, à deux pas de la gare.

Café Strych : *pl. Kaszubski, 7b. Au nord du centre, entre la gare ferroviaire et le quai Kutrowe.* Un peu caché ; entrée par une petite cour-jardin, n'hésitez pas à pousser la grille d'entrée. Une petite salle hors du temps pour un moment intimiste. Pour les amateurs, cigares et liqueurs disponibles.

Kawiarnia Singi : *ul. Świętojańska, 72. Tlj jusqu'à 22h.* Un café... entièrement dédié au café. Choix du monde entier, exposés dans des bocaux. Cappuccino, alcoolisé ou glacé, le café se décline ici sous ses avatars les plus délicieux. En guise de déco, moulins à café et narguilés. L'établissement fonctionne aussi comme une boutique et il est possible d'en emporter. Petite terrasse en été.

À voir

Les principales curiosités de la ville se trouvent sur la grande jetée *(molo Południowe),* que l'on gagne facilement en descendant l'avenue 10 Lutego qui part à droite de la gare.

Sur le quai gauche (nb. Pomorskie), plusieurs navires ont été transformés en musées :

Le destroyer Błyskawica : *ouv 9h45-12h30, 14h-16h30. Fermé lun. Entrée : 4 Zl (env 1 €).* Ce vétéran de la Seconde Guerre mondiale a été construit en 1937 dans les chantiers navals anglais. À cette époque, c'était le bateau le plus rapide de la Baltique. Son nom signifie d'ailleurs « L'Éclair ». Sa visite permet de découvrir ses installations, ainsi qu'une petite expo sur la flotte polonaise.

Statek Muzeum – navire-école Dar Pomorza : un superbe trois-mâts de 91 m qui mouille habituellement ici entre deux voyages. *Tlj en saison 9h30-18h ; les caisses ferment 30 mn avt. Entrée : 5 Zl (1,25 €).* C'est l'œuvre des chantiers navals de Hambourg. Depuis sa construction en 1909, il a navigué sous pavillon allemand puis français, avant d'être racheté en 1930 par l'école navale de Gdynia.

Un autre bateau-école appartenant à l'université accoste généralement à côté : le ***Dar Młodzieży,*** qui est comme son voisin une frégate de trois-mâts dont la voilure atteint les 3 000 m². Il peut accueillir 45 hommes d'équipage et 150 étudiants. Utilisé par les élèves de l'école navale, il est souvent en mer, mais peut-être serez-vous chanceux.

Au bout de la jetée s'élève le ***monument*** à la mémoire de l'écrivain et marin ***Joseph Conrad.***

À côté, sur le quai droit (al. Zjednoczenia), le ***Muzeum oceanograficzne i akwarium Morskie*** *(Musée océanographique et aquarium).* ☎ *621-70-21. Ouv 9h-19h (10h-17h hors saison). Fermé lun. Entrée : 14 Zl (3,50 €) ; réduc.* Expo sur la flore et la faune maritimes, et de charmants poissons à contempler de loin, comme des barracudas et des piranhas.

En descendant le bord de mer plus au sud, on finit par rencontrer la ***plage municipale.***

À l'arrière de celle-ci, sur Bulwar Nadmorski est logé *le* ***Muzeum marynarki Wojennej*** *(Musée naval). Ouv mar-dim 10h-17h.* Pour tout savoir sur l'armement militaire naval.

Plus à l'ouest, derrière la rue Armii Krajowej, se dressent les 52 m de la ***colline du mont des Pierres*** *(kamienna Góra).* Une petite grimpette ombragée qui offre au sommet une vue panoramique sur le port et sur la péninsule de Hel.

Festival

– ***Festival Open Air de Gdynia :*** *fin juin-début juil. Rens sur • alterart.pl •* Le plus grand de ce style en Pologne, patronné par une marque de bière hollandaise. Chaque été, des stars internationales de la musique électro, rock et rap attirent des milliers de Polonais accourus de tout le pays. À titre d'exemple, dans les cuvées précédentes : Moby, Cesaria Evora, Franz Ferdinand, Placebo, Manu Chao...

LA MAZURIE ET LA PODLACHIE

Au nord-est de la Pologne, la Mazurie est une contrée attirante pour les routards, qui y trouveront une nature originale (des champs, des bois, des étangs aux eaux claires). Ces lacs postglaciaires, joints les uns aux autres grâce à un système complexe de canaux et de petites rivières, donnent à la région une physionomie et un caractère que l'on ne retrouve pas ailleurs. La Mazurie plaît aux poètes et aux sportifs, car elle se prête à des aventures artistiques et aquatiques ! Ici, le bateau est souvent un moyen de transport privilégié par rapport à la voiture. Automobiliste, ne soyez donc pas agacé lorsqu'il vous faudra patienter devant un pont sur un canal pour laisser passer les voiliers. C'est le cas, par exemple, à Giżycko, un des sites les plus attachants, situé entre les lacs Kisajno et Niegocin, où l'un des rares ponts tournants d'Europe fonctionne encore.

Il y a aussi la pêche et les promenades pédestres. La Mazurie est faite pour les randonnées à travers des allées ombragées par des tilleuls et des bouleaux. Entre les troncs d'arbres brillent des lacs innombrables aux rives escarpées ou couvertes de joncs. En canoë, à vélo, à pied ou même à cheval... la Mazurie ne comprend pas moins de 600 km de pistes balisées.

Les lacs inaccessibles aux bateaux (par exemple, le long des itinéraires en canoë) sont beaucoup plus silencieux que les autres, pollués d'incessants bruits de moteurs. Pour un randonneur sans bateau, c'est dommage de ne pas tenter les deux ! Il existe en fait trois Mazurie très différentes : celle des grands lacs et ses voiliers, celle des canoës et celle des petits lacs isolés encore relativement épargnés des faveurs des touristes.

– Climat : en été, il fait doux. Septembre est encore très ensoleillé, mais attention : l'hiver est froid à très froid.

Comment y aller ?

➢ ***En voiture :*** depuis Varsovie, par exemple, prenez la route 18 jusqu'à Ostrów Mazowiecka, puis la route 63 en direction de Łomża, puis la route 61 pour tourner à gauche au bout de 10 km environ : c'est la voie directe (644) qui vous mènera à Giżycko via Pisz et Orzysz. Compliqué ? Oui, mais vous serez tellement récompensé !
➢ ***En train :*** les trains sont lents, mais ils restent toujours une bonne solution pour les petits budgets. Il y a 2 trains/j. depuis chacune des villes suivantes : Varsovie, Poznań, Wrocław et Gdynia.
➢ ***En bus :*** bus Varsovie-Giżycko (compter env 5h). Départ quotidien de la gare routière de Varsovie. Également un bus depuis Wrocław. Très pratique pour circuler dans la région.

GIŻYCKO

IND. TÉL. : 087

Se prononce « guijetsko ». Petite ville au cœur de la région des grands lacs Masures, Giżycko est un de nos endroits préférés. Il y a tout d'abord le site – mariage admirable de forêts et d'étangs entrelacés –, puis la configuration de la ville, traversée par un canal qui rythme le va-et-vient des bateaux. Giżycko a plus de charme et de douceur qu'Augustów. C'est aussi un centre nautique et une base de plaisance réputés. Trois brèmes d'argent représentent l'emblème de Giżycko, car n'oublions pas qu'ici le poisson est roi.

UN PEU D'HISTOIRE

La ville, comme d'ailleurs la Mazurie entière, a connu tous les tourments de l'histoire : fondée par les Prussiens, conquise par les chevaliers Teutoniques au Moyen Âge, brûlée successivement par les Lituaniens, les Polonais, les Suédois, les Tatars et enfin les Russes, elle a aussi été ravagée par la peste. Elle est ensuite devenue un important centre stratégique de l'ancienne Prusse orientale (qui est restée sous mainmise prussienne de la fin du XVIIIe s jusqu'en 1939).

Adresses utiles

Office de tourisme : *ul. Wyzwolenia, 2.* ☎ *428-52-65.* • *gizycko.pl* • *(pages en français sur le site internet). Sem 8h-16h (19h en été) ; w-e 10h-14h.* Accueil anglophone. Service professionnel et efficace. Informations nombreuses dans tous les domaines : hébergement, balades, activités sportives, loisirs, fêtes.

Orbis : *ul. Dąbrowskiego, 3.* ☎ *428-31-12. Sem 8h30-17h ; w-e jusqu'à 18h en été.* Location de bateaux, résa d'hôtels et de billets d'avion. La location de bateaux n'est pas vraiment chère, mais pour vous éviter de mauvaises surprises en été, une seule solution : réservez.

Gare ferroviaire PKP : *pl. Dworcowy.* ☎ *428-42-68. Au sud de la ville, au bord du lac Niegocin.*

Gare routière PKS : *juste à côté de la gare* PKP. ☎ *428-50-87.*

Gare PKS : *sur la* rynek. ☎ *643-46-49.*

Bank Pekao : *ul. Olsztynska. À 150 m du Kanal Luczenski.* Distributeur *Bankomat.*

Change : plusieurs bureaux *(Kantor)* dans le haut de la rue Warszawska.

Club francophone de Giżycko *(Société Mazursko-Francuskiej) :* *ul. Smetka, 7.* ☎ *874-21-06-91.* 📱 *(0)60-875-64-59.* • *evemejor@wp.pl* • Demander Ewa Kulpinska-Mejor.

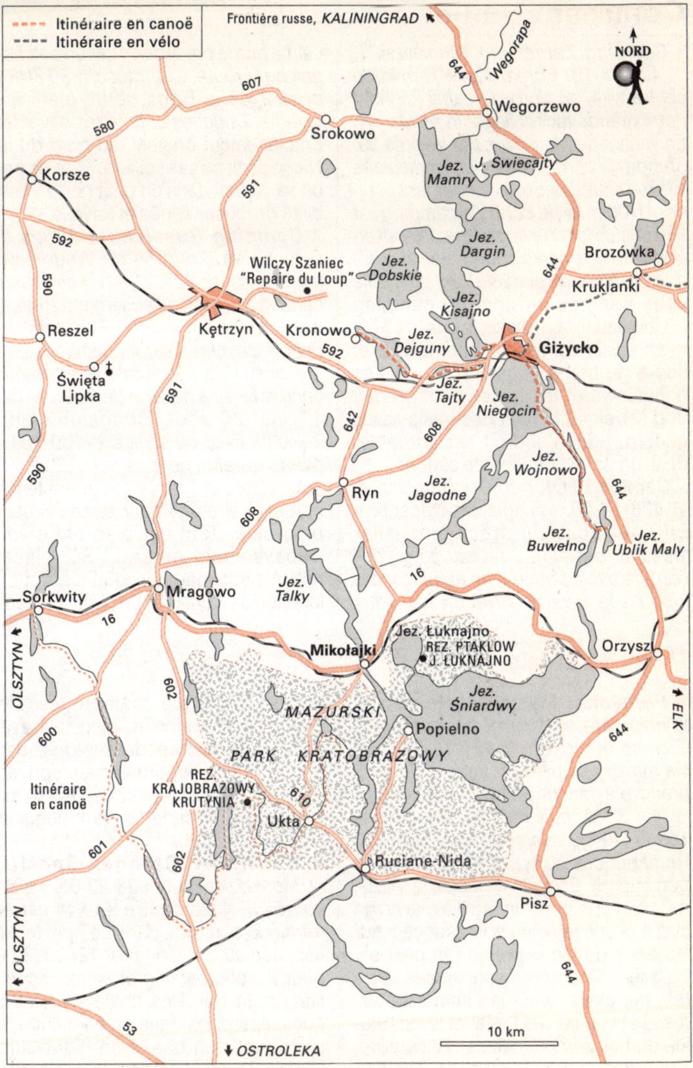

LA MAZURIE

Où dormir à Giżycko et dans les environs ?

Dopées par l'afflux touristique, les possibilités d'accueil se multiplient à grande vitesse, ici comme dans le reste de la région. Il ne vous faudra pas fouiner bien longtemps pour dénicher un terrain de camping ou une chambre chez l'habitant autour des différents lacs. Attention, toutefois, beaucoup de monde pendant les trois mois d'été.

Campings

Camping Zamek : *ul. Moniuszki, 1. ☎ 428-24-19. • cmazur.pl • Tt près du centre-ville, au bord du canal joignant deux grands lacs, Niegocin et Mamry. En venant de Magrowo, par la route 59, prendre la contre-allée perpendiculaire à la rue située entre un monument et un pont (100 m avt le pont) ; le camping est 200 m plus loin sur la gauche. Ouv slt en été. Emplacements pour tentes et quelques bungalows env 28 Zl/pers (7 €).* Ne vous fiez pas au nom du camping (« Château ») : en réalité, le grisâtre bâtiment voisin est assez fantomatique et l'on a du mal à l'appeler *zamek*. Les bungalows et les tentes sont un peu trop serrés, et le bruit des trains assez gênant. Mais l'endroit est agréable, dans un parc. Location de canoës.

Camping LOK : *ul. Św. Brunona, 4. ☎ 428-14-08. • lokgizycko@post.pl • En contrebas du précédent, aller jusqu'au passage à niveau (le garde-barrière est là pour ouvrir) et descendre jusqu'à la taverne près du lac. Plus calme que le précédent, car un peu éloigné de la route. Compter env 30 Zl (8 €) pour 2 pers. Bons petits plats à la taverne. Douches et toilettes payantes.* Emplacement original, au bord du lac Niegocin et de ses voiliers. Pour un peu, on se croirait dans un petit port ! Possibilité de louer canoës et kayaks.

Camping Rusałka : *à 22 km de Giżycko en direction de Węgorzewo (route 644). ☎ 427-21-91. • cmazur.pl/camping • Merveilleusement situé au bord du lac Święcajty. Plusieurs bus depuis Giżycko, arrêt sur demande. Prenez ensuite un agréable petit chemin dans la forêt, à gauche de la route. Ouv 1er mai-20 août. Bungalows pour 2-4 pers avec ou sans sdb 100-180 Zl (25-45 €) selon période ; env 28 Zl (7 €) pour 2 pers et 1 tente.* Un grand terrain ombragé et étagé pour tentes et camping-cars. Tout est bien entretenu. Dépaysement garanti ! Sur place : resto, petit magasin d'alimentation, location de kayaks et de petits bateaux.

Prix modérés

Pensjonat Myśliwski Kasia : *ul. Wyszowate, 44. À mi-chemin entre Giżycko et Orzysz. ☎ 421-15-50. • kasia.mazury.pc.pl • En venant du sud, prendre à gauche juste avt Miłki et rouler sur 3 km, puis indiqué. Double env 160 Zl (40 €) ; quelques appartements.* Romantiques ou sportifs, vous êtes au bon endroit. En plein milieu de la Mazurie, voici une pension familiale avec un jardin et une jetée en bois avançant sur les eaux du lac Buwełno (on peut s'y baigner). Chambres spacieuses, claires, certaines avec une immense terrasse et vue sur les forêts et le lac. Salles de bains impeccables, TV satellite. Nombreux trophées de cerfs, que l'on retrouve, entre autres spécialités, dans la carte du resto. La famille, qui parle anglais, loue barques, kayaks et vélos. Excursions à cheval possibles, mais il faut prévenir à l'avance.

Motel Zamek : *mêmes coordonnées que pour le camping* Zamek. *Double env 180 Zl (45 €) avec petit déj.* Une douzaine de chambres impeccables, avec salle de bains et un box pour la voiture sous chaque chambre (escalier direct !). Décoration très originale, avec coiffeuse, rideaux et dessus-de-lit d'un goût spécial. Pratique mais souvent complet. Très bon petit déj. Personnel compétent et aimable. Prix négociables hors saison.

Centralny Osrodex Sportu : *ul. Moniuszki, 22. ☎ 428-23-35. • gizycko.cos.pl • Le centre sportif est en retrait du* centrum, *dans un parc forestier, face au lac. Compter 120 Zl (30 €) pour 2 pers (parking et sauna inclus), sans petit déj.* Des chalets préfabriqués, éparpillés dans un parc entre un restaurant, un bar et un night-club. L'environnement est agréable et le fonctionnement de la structure ressemble à un camp de vacances pour adultes. On passe devant le parking à tanks de l'armée polonaise avant d'arriver au parking payant. De nombreuses activités nautiques pour les locataires. Au programme : canoë, aviron et vélo. Une dizaine de chambres par chalet pour 1 à 3 personnes, propres mais sans charme.

Prix moyens

Hôtel-restaurant Gosciniec Jantar : *ul. Warszawska, 10.* ☎ *428-54-15. Double 180 Zl (45 €). Fait aussi resto (plats 12-22 Zl, soit 3-6 €).* Notre meilleure adresse à Giżycko. Petit hôtel tenu par Krystina, une charmante francophone qui a vécu 2 ans à Paris. Elle connaît bien la région et fait partie du cercle francophone local. Un contact en or pour toute la Mazurie ! Resto au rez-de-chaussée, avec des lanternes suspendues aux branches de troncs d'arbres et des citations poétiques peintes sur des feuilles. Chambres impeccables sur rue ou sur l'arrière (plus claires et calmes), avec carrelage et salle de bains. Parking.

Hôtel Mazury : *ul. Wojska Polskiego, 56.* ☎ *428-59-56.* • *hotelmazury.pl* • *Doubles env 124-155 Zl (31-39 €) en hte saison, avec petit déj « artistiquement » présenté. ½ pension possible.* C'est un joli et grand bâtiment à l'écart du centre-ville, bien fleuri et calme, près du lac Kisajno (mais pas au bord). Chambres sans prétention mais confortables, doubles ou triples, toutes avec salle de bains, téléphone et balcon. Garage sous les chambres, bateaux à louer et sécurité parfaite, garantie par l'armée polonaise encasernée tout près...

Où manger ?

De bon marché à prix moyens

Taverna Przystan : *ul. Olsztyńska, à l'angle avec Nadbrzezna, le quai le long du canal.* Dans un coin verdoyant et central, avec une petite terrasse extérieure au bord de la route, face au canal. Pour boire un verre ou pour manger, bon et pas cher. Petits plats et poissons frais provenant des lacs voisins.

Bar Omega : *ul. Olsztyńska, 4. Tlj 6h-21h.* Un self-service qui sert de cantine locale et propose des plats polonais à des prix tout à fait dérisoires.

Pod Kominkiem : *ul. Olsztyńska, 1h.* ☎ *428-40-81. De l'autre côté de la pl. Grunwaldzki, tt au fond du parking, à droite. Ouv 10h-22h. Plats 6-15 Zl (1,50-4 €).* Presque invisible depuis la rue mais indiqué par une modeste enseigne, ce resto mérite une escale. Dans deux salles à l'élégante sobriété et chauffées par une cheminée en hiver, le patron, très affable, sert une cuisine légère, savoureuse et parfumée. Délicieuses écrevisses.

Où dormir ? Où manger dans les environs ?

Auberge Karczma Stary Mlyn : *lieu-dit Upalty 2 k.* ☎ *429-27-18.* • *karczma-upalty.com* • *À une dizaine de km au sud-est de Giżycko. Prendre la route d'Orzysz et de Varsovie ; à 7 km, tourner à gauche, direction Suwalki ; c'est 2 km env plus loin ; panneau indicateur. Doubles 120-170 Zl (30-43 €) selon confort. Plats 20-30 Zl (5-8 €).* Voilà un charmant vieux moulin à eau transformé en auberge de charme à la campagne, au bord d'un étang paisible. Chambres très mignonnes, décorées sobrement et sans faute de goût, avec vue sur l'étang et les champs. Amoureux, c'est ici qu'il faut dormir ! Pour un repas tranquille, mieux vaut s'y attabler un soir de semaine que le dimanche midi. Cuisine mazurienne savoureuse et copieuse, servie dans une petite salle rustique.

Où boire un verre ?

Tawerna Pod Kotwicą : *sur le port, près d'une scène de spectacle en forme de proue de vieux navire. Tlj jusqu'à 4h.* Cette taverne de pirates est une énorme tente installée en été, devant un grand comptoir en bois. Férus de navigation, des marins amateurs de tous les âges, le teint hâlé par le soleil et par le vent, racontent des histoires invraisemblables. C'est aussi un fast-food, mais attention aux plats chinois, très suspects.

À voir. À faire

Tour d'observation Wiez Cisnien : *Warszawska, 37 ; à l'angle avec ul. Wodociagowa. Tlj 9h-22h. Entrée : 10 Zl (2,50 €).* Ancien château d'eau transformé en tour d'observation. Accès au sommet par escalier ou ascenseur. Vue superbe sur la ville, les lacs et forêts aux alentours. Petite cafétéria.

Les paysages lacustres : à pied, à vélo, en bateau ou bien à cheval, sans but ni itinéraire précis, on est tenté ici de se balader rien que pour respirer. La région du nord-est de la Pologne a été appelée le « poumon vert » du pays. Les hommes, les femmes, les élans, les loups, les lynx et autres castors s'y sentent bien aussi. Les petites îles accueillent de nombreux oiseaux d'eau : cormorans, cygnes, grèbes...

➢ ***Yachting :*** les itinéraires sont bien aménagés. La rivière Krutynia est un célèbre itinéraire de ***canoë,*** long de 110 km, qui traverse plusieurs petits lacs. Le point de départ se trouve à Sorkwity, à 12 km à l'ouest de Mrągowo. Il faut une dizaine de jours pour le parcourir.
Voici par ailleurs deux parcours plus courts à effectuer à partir de Giżycko en canoë (voir itinéraire sur la carte Mazurie-Podlachie).
– ***De Giżycko au lac Ublik Maly :*** un itinéraire de 14 km vers le sud, plutôt facile, à choisir si vous êtes avec des enfants. On longe d'abord la rive gauche du lac Niegocin, jusqu'à un passage, alternant terre et petits lacs, jusqu'au lac Wojnowo. À la fin de celui-ci, un canal étroit mène au lac Buwełno. Après environ 5 km, vous parvenez à la source, cachée dans les roseaux d'une petite baie. Un petit canal, sur la rive gauche, mène au lac Ublik Mały, où finit l'excursion. Campings.
– ***De Giżycko au lac Dejguny :*** 32 km aller-retour. Vers l'ouest, suivre le petit canal de Łuczański jusqu'au lac Kisajno. Ramer le long de la rive droite jusqu'au canal de Piękna Góra, qui mène au lac de Tajty. Rester vers la rive droite pendant environ 6,5 km, traverser ensuite un passage étroit. Continuer légèrement à gauche (sud-ouest) et, après 9 km, atteindre le lac Dejguny par un cours d'eau étroit et peu profond. En certains endroits immergés, il est nécessaire de descendre du canoë et de le tirer. Long d'environ 7 km, le lac Dejguny croise des villages (Grzybowo, Bojacko, Kronowo) pour une halte. Retour par le même itinéraire.

➢ Pour traverser les plus grands lacs de Pologne, Mamry, Śniardwy et Niegocin (plus de 100 km chacun), le port de Giżycko organise des ***balades en bateau*** permettant de découvrir un ingénieux système de canaux et de digues, construit aux XVIIIe et XIXe s. Avant d'acheter votre billet, assurez-vous que la promenade aura effectivement lieu : parfois, le nombre de touristes est insuffisant pour remplir un des deux gros bateaux de croisière. En cas d'échec, à droite du port, vers le centre-ville, vous trouverez facilement un marin barbu qui vous emmènera pour une balade plus intime mais aussi chère.

➢ Enfin, les alentours de Giżycko constituent une véritable aubaine pour les amateurs de ***vélo.*** Cinq parcours balisés de couleur partent de la ville, et certains permettent de rejoindre le « Repaire du Loup » (voir plus bas) à Gierłoż. Ci-dessous, une suggestion d'excursion :
– ***Jusqu'à la forêt de Borecka et ses réserves naturelles :*** 33 km vers l'est, tracé marron. Après Sulimy et Pieczonki, repérer sur votre gauche après Kruklanki le village de Brożówka. Le sinistre nazi Heinrich Himmler, le chef de la SS et instigateur de la solution finale pour les Juifs, était basé à Brożówka pendant la guerre 1939-1945.
Plus loin, après Możdżany, la forêt de Borecka et ses nombreuses réserves naturelles (Borki, Mazury...). Elle abrite aussi le centre européen de reproduction de

bisons de Wolisko. Retour par le même chemin. Les plus courageux pourront continuer le tracé qui revient, sur 33 autres kilomètres, vers Giżycko, en longeant les lacs Gawlik et Wydmińskie.

➢ Pour ceux qui privilégient les balades à ***cheval,*** possibilité d'organiser des randonnées à partir de Miłki, à une dizaine de kilomètres au sud de Giżycko.

■ ***Stara Kuznia :*** *ul. Przykop, 1. À Miłki.* ☎ *421-10-86. Tlj dès 13h.* Proposent aussi des chambres.

Manifestations

– L'été se déroule en Mazurie sous le signe de la musique folk américaine. Mrągowo, à 40 km au sud-ouest de Giżycko, se transforme fin juillet en une sorte de Nashville polonais grâce à son prestigieux ***Festival international pique-nique country.***
– À Giżycko, vous ne vous coucherez pas tôt non plus. La ville organise chaque été différents ***festivals de musique*** : animations pour tous, du concert de rock et même de hip-hop polonais au concours de chansons de marins selon les années. Et à la fin de chaque soirée, on danse comme des fous ! Certaines activités ont lieu dans le fort Boyen, construit au XIXe s afin de défendre la Prusse orientale contre la Russie des tsars. Aujourd'hui à l'abandon, le fort a trouvé un tout autre usage... genre fort Boyard.

➤ DANS LES ENVIRONS DE GIŻYCKO

Le quartier général de Hitler, le « Repaire du Loup » *(Wilczy Szaniec ou Wolfsschanze)* ***:*** *à 8 km à l'est de Kętrzyn et à 30 km à l'ouest de Giżycko. Un bus ttes les 2h, de Węgorzewo ou bien de Kętrzyn, vous dépose devant l'entrée. De Giżycko, prendre la route 592 en direction de Kętrzyn ; juste avt Kętrzyn, on arrive à Kruszewiec ; à l'entrée de ce village, il y a un panneau sur la gauche de la route (pas très visible) à la hauteur d'une ligne de chemin de fer : il faut tourner à droite à ce niveau, poursuivre tt droit sur 5 km env, en traversant Karolewo et Czeniki. Site du « Repaire du Loup » ouv 8h-tombée de la nuit.*
– Entrée : 8 Zl (2 €). On peut demander à l'accueil des guides parlant l'anglais ou le français, disponibles 9h-19h (compter 50 Zl, soit 13 €) ; il est également possible d'acheter d'excellents livrets en français, avec le parcours détaillé.
– Auberge, bar et petit hôtel sur place (ancien hôtel des officiers).
Près de la réception du site, on peut encore voir, envahis par les herbes folles, les rails de la ligne secrète de train utilisée par Hitler et les officiers nazis pour se déplacer (mais il y avait aussi un petit aéroport à 6 km de là). Près de 500 officiers nazis, 1 500 soldats et environ 500 civils ont vécu cachés dans ce lieu retiré de l'ancienne Prusse orientale pendant toute la durée de la Seconde Guerre mondiale (1941-1945). Le site occupe 250 ha de forêts et rassemble en tout 200 bâtiments aux fonctions diverses, une miniville entre les arbres, avec cinéma et casino. Hitler lui-même y passa près de trois ans et demi, du 24 juin 1941 au 24 novembre 1944, dirigeant la guerre depuis son incroyable bunker (à la fois le front occidental et le front russe) et orchestrant aussi la destruction des juifs d'Europe.
Sentiment étrange pour un visiteur de découvrir ce qui fut le centre névralgique du IIIe Reich en guerre. Le Repaire du Loup fut à la fois le Q.G., le cerveau et le moteur de la machinerie infernale nazie. Plusieurs fois survolé par les avions alliés, le complexe n'a jamais été découvert durant la guerre, car il était trop bien enfoui sous les arbres de la forêt. Du Repaire du Loup dépendaient d'autres cachettes stratégiques plus modestes : Ryn, Giżycko, Szynort (palais de Ribbentrop) et Pozezdrze (bunker de Himmler).

Que voit-on dans ce repaire ? On pénètre et on marche sous les futaies d'une belle forêt de chênes, de hêtres et de bouleaux. Dès l'entrée et au fil des sentiers : des tas de béton fracassés, amoncelés sous les arbres, des ruines sinistres et imposantes d'énormes bunkers que les nazis ont dynamités dans leur fuite en 1945 avant l'arrivée des troupes soviétiques. Certains historiens pensent que si le site n'avait pas été détruit, Staline aurait annexé la Prusse orientale à l'Union soviétique. À réfléchir !

C'est dans cette cachette, perdue dans la forêt et camouflée avec ingéniosité, qu'a eu lieu l'attentat manqué du 20 juillet 1944 contre Hitler, préparé par l'officier Claus von Stauffenberg (voir encadré). Aujourd'hui, la nature reprend ses droits d'une façon poétique et naturelle, masquant difficilement les fantômes du passé et son cortège de mort. Les plantes grimpantes, les arbres et les fleurs occupent tout. Une couche de mousse verte recouvre souvent les parois des bunkers, dont les murs atteignaient parfois 8 m d'épaisseur. Une particularité du Repaire du Loup : aucun bâtiment n'était enterré ou construit sous terre. Tous les bunkers sont construits hors sol, et certains ressemblent par leur forme colossale et trapézoïdale à de sinistres édifices désagrégés, sortis d'un récit macabre de science-fiction. La surface extérieure des murs, rugueuse, retenait la neige en été, permettant de camoufler les bunkers, et sur les toits poussaient des arbres artificiels qui étendaient leur feuillage en été.

ATTENTAT RATÉ CONTRE HITLER

Lors de l'attentat du 20 juillet 1944, organisé par Von Stauffenberg, 4 personnes parmi les 24 présentes ont été tuées. Hitler n'a dû sa survie qu'à l'épaisseur des pieds de la table sur laquelle il étudiait des cartes, et au fait que la serviette contenant l'explosif avait été déplacée de l'autre côté du pied de table contre laquelle elle reposait, par un aide de camp qu'elle gênait. L'Histoire a des imprévus de ce genre... Ensuite, les hésitations dans le déclenchement de l'opération « Walkyrie », c'est-à-dire le lancement du coup d'État, firent définitivement échouer le complot. Deux cents personnes ayant des liens avec les conspirateurs ont été exécutées lors de la répression.

Chaque bunker est numéroté. Avis aux parents : ils sont crevassés en profondeur et il est formellement déconseillé de monter dessus ou d'y entrer.

– N° 2 : bâtiment de construction légère en brique rouge, qui hébergeait les services de la garde rapprochée de Hitler.

– N° 3 : vestiges de la baraque en bois qui abrita la salle de conférence où s'est produit l'attentat manqué contre Hitler. Panneau en anglais consacré à cet événement dirigé par Von Stauffenberg, qui, étant manchot, n'avait pu amorcer qu'un kilo d'explosifs au lieu des deux prévus.

– N° 6 : bunker ruiné qui servait aux visiteurs, parmi lesquels on compta Mussolini, le roi de Bulgarie Boris ou encore le Slovaque Tiso.

– N° 7 : ce bâtiment détruit était réservé aux sténographes. Seule la structure en brique est restée, mais il faut s'imaginer des murs recouverts de boiseries et des parquets en bois. Les fenêtres étaient protégées par des volets en métal et l'ensemble était entouré de fils barbelés.

– N° 13 : le ***bunker de Hitler.*** Le plus imposant de tous, à lui tout seul ce bunker est à la mesure de la paranoïa du dictateur. Murs hauts de 10 m et d'une épaisseur de 6 m ! Le visiteur voit l'extérieur et un peu d'intérieur (avec la lampe de poche du guide), car on ne peut pas faire plus de 10 m dans le couloir principal, humide et sombre. Les galeries et les couloirs ne forment à présent qu'un chaos de blocs de béton fracassé, encore rattachés par des structures métalliques rouillées. Hitler disposait de 600 m^2 de surface habitable (son appartement et des salles de conférence).

– Plus loin, sous les arbres, le repaire de Martin Bormann (n° 11) avec des dimensions moins importantes, mais des murs identiques en épaisseur. Le reste des bâtiments (abris de Göring, Albert Speer et Keitel, etc.) est réparti sur un vaste espace.

Święta Lipka : *à 12 km au sud-ouest de Kętrzyn. On peut visiter l'église lun-sam 8h-17h (18h en été) ; dim 10h-17h sf pdt les offices. Sur place, des guides proposent leurs services.* Perdue dans une nature exubérante, cette belle église baroque possède sa légende médiévale. Elle raconte ceci : la nuit avant son exécution, un condamné à mort se repentit, en priant la Sainte Vierge de le sauver. La Vierge apparut au malheureux et lui ordonna de sculpter une figure en bois. À l'aube, les juges, émerveillés par le chef-d'œuvre représentant la Mère de Dieu avec l'enfant Jésus, reconnurent une intervention divine et libérèrent le prisonnier. Ce dernier installa la sculpture sur un tilleul (d'où le nom de l'église « Saint-Tilleul »), reconstitué à l'intérieur de l'église. Dès lors, les nouvelles de guérisons miraculeuses se répandirent dans tout le pays, attirant de nombreux pèlerins. Il paraît aussi que lorsque les habitants de Kętrzyn voulurent transporter la figure dans leur église, la sculpture revint toute seule sur son tilleul, éternellement vert. L'histoire ajoute que la chapelle bâtie autour de l'arbre fut démolie au XVIe s, à l'époque où le prince de Prusse se convertit au luthéranisme.

Au XVIIe s, afin de rétablir le culte marial à Święta Lipka, les catholiques polonais rachetèrent le terrain. Les jésuites s'y installèrent et firent édifier une église, entourée d'un cloître rectangulaire avec quatre chapelles. Le cloître est orné de belles fresques où l'on peut admirer la maîtrise de la technique du trompe-l'œil, par un peintre polonais ayant fait ses classes en Italie. Malheureusement, il mourut avant d'avoir pu finir.

Les concerts d'orgue, donnés à l'église plusieurs fois par jour, sont aussi très impressionnants : des figurines animées sous l'impulsion de la musique présentent la scène de l'Annonciation.

Camping *derrière le monastère ; suivre le fléchage.*

Reszel : *5 km à l'ouest de Święta Lipka. Accès en bus au départ de Giżycko.* Petit village qui vit au rythme de son imposant château du XIVe s. En brique du pays et restauré, il abrite dans une de ses ailes une galerie d'art sur deux étages. On peut aussi monter à la tour de garde et se promener dans les combles. Parking devant le château.

– ***Festival culturel :*** *début sept.*

Gospodarstwo Agroturystyczne : *Czerniki, 17. ☎ 752-32-43. Entre Kętrzyn et Gierłoż, une pension agritouristique. Ouv juin-sept. Cinq doubles 80 Zl (20 €) slt, avec petit déj.* Une adresse de nos lecteurs qu'il serait dommage de rater. Tereza et Jerzy Wróblewski sont des fans de bonsaïs et, à leur image, sont très zen. Ils ont retapé avec un goût fou une ancienne ferme et mettent toute leur gentillesse à vous accueillir. Cour-jardin conviviale, autour de laquelle s'organisent des édifices aux tuiles rouges, sortis d'un conte de Perrault. La grange a été reconvertie avec génie en resto. Un peu à l'écart, un bungalow pour 5 personnes, délicatement caché par un mur de feuilles.

Mais le summum, c'est qu'on peut aussi dormir dans de belles ***chambres du château,*** avec poutres et pierres apparentes. *☎ 755-01-09. • zamek-reszel.com • Double env 250 Zl (63 €) avec petit déj ; réduc de 10 % pour les artistes. On peut aussi y déjeuner à partir de 30 Zl (8 €).*

Il y a aussi une ***auberge de jeunesse*** dans l'école du village. *Ouv slt pdt vac scol.*

Bar-restaurant : *dans le château. Tlj 8h-23h. Plat polonais env 20 Zl (5 €).* Dans un décor de taverne, une belle salle couronnée d'une voûte à ogive en brique rouge. Terrasse disposée autour d'un vieux puits en pierre.

Owczarnia : *après Kętrzyn, sur la route de Giżycko.* Un petit musée associatif retrace l'histoire de la région. Jolie route pour y parvenir. Un chemin derrière le cimetière du musée se perd dans la forêt.

MIKOŁAJKI

(11-730) IND. TÉL. : 087

À 51 km au sud de Giżycko, Mikołajki est une petite station au pays des étangs, qui s'éveille quand l'été arrive. Beaucoup plus petite, moins touristique que sa grande sœur, elle est devenue une étape obligée des excursions pour vacanciers-restons-groupés. Dans la journée, on frise la congestion. Elle offre plus de calme mais moins de distractions nocturnes. Les pieds dans l'eau, ses ressources principales sont les activités nautiques qu'on pratique sur le lac qui la borde.
Fin septembre, une régate est organisée dans la journée, tandis que le soir est réservé aux chants des marins d'eau douce. Une belle route bordée d'arbres entre Mikołajki et Ukta, où il faut passer sous un pont de feuilles. En automne, c'est encore plus merveilleux. Les alentours offrent également l'occasion de randonnées à pied ou à vélo à travers lacs, forêts et routes de campagne piquetées de nids de cigogne. Mikołajki est bordée, au sud, par la dense forêt de Piska, où cohabitent renards, cochons sauvages, martres et, plus épisodiquement, loups et lynx.

Comment y aller ?

➢ ***En train :*** *la gare* PKP *est à 1 km au nord du* centrum. Trains en provenance d'Elk, de Gdynia, d'Olsztyń. Un plan de la ville est affiché à la sortie de la gare.
➢ ***En bus :*** plusieurs bus arrivent de Giżycko. Bus pour Mrągowo avec des correspondances pour les grandes villes.
➢ ***En bateau :*** 4h de balade à partir de Giżycko.

Adresses utiles

Informacja Turystyczna *(office de tourisme) : pl. Wolności, 3.* ☎ *421-68-50.* • *mikolajki.pl* • *Sur la rue principale, à hauteur de la* rynek. *Tlj 8h-20h. En hiver, l'office déménage à Kolejowa, 7 (ouv jusqu'à 15h ; fermé w-e).* Petit bureau. Service minimum. Quelques infos sur les randonnées et les activités nautiques, et adresses de chambres chez l'habitant.

Piwnica Internetowa : *ul. Szkolna, 4d. Tlj 10h-21h. Descendre les escaliers pour atteindre env 8 postes séparés par des panneaux.* Ambiance aussi excitante qu'un central d'appels téléphoniques.

Pensjonat Mikolajki : *ul. Kajki, 18.* ☎ *421-64-37.* Location de vélos et de kayaks.

Où dormir ?

Campings

Les campings se situent à plus de 5 km du village, mais il est possible de planter sa tente sur une ***aire de camping*** à la sortie du village, direction Ukta ; une pancarte indique « Camping ». C'est une famille qui met sa pelouse à la disposition des campeurs.

À 5 mn à pied en poursuivant la même route, on trouve le camping ***Wagabunda*** *: ul. Leśna, 2.* ☎ *421-60-18.* • *wagabunda-mikolajki.pl* • *Compter env 11 Zl/pers (2,80 €) et par tente ; quelques bungalows.* Un terrain d'herbe rase, propre et suffisant. Peu importe, d'ici, vous pouvez partir à la découverte de la région. Terrain de volley-ball. Location de vélos.

Prix modérés

Le village dispose de nombreuses *pensjonatys,* qui pratiquent les mêmes tarifs que les hôtels.

Pensions-B&B : *à la sortie de la ville, direction Ukta, sur la droite.* Un lotissement entier de plusieurs maisons rénovées, aux murs immaculés, où l'on trouve des chambres avec ou sans petit déj.
– *Parmi celles-ci,* **Martyna :** ☎ *421-68-85.* • *martyna.mazury.info* • *Double avec sdb 100 Zl (25 €) ; supplément de 20 Zl (6 €) pour une chambre avec balcon (fleuri) ; petit déj 15 Zl (4 €).* Joli intérieur de chalet.
– *En face se trouve* **Relax :** ☎ *421-63-19. Double avec sdb 120 Zl (30 €).*

Prohibicja : *pl. Handlowy, 13.* ☎ *421-99-19.* • *prohibicjamikolajki.pl* • *Double env 150 Zl (38 €).* Intérieur sobre et bien tenu, mais la fonctionnalité laisse parfois à désirer (cloisons fines, chasse d'eau incertaine...). Cela dit, chambres très agréables. Les soirées sont souvent musicales et les chants peuvent se prolonger, en été, jusque tard dans la nuit. Plutôt bien, sauf pour ceux qui ont le sommeil léger. À bon entendeur ! Si on n'y dort pas, on devrait en tout cas y manger (voir « Où manger ? »).

Où dormir dans les environs ?

Ostoja Scara Basn : *à Kosewo, entre Mrągowo et Mikołajki, à env 15 km à l'ouest. Compter 11 Zl/pers (env 3 €) et 8 Zl (2 €) par tente ; quelques chambres avec sdb et TV 150 Zl (38 €) pour 2 pers.* Sanitaires propres, mais équipement minimum. Bien situé, entre la lisière d'une forêt et un lac. Dans une campagne de vieilles fermes en bois et de vaches paisibles, une base stratégique de choix pour les randonneurs chevronnés.

Auberge Karczma U Wallenroda : *pl. Wolnosci, 3a, dans le village de Ryn ; à 17 km au nord de Mikołajki.* ☎ *421-86-75. Double 160 Zl (40 €). Repas 20-30 Zl (5-8 €).* En contrebas (50 m) de la place centrale où se dresse le château-hôtel *Zamek.* La petite auberge villageoise en brique rouge, rustique, sans prétention mais authentique par son cadre et ses petits prix. Au rez-de-chaussée animé par le billard et le juke-box, un bar-resto ouvert jusqu'à 23h, avec coin-cheminée et canapés recouverts de peaux de bête. Chambres simples (douche-w-c) et propres à l'étage, ouvrant sur le parking et l'étang.

Où manger ?

Malajkino : *pl. Wolnosci, 10. Dans le* centrum. *Ouv 9h-minuit. Compter au moins 30 Zl (8 €).* Le « Petit Cinéma », comme il se nomme, deviendra grand, c'est sûr ! Terrasse agréable qui donne sur la place, ou intérieur dédié au cinéma polonais (menus en forme de pellicule !). Bon choix de viande et de poisson. N'hésitez pas à opter pour les salades, très bien servies, et les excellents *pierogi.* Service poli et patient, pour les choix difficiles. Ici, on sait l'art de présenter les plats et de recevoir, et ça, c'est pas du cinéma !

Prohibicja : *mêmes coordonnées que l'hôtel.* Comme son nom l'indique, le resto opère un retour vers le Chicago des années 1920. Appareils à distillation, teintes cuivrées et chaises ocre, c'est plutôt réussi dans l'atmosphère « blues ». Le blues, c'est d'ailleurs, avec les caïds, le dada du patron. Presque tous les soirs, en été, petits concerts live... et la salle reprend en chœur ! C'est bien simple, c'est l'endroit le plus animé de Mikołajki. Et aussi le seul dont la terrasse ne désemplit pas après 22h. La prohibition n'est plus ce qu'elle était !

À faire

Nombreuses opportunités de randonnées à ***vélo.*** En voici une à effectuer en une journée :

➢ ***Vers la réserve et le lac de Lisunie :*** un trajet de 13 km. Prenez la route vers Mrągowo, à l'ouest. Dans le village de Zełwągi, tournez à gauche, longez le lac Płociczno et continuez à travers la forêt. À la sortie de celle-ci, prenez la 3e route à gauche en direction du lac et de la réserve de Lisunie. Celle-ci abrite des espèces aquatiques rares. Continuez ensuite à travers bois et prés jusqu'à la route d'Ukta, puis prenez vers la gauche pour retourner jusqu'à Mikołajki.

➤ DANS LES ENVIRONS DE MIKOŁAJKI

Le lac Łuknajno : *à 3 km à l'est de Mikołajki. Prenez la direction de l'école et du terrain de foot, puis la piste jusqu'à la pancarte du parc Mazurski ; c'est tt au bout du champ.* C'est l'aire de couvaison d'une très grande colonie de cygnes muets. N'oubliez pas vos jumelles : il n'est pas possible de s'approcher du lac, mais on peut apercevoir les cygnes blancs et gris sur des observatoires en bois. Le lac est inscrit sur la liste des réserves mondiales de la Biosphère.

Le monastère de Wojnowo : *entre Mikołajki et Ruciane-Nida, à une quinzaine de km. Indiqué à la sortie du village par l'inscription « Zabytkowy Klastor Starowierow ». Ouv tlj en été ; en hiver, appeler au ☎ 423-60-81.* Retiré du village dans un cadre calme et serein, entouré par la forêt, face au lac, le petit monastère, qui ressemble à une ferme, mis à part l'église, cache les derniers représentants d'un ordre orthodoxe. Au XVIIe s, les « Vieux Croyants » ou « Philippons » désapprouvent les réformes dans l'Église orthodoxe de Russie. Ils sont mis à l'index, puis persécutés. Certains émigrent vers la Mazurie dans la seconde moitié du XIXe s. Ce couvent date de cette période et, jusqu'à la Première Guerre mondiale, il fonctionna à plein. Les deux vieilles sœurs n'apprécient guère les photos ; discrétion et respect des lieux obligatoires.

Popielno : petit village au bord du lac Sniardwy, qui a la particularité d'être un centre d'élevage de tarpans. Ce sont des petits chevaux qui résistent bien aux difficiles conditions hivernales de la steppe. On peut en apercevoir en liberté. On peut s'y rendre à vélo, une belle balade passant par Wiezba (ferry pour traverser le bras de lac). Vue unique sur le lac.

AUGUSTÓW

(16-301) IND. TÉL. : 087

La région de Suwalki impressionne par la beauté de sa nature. Beaucoup moins fréquentée que sa voisine Giżycko, distante d'une centaine de kilomètres, la région n'en est pas moins très prisée par les amateurs de promenades en forêt (à pied, VTT) ou de balades sur l'eau (barques, kayaks). Le plan de la ville indique des plages, mais ce ne sont pour la plupart que des bandes de sable, où les bateaux accostent. Pas de quoi sortir son écran total.

UN PEU D'HISTOIRE

Augustów doit son nom au jeune roi Zygmunt-August. Couronné par son père à 9 ans, il épouse à 23 ans une Habsbourg. Il s'éloigne de la Cour, gagne le duché de Lituanie, où le grand-duc épouse secrètement la belle Barbara, jeune veuve (21 ans) du chancelier lituanien. Cette belle histoire, sujet plus tard d'une tragédie néoclassique, se finit par la mort de la belle, quelque temps après son couronnement. Augustów fut aussi le lieu de plusieurs batailles entre Allemands et Russes en 1914 et 1915, puis entre Polonais et Lituaniens en 1920.
La ville est surtout très fière de la visite du pape, en juin 1999. En plus de son statut de station thermale, elle devint alors une ville aux eaux purifiées, puisque Jean-Paul II s'est promené sur l'eau.

Comment y aller ?

En voiture

➢ À une centaine de km à l'est de Giżycko, vers la frontière biélorusse, en passant par Elk, puis en suivant la route 16.

En train

Il y a 2 gares à l'arrivée à Augustów : l'une *(PKP)* pour les rapides de Varsovie qui passent par Białystok (route 18) ; cette première gare est en pleine forêt, à 5 km de la ville (bus à 500 m, mais horaires incertains). L'autre gare ferroviaire, plus proche du centre-ville, s'appelle Augustów-Port.

➢ ***De/pour Giżycko,*** il faut passer par Suwalki. On peut aussi partir de Mikołajki et de Ruciane-Nida, et rejoindre Elk, Suwalki, puis enfin Augustów.
➢ ***De/pour Varsovie :*** train direct quotidien. Durée : 3-4h.

Adresses utiles

Office de tourisme : *rynek Zygmunta Augusta, 44.* ☎ *643-42-30.* • *augustow.pl* • *En plein milieu de la place principale. Sem 8h-20h ; w-e 10h-18h.* Liste de pensions chez l'habitant et d'hôtels. Plan de la ville et infos sur les excursions et activités sportives (parapente, ski nautique...) dans la région. Bien équipés et efficaces. Dynamique et francophone.

Biuro Turystyczne Necko : *ul. Wojska Polskiego, 53.* ☎ *643-56-39. À env 500 m au sud-est de la* rynek. Location de canoës, kayaks.

Żegluga Augustówska : *ul. 29 Listopada, 7.* ☎ *643-28-81.* • *it.mazury.pl/zeglugaaugustowska* • *Sur le port.* Société qui propose 5 circuits touristiques en bateau (lire « À voir. À faire »).

Agence touristique SZOT : *ul. Konwaliowa, 2.* ☎ *643-43-99.* • *szot.pl* • Le spécialiste du kayak : infos, résas, guides, etc.

Change-distributeurs : *3 bureaux de change* (Kantor) *en ville, dont deux près de l'office de tourisme.* Cinq distributeurs automatiques *(Bankomat)* autour de la *rynek.*

Location de vélos : *ul. Tytoniowa, 7.* ☎ *506-840-633.*

Gare PKS : *sur la* rynek. ☎ *643-46-49.*

Où dormir ?

De nombreuses aires de camping ont été aménagées dans la forêt. C'est pratique pour une nuit, certaines se trouvant à côté des pensions, plus proches de la ville, où l'on peut bénéficier des sanitaires.

Campings

Camping Ostry Rog : *au bord du lac Jezioro Bialé, à env 4 km du centre.* ☎ *643-21-15. Prendre la direction Suwalki et compter 3 km après la pancarte. Deux aires de camping sont aussi indiquées sur la route forestière Kobyla Biel. Compter env 15 Zl/pers (4 €) et par tente.* Les emplacements sont en pleine forêt, au bord du lac. La *kavierna* n'est ouverte qu'en saison. L'endroit est idéal pour les camping-cars. Le camping ne possède pas de douches, mais on peut se laver dans le lac, à l'ancienne !

Camping Bartek Necko : • *necko.pl* • *Au bord du lac, à 3 km du centre-ville.* Ombragé, propre, bien tenu.

LA MAZURIE ET LA PODLACHIE

Très bon marché

Auberges de jeunesse : *2 auberges dans les écoles de la ville, ouv slt pdt vac scol.*
– La première se trouve ul. Rajgrodzka, 1, derrière la gare PKS. *☎ 644-63-97. Résa indispensable.* Centrale et bon marché *(env 15 Zl, soit 4 €)* mais envahie par les colos.
– L'autre se situe à l'angle des rues Zarzecze et Mostowa, face au cimetière, après le pont. ☎ 643-32-04. Réserver absolument. Un peu plus chère (env 20 Zl, soit 5 €). Mignonne comme tout. Et aussi très petite. Dans une maison récente au bord d'une toute petite marina pour dériveurs.

Auberge SZEKLA (PTTK) : *ul. Nadrzeczna, 70a. ☎ 643-38-50. • szekla.pl • Pour y aller : bus n° 4. Lit en dortoir 20 Zl/pers (5 €) ; double 30 Zl (8 €) ; pavillon 5 pers 155 Zl (39 €).* Dans une longue rue résidentielle, une maison entourée de petits jardins. Chambres doubles avec salle de bains ou lits en dortoir. Louent des kayaks et des vélos. Pratique, l'auberge abrite un bureau d'informations *(ouv 8h30-14h).*

Prix modérés

Pensjonat U Marianny : *ul. Rajgrodzka, 98. ☎ 644-57-11. • umarianny.pl • Direction Olsztyn, puis à droite vers Raczki et Olecko. Double 120 Zl (30 €) ; triple 160 Zl (40 €).* À 2,5 km environ du centre, au bord d'un lac aux rives boisées. Pension-hôtel moderne et très bien tenue, avec des chambres impeccables et calmes donnant sur le lac et les prés. On y parle anglais. Plage privée, sauna. Un des meilleurs rapport-qualité-prix et emplacements de la région.

Leśnik Hotel : *ul. Turystyczna, 19a. ☎ 644-35-70. • lesnik.pl • Au nord-est de la ville, au bord du lac Białe. Prendre la direction Suwałky, puis Sejny. Accessible par les bus nos 2, 4 et 6. Doubles 160-180 Zl (40-45 €).* En retrait de la route, près d'un petit bois qui mène au lac, cet hôtel de deux étages est tenu par des femmes qu'on retrouve aussi derrière les fourneaux. L'ambiance y est familiale, et les ouvriers du coin n'hésitent pas à venir manger au resto, qui marche comme une cantine. Les chambres en bois sont grandes, équipées de TV et radio, avec deux canapés-lits et une salle de bains. Une des bonnes adresses de la ville, mais gare au bruit des autres clients.

Hôtel Krechowiak : *ul. Pułku Ułanow Krechowieckich, 2. ☎ 643-20-33. • krechowiak.home.pl • Entre la gare* PKP *et le centre-ville, face au* Warszawa Hotel. *Double autour de 100 Zl (env 25 €), petit déj non inclus. Repas : 12-17 Zl (3-4 €).* Proche de la route, sans charme, si ce n'est ses prix doux. Vue sur l'église et un peu de forêt. Accueil en anglais.

Dom Nauczyciela : *ul. 29 Listopada, 9. ☎ 643-20-21. • dn.augustow.pl • À côté du port. Double 140 Zl (35 €) avec sdb. Parking payant.* Un dédale de chambres (vue rue ou lac), un restaurant, un billard et une salle de photos. Il faudrait dépoussiérer le décor, et le style général est un peu impersonnel, mais on constate un effort certain dans l'aménagement (fontaine intérieure, grande terrasse...).

Hôtel Polonia : *ul. Mazurska, 4. ☎ 643-28-67. À l'entrée de la ville quand on arrive d'Elk. Double 140 Zl (35 €), petit déj inclus.* Grand hôtel qui offre des chambres propres, à la décoration banale mais à des prix corrects.

Chic

Dans cette catégorie, il vaut mieux choisir les hôtels au bord du lac, mais attention aux groupes et au bruit quand il y a une discothèque dans le bâtiment.

Hôtel Wojciech : *ul. Wojciech, 15. ☎ 644-72-37. • hotelwojciech.pl • À env 8 km à l'est d'Augustów, dans la direction de Sejny. Doubles 270-340 Zl*

LA MAZURIE ET LA PODLACHIE

(68-85 €), avec petit déj. C'est un grand chalet ultramoderne et confortable, situé au bord d'un lac et entouré par une forêt. Seules les chambres avec vue sur le lac ont une terrasse et elles sont au même prix que les autres ! Au dernier étage, vous aurez la tête sous les étoiles et au-dessus des épicéas. Déco et chaises design, plutôt sophistiquée mais harmonieuse. Fait aussi resto. Bonne cuisine locale, mais on reste un peu sur sa faim. Loue des barques. Sauna et terrains de tennis.

Où manger ?

En saison, de nombreux snacks sont ouverts en bordure du lac. La meilleure table de la ville est, paraît-il, celle de l'hôtel *Warszawa* ; normal, c'est le plus cher. Vous faites suivre la note ! Sinon, pas beaucoup de restos, à part ceux des hôtels de la catégorie moyenne.

|●| ***Grill Bar :*** *rynek Z.A., 30. Tlj jusqu'à 20h.* Une petite salle et quelques tables abritées par des parasols dehors. Plats polonais et grillades.

|●| ***Albatros :*** *ul. Mostowa, 3. ☎ 643-21-23. Dans le centre-ville, proche de la* rynek. *Ouv jusqu'à 21h. Menu 13 Zl (3 €).* Le resto de la ville un peu guindé et prétendant au chic ; apprécié des locaux, qui y viennent aussi et surtout pour boire une bière au bar. Déco basique, si ce n'est la boule au plafond, digne de la fièvre du samedi soir. Bon choix de viande et de poisson selon la pêche.

|●| ***Grek Zorbas :*** *ul. Kościelna, 2. Face à l'église. Tlj 10h-23h.* Un peu moins cher que le précédent. Propose quelques plats grecs en plus des pizzas et des pâtes, dans un décor banal. C'est aussi le lieu préféré des jeunes couples.

Où manger une bonne pâtisserie ou une glace ?

|●| ***Rico Lody :*** *rynek Z.A., 5. Face à l'office de tourisme. Ouv de 9h au dernier client.* Une petite salle climatisée et surtout bondée, preuve de sa réputation ici. Grande variété de glaces et excellentes gaufres au coulis de fruits (cerises, myrtilles...).

À voir. À faire

Le Musée ethnographique : *au fond de la rue Hoża. Ouv 9h-16h. Fermé lun. Entrée : 32 Zl (8 €).* Dans le bâtiment de la bibliothèque, d'anciens objets de la région sont exposés dans deux salles différentes. Sans intérêt majeur, si ce n'est celui de rendre une visite de courtoisie au responsable passionné et sympathique des deux musées de la ville.

Le musée du Canal : *ul. 29 Listopada, 5a. Dans une petite maison en bois dans le parc. Ouv 9h-16h. Fermé lun. Entrée symbolique.* Il retrace l'histoire de la construction du canal par Ignace Pradzynski dans les années 1820-1830, qui permit la jonction entre le bassin du Niemen et celui de la Vistule. C'est le tsar Alexandre Ier qui fut l'initiateur du projet et c'est lui que les 7 000 hommes qui le creusèrent à la pelle sur 40 km (sur un total de 102 km) doivent remercier.

Parcourir la rue ***Nadrzeczna*** (nord du centre) à la découverte de ces maisons en bois peint et aux couleurs variées, qui annoncent l'architecture traditionnelle de la région. Au n° 9, maison verte avec son vestibule en prolongement ; au n° 35, maison en bois blanc ; au n° 38, maison rouge avec son magnifique bow-window en bois au sol, etc.

➢ ***Les promenades en bateau :*** profitez de l'air sain de la région pour vous promener en bateau le long du canal. La société *Żegluga Augustówska* (voir « Adresses utiles ») propose des circuits touristiques. *Entre le 1er juil et le 31 août. Durée : 1h-2h40. Billet : 30-35 Zl (8-9 €). Informations à l'office de tourisme, achat des billets à l'agence.*

➤ DANS LES ENVIRONS D'AUGUSTÓW

Le parc national de Biebrza : *à env 30 km au sud d'Augustów.* Le plus récent et le plus grand parc national de Pologne : 400 km de parcours balisés pour randonnées à pied et à vélo. Mieux vaut avoir un guide, car le site est parsemé de marais. Étape pour oiseaux migrateurs (canards, oies, grues...), le parc abrite de nombreuses espèces animales (loups, élans, loutres et castors) et végétales. Sur place, une agence organise des programmes courts, centrés sur quelques activités originales : observation d'oiseaux, pistage de loup, excursions de nuit mais aussi rafting, ballon... *Biebrza Eco Travel : ☎ 738-07-85. • biebrza.com • (pages en anglais).*

Le parc et le lac de Wigry : *à env 40 km au nord, entre Suwalki et Sejny. Accessible en bus à partir de ces deux villes.* C'est, pour les amateurs de botanique, le plus beau parc et le plus riche en plantes vasculaires, comme les fougères, mousses ou lichens. La faune se caractérise par la présence de castors, lynx, loups, chevreuils, élans, busards, aigles blancs, sans oublier les blaireaux.

– On peut également visiter le ***monastère des Camaldules*** dans le village de Wigry. En 1667, le roi Jan II Casimir donna à l'ordre religieux un pavillon de chasse sur l'île de Wigry. Il s'était aussi engagé à construire un cloître pour douze moines. Il s'agit maintenant d'un hôtel sur une presqu'île :

*L'**hôtel** de la presqu'île propose de dormir dans les maisons des ermites, alignées les unes en face des autres. ☎ 563-70-00. • wigry.org • Doubles 120-170 Zl (env 30-43 €) selon confort et saison.* Prix abordables selon qu'on choisit la chambre d'hôtel ou le lit en dortoir. Resto sur place.

– La région regorge de ***produits artisanaux et de tradition.*** C'est au centre d'informations touristiques de ***Suwalki*** *(ul. Kosciuszki, 45)* qu'on peut trouver les adresses des artisans de la région et découvrir les produits régionaux dans la galerie *(ouv lun-sam 8h-16h).* La commune de ***Jeleniewo*** a conservé, par exemple, un sauna traditionnel orthodoxe de l'ancien culte, qui fonctionne au feu de bois *(sam 13h-20h).* Les massages se font avec des baguettes de saule ! La famille Racis Franciszek, dans la commune de *Tutka Tartak,* joue et chante les vieilles chansons campagnardes ; dans la même commune, Maria Micielica *(ul. Potogy, 2)* fait goûter ses plats de fromage...

Entre Augustów et Białowieża, on peut visiter les petits villages de ***Bohoniki*** et ***Kruszyniany,*** qui sont les seuls à posséder des mosquées en bois. Bohoniki se trouve à l'est de Sokolka, et Kruszyniany à 60 km de Białystok, vers la frontière biélorusse. Les Tatars, des nomades turco-mongols, ont d'abord envahi une partie de la Pologne au XIIIe s, puis la patrie les remercia d'avoir participé aux batailles de Grunwald en 1410 et de Vienne en 1683 (au siège de la ville par les Turcs) en leur donnant des terres, où ils purent s'installer et construire des mosquées. Il reste, comme vestige de ce passé, leurs lieux de culte et leurs cimetières.

BIAŁOWIEŻA (17-230) IND. TÉL. : 085

À cheval entre la Pologne et la Biélorussie, situé sur la ligne de partage des eaux entre la mer Baltique et la mer Noire, le parc national de Białowieża est

un des vestiges d'une nature majestueuse, une immense forêt primitive (la Puszca, composée de conifères et de feuillus) qui remonte à la nuit des temps. Elle reste sans doute la dernière forêt quasiment vierge d'Europe, raison de son classement au Patrimoine mondial de l'humanité de l'Unesco (1979). Outre l'intérêt qu'elle présente aux yeux des scientifiques, elle a la caractéristique exceptionnelle de cacher en son sein les derniers troupeaux de bisons sauvages (pas très nombreux) du Vieux Continent. S'il existait des réserves d'odeurs naturelles, ce parc national devrait y figurer au premier rang. Même un œnologue vous le dira, cette forêt est plus enivrante et plus mystérieuse que le meilleur pomerol...
On retrouve ici les images des confins de la Pologne orientale, avec ses petites maisons en bois et ses églises orthodoxes à bulbes. Białowieża, qui veut dire « La Tour blanche », est une bourgade de 3 000 âmes qui prend des allures de villégiature en été et le week-end. Les tsars de Russie en avaient fait le lieu de l'une de leurs résidences, mais celle-ci brûla et il n'en reste que le nom et le parc. Dans le parc national, on peut se promener en calèches, remplacées par des traîneaux en hiver. La Biélorussie est à quelques kilomètres, et il y a un poste-frontière bien gardé depuis l'entrée de la Pologne dans l'Union européenne en 2004.

Comment y aller ?

➢ ***En voiture :*** de Varsovie, prendre la route de Białystok (route 18) sur env 200 km, puis bifurquer à droite (route 19) direction Bielsk Podlaski, puis, à l'est, route 689 vers Hajnówka, pour enfin atteindre la forêt de Białowieża, à la frontière biélorusse. Compter 200 km en venant d'Augustów.
➢ Sinon, ***train*** jusqu'à Białystok ou Bielsk Podlaski, puis ***autobus*** jusqu'à Hajnowka et Białowieża.

Adresses utiles

ℹ ***Bureau de PTTK :*** *ul. Kolejowa, 17.* ☎ *681-22-95.* • *pttk.bialowieza.pl* • *Dans le centre-ville, à côté du parking du parc. Ouv 8h-17h.* Accueil en polonais, allemand et un peu d'anglais. Vente de cartes, notamment la *Puszcza Białowieska,* au 1/85 000, indispensable pour des balades à vélo. Les guides officiels connaissent parfaitement le parc national *(Białowieski Park Narodowy). Compter 114 Zl (29 €) pour une durée de 3h ; plus cher pour un guide anglophone, 165 Zl (41 €).* Vous n'avez pas besoin de guide pour voir les bisons de la réserve et les chênes royaux. Vélos à louer (rudimentaires). On peut aller dans le parc national en calèche (1h30).

ℹ ***Informations touristiques, IT :*** *ul. Olgi Gabiec, 8.* ☎ *681-26-64. Avt l'hôtel* Żubrówka. Accueil plus jeune et plus dynamique que le précédent.

■ ***Distributeur de billets :*** *le seul* Bankomat *à la ronde se trouve à l'entrée de l'hôtel* Żubrówka.

■ ***Change :*** *un bureau de* Kantor *à côté de l'église, ul. Waskiewicza.* Change aussi à la banque du village.

Où dormir ? Où manger ?

Il est préférable de téléphoner pour les week-ends des vacances scolaires si vous ne voulez pas vous retrouver dans un hébergement trop onéreux. Il existe de nombreuses pensions, avec des prix identiques à ceux des hôtels en saison, et il y est plus facile de négocier hors saison que dans un hôtel.

Campings

Camping de Grudki : *à 1 km du village, direction Grudki. Mêmes propriétaire et téléphone que la pension* Gawra *(voir « Prix modérés »). Compter env 25 Zl/j. (6 €) pour 2 pers avec voiture ; bungalows.* Dans un site agréable et calme, au cœur de la forêt. Location de vélos.

Camping U Michala : *ul. Krzyze, 11. ☎ 681-27-03. À la sortie de Białowieża, sur la route en direction d'Hajnowka ; bien indiqué. Env 50 Zl (13 €) pour 2 pers, prise électrique incluse.* Sur un terrain d'herbe rase et proche d'une forêt. Sanitaires (eau chaude et froide) et coin-cuisine irréprochables. Laverie. Très bon accueil.

Très bon marché

Youth Hostel Paprotka (AJ) : *ul. Waszkiewicza. ☎ 681-25-60. Indiqué par la pancarte « Szkolne Schronisko Młodzieżowe » dans la rue principale, juste après l'église. Ouv tte l'année 17h-22h. Compter 15-19 Zl/pers (4-5 €). Internet.* Une charmante petite maison derrière l'école du village. On y trouve surtout des étudiants de Varsovie venus en week-end, mais aussi des gens d'âge varié (pas de limite d'âge). Dortoirs 8 à 10 lits avec lavabo et quelques doubles. Toilettes sur le palier (eau chaude). Calme, propre et pas cher. Possibilité d'y faire sa cuisine. Pas de laverie.

Bajeczny Domek Noclegowy : *ul. A. Waszkiewicza, 90. ☎ 681-22-27. • bajecznydomek.bialowieza.com •* Dans la même rue que l'auberge de jeunesse. *Double avec sdb 90 Zl (23 €) ; pas de petit déj.* Tenu par une charmante vieille dame, qui enlève son bonnet quand elle voit des clients. Elle propose des chambres mignonnes au rez-de-chaussée et au 1er étage. Salle de bains commune dans le couloir et cuisine à disposition.

Hôtel-restaurant Dom Wycieczkowy PTTK : *dans les anciennes écuries du palais. ☎ 681-25-05. Double 80 Zl (20 €) ; petit déj en plus.* Idéalement situé dans le parc et d'un aspect extérieur attirant. Pratique, il se trouve au point de départ de randonnées balisées par des couleurs. L'intérieur n'a rien d'extraordinaire, sauf pour les nostalgiques des petites baignoires à pied. On peut prendre le petit déj sur les deux tables devant l'entrée extérieure. Son resto offre une carte semblable aux cantines polonaises : on y mange bien pour pas cher. Les week-ends sont souvent réservés par des groupes qui viennent en séminaire, pour se ressourcer.

Restaurant Parkolwa : *dans le parc du Palais, après l'hôtel* Dom Wycieczkowy PTTK. *☎ 681-25-05. Ouv jusqu'à 22h.* L'autre resto du village où l'on peut goûter au bison (voir ci-dessous « Restaurant et pension Unikat »). Hôtel pas franchement beau, malgré sa rénovation récente.

Prix modérés

Pension Gawra : *ul. Gen. Michala Polecha, 2. ☎ 681-28-04. • gawra.bialowieza.com • Derrière l'hôtel* Żubrówka. *Doubles avec sdb env 60-120 Zl (15-30 €).* Une maison avec les étages en bois. Stefan, le propriétaire, appartient à une espèce aussi menacée que les bisons, les hommes aimables, éduqués et accueillants. À peine entré chez lui, on a l'impression d'être chez soi. C'est chaleureux, aéré, propre, à taille humaine. Chambres (confortables) dont certaines donnent sur un joli jardin fleuri. Petite cuisine impeccable. Repas à la demande, seulement pour les pensionnaires. En terrasse, autour des grandes tables en bois, on échange les bons plans de randonnées avec les Allemands ou les Espagnols de passage.

Restaurant et pension Unikat : *ul. Waszkiewicza, 39. ☎ 681-21-09. • unikat.bialowieza.com • Une isba en bois, env 100 m après l'auberge de jeunesse.*

Ouv 8h-22h. Une vingtaine de chambres, ttes équipées de sanitaires, sont également disponibles. Double env 140 Zl (35 €), avec petit déj. Repas 30 Zl (7,50 €). Ici, on vous reçoit en famille, sans chichis, simplement et gentiment, pour vous initier à la cuisine locale, et surtout à la viande de bison. Si vous commandez un *barszcz,* ne vous étonnez pas de ne pas avoir de cuillère. Ici, on le mange à la polonaise : en trempant son *paszteciki* (feuilleté de viande) dedans et en buvant le reste !

Prix moyens

Dwór Soplicowo : *ul. Krzyże, 2a. ☎ 681-22-05. • dworsoplicowo.pl • Double 220 Zl (55 €). Plats à partir de 35 Zl (9 €).* Énorme bâtisse à l'apparence d'une ferme rénovée, avec ses dépendances. Pas de doute, ici on a réussi à adapter les standards chic à l'atmosphère rustique. Chambres charmantes, décorées de jolis meubles en bois. Les fenêtres donnent sur les champs au loin, c'est romantique au possible. Petit déj complet dans le resto, une immense salle en bois dédiée à la chasse (trophées de sangliers et de cerfs...), où le feu crépite dans la cheminée, soir et matin. On peut y manger jusqu'à 22h.

Où boire un verre dans les environs ?

Bar U Wołodzi : *à Hajnówka (ul. 3-go Maja, 34a), à 20 km de Białowieża. Ferme vers 22h.* Face au cinéma de la ville, dont les séances sont à 18h, mais les films durent plus longtemps que prévu, à cause des coupures du projectionniste... Il faut donner comme mot de passe : « Lenine is not dead », et la porte s'ouvre sur une taverne au décor postcommuniste où le rouge domine. On se retrouve dans un petit musée à la mémoire de la grande URSS. On n'y boit pas encore de *Coca-Cola,* mais on en est au *Seven Up.* Accueil très chaleureux quand on a rattrapé son retard en bières.

Le Grill : *à 10 km de Białowieża, sur la route de Hajnowka, en pleine forêt.* Un resto-bar qui s'anime le week-end, parfois autour d'un feu de camp sur le parking.

À voir. À faire

La nature, d'abord, et, avec un peu de chance, les fameux ***bisons*** (*żubrs* en polonais). Pratiquement tous les habitants de Białowieża sont forestiers, vous n'aurez donc aucune difficulté à dénicher un guide qui pourra vous entraîner vers les bêtes cornues à poils longs. Cela dit, la meilleure période pour les apercevoir est septembre et octobre, quand ils se regroupent avant d'affronter l'hiver rigoureux. D'ailleurs, évitez de l'affronter avec eux, car le climat est particulièrement rude à l'est de la Pologne de décembre à février.

Rezerwat pokazowy swierzat *(réserve naturelle) : située sur la route entre Białowieża et Hajnówka. ☎ 681-23-06 (réserve européenne de bisons). • bpn.com.pl • Il faut distinguer la* ***réserve naturelle*** *(guide indispensable, 300 Zl, soit 75 €, durée 3h ; voir « Adresses utiles ») et la réserve de* ***bisons,*** *située à 3 km à l'ouest du palais du parc. Celle-ci est ouv 9h-17h. Fermé lun et les lendemains de j. fériés. Entrée : 6 Zl (moins de 2 €). Parking : 5 Zl. C'est comme un grand zoo d'Europe de l'Ouest mais en version plus écolo, avec beaucoup d'espace et de verdure. Possibilité de bénéficier d'un guide anglophone pour les deux réserves. Contacter Mateusz Szymura : 694-456-667. • bialowieza_guide@hotmail.com •*

Inscrit depuis 1979 sur la liste de la Biosphère de l'Unesco, le parc national de Białowieża héberge et protège les derniers bisons d'Europe et d'autres espèces menacées. Passe-temps favori des rois polonais, la chasse au bison est attestée dès le XVe s. On tuait alors jusqu'à 42 animaux par jour ! Rendons-leur justice, c'est le roi polonais Zykmund August qui, au XVIe s, entame le premier une politique de protection. La méthode est radicale : tout chasseur tuant un bison sans la permission royale connaîtra le même sort ! Cela n'a pas empêché leur déclin inexorable au fil des siècles, et le dernier bison de Białowieża fut tué en 1919. Quelques années plus tard, on remit en liberté des bisons venus de différents zoos européens, qui mirent du temps à concevoir leur premier bébé (en 1957). Mais dans les années 1970, ils se reproduisent si bien qu'on doit en transférer certains vers d'autres centres !

En 2004, on compte 379 individus dans la partie polonaise tandis que, du côté biélorusse, ils sont un peu moins de 300 ; 20 % de la population mondiale des bisons se trouvent ainsi sur le territoire polonais. Outre les bisons gardés dans les réserves fermées par des grillages et des barrières, on compte aussi environ 400 bisons sauvages qui errent dans la forêt, sans être captifs.

– La réserve renferme également 4 familles de loups, soit 50 individus au total, qui se partagent la plus grande superficie du parc. Régulièrement chassés en Biélorussie, ils passent de plus en plus difficilement du côté polonais, où ils sont protégés, depuis le renforcement de la frontière entre Pologne et Biélorussie. Parmi les autres habitants de la forêt : des ***tarpans*** (petits chevaux de la Puszca), des ***lynx***, des ***cigognes noires*** et quelques ***élans***.

LE BISON, FORCE DE LA NATURE

Très répandu en Europe jusqu'au Moyen Âge – Charlemagne le chassait entre Liège et Aix-la-Chapelle –, le bison a failli disparaître après 1914-1918. Il ne subsiste à l'état sauvage qu'en Pologne, Ukraine et Belarus. Le mâle peut atteindre 920 kg et mesurer 1,88 m au garrot. Il est capable de bonds de 2 m de haut et de 7 à 8 m de long. Il court à 50 km/h. Sa durée de vie n'est guère élevée : 20 ans pour les messieurs et 5 de plus pour les femelles. En dehors de l'homme, dans la nature, le bison a surtout comme seul prédateur le loup. L'occasion rêvée d'entendre le souffle du bison, même si c'est derrière un grillage.

Le musée d'Histoire naturelle : ☎ *681-22-75. De mi-avr à mi-oct, tlj 9h-16h30 (17h w-e) ; reste de l'année, tlj sf lun 9h-16h. Entrée : 14 Zl (3,50 €) ; avec un guide anglophone (fortement conseillé) : 30 Zl (8 €).* Ouvert en 2004, le musée offre une visite interactive passionnante et vivante pour découvrir la faune et la flore du parc. Des tranches de vie de la forêt s'illuminent au fur et à mesure du parcours, tandis qu'un guide vous explique tout. La lumière varie selon l'aspect diurne ou nocturne de la scène. On y apprend tout plein de choses, de l'architecture souterraine des rongeurs à la vie du loup, en passant par des grossissements saisissants d'insectes. Au fait, c'est fou tout ce qui peut vivre dans un arbre ! Une séance vidéo montre l'évolution de la forêt et de ses bruits à chaque saison. Après la visite du musée, vous ne devriez pas résister à celle de la réserve.

Stara Białowieża : *on peut rejoindre le site en remontant la piste forestière de la réserve naturelle vers le nord (une dizaine de km), jusqu'aux rails d'un ancien petit train.* Białowieża, ancienne réserve de chasse des rois de Pologne, des tsars russes et de Hermann Göring, est maintenant inscrit par l'Unesco dans le réseau naturel de la Biosphère. Outre les 5 000 ha de réserve (arbres feuillus et conifères), la forêt abrite aussi environ 3 000 chênes vieux de 500 à 700 ans. L'*itinéraire des chênes royaux* est célèbre pour ses arbres monumentaux. Ils portent les noms de rois polonais et lituaniens, et se souviennent sans doute des grandes chasses d'autrefois.

DANS LES ENVIRONS DE BIAŁOWIEŻA

Le dimanche est le jour du marché à ***Hajnówka,*** *qui se déroule sur le parking du* Kino. Le marché est moins grand que celui de Białystok, mais les Biélorusses y viennent quand même vendre leurs produits.

Fête

– **Fête de la Transfiguration :** à **Grabarka.** *À 70 km au sud de Hajnówka, vers Siemiatycze. Dans la nuit du 18 août.* C'est le pèlerinage orthodoxe le plus important du pays. Les pèlerins gravissent la colline avec leurs croix, qu'ils plantent ensuite autour de l'église. L'eau de la source qui sert pour les ablutions est, pour les orthodoxes, sacrée et miraculeuse. La légende raconte que ceux qui se seraient rendus sur ce mont pour y planter une croix pendant une épidémie de choléra auraient été épargnés par la maladie.

LES QUESTIONS QU'ON SE POSE LE PLUS SOUVENT SUR LES CAPITALES BALTES

➤ Les trois capitales baltes offrent-elles le même visage ?
Non, au contraire, elles se différencient très nettement : Vilnius, à l'intérieur des terres, regorge de trésors gothiques, Renaissance, baroques et classiques ; Riga fourmille de bâtiments Art nouveau ; et Tallinn, au bord de la mer, se distingue par les tours et les clochers de sa vieille ville médiévale.

➤ Les trois peuples se ressemblent-ils ?
Non, là aussi, l'histoire a modelé trois personnalités différentes : si les Estoniens ne cachent pas leur proximité avec la Finlande et les pays scandinaves, les Lettons sont fortement influencés par le caractère russe, et les Lituaniens par la Pologne. Cela se ressent dans les coutumes, les pratiques religieuses, la société...

➤ Quelle est la meilleure saison pour y aller ?
Au bord de la Baltique, le climat est tempéré. À l'intérieur des terres, l'influence continentale se fait sentir. De mai à septembre, la température oscille entre 15 et 22 °C, mais l'été peut être pluvieux et on dispose en juin de plus de 18h de lumière diurne. Quant à l'hiver, on y connaît le gel permanent de mi-décembre à début mars.

➤ La vie est-elle chère ?
En Estonie (et particulièrement à Tallinn) et en Lettonie, les standards de vie rejoignent ceux des pays scandinaves. Manger en Lituanie revient bien moins cher que chez les voisins baltes.

➤ Les commerçants acceptent-ils l'euro ?
Non, ces trois pays conservent leur propre monnaie pour quelque temps encore (on parle de 2010). L'euro tend à déjà devenir la seconde devise (les pièces lettones ressemblent étonnamment à l'euro). En se déplaçant d'une capitale à l'autre, on peut facilement convertir un reliquat de billets dans la monnaie du voisin.

➤ Dans quelle langue va-t-on s'exprimer ?
L'anglais, l'allemand et le russe sont les langues étrangères les mieux comprises ; à défaut, assimiler quelques mots usuels de lituanien, de letton (assez voisin) ou d'estonien facilitera grandement les contacts.

➤ Quelles sont les spécialités baltes ?
On trouve tous les types de cuisine internationale, mais ce serait dommage de ne pas tenter les crêpes de caviar, les poissons marinés ou fumés, les pièces de gibier, les plats à base de pommes de terre, les charcuteries ou les gâteaux aux baies.

➤ Que rapporter de Vilnius, Riga et Tallinn ?
Des plats en bois vernis, des verres travaillés et des céramiques, des bijoux d'argent et d'ambre, des icônes et des samovars, des pulls de laine épaisse et des souvenirs de l'époque soviétique.

LES COUPS DE CŒUR DU ROUTARD

À VILNIUS

• S'extasier dans les innombrables églises baroques, de la profusion des décors : trésors de foisonnement, d'exubérance et d'opulence.

• Déambuler dans la république d'Uzupis, le Montmartre vilnois, qui vit au rythme de ses ateliers d'artistes et de son ambiance branchée.

• Grimper au sommet de la colline arborée des Trois-Croix, en plein cœur de la ville, d'où l'on bénéficie d'un panorama unique sur Vilnius.

• Visiter le musée du KGB, au sein même de l'ancien Q.G. de la police soviétique mais aussi de la Gestapo, souvenir poignant d'une des pages les plus dramatiques de l'histoire lituanienne.

À RIGA

• Arpenter les rues de la ville moderne dans une forêt de bâtiments Art nouveau.

• S'imprégner de la mixité des cultures, lettonne, russe, slave et occidentale, qui fait de Riga une ville intemporelle.

• Le week-end, faire comme tous les Lettons et filer prendre l'air sur les plages de sable de Jurmala.

• Imaginer la splendeur passée de la capitale lettonne en pénétrant pour la première fois sur la place de l'hôtel de ville, dominée par l'étonnante maison des Têtes Noires.

À TALLINN

• S'éclater jusqu'à plus d'heure dans l'une des nombreuses discothèques ultrabranchées du centre-ville (attention les yeux !).

• Contempler des siècles d'histoire depuis les terrasses panoramiques du quartier de Tompea.

• Savourer une bonne *Saku,* confortablement assis dans l'un des cafés de la Raekoja Plats.

• Installer son ordinateur portable n'importe où dans la vieille ville et se connecter au wifi gratuitement.

LITUANIE UTILE

ABC DE LA LITUANIE

- ***Nom officiel :*** Lietuva.
- ***Superficie :*** 65 200 km^2. Le plus méridional des États baltes, c'est aussi le plus vaste et le plus peuplé.
- ***Population :*** 3 565 000 hab., urbanisés à 70 %. Un million de Lituaniens habitent à l'étranger. Démographie en baisse : - 0,3 %.
- ***Capitale :*** Vilnius (580 000 hab.).
- ***Densité :*** 54,7 hab./km^2.
- ***Espérance de vie :*** 74,7 ans (12 ans d'écart entre les hommes et les femmes !).
- ***PIB par hab. :*** 11 600 €.
- ***Taux de chômage :*** 3,2 %.
- ***Monnaie :*** le litas.
- ***Langue :*** le lituanien.
- ***Régime politique :*** démocratie parlementaire.
- ***Chef de l'État :*** Valdas Adamkus (depuis juillet 2004).
- ***Premier ministre :*** Andrius Kubilius (depuis novembre 2008).

AVANT LE DÉPART

Adresses utiles

En France

■ ***Ambassade de Lituanie :*** *22, bd de Courcelles, 75017 Paris. ☎ 01-40-54-50-50. • amb-lituanie-paris.fr • Ⓜ Villiers. Lun-ven 9h-13h, 14h-18h (16h45 ven).*

En Belgique

■ ***Ambassade de Lituanie :*** *rue Maurice-Liétart, 48, Bruxelles 1150. ☎ (02) 772-27-50. • info@lt-embassy.be •*

En Suisse

Pas d'ambassade de Lituanie en Suisse : le pays est rattaché à celle de Rome, en Italie.

■ ***Consulat général de Lituanie :*** *ch. Louis-Dunant, 13 à 17 bis, 1202 Genève. ☎ (22) 748-24-71.*

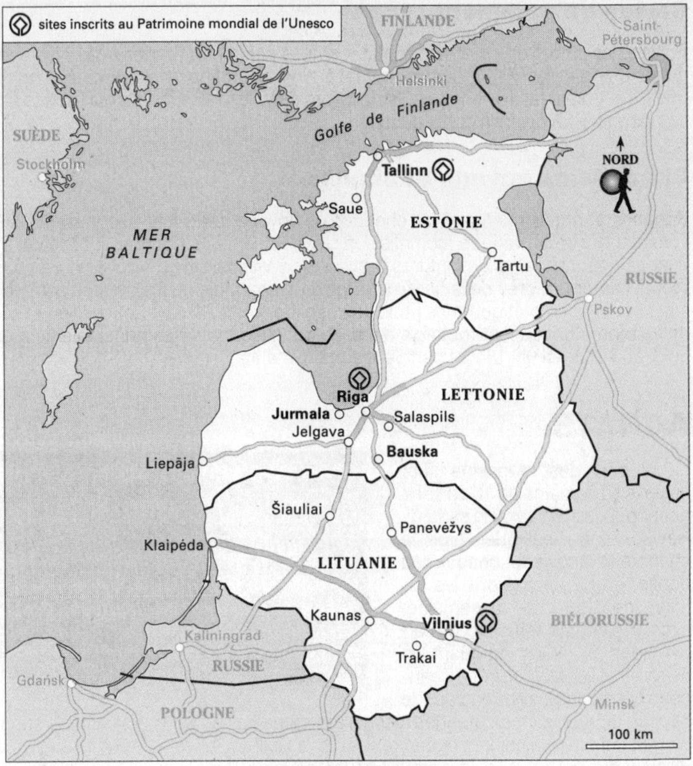

LES PAYS BALTES

Au Canada

■ ***Ambassade de Lituanie :*** *130 Albert Street, suite 204, Ottawa, Ontario, K1P-5G4.* ☎ *(613) 567-5458.* • *lithuanianembassy.ca* • *Lun-ven 9h-17h (16h ven).*

Formalités

La Lituanie a rejoint l'espace Schengen en décembre 2007. Plus de formalités donc pour les ressortissants de l'UE et les Suisses, la carte d'identité suffit. Les Canadiens sont tenus de présenter un passeport valide.

ARGENT, BANQUES, CHANGE

– ***La monnaie*** lituanienne est le *litas* (LTL ou Lt), divisé en 100 *centų*. Il a remplacé le rouble en juin 1993. On trouve des pièces de 1 *centas* à 5 Lt et des billets de 10 à 500 Lt.
– ***Le taux de change,*** fixe depuis début 2002 (ça fait un bail !), est le suivant : 1 € = 3,45 Lt ; 1 Lt = 0,29 €.
La Lituanie devrait intégrer la zone euro d'ici le 1er janvier 2010.

Cartes de paiement

En ville, les cartes de paiement sont acceptées par la plupart des hôtels (sauf les moins chers et les AJ) et des restaurants, ainsi que dans de nombreuses boutiques. On trouve facilement des distributeurs dans les villes, beaucoup moins à la campagne. Prévoyez en conséquence.

Chèques de voyage et change

Banques et hôtels changent les chèques de voyage, mais leur usage n'est dans l'ensemble guère pratique (commission de 2 à 3 %). Les nombreux bureaux de change *(valiutos keitykla)* sont très pratiques : à Vilnius, on en trouve un peu partout (à l'aéroport, près de la gare, dans les supermarchés ou les centres commerciaux, etc.). Bien pratiques, les principaux sont ouverts 24h/24. Les meilleurs taux de change s'obtiennent toutefois dans les banques (ouvertes principalement du lundi au vendredi 9h-18h, et parfois le samedi matin).

ACHATS

La plupart des magasins sont ouverts en semaine de 10h à 19h ; beaucoup le sont aussi le samedi. Révisez vos classiques (voir le chapitre « Langue ») : chaque lieu public affiche sur sa porte les initiales des jours de la semaine, avec un système astucieux de carrés vides ou pleins indiquant les ouvertures et fermetures. Beaucoup d'artisanat, avec en vedette l'ambre et le bois, deux grandes ressources naturelles du pays. À Vilnius, le shopping et les antiquaires se concentrent dans la vieille ville – et surtout le long de la Pilies gatvė, qui en traverse le cœur. La rue Gedimino, dans le quartier moderne, est davantage tournée vers les boutiques de fringues chic, les librairies, etc.

T'AS PAS LE NIVEAU !

Dans les trois pays baltes, le plancher des vaches représente le niveau 1. Ce qui signifie que le 1er étage est le niveau 2, le 2e étage le niveau 3 et ainsi de suite. Autant le savoir, car personne ne coupe à l'erreur en appuyant sur le bouton de l'ascenseur. Dur de prendre de la hauteur dans ces conditions !

L'ambre

On a retrouvé de l'ambre balte à Rome, en Grèce et jusque dans le tombeau du pharaon Tut. Homère l'évoque dans l'*Odyssée*, et Pline l'Ancien se plaint de son prix exorbitant, supérieur à celui d'un esclave ! La chaîne des intermédiaires est alors interminable et chacun prend sa commission... Eh bien, cet ambre si recherché vient pour l'essentiel de la côte lituanienne et de la poche russe de Kaliningrad, qui la prolonge. Là, le long de l'immense cordon littoral de Courlande, aux hautes dunes, les tempêtes déposent des morceaux de cet « or balte » arraché aux fonds marins. Moins poétique, les Russes l'exploitent aussi à la pelleteuse...
Vieille de 30 à 40 millions d'années, la résine fossilisée existe en un arc-en-ciel de couleurs : du caramel standard au gris foncé en passant par le blanc (l'ambre des rois) et le vert si recherché. Colliers et bracelets, bruts ou polis, d'ambre pur ou sertis sur argent, boucles d'oreilles, grosses bagues, pendentifs en forme de fleur, de cœur ou de soleil, crucifix... l'imagination des artisans est sans bornes. Ajoutez à cela des échiquiers, des barrettes, des porte-clés en ambre, des arbres ornementaux aux « feuilles » d'ambre... l'overdose menace. Les prix en boutiques sont assez élevés, mais les pièces vendues dans la rue sont assez souvent fausses, en particulier les inclusions d'insectes et de plantes. Oh, la jolie breloque en plastique coloré que voilà !

Artisanat et souvenirs

On trouve également toutes sortes d'articles plus ou moins liés au quotidien d'hier : cuillères géantes en bois et autres ustensiles de cuisine, plats et bougeoirs sculptés d'un kitsch flamboyant, bocks à bière en terre cuite et cendriers du même ton, ornés de personnages peints du folklore païen, poupées en costume traditionnel... C'est la kermesse des écoles ou quoi ?
Objets en cuir et fer forgé (belles girouettes) semblent plus sobres. Nappes, serviettes et dessus de table en lin brodé peuvent être très jolis ; certains s'ornent de motifs traditionnels floraux, zoomorphes ou géométriques. Pour se protéger du froid hivernal : écharpes, moufles et chaussettes en laine. Ou encore, pour frimer, un maillot de l'équipe de basket lituanienne... médaillée d'or aux J.O. d'Athènes. Les œufs de Pâques *(margučiai)* sont colorés naturellement à la cire d'abeille ou gravés.

BUDGET

On peut vivre à la routarde, si on évite l'hôtel. Repas très bon marché, entrée des boîtes et boissons à prix modérés, transports sensiblement moins chers que chez nous (conversions en euros arrondies).

Hébergement

- ***Auberges de jeunesse :*** à partir de 25 Lt (7,50 €) par personne.
- ***Bon marché :*** 117-200 Lt (34-58 €) la chambre double.
- ***Prix moyens :*** 200-310 Lt (58-90 €).
- ***Chic :*** 310-430 Lt (90-125 €).
- ***Très chic :*** à partir de 430 Lt (125 €).

Restaurants

- ***Bon marché :*** moins de 30 Lt (9 €).
- ***Prix moyens :*** 30-60 Lt (9-17,50 €).
- ***Plus chic :*** 60-120 Lt (17,50-35 €).
- ***Très chic :*** à partir de 120 Lt (35 €).

Boissons

Une pinte de bière est vendue entre 5 et 12 Lt (1,50 à 3,50 €) dans la vieille ville de Vilnius, souvent moins de 5 Lt ailleurs. Vodka à partir de 3 Lt (0,90 €) dans les cafés populaires.

Musées

L'entrée dans les musées coûte de 4 à 6 Lt (1,20 à 1,70 €).

Transports

À Vilnius, billet de bus ou de trolley à 0,80 Lt (0,25 €) en kiosque, ou 1 Lt (0,30 €) directement auprès du chauffeur ; minibus à 1 ou 2 Lt (0,30-0,60 €). Même les taxis sont bon marché : compter de 10 à 15 Lt (3-4,50 €) pour une course dans le centre-ville.

CLIMAT

La Lituanie, comme ses voisines baltes, connaît les influences maritimes sur la côte de la Baltique et un climat continental dans l'intérieur des terres. Vilnius, à l'est, affiche des températures hivernales à faire froid dans le dos (- 6 °C en moyenne en janvier), avec des pointes à - 30 °C. Brrr... Il y neige fréquemment durant trois ou quatre mois. Le printemps est boueux mais court, suivi d'un été baigné de lumière, où le mercure daigne enfin approcher les 20 °C (30 °C certains jours dans la capitale). Les Lituaniens revivent. Dans l'ouest du pays, balayé par les vents du sud-ouest, les précipitations restent cependant assez abondantes, sauf sur la presqu'île de Neringa, qui bénéficie d'un microclimat. Thomas Mann, bien avisé, y acheta une maison.

DÉCALAGE HORAIRE

La Lituanie est en avance d'une heure sur l'Europe de l'Ouest continentale, toute l'année.

FÊTES ET JOURS FÉRIÉS

La renaissance nationale lituanienne a été marquée par un retour vers les racines terriennes et païennes du pays. L'artisanat, le folklore, le chant et la musique occupent aujourd'hui encore une grande place dans le cœur des Lituaniens. Dans chaque région, troupes de danse, chorales, centres culturels entretiennent chacun des parcelles de ce passé sublimé qui lie le peuple à sa terre. Et ne croyez pas cette activité réservée aux vieux : vingt-cinq ensembles folkloriques sont rattachés à l'université de Vilnius !
De nombreux festivals sur ce thème émaillent le calendrier. Les plus grandes manifestations ont lieu à Vilnius, notamment le très réputé Festival *Skamba, skamka kankliai* organisé dans la vieille ville la dernière semaine de mai (foire artisanale également). Chorales et troupes de tout le pays se retrouvent tous les trois ans pour le grand *Baltica,* qui a lieu à tour de rôle en Lettonie (2009), en Estonie (2010) et en Lituanie (2011). Mais le nec plus ultra, c'est le Festival national de la chanson, qui se tient tous les quatre ou cinq ans. L'événement, qui a fêté son 80e anniversaire en 2004, attire près de 40 000 participants, dont beaucoup de Lituaniens de la diaspora. Chant, danse, folklore, événements culturels, le programme est particulièrement riche.

Fêtes et traditions

Nombre de fêtes et traditions lituaniennes, déjà célébrées aux temps païens avant d'être christianisées, se rattachent au cycle des saisons et au travail de la terre. Dans tout le pays, et surtout en Žemaitija, enfants et adultes déguisés en animaux déambulent dans les rues des villages pour ***Mardi gras*** *(Užgavėnės).* Minuit passé, une effigie de l'hiver incarné, baptisée Morė, est brûlée dans la joie collective. Si en France on fait des crêpes, ici ce sont les blinis qui cuisent sur les fourneaux... La ***Saint-Casimir*** *(Kaziukas),* le 4 mars, honore avec faste l'unique saint du pays. À Vilnius, une grande foire artisanale a lieu ; tous s'y procurent les *verbos,* palmes faites d'herbes, de plantes séchées et d'enveloppes de maïs que l'on sortira pour la procession du dimanche des Rameaux. Vient ***Pâques*** *(Velykos),* où l'on se baignait dans une rivière avant l'aube en signe de purification avant d'entreprendre le grand net-

L'AMOUR CADENASSÉ

Non, les multiples cadenas qui ornent certains ponts ne sont pas les vestiges de bécanes qu'on aurait volées ! Bien plus romantique, les Roméo en puissance et Juliette en douceur y gravent de petits cœurs et leurs prénoms, scellant leur attachement pour la vie : promis, juré, craché. Les statistiques sur le taux de séparations ne disent pas si ça marche...

toyage de printemps. Sympas, les Lituaniens jetaient la poussière chez le voisin en espérant qu'elle y reste toute l'année... Le Vendredi saint, tout s'arrêtait de peur qu'elle ne s'infiltre jusque dans les yeux du Christ ! Le samedi, après la messe, on peint encore les œufs, puis les enfants les cherchent dans le jardin. Enfin, voilà la ***Saint-Jean*** (*Rasų* ou *Joninės*), qui marque le solstice d'été. Comme dans les autres pays baltes, les citadins se retrouvent à la campagne pour entretenir jusqu'à l'aurore le grand brasier dans lequel se consument symboliquement leurs soucis passés. Des couronnes de fleurs sont abandonnées aux flots, et la mythique fleur de fougère est cherchée en vain... Dernier grand rendez-vous de l'année, ***Noël*** est célébré d'une manière assez similaire à la nôtre, avec un grand repas de réveillon *(Kucios)*... sans viande au menu, mais riche de douze plats, autant que d'apôtres. Impensable d'en zapper un, dit le dicton, sous peine de ne pas passer l'année !
De nombreux ***festivals de musique*** rythment aussi le calendrier. Parmi les plus importants : jazz à Kaunas en avril, country à Šiauliai en mai, classique à Vilnius en juin, festivals d'été dans le vieux centre de la capitale (musique, théâtre, danse), etc.

Jours fériés

- ***1er janvier :*** Nouvel An.
- ***16 février :*** restauration de l'État lituanien.
- ***11 mars :*** restauration de l'indépendance de la Lituanie.
- ***Mars-avril :*** fêtes de Pâques (lundi inclus).
- ***1er mai :*** fête du Travail.
- ***1er dimanche de mai :*** fête des Mères.
- ***24 juin :*** fête de la Saint-Jean.
- ***6 juillet :*** anniversaire du sacre du roi Mindaugas.
- ***15 août :*** Assomption.
- ***1er novembre :*** Toussaint.
- ***25 et 26 décembre :*** Noël.

HÉBERGEMENT

Le camping *(kempingas)*

Voyons le bon côté des choses : les sites des parcs nationaux offrent un cadre agréable à un prix modique (5 à 10 Lt, soit 1,50 à 3 €). Reste que l'on n'y trouve guère que quelques bancs et, avec un peu de chance, des toilettes primitives. Les campings privés sont encore assez peu nombreux. Certaines fermes invitent à planter sa tente dans un champ. Dans les zones les plus touristiques (Trakai, côte de la Baltique), quelques lieux disposent de vraies infrastructures. Emplacement de tentes autour de 10 à 20 Lt (3 à 6 €), et parfois autant pour garer sa voiture ! On peut aussi louer des bungalows ou des trailers – 200 Lt (58 €) en haute saison, moitié moins de septembre à mi-mai.

Les auberges de jeunesse

Ne vous attendez pas à la profusion, on ne compte encore qu'une dizaine d'AJ « officielles » (affiliées à l'IYHF) en Lituanie : à Vilnius, Trakai, Kaunas, Zervynos (dans un vieux village), Šiauliai, Klaipėda et Palanga. Tarifs en dortoir autour de 30 Lt (env 9 €), draps et petit déj en plus. Pour une chambre double, compter de 60 à 90 Lt (17,50 à 26 €). Les prix baissent parfois légèrement en hiver. *Site centralisé :* • *lithuanianhostels.org* •

Les *Bed & Breakfast*, logements à la ferme, etc.

Très populaires depuis quelques années, les logements à la ferme permettent de découvrir un peu mieux le quotidien des Lituaniens de la campagne. Certaines fer-

mes ont été entièrement rénovées pour accueillir des touristes, d'autres non ; pour s'y retrouver, c'est simple, un classement a été établi... de 1 à 4 cigognes ! Également de belles maisons de campagne qui n'ont pas grand-chose de la ferme. Chambres à partir de 30 Lt (9 €) pour les plus modestes et jusqu'à 80 Lt (23 €), voire plus, si le confort le justifie. On peut parfois louer toute la maison (à partir de 200 Lt, soit 58 €). Sympa, surtout lorsqu'on est au bord d'un lac, avec un sauna ou une *banya* (sauna russe) à disposition... Dîner souvent possible, autour de 15 à 30 Lt (4,50-9 €).
En ville, les locations de chambres chez l'habitant sont aussi en plein essor. Seul hic : difficile de savoir à quoi s'attendre.

Les hôtels

L'hôtellerie a mis les deux pieds dans la qualité, au travers d'établissements de tout acabit, simples ou luxe, pour tous les goûts. Tablez sur 200 à 300 Lt (29-43,50 €) à Vilnius, comptez environ la moitié en campagne. Subsiste aussi quelques rares vieux machins soviétoïdes, pour les nostalgiques... Pas excessifs, mais ne vous attendez pas à des miracles. Ambiance stalinienne glauque garantie.
Pour des infos complètes, deux sites de références : • hotels.lt • et • lithuanianhotels.com •

LANGUE

Cousin proche du letton mais encore plus archaïque, le lituanien descend comme lui d'une vieille souche indo-européenne associée au sanskrit et au hittite ! Des langues mortes. Autant dire que le lituanien ne ressemble à rien et que l'apprendre relève de la gageure. Au programme : sept cas et cinq groupes de déclinaisons, des diphtongues, une prononciation si pointilleuse qu'un mauvais accent tonique peut changer la signification d'un mot, et un alphabet de 32 lettres – dont 12 voyelles – plein de drôles d'occupants.
Voici en ce qui concerne la prononciation :

ą = « a »/« euh »
c = « ts »
č = « tch »
e = « è »
ė = « é »
ę = « è »
į = « i » long
j = « y » anglais
le r est roulé
š = « ch »
u = « ou » court
ų = « ou », plus long
ū = « ou », encore plus long !
ž = « j »

ON DONNE NOTRE LANGUE AU CHAT !

Mais en quel lieu les Lituaniens ne s'escriment-ils pas à améliorer leur anglais ? Les programmes audacieux et originaux ne manquent pas dans ce pays jeune et dynamique. On a même assisté à des cours audiovisuels dans certains bus de Vilnius... « I am waiting for the bus : repeat, please... »

Rassurez-vous, beaucoup de gens parlent l'anglais en ville, le russe, le polonais, et certains l'allemand.
Si l'expérience vous tente...

Oui	*Taip*
Non	*Ne*
S'il vous plaît	*Prašom*
Merci (beaucoup)	*Ačiū jums*
Bonjour (matin)	*Labas rytas*
Bonjour (après-midi)	*Laba diena*

Bonsoir	*Labas vakaras*
Salut !	*Sveikas / Labas*
Au revoir	*Viso gero (ou Ate)*
Excusez-moi	*Atsiprašau*
Je ne comprends pas	*Aš nesuprantu*
Parlez-vous anglais ?	*Ar kalbate angliškai ?*
Comment allez-vous ?	*Kaip sekasi / Kaip gyveni ?*
Bien, merci	*Ačiū, gerai*
Je m'appelle...	*Mano vardas...*
Où se trouve... ?	*Kur yra... ?*
Avez-vous... ?	*Ar yra... ?*
Je voudrais...	*Norečiau...*
Combien ça coûte ?	*Kiek kainuoja ?*
Boissons	*Gerimai*
Café	*Kavos*
Bière	*Alaus*
Vin	*Vynas*
Eau	*Vanduo*
Viande	*Mėsa*
Poulet	*Vištiena*
Poisson	*Žuvis*
Dessert	*Desertai*
La note	*Sąskaitą*
Un billet	*Bilietas*
Bon appétit !	*Skanaus !*
À la vôtre !	*I sveikatą !*
Ouvert	*Atidaryta*
Fermé	*Uždarita*
France	*Prancūzija*
Lundi	*Pirmadienis*
Mardi	*Antradienis*
Mercredi	*Trečiadienis*
Jeudi	*Ketvirtadienis*
Vendredi	*Penktadienis*
Samedi	*Šeštadienis*
Dimanche	*Sekmadienis*
1	*Vienas*
2	*Du*
3	*Trys*
4	*Keturi*
5	*Penki*
6	*Šeši*
7	*Septyni*
8	*Aštuoni*
9	*Devyni*
10	*Dešimt*
100	*Šimtas*
1 000	*Tūkstantis*

POSTE

Les bureaux de poste sont généralement ouverts en semaine de 9h à 18h et le samedi jusqu'à 14h. Les cartes postales à destination de l'Union européenne doivent être timbrées à 1,20 Lt (0,35 €) et les lettres pesant moins de 20 g à 1,70 Lt (0,50 €).

SITES INTERNET

• ***pays-baltes.com*** • Présentation généraliste et infos pratiques sur les trois pays baltes (en français).

• ***tourism.lt*** • Le site de l'office de tourisme lituanien (en anglais). Pas très complet, mais on y trouve la liste de tous les offices de tourisme locaux, avec des liens.
• ***travel.lt*** • Un autre guide officiel en anglais. Infos généralistes, présentation succincte des villes et des principaux centres d'intérêt du pays, culture, réservation d'hébergements en ligne (pas très didactique), etc.
• ***inyourpocket.com/lithuania/en*** • La version web du magazine dédié aux touristes. Plein d'infos pratiques sur les principales villes du pays. En *English.*
• ***muziejai.lt*** • Intéressant panorama des musées lituaniens (en français !).
• ***maps.lt*** • Cartes de la Lituanie en ligne, par l'IGN local : des régions jusqu'aux plans de villes, avec niveaux de zoom intermédiaires. Même des vues de l'espace.
• ***ambafrance-lt.org*** • L'ambassade de France en Lituanie.
• ***francaisdelituanie.forumpro.fr*** • Forum des expats francophones : en séparant le bon grain de l'ivraie, quelques bons plans à soutirer.

TÉLÉPHONE ET TÉLÉCOMMUNICATIONS

Téléphone

Pour appeler la Lituanie depuis l'étranger, composez le 00 pour l'international, le 370, puis l'indicatif régional (5 pour Vilnius) et le numéro. Dans l'autre sens, l'international s'obtient parfois par le 00, puis le 1 pour le Canada, le 31 pour la Suisse, le 32 pour la Belgique et « dites 33 » pour la France. Liste des indicatifs régionaux sur • *telecom.lt* •
Les cabines fonctionnent toutes avec des cartes *(telefono kortelė),* vendues par les kiosques *Lietuvos Spauda,* bureaux de poste, voire certains hôtels et restaurants. Elles se déclinent 9, 13, 16 et 30 Lt (2,60, 3,80, 4,60 et 8,70 €). Les instructions peuvent être affichées en anglais sur les appareils.
Au chapitre téléphone, il est amusant de noter que la Lituanie recense plus de téléphones portables (4,1 millions) que d'habitants (3,4 millions).

Internet

L'usage d'Internet est désormais généralisé. On trouve des cybercafés rapides à Vilnius, quelques-uns également à Kaunas et Klaipėda, beaucoup moins dans le reste du pays. Tarifs très abordables : tablez sur environ 1,50 € l'heure.

TRANSPORTS INTÉRIEURS

– En Lituanie comme dans les autres pays baltes, le ***train*** n'est plus ce qu'il était : le réseau a été largement allégé depuis le retour à l'indépendance. Les liaisons sont assez peu fréquentes (bien moins que le bus), sauf sur le tronçon reliant Vilnius à Kaunas. Elles sont aussi moins rapides qu'en bus. Éviter les omnibus, d'une lenteur d'escargot. Carte complète des liaisons et horaires sur le site • litrail.lt/kelen.nsf • (en anglais).
– ***Le bus*** s'avère le meilleur moyen de parcourir le pays. Plusieurs compagnies se font concurrence, en particulier *Toks (• toks.lt •),* basée à Vilnius, et *Kautra (• kautra.lt •)* au départ de Kaunas. On peut compter sur une bonne vingtaine de liaisons par jour entre les deux premières villes du pays et au moins une ou deux sur les autres agglomérations. Toujours préférer les Express (marqués E), à moins de vouloir y passer le réveillon... Les étudiants bénéficient de 30 % de réduction sur présentation de leur carte ISIC. Des minibus desservent les liaisons plus courtes, en particulier sur la côte de la Baltique.
Liaisons internationales fréquentes vers les pays limitrophes, mais aussi vers les grandes capitales européennes.
– ***La location de voitures*** permet de parcourir le pays à son rythme, en s'attardant dans la campagne et les parcs nationaux. Idéal pour ceux qui en ont les moyens.

Comme d'hab', compagnies internationales plus sûres et plus chères, compagnies locales plus incertaines (toujours vérifier les garanties souscrites). Les routes lituaniennes sont bonnes quand elles sont goudronnées, ce qui n'est pas toujours le cas, surtout dans les régions rurales. Là, attendez-vous plutôt à de la piste roulante, boueuse et parfois défoncée lorsque la pluie s'acharne.
L'hiver, certains axes mineurs sont abandonnés à la neige. Mieux vaut éviter de conduire de nuit : animaux, charrettes, cyclistes bourrés, panneaux peu visibles (ce qui n'est pas très grave quand il n'y en a pas...), etc. La vitesse est limitée à 50-60 km/h en ville, 90 km/h sur les routes, 110 km/h sur les voies rapides en hiver et 130 km/h en été. Côté alcool, la maréchaussée lituanienne est aux aguets : maxi 0,4 g d'alcool ! (Ils réfléchissent au zéro gramme...)
– ***Les ferries*** desservent essentiellement deux lignes très courtes entre Klaipėda et le cordon littoral de Courlande. Passages fréquents. Il existe aussi quelques lignes vers la Suède, le Danemark et l'Allemagne ; traversées longues et plutôt chères.

LITUANIE : HOMMES, CULTURE ET ENVIRONNEMENT

La Lituanie est le plus grand des trois pays baltes, celui qui possède aussi l'histoire la plus tourmentée, après avoir été un grand royaume... sans cesse occupé par la Pologne, l'Allemagne, la Russie, c'est la Lituanie qui affronta la première l'URSS, en 1989-1990, montrant la voie de l'indépendance. Aujourd'hui, comme ses consœurs baltiques, elle intègre de façon dynamique l'Union européenne. D'ailleurs, si on y inclut la Russie, la Lituanie serait le centre géographique de l'Europe (à 25 km de Vilnius exactement). Voilà l'occasion rêvée de partir à la découverte de ces contrées méconnues parsemées de nombreux lacs, de forêts épaisses et de quelques parcs nationaux magnifiques.

BOISSONS

La bière

En Lituanie comme dans les autres pays baltes, tout tourne autour de la bière, blonde *(šviesus alus)* ou parfois brune *(tamsus alus)*. Le rendez-vous galant, la nouba avec les copains, le match de basket à la télé, la bonne cuite des familles... pas un rendez-vous ne lui échappe. Chaque Lituanien en boit 78 litres par an ! Avec un pic de consommation au moment du Festival international de la bière. Il faut dire que le choix est vaste : *Utenos, Kalnapilis, Švyturys, Horn...* ; les marques se multiplient comme les petits pains à Pâques. Légère à l'œil et au gosier, la bière locale n'est pas si innocente qu'elle y paraît : attention à la gueule de bois ! Pour éponger, commandez donc vous aussi quelques snacks – pain frit à l'ail, fromage et oreilles de porc fumées, etc.

Les autres alcools

Les Lituaniens aiment lever le coude, pas de doute là-dessus. Sans doute est-ce une des raisons pour lesquelles les alcools les plus divers prolifèrent : vodka locale *(degtinė)* bon marché et pas plus mauvaise qu'une autre, à laquelle les jeunes préfèrent de plus en plus le gin et le whisky ; *kvass* léger obtenu à partir de farine d'orge ou de seigle fermentée ; liqueurs de fruits ou d'herbes, souvent servies avec le thé, et *samanė* culminant à 50°.

Mais aussi...

Les abstinents pourront boire du thé *(arbata)* à toute heure de la journée. On en trouve du très bon aux fruits rouges.

CUISINE

De tous les pays baltes, c'est sans conteste en Lituanie qu'on mange le mieux. Paysanne, parfois rustique mais généralement savoureuse (et fort chargée en calories...), la cuisine traditionnelle s'inspire largement du savoir-faire polonais, sans

négliger quelques apports russes. Cela dit, ces dernières années, les omniprésentes pommes de terre et betteraves ont en partie cédé la place aux modes venues d'Occident : pizza à tous les repas !
Pour casser la croûte à pas cher, mettez de préférence le cap sur les cafés *(kavinė)* ou les pubs. Après une bonne bière et quelques oreilles de cochon grillées, on y trouve toujours les classiques du pays, plus ou moins réussis. Les *restoranas* sont moins bon marché mais offrent un choix plus vaste. Quant aux *užeiga* (auberges) et autres *smuklé* (tavernes), ils jouent le plus souvent sur une note folklorique. On peut s'en tirer pour 15 Lt (4,30 €).

Les hors-d'œuvre

Pas un choix fou, mais beaucoup de bonnes choses qui peuvent constituer un repas léger. Le hareng *(silkė)* mariné ou fumé, si tendre qu'il fond comme la soie dans la bouche, est servi avec des patates, des oignons émincés, de la crème aigre, parfois des noix. L'anguille fumée *(rukytas unguris)* vaut aussi le détour, comme le caviar rouge *(raudona ikra)*, des œufs de saumon à étaler sur des blinis tout chauds. Un régal ! Côté légumes, rien de garanti. On se retrouve souvent avec une assiette de champignons marinés *(marinuoti grybai)*, une salade de chou *(kopūstų)* ou de betteraves rouges *(burokas)*. « Vinaigrette » pas top, souvent gluante. Le *šaltibarščiai*, servi en été, est un *borchtch* (soupe) froid à la betterave. L'hiver, logique, il est chaud...

Les plats de résistance

Le Lituanien est un vrai doryphore. Côtelettes de porc *(kepsnys)*, grillées ou panées, veau *(veršiena)*, paupiettes *(zrazy)*, langue de bœuf *(liežuvis)*, brochettes à la caucasienne *(šašlykas)*... Pas une viande n'est servie sans sa dose de patates bouillies ou ses galettes grillées arrosées de crème aigre *(blynai)*. Ces dernières peuvent incorporer jambon, champignons, hareng et mille autres choses encore – idéal pour un repas bon marché. Les Lituaniens, comme les Polonais, ont même des plats conçus uniquement à partir de pommes de terre : *védarai* (saucisses), *cepelinai* (Zeppelins !) farcis de viande, *kugelis* (gâteau de pommes de terre), et on en oublie sans doute... Pour mettre un peu de diversité, prenez du chou, très bon farci à la viande et au riz *(balandėliai)*, ou optez pour les raviolis à la viande et aux champignons *(koldūnai)*. Autres options : la *zrazai*, bœuf roulé au porc salé, ail et graines de carvi, ou les saucisses *(dešrelės)*, souvent épicées.
Le poisson ne figure que sur quelques menus, et encore, plutôt à la campagne et en bord de mer. En dehors du hareng, on trouve surtout truite *(upėtakis)*, saumon *(lašiša)* et morue *(menkė)*.

Les desserts

Rien de mieux, pour finir le repas, qu'une de ces délicieuses petites crêpes (*blyneliai*, à ne pas confondre avec les *blynai*) : à la banane, aux pommes, à la confiture ou nappées d'un coulis de fruits. Et puis, tous les classiques : glaces *(ledai)*, compotes *(kompotas)*, gâteaux divers et variés *(pyragai)*.

ÉCONOMIE

Le chaos initial

Fortement intégrée à l'économie soviétique, la Lituanie a connu, plus encore que ses deux voisins baltes, une période de transition difficile après le retour à l'indépendance. En 1992, la situation confine au chaos : manque d'approvisionnement en énergie (russe), chute de 40 % de la production, libéralisation des prix qui voit valser les étiquettes, inflation galopante record (1 100 % !), stagnation des salaires et perte drastique de pouvoir d'achat, alors même que les logements sont en partie privatisés, manque de liquidités obligeant le gouvernement à émettre des bons, on en passe et des meilleures... La voie radicale choisie par le gouvernement élu fin 1992 semble pourtant porter ses fruits : en 1994, le pays, désormais muni de sa propre monnaie, le *litas,* commence à sortir la tête de l'eau. Déjà, on le considère comme l'un des meilleurs élèves du FMI en Europe de l'Est. Aide et investissements étrangers augmentent constamment.

Dur retour à la normalité

En 1995, pour la première fois depuis l'indépendance, la croissance sort du congélateur. Elle atteint 5 % en 1996, puis 7 % en 1997 ; l'inflation est jugulée. Tout semble aller pour le mieux dans le meilleur des mondes économiques. Et boum, voilà la crise russe qui débarque... La Lituanie est alors l'État balte dont les échanges avec le puissant voisin sont les plus importants. Tous les indicateurs passent au rouge. Pendant deux ans, le pays mange son pain noir : chômage et déficit élevés. La Lituanie sera le dernier des trois pays baltes à redécoller, en 2001, grâce à la poursuite des réformes structurelles et de l'investissement étranger. Le commerce se réoriente vers l'Union européenne. S'ensuivit une phase faste : une croissance de 7,5 % en 2006, un PIB par habitant dépassant les 10 000 €. De quoi faire rêver à l'Ouest, avec un quasi-plein emploi : taux de chômage à 4,1 % en 2006. Précisons toutefois que ce chômage est de longue durée dans un cas sur deux et que l'émigration vers l'étranger a contribué à la diminution des demandeurs d'emplois. Les finances publiques sont sous contrôle, avec un excédent budgétaire de 0,02 % du PIB en 2006 et une dette publique contenue à 18,2 %. Résultant en partie de la hausse de l'énergie, elle est aussi la conséquence logique du succès économique du pays, poussé par la hausse des salaires, l'envolée du crédit à la consommation et le dynamisme de l'investissement. Environ 80 % du PIB lituanien est aujourd'hui généré par le secteur privé : la privatisation est achevée pour l'ensemble du secteur bancaire, de l'électricité et du gaz, et pour une part importante du secteur pétrolier et des compagnies de navigation. La Lituanie a diversifié ses partenaires commerciaux : l'Union européenne, Allemagne en tête, s'affirme comme le premier partenaire, même si la Russie garde ce titre au plan bilatéral, grâce au secteur de l'énergie. Grâce à l'appui des fonds européens, le pays poursuit la modernisation de ses infrastructures : routes, chemin de fer...

La Lituanie envisage, avec ses partenaires baltes, voire polonais, de construire une nouvelle centrale nucléaire, qui pourrait prendre la suite de celle d'Ignalina, dont le second réacteur, conformément aux engagements du pays, doit être mis hors service à la fin 2009. Le nouveau gouvernement issu des élections de la fin décembre craint la dépendance de la Russie pour ses fournitures d'électricité. En outre, plusieurs autres projets sont prévus : interconnexions électriques (câble sous-marin) avec la Suède, tronçon lituanien de l'axe ferroviaire européen *Rail Baltica* et construction d'un nouveau port en eau profonde à Klapeida. Mais par-dessus tout, la Lituanie attend avec impatience son entrée dans la zone euro. Elle espérait pouvoir y entrer le 1er janvier 2007, mais sa candidature n'a pas été retenue, en raison d'un taux d'inflation trop élevé : 4,9 % en 2007. Prochain

CONFUSION SUR LA FISSION

Souci de taille pour la Lituanie : l'approvisionnement en énergie. Sans autres ressources, le pays continue d'exploiter le réacteur nucléaire d'Ignalina, petit frère de celui de Tchernobyl. La communauté européenne fait pression pour qu'il ferme au plus vite, mais le nouveau site destiné à le remplacer peine à arriver. Un référendum, en 2008, a confirmé la volonté des Lituaniens de prolonger le réacteur, mais il n'a pas été validé du fait de l'abstention : masse critique insuffisante...

rendez vous en 2010. Évidemment, ce sujet monétaire, comme celui de l'économie lituanienne en général, est soumis aux aléas de la décroissance mondiale.

GÉOGRAPHIE

La Lituanie s'ouvre sur la grande plaine européenne, étirée de l'Allemagne à la Russie. Son relief est logiquement des plus plat : la moyenne nationale s'établit à 99 m, avec pour point culminant (pas si culminant que ça...) la colline de Juozapine, à 294 m. Les seuls reliefs sont en fait constitués par des débris morainiques, laissant apparaître, de-ci de-là, un grand nombre de rivières et quelque 2 830 lacs d'origine glaciaire !
Un grand fleuve, le Niémen (Nemunas), né en Biélorussie, draine la majeure partie des eaux. Il marque la frontière avec la poche russe de Kaliningrad. Parvenu sur la côte de la Baltique, il se jette en un vaste delta fréquenté par des millions d'oiseaux migrateurs. La façade maritime, courte, s'étend tout juste sur 99 km. Mais quelle façade ! Les courants et les vents marins, entassant le sable, y ont dessiné l'un des plus longs cordons littoraux au monde, colonisé par les pins et séparé du continent par une lagune. Les dunes y atteignent des proportions imposantes : près de la frontière russe, elles dépassent 60 m. La région, baptisée côte d'Ambre, y a gagné le surnom de « Sahara lituanien » ! La péninsule de Courlande a même été inscrite au Patrimoine mondial de l'Unesco en l'an 2000.
Les terres fertiles de l'intérieur occupent près de la moitié du pays. Champs bien ordonnés, semeurs, épouvantails, prairies fleuries, meules de paille, cigognes balisant les pylônes et les cheminées, la Lituanie est une contrée aux images fleurant bon la campagne d'autrefois. L'été, coquelicots et bleuets foisonnent au milieu du blé, tandis que les lupins bleus colonisent des pans entiers de forêt (30 % du territoire). Pour le plus grand plaisir des Lituaniens, l'IGN français a localisé, en 1989, le centre de l'Europe au cœur du pays, à deux pas de Vilnius – avec inscription au *Guinness Book* ! Le 1er mai 2004, date de l'entrée du pays dans l'Union, un monument a été dressé en ce lieu symbolique.

HISTOIRE

Il était une fois...

Il y a environ 4 000 ans, les ancêtres des Lituaniens arrivent de Russie centrale. Ils ne sont pas slaves : leur langue, proche du sanskrit, témoigne de leurs racines indo-européennes. Les différentes tribus sont liées par des croyances attachées aux choses de la nature. Perkūnas, dieu de la Foudre, est maître du panthéon.
Vers le Ve s, les peuples baltes s'allient pour résister aux invasions des Vikings. À la fin du premier millénaire, Allemands et Slaves menacent à leur tour, favorisant en Lituanie l'émergence d'une première volonté centralisatrice. Quelques forteresses sont bâties à Kernavė, Trakai et Vilnius. Le pays est mentionné pour la première fois dans un texte en 1009, après le martyre du missionnaire allemand Bruno de Querfurt et de ses compagnons. Sans frontières naturelles, les Lituaniens vont devoir livrer combat tous azimuts pour affirmer leur indépendance.

Un grand-duc pour la Lituanie

Aux marges du monde connu, la Lituanie ne fait son entrée dans l'histoire qu'au XIIIe s. Païenne toujours, elle s'érige en État sous la coupe du roi Mindaugas après la conquête de la Biélorussie (1236). Au même moment, les chevaliers germaniques de l'ordre des Porte-Glaive, installés à Riga à l'appel du pape pour convertir les peuples baltes, attaquent le pays des Samogites, à l'ouest de la Lituanie : celui-ci fait barrage entre la Livonie et la Prusse, déjà soumise. Espérant tuer dans l'œuf les revendications allemandes, Mindaugas se convertit au christianisme. Il

est couronné en 1253 par un légat du pape. Mais sa noblesse, attachée au paganisme, le fait bientôt assassiner... Fin du premier épisode chrétien en Lituanie : la cathédrale de Vilnius est rasée.
Tout au long du siècle suivant, les attaques germaniques se poursuivent : chevaliers Teutoniques à l'ouest, ordre Livonien au nord, motivés tout autant par l'appât du gain que par le zèle religieux. À la fin du XIIIe s, après l'éviction de Terre sainte par les armées musulmanes, les chevaliers Teutoniques décident de se consacrer à la seule région balte. Ses richesses, dit-on, sont grandes : fourrures, ambre, épices venues d'Orient... Des nobles occidentaux, français et anglais en particulier, inspirés par les récits mythiques de la Table ronde, participent aux expéditions. Entre 1345 et 1382, on compte pas moins de 100 attaques cumulées et 42 contre-attaques samogites et lituaniennes...
Ainsi limités dans leur expansion, les Lituaniens portent leur attention vers le sud : sous la direction du grand-duc Gediminas, ils conquièrent un immense territoire en Russie et en Ukraine. Les chefs slaves sont intégrés à l'État lituanien, dont la langue officielle devient le ruthénien (un dialecte slave).

Le mariage polonais

Lorsque, en 1382, le roi de Pologne Louis d'Anjou meurt sans héritier mâle, sa cour se tourne vers l'Est : pour mieux résister aux attaques germaniques incessantes, elle propose l'alliance avec la Lituanie païenne. Edwige d'Anjou (Jadwiga) épousera Jogaila, le petit-fils de Gediminas. En échange de ce royal cadeau, le grand-duc s'engage à faire de son empire un royaume chrétien (1387), ce qui n'empêchera pas la religion traditionnelle de perdurer dans le pays samogite. Jogaila, devenu Jagellon (alias Ladislas II), s'installe sur le trône commun, à Cracovie. Mais la tumultueuse Lituanie ne l'entend pas de cette oreille : une rébellion, menée par son cousin Vytautas, refuse la « trahison ». Un compromis est finalement trouvé : Vytautas est fait grand-duc de Lituanie, tandis que Jagellon conserve le trône du double royaume.
Forts de leur nouvelle alliance, les Polono-Lituaniens, aidés des Russes, des Tchèques et même, pour l'occasion, des Tatars, anéantissent les chevaliers Teutoniques en 1410, lors de la bataille de Tannenberg (Grunwald ou Žalgiris selon l'interlocuteur...). Ils cessent, dès lors, d'être une force qui compte en Europe. Le grand-duché, à son apogée, s'étend jusqu'aux confins de la mer Noire : un territoire douze fois plus grand que celui de la Lituanie actuelle ! Après la mort de Vytautas, en 1430, le pays est peu à peu assimilé à la Pologne. Au XVIe s, la majeure partie de la noblesse lituanienne parle de préférence le polonais.

Appétits cannibales

En 1569, la Lituanie, menacée à l'est par l'expansionnisme russe, accepte à contrecœur l'union pure et simple avec la Pologne. Les deux nations forment un unique royaume parlementaire, avec un tiers des sièges dévolus à la Lituanie. Seuls les nobles et les riches y sont représentés ; ce sont eux, désormais, qui élisent le roi. Leurs intérêts et leurs divergences vont, peu à peu, ruiner et affaiblir ce qui est alors le plus grand royaume d'Europe. En Lituanie, les jésuites créent écoles et monastères ; à Vilnius, la première université du pays voit le jour (1579) dans le but de combattre la Réforme. Mais déjà, la Lituanie n'est plus considérée que comme une simple province.
Le XVIIe s est marqué par l'affrontement des grandes puissances de la Baltique (Pologne, Suède, Russie). Dans un premier temps, le royaume s'agrandit au nord, englobant le sud de l'actuelle Lettonie, mais les finances souffrent et la Russie s'affirme sans cesse plus puissante. Devenue maîtresse de la Livonie en 1710, celle-ci impose bientôt ses hommes sur le trône polonais, puis rogne sur les frontières. En 1795, les dépouilles du royaume polono-lituanien sont partagées avec la

Prusse et l'Autriche. La Lituanie devient russe, intégralement. Une politique d'assimilation se met aussitôt en place. En 1812, seule parenthèse durant le siècle d'occupation à venir, Napoléon libère un instant les Lituaniens au cours de son odyssée russe.

La Renaissance nationale

Insoumis, les Lituaniens se rebellent : une première fois en 1831, une seconde en 1863, aux côtés des Polonais. La répression est sans nuance. Plus encore que les pendaisons de leurs chefs, les insurgés et toute la nation réprouvent la campagne de russification intensive qui suit : les églises catholiques sont fermées, le lituanien est interdit d'enseignement et de publication... et même d'être parlé en public ! Les Lituaniens puisent dans cette injustice la force nécessaire aux premières revendications nationalistes. Dégagés de l'empreinte polonaise, ils se rêvent à nouveau autonomes et l'écrivent dans le magazine *Aušra (L'Aube),* publié à partir de 1883 à Königsberg (Kaliningrad) et distribué clandestinement en Lituanie. La nation s'affirme aussi dans les arts, comme à travers les œuvres du peintre et musicien M. K. Čiurlonis. En 1904, enfin, la langue lituanienne retrouve tous ses droits ; une explosion culturelle s'ensuit.

Parenthèse (presque) libre

La Première Guerre mondiale touche la Lituanie de plein fouet : elle est occupée durant trois ans par les troupes allemandes. En décembre 1917, soucieux de profiter de la prise de pouvoir bolchevik en Russie, les leaders nationalistes proclament le pays indépendant et sous protection allemande. Le 16 février, ils réitèrent leur déclaration d'intention, sans plus mentionner l'Allemagne... Quelques mois plus tard, la fin de la guerre leur donne pleine liberté de s'ériger, enfin, en république. Tout aurait pu être simple. Mais les Bolcheviks d'un côté, les Polonais de l'autre, font valoir leur veto. Deux ans de combats débouchent sur la perte de Vilnius, qui restera polonaise jusqu'en 1939, puis sur le retour dans le giron lituanien de Memel (Klaipėda), jadis allemande et placée en 1919 sous le contrôle français. Kaunas est faite capitale « par intérim » du nouvel État. Malheureusement, dès 1926, la Lituanie, craignant un rapprochement des partis de gauche avec les Soviétiques, bascule dans la dictature sous la coupe du président nationaliste Antanas Smetona. Il restera au pouvoir jusqu'en 1939, gouvernant un pays fort isolé... mais à l'économie prospère.

Vautours et rapaces

En mars 1939, Hitler, poursuivant sa politique de rattachement des territoires germaniques, occupe Klaipėda sans provoquer de réaction internationale. L'été suivant, le pacte secret Molotov-Ribbentrop place la Lituanie dans la sphère d'influence soviétique. Lorsque la guerre éclate, l'Armée rouge occupe l'est de la Pologne et « rend » Vilnius à la Lituanie. Tout cela avec une idée derrière la tête... En vertu d'un traité d'amitié imposé par la menace, des troupes soviétiques s'installent sur le territoire. En juin 1940, les trois États baltes sont occupés. En Lituanie comme ailleurs, des élections truquées propulsent au pouvoir un gouvernement communiste qui demande l'intégration à l'URSS. Exécutions et déportations se multiplient (35 000 exilés iront croupir en Sibérie !).
En 1941, leur offensive sur l'URSS à peine lancée, les troupes nazies occupent la Lituanie – au grand soulagement de certains habitants. Dans les semaines qui suivent, les juifs du pays (environ 240 000) sont fusillés ou déportés dans les camps de concentration. En tout, plus de 90 % de la population juive de Lituanie sera exterminée au cours des trois années d'occupation. Le retour de l'Armée rouge en juillet 1944 se solde par la réintégration de la Lituanie dans l'URSS et l'arrestation

de près de 250 000 personnes, qui seront envoyées dans les camps staliniens. Les citoyens d'origine polonaise sont en grande partie renvoyés en Pologne.

NORMANDIE-NIÉMEN

Qu'est-ce qui peut regrouper sous un même nom une région française et le grand fleuve de Lituanie ? La guerre et le front anti-nazi qui fit engager des troupes françaises aux côtés des Alliés, dont les troupes soviétiques. C'est ainsi que l'escadron de chasse « Normandie » participa à la bataille du Niémen en Lituanie et s'y illustra. Une unité rebaptisée « Normandie-Niémen » par Staline lui-même.

La République socialiste soviétique de Lituanie

Née dès 1944, la résistance lituanienne des Frères de la Forêt poursuit le combat jusqu'en 1953, date de l'arrestation de son chef. Le pays est alors totalement sous la coupe soviétique. Ironie du sort, c'est du propre rang des communistes locaux que vient la rébellion : soucieux de défendre leur culture, les membres du Soviet Suprême lituanien, mettant à profit la timide libéralisation khrouchtchevienne, combattent la russification. La direction est démise en bloc, accusée de dérive. Contrairement aux deux autres pays baltes, la Lituanie, essentiellement agricole, échappe à l'industrialisation à outrance et à l'arrivée massive de travailleurs de l'URSS – un fait à l'origine de sa cohésion.

La liberté retrouvée

La Lituanie, devançant ses voisins baltes, s'appuie sur l'Église pour manifester son mécontentement dès les années 1970. Il faut toutefois attendre l'arrivée au pouvoir de Mikhaïl Gorbatchev et l'avènement de la perestroïka pour observer de véritables changements. Des manifestations ont lieu durant l'été 1987 pour demander la publication du pacte Molotov-Ribbentrop – un sujet tabou dans l'URSS. L'année suivante, le succès croissant du mouvement nationaliste Sajūdis pousse le président du Soviet Suprême, Algirdas Brazauskas, à soutenir (timidement) la thèse indépendantiste. En août 1989, deux millions de Baltes se rejoignent pour former une même chaîne humaine entre Tallinn et Vilnius (650 km !).
En février 1990, un raz-de-marée électoral (106 sièges sur 114) porte au pouvoir le mouvement Sajūdis et son porte-parole, le musicologue Vytautas Landsbergis. Le nouveau Parlement proclame l'indépendance – une première pour une république soviétique. Le drapeau jaune (blés), vert (prairies et forêts) et rouge (sang) est hissé au sommet de la tour de Gédiminas, à Vilnius. Une ultime intervention de l'armée soviétique, en janvier 1991, ne mène à rien. Quant à la tentative de putsch à Moscou en août, elle pousse à la reconnaissance des indépendances baltes par la communauté internationale. Comble de l'ironie, le Parti démocratique du travail, mené par Algirdas Brazauskas, remporte les premières élections législatives, puis la présidentielle de 1993. Les derniers soldats russes quittent la Lituanie en août.
En mai 2004, le pays adhère à l'Otan, intègre l'Union européenne, ratifie, le premier des 25, le Traité constitutionnel (des euro-enthousiastes, ces Lituaniens !), voit revenir à la présidence de l'État Valdas Adamkus (déjà président de 1998 à 2003). Point d'orgue, 2009 marque les festivités de son premier millénaire d'existence.

PERSONNAGES

– ***Mikalojus Konstantinas Ciurlionis** (1875-1911) :* compositeur et peintre, il a mené une vie fructueuse. En 35 ans, il composa plus de 200 œuvres musicales et plus de 200 tableaux, dont aucun ne fut vendu de son vivant. L'écrivain Romain Rolland a qualifié son travail de « continent complètement nouveau » et l'homme de « Christophe Colomb ». Compositeur dans la première partie de sa vie, il excelle dans des poèmes symphoniques où la nature tient une grande place. À partir de 1907, il ne s'adonne plus qu'à la peinture. Aux confluents de l'art symboliste et de l'art abstrait, ses tableaux témoignent d'un monde fantastique, musical, mystique et visionnaire. Bien que très particulier, son art est en accord avec les grands mouvements qui traversent à cette même époque la Pologne et la Russie, mais aussi l'Allemagne et la France, pays où il est aujourd'hui reconnu. Il est mort dans la misère près de Varsovie. La plupart de ses œuvres musicales et picturales se trouvent au *musée Ciurlionis,* construit en 1967 à Kaunas. De nombreuses rues, places et jardins portent son nom en Lituanie.

– ***Emmanuel Levinas*** *(1906-1995)* **:** le philosophe naturalisé français en 1930 est né à Kaunas, dans une famille imprégnée de tradition juive.

– ***Arvydas Sabonis*** *(né en 1964)* **:** une légende vivante, l'équivalent de Zidane pour le basket, le sport national en Lituanie. Ce géant (2,20 m) a en effet tout gagné avec son pays, mais surtout avec l'URSS dans les années 1980. Champion du monde (1982 et 1985), champion olympique (1988), champion d'URSS avec Kaunas à 3 reprises, il est le premier joueur lituanien à évoluer en NBA (la ligue nord-américaine). Nominé pour le titre de rookie de l'année et pour le titre de meilleur sixième homme durant sa première saison, il jouera 7 ans pour les Portland Trail Blazers. En 2003, il décide de retourner en Lituanie dans son club du Žalgiris Kaunas, dont il est devenu l'un des plus importants actionnaires. Il y a même été désigné meilleur joueur de la saison à l'âge de 40 ans.

POLITIQUE

République parlementaire, la Lituanie est dirigée par un président aux pouvoirs assez limités. La Seimas, chambre unique du Parlement élue pour quatre ans, dispose de compétences larges. En janvier 2003, les Lituaniens ont élu à la présidence le populiste de droite Rolandas Paksas, maire de Vilnius, ancien Premier ministre et pilote de voltige chevronné. Mais dès début 2004, le Parlement a entamé une procédure de destitution à son encontre en raison de ses liens présumés (et en partie prouvés) avec la mafia russe... Rien que ça ! De nouvelles élections ont été organisées en juin 2004, ramenant à son poste Valdas Adamkus, président du pays de 1998 à 2003. Ce Lituanien d'origine a passé la majeure partie de sa vie aux États-Unis, où il appartenait... au Parti républicain. Voilà qui donne le ton de la politique étrangère lituanienne.

Les dernières élections législatives, en octobre 2008, ont renversé la vapeur en retirant aux sociaux-démocrates le pouvoir qu'ils avaient depuis 2001. Une coalition de centre-droit voit le jour. Andrius Kubilius devient Premier ministre.

QUI VEUT GAGNER DES MILLIONS... DE VOIX ?

Les jeux sont faits, rien ne va plus ! Les élections législatives de 2008 auront défrayé la chronique en propulsant le Parti populaire de la résurrection (rien que ça !) d'Arunas Valinskas en deuxième position des votes. Beau succès pour ce présentateur vedette du « Qui veut gagner des millions ? » local et ses colistiers choisis dans les célébrités locales. Finalement, la démocratie est-elle un jeu ?

POPULATION

Contrairement aux autres pays baltes, la Lituanie affiche une bonne cohésion démographique : 83 % de sa population est de culture et de langue lituaniennes – et cette proportion ne cesse d'augmenter depuis le retour à l'indépendance. Cette spécificité est due en grande partie au développement moindre de l'industrie à l'époque soviétique, ce qui évita un afflux massif de travailleurs de l'Union. Le pays compte aujourd'hui deux minorités importantes : les Polonais, installés de longue date, à l'époque où Lituanie et Pologne ne faisaient qu'un (6,7 % de la population), et les russophones (6,3 %), dont beaucoup sont repartis après 1991. Vers 1930, les Polonais représentaient 70 % de la population de Vilnius ! Les Biélorusses sont 1,5 % et les Ukrainiens moins de 1 %. Ajoutons à cela quelques minorités importantes au regard de l'histoire mais aujourd'hui très faibles en nombre. En revanche, le pays se dépeuple. Le facteur migratoire y participe pour beaucoup. Pas mal de jeunes vont à Londres ou Dublin pour trouver du travail. Aujourd'hui, plus d'un million de Lituaniens vivent à l'étranger.

Les juifs

Installés à partir du XIVe s sous la protection du grand-duc Gediminas, les juifs lituaniens, nommés *litvaks,* formèrent une communauté florissante, culturellement très active. On venait jadis de toute la diaspora ashkénaze pour étudier dans les *yeshivas* de Vilnius. On compta même plus de cent synagogues dans la capitale, surnommée « la Jérusalem du Nord »... Vers 1900, 40 % de la population citadine du pays était juive. Déportés et exécutés en masse sous l'occupation nazie, les *litvaks* sont moins de 10 % à avoir échappé à l'Holocauste – faisant de la Lituanie le plus meurtri des pays d'Europe de ce point de vue. Les survivants ne trouvèrent guère de réconfort sous le régime soviétique, et il fallut attendre les années 1990 pour voir un timide renouveau. En 2006, la Lituanie s'est engagée à restituer aux juifs les biens confisqués pendant les occupations nazie et soviétique, pour un montant estimé à près de 50 millions d'euros.

Les caraïtes

Étonnante minorité que celle-ci ! D'origine mésopotamienne et de culture juive, les caraïtes formèrent une secte au VIIIe s, rejetant la tradition orale en faveur de la tradition écrite – un credo qui les a fait surnommer « protestants juifs ». Une communauté importante vit le jour en Crimée au XIIIe s. En 1397, le grand-duc Vytautas, qui venait de soumettre la région, les engagea pour former sa garde personnelle. Une communauté caraïte se forma autour du château de Trakai, en Lituanie – où elle demeure aujourd'hui, conservant sa langue d'origine turque. On peut voir la *kenessa* (une sorte de synagogue) et un musée dédié au caraïsme et à son histoire. Le plus petit groupe ethnique de Lituanie : les caraïtes ne sont que 260 !

Les Tatars

Installés en Lituanie à la même époque que les caraïtes, les Tatars appartenaient à la partie adverse : descendants des soldats de la Horde d'Or et du khanat de Crimée, ils débarquèrent en conquérants et en colons. Ils fondèrent des villages aux marges du grand-duché et finirent par être assimilés en échange de leurs services militaires. Leur langue s'évanouit, mais ils sont parvenus à conserver quelques traditions et, surtout, leur religion musulmane. On estime aujourd'hui leur nombre à un peu plus de 5 000 personnes. Depuis 1998, un mufti veille à nouveau sur ces âmes d'islam noyées dans un océan de catholicisme.

Les Samogites

Difficile de faire des Samogites une minorité : ils sont en fait un des quatre peuples à l'origine de la Lituanie, éparpillés à l'ouest, dans la région qui a pris leur nom (Žemaitija). Ses chefs s'opposèrent longtemps à la volonté unificatrice des grands-ducs et à l'appétit de conquête des chevaliers Teutoniques. Finalement assimilés à la Lituanie en 1413, ils n'en conservèrent pas moins leurs particularismes : dernier peuple d'Europe à être christianisé (la religion païenne perdurait au XVIe s !), ils refusèrent aussi de se soumettre au servage. Plus tard, ils furent toujours à la pointe des combats pour l'identité. Aujourd'hui, les Samogites ne se distinguent plus vraiment du reste de la population.

RELIGIONS

Bien différente des autres pays baltes sur ce plan, la Lituanie est dévotement catholique (88 % de la population) – même s'il s'agit du dernier pays européen à avoir été christianisé, au XIVe s ! Comme la Pologne voisine, la Lituanie s'est toujours appuyée sur sa foi pour résister aux envahisseurs et cristalliser ses volontés d'indépendance, en particulier au temps de l'URSS.

En dehors des orthodoxes (Russes), qui représentent 10 % de la population, luthériens, juifs, caraïtes et musulmans ne comptent que quelques centaines ou milliers d'adeptes.

JE CROIX, TU CROIX, IL CROIX.

Juste après la répression tsariste à la rébellion de 1831, les Lituaniens entreprennent d'accumuler les croix sur une colline, près de Šiauliai. Avec le temps, la forêt de crucifix s'accroît ostensiblement. Mais plus tard, le régime soviétique fait plusieurs fois raser le lieu. Qu'on le croie ou pas, les habitants de la région revenaient chaque fois replanter leurs croix la nuit. On en compte aujourd'hui 50 000, de toutes tailles. La colline, devenue centre de pèlerinage, a été visitée par Jean-Paul II en 1993.

SITES INSCRITS AU PATRIMOINE MONDIAL DE L'UNESCO

Organisation des Nations Unies pour l'éducation, la science et la culture

En coopération avec le centre du patrimoine mondial de l'UNESCO

Pour figurer sur la liste du Patrimoine mondial, les sites doivent avoir une valeur universelle exceptionnelle et satisfaire à au moins un des dix critères de sélection. La protection, la gestion, l'authenticité et l'intégrité des biens sont également des considérations importantes.

Le patrimoine est l'héritage du passé dont nous profitons aujourd'hui et que nous transmettons aux générations à venir. Nos patrimoines culturel et naturel sont deux sources irremplaçables de vie et d'inspiration. Ces sites appartiennent à tous les peuples du monde, sans tenir compte du territoire sur lequel ils sont situés. Pour plus d'informations : • http://whc.unesco.org •

– ***1994 ; le centre historique de Vilnius :*** centre politique du grand-duché de Lituanie du XIIIe jusqu'à la fin du XVIIIe s, Vilnius a exercé une profonde influence sur le développement culturel et architectural d'une grande partie de l'Europe orientale. Malgré les invasions et les destructions, elle a conservé un ensemble imposant de bâtiments historiques de style gothique, Renaissance, baroque et classique, ainsi que sa structure urbaine avec ses espaces historiques et son environnement de verdure.

– ***2000 ; l'isthme de Courlande :*** étroite péninsule de dunes, longue de 98 km et large de 400 m à 4 km, où l'occupation humaine remonte aux temps préhistoriques. Sous la menace permanente du vent et des vagues, elle ne doit sa préservation actuelle qu'aux efforts incessants de stabilisation et de reboisement réalisés par les habitants pour combattre l'érosion.

– ***2004 ; le site archéologique de Kernavė :*** dans la vallée de la Neris, à 35 km environ à l'est de Vilnius, c'est un ensemble complexe de biens archéologiques, historiques et culturels, dont la ville de Kernavė, des forts et des sites funéraires de la fin du paléolithique jusqu'au Moyen Âge, abritant des témoignages d'établissements humains dans la région sur une période de 10 000 ans. Au Moyen Âge, Kernavė était une ville féodale importante. Elle fut détruite par l'ordre Teutonique à la fin du XIVe s, mais le site est resté en activité jusqu'à l'époque moderne.

– ***2005 ; l'arc géodésique de Struve*** (voir « Lettonie : hommes, culture et environnement. Sites inscrits au Patrimoine mondial de l'Unesco »).

LA LITUANIE

VILNIUS

542 000 hab. ; IND. TÉL. : 5

La moins réputée des trois capitales baltes. Peut-être parce que perdue au milieu des terres et pas du tout un port cosmopolite et actif comme le sont Tallinn et Riga ? Une image un peu brouillée, donc. Pour l'étranger, grosso modo, pas vraiment une ville de l'Est, en tout cas ni russe, ni polonaise, ni scandinave, ni allemande... Est-elle seulement lituanienne ? C'est sûr, Vilnius, grande monarchie au Moyen Âge, surnommée plus tard la « Jérusalem du Nord », fut une grande ville juive. Mais les innombrables églises, baroques au possible, l'attachent aussi dans la sphère catholique... Les images se mettent alors peu à peu en place. Et Vilnius se révèle un magnifique conservatoire de toutes ces influences cultuelles, culturelles, artistiques et architecturales, ayant su subtilement garder le meilleur de chacun de ses maîtres ou de ses visiteurs au cours des siècles. Elle se découvre avec curiosité, une certaine dose d'émotion, bien plus affectivement que bien d'autres villes en tout cas... Probablement parce qu'elle perdit, entre 1940 et 1945, plus de 95 % d'une de ses communautés les plus importantes, l'une de celles qui contribuèrent si fort à son rayonnement... Sûrement aussi parce que ses intellectuels les plus brillants ont été muselés, voire supprimés dans l'immédiat après-guerre. Enfin, parce que l'un de ses quartiers les plus déshérités peut y faire sécession et se proclamer avec humour « république indépendante », sous le regard bienveillant de tous. Enfin, parce que le vieux centre baroque, inscrit au Patrimoine mondial de l'humanité par l'Unesco, est un des plus beaux qui soient ; excusez du peu ! Réjouissons-nous de voir s'affairer cette ville qui vit naître Romain Gary, pour devenir capitale européenne de la Culture en 2009.

UN TOUT PETIT PEU D'HISTOIRE

La ville est fondée en 1323 par le grand-duc Gediminas. La légende raconte que le prince aurait rêvé d'un loup hurlant alors qu'il se reposait à l'emplacement de la future ville. Les prêtres y auraient vu un signe et l'auraient incité à bâtir une cité sur-le-champ. De 1392 à 1430, elle devient capitale de la Grande Lituanie, qui s'étend de la Baltique à la mer Noire et englobe une grande partie de l'Ukraine, de la Biélorussie et des pans de Russie. En 1410, les fameux chevaliers Teutoniques sont écrasés par les Lituaniens et leurs alliés. À l'aube du XVe s, début de l'installation des juifs à Vilnius, qui va ainsi devenir un centre de rayonnement de la culture juive. En 1570, arrivée des jésuites, apportant la Contre-Réforme et le baroque dans leurs malles. En 1657, la peste décime la moitié de la population. En 1795, Vilnius tombe sous la coupe de la Russie et perd son statut de capitale. Napoléon, en passant dans le coin en 1812, lui donne quelques faux espoirs de retrouver sa souveraineté. Dans toute la seconde moitié du XIXe s, malgré une russification forcée (interdiction de la langue lituanienne et des journaux), Vilnius résiste : les publications sont éditées à l'étranger et introduites clandestinement. En 1918, déclaration d'indépendance ; un court moment, la ville retrouve son statut de capitale. Mais en 1920, la Pologne annexe Vilnius (Kaunas est alors capitale de la Lituanie). Années 1939-1940 : occupation soviétique, Vilnius recouvre son statut. Occupation nazie en juin 1941, lors de l'opération Barberousse. Massacre de la presque totalité de la population juive de Vilnius. En 1944, nouvelle occupation soviétique, des dizaines de milliers d'habitants de la ville sont déportés ou emprisonnés. Les premières manifs contre les Soviétiques éclatent en 1987. En 1990 : déclaration d'indépendance (la première république à le faire) ; Gorbatchev vient lui-même à Vilnius pour éteindre le feu, mais il est accueilli par 300 000 manifestants. Le 13 janvier 1991, les troupes soviétiques tuent 13 personnes défendant la tour de télévision de Vilnius. C'est le début de la fin pour l'occupant. Après l'échec du putsch de Moscou, l'Armée rouge plie bagage définitivement. Vilnius entre désormais dans la compétition des jolies métropoles de la région, avec ses sœurs baltes, mais aussi Saint-Pétersbourg et Cracovie.

LA JÉRUSALEM DU NORD

Les premiers juifs arrivent à Vilnius au début du XIVe s, attirés par la politique de tolérance des grands-ducs de Lituanie. Rapidement, la communauté juive acquiert une grande réputation pour la richesse de sa vie culturelle et le dynamisme de ses écoles religieuses. Ne dit-on pas qu'on y trouvait au moins 333 étudiants connaissant par cœur le *Talmud* (pas mal, quand on sait qu'il fait quelque chose comme 64 volumes !). On parle alors de civilisation *Litvak* (du nom qu'on donne aux juifs à l'époque) et même de *Litvakija* pour dénommer leur zone d'influence. Leur langue, le *yiddish,* se répand en Europe par nombre d'ouvrages savants et de pièces de théâtre. Au XVIIIe s y enseigne le *Gaon de Vilnius,* l'un des plus grands penseurs et religieux de l'époque. Au XIXe s, avec la montée du capitalisme et de la classe ouvrière, création du *Bund* (ou Parti socialiste ouvrier juif), pépinière de révolutionnaires internationaux. La population de Vilnius est à 40 % juive (plus de 60 000 personnes en 1897), et la ville compte plus de 100 synagogues, d'où son titre de « Jérusalem du Nord ». Dans les années 1930, la culture yiddish atteint son sommet avec le *YIVO,* un organisme de recherche et de promotion de la langue mondialement reconnu. De nombreux artistes, écrivains, musiciens sont originaires de Vilnius : le peintre Chaïm Soutine, le sculpteur Jacques Lipchitz, le violoniste Jascha Heifetz, l'écrivain Romain Gary...

Adresse utile

- **3** Ambassade de Russie

Où dormir ?

- **18** Filaretai Youth Hostel
- **19** Jaunuju Turistu Centras
- **24** Unique Stay
- **29** Chambres de l'université pédagogique
- **30** JNN Hostel
- **31** Ecotel
- **32** Hôtel Victoria
- **34** E-Guesthouse

Où manger ?

- **43** Delano
- **52** Marceliukes Klétis
- **53** Tores

Où boire un verre ? Où sortir ? Où danser ?

- **53** Tores
- **76** Sky Bar
- **87** Pacha Club
- **88** Gravity

À voir

- **92** Musée du KGB
- **94** Musée Pouchkine
- **129** Pont Vert
- **131** Colline des Trois-Croix
- **132** Église Saint-Pierre-Saint-Paul
- **133** Cimetière d'Antakalnio
- **134** Cimetière de Rasu
- **135** Tour de Télévision
- **136** Nouveau cimetière juif
- **137** Mémorial de Panarai
- **138** Europos Parkas

Achats

- **43** Centre commercial Akropolis
- **141** Marché de Kalvariju
- **142** Marché aux fleurs
- **144** Centre commercial Europa

Culture

- **151** Académie de musique

A
B
1
2
3
136
43
Ozo
Viliko
Geležinio
Utenos
Žalgirio
Laisvės
prosp.
Viršuliškių
Ažuolyno
Ukmergės
VIRŠULIŠKĖS
Paribio
Pieninės
Linkmenų
Daugėliškio
T. Narbuto
T. Narbuto
30
ŠNIPIŠKES
Sėlių
Latgalių
Saltoniškių
32
Lvovo
Konstitucijo
pr.
144
76
Blindžių
Kęstučio
Upės
Upės
Latvių
3
ŽVĖRYNAS
Vytauto
Lukiškių
87
Gynėjų
A. Goštauto
J. Turno
Vaižganto
135
Karoliniškių
park
Neris
Birutės
A. Mickevičiaus
Gedimino
Gedimino
92
151
J. Jasinskio
Liubarto
88
Tauro
A. Goštauto
V. Kudirkos
Vingio Park
Geležinio
Vilko
M. K. Čiurlionio
K. Kailnausko
Pylimo
J. Basanavičiaus
142
24
A. Vivulskio
29
S. Konarskio
prosp.
Mindaugo
Algirdo
T. Ševčenkos
V. Pietario
34
Naugarduko
Smolensko
Biržėlios
23-osios
Vytenio
Švitrigailos
NAUJA-
MIESTIS
Gele Žinio Vilko
Savanorių
Žemaitės
Gerosios
viltiės
Laisvės
prosp.
Kauno
Naugarduko
Panerių
Vilkpėdės
137
A
B

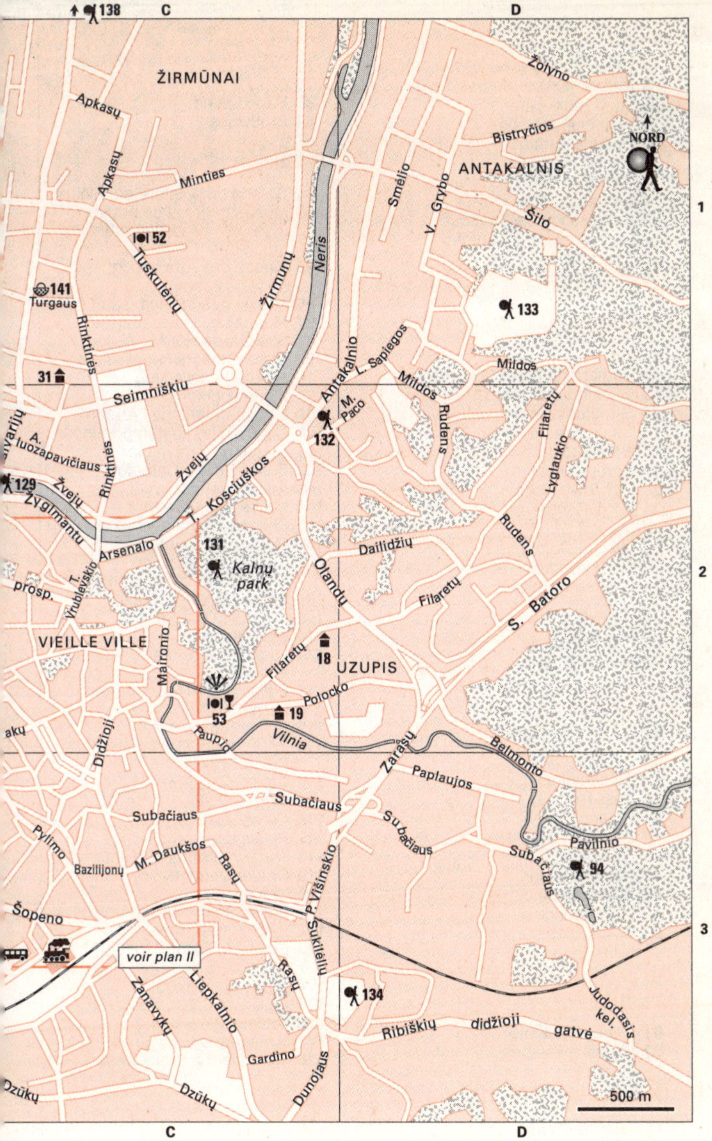

VILNIUS – PLAN GÉNÉRAL (PLAN I)

Adresses utiles

- Office de tourisme *(C2)*
- Kelvita *(C3)*
- Gare ferroviaire
- Terminal des bus
- Poste centrale
- Cafés Internet
- **1** Centre culturel français
- **4** Ambassade de France
- **5** Ambassade de Belgique
- **7** Ambassade du Canada
- **8** Pharmacie 24h/24
- **9** Pharmacie

Où dormir ?

- **11** Litinterp
- **12** Bernardinu Guesthouse
- **13** Guesthouse Domus Maria
- **14** Grotthuss Hotel
- **15** Shakespeare Hotel
- **16** Hôtel Artis
- **17** Narutis Hotel
- **20** Old Town Hostel
- **21** Hôtel Panorama
- **22** Mikotel
- **23** Mikotel Comfort
- **25** Grybo Namaï
- **26** City Gate Hotel
- **27** Novotel
- **28** AAA Hostel
- **33** Centro Kubas
- **35** Rinno et Vingraï

Où manger ?

- **15** Resto du Shakespeare Hotel
- **40** Cili Kaimas
- **41** Amatininku Uzeiga
- **42** Busi Trecias
- **44** Čagino
- **45** Zemalciu Smuklé
- **46** Les Amis
- **47** Uzupio Kaviné
- **48** Stikliu Aludé
- **49** La Provence
- **50** Stikliai Restaurant

Où prendre un bon café ? Où déguster un vrai thé ?

- **61** Pilies Kepyklélé
- **62** Skonis ir Kvapas

Où boire un verre ? Où sortir ?

- **1** Café de Paris
- **47** Uzupio Kaviné
- **71** Woo
- **72** Cactus
- **73** Cosy
- **75** Briusly
- **77** Artistai Pub
- **78** In Vino
- **79** Markus Ir Ko

Où danser ?

- **71** Woo
- **73** Cosy
- **83** Pabo Latino
- **84** Brodvejus

À voir

- **91** Galerie de peinture de Vilnius
- **93** Musée national (le nouvel arsenal) : collection ethnographique
- **95** Musée des Arts appliqués (le vieil arsenal)
- **96** Musée national juif Gaon
- **97** Musée de l'Holocauste – The Green House
- **98** Musée national (le vieil arsenal) : collection archéologique
- **99** Musée-galerie de l'Ambre
- **100** Centre d'art contemporain
- **101** Statue à Romain Gary
- **102** Église Sainte-Catherine
- **103** Ancien hôtel de ville
- **104** Église Saint-Casimir
- **105** Philharmonie nationale
- **106** Monastère Saint-Basile
- **107** Église orthodoxe du Saint-Esprit
- **108** Église Sainte-Thérèse
- **109** Porte de l'Aurore
- **110** La « Bastille »
- **111** La plus vieille maison de Vilnius
- **112** Église de l'Archange-Saint-Michel
- **113** Église Sainte-Anne
- **114** Église Saint-Bernardin-et-Saint-Francis
- **115** Église de la Très-Sainte-Mère-de-Dieu
- **116** Cathédrale
- **117** Palais des grands-ducs
- **118** Théâtre dramatique national
- **119** Château supérieur
- **120** Université
- **121** Église Saint-Jean
- **122** Palais présidentiel
- **123** Église du Saint-Esprit et monastère des Dominicains
- **124** Église Saint-Nicolas
- **125** Église de l'Assomption
- **126** Maison Tyszkiewicz
- **127** Synagogue Chor Shul
- **128** Monument à Frank Zappa

Achats

- **145** Sokolado Namai
- **146** Presto
- **147** Gurman's

Culture

- **102** Église Sainte-Catherine
- **105** Philharmonie nationale
- **121** Église Saint-Jean
- **150** Opéra et Ballet national

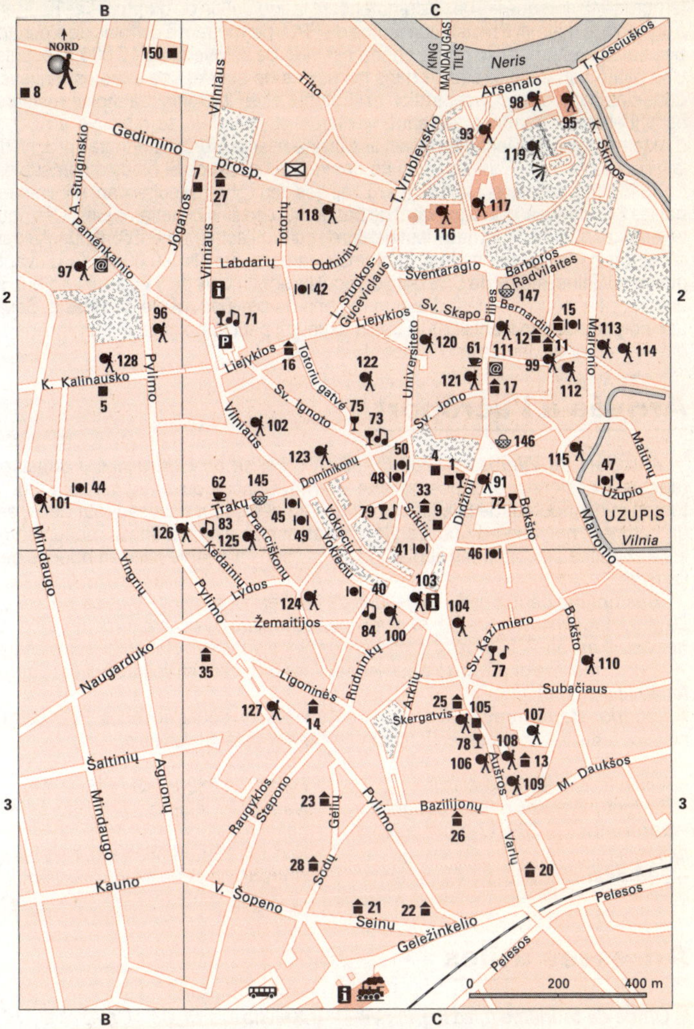

VILNIUS – VIEILLE VILLE (PLAN II)

Avec l'occupation nazie, une terrible page se tourne. Le 6 septembre 1941, le quartier juif est divisé en deux parties : le *petit ghetto* et le *grand ghetto*. Le petit, autour des rues Zydu, Antokolskio, etc., comprend environ 11 000 habitants, qui sont assassinés dans les semaines qui suivent. Le grand, à l'ouest de la rue Vokieciu, tient le coup durant deux ans. Il compte près de 30 000 habitants et sert de réservoir d'esclaves pour les usines de guerre souterraines nazies. Pendant ces deux ans, le ghetto maintient, malgré les effroyables conditions d'existence, une riche vie culturelle et intellectuelle. Concerts, expos, pièces de théâtre, compétitions sportives sont régulièrement organisés. Une organisation de résistance (le FPO) est créée pour arranger les évasions et pourvoir les maquis environnants. Le 1er septembre 1943, lorsque les nazis commencent la liquidation du ghetto, ils se heurtent à une courte mais vive résistance armée du FPO, permettant à certains de s'échapper. Le 23 septembre, le grand ghetto est vidé de ses derniers 10 000 habitants. Une petite partie est expédiée dans les usines de guerre, une autre est envoyée dans des camps de concentration en Estonie et en Lettonie. La moitié restante, essentiellement femmes, enfants, vieillards et malades, se retrouve au camp d'extermination de Maidanek ou est assassinée dans la forêt de Panaraï, proche de la ville. Les nazis dynamitent ensuite de nombreuses rues et blocs d'immeubles. En 1945 et les années suivantes, les ruines des deux ghettos subsistant sont rasées par les Soviétiques, qui recouvrent de bâtiments certains cimetières juifs. Ces nouveaux occupants limitent aussi les libertés de culte… l'acharnement continue. Aujourd'hui, on parle de reconstituer certains quartiers. Sur les 60 000 juifs d'avant-guerre à Vilnius, moins de 5 % ont survécu. Ils sont moins de 5 000 aujourd'hui. Et encore, beaucoup viennent d'autres régions du pays ou même de Russie. Seule une poignée de survivants (200 à 300 maximum) peut témoigner aujourd'hui de ce que fut la grande Jérusalem du Nord !

Arrivée à l'aéroport

✈ ***Aéroport de Vilnius :*** *☎ 230-66-66. À 5 km slt du centre-ville.* Formalités rapides. Consigne à bagages ouverte 24h/24. Change ouvert quasiment tout le temps et distributeur de billets. Le hall des arrivées, tout nouveau tout beau, est un bâtiment qui reprend une architecture classique avec colonnes monumentales à chapiteaux, corniches et plafonds à caisson : agréable mise en bouche dès l'arrivée.

➢ ***Bus pour le centre-ville :*** *à gauche de l'entrée. Compter 1,10 Lt/pers (0,30 €). Le nº 1, ttes les 40 mn 5h-22h30, vous mène à la gare des chemins de fer. Le nº 2, ttes les 20 mn 5h-22h30, va pl. Lukiskiu (rue Gedimino).* La solution la moins chère.

➢ ***Taxis :*** prendre plutôt un taxi que les services proposés en voiture privée. *Compter 40 Lt (11,60 €).*

■ ***Location de voitures :*** dans le hall des arrivées, quelques agences. Pour certaines, les tarifs varient aussi en fonction de l'ancienneté du véhicule.

– ***Avis :*** *☎ 232-93-16. • avis.lt •*
– ***Budget :*** *☎ 230-67-08. • budget.lt •*
– ***Eurorenta :*** *☎ 233-17-17. • eurorenta.lt •*
– ***Europcar :*** *☎ 216-34-42. • europcar.lt •*
– ***Hertz :*** *☎ 232-93-01. • hertz.lt •*
– ***National / Alamo :*** *☎ 61-43-64-49. • nationalcar.com •*
– ***Sixt :*** *☎ 239-56-36. • sixt.lt •*
– ***Unirent :*** *☎ 700-55-855. • unirent.lt •*

Adresses utiles

ℹ ***Office de tourisme*** *(plan II, C2)* ***:*** *Vilniaus 22. ☎ 262-96-60. • vilnius-tourism.lt • Lun-ven 9h-18h ; w-e 10h-16h. Très efficace.* Vend également une brochure très complète : *Vilnius in Your Pocket. Également un bureau au 31 Didzioji (ancien hôtel de ville) et à la gare ferroviaire. ☎ 262-64-70. Mêmes horaires.*

ℹ ***Kelvita*** *(plan II, C3)* ***:*** *Gelezinkello 16 ; à la gare, dans le hall de vente des tickets internationaux. ☎ 210-61-30. Lun-ven 8h-18h ; sam (mai-août slt) 9h-15h.* Agence qui s'occupe un peu de tout, dont l'obtention des visas pour la Russie, l'Ukraine et la Biélorussie.

Ambassades

■ ***Ambassade de France*** *(plan II, C2, 4)* ***:*** *Svarco 1. ☎ 212-29-79. • ambafrance-lt.org • Lun-ven 9h-13h, 15h-18h.*

■ ***Ambassade de Belgique*** *(plan II, B2,*

5) : *Kalinausko 2B.* ☎ *266-08-20.* • *diplomatie.be/vilnius* • *Lun-ven 9h-12h, 14h-16h.*
■ ***Ambassade du Canada*** *(plan II, C2,* **7***) : Jogailos 4.* ☎ *249-09-50.* • *canada.lt* • *Lun-jeu 8h30-17h ; ven 8h30-15h45 juil-août.*
■ ***Ambassade de Russie*** *(plan I, A2,* **3***) : Latviu 53.* ☎ *272-17-63.* • *rusemb.lt* • *Mar-ven 8h-12h, 13h30-16h.*

Télécommunications, culture

✉ ***Poste centrale*** *(plan II, C2) : Gedimino 7.* ☎ *262-54-68. Lun-ven 7h-19h ; sam 9h-16h.* Fait aussi guichet *Western Union.*
@ ***Cafés Internet : Collegium*** *(plan II, C2), Pilies 22.* ☎ *261-83-34. Lun-ven 9h-21h ; sam 11h-19h.* ***Interneto Kaviné*** *(plan II, B2) : Pamenkalnio 10. Tlj 9h-22h.* Moins central mais mieux équipé.
■ ***Centre culturel français*** *(plan II, C2,* **1***) : Didzioji 1.* ☎ *231-29-84.* • *centrefrancais.lt* • *Médiathèque ouv lun-ven 13h30-18h30 ; sam 10h-15h.* Dans la belle demeure où Stendhal résida en 1812 lorsqu'il participa à la campagne de Russie. Bibliothèque, médiathèque, ciné-club, salle d'expos et, bien sûr, cours de français.
■ ***Librairie du centre culturel français :*** *même adresse. Lun-ven 10h-19h ; sam 10h-15h.* Bon choix de guides et de beaux livres, la plupart en français.

Santé

■ ***Urgences :*** ☎ *112.*
■ ***Hôpital universitaire :*** *Šiltanamių 29.* ☎ *216-91-40.*
■ ***Baltic American Medical Clinic :*** *Nemencines Plentas 54A.* ☎ *234-20-20. Fonctionne 24h/24.* Personnel anglophone. Excellente réputation.
■ ***Médecins spécialistes francophones : Dr Aleksandras Savinas*** (pédiatre), ☎ *272-04-45 ou (domicile) 241-85-29.* ***Dr Virgilijus Beisa*** (chirurgien généraliste), ☎ *277-75-37 ou* 📱 *68-24-02-00.*
■ ***Pharmacies : Gedimino Vaistiné*** *(plan II, B2,* **8***), Gedimino pr. 27.* ☎ *261-01-35. Ouv 24h/24.* Également ***Vokieciu Vaistiné*** *(plan II, C2,* **9***), Didzioji 13.* ☎ *212-42-32. Lun-ven 8h-19h ; w-e 10h-18h.*

Transports urbains

Bus, trolleybus et microbus

■ ***Achat central des billets :*** *Gelezinkelio g. 16. Près de la gare ferroviaire.*
Lignes nombreuses et pratiques. On a vite fait d'assimiler leur fonctionnement. Achat des billets dans les kiosques à journaux (1,10 Lt, soit 0,30 €) ou auprès du contrôleur dans le bus (un poil plus cher). Possibilité d'acheter un ticket spécial à la journée, pour 3 jours ou 10 jours dans le kiosque face à la cathédrale : compter respectivement 6, 14 et 28 Lt (2, 4 et 8 €). Ne pas manquer de composter son ticket (contrôles fréquents). Quant aux microbus, ce sont de petites compagnies privées qui s'arrêtent à la demande. Plus rapides et un peu plus chers : 2 Lt (0,60 €) le voyage.

Taxis

C'est moins la jungle qu'à Riga. Pas mal de compagnies régulières mettent leur compteur sans problème. Attention toutefois à quelques « oublis » à l'aéroport.
– ***Un truc bon à savoir :*** appeler un taxi coûte moins cher que de le héler dans la rue.

Où dormir ?

De nombreux hôtels consentent de bon rabais le week-end ou en période hivernale. En particulier dans la catégorie « Chic ».

Camping

Pas grand-chose à Vilnius même, il faut aller chercher dans les environs, à Trakai. Voir plus loin « Dans les environs de Vilnius ».

Dans la vieille ville

Bed & Breakfast

Litinterp (*plan II, C2,* **11**) **:** *Bernardinu 7.* ☎ *212-38-50.* • *litinterp.lt* • *Lun-ven 8h30-17h30 ; w-e 9h-15h. Doubles 140-160 Lt (41-46 €) selon taille, petit déj inclus.* Dans une des rues les plus romantiques de la vieille ville, une sorte d'agence qui propose des chambres dans le bâtiment même ou les environs proches. Pas trop grandes, un peu moins chères sans salle de bains privative. Cadre sobre et propre.

Bernardinu Guesthouse (*plan II, C2,* **12**) **:** *Bernardinu 5.* ☎ *260-84-10.* • *avevita.lt/guesthouse* • *Doubles 150-190 Lt (44-55 €), avec ou sans sdb commune ; petit déj non compris.* Une grande *guesthouse* avec une dizaine de chambres réparties dans plusieurs petits bâtiments. Pour quelques litas de plus, demandez-en une parmi les plus récentes, avec déco moderne et jolie finition. Toutes sont spacieuses. Possibilité également de louer des appartements avec cuisine et machine à laver *(250-400 Lt, soit 72-116 €).* Pas mal de services en sus (location de voitures, visite guidée de la ville, parking, etc.) et agréable cour intérieure.

Grybo Namaï (*plan II, C3,* **25**) **:** *Aušros Vartų 3A.* ☎ *264-74-74.* • *grybashouse.com* • *Doubles 370-420 Lt (107-122 €) selon confort. Parking privé.* Magnifique demeure au fond d'une cour, la maison des Champignons *(Grybas)* fut l'un des tout premiers *B & B* ouverts en Lituanie après l'indépendance. Chaque chambre a été rénovée depuis, avec goût. Beaucoup d'espace et de luminosité pour chacune d'entre elles et, pour les plus chères, une salle de bains avec baignoire. La salle de petit déj avec cheminée se trouve au sous-sol, où les fondations du XVIe s demeurent apparentes. Beaucoup de charme et bon accueil.

De prix moyens à chic

Guesthouse Domus Maria (*plan II, C3,* **13**) **:** *Aušros Vartų 12.* ☎ *264-48-80.* • *domusmaria.lt* • *Double 270 Lt (78 €), petit déj compris. Parking gardé. Internet.* On ne peut rêver meilleur emplacement : dans l'un des quartiers les plus romantiques de la ville, au sein d'un ancien couvent de carmélites. Accès par des courettes surmontées d'arches médiévales. Les anciennes cellules des religieuses ont été transformées en chambres. Malgré une élégante sobriété, elles n'ont plus rien de monastique, croyez-nous ! Calme assuré, et vous ne serez plus réveillé par les matines... Tout le confort : coffre, consigne, etc. Personnel attentionné. Petit déj et repas pris dans l'ancien réfectoire voûté. Notre meilleur rapport qualité-prix-charme de la ville.

Centro Kubas (*plan II, C2,* **33**) **:** *Stiklių 3.* ☎ *266-08-60.* • *hotel.centrokubas.lt* • *Doubles 360-400 Lt (104-116 €) selon confort, petit déj compris.* Une adresse quasi familiale par la taille et la décoration très personnalisée (comme chez des particuliers). Et quelle adresse : un accueil très agréable, des chambres bien spacieuses et confortables, certaines avec balcon donnant sur l'atrium intérieur (*avé* le moulin en prime !), des objets campagnards accrochés de partout, un petit déjeuner servi dans une très belle salle voûtée, le tout dans une ruelle calme et très centrale. On arrête notre baratin pour vous laisser le temps de réserver !

Très chic

Shakespeare Hotel *(plan II, C2,* ***15****) : Bernardinu 8. ☎ 266-58-85. • shakespeare.lt • Doubles 600-760 Lt (174-220 €) selon confort, copieux petit déj compris. Parking privé. Wifi, Internet.* Peut-être l'hôtel de charme le plus séduisant de la vieille ville. Une belle demeure aristocratique, dans une rue calme, à deux pas de l'animation touristique. Un lieu fleurant bon la littérature, dont chaque chambre porte le nom d'un grand écrivain. Décoré de superbes tableaux floraux venant de Londres. Mobilier ancien, beaux objets, douceur des pastels, élégants papiers peints, tout concourt au plaisir et au confort. Coffre privé, minibar, panier de fruits frais quotidien, bibliothèque de livres anciens, etc. Le vendredi soir, concert de musique classique. Voir aussi la rubrique « Où manger ? ».

Grotthuss Hotel *(plan II, C3,* ***14****) : Ligoninès 7. ☎ 266-03-22. • grotthusshotel.com • Doubles 450-620 Lt (130-180 €), (superbe) petit déj inclus.* Dans une rue pavée pittoresque de la vieille ville, un élégant édifice aristocratique du XVIIIe s, sur un étage. Luxueux cadre intérieur et 21 chambres de très grand confort, décorées avec franges, pompons et fanfreluches de grand chic. Le premier prix indiqué correspond à une chambre *single,* qui convient parfaitement pour deux. Resto de très bonne réputation.

Hôtel Artis *(plan II, C2,* ***16****) : Liejyklos 11/23. ☎ 266-03-66. • centrumhotels.com • Doubles 415-500 Lt (120-145 €). Internet.* Très central. Grand bâtiment cossu du XIXe s, avec réception sous atrium et chambres impeccables s'ordonnant autour (grands lits, AC, coffre, TV satellite, minibar, sèche-cheveux, etc.). Petite piscine (gratuite le matin). Bon accueil et bon confort.

Ultrachic

Narutis Hotel *(plan II, C2,* ***17****) : Pilies 24. ☎ 212-28-94. • narutis.com • Juste en face de l'université. Doubles à partir de 725 Lt (210 €).* Le plus ancien et prestigieux hôtel de Vilnius. En 1581, il était déjà recommandé comme excellente auberge par des voyageurs allemands. Ce magnifique édifice des XVe-XVIe s, totalement restauré, propose une cinquantaine de chambres de charme et de grand confort. Celles du 1er étage présentent souvent des vestiges de fresques, des alcôves et de vénérables poutres du XVIIe s, comme la prestigieuse no 329, jadis salon du recteur de l'université. Élégant mobilier et tons chaleureux. Doubles standard pas très grandes mais tout à fait charmantes. Très calme (double vitrage côté rue). Minibar, AC, coffre, sol de la salle de bains chauffé, etc. Petit déj-buffet servi dans la superbe cave gothique en brique du XVIe s. Piscine et sauna.

Dans le centre

Auberges de jeunesse

Veinards, à Vilnius, dans toutes les AJ, les draps sont compris dans le prix.

Filaretai Youth Hostel *(plan I, C2,* ***18****) : Filaretu 17. ☎ 215-46-27. • filaretaihostel.lt • Bus no 34 depuis la gare, arrêt Filaretai ; ou no 10 depuis le centre* *(jusqu'au terminus). Tte l'année, 24h/24. Dortoirs 2-8 pers 34-50 Lt/pers (10-14,50 €) avec sdb commune. Parking privé. Internet.* AJ officielle. Conviendra tout à fait aux budgets serrés cherchant à résider dans un quartier populaire authentique. Pas loin de la vieille ville, situé au bout la « République indépendante d'Uzupis » et à deux pas du poumon vert de la colline des Trois-Croix. Long bâtiment en retrait de la rue, offrant 52 lits gigognes dans des chambres de taille variable. Basique mais bien tenu dans l'ensemble, et bon accueil. Cuisine, possibilité de laver son linge.

Jaunuju Turistu Centras *(plan I, C2, **19**) : Polocko g. 7. ☎ 261-35-76. • vjtc.lt • Bus n° 34, arrêt Polocko. Ouv tte l'année. Résa conseillée en été par e-mail (accueil pas fortiche en anglais). Compter 35 Lt/pers (10 €). Parking dans la cour.* Au cœur d'Uzupis ! Au fond d'un jardin, une modeste AJ privée, propre dans l'ensemble, tenue avec sérieux et accueillante. Une soixantaine de lits dans des chambres de 3 à 4 personnes, qui sont proposées en double aux couples selon la disponibilité. Petite cuisine équipée. Sanitaires collectifs corrects.

Old Town Hostel *(plan II, C3, **20**) : Aušros Vartų 20. ☎ 262-53-57. • lithuanianhostels.org • Ouv tte l'année. Compter 35 Lt/pers (10 €) en dortoir 6-8 pers ; 100-110 Lt/pers (29-32 €) en double. Internet.* Quasiment un orteil dans la vieille ville, cette petite AJ affiliée à l'Association internationale niche dans la cour d'un immeuble, au calme. On enlève ses chaussures en entrant. Une bonne vingtaine de lits occupent des dortoirs en enfilade, répartis sur plusieurs bâtiments. Au sous-sol, douches et cuisine. Le tout bien tenu. Location de vélos.

AAA Hostel *(plan II, C3, **28**) : Sodu 17, ou Sodu 8, ou Stepono 15. Respectivement, ☎ 213-99-94, 213-02-70 ou 233-53-96. • ahostel.lt • Compter 35 Lt/pers (10 €) en dortoir, 90 Lt/pers (26 €) en double. Internet.* Idéalement situées entre la vieille ville et les gares routière et ferroviaire, trois auberges de jeunesse sœurettes. Des dortoirs au concept emprunté aux AJ japonaises, on se croirait dans la cale d'un sous-marin avant-gardiste... ou dans un casier à homards ! Déco minimaliste et propreté garantie. Service de laverie.

Bon marché

Mikotel *(plan II, C3, **22**) : Pylimo 63. ☎ 260-96-26. • mikotel.lt • Double 200 Lt (58 €) ; quelques familiales 280 Lt (81 €) ; petit déj compris.* Pas loin de la vieille ville, de la gare et de la station de bus, mais situé dans un quartier un peu triste et déshérité, longtemps négligé durant la dictature. Petit hôtel discret, sans charme particulier mais bien tenu et d'un excellent rapport qualité-prix, avec un bon accueil en prime. Vingt-six chambres qui éclusent toute la palette des couleurs pastel. TV satellite et téléphone direct.

Prix moyens

Hôtel Panorama *(plan II, C3, **21**) : Sodu 14. ☎ 273-80-11 et 12. • hotelpanorama.lt • Face à la gare. Doubles 220-340 Lt (64-99 €) selon confort. Wifi et Internet au rez-de-chaussée.* Ce fut le premier grand hôtel construit après la Seconde Guerre mondiale. Rénové en 2006, il s'apparente désormais plus à un hôtel de chaîne. Près de 200 chambres de bon confort mais identiques ; à l'exception de celles des 4e et 5e étages, qui offrent un remarquable panorama (d'où le nom !) sur Vilnius et sa forêt de clochers. On les préfère à celles donnant côté gare. Bar design.

Mikotel Comfort *(plan II, C3, **23**) : Géliu 5. ☎ 264-88-33. • comfort.lt • Double 270 Lt (78 €), petit déj continental compris.* Dans un bel immeuble rénové, proche de la vieille ville, 57 chambres. Ouvert en 2004, tout beau, tout blanc. Ascenseur. Certes, certaines chambres ne sont pas très spacieuses, mais elles sont toutes propres, avec TV satellite et téléphone direct.

De prix moyens à chic

City Gate Hotel *(plan II, C3, **26**) : Bazilijonu 3. ☎ 210-73-06. • citygate.lt • Doubles 300-360 Lt (87-104 €), petit déj-buffet inclus. Parking gratuit. Internet.* Hôtel de 29 chambres, récemment créé dans une demeure ancienne à deux étages, ce qui lui donne un côté intime et chaleureux. Chambres d'excellent confort (AC, larges ouvertures, téléphone direct, minibar, etc.), les « business » étant carrément grandes avec leur petit salon privé. Bon accueil.

Novotel *(plan II, C2, **27**) : Gedimino pr. 16. ☎ 266-62-00. • novotel.com • Doubles 310-530 Lt (90-155 €), petit déj compris ; gratuit pour 2 enfants jusqu'à 16 ans. Parking privé payant. Internet.* Bel hôtel au décor intérieur contemporain, design de classe, dans la rue la plus chic de Vilnius. Hall superbe, style Starck. Au total, 159 chambres de grand confort : double vitrage, douche et bains séparés, coffre, lits très larges, minibar, etc. Fitness, hammam gratuits. Restaurant à la cuisine française de grande réputation.

Rinno *(plan II, C3, **35**) : Vingrių 25. ☎ 262-28-28. • rinno.lt • Doubles 280-360 Lt (81-104 €), petit déj inclus.* Mignon petit hôtel de charme, juste en bordure de la vieille ville. Les chambres ne manquent pas d'espace et la déco d'être chic et moderne. On y ajoute un accueil avenant, et on a une bonne adresse. Dans le même style mais plus cher, noter le ***Vingraï,*** situé juste à côté.

Un peu excentré

De très bon marché à bon marché

Chambres de l'université pédagogique *(plan I, B3, **29**) : Vivulskio 36. ☎ 213-05-09. Bus n° 2 depuis l'aéroport, pas de direct depuis la gare ; arrêt Ševčenkos. Simple 72 Lt (21 €), double 40 Lt/pers (11,50 €), avec sdb commune à 2 chambres ; petit déj possible (après 10h) à la cantoche universitaire à côté.* Certes assez spartiate mais très propre. En fait, pas si excentré que ça (à moins de 10 mn à pied du vieux centre). En outre, l'adresse plaira aux budgets particulièrement serrés. Attention, aucune pancarte extérieure, mais le monstrueux building soviétique et gris de 12 étages, triste comme un jour sans pain, ne vous aura pas échappé. Réception anglophone.

JNN Hostel *(plan I, B1, **30**) : Konstitucijos pr. 25. ☎ 272-22-70. • jnn.lt • Bus n° 43 depuis la gare ; arrêt Snipiškès. Compter 65 Lt/pers (19 €) ; double 140 Lt (40,50 €) ; petit déj inclus.* Assez excentré si l'on rentre à pied. Planté comme un cube de béton, dans un environnement peu passionnant, mais garantie de trouver un lit bon marché et très propre. Une dizaine de chambres, dont certaines pour 3 ou 4 personnes. Petit bar et cafétéria. La nuit, préférable de prendre un taxi pour rentrer.

De bon marché à prix moyens

Ecotel *(plan I, C1, **31**) : Slucko g. 8. ☎ 210-27-00. • ecotel.lt • Trolleys n°s 2, 5, 6 puis 12, 13 depuis la gare ; arrêt Lvóvó. Double 199 Lt (58 €), petit déj compris. Parking et Internet gratuits.* Hôtel moderne, situé dans une impasse calme d'un quartier de HLM, pas si éloigné du centre (à 10 mn à pied de la cathédrale) et bien desservi en transport en commun. Plus de 150 chambres sobres mais agréables et d'un très bon rapport qualité-prix.

Unique Stay *(plan I, B3, **24**) : Vytenio 9 (angle avec Vivulskio). ☎ 268-33-00. • uniquestay.com • Bus n° 2 depuis l'aéroport ; pas direct depuis la gare ; arrêt Ševčenkos. Double 290 Lt (84 €). Poste Internet dans les chambres.* Dans un quartier sans fard mais assez proche du centre, il faut d'abord trouver l'entrée de cet hôtel design (dans ce qui semble être un immeuble de bureau). Au-delà, accueil jeune et pro, longs couloirs parsemés de verrières, recoins avec des minisalons. Les chambres sont de bon confort.

E-Guesthouse *(plan I, B3,* ***34****) :* *Ševčenkos 16. ☎ 266-07-30. • e-guesthouse.lt • Bus n° 2 depuis l'aéroport ; pas direct depuis la gare ; arrêt Ševčenkos. Doubles 170-240 Lt (50-70 €) selon confort. Internet gratuit.* Au cœur d'un pâté de bâtiments peuplé d'anciens ateliers, dont certains toujours en activité, d'autres transformés en parkings, en bureaux ou... en hôtel... cette adresse n'a rien d'une *guesthouse.* Des couloirs longs comme une liaison informatique. Tel un e-paquebot du sommeil. Un peu excentré, bon accueil, prix pondérés, déco au carré, chambres pas immenses : on vous a tout dit, à vous de vous connecter.

Hôtel Victoria *(plan I, B1,* ***32****) :* *Saltoniskiu 56. ☎ 272-40-13. • victoria.lt • Dans un quartier plutôt moche. Bus n° 11 ; arrêt Latviu. Doubles 140-170 Lt (40-49 €).* Tiens, extérieurement, ça évoque vaguement le goût soviétique. Bingo, c'est l'ancien hôtel de l'école de formation du Parti. À l'intérieur, un confort moyen avec des chambres assez petites, aux murs et sols un peu éculés. C'est le prix ou, pour certains, la nostalgie qui pourront motiver d'échouer ici. Bon accueil.

Où manger ?

Bon choix de restos proposant une authentique cuisine lituanienne, à prix tout à fait abordables. Beaucoup pratiquent le service continu dans la journée.

Dans la vieille ville

Bon marché

Cili Kaimas *(plan II, C3,* ***40****) :* *Vokieciu 8. ☎ 231-25-36. Tlj 10h-minuit. Plat du midi (11h-16h en sem) 13 Lt (3,80 €) ; sinon plats env 24 Lt (7 €).* L'un des restos les moins chers et les plus populaires, qui fusionne jeunes et moins jeunes. Et les 2 étages peinent à accueillir tout ce beau monde : c'est souvent plein comme un œuf. Le décor y tient presque du musée ethnographique. Cages à poules à l'entrée, débauche d'outils agricoles, objets domestiques variés, boxes en bois et rugueuses tables de campagne. Des coins et recoins ménagent nombre de lieux intimes. Le cadre idéal pour goûter une saine et abondante cuisine traditionnelle sur la thématique du retour à la terre, des recettes paysannes et des bons produits : *silkė* (harengs), *gribiène duonos kubilelyje* (onctueuse soupe aux champignons), *kaimo didzkukuliai su mesa* (un des plats nationaux, une sorte de grosse quenelle frite) et tant d'autres plats goûteux, tirés d'une carte longue comme le bras. Grand choix de vins au verre.

Busi Trecias *(plan II, C2,* ***42****) :* *Totoriu g. 18. ☎ 231-26-98. Tlj 11h-23h. Plats 14-20 Lt (4-5,80 €).* Dans une rue un peu en dehors des sentiers battus, une des adresses secrètes des étudiants de Vilnius qui souhaitaient jusqu'alors échapper aux touristes. C'est râpé pour eux et tout bénéfice pour les lecteurs, qui vont pouvoir apprécier les excellentes bières maison parfumées, et savourer une généreuse et rustique cuisine traditionnelle. Le vendredi, et surtout le samedi soir, c'est pris d'assaut. Salle au 1er étage aussi, au cadre fort simple, sans prétention, où festoient les joyeuses bandes de copains sur de raboteuses tables. Là encore, un choix cornélien entre soupes, harengs, goulasch tchèque, *kiaulienos desreles su kopustais* (porc au chou), oreilles de cochon fumées grillées ou *kiaules ausys uzkeptos* (galettes de pommes de terre sauce aux champignons) et bien d'autres mets...

Prix moyens

Zemalciu Smuklé *(plan II, C2,* ***45****) :* *Vokieciu 24. ☎ 261-65-73. Service en continu 11h-minuit. Plats autour de 40 Lt (11,50 €).* Là aussi, l'un des restos les plus courus par les jeunes et les étudiants. Plusieurs caves anciennes en enfilade, proposant des atmosphères assez différentes. Ainsi celle pour les joyeuses bandes de copains est-elle copieusement éclairée et bruyante, tandis qu'une autre offre de charmantes petites alcôves ornées de fresques médiévales. Celle du fond, voûtée avec mur de brique, délicieusement tamisée, avec ses nappes en tissu, est plutôt destinée aux amoureux... Bonne et costaude tambouille lituanienne typique, genre « rustique paysan ». Populaires et épaisses soupes parfumées, *pig trotter* (pieds de porc en sauce), *zeppelin* (*big* quenelles de pommes de terre farcies à la viande), etc. Spécialités de gibier avec des formules pour 3 à 10 personnes. Sinon, bons poissons et desserts corrects.

|●| ***Les Amis*** *(plan II, C2-3,* ***46****) : Saviciaus 7. ☎ 212-37-38. Tlj 11h-23h. Réservez le week-end ! Formule du jour midi en sem 18 Lt (5,20 €) ; plats 25-30 Lt (7,30-8,70 €).* Resto tenu par un couple franco-lituanien qui a fait le tour du monde avant de se poser en famille à Vilnius. Cuisine française très appréciée des locaux. Dommage qu'il n'y ait qu'une douzaine de tables ! Bon choix de plats franco-français jusqu'à la crête, avec un petit faible pour la spécialité de Jean-Luc : le lapin. Une bestiole qui n'a plus de secrets pour lui puisqu'il en a élevé pendant plusieurs années au Portugal.

|●| ***Amatininku Uzeiga*** *(plan II, C2-3,* ***41****) : Didzioji 19. ☎ 261-79-68. Tlj 10h-5h. Repas 20-30 Lt (5,80-8,70 €).* Votre seule chance de vous restaurer tard à Vilnius. Située sur la place principale, immense taverne on ne peut plus populaire. On y peut descendre quelques hectolitres de bière entre amis, ou s'y sustenter aux heures profondes de la nuit. Cadre rustique, grosses poutres, tables de bois, outils aux murs, chandelles, foule rugissante... Plus calme et élégante, salle du fond décorée de petits tableaux. Cuisine très correcte. Bon choix de mets classiques pas super raffinés mais corrects : harengs, *borchtch,* tartare, poulet Kiev, blinis à la tomate, raviolis lituaniens, *pork ham hog,* etc. Vins au verre.

|●| ***Čagino*** *(plan II, B2,* ***44****) : J. Basanaviciaus g. 11. ☎ 261-55-55. Tlj 12h-minuit. Plats 20-40 Lt (5,80-11,60 €).* Pour s'imprégner de l'ambiance russe. Au sous-sol, une agréable salle voûtée de brique. Éclairages mesurés et longues banquettes confortables. Tables bien séparées. Authentique cuisine d'outre-Vistule à prix fort abordables. Quelques spécialités : délicieux tartare de hareng, saumon russe aux épinards, veau aux cerises, brochet sauce baies sauvages et miel, bœuf Strogonoff, côtelettes *pozharskie,* etc.

|●| Voir aussi ***Uzupio Kaviné*** *(plan II, C2,* ***47****)* et ***Tores*** *(plan I, C2,* ***53****)* dans la rubrique « Où boire un verre ? »

Plus chic

|●| ***Resto de l'Hôtel Shakespeare*** *(plan II, C2,* ***15****) : Bernardinu 8. ☎ 266-58-85. Plat 60 Lt (17,40 €).* Deux choix proposés par cette agréable adresse : le bar avec de petits plats pas mal mitonnés du tout, dans une ambiance club ; ou le restaurant, plus chic, feutré, avec un agréable service et des tendances gastronomiques sur fond de bibliothèque, soubassements de bois et belles toiles. *Very chic*. Et, pour pas si cher, d'excellents magrets de canard de barbarie à la pomme, ou un audacieux duo poulet-saumon, reconstitué dans la peau de ce dernier.

|●| ***La Provence*** *(plan II, C2,* ***49****) : Vokiečiu g. 22. ☎ 262-02-57. Tlj 11h-minuit. Résa très conseillée le w-e. Plats 40-90 Lt (11,60-26 €).* Considéré comme le 2e meilleur resto de Vilnius. Cadre élégant et atmosphère chic mais sans excès (cols ouverts et clientèle le plus souvent relax). Salle au rez-de-chaussée avec vestiges de délicates fresques en corniche, lumières bien équilibrées, service efficace. La vénérable pendule y sonne même les demi-heures. En sous-sol, belle cave voûtée. Découvrez-y une bonne cuisine bien hexagonale avec des huîtres gratinées au champagne, une trilogie de canard (avec foie gras), de l'anguille farcie tomates et parmesan, des rouleaux de bœuf et foie gras avec cèpes, etc.

Superbe carte des vins.

🍽 ***Stikliu Aludé*** *(plan II, C2,* ***48****) : Gaono 7. ☎ 262-45-01. Tlj 11h-minuit. Plats 40-60 Lt (11,60-17,40 €).* Une néo-auberge à la déco bien léchée (de beaux objets anciens empilés avec ordre), qui partage la cuisine de la meilleure table de Vilnius (garantie d'une bonne chère à pas trop cher). On y dévore quelques plats traditionnels à base de pommes de terre et autres brochettes de porc au lard. Des groupes folkloriques viennent parfois chauffer la salle voûtée en sous-sol.

Très chic

🍽 ***Stikliai Restaurant*** *(plan II, C2,* ***50****) : Gaono 7. ☎ 264-95-80. Tlj 12h-minuit. Au cœur de l'ancien petit ghetto. Résa obligatoire le soir. Menu 200 Lt (58 €) ; plats 100-150 Lt (29-43,50 €).* Considéré comme le plus grand restaurant de la ville, le plus cher aussi et le préféré des chefs d'État. Les présidents Mitterrand puis Chirac y dînèrent (pas une raison pour y siffler *la Marseillaise* à tue-tête !). Salle haute et spacieuse sous atrium orné de vrais arbres et nombreuses plantes vertes. Tables bien espacées, service stylé, atmosphère feutrée, clientèle très chic, on ne pouvait espérer moins. Pas de surprise côté assiette : cuisine franco-lituanienne de très haute tenue, assez classique dans sa forme cependant. Carte des vins au diapason (au verre également).

En dehors du centre

De bon marché à prix moyens

🍽 ***Marceliukes Klétis*** *(plan I, C1,* ***52****) : Tuskulenu 35. ☎ 272-50-87. Tlj 11h-minuit. Bus n° 34 depuis la gare ; arrêt Tuskulesų. Plat env 25 Lt (7,30 €).* Dans un environnement d'entrepôts, de bureaux et de HLM blêmes, une immense grange-taverne paysanne (depuis le début de ce chapitre, d'ailleurs, quand même curieux ce retour à la terre !). Très populaire l'été, où l'on vient boire et se détendre dehors au milieu des vieilles machines agricoles. À l'entrée, la meule de granit donne le ton, et dedans, bric-à-brac d'outils et d'objets domestiques. Tables et bancs rustiques pour déguster la gastronomie traditionnelle du pays. Goûtez à plusieurs au *gaspadoriaus vakariené* (4 sortes de viandes grillées). Dommage, beaucoup de groupes. Musique folklorique live parfois en fin d'après-midi.

🍽 ***Delano*** *(plan I, B1,* ***43****) : centre commercial* Akropolis. *☎ 213-56-90. Bus n° 34 sur Pylimo ; arrêt Šeskiné. Tlj 8h-minuit en continu.* On se dit « encore une cafétéria sans intérêt offrant un cadre et des plats d'une banalité à pleurer »... et on découvre un décor bucolique et une cuisine traditionnelle surprenante. Certains diront que c'est très surfait, mais les enfants adoreront. Choix énorme et plats servis généreusement. Harengs fondants, carpaccio de saumon, belles salades et toutes les bonnes spécialités lituaniennes : le *védarai* (pommes de terre râpées entourées d'une peau de saucisson et cuites au four), les *zeppelin* (quenelles), les crêpes, le *borchtch,* etc.

Où prendre un bon café ? Où déguster un vrai thé ?

☕ ***Skonis ir Kvapas*** *(plan II, C2,* ***62****) : Traku g. 8. ☎ 212-28-03. Tlj 10h-23h.* Bienvenue au paradis du thé ! Près de 90 sortes à ne plus savoir où donner du palais. On peut même en emporter. Mais le plaisir ne s'arrête pas là. Niché dans une courette pavée, ce salon est une invitation au bien-être. Plusieurs petites pièces magnifiquement meublées, cheminée, tapis aux couleurs chaudes, bibelots, tableaux du XIXe s. Bref, une de nos adresses préférées.

Pilies Kepyklélé *(plan II, C2, **61**) : Pilies g. 19. ☎ 260-89-92. Tlj 9h-23h.* Cadre de brique, banquettes sous des arcades médiévales, joli mobilier, atmosphère cosy. Excellents gâteaux, bons thés et très bons cappuccinos.

Où boire un verre ? Où sortir ?

Café de Paris *(plan II, C2, **1**) : Didzioji 1. ☎ 261-10-21. Dim-mar 11h-minuit ; mer-jeu 11h-2h ; ven-sam 11h-4h.* Le rendo de la communauté française, francophone et francophile. Bar pris d'assaut le soir. Petit programme culturel régulier. Excellente musique d'ambiance (chansons françaises, mais pas seulement). La journée, c'est plus calme : bien pour grignoter quelques snacks, salades, crêpes et gâteaux.

Uzupio Kaviné *(plan II, C2, **47**) : Uzupio 2. ☎ 212-21-38. Tlj 11h-23h. Plat du jour (12h-15h) 7 Lt (2 €) ; autres plats 18-30 Lt (5,20-8,70 €).* C'est quasi le poste-frontière de la « république d'Uzupis ». Plaque sur la façade rappelant le jumelage avec la commune libre de Montmartre, vente de souvenirs et de sa constitution en anglais. Cadre traditionnel de troquet, l'occasion de rencontrer les drôles de citoyens de cette drôle de république, notamment ceux du squat d'artistes d'à côté, et la « bobohème » locale. Aux beaux jours, l'une des terrasses les plus sympas de la ville pour se croire à la campagne sur les rives de l'adorable rivière Vilnia. Cuisine locale correcte. Goûter à la curieuse côtelette « dénationalisée », aux « ruines d'Uzupis » ou au plat national, le *didžikukulai* (si vous arrivez à le prononcer !)...

Tores *(plan I, C2, **53**) : Uzupio g. 40. ☎ 262-93-09. Tlj 11h-minuit. Plat autour de 40 Lt (11,60 €).* « L'autre » lieu convivial de la république, mais ici à grande échelle. Immense terrasse avec *the* panorama sur Vilnius. À l'intérieur, élégant café-restaurant avec une grande baie vitrée. Quelques coins intimes où l'on s'affale dans de vieux fauteuils en relisant les 41 articles pleins de bon sens et d'humour de la constitution locale... Plein de charme, on y resterait des heures.

Artistai Pub *(plan II, C3, **77**) : sv. Kazimiero 3. ☎ 212-12-68. Lun-mer 11h-2h ; jeu 11h-4h ; ven-sam 11h-5h ; dim 11h-minuit.* Dans une ruelle discrète. Beau bar branché avec des salles voûtées sur murs de brique et de grands canapés en cuir rouge. Musique live en fin de semaine. Ambiance décontractée. Un creux ? ils proposent aussi une bonne petite restauration.

Markus Ir Ko *(plan II, C2, **79**) : Antokolskio. ☎ 262-31-85.* Pub irlandais de la *upper middle class.* Cadre intérieur très confortable, voire cossu, élégant décor. Soirées piano-jazz organisées régulièrement.

Briusly *(plan II, C2, **75**) : Sv. Ignoto g. 14. ☎ 212-12-15. Tlj 11h-2h.* Un des derniers bars à la mode. Débuts de semaines calmos, mais archibondé après 21h en fin de semaine. Il faut même batailler pour atteindre le bar où trône l'immense portrait de Bruce Lee... Briusly... Humour lituanien !

Cactus *(plan II, C2, **72**) : Boksto 7. ☎ 215-30-00. Tlj 11h-2h (4h ven).* Dans une rue un peu en marge, un ancien café étudiant devenu bar-lounge... fauteuils club, lumière soft, mezzanine, clientèle trentenaire chic : « A last drink, chéri-chéri ? »

In Vino *(plan II, C3, **78**) : Aušros Vartų 7. ☎ 212-12-10. Tlj 16h-2h (4h ven-sam).* Un des rares bars à vin de la ville, qui propose un bon choix de pinards de derrière les fagots (si vous êtes en manque, car vin ne rime pas avec lituanien !). La salle du bar ou les deux salons à l'arrière sont plutôt bondés et sonores le soir. Agréable terrasse sur cour en été : sinon, brrr !

Sky Bar *(plan I, B2, **76**) : Konstitucijos 20 ; au 22e étage du* Reval Hotel. *☎ 272-62-72. Bus n° 43 sur Pylimo ; arrêt Europas Aikšté. Tlj 16h-1h (2h30 ven-sam).* Au nord du centre. Décor hypermoderne et clientèle assez sophistiquée pour l'un des plus beaux panoramas sur la ville. Belle liste de cocktails très abordables.

– Voir aussi le **Cozy** *(plan II, C2, **73**)* et le **Woo** *(plan II, C2, **71**)* dans la rubrique « Où danser ? ».

VILNIUS

Où danser ?

♫ **Pabo Latino** *(plan II, C2,* ***83****) : Traku 3.* ☎ *262-10-45. Mer 21h-1h ; jeu 21h-3h ; ven-sam 21h-5h. Entrée : 20-30 Lt (6-9 €), une boisson comprise.* Notre boîte préférée. Au 1er étage, avec mezzanine. Très grand volume. Atmosphère tamisée dans toutes les nuances de rouge, ambiance électrique. Les plus belles filles de Vilnius, les mecs les plus gironds... Super DJ, musique extra. Piste de danse au fond. Soirées salsa, jazz-latino, tango, etc.

♫ **Brodvejus** *(plan II, C3,* ***84****) : Mesiniu 4.* ☎ *210-72-08. Lun jusqu'à 3h, mar 4h, mer-sam 5h et dim 2h. Entrée : 10 Lt (3 €).* Dans une ruelle du grand ghetto. Ce « Broadway »-là, toujours bondé, se révèle une très sympathique adresse pour des nuits endiablées. Ambiance sombre, chaleureuse et décontractée de taverne-pub. Décor en bois. Agréables salons en retrait. Petite piste de danse. Variétés internationales. Question *dress code,* évitez les baskets et sachez que le noir est fort bien vu. Musique live assez souvent à 23h et là, c'est chaud de chez chaud !

♫ **Cosy** *(plan II, C2,* ***73****) : Dominikonu 10.* ☎ *261-11-37. Bar tlj 9h (10h dim)-23h ; boîte ven-sam de 21h à pas d'heure.* Côté Mr Hyde, c'est le bar-resto au rez-de-chaussée, ambiance tamisée, décor coquille d'œuf, très soft, clientèle sage de trentenaires. Côté Dr Jekyll, c'est la boîte en sous-sol, avec son bar circulaire où virevoltent les cocktails autour d'une piste de danse.

♫ **Pacha Club** *(plan I, B2,* ***87****) : Gyneju g. 14. Ven-sam 22h-6h. Entrée : 25-35 Lt (7-10 €) selon DJ.* La grande boîte à la mode à Vilnius. Immense piste de danse et meilleurs DJs d'Europe. Ce sont les mêmes proprios que les discothèques *Pacha* d'Ibiza. Fiesta garantie !

♫ **Woo** *(plan II, C2,* ***71****) : Vilniaus 21. Lun-mer 12h-minuit ; jeu 12h-2h ; ven 12h-6h ; sam 17h-6h. Entrée gratuite.* Ambiance qui transcende les âges et les classes dans ce bar-club très populaire. Jeunes, vieux, décontractés, sapés viennent boire un coup dans la salle en sous-sol. Sur fond de musique qui va crescendo du R'n'B lénifiant, tendance jazzy, à des rythmes plus soutenus, on esquisse quelques pas sur la petite piste centrale. Adresse cool.

♫ **Gravity** *(plan I, B2,* ***88****) : Jasinskio 16.* ☎ *249-79-66. Ven-sam 22h-5h.* Très en vogue chez les 18-20 ans. Intérieur digne d'un roman de science-fiction, mélange de bunker soviétique et de vaisseau spatial. DJs des quatre coins de l'Europe.

À voir

Pour tous les musées de Lituanie, un site très complet en français : • muziejai.lt • *À consulter également, mais uniquement en anglais :* • ldm.lt •

Chaque monument majeur est signalé par une plaque comprenant des explications (en anglais, allemand...). Informations complémentaires en français en appelant le ☎ 13-89. Sinon, l'office de tourisme propose des audioguides (en anglais), 35 Lt (10 €) la journée, ou des brochures avec des itinéraires de découverte (gratuites et en français).

LE VIEUX VILNIUS

De l'ancienne mairie à la porte de l'Aurore

Vilniaus rotušė *(ancien hôtel de ville ; plan II, C3,* ***103****) : Didzioji 31.* Sur cet emplacement depuis le XIVe s. Reconstruit en 1785-1799 dans un pur style néoclassique. Imposant portique sur six colonnes doriques. Devenu théâtre en 1810, puis musée des Beaux-Arts en 1941. Aujourd'hui, il accueille des expos temporaires, des concerts et des réceptions de tous types.

Šiuolaikinio meno centras *(Centre d'art contemporain ; plan II, C3,* ***100****) : Vokieciu 2. ☎ 262-34-76. • cac.lt • Mar-dim 12h-19h30. Entrée : 8 Lt (2,30 €) ; réduc.* Derrière l'ancien hôtel de ville. Dans une construction moderne, expos temporaires d'art contemporain de niveau international.

➢ Remontons maintenant Didzioji, puis la Aušros Vartų vers la porte de l'Aube.

Šv kazimiro bažnyčia *(église Saint-Casimir ; plan II, C3,* ***104****) : Didzioji 34. Lun-ven 10h-18h30 ; w-e 8h-18h30.* Édifiée par les jésuites en 1604, l'une des églises baroques les plus anciennes de la ville, ostensiblement couronnée. Clairement inspirée par l'église du Gesú à Rome, malgré diverses modifications ultérieures. En 1831, donnée au culte orthodoxe ; en 1917, restituée aux catholiques ; en 1961, transformée en musée de l'athéisme ; en 1989, rendue au culte... À l'intérieur, belle coupole centrale au décor rococo et de fastueux autels baroques du XVIIIe s.

– À côté, au n° 36, le ***palais Abramavicienė*** et sa monumentale façade à quatre colonnes. En face, l'***ambassade de Turquie,*** avec un vestige de fresque en façade.

Lietuvos nacionalinė filharmonija *(Société philharmonie nationale de Lituanie ; plan II, C3,* ***105****) : Aušros Vartų 5.* Bâtiment édifié en 1902 dans un typique style monumental historiciste. En 1905, l'assemblée municipale de Vilnius s'y réunit pour réclamer l'autonomie de la Lituanie. En décembre 1918, les communistes locaux y proclamèrent une éphémère république des Soviets. En 1940, la Société philharmonique s'y installa (le célèbre Chaliapine y chanta).

Bazilijonų vienuolynas *(monastère Saint-Basile ; plan II, C3,* ***106****) : Aušros Vartų 7B.* Juste après une pittoresque demeure médiévale en brique apparaît cet élégant double porche de style baroque tardif (1761). Au fond, dans la cour, l'***église de la Sainte Trinité*** *(Šv trejybės bažnyčia),* construite comme église orthodoxe en 1514. Aujourd'hui, elle appartient au culte catholique uniate (fermée presque tout le temps). Les bâtiments du monastère servirent un temps de prison pour les antitsaristes (en 1823, elle eut Adam Mickiewicz comme locataire). Cour d'une réjouissante sérénité.
En face, l'***hôtel Europa*** et son intéressante façade historiciste. À côté, au n° 8, remarquer cette ravissante ***demeure médiévale*** du XVe s, au pignon en escalier, ornée de superbes vestiges de fresques dites en sgraffite.

Šventosios dvasios cerkvė *(église orthodoxe du Saint-Esprit ; plan II, C3,* ***107****) : Aušros Vartų 10.* Construite en 1567, elle possède plusieurs caractéristiques originales : en activité depuis le début (resta ouverte, ainsi que le monastère attenant, pendant la période communiste), c'est la seule église orthodoxe de style baroque de Lituanie. À l'intérieur, belle iconostase (justement baroque) dans des tons pimpants vert et or, au milieu d'une polychromie de jaune clair, rose et bleu. Nef elle-même abondamment décorée de stucs. Coupole culminant à 49 m. Sous le baldaquin, les reliques de trois saints orthodoxes : Eustache, Jean et Antoine (grande fête le 26 juin). Quant au monastère, le seul de culte orthodoxe du pays, il héberge encore une poignée de moines.

Šv Teresės bažnyčia *(église Sainte-Thérèse ; plan II, C3,* ***108****) : Aušros Vartų 12.* Date de 1633, de style baroque primitif. On trouve dans la façade les effets de verticalité des églises de Rome. À l'intérieur, somptueux décor de style rococo : autel monumental en grès, fresques au plafond (scènes de la vie de sainte Thérèse), ravissante chaire de bois sculpté doré. Icône avec vêtements d'argent. Grand orgue au buffet très ornementé.

Aušros vartai *(porte de l'Aurore ; plan II, C3,* ***109****) :* survivante des cinq portes principales dans l'enceinte de 1503 (démantelée par les Russes en 1795). Elle commandait la route de Minsk. Les paysans venant vendre leurs produits y payaient l'octroi. Ils en étaient dispensés s'ils apportaient avec eux une grosse pierre (qui servait aux constructions importantes de la ville). À l'extérieur, on trouve encore la rainure de la herse. Sur la droite de la porte, la plus grosse portion de muraille de la ville. Étage rajouté à la Renaissance. Orné d'un chevalier blanc entouré de deux griffons (symbole de la Lituanie indépendante), que les Russes n'osèrent jamais enlever. Sûrement à cause de la chapelle qui fut construite à l'intérieur de la porte et devint ensuite lieu de pèlerinage national (notez les scènes de dévotion des piétons qui passent dans la rue). Elle abrite la Vierge la plus vénérée du pays. Un escalier intérieur, accessible par une porte latérale, mène à la chapelle (certains pèlerins le montent sur les genoux). Le portrait de la Vierge (sans enfant), peint au début du XVIIe s, hérita au XVIIIe s de sa couronne et de son manteau en argent doré orné de roses. Plus de 8 000 ex-voto, en argent pour la plupart, témoignent de la ferveur du public.

Vilnaus gynybinės sienos bastėja *(La « Bastille » ; plan II, C3,* ***110****) : Boksto 20. ☎ 261-21-49. Mar-sam 10h-17h (15h dim). Entrée : 4 Lt (1,20 €).* Bastion d'origine de l'enceinte de la ville. Construit au XVIIe s pour abriter l'artillerie contre l'ennemi suédois et russe. Petit musée d'histoire. Portions significatives de la muraille de part et d'autre.

De l'ancienne mairie à la cathédrale

Rotušė *(place de la Mairie)* **:** au pied de la mairie, la rue Didzioji, bordée de ravissants immeubles, part en entonnoir. La nuit, un vrai décor de théâtre. Au n° 26, la ***Petite Guilde*** qui date du XVe s ; au n° 24, la ***guilde des Marchands,*** du XVIe s, le tout restauré de frais et (trop ?) bien léché. Belle série de demeures aussi du n° 19 au n° 27.
Au n° 12 Didzioji, l'***église orthodoxe russe de Saint-Michael.*** Date de 1514, mais fut reconstruite ou modifiée à chaque fois qu'elle changeait d'identité. La dernière reconstruction, en byzantin russe, date de 1865, lorsque la russification battait son plein.
Au n° 10, la ***clinique de l'université,*** abritée dans un beau palais. Façade ornée de pilastres à chapiteaux corinthiens.
Au n° 2, ***Saint-Paraskeva,*** une autre église orthodoxe russe. D'abord sanctuaire de rite uniate au XVIe s. C'est ici que, en 1705, le tsar Pierre le Grand fit baptiser le petit Africain *Hannibal,* l'ancêtre d'Alexandre Pouchkine. En 1865, l'église fut reconstruite en style byzantin et donnée au culte orthodoxe. Belle iconostase en bois sculpté.
En face, au n° 1, la ***maison Frank,*** du XVIIe s. En 1804, l'université y logeait ses professeurs les plus prestigieux. En 1812, pendant la campagne de Russie, Napoléon y mit à l'abri le trésor de la Grande Armée. Un certain Henri Beyle, intendant de l'armée, y séjourna à la même époque. Il devait par la suite, sous le nom de Stendhal, mieux réussir dans les lettres... Aujourd'hui, l'édifice abrite le centre culturel français.

Vilnaus paveikslu galerija *(galerie de peinture de Vilnius ; plan II, C2,* ***91****) : Didzioji 4. ☎ 212-42-58. Face au centre culturel français. Mar-dim 12h-18h (17h dim). Entrée : 6 Lt (1,80 €).* Abritée sous les stucs et ors du beau palais XVIIe s de la famille Chodkiewicz (reconstruit en 1834 en style classique tardif et rénové en 2006). Autant un musée d'histoire que de peinture, si l'on en juge par les précieux documents exposés : *acte de naissance de l'université* signé par le roi de Pologne (1579), privilège de 1736 alignant les droits de l'université sur celle de Cracovie, plan de

LES AÏEUX D'ADAM

Adam Mickiewicz est né dans l'actuelle Biélorussie, appartenant alors au royaume de Pologne. Il passe à Vilnius une partie des quinze années où il s'est exercé à la poésie romantique (dont il était l'un des maîtres incontestés en cette Europe de la fin du XVIIIe s). C'est ici qu'il écrivit Grazyna, *mais surtout* Les Aïeux, *un de ses best-sellers.*

Vilnius du XVIe s, etc. Quelques autres pièces : une portée musicale avec enluminure, première carte authentique du grand-duché de Lituanie, précieux livres anciens, etc. Émouvant *Commentaires de géométrie* de Descartes (1730), courrier du poète Adam Mickiewicz (une demande de congé à son recteur), lettres manuscrites de Victor Hugo, Bonaparte, Voltaire, Chateaubriand ; une de Joseph-Jérôme de Lalande, célèbre astronome, félicitant un collègue de Vilnius pour ses travaux. *Salle 7* consacrée aux portraits des grands personnages de l'université, notamment Martynas Pociobutas (l'astronome de Lalande) par J. Oleskevicius. Salle consacrée à l'œuvre de Franciskus Smuglevicius, l'un des plus grands peintres du XVIIIe s. Peinture religieuse, dessins d'architecture, paysages se succèdent ensuite à des niveaux de valeur contrastés.

Quelques toiles intéressantes cependant : la *Retraite de Russie à Vilnius* de Victor Adam et, *salle 12,* Jonas Rustemas, portraitiste renommé. Belle expo de dessins. Voir l'insolite jeu de cartes et ses pittoresques personnages. *Salle 13,* petits paysages du XIXe s. *Salle 15,* V. Smakauskas (un excellent illustrateur) et une *Marie-Madeleine* de V. Neveravicius, au remarquable jeu de lumière et d'ombre. *Salle 16,* séduisants dessins de Kanutas Ruseckas, et *salle 18,* une série de portraits de la même école (fond noir, visages harmonieusement éclairés). *Salle 20,* première moitié du XXe s, accrochage assez éclectique, œuvres souvent conservatrices. Noter néanmoins Adomas Galdikas qui, partant du classicisme le plus pur, vira au cubisme (*Nature morte,* 1928). Étage en dessous : art contemporain, dessins, sculptures, expos temporaires...

🏛🏛🏛 ***La rue Pilies,*** qui succède à la rue Didzioji, véritable épine dorsale de la ville médiévale, aligne également son pesant de belles demeures et palais. De part et d'autre s'échappent d'adorables ruelles, prenant la nuit de fascinantes formes expressionnistes. Au n° 32, la ***maison Victoria,*** l'une des plus croquignolettes cours intérieures de la ville.
Puis, à droite, part la ***rue Literatu,*** qui doit son nom aux nombreux libraires qui y tenaient boutique. Au n° 5 Literatu, la ***maison Piaseki,*** pittoresque demeure du XVIIIe s. Les rebelles de 1826 s'y réunissaient. Au n° 30 Pilies, au coin de Literatu, la ***maison de la guilde des barbiers,*** du XVIIe s, mais qui hérita d'une façade historiciste (pittoresque oriel d'angle avec balustrade). Au n° 28, la ***maison Schwarz,*** du XVIe s, avec une façade néobaroque. Au n° 26, ***maison Stralis*** (appelée aussi *maison des Signataires*), offrant une élégante façade historiciste. Le 16 février 1918 y fut signé l'acte de l'indépendance de la Lituanie (petit musée à l'intérieur). Décor de la façade particulièrement intéressant (symboles de l'agriculture et de la pêche dans des niches). Au n° 24, l'***hôtel Narutis,*** du XVIe s, qui hérita d'une façade classique au début du XIXe (on a remis en valeur le rez-de-chaussée médiéval en brique). Au n° 22, la longue façade du ***collège médical*** (plusieurs personnalités, professeurs, poètes, artistes y vécurent : plaques et bustes dans la cour).

🏛🏛 ***La plus vieille maison de Vilnius*** *(plan II, C2,* ***111****) : Pilies 12.* Deux édifices en brique de la fin du XVe s. Largement restaurés après les bombardements de la Seconde Guerre mondiale. Habités au fil des siècles par des orfèvres, des chirurgiens et des pharmaciens. Au n° 13 Pilies, un palais du XVIIIe s. Deux élégantes demeures reliées par une arche annoncent la rue Bernardinu, l'une des rues les plus romantiques de Vilnius. On notera la délicieuse façade ornée de théières (voir la rubrique « Achats »).

🏛🏛 ***La rue Bernardinu*** propose son lot de demeures baroques et classiques et de cours intérieures. Entre autres, au n° 8, le ***palais Lopacinski*** (toit baroque, intéressante façade), devenu le *Shakespeare Hotel* (voir « Où dormir ? » et « Où manger ? »).

🏛 ***Gintaro muziejus galėrija*** *(musée-galerie de l'Ambre ; plan II, C2,* ***99****) : Sv. Mykolo 8. ☎ 262-30-92. • ambergallery.lt • Tlj 10h-19h.* Bien sûr, c'est avant tout une boutique où l'on vend de l'ambre et de beaux bijoux. Cependant, la propriétaire a fort intelligemment organisé dans sa cave un petit musée de l'ambre très bien fait et... gratuit. Pourquoi donc se priver du plaisir d'admirer cette fascinante facétie géologique ? D'autant plus que la présentation se révèle vraiment remarquable, dans de savoureux jeux de lumière. Grâce à de puissantes loupes, on peut admirer des insectes piégés dans l'ambre et âgés de plusieurs milliers (voire millions) d'années. Vous saurez tout aussi sur l'ambre bleu et l'ambre blanc (les plus chers), ainsi que le noir !

Šv arkangelo Mykolo bažnyčia *(église de l'Archange-Saint-Michel ; plan II, C2,* ***112****)* **:** commencée en 1594. Noter, côté rue A. Volano, l'imposante façade, ses clochetons et son clocher indépendant du XVIIIe s, harmonieuse transition entre Renaissance et baroque. Élégant jeu de pilastres aux chapiteaux à décor floral. En son sein, le musée d'Architecture.

Šv Onos bažnyčia *(église Sainte-Anne ; plan II, C2,* ***113****)* **:** *Maironio 8. Ouv 9h-13h, 14h-19h.* LA plus belle église de Vilnius, au point que Napoléon pensa la démonter pour la ramener à Paris (mais ça, c'était au voyage aller de la campagne de Russie !). Construite à partir de 1495 dans un style gothique tardif, proche du flamboyant. La façade est un vrai chef-d'œuvre d'équilibre et d'harmonie entre courbes et verticales, toutes se conjuguant pour procurer un fascinant sentiment d'élévation, d'aspiration vers le ciel... En outre, pinacles festonnés et galbes se détachant de la façade, la palette chromatique des briques (33 variétés furent utilisées, pas moins !) donnent une légèreté presque aérienne à l'ensemble. Clocher du XIXe s, séparé de l'église. Remarquer la superbe porte en fer forgé ornée de clous et de heurtoirs en forme de monstres. À l'intérieur, croisées d'ogives en brique rouge et mobilier. Moins riche que l'extérieur, à part l'autel monumental baroque et sa Vierge à l'Enfant, avec sainte Anne en argent. La faute aux soldats de Napoléon, qui, malgré l'admiration de leur patron pour l'église, brûlèrent bancs, confessionnaux et presque tous les autels pour se réchauffer !

Šv Fransiškaus ir Bernardinų bažnyčia *(église Saint-Bernardin-et-Saint-Francis ; plan II, C2,* ***114****)* **:** *juste derrière Sainte-Anne.* Datant du XVIe s, l'une des plus grandes églises gothiques de Vilnius. Le fronton à volutes et les deux tourelles sont à l'évidence une reconstruction. Intérieur assez épuré. Sur les bas-côtés, voûtes en lierne d'une grande finesse. Il y a une trentaine d'années, on a retrouvé sous la chaux de magnifiques fresques du XVIe s. Dans une chapelle, le Christ en croix le plus ancien du pays (XVe s).
À droite des deux églises, *statue moderne d'Adam Mickiewicz* (1984). C'est ici qu'en 1987 se tint le premier rassemblement des dissidents au régime soviétique.

Au n° 12 Mairenio, la **Skaisčiausos Dievos motinos cerkė** *(église Très-Sainte-Mère-de-Dieu ; plan II, C2,* ***115****). Tlj 9h-17h.* Une imposante église orthodoxe, fondée au XIVe s mais reconstruite en 1865. Façade et clochers s'inspirent du style des églises géorgiennes médiévales. À l'intérieur, belle iconostase du XIXe s.

Arkitekatedra basilika *(cathédrale ; plan II, C2,* ***116****)* **:** il reste peu du premier édifice roman du XIIIe s et de ses successeurs, détruits par l'homme, le feu ou quelque écroulement. En 1769, dernière reconstruction dans le plus pur style néoclassique d'un blanc étincelant. Monumental portique à fronton triangulaire décoré d'une sculpture représentant le sacrifice de Noé. Au-dessus, trois statues figurant saint Stanislas, sainte Hélène et saint Casimir. Détruites pendant l'occupation soviétique (la cathédrale avait été transformée en galerie de peinture... donc pas de raison de garder des sculptures !), elles furent refaites à l'identique en 1997.
À l'intérieur, nef d'une grande ampleur soutenue par de massives colonnes. Au grand autel, tableau de Franciszek Smuglewicz représentant la mort de Stanislas. Du même artiste, les apôtres ornant les piliers. Pas moins de onze chapelles. La plus belle étant celle de *Saint-Casimir,* à droite du chœur, d'une richesse époustouflante. Elle expose le sarcophage de 600 kg d'argent du roi Casimir, l'un des mausolées les plus imposants d'Europe. Réalisée à partir de 1623 par des architectes et artistes italiens, il fallut 13 ans pour l'achever. Débauche de marbre noir, blanc et

rose, de stucs, de sculptures. Tout autour, statues de bois recouvertes d'argent, représentant les grands-ducs de Lituanie et les rois de Pologne. Au mur de gauche, fresque montrant l'ouverture du cercueil de saint Casimir et la découverte de son corps intact après plus d'un siècle. Ravissante coupole richement ornée de stucs et, dans les coins, de peintures de Smuglewicz. Admirer le relief en stuc au-dessus de l'autel. Au-dessus du tabernacle, une curieuse représentation de saint Casimir avec trois mains tenant des lys blancs (symbole de l'innocence). La *chapelle royale de Wollowicz* (la 2ᵉ à gauche en entrant) conserva les restes de saint Casimir jusqu'en 1636. Riche autel baroque de la même époque. Dans la *chapelle des Déportés* (1ʳᵉ chapelle à droite de l'entrée principale), immense christ en croix baroque du XVIIIᵉ s, particulièrement expressif.
Possibilité de visiter la crypte en groupe. Se renseigner à la boutique sur les horaires. On y trouve quelques sarcophages, des vestiges de la première cathédrale et des fragments de fresques de la fin du XIVᵉ s.

Le clocher : séparé de la cathédrale, il culmine à 57 m de haut. Il fut construit en 1522 sur la base d'une tour de l'enceinte du château inférieur, dont on a conservé quelques meurtrières. Puis il hérita, lors de diverses phases de reconstruction, de trois étages octogonaux (le dernier de style classique).
Troisième monument de la place, la *statue du grand-duc Gediminas* (le fondateur de Vilnius), réalisée en 1996.

Valdovų rūmai *(palais des grands-ducs ; plan II, C2,* ***117****)* **:** résidence des grands-ducs de Lituanie à partir du XVIᵉ s, protégée par une enceinte (dont le clocher de la cathédrale s'appuie sur l'une des tours). Construit par des architectes italiens. Les ducs y tinrent une brillante cour littéraire et intellectuelle. À la fin du XVIIIᵉ s, il tomba en déclin et le tsar le fit démolir. En 1998, le gouvernement décida de le faire reconstruire à partir, finalement, de rien. D'aucuns s'étaient habitués à cet espace vide et critiquent l'initiative... allez, gageons qu'une fois fini tout le monde l'adoptera. Veinards, vous serez les premiers à en jouir, la rénovation doit se terminer en 2009.

Aukštutinė pilis *(château supérieur ; plan II, C2,* ***119****)* **:** *on y accède soit par un chemin pavé quelques centaines de mètres à droite de la cathédrale, soit par un petit funiculaire qui part de l'arsenal.* Construit par le grand-duc Gediminas en 1323, au moment du transfert de la capitale de Trakai à Vilnius. Un peu le cœur, le symbole de la ville, au confluent de la Neris et de la Vilnia. Attaqué par les chevaliers Teutoniques de nombreuses fois mais jamais pris. Incendié en 1419, reconstruit avec une enceinte et trois nouvelles tours. Très endommagé en 1655, lors de la guerre avec Moscou, jamais réédifié. En 1831, après les troubles, le tsar remonta pourtant un système défensif et fortifia à nouveau la colline. Aujourd'hui, des trois tours d'origine, il ne subsiste que la *tour Gedimino,* où flotte à nouveau le drapeau national, après 50 ans d'exil. De plan octogonal, elle livre bien sûr un superbe panorama de la ville et des parcs alentour. De part et d'autre de la tour, de petites portions de l'enceinte.
– Petit musée de l'Histoire du château : ☎ 261-74-53. Tlj 10h-19h ; fermé lun oct-avr. Entrée : 4 Lt (1,20 €). Maquette du château d'origine, armes anciennes, etc.

Lietuvos nacionalinis muziejus *(Musée national)* **:** *Arsenalo 1. ☎ 262-94-26. • lnm.lt • Mai-sept, mar-dim 10h-17h (15h dim) ; oct-avr, mer-dim 10h-17h. En fait, il se divise en deux ; donc 2 billets à acheter, chacun 4 Lt (1,20 €).*
Collection ethnographique (plan II, C2, ***93****)*
Entrée 200 m derrière la cathédrale. Dans le ***nouvel arsenal,*** édifié au XVIIIᵉ s dans un style classique. Il possède encore des vestiges de caves gothiques et des pans de murs de la Renaissance. Imposant et sobre portique à colonnes.
À vrai dire, une exposition un peu fourre-tout, dont on peine à trouver le fil conducteur. Cela n'empêche pas d'y voir quelques jolies pièces, au hasard des salles grandes et bien lumineuses : un superbe traîneau du début du XVIIIᵉ s, une truelle utilisée par le tsar Alexandre II pour une inauguration (en or ! ça ferait rêver plus d'un

maçon !). La salle des archives, qui regroupe principalement de riches objets religieux. Au premier étage, on apprécie les reconstitutions très réalistes d'habitats campagnards du XIXe s, ainsi qu'une très belle collection de croix. Ne pas rater, non plus, la superbe « Porte du trésor », du XVIe s.

*Collection archéologique (plan II, C2, **98**)*

200 m plus loin, entrée face au funiculaire. Dans le ***vieil arsenal*** du XVIe s, qui servait d'entrepôt d'armes et à munitions et qui brûla lors de la Seconde Guerre mondiale. Reconstruit en 1986.

– *Rez-de-chaussée :* de la période préhistorique, une tombe, ainsi que des pierres taillées et polies, cornes d'aurochs, poteries, etc. Vitrines sur la pêche (on a retrouvé des filets très anciens), objets en ambre, moules pour fabriquer les fers de hache. Vase insolite avec personnages dessinés.

– *1er étage :* superbes bijoux, colliers, bracelets du Ier au IVe s. Reconstitution de vêtements de la même époque, monnaies romaines de marchands venant acheter de l'ambre, lingots d'argent, armes. Fragments de tissus du IXe au XIIe s. *Trésor de Likeny* et joyaux des tribus.

✪✪ ***Taikomoslos Dailes Muziejus*** *(musée des Arts appliqués ; plan II, C2,* ***95****) : Arsenalo 3A. ☎ 212-80-80. Mar-dim 11h-18h (16h dim). Entrée : 6 Lt (1,80 €). Abrité lui aussi par l'ancien arsenal. À la fois musée d'art et d'histoire.*

– *1er étage :* coffre du XVIIe s, tapisserie des Flandres, armoiries d'argent, mobilier, superbe piano sculpté de 1868. Vestiges médiévaux, ferronneries, terres cuites, clés, céramiques, poêle en faïence du XVIe s.

– *2e étage :* livres anciens (médecine, religion). Pour les fans de saint Augustin, un texte du XVIIe s, un autre de 1489 avec gravures, un autre de 1500 (publié à Strasbourg), avec révisions en marge pour nouvelle édition. Impressionnante expo d'immenses croix en bois sculpté du XIXe s. Statuaire religieuse, *pietà* paysannes insolites (christs disproportionnés, réduits à la taille d'enfants), superbes chemins de croix. Intéressantes gravures. Bannières de procession.

– *Salle des tableaux :* un *Saint Martin* polychrome du XVIe s, retable du XVe, une allégorie de *l'Ancien et le Nouveau Testament* par Cornelis van Harleem, *Mise au tombeau* de Carracci, *Passion du Christ* de l'école de Lucas van Leyden, *Saint Sébastien* de Guido Reni, *Loth et ses Filles* de Rottmayer von Rosenbrunn.

✪✪✪ ***Vilniaus universitetas*** *(université ; plan II, C2,* ***120****) : entrée sur Universiteto gatvé. ☎ 268-71-25. • vu.lt • Ouv aux visiteurs lun-sam 9h-18h (17h nov-fév). Billetterie à gauche avant le porche ; entrée : 5 Lt (1,50 €). Brochures et plans (en français). Tours guidés rdv qui permettent d'admirer le hall F. Smugliewicz, la bibliothèque et le salon Blanc (l'observatoire). ☎ 268-71-03. Compter 8 Lt (2,30 €).*

Sans entrer dans le complexe universitaire, on peut accéder à la ***cour de la bibliothèque.*** C'est l'entrée du vieux campus, ouverte sur l'extérieur. En 1996, le sculpteur Jonas Meškelevičius créa la porte d'entrée monumentale de la bibliothèque de l'université. Ornée d'un superbe bas-relief métallique, elle emprunte à l'histoire de Lituanie et à celle de l'université des scènes de mythologie et des personnages célèbres. Une œuvre à décrypter en pensant aux trésors contenus dans cette incroyable bibliothèque. Remarquer le beau décor de la façade du 3e étage du bâtiment principal. Au-dessus des fenêtres, le symbole des planètes. Entre elles, représentations d'instruments astronomiques. À l'arrière, la tour baroque (1752). Dans la bibliothèque, pas moins de cinq millions de livres, dont 400 incunables (dont l'édition originale de la *Révolution des corps célestes* de Copernic, de 1543), 1 000 atlas anciens, 10 000 cartes et plus de 80 000 gravures. Au rez-de-chaussée, l'ancien réfectoire du temps des jésuites, aujourd'hui transformé en salle de lecture, a été gracieusement décoré par *Smugliewicz* en 1802. Ce dernier n'hésita pas à tartiner ses couleurs sur d'anciennes peintures, qu'on redécouvrit lors d'une restauration récente. On voit ainsi une superbe *Sainte Vierge accueillant les jésuites* du XVIIe s. Au-dessus, la *salle de lecture générale* aux blanches voûtes et, au 2e étage, la *salle de lecture des professeurs.* Quant à la *salle Lelewell,* aux voûtes couvertes de fresques, c'était l'ancienne chapelle des jésuites. Seuls deux anges et quelques éléments floraux sont d'origine. La *salle Blanche,* siège de l'une des plus prestigieuses sociétés d'astronomie d'Europe, présente une harmonieuse combinaison des styles baroque et classique. Intéressante expo d'anciens instruments d'observation et de globes terrestres de 1622 à 1750.

En acquittant son droit d'entrée, le visiteur peut baguenauder dans les nombreuses cours, s'imprégner de l'atmosphère de cette véritable ville dans la ville. Fondée en 1579, c'est l'une des plus anciennes et renommées universités de l'est de l'Europe. Nombre d'écrivains, de grands professeurs, de scientifiques y étudièrent, dont le poète Adam Mickiewicz et le futur prix Nobel de littérature Czeslaw Milosz. Dès l'origine dirigée par les jésuites, arme de la Contre-Réforme pour combattre l'influence du calvinisme, elle était tout à la fois faculté de théologie, de philosophie, de droit et, en 1781, de médecine. Fermée par le tsar, en représailles de la révolte de 1831, une tentative de la rouvrir en 1918 échoua. De 1919 à 1939, c'est l'université polonaise qui la remplaça. Lorsque Vilnius revint en 1939 dans le giron de la Lituanie, l'université se remit à fonctionner, selon le modèle soviétique. En 1990, elle retrouva enfin son autonomie, et elle accueille aujourd'hui plus de 23 000 étudiants dont deux tiers sont des femmes. En voici les principaux points d'intérêt :

- Après l'entrée, on pénètre d'abord dans la ***cour Mathias Sarblevius,*** du nom d'un prof du XVIIe s, poète reconnu dans toute l'Europe (édition flamande illustrée par Pierre-Paul Rubens lui-même !). Au fond, à côté des arcades, un bâtiment à contreforts. C'est la librairie universitaire *Littera,* dont on peut admirer les superbes fresques d'Antanas Kmieliauskas ornant les voûtes. Représentations symboliques des arts et sciences : médecine, astronomie, botanique, musique, imprimerie, beaux-arts, etc. Au-dessus des piliers, portraits de professeurs et d'élèves célèbres.
- Après deux arcades, petite porte à gauche pour accéder à la ***cour Daukantas*** (l'auteur de la première histoire du pays en lituanien). Il souhaitait tellement étudier à l'université qu'il se présenta sous une fausse identité avec de faux diplômes, après être venu de très loin à pied. Le chêne au milieu de la cour vient de son village. Sur le mur de face, une plaque commémore *Ona Simatai,* une bibliothécaire qui sauva des juifs du ghetto de Vilnius. Entrer ensuite dans le bâtiment marron. Au 1er étage, insolite *salle des Muses* ornée de fresques de style grec antique. Prendre le couloir pour la salle honorant également en fresques les plus grands écrivains, architectes, artistes, historiens, etc.
- Revenir dans la cour Sarbievius, pour rejoindre la ***Grande Cour,*** d'une majestueuse théâtralité avec ses trois côtés dotés d'arcades, la monumentale façade de l'église Saint-Jean et son clocher séparé haut de 63 m (le plus haut de la ville). On en parle plus loin.
- ***La cour de l'Observatoire.*** Entourée d'édifices aux arcades aveugles, sauf celui de type classique avec ses deux tourelles en avancée (de 1782), décoré de signes du zodiaque enrichis d'inscriptions latines et d'une ode à la déesse de l'Astronomie (« Ceci est la demeure d'Uranie, reculez soucis quotidiens ! Ici on méprise les choses terrestres, d'ici on s'élève vers les étoiles »). Amis lecteurs, à vos télescopes...

Šv Jonų bažnyčia *(église Saint-Jean ; plan II, C2,* ***121****)* ***:*** *entrée slt par la grande cour de l'université.* Sa façade, œuvre du célèbre J. K. Glaubitz, tout en colonnes et volutes, évoque un grand orgue. Construite à partir de 1387, remaniée en baroque tardif au XVIIIe s. En 1827, une dernière restauration (fort controversée à l'époque) noya toutes les fresques sous un badigeon blanc. Grande réputation des sermons de ses prêcheurs. Ceux du curé antinazi durant l'occupation allemande l'envoyèrent en camp de concentration, où il mourut. Les Soviétiques, eux, firent simple pour ligoter ces prêches : ils fermèrent tout bonnement l'église ! Rendue au culte en 1991. Réputée également pour la magnificence de ses autels et retables. En particulier celui de la *chapelle Sainte-Anne* (2e à gauche depuis l'entrée de la cour). On y admire un somptueux Christ crucifié sur un énorme pied de vigne doré, façon arbre de Jessé. Grande richesse aussi de la *chapelle Oginski* (4e à gau-

VILNIUS

che, juste avant le chœur). Belle fresque intitulée *La Vie des juifs dans le désert.* Maître-autel rococo monumental en marbre rouge et blanc, surabondance de stucs, sculptures, peintures... Pas un seul centimètre carré n'est libre ! De-ci de-là, on a retrouvé des fresques sous le badigeon, mais l'argent manque pour entreprendre une vaste restauration. Admirable grand orgue du XVIIIe s, le plus grand et le meilleur du pays, de nouveau en état, après avoir été démantelé sous le régime soviétique, puis restauré dès 1974. Noter également les beaux confessionnaux baroques (curieusement à ciel ouvert) et les nombreuses statues honorant des personnalités.

Prezidento rūmai *(palais présidentiel ; plan II, C2,* ***122****)* **:** *pl. Daukanto 3.* Palais de style Empire. Une longue histoire là aussi. De 1543 à 1794, siège de l'archevêché, puis celui du gouverneur général de Vilnius. On y reçut le roi de Pologne Stanislas Poniatowski, le tsar Alexandre Ier et Louis XVIII. En 1812, Napoléon y stationna lors de la campagne de Russie. Puis lieu de résidence des gouverneurs russes, dont Mikhaïl Mouraviev, dit « le Pendeur », qui écrasa la révolte antitsariste de 1863, et, dans l'entre-deux-guerres, des présidents polonais. Pendant la période soviétique, cercle des officiers, puis maison des artistes. Après le départ des Soviétiques, un temps ambassade de France, avant de revenir définitivement, en 1997, à la présidence de la République de Lituanie.

En face, de l'autre côté de la place, croquignolette ***église Sainte-Croix,*** la seule à avoir été créée à partir d'une maison d'habitation. Ne pas manquer de remonter la ***rue S. Skapo,*** tortueuse à souhait, l'une des plus romantiques de la vieille ville. Sur ***Totoriu,*** on découvre, certes moins romantique mais très solennel, le *ministère de la Défense,* de style néoclassique. Devant s'élève le buste du général *Jonas Zemaitis,* chef du Mouvement de libération de la Lituanie qui commanda la guérilla antisoviétique après la Seconde Guerre mondiale. Arrêté en 1953, il fut emmené à Moscou, interrogé par Beria lui-même, puis fusillé.
Emprunter ***Liejyklos*** (la rue de la Fonderie), où travaillaient les fondeurs de cloches de Vilnius. Au n° 4 se tenait, jusqu'à la fin des années 1930, un populaire théâtre juif. Au n° 1, demeure où l'écrivain russe Brodsky (prix Nobel de littérature 1987) séjourna de 1966 à 1971. Au coin de Vilniaus et Liejyklos, une aile du *palais des Radziwill,* du XVIIe s. À deux pas, à l'angle de Palangos et Vilniaus, un de ces monstrueux chefs-d'œuvre soviétiques de béton qui a particulièrement mal vieilli.

Šv Kotrynos bažnyčia *(église Sainte-Catherine ; plan II, C2,* ***102****)* **:** *Vilniaus 30.* Il est loin le souvenir du premier édifice en bois, construit ici par les sœurs bénédictines en 1622, puis brûlé par les Russes en 1655. La très baroque église actuelle a été rebâtie en dur en 1703, puis sérieusement modifiée à la fin du XVIIIe s, où elle prit sa forme actuelle. Elle a rosi ses joues d'un coquet crépi il y a peu. Intérieur regorgeant d'un statuaire ostensiblement peu modeste, où les personnages de stuc blafard et autres angelots sont comme en suspension dans un univers de marbres divers et variés. Encore un pur chef-d'œuvre du baroque !

➢ Prendre ***Sv. Ignato,*** pittoresque rue médiévale. À l'angle de *Sv. Ignato* et *Benediktinu, maison du Conseil suprême des rabbins.* Au n° 5 *Sv. Ignato,* belle cour d'immeuble (ancien couvent de bénédictines), avec une plaque honorant trois justes (une religieuse, un prêtre, un professeur) ayant sauvé des juifs. Au n° 4 *Sv. Ignato, église Saint-Ignace,* de 1622. À côté, le *noviciat jésuite* de la même époque, joliment restauré.

La rue Dominikonu *(plan II, C2)* **:** l'une des plus anciennes et séduisantes rues de Vilnius, à partir du carrefour avec Universiteto et Gaono. Au n° 15, le *palais Gorecki,* du XVIIIe s. Style néoclassique avec immense porche à fronton triangulaire. Au coin, un tronçon de tour ronde. Au n° 13, la *maison Zawisza,* du XVIe s, remaniée en néoclassique également. Au n° 11, la *maison Pociej* (façade baroque tardif), et au n° 9, une superbe demeure de style historiciste.

Šv Dvasios dominikonų bažnyčia *(église du Saint-Esprit et le monastère des Dominicains ; plan II, C2,* ***123****) : Dominikonu 8.* Une des plus fascinantes de la ville. Sa masse et son large dôme s'imposent à tout le quartier. Elle date du XVIe s mais fut reconstruite en 1679 et l'intérieur redécoré en 1749. Ornementation rococo d'une richesse époustouflante. Nombreux autels baroques et profusion de tableaux, dorures, stucs et sculptures. Ne pas rater le magnifique orgue, le seul du pays datant du XVIIIe s. Noter l'élégante tribune ondoyante et les curieux piliers qui semblent à l'envers (la base est plus étroite que les chapiteaux). À droite du maître-autel, on trouve *La Miséricorde de Dieu* de Kazimirowski et, en levant les yeux, la belle fresque de la coupole.

TEMPÊTE DANS UN BÉNITIER

La Miséricorde de Dieu fait bisbille entre les communautés catholiques lituanienne et polonaise de Vilnius. Ce tableau de Kazimirowski, réalisé en 1934 pour la chapelle de rite catholique lituanien, a été confié, par la hiérarchie religieuse, à l'église des Dominicains (de rite catholique polonais) située à côté. Depuis, les catholiques lituaniens (qui revendiquaient le soutien de Jean-Paul II) demeurent inconsolables (même s'ils ont mis une copie à la place !). De l'autre bord, de vieilles Polonaises veillent en permanence sur le tableau. On raconte qu'elles craignent un coup de main de leurs « adversaires »... Une petite guerre picrocholine pas très miséricordieuse !

L'ancien ghetto de Vilnius

En fait, il était divisé en deux parties.
D'abord, le ***petit ghetto,*** *circonscrit entre les rues Dominikonu, Gaono, Stikliu, Didzioji et Vokieciu (plan II, C2-3).* Détruit en grande partie lors de la Seconde Guerre mondiale. Malheureusement, certaines ruines qui auraient pu être relevées furent rasées par les Soviétiques après la guerre. Il reste par miracle environ un cinquième du bâti et quelques bouts de rue pour faire revivre en imagination ce qui fut la célèbre « Jérusalem du Nord ». À faire de jour, mais, pour une atmosphère plus magique, surtout de nuit, notamment dans les rues Zydu, M. Antokolskio, Stikliu et Gaono. Une arche médiévale, de-ci de-là, accroche l'œil, mais les dernières demeures basses (qu'on retrouve sur certaines photos sépia d'antan) ne peuvent donner qu'une petite idée des centaines de familles populaires qui y vivaient, de l'incroyable treillis de ruelles, de l'animation, du nombre d'échoppes. La transformation du quartier en secteur ultrarésidentiel, les maisons liftées, ripolinées, manucurées au maximum, l'absence de signes, d'enseignes hébraïques, d'enfants jouant dans les ruelles se fait cruellement sentir... Pourtant, pourtant, il y a toujours comme une petite musique au long de ce parcours, mais il faut tendre le cœur, attendre que les rues se soient vidées, pour l'entendre imperceptiblement...

La rue Antokolskio tient son nom de Mark Antokolski (1843-1902), célèbre sculpteur juif. Au bout de ***Zydu*** (rue des Juifs), une plaque sur le mur de la dernière maison rappelle que Gaonas Elijahu vécut ici (1720-1797). À côté, un buste du grand lettré. Au bout de Zydu s'élevait la grande synagogue, capable de contenir jusqu'à 5 000 personnes. Sur son emplacement, on a construit une école maternelle. En bas de ***Gaono*** se trouvait l'une des portes du petit ghetto. Au mur, une plaque rappelle le plan des deux ghettos.

La rue Vokieciu *(plan II, C2-3) :* appelée rue des Allemands. Pendant longtemps, les commerçants juifs n'eurent pas le droit d'y tenir boutique, et s'ils y possédaient une maison, elle ne pouvait avoir de fenêtres sur rue. L'une des plus anciennes rues de la ville, déjà mentionnée en 1576. Aujourd'hui, quatre fois plus large qu'elle n'était avant guerre. Les Russes ne firent pas l'effort de relever les ruines encore en l'état pour reconstituer le quartier. Seuls les immeubles anciens, côté grand ghetto, survécurent en partie. Au n° 18, la première église protestante de la ville, l'*église des Évangélistes luthériens* (XVIe s), reconstruite en 1738. Au n° 20, au-dessus du porche en anse de panier, vestiges de l'ancienne façade de brique, avec une inscription en caractères gothiques. Au n° 24, la *maison Hozius,* du XVIe s, qui abrite un resto populaire, offre une série de belles caves médiévales. Au n° 28, imposante *maison Tyzenhaus,* datant en partie de 1597 (reconstruite en 1790).

Le grand ghetto (plan II, C2-3) : circonscrit entre les rues Vokieciu, Traku, Pylimo et Rudninku. Au coin de Rudninku et Visu Sventuiu, plaque avec le plan du grand ghetto. C'est au n° 8 Rudninku que se trouvait le *Judenrat,* l'administration juive du ghetto. La grande place devant était jadis un lacis dense de ruelles où s'entassaient les familles les plus pauvres. Il fut détruit à la dynamite lors de la liquidation du grand ghetto en 1943. Dominant la place, au n° 20 Rudninku, l'***église de Tous-les-Saints,*** édifiée en 1620 en style baroque. Clocher plus tardif. Quelques pittoresques demeures médiévales dans le coin : au n° 3 Karmelitu, où une partie de la façade de brique a été dégagée. Au n° 4 Arkliu, montrant des éléments gothiques... En bas de la place, sur Mesiniu, stèle à la mémoire des victimes et des militants du ghetto.
Sur Sv. Mikalojaus, ***église Saint-Nicolas*** *(plan II, C3,* ***124****)* du XIVe s, une des plus anciennes de Lituanie et l'une des rares qui n'aient pas été modifiées. On peut le constater à l'appareillage de brique assez rustique. Fronton en escalier caractéristique. Noter les longues baies gothiques aveugles. À l'intérieur, belles voûtes en lierne. De 1901 à 1939, la seule église où la messe était dite en lituanien. Dans le jardin, une belle croix en bois et une statue de saint Christophe érigée en pleine occupation soviétique (alors qu'à l'époque, les saint Christophe étaient systématiquement enlevés des blasons de la ville). Un gros pied de nez en quelque sorte !
À l'angle de Traku et Pranciskonu s'élève, hors des sentiers battus, l'***église de l'Assomption*** *(plan II, C2-3,* ***125****)*. À deux pas, le *monastère des Franciscains,* le plus ancien du pays. Porche en brique rouge de facture primitive. Sur le côté, petite tour gothique en brique également. Intérieur très dégradé, en partie à cause des soldats de Napoléon, qui l'utilisèrent comme grenier à foin en 1812. Ce fut là qu'on stocka ensuite les archives, même du temps des tsars. On y trouve la seule Vierge enceinte de Lituanie. Buffet d'orgue en pierre sculptée et médaillons entre les arches.
Enfin, au n° 1 Traku, on peut admirer, la ***maison Tyszkiewicz*** *(plan II, B-C2,* ***126****)*, le plus bel exemple de demeure Empire de Vilnius (1840). Superbe portail composé d'atlantes supportant le balcon. Sur le fronton, les armes de la famille. En 1863, il s'y tint d'importantes réunions secrètes préparant la rébellion. Plus tard, la maison abrita les bureaux de la communauté juive.

Choralini sinagoga *(synagogue Chor Shul ; plan II, C3,* ***127****) : Pylimo 39.* La seule survivante des 105 synagogues de la ville d'avant 1940. Construite en 1903 dans un style mauresque. Sur la façade, en hébreu : « Une maison de prière est sacrée pour toutes les nations. » Sur le pignon, les Tables de la Loi. C'est ici que se rassemblent aujourd'hui les fidèles de la ville.

Valstybinis vilniaus Gaono žydų muziejus *(Musée national juif Gaon ; plan II, B2,* ***96****) : Pylimo 4. ☎ 212-79-12. • jmuseum.lt • Lun-ven 9h-17h (16h ven). Entrée : 2 Lt (0,60 €).* Siège également de la communauté juive de Vilnius, le musée se révèle d'abord comme un chef-d'œuvre d'architecture intérieure : superbes jeux de lignes, espaces ouverts, atmosphère lumineuse, alliance harmonieuse des matériaux (alu, marbre et brique ancienne), remarquable muséologie...
– Dans l'*ancien théâtre :* seize affiches originales du ghetto. Expo sur les synagogues qui brûlèrent.
– *1er étage et mezzanine :* histoire des juifs de Lituanie, particulièrement pédagogique et didactique.
– *2e étage :* galeries d'art. Beaux dessins de Michaïl Percov sur les vieilles demeures de Vilnius, vestiges de la Grande Synagogue et objets cultuels. Beaucoup de peintures, eaux-fortes, gravures de qualité. Séduisantes peintures de Bencion

Michlon (1909-1941), vues du ghetto et œuvres cubistes. Sculpture religieuse polychrome. Intéressant travail de Rafaël Chwoles et superbe *Ghetto* de David Labkovskij.

Le musée de l'Holocauste – The Green House *(plan II, B2,* **97***)* **:** *Pamenkalnio 12. ☎ 262-07-30. Lun-ven 9h-17h (16h ven). Entrée : 2 Lt (0,60 €).* En surplomb de la rue par une impasse qui monte, on ne peut manquer cette vaste demeure en bois traditionnelle toute verte. Présentation de la tragédie, de la catastrophe qui frappa la communauté juive en Lituanie.
Par ordre chronologique : salles d'histoire du XIVe au XIXe s. Les juifs lituaniens célèbres : *Isaac Levitan,* un des plus grands peintres de paysages ; *Eliezer Ben Yehuda,* père de l'hébreu moderne, écrivain, philosophe, etc. ; *Ludwig Zamenhof,* créateur de l'espéranto ; *Jacques Lipchitz,* sculpteur de grand renom ; *Chaïm Soutine* (1893-1943), peintre aux œuvres écorchées... Salles consacrées à l'Holocauste (témoignages, photos, atrocités nazies), puis à la résistance dans le ghetto, la résistance spirituelle et culturelle dans la vie quotidienne, l'enseignement dans les jours les plus sombres. Dernières salles : photos du ghetto de Vilnius, liste des Justes, etc.

VILNIUS

Le quartier d'Uzupis *(plan II, C2)*

Réfugié dans une boucle de la rivière Vilnia, reliée par trois ponts, c'est l'une des plus vieilles « banlieues » de Vilnius. Cependant, avec l'extension de la ville, Uzupis se retrouve quasi au centre, à deux pas de la vieille ville et accessible à pied de partout. Longtemps un fief d'artisans, surtout des tisserands, il s'agissait du quartier des moulins à eau. Aujourd'hui, c'est comme un village qui n'aurait pas évolué depuis des dizaines d'années. Totalement négligé pendant l'ère soviétique, les conditions de vie se sont, au fil des années, sérieusement dégradées. Certaines maisons sont encore au bord de l'effondrement et ne possèdent ni eau courante ni toilettes privées. Juste derrière d'anciens palais, des familles doivent se partager un robinet dans la cour. Mais espaces verts et jardins abondent. Beaucoup de petits potagers pour subsister, et il existe une réelle convivialité de voisinage. Depuis l'indépendance, cela n'a pas échappé aux artistes et marginaux de tout poil, qui trouvèrent là petits loyers et bonnes vibrations pour alimenter leur créativité. De même, des bobos argentés, voyant là l'occasion d'acheter des maisons à bas prix pour les rénover, ont commencé à investir le quartier.

LES RÈGLES DE VIE À UZUPIS

Le premier article est explicite : « Les gens ont le droit de vivre près de la rivière Vilnia, et celle-ci a le droit de couler près du peuple. » Puis on déclare que les gens ont le droit de faire des erreurs... d'aimer, de ne pas être aimés (pas une obligation)... d'être insignifiants... d'être paresseux... de posséder un chien (jusqu'à ce que l'un des deux meure)... de partager ce qu'ils ont... de ne pas partager ce qu'ils n'ont pas... On aime bien l'article 13 : « Un chat a le droit de ne pas aimer son maître, mais en période de difficultés, il lui doit assistance. » Article 31 : « Le peuple peut être libre. » Article 41 final : « Ne te rends pas ! »

Et puis il y eut ce 1er avril de l'an 2000, où une poignée d'habitants décidèrent de fonder la ***république d'Uzupis*** et de se séparer de Vilnius. Une Constitution fut édictée en 41 articles où l'humour et la dérision révèlent en fait une volonté de maintenir un esprit communautaire dans le village.
Aujourd'hui, la République est jumelée avec la Commune libre de Montmartre, à Paris. Elle compte un président, un maire, un évêque, un ambassadeur à Moscou et une petite armée de douze membres.
Un bon point de départ de la balade peut être le *café Uzupio,* qui est une sorte de poste-frontière. Y glaner éventuellement des renseignements sur les activités culturelles, acheter un autocollant pour la voiture...

Le cœur de la République se trouve plus haut, au carrefour Uzupio-Paupio, sous la protection de son ange. Quelques élégants édifices ont déjà été rénovés. Au n° 7 Uzupio, on découvre le beau ***palais Honestai*** (néoclassique, début du XIXe s), et au n° 14 vécut un ado, bon élève au collège local, avant de devenir un redoutable agitateur révolutionnaire contre le tsar : le fameux Felix Dzerjinsky, sinistre créateur de la Tchéka (ancêtre du KGB), grand copain de Lénine. Curieusement, pas de plaque sur le mur !
Sur Paupio, sur le mur à droite, les *41 articles de la Constitution* gravés dans le bronze... Plus haut, sur Uzupio, *Saint-Barthélemy,* la plus petite église de Vilnius (et paroisse des Biélorusses). Sur Uzupio 40, ne pas manquer de boire un verre sur la terrasse panoramique de *Tores...* Au bout de Polocko, surplombant la Vilnia, le vieux *cimetière Bernardinu,* avec ses vénérables tombes polonaises et ses chemins bucoliques... Et puis, de-ci de-là, des cours d'immeubles hors du temps, des escaliers, friches et sentiers sauvages... Rien de très spectaculaire, des clins d'œil de poésie urbaine, quelques rares bribes d'un mode de vie d'un temps révolu qui s'effiloche.

LA VILLE MODERNE

Faisons un saut dans l'espace pour rejoindre la cathédrale et Gedimino Prospektas.

👥 ***Gedimino Prospektas :*** avenue de près de 2 km de long, avec de grands trottoirs. Construite à partir de 1836. Elle s'appela successivement *Saint-Georges, Mickiewicz, Gedimino, Lénine* et *Staline* suivant les aléas et zigzags de l'histoire. La rue la plus commerçante et la plus chère de la ville, tout à la fois les Champs-Élysées et le faubourg Saint-Honoré de Vilnius. Immeubles cossus et boutiques chic, mais rien de particulier à voir.
Au n° 1, dans les années 1980, se tenait le siège du *Sajudis,* le mouvement pour l'indépendance. Au n° 4, le ***Théâtre dramatique national*** *(plan II, C2,* ***118****),* avec les célèbres *statues des Trois Muses* (le Drame, la Tragédie et la Comédie).
Aux deux tiers de l'avenue, l'immense ***place Lukiskiu.*** Lieu historique, c'est là que furent pendus les chefs de la rébellion de 1863. Au milieu trônait un grand *Lénine.* La photo de son déboulonnage en 1991 fit le tour du monde et fut un peu le symbole de la chute du communisme.
Au nord de la place, l'*église Saint-Jacob-et-Philippe,* de 1624.
Enfin, avant d'arriver à la Néris, ***place de l'Indépendance,*** s'élève le *Seimas* (le Parlement). Bel exemple d'architecture soviétique bien carrée et bétonnée.

👥👥 ***Genocido rukų – KGB muziejus*** *(musée des Victimes du génocide – musée du KGB ; plan I, B2,* ***92****) :* *Auku 2A.* ☎ *249-62-64. Mar-sam 10h-17h ; dim 10h-15h. Entrée : 4 Lt (1,20 €) ; réduc étudiants.* Génocide, holocauste, épuration ethnique ou autres crimes (contre l'humanité, de guerre...) : comment qualifier 50 années d'une dictature communiste des plus dure ? Avec son lot d'atrocités : déportations massives (dont beaucoup ne revinrent pas), suppression de la liberté d'expression et de culte, lavage de cerveau dès le plus jeune âge, surveillance, répression permanente... On vous en dit d'autres ? « Génocide » n'est peut-être pas le mot précisément adapté, mais après tout, si c'est ce qu'en ressentent les Lituaniens... et puis, pour éviter les rechutes, si on lisait la rubrique « Droits de l'homme » autrement qu'en diagonale, l'œil absent... comme on regarde les démonstrations de sécurité dans un avion ?
Quelques chiffres édifiants : entre 1940 et 1958, les Soviétiques emprisonnèrent 200 000 personnes, en déportèrent 132 000, et la guérilla contre les troupes soviétiques fit 20 000 morts.
– *Rez-de-chaussée :* expo sur l'histoire de l'occupation soviétique et la guerre des partisans contre l'occupant. Dans la chambre d'exécution, un sol en verre montrant des objets personnels de prisonniers et des instruments de torture ou de mort...

– *1er étage :* salles consacrées aux prisonniers politiques. Elles retracent l'enfer des déportations, la vie dans les camps illustrée par de nombreux témoignages et photos. Quelques pièces qui rappellent également l'histoire du KGB lituanien, ses méthodes d'interrogatoire, ses personnalités tristement marquantes, etc.

– *Les caves du KGB :* descente aux enfers de la répression stalinienne et brejnévienne. Âmes sensibles, s'abstenir. Tout est quasiment resté en l'état. Gros pouvoir d'évocation. Dans certaines cellules, on pouvait à peine tenir debout. Portraits des prisonniers les plus célèbres, notamment les partisans anti-russes (qui combattirent jusqu'en 1950). Deux cellules impressionnantes : la « capitonnée » pour qu'on n'entende pas les cris des torturés (ou pour éviter qu'ils ne se suicident) et celle remplie d'eau glacée. Là, torture autant psychologique que physique : le prisonnier, debout au milieu, ne devait en aucun cas faiblir, s'endormir ou s'évanouir. Tomber dedans, c'était attraper au minimum une pneumonie et, surtout, mourir de froid ! Brrr... On termine la visite par les salles d'exécution. Sans commentaire.

UN BÂTIMENT AU LOURD PASSÉ

D'abord palais de justice du régime tsariste de 1899 à 1915, puis siège de l'administration allemande jusqu'à 1918. Ensuite, lieu de recrutement pour l'armée lituanienne, et en 1919, tribunal révolutionnaire bolchevique. De 1920 à 1939, cour de justice polonaise. De 1939 à juin 1940, école de garçons (accident de l'histoire ?), puis jusqu'à juin 1941 siège du NKVD (l'ancêtre du KGB), et de 1941 à 1944 de la... Gestapo ! Enfin, retour aux sources, de 1945 à 1991, prison et centre d'interrogatoire du KGB, avec des exécutions jusqu'en 1963. Le dernier prisonnier politique fut relâché en 1987. Ouf !

Le monument à Frank Zappa *(plan II, B2,* ***128****) : K. Kalinausko (et Pylimo), face à l'ambassade de Belgique, dans un square-parking.* Érigé en 1995 par des admirateurs (zappatistes ?), c'est le seul monument au monde consacré à ce géant américain du jazz-rock, qui n'a strictement rien à voir avec la Lituanie, à part le fait d'avoir exprimé un jour le désir d'y mettre les pieds... et d'y avoir aujourd'hui sa bouille...

Vilniaus gatvé *(plan II, C2) :* à partir de Gedimino, un des axes principaux pour rejoindre la vieille ville, bordé d'immeubles de prestige aux façades particulièrement travaillées. Comme, au n° 25, un long bâtiment de style néo-Renaissance, avec façade abondamment sculptée, oriels, balcons ciselés, etc. À l'angle de Islandijos, festival de lourdes fenêtres à colonnes, décor ultrachargé.

Le pont Vert *(Zaliasis Tiltas ; plan I, C2,* ***129****) : sur la route du marché du Calvaire.* Orné de statues exaltant les forces vives du prolétariat et de ses alliés : des ouvriers, des paysans, des profs, des soldats, fiers comme des bars-tabacs (dixit Coluche), dans le plus pur style pompeux, dit réalisme socialiste. Elles faillirent rejoindre Lénine dans les poubelles de l'histoire et aussi au fameux *Gruto Parkas,* terminus des idoles déchues (à 130 km au sud-ouest de Vilnius). Même des gens ayant lutté âprement contre le communisme suggérèrent de les laisser sur le pont, parce que les ouvriers et les paysans faisaient quand même un peu partie de l'histoire du pays. D'autres opposants au démantèlement soulignèrent, avec raison, qu'avec le temps nombre d'œuvres dites réalistes socialistes avaient gagné le titre d'œuvres d'art...

La statue à Romain Gary *(plan II, B2,* ***101****) : à l'angle de Mindaugo et Basanavičiaus. À deux pas de la vieille ville.* Simple statue d'un petit bonhomme en culotte courte qui laisse traîner son regard dans les étoiles. Il est né à Vilnius sous le nom de *Roman Kacew,* un 8 mai. Mais pas de 1945... de 1914. Puis il se réfugie en France avec sa mère dans les années 1930. Engagé en 1940 dans l'aviation française, il choisit comme nom de guerre Gary, qui signifie « brûle » en russe... C'est sous ce pseudonyme qu'il deviendra diplomate sous de Gaulle et décrochera deux prix Goncourt.

UN PEU PLUS LOIN

Trijų kryžių kalnas roix *(colline des Trois-Croix ; plan I, C2, **131**)* **:** d'après la légende, sept moines franciscains y furent décapités à cause de leur foi et déclarés martyrs au XVIIe s. Il y eut d'abord des croix en bois, remplacées en 1916 par des croix blanches en béton. Dynamitées par les Soviétiques en 1950, elles furent reconstruites en 1989, au moment de l'indépendance. Au sommet d'une colline boisée qui offre une agréable balade et l'un des plus pittoresques panoramas sur la ville.

Šv Petro ir Povilo bažnyčia *(église Saint-Pierre et Saint-Paul ; plan I, C2, **132**)* **:** *Antakalnio 1. Trolleys n°s 2, 3, 4, 14 depuis Arsenalo ; arrêt Menugimnozija.* Tout simplement le plus fascinant décor baroque de Vilnius ; à ne pas manquer ! Construite en 1668 pour fêter la libération de la ville des Russes sept ans auparavant. Plan en forme de croix latine. Ne pas se fier à l'austère et froide façade, c'est à l'intérieur que ça se passe. Pas moins de 2 000 statues et figures de stuc blanc comme neige. Un décor d'une fantastique exubérance, œuvre d'artistes italiens, probablement unique en Europe ! Que de légendes, scènes religieuses, scènes de guerre, allégories, métaphores, vertus, petites histoires, clins d'œil... Il faut vraiment du temps pour tout déchiffrer. Acheter la brochure locale, trop long à expliquer ici. Un seul exemple, à gauche de l'entrée, première chapelle, bas-relief du haut : qui sont donc ces musulmans qui mijotent dans une marmite ? Simple référence au commanditaire de l'église, Michael Casimir Pac, qui combattit les Turcs. Noter, juste en dessous, l'invalide de guerre qui reçoit l'aumône de la reine. Celle-ci ne le regarde même pas et arbore une moue dédaigneuse (dénonciation d'un déficit de générosité ?). Dans la *chapelle Saint-Augustin* (celle d'après), noter, sur la voûte, à côté du relief de l'Apothéose de saint Augustin, peut-être la plus belle scène de l'église : une maman avec deux bébés au sein. Dans les consoles des arcs, des têtes d'éléphants, référence de la naissance du saint en Afrique. Chaque chapelle, chaque centimètre carré de mur ou de corniche livre son pesant d'infos...

Antakalnio kapinès *(cimetière d'Antakalnio ; plan I, D1, **133**)* **:** *sur une colline boisée, au nord-ouest de l'église Saint-Pierre-Saint-Paul. Trolleys n°s 2, 3, 4, 14 depuis Arsenalo ; arrêt Saviegos, puis 500 m à pied.* Créé en 1809 comme cimetière militaire, c'est avant tout un remarquable parc paysager, tout en collines et vallons ondoyants et verdoyants. Un véritable bol d'oxygène. À gauche de l'entrée, le carré des soldats polonais : croix uniformes, toutes ceintes du drapeau national rouge et blanc. Plus haut, un immense espace ouvert en larges gradins. Monument commémoratif des morts soviétiques durant la Seconde Guerre mondiale. Devant, dans le demi-cercle, une *pietà* veille sur les combattants tués pour l'indépendance en 1991 (ceux de la tour de la télévision et les garde-frontière). Sur la gauche, le panthéon des dirigeants communistes lituaniens, secrétaires du PC, ministres, etc. Un peu plus bas, nombre d'écrivains, artistes, peintres, sculpteurs, acteurs de théâtre, musiciens. Une grande tombe rectangulaire a recueilli les restes de 2 000 soldats de la Grande Armée de Napoléon morts à Vilnius, surtout de froid ou de maladie.

Rasu kapinès *(cimetière de Rasu ; plan I, C-D3, **134**)* **:** *au sud-est de la ville. Bus n° 31 de la gare.* Ouvert en 1800. Là aussi, une romantique balade dans de petites collines ondulantes, au milieu de vénérables tombes usées et patinées par les intempéries, dans un joyeux désordre bucolique. Beaucoup d'écrivains, d'artistes (Ciurlionis), de scientifiques, d'éminents professeurs lituaniens, mais aussi polonais, biélorusses, etc. sont enterrés ici, dans des tombes, tombeaux, mausolées souvent personnalisés et originaux. À l'extérieur, devant l'entrée du cimetière, les tombes de soldats polonais morts dans les années 1920-1921 et 1944. Au milieu d'eux, le mausolée en marbre noir contenant le cœur du maréchal Pilsudski et la dépouille de sa mère. Beaucoup de Polonais effectuent le pèlerinage.

Literaturinis A. Puškino muziejus *(musée Pouchkine ; plan I, D3,* ***94****) : Subaciaus 124. ☎ 269-00-80. À l'est de la vieille ville. Bus n° 10 devant la cathédrale, jusqu'au terminus. Mer-dim 10h-17h. Entrée : 4 Lt (1,20 €).*
Aristocratique demeure en bois de Gregory Pouchkine, fils d'Alexandre, sur une colline boisée. En été, c'est un lieu de promenade familiale très populaire. Gregory (1835-1905) et sa femme Varvara y habitèrent de 1899 à leur mort (1935 pour sa femme). À droite, en contrehaut du chemin d'accès, leurs tombeaux. Au bord du chemin, deux rochers indiquent la sépulture de leurs deux chiens favoris. Au-dessus de la maison, buste d'Alexandre Pouchkine, qui était auparavant sur une des places de la ville. Mais il fut victime de la dérussification de Vilnius (très dogmatique, voire stupide dans ce cas !) et exilé ici. Cette visite comblera les amoureux du grand poète et nos lecteurs sensibles aux atmosphères nostalgiques.
À l'intérieur, presque rien n'a changé. Enfilade de pièces sombres au charme rétro suranné. Meubles d'époque et quelques objets insolites. Magnifique portrait de Tolstoï, ainsi que celui de Gregory et de sa femme. Salle de billard. Dans la salle à manger, superbes meubles Renaissance du XVIe s (réalisés par des maîtres italiens). Même si on ne connaît pas bien l'œuvre de Pouchkine (*Boris Godounov, La Dame de Pique*, etc.), on se laisse entièrement séduire par le caractère et l'atmosphère de cette maison !

Televizijos bokštaš *(tour de Télévision ; hors plan I par A2,* ***135****) : Sausio 13-osios. ☎ 252-53-33. Bus n° 54 ou trolley n° 16 de la gare ou n° 11 depuis la place Lukiskiu ; arrêt Televizijos bokštaš. Tlj 10h-21h. Visites guidées jusqu'à 20h. Entrée : 21 Lt (6 €). Culmine à 326 m (2 m de plus que la tour Eiffel !).* Le 13 janvier 1991, les chars et les soldats soviétiques tentèrent de s'en emparer. Treize personnes furent tuées ou écrasées par les chars en la défendant. Leur souvenir y est évoqué. Oubliez le resto et venez jouir du panorama à 165 m d'altitude.

Saltoniskiu kapinès *(nouveau cimetière juif ; plan I, A1,* ***136****) : au nord-ouest de la ville, entre Virsuliskiu et Bulvydiškiu ; bus n° 46 depuis l'opéra ; arrêt Bulvydiškiu.* Après la Seconde Guerre mondiale, un nouveau cimetière fut ouvert dans le quartier de Virsuliskes-Seskine. Quant aux vieux cimetières juifs de la capitale, ils furent démolis par les Soviétiques (celui de Snipiskes en 1949, pour le remplacer par le palais des Concerts, et celui d'Uzupis en 1960). Cependant, toutes les tombes ne rejoignirent pas le cimetière moderne. De nombreuses dalles furent utilisées comme matériau de construction dans la ville. Ainsi certaines servirent-elles de marches pour l'escalier menant à la maison des Syndicats. En 1991, des gens qui avaient bonne mémoire obtinrent qu'elles soient remplacées ! La sépulture d'Eliahou Ben Solomon Zaltman, le célèbre Gaon de Vilnius, fut transférée au nouveau cimetière depuis celui de Snipiskes. Elle reçoit toujours beaucoup de visiteurs, qui laissent messages et cailloux sur la pierre tombale. Pas loin, l'insolite tombe d'Alexandre Boris Dekanidze (1962-1995), chef de la mafia locale, jugé, condamné et fusillé pour le meurtre d'un éditeur de journaux.

Panerių memorialas *(mémorial de* ***Panarai*** *; hors plan I par A3,* ***137****) : Agrastu 17. ☎ 260-20-01. À 8 km au sud-ouest de la vieille ville. En train, destination Trakai, descendre à Panarai ; puis suivre Agrastu, puis route à travers bois sur env 1 km. En voiture, plutôt difficile du fait du manque de signalétique. Fermé déc-fév. Petit musée, ouv en saison 12h-18h.* Un pèlerinage douloureux. Dans cette forêt, plus de 70 000 juifs, ainsi que de nombreux résistants, furent massacrés par les nazis et les fascistes lituaniens. Là encore, il fallut attendre 1990 pour que le mot « juif » soit mentionné sur le mémorial. Sur le premier monument, après guerre, il n'était question que de « citoyens soviétiques » !

Europos Parkas *(hors plan I par C1,* ***138****) : à 10 km au nord de Vilnius, en marge de la route pour Verkai. ☎ 237-70-77. • europosparkas.lt • En voiture, suivre Kalvariu jusqu'au rond-point de Santariskes, puis tourner à droite vers les Lacs verts (Zalieji Ezerai) et suivre les pancartes. Prendre le trolleybus n° 10 vers Kalvariu nord ; arrêt Zalgirio. Correspondance avec un bus marqué « Skirgiskes » qui va ensuite au* *parc. Tlj de 9h à la tombée de la nuit. Entrée : 21 Lt (6 €) ; réduc.* Créé en 1993, au centre géographique de l'Europe (Russie comprise). Compter au moins 2h de visite, très agréable par beau temps. Plan remis à l'entrée. Dans une forêt de 55 ha, un musée à ciel ouvert, avec près de 80 immenses sculptures modernes disséminées le long des chemins. Des œuvres originales de grands artistes lituaniens et internationaux comme M. Abakanowicz, S. LeWitt, D. Oppenheim, etc. Entre autres, l'*Arbre des infos* (des postes télé... un peu vieillots), la *Structure buvante* (une grosse roulotte), le *Siège-Piscine* (un fauteuil géant), *Requiem pour un poney mort* (pittoresque sculpture de fer). Petite cafétéria et boutique-poste.

Achats

Gurman's *(plan II, C2, **147**) : Pilies 6. ☎ 210-71-73. Lun-sam 10h-20h ; dim 10h-18h.* Reconnaissable à sa façade incrustée de théières, cette boutique est remarquable par son décor en bois. Grande sélection de cafés et de thés (dont de nombreux aux fruits). Bons conseils.

Au rayon chocolat, deux excellentes adresses : ***Sokolado Namai** (plan II, C2, **145**), Traku 13. ☎ 212-14-23. Sem 10h-20h ; w-e 11h-18h.* L'un des meilleurs de la ville. ***Presto** (plan II, C2, **146**), Piles 42. ☎ 261-59-85. Tlj 10h-20h.* Superbe choix et des prix fort modérés.

***Le marché aux fleurs** (plan I, B2, **142**) : Basanaviciaus 42. Tte l'année tlj 24h/24.* Pour fleurir le cœur de votre routarde.

***Le marché de Kalvariju** (plan I, C1, **141**) : Kalvariju g. 61. Tlj sf lun 7h-15h.* Le grand marché populaire de Vilnius avec fruits, légumes, viandes, épicerie, vêtements. Possède toujours un caractère authentique et presque intime, qui tranche quelque peu avec le centre commercial *Europa* à trois pas !

***Centre commercial Europa** (plan I, B1-2, **144**) : Konstitucijos 7A. ☎ 248-70-70. Bus n° 43 sur Pylimo ; arrêt Europos aikšté. Tlj 8h-23h.* Un des plus récents centres commerciaux de la ville. Dans le nouveau quartier d'affaires, avec ses tours qui poussent comme des champignons. À l'intérieur, vraiment le dernier cri en matière de modernité : architecture design ondoyante, ponctuée de miniterrasses de café suspendues.

***Centre commercial Akropolis** (plan I, B1, **43**) : Ozo 24. ☎ 248-48-48. Bus n° 34 sur Pylimo ; arrêt Šeškiné. Tlj 8h-22h.* Partant de pas grand-chose après l'intermède soviétique, les Lituaniens ont donc d'emblée frappé fort. C'est l'ÉNORME *shopping mall* à l'américaine. Près d'une centaine de boutiques, toutes les grandes marques, des restos, 8 cinémas, un bowling de 20 pistes, une patinoire et un hypermarché *Maxima* où le rayon saucissons fait 30 m de long (et autant pour les harengs) !

– ***Garlunai** : à 4 km de Vilnius, sur la route de Kaunas. Tlj sf lun jusqu'à 12h30.* Qu'est-ce donc que ce truc qui s'étend sur 120 ha et attire quotidiennement 50 000 visiteurs ? Non, pas la dernière expo Turner à la Tate Gallery... mais un gigantesque marché créé à la fin des années 1980, dans la foulée de la libéralisation économique et de l'effondrement de l'empire soviétique. Le marché de Kalvariju devenant rapidement saturé, les autorités déplacèrent les nouvelles activités en pleine campagne. Au début, une sorte de marché aux voleurs où l'on trouvait de tout, surtout des voitures. Au point que jusque dans les années 1995, Vilnius devint le principal marché aux voitures de toute l'Europe de l'Est, avec une clientèle principalement russe. Aujourd'hui, on y trouve toujours de tout, mais ça s'est quand même un peu institutionnalisé (cependant, toujours faire attention à son portefeuille !). Tacots à la pelle, électronique, vêtements et toutes sortes de marchandises plus ou moins de qualité. Pour les amateurs de tronches urbaines et d'atmosphères insolites...

Culture

■ ***Opéra et Ballet national** (plan II, B2, **150**) : Vienuolio 1. ☎ 262-07-27. • opera.lt • Saison oct-mai. Loc 10h-19h (18h sam, 15h dim). Places 50-100 Lt (14,50-*

29 €). L'opéra est très populaire en Lituanie, mais il est assez aisé de trouver œuvre à son pavillon (opéras, concerts, ballets), et une fois dedans on oublie la lourdeur du bâtiment.

■ ***Académie de musique*** *(plan I, B2,* ***151****) : Gedimino 42.* ☎ *261-26-91.* Concerts réguliers donnés par les étudiants, de bonne qualité et assez souvent gratuits.

■ ***Société philharmonique*** *(plan II, C3,* ***105****) : Aušros Vartų 5.* ☎ *266-52-10.* ● *filharmonija.lt* ● *Loc 11h-19h (13h dim). Fermé lun.*

■ ***Église Saint-Jean*** *(plan II, C2,* ***121****) et* ***église Sainte-Catherine*** *(plan II, C2,* ***102****) : Sv. Jono 12 et Vilniaus 30.* Concerts réguliers de musique classique.

Manifestations

– ***Fête Užgavėnės :*** *fin fév.* C'est l'équivalent de Mardi gras. Pour célébrer la fin de l'hiver, les enfants se déguisent et vont réclamer des blinis aux habitants. Beaucoup d'animation dans les rues.
– ***Festival de musique Saint-Christophe :*** *en juil-août.* Nombreux concerts de musique classique et de jazz de formations de l'Europe entière. À voir en priorité, ceux de l'église Sainte-Catherine pour son acoustique.
– ***Fête de Vilnius :*** *début sept.* Grande semaine de festivités, ponctuée par un feu d'artifice donné de l'ancien château. Concerts rock, spectacles dans les rues, marchés d'artisanat à ciel ouvert, etc.

➤ DANS LES ENVIRONS DE VILNIUS

Le château de Trakai *(Trakų pilys)* ***:*** *à env 25 km à l'ouest de Vilnius. Bus ttes les 30 mn de la gare routière, direction Alytus. À Trakai, gare des bus à 2 km (à pied) du vieux village et du château. Compter 10 Lt (3 €) aller-retour et 40 mn de trajet. Tlj 10h-19h (17h oct-avr). Entrée : 12 Lt (3,50 €). Visite guidée en anglais assez chère. Également des expos temporaires payantes.*
Dans un site magnifique, au milieu d'un lac, un des plus beaux châteaux du pays. Construit en 1337 par le grand-duc Gediminas. Remarquablement restauré (allez, les briques neuves vont bien un jour se patiner). L'imposant donjon est la partie la plus ancienne. Tout autour, les casernes.
Y sont exposées des collections parfois précieuses mais un rien décousues et hétéroclites.

Dans le donjon
– *Section préhistoire et Moyen Âge (1er étage) :* haches polies, mortiers, outils, armes, vestiges de céramiques polychromes, cottes de mailles, dans de belles salles voûtées.
– *Au sous-sol :* monnaies découvertes localement, trésor des 9 000 pièces, objets d'art en argent, coupes, tabatières.
– *Au 1er étage :* grande salle d'apparat.
– *Salles des XVe, XVIe, XVIIe et XVIIIe s :* statut de la Lituanie de 1744, découvertes locales, et une curieuse carte du XVIIe s où les États de la région se révèlent presque tous constitués (ce qui est quasi impossible !). Beau casque persan, orfèvrerie religieuse. Un peu inventaire à la Prévert quand même.

Dans les casernes
– *Au 1er étage :* expo de mobilier du XVIIIe au XXe s, animaux empaillés, superbe collection de pipes, certaines en écume ciselée et de rares pipes à opium, et belle exposition de sceaux en cristal, en albâtre, en forme de figurines... Salle à manger du XIXe s (très beau service en porcelaine), chambres avec délicates scènes peintes, émaux filigranés.
– *Au sous-sol :* porcelaines, tapisseries, broderies, verrerie, ivoires travaillés, objets de nacre...

🎭 ***Le village de Trakai :*** un pittoresque conservatoire de demeures en bois traditionnelles, avec de croquignolets jardins. Ici vit une grande partie de la communauté des *karaïs* (ou caraïtes), descendants des quelques centaines de familles de langue turque que le grand-duc Vytautas fit venir à la fin du XIVe s de la mer Noire, pour constituer sa garde d'élite. À travers les siècles, les karaïs réussirent à maintenir leurs langue, traditions et religion. Curieuse religion d'ailleurs, qui se réclame en partie d'un judaïsme (basé sur l'Ancien Testament et non sur le Talmud) enrichi d'apports islamiques. À Trakai subsiste environ 70 membres sur les quelque 260 vivant en Lituanie. Aujourd'hui cependant, nul ne croit plus à une augmentation du nombre des karaïs, en proie inéluctablement à une lente assimilation (après les pertes dramatiques des deux guerres mondiales). Reste, pour quelques années encore, cette sympathique population qui construit ses maisons avec trois fenêtres : une pour Dieu, une pour le grand-duc Vytautas et une pour eux-mêmes. Fin mai, beaucoup d'animations traditionnelles pour l'anniversaire de la ville.

– Ne pas manquer la visite du ***Musée karaï*** *: sur Kairaimu (la grand-rue). Tlj sf lun-mar 10h-18h. Entrée : 4 Lt (1,20 €).* Photos du village et de familles en situation... à Jérusalem, à Sébastopol et ailleurs, évoquant cette culture et ce mode de vie avec un côté familier, parfois émouvant. Livres de prières karaïs en hébreu, armes turques, costumes de cérémonie, quelques bijoux, documents divers... Un aperçu intéressant de cette insolite minorité.

– Dans le centre du village, voir aussi la ***kenessa,*** leur temple, toute jaune avec un toit vert surmonté d'un clocheton. Elle brûla en 1812 lors de la campagne de Russie. Hommes et femmes sont rigoureusement séparés pour l'office du samedi. Le vieux prêtre est un rien lève-tard, mais il laisse volontiers voir l'intérieur sobrement peint. Pupitres (les ouailles suivent l'office debout) et une sorte de retable au fond. À noter que deux temples seulement subsistent en Lituanie (le second à Vilnius) : les autres ont été systématiquement détruits durant les 50 ans de dictature qui ferma aussi les écoles communautaires.

🎭 ***Le parc national historique :*** *vaste domaine qui s'étend autour de Trakai.* Chouettes balades à pied à travers d'épaisses forêts qui bordent une trentaine de petits lacs. On y trouve aussi une réserve ornithologique et quelques vieilles bâtisses comme le manoir d'Uzutrakio. Il est également possible en été de louer des embarcations sur le lac Galve, où se trouve le château de Trakai.

ℹ ***Office de tourisme :*** *Vytauto 69.* ☎ *285-19-34.* • *trakai.lt* • *Mai-sept, tlj 9h-18h (17h lun, 15h w-e) ; oct-avr, lun-ven 8h-17h (16h ven), fermé le w-e.* Pas mal de brochures sur les activités alentour.

⛺ ***Kempingas Slenyje :*** *à Trakai.* ☎ *285-38-80.* • *camptrakai.lt* • *Situé à une trentaine de km de Vilnius, au bord du lac, face au château de Trakai et à 5 km de celui-ci. Compter 45 Lt (13 €) pour 2 pers avec une voiture ; quelques* cottages *pour 2-6 pers 220-300 Lt (64-87 €).* Grand complexe doté de tout le confort. Belle pelouse verte pour planter sa tente ou garer son camping-car. Possibilité de louer des vélos ou faire des promenades à cheval. Et même, pour les plus téméraires, une petite plage pour se baigner dans l'eau calme du lac.

🍽 ***Kybinlar :*** *Karaimu 29.* ☎ *285-51-79.* Petite auberge proposant un cadre intime et une grande terrasse au soleil en été. Cuisine traditionnelle karaï aux saveurs orientales. Goûter aux bonnes spécialités : la *mesa idarytas backlazanas* (aubergine farcie), la *jazma* (une délicieuse soupe concombre et ail), le *kybyn* (agneau en chausson à la mode karaï), le poisson grillé dans des feuilles de vigne, les viandes braisées diverses, côtes d'agneau au four pommes de terre grattées, etc. En juillet-août, beaucoup de monde. En basse saison, atmosphère plus familiale garantie.

🍽 🍷 ***Apvalaus Stalo Klubas :*** *Karaimu ; les pieds dans le lac, face au château.* ☎ *285-55-95. Repas env 90 Lt (26 €).* Grand resto touristique où, là aussi, on s'arrache les tables au bord de l'eau. Intérieur confortable et cossu. Les chefs d'État et têtes couronnées en visite ont l'habitude de s'y arrêter. Cuisine internationale et lituanienne correcte. Également des pizzas et quelques spécialités locales comme les *kibinai*. Une autre salle, plus petite, fait office de salon de thé.

– Pour un budget moindre, n'hésitez pas à apporter votre pique-nique : les endroits calmes et bucoliques ne manquent pas.

QUITTER VILNIUS

En avion

✈ ***Aéroport international :*** *Rodunios Kelias 10A. ☎ 230-66-66. • vilnius-airport.lt • À 5 km de la ville. Pour s'y rendre : bus n° 2 depuis la pl. Lukiskiu ou n° 1 devant la gare. Pour le taxi, compter 40 Lt (11,50 €).*

– ***Principales compagnies :***
■ *Air Baltic / SAS : ☎ 235-60-00. • airbaltic.com •* Vols directs pour Paris (avr-oct slt).
■ *Aeroflot : Pylimo 8/12. ☎ 212-41-89.*
■ *Lituanian Airlines : Gustaičio 4. ☎ 252-55-55 (centre d'appel). • lal.lt •*
■ *Lufthansa : ☎ 232-92-90. • lufthansa.com •*
■ *Finnair : ☎ 261-93-39. • finnair.com/lt •*

➢ ***Destinations :*** Moscou, Kiev, Tallinn, Riga, Stockholm, Helsinki, Bruxelles, Paris, Varsovie, etc.

En bus

🚌 ***Terminal des bus*** *(plan II, C3)* ***:*** *Sodu 22. ☎ 233-52-77 ou 16-61. • toks.lt • Ouv 5h30-19h30.*
Plusieurs compagnies se partagent le marché européen, offrant des prestations à peu près similaires.

■ ***Eurolines Baltic :*** *Sodu 22. ☎ 233-66-66. • eurolines.lt • Dans un kiosque à l'extérieur de la gare des bus. Tlj 8h (9h w-e)-21h.*
■ ***Eurolines Toks :*** *Sodu 22. ☎ 233-52-77. • toks.lt • Tlj 6h-22h.*
■ ***Ecolines Toks :*** *Sodu 24. ☎ 213-33-00. • ecoloines.net • Dans un kiosque à l'extérieur de la gare des bus. Tlj 8h-19h (17h sam, 15h dim).*

➢ ***Destinations internationales :*** pour Riga (plusieurs bus/j. ; compter 4h30 de trajet pour 300 km), pour Tallinn (env 12h pour 600 km), pour Paris via Berlin (au moins 32h), pour Bruxelles (compter 30h), pour Varsovie (compter 8h), mais aussi pour Kiev, Minsk, Gdańsk, etc.
➢ ***Destinations nationales :*** pour Kaunas, ttes les heures 6h30-20h30. Pour Klaipéda, 9 bus/j. 6h-17h30.

En train

🚂 ***Gare*** *(Gelezinkelio Stotis ; plan II, C3)* ***:*** *Gelenzinkelio 16. ☎ 233-00-88 (infos) ou 269-24-66 (résas). • litrail.lt •*

➢ ***Destinations :*** pour Kaunas (env ttes les heures 5h-21h), pour Klaipéda (3 départs/j.), pour Kaliningrad (env 6 trains/j.), pour Minsk (à 195 km ; env 2 trains/j.), pour Moscou (2 départs/j.), pour Saint-Pétersbourg (à 704 km ; 1 départ/j.), pour Varsovie (1 départ/j.).

LETTONIE UTILE

Pour la carte de la Lettonie, se reporter à la carte générale des pays baltes au début du chapitre « Lituanie utile ».

ABC DE LA LETTONIE

- ***Superficie :*** 64 600 km^2, soit un petit peu moins que le Benelux.
- ***Population :*** env 2 245 000 hab., urbains à 69 %.
- ***Capitale :*** Riga (732 000 hab.).
- ***Croissance démographique :*** - 0,6 %. Le pays compte la plus grande proportion au monde de femmes par rapport aux hommes (54 % contre 46 %).
- ***Densité :*** 35 hab./km^2.
- ***Espérance de vie :*** 72 ans (11 ans d'écart entre les hommes et les femmes !).
- ***PIB par hab. :*** 12 330 €.
- ***Taux de chômage :*** 5,9 %.
- ***Monnaie :*** le lat letton.
- ***Langue :*** le letton.
- ***Régime politique :*** démocratie parlementaire.
- ***Chef de l'État :*** Valdis Zatlers, depuis juillet 2007.
- ***Premier ministre :*** Ivars Godmanis (décembre 2007)

AVANT LE DÉPART

Adresses utiles

En France

■ ***Ambassade de Lettonie :*** *6, villa Saïd, 75116 Paris. ☎ 01-53-64-58-10 ou 01-53-64-58-16 (service consulaire). • paris.am.gov.lv • Ⓜ Porte-Dauphine. Consulat ouv lun-ven 10h-12h ou sur rdv.*

En Belgique

■ ***Ambassade de Lettonie :*** *av. Molière, 158, Bruxelles 1050. ☎ (02) 344-16-82 ou 344-04-58. • embassy.belgium@mfa.gov.lv •*

En Suisse

Il n'existe pas d'ambassade lettone en Suisse : on se réfère au besoin à celle de Vienne.

■ ***Consulat honoraire :*** *Münsterhof 13, 8001 Zurich. ☎ (1) 215-16-10. • lettland@granelli.ch •*

Au Canada

■ ***Ambassade de Lettonie :*** *350 Sparks St, suite 1200, Ottawa, Ontario, K1R-7S8. ☎ (613) 238-6014 ou 238-6868 (section consulaire). • am.gov.lv/ottawa • Lun-ven 9h-17h. Section consulaire : lun-jeu 10h-13h.*

■ ***Consulat honoraire :*** *c/o Montréal Latvian Centre, 3955 Provost, Lachine, Québec, H8T-1M1. ☎ (514) 634-4082.*

Formalités

La Lettonie a rejoint l'espace Schengen en décembre 2007. Plus de formalités d'entrée donc, pour les ressortissants de l'UE et les Suisses la carte d'identité suffit. Les Canadiens doivent présenter un passeport valide.

Association

■ ***Association France-Lettonie :*** *2, rue de Lille, 75007 Paris. • suz.champonnois@tiscali.fr • Ⓜ Saint-Germain-des-Prés.*

ARGENT, BANQUES, CHANGE

– ***La monnaie*** lettone est le *lat* (LVL ou Ls), introduit en avril 1993. Il est divisé en 100 *sant īmi.* C'est actuellement l'une des monnaies les plus fortes d'Europe. Le passage à l'euro prévu en 2008 a été reporté pour cause de taux d'inflation trop élevé.
– ***Le taux de change,*** à la fin 2008, était le suivant : 1 € = 0,66 Ls ; 1 Ls = 1,50 €. Contrairement à la couronne estonienne et à la monnaie lituanienne, son cours varie par rapport à l'euro.

Cartes de paiement

À Riga, les cartes de paiement sont acceptées dans les hôtels (sauf parfois les moins chers et les AJ) et quasiment dans tous les restaurants et magasins. Dans le reste du pays, leur usage est plus limité en dehors des stations-service, mais elles permettent de retirer de l'argent dans les nombreux distributeurs.

Chèques de voyage et change

Les chèques de voyage peuvent être changés dans les banques, mais leur usage n'est pas des plus pratique, surtout en dehors de Riga. Les innombrables bureaux de change *(valūtas maiņa)* de la capitale offrent les meilleurs taux pour les devises. Beaucoup sont de simples kiosques installés dans les centres commerciaux ou les supermarchés. Quelques-uns sont ouverts 24h/24 ! Attention, les billets déchirés ou sales sont généralement refusés.

ACHATS

Commerçante par excellence, la vieille ville de Riga grouille de stands de souvenirs en été. Les vendeurs de colliers d'ambre à trois sous n'hésitent pas, parfois, à vous suivre pour vanter les mérites de leur (piètre) marchandise... Ici, comme dans les autres pays baltes, l'artisanat occupe une place essentielle au rayon des souvenirs.

Les magasins sont ouverts de 9h ou 10h jusqu'à 17h ou 18h, souvent avec une pause déjeuner. Les supermarchés observent des horaires plus étendus. Astucieux, vous constaterez que les ouvertures sont précisées dans tous les lieux publics. Au regard de l'initiale de chaque jour de la semaine (voir la rubrique « Langue »), un carré vide ou plein est représenté.

LES SEIGNEURS DE L'ANNEAU

La tendance toute lettone à se parer les doigts d'anneaux torsadés (souvent en argent) est plus qu'une simple mode, c'est une tradition largement ancrée. Le Namejs *(nom de ces bagues) est un signe de reconnaissance fort qui permet de se retrouver entre Lettons, y compris au-delà des frontières et des mers, loin de la mère patrie.*

L'ambre

Incontournable ! Jaune, miel, rouge ou même vert (le plus rare), « l'or de la Baltique » est façonné en colliers bruts ou plus raffinés, en bracelets, en boucles d'oreilles serties sur argent, et même en forme de petits animaux – rappelant les amulettes préhistoriques mises au jour dans la région. Les ornements en ambre des costumes traditionnels inspirent aussi les créateurs modernes. Les inclusions d'insectes ou de plantes, elles, sont souvent fausses... Résine fossilisée vieille de 30 à 40 millions d'années, l'ambre est arraché par les tempêtes aux fonds de la Baltique et se dépose sur les plages. Il est à ce point important pour les Lettons qu'il a donné son nom à la chorale nationale, à des parfums, à du fromage et... à de nombreuses personnes. Dzintars et Dzintra sont des prénoms assez communs.

L'artisanat

Tous les matériaux traditionnels sont travaillés : bois (jouets, cuillères ciselées), cuir, céramique et même vitrail. De taille réduite, les objets fabriqués représentent des scènes de la vie quotidienne, des animaux ou des fruits. Les *matriochkas,* ces fameuses poupées gigognes en bois, viennent tout droit de Russie.

Les textiles

Les nappes et sets de table en lin sont beaux mais assez chers, les costumes traditionnels et les corsages brodés d'un usage plus incertain... Jolis pulls en laine rappelant ceux de Scandinavie et d'Estonie, mais avec des motifs plus spécifiquement lettons – symboles solaires ou de fertilité, par exemple. Les mamies aux fins de mois difficiles vendent leur production : parfois de grosses chaussettes de laine, parfois de jolis bérets en feutre ou des bonnets géants qui vous retombent dans le dos.

BUDGET

Riga est la ville la plus chère des pays baltes. Les coûts d'hébergement s'y sont un peu tassés, mais la restauration demeure chère. Le reste du pays est beaucoup plus abordable. Les étudiants munis d'une carte ISIC bénéficient de tarifs réduits dans la plupart des musées.
Voici le détail des échelles de prix de notre guide.

Hébergement

– ***Auberges de jeunesse :*** environ 10 Ls (14 €) par personne.
– ***Bon marché :*** 35-50 Ls (51-72,50 €) la chambre double.
– ***Prix moyens :*** 50-70 Ls (72,50-94 €).
– ***Chic :*** à partir de 70 Ls (94 €).

Restaurants

– ***Très bon marché :*** moins de 5 Ls (7 €).
– ***Bon marché :*** 5-10 Ls (7-14,50 €).
– ***Prix moyens :*** 10-15 Ls (14,50-21,50 €).
– ***Chic :*** à partir de 15 Ls (21,50 €).

Musées

L'entrée dans les musées coûte de 0,50 à 2 Ls (0,80 à 3 €).

Transports

Un billet de bus à Riga coûte 0,20 Ls (0,30 €). On traverse le pays pour moins de 5 Ls (7 €). Pour une course en taxi, compter 0,3 Ls (0,40 €) le kilomètre.

CLIMAT

À Riga et aux abords de la côte, l'influence de la mer Baltique adoucit les extrêmes continentaux : il ne fait ainsi pas trop froid l'hiver (- 4 °C en janvier) ni trop chaud l'été (16,5 °C en juillet). Dès que l'on pénètre dans les terres, le mercure accentue sa course : plus bas (- 20 °C) ou plus haut (jusqu'à 30 °C). Quelle que soit la saison, l'humidité est au rendez-vous : il peut pleuvoir une semaine d'affilée en été... Le plus souvent, heureusement, on profite des très longues journées (18h de lumière à la fin juin). L'hiver débarque avec sa neige dès novembre. En décembre, le jour se lève à 9h et se couche dès... 15h.

DÉCALAGE HORAIRE

La Lettonie est en avance d'une heure sur l'Europe de l'Ouest continentale, toute l'année.

FÊTES ET JOURS FÉRIÉS

Comme les deux autres pays baltes, la Lettonie a émergé vers le milieu du XIXe s d'une longue période de négation culturelle. Les *dainas,* chansons folkloriques collectées par Krisjanis Barons, ont permis une première prise de conscience de l'identité nationale. Puis, en 1888, la publication du *Lacplesis* (« Tueur d'ours ») d'Andrejs Pumpurs marqua une sorte de naissance de la littérature lettone. Ce long poème épique, rappelant le *Kalevipoed* estonien et le *Kalevala* finlandais, permit de renouer avec les thèmes anciens de l'identité collective lettone. Aujourd'hui encore, celle-ci reste fortement attachée à ses racines paysannes et à son folklore, symboles auxquels les Lettons s'accrochèrent durant les siècles d'occupation par les puissances étrangères.

Les festivals de chant

« Pour un Letton, les *dainas* représentent plus qu'une tradition littéraire. Ils sont l'incarnation même de sa culture, héritée d'ancêtres pour qui les autres formes d'expression, plus tangibles, étaient impossibles. Ces chants forment en vérité le cœur même de l'identité lettone. » Ces mots sont de Vaira Vike-Freiberga, ex-présidente de la Lettonie et spécialiste des *dainas.*
On a identifié quelque 30 000 mélodies et plus d'un million de textes existants, dont certains sont aujourd'hui enseignés en classe. Les thèmes font écho à la vie quotidienne des paysans, au passage des saisons, aux travaux des champs, et même aux objets du quotidien. Les *dainas* relatent aussi les grandes étapes de la

vie : baptême, jeunesse, mariage, enfantement, vieillesse, etc. Ils reflètent aussi les anciennes croyances solaires, personnifient la nature, évoquent des déesses oubliées.
En 1873, le premier Festival national de la chanson fut organisé pour démontrer le caractère unique de la culture lettone. Il recueillit immédiatement le soutien de la nation. On ne fit plus, dès lors, que collecter les chants anciens. Les *dainas* revinrent sur le devant de la scène à la fin de l'ère soviétique : instrument du combat pour l'identité, ils incarnèrent les revendications de tout un pays. Aujourd'hui, environ 150 chorales, la plupart composées de femmes, se produisent lors des festivals locaux et, tous les trois ans, lors du *Baltica,* organisé à tour de rôle dans l'une des capitales baltes – Vilnius en 2008, Riga en 2009 et Tallinn en 2010.

La Saint-Jean *(Jani)*

Les fêtes de la Saint-Jean, les 23 et 24 juin, sont les favorites des chanteurs de *dainas.* La journée du 23 porte même le nom de l'un des refrains les plus populaires : *Ligo, ligo...* Les célébrations, liées au solstice d'été, ont une origine païenne : les paysans célébraient jadis des rites de fertilité destinés à favoriser de bonnes récoltes au moment où elles allaient débuter. Les chansons évoquent Saule, le soleil, et son fils Janis, le ciel.
Désormais, on quitte les villes en masse pour la forêt, le bord d'un lac ou d'une rivière. Bière et fromages spéciaux sont préparés, des colliers de fleurs (femmes) et des couronnes de feuilles de chêne (hommes) confectionnés. Les épis de blé, tressés en gerbes, ornent les portes. Ils sont destinés à porter chance. Car on attribue à toutes les herbes et plantes ramassées le jour de Jani et le lendemain des vertus magiques. La plus recherchée est sans doute la mythique fleur de fougère – qui n'existe pas... Le soir venu, on se regroupe, bière en main, autour du feu de la Saint-Jean. Généralement dressé au sommet d'une colline, il est entretenu sans discontinuer jusqu'à l'aube (avant 4h du matin).

Les autres fêtes solaires

Trois autres fêtes traditionnelles marquent le calendrier letton, également liées aux anciens rythmes agraires et aux solstices. À ***Pâques*** *(Lieldienas),* on se balançait gentiment sur une corde dans l'espoir de meilleures récoltes et d'un bétail en bonne santé ! Les filles, pour remercier les garçons de les avoir poussées, leur offraient des œufs peints, des tartes et parfois même des chaussettes... À l'automne, ***Mikeli*** marque l'ouverture des portes de l'hiver et l'arrivée des esprits des défunts. ***Noël,*** avant sa christianisation, consacrait la renaissance du soleil une fois passé le solstice d'hiver. Les villageois, costumés qui en ours ou en loup, qui en mort-vivant ou en botte de paille, vont de ferme en ferme pour chasser les mauvais esprits. On brûle un tronc d'arbre, symbole de toutes les infortunes passées.
– Fêtes et festivals de musique rythment aussi le calendrier. Parmi les plus importants : le Festival international d'orgue à Riga en juin, musique d'opéra à Sigulda en juillet, musique ancienne au château de Bauska à la même période, rock à Liepaja à la mi-août, etc. Grandes festivités à Aglona pour l'Ascension.

Jours fériés

– ***1er janvier :*** Nouvel An.
– ***Mars-avril :*** fêtes de Pâques.
– ***1er mai :*** fête du Travail et anniversaire de convocation de la Constituante de la république de Lettonie.
– ***4 mai :*** jour de la déclaration d'Indépendance (de 1990).
– ***2e dimanche de mai :*** fête des Mères.
– ***Mai-juin :*** Pentecôte.
– ***23 et 24 juin :*** Ligo et fête de la Saint-Jean.

– ***18 novembre :*** fête de la proclamation de la République (1918).
– ***25 et 26 décembre :*** Noël.
– ***31 décembre :*** veille du Jour de l'an.

HÉBERGEMENT

Le camping

On peut camper librement dans certains parcs régionaux ou nationaux (dont celui de la Gauja), et on trouve même souvent du bois mis à disposition pour le feu de camp. Les infrastructures, en revanche, sont réduites au strict minimum. Côté campings privés : option basique, avec plantage de la tente dans un pré et robinet pour environ 1,50 Ls (2,20 €) ; ou site plus développé, avec douches et toilettes, généralement près d'un lac ou d'une rivière pour 2,60 Ls (3,70 €). Certaines fermes proposent même de dormir dans la grange pour trois fois rien ! Les campings établis ont aussi souvent des cabanes en bois pour 2 à 5 personnes (sanitaires communs) autour de 15 à 25 Ls (22 à 36 €). Et bien sûr, n'oubliez pas un bon répulsif antimoustique. Pour la liste des campings : • camping.lv •

Les auberges de jeunesse

Les AJ sont désormais bien implantées à Riga mais encore assez peu dans le reste du pays. On en trouve deux dans la station balnéaire de Jurmala, près de la capitale, et une demi-douzaine d'autres réparties à travers le pays. Quelques-unes ont été bien rénovées, d'autres attendent de l'être et d'autres encore tombent carrément en ruine... La plupart proposent à la fois des dortoirs et quelques chambres privées (à 2, 3 ou 4 lits). À Riga, comptez environ 10 Ls (15 €) dans le premier cas, 28 à 35 Ls (40 à 50 €) dans le second. Pour plus d'infos ou pour une résa : • hostellinglatvia.com •

Les *Bed & Breakfast*, logements à la ferme, etc.

Ce type d'hébergement, essentiellement attaché aux petites villes et à la campagne, est en plein essor. On distingue les *Bed & Breakfast,* dans une maison privée, avec petit déjeuner inclus, et les pensions (plus de 5 chambres), où l'on trouve souvent un sauna et des services plus développés. On peut aussi louer une maison ou un bungalow, ou loger à la ferme – l'occasion d'entrer en contact avec des Lettons de l'intérieur. Le confort et le degré d'intimité varient assez largement. Compter de 6 à 12 Ls (8,50 à 17 €) par personne selon le confort ; repas proposés à 3-4 Ls (4,50 à 5 €) ; sauna en plus à environ 5 Ls (7 €).

Les hôtels

Les établissements aménagés après l'indépendance sont généralement assez sympas. Il reste de rares mastodontes soviétoïdes. Les moins rénovés de ces derniers sont aussi les moins chers, surtout si les chambres partagent une salle de bains (30 à 35 Ls à Riga – 45 à 50 € –, 15 à 20 Ls ailleurs – 22 à 30 €), mais, disons-le tout net, ils sont franchement glauques. Les hôtels de moyenne gamme sont en règle générale récents ou bien rénovés, avec une salle de bains moderne et meublés avec style. Compter de 50 à 70 Ls (72 à 100 €) dans la capitale, 25 à 40 Ls (36 à 57 €) ailleurs.

LANGUE

Proche du lituanien, le letton est, comme lui, de vieille souche indo-européenne (non slave) et a été présenté comme le chaînon manquant entre le sanskrit et les

langues latines. Plus tard, il a subi l'influence de l'allemand, langue de l'enseignement du Moyen Âge jusqu'au XIXe s. Sa première forme écrite, due à des religieux polonais, remonte au XVIe s.
Langue assez difficile à première vue, le letton possède sept cas de déclinaisons, des voyelles longues et courtes, aucun article et un ordre des mots très relatif – dans la mesure où le sens est défini par les cas de déclinaison. L'alphabet compte 33 lettres, sans q, w, x ni y, mais avec de nombreuses variations d'accents. Les voyelles longues sont des lettres à part entière, et l'oubli d'un accent peut changer le sens du mot...
Le letton est aujourd'hui la seule langue officielle du pays, même si le russe reste très largement pratiqué. Pour obtenir la citoyenneté lettone, les russophones doivent obligatoirement passer le test de langue et d'histoire lettonnes.
L'alphabet : a, ā, b, c, č, d, e, ē, f, g, ģ, h, i, ī, j, k, ķ, l, ļ, m, n, ņ, o, p, r, s, š, t, u, ū, v, z, ž.
La prononciation :
ā = « a » long
c = « ts »
č = « tch »
e = « è »
ē = « é »
ģ = « dj »
ī = « i » long
j = « y » anglais
ķ = imprononçable !
ļ = « l » mouillé
ņ = « gn »
š = « ch »
ū = « ou » long
ž = « j »

Quelques mots de letton au cas où votre interlocuteur ne parlerait ni anglais ni allemand ni russe :

Oui	*Jā*
Non	*Nē*
S'il vous plaît	*Lūdzu*
Merci (beaucoup)	*(Liels) paldies*
Bonjour (matin)	*Labrīt*
Bonjour (après-midi)	*Labdien*
Bonsoir	*Labvakar*
Salut !	*Sveiks* (homme) / *Sveika* (femme) *!*
Au revoir	*Uz redzēšanos* (ou *Čau*)
Excusez-moi	*Atvainojiet*
Je ne comprends pas	*Es nesaprotu*
Parlez-vous anglais ?	*Vai jūs runājat angliski ?*
Comment allez-vous ?	*Kā jums klājas / Kā tev iet ?*
Bien, merci	*Paldies, labi*
Je m'appelle...	*Mani sauc...*
Où se trouve... ?	*Kur atrodas... ?*
Avez-vous... ?	*Tev ar... ?*
Je voudrais...	*Es vēlētos...*
Combien ça coûte ?	*Cik tas maksā ?*
Boissons	*Dzerieni*
Café	*Kafija*
Bière	*Alus*
Vin	*Vīnu*
Eau	*Ūdens*
Viande	*Gaļa*
Poulet	*Putnu gaļas*

Poisson	*Zivs*
Dessert	*Deserts*
La note	*Saskaitiet*
Un billet	*Biļete*
À la vôtre !	*Priekā !*
Ouvert	*Atvērts*
Fermé	*Slēgts*
France	*Francija*
Lundi	*Pirmdiena*
Mardi	*Otrdiena*
Mercredi	*Trešdiena*
Jeudi	*Ceturtdiena*
Vendredi	*Piektdiena*
Samedi	*Sestdiena*
Dimanche	*Svētdiena*
1	*Viens*
2	*Divi*
3	*Trīs*
4	*Četri*
5	*Pieci*
6	*Seši*
7	*Septiņi*
8	*Astoņi*
9	*Deviņi*
10	*Desmit*
100	*Simts*
1 000	*Tūkstotis*

POSTE

Les bureaux de poste sont généralement ouverts du lundi au vendredi de 9h à 18h et le samedi jusqu'à 13h – ainsi que le dimanche pour les bureaux principaux des grandes villes. Les cartes postales à destination de l'Union européenne doivent être timbrées à 0,36 Ls (0,50 €) et les lettres à 0,45 Ls (0,65 €).

SITES INTERNET

• ***pays-baltes.com*** • Présentation généraliste et infos pratiques sur les trois pays baltes (en français).
• ***latviatourism.lv*** • Le site de l'office de tourisme de Lettonie (en français). Présentation du pays par régions et quelques infos utiles en plus.
• ***balticsworldwide.com*** • Le site de référence du *City Paper,* bimensuel américano-estonien consacré aux trois pays baltes. Toutes sortes d'infos intéressantes ou utiles (en anglais).
• ***latinst.lv*** • L'institut de Lettonie propose des articles sur différentes facettes du pays. Certains en français, sinon en anglais ou allemand.
• ***artnouveau.lv*** • Site consacré à l'Art nouveau en Lettonie (en anglais), avec de nombreuses photos.
• ***rigathisweek.lv*** • Le site du mensuel qui répertoire l'activité culturelle et les lieux où sortir (en anglais).
• ***celotajs.lv*** • Pour toutes sortes d'informations sur le tourisme rural, les activités en plein air, les sports nature (en anglais).

TÉLÉPHONE ET TÉLÉCOMMUNICATIONS

Téléphone

Le téléphone marche raisonnablement bien. Pour appeler la Lettonie de l'étranger, composez le 00 pour l'international, le 371, puis le numéro à 8 chiffres (pas d'indi-

catif). Dans l'autre sens, l'international s'obtient aussi par le 00. Faites le 33 pour la France, puis le numéro de votre correspondant en omettant le 0 initial – 32 pour la Belgique, 41 pour la Suisse et 1 pour le Québec.
Les cabines fonctionnent à cartes, vendues dans les kiosques, les bureaux de poste et tous les magasins affichant le signe *Telekarte.* Elles existent en 2, 3 et 5 Ls (3, 4,50 et 7 €) chez *Lattelekom. Interkarte* émet également des cartes prépayées à 5 et 10 Ls (7 et 14,50 €). Les instructions peuvent être affichées en anglais sur les téléphones.

Internet

L'usage d'Internet est devenu courant en Lettonie. On trouve aisément des cybercafés à Riga. Dans le reste du pays, rien n'est moins sûr et les vitesses de connexion peuvent être très lentes.
À défaut, rabattez-vous sur la bibliothèque du coin.

TRANSPORTS INTÉRIEURS

– ***Le train*** est le moyen de transport le moins cher à l'intérieur du pays, mais il est lent, plutôt inconfortable (banquettes en bois) et dessert assez peu de lignes grande distance. Bref, mieux vaut l'utiliser seulement pour visiter la région de Riga – Jurmala et la vallée de la Gauja en particulier. Si le guichet est fermé, on peut acheter son billet à bord auprès du contrôleur.
– ***Le bus,*** à peine plus cher, est de loin le moyen de transport le plus efficace pour voyager en Lettonie. Chaque destination est desservie au moins une fois par jour depuis Riga ; liaisons fréquentes sur les plus grandes villes. Les express (E) sont raisonnablement rapides et confortables ; les omnibus, aux sièges souvent défoncés, d'une lenteur d'escargot.
Trajets bon marché : 4 Ls (5,50 €) pour traverser le pays. Il est possible qu'on vous demande un supplément si vous avez un très gros sac. Horaires, temps de trajet et tarifs en anglais sur • autoosta.lv • Les pays voisins sont aussi naturellement desservis : 8,50 Ls (12 €) pour Tallinn (5h30 de trajet), 7 Ls (10 €) pour Vilnius (environ 5h). Infos sur • eurolines.lv •
– On peut opter pour une ***location de voiture*** : soit réserver auprès d'une grande compagnie avant le départ (plus sûr mais plus cher), soit auprès d'une compagnie locale sur place (à l'inverse...). Les routes sont dans un état correct. Dans les villes prospèrent les embouteillages. Mieux vaut éviter de conduire de nuit : panneaux peu visibles, animaux, cyclistes bourrés qui zigzaguent, etc. Et de jour, conduite très sportive : la Lettonie affiche l'un des taux d'accidents les plus élevés d'Europe (comme en Pologne, on conduit avec les roues de droite dans le bas-côté pour faciliter les dépassements). Pas mal de routes non goudronnées dans la campagne, comme sur la côte des Lives, par exemple. La vitesse est limitée à 50 km/h en ville, 90 km/h sur les routes (parfois 100 km/h). Il est obligatoire de rouler tous feux allumés. Éviter de se garer dans le vieux centre de Riga : droit d'accès exorbitant.

LETTONIE : HOMMES, CULTURE ET ENVIRONNEMENT

Après la période économique particulièrement dépressive qui a suivi l'indépendance de 1991 (le pays perdit une grande partie de ses industries dans le grand dépeçage postsoviétique), la Lettonie se révèle aujourd'hui le bon élève des pays baltes. En outre, Riga, sa capitale, la plus grande métropole baltique, possède la jeunesse la plus branchée et la vie nocturne la plus folle des trois États. En prime, en plus d'un superbe noyau médiéval, elle propose son centre-ville de style Art nouveau, un ensemble architectural unique, classé au Patrimoine mondial de l'humanité par l'Unesco. À une trentaine de kilomètres, les plus belles plages de la Baltique (très prisées des Russes aux temps soviétiques) vous attendent aussi. Quant à Rundale, le « Versailles » letton, à lui seul il mérite amplement qu'on prenne l'avion pour le découvrir...

BOISSONS

Les cafés ferment tôt, mais les pubs à l'occidentale et les *krogs* (tavernes) restent souvent ouverts jusque tard. Les Lettons n'ont jamais peur d'une bonne cuite – le pays affiche même, si l'on en croit les statistiques, l'un des taux d'alcoolisme les plus élevés au monde.
La bière *(alus)* remporte tous les suffrages, soit blonde *(gaišs alus),* soit brune *(tumšs alus).* L'*Aldaris* est la plus populaire, mais on peut aussi essayer la *Cisu,* la *Tirvetes,* la *Piebalgas...* Bref, l'embarras du choix. À considérer, également, d'excellents cidres *(Cider)* de poire.
Plus fort, bien plus fort (45°), le *balsam* noir, une liqueur similaire à la *Vana Tallinn* estonienne – qui s'en est inspirée –, est distillé à partir de vingt-quatre sortes de plantes, de fleurs et de racines. La recette remonte au XVIIIe s. Il fut conçu à l'origine contre les maux d'estomac et... les gueules de bois ! Si vous réussissez à l'avaler, vous échapperez peut-être aux uns comme aux autres... On le verse de préférence dans le café ou un jus de cassis.
Sur une note plus douce, le vieux *kvass,* obtenu à partir de farine d'orge ou de seigle fermentée, effectue un certain retour. À la campagne, à la belle saison, on rencontre le jus de bouleau, frais ou fermenté avec des pousses d'orge.

CUISINE

Autant le dire franchement : au quotidien, la cuisine lettone vous fera rarement pousser des glapissements de joie. Les habitudes culinaires locales sont fortement influencées par les traditions germaniques, avec aussi quelques touches russes et polonaises. Deux mises en garde valant mieux qu'une, sachez que, en dehors des restaurants chic, on mange souvent dans le désordre : les plats sont plus servis pour faciliter le travail du chef que pour respecter l'envie de synchronie des convives... Le bon pain de seigle *(rupjmaize),* moelleux, fait tout glisser. Comme dit le dicton : « Dieu a donné des dents, il donnera du pain. »

Les *restorāns* dénotent un service chic, mais beaucoup de Lettons leur préfèrent les *krogs* (tavernes) et autres *krodziņš,* moins chers et plus conviviaux. Beaucoup de cafétérias *(kafejnīca)* bon marché à la nourriture souvent médiocre. On trouve de plus en plus de restos ethniques à Riga. Pourboire à environ 10 %.

Les hors-d'œuvre

C'est là qu'on s'en tire le mieux : empruntés aux voisins russes, les *pīrāgi* (chaussons fourrés au bacon ou aux légumes) et les *pelmeņi* (sortes de raviolis) peuvent être excellents, tout comme les blinis *(pankūkas),* accompagnés de jambon, de fromage ou de « caviar rouge » (œufs de saumon). Les ***poissons*** marinés ou fumés sont tendres à souhait. Le hareng *(siļķe)* est souvent servi avec des oignons émincés, des pommes de terre et une touche de crème aigre. Le saumon salé *(laša)* n'est pas mal, l'anguille *(zutis)* non plus. Et encore, pour les aventuriers du goût : porc en gelée *(cūkas galerts),* saucisse fumée *(žāvēta desa),* petits pois à la graisse de bacon... Les ***soupes*** *(zupas)* apparaissent souvent sur les menus, à l'instar de la *hapukapa* à la choucroute ou les soupes de mouton aux légumes. Les ***« salades »,*** dégoulinantes de mayonnaise, sont à réserver aux non-végétariens... *Rasols* à la viande et au hareng en dés, avec petits pois, carottes et concombres, salade de langue *(mēle)* et autres merveilles du genre.

Les plats de résistance

Le Letton est un mangeur de ***viande,*** et surtout de porc, souvent cuisiné à l'allemande en escalope panée *(karbonāde),* ou à la caucasienne en *šašlik,* des brochettes au feu de bois. Le poulet *(putnu gaļas)* peut être fumé, le bœuf *(liellopu gaļas)* est généralement préparé en steak, aux oignons. L'oie rôtie, farcie aux prunes et aux pommes, ne figure que sur les meilleures cartes. En accompagnement : petits pois (décidément !), pommes de terre à l'eau, frites ou en galettes (*kartupaļu pankūkas* ou *pankūciņas*), fricassée de champignons *(sēņu žuljēns),* fèves, etc.
Côté ***poissons,*** toutes les espèces de l'est et du nord de l'Europe sont au rendez-vous : saumon *(lasis),* truite *(forele),* esturgeon *(store),* très gras, carpe *(karpas),* anguille, etc.

Les desserts

Impossible pour un Letton de concevoir un repas sans dessert. Ne vous attendez pas pour autant à des miracles, sauf à la fin de l'été, lorsque reparaissent les baies. Elles accompagnent le *ķīselis,* un porridge d'avoine, ou sont préparées en tartes. Mais là encore, il se peut que le cuistot ait utilisé du saindoux... Pour ne pas prendre de risque : les crêpes *(bliny).* À essayer à l'occasion : le *biguzis,* un gâteau de pain noir au miel et aux baies.

ÉCONOMIE

Au fond du gouffre

Traditionnellement, la Lettonie a toujours servi de pont entre Est et Ouest, entre mer Baltique et Russie : ses ports étaient parmi les plus importants de l'Union soviétique. Lorsque, en 1991, le pays retrouve son indépendance, le lien se rompt et le système de production, basé sur l'industrie, s'effondre. Entre 1990 et 1993, le PIB par habitant chute de plus de moitié ! La production est, elle aussi, en pleine déconfiture, les prix flambent, l'hyperinflation entre en jeu (958 % en 1992)... Fin 1992, les trois quarts de la population se retrouvent en dessous du seuil de pauvreté. Il faudra cinq ans, des réformes et une politique économique drastique pour permettre au pays de redresser la tête. Mais à peine le soleil pointe-t-il son nez que la faillite de la Baltija, la principale banque d'affaires, replonge la Lettonie dans la crise :

10 % de la population vient de perdre toutes ses économies... Sous la gouvernance de l'entrepreneur Andris Skele, commerce et industrie décollent. Les chiffres de 1996 sont plus optimistes : pour la première fois le PIB augmente d'un modeste 2 %, l'inflation semble jugulée. La privatisation des sociétés d'État, très discutée, est acquise, même si d'anciens dignitaires en ont profité pour s'enrichir. Et patatras, voilà que survient la crise russe de 1998.

Le retour vers la lumière

Contre toute attente, la crise se révèle positive. D'un coup, les importations, devenues trop chères, s'effondrent. Les productions nationales redécollent, entraînant l'économie dans leur sillage. Les investissements étrangers, jusque-là timorés, affluent. La Lettonie affiche, depuis, des chiffres de croissance parmi les plus élevés de l'Union européenne : le PIB par habitant augmente d'environ 7 % par an. Reste qu'on partait de bien bas... Les revenus moyens des Lettons dépassent à peine le tiers de la moyenne communautaire. L'économie parallèle, la corruption et l'accroissement constant des inégalités continuent de poser problème. Le retour des terres et des biens à leurs propriétaires d'avant 1940 a aussi jeté à la rue beaucoup de gens en faveur des descendants étrangers des expropriés d'avant-guerre. La situation de la minorité russe non citoyenne est par ailleurs rendue difficile par certains aspects de la législation lettone : interdiction de voter, de postuler dans l'administration, de posséder des terres, droits sociaux inégaux, etc. Jusqu'en 1998, il fallait prouver que l'on parlait letton pour pouvoir bénéficier du chômage ! Mais au cours des dernières années, la Lettonie a mené une politique de stabilisation économique libérale qui a soutenu la croissance (+ 9 % en 2007). Depuis 2004, l'inflation, longtemps maîtrisée, est toutefois repartie en dérapage (+ 9 % en 2007) et le déficit de la balance des paiements a progressé. Le dynamisme des échanges avec l'UE et une politique économique attractive pour les entreprises étrangères (faibles taxes, droit à l'acquisition de l'immobilier, facilité d'obtention des visas de travail, etc.) devraient néanmoins permettre à la Lettonie de passer à l'euro en 2011 si l'inflation est jugulée, et en fonction, comme partout, des conséquences de la crise financière de la fin 2008.

GÉOGRAPHIE

Coincée entre la Lituanie au sud et l'Estonie au nord, la Lettonie ondule doucement en collines basses : 98 % du pays, arasé par les glaciers du quaternaire, ne dépasse pas 200 m d'altitude. Le point culminant, le Gaizinkalns, atteint tout juste 311 m d'altitude. Cicatrices glaciaires, quelque 2 200 lacs, petits pour la plupart, trouent le territoire comme une passoire. Les rivières, innombrables, se jettent dans l'un des deux grands cours d'eau du pays : la Gauja au nord (452 km), entièrement libre, dont la vallée forme l'un des berceaux du pays, et la grande Daugava (1 005 km) au sud, « rivière du destin », partagée avec la Lituanie.

La Daugava sépare les quatre grandes régions historiques et géographiques du pays, nommées d'après d'anciennes tribus baltes : plaine fertile du Zemgale au sud et collines morainiques du Kurzeme (Courlande) à l'ouest ; régions accidentées du Vidzeme au nord et du Latgale à l'est – le « pays des lacs bleus ». La Courlande, ouverte sur la mer Baltique, est marquée au nord par la parenthèse de l'immense baie de Riga, si peu profonde et souvent si calme qu'elle prend des allures de lac. Les dunes littorales, hors d'atteinte du temps de l'URSS, qui en avait fait une zone d'exclusion militaire, ont été bien préservées.

Les marais et les tourbières occupent encore près de 10 % du territoire, la forêt 44 %, en particulier sur la côte des Lives, au nord de la Courlande. L'été, entre les pins, les bouleaux et les tilleuls, les lupins bleus s'étalent en tapis. On y récolte fraises sauvages, framboises, myrtilles et canneberges, champignons à l'automne. Ailleurs, les bois alternent avec des champs envahis de fleurs aux beaux jours. La faiblesse des traitements chimiques favorise une explosion de vie, attirant un grand nombre d'espèces d'oiseaux et, en particulier, de cigognes, symboles de chance. On estime qu'environ la moitié du pays a conservé ses écosystèmes d'origine. Certains animaux rares sont ici communs : loutres de rivière, castors par légions (80 000 !), cigognes noires, loups et lynx. Près de 7 % du territoire letton est protégé.

POUSSEZ PAS SUR LE CHAMPIGNON !

Qu'est-ce qui pousse des milliers de Lettons à courir les bois à l'automne ? De nos jours, plus l'Armée rouge ! Friands de ces petites coupoles dorées, les Lettons, panier au bras, se bornent à traquer les bons champignons. Beaucoup cherchent là leur pitance du soir. D'autres en font le commerce saisonnier sur des étals de fortune au marché central de Riga. Du lycoperdon à l'inocybe de patouillard, *en passant par le* gonphidius glutineux, *que du beau monde à se blottir sous les feuilles mortes !*

HISTOIRE

Les premiers Lettons

Les premiers hommes s'installent sur le territoire de l'actuelle Lettonie il y a environ 11 000 ans, à une époque où les glaciers se retirent vers le nord. Vers 3000 av. J.-C., des tribus finno-ougriennes, ancêtres des Estoniens et des Finlandais, occupent la région. Dès le millénaire suivant, ils sont repoussés vers le nord par les Baltes, dont les Lettons (et les Lituaniens) descendent directement. Très tôt, le pays attire l'attention des marchands et des pillards : remontant la Daugava, ils pénètrent vers le cœur de la Russie, jusqu'à Byzance et l'Asie centrale. La route des « Vikings aux Grecs » est tracée. Les peuples locaux participent au commerce, exportant l'ambre, très recherché.
Vers l'an 1000, quatre tribus se partagent le territoire : Couroniens à l'ouest, surnommés les « Vikings baltes » pour leurs razzias fréquentes ; Lettigalliens à l'est, les plus nombreux ; Seloniens et Semigalliens au nord ; et, au centre, des agriculteurs aux mœurs paisibles. Les Lives, derniers finno-ougriens, occupent parallèlement la partie nord de la côte de la Baltique.

La conquête germanique

Dans la seconde moitié du XIIe s, des bateaux de commerce venus de Brême, Lübeck et Visby cinglent vers les rivages baltes. Les marchands s'installent pour l'été à l'embouchure de la Daugava, échangeant produits allemands contre produits russes. Puis, bientôt, ils passent l'hiver sur place. Les Baltes, païens, restent à évangéliser : des missionnaires arrivent dès 1180, mais ils ne rencontrent qu'hostilité et refus. Le pape appelle alors de ses vœux une croisade : menés par l'évêque Albert Buxhovden, 500 chevaliers de l'ordre des Porte-Glaive débarquent durant l'été 1200, pillant et massacrant autant qu'ils baptisent. Riga est fondée l'année suivante. Hommes d'armes, marchands, marins s'installent de plus en plus nombreux, affirmant la présence germanique dans la région. Elle durera plus de sept siècles. L'évêque, fin stratège, jette un interdit religieux sur les autres ports !
En 1285, Riga, devenue le point névralgique du commerce balte, entre dans la Ligue hanséatique. Cesis, Limbazi, Koknese, Valmiera la rejoindront bientôt. Bénéficiant de privilèges commerciaux et fiscaux importants, les comptoirs prospèrent. Ils fournissent l'Europe occidentale en bois, en ambre, en fourrures russes, mais aussi en goudron, en miel, en cire, en lin... Objets de consommation courante, métal et armes sont importés.
À la fin du XIIIe s, la Livonie (Lettonie et sud de l'Estonie) est entièrement sous le contrôle teuton. Le pays est découpé en bastions féodaux gérés par l'ordre Livonien et en grands domaines terriens sur lesquels les Lettons, finalement convertis, sont soumis au servage. La sévérité du système s'accroît encore au XVIe s, lorsque

débarque une nouvelle vague d'immigration allemande. Les nouveaux venus amènent avec eux le luthéranisme, vite accepté grâce à la publication des Écritures en langue lettone.

Un grand champ de bataille

La fin du XVIe s est marquée par le renforcement des monarchies européennes et une compétition croissante entre elles pour le contrôle des territoires. Suédois, Russes et Polonais entrent en conflit pour le contrôle de la Baltique. La Lettonie, en plein cœur de cible, va en subir les conséquences. Les guerres de Livonie (1558-1583) placent une grande partie du pays sous le contrôle du grand royaume polono-lituanien, qui y promeut le catholicisme. Les domaines de l'ordre livonien sont sécularisés sous l'égide du grand-maître Gotthard Keller qui, bien que devenu protestant, se voit contraint de porter allégeance aux Polonais, ses ennemis de toujours, en échange d'un titre de duc de Courlande ! En 1629, la guerre polono-suédoise s'achève sur un renforcement de la puissance suédoise au nord de la Livonie et à Riga, où le luthéranisme s'ancre plus encore. Fertile et prospère, la colonie fournit la métropole en blé, alors même que le servage est supprimé. Au sud, le duché de Courlande, bien que nominalement polonais, bénéficie d'une large autonomie. En plein essor, il exporte du bois et acquiert l'île antillaise de Tobago... avant de l'échanger contre une île dans le delta de la Gambie !

La Livonie russe

La grande guerre du Nord (1700-1721) change à nouveau la donne : la Russie de Pierre le Grand, installée de fraîche date à Saint-Pétersbourg, cherche à créer une fenêtre sur l'Europe. Le Vidzeme puis Riga sont conquis en 1710. La paix revenue, le tsar reconnaît les droits politiques de l'aristocratie allemande, sur laquelle il s'appuie, et réinstaure le servage. Le pays est dévasté : on ne compte plus que 70 000 habitants dans toute la Livonie !
À la fin du XVIIIe s, marquée par l'annexion de la Courlande (1795), la Livonie est devenue l'une des régions les plus prospères de l'empire russe. L'industrie se développe et la population s'accroît, en partie avec l'arrivée de nouveaux colons allemands – paysans ou apprentis pour la plupart. Au début du XIXe s, sous la pression des réformes sociales européennes, le tsar accorde finalement la liberté aux serfs. Mais les terres, elles, restent entre les mains des grands propriétaires allemands... qui inventent la corvée obligatoire pour les paysans bailleurs. Les nombreux sans-terre s'entassent en ville, où l'industrie se développe.

La renaissance lettone

Le mécontentement, couplé à l'émergence d'une minorité éduquée et à une politique de russification intensive, relancée par le tsar Alexandre III, voit se développer les revendications identitaires lettones. Les Jaunlavieši (« Jeunes Lettons »), formés par des étudiants lettons à Saint-Pétersbourg, publient à partir de 1862 un journal destiné à promouvoir l'identité nationale, améliorer le sort des Lettons et sauvegarder leur langue. Comble de l'ironie, beaucoup sont d'origine allemande ou germanisés ! Ils se tournent vers le passé fondateur : les chants folkloriques *(dainas)* sont compilés par Krisjanis Barons. Après l'organisation du premier Festival de la chanson, en 1873, le combat déborde le carcan intellectuel. La cause nationale est adoptée par le peuple.
En 1905, la première révolution russe favorise un soulèvement massif. On a parlé de « révolution lettone ». Des dizaines de manifestants sont tués lors d'une grève générale lancée à Riga à l'appel des sociaux-démocrates ; à la campagne, près de 500 grands domaines allemands sont brûlés. La répression est sévère, forçant certaines figures nationales à l'exil. En ville, cependant, le commerce n'a jamais été aussi florissant.

Une indépendance chèrement acquise

Le début du XXe s est marqué par la multiplication des revendications autonomistes, tous bords confondus. Contre toute attente, la Première Guerre mondiale va permettre à cette volonté de se matérialiser. L'Allemagne, rêvant d'une côte balte sous son aile, envahit la Lettonie en 1915. Des bataillons lettons, sous commandement russe, s'opposent à leur avancée, mais en septembre 1917, Riga tombe. Le 18 novembre de l'année suivante, la Lettonie, profitant de la reddition allemande et des troubles dus à la prise de pouvoir bolchevik en Russie, se déclare indépendante. Suit une période confuse marquée par des combats incessants entre soldats lettons, troupes sous commandement bolchevik désireuses de former une Lettonie soviétique et armée allemande qui tente un retour en force... Enfin, en 1920, la Russie reconnaît la Lettonie, permettant son entrée à la Société des nations.
La paix revenue, une république est constituée, une réforme agraire entreprise, les grands propriétaires allemands expropriés. Beaucoup quitteront le pays. Les difficultés économiques, aggravées par la crise internationale des années 1930, poussent le gouvernement du Premier ministre Karlis Ulmaris vers l'autoritarisme. En mai 1934, deux mois après le coup d'État estonien et quelques années après celui survenu en Lituanie, il dissout à son tour le parlement et interdit les partis. Sous sa coupe (jusqu'en 1940), le pays prospère de plus belle : les Lettons, qui possèdent alors l'un des plus hauts PIB d'Europe, se font plus dociles.

Pris en tenailles

En vertu du pacte secret conclu en 1939 entre Allemagne et URSS, les pays baltes reviennent aux Russes. En quelques mois, plus de 50 000 Allemands de souche quittent la Lettonie pour la mère-patrie. La guerre à peine déclenchée, Riga, sous la menace, autorise l'installation de bases soviétiques sur son territoire. Le 16 juin 1940, l'URSS lance un ultimatum aux trois pays baltes : l'invasion de la Lettonie débute le lendemain sans rencontrer de résistance. Un gouvernement fantoche est mis en place, des élections sont convoquées, avec des candidats uniquement procommunistes, et l'intégration à l'URSS décidée dès le 5 août... Les entreprises sont nationalisées, les terres redistribuées. Dans l'année qui suit, des dizaines de milliers de personnes sont arrêtées, exécutées ou déportées en masse en Sibérie. Une partie des Lettons reprend espoir avec l'avancée des troupes nazies lancées à l'assaut du géant russe. Certains s'engagent dans la SS, d'autres dans l'armée ennemie et beaucoup sont enrôlés de force par l'un ou l'autre parti. En juillet 1941, toute la Lettonie est occupée. La population juive est déportée dans les camps de concentration – l'un, énorme, se trouve aux portes mêmes de Riga. En tout, 90 000 personnes y trouveront la mort, dont les trois quarts sont des juifs. Début 1944, l'Armée rouge repousse enfin les nazis massés depuis bientôt trois ans aux portes de Leningrad. À l'automne, la Lettonie est reprise. Soldats, miliciens lettons et civils de tout poil fuient par les rivages de Courlande. Ils seront près de 150 000 à partir pour l'étranger. En cinq ans de guerre, la Lettonie a perdu plus du quart de sa population !

Roubles et bruits de bottes

Fin 1944, toute la Lettonie est à nouveau soviétique. Arrestations et exécutions reprennent. Les quelque 12 000 hommes et femmes de la résistance, formée en partie d'anciens miliciens, se cachent dans la forêt, espérant une intervention des pays occidentaux, qui ne viendra jamais... La résistance continuera son action jusqu'en 1956, sans plus d'illusions après l'intervention russe en Hongrie. La collectivisation est lancée. Le 25 mars 1949, pour marquer les esprits, les autorités ordonnent la déportation de 42 000 paysans réfractaires ! Environ 120 000 Lettons, en tout, périront dans les goulags sibériens. Autant se sont enfuis à l'Ouest.

Une industrialisation massive est lancée, qui transforme le paysage naturel et social de la Lettonie. Une abondante main-d'œuvre russe s'installe pour travailler dans les usines – amarrant de fait le pays à l'URSS. En 1989, les migrants représenteront 50 % de la population ! Profitant de l'arrivée au pouvoir de Khrouchtchev, le Parti communiste letton tente de s'opposer à ce déferlement, mais il est destitué pour « dérive nationaliste »... La russification réduit chaque jour davantage l'usage de la langue. Parallèlement, l'Armée rouge développe à Riga sa plus grande base sur la Baltique. Le reste n'est qu'histoire soviétique : russification accentuée, dissidents persécutés, stagnation économique... jusqu'à l'arrivée au pouvoir de Gorbatchev en 1985.

L'indépendance retrouvée

En 1986, les Lettons s'opposent à deux grands projets : la construction d'un barrage sur la Daugava et d'un métro à Riga. Profitant de la perestroïka, des organisations citoyennes, toutes favorables au retour de l'indépendance, se développent. Parmi celles-ci, le Front populaire est la plus dynamique. En octobre 1988, une grande manifestation appelle au départ des troupes soviétiques. L'année suivante, en juillet, le Soviet Suprême letton, après avoir reconnu le letton comme langue officielle, adopte une « déclaration de souveraineté ». En août, pour dénoncer le pacte Molotov-Ribbentrop, qui a scellé leur destin avec celui de l'URSS 50 ans plus tôt, les trois peuples baltes se rejoignent dans une même chaîne humaine entre Tallinn et Vilnius (650 km !).
En mars 1990, le Soviet Suprême adopte une déclaration d'indépendance – prévoyant une période de transition – et se heurte, en janvier 1991, à une intervention armée de troupes soviétiques. Un référendum emporte 73,7 % de l'adhésion populaire. Le 21 août 1991, au lendemain du coup d'État conservateur qui tente de renverser Gorbatchev, la Lettonie déclare son indépendance pleine et entière. Les dernières troupes russes quittent le pays en 1998.
En avril 2004, la Lettonie adhère à l'Otan et en mai 2004, le pays intègre l'Union européenne. Ces deux facteurs sont censés lui garantir un appui non négligeable dans les relations avec la Russie, qui restent tendues en ce qui concerne l'intégration des populations russophones dans la société lettone. La présidente lettone de l'époque est le seul chef des États baltes à s'être rendue aux cérémonies de Moscou, le 9 mai 2005, organisées par Poutine en commémoration de la victoire de 1945. Elle en a profité pour rappeler que cette date était aussi celle du début de l'occupation des pays baltes par l'URSS. Cela n'a pas plu à Poutine, qui considère que cette annexion est le résultat du pacte germano-soviétique de 1939. Juste une question d'interprétation, en somme...

POLITIQUE

La Lettonie est une république dirigée par un président (Valdis Zatlers depuis juillet 2007) désigné par le Parlement pour 4 ans. Il dispose de pouvoirs limités, mais sert en quelque sorte de facteur unificateur du système politique letton, autrement très divisé.
Aigars Kalvitis, nommé Premier ministre en 2004, puis reconduit en 2006 (c'est la première fois depuis l'indépendance que le Premier ministre se succède à lui-même), finit par démissionner en

MADAME LA PRÉSIDENTE

Née en 1937 en Lettonie, Vaira Vike-Freiberga a émigré avec ses parents en Allemagne à la fin de la guerre, avant de gagner le Maroc, puis le Canada. Professeur de psychologie à Montréal pendant près de trente ans, elle regagne la Lettonie après l'indépendance et s'y fait apprécier pour ses travaux sur le folklore et la culture nationale. Moins d'un an plus tard, celle qui avait fui la dictature soviétique devient le symbole de la démocratie retrouvée. Cette francophone de haut vol devient la première femme présidente d'Europe de l'Est en 1999, poste qu'elle préservera jusqu'en 2007.

novembre 2007. Il avait à son actif une série de départs de ministres. Et l'opposition l'accusait de négligences face aux risques d'une surchauffe de l'économie et de dérive autoritaire, notamment après le limogeage en octobre du chef du bureau national de lutte contre la corruption. Son remplaçant, M. Ivars Godmanis, a prêté serment le 20 décembre 2007.
Signalons que, en décembre 2005, le Parlement letton s'est prononcé contre le mariage homosexuel.

POPULATION

Pays de transition géographique, la Lettonie a vu très tôt des étrangers s'aventurer sur son territoire. Les travailleurs venus de toute l'URSS, facteurs involontaires de la russification volontaire entreprise par Moscou, sont restés en nombre après l'indépendance et forment aujourd'hui les principales minorités du pays, totalisant 42 % de la population. Souci de taille : en 1989, quatre personnes sur cinq ne parlaient pas le letton, pas même en deuxième langue... C'est pour cette raison que, après l'indépendance, le gouvernement imposa un cadre très strict pour acquérir la nationalité lettone : les habitants installés après 1940 devaient démontrer leur connaissance de la langue, de la culture et de l'histoire du pays. Incapables de répondre à ses demandes ou rechignant simplement à changer de nationalité, beaucoup renoncèrent. Les critères, jugés discriminatoires, ont été largement assouplis sous la pression internationale, et près de la moitié des Russes de Lettonie sont aujourd'hui devenus citoyens. Reste quand même 25 % d'« étrangers » et un bon 10 %, surtout âgés, qui ne parlent toujours pas un mot de letton ! La part des Lettons dans la population s'est parallèlement accrue en raison de l'émigration et de la chute de la natalité de cette population défavorisée. Quelques autres minorités remontent à l'histoire ancienne.

Les Russes

Leur nombre vaut à la Lettonie d'être le pays balte le plus instable ethniquement et politiquement : près de 30 % de ses habitants sont russes. Tête de pont de la puissance soviétique dans la région, la Lettonie a été colonisée plus massivement encore que ses deux voisins. À Riga, principal port d'attache de la flotte de la Baltique, et dans six des sept grandes villes du pays, les Russes sont aussi nombreux que les Lettons. Avant la Seconde Guerre mondiale, seulement 10 % de la population de Lettonie était d'origine russe (surtout des paysans). Le « problème russe » est à l'origine de tensions parfois vives, tant avec Moscou qu'avec l'Union européenne. Les écoles russes sont désormais tenues d'introduire le letton comme langue seconde de l'instruction.

Les autres Slaves

En dehors des Russes, les statistiques officielles font état d'environ 100 000 Biélorusses (4,1 %), 70 000 Ukrainiens (2,7 %) et plus de 60 000 Polonais (2,5 %). Si les deux premiers sont arrivés comme travailleurs de l'URSS, les troisièmes sont installés depuis le XVIIe s, époque où la Livonie, menacée par la Russie, fit appel au royaume de Pologne pour la protéger. La communauté, particulièrement bien ancrée dans le Latgale, fournit un nombre important de recrues à la guérilla antisoviétique après l'annexion de la Lettonie par l'URSS. Aujourd'hui, ces trois minorités possèdent leurs propres écoles. Ukrainiens et Biélorusses sont parmi ceux qui ont le moins demandé à obtenir la nationalité lettone (moins encore que les Russes).

Les Allemands

Installés en Livonie à partir du XIIIe s, les Allemands ont longtemps formé la minorité la plus active : propriétaires terriens, nobles et membres du clergé, ils tiraient les ficelles du pays. Au fil des siècles, leur nombre a constamment oscillé entre 5 et 8 % de la population, pour décliner à partir de 1919, lorsque les grands domaines furent démantelés par la jeune république lettone. En 1939, à la veille de l'occupation soviétique, ils étaient encore 62 000... et ils sont seulement 400 aujourd'hui.

Les Lives

Installés de très longue date sur la côte de Courlande, à l'orée de la baie de Riga, les Lives sont un peuple de pêcheurs finno-ougriens, culturellement proche des Estoniens. Presque totalement assimilés à l'époque soviétique, ils ont vu leur langue s'évanouir : seule une quarantaine de personnes, toutes âgées, la parle encore.

RELIGIONS

Pour faire simple, la Lettonie compte trois confessions majeures : luthériens au nord, les plus nombreux ; catholiques au sud et à l'est, dans les régions anciennement occupées par la Pologne ; orthodoxes partout où vit la minorité russe. La communauté juive, très importante avant la Seconde Guerre mondiale, a été presque entièrement exterminée (6 000 personnes aujourd'hui).

SITES INSCRITS AU PATRIMOINE MONDIAL DE L'UNESCO

Organisation des Nations Unies pour l'éducation, la science et la culture

En coopération avec le centre du patrimoine mondial de l'UNESCO

Pour figurer sur la liste du Patrimoine mondial, les sites doivent avoir une valeur universelle exceptionnelle et satisfaire à au moins un des dix critères de sélection. La protection, la gestion, l'authenticité et l'intégrité des biens sont également des considérations importantes.
Le patrimoine est l'héritage du passé dont nous profitons aujourd'hui et que nous transmettons aux générations à venir. Nos patrimoines culturel et naturel sont deux sources irremplaçables de vie et d'inspiration. Ces sites appartiennent à tous les peuples du monde, sans tenir compte du territoire sur lequel ils sont situés. Pour plus d'informations : • http://whc.unesco.org •
– ***1997 ; le centre historique de Riga :*** grand centre de la Ligue hanséatique qui a prospéré grâce au commerce avec l'Europe centrale et de l'Est aux XIIIe-XVe s, Riga a conservé le tissu urbain médiéval reflétant cette prospérité. Au XIXe s, elle est aussi devenue un important centre économique, et les faubourgs de la ville médiévale ont été construits, tout d'abord en imposant une architecture en bois de style classique, puis en style *Jugendstil.* C'est à Riga que l'on trouve la plus belle concentration de bâtiments Art nouveau d'Europe.
– ***2005 ; l'arc géodésique de Struve :*** en partage avec neuf autres pays, l'arc de Struve est un réseau de triangulations qui s'étend de Hammerfest en Norvège jusqu'à la mer Noire, et traverse 10 pays sur plus de 2 820 km. L'arc est formé par les points d'une triangulation réalisée entre 1816 et 1855 par l'astronome Friedrich Georg Wilhelm Struve et représentant la première mesure exacte d'un long segment de méridien qui a joué un rôle essentiel dans le développement des sciences de la Terre et l'établissement de cartes topographiques précises.

LA LETTONIE

RIGA

732 000 hab. ; IND. TÉL. : 371

C'est la plus grande des capitales baltes. Pourtant, rien de démesuré ici, la ville offre un visage intime et chaleureux. Tout se révèle accessible à pied. Vieille ville et beaux quartiers alentour offrent de merveilleuses balades pédestres dans de superbes architectures. L'éventail le plus varié qui soit, chaque style ayant été intégré sans sectarisme par le précédent. Roman, gothique, Renaissance, baroque, néoclassique, historiciste, stalino-soviétique cohabitent tout à fait harmonieusement. Mais le grand must de Riga, c'est l'*Art nouveau,* dont on découvre avec surprise probablement le plus riche filon en Europe. Un véritable trésor reconnu enfin, en 1997, par l'Unesco au Patrimoine mondial de l'humanité, après tant d'années de grisaille russe... Ajoutez à cela une jeunesse remuante, une vie nocturne dense, des vieux quartiers en constante rénovation et un panel de restos et de cuisines dignes des grandes métropoles de l'Ouest. Vous nous avez compris, Riga est un vrai choix de RTT, on le dit fermement, pour au moins quatre jours...

UN PEU D'HISTOIRE

Le nom de Riga apparaît pour la première fois en 1189, mais officiellement on date sa fondation en 1201, quand l'évêque Albert vient installer sa résidence au bord de la petite rivière Riga, affluent de la Daugava. Cet estuaire se révèle en effet le lieu idéal pour implanter un port. Ils sont deux à s'intéresser à l'affaire : le négociant allemand qui cherche de nouveaux débouchés à ses marchandises, et le missionnaire, nouveau croisé de l'Occident, toujours à l'affût de nouvelles voies et terres d'évangélisation. En 1211, ouverture de la première école, et en 1225 création de la première municipalité. Tout au long du Moyen Âge, Riga se développe donc considérablement et devient l'une des plus importantes villes hanséatiques et un trait d'union essentiel dans les relations commerciales entre l'Est et l'Ouest. En 1521, date importante, Riga épouse la Réforme et devient luthérienne. En 1581, la ville tombe sous la coupe polonaise, mais en 1621, elle est prise par les Suédois. Conquise ensuite par Pierre le Grand en 1710, les Russes s'y installent durablement. En 1812, Napoléon s'en approche bien, quelques faubourgs brûlent, mais la ville ne l'intéresse pas. Cependant, indépendamment des maîtres de la ville qui s'y succèdent tout le long de son histoire (Lives, Polonais Lituaniens, Suédois, Russes), Riga reste le nœud politique, économique et culturel de toute la Baltique. À partir de 1857, démantèlement des fortifications et urbanisation de la ville.
Tout au long de la seconde moitié du XIXe s, éveil et développement de la conscience nationale lettone. Riga devient dans le même temps l'une des plus importantes villes russes, port très actif et grand centre industriel. Jusqu'au 18 novembre 1918, à l'issue de la guerre, où l'indépendance de la Lettonie est proclamée. La Russie tente bien de conserver Riga dans son giron, mais la résistance patriotique est la plus forte, et l'Armée rouge est battue. Cependant, suite à l'accord Molotov-Ribbentrop (le sinistre pacte germano-soviétique), la ville passe à nouveau, le 17 juin 1940, sous la coupe des Russes. Puis, en juin 1941, sous celle de l'Allemagne (qui vient d'attaquer l'Union soviétique), pour retomber, le 10 octobre 1944, sous celle

des Russes en route vers Berlin. Encore partis pour cinquante ans d'occupation, les Lettons y sont abonnés ! En 1988, nouveau réveil national. Le 21 août 1991, dans le grand mouvement de la chute du mur de Berlin, Riga redevient définitivement la capitale d'une Lettonie indépendante.
En 2001, le 800e anniversaire de la ville est fêté somptueusement.

L'ART NOUVEAU À RIGA

Longtemps ignoré des Européens qui n'en pinçaient que pour Mucha à Prague, Guimard à Paris, Gaudí à Barcelone, Horta à Bruxelles ou Mackintosh à Glasgow, l'importance de l'Art nouveau letton ne fut vraiment révélée que lorsque l'Unesco classa toute la vieille ville et ses quartiers périphériques. La chance de Riga, en cette fin de XIXe s, fut de disposer, grâce à la destruction des remparts, de grandes zones de terrains à bâtir. En outre, troisième ville de l'empire tsariste (après

Adresses utiles

- Poste centrale
- Terminal des bus
- Gare centrale
- **1** Centre culturel français et cinéma Riga
- **2** Agence de voyages Tas
- **4** Ambassade de Belgique
- **5** Ambassade de Suisse
- **6** Ambassade du Canada
- **7** Ambassade de Russie
- **9 et 10** Pharmacies 24h/24
- **11** Medicīnas Sobiedriba ARS
- **12** Avis
- **13** Europcar
- **128** Marché central

Où dormir ?

- **20** Riga City Camping
- **22** Elizabeth's Youth Hostel
- **23** Posh Backpackers Hostel
- **25** Home Stay
- **26** Krišjānis and Gertrude B & B
- **27** KB B & B
- **28** Jacob Lenz Guesthouse
- **29** B & B Riga
- **37** Laine Hotel
- **38** Hôtel Viktorija
- **39** Valdemars Hotel
- **41** Avitar Hotel
- **42** City Hotel Bruninieks
- **44** Vilmaja Hotel
- **45** Kolona Hotel Brigita
- **46** Slokas OK Hotel
- **48** Hôtel Jurnieks

Où manger ?

- **59** Dzirnavas
- **60** Vermanitis
- **62** Staburags
- **63** Andaluzija Suns
- **64** Tiramisu
- **65** Hospitālis
- **66** Vincents
- **67** Lido
- **68** Lauvas Nams
- **69** Lido Atputas Centrs
- **70** Krievu Sēta
- **71** Fabrikas Restaurans

Où boire un thé ou un bon café ?

- **83** Kioske Tejnika

Où boire un verre ? Où sortir ?

- **63** Andaluzija Suns
- **78** Skyline Bar
- **79** Bites Blūza Klubs

Où danser ?

- **89** Golden

À voir

- **91** Musée d'Art d'État
- **95** Musée de l'Automobile
- **97** Musée juif de Lettonie
- **102** Musée de la Médecine Stradins
- **104** Musée d'Histoire naturelle
- **124** Société des Lettons
- **125** Rue Alberta et musée Rozentals
- **126** Musée Krisjanis Barons
- **127** Cimetières Bralu et Rainis
- **128** Marché central
- **129** Ruines de la grande synagogue
- **130** Ancien cimetière juif
- **134** Musée ethnographique en plein air
- **135** Mémorial de l'holocauste de la forêt de Bikernieku

Achats

- **63** Jana Seta et Emilha Gustava
- **124** Sena Klets
- **141** Marché aux fleurs

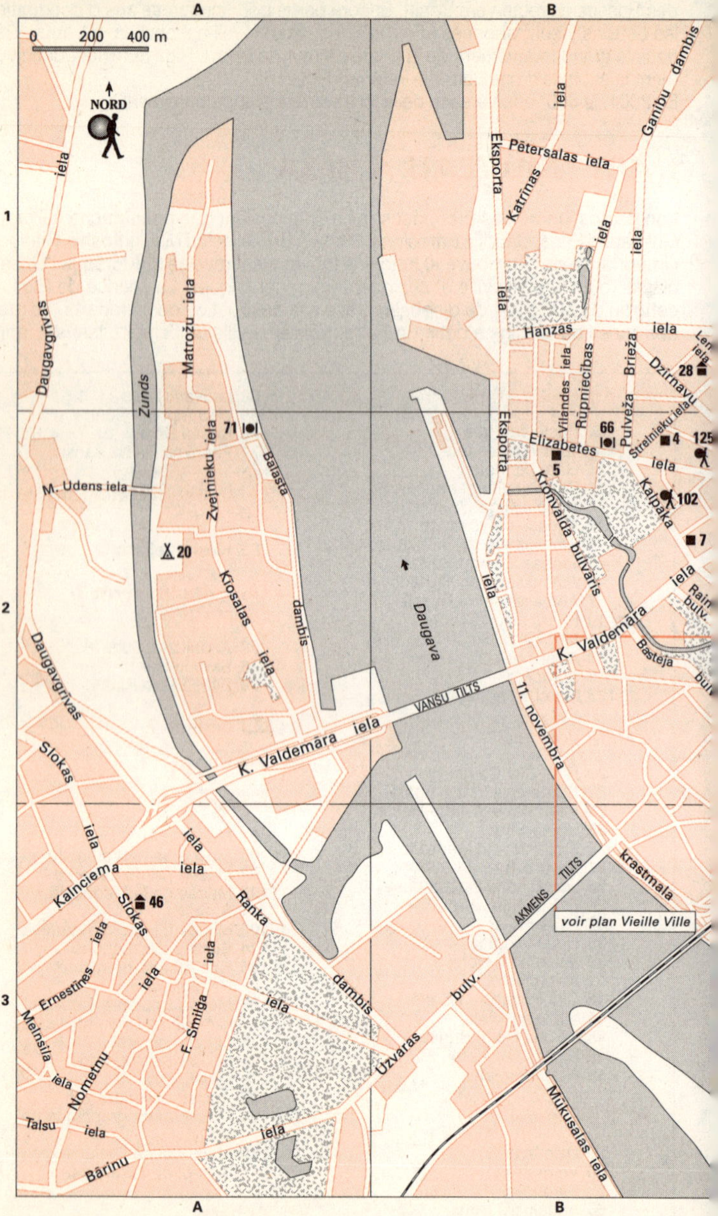
A
B
1
2
3
0
200
400 m
NORD
iela
Daugavgrīvas
Zunds
Matrožu iela
71
Zvejnieku iela
Balasta
M. Udens iela
20
Ķīosalas
iela
dambis
Daugavgrīvas
Daugava
VANŠU TILTS
K. Valdemāra iela
K. Valdemāra
Slokas
iela
Kalnciema
iela
iela
Ranka
46
Slokas
iela
iela
iela
Ernestīnes
Meinsila
iela
Nometņu
F. Smilģa
dambis
iela
Uzvaras
bulv.
Talsu
iela
iela
Bāriņu
AKMENS TILTS
krastmala
voir plan Vieille Ville
Mūkusalas iela
11. novembra
Basteja
Rain bulv.
Kalpaka
Kronvalda bulvāris
Eksporta iela
Eksporta
Elizabetes
iela
5
66
4
125
102
7
28
Pulveža
Strēlnieku iela
Dzirnavu
Brieža
Vilandes iela
Rūpniecības
Hanzas
iela
Katrīnas
Pētersalas iela
iela
iela
iela
Ganību dambis
Eksporta

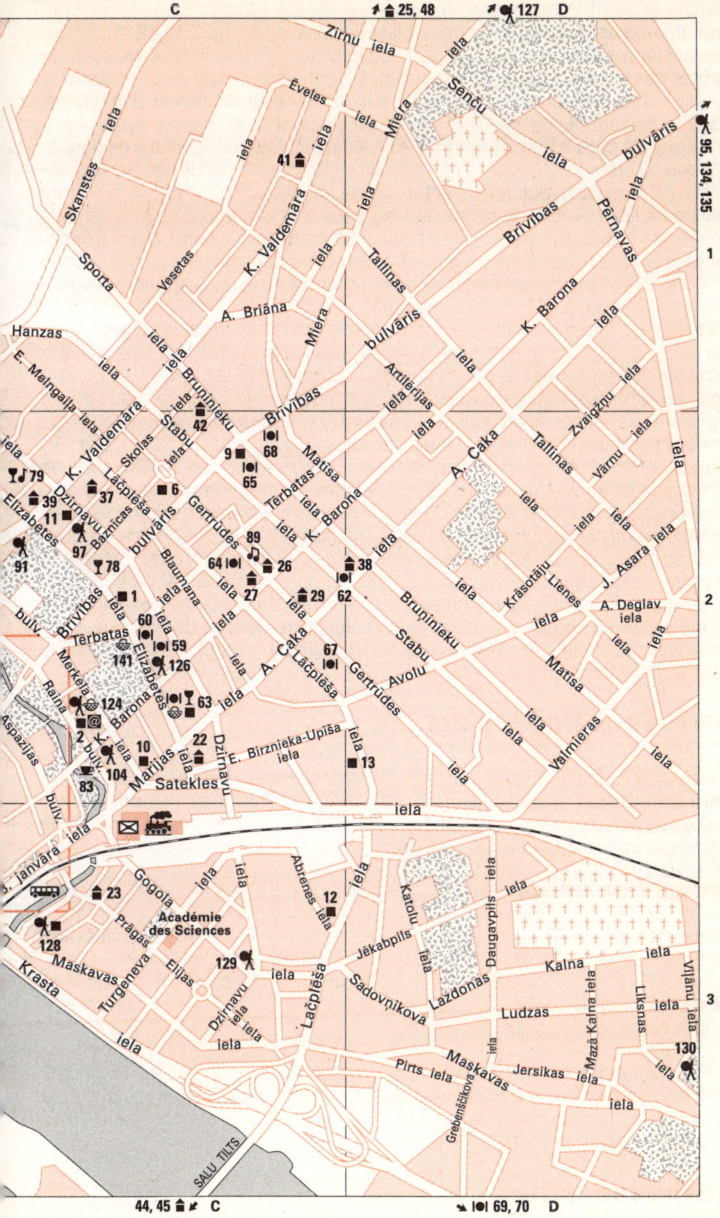

RIGA – PLAN GÉNÉRAL (PLAN I)

Moscou et Saint-Pétersbourg), Riga connaissait un extraordinaire développement démographique et donc immobilier. La ville, entre 1897 et 1914, doubla presque sa population, atteignant 530 000 habitants. On en profita bien sûr pour creuser des canaux, dessiner des parcs, bâtir théâtres, musées et immeubles administratifs, améliorer le système de distribution d'eau et percer des égouts. Après le courant historiciste qui lui était proche, l'Art nouveau triomphait dans beaucoup de pays d'Europe, surtout en Allemagne. Les architectes s'en donnèrent donc à cœur joie. Cependant, ils ne se contentèrent pas de copier, ils créèrent un Art nouveau typiquement letton. La volonté de recherche d'un art reflétant réellement les velléités de renouveau du peuple letton amena même certains architectes à laisser tomber l'historicisme et à créer une variante moins influencée par l'Europe. Cela donna, entre autres, le style « romantisme national ». Style plus austère, moins foisonnant, cherchant son inspiration dans les vieilles légendes, le folklore national et les enluminures.

L'Art nouveau letton se distingue donc assez de ce qui se faisait à l'Ouest. Alors que dans l'art français et autrichien dominaient les références à l'art japonais, à la sensualité de ses formes et graphismes, aux volutes et à l'exubérant art floral, à Riga, de nombreux architectes allèrent plutôt chercher leur inspiration du côté de l'Égypte ou de l'Antiquité grecque ou romaine. Ou encore dans un style symboliste, avec ses sorcières, chimères et animaux fantastiques. Autre caractéristique de l'Art nouveau letton : l'utilisation de l'asymétrie pour donner plus de « tonus », plus de rythme aux façades. L'ensemble est d'une totale et merveilleuse hétérogénéité. Les styles ne cesseront d'évoluer, de revenir en arrière, réalisant des synthèses Art nouveau-historicisme, y introduisant des éléments néoclassiques ou néobaroques à plus ou moins forte dose. En revanche, à l'intérieur des édifices, c'est le triomphe du vitrail, de la céramique décorative et des fresques inspirées par l'Art nouveau pur jus (floral et végétal). La rue Alberta concentre les plus fascinants exemples de cet art auquel se frottèrent tous les grands architectes lettons de l'époque. On y découvre notamment certaines œuvres de Mickaël Eisenstein, père de Sergueï, le célèbre cinéaste soviétique.

Arrivée à l'aéroport

✈ **Aéroport** *(Lidosta) : situé à 8 km au sud-ouest de Riga. ☎ 67-20-70-09.* Formalités d'entrée assez rapides. Change à taux normal et office de tourisme *(☎ 67-20-70-05)* où l'on peut rafler quelques prospectus. Plusieurs agences de location de voitures se trouvent dans le hall d'arrivée :

Loueurs de voitures

■ ***Avis :*** *☎ 67-20-73-53. • avis.lv •* Autre agence en ville *(plan I, C3,* ***12****) : Lāčplēša 92. ☎ 67-22-58-76.*
■ ***Europcar :*** *☎ 67-20-78-25. • europcar.lv •* Autre agence dans le quartier russe *(plan I, C-D2,* ***13****) : Lāčplēša 85. ☎ 67-22-26-37.*
■ ***Hertz :*** *☎ 67-22-42-23. • hertz.lv •*
■ ***Sixt :*** *☎ 67-20-71-21. • sixt.lv •*

➢ ***Pour rejoindre le centre-ville :*** *en 40 mn par le bus n° 22, ttes les 15 mn env (pour janvāra, proche de la gare) ou n° 22A, ttes les 30 mn env (pour la cathédrale orthodoxe, au nord-est de la vieille ville). On achète le ticket dans le bus, 0,40 Ls (0,30 €). En taxi, compter 10 Ls (14,50 €).*

Adresses utiles

ℹ ***Office de tourisme*** *(plan II, B3) : Ratslaukums 6. ☎ 67-03-79-00. • rigatourism.lv • Tlj 9h-19h (18h nov-avr).* À côté de la maison des Têtes Noires. Un autre bureau de tourisme proche de la cathédrale *(plan II, B2) : Smilsu 4. Tlj*

9h-18h (19h juil-août). Et des points infos au terminal des bus, à la gare ferroviaire et à l'aéroport.

■ ***Centre culturel français*** *(plan I, C2,* ***1****) : Elizabetesiela 59.* ☎ *67-20-18-51.* • *ccf.lv* • *Mar-ven 12h-19h ; sam 11h-16h. Fermé dim-lun.* Installé dans un superbe immeuble. Médiathèque, bibliothèque, cours de langue. Conférences, expos, ciné, théâtre, parfois décentralisés en ville. Consulter le site internet. Agréable petit café.

■ ***Agence de voyages Tas*** *(plan I, C2,* ***2****) : Raina bulv. 21-2 (à l'angle d'Arhitektu).* ☎ *67-81-40-40.* • *tas.lv* • *Lun-ven 9h-19h ; sam 10h-14h.* Une des meilleures agences de voyages. Propositions de circuits, croisières, etc. Résas d'hôtels, billets d'avion, train et bus. Location de voitures, assurances voyage, etc.

Ambassades

■ ***Ambassade de France*** *(plan II, C2,* ***3****) : Raina 9.* ☎ *67-03-66-00 ou 29-57-06-23 (en cas d'urgence slt).* • *ambafrance-lv.org* • *Lun-ven 9h-12h.*

■ ***Ambassade de Belgique*** *(plan I, B2,* ***4****) : Alberta 13.* ☎ *67-11-48-52. Lun-ven 9h-14h.*

■ ***Ambassade de Suisse*** *(plan I, B2,* ***5****) : Elizabetes 2.* ☎ *67-33-83-51. Au 3ᵉ étage du World Trade Center. Lun-ven 9h-11h30.*

■ ***Ambassade du Canada*** *(plan I, C2,* ***6****) : Baznicas 20/22.* ☎ *67-81-39-45.* • *riga@international.gc.ca* • *Lun-ven 9h-17h.*

■ ***Ambassade de Russie*** *(plan I, B2,* ***7****) : Antonijas 2.* ☎ *67-33-21-51. Section consulaire en face : Antonijas 3.* ☎ *67-21-25-79.* • *latvia.mid.ru* • *Lun-ven 9h30-13h, 15h-17h.* Pour Kaliningrad, visa obligatoire.

Télécommunications

✉ ***Poste :*** *dans la gare (plan I, C3). Lun-sam 9h-21h (20h sam) ; dim 10h-20h.* Également grand bureau *à l'angle de Brivibas et Merkela (plan II, C2) : lun-sam 8h-21h (20h sam) ; dim 10h-18h.* Ou encore à *Gērcinieku 15 (plan II, B3)* et *Teatra 24 (plan II, C2).*

@ ***Internet : Interneta Kafē*** *(plan I, C3), Valnu 41, 1ᵉʳ étage. Ouv 24h/24.* ***Interneta Bārs*** *(plan I, C2), Arhitektu 1 ; en sous-sol.* Plus agréable que le précédent, avec un vrai coin-bar, mais plus excentré. Également au bureau de poste de *Brivibas (plan II, C2).*

Santé

■ ***Urgences :*** ☎ *03 (ou* ☎ *112 depuis un portable).*

■ ***Medicīnas Sobiedriba ARS*** *(plan I, C2,* ***11****) : Skolas 5.* ☎ *67-20-10-07.* Médecins anglophones consultables sur rendez-vous.

■ ***Hôpital de Stradina :*** *Pilsonu 14.* ☎ *67-06-93-00.*

■ ***Hôpital Gailezers :*** *Hipokrata 2.* ☎ *67-04-24-46 (24h/24).*

■ ***Pharmacies 24h/24 :*** *Brivibas bulvāris 74 (plan I, C2,* ***9****) ; Audeju 20 (plan II, C2-3,* ***8****) et Marijas 3 (plan I, C2,* ***10****).* Par ailleurs, les officines pullulent dans la ville.

Transports urbains

Bus, trolleys et trams

Système assez pratique et pas trop compliqué à comprendre. On retrouve leurs numéros sur les axes des plans de ville et le terminus est marqué devant. Achat du ticket à bord (bus à 0,40 Ls, soit 0,30 € ; trolley et tram à 0,50 Ls, soit 0,70 €). Pour les trolleys et trams, les tickets s'achètent aussi dans les kiosques (0,40 Ls, soit 0,30 €). Fonctionnent 5h30-minuit. Sur certains itinéraires, service de nuit toutes les heures. Plan gratuit à l'office de tourisme et dans les bus.

B
K. Valdemāra iela
Noliktavas iela
Jēkaba
Basteja
Bastejkalns
bulvāris
Torna iela
Pils laukums
Arsenāla iela
Trokšņu iela
Aldaru iela
Klostera iela
Valņu iela
Mazā Pils iela
M. Smilšu iela
Smilšu
Pils iela
Zirgu iela
Meistaru
Anglikāņu
DOMA LAUKUMS
LĪVU LAUKUMS
Miesnieku iela
Bīskapa gāte
Šķūņu
Amatu iela
R. Vāgnera
11. novembra
Krāmu iela
Tirgoņu iela
Kalēju
Palasta iela
Jauniela
Kalku
Skārņu iela
RĀTS LAUKUMS
Kungu
Pēterbaznīcas iela
Grēcinieku iela
Peldu iela
Peitavas iela
Mārstaļu
AKMENS TILTS
Daugava
krastmala
0
100
200 m
2
3
98
106
92
113
112
111
56
114
96
115
88
58
55
57
75
36
110
51
81
105
93
32
99
80
118
117
116
94
120
82
31
101
76
87

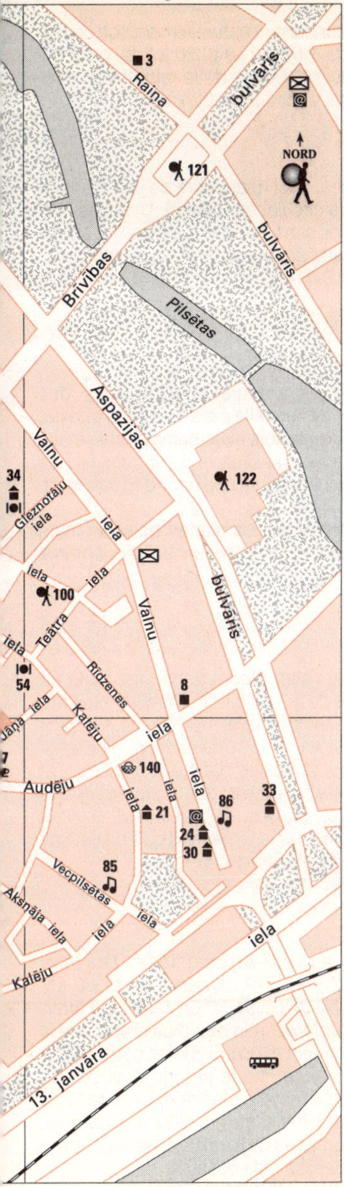

■ Adresses utiles

- Office de tourisme
- Poste
- Terminal des bus
- 3 Ambassade de France
- 8 Pharmacie 24h/24

Où dormir ?

- 21 Argonaut Hostel
- 24 Riga Old Town Hostel
- 30 Forums Hotel
- 31 Hôtel Radi un Draugi
- 32 Hôtel Konventa Seta
- 33 Hôtel Metropole
- 34 Hôtel Vecriga
- 36 Gutenbergs

Où manger ?

- 34 Palete
- 51 Alus Seta
- 54 Melnie Muki
- 56 Kiploku Krogs
- 57 Arbat
- 58 Nostalgija

Où boire un thé ou un bon café ?

- 77 Coffee Art
- 80 Tejnika

Où boire un verre ? Où sortir ?

- 75 Paldies Dievam Piektdiena ir Klat
- 76 Pulkvedim Neviens Neraksta
- 81 Victory Pub
- 82 Paddy Whelans

Où danser ?

- 85 Cetri Balti Krekli
- 86 Depo
- 87 Nautilus
- 88 Kalku Varti

Achats

- 140 Laima

À voir

- 92 Arsenals
- 93 Musée d'Histoire et de la Navigation
- 94 Musée de l'Occupation
- 96 Musée de la Guerre et tour Poudrière
- 98 Château de Riga, musée d'Histoire de la Lettonie et musée de l'Art étranger
- 99 Musée des Arts décoratifs
- 100 Musée de la Pharmacie
- 101 Musée de la Photographie
- 105 Musée des Barricades
- 106 Musée des Instruments de musique
- 110 Cathédrale
- 111 Les Trois Frères
- 112 Église Saint-Jacob
- 113 Saeima
- 114 Casernes de Jacob
- 115 Les deux Guildes
- 116 Place de la Mairie et maison des Têtes Noires
- 117 Église Saint-Pierre
- 118 Église Saint-Jean
- 119 Synagogue
- 120 Maison Mentzendorff
- 121 Monument de la Liberté
- 122 Opéra national

RIGA – VIEILLE VILLE (PLAN II)

Taxis

Toujours une situation risquée entre le conducteur qui met naturellement son compteur et dont la course en centre-ville coûtera de 1,50 à 2 Ls (2,20 à 3 €), celui qui prétend que le compteur est en panne et celui qui oublie de le remettre à zéro. Vigilance de rigueur. À noter que le tarif de nuit s'applique de 22h à 6h.

Voiture

Pour ceux de nos lecteurs qui seraient motorisés, il est nécessaire de préciser que tout le centre-ville est soumis à autorisation de circulation (péage). Dans les faubourgs : embouteillages, interdictions de tourner, sens interdits « subits » et autres bizarreries (arriver sur les rails d'une voie de tram, par exemple !) rendent la circulation assez pénible.

Où dormir ?

La concurrence dans l'hôtellerie a calmé les ardeurs inflationnistes des années 2000. Y compris en plein centre. Au bas de l'échelle mais de bonne qualité, des *hostels* offrent dortoirs et chambres doubles (parfois avec bains privés) à des prix fort démocratiques. Ils sont évidemment pris d'assaut, et il est conseillé de réserver (surtout en été). Les chambres chez l'habitant sont une bonne occasion de connaître la Lettonie de l'intérieur.
Nos hôtels sont tous indiqués ici en prix haute saison. La plupart baissent leurs tarifs du 1er octobre au 1er avril. Et des rabais sont souvent consentis le jour même selon le taux de remplissage.

CAMPING

Riga City Camping *(plan I, A2,* ***20****) : Kipsalas 8. ☎ 67-06-50-00. • bt1.lv/camping • Bus n° 3 ou 13 depuis l'arrêt 13-Janiera (sur le bd au sud du centre ancien) ; descendre à Ūdens ; par la ruelle Ūdens iela, traverser la passerelle au dessus du bras de rivière. Ouv de mi-mai à mi-sept. Réception 8h-14h, 15h-22h. Compter 9 Ls/j. (10 €) pour deux en tente.* Bien placé, dans l'île, juste en face de la vieille ville. Dans un environnement industriel morose, ce camping occupe une sorte de parking. Bien tenu, blocs sanitaires dans des *shelters.* On peut y faire laver son linge, louer des tentes, barbecues et vélos. Mieux vaut y séjourner le week-end qu'en semaine (bruits d'usines).

HOSTELS

Argonaut Hostel *(plan II, C3,* ***21****) : Kaléju 50 (vieille ville). ☎ 26-14-72-14. • hostel.lv • Dans une rue médiévale tranquille. En dortoir, 9-12 Ls/pers (13-17 €) ; doubles 30-38 Ls (43-54 €) avec sanitaires communs.* Tout beau, tout neuf. Petits dortoirs de 4 à 10 lits en pin superposés. Sanitaires impeccables. Quelques chambres doubles plaisantes, certaines avec bains privés. Eau chaude 24h/24, machine à laver, etc. Accueil jeune et sympa.

Riga Old Town Hostel *(plan II, C3,* ***24****) : Valnu 43. ☎ 67-22-34-06. • rigaoldtownhostel.lv • L'accueil se fait au petit bar au rez-de-chaussée. Dortoirs 6-12 pers 7-9 Ls/pers (10-12,80 €) ; double 36 Ls (51,50 €) ; réduc par Internet. Internet.* Un peu plus grand que le précédent et un poil moins confortable. Dommage que le proprio n'ait pas eu l'idée d'installer des rideaux plus épais pour éviter d'être réveillé aux aurores. Chambres agréables et très bien tenues. Laverie et sauna.

Elizabeth's Youth Hostel *(plan I, C2,* ***22****) : Elizabetes 103. ☎ 67-21-78-90. • youthhostel.lv • À deux pas de la vieille ville, du grand marché et de ts les trams. Dortoirs 6-8 pers 8-10 Ls/pers (11,40-*

14,30 €) ; double avec sdb commune 28 Ls (40 €). Dans un immeuble du XIXe s tenu par des Russes, petits dortoirs sympas au rez-de-chaussée et à l'étage. Lits superposés en bois blanc, cadre pimpant et quelques chambres doubles également. Cuisine. Salle commune avec TV et frigo. Consigne gratuite. Excellent accueil. Parking.

Posh Backpackers Hostel *(plan I, C3, **23**) : Populu 5 (bâtiment Viola). ☎ 67-21-09-17. • poshbackpackers.lv • Au cœur du grand marché, à 200 m de la gare et de la station de bus et à moins de 5 mn de la vieille ville. Ouv 24h/24. Dortoirs 4-12 lits 10,50 Ls/pers (15 €) ; double 25 Ls (35,50 €), avec sanitaires communs.* Des dortoirs et trois chambres doubles, les moins chères de Riga (réserver !). Bien tenu dans l'ensemble, machine à laver, consigne à bagages et coffre gratuits. Thé offert. Seul petit problème peut-être pour certains lecteurs : rentrer tard le soir, quand le grand marché n'est pas bien rassurant à ce moment-là (cependant, poste de police à 10 m de l'*hostel* !).

CHAMBRES CHEZ L'HABITANT ET LOCATION D'APPARTEMENTS

Home Stay *(hors plan I par D1, **25**) : Stockholmas 1, Mezaparks. ☎ 67-55-30-16 et 66-46-41-13. • homestay.lv • Trolley nos 11 et 8 du centre-ville ; aller jusqu'au terminus, puis il reste quelques centaines de mètres à pied. Également bus no 48, arrêts Ezermalas et Stockhomas. Double avec sanitaires communs 35 Ls (50 €), petit déj inclus. Internet gratuit.* Excentré mais à seulement 15-20 mn de tram du centre, dans un élégant et tranquille quartier résidentiel en marge du plus grand parc de la ville et d'un lac. Tout Rigaien rêve d'y vivre. Voilà tout simplement notre plus belle chambre d'hôtes à Riga. Immense demeure en bois dans un grand jardin. Intérieur de charme, inondé de lumière, de couleurs pimpantes et de beaux objets. L'hôtesse est artiste-peintre sur vitrail. Doubles spacieuses et cosy. Les deux chambres à l'étage peuvent former une suite : idéal pour les familles ! Copieux petit déj (avec les délicieuses confitures maison de la maman de l'hôtesse). Plein de livres et agréable terrasse pour se détendre. Lavage du linge gratuit, location de vélos, TV, parking.

Jacob Lenz Guesthouse *(plan I, B1, **28**) : Lencu 2. ☎ 67-33-33-43 ou 📱 26-30-22-22. • guesthouselenz.lv • Tram no 19. Double 35 Ls (50 €) ; sdb dans la chambre pour 5 Ls de plus (7,10 €) ; petit déj compris. Internet et wifi gratuits.* Dans une rue tranquille du quartier Art nouveau, un immeuble ni artistique ni nouveau réserve néanmoins une belle surprise. Une des *guesthouses* les moins chères et pourtant une des plus plaisantes. Presque un minihôtel. Sur trois étages, une vingtaine de chambres rénovées, spacieuses, soignées et décorées sobrement. Parking sûr.

B & B Riga *(plan I, C2, **29**) : Gertrūdes 43. 📱 26-52-64-00. • bb-riga.lv • À 3 arrêts du centre avec les trams nos 6 et 11. Entrée par l'arrière du bâtiment. Appartements 38-66 Ls (54-95 €) selon taille et confort, petit déj inclus.* Les appartements, répartis dans un petit ensemble de bâtiments en brique, disposent au minimum d'un micro-ondes ou d'une kitchenette. Parquet vernis, lits parfois en mezzanine, mobilier contemporain, on n'a pas lésiné sur le confort... Et comme l'accueil est au même niveau, vous ne risquez pas d'être déçu. Petit déj à prendre dans le café de l'autre côté de la rue.

KB B & B *(plan I, C2, **27**) : K. Barona 37 (entrée sur Gertrūdes). ☎ 67-31-23-23 ou 📱 26-44-88-98. • kbhotel.lv • Trams nos 26 et 29. Parking payant à disposition. Doubles 32-40 Ls (46-57 €) avec ou sans sdb.* Dans un splendide immeuble Art nouveau avec escalier à colonnade et sol en marbre. Malheureusement, pas d'ascenseur pour grimper jusqu'au 5e étage où se trouve le *B & B*. En fait, une sorte de *pension* version nordique, avec une déco minimale, cuisine collégiale et aménagements farfelus (douche dans le placard !).

Krišjānis and Gertrude B & B *(plan I, C2, **26**) : K. Barona 39 (entrée : 1re porte sur Gertrūdes). ☎ 67-50-66-03. • kg.lv • Pas loin de la vieille ville (à 3 arrêts avec les trams nos 6 et 11). Doubles*

40-50 Ls (57-71 ,50 €), petit déj compris. Internet gratuit. Petit immeuble d'angle sur deux étages. Accueil affable et intérieur cosy. Chambres plaisantes (sur rue mais insonorisées), de taille inégale.

HÔTELS

Dans la vieille ville

De bon marché à prix moyens

Hôtel Radi un Draugi *(plan II, B3,* ***31****) : Marstalu 1. ☎ 67-82-02-00. • draugi.lv • Au cœur de la vieille ville. Doubles 46-52 Ls (66-74,50 €), petit déj compris.* Près de 80 chambres confortables, au décor moderne de très bon goût et aux tons doux. Une belle adresse qui offre un de nos meilleurs rapports qualité-prix.

Forums Hotel *(plan II, C3,* ***30****) : Valnu 45. ☎ 67-81-46-80 et 81. • hotelforums.lv • Doubles 40-55 Ls (57-78,50 €), petit déj compris. Internet.* L'un des moins chers de la vieille ville, dans une rue tranquille. Chambres un peu vieillottes mais de bon confort (téléphone, coffre, etc.), certaines avec balcon, d'autres (plus chères) avec sauna. Bon accueil.

Hôtel Vecriga *(plan II, B2,* ***34****) : Gleznotaju 12/14. ☎ 67-21-65-24. • vecriga.lv • Double 54 Ls (77 €), petit déj compris.* Hôtel de charme dans une rue médiévale étroite. Seulement 10 chambres, pas trop grandes, mais difficile d'obtenir de grands espaces dans une demeure du XIVe s (reconstruite en 1768). Cependant, atmosphère intime, lit *king size,* salle de bains avec baignoire ou douche, minibar, TV satellite. Plaisante cour intérieure. Accueil très avenant.

Chic et encore plus chic

Hôtel Metropole *(plan II, C3,* ***33****) : Aspazijas bulv. 36/38. ☎ 67-22-54-11. • metropole.lv • Doubles 80-85 Ls (114-121,50 €) selon saison, mais propose une réduc importante sur quelques chambres (ne pas hésiter à demander les* special rates*).* L'hôtel en activité le plus ancien de la ville. Totalement modernisé sans avoir perdu de son charme. Chambres d'excellent confort (minibar, table à repasser, sèche-cheveux, TV), joliment décorées de façon cossue, la plupart équipées d'une douche. Petit déj-buffet scandinavo-letton. Réception pro.

Gutenbergs *(plan II, B2,* ***36****) : Doma Laukums 1. ☎ 67-81-40-90. • gutenbergs.lv • Double 90 Ls (129 €), petit déj inclus.* Hôtel de luxe qui occupe deux beaux bâtiments des XVIIe-XIXe s dans une rue tranquille. Meubles rustiques et bibelots authentiques de la même époque que les bâtisses. Chambres adorables, en particulier certaines suites avec moquette et poutres apparentes. Mais le clou du spectacle reste le resto en terrasse au dernier étage. Vue splendide sur les toits et sur le clocher de la cathédrale.

Hôtel Konventa Seta *(plan II, B2,* ***32****) : Kaleju 9/11. ☎ 67-08-75-01. • konventa.lv • Double 95 Ls (136 €), petit déj inclus ; rabais selon taux de remplissage.* Un hôtel tentaculaire installé dans un ensemble de demeures très anciennes (participant d'un ancien couvent) et s'appuyant sur l'enceinte du XIIIe s. Le tout hyper-restauré, qui laisse apparaître quelques beaux vestiges (plafonds à poutres...). Fréquenté par les hommes d'affaires et les groupes, ça fait quand même un peu usine. Chambres irréprochables, suites grandioses, appartements avec kitchenette. Préférez celles dans le bâtiment principal, plus calmes que dans les annexes.

Dans le centre

À 10-15 mn à pied de la vieille ville au maximum. Quartiers vivants.

De prix moyens à plus chic

Laine Hotel (*plan I, C2,* ***37****) : Skolas 11. ☎ 67-28-98-23. • laine.lv • Doubles 52-80 Ls (74-114 €) selon saison et confort, petit déj inclus. Internet.* Au fond d'une cour (calme assuré), au troisième étage, un bel hôtel Art nouveau au charme extérieur un peu austère. Chambres *standard* fort recherchées (penser à réserver). Les *business* proposent un joli décor intérieur Art nouveau. Quant aux *deluxe,* très spacieuses, elles bénéficient d'une large terrasse ouverte sur la ville, d'un lit *king size,* d'une superbe salle de bains, minibar, sèche-cheveux, bref, tout le confort. Bar et plaisante terrasse sur le toit pour le petit déj.

City Hotel Bruninieks (*plan I, C1-2,* ***42****) : Bruninieku 6. ☎ 67-31-51-40. • cityhotel.lv • Doubles à partir de 63 Ls (90 €), petit déj compris.* Hôtel Art nouveau à l'intérieur totalement rénové, archimoderne et élégant, à l'image de la réception sous atrium. Chambres d'excellent confort, fort spacieuses, avec salon, minibar et frigo. Sauna, bar et resto.

Hôtel Viktorija (*plan I, C-D2,* ***38****) : A. Caka 55. ☎ 67-01-41-11. • hotel-viktorija.lv • Bus nos 13, 13A, 5 et 20 ; trolleys nos 18 et 23. Doubles à partir de 51 Ls (73 €).* Bien situé au cœur du secteur Art nouveau. L'hôtel lui-même, construit en 1910, est de style Art nouveau « primitif ». Pourtant, à l'intérieur, pas trop de charme et d'atmosphère, mais chambres dans les tons vert et ocre très correctes.

Avitar Hotel (*plan I, C1,* ***41****) : K. Valdemara 127. ☎ 67-36-44-44. • avitar.lv • Trolley no 3 ; bus nos 11 et 33. Doubles à partir de 53 Ls (76 €).* Une petite quarantaine de chambres d'excellent confort dans cet hôtel tout à la fois moderne et plaisant. Les « supérieures », avec petit salon et vue sur le parc, sont plus silencieuses que les « standards » donnant sur le boulevard. Superbes familiales. Bar et resto.

Chic

Valdemars Hotel (*plan I, C2,* ***39****) : K. Valdemara 23. ☎ 67-33-44-62 et 21-32. • valdemars.lv • Doubles 77-125 Ls (110-179 €) selon saison. Parking en sus. Internet.* Très proche de la vieille ville, dans un des plus pittoresques immeubles Art nouveau du quartier, avec élégants pignons ornementés, construit en 1901. Entièrement rénovées il y a peu dans un design contemporain très épuré, dotées d'un mobilier fonctionnel et des dernières technologies (écrans plats), toutes les chambres offrent un confort équivalent. Même topo pour la salle de petit déj et le resto, tout droit sortis d'un catalogue *Habitat.*

De l'autre côté de la rivière Daugava

Certains hôtels ne sont pas si loin que ça de la vieille ville, puisque à 10-15 mn seulement de tram ou trolley, dans des quartiers hyper-tranquilles et offrant d'intéressantes architectures également (en bois et Art nouveau).

De bon marché à prix moyens

Vilmaja Hotel (*hors plan I par C3,* ***44****) : Ilmaja 12. ☎ 67-87-32-22. • vilmaja.lv • Trolleys nos 19 et 24 ; arrêt Saulkalnes. Doubles à partir de 46 Ls (65,70 €), petit déj-buffet compris.* Hôtel assez commun d'une cinquantaine de chambres, dans un quartier très tranquille. Propre. Certaines chambres avec terrasse donnent sur des maisons en bois. TV, téléphone, parking gardé.

Kolona Hotel Brigita (*hors plan I par C3,* ***45****) : Saulkalnes 11. ☎ 67-62-30-00. • hotelkolonna.com • Trolleys nos 19 et 24 ; arrêt Saulkanes. Double 58 Ls (84 €), petit déj compris.* Hôtel de chaîne récent, moderne, sans caractère particulier mais au calme et de bon confort. On se demande pourquoi il est venu se perdre dans ce quartier.

De prix moyens à chic

Slokas OK Hotel *(plan I, A3, **46**) : Slokas 12. ☎ 67-86-00-50 et 67-62-49-32. • okhotel.lv • Trams nos 4 et 5 (nombreux dans la journée et un ttes les heures la nuit). Le plus proche de la vieille ville (par les doux soirs d'été, juste le pont Vansu à traverser). Parking. Doubles 67-85 Ls (96-121 €), petit déj compris.* Architecture contemporaine, reconnaissable à ses bow-windows en verre. Réception efficace, fort bon standing. Chambres personnalisées et spacieuses, avec un souci de recherche dans le mobilier et la décoration.

Assez excentré mais fort bon marché

Dans le quartier de Sarkandaugava, au nord de la vieille ville. Un vrai quartier ouvrier et populaire. Tiens, on va anticiper un peu sur le chapitre « À voir » ! En chemin, on aura croisé nombre d'usines abandonnées et d'élégants immeubles en bois. Tout autour, HLM blêmes, jardins sauvages et maisons en bois décrépies. À deux pas, la belle architecture fin XIXe s de la brasserie *Altadis* (qui fonctionne encore, Dieu soit loué !). Quartier donc plutôt pour photographes, poètes urbains, sociologues et autres trucs en « logues »... Pour s'y rendre, pléthore de transports en commun, fréquents et efficaces. D'abord, les trams nos 5 et 9 (le plus pratique, il évite les embouteillages et un toutes les heures, la nuit), trolley n° 3 et bus nos 2, 11, 24 et 33 (le dernier vers 23h).

Hôtel Jurnieks *(hors plan I par D1, **48**) : Sofijas 8. ☎ 67-39-23-50. • hoteljurnieks.lv • Double 25 Ls (35 €) ; suites familiales (avec 2 pièces et frigo) 40-70 Ls (57-100 €) ; petit déj en plus.* Coin tranquille, ça va de soi, et hôtel d'excellent standing (le moins cher en ville dans cette catégorie), comptant une bonne centaine de chambres. Immeuble austère... même moche, mais décor moderne et coloré. Beaucoup de clients travaillant dans la marine de commerce, car proche du port. Bar et cafétéria où l'on sert des repas corrects pas chers. Navette payante pour le centre-ville.

Home Stay *(hors plan I par D1, **25**) : voir rubrique « Chambres chez l'habitant ».*

Où manger ?

Toutes les cuisines du monde sont représentées à Riga, au premier rang desquelles la russe qui, enfin, n'est pas hors de prix ! En général, on ne sort pas déçu des restaurants lettons, mais la balance budgétaire est un peu malmenée. Il est d'usage de laisser 10 % de service, surtout quand on sait que beaucoup de serveurs n'ont que ça comme salaire. Vérifier néanmoins auparavant que le service n'ait pas été rajouté sur l'addition, ça arrive parfois.

Dans la vieille ville

Très bon marché

Alus Seta *(plan II, B2, **51**) : Tirgonu 6. ☎ 67-22-24-31. À deux pas de la place de la cathédrale. Tlj 11h-23h. Copieux plats en self-service 4 Ls (6 €) max.* Cuisine lettone traditionnelle. C'est le plus petit resto de la célèbre chaîne des *Lido* (et le seul de la vieille ville). Décor habituel de ferme de contes pour enfants. Très correct, cependant pas notre préféré de la bande : moins démesuré et beaucoup moins de choix que les autres. Terrasse.

De bon marché à prix moyens

Kiploku Krogs *(plan II, B2, **56**) : Jebaka 3/5 (mais entrée sur Maza Pils). ☎ 67-21-14-51. Tlj 11h-23h. Plats 4-6 Ls (5,70-8,60 €).* Un resto original entièrement dédié à... l'ail (sauf les desserts !). Pour amateurs(-trices) de sensations culinaires fortes, encore que le parfum de ce superbe tubercule soit souvent décliné de façon suave, comme dans le délicieux *gazpacho* maison ou l'insolite *semu namins,* un *chef special* servi dans un gros pain en forme de champignon ! Également de très bons vins au verre. Service jeune et efficace.

Palete *(plan II, B2, **34**) : Glezno-tāju 12/14. ☎ 67-21-30-37. Tlj 11h-minuit. Menu midi 10 Ls (14,50 €) ; plats carte 8-10 Ls (11,50-14,50 €).* Bâtiment chic qui se love en arc de cercle derrière une belle grille de fer forgé. Les tables sont nappées à la façon d'un restaurant chic bercé d'une palette de musique d'ambiance paisible. Les fenêtres à petits carreaux lorgnent une farandole de plats finement mitonnés valorisant chairs terrestres et subaquatiques. Et le midi, les prix oublient l'étiquette du lieu pour se faire tout doux... avec un service aux petits oignons.

RIGA

Chic

Melnie Muki *(Les Moines Noirs ; plan II, B-C2, **54**) : Jana Seta 1. ☎ 67-21-50-06. Tlj 11h-1h. Tables pas nombreuses, conseillé de réserver. Plats 15-17 Ls (21,50-24 €).* L'un de nos restos préférés de la vieille ville. D'abord, pour son cadre chaleureux et la qualité d'accueil et de service. Voûte en brique et murs de pierre sèche, éclairage mesuré. Ensuite, pour sa carte épaisse comme un bottin et proposant le choix le plus éclectique de Riga. Pas moins que toutes les spécialités les plus célèbres du monde. Ça va du tartare de saumon au guacamole, en passant par le camembert frit sauce baies sauvages, ou bien le poulet noix de coco et rhum... Une cuisine sérieuse, bien troussée et goûteuse, à des prix toutefois un peu « flambés ». Terrasse l'été.

Arbat *(plan II, B2, **57**) : Vāgnera 3. ☎ 67-21-40-56. Tlj 12h-minuit. Plat 15 Ls (21,50 €).* Considéré comme l'un des meilleurs restos russes, à prix corrects (si l'on ne pousse pas trop sur la vodka ou les vins prestigieux). Cadre clinquant dans les tonalités rouges et dorées, mobilier cossu, tables bien séparées. Un conseil, ne pas s'asseoir trop près de la musique live. Service et accueil affables. Tous les classiques de la cuisine russe : *zakouskis (pickles)* servis généreusement (c'est au moins pour 2 personnes), excellent *borchtch,* poisson à la cuisson parfaite (filet de carpe à la crème aigre, esturgeon sauce vodka), agneau grillé, etc.

Nostalğija *(plan II, B2, **58**) : Kaļku 22. ☎ 67-22-23-38. Tlj 10h-23h. Plat au min 15 Ls (22 €).* Autant un lieu pour se désaltérer (grand bar circulaire) que pour se restaurer. Pour les nostalgiques de l'époque soviétique, c'est l'ancien haut lieu de la nomenklatura, qui possédait un goût de luxe prononcé. Pour les autres, le décor de stucs passablement chargé et l'atmosphère surannée provoqueront la fuite immédiate. Attardez-vous sur les exquises fresques du plafond. Elles exaltent, en de délicats coups de pinceau, un communisme presque léger et chantant...

Dans le centre

Bon marché

Dzirnavas *(plan I, C2, **59**) : Dzirnavu iela 74/76. ☎ 67-28-62-04. Tlj 9h (10h dim)-22h. Repas 6 Ls (8,50 €).* Un des plus fameux restos de la chaîne *Lido.* Grand espace aménagé comme une ferme : décor campagnard, poutres apparentes peintes, murs en brique et colombages, faux toits de chaume, avalanche d'ustensiles de cuisine, moulin qui glougloute... Bref, tout ce décorum d'opérette pour une excellente cuisine nationale, servie en formule self élégant par de fraîches jeunes filles aux joues colorées et en costume traditionnel. Un choix énorme : des dizaines de hors-d'œuvre (ah, les poissons fumés !), potages, plats de viande, grillades et poisson, etc. Souvent en mini-assiettes ou bols à mini-prix, ce qui permet de goûter à tout. Bières maison à la pression et jus de fruits frais. Gros succès populaire, ça va de soi ! Un bon remède aux chaînes de fast-food ! Deux fois plus fous et à tester absolument, les deux extravagants *Lido* un peu en dehors du centre (voir, plus loin, hors du centre, le mini-parc d'attractions et le resto russe).

|●| *Autre* Lido *populaire dans le centre :* ***Vermanitis*** *(plan I, C2,* ***60****), Elizabetes 65.* ☎ *67-28-62-89. Ouv 8h-22h.* Toujours plein également.

|●| ***Staburags*** *(plan I, C-D2,* ***62****) : Caka 55.* ☎ *67-29-97-87. Tlj 12h-minuit. Plats 4-6 Ls (5,70-8,50 €). Self.* *Staburags,* c'est le nom du rocher, dans les légendes lettones, où vivaient les dieux avec leurs filles. Toujours le concept du *Lido* (décor chalet en gros rondins de bois) mais en plus intime. Même type de cuisine qu'au *Dzirnavas* (voir ci-dessus). L'idéal en famille. Excellentes bières.

De bon marché à prix moyens

|●| ***Hospitālis*** *(plan I, C2,* ***65****) : Stabu 14.* ☎ *67-31-35-30. Tlj 11h-23h. Plat 9 Ls (13 €).* Sur fond un peu délirant de fioles, armoires à pharmacie, instruments de chirurgie, radiographies aux murs, on s'installe douillettement dans un fauteuil de dentiste pour prendre soin de soi... Des infirmières en tenue servent de savoureux plats pas homéopathiques du tout : agneau sauce à la menthe, poissons accommodés au gingembre et au miel, ou noix de coco et citronnelle. Enfin un hôpital où l'on ne mange ni compote de pomme ni jambon fade.

|●| ***Tiramisu*** *(plan I, C2,* ***64****) : Gertrūdes iela 32.* ☎ *67-31-22-18. Tlj 11h-23h. Très bons plats 10 Ls (14,30 €).* Vite plein. Un des meilleurs restos italiens de Riga, pour changer un peu, une cuisine concoctée avec cœur et un professionnalisme réjouissant. Cadre sobre et élégant de carreaux de céramique sans folklore superflu. Longues banquettes de moleskine. Musique de fond de vieux tubes genre *Volare* et *Non ho l'età...* Grand choix de *pasta* cuite *al dente,* encore mieux que là-bas ! Goûter à l'escalope de poulet au risotto de chanterelles, ainsi qu'aux *tagliatelle parma e porcini,* servies généreusement. Délicieux et copieux *tiramisu.* Époustouflante carte des vins ; sinon, plus modestement, vin au verre.

|●| ***Andaluzija Suns*** *(plan I, C2,* ***63****) : Elizabetes 83/85, dans le* Berga Bazārs. ☎ *67-28-84-18. Tlj 10h-1h (3h ven-sam). Plats 6-8 Ls (9-11,50 €). Andaluzija Suns* signifie « Chien andalou », un clin d'œil donc à Luis Buñuel et aux cinéphiles (cinéma juste à côté). Très grand café-bistrot-cinéphilo-intello où se presse une jeunesse vive et enthousiaste. Musique le week-end à 22h. Le midi en semaine, plutôt calme. On y va pour un café vite fait autant que pour se restaurer d'une très honnête cuisine de brasserie. Snacks tex-mex, potages, pâtes, burgers, omelettes, steaks et quelques plats du jour genre saumon au vin blanc ou filet de porc grillé au cognac.

Très chic

|●| ***Vincents*** *(plan I, B2,* ***66****) : Elizabetes 19.* ☎ *67-33-26-34. Tlj sf dim 18h-23h. Résa très recommandée. Repas 30-35 Ls (43-50 €).* Probablement le meilleur restaurant de Riga. Avant vous, Rostropovitch, le prince Charles, Romano Prodi, BB King, Madeleine Albright, Pierre Cardin, Pierre Richard et tant d'autres honorèrent ces lieux (une sorte de *Hard-Rock Café* letton ?). C'est d'abord un superbe cadre, moderne, élégant et chaleureux tout à la fois. Surtout la première salle, très design avec son bar fluo. Le tout décoré de tableaux

contemporains. Service jeune, pas empesé pour un *lat.* Seul petit reproche, la musique internationale, un peu triviale et décalée par rapport à l'ensemble. Cuisine fort bien tournée, cependant sans notables élans créateurs. Plutôt de solides associations de saveurs et des produits de grande fraîcheur. Quelques fleurons de la carte, qui évolue au gré du marché : un excellent tartare de saumon, la pintade aux champignons sauvages, le *grilled rack of lamb* sauce porto et fruits rouges, le canard à l'orange sauce au vin, les coquilles Saint-Jacques aux *porcini* veloutés... Vins à prix tout à fait abordables, notamment au verre.

Hors du centre

Bon marché

|●| ***Lido Atputas Centrs*** *(hors plan I par D3,* ***69****)* **:** *Krasta 76.* ☎ *67-70-00-00. Bus n° 17 (qui part du centre et suit tte la voie express) ou trams nos 3, 7 et 9 sur Maskavas (descendre à l'arrêt Atputas, puis 200 m à pied). Parking payant. Tlj 12h-23h. Formule self et, tenez-vous bien, à se crever la panse on s'en tire max pour 8-10 Ls (11,50-14,50 €).* Probablement le chalet-resto en bois le plus grand d'Europe. Rien que pour ça, il mérite le déplacement. Ensemble dominé par un moulin à vent géant. Décor intérieur époustouflant. En avalanche, toutes les représentations de l'architecture et de la vie rurales, outils agricoles, objets domestiques accrochés aux poutres, dégringolant des voûtes en brique... On se croirait au Petit Trianon de Versailles, du temps de la mythification de la campagne, avec des serveuses belles comme Marie-Antoinette et ses suivantes ! Cadre on ne peut plus coloré et chaleureux pour vous servir plus de 1 000 plats différents, à partir de produits d'une grande fraîcheur... Impossible d'indiquer seulement le nombre de hors-d'œuvre, de viandes, de desserts proposés. Au 1er étage, un autre restaurant, un poil plus élégant. Aux beaux jours, tables en terrasse et, à l'entour, une douzaine d'attractions (payantes) pour les minots. Tous les soirs, musique live au *beer cellar.*

|●| ***Krievu Sēta*** *(hors plan I par D3,* ***70****)* **:** *Kengaraga 3.* ☎ *67-13-49-30. Un peu plus au sud que le* Atputas Centrs *; trams nos 3, 7 et 9 ; arrêt Kengaraga. Au fond de l'impasse attenante au bowling. Tlj 10h-23h. Repas en moyenne 8 Ls (11,50 €).* Encore un fleuron *Lido,* genre immense isba, au cadre délirant et consacré exclusivement à la cuisine russe. Une excellente occasion de la connaître (et à des prix nettement plus raisonnables que dans notre bon vieil Hexagone). Décor explosant de couleurs, fresques exquises, poutres peintes comme des poupées russes, etc. Bien entendu, grand choix de *borchtch,* poissons fumés, *shashliks,* grillades diverses, poivrons farcis... Terrasse aux beaux jours. Musique et chansons russes, en principe les samedi, dimanche et lundi 18h-22h.

De prix moyens à plus chic

|●| ***Fabrikas Restaurans*** *(plan I, A2,* ***71****)* **:** *Balasta dambis 70.* ☎ *67-87-38-04. Sur la grande île face à la vieille ville. Tlj 11h-minuit. Plats 7-16 Ls (10-23 €).* Installé dans une ancienne briqueterie. Cependant, les prolos partis, le style a radicalement viré de classe. Cadre tendance high-tech, tons noir et blanc, d'une sobriété quasi cistercienne. Et service d'une austérité monacale. Clientèle chic, atmosphère *trendy.* Les prix sont en conséquence, mais c'est bon. Cuisine internationale moderne. Référence aux anciennes activités de la maison : la *Fabrikas Stradnieku soup* (le potage des travailleurs). Extraits de la carte : la perche au citron, la cuisse d'agneau aux miel et amandes, l'espadon aux anchois, le canard braisé aux pommes caramélisées. En prime, la vue sur le port et la vieille ville. Aux beaux jours, terrasse flottante.

RIGA

Où manger 24h/24 ?

🍽 **Lido** *(plan I, C2, **67**) : Gertrūdes 54. Plat env 4 Ls (5,70 €).* Membre de la célèbre chaîne. Cadre joliment recherché pour un simple snack, un choix honorable, et des prix incroyablement modérés pour la qualité.

🍽 **Lauvas Nams** *(plan I, C2, **68**) : Brivibas 82. ☎ 67-29-76-45. Plat env 4 Ls (5,70 €).* Le midi, c'est un défilé ininterrompu d'étudiants ou de salariés des sociétés alentour. Le soir, c'est le rendez-vous de tous ceux qui veulent manger une bonne cuisine de self sans se ruiner. Simple et efficace dans une salle bien branchée, lumières criardes à l'appui.

Où boire un thé ou un bon café ?

☕ **Tejnika** *(plan II, B2, **80**) : Skārnu 22. ☎ 67-22-31-60. Tlj 12h-22h (23h le w-e).* On pousse la porte de cette superbe bâtisse du XVIIe s, pour un petit arrêt *tejnik* dans un palais des thés. Pas moins de cent saveurs à la carte (on sent et on choisit). Bourgeoise salle voûtée pour déguster et sous-sol intimiste où la jeunesse vient s'enfumer les esprits autour d'un narguilé. Également un kiosque vitré sur le même principe dans le parc de l'ancien Glacis *(plan I, C2, **83**) : Barona 2a.*

☕ **Coffee Art** *(plan II, B3, **77**) : Audēju 6. 📱 26-46-52-24. Tlj 8h-23h.* Pour titiller les narines, un bon arôme de café. Pour régaler les yeux, des murs couleur café et des sièges vêtus de sacs de toile à... café. Et pour émoustiller le palais, quelques pâtisseries pas mal du tout, des cafés et encore des cafés, sous toutes leurs formes. Un grain trop cher mais bon.

Où boire un verre ? Où sortir ?

Vie nocturne intense, c'est le moins qu'on puisse dire. Calme les premiers jours de la semaine, ça s'anime à partir du jeudi. Peu de sélection à l'entrée des boîtes, ça reste en général esprit étudiant et bon enfant. Petit droit d'entrée à partir du jeudi ou du vendredi dans certains lieux, essentiellement lorsque le bar se double d'une boîte (ce qui est souvent le cas). Un conseil question *dress code* : habillé en noir, vous passez quasiment partout ! Et puis à Riga, plus qu'à Tallinn ou Vilnius, attention aux pièges à touristes des nombreuses boîtes un peu plus « chaudes »...

🍸 ***Paldies Dievam Piektdiena ir Klat*** *(plan II, B2, **75**) : 11-Novembra krastmala 9. ☎ 67-50-39-64. Ouv jusqu'à 2h (4h ven-sam).* Dans un coin discret de la vieille ville, un grand bar exotique très populaire, évoquant les Caraïbes. Traduction de son nom : « Dieu merci, c'est vendredi ! » Grosse animation le week-end (filles dansant sur le comptoir) ou tard le soir. Excellents cocktails. Soirées à thème fréquentes : world music, salsa, etc.

🍸 ♩ ***Pulkvedim Neviens Neraksta*** *(plan II, B3, **76**) : Peldu 26/28. ☎ 67-21-38-86. Lun-sam 20h-5h. Entrée : 3 Ls (4,30 €) sf lun-mar.* Traduction du nom du lieu : « Personne n'écrit au colonel » (référence à García Márquez, dont le proprio est amoureux). Un de nos pubs préférés. Vaste, tamisé, avec des recoins sombres partout. Bar circulaire au comptoir bien patiné. Décor usé aussi, on se croirait dans un entrepôt industriel du XIXe s un poil abandonné... Petite piste de danse pour étudiants très jeunes et sages. Éclectisme musical de bon ton.

🍸 ♩ **Bites Blūza Klubs** *(plan I, C2, **79**) : Dzirnavu 34A. ☎ 67-33-31-23. • bluesclub.lv • Tlj sf dim 11h-23h (2h ven-sam).* The place for the blues, nothing but the blues *(programme sur le site internet)*... Concerts live de grosses pointures américaines deux fois par mois (vérifiez sur les photos aux murs). Groupes locaux quasiment tous les jeudis, vendredis et samedis. En fond musical, toujours une excellente sélection d'airs qui nous viennent de là-bas. Possibilité de se restaurer.

🍸 ***Skyline Bar*** *(plan I, C2, **78**) : Elizabetes 55. ☎ 67-77-22-82. Tlj 15h-2h (3h ven-sam).* Au 26e étage de l'ultramoderne *Reval Hotel,* la plus belle vue sur Riga. D'un côté la vieille ville et la Daugava, de l'autre les toits du quartier Art nouveau. Bar branché avec sa déco vintage (abat-jour carrés des années 1970) et ses grandes baies vitrées. Certes un peu cher mais très plaisant et spacieux. Le soir, musique électronique et gens friqués s'y ébattent.

🍸 Les Lettons adorent aussi les ***pubs irlandais*** pour l'atmosphère, surtout au moment des grands événements sportifs.

– Notamment, le ***Paddy Whelans*** *(plan II, B3, **82**) sur Grecinieku 4. ☎ 67-21-01-50. Ouv tlj 11h-1h (3h ven-sam, minuit dim).* Toute la mythologie décorative du pub gaélique, les bons vieux souvenirs de la verte Érin, le comptoir de bois, les petits box, les banquettes de moleskine avec plafonds moulurés, les nombreux écrans pour suivre le sport.

– Pour les *Irish pubs addicts,* voir aussi le ***Victory Pub*** *(plan II, B2, **81**), à Tirgonu 10* (chaleureuse atmosphère).

🍸 Enfin, ne pas oublier toutes nos bonnes adresses de la rubrique « Où manger ? »... comme ***Andaluzija Suns*** *(plan I, C2, **63**)* ; concerts de qualité.

RIGA

Où danser ?

♫ ***Cetri Balti Krekli*** *(plan II, C3, **85**) : Vecpilsetas 12. ☎ 67-21-38-85. Ouv jusqu'à 3h dim-lun ; 4h mar-jeu ; 5h ven-sam. Entrée : 2-7 Ls (3-10 €) selon jour et humeur.* Traduction du nom : « Les Quatre Chemises Blanches », du nom d'un film letton célèbre. Boîte typiquement lettone, très peu fréquentée par les russophones. D'ailleurs, lieu connu pour promouvoir avant tout la variété, le folk et les groupes de rock lettons. Clientèle plutôt étudiante en fin de cycle et propres sur eux, et *yuppies* de 25-35 ans. Assez sélectif le week-end. On n'y aime pas trop les baskets et casquettes de base-ball. Souvent un monde fou le week-end, avec 60 à 70 % de femmes belles comme *Laima,* et de mecs modelé façon *Lāčplēsā*... Belles voûtes en brique et quelques petites salles pour écluser tranquillou. Petite piste de danse. Musique pas techno du tout, on est plutôt dans le style *revival* années 1970-1980 ou vieux tubes lettons.

♫ ***Nautilus*** *(plan II, B3, **87**) : Kungu 8. ☎ 67-81-44-55. Ouv ven-sam 23h-6h. Entrée : 5 Ls (7 €) ; parfois gratuit pour les filles.* L'une des boîtes les plus populaires. Clientèle surtout russophone et musique plutôt techno. Se préparer à affronter une longue queue à partir du jeudi. Petite sélection au look. À l'intérieur, ça transpire sec au fil de la nuit et le plus chaud se situe aux aurores. Mettez votre réveil à 5h et faites-vous un after frais et rose !

♫ ***Depo*** *(plan II, C3, **86**) : Valnu 32. ☎ 67-22-01-14. Ouv 21h-3h (5h ven-sam). Fermé dim-lun (sf soirées spéciales). Entrée : 2-7 Ls (3-10 €) selon soirée et heure d'arrivée.* Une des boîtes les plus margeos. Cadre un peu destroy, graffitis, atmosphère assez underground, musiques alternatives... Bar au rez-de-chaussée (fait fonction de café la journée) et piste de danse dans les caves. DJs réputés et excellents groupes live de rock ou metal.

♫ ***Kaļķu Vārti*** *(plan II, B2, **88**) : Kaļķu 11. ☎ 67-22-45-76. Mer-sam 21h-5h. Entrée : 5 Ls (7 €).* Au sous-sol de l'un des grands restos de la place, une vieille cave transformée en salle de concert. Lieu très en vogue et bien fréquenté. Nombreux groupes de rock ou de blues lettons, qui laissent place ensuite aux DJs. Terrasse chic sur le toit en été.

♫ ***Golden*** *(plan I, C2, **89**) : Gertrūdes 33-35. ☎ 25-50-50-50. Tlj 17h-2h (5h ven-sam) ; la boîte s'éveille vers 23h et plus. Cover charge.* Un slogan humoristique sans équivoque : « heterosexual friendly »... Un bar qui se transforme en boîte quand les douze coups approchent. Clientèle très équilibrée de pierrots avec des mectons et de colombines avec des nénettes. La piste avec DJ est reléguée dans une arrière-salle, ce qui permet de se réfugier au bar, où la musique bourdonne moins fort. Bonne ambiance décontractée.

À voir

– ***Riga Card :*** • *rigacard.lv* • Cette carte permet d'entrer dans la plupart des musées, d'utiliser tous les transports municipaux, et donne droit à une visite guidée (anglais ou allemand) de la ville. Elle offre également de nombreuses réductions dans les boutiques, restaurants et chez certains loueurs de voitures. *Trois formules : 24h pour 10 Ls (14,50 €), 48h pour 14 Ls (20 €) et 72h pour 18 Ls (26 €).*
– Site très complet sur les musées lettons : • *muzeji.lv* •

LA VIEILLE VILLE

À part quelques endroits et surtout la place de l'hôtel de ville qui fut cruellement bombardée, la vieille ville échappa miraculeusement aux destructions de la Seconde Guerre mondiale. Quel ravissement de partir à la recherche de tous les styles architecturaux qui façonnèrent le visage de la cité ! Chaque époque s'installa en prenant bien sa place mais en en laissant toujours un peu à la précédente. Bien entendu, c'est le style historiciste et, surtout, l'Art nouveau qui aujourd'hui dominent. Quelques furoncles architecturaux soviétiques ou dus à d'incroyables passe-droits lors des dix dernières années, hélas, défigurent certains sites. Heureusement, de nombreux citoyens ont commencé à s'organiser pour dénoncer les abus. On parle d'ailleurs de démolir les édifices les plus incongrus.

Dom *(cathédrale ; plan II, B2,* ***110****)* **:** *tlj 9h-18h juin-sept ; 10h-17h oct-mai. Entrée : 2 Ls (3 €).* La plus imposante cathédrale des pays baltes date de 1211. Elle demanda quelques millions de briques pour sa construction. D'abord édifiée en style roman, modifiée au moment du gothique (baies élargies), elle hérita en 1776 d'un clocher de 90 m de haut et d'un élégant pignon baroque (tout en volutes flamandes). L'ancienne entrée aux profondes voussures, côté nord, date du XIIIe s. Cloître de l'ancien monastère attenant. Arcatures de brique du plus bel effet. Le vieux coq-girouette datant de la fin du XVIIIe s ne fut remplacé qu'en 1985. Jadis, il possédait un côté doré et l'autre tout noir. Lorsque le côté doré était visible du centre-ville, le coq annonçait des vents favorables à l'arrivée des bateaux.
À l'intérieur, plafond cerné d'ogives en brique. Somptueux vitraux du XIXe s, à la polychromie éclatante. Dans le médaillon en haut de l'un d'entre eux, le portrait de Luther. Le plus beau, sorti des ateliers de Munich, montre la réception du roi de Suède, Gustave II Adolphe, en 1621, par les autorités de la ville. Chaire sculptée datant de 1641, ornée de statues du Christ, des apôtres et des évangélistes. Mais le chef-d'œuvre de la cathédrale, c'est l'orgue monumental de 1884 (un *Walcker* allemand), à l'époque le plus grand du monde (124 registres et 6 718 tuyaux !)... Franz Lizst, lui-même, composa un morceau pour son inauguration.

L'ÉVÈQUE ET LA SOURIS DE BÉNITIER

Dans le transept ouest, noter la gentille souris sur la grille de l'escalier menant à la tour. Les artisans-ferronniers, qui n'arrivaient pas à se faire payer par l'évêque (réputé pour son avarice, péché capital !), la rajoutèrent pour exprimer avec humour leur mécontentement. En effet, à l'époque, on disait couramment « pauvre comme une souris d'église ».

La place de la cathédrale : le quartier médiéval autour de la *Dom* fut rasé en 1935 (le pavage au sol matérialise l'emplacement des bâtiments du passé). Consolons-nous, cela dégagea la vue sur la cathédrale et les beaux édifices alentour. Entre autres, au coin de Jekaba, au n° 6, la *Bourse,* construite par Harald Bosse (1852) dans le style des palais de la Renaissance vénitienne, métaphore logique pour une bourse des valeurs (rappelant l'opulence de Venise et de son port prospère). Colonnes à chapiteaux corinthiens ornées de statues. En face, un

immeuble Art nouveau encadré de deux tourelles différentes et d'une façade asymétrique. Sur sa droite, au n° 8, la monumentale façade d'une ancienne banque (aujourd'hui la radio nationale), avec son immense loggia surmontée de figures allégoriques (notamment, une femme tenant des outils de forge, figurant l'industrie). On peut encore y distinguer quelques impacts de balles, lorsque les Soviétiques tentèrent de s'emparer de la radio en 1991.
Dans Smilsu iela, au n° 2, admirer cette ravissante façade de K. Peksens (1902), alliant tout à la fois Art nouveau et romantisme. L'oriel central, soutenu par des atlantes, est orné d'un paon, l'un des symboles de l'Art nouveau letton.

Riga vēstures un Kuģnecīfag Muzejs *(musée d'Histoire et de la Navigation de Riga ; plan II, B2, **93**) : Palasta 4. ☎ 67-35-66-76. • rigamuz.lv • De mai à mi-oct, tlj 10h-17h (19h mer) ; sinon, tlj sf lun-mar 11h-17h. Billet : 3 Ls (4,30 €).* Créé en 1773 et abrité dans l'ensemble historique de la cathédrale, c'est l'un des plus vieux musées d'Europe. L'aspect « navigation » est très peu représenté, mais le musée historique et ethnographique est riche et indispensable à une bonne connaissance de Riga. Visite chronologique commençant au 2e étage.
– *Salles de la préhistoire et médiévales :* armes en pierre polie, outils en bronze, bijoux. Vestiges de demeures médiévales, objets domestiques et vêtements des XIe et XIIe s. À noter, la clarté de la muséologie (photos et graphiques en vis-à-vis de l'objet présenté). Ancres en bois lestées d'une pierre. Dans la *3e salle,* le *Saint Christophe* bien usé et raviné qui trôna longtemps en bord de fleuve.
– *Salle des arts médiévaux :* objets usuels, statues en bois, coffres sculptés, étains, manuscrits. Ravissante vierge de la « Crescent Moon » du XVe s, une des rares qui échappèrent aux ravages de la Réforme. Volée par les nazis, elle ne fut restituée qu'en 2001. Quelques armes.
– *Salle du commerce :* gravures, chartes, cartes, portraits, tableaux, livres de comptes, céramiques hollandaises du XVIIe s, livres et argenterie.
– *1er étage :* la *salle des colonnes,* qui date de 1778, bibliothèque municipale jusqu'en 1891, abrite aujourd'hui des expos temporaires. Suivie de la *salle ovale* (ou *Silver Cabinet*) : collection de magnifiques pièces d'argenterie. Puis, ameublement et objets d'art du XIXe s. Photos anciennes, porcelaines, etc.
– *Riga et la première république (1918-1940) :* nombreuses photos et documents, uniformes, vêtements de l'époque, livres, témoignages de la riche vie culturelle. Avec une petite section ethnographique. Au bout de la galerie, noter la tentative de création d'un style national dans le meuble. Puis une salle un peu fourre-tout mélangeant objets, armes anciennes, meubles et souvenirs de la période soviétique. Remarquer la belle porte d'intérieur à colonnes torsadées et, tout au fond, un secrétaire marqueté intéressant par le foisonnement de son décor (scènes de la vie quotidienne).
– *Rez-de-chaussée :* expo d'objets des années 1930-1940, électroménager, machines à coudre, vélocipède, postes de radio, machines à écrire (notez le très beau coffre fort au fond)... Deux salles liées à la navigation avec de belles maquettes de bateaux, des peintures maritimes, photos, instruments de bord, etc.

Le musée des Barricades *(plan II, B2, **105**) : Kramu 3 (1er étage). ☎ 67-21-35-25. Tlj sf dim 10h-17h. Gratuit.* Ouvert en 2001, un minuscule musée narrant les jours de janvier 1991 où tout bascula entre Lettons et Soviétiques. La ville se couvrit de barricades, et d'extraordinaires unité et solidarité soudèrent les Lettons. Photos, maquettes, témoignages et objets font revivre ces jours historiques. Au milieu de la pièce, un bûcher, symbole de l'unité du peuple letton (autour duquel les gens se réchauffaient au coin des rues). Un petit lieu, certes, mais une grande page d'histoire !

➢ De la place de la cathédrale, la balade peut s'entamer par la rue Pils. À gauche, la rue Anglikanu menant, comme son nom l'indique, à l'église anglicane de ***Saint-Saviour.*** Édifiée en 1857 pour les marins et négociants anglais, elle servit de discothèque pendant l'époque soviétique. Face à l'église, sur le quai 11-Novembra, la

réplique du Saint Christophe, le géant qui trôna devant le fleuve de 1683 jusqu'à récemment (original au musée d'Histoire et de la Navigation). Au bout de la rue Pils, sur la gauche, avec sa flèche ornée de quatre clochetons, ***Notre-Dame-des-Douleurs,*** la principale église catholique de Riga (du XVIIIe s). À côté, élégant ***presbytère*** de 1765 au toit de tuiles rouges plus haut que la façade.

Le château de Riga *(Rigas Pils ; plan II, B2,* ***98****) : Pils laukums 3.* Construit en 1330, détruit, reconstruit plusieurs fois lors des différentes guerres. De l'édifice original subsiste les grosses tours d'angle. Il abrita les gouverneurs russes de la ville, puis, lors de la première indépendance, servit de résidence aux présidents du pays. Aujourd'hui, on y trouve encore les bureaux de la présidence, le musée d'Histoire et celui de l'Art étranger.

Latvijas Vestures muzejs *(musée d'Histoire de la Lettonie ; plan II, B2,* ***98****) : Pils laukums 3. ☎ 67-22-30-04. Tlj sf lun-mar 11h-17h. Dans le château de Riga. Entrée : 1 Ls (1,50 €) ; gratuit mer.*
– *La préhistoire :* présentation assez vieillotte, mais ça reste intéressant. Outils en pierre, colliers en os et dents, hameçons et pointes d'harpons travaillées. Reconstitution d'une demeure du IIIe s av. J.-C. Noter, à droite, la richesse de décor des vases et poteries. De l'âge du bronze, beaux bijoux, broches à vêtements, armes, etc.
– *Salle médiévale :* vêtements d'époque, anciennes techniques de tissage.
– *1er étage :* croix en pierre et pathétique *pietà* du XVe s. Belle statuaire religieuse polychrome. Salle dans la *tour ronde,* partie la plus ancienne du château. Statues en bois, épitaphe en russe d'un riche noble et collection de crucifix.
– *Autres salles :* petite section ethnographique du XIXe s. Outils agricoles en bois. Collection de pittoresques photos d'époque. Quelques instruments de musique à cordes (dont le populaire *kokle*). Costumes régionaux. Section mobilier (superbe armoire sculptée en chêne).
– *Grande salle :* intérieur bourgeois traditionnel (1830) meublé en style *Biedermeyer.* Puis l'Art nouveau et une expo d'objets usuels (emballages, conserves, publicités, etc.). Quelques exemples de la production VEF, la grande usine nationale d'appareils électriques, radio et photo. Reconstitution d'une classe d'antan, avec des pupitres de chaque période.
– *Salle des XIIe et XIIIe s :* la seule qui ne soit pas dans l'ordre chronologique. Expo de délicats petits bronzes, fibules, clés, etc.

Arzemju Makslas muzejs *(musée de l'Art étranger ; plan II, B2,* ***98****) : Pils laukums 3. ☎ 67-22-64-67. • amm.lv • Tlj sf lun-mar 11h-17h (13h-19h ven). Au rez-de-chaussée. Entrée : 1 Ls (1,50 €).* Rares œuvres majeures. Aux inévitables dimensions et moyens du pays...
– *Antiquités* égyptiennes, momies, statuettes. Seulement des (mauvais) moulages de statues grecques et romaines.
– *Section peinture :* quelques pièces intéressantes quand même. Portraits des XVIIe et XVIIIe s. Paysages de Ruysdaël. *Prince Guillaume II de Nassau et Orange* de l'atelier de Van Dyck et *Portrait d'un chef militaire* par Philippe de Champaigne. *Porteur d'armure* de Simon Vouet. Puis des « petits » Vernet, Hubert Robert, Boilly, Corot... Quelques tableaux italiens, œuvre de l'atelier de Bassano et un *Sainte Cécile* de Scipion le Parmesan. Le *Retour de l'enfant prodigue* d'Édouard F.-C. von Gebhard mérite l'attention par le grand réalisme de la scène et le sens du détail. Beaucoup d'œuvres du peintre classique Hans Makart. La *Mort de Siegmund* ne manque pas de souffle. Pas mal de peintres naturalistes. Dernière pièce, la *tour ronde,* vestige du château du XIIIe s avec voûte en ogive. Italiens du cercle de Raphaël, quelques Hollandais, atelier de Jan Massys. Magnifique *Adoration des Mages* du maître du portrait des Habsbourg (fin du XVe s).

Le musée des Instruments de musique *(plan II, B2,* ***106****) : Pils laukums 2. ☎ 67-22-77-82. Tlj sf lun-mar 11h-17h (18h en été). Entrée : 0,40 Ls (0,60 €). N'accepte pas la* Riga Card. Pour mélomanes qui ont du temps. Ce tout petit musée n'a pas dû changer depuis la première indépendance. Au 3e étage, quelques vénérables pianos fabriqués à Riga, entre autres des *Eck* (1838), un beau spécimen sculpté de J. Tresselt (1885), une petite section de violons et clarinettes, sans oublier des instruments originaux à corde (une épinette qui sonne au travers d'une vessie gonflée !). Au rez-de-chaussée, encore de vieux pianos mécaniques, de petites orgues et phonographes à cylindre. Des mamies gentilles comme tout vous montrent tout ça, dans un galimatias lituano-germano-russe...

➢ Plus loin, en suivant la rue Klostera, à gauche, le *centre culturel allemand* s'est installé dans une élégante demeure. À côté, l'imposante façade à bossage du ***Saeima*** *(plan II, B2, **113**)*, le Parlement de Lettonie. Construit en 1863, inspiré des palais Renaissance italiens, genre Palazzo Pitti à Florence. Œuvre de J. F. Fridrihs, considéré comme le premier grand architecte letton.

➢ ***L'église Saint-Jacob*** *(plan II, B2, **112**)*, du XIIIe s. Gros clocher en brique de style gothique, avec baies obstruées et décor de petites arcatures aveugles. Flèche élancée. Intérieur de plan carré.

POUR QUI CORNE LA CLOCHE ?

Au XVIIe s, l'église Saint-Jacob possédait une cloche extérieure assez légère (90 kg) qui, par décret, ne devait sonner qu'à trois occasions : lorsque apparaissait l'ennemi, quand un condamné était exécuté ou à chaque fois que passait une femme infidèle. Comme elle sonnait trop souvent, une nuit, elle fut volée et, dit-on, jetée à la rivière. Des voisins irrités par le bruit peut-être ? Mais comme l'ennemi n'attaquait pas tous les jours et que les exécutions étaient rares, devinez qui l'on soupçonna ? Pour la petite histoire, l'église récupéra sa cloche en 2001. Mais, autres temps, autres mœurs, elle ne sonne plus...

➢ En continuant Klostera, au coin, la ***Schola Carolina,*** lycée fondé en 1675 par le roi de Suède Charles IX. Une curiosité : au-dessus de la porte, deux couronnes superposées. Celle du roi de Suède et, la dominant, celle de Pierre le Grand, rajoutée ostensiblement après sa victoire sur les Suédois.

➢ Et juste en face, sur Maza Pils, les célèbres ***Trois Frères*** *(Tris Brali ; plan II, B2, **111**)*. Trois maisons, faisant cohabiter harmonieusement leur style de trois époques différentes (de la fin du XVe au XVIIIe s). Au n° 17, la plus ancienne. Remarquer le banc en pierre armorié du XVe s (le dernier subsistant à Riga) et les toutes petites ouvertures, témoignage du fameux impôt sur les fenêtres (plus elles étaient larges, plus on se trouvait taxé). Au n° 19, le *musée d'Architecture*.

➢ Au coin de Jakaba et Torņa, ***Arsenals*** *(plan II, B2, **92**)*, annexe du musée d'Art d'État pour ses expos temporaires. Édifié en 1828 comme entrepôt des douanes, dans le plus pur style classique russe.

👓 ***Jekaba kazarmas*** *(casernes de Jacob ; plan II, B2, **114**)* **:** sur *Torņa*. C'est ce long bâtiment jaune tout en longueur, construit en 1772-1784. Casernes pour les soldats soviétiques jusqu'en 1990. Aujourd'hui, métamorphosées en boutiques de luxe et appartements de standing parmi les plus chers de la ville (en quelques années seulement... on mesure là combien Riga a changé !).

➢ Au n° 11 de *Torņa* s'ouvre la ***porte Suédoise,*** une des 25 portes de ville dans les anciens remparts. Ici, dit-on, rentra le roi de Suède pour la première fois en 1699. L'étroite rue de *Troksnu* (la rue du Bruit) court en parallèle à *Torņa*, côté intérieur des remparts et de la porte Suédoise. C'est là que se réunissaient les défenseurs de la ville quand l'alarme était donnée, d'où la « rue du Bruit » ! Continuons *Torņa* pour arriver à une section significative des remparts, en grande partie reconstruits. Au milieu, la *tour Ramer*. Enfin, tout au bout, l'imposante ***tour Poudrière*** *(plan II, B2, **96**)*, l'une des dernières des 28 tours de l'enceinte et la plus importante, car elle gardait la principale porte de ville côté terre ferme. Elle abrite aujourd'hui le musée de la Guerre.

TOVARITCH, FAIS-MOI PEUR !

La mode du jour, en Lettonie, c'est de se replonger dans les années sombres du régime communiste. D'étranges centres de vacances fleurissent, qui dans une ancienne base secrète, qui dans une prison désaffectée. Au programme, que du plaisir : le drapeau rouge qui flotte, des G.O. habillés du treillis soviétique qui vous font subir brimades, punitions collectives et même (de moins bon goût) des simulacres d'exécution. Des « KGB-world » pour rappeler 40 années de répression et de privation des libertés. Sans oublier de faire du business au passage... Ils sont fous ces Lettons !

Kara muzejs *(musée de la Guerre ; plan II, B2,* ***96****)* **:** Smilsu 20. ☎ 67-22-81-47. • karamuzejs.lv • *Dans la vieille ville. Tlj sf lun-mar 10h-18h (17h oct-mars). Gratuit.* En fait, beaucoup plus qu'un musée de la guerre, c'est un vrai musée d'histoire du pays. Intéressera ceux qui sont motivés et, bien entendu, les amateurs d'armes anciennes (nombreuses explications en letton, sauf au 2e étage, qui présente des panneaux en anglais).
– *Au rez-de-chaussée, salle des armes :* armures, arbalètes, mousquets et mousquetons, etc.
– *1er étage, salles de la Première Guerre mondiale :* très classique expo d'armes et d'uniformes, avec une belle reconstitution d'un poste de commandement dans les tranchées.
– *Salle de la guerre d'Indépendance :* elle démontre bien la cruelle division du peuple letton en 1918. Une partie luttant pour la révolution, une autre pour l'indépendance. On imagine le dilemme de ceux qui luttaient pour les deux à la fois. Nombreux témoignages, documents originaux, photos émouvantes et souvenirs, comme le fameux bonnet russe à étoile rouge, les bannières ouvrières, le drapeau des soldats lettons dans l'Armée rouge, les affiches bolcheviques...
– *Salle de la proclamation de la première république :* un important moment historique. Fondation de l'armée nationale, qui dut se battre contre l'Armée rouge en 1919.
– *2e étage :* beaucoup de photos sur les deux occupations. Ça demande bien sûr du temps et de l'attention. Les politiques totalitaires d'Hitler et de Staline y sont mises dos à dos... Terrible panneau sur tous les massacres et exécutions en Europe, juxtaposition des camps nazis et du goulag, ainsi que du massacre de Katyn (10 000 à 15 000 officiers polonais assassinés sur ordre de Staline) et celui de Litenes (plusieurs centaines d'officiers lettons exécutés par les nazis). Tout cela provoque un certain malaise. Images spectaculaires des bombardements sur Riga. Wagon à bestiaux qui servit au transport des déportés. Sections consacrées au ghetto juif et à la résistance des Lettons aux Soviétiques (la région du Kurland résista un an).
– *3e et 4e étages :* les Lettons qui s'engagèrent dans d'autres armées, puis histoire de l'occupation soviétique. Affiches de propagande, objets avec effigie de Lénine, reconstitution d'un bureau de fonctionnaire soviétique, aperçus de la vie quotidienne et domestique. Belle expo d'affiches et photos des événements et des barricades de 1990-1991. Et pour finir, une salle dédiée aux fusils : de l'arquebuse au fusil d'assaut.

➢ Descendre un peu **Smilsu.** Au n° 8, à l'intersection de *Aldaru,* un remarquable immeuble au décor foisonnant et équilibré tout à la fois. Nombreuses sculptures, notamment des têtes de femmes yeux mi-clos en mascaron (dans l'Art nouveau, les femmes ont souvent un air mélancolique) et une grande baie encadrée de deux belles jeunes femmes nues brandissant des lauriers. Jeter plus qu'un œil sur le hall d'entrée, pour savourer son pur décor Art nouveau : romantiques jeunes filles et décor floral plein de douces tonalités.

Livu laukaums *(plan II, B2)* **:** grande place centrale et populaire, particulièrement animée le soir. Créée « grâce » aux destructions de la Seconde Guerre mondiale. Le long de *Meistaru,* on peut y admirer un bel ensemble de demeures anciennes imbriquées les unes dans les autres, aux multiples décrochements de toits, lucarnes et cheminées (encore plus beau de nuit). Jadis, elles étaient collées à l'extérieur de l'enceinte de la ville.

Les deux Guildes *(plan II, B2,* ***115****) : à l'angle de Meistaru et Amatu.* La *Grande Guilde (liela Gilde)* d'abord, créée au XIIIe s. Elle regroupait tous les gros marchands et négociants de la ville, exclusivement allemands. Les petits commerçants et artisans qui en étaient exclus (bien qu'allemands aussi) fondèrent au XIVe s leur propre organisation, la *Petite Guilde (Maza Gilde).* Quant aux commerçants et pêcheurs lettons, ils durent s'organiser dans une troisième guilde, bien moins riche et prestigieuse. Tout ce beau monde domina donc le commerce local jusqu'à la moitié du XIXe s. Puis les guildes se contentèrent de gérer les activités sociales, pour finir par disparaître dans les années 1930.
À gauche donc, la ***Petite Guilde.*** L'édifice actuel date de 1864, pastiche un peu lourd de château médiéval. Riche décor intérieur. En face, la ***Grande Guilde,*** bien plus imposante, dans un style néogothique pas moins léger (cela dit, elle forme avec sa petite sœur un ensemble pittoresque). À l'intérieur, débauche de salles voûtées à colonnes. Voir en particulier le *Munster Hall* et la moderne *Bridal Chamber.* Elle abrite aujourd'hui les concerts de l'orchestre philharmonique.
À côté de la maison des Guildes, *au n° 4 Amatu iela,* par souci d'harmonie, on construisit un immeuble de style gothico-Renaissance. Larges baies en anse de panier, festival d'amusantes tourelles, tours, pignons et lucarnes ornementées. Tiens, que fait cet étrange personnage lisant au bord du toit ?

La maison du Chat : en face des deux guildes s'élève un immeuble cossu de 1909, avec en angle deux toits en cône, chapeautés... d'un chat chacun.

> Rejoindre le ***10/12 Skunu*** pour y admirer une façade des plus exquise. Œuvre des architectes Scheel et Scheffel en 1903. Peut-être le plus riche décor floral de la ville, le plus Art nouveau de type français aussi. Volutes et exubérance florale se détachent superbement en blanc sur le bleu de la façade.
Sur ***Tirgonu,*** ne pas rater, au n° 4, une autre œuvre intéressante des mêmes architectes, réalisée en 1900. Là, en revanche, c'est plus carré, plus germanique, plus historiciste aussi. Rez-de-chaussée orné de statue et bustes, surmonté d'un monumental balcon et d'un gracieux pignon à petites volutes.
Sur ***Jauniela 25/29,*** on retrouve un insolite immeuble dans les tons jaunes et beiges, alliant ici harmonieusement les styles historiciste et Art nouveau. Œuvre de Wilhelm Bockslaff (1903). Pignon au masque grimaçant. Noter le parti pris de la dissymétrie et le monumental mascaron au-dessus de l'entrée.
À l'angle de *Kramu* et *Tirgonu,* élégante demeure avec pignon rond, puis succession de ravissantes façades. Donnant sur Kramu, la ***Rozena iela,*** la rue la plus étroite de la ville. Au coin de *Palasta* s'élève le *palais de Pierre le Grand* (reconstruit au XIXe s). Le tsar y séjournait lors de ses passages à Riga. Un peu plus loin, en angle, une petite et pittoresque auberge du XVIIe s, où le tsar parquait sa diligence.

MAIS OÙ LES CHATS ONT-ILS LA TÊTE ?

Il était une fois un riche marchand appartenant à la Petite Guilde, qui estimait mériter de rejoindre la Grande, mais sa candidature fut refusée. Par vengeance, le marchand plaça sur son toit deux chats montrant ostensiblement leur postérieur en direction de la Grande Guilde, dans une posture sans ambiguïté... Outragée, la guilde fit un procès au marchand et obtint que les chats soient retournés et pour que les postérieurs ne soient plus dirigés vers elle. Plus tard, les chats retrouvèrent leur posture insolente. Un gag : ce sont les Soviétiques qui imposèrent de pouvoir regarder à nouveau les chats au fond des yeux, car, entre-temps, la Grande Guilde était devenue une banque russe !

Ratslaukums *(place de la Mairie ; plan II, B3,* ***116****) :* vieille de 800 ans, elle était jadis beaucoup plus petite. C'est que, entre-temps, elle subit un terrible bombar-

RIGA

dement lors de la dernière guerre. L'hôtel de ville et de magnifiques bâtiments civils, parmi les plus emblématiques de Riga, furent totalement détruits. Au milieu de ce désastre, seule la *statue de Roland,* qui trônait devant la mairie, survécut. Notre Roland, oui, celui de Roncevaux, symbole de justice et de liberté dans les villes de la Hanse. Avant de faire du tourisme à corps perdu dans les Pyrénées, il combattit pour Charlemagne dans la région et laissa un bon souvenir. En 1896, la vieille statue en bois fut remplacée par une statue en pierre. Rescapée des bombardements, elle fut cependant enlevée par les Soviétiques (aujourd'hui, l'original se trouve dans l'église Saint-Pierre).

L'hôtel de ville : existe depuis 1334. Bâtiment médiéval démoli en 1750 et mairie reconstruite dans un style monumental néoclassique. En 1889, quand la municipalité fut supprimée, elle accueillit la bibliothèque, un orphelinat, une banque... Les bombardements de juin 1941 n'en laissèrent que des ruines, que les Soviétiques envisagèrent un temps de relever. Cependant, en 1954, tout fut rasé et l'austère Institut polytechnique prit en partie sa place. Ce n'est que dans les années 1990 qu'il fut décidé de reconstruire l'hôtel de ville comme il était. Inauguré en 2001, l'intérieur fut achevé en 2004. Ayant retrouvé toute sa place, il souffre néanmoins du voisinage d'un de ces immeubles modernes sans grâce édifiés dans la fièvre immobilière des années post-1990 (il est, paraît-il, question de le démolir).

RIGA

La maison des Têtes Noires *(plan II, B3,* ***116*****)** *:* *tlj sf lun 10h (11h oct-avr)-17h. Entrée : 2 Ls (3 €). N'accepte pas la* Riga Card.

Ce symbole de la résurrection de la ville date du XIVe s. Elle accueillit les guildes, dont, au XVIIe s, celle des Têtes Noires, une association de riches marchands célibataires. Le bâtiment servait de lieu de fête, salle de jeu et de bal, pour les banquets, etc. À la même époque, elle hérita de cette magnifique façade de style Renaissance flamande et, au fil des siècles, de son riche décor de statues, blasons et bas-reliefs polychromes. La maison servit aussi de salle de concert. Wagner en dirigea quelques mémorables, Liszt, Berlioz, Rubinstein y jouèrent également.

TÊTE DE MAURE ?

La confrérie des Têtes Noires regroupait les célibataires autour de saint Maurice, qui était noir. D'où le nom de la corporation, qui fut l'un des piliers de l'histoire de la ville. Son emblème, à l'instar de celui de la Corse, est une tête noire ceinte d'un bandeau. Maurice n'étant pas maure mais égyptien, aucun rapport toutefois avec l'île de Beauté.

Le 29 juin 1941, les bombes allemandes détruisirent six siècles de civilisation. Comme pour l'hôtel de ville, l'état des ruines donna cependant l'espoir aux habitants de la ville de pouvoir reconstruire un jour leurs Têtes Noires. Las, le 23 mai 1948, de nuit, à 4h du matin, les Soviétiques dynamitèrent les ruines, et tout fut rasé sans témoins gênants... Mais la revanche allait bientôt sonner. En 1995, on décida de reconstruire à l'identique (photos, plans et documents ne manquant point) et, le 9 décembre 1999, ce symbole de l'identité lettone fut inauguré en grande pompe et rouvert au public. Clin d'œil de l'histoire, sur l'ancien bâtiment trônait une inscription : « Si un jour je suis détruit, s'il vous plaît, reconstruisez-moi ! » Comment résister quand on est si poli ?... Aujourd'hui, on visite les sous-sols avec les fondations originelles en brique et des vestiges de statues de la façade sérieusement meurtries. Au rez-de-chaussée, belle reconstitution des cabinets de la guilde, avec un mobilier chargé à souhait et de beaux plafonds à caissons. Au 1er étage, la salle d'apparat recomposée de façon assez bluffante. Il n'y manque que toilettes et voilettes des grandes bourgeoises d'antan.

Sur sa gauche, la ***maison Schwab,*** un édifice qui paraît plus ancien, mais qui, en réalité, fut construit en 1889 dans le même style que la maison des Têtes Noires. Bien entendu, rebâti aussi à l'identique. Aujourd'hui, il abrite l'office de tourisme.

Le musée de l'Occupation *(plan II, B3,* ***94****) : Strēlnieku laukumā 1.* ☎ *67-21-27-15.* • *occupationmuseum.lv* • *Tlj 11h-18h (17h oct-avr et fermé lun). Entrée et visite guidée (en anglais) gratuites, mais les donations sont les bienvenues.* Musée créé pour raconter les deux totalitarismes (nazi et soviétique) qui persécutèrent le peuple letton et pour rendre hommage à leurs victimes. Abrité depuis 1993 dans un épouvantable blockhaus dont la masse noire défigure littéralement la place. Construit par les Soviétiques, au bon temps de l'occupation, vous vous en doutez, pour accueillir un musée à la gloire des Lettons qui combattirent dans l'Armée rouge. Le conseil municipal vota sa démolition, mais longtemps, faute d'emplacement alternatif intéressant et de crédits, le musée de l'Occupation y demeura. Un projet d'extension original devrait désormais voir le jour d'ici 2010.

Les 51 années d'occupation se divisent bien sûr en trois périodes : la première par les Soviétiques, en 1940-1941 ; la deuxième par les nazis, de 1941 à 1944 ; la troisième, de 1944-1945 à 1991, à nouveau par les Soviétiques. Musée particulièrement exhaustif, incroyable somme d'infos, de photos, de documents. Peut-être les tranches historiques ne sont-elles pas assez clairement délimitées. On perd parfois le fil sous cette avalanche de faits et d'infos. Bien sûr, on sort groggy de cette expérience. En particulier, de la narration des déportations de masse, des crimes et massacres des deux puissances occupantes. Rappel : la Lettonie perdit 550 000 habitants, soit un tiers de sa population. Terrible évocation de l'extermination de la communauté juive. Émouvants aussi, tous les actes et témoignages de résistance en ces années dramatiques.

Voici, à grands traits, les différentes étapes de la visite.

– Copie du sinistre pacte germano-soviétique signé le 23 août 1939, prélude à la guerre 1939-1945. Le 25 septembre, ultimatum de l'URSS aux pays baltes. Guerre à la Finlande.

– Reconstitution de baraque du goulag. Dures couleurs rouge et noir du musée (qui rappellent les affiches bolcheviques), renforçant la violence de l'exposition. Affiches de propagande russes et nazies.

– Résistance russe à l'invasion d'Hitler le 22 juin 1941. Articles de journaux, documents divers. Étonnantes photos montrant l'accueil chaleureux des habitants de Riga pour les Allemands... qui les délivraient des Russes. Encore une fois, toute l'ambiguïté de la situation ! Noter ces timbres soviétiques surchargés « Latvija » (interdits ensuite par les autorités allemandes). Photos montrant les importantes destructions de Riga dans le secteur de la mairie.

– Salle consacrée à l'attaque russe de 1940 et au début de la première occupation. Premières élections « libres »... avec 97,6 % de voix pour le gouvernement prosoviétique. Intégration des pays baltes à l'URSS. Destruction de l'économie, soviétisation de la société. Résistance à l'occupation, répression, persécutions antireligieuses, liquidation des cadres de l'armée (fusillés ou au goulag). Déportation massive en Sibérie. La vie dans les camps soviétiques.

– Salle consacrée à l'occupation nazie. Germanisation, puis nazification de la société, propagande antisémite, création du ghetto juif. Nombreux témoignages, documents de la résistance antinazie, lettres, objets artisanaux réalisés par les prisonniers.

– Retour de la domination russe, Yalta et la redéfinition des frontières. Les États baltes restent dans le giron soviétique. À nouveau, résistance antirusse. Collectivisation et affiches de propagande. Russification de la société, un vrai jeu de yoyo ! Puis, pour faire court, toutes les phases de la dissidence jusqu'au départ des Soviétiques. Un musée qui présente plus de textes que d'objets. Et pour que l'oubli ne puisse gagner personne, des classeurs dans de nombreuses langues (dont le français) sont disponibles pour une visite complète.

L'église Saint-Pierre *(plan II, B2-3,* ***117****) : accès à l'église et à la tour tlj 10h-17h30. Entrée : pour l'église, 0,50 Ls (0,70 €) ; pour la tour 2 Ls (3 €).* Riga Card *pas acceptée.*

Belle église du XIIIe s, modifiée en style gothique aux XIVe et XVe s. Dans le mur nord, portail à quatre voussures. Le clocher brûla plusieurs fois au long des siècles (une dernière fois en 1941) et, avec 70 m de hauteur, fut même le plus haut clocher en bois d'Europe. Reconstruit en métal à trois bulbes et adjoint d'une flèche de 120 m de hauteur en 1968. Aujourd'hui, le métal oxydé lui donne une belle patine ancienne.
À l'intérieur, on peut admirer un gothique très pur. Les baies longitudinales, la hauteur de voûte, sa blancheur cernée d'ogives de brique rouge donnent un vertigineux sentiment d'élévation. Quasiment pas de vestiges du mobilier médiéval, que les protestants saccagèrent consciencieusement au moment de la Réforme. Justement, sur le 2e pilier de gauche, voilà le portrait de Luther. Quelques armoiries de riches familles allemandes. À gauche, le *mausolée des Gardes bleus* qui escortaient les notables. Statue originale de Roland (celle de la place), plus quelques vestiges recueillis après les bombardements de 1941. Photos des destructions assez impressionnantes. Possibilité de grimper dans le clocher pour le panorama sur la forêt de toits.

➢ À partir du chevet de Saint-Pierre, fascinante balade dans le cœur le plus médiéval de Riga. Pittoresque *Skarnu iela,* avec l'***église Saint-Georges,*** le plus vieux bâtiment en pierre de la ville. On trouve ensuite une des entrées du *Conventa Seta,* suivie d'une élégante bâtisse jaune (ancien couvent) avec scène biblique joliment ciselée (Jésus sollicité par les malades).

Dekoratīvās Mākslas un Dizaina muzejs *(musée des Arts décoratifs et du Design ; plan II, B2,* ***99****) : Skarnu 10. ☎ 67-83-09-02. • dlmm.lv • Tlj sf lun 11h-17h (19h mer). Entrée : 3 Ls (4,30 €).* Installé dans le plus vieil édifice en pierre de Riga (début du XIIIe s), l'église Saint-Georges. Dans l'ancienne nef, sous d'énormes poutres, expo d'objets d'art, tapisseries et cartons préparatoires, céramiques, vitraux modernes, reliures de livres, etc. Pour les amateurs, un panorama assez complet des arts décoratifs lettons de la fin du XIXe s aux années 1980. Cependant, dans la production contemporaine, on n'est pas forcé de tout aimer. Pièces intéressantes plutôt dans les années 1920-1930, notamment les porcelaines décorées de style futuriste ou constructiviste d'Aleksandra Belcova, ainsi que celles de Romans Suta (1927), dont on peut admirer les œuvres au musée d'Art d'État. Au 2e étage, les années 1970-1980, surtout le travail du verre et la céramique, les tapisseries, les bijoux... Insolite travail de meubles destructurés de Janis Straupe *(Conflict Situation).*

*Toujours sur Skarnu, l'****église Saint-Jean*** *(plan II, B2-3,* ***118****).* Cette dernière, souvent ouverte, contrairement aux autres églises luthériennes, vaut le détour. D'abord chapelle au XIIIe s, elle fut reconstruite en gothique tardif à la fin du XVe s. Côté Jana Seta, superbe pignon en escalier. À l'intérieur, peut-être le plus beau plafond de la Baltique, dense treillis de liernes tranchant sur la blancheur des voûtes. Détailler les intéressantes peintures de la Passion sur la tribune d'orgue.

➢ De l'église, par la *Klostera Varti (porte du Couvent),* du XIVe s, accès à la ***cour Saint-Jean*** *(Jana Seta).* Très animée l'été (pubs, jazz-clubs, terrasses...). Au passage, l'unique vestige de la muraille en brique du XIIIe s, avec une porte en accolade et un vestige de chemin de ronde couvert. L'ensemble des cours et des immeubles appartenait au ***Conventa Seta,*** couvent fondé en 1220. Il fut longtemps un refuge pour les filles-mères ou les femmes dans la détresse. Tout a été fort bien restauré. Dans une des cours, en face du petit *musée de la Porcelaine,* noter cette demeure en abside : c'est l'ancienne chapelle du couvent.

➢ À l'angle de *Teatra* et *Riharda Vāgnera* (le compositeur vécut à Riga de 1837 à 1839), bel hôtel de style Renaissance. Au *15 Vāgnera,* élégante façade classique ouvragée de bas-reliefs et de statues. À côté, ravissant portail rococo d'une maison du XVIIIe s (abritant le musée de la Pharmacie). Toujours sur *Vāgnera,* au n° 4, la ***salle de concert Richard-Wagner.***

UN VAISSEAU FANTÔME DANS LA TOURMENTE

En 1839, Wagner, directeur musical à Riga, doit fuir en catimini sous le poids des dettes et la pression des créanciers. En pleine tempête sentimentale, son bateau pour Londres est pris dans la tourmente. Il croit sa dernière heure venue... et trouve la géniale inspiration de son opéra Le Vaisseau Fantôme, *basé sur la légende du* Hollandais volant.

Farmācijas muzejs *(musée de la Pharmacie ; plan II, C2,* ***100****) : Vāgnera 13. ☎ 67-21-30-08. • mvm.lv/farm.htm • Tlj sf dim-lun 10h-18h (17h oct-avr). Entrée : 1 Ls (1,50 €).* Abrité dans une superbe demeure du XVIIIe s. Pour nos lecteurs futurs apothicaires, une reconstitution d'une pharmacie des années 1930 et de vénérables ouvrages de pharmacopée de 1650. À l'entresol, collection de pots d'onguents, de vieilles étiquettes, fioles, emballages, enseignes sculptées, balances de préparation, etc. Insolite (et rare) pharmacie de voyage du tsar Alexandre II, emplie de fioles à médications (il prenait vraiment soin de sa santé !). Petite cour avec carrés d'herbes médicinales. Au rez-de-jardin, expo sur la pharmacopée populaire avec un remède « piquant » façon *Les bronzés font du ski...* et un bel alambic.

RIGA

➢ ***Au 9 Teatra iela,*** l'ambassade d'Italie abritée dans un monumental édifice, subtil mélange de baroque et d'Art nouveau (architectes Scheel et Scheffel). Deux atlantes supportent le balcon d'angle, mais c'est en levant les yeux qu'on admire la formidable corniche, surmontée d'autres atlantes transis et ployant sous le poids de la terre. En face, l'*hôtel Riga,* l'un des rares à accepter les étrangers dans les temps soviétiques.

➢ ***Audeju iela*** offre également son lot de séduisantes architectures. Notamment au *n° 7,* avec sa façade ornée de motifs végétaux et d'arbres en fleur. Au *n° 9,* superbe corniche sculptée où l'on retrouve le soleil, symbole du renouveau et de la prospérité de la ville en 1900. Plonger ensuite dans les ruelles alentour. Sur ***Kaleju*** (la rue des Forgerons), au *n° 41,* une bâtisse de 1677 mais modifiée Art nouveau en 1907. À côté, au *n° 43,* une banque en brique rouge de 1897. Longue baie ornée de fines colonnettes néogothiques. On découvre aussi des têtes de dragons (image de la prospérité dans le style symboliste). Au *n° 45,* demeure de 1739 intacte suivie, au *n° 49,* d'un élégant édifice aristocratique de 1901 (au fronton, Mercure, dieu des marchands).

Fotografijas muzejs *(musée de la Photographie ; plan II, B3,* ***101****) : Marstalu iela 8 (entrée sur Alksnaja iela). ☎ 67-22-72-31. • artgarden.lv • Ouv mer-dim, 10h-17h (jeu 12h-19h). Entrée : 1,50 Ls (2 €).* Histoire de la photographie en Lettonie de 1839 à 1941. Ne pas s'attendre au musée Niépce de Chalon-sur-Saône, ici on est dans l'intimité. Belles collections de photos en noir et blanc par thèmes. Présentation de quelques vénérables appareils photo, dont le célèbre *Minox.* Contrairement à la légende, il ne fut pas créé pour les espions, mais ce sont eux qui l'adoptèrent. Inventé en 1936 à Tallinn par Walter Zapp, un ingénieur letton, ce fut le plus petit appareil photo au monde (7,5 cm de long sur 2,7 cm de large et 1,3 cm d'épaisseur). Projet proposé à Agfa en Allemagne et à d'autres grandes industries internationales, mais il fut refusé car personne n'y croyait. Finalement, ce sont les usines VEF à Riga, spécialisées dans la production de postes et de téléphones radio, qui le fabriquèrent avec le succès qu'on connaît.

Peitav Shul *(synagogue ; plan II, B3,* ***119****) : Peitavas 6/8.* Construite par W. Neumann en 1904. La seule survivante de toutes les synagogues de la ville. Elle ne fut pas incendiée, dit-on, du fait de son imbrication trop étroite dans le tissu urbain et des risques de communiquer le feu à tout le quartier. Utilisée par les nazis comme entrepôt, les textes sacrés et objets cultuels en furent sauvés et mis à l'abri.

La maison Mentzendorff *(plan II, B3,* ***120****) : Grecinieku 2. Tlj 10h-17h. Entrée : 2 Ls (3 €).* Demeure typique de marchand prospère, possédant un certain pouvoir d'évocation. Mobilier et objets d'époque, cuisine d'origine, fresques à la Watteau, redécouvertes au moment de la restauration, permettent de se faire une idée de la vie d'une famille bourgeoise aux XVIIe et XVIIIe s.

➢ Terminons ce parcours de la vieille ville par la séduisante ***Marstalu iela,*** où demeuraient les plus riches marchands de la ville. Au centre, l'*église des Réformateurs,* construite en 1727 avec la bénédiction de Pierre le Grand. Noter sa remarquable intégration à la rue. À quatre maisons de l'église, l'une des plus belles demeures du quartier, la *maison Reutern,* qui date de 1684. Élégante façade de style baroque flamand. Collée à l'église, la *maison Dannenstern,* de 1694. Construite par un marchand hollandais. Portail baroque particulièrement élaboré. Au n° 19, *maison de George Armitstead,* descendant d'émigrés anglais, maire de la ville de 1901 à 1912, artisan de l'expansion de Riga et initiateur de nombreux monuments (musée d'Art d'État, Théâtre national, etc.). Enfin, intéressants exemples d'entrepôts du XVIIe s, comme au ***12 Vecpilsetas.*** Haut pignon pointu, fenêtres minuscules. Au-dessus de la porte, parfois un médaillon avec un animal ou un oiseau, symbole du négociant. Façade souvent décorée de croix ou d'ancres de marine.

RIGA

DANS LE CENTRE

Brivibas piemineklis *(monument de la Liberté ; plan II, C2,* ***121****) :* édifié en 1935 par souscription nationale, afin de bien marquer l'attachement de la Lettonie à son indépendance. Sculptures de Karlis Zale (qui fit aussi celles du cimetière des Soldats de 1915) dans un style puissant et martial, à mi-chemin du style Art déco et constructiviste. Elles représentent des héros mythologiques et des références à l'histoire du pays. Sur le socle, la devise « À la Patrie, à la Liberté ». En haut des 42 m, une femme élancée brandissant trois étoiles dorées, symboles des trois provinces de Lettonie.

LIBERTÉ SURVEILLÉE

Les Soviétiques voulaient démolir le monument de la Liberté, mais Mme Furtseva, ministre de la Culture de Khrouchtchev, s'y opposa. Pour le banaliser malgré tout, on installa tout autour la station de trolleybus, et des agents du KGB le surveillaient 24h/24 afin que personne n'ait le culot d'y déposer des fleurs (ça pouvait valoir la Sibérie !).

Les jardins de Bastejkalns *(plan II, B-C2) :* l'ancien glacis des remparts, au moment de leur démolition en 1857, fut transformé en fort agréable jardin traversé par un gentil canal. Des blocs de pierre portent les noms des cinq patriotes (dont des cameramen), tués par les soldats soviétiques en janvier 1991. En face, sur *Raina,* on trouve le ministère de l'Intérieur (lieu des affrontements avec l'armée russe en 1991), sur sa droite l'ambassade des États-Unis, puis celle de France. Au n° 19 *Rainis bulvari,* le bâtiment principal de l'université (1853).

Latvijas nationālā opera *(Opéra national, plan II, C2,* ***122****) : Aspazijas 3. ☎ 67-07-38-20. • opera.lv • Entrée : 3 Ls (4,30 €) à la billetterie. Certaines visites guidées en anglais (groupes min de 10 pers ; résa obligatoire).* Dans un pays où la musique classique est populaire, voici un beau bâtiment du XIXe s, ancien théâtre de langue allemande, construit en 1863 dans un style néoclassique monumental (six colonnes ioniennes, fronton avec allégories, etc.). Victime d'un incendie, il fut reconstruit en 1885. Belle salle à l'italienne (pas petite !), lustre monumental, décors vert et or de bon ton. Foyers chic pour les premiers balcons et pas en reste pour le paradis... Une visite organisée à compléter en assistant directement à une œuvre, généralement d'excellente qualité et à des prix très abordables (voir plus loin la rubrique « Culture »).

Valst makslas muzejs *(musée d'Art d'État ; plan I, C2,* ***91****) : Valdemara 10A. ☎ 67-32-44-61. • vmm.lv • Au nord-est du centre. Tlj sf mar et j. fériés 11h-17h (19h jeu avr-sept). Entrée : 3 Ls (4,30 €).* Construit en 1905 dans un monumental style baroque et néoclassique, par l'architecte allemand Wilhelm Neumann. Important musée démontrant, de la seconde moitié du XIXe s aux années 1930-1940, la grande vitalité des arts en Lettonie et l'émergence d'un art national authentique. Sans nier à aucun moment l'influence des pays limitrophes, surtout l'héritage allemand en Baltique et celui des pays scandinaves, de la Russie et, également, les nombreuses passerelles avec l'Occident.

Impossible de tout citer, en voici quelques fleurons.

– *Salle 4 :* remarquable *Vieillard méditant* de Karlis Hüns, grand portraitiste. Beau travail sur la lumière et les ombres, finesse d'exécution sur les cheveux, la barbe...

– *Salle 5 :* la toile la plus célèbre d'Artus Baumanis, le *Cheval du destin,* qui raconte un rituel letton (un peu longuet à expliquer).

– *Salles 6-7 :* la peinture russe, Repine, Surikov, Kramskoj, Constantin Korovin.

– *Salle 9 :* un des plus grands représentants de l'école lettone, Janis Rozentals, dont on peut apprécier la *Sortie de l'église,* intéressante représentation sociale de l'époque (1894). De la même école, Janis Valters, surtout connu pour la *Place du marché de Jelgova,* pittoresque galerie de personnages. Peintre assez éclectique si l'on en juge par ses autres œuvres en face.

– *Salle 10 :* découvrons Vilhelms Purvitis, ancien directeur du musée dans les années 1920, énorme paysagiste, à travers *Neige sur les collines* et *Paysage d'hiver.* Admirer aussi la subtile construction et le doux fondu des couleurs (normal !) de la *Fonte des neiges (Spring Day).* Noter sa tentation pour le pointillisme avec *Suburban Landscape.* Et Janis Jaunsudrabins, qui illustrait aussi ses romans et nouvelles. *Portrait de la fille* de Jekabs Belzëns. Équilibre des personnages et du mobilier dans l'espace, élégant camaïeu de verts et de bleus.

– *Salle 11 :* le *Portrait de Margaret avec une fleur* (hymne au plaisir olfactif). Intéressante représentation de *scène de café* à Paris, proche du style d'un Van Dongen. Voir également le *Pont sur Tornakalns* (1922) de Liberts. Et puis le choc avec Jekabs Kazaks et ses *Autoportraits.* Il mourut tout jeune (à 25 ans) mais laissa derrière lui une œuvre conséquente et nombre de chefs-d'œuvre, tels que l'*Autoportrait avec le foulard rouge* et, surtout, les *Réfugiés,* à l'humanisme pathétique, malgré la rigueur et la modernité du trait. Enfin, de Valdemars Tone, quatre tableaux en nette rupture avec le classicisme (1919-1920) avant d'y retomber par la suite.

Et Romans Suta, qui créa un mouvement appelé Décadence. Influence certaine de Braque (ou l'inverse ?) dans *Still Life.* On aime aussi beaucoup l'*Autoportrait* d'Aleksandra Belcova, sa femme. Puissance et détermination du regard.

– *Salle 16 :* de Janis Liepins, *Visiteurs tardifs* (1937). Avez-vous remarqué, depuis le début, le nombre de peintres se prénommant Janis ?

– *Salle 20 :* mais l'artiste génial, c'est incontestablement Karlis Padegs, mort à 29 ans. Voir son *Achetez des roses blanches,* d'un cynisme désespéré.

– *Salle 22 :* on découvre Ludolfs Liberts, célèbre décorateur de théâtre qui réalisa *Portrait d'artiste.* Quant à Karlis Zale, auteur du monument de la Liberté et des sculptures du cimetière des Héros de 1915, il nous propose de jolis portraits.

– Ceux, celles qui souhaitent prolonger leur plaisir de découvrir la peinture lettone ne manqueront pas d'aller admirer les belles expos temporaires du musée en son annexe : ***Arsenals*** *(plan II, B2,* ***92****), Torņa 1. Tlj sf lun et j. fériés 11h-17h (19h jeu).*

P. Stradina Medicinas muzejs *(musée de la Médecine Stradins ; plan I, B2,* ***102****) : Antonijas 1. ☎ 67-33-42-23. • mvm.lv • Mar-sam 11h-17h (19h jeu). Fermé dim-lun et le dernier ven du mois.* On traverse l'histoire de la médecine à travers les âges, premiers instruments chirurgicaux, soins par les plantes, trépanations, pharmacie antique, enfermement des fous et des lépreux, épidémies de peste, etc. Intéressants livres illustrés de pharmacopée. Muséologie malheureusement vieillotte.

Le musée d'Histoire naturelle *(Lativijas Dabas muzejs, plan I, C2,* ***104****) : K. Barona iela 4. ☎ 67-35-60-23. Tlj sf lun-mar 10h-17h (18h jeu, 16h dim).* Petit musée intéressant qui plaira aux enfants (entre autres, l'ornithologie). Muséographie didactique et ludique sur 4 niveaux : géologie, zoologie, entomologie et environnement. Très peu d'explications en anglais, mais les vitrines se passent souvent de commentaires.

La Société des Lettons *(plan I, C2,* ***124****) : Merkala 13.* Siège de la Société des Lettons, créée en 1868 au moment du « réveil national ». Il occupe un immeuble dû à Eizens Laube et Ernests Pole (1909). Club des officiers dans les temps soviétiques. Mélange d'Art nouveau et d'éléments néoclassiques stylisés. Le tout d'une grande sobriété décorative n'en mettant que mieux en valeur les frises de Janis Rozentals, l'un des plus grands peintres de l'époque (voir, plus loin, son appartement-musée). Elles évoquent la mythologie balte (vieux dieux lettons comme ceux du Tonnerre, de la Nature, etc.).

Le circuit Art nouveau

Riga possède des centaines d'immeubles Art nouveau, historiciste, romantique national, néobaroque, néotruc, etc., beaucoup mélangeant d'ailleurs allègrement tous ces styles. Nous vous proposons une petite sélection de nos coups de cœur, sans prétendre être exhaustifs... Impossible de tout énumérer. Il va de soi que lorsque deux ou trois édifices se ressemblaient trop dans le même coin, on n'en a décrit qu'un, laissant au lecteur le soin d'admirer les autres en toute subjectivité, libre à lui de comparer et de raccrocher tous les bouts de ce remarquable patrimoine architectural.

➢ **Au 4A Strelnieku** *(plan I, B2),* un édifice signé Einsenstein (père du célèbre cinéaste), avec un décor surabondant. Un seul mot d'ordre : « La nature a horreur du vide » ! Pas un seul mètre carré de façade qui ne soit occupé. Décor des fenêtres particulièrement riche. Têtes de bélier, paons, mascarons...

Le musée Rozentals *(plan I, B2,* ***125****) : Alberta 12. ☎ 67-33-16-41. Tlj sf lun-mar 11h-18h.* Appartement plein d'atmosphère, qu'on croirait encore habité. Janis Rozentals fut l'un des peintres lettons les plus importants. Il résida ici de 1904 à 1915. Mobilier d'origine. Un escalier intérieur mène à son atelier. Beaucoup d'œuvres exposées, comme ce portrait de sa femme (élève de Sibelius) allaitant. Nombreux souvenirs et témoignages sur l'artiste aussi : sa chemise de peintre, sa palette, son charbon de bois pour croquer. Photos émouvantes de famille. Où l'on s'aperçoit qu'il était aussi fort habile de ses mains : il créa son propre mobilier, travailla la céramique et le fer forgé (son père était d'ailleurs forgeron), réalisa nombre d'affiches...

La rue Alberta *(plan I, B2,* ***125****) :* à tout seigneur, tout honneur, voici le plus bel ensemble Art nouveau de la ville. C'est ici que Mikhaël Eisenstein réalisa ses plus belles œuvres, aux côtés de nombre de ses collègues. Aucun édifice n'y ressemble au voisin, créant tout à la fois une unité et un réjouissant rythme architectonique.
– *Au 13,* certains visages mystérieux de la façade pouvaient-ils anticiper que l'édifice abriterait un jour des services secrets soviétiques et qu'ils symboliseraient sans le vouloir ces inquiétants locataires ? Tenter aussi de jeter un œil sur la déco intérieure.
– *Au 12* (à l'angle de Strelnieku), l'un des immeubles les plus célèbres (demeure du grand peintre Janis Rozentals), avec son festival de toitures alambiquées, à mi-chemin de Gaudí et du style « schtroumpf »... Typique du courant romantique national, œuvre de E. Laube et de K. Peksens. Nulle uniformité bien sûr, abondant décor floral et végétal, pignons élaborés. Superbe cage d'escalier.

– *Au 11,* réalisation d'Eizens Laube, l'un des grands prêtres du style romantisme national, alliant la recherche d'un style proprement letton mâtiné d'Art nouveau (forme trapézoïdale des fenêtres, demi-tourelles sur encorbellement stylisé, etc.). Sa quasi-austérité tranche d'ailleurs avec le reste de la rue.
– *Au 4,* d'Eisenstein toujours (qui habita là, d'ailleurs), volonté de créer autre chose : façade moins chargée, merveilleuse d'équilibre et d'éclectisme. Porche très Art nouveau avec ses sphinx en bas-reliefs. Sur le toit, deux lions qui se font la gueule.
– *Au 2A,* immeuble d'Eisenstein de 1906. Façade au décor d'une richesse qui frise la saturation et pourtant totalement équilibrée. Une première moitié avec lignes horizontales, la seconde à lignes verticales, surmontée d'un faux 5ᵉ étage et d'une corniche époustouflante. Porche assez remarquable avec ses têtes grimaçantes et deux statues de sphinx défendant l'entrée.

➢ Prendre, à droite, *Antonijas.* À l'angle avec *Elizabetes,* petit aller-retour à droite jusqu'au n° 23 : construit en 1903, architecture de H. O. Hilbig, fronton très Art nouveau avec la maxime : *Labor omnia vincit* (« Le travail conquiert tout » !).

➢ Toujours ***rue Elizabetes,*** notons au *33* un immeuble massif de 1901 à la façade de type historiciste, lourdement chargée mais affinée en sa partie centrale du 2ᵉ étage par de fins balcons en fer forgé et de délicieuses jeune filles en cariatides. Juste en face, au *10B,* l'un des immeubles majeurs d'Eisenstein (1903). Style foisonnant et presque rigide tout à la fois. Où s'est donc réfugiée la sensualité de l'Art nouveau ? On est en plein maniérisme. Cependant, la partie centrale se révèle un chef-d'œuvre, du bow-window ciselé au fronton orné d'un paon encadré de deux sévères visages. Puis, avec le *10A,* Eisenstein revient à l'Art nouveau : ferronnerie des balcons, forme oblongue des fenêtres ornées de végétaux stylisés, etc. Quel contraste avec le *45/47,* construit en 1912 par Janis Alknis ! En onze ans, le style s'est considérablement épuré, le décor disparaît quasiment au profit d'un rigoureux jeu de lignes.

➢ Pour les inconditionnels qui en redemandent, remontez *Elizabetes* vers le nord. Chemin faisant, notez, entre *Pulveža Brieža* et *Eksporta,* un bel alignement de bâtiments bourgeois de type néotout (vénitien, classique, Renaissance italienne...).

➢ ***Au 11 Vilandes,*** on y retrouve l'historicisme triomphant (1900). Tandis que le ***10*** replonge dans l'Art nouveau (porte en oculus ornementé et superbe frise de gracieuses danseuses sur l'un des bow-windows).

Muzejs Ebreji Latvija *(Musée juif de Lettonie ; plan I, C2,* ***97****) : Skolas 6 (3ᵉ étage). ☎ 67-28-34-84. Tlj sf ven-sam 12h-17h. Entrée gratuite.*
Tragique histoire de la communauté juive de Lettonie, presque entièrement décimée lors de la Seconde Guerre mondiale. À Riga, elle représentait plus de 10 % de la population.
– *1ʳᵉ salle :* les juifs de Lettonie au XIXᵉ s et au début du XXᵉ s. Le « mouvement des Lumières » et celui du *Bund* (organisation ouvrière révolutionnaire juive). Puis début du mouvement sioniste. Panorama de la communauté par villages et villes, avec textes et photos. Révolution de 1905 où le *Bund* prit une part active. Images émouvantes de la révolution à Daugavpils.
– *2ᵉ salle :* la période 1918-1941. Les juifs dans la vie politique et tous ceux, nombreux, qui participèrent à la lutte pour l'indépendance. La presse juive de l'époque. Portraits de travailleurs, de gens célèbres et d'artistes (comme Sara Rasina, grande violoniste internationale), scènes de la vie sociale. Les premières persécutions russes.
– *3ᵉ salle :* l'occupation nazie. Photos et témoignages du ghetto de Riga (voir aussi plus loin la « Balade dans l'ancien quartier juif »). Les arrestations, les persécutions et massacres nazis. Terrible rapport dactylographié secret du RSHA, à propos de l'assassinat de 10 600 juifs à Riga.

Sympathique petite cafétéria pour se restaurer au rez-de-chaussée : le *Café Lechaim (entrée sur Dzirnavu ; ☎ 67-28-02-35 ; tlj sf sam 10h-22h).*

Bonne cuisine traditionnelle toute simple et pas chère. Une des rares occasions de manger casher à Riga.

➢ Changeons de quartier pour la ***rue Brivibas,*** où d'autres chefs-d'œuvre nous attendent :
– *Au 55,* l'immeuble d'angle avec *Gertrüdes* est l'un des plus imposants édifices que l'on connaisse (1900). Œuvre de A. Giesecke, un architecte allemand (en collaboration avec le célèbre W. Neumann). Fenêtres délicatement ouvragées, mascarons à la pelle, exquis petits frontons dont pas un seul ne se ressemble. Longue façade sur *Gertrüdes.* C'est de l'historicisme glissant doucement vers l'Art nouveau. Il servit de modèle à nombre d'édifices par la suite. Bel ensemble avec l'église en brique rouge au fond. Une curiosité : l'immeuble au coin de *Stabu.* C'était le siège du KGB !
– *Au 58,* une façade assez austère, avec bow-windows en demi-lune (1906).
– *Au 47,* un intéressant exemple « romantisme national » de Eizens Laube (1908). Aucune pente de toit identique et un groupe de trois fenêtres jouant une insolite verticalité. Un autre du même architecte *au 37.*
– Complètement différent des autres, le *33 Brivitas* (1912), où l'on constate une nette évolution de E. Laube qui, douze ans après sa période « romantisme national », impose là aussi un jeu de verticalité annonçant presque l'ère constructiviste (style appelé à l'époque « Art nouveau perpendiculaire »).

➢ ***Au 10 Gertrüdes,*** remarquable façade décorée de masques, superbes balcons, cariatides soutenant la corniche, utilisation judicieuse de la polychromie... *Au 30,* immeuble typique « romantisme national ». Élégant porche.

➢ Découvrez, au ***15/17 Terbatas,*** l'un de nos édifices préférés, véritable quintessence du style romantisme national. Œuvre de E. Laube et K. Peksens (1905). La sobriété architecturale (pas de décor) est compensée par la diversité et l'alternance des matériaux, les variations chromatiques. L'originalité est apportée par le rythme des ouvertures, les formes stylisées, les baies trapézoïdales, le porche en anse de panier brisée, etc. On retrouve cette démarche architecturale au ***26 Aleksandra Caka.*** Mêmes architectes, même volonté de dissymétrie et stylisation à outrance, peu de décor et cette inscription en letton : *Mans nams, mana pils* (« Ma maison, mon château »). Au ***14 Terbatas,*** intéressant immeuble d'angle de K. Peksens et A. Moedlinger (1909). Façade d'une élégante austérité, dans les tonalités de blanc et de gris. Quelques hauts-reliefs donnent une touche d'allégresse à l'ensemble. Enfin, le ***61 Lāčplēša*** (1909) mérite aussi le détour pour ses hauts-reliefs apportant une sorte de légèreté artistique sur une façade d'une trop grande sobriété. Dans la frise centrale sont représentés tous les dieux grecs.

➢ ***À l'angle de Blaumana et Barona,*** un insolite immeuble de 1903 offrant un festival de griffons, dragons, masques, rictus, visages tordus et chiens agressifs. À propos, continuer jusqu'au 3-5 K. Barona (3e étage) pour le petit ***musée Krisjanis Barons*** *(plan I, C2,* ***126****).* ☎ *67-28-42-65. Mer-dim 11h-18h.* Consacré à ce grand chercheur et historien qui passa sa vie à récolter la tradition orale lettone. Notamment le folklore et les chansons. L'occasion de visiter un appartement qui n'a guère changé depuis le début du XXe s. Casiers où il collectait chansons et *dainas* (poésies). Il y en aurait là 250 000 sur le million recueilli (faut dire que les poésies ne faisaient le plus souvent que quelques lignes). Mobilier d'époque, nombreux souvenirs de famille, belles gravures illustrant les chansons.

➢ Enfin, si vous vous promenez sur ***Valdemara,*** ne ratez pas, au *n° 23,* l'immeuble de Scheel et Scheffel (1901). Aujourd'hui, c'est un hôtel. Sur la façade, de fins décors ciselés sur les frontons, les linteaux des fenêtres, les balcons. Plus haut, tout le bloc d'immeubles, à partir du *n° 67* (1909), présente quant à lui une architecture typique romantisme national. Les *n°s 71 et 73* sont de A. Vanags.

LES CIMETIÈRES, AU NORD-EST

Le cimetière Bralu *(Bralu kapi ou « cimetière des Frères » ; hors plan I par D1,* ***127****)* **:** *Aizsaules. À env 4 km au nord-est du centre. Tram n° 11.* Construit en l'honneur des soldats lettons qui combattirent dans les rangs de l'armée du tsar en 1915. Les monumentales sculptures de l'entrée et celle de la *Mate Latvija* (la Mère Lettonie) au fond sont de Karlis Zale, le sculpteur qui réalisa le monument de la Liberté à Riga. On retrouve ici aussi cette volonté de créer un art letton puissant et original, style annonçant d'ailleurs un peu le constructivisme. Particulièrement émouvant et expressif est le *Cavalier blessé* (à droite après l'entrée).

Le cimetière Rainis *(Raina kapi ; hors plan I par D1,* ***127****)* **:** adjacent au *Bralu kapi,* c'est le cimetière des écrivains, artistes, musiciens les plus fameux. Tombes souvent originales et personnalisées pour mieux survivre dans les mémoires. On y trouve celle de Janis Rainis, le plus grand poète et auteur de théâtre national, ainsi que celle de sa femme, qui était également une poétesse renommée.

Quant au ***Meza kapi,*** toujours dans le même coin, il est privilégié par les hommes politiques, les scientifiques et aussi quelques artistes comme Janis Rozentals.

RIGA

AU SUD-EST DE LA VIEILLE VILLE

Le marché central *(plan I, C3,* ***128****)* **:** *Pragas 1. Tlj 8h-17h (14h dim).* Près de la gare des bus et du terminal des trams. Cependant, vous aurez déjà repéré lors de vos pérégrinations ces immenses hangars bâtis dans les années 1930 pour abriter les célèbres ballons dirigeables Zeppelin... Aujourd'hui, ils accueillent les grands marchés par spécialités. De gauche à droite, le *Galas* (viandes), où les petits budgets trouveront deux gargotes très bon marché, puis le *Piena* (fromages, fruits secs et charcuteries), le bâtiment pour le pain, le miel et les gâteaux, le *Saknu* (fruits et légumes) et pour finir le *Zivju* (poissons). D'autres petits pavillons spécialisés dans les vêtements alentour, sans compter tous les stands et étals à l'extérieur. Une vraie tranche de vie !

Les ruines de la grande synagogue *(plan I, C3,* ***129****),* appelée *Choral Synagogue* (ou plus familièrement *Gogol Shul*), à l'angle de *Gogola* et *Dzirnavu.* Les jours de fêtes religieuses, de nombreux non-juifs venaient y écouter les chanteurs et les chœurs. Elle fut incendiée le 4 juillet 1941 par les nazis, avec l'aide des fascistes lettons, quelques jours après l'invasion allemande. Plusieurs centaines de personnes étaient à l'intérieur. Déjà assassinées pour certaines, brûlées vives pour les autres. Pour la petite histoire, jamais les Soviétiques ne mentionnèrent le tragique événement, se contentant d'un monument en l'honneur... des communistes d'avant-garde victimes de la guerre ! Ce monument de la mauvaise foi fut enlevé en 1988, remplacé par un simple rocher avec uniquement la date rappelant aujourd'hui le massacre (« IV-VII-41 »). S'y est ajouté, en 2007, une œuvre d'Elina Lazdina commémorant Zanis Lipke et les Lettons qui contribuèrent à sauver quelque 400 juifs de 1941 à 1944. Quelques murs ont été relevés avec les vestiges subsistants et font office de douloureux mémorial.

L'ancien quartier juif *(plan I, D3)* **:** *dans le quartier de Maskavas. Trams nos 3, 7 et 9 ; descendre à la hauteur de Katolu.*
C'est là que les nazis établirent le ghetto de Riga (1941-1943) dans l'ancien quartier juif, circonscrit entre *Lāčplēša, Kalna, Lauvas, Ebreju (Zidu)* et *Maskavas.* À partir du 25 octobre 1941, près de 30 000 juifs furent parqués dans le grand ghetto, là où vivaient 13 000 personnes avant guerre. Du 29 novembre au 8 décembre, la quasi-totalité du ghetto fut exterminée dans les *bois de Rumballa.* Peu après, un petit ghetto fut reconstitué dans de plus petites limites où furent installés des juifs lettons, travailleurs spécialisés, rejoints par plusieurs milliers de juifs étrangers venus

d'Allemagne, de Tchécoslovaquie, etc. Le petit ghetto connut jusqu'à 11 000 détenus. Il fut définitivement liquidé le 2 novembre 1943. Aujourd'hui, il n'a guère changé de visage. Quartier populaire totalement abandonné pendant l'ère soviétique, il ne connaît pourtant guère d'améliorations. Immeubles dégradés ou en ruine, demeures en bois en pitoyable état, habitées par la partie la plus déshéritée de la population. Le spleen s'empare du visiteur. On pourrait sans problème y tourner un film d'époque. Peu de signes de la présence de la communauté juive cependant, à part une *rue Ebreju* (rue des Hébreux) menant à l'***ancien cimetière juif*** *(Ebreju kapi ; plan I, D3, **130**)* dont il ne reste rien. C'est aujourd'hui un petit parc, avec une simple pierre commémorative portant l'étoile de David. Le seul bâtiment survivant de cette époque se trouve au 122/126 *Maskavas*. Il abritait un hôpital créé et géré par le Bikur Holim, une société philanthropique juive en charge d'accueillir et soigner les malades (juifs et non juifs). À sa tête, le célèbre professeur Vladimir Mintz, un des plus grands chirurgiens de l'époque, qui réalisa les premières opérations du cœur et du cerveau en Lettonie (il fut déporté au camp de concentration de Buchenwald, où il mourut en février 1945).

À MAUVAIS ÈS SCIENCES...

Le moche bloc de béton stalinien, surmonté d'une tour mastoc, en plein quartier russe, n'est que la reminiscence d'un mauvais rêve des temps révolus : l'Académie des sciences, bâtie du temps de la dictature communiste. Elle a deux grands frères : à Moscou (facile) et à Varsovie (élémentaire).

L'île des Lapins *(Zaku sala ; plan I, C3) : prendre à pied le pont Salu tilts, ou le trolley n° 19, ou le bus n° 40 ou 40A.* ***La tour de télévision*** y culmine à 370 m. *Tlj 10h-20h avr-sept, sinon lun-sam 10h-17h. ☎ 67-10-86-43. Entrée : 2,60 Ls (3,70 €).* Possibilité d'y grimper à mi-parcours. Panorama grandiose, ça va de soi.

AU SUD-OUEST DE LA VIEILLE VILLE

Le quartier de Pardaugava *(plan I, A-B3) : de l'autre côté de la vieille ville et de la rivière Daugava. Accès par les ponts de Akmens tilts et Vansu tilts (nombreux trams, bus et trolleys).* Le quartier ne s'urbanisa que très tard, car trop sujet aux crues de la Daugava et aux inondations. Pour ceux qui possèdent beaucoup plus de temps et ne sont pas saturés, des quartiers populaires bruts de forme et quelques intéressantes architectures de bois et Art nouveau.

➢ Commencer la randonnée à l'intersection de *Barinu* et M. *Nometnu.* Sympathique et populaire *petit marché couvert d'Agenskalna.* Tout du long de la ***rue Eduarda Smilga,*** alternance de vénérables demeures de bois et d'édifices Art nouveau. Notamment, au 10 *Smilga,* un immeuble dû à Janis Alksnis (1904). Séduisante façade. Partie centrale avec une imposte et des fenêtres particulièrement travaillées et, surtout, un fronton charmant encadré de belles têtes sculptées. Au bout de *Smilga,* autour de l'*église orthodoxe de la Sainte-Trinité,* nombreux intéressants échantillons d'édifices du début du XXe s. Entre autres sur la ***rue Maza.*** Au *4A,* un pastiche de château réalisé par K. Peksens, avec ses fenêtres néogothiques et une débauche de tourelles crénelées. Au *4,* un immeuble de 1912 qui s'est débarrassé en grande partie de ses fioritures et affiche une austérité décorative quasi cistercienne.

UN PEU PLUS LOIN

Motor muzejs *(musée de l'Automobile ; hors plan I par D1, **95**) : S. Eizensteina 6. ☎ 67-09-71-70. Trolleys n° 14 ou 18, bus n° 21 depuis Brivibas (arrêt Pansionats à Mezciems). Tlj 10h-18h (15h lun).* Riga Card *pas acceptée.* Pour les amoureux de voitures et motos anciennes, visite fort recommandable.

– On est accueilli par la rutilante *Henschel* (1941), une voiture de pompier, puis par les grosses berlines comme l'*Horch* allemande (1939), une *Buick* 1927, une *Renault* 1928, de pittoresques motos (*Ariel, Sumbeam, Rudge,* etc.), la *Rolls* de Molotov, une *Zis* 1937, la première limousine soviétique présentable et la *Zis 115S* blindée de Staline (1950), construite secrètement sur son ordre.
– Époustouflante collection du Kremlin : la *Rolls Silver Shadow* de Brejnev (en fait, il possédait une bonne vingtaine de voitures de luxe), une *Lincoln,* la *Continental* offerte par Nixon, la *Zis* décapotable du maréchal Bagramyan, la *Zil 111,* la préférée de Khrouchtchev. Un gag, dans un coin, l'épave de la *Rolls* de Brejnev, fou de vitesse, qui conduisait lui-même. Un jour, aux aurores, il se paya un camion. Puis une des 686 *Jeep* soviétiques construites en 1941-1942 et utilisées sur le front, des motos militaires, une *Opel Admiral* récupérée par le maréchal A. Vassilevski après la bataille de Stalingrad. Superbes *Mercedes* des années 1920 et 1930.
– À l'étage : belle collection de voitures de sport, notamment une *Mac Laren* de course, une *Ford Mustang,* puis une curieuse *Simca 5* de 1939, une *Puch-Steyr* autrichienne de 1962 et, cocorico, nos *4L* et deux-pattes nationales. Puis des scooters et motos antiques, la *IZ49* russe à side-car, la *PMZA 50,* première grosse moto produite en série en URSS (1937), la fameuse *Pobeda* construite en 1950, et les populaires *Moskvic* et *Ziguli.* Plusieurs curiosités : l'*Amilcar* française de 1924, plus une *Anglia* de 1936 déguisée en poisson et, enfin, la *ZIL 112S,* voiture de course russe (1962) en forme de fusée.

Le mémorial de l'holocauste de la forêt de Bikernieku *(hors plan I par D1,* ***135****) : Bikernieku iela, vers le village de Mezciems. Pour s'y rendre, bus n°s 15, 16, 31, arrêt Kapi, puis 200 m à pied par un petit chemin ; sinon, trolleys n°s 14, 18, arrêt Keguma, puis 1 km de marche à pied dans la forêt, sur Bikernieku (puis chemin pour le mémorial à droite, bien indiqué).* Pas loin du musée de l'Automobile s'étend cette forêt où furent massacrés, de 1941 à 1944, de nombreux juifs de toute l'Europe. Dans une clairière, une sorte de baldaquin banc entouré de centaines de pierres fichées en terre, serrées les unes contre les autres. Tout autour, dans un rayon de plusieurs centaines de mètres, des rectangles de gazon bordés de ciment indiquent les emplacements des fosses communes. Attention à ne pas vous éloigner trop et à bien vous repérer par rapport au mémorial, car dans le lacis de sentiers menant aux fosses, on a vite fait de perdre tout repère et de s'égarer.

Le Musée ethnographique en plein air *(hors plan I par D1,* ***134****) : Brivibas gatve 440. ☎ 67-99-45-10. • muzejs.lv • À 8 km de Riga. Bus n° 1 au coin de Merkala et Terbatas. Tlj 10h-17h. Entrée : 1,75 Ls (2,50 €). Parking payant.*
Sur 100 ha, dans un environnement merveilleux en bordure de lac, les plus belles et les plus humbles demeures paysannes, maisons de pêcheurs, églises antiques en bois, moulins à vent, granges et bâtiments agricoles disséminés dans la forêt. Un fantastique bol d'air, se doublant d'un parcours pédagogique et architectural extra. Certaines bâtisses se visitent. Ça commence à l'entrée par l'impressionnante auberge de campagne de 1841 et sa collection de charrettes, chariots et traîneaux. Bien compter 3-4h pour tout voir (environ 120 bâtiments). Cafétéria pour se restaurer à l'entrée du parc.
Quelques coups de cœur : l'*église luthérienne de Kurzeme* (1704) avec son plafond peint, ses box, sa chaire, ses autels sculptés... Puis l'*église en bois de Zemgale,* la plus ancienne du pays (XVIe s), le *moulin à vent hollandais,* avec, en cours de route, des croix de chemin en bois, le tronc de pin le plus vieux du pays, des artisans en activité (le week-end), etc.

Achats

Le marché aux fleurs *(plan I, C2,* ***141****) : Terbatas et Elizabetes.* Envie de séduire une belle avec des fleurs à 3h du matin ? Pas de problème, c'est ouvert 24h/24 !

Laima *(plan II, C3,* ***140****) : Audeju 15.*

Lun-ven 8h-19h ; sam 10h-19h ; dim 11h-18h. Délicieuse descente aux enfers pour les « chocooliques ». Une marque prestigieuse, le plus grand choix du pays.

Emilha Gustava *(plan I, C2, **63**) : Dzirnavu 84 (entrée sur Elizabetes aussi). Lun-sam 9h-22h ; dim 10h-20h.* Une des meilleures boutiques de chocolat. Et son chocolat chaud ? Plus onctueux que celui du *Florian* à Venise (et moins cher !).

Jana Seta *(plan I, C2, **63**) : Elizabetes 83/85. ☎ 67-24-08-92. Sur rue, dans le complexe du* Berga Bazārs. *Tlj sf dim 10h-19h (17h sam).* La grande boutique spécialisée dans les cartes routières, guides de tourisme, livres et gadgets de voyage.

Sena Klets *(plan I, C2, **124**) : Merkela 13. ☎ 67-24-23-98. Tlj sf dim 10h-18h (11h-17h sam).* Au fond de l'immeuble de la Société des Lettons (cf. « À voir. Dans le centre »). Costumes nationaux, écharpes, gants, sets de table, tissus, bijoux et autres souvenirs authentiques. Assez cher, bien sûr.

RIGA

Culture

– Nombreux ***concerts*** dans toute la ville. Notamment à la *cathédrale* (surtout pour le grand orgue). *☎ 67-20-54-91. • concert.lv •* Et à la *Grande Guilde,* siège de l'orchestre philharmonique, *Amatu 6. ☎ 67-21-37-98.* Où les cuivres lettons sonnent à merveille ! À la *salle Wagner,* Vāgnera 4, petits concerts classiques également *(☎ 67-21-08-14).*

– Deux ***cinémas*** célèbres : le *Andaluzija Suns* (« Le Chien andalou »), *Elizabetes 83/85 (*Berga Bazārs *; plan I, C2, **63**). ☎ 67-28-84-18.* Une adoration pour Buñuel et une belle programmation. Et le *Riga, Elizabetes 61 (plan I, C2, **1**). ☎ 67-28-11-05.* Ancien théâtre avec un porche remarquable. Cependant, complètement caché de la rue par une horreur architecturale des temps soviétiques. En terme de programmation, travaille pas mal avec le centre culturel français.

– ***L'Opéra national*** *(plan II, C2, **122**) : Aspazijas bulv. 3. ☎ 67-07-37-77. • opera.lv • Billetterie tlj 10h-19h.* Une très grande réputation internationale. Prestigieuses programmations, prix très populaires, alors tentez votre chance !

– Voir également les programmes du ***centre culturel français*** *(plan I, C2, **1**),* rubrique « Adresses utiles ».

➤ DANS LES ENVIRONS DE RIGA

Le mémorial de l'holocauste de la forêt de Rumbulla : *à une dizaine de km au sud-est de Riga. Pour s'y rendre : trams n°s 7 ou 9 du grand marché jusqu'au bout, puis bus n° 15 jusqu'au terminus de Rumbulla. Par train, s'arrêter à la station Rumbulla. En voiture, depuis Riga par l'A 6, 2 km avt Salaspils à gauche ; après, indications étonnamment inexistantes : c'est presque impossible à trouver !* C'est là, au milieu d'une épaisse forêt, aux limites même de la ville, que furent assassinés, du 30 novembre au 8 décembre 1941, plus de 25 000 juifs. L'entrée principale du chemin est bien indiquée. Il mène à une clairière où le mémorial, un chandelier à sept branches, est entouré de centaines de pierres marquées des noms de toutes les victimes connues. Cela fait irrésistiblement penser au cimetière de Prague et ses pierres tombales serrées les unes contre les autres.

Salaspils : *à une vingtaine de km au sud-est de Riga. ☎ 67-94-74-01. En train depuis Ogre, Lielvarde ou Aizkraukle, arrêt à Darzini Station (c'est la première en pleine forêt).* Mémorial installé à l'emplacement du camp de concentration où des dizaines de milliers de juifs furent assassinés, mais aussi des tziganes, des opposants politiques, communistes et antifascistes lettons. Une longue barre de béton en pente marque l'entrée du camp et symbolise la route de la vie vers la mort. Une inscription dessus vous y accueille : « Derrière cette porte, la terre pleure. » Statues géantes disséminées dans une vaste clairière symbolisant l'humiliation, la résistance et l'espoir. Entre 1941 et 1944, plus de 100 000 personnes y moururent. Une remarque : on y vend encore un dépliant des temps soviétiques, où pas une seule fois ne sont mentionnées les victimes juives (peut-être n'avaient-ils eux-mêmes pas la conscience tranquille côté déportations et extermination...). On y fait uniquement référence aux milliers de « gens » de la Lettonie occupée, d'URSS et de beaucoup de pays européens emprisonnés dans une quarantaine de baraques !

JURMALA

IND. TÉL. : 371

À une vingtaine de kilomètres de Riga, c'est la grande station balnéaire lettone. Sur plusieurs dizaines de kilomètres, ce ne sont que plages de sable blanc, souvent protégées par des dunes. En fait, Jurmala constitue le nom commun à plusieurs petits villages qui se suivent sur plus de 10 km. Le principal s'appelle *Majori,* c'est là que vous trouverez l'animation, les cafés, l'office de tourisme. L'aristocratie tsariste adorait y séjourner. Puis, dans les années 1920-1930, ce fut une populaire destination de week-end pour les habitants de Riga, ainsi qu'un lieu de résidence également recherché pour ceux qui souhaitaient vivre presque dans la nature, pas trop loin de leur travail. Dans les temps soviétiques, on y venait de partout, car Jurmala avait la réputation d'être la station balnéaire la plus cool, la plus occidentalisée de l'ex-URSS. Aujourd'hui, bien qu'un peu dégradée, il s'agit toujours d'une destination populaire. Dans un bel environnement boisé, certaines villas en bois sont quasiment en ruine, parfois abandonnées avec des planches en travers des fenêtres. Mais d'autres dressent fièrement leurs silhouettes élancées aux couleurs pastel pimpantes de vieilles bourgeoises, coiffées de chapeaux pointus de tuiles rouges portant des collerettes de frises en bois ciselées. Des moignons d'édifices en béton, des immeubles avortés parsèment également, de-ci de-là, les pinèdes, vestiges de projets russes d'hôtels ou de résidences pour la nomenklatura, abandonnés au moment de l'indépendance. La spéculation immobilière n'a pas encore trop fait évoluer le paysage. Tout cela contribue à donner une atmosphère un peu décadente, gentiment nostalgique, saupoudrée d'un brin de poésie.

➢ *Pour y aller, train depuis la gare centrale ttes les 30 mn env (descendre à Majori). Compter 0,65 Ls (1 €) l'aller simple.*

ℹ ***Office de tourisme :*** *Jomas 42.* ☎ *67-76-21-67.* • *jurmala.lv* •

Où manger ?

|●| ***Restaurant Pegasa Pils :*** *Juras 60.* ☎ *67-76-11-69. À l'écart de la route côtière, sur la rue qui tourne autour du centre de Majori. Plats 8-12 Ls (11,50-17 €).* Belle grande bâtisse en bois vert d'eau, ourlée de dentelles en bois blanc, à quelques enjambées de la plage. On s'y restaure dans un cadre plutôt chic dedans et plutôt champêtre dehors (terrasse sous de grands marronniers). Les plats allient le bon au copieux : magrets de canard au miel ou poisson à la sauce caviar... service un peu dépassé par les événements.

À voir

👣👣 ***La maison-musée de Rainis et Aspazija :*** *J. Plieksana 5/7 (rue perpendiculaire au front de mer), Majori.* ☎ *67-76-44-95. Tlj sf lun-mar 11h-18h.* C'est dans cette grande maison en bois, aujourd'hui décatie, que le plus grand poète national et sa femme Aspazija venaient passer l'été. Ensemble de vénérables demeures en bois reliées entre elles, dans un grand jardin. Visite nimbée de nostalgie,

RIGA

peu de choses changèrent depuis la mort de Rainis, en 1929. Photos et souvenirs qui nous font revivre cette époque. Papiers peints défraîchis dans l'escalier menant à son bureau et sa petite chambre. Pas de rideau, pour avoir toujours la lumière. Sur sa table de travail, le calendrier du jour de sa mort, son dernier poème, son journal... Au rez-de-chaussée, la bibliothèque et une grande salle avec de nombreuses photos et documents sur son activité théâtrale, présentés de façon un peu vieillotte (date des années soviétiques), mais ça donne une chaleur et une intimité à la visite.

L'église évangélique de Dubulti : *Baznicas 13,* ***Dubulti.*** *À 1 km de Majori, à droite de la route.* Construite en 1909. Intéressante architecture extérieure de style roman mâtiné d'Art nouveau et de romantisme national, œuvre de W. F. Bokslaf (qui réalisa nombre d'immeubles Art nouveau à Riga). Pendant la période soviétique, elle fut transformée en musée et la police installa son système de communications dans le clocher.

PALAIS DE RUNDALE

IND. TÉL. : 371

Le palais de Rundale : *Pilsrundale,* ***Bauska.*** *☎ 63-96-21-97. • rundale.net • Visites théâtralisées, résas au ☎ 910-83-96. Se rendre d'abord à Bauska (à 75 km au sud de Riga), puis c'est à une douzaine de km à l'ouest. Prendre une visite organisée depuis Riga ou un bus pour Bauska. De là, bus pour Rundales (bien se faire préciser qu'il passe devant le château – « Rundales Pils »). Tlj 10h-19h (18h mai et sept-oct ; 17h nov-avr). Billet : 2,50 Ls (3,50 €). Jardins à la française ouv de mi-mai à mi-oct, entrée 1 Ls (1,50 €).* Le « Versailles » de la Lettonie. Édifié à partir de 1736 par E. J. Biron, duc de Courlande, amant de l'impératrice russe Anna Yoanovna. C'est le célèbre architecte italien Rastrelli (auteur du palais d'Hiver à Saint-Pétersbourg) qui en fit les plans. Impossible d'en décrire tous les fastes, au moins 48 salles à visiter. Entrée monumentale. Remarquables collections de meubles, fresques au plafond, poêles prussiens en faïence, peintures, portraits et objets d'art. Retenons la *salle dorée* (ou salle du Trône), sa richesse époustouflante, la profusion de stucs et l'immense fresque du plafond, allégorie des arts réalisée par des artistes italiens. La *salle blanche,* avec son superbe plafond stuqué représentant des chérubins jouant de la musique ou chassant. Au fond, ne pas rater la magnifique *Oval Porcelain Room,* avec ses faïences chinoises et japonaises du XVIIe au XIXe s. La *Rose Room* présente des impostes décorées à la Boucher.
Certains appartements, entre autres ceux de la duchesse, sont dépourvus de tout décor car les déprédations de la Première Guerre mondiale furent dramatiques. L'armée allemande y avait installé son Q.G. et un hôpital. Les derniers combats de 1919, pendant la lutte pour l'indépendance, se révélèrent également destructeurs. Dans les temps soviétiques, un certain nombre de pièces firent fonction de grenier à grains, tandis que d'autres (notamment les appartements de la duchesse) servirent d'école.
Dans ces derniers, le boudoir fut miraculeusement préservé. Il a même retrouvé son tissu mural en soie, une magnifique copie du modèle original (réalisée à Moscou dans les années 1970), quand il fut décidé de restaurer le château. Superbe poêle décoré de stucs. Chambre à coucher de la duchesse restée en l'état également, car c'était la salle des professeurs. Dans la salle de bains, meubles, porcelaine et bidet amovible d'origine. À gauche, noter sur la table une insolite « pendule de nuit ».
Les extérieurs ne manquent pas non plus de charme, avec de superbes jardins à la française. C'est Versailles, on vous dit !
Possibilité de se restaurer sous les élégantes voûtes des anciennes cuisines, à côté des immenses cheminées. Bonne cuisine à prix abordables.

➤ DANS LES ENVIRONS DU PALAIS DE RUNDALE

Le château de Jelgava : en plein centre du village de Jelgava, sur la route entre Riga et le palais de Rundale, un joli château qui cache difficilement sa massive origine médiévale sous quelques remaniements du XVIIe s. Malgré les derniers assauts d'une rénovation un peu trop bien léchée, le site est très appréciable avec le méandre de la rivière en contrebas de ce fier édifice fortifié.

QUITTER RIGA

En avion

✈ **Aéroport** *(Lidosta) : à 8 km de la ville.* ☎ *67-20-70-09.* • *riga-airport.com* • *Pour y aller : bus n° 22 (6h-minuit) depuis 13 Janvara ou Abrenes (quartier de la gare), ou bien le n° 22A depuis la cathédrale orthodoxe (près de l'hôtel* Latvia*).*

– **Quelques compagnies aériennes :**
■ *Air Baltic et SAS :* ☎ *900-060-06 (résa) ou 67-20-77-77 (agence).*
■ *Aeroflot (plan I, C2) : Skolas 9.* ☎ *67-78-07-70. Lun-ven 8h30-17h30. Également* ☎ *67-66-83-46 (aéroport).*
■ *CSA :* ☎ *67-20-76-36.*
■ *KLM :* ☎ *67-66-13-05.*
■ *Lufthansa :* ☎ *67-50-77-11.*

➢ **Quelques destinations :** Bruxelles, Helsinki, Stockholm, Tallinn (Tallinna), Vilnius (Viļņa), Paris (4 vols/sem avec *Air Baltic,* compter 3h).

En bus

Terminal des bus *(plans I et II, C3) : Pragas 1, à côté de la gare de chemin de fer et du marché central.* ☎ *900-00-09 (résa) ou 900-11-11.* • *autoosta.lv* • *Ouv 5h-minuit (les personnes munies de leur billet peuvent aussi passer la nuit dans la gare).* Distributeurs, bureau de change, consigne, office de tourisme et cafés à l'intérieur.

➢ **Lignes intérieures :** *Bauska* (frontière lituanienne, en 1h30 ; ttes les 40 mn), *Daugavpils* (en 4h ; env 6 bus/j.), *Liepaja* (côte ouest, en 4h ; 12 bus/j.) *et Ventspils* (côte ouest, en 4h ; 12 bus/j.).
➢ **Lignes internationales :** la majorité des grandes villes d'Europe sont desservies. Plus rapide que le train.

■ **Eurolines :** *au terminal des bus.* ☎ *67-21-40-80.* • *eurolines.lv* • *Tlj 6h40-22h.* Bus pour Tallinn (compter 8,50 Ls, soit 12 €), Vilnius (compter 6 Ls, soit 8,50 €), Saint-Pétersbourg (Santpēterburga), Kaliningrad, Bruxelles, etc.
■ **Ecolines :** *au terminal des bus. Également à Caka 45.* ☎ *67-21-45-12.* • *ecolines.net* • *Tlj 7h-21h30.* Bus pour les villes allemandes, Moscou, Bruxelles (compter 78 Ls, soit 110 €), Anvers, Lille, Paris (compter 85 Ls, soit 120 €), etc. Nombreuses liaisons avec les grandes villes d'Europe de l'Est.

En train

Gare centrale *(Centrala Stacija ; plan I, C3) : Stacijas laukums.* ☎ *1181 de l'intérieur et* ☎ *672-311-81 de l'extérieur du pays. Résas :* ☎ *672-333-97 ou 672-16-664.* • *ldz.lv* • On vous répond en anglais. Grande gare moderne avec de nombreux commerces à l'intérieur. Pour les lignes intérieures, guichets de 7 à 11 ; pour les lignes internationales, de 1 à 6. Dans la classe la moins chère, vous vous croirez encore dans un roman de John Le Carré. Pour les trains de nuit, choisissez un peu plus de confort avec les cabines de 4 lits. Sur celui de Moscou, cassez un peu la tirelire pour les luxueuses cabines à 2 lits, avec service personnalisé et vidéo à bord.

➢ ***Pour Daugavpils*** *(frontière lituanienne)* **:** 3 trains/j.
➢ ***Pour Lugazi*** *(frontière estonienne)* **:** 3 trains/j.
➢ ***Pour Moscou*** **:** 2 trains/j. (17h de trajet).
➢ ***Pour Saint-Pétersbourg*** **:** 1 train/j. (14h de trajet).
➢ ***Pour Zilupe*** *(frontière russe)* **:** 1 train/j.

En bateau

Port d'embarquement *(plan I, B2)* **:** *Eksporta 1.* ☎ *67-36-62-00 et 67-20-54-60.* Beaucoup moins de possibilités qu'à Tallinn.

➢ ***Pour Stockholm*** **:** *avec Tallink, Eksporta 3A.* ☎ *67-09-97-00.* • *tallink.lv* • 1 bateau/j. dans les deux sens (compter 16h de trajet). Aller à partir de 25 Ls (36 €) jusqu'à 200 Ls (286 €) en suite.
➢ ***Pour Lübeck*** **:** 3 fois/sem, traversée de 38h env, compter 44-114 Ls/pers (63-163 €) du simple siège à la suite. Avec *Latlines, Zivju 1.* ☎ *67-35-35-23.* • *latlines.lv* • *Embarquement un peu plus au nord de la ville, au terminal Vecmilgravis.*

ESTONIE UTILE

ABC DE L'ESTONIE

- ***Superficie :*** 45 200 km², soit le plus petit des pays baltes (légèrement plus grand que la Suisse).
- ***Population :*** 1 308 000 hab., urbanisés à 70 %.
- ***Capitale :*** Tallinn (403 000 hab.).
- ***Croissance démographique :*** négative (- 0,6 %), due à la faible fécondité des générations, mais aussi en partie à l'émigration de la minorité russe.
- ***Densité :*** 30 hab./km².
- ***Espérance de vie :*** 72,3 ans. Hommes : 66,8 ans ; femmes 78 ans !
- ***PIB/hab. :*** 15 170 €.
- ***Taux de chômage :*** 5,2 %.
- ***Monnaie :*** la couronne estonienne.
- ***Langue :*** estonien.
- ***Régime politique :*** démocratie parlementaire.
- ***Chef de l'État :*** Toomas Hendrik Ilves (depuis octobre 2006).
- ***Premier ministre :*** Andrus Ansip (depuis mars 2005).

AVANT LE DÉPART

Adresses utiles

En France

■ ***Ambassade d'Estonie :*** *17, rue de Baume, 75008 Paris. ☎ 01-56-62-22-00. • est-emb.fr • Ⓜ Malesherbes. Consulat ouv lun-jeu 10h-12h.* En l'absence d'un office de tourisme, on peut trouver sur place quelques brochures ; on peut passer jusqu'à 17h ou se les faire envoyer par courrier.

En Belgique

■ ***Ambassade d'Estonie :*** *av. Isidore-Gérard, 1, Bruxelles 1160. ☎ (02) 779-07-55.* • estemb.be •

■ ***Consulats honoraires :*** *à Anvers et Luxembourg.*

En Suisse

Il n'existe pas d'ambassade estonienne en Suisse : on se réfère normalement à celle de Vienne.

■ ***Consulat honoraire :*** *Bergstrasse 52, 8712 Stäfa. ☎ (44) 926-88-37. • baltics.ch/konsulat •*

Au Canada

- ***Ambassade d'Estonie :*** *260 Dalhousie St, suite 210, Ottawa, Ontario, K1N-7E4. ☎ (613) 789-4222. • estemb.ca • Lun-ven 9h-12h, plus mer 14h-17h.*
- ***Consulat honoraire :*** *800 Victoria Sq, The Stock Exchange Tower, suite 3700, Montréal, Québec, H4Z-1E9. ☎ (514) 397-7441.*

Formalités

Depuis l'entrée de l'Estonie dans l'espace Schengen, les formalités d'entrée sont supprimées pour les citoyens des pays membres de l'UE et pour les Suisses. On peut présenter une simple carte d'identité nationale en cas de contrôle. Les Canadiens sont dispensés de visa pour tout séjour de moins de trois mois (sur une période de 6 mois), mais ils doivent être munis de leur passeport.

Organismes culturels ou associations

- ***Association France-Estonie :*** *2, rue de Lille, 75007 Paris. • france-estonie.org • Ⓜ Solferino.* Animée par des membres de l'Inalco (Institut des langues orientales).
- ***Bibliothèque nordique :*** *6, rue Valette, 75005 Paris. ☎ 01-44-41-97-50. • www-bsg.univ-paris1.fr/nordique/home.htm • Ⓜ Maubert-Mutualité. Lun-ven 13h-18h.* Section de la bibliothèque Sainte-Geneviève, la bibliothèque nordique possède un fonds d'environ 2 000 livres estoniens ou sur l'Estonie.

ARGENT, BANQUES, CHANGE

– ***La monnaie*** est la *couronne estonienne* (*kroon*, EEK ou Kr), divisée en 100 *senti*. Étant donné l'existence de billets de faible valeur, les pièces sont peu utilisées. L'Estonie est la première des ex-républiques soviétiques à avoir abandonné le rouble en 1992. Elle espère adhérer à l'euro en 2010.
– ***Le taux de change,*** fixe, est le suivant : 1 € = 15,65 Kr ; 10 Kr = 0,65 €.

Cartes de paiement

À Tallinn, les cartes de paiement sont facilement acceptées dans les hôtels (sauf les moins chers et les AJ), la plupart des restaurants et des boutiques. Dans le reste du pays, leur usage est nettement plus limité, mais elles permettent de retirer partout de l'argent dans les nombreux distributeurs disponibles. Attention, à la différence de chez nous, les billets sortent du distributeur AVANT la carte. Pour récupérer la carte, il faut activer la fonction « Quitter ». N'oubliez donc pas votre carte dans le distributeur, comme cela arrive à beaucoup de distraits...

Chèques de voyage et change

Les chèques de voyage peuvent être changés dans les banques, mais leur usage n'est pas des plus pratique, surtout en dehors de Tallinn. Les commissions s'élèvent à environ 3 %. Les banques offrent les meilleurs taux pour les devises (ouvertes en général lun-ven 9h-18h). Les bureaux de change sont souvent ouverts le dimanche.

ACHATS

Florissant, l'artisanat estonien révèle une influence scandinave et finlandaise assez nette. À Tallinn, les boutiques de *suveniirid* fleurissent à chaque coin de rue dans la vieille ville. Nombreux stands dans la petite rue Müürivahe, au pied des remparts : vous y trouverez le pull estonien de vos rêves au meilleur prix. En été, les artisans investissent aussi la place de l'hôtel de ville.

Le travail du bois

Le bois prend logiquement une grande importance dans ce pays de forêts – et surtout le travail du bouleau, si souple qu'il peut être découpé en fines lamelles et tressé. On fabrique ainsi de jolis plats et plateaux non vernis. Le bois est généralement brut, orné de motifs géométriques pyrogravés. Dans le genre, les grands coffres à vêtements peuvent être magnifiques ; mais attention, s'ils sont anciens, leur exportation est interdite. Citons également les grandes cuillères ornementales en bois de genévrier, les fleurs en bois, les jouets les plus divers... voire une splendide cuvette de toilette à l'estonienne !

Vêtements traditionnels

Voilà des années que vous bavez devant ces beaux pulls en laine scandinaves aux motifs en jacquard... Ne ratez pas l'occasion : ceux d'Estonie, lourds et chauds, sont tout aussi beaux et au moins deux fois moins chers. Avec capuche ou sans, pulls ou gilets, gants colorés, vous n'aurez que l'embarras du choix. La fabrication du feutre est une vieille tradition : chapeaux et chausses façon médiévale pour affronter l'hiver. Plus classiques, les nappes et vêtements brodés rappellent plus le caractère slave. Les chapkas, elles, viennent tout droit de Sibérie.

Et encore...

Au rayon de l'artisanat, mentionnons aussi les ustensiles en cuir, la vannerie, le fer forgé, le verre soufflé. Beaucoup d'inventivité dans le design. La bijouterie fait souvent appel à l'ambre et à l'argent, comme dans les autres pays baltes, mais avec des formes plus nordiques. La céramique est carrément kitsch, comme ces bocks à bière et ces bougeoirs en forme de bâtiments de Tallinn. Pour les bons vivants : bouteille de Vana Tallinn, de liqueur de canneberge ou Gremi – un cognac géorgien mis en bouteilles à Tallinn. Les CD sont assez bon marché.

BUDGET

Un séjour à Tallinn peut revenir assez cher, en particulier à cause des prix de l'hébergement – tout dépend de votre niveau d'exigence. Le reste du pays est plus abordable et les restaurants sont souvent bon marché. Les étudiants munis d'une carte ISIC bénéficient de tarifs réduits sur les musées, les billets de théâtre, les concerts et parfois même les hôtels (10 %) !
Voici l'échelle des prix de notre guide. Les conversions en euros sont arrondies.

Hébergement

- ***Bon marché :*** moins de 600 Kr (38 €).
- ***Prix moyens :*** de 600 à 1 000 Kr (38-65 €).
- ***Plus chic :*** de 1 000 à 2 200 Kr (65-140 €).
- ***Très chic :*** plus de 2 200 Kr (140 €).

Nourriture

- ***Très bon marché :*** moins de 80 Kr (env 5 €).
- ***Bon marché :*** de 80 à 150 Kr (5-10 €).
- ***Prix moyens :*** de 150 à 270 Kr (10-17 €).
- ***Plus chic :*** de 270 à 450 Kr (17-29 €).
- ***Très chic :*** plus de 450 Kr (plus de 29 €).

Boissons

Une bière coûte environ 30 Kr (2 €), un expresso 15 Kr (1 €).

Musées

Les entrées des musées sont plutôt abordables. Compter entre 20 et 60 Kr (1,30 à 3,80 € environ).

Transports

En ville, bus et tramways valent trois fois rien. Les bus interurbains sont eux aussi bon marché. Les liaisons vers les pays voisins, un peu plus chères, restent également très raisonnables.

CLIMAT

Si l'on s'en tient à sa latitude, l'Estonie devrait claquer des dents tout l'hiver. Grâce à l'influence de la Baltique, le thermomètre descend rarement en dessous de - 20 °C et oscille plus généralement vers - 4 à - 5 °C. Pas de quoi pavoiser direz-vous, mais ce n'est pas encore la Sibérie. Seul hic : les journées ne durent que 6h à la fin décembre... Mais on peut alors gagner les îles en voiture sur la banquise gelée ! Passé le bourbier du printemps, la lumière revient à vitesse grand V. Tout le monde retrouve le sourire. Fin juin, c'est l'apothéose des nuits (presque) blanches. Les Estoniens cessent de se coucher pour faire la fête non-stop. Faites comme eux : un bain dans un lac à 3h du matin... un pur délice ! L'été, les températures moyennes tournent autour de 18 °C, avec des pointes à 30 °C les jours les plus chauds. Mais tout peut changer très vite. L'automne est court et offre de belles couleurs.

DÉCALAGE HORAIRE

L'Estonie est en avance d'une heure sur l'Europe de l'Ouest continentale toute l'année. Le pays a récemment consenti à appliquer l'heure d'été.

FÊTES ET JOURS FÉRIÉS

Placée au fil de son histoire sous la botte danoise, germanique, suédoise et russe, l'Estonie a survécu en s'attachant à ses racines. Mieux encore : elle en a fait le fer de lance de ses revendications identitaires, en particulier sous le régime soviétique.

Les festivals de chant et de danse

Au milieu du XIXe s, les minorités centre et est-européennes secouent le joug de leurs puissances tutélaires – empires pour la plupart décadents. Un peu partout, les revendications nationales fleurissent. En Estonie, c'est par le chant qu'elles s'expriment. En juin 1869, le premier Festival de la chanson est organisé à Tartu, la capitale universitaire du pays. Six autres suivent jusqu'en 1910, attirant un nombre sans cesse croissant de participants et de choristes. Renouant avec les chants populaires de leur lointain passé, inspirés d'un quotidien ardu, les Estoniens redéfinissent leur identité, leur amour de la liberté, du milieu naturel. La guerre, puis la période soviétique n'arrêtent pas le mouvement : les festivals ont désormais lieu tous les cinq ans, à Tallinn, sur une scène spécifiquement construite pour l'occasion. Les chorales regroupent en moyenne 18 000 membres. En 1969, année du centenaire, on en comptait plus de 24 000 !
C'est pourtant l'année 1988 qui voit le plus grand rassemblement de tous les temps : profitant du vent nouveau de la perestroïka, les Estoniens chantent à tue-

tête leur envie d'indépendance. Dans le même genre se tient tous les 5 ans le Festival de danse folklorique (prochaine édition en 2010). D'autres événements similaires se déroulent dans l'intervalle. Parmi les plus renommés, le Festival *Baltica* a lieu dans l'un des trois pays baltes à tour de rôle : Lettonie en 2009, Estonie en 2010 et bien sûr Lituanie en 2011. • folk.kul.ee •

Les fêtes estivales

La Saint-Jean (Jaanipäev)

À l'époque païenne, le cycle du calendrier solaire et les étapes du monde agraire étaient l'occasion de grandes festivités. Ces traditions, christianisées par l'Église, appartiennent à l'ensemble du monde indo-européen, mais l'Estonie, confrontée à un climat rude, s'est plus que d'autres attachée à la célébration des solstices. Symbole de renouveau, assimilé à la naissance du Christ, Noël marquait à l'origine le rallongement des jours. Mais c'est au moment de la Saint-Jean, après le solstice d'été, que la fête était la plus belle. Le 23 au soir, les Estoniens quittent encore les villes pour gagner un bord de rivière ou de lac. De grands feux de joie sont allumés, autour desquels on danse, on chante, on boit. Les plus téméraires sautent à travers les flammes – une manière de se débarrasser des mauvaises vibrations. Les anciens jetaient dans le feu des plantes aux vertus purificatrices. La nuit à peine couchée, voilà le jour qui se réveille. Il est temps de parcourir la campagne à la recherche de la mythique fleur de fougère : un gage de chance pour l'année à venir.

Autres fêtes estivales

– L'été se tiennent de très nombreux festivals de musique : baroque, classique, jazz, mais aussi *beach parties,* etc.
– Début juin, Tallinn célèbre les *Old Town Days,* retour en fanfare vers ses racines médiévales. Les *Hansa Days* de Tartu, à la fin du mois, sont du même acabit.

Jours fériés et fêtes traditionnelles

– ***1er janvier :*** nouvel an.
– ***24 février :*** fête de l'Indépendance de 1918, célébrée par une grande parade militaire à Tallinn.
– ***Avril :*** fêtes de Pâques (Vendredi saint).
– ***1er mai :*** fête du Travail et du Printemps.
– ***Mai-juin :*** Pentecôte.
– ***23 juin :*** *Võidupüha,* jour de la Victoire (sur les troupes allemandes en 1919).
– ***24 juin :*** fête de la Saint-Jean (célébrée la nuit du 23 au 24).
– ***20 août :*** fête de la restauration de l'Indépendance (en 1991).
– ***25 et 26 décembre :*** Noël.

HÉBERGEMENT

Le camping *(kämping)*

Deux options pour les campeurs : dans les parcs régionaux ou nationaux (surtout celui de Lahemaa) pour les purs et durs, très bon marché (50-60 Kr, soit 3-4 €), voire gratuits, pourvus en bois par les gardes forestiers, mais généralement sans service. Sinon, on plante sa tente dans le jardin d'un motel ou d'une ferme, mieux aménagés, à peine plus chers, avec toilettes et eau courante. Un poil plus confortables, les cabanes en bois sont très appréciées des Estoniens pour le week-end. Compter 200 à 300 Kr (13 à 19 €) pour 4 personnes. Sanitaires communs.

Les auberges de jeunesse

Depuis l'indépendance, le réseau s'est largement développé. À Tallinn, plusieurs auberges de jeunesse sont affiliées à l'IYHF et de nombreuses autres sont privées. Bon choix également dans le sud-est du pays et aux environs du parc national de Lahemaa. Certaines ne sont ouvertes que de mai ou juin à septembre. Les prix oscillent entre 150 Kr (10 €) et 250 Kr (16 €) pour un lit en dortoir.

Les *Bed & Breakfast*, logements à la ferme, etc.

Les *Bed & Breakfast (kodumajutus)* ont normalement moins de 5 chambres, les pensions *(külalisternaja)* davantage. Les conditions de confort varient largement, de la piaule vieillotte à la chambre confortable avec salle de bains. De plus en plus populaires, les logements à la ferme *(turismitalu)* permettent d'exercer des activités sur place (équitation, par exemple). Pour 2 personnes, comptez entre 500 et 700 Kr (32 à 45 €). Un peu partout, on peut profiter du sauna (150-200 Kr l'heure, soit 10-13 €). Youpi ! Listing très complet et contacts sur le site • maa turism.ee •

Les hôtels

L'époque des vieux machins soviétiques à l'air de blockhaus est révolue : on n'en trouve presque plus. Les hôtels sont désormais modernes, l'accueil pro, avec sur le haut du panier, bien sûr, les grandes chaînes type *Reval* ou *Radisson.* Et certaines adresses de charme qui ont investi de vieux bâtiments ont vraiment du cachet. Difficile de trouver une double à moins de 500 Kr (32 €). Le petit déjeuner est presque toujours inclus dans le tarif. Et toujours, le sauna en option !

LANGUE

Une langue vénérée

Comme tous les peuples menacés dans leur existence, les Estoniens se sont férocement attachés à leur langue. Celle-ci, plus que toute autre chose, les distingue des autres pays baltes et les rapproche de leurs cousins finlandais – qu'ils peuvent comprendre en tendant un peu l'oreille. De racines finno-ougriennes, l'estonien est aussi lié au hongrois, au lapon et à quelques idiomes sibériens. À peine plus d'un million de personnes le parlent.
Langue complexe, l'estonien ne possède ni articles, ni masculin, ni féminin, mais... deux infinitifs. L'ordre des mots est très souple dans la mesure où le sens est essentiellement indiqué par le cas de déclinaison choisi – et le choix est vaste, puisqu'il en existe 14 ! L'alphabet compte 18 consonnes et 9 voyelles autochtones, dont certaines assez peu communes (õ, ä, ö, ü). Celles-ci peuvent d'ailleurs s'enchaîner sans presque laisser d'espace aux consonnes... D'autres lettres courantes chez nous sont inconnues, comme le *b* ou le *c,* par exemple.

Quelques mots d'estonien

Pour ceux qui auraient envie de s'y essayer, voici quelques mots utiles. Prononcez toutes les lettres séparément.
j = « y » anglais
ä = « a » ouvert (æ)
e = « è »
ö = « eu »
õ = rien de connu (entre le « i » et une sorte de « eu » guttural)

u = « ou »
ü = « u ».

Sinon, rassurez-vous, beaucoup d'Estoniens parlent désormais l'anglais... ou l'allemand.

Oui	*Jah*
Non	*Ei*
S'il vous plaît	*Palun*
Merci	*Aitäh* (ou *tänan*)
Bonjour	*Tere*
Bonjour (matin)	*Tere hommikust*
Bonsoir	*Head õhtust*
Salut !	*Hüvasti !*
Au revoir	*Nägemist* (ou *Head aega*)
Je ne comprends pas	*Ma ei saa aru*
Parlez-vous anglais ?	*Kas te räägite inglise keelt ?*
Comment allez-vous ?	*Kuidas käsi käib / Kuidas sa elad ?*
Bien, merci	*Tänan, hästi*
Je m'appelle...	*Minu nimi on...*
Où se trouve... ?	*Kus on... ?*
Avez-vous... ?	*Kas teil on... ?*
Je voudrais...	*Ma soovin...*
Combien ça coûte ?	*Kui palju see maksab ?*
Café	*Kohv*
Bière	*Õlu*
Vin	*Vein*
Eau	*Vesi*
Boissons	*Joogid*
Hors-d'œuvre	*Eelroad*
Plats principaux	*Praed*
Viande	*Liha*
Poulet	*Kana*
Poisson	*Kala*
Dessert	*Magustoit*
La note	*Arve*
Un billet	*Pilet* (musée) / *talong* (bus)
À la vôtre !	*Terviseks !*
Bon appétit !	*Head isu !*
Ouvert	*Avatud*
Fermé	*Suletud*
France	*Prantsusmaa* (!)
Lundi	*Esmapaëv*
Mardi	*Teisipaëv*
Mercredi	*Kolmapaëv*
Jeudi	*Neljapaëv*
Vendredi	*Reede*
Samedi	*Laupaëv*
Dimanche	*Pühapaëv*
1	*Üks*
2	*Kaks*
3	*Kolm*
4	*Neli*
5	*Viis*
6	*Kuus*
7	*Seitse*
8	*Kaheksa*
9	*Üheksa*
10	*Kümme*
100	*Sada*
1 000	*Tuhat*

POSTE

Les bureaux de poste sont ouverts en semaine de 9h à 18h et le samedi de 9h30 à 15h – exception faite de la poste centrale de Tallinn, aux horaires plus étendus. Cartes et lettres à destination de l'Union européenne doivent être timbrées à 6 Kr (0,40 €).

SITES INTERNET

• ***pays-baltes.com*** • Présentation généraliste et infos pratiques sur les trois pays baltes (en français).
• ***visitestonia.com*** • Le site officiel du tourisme estonien (en anglais).
• ***balticsworldwide.com*** • Le site de référence du *City Paper,* bimensuel américano-estonien consacré aux trois pays baltes.
• ***einst.ee*** • Le site central de l'Institut culturel estonien (en anglais), véritable mine d'informations sur le pays. Propose ses nombreuses publications à la vente – la plupart en anglais, quelques-unes en français.
• ***estonica.org*** • L'encyclopédie de toutes choses estoniennes (en anglais). Marche en lien direct avec le précédent. Certaines pages sont visibles sur les deux sites.
• ***ambafrance.ee*** • Vous l'aviez deviné : le site de l'ambassade de France en Estonie.

TÉLÉPHONE ET TÉLÉCOMMUNICATIONS

Téléphone

Pour appeler l'Estonie, composez le 00 pour l'international, le 372 (code national), puis l'indicatif régional et le numéro. Ceux de Tallinn ont sept chiffres et débutent par un 6 (pas d'autre code) ; les numéros de portables, eux, commencent par un 5. Dans l'autre sens, l'international s'obtient aussi par le 00. N'oubliez pas, après le 33 (France), d'omettre le 0 du numéro français. Pour les Belges, code 32. Pour les Suisses, code 41. Et numéro complémentaire pour les Québécois, le 1.
Les cabines fonctionnent toutes avec des cartes, vendues dans les kiosques, bureaux de poste, offices de tourisme, etc. Elles existent en 50 et 100 Kr (soit 3,20 et 6,50 €). Les appels passés depuis le centre d'appel (à la poste centrale) sont environ 30 % moins chers que ceux effectués d'une cabine.

E-STONIE @ LA PAGE !

Toutes jeunettes, les institutions estoniennes font fi des traditions empesées de nos vieilles républiques et autres monarchies. Conseil des ministres en réseau, suivi des dépenses du gouvernement en ligne, vote par Internet (municipales de 2005, législatives de 2007). Les Russes ne s'y sont pas trompés : mécontents du déboulonnage de la « Statue du soldat soviétique », ils ont lancé des hackers à l'assaut de ce pouvoir politique high-tech pour le déstabiliser. Et quand la reine d'Angleterre visite virtuellement le pays, un huissier informatique annonce-t-il par mailing « Sa Gracieuse Majesté la Reine e-lisabeth ! » ?

Internet

L'Estonie est devenue un fer de lance dans les innovations liées aux nouvelles technologies. On peut payer ses courses ou son parking via son téléphone portable, et le centre historique de Tallinn est intégralement couvert par le wifi gratuit. Dans les cafés, l'ordinateur portable va-t-il détrôner la fameuse Saku ?

TRANSPORTS INTÉRIEURS

– ***L'avion*** ne concerne que fort peu de destinations nationales : il peut toutefois s'avérer pratique pour gagner les îles de l'ouest. Au départ de Pärnu, *Air Livonia* (● *airlivonia.ee* ●) dessert la magnifique petite île de Kihnu (sauf l'été), classée par l'Unesco, ainsi que Ruhnu et Kuressaare (sur Saaremaa).

– ***Le train*** est d'un intérêt très limité : nombre de lignes et de gares ont été fermées depuis l'indépendance. Les trains sont peu fréquents, vieillots et plutôt lents. Seuls valent le coup les services de Tallinn vers Pärnu et Tartu.

– ***Le bus,*** à peine plus cher que le train, est le moyen de transport favori des Estoniens. Chaque ville et village est desservi, en particulier depuis Tallinn. Liaisons fréquentes. Les express (E) sont raisonnablement rapides, les omnibus d'une lenteur déprimante. Les prix sont doux : un trajet Tallinn-Tartu coûte environ 100 Kr (6,50 €). Pensez à réserver le week-end sur les grandes lignes. Tous les pays voisins sont aussi desservis : environ 200 Kr (13 €) pour Riga (5h30 de trajet) par exemple, 390 Kr (25 € environ) pour Saint-Pétersbourg (8h). Voir la rubrique « Quitter Tallinn ».

– ***Les ferries*** permettent de gagner certaines îles, en particulier à l'ouest du pays (Saaremaa, Hiiumaa, Kihnu, etc.). Les passages sont assez fréquents pour les plus grandes, nettement moins pour les autres. On peut passer sa voiture sur les liaisons principales. Prix très abordables, en particulier pour les simples passagers (inclus avec le bus si vous venez de Tallinn). De nombreux ferries et hydroglisseurs desservent par ailleurs les ports étrangers de la Baltique : Helsinki bien sûr, mais aussi Saint-Pétersbourg, Stockholm, Rostock en Allemagne, etc. Le trafic n'est pour ainsi dire interrompu qu'en hiver.

– On peut aussi opter pour une ***location de voitures*** : soit réserver auprès d'une grande compagnie avant le départ (plus sûr mais plus cher), soit sur place auprès des compagnies locales (à l'inverse...). Les routes sont dans un état assez variable en fonction des régions : plutôt bonnes vers Tallinn, médiocres aux abords de Narva (direction de la Russie). Dans la campagne, quelques routes ne sont pas goudronnées. Attention à la faune riche dans les forêts : n'allez pas vous faire couper l'élan par quelque élan ! La vitesse est limitée à 50 km/h en ville, 90 km/h sur les routes (parfois un peu plus), et les feux doivent être allumés tout le temps. Boire ou conduire, il faut choisir : le taux d'alcoolémie est limité à... 0 % !

ESTONIE : HOMMES, CULTURE ET ENVIRONNEMENT

Un des principaux attraits de l'Estonie est la façon surprenante dont l'histoire et la modernité y cohabitent sans heurts. On est tout d'abord agréablement surpris par l'architecture moderne, le confort des hôtels, la multitude de cafés conviviaux et les galeries d'art contemporain. En même temps, on y décèle les traces d'une riche histoire, illustrée par les toits de tuile rouge, les flèches des églises, les girouettes, les tourelles des châteaux vieux de plusieurs siècles. Dès le Moyen Âge, l'Estonie est une composante à part entière de l'espace culturel européen grâce au commerce transitant par ses ports, qui a contribué à faire prospérer le pays tout en le faisant connaître à l'étranger. L'un de ces ports séculaires est Tallinn, la capitale, l'une de ces rares villes encore entourées par un authentique mur d'enceinte médiéval bien préservé, et une cité dont le charme irrésistible en fait une destination de choix. Sa vieille ville est féerique et un peu secrète...

BOISSONS

Bière

De mémoire d'homme, la bière a toujours été la pierre angulaire de toute bonne cuite estonienne. Le week-end venu, les jeunes se retrouvent autour de quelques en-cas et d'une série de bouteilles : un vrai rituel. À l'origine, on faisait la différence entre la bière du nord du pays, maltée, et celle du sud, brassée à partir d'orge et de seigle. Au printemps, on la préparait même avec de la sève de bouleau... Le savoir-faire est sans doute arrivé en Estonie au Moyen Âge, avec les chevaliers germaniques. Aujourd'hui, pour le folklore, on boit parfois sa pression dans un bock en bois ! Rarement moins de 50 cl. Attention au retour de bâton : la légèreté du breuvage n'augure en rien de sa force... Marque de référence : *Saku*, mais *Le Coq* n'est pas mal non plus.

Autres alcools

Délaissée par les jeunes, la vodka fait surtout le malheur des vieux Russes sans espoir de lendemains qui chantent. L'*aquavit* est une eau-de-vie et les liqueurs de fruits rouges tiennent plus du folklore. Celle à la canneberge n'est pas mauvaise du tout. La *Vana Tallinn* (45°), versée dans le café, rappelle un peu le rhum, en plus sombre et en plus âpre, mais les Estoniens n'y touchent guère...

UN BON TUYAU POUR UNE PINTE

Fini le temps de la contrebande dans le double-fond d'un camion. En 2008, un trafic de vodka a été démantelé à la frontière russo-estonienne. Il mettait en scène un pipeline de plusieurs kilomètres, en partie enterré, en partie immergé dans un étang. Objet du délit : plusieurs milliers de litres de vodka qui pénétrèrent illégalement dans la communauté européenne, au nez et à la barbe des douaniers estoniens ! Tonton, pourquoi tu tousses ?

Quant au *champanskoye* russe, fabriqué en Crimée, il a fait son entrée avec l'Armée rouge et n'est jamais reparti.

CUISINE

Côté cuisine, l'Estonie emprunte beaucoup à ses voisins ou conquérants d'hier : Allemagne, Russie, Finlande... On retrouve de tout dans son assiette, sur un registre dans l'ensemble assez simple et parfois même rustique. Marinades à la pelle, poissons et viandes souvent bouillis, soupes, ragoûts et choucroute pour tenir chaud l'hiver. À l'automne, tout le monde fait la cueillette et prépare des conserves. L'excellent pain de seigle accompagne tous les repas. D'ailleurs, ici, on ne dit pas « bon appétit », mais « pourvu que votre pain dure » !
Les *restoran* offrent le plus grand choix. Les cafés *(kohvik)* sont environ 30 % moins chers et proposent surtout des plats simples. Les bars servent toutes sortes de choses, parfois de véritables repas. Toujours intéressant, le plat du jour *(päevapraad).*

Les hors-d'œuvre

Tout commence par là : on y trouve de l'excellent et des choses plus... inhabituelles. Dans la première catégorie, notons les ***poissons*** fumés ou salés (hareng, maquereau, anguille...), les blinis aux œufs de saumon (« caviar rouge »), les ***soupes.*** La *seljanka* à la viande est d'origine russe, tout comme le *borchtch* à la betterave rouge ; le *hapukapsa* à la choucroute est nettement plus germanique. Dans la seconde catégorie, le *sült* (porc en gelée) figure en roi. Méfiez-vous des ***salades*** : beaucoup ressemblent à des macédoines de légumes baignant dans la mayonnaise ou la moutarde. Les plus classiques sont au salami, à la saucisse ou au thon. Un cran au-dessus, le mélange patates-betteraves-hareng en dés.

Les plats de résistance

Malgré la présence de la mer, l'abondance des rivières et des lacs, les Estoniens préfèrent la viande. Le ***porc*** trône en maître sur les cartes, le plus communément servi en escalope avec choucroute et pommes de terre *(seapraad hapukapsaga).* Il peut aussi être pané en *karbonaad,* préparé en ragoût *(ahjuliha)* ou mariné aux herbes. Rien d'incontournable. *Biifsteik* et *kana* (poulet) sont présents dans une moindre mesure. Mais là où l'Estonie excelle, c'est au niveau du gibier (venaison, sanglier et même... ours !). Pour accompagner tout ça, galettes de pommes de terre frites à la crème aigre, champignons de la forêt, oignons, etc. Si vous mangez dans un restaurant caucasien, les *shashlik* (délicieux kebabs marinés) seront forcément au menu. N'oublions quand même pas le ***saumon*** *(lõhe),* la truite *(forell)* et le brochet *(haug).* Dernière chose, si vous croisez des *pasta polognese,* ne croyez pas qu'il s'agisse de nouilles « polonaises »... Elles sont bien « à la bolognaise », le *b* n'existant pas en estonien !

Les desserts

Pour finir le repas, comptez sur un gâteau de semoule *(mannapuder),* servi avec des baies en saison, une salade de fruits ou de bonnes crêpes à la confiture. Les pâtisseries *(pagariäri)* séduiront les amateurs de gâteaux à la crème.

ÉCONOMIE

Fin du XXe s, une économie réinventée

Au lendemain de la sortie de l'URSS, l'économie estonienne, déjà mal en point, s'effondre. Le prix de l'essence augmente de 10 000 %, l'inflation atteint près de

1 000 %, le chômage 30 %... En juin 1992, l'introduction d'une monnaie nationale, la couronne *(kroon)*, permet de réduire l'inflation. L'année suivante, le nouveau gouvernement entreprend une thérapie de choc. Le taux d'imposition est ramené à un niveau identique pour tous (26 %), et l'impôt sur les sociétés est aboli lorsque les profits sont réinvestis en Estonie – une première mondiale. Les droits de douane sont abandonnés, les subventions interdites, tout comme les déficits (par une clause de la Constitution !). Résultat ? Dès la fin 1994, le déclin de l'économie est enrayé. Puis le taux de croissance s'envole, dépassant même 10 %, un record en Europe ; l'investissement étranger afflue. Sans grandes ressources naturelles (bois, tourbe, schistes bitumineux, électricité), l'Estonie se tourne vers les technologies de pointe : près de la moitié des exportations du pays reposent aujourd'hui sur l'électronique – et surtout sur la téléphonie mobile.

Le libéralisme à l'estonienne

L'Estonie a connu huit années de croissance forte, qui culmina en 2006 à 11,4 % (la deuxième de l'UE), avec un chômage résiduel (5,5 %) et des finances publiques équilibrées. Mais du fait d'une inflation encore trop forte (plus de 7 %), l'entrée du pays dans la zone euro a été repoussée à 2010. Beaucoup ont parlé de « miracle estonien ». Mais cette économie ultralibérale est très ouverte. Les investissements étrangers, essentiellement suédois et finlandais, contribuent à 95 % du PIB. Ils sont attirés par une main-d'œuvre hautement qualifiée et une fiscalité avantageuse pour les entreprises. Cette économie est donc très exposée au ralentissement mondial qui a fortement affecté ses résultats en 2007, et plus encore en 2008. Parmi les zones les plus en difficulté, les anciennes zones industrielles à forte population russophone sont pour ainsi dire laissées à l'abandon. Souvent incapables de parler estonien et sans spécialisation, les Russes sont cantonnés dans leur région sinistrée sans perspective d'avenir. Près de la moitié des chômeurs y sont de longue durée. Pour positiver, le pays possède des atouts : technologies de pointe, système éducatif performant, fonds structurels européens. En tout cas, de grosses cylindrées continuent de s'exhiber dans le centre de Tallinn, signes extérieurs de richesse ?

GÉOGRAPHIE

Difficile de faire plus plat... Arasée par le retrait des glaciers il y a 10 000 ans, l'Estonie ressemble un peu à une crêpe criblée de lacs et tartinée de forêts. Le point culminant du pays, le Suur Munamägi, proche de la frontière lettone, atteint tout juste 318 m. On y a installé une tour pour pouvoir profiter du panorama sur la marée de sapins qui l'entoure ! Marais et tourbières occupent 20 % du territoire, la forêt près de la moitié. Elle était si épaisse il y a 1 000 ans qu'un écureuil, dit-on, pouvait sauter de branche en branche des rivages de la Baltique jusqu'à Moscou... À l'est du pays s'étend le lac Peïpous, partagé avec la Russie ; c'est le quatrième plus grand d'Europe (six fois le Léman !).

Ouverte à l'ouest sur la mer Baltique, l'Estonie est bordée au nord par l'un de ses bras, le golfe de Finlande, qui s'étire jusqu'aux portes de Saint-Pétersbourg. Point d'embruns au programme, plutôt des côtes douces aux airs lacustres, colonisées par endroits par les roseaux. Au large flottent 1 521 îles, petites et grandes, dont 13 seulement sont habitées. Et encore en naît-il chaque année de nouvelles : c'est l'effet du rebond isostatique, le relèvement du sol libéré de la masse colossale des glaciers du Würm. Le pays se redresse encore de 3 mm par an !

Le milieu naturel, bien préservé dans son ensemble, abrite des espèces animales ailleurs disparues ou devenues très rares : loups, ours et lynx par centaines, élans par milliers, castors, phoques, aigles, etc. Environ 10 % du territoire estonien est aujourd'hui protégé, en particulier sur les côtes, placées dans l'axe de migration de nombreuses espèces d'oiseaux.

HISTOIRE

L'origine du peuplement

Le territoire de l'actuelle Estonie se peuple il y a environ 13 000 ans, au fur et à mesure que les glaciers se retirent sous l'effet du réchauffement climatique (déjà !). Les tribus finno-ougriennes, venues du sud et du sud-est, vivent de chasse et de cueillette ; certaines progressent encore vers le nord, gagnant et peuplant la Finlande. Peu à peu, une frontière se dessine sur la rivière Daugava : Finno-ougriens au nord, Baltes indo-européens au sud. Le commerce se développe. L'écho de la lointaine Estonie, baptisée Aestii, parvient jusqu'à Rome, où l'on s'arrache l'ambre de la Baltique.
Les premiers siècles de notre ère sont marqués par des épisodes guerriers fréquents : les Baltes et les Vikings lorgnent de plus en plus sur le « pays des Estes ». Suédois et Norvégiens traversent le territoire à la rame, remontant les fleuves vers le cœur de la Russie et l'Asie centrale, commerçant ou pillant en chemin. Vers 1200, la population du pays avoisine les 150 000 habitants, réunis dans des villages fortifiés. Ils s'organisent en huit comtés autonomes, soudés par un souci commun de défense.

Croisés teutons et soldats danois

À l'aube du XIIIe s, le pape, désireux d'une Europe totalement christianisée, appelle de ses vœux une croisade contre les peuples baltes, encore largement païens. Colons et missionnaires allemands s'installent sur le site de l'actuelle Riga (en Lettonie). L'évêque Albert y fonde l'ordre des chevaliers Porte-Glaive et se lance à l'assaut de l'Estonie. Zèle religieux, appât du gain et de la conquête se mêlent inextricablement. Le sud du pays est conquis dès 1217. Le roi du Danemark, Valdemar II, appelé à la rescousse, s'installe au nord et fonde Tallinn (« le fort des Danois »). Tout le pays est désormais occupé.
Le commerce s'empare de la Baltique : la première Ligue hanséatique, fondée vers 1230, porte son attention sur l'ensemble des pays riverains. Des commerçants de Lübeck et de Hambourg s'installent et, dès 1248, Tallinn fait son entrée dans la Hanse. D'autres cités, comme Tartu, la rejoignent bientôt.

Sous la botte des barons baltes

L'Estonie et la Lettonie sont réunies, formant le territoire de la vieille Livonie. Le pays est divisé en trois parts inégales : une pour l'ordre Livonien (branche de l'ordre Teutonique), une pour le diocèse de Tartu, une troisième pour celui de l'ouest et des îles. Les Danois sont chassés du nord du pays par l'ordre en 1346. Des États féodaux émergent, placés sous la tutelle d'une noblesse et d'un clergé germaniques. Une majorité d'Estoniens est réduite au servage. En 1346, la révolte de Saint-Georges enflamme le pays : il faudra deux ans à l'ordre pour la réprimer.
Les villes (et les marchands) s'enrichissent grâce au commerce avec la Ligue hanséatique et s'émancipent peu à peu de la tutelle politique de l'ordre et du clergé. Les conflits d'intérêt sont grands, les escarmouches et les guerres fréquentes. En 1525, la Réforme fait son entrée en Estonie : elle s'implante rapidement, en partie grâce à la réalisation de la première traduction des Écritures en estonien. Mais une guerre d'envergure s'annonce.

La guerre de Livonie

La fin du XVIe s est marquée, dans toute l'Europe, par le renforcement des monarchies et une compétition croissante entre elles pour le contrôle des territoires. Au nord, ordres Livonien, Suédois, Danois, Russes et Polonais entrent en conflit pour le contrôle de la Baltique. Protestants, orthodoxes et catholiques se retrouvent en compétition pour la suprématie religieuse. Manque de chance pour l'Estonie, qui est transformée en champ de bataille, puis en champ de ruines. Famine et épidémies déciment la population, qui chute de 250 000 habitants en 1558 à moins de 100 000 vers 1630... Après plus d'un demi-siècle de chaos, la Suède sort vainqueur de la confrontation ; elle annexe l'Estonie et le nord de la Lettonie. La création de la première université à Tartu et d'écoles élémentaires, puis la suppression du servage gagnent à la cause suédoise une partie de la population estonienne.

L'Estonie russe

À l'aube du XVIIIe s, la Russie de Pierre le Grand s'affirme sur la scène européenne : le tsar, soucieux de modernité, campe désormais sur les rivages de la Baltique, à Saint-Pétersbourg. Attiré par l'ouest, il met le cap sur l'Estonie, déclenchant la guerre du Nord avec la Suède. Nouveaux désastres, nouvelles famines, nouvelle grande épidémie. En 1710, l'Estonie est soumise. Mais la population, qui avait tout juste eu le temps de se reconstituer, est une nouvelle fois divisée en deux...
Pierre Ier renoue avec le cours des choses : la noblesse germanique continue de gouverner les Estoniens, qui retrouvent le servage. L'administration conserve même l'allemand comme langue officielle, tandis que le luthéranisme est confirmé dans ses droits ! L'impact du Siècle des lumières force finalement l'empire russe à accorder la liberté aux paysans en 1819, mais ceux-ci se retrouvent sans terres, toutes allouées aux nobles. Certains se convertissent à l'orthodoxie dans l'espoir d'un mieux hypothétique.

Le réveil national

L'université de Tartu, rouverte en 1802 après une parenthèse d'un siècle, forme les premiers cadres locaux. L'estonien devient langue littéraire à la faveur de la publication du *Kalevipoeg,* un long récit épique qui puise aux sources de la tradition païenne. En 1857, le premier journal estonien est fondé. Les intellectuels se regroupent au sein de sociétés nationalistes, favorisant une explosion culturelle tous azimuts. En 1869, la tenue du premier Festival de la chanson à Tartu sert de détonateur populaire : la cause de l'identité nationale est lancée.
Parvenu sur le trône de Russie en 1881, Alexandre III, conservateur, entreprend une politique de russification intensive. L'estonien est interdit à l'école, le russe imposé partout. Mais il est trop tard. S'inspirant de l'exemple de leurs frères finlandais, les Estoniens rêvent à leur tour d'autonomie.

L'indépendance rêvée

Profitant de la première révolution russe de février 1917, l'Estonie s'affirme : des frontières sont tracées, un Parlement régional constitué, des troupes levées. L'idée d'indépendance paraît d'abord irréaliste. Mais la révolution bolchevik d'octobre et le retrait de la Russie du conflit mondial précipitent le mouvement. La république est proclamée le 24 février 1918 et le drapeau tricolore, bleu, noir et blanc, hissé haut.
Dès le lendemain, en vertu de la paix conclue avec la Russie bolchevik, les troupes allemandes investissent Tallinn ! Elles y campent jusqu'à la fin de l'année et de la Première Guerre mondiale. Dix jours heureux s'écoulent avant que les Soviétiques ne pénètrent à leur tour dans le pays... Les Estoniens résistent, les repoussent et pensent enfin avoir retrouvé la paix. Une assemblée est élue, les grands propriétaires sont expropriés et les terres redistribuées aux paysans estoniens. Mais la réforme semble par trop radicale, y compris en Europe de l'Ouest. Rebelote : les Allemands débarquent une nouvelle fois pour s'opposer au démantèlement des domaines. La milice du Landeswehr, constituée d'Allemands d'Estonie, leur prête main forte.

En 1920, enfin, l'Indépendance de l'Estonie est reconnue par la Russie, condition sine qua non à son entrée à la Société des nations. Une constitution libérale est adoptée. En 20 ans, le pays construit une industrie jusqu'alors inexistante, favorise la science, la culture et les arts nationaux. Mais tout n'est pas rose pour autant. Ainsi, la république est-elle menacée par deux coups d'État : le premier, raté, en 1924, mené par les communistes ; le second en 1934, qui donne naissance à un gouvernement autoritaire.

Entre le marteau et l'enclume

En vertu du pacte secret conclu en 1939 entre Hitler et Staline, les pays baltes tombent dans l'escarcelle soviétique. La guerre à peine déclenchée, l'Estonie, sous la menace, autorise l'installation de bases militaires russes sur son territoire. France et Angleterre, craignant de fâcher leur allié, laissent faire. Le 16 juin 1940, deux jours après la prise de Paris par les troupes nazies, l'URSS lance un ultimatum aux pays baltes : l'invasion débute le lendemain sans rencontrer aucune résistance. Un gouvernement fantoche est mis en place, des élections truquées sont organisées et l'intégration à l'URSS décidée dès le mois d'août... Les entreprises sont nationalisées, les terres redistribuées, le rouble introduit. Parallèlement, plus de 10 000 Estoniens sont arrêtés, exécutés ou déportés en masse en Sibérie.

À l'été 1941, la résistance estonienne des « Frères de la Forêt », forte de 6 000 à 7 000 hommes, favorise l'avancée des troupes nazies lancées à l'assaut du géant russe. Le 28 août, les Soviétiques abandonnent Tallinn. Un convoi de 197 navires, chargés de nombreux civils, prend la mer vers Leningrad : le quart est coulé par les mines et l'aviation ennemie, provoquant la mort de 14 000 personnes. Les Allemands investissent un pays en ruine. D'abord accueillis en libérateurs, ils sont peu à peu rejetés par la population. La valse des exécutions reprend, tandis que les jeunes fuient vers la Finlande pour échapper à la conscription. Début 1944, l'Armée rouge repousse enfin les nazis massés depuis bientôt trois ans aux portes de Leningrad. L'Estonie est en ligne de mire. La mobilisation lancée par les nazis est un succès : les Estoniens craignent les Soviétiques plus encore que les Allemands ! Mais en septembre, ces derniers doivent évacuer le pays. Dans la foulée, 70 000 civils estoniens se réfugient en Suède pour fuir le retour du régime communiste.

Le carcan soviétique

Fin 1944, toute l'Estonie est à nouveau sous la botte soviétique. Arrestations et exécutions reprennent. La résistance, retournée à la forêt (on les appelle les Frères de la Forêt), subsistera néanmoins de longues années. Le dernier rebelle n'a été pris qu'en... 1978 ! Mais la collectivisation forcée prive peu à peu la guérilla de ses assises paysannes. En mars 1949, plus de 20 000 personnes (2 % de la population du pays !) sont à nouveau déportées en Sibérie, dont beaucoup de femmes et d'enfants. En 1950, le gouvernement communiste estonien est destitué dans son ensemble pour « déviance nationaliste ».

MÉMORIAL NON GRATA !

Adossé à un mur de la bibliothèque nationale se tenait un banal monument au soldat soviétique, érigé en 1947. Mais voilà, ce symbole de la douloureuse occupation russe n'était pas des plus agréable au peuple estonien. Cette statue de bronze, en plein centre de la capitale, avait quelque chose de provocateur. En 2007, son exil vers un parc excentré n'aura pas été sans heurts : un mort dans la révolte de la communauté russophone (largement attisée par le Kremlin). Attaques massives de hackers russes contre les systèmes informatiques estoniens. Froid diplomatique. Évitez de demander à un Estonien où est la statue ; sinon, il vous répondra poliment qu'il ne sait pas.

Des cités 100 % russes sont même constituées pour mieux amarrer l'Estonie à l'URSS. L'industrialisation massive transforme le pays. Les troupes, sans cesse plus nombreuses, gardent l'œil rivé à l'Ouest. Le reste n'est qu'histoire soviétique : déstalinisation, retour des déportés, stagnation, russification accentuée... jusqu'à l'arrivée au pouvoir de Mikhaïl Gorbatchev en 1985. Une seule chose distingue alors vraiment l'Estonie de ses républiques sœurs : son esprit d'entreprise, qui lui vaut l'économie la plus dynamique de l'URSS. Le Kremlin en fait même un modèle.

La liberté retrouvée

Dès la fin des années 1970, des voix s'élèvent pour dénoncer la russification. Des manifestations étudiantes, sévèrement réprimées, ont lieu au début des années 1980. Puis, en 1987, la « guerre du phosphore » fait entendre un son nouveau : les Estoniens, unis, s'opposent à la création de nouvelles mines et à l'arrivée d'autres immigrants russes. Le retour d'exil des dissidents permet aux idées de circuler. La même année, à l'occasion de l'anniversaire de la signature du pacte germano-soviétique de 1939, les manifestants demandent carrément le retrait des troupes soviétiques ! Un cap est franchi. En 1988, la « révolution chantante » rassemble à Tallinn près du tiers de la population du pays : la souveraineté est proclamée par le Soviet estonien. Des élections législatives, tenues en 1990, définissent une période de transition. Gorbatchev, désireux de conserver l'intégrité de l'Union, ne réussit pas à trouver de parade. Au lendemain du coup d'État conservateur qui tente de le renverser à Moscou, en août 1991, l'Estonie déclare son indépendance. Moins de 13 ans plus tard, en 2004, le pays intègre l'Union européenne et adhère à l'Otan.

POLITIQUE

L'Estonie est une république dirigée par un président, élu pour 5 ans par le Parlement, lui-même renouvelé tous les 4 ans par suffrage direct. Point d'achoppement : seuls les citoyens estoniens peuvent voter – et une partie de la minorité russe est restée... russe.

Après l'indépendance, en 1991, l'échiquier politique a été occupé un temps par des dizaines de partis ; on n'en compte plus que 6 ou 7 crédibles. Les élections européennes de 2004 se sont distinguées par la participation électorale parmi les plus mauvaises d'Europe (73,3 % d'abstention). Les élections de septembre 2006 ont renforcé la coalition de droite et mis à la présidence le député européen Toomas Hendrik Ilves. Cet ancien ministre des Affaires étrangères et ambassadeur de son pays aux États-Unis succède à l'illustre Arnold Rüütel. À 52 ans, il se présente comme un diplomate reconnu, spécialiste des relations internationales, mais sans grande référence en politique intérieure. Les législatives de mars 2007 ont consacré la victoire du Premier ministre sortant, Andrus Ansip. Reconduit à la tête d'une coalition recentrée à droite avec son parti de la Réforme, ultralibéral, ses alliés de l'Union Pro Patria (conservateurs) et la force d'appoint des sociaux-démocrates. Il souhaite maintenir la prospérité du *petit tigre de la Baltique*. Les priorités du gouvernement sont : la compétitivité du pays, le soutien à la recherche et à l'innovation, la flexibilité du marché du travail, la préparation à l'entrée dans la zone euro. En outre, le gouvernement poursuit sa politique de renforcement de l'enseignement de la langue nationale auprès des russophones, pour faciliter leur insertion au sein de la société.

POPULATION

Petit pays, faible population... le tableau pourrait paraître simple. Et pourtant, l'histoire a joué bien des tours à l'Estonie. Colons allemands, envahisseurs tatars et polonais, marchands juifs, travailleurs russes et des autres républiques de l'URSS, les minorités forment une composante essentielle de l'identité du pays. Aujourd'hui encore, seuls 68 % des habitants de l'Estonie sont estoniens. La plus forte minorité est russe : elle représente 23 % de la population, soit 350 000 personnes, et jusqu'à 100 % dans certaines localités de l'est comme Narva. Cette communauté a été constituée après l'annexion soviétique de 1940, puis lors d'une opération bien orchestrée (qu'on qualifierait aujourd'hui d'épuration ethnique ?) durant les 40 années d'occupation d'après-guerre. Il fut un temps où elle représenta près de 40 % de la population de la république. Ce chiffre baisse doucement depuis l'indépendance, au fil de l'émigration et de la naturalisation des Russes d'Estonie – même si beaucoup tardent à changer de passeport et si certains refusent encore d'apprendre l'estonien ! Progressivement, le nombre de « non-citoyens » est tombé de 32 % en 1991 à 10 % aujourd'hui, grâce à un programme d'encouragement à la naturalisation qui connaît un certain succès, notamment auprès des jeunes générations.

Les Vieux Croyants

Tous les Russes d'Estonie ne sont pas arrivés après 1945. Les Vieux Croyants (aussi baptisés *raskolniki*) se sont installés en Estonie au XVIIe s pour fuir les persécutions dont ils étaient victimes dans les grandes villes de l'Empire. Réfractaires à la réforme de la liturgie orthodoxe ordonnée par le patriarche Nikon, ils fondèrent des communautés libres sur les berges du grand lac Peïpous, où ils vivent encore selon leurs traditions. On estime leur nombre à environ 10 000 personnes.

Les Setus

Peuple finno-ougrien, proche des Estoniens, les Setus s'en distinguent par leurs croyances : ils ont adopté la foi orthodoxe à l'époque où le pays était aux mains du tsar. Une certaine renaissance culturelle est observée depuis l'indépendance, et la langue setu est à nouveau enseignée.

Les Allemands

Maîtresse de l'Estonie pendant plus de six siècles, l'aristocratie terrienne allemande, issue des croisés et des marchands installés à partir du XIIIe s, a joué un rôle majeur dans l'histoire du pays. C'est elle qui a introduit le luthéranisme. Les conquêtes suédoise puis russe n'ont pas modifié sa mainmise sur l'économie et la politique. Vers 1900, un gros millier de domaines agricoles appartenant à la minorité allemande contrôlait près de la moitié des terres arables du pays... Jamais, pourtant, la communauté ne dépassa 6 % de la population ! Une partie des Allemands émigra après l'échec de la conquête germanique des pays baltes en 1919, les autres en 1939, à la veille de l'invasion soviétique.

Les Suédois

L'une des plus anciennes minorités d'Estonie, les Suédois, se sont installés sur les îles et la côte occidentale dès la fin du XIIIe s. Paysans et pêcheurs vivant dans des zones isolées, ils échappèrent d'abord au servage, puis s'y trouvèrent contraints... alors même que l'Estonie était passée aux mains de la Suède ! Leur situation ne s'améliora qu'avec l'indépendance du pays. En 1944, craignant l'arrivée de l'Armée rouge, la plupart prirent la mer pour regagner une mère patrie totalement inconnue – où la forme archaïque de langue suédoise qu'ils parlaient étonna... Seul un millier resta. Les îles devinrent bases militaires et furent interdites à la navigation, les écoles suédoises fermées. Aujourd'hui, les survivants de l'émigration et leurs enfants reviennent sur les traces de leur passé.

RELIGIONS

L'Estonie, comme les autres pays baltes, a été christianisée tardivement (vers le milieu du XIIIe s). Le luthéranisme s'est installé aux XVIe et XVIIe s sous la coupe suédoise. Aujourd'hui, le pays est divisé en deux communautés principales : Estoniens luthériens d'une part, russophones orthodoxes de l'autre. Avec, à mi-chemin, le cas particulier des Setus, un peuple ethniquement proche des Estoniens, qui a adopté la foi orthodoxe... Pour compliquer les choses, certains orthodoxes répondent au patriarche de Moscou, d'autres à celui de Constantinople ! Ajoutons encore le cas des Vieux Croyants, des Russes orthodoxes réfractaires à la réforme de la liturgie, qui ont fui sur les marges de l'empire russe à la fin du XVIIe s pour échapper aux persécutions. Les catholiques sont très peu nombreux, au contraire des églises évangélistes protestantes, assez bien implantées.

SITES INSCRITS AU PATRIMOINE MONDIAL DE L'UNESCO

Organisation des Nations Unies pour l'éducation, la science et la culture

En coopération avec le centre du patrimoine mondial de l'UNESCO

Pour figurer sur la liste du Patrimoine mondial, les sites doivent avoir une valeur universelle exceptionnelle et satisfaire à au moins un des dix critères de sélection. La protection, la gestion, l'authenticité et l'intégrité des biens sont également des considérations importantes.

Le patrimoine est l'héritage du passé dont nous profitons aujourd'hui et que nous transmettons aux générations à venir. Nos patrimoines culturel et naturel sont deux sources irremplaçables de vie et d'inspiration. Ces sites appartiennent à tous les peuples du monde, sans tenir compte du territoire sur lequel ils sont situés. Pour plus d'informations : • http://whc.unesco.org •

– ***1997 ; le centre historique de Tallinn :*** ses origines remontent au XIIIe s, lorsqu'un château fut bâti par les chevaliers de l'ordre Teutonique. La cité s'est développée pour devenir une ville-clé de la Ligue hanséatique et sa prospérité s'est traduite par l'opulence des édifices publics (en particulier les églises) et l'architecture des maisons de marchands, remarquablement bien préservées malgré les ravages des incendies et des guerres.

– ***2005 ; l'arc géodésique de Struve*** (voir « Lettonie : hommes, culture et environnement. Sites inscrits au Patrimoine mondial de l'Unesco »).

ESTONIE : HOMMES, CULTURE ET ENVIRONNEMENT

L'ESTONIE

Pour la carte de l'Estonie, se reporter à la carte générale des pays baltes au début du chapitre « Lituanie utile ».

TALLINN

403 000 hab. ; IND. TÉL. : 372

Des clochers effilés, des toitures médiévales aux tuiles rouges, des palais de marchands cachant des caves voûtées, des cafés et des restos branchés, une ligne de remparts médiévaux hérissés de vingt-six tours de guet intactes, la mer gris-bleu, les bois sombres alentour : est-ce là un mirage au pays de l'ambre ? Un Saint-Malo de la mer Baltique, une Carcassonne nordique ? Abritée au fond d'une baie aux eaux frisquettes, entourée d'immenses forêts et d'étangs, voici la belle sentinelle du Nord, une forteresse très bien conservée et à l'avant-garde, qui, depuis 800 ans, semble guetter à l'horizon l'ombre de ses puissants voisins. Russes à l'est, Scandinaves au nord et à l'ouest, Germains et Slaves au sud, tous plus puissants, tous désireux d'expansion, pour agrandir leurs royaumes ou étendre leurs empires. Ce qu'ils firent d'ailleurs, souvent par la force, au fil des siècles et de l'épée. Ainsi, la capitale estonienne fut-elle tour à tour danoise, germanique, suédoise, russe et soviétique. De ces nombreuses occupations et multiples influences, accumulées comme autant de strates géologiques, cette ville a retenu le meilleur en laissant de côté le moins bon de sa longue histoire. Aujourd'hui, réintégrée à nouveau à sa famille d'origine – l'Europe –, Tallinn se réveille en beauté d'un long endormissement et se retrouve classée par l'Unesco au Patrimoine mondial de l'humanité, pour la beauté et la richesse de ses églises, ses maisons, ses palais. Interdite aux voitures, c'est un joyau qui a maintenu son caractère et sauvé son âme, en restant à taille humaine. Facile à découvrir, le cœur historique de la vieille ville se prête merveilleusement à la marche et, en trois jours, au fil des rues pavées et des places, on finit par s'y sentir chez soi.

UN PEU D'HISTOIRE

Au XIIe s, le cartographe arabe Al Idrisi inscrit pour la première fois la ville de Tallinn sur une carte, la désignant comme une place forte au bord de la mer Baltique. Ses habitants ? De robustes nordiques, cultivateurs, pêcheurs et marchands. Ces Estoniens parlent une langue issue du finno-ougrien, cousine du finnois. Mais voilà : ce sont des païens. Le pape décide d'évangéliser ces gens du Nord, si éloignés de Rome. En 1202, la croisade en terre balte est menée par des che-

PAR SAINT OLAF ! CETTE BATAILLE, C'EST LA CROIX ET LA BANNIÈRE !

Selon la légende, le drapeau danois (Dannebrog) serait un étendard miraculeux venu du ciel pour donner la victoire sur les Estoniens lors de la bataille de Tallinn au XIIIe s. Cette croix blanche de saint Olaf sur fond rouge aura fait son chemin en devenant la base de nombreux drapeaux du Grand Nord : Danemark, Suède, Finlande, Norvège, Islande, îles Féroé.

A
B
C
D
1
2
3
4
5
6
NORD
Tööstuse
Uus-Kalamaja
Noole
Vana-Kalamaja
Suur-Patarei
Jahu
Soo
Linnaha
Volta
Kungla
Salme
Kalevi
Graniidi
Valgevase
Vabriku
Niine
Põhja pst
Kopli
Kotzebue
Rannamäe tee
Telliskivi
VANALINN
Nunne
Lai
Pikk
Uus
Mere pst
Vene
RAEKOJA PLATS
Rohu
Saue
Tehnika
Paldiski mnt
Falgi tee
45
Toompuiestee
Toompea
Rüütli
Harju
Pärnu mnt
Estonia pst
VABADUSE VÄLJAK
Koidu
A. Adamson
Wisman
Kaarli pst
31
Roosikrantsi
Pärnu
Sakala
Ravala pst
Roopa
Luise
Villardi
Madara
Tehnika
16
14
Tõnismägi
Kentmanni
Tatari
P
P. Süda
17
Endla
Toom-Kuninga
4
1
13
mnt
Liivalaia
131, 137
Endla
Suur-Ameerika
RUMMU
Komeedi
Koidu
Saturni
Väike-Ameerika
Tulika
Pärnu
Veerenni
Kristiina
HAAPSALU, PÄRNU, KIRDALU 20

TALLINN – PLAN GÉNÉRAL (PLAN I)

valiers allemands (basés à Riga), en rivalité avec les Suédois et les Danois. Les combats font rage, et finalement Valdemar II, le roi du Danemark, tire son épingle du jeu en prenant le contrôle de Tallinn en 1219. Il en fait une place stratégique au carrefour des voies du commerce maritime. La ville tire son nom de cet épisode : celui-ci signifie en effet la « ville des Danois » (*taani* = danois ; *linn* = ville).

Influences danoise, germanique, suédoise

L'histoire de Tallinn n'est ensuite qu'une succession d'influences et d'occupations étrangères. Tallinn est contrôlée par les Danois alors que les campagnes passent sous la mainmise des chevaliers germaniques. Du XIIIe au XVIIe s, les descendants de ces rudes conquérants s'enracinent. Ils règnent sur la terre noire d'Estonie, « la petite grange de l'Europe », et leur influence durera près de 700 ans, jusqu'à la Seconde Guerre mondiale. En 1248, Tallinn adopte les règles architecturales, juridiques et commerciales de son modèle : Lübeck, port prospère de la côte nord-est de l'Allemagne. Cette ville « marraine » lui accorde en 1283 le droit de commercer avec les prestigieuses cités de la Ligue hanséatique : Bruges, Londres, Hambourg, Novgorod, Bergen... La voilà donc entrée dans la sphère d'influence la plus puissante d'Europe : une véritable « corne d'abondance », le « G8 de l'Europe médiévale » !

Européenne dès le XIIIe s

En 1346, les Danois vendent Tallinn aux chevaliers de l'ordre Teutonique. Au Moyen Âge, Tallinn, que les Germains appellent *Reval,* ne compte que 4 000 habitants, mais la cité ressemble à une forteresse imposante, cernée d'épais remparts hérissés d'une ribambelle de tours de guet. Le peuple parle l'estonien, les marchands l'allemand, tandis que le clergé et les lettrés utilisent le latin. Propagées depuis la Suède, la Réforme et les idées de Luther gagnent le pays. Conséquence : les églises catholiques de Tallinn passent au culte protestant. Ce n'est pas assez pour les Suédois. Ils traversent la mer Baltique pour la conquérir en 1561. La cité estonienne reste ainsi sous la férule suédoise pendant près de 150 ans.

Tallinn dans l'empire russe

En 1710 arrivent des conquérants d'un nouveau style : les Russes. Après les Scandinaves, ces nouveaux occupants viennent des grandes plaines froides aux confins de l'Europe et de l'Asie. Les Russes imposent leur culture mais tolèrent l'allemand comme langue de commerce. Le tsar Pierre le Grand aime Tallinn, qu'il visite à onze reprises, logeant d'abord dans un chalet, puis dans le château de Kadriorg, à l'orée de la forêt. La capitale estonienne restera sous mainmise russe jusqu'en 1918. L'Estonie se déclare alors indépendante, et Tallinn en est la capitale. Une période cruciale mais brève de son histoire, qui s'étend de 1918 à 1940. En 1940, les troupes soviétiques occupent Tallinn, les derniers barons baltes quittent le pays. Le 14 juin 1941, Staline ordonne les premières déportations massives. La guerre en Europe donne la supériorité aux nazis, qui en profitent pour envahir Tallinn et chasser les Soviétiques. Tallinn vit à l'heure allemande pendant 3 ans, jusqu'à ce que les Soviétiques reviennent par les airs. Le 9 mars 1944, Tallinn connaît une des pires journées de bombardement de son histoire. Le 18 septembre, les nazis s'enfuient, les Soviétiques occuperont à nouveau la ville... jusqu'à l'indépendance, en août 1991.

Vieille capitale d'une jeune nation indépendante

Un Estonien sur trois habite dans l'agglomération de Tallinn, où vivent encore environ 35 % de Russes (dont beaucoup ne parlent pas l'estonien). Plus tournée vers la Scandinavie que vers le monde russe, Tallinn représente le cœur et le moteur du développement de l'Estonie, concentrant dans son comté de 80 à 90 % des inves-

Adresses utiles

- Offices de tourisme *(plan II)*
- Poste centrale *(plan II)*
- Gare ferroviaire *(plan II)*
- Gare routière *(plan I)*
- **1** Ambassade de France *(plan I)*
- **2** Ambassade de Belgique *(plan II)*
- **3** Ambassade du Canada *(plan II)*
- **4** Consulat de Suisse *(plan I)*
- **5** Ambassade de Russie *(plan II)*
- **6** Librairie Apollo et Kehrwieder Café *(plan II)*
- **7** City Bike *(plan II)*
- **8** Supermarché Rimi et Pharmacie Apteek *(plan II)*
- **9** Marché central Kestburg *(plan I)*
- **10** Marché au tricot *(plan II)*
- **11** Baltic Medical Partners *(plan I)*
- **12** Eurodent *(plan I)*
- **13** SL Meedik et Laverie *(plan I)*
- **14** Pharmacie 24h/24 *(plan I)*
- **15** Centre culturel français *(plan II)*
- **16** Bibliothèque nationale *(plan I)*
- **17** Avis *(plan I)*
- **18** Europcar *(plan II)*
- **19** Hertz *(plan I)*
- **20** Tallinn Magdalena Hospital & Policlinics *(hors plan I)*

Où dormir ?

- **30** Reval Hotel Central *(plan II)*
- **31** St-Barbara Hotell *(plan I)*
- **32** 16 € *(plan II)*
- **33** Olevi Residents *(plan II)*
- **34** City Guesthouse et Residence OÜ *(plan II)*
- **35** Old Town Backpackers Hostel *(plan II)*
- **36** Erel Group *(plan II)*
- **37** Old House Hostel *(plan II)*
- **38** Old House Guesthouse *(plan II)*
- **39** B & B Rasastra *(plan II)*
- **40** Romeo Family Apartaments *(plan II)*
- **41** Meriton Old Town Hotel *(plan II)*
- **42** The Three Sisters *(plan II)*
- **43** Hostel Alur *(plan II)*
- **44** Hotell G9 *(plan II)*
- **45** Uniquestay Hotels *(plan I)*
- **46** Skåne Hotell *(plan II)*
- **47** Vana Tom *(plan II)*
- **48** Beata Hostel *(plan II)*

Où manger ?

- **60** Bosphorus *(plan II)*
- **61** Bar-resto Kompressor *(plan II)*
- **62** The Old Club *(plan II)*
- **63** Kaerajaan *(plan II)*
- **64** Kohvik Mademoiselle *(plan II)*
- **65** Beer House *(plan II)*
- **66** Kuldse Notsu Korts *(plan II)*
- **67** Peppersack *(plan II)*
- **68** Vanaema Juures *(plan II)*
- **69** Pegasus *(plan II)*
- **70** Controvento *(plan II)*
- **71** Troïka *(plan II)*
- **72** Aed *(plan II)*
- **73** Eesti Maja *(plan II)*
- **74** Cantina Carramba *(plan I)*
- **75** Ö *(plan II)*
- **76** Klafira *(plan II)*
- **77** Kohvik Moskva *(plan II)*
- **78** Turg *(plan II))*
- **79** Hell Hunt *(plan II)*

Où boire un verre ?

- **69** Pegasus *(plan II)*
- **77** Kohvik Moskva *(plan II)*
- **79** Hell Hunt *(plan II)*
- **90** Joséphine Chocolaterie *(plan II)*
- **91** Café Kehrwieder *(plan II)*
- **92** Angel *(plan II)*
- **94** Saint-Patrick's Pub *(plan II)*
- **95** La Casa del Habano *(plan II)*
- **96** Kohvik Maïamoskk *(plan II)*
- **97** Le Bonaparte *(plan II)*
- **98** Gloria *(plan II)*

Où sortir ? Où écouter de la musique ?

- **100** Von Krahli Bar *(plan II)*
- **101** Scotland Yard *(plan II)*

Où danser ?

- **92** Club Angel *(plan II)*
- **103** Hollywood *(plan II)*
- **104** Café Amigo *(plan II)*
- **105** Privé *(plan II)*
- **106** Venus *(plan II)*
- **107** Club Bon Bon *(plan II)*

À voir

- **120** Ancienne mairie et Musée estonien de la Photographie *(plan II)*
- **121** Pharmacie-musée du Magistrat *(plan II)*
- **122** Église du Saint-Esprit *(plan II)*
- **123** Église Saint-Olaf *(plan II)*
- **124** Monastère dominicain *(plan II)*
- **125** Église-musée Saint-Nicolas *(plan II)*
- **126** Musée d'art Kumu *(plan I)*
- **127** Musée d'Histoire de Tallinn *(plan II)*
- **128** Musée maritime estonien *(plan II)*
- **129** Musée de l'Occupation *(plan II)*
- **130** Palais de Kadriorg *(plan I)*
- **131** Musée en plein air Rocca al Mare *(hors plan I)*
- **132** Musée d'Histoire estonienne *(plan II)*
- **133** Musée de la Banque d'Estonie *(plan II)*
- **134** Musée d'Histoire naturelle *(plan II)*
- **135** Passage Sainte-Catherine *(plan II)*
- **136** Musée du Théâtre et de la Musique *(plan II)*
- **137** Zoo *(hors plan I)*

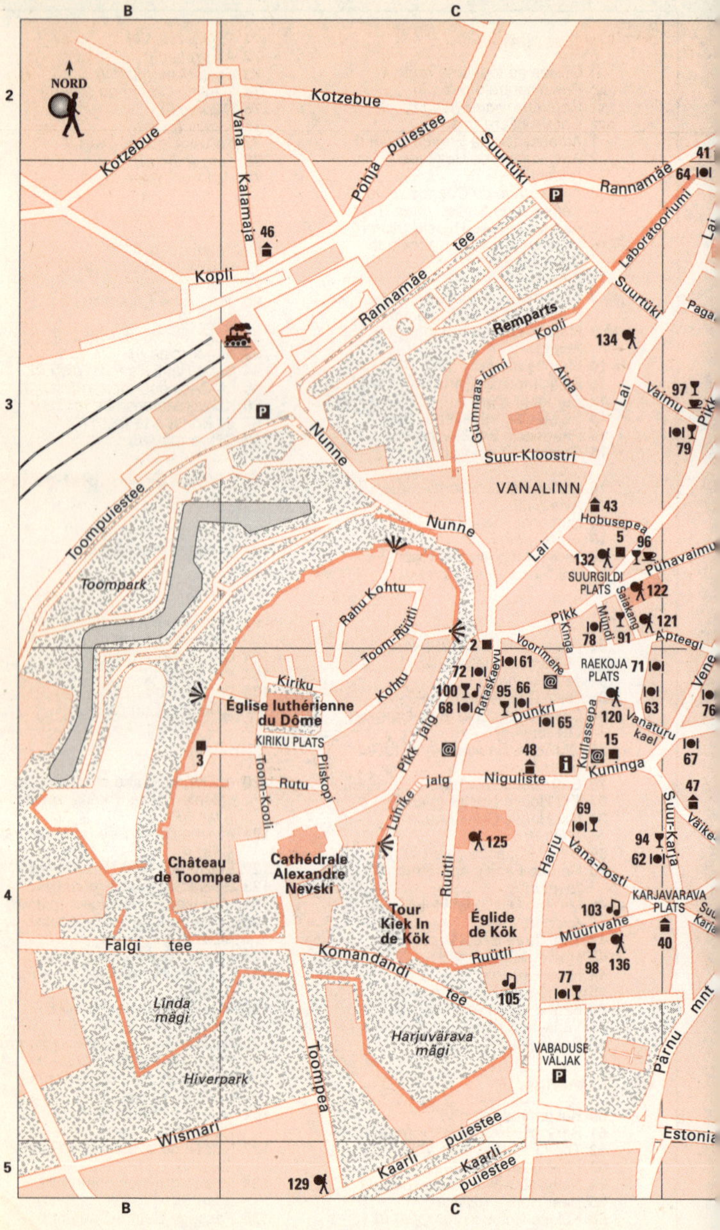
NORD
Kotzebue
Kotzebue
Vana Kalamaja
Põhja puiestee
Suurtüki
Rannamäe
Kopli
Rannamäe tee
Laboratooriumi
Suurtüki
Remparts
Kooli
Aida
Lai
Vaimu
Pikk
Gümnaasiumi
Nunne
Suur-Kloostri
VANALINN
Toompuiestee
Toompark
Nunne
Hobusepea
Lai
SUURGILDI PLATS
Pühavaimu
Rahu Kohtu
Toom-Rüütli
Pikk
Kinga
Mündi
Saiakang
Apteegi
Voorimehe
RAEKOJA PLATS
Vene
Kiriku
Kohtu
Rataskaevu
Dunkri
Église luthérienne du Dôme
KIRIKU PLATS
Pikk jalg
Vanaturu kael
Kullassepa
Kuninga
Niguliste
Toom-Kooli
Rutu
Piiskopi
Lühike jalg
Harju
Suur-Karja
Väike-
Vana-Posti
Château de Toompea
Cathédrale Alexandre Nevski
Rüütli
KARJAVARAVA PLATS
Tour Kiek In de Kök
Églide de Kök
Müürivahe
Falgi tee
Komandandi tee
Rüütli
Linda mägi
Harjuvärava mägi
VABADUSE VÄLJAK
Hiverpark
Toompea
Pärnu mnt
Wismari
Kaarli puiestee
Kaarli puiestee
Estonia
B
C
2
3
4
5

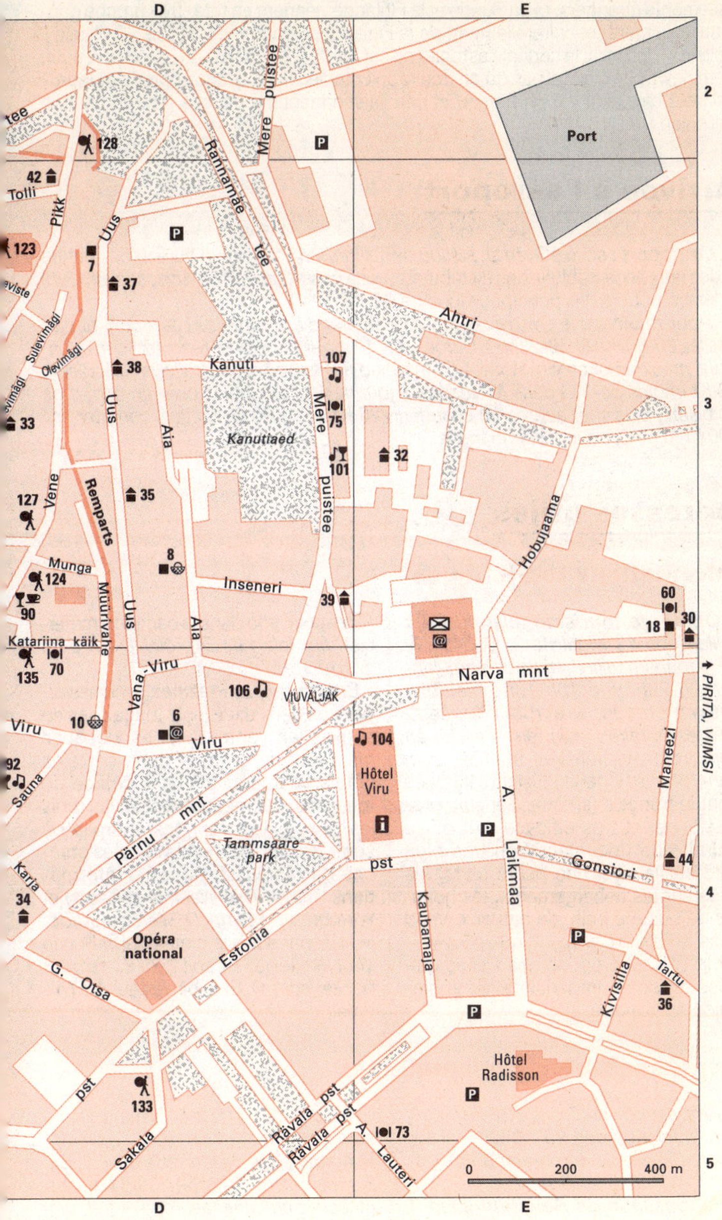

TALLINN – VIEILLE VILLE (PLAN II)

tissements étrangers, où la Suède et la Finlande viennent en tête. Très proche géographiquement, et culturellement, de la Finlande, surnommée parfois « Tallsinki » (Tallinn + Helsinki), la capitale estonienne est, ne l'oublions pas, un grand port actif. Hemingway ne disait-il pas qu'on trouve un Estonien dans chaque port du monde ? On peut dire qu'il y a un bateau et une liaison maritime dans la tête de chaque Tallinnien !

Arrivée à l'aéroport

✈ ***L'aéroport :*** *situé à 3 km slt au sud de Tallinn.* On y trouve un bureau de change (à des taux acceptables), des distributeurs, une poste *(lun-ven 8h-18h ; sam 8h-15h)* et les comptoirs des principaux loueurs de voitures.

➢ ***Pour rejoindre le centre :*** *le bus n° 2 se prend à la sortie de l'aéroport, et part ttes les 20-30 mn 6h30-23h50. Durée : env 10 mn. Il s'arrête au terminal Teenindusmaja, près du* Sokos Viru Hotel, *à 5 mn à pied de l'entrée est de la vieille ville. Billet : 13 Kr (moins de 1 €) dans le kiosque à journaux. C'est moins cher en carnet de 10 billets, plus cher auprès du chauffeur (20 Kr, soit 1,30 €). En taxi, compter env 100 Kr (6,50 €) pour le même trajet.*

Adresses utiles

TALLINN

Informations touristiques

i ***Office de tourisme*** *(plan II, C4) : Kullassepa 4 / Niguliste 2.* ☎ *645-77-77.* • *tourism.tallinn.ee* • *Juil-août, lun-ven 9h-20h, w-e 10h-18h ; mai-juin, lun-ven 9h-19h, w-e 10h-17h ; sept, mêmes horaires mais ferme à 18h en sem ; oct-avr, lun-ven 9h-17h, sam 10h-15h.* On y parle plusieurs langues dont le français (en été). Sérieux, professionnel et très efficace, cet office fournit une documentation très bien faite sur la ville, une petite carte, les infos sur les hébergements, les horaires de bus, de train, de bateaux. Vend aussi la *Tallinn Card,* pratique pour visiter la ville, et propose des visites guidées en bus à impériale avec audioguide en français.

Autre point info dans le centre commercial *Viru (plan II, E4), ouv tlj 9h-21h.* ☎ *610-15-57.*

– ***Brochures, magazines :*** munissez-vous de deux excellents magazines en anglais (en vente dans les kiosques mais parfois gratuits dans certains hôtels, restos et même à l'office de tourisme), qui recensent tous les mois les lieux à découvrir, les endroits où sortir, les derniers restos et cafés branchés. Précieuses mines d'informations. *Tallinn This Week* (• *ttw.ee* •) et *Welcome ! Tallinn* (• *welcomguide.lv* •). À voir aussi le trimestriel *Tallinn in Your Pocket (35 Kr, soit 2,30 € ;* • *inyourpocket.com* •). Et le bimestriel *Art This Week.*

Représentations diplomatiques

■ ***Ambassade de France*** *(plan I, B5-6,* ***1****) : Toom-Kuninga 20.* ☎ *631-14-92.* • *ambafrance.ee* • *Lun-ven 9h30-13h, 14h30-17h30 (16h30 ven).*

■ ***Ambassade de Belgique*** *(plan II, C3-4,* ***2****) : Rataskaevu 2.* ☎ *627-41-00.* • *tallinn@diplobel.be* • *Lun-ven 9h-13h.*

■ ***Consulat de Suisse*** *(plan I, C5,* ***4****) : Tuvi 12/28.* ☎ *631-30-41.* • *matti.klaar@starman.ee* •

■ ***Ambassade du Canada*** *(plan II, B4,* ***3****) : Toom-kooli 13.* ☎ *627-33-11.* • *dfait-maeci.gc.ca/canadaeuropa* • *Lun-ven 8h30-17h.*

■ ***Ambassade de Russie*** *(plan II, C3,* ***5****) : Pikk 19.* ☎ *646-41-75.* • *tallinn.russembassy.org* •

Argent, banques, change

Aucun problème pour trouver des distributeurs et des bureaux de change dans le centre, notamment autour de Vabaduse väljak et dans les rues adjacentes à la Raekoja plats. Les banques, ouvertes en semaine (9h-18h généralement), proposent un taux plus avantageux.

■ ***Western Union :*** guichets *Western Union* au 1er étage de la poste centrale et sur Viru, pour les transferts urgents de fonds depuis l'étranger.

Télécommunications

✉ **Poste centrale** *(plan II, E3-4) : Narva mnt 1.* ☎ *661-66-16.* ● *post.ee* ● *Lun-ven 8h-20h ; sam 9h-17h.* Service philatélique au rez-de-chaussée. Autre petit bureau dans le centre : *Viru 20. Tlj sf lun 10h (15h w-e)-19h.*

@ **Internet café :** *Rataskaevu 18 (plan II, C4), tlj 10h-22h (19h dim) ; Kuninga 4 (plan II, C4), tlj 10h-20h ; Voorimehe 1 (plan II, C4), au 1er étage, tlj 8h-20h (21h en été). Compter 35 Kr/h (2,20 €).* Également à la poste centrale *(plan II, E3-4)* et à la bibliothèque nationale. Le wifi gratuit fonctionne quasiment partout.

@ ***Kehrwieder Café*** *(plan II, D4,* ***6****)* ***:*** *à la* Librairie Apollo, *Viru 23. Lun-ven 10h-20h ; sam 10h-19h ; dim 11h-17h.* Au 1er étage de cette excellente librairie, ce petit café littéraire, confortable et bien aménagé, permet de surfer sur le Net, de feuilleter des bouquins et de boire un bon café ou un thé dans une ambiance culturelle et branchée.

– ***Accès au wifi :*** en appelant le ☎ 52-52-202, ou en y envoyant un sms libellé « linna WIFI », on obtient un accès wifi gratuit de 24h, avec nom d'usage et mot de passe, valable dans les centaines de points wifi de la capitale. Voir le site ● WIFI.ee ●

Santé, urgences

■ ***Ambulances :*** ☎ *112.*

■ ***Urgences : Tallinn First Aid hotline,*** ☎ *697-11-45.* On répond en anglais aux questions concernant les dentistes et les hôpitaux.

■ ***Tallinn Magdalena Hospital & Policlinics*** *(hors plan I par C6,* ***20****)* ***:*** *Pärnu mnt 104.* ☎ *697-31-04.*

■ ***Dentistes : Baltic Medical Partners*** *(plan I, F5,* ***11****), Tartu mnt 32.* ☎ *601-05-50.* ● *bmp.ee* ● *Lun-ven 8h-14h.* ***Eurodent*** *(plan I, G5,* ***12****) : Tartu mnt 63.* ☎ *611-55-51.* ● *eurodent.ee* ●

■ ***SL Meedik*** *(plan I, C5-6,* ***13****)* ***:*** *Pärnu 48A.* ☎ *646-33-90.* ● *slmeedik.ee* ● *Lun-ven 9h-18h (15h juin-août).* Médecins généralistes et pédiatres parlant anglais, consultables sur rendez-vous.

■ ***Pharmacie Apteek*** *(plan II, D3,* ***8****)* ***:*** *Aia 7, attenante au supermarché* Rimi. *Tlj 9h-20h (18h dim).*

■ ***Pharmacie ouverte 24h/24 : Farmacia*** *(plan I, C5,* ***14****), Tõnismägi 5.* ☎ *644-22-82. Tlj 24h/24 (sonnette 20h-8h). Dans le quartier de la Bibliothèque nationale.*

Culture, francophonie

■ ***Centre culturel français*** *(plan II, C4,* ***15****)* ***:*** *Kuninga 4.* ☎ *627-11-90.* ● *ccf.ee* ● *Au 1er étage, après avoir passé la cour intérieure. Lun-ven 9h30-19h30 (16h ven) ; sam 11h-16h.* Livres en français, ou traduits en français de l'estonien, en consultation libre.

■ ***Salle française de la Bibliothèque nationale d'Estonie*** *(plan I, C5,* ***16****)* ***:*** *Tõnismägi 2.* ☎ *630-76-11. Au 7e étage du bâtiment. Lun-ven 10h-18h (20h mar, jeu) ; sam 12h-19h.* Pour y accéder, il faut présenter une pièce d'identité à la réception, au rez-de-chaussée, remplir un formulaire, et l'on vous délivre une carte d'accès (coût modique) valable un jour. Nombreux classiques de la littérature française, mais aussi des magazines et journaux en français.

■ ***Veronika Palandi :*** *Kaarli pst 9-16.*

☎ 554-22-51. • vpalandi@hot.ee • Veronika Palandi est polyglotte. Elle travaille comme guide francophone en Estonie et dans les pays baltes. Elle peut guider, dans Tallinn et ses environs, des visiteurs individuels (1 ou 2 personnes) ou des groupes. Sympathique et très compétente. Réserver bien à l'avance.

■ ***Rahvusooper – Opéra national*** *(plan II, D4) : Estonia 4.* ☎ *683-12-60.* • *opera.ee* • *Loc tlj 11h-19h.* Excellente programmation dans ce pays riche en événements musicaux classiques. Et prix des billets très abordable (si ça pouvait inspirer nos directeurs de théâtres !).

Achats et services

■ **Librairie Apollo** *(plan II, D4,* ***6****) : Viru 23. Lun-ven 10h-20h ; sam 10h-19h ; dim 11h-17h.* Une excellente librairie, sans doute la meilleure de Tallinn, avec un cybercafé *Kerwieder* confortable au 1er étage. Livres sur l'Estonie, guides, cartes, plans de ville.

Supermarché Rimi *(plan II, D3,* ***8****) : Aia 7. Tlj 9h-22h.*

Marché au tricot *(plan II, D4,* ***10****) : Müürivahe (porte de Viru).* Sous le très beau rempart avec son chemin de ronde couvert, une pléiade de camelots (et lotes) propose un festin de chaussettes, bonnets, pulls, à la gloire de l'aiguille à tricoter.

Marché central Kestburg *(plan I, F5,* ***9****) : Turu Poik 2. À 2 km env au sud-est de la vieille ville par le boulevard Tartu mnt ; entre la rue Juhkentali et Tartu mnt, à l'angle des rues Jacobi et Keldrimäe. Trams nº 2 ou 4. Tlj 8h-16h.* Pour retrouver l'ambiance d'avant l'indépendance (par curiosité seulement, et non par nostalgie), il faut venir ici. La plupart des éventaires et des boutiques sont tenus par des vendeurs et des vendeuses russes. Coiffés de leur chapka en hiver, ils parlent le russe, certains baragouinent l'estonien : on se croirait dans les faubourgs de Saint-Pétersbourg. Et pourtant, les Estoniens l'aiment bien, ce marché vivant et toujours plein de victuailles : fruits, légumes, poissons, charcuterie mais aussi des vêtements. Une partie du marché est en plein air, l'autre est abritée dans un grand bâtiment.

■ **Laverie** *(plan I, C5-6,* ***13****) : Pärnu 48. Lun-sam 8h-20h ; dim 11h-19h.*

TALLINN

Location de voitures

Compter env 700 Kr/j. (55 €) pour une voiture de catégorie A. Voici quelques adresses de loueurs :

■ **Avis** *(plan I, D5,* ***17****) : Liivalaia 13/15.* ☎ *667-15-15.* • *avis.ee* • *Lun-ven 8h-17h. Une agence également à l'aéroport (☎ 605-82-22). Pas d'agence au terminal A du port de passagers, mais on y peut récupérer un véhicule réservé.*

■ **Budget** *: à l'aéroport.* ☎ *605-86-00.* • *budget.ee* •

■ **Europcar** *(plan II, E3,* ***18****) : Narva mnt 7d.* ☎ *610-93-17. À l'aéroport,* ☎ *605-80-31.* • *europcar.ee* • *Lun-ven 9h-17h ; w-e 9h-15h.*

■ **Hertz** *(plan I, E-F3,* ***19****) : Jõe 9.* ☎ *611-63-33.* • *hertz.ee* • *Lun-ven 9h-18h. À l'aéroport,* ☎ *605-89-23.*

■ **National Car Rental** *: à l'aéroport.* ☎ *605-80-71.* • *nationalcar.com* •

■ **Sixt** *: à l'aéroport.* ☎ *605-81-48.* • *sixt.com* •

Comment se déplacer ?

– ***À pied*** *:* le moyen idéal pour découvrir la vieille ville, qui n'est pas très grande (environ 1 km du nord au sud, sur 500 m d'est en ouest). Les voitures sont interdites (sauf pour les locaux et les livraisons), ce qui rend la promenade très agréable, presque enchanteresse ! Prévoir néanmoins de bonnes chaussures, les beaux gros

pavés historiques sont un calvaire pour des chevilles mal soutenues. Au-delà, pour circuler dans les faubourgs plus éloignés, il faut composer avec les transports en commun ou un taxi.
– ***À vélo :*** *avec* **City Bike** *(plan II, D3,* ***7****), Uus 33. 511-18-19. • citybike.ee • Tlj 9h-17h. Loc de vélos de ville et de VTT depuis 1h jusqu'à plusieurs jours. Gratuité de 2h avec la* Tallinn Card ; *sinon, compter 200 Kr (13 €) la journée.* Possibilité de visites guidées sur un désopilant *conference bike* pour 6 personnes (à découvrir).
– ***En bus :*** une bonne solution, pratique et économique. *Billet : 13 Kr (0,80 €) à l'unité en kiosque, et 20 Kr (env 1,30 €) si on l'achète dans le bus ; une carte de 10 billets vaut 90 Kr (5,80 €).* Les bus fonctionnent de 6h30 à minuit. Dans chaque bus et tramway, le passager doit composter lui-même son billet. Tous les transports urbains sont gratuits avec la *Tallinn Card*.
– ***En tramway :*** très bon réseau mais en plus petit, en moins encombré. Bus et tramway se prennent avec les mêmes billets, aux mêmes tarifs.
– ***En taxi :*** au départ de la course, quand le client monte dans la voiture, le compteur du taxi doit normalement afficher entre 20 et 30 Kr (1,30 et 1,90 €). Chaque compagnie applique ses prix, alors un conseil : regardez sur la portière, le prix est mentionné. Ensuite les tarifs varient selon les distances. *Un trajet du nord de la ville jusqu'à la porte Sud (Vadabuse Väljak) coûte env 75 Kr (5 €).*
– ***En voiture :*** aussi facile qu'ailleurs en Europe. Conduite à droite. Les voitures sont interdites dans la vieille ville. Pour les faubourgs et les environs, on peut louer une voiture pour 1 ou 2 jours. Mais tous les sites que nous conseillons sont à portée de transports en commun.

Où dormir ?

LOCATION D'APPARTEMENTS

Pour des courts séjours, d'une nuit à quelques jours, comme pour une semaine et plus. Intéressant en été, pour les familles ou des petits groupes d'étudiants.

Residence OÜ *(plan II, D4,* ***34****) : Suur Karja 23. ☎ 628-22-95. • accommodation.ee • Accès compliqué, par l'entresol de Parnu mnt 10 (cour à l'arrière), ou par la rue attenante (Suur Karja 23). Lun-ven 9h-17h ; w-e 10h-18h. Avr-sept, compter 74-90 € pour 2 pers dans un appartement (6 € de moins oct-mars) ; petit déj inclus le 1er jour ; tarifs dégressifs selon durée de la loc, réduc à partir de la 3e nuit, la bonne formule étant de préférence la semaine.*

Erel Group *(plan II, E4,* ***36****) : Tartu mnt 14 (3e étage). ☎ 610-87-80. • erel.ee •* Quasiment la même offre que le précédent, un poil plus cher, avec en plus un choix de locations à Riga, Vilnius ou encore Saint-Pétersbourg.

HÔTELS, AJ et B & B

De nombreux hébergements pratiquent des rabais assez fréquents lorsqu'ils peinent à faire le plein. En basse saison, c'est l'occasion de réaliser de très bonnes affaires en accédant à des hôtels haut de gamme avec une ristourne allant jusqu'à 50 %.

B & B Rasastra *(plan II, D3,* ***39****) : Mere pst 4. ☎ 661-62-91. • bedbreakfast.ee • Petit bâtiment à droite du portail à lanternons (1er étage). Ouv 9h30-18h. Double 550 Kr (36 €) ; petit déj 50 Kr (3 €). Appartement indépendant à partir de 800 Kr (52 €).* Cet organisme gère une trentaine de chambres chez l'habitant dans la vieille ville. On peut soit passer à leur bureau, soit tout faire par Internet. Les prix sont raisonnables, mais demandez à visiter pour vous assurer de la situation et de la qualité de la chambre.

Dans la vieille ville

Bon marché

🏠 ***Old Town Backpackers Hostel*** *(plan II, D3, **35**) : Uus 14. ☎ 517-13-37. • balticbackpackers.com • Compter 200-225 Kr/pers (13-14,50 €) selon saison.* Deux dortoirs abritent 4 et 6 lits. C'est tout petit, et l'on a parfois l'impression d'être les uns sur les autres. Et pourtant, quel endroit sympathique, surtout quand le maître des lieux, le jovial et dynamique Livius, est présent ! Sa passion est communicative. Pas de couvre-feu, mais un système de clés prêtées aux hôtes. Possibilité de louer un appartement aménagé juste à côté. Cuisine et laverie à disposition. Salles de bains spacieuses. Sauna gratuit. Propose en été des balades à prix raisonnable dans les environs. Ambiance routarde.

🏠 ***Hostel Alur*** *(plan II, C3, **43**) : Lai 20. ☎ 646-42-10. • contact@alur.ee • alur.ee • Double avec sdb commune 600 Kr (39 €) ; dortoirs 5-12 pers 135-160 Kr/pers (9-10,50 €).* Dans un immeuble qui ne paie pas de mine mais fort bien placé, dans une rue phare de la ville basse. Cette adresse a de l'allure avec sa poignée de chambres doubles et de dortoirs à géométrie variable pour budget modéré. Mobilier agréable, accueil souriant, murs irréguliers chaulés de couleurs chaudes, et même des poutres au plafond joliment peintes de frises, que demande le peuple ?

🏠 ***Beata Hostel*** *(plan II, C4, **48**) : Niguliste 2. ☎ 641-11-71. Au rez-de-chaussée d'un immeuble à côté de l'office de tourisme (code d'accès : 42). Lit en dortoir 200 Kr (13 €) ; double 550 Kr (35,70 €) ; pas de petit déj.* Pas de quoi être béat. Rien d'extraordinaire dans la déco (un peu sombre) ni dans le confort (douche et w-c à partager). L'accueil en estonien (révisez le langage des signes !), l'emplacement assez central et les tarifs en font une adresse quand même intéressante. Le prix inclut l'accès à une kitchenette.

Prix moyens

🏠 ***Old House Guesthouse*** *(plan II, D3, **38**) : Uus 22. ☎ 641-14-64. • oldhouse.ee • Réception 8h-23h. Double avec sdb partagée 690 Kr (45 €), petit déj en supplément ; appartements (2-4 pers) à partir de 1 490 Kr (97 €). Cuisine à disposition.* Petit immeuble moderne peint en jaune. Six chambres à l'arrière (propres et tranquilles). Pour dormir, c'est une bonne adresse, plus gaie qu'ailleurs par sa déco un peu kitsch, et très bien située. Accueil très correct.

🏠 ***Old House Hostel*** *(plan II, D3, **37**) : Uus 26. ☎ 641-12-81. • oldhouse.ee • Double 690 Kr (45 €) avec sdb sur le palier, sans petit déj ; dortoir 290 Kr/pers (18,50 €).* Mérite une mention pour son effort d'aménagement et la clarté de la décoration : ça fait net, mais ambiance un peu moins « habitée » que sa voisine du 22 (même propriétaire). Le petit déj se prend dans la *guesthouse*.

🏠 ***Romeo Family Apartaments*** *(plan II, C-D4, **40**) : Suur Karja 18, appartement 38, 4e étage (code d'entrée : 38). ☎ 644-42-55. • romeofamily.ee • Après la porte d'entrée, escalier à droite ; c'est au 4e étage. Réception lun-ven 10h-17h ; w-e 12h-16h. Doubles 600-900 Kr (38-58 €) avec sdb privée.* Dans un bel immeuble des années 1920, à l'élégante façade, la famille Romeo possède 3 chambres confortables et bien arrangées, louées selon la formule nuit + petit déj. Deux chambres communiquent avec une petite salle à manger, tandis que la troisième (murs bleus) donne sur un jardin à l'arrière. Toutes disposent d'une salle de bains privative. Les Romeo louent aussi des appartements dans le même immeuble ou dans la ville. *Romeo*, quelle bonne adresse... avis à toutes les Juliette de l'Union européenne !

🏠 ***City Guesthouse*** *(plan II, D4, **34**) : Pärnu mnt 10. ☎ 628-22-36. • cityguesthouse.ee • Accueil au 4e étage. Doubles 600-850 Kr (39-54 €) selon confort, petit déj inclus ; dortoirs 3-4 pers 250 Kr/pers (16 €).* Cet établissement d'une quarantaine de chambres aux derniers étages d'un immeuble imposant conviendra parfaitement aux petits budgets qui recherchent un certain confort. Accueil gentiment timide, vue sur une avenue passante pas très exaltante, mais chaque chambre est impeccable et décorée de façon très épurée.

🏠 ***Vana Tom*** *(plan II, D4,* ***47****) : Väike Karja 1.* ☎ *631-32-52.* ● *hostel.ee* ● *Dortoirs 6-10 pers 250-260 Kr (autour de 17 €) ; double 750 Kr (49 €), avec sanitaires communs.* Sorte de grand appartement agréablement remanié, avec des chambres ou des dortoirs propres mais sans charme particulier. Accueil agréable, qui équilibre le coût un peu élevé de la prestation.

Plus chic

🏠 ***Meriton Old Town Hotel*** *(plan II, D2,* ***41****) : Lai 49.* ☎ *667-71-11.* ● *meritonhotels.com* ● *Doubles 1 330-1 400 Kr (86,50-91 €).* Situé au nord de la vieille ville, un peu à l'écart de l'animation, cet hôtel de charme, installé dans une maison bourgeoise très bien restaurée, propose des prix raisonnables pour sa catégorie. Les chambres sur cour (côté vieille ville donc) sont plus calmes que celles ouvrant côté remparts, sur une rue ombragée mais passante. Jolie chambre n° 405, avec six petites fenêtres. Évitez les chambres en sous-sol, plutôt exiguës. Accueil excellent.

🏠 ***Olevi Residents*** *(plan II, D3,* ***33****) : Olevimägi 4.* ☎ *627-76-50.* ● *olevi@olevi.ee* ● *olevi.ee* ● *Doubles avec sdb 1 200-1 950 Kr (77-125 €) selon confort.* Dans l'entrelacs des vieilles rues de la ville basse, cette étonnante bâtisse aligne un dédale de couloirs et d'escaliers moquettés, tapissés de papier peint cosy, parsemés de meubles et tableaux. N'oubliez pas les petits cailloux pour vous y retrouver... De massives portes en bois cachent des chambres de confort correct, avec mini-salle de bains. Les moins chères sont sans fenêtres et les plus chères avec sauna privé. Accueil sans fioritures, mais l'adresse a son charme.

Très chic

🏠 ***The Three Sisters*** *(plan II, D3,* ***42****) : Pikk 71.* ☎ *630-63-00.* ● *threesistershotel.com* ● *Doubles à partir de 5 500 Kr (340 €).* Au nord de la vieille ville, installé dans un groupe de trois fameuses maisons médiévales du XVe s, surnommées les « Trois Sœurs », ce 5-étoiles n'abrite que 23 chambres, mais toutes ont une identité propre. Il mériterait le prix des hôtels de charme, alliant un décor historique (avec des meubles anciens) et une architecture design, moderne et de bon goût : écrans de TV plasma, lecteur de DVD, lits *king size* souvent chapeautés d'un baldaquin, baignoires biplaces (pour les amoureux), coin-bureau. Notre chambre préférée, la n° 25, offre une vue sur la mer depuis la baignoire. Les n°s 26 et 28 sont des chambres « panoramiques ». La n° 17 possède une terrasse intérieure avec vue sur la réception. Dans les anciennes écuries, 4 chambres, parmi les plus romantiques de l'hôtel, style *Elle Déco*. Quant à la n° 127, elle serait hantée...

Dans la ville moderne et les faubourgs

Bon marché

🏠 ***16 €*** *(plan II, E3,* ***32****) : Roseni 9.* ☎ *501-30-46.* ● *16eur.ee* ● *Accès entre les n°s 4 et 6 de Mere pst. Double avec sdb 490 Kr (32 €).* Un des anciens entrepôts de pierre du quartier abrite cet hôtel gentiment aménagé. Un ensemble de couloirs labyrinthiques dessert des chambres claires et basiques. Pas le grand luxe, mais vu le prix... Et puis on est à deux pas de la vieille ville, et l'animation ne manque pas dans le coin. Vont-ils modifier leur enseigne lorsqu'ils augmenteront les prix ?

Prix moyens

Hotell G9 (*plan II, E4, **44***) : *Gonsiori 9. ☎ 626-71-00. • hotelg9.ee • À l'est de la vieille ville. Réception au 2e étage. Doubles avec sdb 670-790 Kr (43-51 €) selon l'état ; 300 Kr (20 €) de plus avec sauna dans la chambre. Réduc via Internet.* Dans le quartier des affaires, où les immeubles modernes poussent comme des champignons sous la pluie, petit hôtel fonctionnel dans un immeuble de style soviétique qui donne sur le boulevard. Chambres agréables, offrant un bon rapport qualité-prix.

Skåne Hotell (*plan II, C3, **46***) : *Kopli 2C. ☎ 667-83-00. • hotelskane.eu • Dans le quartier de la gare, à 5 mn à pied de la porte ouest de la vieille ville (par la rue Nunne). Doubles 920-1 150 Kr (60-75 €).* Petit hôtel à taille humaine avec des chambres propres et rénovées (douche et w-c), notamment celles du 3e étage (le dernier). Elles donnent sur l'arrière (côté calme) ou sur la rue (côté tramway) et sont de taille variable. Certaines sont triples, certaines mansardées. Décoration simple et réussie. Bon accueil.

Plus chic

Uniquestay Hotels (*plan I, B4, **45***) : *Toompuiestee 23. ☎ 660-07-00. • uniquestay.com • Doubles env 1 956-2 269 Kr (127-147,50 €) selon saison, petit déj inclus ; ajouter 470 Kr (30 €) pour une chambre « zen ». Internet gratuit dans chaque chambre.* Au pied de la colline de Toompea, à 10 mn à pied du centre, un immeuble d'angle transformé avec bonheur en hôtel design. Couleurs flashy, orange, vert et marron, et éclairage étudié. Chambres pas trop grandes. Agréables chambres « zen » de style japonais, avec matériaux importés d'Asie et salle de bains spacieuse. Salle pour le petit déj-buffet copieux en sous-sol. Terrasse sur le toit et café-resto dans la cour aux beaux jours. Sauna.

Reval Hotel Central (*plan II, E3, **30***) : *Narva mnt 7C. ☎ 633-98-00. • revalhotels.ee • Parking. Doubles 1 250-1 600 Kr (80-100 €) selon période et occupation (prix spéciaux via Internet). Point Internet.* « Hôtel usine » de chaîne, moderne, comprenant 250 chambres sans surprise, situé à 15 mn à pied de la vieille ville historique. Il ne donne pas sur l'avenue bruyante, mais dans une contre-allée plus calme. L'adresse convient autant aux touristes en groupe qu'aux hommes d'affaires, en raison des nombreux services proposés : boutique, kiosque à journaux, cafétéria, espace enfants, sauna.

St-Barbara Hotell (*plan I, C5, **31***) : *Roosikrantsi 2A. ☎ 640-76-00. • scandichotels.com • Doubles à partir de 1 850 Kr (120 €).* Hôtel situé dans un bel immeuble récemment restauré et très bien situé, à 5 mn à pied de la vieille ville (porte sud). Les chambres, tout confort, modernes, spacieuses mais sans charme particulier, donnent soit sur un parking, soit sur la rue, plus bruyante. Un excellent service, efficace et rapide, et un bon rapport qualité-prix dans cette catégorie. Salle de petit déj très sympa au sous-sol.

Où manger ?

Dans la vieille ville

Pour dîner, en fin de semaine, la réservation est chaudement recommandée dans les restos du centre historique, pris d'assaut par les touristes scandinaves venus passer le week-end. Les prix sont encore raisonnables, sauf si on veut se payer une bouteille de vin. Là, c'est le coup de fusil !

Très bon marché

Bar-resto Kompressor *(plan II, C4, **61**) : Rataskaevu 3. ☎ 646-42-10. Tlj 11h-1h. Plats 45-55 Kr (3-3,60 €).* Cadre de cafétéria. C'est le rendez-vous des étudiants et des copains de moins de 25 ans. À plus de 30 ans ici, on semble déjà âgé ! Les soupes et les salades, mais aussi les *pancakes* à l'estonienne, sont particulièrement bons et copieux.

Turg *(plan II, C3, **78**) : Mündi 3. ☎ 641-24-56. Tlj 12h-minuit. En sem, buffet le midi, compter 70 Kr (4,50 €) pour un plat ; soir et w-e, carte 120-240 Kr (7,80-15,60 €).* Une salle en sous-sol au décor de rue avec étals de marché. Ça tombe bien, vous pouvez faire le vôtre au buffet. Petit choix de plats chauds ou froids, que l'on paie au poids. Original. L'adresse, bien connue des Estoniens, transcende les générations. L'occasion de se caler sans se ruiner à midi. Le soir, les prix augmentent décidément trop.

Bon marché

The Old Club *(plan II, C-D4, **62**) : Suur Karja 10. ☎ 644-10-19.* Un grand bar noir qui ne paie pas de mine, un accueil un peu froid qui ne court pas après le client. De jour, on ne s'y aventure guère, mais voilà une des rares adresses où manger 24h/24. Le soir, dans une salle à part, spectacles de *girls* : chaud devant ! Cuisine simple, avec des petits plats pratiques, servis sans chichis, suffisamment copieux et à prix encore corrects.

Hell Hunt *(plan II, D3, **79**) : Pikk 39. ☎ 681-83-33. Plats 80-120 Kr (5,20-7,80 €).* Pour se régaler de quelques mets simples, copieux et bien sentis, accompagnés d'un mémorable choix de bières (voir plus loin « Où boire un verre ? Bars de nuit »), voilà un endroit que nous aimons décidément à Tallinn. Un de ces lieux dont la popularité chez les locaux est un gage de valeur sûre.

Kovhik Mademoiselle *(plan II, D3, **64**) : Lai 49. ☎ 614-13-00. Attenant à l'hôtel* Meriton Old Town. *Tlj 7h-22h. Plat env 110 Kr (7,20 €).* Un pan de muraille médiévale du XVe s et un gros mur arrondi, partie d'un ancien moulin, servent d'assise à une architecture moderne qui donne tout le charme de ce lieu. Une bonne petite adresse à l'écart de l'agitation, où l'on sert des sandwichs variés, des quiches, des soupes et des salades à prix corrects. Service agréable.

Prix moyens

Beer House *(plan II, C4, **65**) : Dunkri 5. ☎ 644-22-22. Tlj 10h-minuit (2h ven-sam). Plats 100-300 Kr (6-18 €).* La seule microbrasserie de Tallinn, située en plein centre historique. Une immense salle avec de longues tables, des bancs en bois, des grosses cuves en cuivre en forme de bulbe d'oignon, bref, quelque chose « d'autrichien rustique » et de convivial dans le décor. Pas le genre d'endroit pour faire des déclarations à sa petite amie, mais pour un petit repas à prix doux, c'est roudoudou ! La *Märzen* à la pression mérite une mention particulière : n'en abusez pas. Le week-end, des orchestres font danser les couples d'âge moyen.

Vanaema Juures *(plan II, C4, **68**) : Rataskaevu 10/12. ☎ 626-90-80. Tlj 12h-22h (18h dim). Résa conseillée, surtout les soirs de fin de sem. Plats à partir de 180 Kr (11,70 €).* Pour vivre heureux, vivons cachés ! Ce resto est l'anti-*Pegasus* et l'anti-*Peppersack* en termes de décoration et de style. Petite salle discrète au sous-sol, éclairages tamisés, quelques tables, des vieux meubles et des objets anciens... « La maison de grand-mère » (c'est son nom) n'est pas l'endroit pour voir et être vu. Cuisine estonienne délicieuse et bien mijotée.

Controvento *(plan II, D3-4, **70**) : Vene 12 (accès par la ruelle Katariina*

Käik). ☎ 644-04-70. Tlj 12h-22h30. Plats 150-200 Kr (10-13 €). Résa conseillée. Dans une ruelle pavée latérale longeant le monastère, une vieille maison et une grosse porte en bois : c'est là. Au rez-de-chaussée, une salle avec cheminée et quelques tables. À l'étage, deux salles à manger chaleureuses. Qualité et constance sont les deux vertus de cette cuisine savoureuse à prix moyens. C'est le meilleur italien de Tallinn, connu et couru, nonobstant un accueil *allegro ma non troppo*.

🍽 ***Kohvik Moskva*** *(plan II, C4,* ***77****) : Vabaduse väljak 10. ☎ 640-46-94. Tlj 12h-minuit (4h ven-sam). Plats 110-285 Kr (7-18,50 €).* À l'entrée sud de la vieille ville. Surtout connu comme bar branché (voir la rubrique « Où boire un verre ? Bars tendance »). Au rez-de-chaussée, le café sert des snacks, derrière les grands « M » de la vitrine. La partie restaurant, au 1er étage, ne déçoit pas, au contraire. La cuisine séduisante, à l'image du décor, a un côté très glamour et très tendance. Une cuisine genre « Union européenne » qui marie le Nord et le Sud !

🍽 ***Kuldse Notsu Korts*** *(plan II, C4,* ***66****) : Dunkri 8. ☎ 628-65-67. Ouv tlj 12h-minuit. Plats à partir de 200 Kr (13 €).* À l'extérieur, des jardinières en forme de petits cochons roses annoncent la couleur : c'est le paradis des amateurs de porc ! Les groupes pullulent dans cette auberge nordico-germanique chaleureuse et rustique. Les individuels y ont aussi leur place, même si le service n'a pas le prix d'excellence. En automne, les champignons sont à l'honneur, sur une carte déjà variée et bien remplie.

TALLINN

Plus chic

🍽 ***Aed*** *(plan II, C4,* ***72****) : Rataskaevu 8. ☎ 626-90-88. Tlj 12h-22h (18h dim). Plats 190-280 Kr (12-18 €).* Derrière sa déco de catalogue de mobilier nordico-contemporain se cache un concept de cuisine très recherchée. Ici, on ne jure que par la *pure food*, comprenez un mélange entre le bio et le mariage réfléchi des saveurs. Le résultat dans l'assiette ne déçoit vraiment pas. Des soupes aux desserts, chaque plat donne envie d'être goûté. Le tout bercé par le défilé de tableaux de maître diffusés sur des écrans plats muraux. Unique !

🍽 ***Pegasus*** *(plan II, C4,* ***69****) : Harju 1. ☎ 631-40-40. Tlj sf dim 8h-1h. Menus 2-3 plats le midi 250-325 Kr (16-21 €) ; le soir, à la carte, ça douille : plats 250-300 Kr (16-19 €).* Les grands hublots ronds évoquent l'architecture d'un navire : c'est un lieu high-tech très apprécié des jeunes cadres urbains. Tableaux modernes, baie vitrée donnant sur la rue, mobilier design et serveuses voletant d'un étage à l'autre. Inconcevable à l'époque des Soviets ! Excellente cuisine estonienne réinventée par un des chefs les plus réputés du pays. Salades, pâtes, viandes ou poissons. Une adresse pour dîner ou boire un verre (voir « Où boire un verre ? Bars tendance ») et commencer la soirée en beauté. Terrasse agréable en été, face à l'église Saint-Nicolas. Carte des vins variée.

🍽 ***Peppersack*** *(plan II, D4,* ***67****) : Viru 2. ☎ 646-68-00. Tlj 8h-minuit (23h dim). Plat env 200 Kr (13 €).* Le resto folklorique incontournable : on aime ou pas. Situé en plein centre historique, dans une superbe maison du XVIe s aux salles voûtées, ou chapeautées de vénérables charpentes, éclairées par des chandeliers en fer forgé, où virevoltent des serveuses en costume médiéval. Cuisine classique avec des spécialités estoniennes dans une ambiance de grande auberge baltique. Le soir vers 20h, vous aurez droit à une simulation de bataille à l'épée, voire à une danseuse du ventre ! Coins, recoins, salles discrètes plus ou moins intimes, le tout sur plusieurs niveaux : choisissez une place tranquille et fuyez les soirées beuverie où les hordes de Vikings scandinaves débarquent, par Odin !

🍽 ***Troïka*** *(plan II, C4,* ***71****) : Raekoja Plats 15. ☎ 627-62-45. Résa conseillée. Plats 190-320 Kr (12-21 €).* Le plus beau et le meilleur des restaurants russes d'Estonie. On se croirait dans un décor de film de Tarkovski : une immense cave voûtée aux colonnes peintes dans le style vieille Russie. Un lieu favorable pour l'imaginaire : Raspoutine conversant avec Tolstoï, Pouchkine trinquant avec Gogol, Alexandre Nevski avec le tsar Ivan le Terrible... Au-delà de cette mystique enchanteresse, la cuisine est réussie et copieuse. Des musiciens viennent y pousser la chansonnette pour une immersion totale dans une autre époque. Le service, russe et rustre, se repose largement sur les lauriers de cette institution.

|●| ***Klafira*** *(plan II, D4,* ***76****) : Vene 4. ☎ 5837-73-33. Résa conseillée en fin de sem. Plats 140-230 Kr (9-15 €).* Un resto russe bien folklorique, qui peut effrayer au premier abord avec sa déco kitsch et surtout ses serveuses court-vêtues en costumes scintillants. On s'y fait vite, une fois devant un excellent bœuf Strogonoff. Essayez aussi les *pelmeni* sibériens ou le mouton mijoté à la tomate et à l'ail à la manière caucasienne. Une bonne pinte de *baltika* risque moins de plomber l'addition que les bouteilles de la carte des vins.

|●| ***Kaerajaan*** *(plan II, C4,* ***63****) : Raekoja Plats 17. ☎ 615-54-00. Tlj 10h-minuit. Plat autour de 170 Kr (11 €).* Idéalement centrale, voici une adresse qui décoiffe. Déco osée, avec des suspentes en tube de cuivre, des sièges en feutre, des lampadaires en tricot. Les sanitaires du premier étage sont carrément dans l'ancien conduit d'une cheminée ! Et puis les symphonies culinaires de ce *Kaerajaan* font valser les saveurs traditionnelles d'Estonie. Cendrillon n'ira plus au bal : sa citrouille est devenue une onctueuse soupe avec crème de fromage et noisettes. Les harengs frais en couches superposées dans une inhabituelle version de lasagnes façon baltique. Très inventif et pas si cher (hormis le vin).

Très chic

|●| ***Ö*** *(plan II, D3,* ***75****) : Mere pst 6 E. ☎ 661-61-50. Tlj 12h-minuit (13h-22h dim). Plat 350 Kr (23 €).* Une des meilleures tables du pays, sans aucun doute. Dans un ensemble d'entrepôts rénovés en bordure de la vieille ville. Décor design élégant, couleurs sobres entre noir, gris et beige, tables dressées avec soin, lustres à ailes d'angelots, photos de beautés charnues tirées de l'œuvre de Rubens. Une vraie cuisine de création très *fusion-food,* qui ne déparerait pas la carte d'une excellente adresse branchée de Londres ou Paris. Saveurs subtiles, produits fins, belle architecture des assiettes. Côté flacons, grand choix de vins, très chers (peu de français) mais qu'on peut déguster pour certains au verre, ce qui ne grèvera pas une addition tout à fait raisonnable à ce niveau de qualité. Service pro stylé mais pas guindé et souriant.

Dans la ville moderne

Prix moyens

|●| ***Eesti Maja*** *(plan II, E4,* ***73****) : Lauteri 1. ☎ 645-52-52. Tlj 11h-23h. Plats 140-210 Kr (9-13,70 €) ; buffet 11h30-15h en sem 125 Kr (8 €).* Un des meilleurs restaurants de cuisine estonienne, fréquenté par des habitués. Ils aiment descendre les marches pour s'attabler dans ce sous-sol chaleureux d'un immeuble en béton gris, dont l'aspect terne ne laisse pas présager de la convivialité du resto. D'un côté, un buffet pour les déjeuners, et de l'autre, une longue salle dans le style pub du Nord, avec une collection de poupées et des photos des VIP en visite. Carte variée : poissons de la Baltique, omelettes, choucroute... et plats végétariens.

|●| ***Bosphorus*** *(plan II, E3,* ***60****) : Narva mnt 7D. ☎ 669-67-82. Ouv 12h (14h w-e)-2h. Plat env 180 Kr (11,70 €).* Un peu d'exotisme ! Une adresse unique en son genre. On y sert de la cuisine orientale au sens large du terme : ça court les plaines du Caucase à la Sibérie, de la Turquie à la Bouriatie. Belle déco, mais ne vous attendez toutefois pas à un cadre exceptionnel. Bon rapport qualité-prix.

Dans le quartier de Kadriorg

Prix moyens

Cantina Carramba (plan I, H3, **74**) : *Weizenbergi 20A. ☎ 601-34-31. Plats 100-250 Kr (6,50-19,50 €). « Mehhiko Restoran »*, resto mexicain tenu par des Estoniens, dans le quartier verdoyant du château de Kadriorg. Au sous-sol d'un petit immeuble, une salle faite de stalles intimes, chaleureuse avec ses murs colorés et ses objets évoquant la contrée de Zapata. Plats mexicains bien préparés : *nachos, tacos, fajitas*. Bon accueil et service efficace. Une oasis de saveurs tex-mex dans l'univers culinaire finno-ougrien.

Dans le quartier de Viimsi

Prix moyens à plus chic

Rannapub Paat (hors plan I par H3) : *Rohuneeme tee 53. ☎ 609-08-40. À 12 km au nord-est de Tallinn, dans le quartier résidentiel de Viimsi. Ardu en bus (bus 1A, arrêt Vimsi, puis minibus 260 ou bus V1). Tlj 10h-22h. Plats 100-250 Kr (6,50-19,50 € env).* Imaginez une belle coque de bateau en métal, grandeur nature et posée à l'envers au bord d'une plage de galets. Ajoutez une terrasse d'été, très agréable à l'heure du couchant pour siroter un bon verre, avec en toile de fond les clochers et tours de Tallinn. L'étage convient aux tête-à-tête plus intimes. Délicieuse cuisine, préparée avec soin. Goûtez aux spécialités du chef, qui changent souvent : poisson de la Baltique notamment. Vin au verre.

TALLINN

Où dormir ? Où manger dans la campagne proche ?

Chambres d'hôtes et auberge du manoir de Saue : *à Saue, village situé à une vingtaine de km au sud-ouest de Tallinn. ☎ 679-08-81 (auberge). • hot.ee/sauetrahter • En voiture, compter env 30 mn de route. Sinon, bus n° 190 depuis la gare ferroviaire, ou train direction Paldiski. Env 1 300-1 800 Kr (84-115 €) pour 2 pers selon saison, petit déj inclus. Plats autour de 80 Kr (5,20 €).* Le resto est très abordable. Les 2 chambres d'hôtes au manoir le sont moins, notre favorite étant celle de la baronne, avec ses trois fenêtres qui donnent sur le jardin. Adresse de charme qui vaut la dépense, en souhaitant que les proprios soient là. Sinon, on peut se sentir un peu seul... L'auberge *Saue Moisa Trahter*, elle, est installée dans une ancienne grange circulaire en pierre, près des écuries du centre équestre. Elle propose une bonne cuisine estonienne rustique, ni grasse ni lourde, servie rapidement et avec le sourire dans un cadre agréable, un rien borgne.

Où boire un verre ?

Bars « tendance »

Kohvik Moskva (plan II, C4, **77**) : *Vabaduse väljak 10. ☎ 640-46-94. Tlj 8h-minuit (4h ven-sam).* Un rendez-vous incontournable dans la tournée des lieux de la « branchitude tallinnienne ». Au rez-de-chaussée, assis dans des sofas confortables face à de grandes baies vitrées, on grignote des pâtisseries, gâteaux et snacks salés. Mais c'est au 1er que ça se passe. On y boit, on y mange (bien), on s'y retrouve avant de se lancer dans la nuit balte.

🍷 ***Café Kehrwieder*** *(plan II, C3,* ***91****) : Saiakang 1. Dans un passage en haut de la place centrale. Tlj 8h-23h (2h ven-sam).* En sous-sol, dans une salle voûtée du XVe s, avec des murs orange et ocre, des divans moelleux et un plancher en bois. Kehrwieder était le nom du premier cafetier (1697) de Tallinn. L'actuel proprio, Vello Leitham, est un Canadien francophone d'origine estonienne, qui a baroudé dans le monde entier avant de revenir au pays de ses ancêtres. C'est un vrai cafetier, qui torréfie lui-même le café qu'il importe.

🍷 ***Pegasus*** *(plan II, C4,* ***69****) : Harju 1. ☎ 631-40-40. À la porte sud de la vieille ville. Tlj sf dim 8h-1h.* Bar à cocktails à l'architecture intérieure d'avant-garde. Un des rendez-vous de la jeunesse dans le vent pour entamer la nuit. Nous le recommandons aussi comme bon restaurant (voir plus haut « Où manger ? »).

Bars de nuit

🍷 ***Hell Hunt*** *(plan II, D3,* ***79****) : Pikk 39. ☎ 681-83-33.* Grand pub né avec l'indépendance du pays, avec son bar, sa cheminée et ses portes en bois décorant le plafond. Fréquenté par la jeunesse locale ; on y sert d'excellentes bières (à prix sages) et des petits plats. La seconde salle, meublées de fauteuils, est plus feutrée et confortable. Et l'été, le pub investit une sympathique petite place ombragée. On adore !

🍷 ***Saint-Patrick's Pub*** *(plan II, C-D4,* ***94****) : Suur Karja 8. ☎ 641-81-73. Tlj 11h-2h (4h ven-sam).* La porte ogivale de cette très belle maison de marchands du XVe s n'a jamais été franchie par le saint patron de l'Irlande. Pourtant, la verte Érin y a bel et bien imposé sa marque ! Deux petites salles au rez-de-chaussée s'organisent autour de gros piliers, entourés par de moelleuses banquettes vertes, dans un brouhaha plutôt jeune, agrémenté de musique. Le sous-sol enchaîne les petites salles voûtées plus intimes, qui donnent envie de s'attarder. *Bar-food* avec des plats légers et pas chers : salades, soupes...

🍷 ***Angel*** *(plan II, D4,* ***92****) : Sauna 1. ☎ 641-68-80. Tlj 12h (14h w-e)-2h.* Si les anges n'ont pas de sexe, voilà une adresse qui penche plutôt vers Apollon que vers Vénus. Au 1er étage, le bar avec sa belle salle très ouverte, peuplée de fauteuils club, d'une cheminée, de tables en bois, plafond en voûtains. On y boit un coup ou on y grignote un en-cas pas trop cher. Ambiance jeune, agréable et pas exclusive. Voir aussi plus loin « Où danser ? ».

Bar-fumoir

🍷 ***La Casa del Habano*** *(plan II, C4,* ***95****) : Dunkri 2. ☎ 644-56-47. Lun-sam 10h-minuit ; dim 12h-18h.* Tallinn à l'heure de La Havane ! Voici un petit fumoir tranquille où l'on peut déguster des cigares cubains de tous les formats et à tous les prix, assis confortablement dans un divan moelleux, en buvant une tasse d'un café importé et fort bien choisi. Pour les achats en boîte, la cave est au rez-de-chaussée. Les amoureux de Cuba ne manqueront pas de faire une étape ici.

Bar à vin

🍷 ***Gloria*** *(plan II, C4,* ***98****) : Müürivahe 2. ☎ 640-68-04. Lun-sam 12h-23h ; dim 14h-18h.* Située sous le resto le plus chic de la ville, cette cave à vin propose près de 2 000 étiquettes différentes. On ne goûte bien sûr pas à toutes, mais le choix au verre vaut le détour. Clientèle distinguée et touristes en quête de savoureux effluves se retrouvent dans ce lieu très intimiste.

Pâtisseries et salons de thé

Kohvik Maïamoskk *(plan II, C3,* ***96****) : Pikk 16. ☎ 646-40-79. Lun-sam 8h-20h ; dim 9h30-18h.* Le plus vieux salon de thé-pâtisserie de Tallinn : il ouvrit ses portes en 1806. Le premier massepain *(martsipani)* a été confectionné ici, c'est la spécialité de la maison. Il y a même un musée juste à côté. Avec ses boiseries patinées, sa salle chaleureuse et élégante, voilà une adresse qui ne désemplit pas. Bonnes pâtisseries pas dispendieuses.

Le Bonaparte *(plan II, D3,* ***97****) : Pikk 45. ☎ 646-44-44. Tlj 8h (9h sam, 10h dim)-22h.* À côté de la fameuse pâtisserie *Bonaparte*, on pousse la porte de ce vieil immeuble historique. Si les prix du très chic restaurant en sous-sol effraient un peu, ceux du café à l'entrée sont fort raisonnables. Petite salle agréable et intime pour prendre un petit déjeuner ou un *five o'clock tea.* Délicieux croissants, petits pains et diverses pâtisseries estoniennes confectionnées selon les règles.

Joséphine Chocolaterie *(plan II, D3,* ***90****) : Vene 16. ☎ 641-82-91. Tlj de 8h à plus soif.* Salle chic, façon Belle Époque, œuvre du proprio, le designer Peter Sampson, Estonien amoureux de la France. Nappes en velours, sièges des années 1920, bras de lumière Art nouveau. Et... Joséphine. Pas celle de Bonaparte, Joséphine Baker, peinte sur le pilier central. On y déguste un excellent chocolat en gâteaux, confiserie, et même chaud. Ambiance feutrée et distinguée, clientèle de bonne tenue, une adresse de bon goût. Du même propriétaire et dans un beau style nostalgique à la française, à noter aussi les ***Chocolats de Pierre*** *(Vene 6 ; dans une courette intérieure).*

TALLINN

Où sortir ? Où écouter de la musique ?

Von Krahli Bar *(plan II, C4,* ***100****) : Rataskaevu 10. ☎ 626-90-96. Ouv 12h-1h (3h ven-sam). Payant les soirs de concert : 100 Kr (6,50 €).* Une grande salle qui évoque un ancien entrepôt sous un haut plafond peint, des galeries en bois, un plancher patiné, des serveurs jeunes et rapides, une clientèle dans le coup : on y vient pour boire un verre et écouter les concerts de *live music.* Dans la journée, possibilité de manger : petits plats à prix doux. Quelques tables également dans une cour très agréable.

Scotland Yard *(plan II, D3,* ***101****) : Mere pst 6E. ☎ 653-31-90. Ouv 9h-2h (5h jeu et sam). Groupes live jeu et sam. What's on in Tallinn ?* Élémentaire ! Des soirées fort animées au *Scotland Yard.* Un pub *Britishissime* avec ses fauteuils de cuir clouté, son bobby à la porte, sa mégabibliothèque façon château de Windsor. La salle est immense, sur deux niveaux, avec un superbe aquarium où tournoient de gros poissons. Deux bars où les boissons coulent à flots. Et les soirs où sévissent des groupes (standards internationaux à l'affiche), une piste de danse... si la musique est bonne.

Où danser ?

La vie nocturne de Tallinn se caractérise par la jeunesse de ses acteurs. Animation très réduite en semaine, mais dès le jeudi soir les boîtes s'emplissent d'une foule où les 18-30 ans côtoient volontiers les 30-40 ans (et plus). Et tout ce monde exprime allègrement la liberté retrouvée, si longtemps absente dans les esprits.

♫ ***Hollywood*** *(plan II, C4,* ***103****) : Vana Posti 8. ☎ 627-47-70. Mer-sam 22h-4h (5h ven-sam). Entrée : de gratuit à 130 Kr (8 €) en moyenne, voire jusqu'à 550 Kr (36 €) selon soirées.* La plus connue des discothèques de la ville. Elle occupe un ancien théâtre : dehors, colonnes et tympan classique. Dedans, tympans dézingués : classique. Noir d'une foule de « vingtenaires » en fin de semaine.

♫ **Café Amigo** *(plan II, E4, **104**) : Virü väljak 4. ☎ 680-92-90. Jeu-dim 22h-4h (5h ven-sam). Entrée : 125 Kr (8 €).* Discothèque de l'hôtel *Sokos Viru,* fréquentée par les locaux d'âge respectable, plus que par les clients même de l'établissement. Des groupes musicaux s'y produisent de temps en temps. Intérieur dans le style « tropiques », ce qui visiblement attire et réchauffe les noctambules.

♫ **Privé** *(plan II, C4, **105**) : Harju 6. ☎ 631-05-45. À l'entrée sud de la vieille ville. Mer-sam 23h-6h. Entrée : 100-200 Kr (6,40-13 €) selon type de soirée ; gratuit pour les filles avt minuit mer ; boissons en plus.* On y vient pour voir et être vu, car l'endroit est très branché et sélectif. On y danse sur les tubes du moment.

♫ **Venus** *(plan II, D4, **106**) : Vana Viru 14. ☎ 551-99-99. À la porte est de la vieille ville. Entrée : 100-150 Kr (6,50-10 €) avt ou après minuit ; moins cher pour les filles.* Aussi populaire que *Hollywood,* mais avec un public un peu plus choisi. Musique pop, rock, hip-hop, techno... Ambiance plus épicée depuis que la direction y organise des shows très chauds de striptease.

♫ **Club Angel** *(plan II, D4, **92**) : Sauna 1. ☎ 641-68-80. Mer et ven-sam 23h-bout la nuit. Entrée : ven-sam 150-175 Kr (10-11,50 €) selon sexe ; gratuit mer.* Passé l'habituel filtrage désagréable des boîtes, voilà un endroit vivant, rythmé, gai et gay mais pas fermé aux autres (pour une fois, ce sont les filles qui paient plus cher !).

♫ **Club Bon Bon** *(plan II, D3, **107**) : Mere pst 6E. ☎ 661-60-80. Entrée par l'arrière du bâtiment. Slt ven-sam 23h-jusque tard dans la nuit. Entrée : 120-200 Kr (7,80-13 €).* Un disco-club très à la mode, où se retrouvent les jeunes cadres branchés. Assez sélecte, forcément. Musique bien variée.

À voir

– ***Tallinn Card :*** en vente à l'office de tourisme. D'une manière générale, elle inclut l'entrée gratuite dans une quarantaine de musées, une visite guidée de plusieurs heures dans la vieille ville, la possibilité d'utiliser gratuitement les transports publics (bus, tramways). Elle propose aussi des réductions dans certains restaurants et magasins de Tallinn. *Tarifs variables selon durée : 130 Kr (8 €) pour 6h ; 350 Kr (22,50 €) pour 24h ; 400 Kr (26 €) pour 48h ; 450 Kr (29 €) pour 72h. ½ prix pour les enfants de moins de 14 ans.*

LA VIEILLE VILLE

Le quartier de Toompea (la ville haute)

C'est par ici qu'il faut commencer la visite de Tallinn. En un coup d'œil depuis l'une des terrasses panoramiques de la ville haute, le voyageur comprend aisément la géographie et peut décrypter le destin historique de cette capitale balte, sorte de citadelle fortifiée et retranchée au fond d'un golfe entouré de sombres forêts. Les bois noirs au loin, la proximité du port et des bateaux, les toits de tuiles rouges de la ville basse, les clochers pointus ou en forme de bulbe d'oignon qui jaillissent de ce patrimoine médiéval, le lacis des ruelles étroites. Plus loin, la grise Tallinn soviétique, ceinturant le cœur historique, qui voit désormais pousser de hautes tours en verre et en acier, symbole du renouveau économique et emblème de la nouvelle Estonie indépendante et entreprenante. Un coup d'œil qui vaut donc 10 000 mots, pourrait-on dire...

Mais revenons au commencement. Après la conquête de l'Estonie par les Danois en 1219, la colline de Toompea devint le centre politique et administratif des nouveaux maîtres du pays. Un premier château fut bâti sur cette colline stratégique d'où les guetteurs voyaient les bateaux ennemis arriver de loin sur la mer. Ce château fut protégé par d'épaisses fortifications. En 1347, les Danois vendirent leur

possession de la mer Baltique aux chevaliers de l'ordre de Livonie, une branche nordique de l'ordre Teutonique venu de l'Empire germanique. Ceux-ci agrandirent, embellirent, consolidèrent la forteresse, s'inspirant parfois des monastères fortifiés d'Occident.
Au cours des XVIIe et XVIIIe s et jusqu'au début du XXe s, la ville haute était habitée par les grandes familles de la noblesse estonienne, et notamment par les fameux barons baltes. Ils s'étaient fait construire au fil des siècles de splendides demeures et palais, toujours debout de nos jours. Au sommet de l'échelle sociale, ils ne pouvaient vivre qu'au sommet de la ville, dominant la ville basse, réservée aux commerçants et aux artisans. Ces deux mondes juxtaposés étaient non seulement séparés par une barrière sociale et économique, mais aussi par un rempart, qui marquait la frontière. Deux portes ouvertes dans ce mur « social » permettaient de passer de la cité haute à la ville basse, de l'univers des nobles à celui des marchands. Aujourd'hui, la plupart des bâtiments abritent ministères, ambassades et... boutiques de souvenirs. On y musarde à pied uniquement, par de petites ruelles pavées.

Les remparts et les tours : défendre la ville haute (et la ville basse) des envahisseurs, tel fut, au fil des siècles, la préoccupation majeure des habitants de Tallinn. Les remparts et les tours de la ville haute en sont la vivante illustration. D'abord construits en bois par les Danois, les remparts furent remplacés au Moyen Âge par des fortifications en pierre, flanquées de tours d'angle et entourées de douves remplies d'eau. À l'époque du gouvernement suédois, au XVIIe s, d'autres tours et bastions virent le jour. Au total, dans leur plus grande extension, les remparts de Tallinn mesuraient 16 m de haut et 3 m d'épaisseur, entourant les deux villes (haute et basse) sur près de 3 km, avec 8 portes différentes et 66 tours et bastions crénelés. Cela faisait de Tallinn une des citadelles médiévales les mieux gardées de l'Europe du Nord.

De ces nombreuses fortifications, il ne reste aujourd'hui que 27 tours encore debout. Les plus remarquables sont celle de *Paks Margareeta* (la Grosse Marguerite), celle de *Pikk Hermann* et celle d'artillerie *Kiek in de Kök* (voir plus bas). La partie la mieux conservée de la muraille médiévale se trouve incontestablement au nord-ouest de la ville haute, face au quartier de la gare ferroviaire. À ce niveau, les remparts alignent une belle série de tours et de bastions remarquablement restaurés : les trois premières tours – *Nunnatorn, Saunatorn* et *Kuldjalatorn* – sont ouvertes aux visiteurs. Également de beaux restes de chemins de ronde couverts sur Müürivahe (porte de Viru) et Gümnaasiumi au nord-ouest.

Le château de Toompea *(Parlement d'Estonie ; plan II, B-C4)* **:** ne se visite pas, à moins d'être invité par l'un des 101 députés. C'est un petit château à la façade baroque peinte en rose. Il faudrait dire plutôt néobaroque, car ce que l'on voit aujourd'hui est une copie de l'ancien château, construit au XVIIIe s par l'impératrice Catherine II de Russie. Détruite par les révolutionnaires de 1917, la bâtisse fut donc reconstruite sur les dessins des architectes Habermann et Johanson. À l'époque soviétique, le château abritait le Conseil des ministres. À l'arrière du château, à l'angle gauche, dominant les arbres du parc de *Lindamägi,* se dresse la ***tour de Pikk Hermann,*** qui date de 1370. Chaque jour au lever et au coucher du soleil, le drapeau estonien (bleu, noir et blanc) est hissé et abaissé au son de l'hymne national.

La cathédrale russe orthodoxe Alexandre-Nevski *(plan II, C4)* ***:*** *Lossi Plats 10. Tlj 8h-19h.*
Sur ordre du tsar russe Alexandre III, la cathédrale fut bâtie en 1894 sur les plans de l'architecte Michaïl Preobrajenski. Selon une légende, l'église serait édifiée sur la tombe de Kalevipoeg, héros national estonien pleuré par son épouse Linda durant des mois (voir plus loin « Le parc de Linda »).
Surmontée de clochers à bulbes, selon les normes de l'art religieux russe, la cathédrale se voit de loin : elle est haute. À l'intérieur, elle présente le style classique des

basiliques orthodoxes russes, avec l'iconostase, cette barrière en bois ciselé séparant les popes de l'assemblée des fidèles, des murs de piliers et des chapelles décorés de nombreuses icônes dorées et argentées. Près d'un pilier, dans un entourage de bois sombre, l'icône d'Alexandre Nevski (fin XVIIIe s) est considérée comme la plus précieuse de toutes. Le rite religieux orthodoxe ne fut jamais interdit, même pendant la période soviétique (1944-1991). Aujourd'hui, les messes quotidiennes (à 8h et 18h) et le grand office du dimanche (à 10h) rassemblent les fidèles de la communauté russe de Tallinn (30 % de la population totale).

La place de l'Église *(Kiriku Plats ; plan II, C4)* **:** jolie place calme et arborée. On y peut y accéder par la rue Toom-Kooli, où fut inaugurée au XIVe s la première école de Tallinn.

L'église luthérienne du Dôme *(Toomkirik ; plan II, C4)* **:** *Toom-Kooli 6. Tlj sf lun 9h-17h (18h en été). Service, en estonien, le dim à 10h (avec orgue). Concert d'orgues le sam midi.* Appelée aussi *église de la Vierge-Marie* ou *de Sainte-Marie.* Fondée en 1219 par les immigrants danois, elle serait la plus vieille église d'Estonie. Catholique jusqu'à la Réforme, elle devint un temple protestant à partir de 1561. Aujourd'hui, elle est occupée par l'Église luthérienne évangélique d'Estonie. L'extérieur, de style gothique, date du XVe s, mais l'intérieur a été reconstruit après l'incendie de 1684. La noblesse balte se faisait enterrer ici : on voit des pierres tombales, des gisants et des tombeaux. À droite de l'autel du XVIIe s, les gisants en pierre de *Pontus de la Gardie,* général de l'armée suédoise qui s'illustra pendant la guerre de Livonie au XVIe s. Du côté gauche de la nef, plusieurs tombeaux en marbre, dont celui de *Samueli Greigio* (écossais), favori de Catherine II, et celui du *baron de Krusenstern* (1770-1846), fondateur de la Société de géographie russe, qui fit un tour du monde à la voile entre 1803 et 1806 par le cap Horn. L'originalité de cette église réside dans sa collection unique d'armoiries, de blasons et d'épitaphes accrochés aux murs. Plus d'une centaine de pièces, un vrai trésor ! Chaque blason en bois abondamment sculpté et ciselé représente les armes, la généalogie et l'historique des grandes familles nobles d'Estonie, particulièrement des « barons baltes » : les Fersen, Bellinghausen, Keyserling...

La rue Kohtu *(plan II, C3-4)* **:** au n° 1, le palais des Chevaliers. Au n° 4, l'ambassade de Finlande. Au n° 6, l'Académie des sciences est hébergée dans une maison au fond d'une cour pavée et ombragée. Plus loin, au n° 8 de la même rue, le palais des Princes de la ville haute, qui date de la fin du XIXe s, abrite la Chancellerie de la ville haute. Au n° 10, l'ambassade du Portugal est installée dans un vieux palais restauré appartenant à madame Tatiana de Montesquieu. Résidente en France, elle descend d'une très vieille famille noble d'origine russe et tatare.

La terrasse panoramique *(plan II, B4)* **:** *juste après le palais de Montesquieu, rue Kohtu, sur la droite, une terrasse surplombe la ville basse.* La vue est superbe par beau temps. On aperçoit au loin le port de Tallinn, la baie bordée par la forêt, la tour de la Télévision à l'horizon ; plus près, en contrebas, les nombreuses demeures et églises de la ville basse, la tour de l'ancien hôtel de ville, ainsi que les immeubles et les tours modernes des quartiers neufs qui enserrent ce cœur historique. L'occasion de voir les magnifiques girouettes finement ouvragées qui dansent au faîte des toits.

L'hôtel Stenbock *(plan II, C3)* **:** *au n° 3 de Rahu Kohtu* (ne se visite pas). À la pointe nord de la ville haute se tient une grande demeure à deux étages, en pierre calcaire, qui fut la résidence du comte Stenbock à partir de 1792. Ce petit palais de la ville haute, au style classique, a connu plusieurs occupants : l'ordre de la chevalerie estonienne y avait son siège, la cour de justice s'y installa en 1891, et depuis 2000, l'hôtel Stenbock abrite les bureaux du gouvernement et le cabinet du Premier ministre.

La terrasse panoramique Patkuli Plats *(plan II, C4)* **:** *pour y aller, continuer la rue Rahu Kohtu.* À moins de 100 m à gauche après l'entrée de l'hôtel Stenbock, un passage voûté conduit à cette terrasse d'où la vue s'étend sur la partie nord de Tallinn, les rives boisées et la baie. Très belle perspective sur les tours des anciens remparts.

La tour Kiek in de Kök *(plan II, C4) : Komandandi 2. ☎ 644-66-86. • linnamuuseum.ee/kok • Tlj sf lun 10h30-17h. Entrée : 25 Kr (1,30 €) ; réduc étudiants.* La tour mesurait à l'origine 40 m de haut, et ses murs atteignaient 3,70 m de large. Construite de 1477 à 1483, elle possédait 27 ouvertures pour canons et 30 pour armes à feu. Sa base fut renforcée sur 18 m en 1533. C'est cette partie de la tour qui subsiste aujourd'hui.

Par un escalier en colimaçon, on a accès à cinq salles qui présentent succinctement l'histoire de Tallinn et de ses fortifications : maquettes de bateaux, lances, cotte de mailles, planche de torture, sabre et carquois russe datant des guerres livoniennes (1558-1583). On remarquera, dans la plus haute salle, une épitaphe en bois faite par le maître-artisan Lamdert Glandorf en mémoire des dix Têtes Noires tuées lors du siège de Tallinn par les Russes en 1566.

VOYEURISME DOMESTIQUE

Selon la légende, la hauteur de la tour Kiek in de Kök permettait de lorgner les cheminées de la ville basse, et donc de voir les cuisines de ces maisons. D'où le nom de Kiek in de Kök *qui signifie « regarder dans la cuisine ».*

Les galeries secrètes *(plan II, C4) : Komandandi 2. ☎ 644-66-86. • linnamuuseum.ee/kok • Mar-sam 11h-16h (visite guidée slt). Entrée : 50 Kr (3,30 €) ; réduc étudiants. Billetterie et rdv à la tour Kiek in de Kök.* Des passages secrets : le rêve de tout gamin. Les Suédois les ont bâtis dès le XVIIe s pour faciliter les mouvements de troupes et de munitions à l'abri du regard et des tirs des assaillants. Leur destination deviendra assez confuse ensuite : lieu de stockage, squat souterrain, entreposage de sculptures, jusqu'à leur ouverture à la visite. Intéressante balade de 380 m dans les entrailles des fortifs.

Le parc de Linda *(Lindamägi ; plan II, B-C4) : situé entre la rue Falgi tee et la rue Toompea qui monte vers la ville haute depuis l'église Saint-Charles* (Kaarli kirik). Très agréable au printemps, ce jardin public ombragé cache un petit monument qui représente Linda en deuil. Veuve de Kalevipoeg, héros et souverain des Estoniens, cette Estonienne légendaire avait pleuré son mari défunt pendant des mois. Pour honorer sa mémoire, elle fit construire un tombeau en haut de la colline de Toompea.

LA VILLE BASSE

La place de l'ancienne mairie *(Raekoja Plats ; plan II, C3-4)* **:** entièrement piétonne, la place la plus animée de la ville avec ses vénérables demeures abritant restaurants et cafés en terrasse. Le tout dominé, bien entendu, par le très beau bâtiment de l'ancienne mairie. Au nord, un petit passage voûté *(Saiakang)* abrite une croquignolette bicoque de poupée, toute rouge. Belle perspective sur le clocher de l'église du Saint-Esprit.

L'ancienne mairie *(Raekoja)* **et sa tour** *(plan II, C4,* **120***)* **:** *Raekoja Plats 1. ☎ 645-79-00. • tallinn.ee/raekoda • Ouv juin-août, tlj sf dim 11h-18h. L'intérieur ne se visite pas (bureaux), mais on peut grimper au sommet de la tour* (Raekoja torn). *Entrée : 25 Kr (1,60 €).* Jusqu'au XIIIe s, la mairie était un grand bâtiment en bois. En 1283, la ville de Tallinn reçut de la ville germanique de Lübeck le droit de commercer avec les cités de la Ligue hanséatique. De 1341 à 1972, soit pendant plus de six siècles, le cœur de la vie municipale a donc battu dans ce bâtiment, à l'unisson avec la belle place, centre névralgique de la vieille ville. Cet hôtel de ville ne prit sa forme actuelle (style gothique) qu'en 1404. Rien n'a changé depuis lors : les arcades au rez-de-chaussée, la tour élancée dont la flèche est coiffée de la statue de Toomas, un personnage cher aux habitants de la capitale estonienne. Soldat dévoué à la défense de la patrie, devenu un héros légendaire, le petit Toomas mesure presque un mètre de haut, mais cela ne se voit pas d'en bas. Noter aussi les deux têtes métalliques de dragon qui dépassent de la façade. Ce sont des symboles bienfaiteurs de richesse et de prospérité (comme en Chine), et non des emblèmes monstrueux signifiant la dévastation.

Le Musée estonien de la Photographie *(plan II, C4,* ***120****) : Raekoja tänav 4/6. ☎ 644-87-67. • linnamuuseum.ee • L'entrée du musée est juste derrière l'hôtel de ville. Tlj sf mer 10h30-18h (17h nov-fév). Entrée : 15 Kr (1 €).* Depuis 1982, l'ancienne prison de la vieille ville abrite ce petit musée. L'édifice, qui date du début du XIVe s, a gardé de ses fonctions passées un rien d'austérité. Panoplie complète, un rien monotone, de photos faites à Tallinn au XIXe s : daguerréotypes, ambrotypes, ferrotypes et autres spécimens de photos coloriées de nombreux appareils photo. La fierté du musée ? Le premier appareil de photo miniature, inventé en 1936 par une équipe de chercheurs estoniens dirigée par Karl Taht (1896-1958) : le *pocket camera* Minox. Un appareil qui séjourna souvent dans la poche de quelques maîtres-espions ?

La pharmacie-musée du Magistrat *(Raepteek ; plan II, C-D3,* ***121****) : Raekoja Plats 11. ☎ 631-48-60. Tlj sf dim-lun 9h-17h. Entrée gratuite.*
Voici l'une des plus vieilles pharmacies d'Europe, toujours en activité. On ne connaît pas vraiment la date de sa création. Mentionnée pour la première fois en 1422, elle appartint à un magistrat qui la louait à un pharmacien qui, faute de revenus suffisants, exerçait aussi la médecine. Au XVIe s, les pharmaciens sont les Burchart, une famille venue de Hongrie qui officiera sur dix générations, de père en fils. En 1802, J. Burchart VII, conscient de la beauté de son magasin, ouvrit un petit musée.
L'intérieur se divise aujourd'hui en deux salles : la première est la pharmacie en activité, la seconde expose des pots en bois et en céramique. On y mettait autrefois les poudres, les onguents, les sirops et les « drogues » que tout bon apothicaire se devait de posséder : huile d'ambre, vodka de muguet, opium brut, poudre de corne de capricorne, sang du dragon, sans oublier l'absinthe, le baume du Pérou, la scolopendre, le vitriol, et même des médicaments faits à partir de pierres précieuses.

L'église du Saint-Esprit *(Pühavaimu kirik ; plan II, C-D3,* ***122****) : Pühavaimu 2. Mai-août, lun-sam 9h-17h ; sept, 10h-16h ; oct-avr, lun-ven 10h-15h. Service en estonien dim à 10h et en anglais à 15h. Musique classique lun à 18h. Entrée : 15 Kr (1 €).* Voici la plus petite église de la ville basse. Sobre et simple, elle fut la préférée des magistrats de la ville. Bâtie au XIVe s dans un style gothique, elle possède une belle horloge extérieure (qui fonctionne toujours), due à Christian Aekermann. À l'intérieur, des galeries en bois, très joliment décorées de scènes peintes de l'Ancien et du Nouveau Testament, entourent la nef. L'autel abrite un retable de 1483, en chêne, avec des dorures, fait à Lübeck. Bonne acoustique, qui ne corrige pas la qualité moyenne de certains concerts.

La rue Pikk *(rue Longue ; plan II, C-D2-3) :* c'est l'une des plus anciennes de la ville basse et la plus longue, d'où son nom. Au niveau de l'intersection avec la rue Puhavaimu, au *n° 17,* le siège de la Grande Guilde. Ce bâtiment du XIVe s offre une façade triangulaire ornée de croix blanches sur fond rouge : les anciennes armoiries de Tallinn. La Grande Guilde était une corporation laïque qui rassemblait les marchands grossistes de la ville. Ceux-ci possédaient une cave à vin si réputée qu'elle avait été surnommée « la douce caverne ». Après avoir abrité la chambre de commerce, la demeure accueille aujourd'hui le musée d'Histoire de l'Estonie.
Juste après, au *n° 19,* un beau palais rose du XVIIIe s abrite l'ambassade de Russie. Sur le même côté, au *n° 19* encore, un immeuble de 1910 de style Art nouveau. Au *n° 25,* bel immeuble de 1909 au fronton néobaroque flamand, une ancienne pharmacie. Tout en haut, un personnage vous tance de ses lorgnons : l'apothicaire ? ou l'architecte, un certain Rosenbaum ? Et puis un chat noir (symbole animal de Tallinn) s'est définitivement perché à l'autre extrémité du fronton.

Au *n° 16*, le café *Maïamoskk* date de 1806. On notera en particulier son beau plafond. C'est l'une des meilleures pâtisseries de la ville (voir la rubrique « Où boire un verre ? Pâtisseries et salons de thé »).
Au *n° 18*, superbe immeuble Jugendstil construit en 1910 sur les dessins de l'architecte Jacques Rosenbaum (encore). Au *n° 20*, le bâtiment de la guilde de Saint-Canut (*Knud* en danois). Cette corporation médiévale rassemblait les artisans de la ville. Noter la belle façade avec deux statues : Luther à droite et saint Canut à gauche. En dessous se trouvent les deux blasons de Tallinn, celui de la ville haute et celui de la ville basse.
Au *n° 26*, le bâtiment de la Fraternité des Têtes Noires, avec une remarquable porte ouvragée ornée de l'emblème de cette corporation (encore eux !) : la tête noire de saint Maurice, leur saint patron. Refaite au XVIe s dans le style Renaissance, la façade offre de beaux bas-reliefs. Le buste sculpté sur le fronton de la fenêtre de gauche représente le roi polonais Sigismond.
Au *n° 45*, le restaurant *Bonaparte* occupe un très bel immeuble du XVe s. Le *n° 59* de la rue Pikk fait l'angle avec le *n° 1 de la rue Pagari*. Là se dresse un bâtiment qui abritait le quartier général du KGB durant la période soviétique. Les agents de cette sinistre organisation utilisaient le clocher de l'église voisine Saint-Olaf pour leurs transmissions radio. Les personnes suspectées d'être des ennemis du régime étaient interrogées là, puis condamnées à la déportation en Sibérie, voire à la peine capitale. Pour les Estoniens, le 1 rue Pagari est un lieu qui symbolise l'oppression et la privation de liberté.
Au *n° 71*, des immeubles peints en jaune aux frontons triangulaires nommés *Kolm Ode* : « les Trois Sœurs ».

Le musée d'Histoire estonienne *(Eesti Ajaloomuuseum ; plan II, C3, **132**) : Pikk 17. ☎ 641-16-31. • eam.ee • Tlj sf mer sept-mai 11h-18h. Entrée : 25 Kr (1,60 €) ; gratuit le dernier jeu de chaque mois.* Situé dans une vieille demeure du XVe s qui était le siège de la Grande Guilde des marchands de la ville. Difficile d'imaginer un cadre plus propice que cette ancienne demeure, construite entre 1407 et 1410 pour héberger un musée historique. Y est présentée une petite collection complète résumant l'histoire de l'Estonie, des origines jusqu'au XVIIIe s. La plupart des pièces exposées sont très bien conservées. Explications en estonien et anglais.

L'église Saint-Olaf *(Oleviste kirik ; plan II, D3, **123**) : Pikk 48. ☎ 641-22-41. • oleviste.ee • Tlj 10h-18h. Entrée payante slt pour la tour : 30 Kr (1,50 €).* De là-haut, vue superbe sur la ville et la colline de Toompea. Sa construction remonte à 1230. À la fin du XVe s, c'était l'église la plus haute du monde : 159 m, un record ! Et une belle cible pour la foudre ! Le sort s'acharna sur elle. Elle fut détruite huit fois au fil de sa longue histoire. En 1825, un incendie ravagea encore l'édifice. Du coup, elle perdit de la hauteur : 32 m en moins. Aujourd'hui, le clocher de l'église Saint-Olaf culmine à 124 m. Il sert encore de point de repère aux marins et aux navigateurs qui approchent du port de Tallinn. Très haute sous nef, dépouillée dans sa décoration, l'église a été restaurée, modernisée et confiée à l'Église baptiste estonienne (branche du protestantisme, très implantée aux États-Unis). Par un système de traduction simultanée et petits écouteurs, les fidèles peuvent suivre les messes en russe ou en anglais pendant que l'office se dit en estonien. Des écrans de télévision fixés sur les piliers de la nef permettent aux paroissiens assis au fond de participer à la cérémonie. Un temple high-tech !

Le Musée maritime estonien *(Meremuuseum ; plan II, D2, **128**) : Pikk 70 (tour Grosse Marguerite). ☎ 641-14-08. • meremuuseum.ee • Ouv 10h-18h. Fermé lun-mar. Entrée : 40 Kr (2,20 €).* Situé dans l'une des tours de la muraille, il s'étale sur quatre niveaux.
– *Rez-de-chaussée :* exposition de maquettes et d'un scaphandrier dans une odeur de cordes de chanvre. La pièce la plus intéressante est un reste de barque de bois datant de 1600 av. J-C.

– *1er étage :* l'Estonie et la mer depuis les origines jusqu'au XIXe s. D'autres maquettes de bateaux et des instruments de navigation. Vitrine intéressante sur les voyages à travers le monde de trois barons baltes qui comptent parmi les grands navigateurs estoniens. Le plus connu, Adam Johann von Krusenstern (1770-1846), fit un tour du monde entre 1803 et 1806 en passant par le cap Horn, le Japon et la Chine. F. G. Bellingshausen (1778-1852) découvrit l'Antarctique, où aujourd'hui une mer (gelée) porte son nom.
– *2e étage :* la période de la Seconde Guerre mondiale, 1940-1941. Une peinture montre le tragique naufrage d'un ferry estonien en 1994 dans la mer Baltique, qui fit près de 800 morts.
– *3e étage :* la pêche en Estonie. De quoi taquiner le goujon ou le hareng.

La rue Lai *(rue Large ; plan II, C-D2-3)* **:** quelques très belles demeures. Au *n° 1,* le théâtre de marionnettes. Au *n° 38/40,* en face du musée de la Nature *(Loodus muuseum),* un ensemble de trois immeubles anciens appelés « les Trois Frères ». Mais notre demeure préférée dans cette rue se trouve au *n° 23* : il s'agit du théâtre de la Ville. Celui-ci occupe une superbe maison de marchands du XVe s, dans laquelle on pénètre en franchissant une porte ogivale. L'intérieur se révélera à ceux qui assisteront à un spectacle. Quelle surprise ! Une vaste pièce, haute de plafond, meublée à l'ancienne, un coin cuisine du Moyen Âge, un pilier central et une grande cage d'escalier en bois. Enfin, au *n° 29,* très belle demeure abritant le bureau du Conseil des ministres des pays scandinaves.

Le musée d'Histoire naturelle *(Loodusmuuseum ; plan II, C3,* ***134****)* **:** *Lai 29A. ☎ 641-17-39. • loodusmuuseum.ee • Tlj sf lun-mar 10h-17h. Entrée : 30 Kr (2 €) ; réduc familles.* Il rassemble des collections d'animaux empaillés provenant d'Estonie, ainsi que le plus grand poisson jamais pêché dans la Baltique. Le tout est présenté dans des dioramas très bien réalisés, plaçant les animaux dans leur milieu naturel terrestre ou subaquatique. Les explications sont surtout en estonien, mais l'expo parle d'elle-même.

TALLINN

Le musée d'Histoire de Tallinn *(Linnamuuseum ; plan II, D3,* ***127****)* **:** *Vene 17. ☎ 644-65-53. • linnamuuseum.ee • Tlj sf mar et j. fériés 10h30-17h30. Entrée : 35 Kr (2,20 €) ; réduc étudiant.* Dès l'entrée, on est captivé par le décor ancien et authentique de cette demeure, si bien préservée malgré les turpitudes de l'histoire. Voyez cette cuisine médiévale reposant sur un pilier séculaire. La première salle présente des plans anciens de Tallinn.
– *1er étage :* une exposition originale de vaisselles empilées, du XIe s à nos jours, précède de nombreux objets des corporations de marchands (guildes) et des maquettes de bateaux rappelant l'importance de la mer et du commerce maritime pour Tallinn. Sa richesse vient de là ! De vieux métiers ont été reconstitués. Des vitrines exposent des livres précieux, dont un récit de voyage de Moscou en Perse, daté de 1656, ou encore la première Bible en estonien, de 1739. La salle du trésor abrite cinq tableaux des rois de Suède, pays dont l'influence a été prépondérante jusqu'à la mainmise, au XVIIIe s, de l'empire russe sur l'Estonie.
– *3e étage :* histoire du chemin de fer et reconstitution d'un appartement bourgeois du XIXe s. La partie la plus intéressante du musée est sans conteste la salle consacrée à Tallinn durant l'occupation allemande et l'époque soviétique. Photos très intéressantes et évocatrices, panneaux coulissants sur fond rouge, tapis insolite à l'effigie de Kalinine, agent et fer de lance des Bolcheviks à Tallinn. Émouvante histoire et portrait de Konstantin Päts.

Le monastère dominicain *(Dominiklaste klooster ; plan II, D3,* ***124****)* **:** *Vene 16. ☎ 644-46-06. • tallinn.ee/dominiiklased • Ouv de mi-mai à fin sept 9h30-18h. Entrée : 45 Kr (3 €).* Sur la voie ancienne qui menait du marché au port, voici le plus vieux monument de Tallinn encore debout. Les dominicains furent les premiers religieux à s'installer en Estonie après l'arrivée des chevaliers Teutoniques. Ils édifièrent ce couvent en 1246. Suite à un incendie dévastateur en 1531, il tomba en ruine et, à la fin du XVIe s, il servit d'abri aux pauvres de la ville. Restauré entre 1954 et 1965, il abrite un petit musée qui expose des pierres sculptées des XVe et XVIe s : bas-reliefs, colonnes, ainsi que des œuvres d'Arent Passer, l'artiste qui a réalisé la décoration de l'église du Dôme, dans la ville haute.

KONSTANTIN PÄTS, MARTYR DE LA DÉMOCRATIE

Premier président de la république d'Estonie, ce juriste promu démocratiquement chef de l'État fut déporté en Sibérie par la dictature soviétique en 1941. Aux côtés de quelques dizaines de milliers de ses compatriotes, mais aussi de Lettons et de Lituaniens. Il est mort le 18 janvier 1956 dans ces contrées froides et lointaines, reclus dans un hôpital psychiatrique. Ses restes sont revenus en Estonie en 1994.

Le passage Sainte-Catherine *(Katariina Käik ; plan II, D3-4,* ***135****) : attenant au cloître dominicain.* Petit passage surplombé par une forêt de contreforts et arcs-boutants du monastère voisin. Les murs sont habillés de pierres tombales des XIV-XVe s, vestiges de sépultures de personnages importants inhumés dans l'église Sainte-Catherine. Au sol, de vieux pavés, et sur les côtés, des ateliers où les artisans font volontiers démonstration de leur travail.

L'église-musée Saint-Nicolas *(Niguliste ; plan II, C4,* ***125****) : Niguliste 3. ☎ 644-99-11. • ekm.ee • Tlj sf lun-mar 10h-17h (salle d'argent fermée 12h-14h). Concerts sam-dim à 16h. Entrée : 35 Kr (2,20 €).* Cette église gothique du XIIIe s fut détruite par les bombes lors de la Seconde Guerre mondiale, puis reconstruite de 1953 à 1984. À l'entrée, on est accueilli par un candélabre doré à sept branches, haut de 4 m et datant du XVIe s. À droite, dans une salle au sol couvert de pierres tombales, on peut voir une impressionnante danse macabre du XVe s. Dans la nef, nombreux blasons de la noblesse, des statues et des sculptures. À droite du chœur, le retable commandé par la corporation des Têtes Noires. Fabriqué à Bruges (Flandre), ce grand retable présente des panneaux latéraux articulés qui s'ouvrent et se déplient. Dans le chœur, un autre retable remarquable, fait à Lübeck en 1483. Ce triptyque raconte la vie de saint Nicolas et de saint Victor, qui a fini décapité. À gauche du chœur, la ***salle d'argent*** renferme de superbes pièces d'orfèvrerie religieuse.

Le musée du Théâtre et de la Musique *(Teatri ja Muusikamuuseum ; plan II, C4,* ***136****) : Müürivahe 12. ☎ 644-64-07. • tmm.ee • Mer-sam 10h-18h. Entrée : 20 Kr (env 1,30 €) + 25 Kr pour une démonstration des instruments automatiques (vivement conseillée ;* sinon, peu d'intérêt).

À L'EXTÉRIEUR DU CENTRE, DANS LA VILLE MODERNE ET LES FAUBOURGS

Le musée de l'Occupation *(Okupatsioonide muuseum ; plan II, C5,* ***129****) : Toompea 8. ☎ 668-02-50. • okupatsioon.ee • Tlj sf lun 11h-18h. Entrée : 20 Kr (1,30 €).* Ce bâtiment à l'architecture moderne, composé de béton, de métal et de verre, abrite une intéressante collection d'objets et de documents relatifs à l'occupation des troupes allemandes durant la Seconde Guerre mondiale (1940-1944) et à la période soviétique qui dura 47 ans (1944-1991). Après la visite, on comprend mieux l'enthousiasme des Estoniens à rejoindre l'Union européenne.

Le musée de la Banque d'Estonie *(Eesti Panga muuseum ; plan II, D4,* ***133****) : Estonia pst 11. ☎ 668-07-60. • eestipank.info • Mer-ven 12h-17h ; sam 11h-16h. Gratuit.* Du rouble au mark et du mark au rouble, puis de la couronne vers l'euro (bientôt) : la vie du pays au travers de ses monnaies (intéressant pour les passionnés de numismatique).

À L'EST DE LA VILLE

Dans les faubourgs

Le palais de Kadriorg *(Kadriorg Palatsi ; plan I, H3, **130**) : Weizenbergi 37. ☎ 606-64-00. • ekm.ee • À env 4 km à l'est du centre historique. Trams n°s 1 et 3 et nombreux bus depuis le terminal souterrain du centre Viru. Tlj sf lun 10h-17h. Billet : 45 Kr (3 €) ; réduc étudiants et seniors.* Après le rattachement de l'Estonie à l'empire russe en 1710, le tsar Pierre le Grand séjourna onze fois dans sa nouvelle province, située à quelques centaines de kilomètres au sud de Saint-Pétersbourg. Au départ, il se contenta d'un chalet, puis il fit construire, à l'est de Tallinn, par l'architecte Niccolo Michetti, un beau château de style baroque italien, au cœur d'un grand parc ombragé égayé par des étangs. Cette œuvre devint la résidence d'été du tsar et de son épouse Catherine. C'est en l'honneur de la tsarine que l'endroit a été nommé *Kadriorg* : « la vallée de Catherine ». Surpris de voir un parc vide, Pierre le Grand ordonna un beau jour l'ouverture des jardins au public. La seule condition étant que les gardiens surveillent la demeure impériale, ainsi que la bonne conduite des visiteurs. Kadriorg resta ainsi la propriété des tsars de Russie jusqu'à la Révolution de 1917. Il devint ensuite la résidence du premier président de la république d'Estonie. Aujourd'hui, sa partie inférieure abrite des peintures des écoles allemande, italienne et hollandaise des XVIe et XVIIIe s. Attention, la plupart sont des copies « d'après » les artistes originaux. La peinture russe des XVIIIe et XIXe s, avec quelques membres de l'école des « ambulants », n'est pas oubliée. Certaines salles accueillent de beaux meubles, et ne ratez pas les superbes poêles en faïence dans chaque pièce.

Le musée d'art Kumu *(Kunstimuuseum ; hors plan I par H3, **126**) : dans le même parc, quelques centaines de mètres au-delà du palais de Kadriorg. ☎ 602-60-00 ou 60-01. • ekm.ee • Trams n°s 1 et 3 et nombreux bus depuis le terminal Viru. Ouv 11h-17h. Fermé lun en mai et sept ; lun-mar oct-avr. Entrée : 80 Kr (5,20 €). Explications en anglais dans les salles.*

Tel un vaisseau fantôme échoué au milieu de nulle part, le nouveau musée d'art estonien se dresse en pleine forêt. Le bâtiment ultramoderne, conçu par l'architecte finlandais Pekka Vapaavuori, abrite la plus importante collection de peintures du pays. Mais c'est aussi un lieu d'expression culturelle avec un auditorium, une école d'art et une librairie. L'art estonien ne cache pas ses liens ancestraux avec le tronc culturel européen. Dès le XIIe s, ce petit pays et ses artistes ont suivi, siècle par siècle, l'élan donné par les grandes écoles allemande, italienne ou française.

– *Le 3e niveau* est consacré à la peinture du XIXe s jusqu'à la Seconde Guerre mondiale. On y découvre d'abord des représentations de Tallinn encore repliée sur ses remparts médiévaux, puis quelques œuvres grand format signées Johann Köler *(The Monk's Imprecation of Lorelei)*, évoquant la mythologie germanique et nordique. Viennent ensuite les modernes où l'on retrouve tous les courants picturaux (expressionnisme, pointillisme, abstraction...), dont l'un des représentants estoniens les plus connus reste Konrad Mägi. On notera particulièrement la série d'Antrain, des gouaches et des dessins colorés d'Eduard Wiiralt (1898-1954), artiste qui séjourna dans la ville d'Antrain-sur-Couesnon, en Bretagne, où il réalisa une série de portraits *(Les Têtes fantastiques)* au style halluciné. Quelle inspiration, quel entrain ! À l'extrémité du bâtiment, une effrayante forêt de têtes et bustes où se côtoient Marx, Engels, Staline et Lénine (pas revanchards, les Estoniens !).

– *Le 4e niveau* continue avec l'art du XXe s. Des œuvres plus teintées de revendications anti ou prosoviétiques (révoltes dans les rues de Tallinn, glorification du travail ouvrier).

– *Le 5e niveau* abrite la section d'art contemporain.

L'amphithéâtre du chant estonien *(Tallinna Lauluvaljak ; hors plan I par H2-3) : en bus, depuis le centre (terminal souterrain du centre Viru), bus n°s 1A, 34 et 38. En* *voiture, du centre de Tallinn, suivre Narva mnt ; à l'embranchement avec la route Pirita tee, prendre à droite sur env 1 km ; la route monte sur une colline, et c'est indiqué à gauche.* Un petit chemin permet d'entrer (gratuitement) dans un vaste champ en pente dont la base est occupée par un monument imposant : un amphithéâtre en forme d'oreille (plus que d'hémicycle) ou de tribune de stade. Chaque année, des milliers d'amateurs (23 000 chanteurs en un seul chœur !) se rassemblent ici pour participer au Festival de la chanson estonienne. La sculpture massive posée dans l'herbe en haut de la pente est celle du « père de la chanson estonienne », Gustav Ernesak.

LE QUARTIER BALNÉAIRE DE PIRITA
(hors plan I par H2-3)

Situé à 7 km env au nord-est du centre historique de Tallinn. Depuis le centre (terminal souterrain du Centre Viru), bus n°s 1A, 34 et 38 ; ou bien n° 8 depuis la place Viru väljak ; descendre à l'arrêt Pirita. Compter env 15 mn. Traverser la route nationale, on arrive directement à la plage, près de la marina où se déroulèrent les épreuves de voile des Jeux olympiques de Moscou en 1980. Bordée par une forêt, cette plage de sable mesure 3 km de long. C'est bourré de monde en été, quand il fait beau. Attractions variées : volley-ball, roller, minigolf, bicyclette... et night-club *Opium (Merivälja tee 5).* Rendez-vous des familles dans la journée et des jeunes le soir.

TALLINN

Les ruines du couvent Sainte-Brigitte (Pirita Klooster) **:** *☎ 605-50-44. • piritaklooster.ee • Depuis le centre (terminal souterrain du centre Viru), bus n°s 1A, 34 et 38 ; ou bien n° 8 depuis la place Viru väljak ; descendre à l'arrêt Pirita. Tlj juin-août 9h-19h ; avr-mai et sept 10h-18h ; oct-mars 12h-16h. Entrée : 20 Kr (1,30 €).* Un haut pan de mur triangulaire émergeant des arbres et un émouvant petit cimetière : voilà ce que l'on aperçoit d'abord. Quelques parois en ruine dressées vers le ciel, c'est tout ce qui reste de ce qui fut la plus grande église abbatiale des pays baltes, consacrée à sainte Brigitte, une sainte suédoise. Tout a commencé en 1404 dans une région marécageuse et boisée, un lieu idéal pour la prière. On construisit un grand monastère, entre les bois et la mer. Les moines et les sœurs s'y installèrent, chacun de leur côté. Le couvent fut détruit lors de la guerre de Livonie (XVIe s), puis abandonné. Aujourd'hui, le site accueille des concerts. Une petite communauté de huit moniales maintient la tradition contemplative dans un bâtiment moderne attenant aux ruines (restes des cellules et du réfectoire).

Le cimetière dans la forêt (Metsakalmistu) **:** *Kloostrimetsa tee 36. À env 10 km à l'est du centre historique, entre le quartier de Pirita et le quartier chic de Viimsi Vald. De Tallinn, bus n° 34 ou 38 ; descendre à l'arrêt Metsakalmistu.* Un cimetière dans les bois, comme son nom l'indique. On chemine sous les pins, sur un sentier bordé de tombes. Aucune croix comme dans les cimetières catholiques, seulement des dalles toute simples et des plaques funéraires en granit poli. Ont été enterrés ici les personnages importants de l'histoire estonienne : champion de lutte, joueur d'échecs, poètes. Et puis on y trouve la tombe de *Konstantin Päts* (1874-1956), qui est sur une petite butte ombragée et paisible, entouré des membres de sa famille. Un peu plus loin sur la même route, vous n'avez pas pu rater la ***tour TV,*** qui ne se visite plus. Haute de 314 m, c'était un fleuron de la technologie soviétique, construite en 1980 sur 21 étages (170 m de haut).

LE FAUBOURG RÉSIDENTIEL DE VIIMSI
(hors plan I par H2-3)

À une douzaine de kilomètres au nord-est de Tallinn, après le quartier de Pirita, s'étend le faubourg de Viimsi, qui forme une presqu'île boisée bordée de grèves rocheuses s'avançant dans les eaux de la Baltique. C'est une grande banlieue chic et résidentielle, dans une nature verdoyante et calme, semée de maisons et de villas, toutes cachées et enfouies dans la végétation. Bosquets de bouleaux et de pins, jardins cultivés, vergers (on voit des pommiers) fleuris aux beaux jours, voilà un paysage au caractère paisible. On comprend pourquoi, si près de Tallinn, il soit devenu un secteur habité essentiellement par les familles de la bourgeoisie estonienne, qui y possèdent souvent une résidence secondaire. Voilà une belle balade à faire en voiture au printemps ou à l'automne. S'y rendre en transports en commun est possible mais assez compliqué : *depuis le terminal souterrain du centre Viru, bus n° 1, arrêt Viimsi, puis minibus n° 260 ou V1 (peu fréquents).*

Le Musée ethnographique en plein air *(Viimsi Vabaõhumuuseum)* ***:*** *à Viimsi, sur la gauche de la route côtière. Mer-dim 12h-17h. Entrée : 25 Kr (1,65 €).* Sur le même principe que le musée de Rocca al Mare, à l'ouest de la ville, mais ce mini-musée est d'une taille bien plus réduite. C'est juste pour faire joli, dirait-on, qu'il a été planté au bord de l'eau. Mérite quand même un petit coup d'œil. Quelques maisons faites de troncs d'arbre ont été reconstituées dans un champ en bordure de la grève, pour rappeler la vie des pêcheurs estoniens d'autrefois. Voir l'intérieur de ces chalets nordiques couverts de chaume, sobres et rustiques, permet d'imaginer les conditions de vie pas toujours aisées de ces « travailleurs de la mer ». Pour casser une graine, le restaurant ***Ranapub Paat*** est à côté (voir « Où manger ? Dans le quartier de Viimsi »).

TALLINN

À L'OUEST DE LA VILLE

Le zoo *(Loomaaed ; hors plan I par A6,* ***137****)* ***:*** *Paldiski mnt 145. ☎ 694-33-00. • tallinnzoo.ee • Prendre le bus n° 21 ou le trolley n° 7 depuis la gare ferroviaire ; descendre à l'arrêt Zoo. Tlj 9h-17h (19h mai-août ; 15h nov-fév). Entrée : 50-90 Kr (3,20-6 €) selon saison ; réduc enfants et familles.* Nos animaux préférés sont de loin le tigre de Sibérie et l'ours polaire. Pour se réchauffer, direction la maison tropicale où dorment quelques crocodiles, ou celle des éléphants.

Le musée en plein air Rocca al Mare *(Eesti Vabaohumuuseumi ; hors plan I par A6,* ***131****)* ***:*** *Vabaohumuuseumi tee 12. ☎ 654-91-00. • evm.ee • À 5 km env à l'ouest du centre historique de Tallinn par la route Paldiski mnt. Prendre le bus n° 21. Tlj mai à mi-oct 10h-20h (18h pour les fermes) ; de mi-oct à avr 10h-17h (fermes souvent fermées). Entrée : 80 Kr (5,20 €). Audioguide gratuit avec la* Tallinn Card. Le « rocher près de la mer » *(Rocca al Mare)*, tel est le nom donné au XIXe s à ce domaine par son propriétaire, Girard de Soucanton, un riche marchand épris d'Italie. Il abrite un grand écomusée des arts et traditions populaires sur près de 84 ha de forêt, au bord du golfe de Kopli. La visite se fait à pied, au fil des chemins. Des personnes en costumes campagnards animent la visite (panneaux explicatifs en estonien, russe, anglais et allemand). Près de 80 petits bâtiments de ferme, la plupart en troncs de bois, couverts de chaume, donnent un bon aperçu ethnographique de la vie à la campagne autrefois (voire aujourd'hui dans certaines régions reculées du pays). Éparpillés sous les arbres et dans les prés, ils sont regroupés par époque. On voit aussi une chapelle, une école, des moulins, des celliers, des greniers, des granges, des étables, des écuries, des attelages. Une petite auberge *(Kolu Tavern)* sert à boire et à manger (plats paysans traditionnels) aux visiteurs. Entre mai et septembre, concert folklorique en costumes nationaux le week-end.

Manifestations

– ***Tallinna Vanalinna Päevad*** *(jours de la vieille ville)* ***:*** *début juin.* Concerts, marchés artisanaux, animations de rues. Le tout dans un style médiéval.

– ***Fête de la bière :*** *début juil.* Certes, la bière coule à flots (le contraire serait malheureux dans un Festival de la bière !). L'occasion de moult manifestations, dont de nombreux concerts.
– ***Festival Jazzkaar :*** *mi-déc principalement, mais aussi tt au long de l'année.* • *jazzkaar.ee* • La Noël se fête au son du jazz à Tallinn. D'autres festivals sont organisés en cours d'année (se renseigner sur le site internet).

➤ DANS LES ENVIRONS DE TALLINN

Le manoir de Saue *(Saue Mois) : Pärnasalu 38.* ☎ *679-08-88.* • *sauemois.ee* • *À env 20 km au sud-ouest de Tallinn. Prendre la route de Haapsalu, puis tourner à droite en direction de Paldiski ; quitter cette grande route au bout de 1 km, direction le village de Saue (indiqué). Possibilité aussi d'y aller en train (direction Paldiski, ttes les 20-30 mn 6h-22h40) ou par le bus n° 190 (depuis la gare ferroviaire). La visite guidée se fait sur rdv (téléphoner avt).* Traverser la petite bourgade ; au bout d'une allée de tilleuls se cache ce beau manoir du XVIIIe s. De style classique, coiffé de tuiles, il est entouré d'un grand parc (arbres et champs). Mieux vaut y aller avec un guide-interprète. On découvre alors l'intérieur d'un vieux manoir estonien, restauré avec goût. Il s'y organise des séminaires, noces, banquets, fêtes et réceptions. Au 1er étage, on voit neuf belles pièces (dont la chambre du baron, celle de la baronne, et l'ancien boudoir), équipées d'anciens poêles en faïence pour le chauffage. L'histoire de ce manoir reflète bien celle de l'Estonie. Dès 1774, il fut la propriété de Frederich von Fersen, chef d'une grande famille noble. Le manoir passa ensuite entre les mains d'un riche baron balte. À l'époque soviétique (1940-1991), il fut transformé en jardin d'enfants, puis en maison de retraite, en hôpital, en entrepôt pour machines agricoles et tracteurs. Six familles de squatteurs l'occupèrent même pendant quelques années ! À l'indépendance de l'Estonie, en 1991, le manoir fut restitué à la descendante de la famille des anciens propriétaires, qui le vendit ensuite. On peut aussi faire du cheval au centre équestre, dormir dans des chambres d'hôtes et se restaurer à l'auberge *Saue Moisa Trahter* (voir plus haut « Où dormir ? Où manger dans la campagne proche ? »), dont le nom rappelle l'époque sinistre des tracteurs soviétiques.

TALLINN

QUITTER TALLINN

En bus

Gare routière *(Tallinna bussiterminal ; plan I, G6) : Lastekodu 46.* ☎ *680-09-00.* • *bussireisid.ee* • *À env 3 km au sud-est de la vieille ville, en direction de l'aéroport. Pour y aller, tram nos 2 ou 4, ou bus nos 17A, 23 ou 23A. Tlj 6h-minuit.* Pour les lignes estoniennes intérieures, les billets sont en vente aux guichets sur place ou dans les bus. Attention aux fins de semaine en été. Prenez-vous-y à l'avance pour des destinations comme Pärnu et Tartu. Pour les lignes internationales, il est conseillé aussi de réserver et d'acheter son billet à l'avance.

Compagnies de bus (dans le terminal)

■ ***Eurolines :*** ☎ *680-09-09.* • *eurolines.ee* • *À l'entrée du terminal, à gauche.*
■ ***Ecolines :*** ☎ *56-37-79-77.* • *ecolines.net* • *Dans une guérite juste devant le terminal. Tlj 6h30-18h30.*
■ ***Gorail :*** ☎ *631-00-44. Billetterie à la gare ferroviaire (mais les bus partent de la gare routière).*

➢ ***Pour Pirita :*** *bus nos 1A, 8 et 34.*
➢ ***Pour Pärnu :*** env 30 bus/j. 6h-22h. Compter 100 Kr (6,50 €).
➢ ***Pour Tartu :*** env 50 bus/j. 5h-minuit. Durée : 2h30 à 3h30. Billet : 100 Kr (6,50 €).

➢ ***Pour Riga*** *(Riia)* **:** 7 bus/j. avec *Eurolines* et 3 bus/j. avec *Ecolines*. Ils font un crochet par les terminaux maritimes. Durée : env 5h30 pour 315 km. Compter 190 Kr (12,50 €).
➢ ***Pour Vilnius*** *(Vilni)* **:** avec *Eurolines,* 1 bus/j. de nuit en direct, et 2 autres via Riga (Lettonie) en changeant de bus. Avec *Ecolines,* changement de bus obligatoire à Riga. Durée : env 10h30 pour 600 km. Compter 400-510 Kr (26-33 €) selon confort.
➢ ***Pour le reste de l'Europe* :** nombreux bus pour les plus grandes capitales européennes. Avec *Eurolines* et *Gorail* pour Saint-Pétersbourg *(Petersburi),* 7 bus/j. Compter 390 Kr (25 €). Pour Moscou, 1 bus/j. de nuit. 450 Kr (29 €). Avec *Ecolines* pour la Suisse (Zürich, Bern), avec changement de bus à Riga.

En train

Gare ferroviaire *(Balti Jaam ; plan II, B-C3)* **:** *Toompuistee 35.* ☎ *615-68-51. Ouv 7h-22h. Consigne (Pagasiruum), distributeurs dans le hall principal, une poste (lun-ven 9h-18h ; sam 10h-15h), un bureau de change (mêmes horaires) et un cybercafé.* Pas de trains pour l'international, il ne reste que les lignes intérieures. Comptoirs de vente de billets, qu'on peut également acheter directement dans le train.

➢ ***Pour Saue* :** trains ttes les 20 mn en journée, ttes les heures le soir 6h-23h40. Durée : 20 mn.
➢ ***Pour Narva* :** 1 train/j. à 16h. Durée : env 3h30.
➢ ***Pour Pärnu* :** 2 trains/j. à 7h20 et 17h10. Durée : env 2h50.
➢ ***Pour Tartu via Tapa* :** env 4 trains/j. 6h40-20h. Durée : de 2h50 à 3h20 selon rapidité du train et étapes.
➢ ***Pour Viljandi* :** 2-3 trains/j. 7h50-16h35. Durée : 2h50.

En bateau

Port de Tallinn *(plan I, E-F2)* **:** il existe deux quais d'embarquement pour les bateaux et les ferries, situés à moins de 400 m au nord de la vieille ville de Tallinn :
– *Port des passagers* (Reisisadam), *terminaux A, B, C, D : Sadama 25.* ☎ *631-85-50.* • *ts.ee* • *Tlj 7h-23h.* La plupart des bateaux partent de cette gare maritime grande et moderne, toutes compagnies confondues : *Tallink, Eckerö Line, Silja Line* et *Viking Line.* On y trouve un bureau de change, une consigne à bagages et de nombreuses boutiques. Le bureau d'informations touristiques se trouve dans le terminal A.
– *Linnahall (Linnahall kiirlaevade sadam) : Mere pst 20.* ☎ *641-24-12.* • *lindaline.ee* • *Lun-ven 6h15-20h.* C'est le bâtiment et le quai d'embarquement pour les hydroglisseurs ultrarapides à destination d'Helsinki. Ne partent qu'en été et seulement si le vent ne souffle pas trop fort.

Compagnies maritimes

■ ***Eckerö Line* :** *terminal A, port des passagers.* ☎ *631-86-06.* • *eckeroline.ee* • *Tlj 9h-18h.* Économique mais un peu plus lente que les autres compagnies.
■ ***Linda Line* :** *Mere pst 20.* ☎ *699-93-33.* • *lindaline.ee* • Affrète des hydroglisseurs ultrarapides pour Helsinki.
■ ***Nordic Jet Line* :** *terminal C, port des passagers.* ☎ *613-70-00.* • *njl.ee* • Assure la liaison Tallinn-Helsinki à bord d'un autocatamaran.
■ ***Super Sea Cat* :** *terminal A.* ☎ *610-10-00.* • *superseacat.ee* • Assure la liaison Tallinn-Helsinki par hydroglisseur.
■ ***Tallink* :** *Pärnu mnt 12.* ☎ *640-98-08. Terminal D, port des passagers.* Ferries mais aussi autocatamarans en été pour Helsinki.
■ ***Viking Line* :** *terminal A, port des passagers.* ☎ *666-39-66.* • *vikingline.ee* •

➢ ***Pour Helsinki*** *(Finlande)* ***:*** à 85 km. Env 40 départs/j. au gros de la saison, toutes compagnies confondues, depuis les terminaux A, B, C ou D.
En ferries classiques : avec *Tallink*, *Viking* et *Eckernö*. Compter 350 Kr (22,40 €) l'aller simple. Trajet : 2h30 env.
En hydroglisseur : avec *Nordic, Linda* et *Super Sea Cat.* Compter 450 Kr (29 €).
➢ ***Pour Stockholm*** *(Suède)* ***:*** à 375 km. La compagnie *Tallink* assure 1-2 liaisons/j., au départ du terminal D. Durée : env 17h. *Compter 550-750 Kr/pers (36-49 €) selon saison, en cabine de 4 pers.*

En avion

➢ ***Pour se rendre à l'aéroport de Tallinn :*** *bus n° 2. Il part du terminal Teenindusmaja, av. A. Laikmaa, près du* Sokos Viru Hotel, *à 5 mn à pied de l'entrée est de la vieille ville. Tarif d'un bus urbain.*

■ ***Estonian Air :*** *Vabaduse väljak 10.* ☎ *640-11-63. • estonian-air.ee • Lun-ven 8h30-19h ; sam 10h-15h.*
■ ***Finnair :*** *Roosikrantsi 2.* ☎ *626-63-09. • finnair.ee •*
■ ***Lufthansa :*** *Rävala pst 6.* ☎ *681-46-30. • lufthansa.ee •*
■ ***SAS :*** *Rävala pst 2.* ☎ *666-30-30. • scandinavian.net •*

➢ ***Pour Vilnius :*** 6 vols/j. en sem (sam-dim, slt 1 vol). Durée : 1h20.
➢ ***Pour Riga :*** 6 vols/j. en sem (sam, 2 vols ; dim, 1 vol) Durée : 55 mn.
➢ ***Pour Paris :*** 3 vols/sem (d'avr à mi-oct). Durée : 3h.
➢ ***Pour Stockholm :*** 6 vols/j. en sem (sam, 1 vol ; dim, 5 vols). Durée : 1h.
➢ ***Pour Helsinki :*** 9 vols/j. en sem (sam, 4 vols ; dim, 8 vols). Durée : 30 mn.
➢ ***Pour Moscou :*** 3 vols/sem. Durée : 2h50.

ASSOCIATION CONTRE LA PROSTITUTION DES ENFANTS
Espace offert par le Guide du Routard
Abusez d'un enfant au soleil et vous passerez 10 ans à l'ombre
La Loi d'extraterritorialité votée en 1994, révisée en 1998, permet de juger un résident et/ou un ressortissant français ayant commis des abus sexuels en France ou à l'étranger. Les peines pour un abus commis sur un enfant sont sévères : jusqu'à 10 ans d'emprisonnement et 150 000 € d'amende.
www.acpe-asso.org
A C P E - 14, rue Mondétour - 75001 Paris
Tél. : 01 40 26 91 51 - acpe@acpe-asso.org
a c p e
ASSOCIATION CONTRE LA PROSTITUTION DES ENFANTS

"Qui sauve
un enfant,
sauve le
monde"
Pour nous soutenir, vous pouvez envoyer vos dons à :
La Chaîne de l'Espoir
96, rue Didot
75014 Paris
www.chainedelespoir.org
AGRÉÉE PAR
COMITÉ DE LA CHARTE
don en confiance
La chaîne
de l'espoir

routard ASSISTANCE

L'ASSURANCE VOYAGE UNION EUROPÉENNE

BULLETIN D'INSCRIPTION

NOM : M. Mme Melle

PRENOM :

DATE DE NAISSANCE :

ADRESSE PERSONNELLE :

CODE POSTAL : TEL.

VILLE :

E-MAIL : ....

DESTINATION PRINCIPALE...

Calculer exactement votre tarif en SEMAINES selon la durée de votre voyage :

7 JOURS DU CALENDRIER = 1 SEMAINE

Pour un Long Voyage (2 mois...), demandez le ***PLAN MARCO POLO***
Nouveauté contrat Spécial Famille - Nous contacter

COTISATION FORFAITAIRE 2008-2009

VOYAGE DU AU = SEMAINES

Prix spécial (3 à 50 ans) :	**15 € x**	= €
De 51 à 60 ans (et – de 3 ans) :	**23 € x**	= €
De 61 à 65 ans :	**30 € x**	= €

Tarif "**SPECIAL FAMILLES**" 4 personnes et plus : **Nous consulter au 01 44 63 51 00**
Souscription en ligne : www.avi-international.com

Chèque à l'ordre de ROUTARD ASSISTANCE – ***A.V.I. International***
28, rue de Mogador – 75009 PARIS – FRANCE - Tél. 01 44 63 51 00
Métro : Trinité – Chaussée d'Antin / RER : Auber – Fax : 01 42 80 41 57

ou Carte bancaire : Visa ☐ Mastercard ☐ Amex ☐

N° de carte :

Date d'expiration : Signature

Cryptogramme : Notez les 3 derniers chiffres du numéro à 7 chiffres au verso de votre carte

Je déclare être en bonne santé, et savoir que les maladies ou accidents antérieurs à mon inscription ne sont pas assurés.

Signature :

Information : www.routard.com / Tél : 01 44 63 51 00
Souscription en ligne : www.avi-international.com

Faites des copies de cette page pour assurer vos compagnons de voyage.

INDEX GÉNÉRAL

INDEX GÉNÉRAL

A

B

C

D-E

G

H-J

K

L-M

N-O

P

R-S

T-U-V

W-Z

INDEX GÉNÉRAL

OÙ TROUVER LES CARTES ET LES PLANS ?

Les **Routards** *parlent aux* **Routards**

Faites-nous part de vos expériences, de vos découvertes, de vos tuyaux. Indiquez-nous les renseignements périmés. Aidez-nous à remettre l'ouvrage à jour. Faites profiter les autres de vos adresses nouvelles, combines géniales... On adresse un exemplaire gratuit de la prochaine édition à ceux qui nous envoient les lettres les meilleures, pour la qualité et la pertinence des informations. Quelques conseils cependant :

– Envoyez-nous votre courrier le plus tôt possible afin que l'on puisse insérer vos tuyaux sur la prochaine édition.
– N'oubliez pas de préciser l'ouvrage que vous désirez recevoir.
– Vérifiez que vos remarques concernent l'édition en cours et notez les pages du guide concernées par vos observations.
– Quand vous indiquez des hôtels ou des restaurants, pensez à signaler leur adresse précise et, pour les grandes villes, les moyens de transport pour y aller. Si vous le pouvez, joignez la carte de visite de l'hôtel ou du resto décrit.
– N'écrivez si possible que d'un côté de la lettre (et non recto verso).
– Bien sûr, on s'arrache moins les yeux sur les lettres dactylographiées ou correctement écrites !

En tout état de cause, merci pour vos nombreuses lettres.

Les Routards parlent aux Routards :
122, rue du Moulin-des-Prés, 75013 Paris

e-mail : guide@routard.com
Internet : routard.com

Le Trophée du voyage humanitaire ROUTARD.COM s'associe à VOYAGES-SNCF.COM

Ils ont aidé à la création d'un poste de santé autonome au Sénégal, à la reconstruction d'un orphelinat à Madagascar... Et vous ?
Envie de soutenir un projet qui favorise la solidarité entre les hommes ? Le Trophée du voyage humanitaire Routard.com est là pour vous ! Que votre projet concerne le domaine culturel, artisanal, écologique, pédagogique, en France ou à l'étranger, le *Guide du routard* et Voyages-sncf.com soutiennent vos initiatives et vous aident à les réaliser ! Si vous aussi vous voulez faire avancer le monde, inscrivez-vous sur • routard.com/trophee • ou sur • tropheesdutourismeresponsable.com •

Routard Assurance *2009*

Routard Assurance et Routard Assurance Famille, c'est l'Assurance Voyage Intégrale sans franchise que nous avons négociée avec les meilleures compagnies, Assurance complète avec rapatriement médical illimité. Dépenses de santé et frais d'hôpital pris en charge directement sans franchise jusqu'à 300 000 € + caution + défense pénale + responsabilité civile + tous risques bagages et photos. Assurance personnelle accidents : 75 000 €. Très complet ! Le tarif à la semaine vous donne une grande souplesse. Tableau des garanties et bulletin d'inscription à la fin de chaque *Guide du routard* étranger. Pour les départs en famille (4 à 7 personnes), demandez-nous le bulletin d'inscription famille. Pour les longs séjours, un nouveau contrat *Plan Marco Polo « spécial famille »* à partir de 4 personnes. Enfin pour ceux qui partent en voyage « éclair » de 3 à 8 jours visiter une ville d'Europe, vous trouverez dans les Guides Villes un bulletin d'inscription avec des garanties allégées et un tarif « light ». Pour les villes hors Europe, nous vous recommandons Routard Assurance ou Routard Assurance Famille, mieux adaptés. Si votre départ est très proche, vous pouvez vous assurer par fax : 01-42-80-41-57, en indiquant le numéro de votre carte de paiement. Pour en savoir plus : ☎ 01-44-63-51-00 ; ou, encore mieux, sur notre site : • routard.com •

Photocomposé par MCP - Groupe Jouve
Imprimé en Italie par L.E.G.O. S.p.A - Lavis (Tn)
Dépôt légal : avril 2009
Collection n° 13 - Édition n° 01
24/4500/5
I.S.B.N. 978-2-01-244500-0